中华人民共和国地方志 · 福建省

厦门市同安区志

（1997—2007）

厦门市同安区地方志编纂委员会办公室　编

方志出版社
Publishing House of Local Records

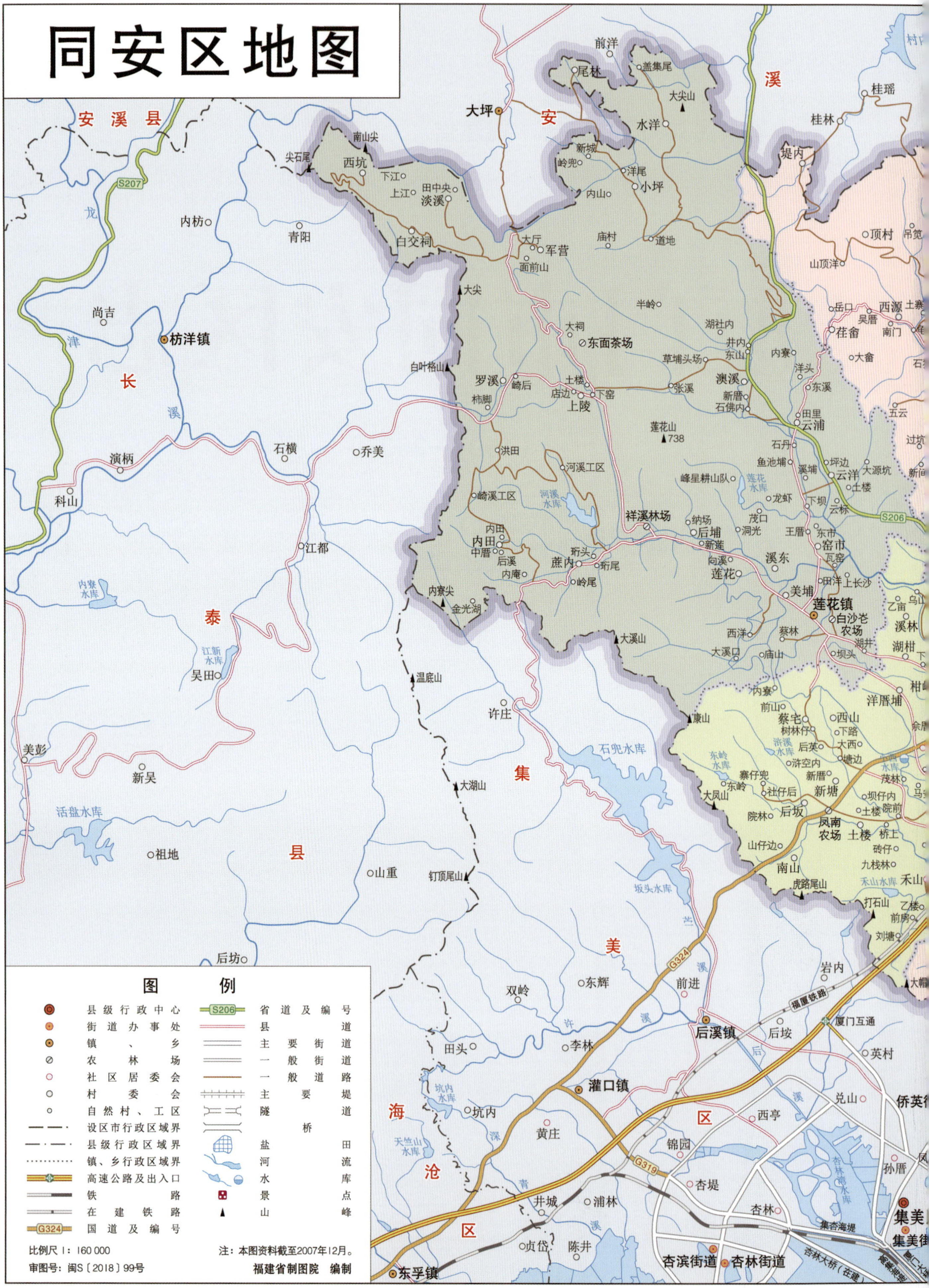
同安区地图
安溪县
安
溪
长
泰
县
集
美
区
海
沧
区
大坪
前洋
尾林
盖集尾
大尖山
水洋
新城
岭兜
洋尾
小坪
内山
南山尖
尖石尾
西坑
下江
上江
田中央
淡溪
白交祠
大厅
军营
面前山
庙村
道地
大尖
半岭
大祠
东面茶场
湖社内
井内
东山
内寮
草埔头场
白叶格山
罗溪
崎后
土楼
店边
下窑
上陵
张溪
澳溪
新厝
石佛内
柿脚
莲花山
738
洪田
河溪工区
崎溪工区
河溪水库
祥溪林场
峰星耕山队
莲花水库
龙虾
纳场
后埔
新莲
茂口
洞光
王厝
内田
中厝
后溪
内庵
蔗内
岭尾
向溪
莲花
溪东
美埔
内寮尖
金光湖
大溪山
西洋
大溪口
庙山
蔡林
莲花镇
白沙仑农场
湖井
坝头
康山
内寮
前山
蔡宅
树林仔
西山
下路
大西
后英
济溪水库
济空内
塘边
东岭水库
赛仔兜
东岭
社仔后
新厝
新塘
大凤山
院林
后坂
凤南农场
土楼
山仔边
南山
虎路尾山
洋唐埔
坝仔内
土楼
院前
桥上
砖仔
九栈林
禾山水库
禾山
打石山
乙楼
前房
刘塘
大帽
岩内
厦门互通
后垵
英村
兑山
侨英
孙厝
集美
集美街
桂瑶
桂林
提内
顶村
吊筧
山顶洋
岳口
西源
吴厝
南门
土寨
茌畲
大畲
洋头
东溪
田里
云浦
石丹
五云
鱼池埔
溪埔
坪边
云洋
大源坑
土楼
下坝
云标
东市
窑市
瓦窑
田洋
上长沙
乙亩
乌山
溪林
湖柑
柑
S206
S207
内枋
青阳
尚吉
枋洋镇
演柄
科山
石横
乔美
江都
内寮水库
江新水库
吴田
温底山
许庄
石兜水库
美彭
新吴
活盘水库
祖地
山重
钉顶尾山
大湖山
坂头水库
后坊
双岭
东辉
前进
G324
福厦铁路
后溪镇
田头
李林
灌口镇
坑内水库
坑内
黄庄
西亭
锦园
天竺山水库
G319
杏堤
井城
浦林
杏林
杏林湾水库
集杏海堤
杏林大桥（在建）
贞岱
陈井
杏滨街道
杏林街道
东孚镇
龙
津
溪
许
溪
后
溪
深
青
溪
图例
县级行政中心
街道办事处
镇、乡
农林场
社区居委会
村委会
自然村、工区
设区市行政区域界
县级行政区域界
镇、乡行政区域界
高速公路及出入口
铁路
在建铁路
国道及编号
省道及编号
县道
主要街道
一般街道
一般道路
主要堤
隧道
桥
盐田
河流
水库
景点
山峰
比例尺 1∶160 000
审图号：闽S〔2018〕99号
注：本图资料截至2007年12月。
福建省制图院 编制

同安区在厦门市的位置
厦
门
市
同安区
翔安区
集美区
海沧区
湖里区
思明区
同安区
祥平街道
大同街道
汀溪镇
五显镇
洪塘镇
西柯镇
新圩镇
马巷镇
内厝镇
翔安区
新店镇
翔
安
区
南
安
市
晋江市
湖
里
区
县
沙溪
坂头水库
沙溪水库
雪峰
美洋
桃园
盖凤
东
田
溪
云顶山
莳后
石莲
芹山
杉际内
内田
山坪
汪前
洪仔尾
新田
塔林
军山
后窟
后坪
席草洋
行头
凤梨村
后坑
五峰
后郑
弯坑
虎空
造水
二甲
三甲
赛仔茔
竹山
前格
坂头
郑宅
汀溪
护林场
溪东
溪东水库
新岩湖
大麦畲
汀溪水库
古坑
石鼓山
汀溪窑址
汀溪镇
凤巢
东西尖
高丘头
九溪
灯塔水库
曙光
泗溪
古宅水库
柏峰山
后炉埔
洪岭
古宅
后亭
石壁水库
前梧
呈美
石垄水库
三秀山
四房山
北山农场
竹坝水库
大尖
竹山
溪西
东塘
西坑尾
崎路
明溪
黄坂
上寮
大片
四林
庄上
大崎
下路坝
后溪
五头
白石
大泉
后坝
新山
山头后
寮野
宋宅
上厝
后塘
下寮
行宫
后垄
新厝
马塘
下埔
军村
店仔
西洋
东市
宋宅
垵炉
大溪
田洋
田厝
双第
下间
婆罗门教塔
五显镇
下峰
布塘
彭美
缉熙亭
古庄
东山
朝元
凤路
曾岭
新营
新圩镇
村尾
曾溪水库
诗坂
锄山
水头互通
桂林
琼坑
福厦铁路
沈海高速
G324
龙凤
芳光
苏内
联丰
苏内水库
许垵
寨仔
郭山
新厝
前院
过坑
龙泉
新垵
新厝
下刘
东宅
顶溪头
大同街道
碧岳
同安区
祥桥
祥平街道
杜桥
下溪头
康浔
新学
苏厝
洪塘镇
洪塘
新霞
苏店
下张
刘厝
阳翟
卿朴
西洪塘
白石
埔后
塘边
三忠
瑶头
石浔
顶厝
大乡
下墩
马巷互通
西湖
山坪
珠厝
西浦
浦头
龙西
龙东
曾林
莲塘
同安互通
赤坪
下山头
埭头
西柯镇
西柯
吕厝
同美
黎安
马巷镇
内厝镇
前垵
官浔
后田
丙洲
亭洋
西坂
莲前
黄厝
院前
后井水库
红墩
后庄
潘涂
前宅
同安大桥
大埔
西吴
下洋
蔡店
S206
下尾
刘山
刘埭
塘边
东亭
蔡林
后田
陈新
蔡浦
朱坑
潘林水库
西浦水库
芦青水库
大宅
翔安区
新店镇
吕塘
溪东
岑兜
桥头
东园
S201
下后滨
洪厝
洪前
霞浯
东
咀
港
鳄鱼屿
钟宅
蔡厝
刘五店
大嶝岛
翔安隧道（在建）
S201
前浯
田墘
东埕
小嶝岛
小嶝
角屿
大离浦屿
（在建）

银城全貌

银城全貌

夕照银城

福建省省委书记卢展工考察同安工业集中区建设

2007 年 7 月 5 日，福建省省长黄小晶考察同安工业集中区

工业集中区建设

2005年9月14日，同安工业集中区（同安园）开工

同安工业集中区建成区一角

2006 年 3 月 30 日，首批工业厂房正式投产

2007 年 8 月 8 日，同安工业集中区管委会揭牌

工业集中区建设

同安工业集中区湖里园一角

同安工业集中区同安园一角

同安工业集中区思明园一角

厦门通士达节能光源制造基地一期投产典礼

青岛啤酒生产线

Ecco 企业（厦门）同安动工

厦门中药厂奠基

电光源生产科研基地开工庆典

厦门三德盛实业有限公司开业

力隆氨伦生产车间

同恒金属有限公司同安新厂奠基

厦门二十名景之一——大轮梵天

梅山寺广场

喷火表演

莲花山国家森林公园景区之一——金光湖

国家 AAAA 级景区北辰山

竹坝风情

国家 AAAA 级景区南国紫禁同安影视城

竹坝南洋度假风景区大门

盛之乡温泉度假村大堂

盛之乡温泉度假村

特色农产品

郭山紫长茄

小坪芥菜

褒美进士芋

顶村茭白

内田芦柑

厦银牌龙眼

三秀山甜玉米

竹坝芳都杨桃

大溪地居住小区

同城湾居住小区

城东别墅区——银湖花园

芸溪居住小区

环东海域综合整治工程开工典礼

吹填造地工程

垵炉村新姿

金包银建成区一角

西山岩新农村

同集公路

ISO9002

沈海高速公路同安段

同安湾大桥

银湖大桥

环东海域大桥试通车

同安第一实验小学

同安第二实验小学

同安雅丽幼儿园举办教师节文艺晚会

同安技工学校奠基仪式

厦门市第三医院落成

同安中医院门诊大楼

洪氏眼科医院同安挂牌

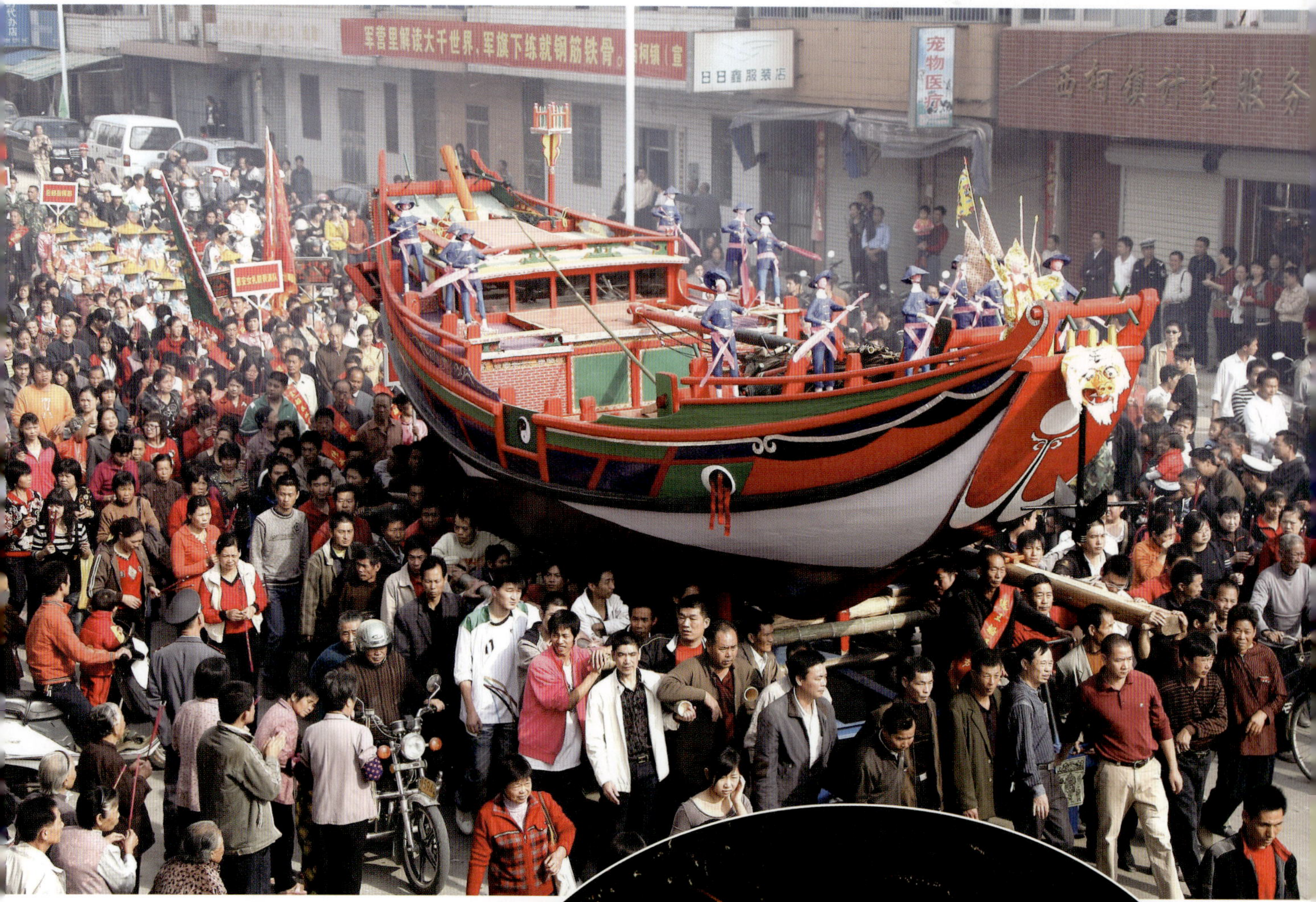

送王船

莲花褒歌

车鼓弄

活力同安文艺演出

第六届世界同安联谊会文艺演出

廉政文化下乡

同安首届民俗文化艺术节开幕式腰鼓专场比赛

“温馨厦门，和谐社区”同安专场演出

花车逛同安

“四下乡”走进工业集中区

小白鹭同安工业集中区慰问演出

搏饼度中秋

全国少年羽毛球赛同安开拍

千人长跑

犀牛车队拉练赛

中德排球赛

中国女排参观同安影视城

快乐生肖图（第三届中国农民图艺术节银奖）　作者：柯国庆

珠光青瓷

漆线雕

2008 年 4 月 17 日，同安区召开第二轮修志工作会议

2014 年 4 月 16 日，同安区召开《厦门市同安区志》评稿会

2014 年 4 月 16 日，《厦门市同安区志》评稿会与会成员合影留念

2017 年 10 月 25 日，《厦门市同安区志》总编室成员合影

前排左起：吴少捷、张瑞庆、黄慧佶，后排左起：纪俊赏、洪汇前、黄奕铁、陈金城、林明桐、陈成裕

厦门市同安区地方志编纂委员会成员（2008年）

主任委员　陈　琛

副主任委员　郭永辉　卢晓东　陈国栋　洪美霞　何东宁

成　　员　李金玉　林永富　李丽红　陈锦辉　杨天平　刘　康　林　虹　朱艺芳
黄文升　黄传芳　梁向阳　陈金标　刘海山　许传艺　陈延才　洪耀同
蔡志宏　叶其昌　叶阳彬　彭明赞　叶红旗　叶子青　欧阳明亮　李伟中
吴宁平　鞠爱莉　陈跃文　林明桐　郑开如　郭金炼　叶永明　李水龙
胡松彬　陈毅勇　叶文货　程进国　叶文雅　林跃裕　许珠明　陈　忠
方奇南　王春松　谢铭铜　吕财根

下设办公室

主　　任　林明桐

成　　员　黄慧佶　张瑞庆　陈成裕　郭红梅

厦门市同安区地方志编纂委员会成员（2013年）

主　　任　郑岳林

副 主 任　郭永辉　魏晓萌　何　玺　陈水利　黄向阳

成　　员　李丽红　赖腾隆　方奇南　陈锦辉　康进福　林　虹　蔡志强　陈延才
王春松　梁向阳　陈金标　洪海波　李水龙　陈再进　林建省　叶文货
杨建军　许建财　彭明赞　叶红旗　蔡良山　李妙音　王勇志　陈艺萍

成　　员　林跃裕　王育玲　洪其昌　王津伟　林明桐　张建华　林林宏　杨介仁
柯文斌　邵火炉　王　丰　颜春伟　叶永明　陈辉艺　许建文　蔡素贤
王旭辉　陈元庆　陈基础　庄　毅　康自展　陈艺生　潘全胜　李雪华
谢铭铜　吕财根

下设办公室

主　　任　林明桐

成　　员　黄慧佶　张瑞庆　陈成裕　郭红梅

厦门市同安区地方志编纂委员会成员（2017年）

主　　任　王雪敏

副 主 任　黄小林　蔡伟中　何　玺　朱永辉　许珠明

成　　员　林国财　赖腾隆　叶国生　李妙音　蔡阿芬　徐小华　郭斌超　洪作亭
叶红旗　王旭辉　费　薇　陈进团　徐火祥　唐碧华　林建省　杨天平
李水跃　林　虹　谢育添　吴良泉　王育玲　陈　前　王勇志　林跃裕
康荣辉　叶永煌　王津伟　洪汇前　张　翼　张茂林　吕进兴　马腾伟
黄　平　王　丰　李超毅　陈再进　洪春源　许建文　李永谓　方高生
许瑞敏　陈水泉　庄　毅　梁景忠　蔡福德　陈　鸽　陈基础　黄文堞
王朝阳

下设办公室

主　　任　洪汇前

成　　员　黄慧佶　纪俊赏　陈成裕　郭红梅　姚有水

《厦门市同安区志》总编室成员

主　　编　林明桐

副 主 编　洪汇前

执行主编　黄奕铁（特聘）

执行副主编　陈金城（特聘）

编　　辑　黄慧佶　张瑞庆　陈成裕

编　　务　纪俊赏　姚有水　郭红梅　吴少捷

厦门市人民政府地方志办公室
《厦门市同安区志》审查验收小组

组　　长　洪耀发

副 组 长　白延蜻　刘昌厚（执行）

成　　员　葛向勇　林立光　李艳玲　林　靖

《厦门市同安区志》照片主要来源

《同安特色农产品》（同安区农业局编）

《狂飚突进新跨越》（同安区工业集中区建设指挥部、厦门市建设与管理局编）

《同安名景》（《同安名景》编委会编）

《银城·绿色家园》（同安区绿化委员会办公室编）

《同安华侨史略》（郭瑞明、蒋才培编）

区委报道组　何东方

序

盛世修志，志载盛世。重点记述同安撤县设区后改革开放和现代化建设成就的《厦门市同安区志》，终于付梓出版了，这是全区文化建设的又一盛事，可喜，可贺!《厦门市同安区志》是中华人民共和国成立后同安编纂的第二部志书，是同安有史以来第十次修志结出的硕果，同时也是同安历史上的首部区志。

《厦门市同安区志》记述时间范围，上起于撤县设区的1997年，下讫于2007年。这是同安区加速工业化、城市化、现化化的十一年，是中共同安区委、区政府率领全区人民攻坚克难、团结进取、艰苦创业的十一年。“科教兴农”“科技兴区”“工业立区”“建设工业、物流、旅游三大基地”“加速工业化、城镇化建设”“建设农业现代化示范区”等一系列战略决策得到落实，滨海新城开发拉开序幕，工业集中区建设全面铺开，第三产业迅速崛起，国民经济和社会事业发展不断跃上新台阶。1996—2007年，人均国民生产总值由14176元增长至35344元，人均工业产值由9188元增长至80516元，人均全社会固定资产投资额由1733元增长至28556元，城乡居民人均可支配收入分别由6168元、2853元增长至18441元、6462元，城市建成区面积由1994年的4平方公里扩大到2007年的24平方公里，同安迈出由千年古县转向厦门市重要工业区、现代化城区的坚实步伐。《厦门市同安区志》全面系统地记叙这一期间同安政治、经济、社会事业等各方面所取得的巨大成就和发生的深刻变化，以翔实资料记录同安区科学发展、跨越发展、和谐发展的亮丽业绩。他既可为社会各界熟悉区情、各级机构科学决策提供重要依据，也能作为培育和弘扬爱国爱乡情怀的乡土教材，是一部了解和研究同安最权威的地情百科全书，具有较高的资政和存史价值。

真实可信是志书的生命线。十一年时间虽跨度不长，但经历2003年同安区析出翔安区的区划调整，随之带来政治、经济、社会各领域的管理体制和数据统计口径的巨大变化，给编修工作带来不少困难和挑战。在区委、区政府的主持下，《厦门市同安区志》编委会坚持“千秋大业、质量第一”的要求，各承编单位通力协作、鼎力支持，编修人员笔耕不辍、披沙沥金，从资料汇集到成稿、出版，数易其稿，精益求精，历经十载，终成硕果。在此，谨向全体志书编修单位和人员，提供宝贵意见的专家、学者，关心和支持编修工作的各级领导、驻区各部门、各单位致以诚挚的感谢！

修志问道，以启未来。当前，同安正处于一个新的战略发展时期，作为厦门跨岛发展的主战场之一已成共识。全区各部门、各行业建设者应当抓住这重要的历史机遇，认真回顾同安撤县设区以来的奋斗历程，研究发展规律，总结经验教训，进一步激发建设同安的自豪感和责任感，凝心聚力，开拓进取，为全面建成百姓富、生态美的“富美同安”而努力奋斗！

中共同安区委书记：

同安区人民政府区长：

2017年12月

凡　例

一、本志为《同安县志》(2000年版) 续志。

二、本志以马克思列宁主义、毛泽东思想、邓小平理论、“三个代表”重要思想、科学发展观、习近平新时代中国特色社会主义思想为指导，坚持辩证唯物主义和历史唯物主义的立场、观点和方法，遵循实事求是的原则，按照资料性、地方性、时代性等要求，全面记述同安区1997—2007年的历史和现状。

三、本志记述地理范围与当时行政区域一致，即1997—2003年记述范围包括翔安区各镇（街)、场，2004—2007年的记述范围不包括翔安区各镇(街)、场。时间范围上限起自1997年5月1日，下限止于2007年12月31日。上限前同安县的自然、社会、经济、政治概况在续志概述中作简要追溯。

四、本志以概述、大事记、分志、人物传为主，图、表、录为辅。分志按平列体分篇排列。篇下设无题概述和章、节、目等层次，横排竖写，纵横结合。

五、坚持生不立传原则，立传人物以生年为序，生年相同，则以卒年为序。革命烈士名表以牺牲时间为序，牺牲年月相同则以出生年月为序。高级专业技术人员名表、劳动模范名表分别以取得任职资格时间、授予时间为序。

六、本志统计资料以厦门市同安区发展和改革局、厦门市同安区统计局编的《厦门市同安区统计年鉴》为准。年鉴未统计的，采用职能部门的统计资料。2003年的统计资料大多数不包括翔安区各镇（街)、场，少数包括的加以括注。

七、本志采用法定计量单位。但为照顾阅读习惯，长度单位“千米”仍用作“公里”，农业篇、林业篇涉及农田、林地面积沿用“亩”为计量单位。用到历史计量单位时，括注折算为法定计量单位。

八、本志采用公元纪年。涉及历史纪年时，民国以前纪年用年号加汉字数字表示，括注公元纪年；民国纪年用民国加阿拉伯数字表示，括注公元纪年。

九、本志采用现代汉语语体文、记叙体、第三人称记述；除概述和篇下无题概述外，述而不论。文风力求严谨、简朴、流畅。

十、本志资料主要采自各职能部门编写的部门（专业）志稿，小部分采自各职能部门编写的总结、大事记、简讯等。

十一、本志记述党、政、群、事业单位等机构名称，一篇中首次出现用全称，此后用简称。

目　录

第一篇　政区与自然环境

第二篇　人　口

第三篇　城乡建设

第四篇　农　业

第五篇　林　业

第六篇　水　利

第七篇 工 业

第八篇 交通 运输

第九篇 邮政电信

第十篇　商业服务业

第十一篇　对外及港澳台经贸

第十二篇　旅　游

第十三篇　财　政

第十四篇　税　务

第十五篇 综合经济管理

第十六篇 中国共产党同安地方组织

第十七篇 人大 政府 政协

第十八篇　民主党派　社会团体

第十九篇 政 法

第二十篇　军　事

第二十一篇 同安与台港澳关系

第二十二篇 教　育

第二十三篇　科　技

第二十四篇　文化　体育

第二十五篇　医疗卫生

第二十六篇 民 政

第二十七篇　劳动人事和社会保障

第二十八篇　人民生活

第二十九篇 人 物

概　述

一

1997年5月撤县设区前的同安县是个千年古县。晋太康三年（282年），置同安县，寻废。五代后唐长兴四年（933年），再次置县，辖3乡11里。其境域包括今厦门市各区（海沧区的新阳街道、海沧街道除外）、大小金门岛和漳州市龙海县的一部分。民国元年（1912年）4月，析出大小嶝岛，大小金门岛及嘉禾里（今厦门岛）置思明县。民国3年7月，析思明县的大小嶝岛，大小金门岛置金门县。中华人民共和国成立之初，同安县境域面积1481平方公里。1953年11月、1957年3—4月间，集美、灌口等16个乡先后析出，分属厦门市和漳州市海澄县。1971年3月，南安县大嶝公社及石井公社的莲河、霞浯2个大队划属同安，此时境域面积为1078.55平方公里。1997年5月1日，撤县设区，厦门市同安区人民政府正式挂牌办公，境域面积不变，下辖12个镇8个农林场，户籍人口54.91万人。2003年9月，东部新圩、内厝、马巷、新店、大嶝5个镇和大帽山农场析出设立厦门市翔安区，同安区境域面积减为657.59平方公里，下辖大同、祥平2个街道，新民、西柯、五显、汀溪、莲花、洪塘6个镇和7个农林场，户籍人口29.40万人。2006年11—12月，大同街道、祥平街道、新民镇、西柯镇、洪塘镇所属的29个村民委员会实行村改居。至2007年12月，全区下辖2个街道办事处、6个镇、5个农林场计44个居民委员会、81个村委会。户籍人口30.83万人，常住人口36.52万人。

析出翔安后的同安，位于北纬24°35′～24°55′，东经117°55′～118°15′间，东连厦门市翔安区，西接漳州市长泰县，北邻泉州市安溪、南安两县市，西南与厦门市集美区接壤，东南面海。地势由西北中低山区向东南滨海台地、平原作阶梯状递降。主要山脉走向以北西为主。地貌大致分为北—西北部中低山区和中部中低丘区，有中山、低山、高丘、低丘、台地、平原、盆谷、海岸、滩涂、岛礁等类型。气候属南亚热带海洋性季风气候，冬冷无严寒，夏热无酷暑，秋高气爽宜人，春暖晴雨多变。1997—2007年，年平均气温21.8℃，比常年偏高0.7℃。2007年，耕地地力调查9947.67公顷。耕地土壤共有6个土类、11个亚类、18个土属、32个土种。植被为亚热带雨林区，现有植被为次生植被和人工植被。水资源总量枯水年3.95亿立方米，平水年7.17亿立方米，丰水年12.46亿立方米，人均水资源量2578立方米。有矿产资源27种，矿床、矿点和信息点449个，优势矿产为高岭土和花岗岩。

二

1997—2007年，同安实施“九五”“十五”“十一五”国民经济和社会发展五年计划（规划）纲要，产业水平快速提升，城乡建设和社会事业高速发展，人民生活水平迅速提高。三次产业比由1996年的26.9：43.7：29.4变化为7.4：54.7：37.9。人均生产总值由1996年的7342.43元增至2002年

14176.22元，6年间年均增长11.59%，再由2002年增至2007年35344.03元，5年间平均增长20.05%。人均工业产值由1996年的9188.04元增至2002年的21255.08元，6年间年均增长15.00%，再由2002年增至2007年的80516.55元，5年间年均增长30.52%。人均全社会固定资产投资额由1996年的1733.02元增至2002年的2628.09元，6年间年均增长7.19%，再由2002年增至2007年的28555.89元，5年间年均增长61.14%。人均财政总收入由1996年的495.00元增至2002年1169.40元，6年间年均增长15.41%，再由2002年增至2007年的4499.11元，5年间年均增长30.93%。职工年平均工资由1996年的8233元增至2002年的13800元，6年间年均增长8.99%，再由2002年增至2007年的22133元，5年间年均增长9.91%，城乡居民人均可支配（纯）收入分别由1996年的6168元、2853元增至2002年的10646元、4020元，6年间年均增长9.52%、5.88%，再分别由2002年增至2007年的18441元、6462元，5年间年均增长11.61%、9.96%。人均社会消费品零售总额由1996年的2811.79元增至2002年的5231.61元，6年间年均增长10.90%，再由2002年增至2007年的6280.48元，5年间年均增长3.72%。

历史上，同安既是农业县，又是缺粮县。1952年完成土地改革后，推进农业生产合作化，大兴农田水利建设，农业生产迅速恢复发展并于1957年一举由缺粮县变为余粮县，此后历经“大跃进”和“文化大革命”时期的滑坡。1980年6月开始的农村经济体制改革，各种形式的家庭联产承包责任制推行，解放了农村生产力。至1996年，农业产值以年均11.8%的速度大幅上升，农业内部结构得到改善，初步形成多种经营、综合发展、商品化的农业生产新格局。撤县设区后的前六年（1997—2002年）围绕农业增效、农民增收、农村稳定的工作目标，实施科技兴农战略，先后开展新一轮土地承包、“全国生态（第二批）农业示范区”建设、“全国商品粮基地”建设、农业龙头企业认定等工作，加快发展现代农业，推进传统农业向现代农业、粗放型农业向集约型农业转变，农业产业化初具规模，培育出15家省、市级农业龙头企业，订单农业8.5万亩。2002年，全区农业总产值22.16亿元，比1996年增加5.97亿元，年均增长5.37%，其中种植业产值、牧业产值和渔业产值年均增长率分别为1.06%、2.52%、11.90%。后五年（2003—2007年），在工业化、城镇化进程不断加快的大背景下，按照“统筹城乡发展”和“工业反哺农业”方针，立足区情，力促农业增效、农民增收、农村和谐。推进农业经营企业化，发展都市型农业和绿色、安全、无公害的特色农业，壮大“一村一品”规模，成功注册10个地域商标，建立17家农业专业合作社和专业协会，继续扶持农业龙头企业和订单农业，提高农业产业化水平。至2007年，全区农业总产值12.23亿元，年均增长6.83%，其中种植业产值、牧业产值、渔业产值年均增长率分别为22.17%、24.82%、-22.10%。

1950年，同安有手工业户561家，其中手工作坊120家。经济恢复期和“一五”计划时期，同安县人民政府一方面对私营手工业实行改造，另一方面投资建设地方国营工业和集体工业。至1957年，工业生产以年产值18.82%的增速发展。此后历经1958年的工业“大跃进”，1961年的“关、停、并、转”，十年“文化大革命”和后期执行建立小而全、为农业生产和国防建设服务的独立工业体系的方针，工业生产在曲折中发展，至1978年，工业总产值年均增长9.81%。改革开放后的1985年，开始城市经济体制改革，促成多种所有制工业企业并存竞争，蓬勃发展的社队企业、私营企业成为工业生产主力军，为1988年工超农做出贡献。20世纪90年代，三资企业、乡镇企业异军突起，推动同安工业快速发展。从1978年至1996年的19年间，工业总产值以年均11.57%的增幅高速发展。撤县设区后，确立“工业立区”战略，加大招商引资力度，致力于建设食品饮料、建材陶瓷、服装、电子四大支柱行业。2000年，实施工业强区战略。2001年，全面启动以引进三资企业、振兴民营工业、发展内联企业、培植支柱工业、建设基地工业为内容的工业化工作。2002年，推进轻工食品园区、洪塘石材工业园和同集高新技术产业园区等工业区建设。2003年，析出翔安后将工业列为与旅游、物流并重的三大产业。2004年，基本完成区属国企改制工作，扶持民营工业，成立区招商服务中心，加大引资力度。2005年7月，同安工业集中区全面开工建设，并作出“招商选资”的决策，提升引资质量。至2007年，工业规模进一步扩大，行业结构进一步优化，初步形成以食品、纺织、皮革、建材、电子五大支柱行业为主的产业集群。全区工业企业1934家，工业总产值248.24亿元，占当年同安区三次产业比例的54.7%。其中，规模以上工业企业346家（其中三资企业205家），工业产值227.64亿元。设区后至析区时的6年间，工业总产值年均增长4.03%，析区后5年，年均增长27.84%。

中华人民共和国成立之初，同安第三产业不发达，商贸、餐饮住宿、交通运输、邮电等传统服务业为其主要业态，产业水平低。"一五"时期，对私改造，建立了国营商业和合作商业，形成国、合商业一统天下的局面，商业经济得到恢复和发展。"大跃进"和"文化大革命"时期，关闭自由市场，限制集市贸易，撤并商业机构，缩编商业人员，减少商业网点，商贸业发展受到影响。交通运输业随着四通八达的陆路交通网和四大港区的逐步建成，拖拉机、汽车等现代运输工具的投入运输，以及国营集体运输企业的建立而得到发展。至1978年，社会消费品零售总额5466万元，是1950年的8.80倍，年均增长8.07%。第三产业增加值2918万元，为1950年的8.76倍，年均增长8.06%。货运量51.69万吨，货运周转量4262.36万吨，分别是1957年的31倍多、730倍，年均增长17.82%、36.88%；客运量51.78万人，客运周转量1577.48万人公里，分别是1962年的9.55倍、5.30倍，年均增长15.15%、10.98%；邮政业务量47万元，是1950年的11.75倍，年均增长9.20%。改革开放后，全面改革商业体制，建立和发展多种经济成分，多条流通渠道，多种经营方式，减少流通环节的"三多一少"流通体制，商业经济空前发展。形成国营集体、个体私营商业竞争繁荣的局面。20世纪80年代开始，私营、联营运输企业和个体运输户纷纷成立，形成多种经济成分、多形式、多层次的运输格局，促进运输业的发展。邮政行业取得明显进步；电信事业迅速发展，先后实现乡乡通电话（1956年）、全数字程控电话（1990年）、农话程控化（1992年）、数字数据通信等现代化通信。20世纪80—90年代兴起的房地产、物流、旅游、各种新兴服务业态等现代服务业推动第三产业的发展。1996年，第三产业增加值11.78亿元，为1978年的42倍，年均增长23.08%，占当年国内生产总值的29.34%；社会消费品零售总额15.36亿，为1978年的28倍多，年均增长20.36%。货运量661.50万吨，货运周转量30844.30万吨公里，分别为1978年的12.80倍、7.24倍，年均增长15.21%、11.62%。客运量678.56万人，客运周转量44583.18万人公里，分别为1978年的13.10倍、28.26倍，年均增长15.37%、20.40%。

从"十五"开始，同安按照"大力发展第三产业"和"做大第三产业"的产业发展方向，以房地产为龙头、以商贸物流业为重点，大力发展现代服务业，着力发展商贸、物流、房地产、旅游等产业。经过11年的发展，第三产业增加值占国民生产总值的比例由1996年的29.4%提高到2007年的37.9%。商贸体制深化改革，私营商贸占据同安消费品市场的大部分份额，大型超市陆续入驻同安，网购、电视购物等无店铺销售时行。粮油购销放开市场，形成多元、多渠道参与局面。同安成为"万村千乡市场工作"试点区，供销系统建成3个农资配送中心、100个农资农家店和503个日用品农家店。全区商贸业社会消费品零售总额在析区前后分别以年均10.69%和1.11%的速度增长。2007年，全区限额以上商贸企业33家，社会消费品零售总额19.36亿元，批零贸易业商品销售总额38.34亿元。完善的交通基础设施和四通八达的交通网络，以及闽南果蔬批发市场、建材物流园区等专业批发市场的建成促进物流业的发展。2007年，全区物流企业50家，集装箱拖头车690辆1.8万多吨位，普通货运车辆5236辆2.5万吨位，货运量683.22万吨，货运周转量52345万吨公里，分别比2004年增加12.82%、4.94%。受房改和城镇化的推动，作为第三产业龙头产业的房地产业发展尤为迅速，11年间入驻同安的房地产企业43家，房地产投资45.9亿元，房屋施工面积664.73万平方米，其中住宅520.04万平方米，房屋竣工面积202.63万平方米，其中住宅156.54万平方米，建成居住新区44个。2007年商品房销售面积30.80万平方米，销售金额16.59亿元，分别为2003年的1.94倍和6.87倍。作为同安三大支柱产业之一的旅游业，11年累计投资1.67亿元，完成5个重点景区建设，配套建成星级旅游饭店2家。2007年，基本形成东部历史文化民俗风情旅游区、中北部田园温泉度假旅游区、西部自然生态休闲旅游区和环同安湾旅游区、城区接待中心的"三区一湾一中心"的旅游格局；全年接待游客121万人次，旅游总收入2.8亿元，分别为2004年的1.45倍、3.13倍，年均增长13.12%、46.34%。各种新兴服务业如星级酒店、信息服务、娱乐休闲、商务服务、物业家政、体育健身、证券理财、教育培训等行业蓬勃发展。

三

中华人民共和国成立之初，同安百废待兴。同安县人民政府把有限财力投到地方经济和社会事业的恢复和发展上。从1951年到1978年，累计投入全民基建资金5287万元，完成汀溪水库、东坑围垦等7项水利工程，洪塘3.5万伏变电站、小坪二级电站等2项电力工程，县乡道25条公路建设工程，同安第四中学等9所中学的教育基建工程，银城影剧院建设工程和24家县集体以上工业企业的基建工程。改革开放后，基本建设投资资金由单一财政划拨改为银行贷款、多级投资、引进外资和个人投资等多渠道筹集。从20世纪80年代起，城乡集体、城乡私人、三资企业、房地产开发企业先后加入基本建设投资行列，全社会基本建设投资额大幅度上升，从1979年到1996年，累计投资总额470158万元，为前28年的近89倍。其中全民基建98943万元，占投资总额的21.04%；城乡集体42168万元，占8.97%；城乡私人建房104194万元，占22.16%；三资企业113904万元，占24.23%；房地产开发企业54090万元，占11.50%。主要完成竹坝水库、千里海堤达标建设、大嶝供水二期等7项水利工程，小坪三级电站、梅山和马巷11万伏变电站等10项电力工程，国道324线同安段、省道205线同安段等80多项公路建设工程，刘五店码头等12项码头渡口建设工程，大嶝引水等11项海建工程，中小学新建扩建等32项教育基建工程，同安医院门诊医技大楼、同民医院病房大楼等21项医疗卫生基建工程，文化、科技、邮电及县集体以上工业企业等63项基建工程和近700万平方米的城乡私房建设工程。

撤县设区后，城乡建设实现历史性跨越。11年间，全区省市区重点建设项目83项，总投资554.63亿元，其中2004—2007年63项544.12亿元。完成的重点项目，有东西溪防洪工程、沿海海堤修复达标工程等7项水利工程，梧侣220千伏变电站等2项电力工程，同集路同安段、同安湾大桥等21项公路交通建设工程，农村义务教育和公共设施、同安职业技术学校等7项教育基建工程，厦门市第三医院等4项卫生基建工程，同安体育馆等3项文体基建工程，北辰山风景区、翠丰酒店等5项旅游业基建工程，同安工业集中区同安园、环东海域整治等11项工业区片区基建工程，禽畜产品出口基地及农副产品加工中心、闽南果蔬批发市场二期等5项农林重点工程，惠尔康、古龙、银祥、ECCO皮革、娃哈哈、川普等14项工业企业基建工程，银湖新区等居住小区2项建设工程，区法院大楼、劳动力市场大楼2项公共建设工程。城市建成区由1984年的1.48平方公里扩大到2003年的9.8平方公里、2007年的24平方公里。44个居住新区的建成使居民居住条件由栖居型向舒适、宽裕型转变。在农村，分别采取社区居住型、新村建设型和环境整治型三种模式，按“道路硬化、村庄绿化、路灯亮化、卫生洁化、环境美化”五化标准，先后实施43个村的新村建设、旧村改造工程，完成建设项目500多个。工业集中区和环东海域的“金边银里”工程开标133栋，建筑面积52万多平方米。农村居民的生活环境大为改善。沿海海堤修复达标工程、河道治理工程等水利建设先后完成。落实半小时交通圈公路网络化建设目标和“二横三环六辐射”公路网络建设规划，完成投资近14亿元，新（改）建硬质化公路689公里，全区公路达290条831公里。实现全区110个行政村和409个自然村共238.4公里村道硬质化。新建成水电站20座，装机容量7865千瓦时。完成“两改一同价”农网改造，实现城乡同网同价供电。新建变电站5个和7条输电线路，优化电网结构，提高输变电可靠性。2007年，全社会用电量124186万千瓦小时，为1996年大同安时的3.93倍。实施沿海突出部人饮工程和农村自来水工程，11个镇先后建成自来水厂，农村自来水入户率达98.3%。改造供水管网、扩大供水范围达210平方公里。扩建梅山水厂，日供水能力达8万吨。邮政电信设施建设推动同安信息化建设，先后建成区政府内外网及区政府网络办公系统，覆盖区各部、委、办、局和各镇街场。电信企业陆续建成程控电话局点39个，接入局点100个总容量14万门，小灵通基站3200个，各种传输电路端口8133条电路24万条，宽带节点47个，端口72944个，小区宽带节点78个端口18000个。开通DDN数字数据网，ATM网、数字电路传输网、光纤城域网等现代化公用基础数据网。

四

中华人民共和国成立后，同安社会事业迅速恢复和发展。教育事业尤其是普通教育走过了曲折的发展历程。解放初期接管旧有学校，有计划消灭教学盲点，迅速恢复学校教育。“大跃进”时期教育冒进，“文化大革命”时期停课闹革命、缩短学制、盲目发展普通教育。改革开放后，教育事业得以拨乱反正，恢复和发展幼儿教育，改革中等教育结构，并于1983年实施普及小学教育，1991年实施九年义务教育。至1996年，全县有中学28所，在校生37166人；职业高中（中专）技工学校5所，在校生3353人；小学221所，在校生67109人；幼儿园220所，在园幼儿16208人。形成普通教育、职业教育和成人教育完整的教育网络。同年4月实现“基本普及九年义务教育，基本扫除青壮年文盲”。科技事业有较大发展。科研单位、科技咨询经营机构、科技团体陆续建立，科技队伍由1977年的495人壮大到1996年的6028人。科技普及活动、群众性科技实验活动，“一师一项目一成果”科学研究与推广活动普遍开展。1979—1997年，累计实施科研项目671项，其中获县科技进步奖颁奖大会奖励180项，获市级以上科技成果奖136项。解放伊始，县人民政府接办3家旧医院，逐步建立县、乡（镇）、村三级医疗防疫网络，壮大医疗卫生队伍，广泛开展爱国卫生、饮水卫生、食品卫生、劳动卫生、学校卫生等公共卫生活动，开展传染病、地方病、妇科病防治，实行孕产妇系统管理和儿童系统管理等妇幼卫生保健。人民健康得到有效保证，先后消灭鼠疫、天花、霍乱、血吸虫、丝虫、麻风等传染病，基本控制白喉、小儿麻痹症、疟疾、流脑、麻疹等病，彻底改变旧社会缺医少药和人口出生率低、平均预期寿命低、人口死亡率高“两低一高”的落后状况。解放后，南乐、歌仔调、民歌等民间音乐，车鼓弄、钱鼓舞、拍胸舞、神坛舞、五营舞、戏灯舞、彩球舞等民间舞蹈，高甲戏、歌仔戏、布袋戏等传统戏剧得到发掘和继承。卡拉OK、通俗歌曲、交谊舞、迪斯科舞、太空舞、歌剧、话剧等新兴文娱活动日渐活跃。民间绘画一枝独秀，使同安成为名闻海内外的民间绘画之乡。有线电视登门入户，进入寻常百姓家。群众体育活动广泛开展，1997年前在各级体育运动会中，一些体育竞技项目取得好成绩，其中破航模世界纪录1人项，创全国男子举重最高纪录3人项，创福建省男子自行车最高纪录2人项。

撤县设区后，科教文卫等社会事业全面发展。11年间，教育投入逐年增加，先后推行素质教育和普及高中教育工程，启动“双高普九”工程（高水平高质量普及九年义务教育）。2007年，区财政教育经费投入42556万元，为2004年的1.84倍，为1997年的3.26倍。信息技术机生比初中1∶9.7，小学1∶9.6，普高校舍建设、中小学实验仪器均达省颁一级标准。逐步免除城乡义务教育阶段学杂费、课本费、体检费、住宿费，全面实现义务教育。全区公办幼儿园106所，在园幼儿6600人；民办幼儿园15所，在园幼儿2551人；小学90所818班，在校生27582人；中学18所468班，在校生24155人；另有成人教育学校12所，特教学校1所、社区学校2所。先后于1999年、2007年被省政府评为“‘两基’工作先进区”和“实现双高普九区”。

11年间科技三项经费累计投入资金44.69亿元，其中企业投入43.62亿元，成为科技投入主体。科普活动、科技培训广泛开展，科普基地与科技示范基地建设、科技研究与推广快速推进，累计实施科技项目340项，其中农业项目120项、工业项目151项、卫生教育等项目69项。获得科技成果鉴定160项，市以上科技进步奖成果32项。获授权专利1394项。认证、批准科技型企业55家和高新技术企业25家。2000年，被评为“全国科技工作先进区”。2004年，再次被评为“全国科技工作先进区”，并列入全国科技进步先进区和全国科技进步示范区。2006年，获“福建省科普先进区”称号。

人均卫生事业费支出由1997年的38.75元增加到2007年的215.46元，千人口卫生技术人员由3.25人增加到4.15人，千人拥有病床数由2.05张增加到2.31张。区、镇、村三级卫生服务网络初步形成。同安区医院晋级三乙并更名厦门市第三医院，镇卫生院全部改制为全民事业单位。2007年，区镇两级全民所有制医疗卫生机构15所、村（社区）卫生所111所、民营医疗机构61个，卫生技术人员分别为705人、332人和243人，另有编外卫技人员611人。医疗急救服务网络和传染病疫情网络直报系统先后建立。爱婴医院、爱婴县（区）创建活动先后开展，卫生防疫体系和突发公共卫生事件应急体系得到完善。孕产妇保健系统管理和儿童保健系统继续推行，第五、第六周期中国/联合国人口基金生殖健康/计划生育项目相继实施。孕产妇死亡率和围产死亡率下降并控制在指标范围内，婴儿死亡率由1997年的17.32‰下降至2007年的7.71‰，住院分娩率由83.52%上升到99.67%。全民爱国卫生运动中建成省市级卫生镇村11个，改水受益率100%，改厕受益人口30多万人。

以创建全国文化先进区为契机，重点加强区、镇、村三级文化活动网络建设，1997年新建成省级达标以上文化站12个，其中省特级文化站1个、省百强文化站2个。发扬编修地方志优良传统，首开解放以来同安地方志事业，并取得丰硕成果，编纂、出版新编《同安县志》。编写、印刷（出版）部门（专业）志42部计750多万字，点、校、注民国版《同安县志》。成功举办首届民俗艺术节，节假日群众性文艺活动普遍开展，11年间，累计举办区级文艺活动502场。“莲花褒歌”等3项民俗文化被列入福建省第二批非物质文化遗产名录，22项涉台文物古迹被列为厦门市涉台文物保护单位。2000年，被评为“全国文化先进区”。实施广播电视村村通工程，建成上联省、市网，下联镇、村的有线电视光缆网络。有线电视入户率城区100%、农村88%。调频广播人口覆盖率98%。截至2007年，有音像、网吧、娱乐、书店等经营单位68家。同安体育中心、羽毛球馆、活水游泳馆相继建成并投入使用。据2007年普查，全区共有公共体育设施420处，其中篮球场223处、乒乓球室95处、健身路径40处、400米标准田径场30处。群众性体育活动、全民健身活动蓬勃开展，社会、学校、职工、农民、老年、协会等群众性体育活动累计举办202场。先后举办区运动会2场、部门运动会4场，参加省、市级运动会8场，各级各类专项体育竞赛46场，打破同安各类运动项目历史纪录76项。

五

中华人民共和国成立后，县人民政府按照中央有关政策，逐步实施社会救济、社会福利、社会保险、社会优抚等社会保障制度，保障在职职工及困难群众的基本生活。1952年7月起，对机关事业单位工作人员实行公费医疗制度，对国有企业职工实行劳保医疗制度。1958年起，对机关事业单位工作人员和国有企业职工实行养老保险制度。对农村“三无”（无劳动能力，无生活来源，无法定赡养、抚养、扶养义务人）人员实行五保制度。1969年开始，在农村实行合作医疗制度。1987年，对濒临破产企业的职工实行待业保险制度。1992年，实施农村养老试点。1994—1995年，先后按厦门市文件规定实施市级养老保险统筹和工伤保险制度改革。实施8个五年计划，经济和社会事业获得巨大发展，其成就惠及人民，人民逐步摆脱贫困，生活水平日益提高。1996年，农民人均纯收入由1958年的39.87元、1978年的100.88元增加到2853元，年均增长11.90%；人均生活费支出由1983年的377.49元增加到2665元，年均增长16.22%。城镇居民人均可支配收入由1990年的1635元增加到6168元，年均增长24.77%；人均生活费支出由1990年的1425元增加到5189元，年均增长24.04%。城乡居民消费水平由1950年的30.81元、1978年的125.87元、1990年的1028.21元增加到1996年的3560.17元，年均增长10.88%。职工年平均工资由1950年的525元、1978年的490元、1990年的2287元增加到8233元，年均增长6.17%。农村居民人均生活用房由1978年的17.3平方米、1990年的26.36平方米增加到35.31平方米，城镇居民由1978年的4.6平方米，增加到1996年的14平方米以上。人口死亡率由解放前10年的186.7‰，下降为5.59‰。平均预期寿命由解放前的不足35岁，1973—1975年的66.69岁，1987—1989年的68.92岁提高到1996年的72.19岁。

1997年后，社会保障体系在改革中逐步建立并完善。城镇职工养老、工伤、医疗、失业、生育保险、农村居民新型合作医疗和养老保险、城乡居民最低生活保障，城乡居民和未成年人医疗保险，失地农民失海渔民养老保险等多种保险（保障）制度得到实施，逐步形成广覆盖、保基本的社会保险体系。2007年，基本养老保险参保75742人，基金收入21702万元，分别为2004年的1.76倍和3.60倍；医疗保险参保81263人，基金收入12830万元，分别为2004年的1.56倍和2.80倍；工伤保险参保66135人，基金收入1012万元，分别为2004年的1.06倍和2.12倍；失业保险参保69123人，基金收入2001万元，分别是2004年的1.73倍和2.62倍；生育保险（2003年实施）参保64275人，基金收入527万元，分别为2004年的6.42倍和4.18倍；新农合参保（1997年实施）24.76万人，参合率98.69%，筹资1979.93万元，补偿医药费12526人2398.02万元。农村居民养老保险（2000年实施）参保35971人，缴纳保险费27.69万元，885人领取140.61万元养老金。城乡低保（1998年实施）3222户8534人，发放保障金686.66万元，实现应保尽保。失地失海居民养老保险（2006年4月颁行）参保3989人，缴纳保险金3863万元（财政补贴2015万元），2593人办理退养。

人民生活水平显著提高。全区总人口就业率由1997年的60.00%上升到2007年的76.68%。同期，农村居民年人均收入由3181元增加到6462元，年均增长7.34%；城镇居民年人均可支配收入由8705元增加到18441元，年均增长7.8%。在岗职工年平均工资由10034元增加到22133元，年均增长8.23%。城乡居民年人均消费水平由4098.90元增加到7022.73元，年均增长5.53%。其中农村人口消费水平由2563.78元增加到3822.20元，年均增长4.08%；城镇人口消费水平由6848.57元增加到13677.07元，年均增长7.16%。城镇居民人均食品支出占总支出比例由1997年的57.1%，下降至2000年的45%、2005—2007年的33.40%，分别达到小康水平和富裕水平；农村居民食品支出占总支出比例由1997年的47.78%下降为2007年的42.20%，属小康水平。生活环境日益优化，生活服务日益完善。2007年，城市废水排放达标率90.10%，空气质量良，饮用水系水环境质量Ⅲ类标准达标率100%，工业烟尘排放达标率95.7%。人均居住面积城镇居民24平方米，农村居民33平方米，分别超国际舒适标准1～2倍，区内公共交通方便快捷，公交线路行政村通达率86.49%，万人拥有公路长度25.46公里、公交车辆7.95辆。人均拥有图书由1997年的2.62册增加到2007年的5.55册，文盲率由1990年的202.11‰下降到2007年的109.81‰，学龄儿童入学率保持在100%。平均预期寿命从1996年的72.19岁（男68.48岁、女75.81岁）提高到2007年的74.81岁（男70.73岁、女78.87岁）。

1997—2007年，同安区经济和社会事业快速发展，城乡建设突飞猛进，工业化、城镇化进程快速推进，人民生活水平和社会保障水平显著提高。今后，同安将继续加大工业化推进力度，增加经济总量。同时调整发展方向，由“工业发展拉动型”逐步向“服务业增长拉动型”转变，使经济和社会逐步实现以人为本、与自然和谐的科学发展。

大事记

1997 年

4 月

30 日，撤县设区。

5 月

1 日，厦门市同安区人民政府挂牌办公。

10 日，国家教委、财政部授予同安区“中华扫盲奖”。

12 日，区委、区政府作出开展向勇斗抢劫犯负伤的同安十一中教师叶文彬、蔡资料、洪火吉学习的决定。之后，三位教师获省政府通报表彰。叶文彬还出席全国见义勇为先进分子表彰会议。

14 日，同安公安分局执行市委、区委批示，制止同安基督教堂办“主日学”活动。

18 日，同安公安分局抓获抢劫银行犯罪嫌疑人蔡某。

22 日，同安公安分局破获“4·5”“4·17”市局挂牌的特大抢劫案，抓获犯罪嫌疑人叶某某和邵某某。

6 月

24—25 日，同安公安分局开展治安清查统一行动，抓获各类犯罪嫌犯 57 名。

28 日，海堤加固达标工程完成，总长 23 公里，二期投资 3050 万元。

7 月

1 日，区政府举办庆香港回归庆祝活动。

3 日，省长贺国强到同安考察海堤、马塘新村和城南工业区。

7 日，同安文兴工艺公司的无光裂釉彩瓷获摩洛哥第三届国际发明与革新展览会奥斯卡金奖。1998 年 4 月 1 日，获第二十六届日内瓦国际发明展银奖。

29 日 20 时，洪塘下墩一采石场发生炮烟中毒事故，三死一伤。

是月

区中医院被省卫生厅批准为“二级甲等中医医院”。

同安区获福建省“双拥模范区”称号。

8 月

25 日，刘五店、澳头以南海域被列入厦门中华白海豚省级保护区（非封闭式），面积 5500 公顷。2000 年 4 月 4 日，经国务院批准为厦门珍稀海洋物种国家级自然保护区。

9 月

1—2 日，全市开展扫黄打毒禁赌统一行动，同安区抓获嫌犯 58 名。

22 日，同民医院及 11 家镇卫生院由县集体所有制事业单位转制为全民所有制事业单位。

24日，梵天寺举行重建后的佛像开光典礼，市、区领导和30所寺院代表等海内外来宾1000余人参加。

10月

1日，西柯镇后田村龙舟队获省第三届“刺桐”杯龙舟赛600米、800米直道竞速两项亚军。

是月

同安召开中华人民共和国成立后首轮修志成果《同安县志（评议稿)》省、市、区三级评稿会。2000年10月，由中华书局正式出版发行。

12月

12日，鲍鱼反季节育苗养成技术研究通过厦门市水产研究所验收鉴定，该项研究填补国内空白。

是月

同安通过卫生部、联合国儿童基金会评估，获“爱婴区”称号。

是年

南门桥拆除重建竣工通车，桥长91米，宽30米。

西池居住新区建设开工，总占地面积15.88万平方米，共建商品房综合楼36幢。

全区完成机关事业单位“三定”（定主要职责、内设机构和人员编制）工作。

全区12个镇制订《1997—2010年土地利用总体规划》。

同安国土房产分局开征矿山“土地复垦金”。

梁金城的农民画作品《海峡两岸同心曲》参加全国抗日战争爆发60周年展，获展出金奖。

1998年

1月

1日，港资金日集团捐建的“金日少儿图书馆”开馆。

28日（农历正月初一）同安区在大嶝举办“海峡两岸焰火晚会”，海峡两岸同胞共庆春节。

是日，洪塘康浔村发生持枪杀人、劫持人质大案。凶犯苏某某被当场击毙，3名人质获救，7名武警民警负伤。

29日起，全区开展“收枪治暴”专项整治，至1999年收缴非法枪支1657支、子弹1.15万多发、仿真手枪4500支、炸药967公斤。治安处罚违反“枪暴”管理规定人员136人。

31日，马巷桐梓路口发生大客车与小车相撞重大交通事故，4人死亡。

2月

同安区被卫生部授予“全国《2000年人人享有卫生保健规划目标》普及阶段先进区”称号。

3月

城南、城东工业区被福建省人民政府定为省级开发区。

11—28日，同安公安分局开展反盗车专项斗争，抓获嫌犯49名。

4月

1日，同安农业广播电视学校通过省教委评估，正式参加成人中专招生。

9日，同安区获首批“福建省文化先进区”称号。

5月

23日，中国特区唯一对台小额商品交易市场在大嶝开工，占地面积100公顷，分交易区、仓储区、台轮停泊点和经营服务区。1999年1月5日，建成开业。

6月

1日，区医院在全市率先设立院内“120”急救中心，全天候提供紧急救治服务。

是月

全区农村宅基地使用权登记发证工作完成，累计发证16万份。

7月

全区实施城乡居民最低生活保障制度，城镇居民最低生活保障每人月155元，农村居民每人月95元。

9月

11—19日，同安公安分局先后抓获“9·10”抢劫杀害台商郑志成（裕成拉链公司董事长）案5名湖南籍嫌犯。后5名凶犯均被判处死刑。

30日，区农业局组织实施的《蔬菜“淡季”增产高产技术》项目获农业部“农牧渔业丰收二等奖”。

10月

14日，同安东西溪防洪工程开工建设。总投资1.5亿元。2001年9月，通过验收。建成河堤24.14公里，涵闸4座，防汛道路2.7公里，保护面积25平方公里，防洪标准20年一遇。

15日，区委、区政府召开1993—1997年科技进步奖励大会，颁发63项科技进步奖和3个单位组织奖。

11月

11日，同安区邮电分营正式实施。

12月

31日，民营饮料企业“厦门惠尔康食品有限公司”开业。

是月

同安公安分局破获拐卖儿童特大犯罪团伙，嫌犯蒋某某等9人被捕，解救被拐卖男孩24名。

同安区台球运动员林迪迪入选国家队参加第十三届亚运会（曼谷）。

是年

占地66.67公顷，投资上亿元的同安影视城开业。

1999年

1月

10—13日，政协厦门市同安区九届一次会议召开，选举陈韬为政协主席。

11—15日，同安区十三届人大一次会议召开，选举陈再文为人大常委会主任，杨金兴为区长，刘建之为区法院院长，戴修俊为区检察院检察长。

15日，新民镇、马巷镇被评为省“乡镇企业百强镇”。

23—27日，同安公安分局破获赵某（四川籍）系列抢劫杀人案，抓获嫌犯3人。2月3日，公安分局受到省公安厅、市公安局表彰。

是月

大同中队交警陈思源获1998年度“全国优秀民警称号”。

3月

区科技局、水产局与厦门海洋三所、厦门水产研究所合作建立水产成果转化基地，研究推广优良品种引进、人工育苗技术、养殖技术等。

英雄三岛观光园动工兴建。同年5月，对外开放。2001年12月，被命名为“福建省爱国主义教育基地”。

4 月

30 日，马巷—新店—大嶝公路拓宽改造工程竣工，总投资 1800 万元。

5 月

7 日，巴布亚新几内亚国防部部长彼得·瓦伊恩一行 6 人参访同安。

15 日，中盛公司“盛洲”一级花生油获“中国·99 昆明世界园艺博览会”金奖。

18 日，同安区被省科技厅授予“福建农村技术市场示范区”。

6 月

24 日，同安公安分局破获“1·10”台湾“一贯道”渗透案，取缔道堂 3 处，训诫道徒 86 人。

30 日，城南排洪工程竣工，建成排洪渠 3.44 公里，总投资 1557 万元。

是月

同茂公司获农业部、福建省表彰。

惠尔康 5 种产品获评中国食品工业协会推荐产品；华星公司的“六甲基环三硅氧烷”获新加坡国际化工产品博览会金奖。

7 月

27 日，区政府召开 1999 年龙眼产销洽谈会，境内外 67 家公司、工厂参加，签约 15 份，可销鲜果 7325 吨，干果 290 吨。

8 月

1 日，“同安金门书画展”在大嶝开幕。展出作品 270 幅，其中金门艺术家作品 119 幅。

9 日，内厝新垵路段发生大货车与小客车相撞特大交通事故，死 11 人伤 13 人。

是月

全区推行新型农村合作医疗制度。

9 月

9 日，区政府授予孙炳炎等 20 位对同安有突出贡献的境外人士为同安区荣誉市民。

10 日，区政府在同安宾馆举行境外招商代理座谈会，颁发境外招商代理聘书，正式设立境外招商代理机构。

是日，厦门市同安区职业教育中心成立授牌，址在洪塘中学内。

20 日，当年建成的同安区第二实验小学举行开学典礼。该校占地 1.67 公顷，建筑面积 7600 平方米，总投资额 1200 万元。

是月

外商合资创办的大型石材企业高时（厦门）石业有限公司、股份制企业厦门百穗行科技股份有限公司开业。

10 月

2 日，梵天寺举行四殿落成两周年纪念及五百罗汉堂开光法会。

9 日，同（安）丙（洲）公路建成通车，全长 6.29 公里。

是日，14 号台风正面袭击同安，风雨成灾，死亡 10 人，伤 180 人，直接经济损失 5.75 亿元。

15 日至 11 月 15 日，同安公安分局开展为期一个月的“打黑除恶”专项行动，打掉犯罪团伙 12 伙 39 人。

28 日，同安区获省政府授予“基本普及九年义务教育、基本扫除青壮年文盲先进区”称号。

是月

同茂、文兴、惠尔康、银祥 4 家企业 9 个产品获全国农博会金奖。

11 月

3 日，西柯至阳翟公路改建工程全线通车，长 6.29 公里，宽 15 米。

9 日，厦门、漳州、泉州、三明、龙岩五市农业技术市场工作研讨会在同安召开。

12 日，马巷镇被列为全国小城镇综合改革试点。

16 日，同安二中获“福建省素质教育示范校”称号。

23 日，梵天寺住持释厚学一行 4 人应邀赴台交流。

是月

区政府组团参加马来西亚举行的第三届世界同安联谊会。

12 月

5 日，同安区电影公司获评“全国农村电影工作先进集体”。

10—15 日，同安区代表厦门市组队参加省第四届农民运动会（泉州），获 15 金、7 银、13 铜。

13—15 日，同安一中以 95 分的优秀成绩通过省一级校评估验收。

21—26 日，同安区连续 6 日遭遇霜害，农业直接损失 9589 万元。

27—29 日，同安区召开蔬菜促销会，100 多位国内外客商参加，签订农副产品加工销售合同 51 份、9.05 万吨，购销合同 9 份、1.45 万吨。

28 日，全区所有自然村开通有线电视。

是月

厦门佳事达购物广场有限公司在同安开业，经营百货零售，有分店 7 家。

是年

同安选送民间绘画作品 10 余幅到北欧国家展出。展出结束后，其中 9 幅入选《中国现代民间绘画选》。

实施国家农业综合开发中低产田改造项目。2001 年 9 月完成。总投资 3000 多万元，完成 8 片 3.2 万亩中低产田改造建设任务和 2.3 万亩土壤改良任务，建成机耕路 59 公里，修建电灌站 9 座，灌排渠 90 公里，新建改建加固小型水库、塘堰 8 座。

同安土地和房地产分局开展全区城镇住房普查。

新圩镇马塘村被中央文明委授予“全国文明村”称号。

2000 年

1 月

16 日，建设部、农业部和中央电视台到新圩马塘村了解采访农业产业化进程。

2 月

3 日，经农业部批准，在新圩马塘建立“厦门银鹭高科技园区”。园区占地 1.2 平方公里，投资规模 20 亿元。2002 年 1 月 10 日，园区被福建省企业局授予“全省乡镇企业省级工业园区建设先进单位”称号。

20 日，同安区被文化部评为“全国文化先进区”。

21 日，同安区组团参加中国泉州第六届国际南音大会唱。林丽红、郑菁菁获优秀奖。

3 月

22—23 日，水利部副部长周文智在省水利厅厅长陪同下视察同安区水利和海堤工程。

4 月

4 日，全省农村经营管理暨减轻农民负担工作会议在同安召开。

30 日，市公交公司同安分公司成立并开业营运。

是月

欧厝文昌鱼保护区升级为国家级保护区，保护海区面积 4000 公顷，保护范围扩大到澳头村、小嶝村海面。

5月

1日，同安一中校长庄水淡、中盛公司经理黄文传获评全国劳模，进京参加表彰大会。

是日，三秀路改造工程开工，总投资272万元。

6日，新加坡前总统黄金辉博士一行到马塘村和同茂公司参观考察。

6月

1—2日，同安公安分局开展禁娼禁赌、校园治安专项治理行动。

10日，五显一村民遭雷击死亡。

17—19日，同安遭遇百年不遇大暴雨，三天降水量418毫米。损失惨重。

26日至7月8日，区长杨金兴率团出访新加坡、马来西亚、泰国、越南，并访问中国香港地区，开展招商活动并邀请海外乡亲回乡参加同安世联会。

是月

厦门旺家福购物商场有限公司在同安开业。

7月

12日，同安区军粮供应站被国家粮食局、解放军总后勤部授予“全国军粮供应管理先进单位”称号。

28日，西柯、凤南各有一名村民遭雷击死亡。

是月

在全国少年女子分龄举重赛上，陈小青、林珍珠、叶丽旋分获4项第一名、4项第二名。

8月

15日，根据省政府文件《关于李仲明李仲树先生捐资办公益事业立碑表彰的决定》，区政府于大同镇新安州立碑表彰。

23日，第10号台风影响同安，大风暴雨造成直接经济损失729.2万元。

是月

张璐获全国青年田径锦标赛女子100米栏冠军。蔡雅琳获全国少年田径锦标赛女子400米栏亚军。吴春梅获全国青少年射箭锦标赛女子乙组三项第一，陈建基获男子儿童组两项第一。

区政府开展第一次涉台文物普查。11月，15处文物古迹被公布为首批厦门市涉台文物古迹。2006年，开展第二次涉台文物普查。两次共列入厦门市涉台文物古迹22处。

9月

1日，厦门市体育运动学校同安分校成立。

8—12日，同安区参加第四届中国投资洽谈会并签约5项，引入外资3.25亿美元，还举行2家外企开业仪式。

9日，同安区获国家科技部授予的“全国科技工作先进区”称号。

是日，同安区获国土资源部确定为国家投资土地开发整理示范区，规划总规模21630亩，总投资1958.75万元，预计新增耕地2227亩，2003年报部验收。

是日，吕淑爱获全国重点城市射击比赛女子汽步枪40发总分第一，林应杰获男子气手枪60发总分第二名。

是月

同安区政府组团出访印尼、菲律宾、澳大利亚侨界。

10月

7日，全国侨联主席林兆枢一行在省市侨联领导及区领导陪同下考察竹坝华侨农场。

8日，外商独资“厦门大统皮革制品有限公司”开业。

15日至11月15日，在市局统一部署下，同安公安分局开展为期一个月的“打黑除恶”专项行动，打掉各类犯罪团伙12个39人。

11 月

4 日，区政府、市茶叶协会联合举办“厦门市同安千禧赛茶暨茶叶促销会”。

16 日，美国农业部代表团访问同茂公司。

是月

新编《同安县志》正式出版。分上、下册，38 卷，200 余万字。

同安开展第五次全国人口普查。

张小宝在韩国举行的第二届亚洲青少年举重锦标赛，获男子少年组 56 公斤级三项亚军。同月，参加中日韩三国举重对抗赛，获男子 62 公斤组总成绩第三名。

12 月

2—4 日，第四届世界同安联谊会在同安召开，以“联谊、发展”为主题，26 个国家和地区 54 个代表团共 1600 多位海外乡亲参加盛会。同时举办“华夏生辉”大型集邮展览。

3—6 日，同安区第八届体育运动会在人民体育场举行，61 个代表团 2300 名运动员参加。

3 日，以同茂公司为主的厦门银鹭集团举行成立庆典。

29 日，越南副总理阮么丹由省水产厅厅长谢光玉一行陪同到同安松达公司鲟鱼养殖场参观。同日，区内开通“小灵通”电讯业务。

是年

大唐世家、银城佳园、银湖花园、华清中心城四大居住新区开工建设，建筑面积分别为 5.46 万平方米、5.20 万平方米、7.50 万平方米、15.82 万平方米。

同安区被农业部列为“全国第三批（50 个）生态农业示范区”，建设 13 个重点项目，期限 3 年，总投资 2 亿元。

2001 年

1 月

9 日，惠尔康、兴盛公司 3 种产品获省“农业名特优新产品金奖”。

17 日，区内电信宽带域网开通，网络开始进入居民家庭。

18 日，瑶江橡胶坝工程竣工验收。

21 日，台资企业厦门冠威环保生物科技有限公司落户同吉工业区，填补同安环保产业的空白。

是月

总投资 1128.4 万元有线电视光纤网络工程建成，覆盖 100 个行政村（场），覆盖面达 80.19%。

2 月

9 日，市政府确定厦门高科技园区选址同安新民镇，规划用地 8.24 平方公里。

3 月

1 日，同安一中被省教育厅认定为“1998—1999 年度（第七届）省级文明学校”，并授牌。

31 日，五显派出所民警在当地群众配合下，成功营救出被困北辰山一整天的 6 名大学生游客。

是月

区政府启动应急预案，控制住石浔、古庄两村的春季禽流感疫情。

4 月

3 日，国家射击射箭中心授予同安十四中“全国射箭重点传统学校”称号。

5 月

城北工业区（市级）建设启动，总用地 93.7 公顷。

是月

张璐获全国田径锦标赛100米栏第四名，获国家级运动健将称号。曾莉莉获全国青少年射击比赛少年级10米气步枪第二名，达国家运动健将级标准。

6月

8日，新设立的大同街道办事处、祥平街道办事处授牌。

15日，同安公安分局召开打击“六合彩”赌博公开处理大会，处理98人。

7月

厦门如意食品公司被农业部、外经贸部授予“全国出口创汇先进乡镇企业”称号。

同安区获评福建省1999—2000年度计划生育工作先进一类区（已连续三次）。

张璐在文莱举行的亚洲青年田径锦标赛上获女子4×400米接力第二名、100米栏第四名。

8月

3日，全国政协副主席张克辉率中央考察调查团30人到银鹭集团和马塘村进行农业产业结构及农村税费改革调研。

11日，首批重庆奉节县三峡移民46户201人落户同安凤南农场后坂村和新塘村。

14日，同茂、惠尔康、中盛、银祥、如意、浦头饲料、百味果、将军食品8家乡镇企业被市府确定为厦门市首批农业产业化市级龙头企业。

是月

林东海获世界OP帆船锦标赛队赛第四名。

美国加州同安联谊会华裔青年夏令营参访同安。

9月

11日，苏丹国大使阿卜杜勃哈来德·阿卜丁一行到新圩考察武峰塑胶公司。

16日，同安区在第五届中国投洽会签约3个项目，引进外资6700万美元。

18日，破获省厅督办的区内“6·25”邪教“法轮功”非法活动案，抓获嫌犯5人。

19—20日，台风“百合”影响同安，暴雨成灾。

20日，银莲路开工建设。

26日，梵天寺举行法慧纪念堂落成暨建寺1420年大型庆典活动。

是月

厦门如意食品公司被农业部等八部委授予“农业产业化国家级重点龙头企业”称号。

银祥实业公司的“健康型牛蛙饲料”获国家级星火计划项目证书。

陈和池获第十届亚洲帆船锦标赛男子OP级冠军。

10月

2日，美国东洛杉矶学院院长率团莅临同安一中参观交流，与同安一中签约结为友好学校。

10日起至次年1月13日止，同安区发生秋冬季连旱，历时96天。

11日，香港劲美企业有限公司与汀溪镇签约，投资2亿港元，建设造水生态农业村。

是月

同安区被中央宣传部、国家计生委授予“全国婚育新风进万家活动先进区”称号。

区行政中心竣工投用。总用地面积5.1万平方米，总建筑面积3万平方米，总投资8628万元。

11月

9日，同安二十八中残疾学生叶超群获远南残疾人运动会乒乓球赛台北站TT7级冠军。

29日，全国政协副主席任建新携夫人到大嶝三岛观光视察。

12月

2日，惠尔康集团获评2001年“中国农业产业化经营二十大龙头食品工业企业”。市政府同时授予该企业“市科学技术先导型企业”称号。

10—14 日，新加坡南侨中学校长率 16 人莅临同安一中参观访问。

是月

林珍珠获第三届亚洲青少年举重锦标赛女子组 69 公斤级抓举、挺举、总成绩 3 项第一名，并 6 次打破亚洲少年组 3 项纪录。

榕兴石油、如意食品、将军食品、兴盛食品、银祥饲料五家公司获农业部授予的“全国质量管理达标单位”称号。

是年

区土地房产管理局确立以土地用途管制为核心的新型土地管理制度，严格限制农转非用地总量，对耕地实行特殊保护。

区政府 3 次组团赴台招商。

同安保障性住房岳口统建房小区开工建设，规划建设 16 幢多层商住楼，总建筑面积 4.5 万平方米。

2002 年

1 月

18 日，国台办等十部委领导考察厦门大嶝对台小额商品交易市场。

22 日，区政府召开 1998—2000 年度区科技进步奖表彰大会。

2 月

3 日，区委、区政府从三秀路 173 号迁入银湖中路 1 号新建区行政中心办公。

4 日，同安获省“1999—2000 年度科技进步先进区”称号。同年，被科技部评为“全国科技进步先进区”。

9 日至 5 月 10 日，同安发生春季特旱。

23—24 日，同安民俗文化旅游节在北辰山景区举行。

3 月

12 日，北辰山龙泉洞发生劫杀 4 名女青年大案。同年 5 月 29 日，破案，抓获重庆籍嫌犯 2 人。

18 日，厦门银城股份有限公司资产公开拍卖，青岛啤酒集团以 1.41 亿元竞买成功，更名青岛啤酒（厦门）有限公司。

23—24 日，北辰山风景区举办厦门同安民俗文化旅游节，市、区领导出席。

是月

同安区获评“2001 年度省计生工作先进一类区”（五年蝉联）。

区农业局被农业部授予“2000—2001 年度全国农业执法先进单位”称号。

同安区被省综治委评为“福建省流动人口管理工作先进单位”。

4 月

27 日，湖井基督教会举行献堂庆典（1998 年建成），为同安西半区最大的山区教会。

是月

经市府批准设立厦门轻工食品工业区，规划用地面积 4.5 平方公里。

5 月

9 日，大嶝对台交易市场举办为期一周的海峡两岸特色商品联展，近百家企业参展。

12 日，福建世行贷款/英国赠款中国结核病控制项目及中央免费治疗项目在同安正式实施。

15 日，市、区气象局在白沙仑农场实施人工增雨作业，缓解旱情。

23 日，市委、市府批准同安区党政机构改革方案，全区共设党政群机构 53 个。

30 日，市计委批复立项建设城南“同安区医院”（厦门第三医院），用地 8.2 公顷，建筑面积 6 万平方米，投资估算1.6亿元。

是月

林迪迪代表厦门市参加第二届全国体育大会台球赛，获花式撞球团体第一名，个人第三名。

同安区获省委、省政府、省军区授予“双拥模范区”。

6月

10日，设立厦门石材工业区（洪塘），规划面积1000公顷。次年4月20日，获省乡镇企业局授予的“省级工业园区建设基地”称号。

11—13日，市、区气象局再次实施人工增雨作业。全区普降大雨，雨量达300毫米，旱情基本解除。

13日，时任省长习近平在市、区领导陪同下，考察大嶝对台小额商品交易市场，走访洪氏、如意公司等企业。

17日，金门县贤庵国小师生、家长40余人，到同安区第一实验小学进行教育文化交流，开展陶艺、书画展和学生联谊活动。

是月

曾丽丽获全国重点城市射击赛女子少年组10米气步枪40发第二名，小口径步枪60发卧射第一名。

同安完成全国商品粮基地建设8个子项目建设任务，总投资970万元。

7月

4日，同安二中通过省二级达标学校验收。

9日，同安区国土资源房管局成立，统管全区土地、矿产、房产业务。

是月

邵志胜在全国少年男子举重分龄赛中获14岁组48公斤组4项第一。

同安公安分局破获全省最大的“7·13”假发票案，查获运输发票1865份，涉案金额4836万元，涉案40多人。

8月

6—8日，12号台风“北冕”影响同安，暴雨成灾，直接经济损失5961万元。

15日，新店—莲河公路改建工程竣工，全长9.5公里，投资1654万元。

21日，省委副书记卢展工一行15人到银鹭高科技园考察。

28日，银城船舶运输公司所属“长安号”货轮直航金门，实现两岸贸易的双向直接往来。

9月

8日，同集高新技术园区举行奠基典礼。

9日，银湖大桥建成通车。桥长327.6米，宽27米，投资6100万元。

17日至10月2日，吕厝华兴芗剧团应邀赴文莱国进行文化交流演出。2003年9月、2005年9月，又两次应邀出演。

25日，梵天寺释厚学住持圆寂，享年85岁。10月2日上午，召开追悼会，政府代表、境内外宗教界人士及信众5000余人参加。

是月

同安企业家陈跃钳投资兴办大型大豆加工企业“厦门中禾实业有限公司”，注册资金1亿元。

马来西亚郭氏公会祭祖团一行73人到访同安并开展寻亲活动。

10月

1日，址在祥平卿朴村的同安污水处理厂主厂区动工建设，总投资1.4亿元，日处理能力5万吨。2003年12月，竣工运营。2007年底，再投资近亿元扩建，日处理能力增至10万吨。

16日，卫生部等五部委授予同安区“全国农村初级卫生保健工作（1990—2000年）先进区”称号。

29 日，新民镇禾山村获评“全国精神文明建设创建工作先进单位”。

30 日，区文体局联合公安、工商部门开展为期一个月的严打违法音像制品的“金风行动”。

11 月

15 日，区政府出台《同安区粮食流通体制改革实施方案》，启动粮食流通体制改革。至 2005 年，关闭原区属国有粮食企业 17 家，办理提前退休 62 人，内部退养 59 人，解除劳动关系 245 人。重组粮食购销企业。

12 月

1 日，区供电部门根据区政府部署（1999 年开始）完成农网改造项目 220 个，实现城乡用电同网同价。

19 日下午 5 时，新店镇沿海普降冰雹，持续十多分钟，造成作物受灾 1.73 万亩，损失 1500 万元。

20 日，省卫生厅授予同安区为首批“福建省农村中医工作先进区”。

26 日，省道水浏线莲河至刘五店段改造工程动工，全长 16.8 公里，总投资 6.05 亿元。

是年

同安区遭遇五十年一遇的特大旱灾（2001.10—2002.5），农田受灾 62500 亩。

同安实施马巷镇国家级小城镇综合改革方案。

同安区被省计生委列为全省人口与计生工作综合改革试点区。

五显镇四林村党总支被授予全国农村“三个代表”重要思想学习教育活动先进集体。

2003 年

1 月

1 日起，同安实施“五个取消”（取消乡统筹费、农村行政事业费、政策性教育集资、屠宰税、统一规定的劳动积累工和义务工）、“一个缓征”（缓征农业税和农业特产税）、“一项改革”（改革农村提留征收和使用方法）的农村税费改革。

3 月

1 日，同安公安分局开始为期一个月的网吧专项整治。

7—10 日，文化体育出版局开展文化市场“扫黄打非”集中整治。

17 日，同安公安分局破获省厅督办的大同新安洲“2·26”抢夺 33.4 万元大案，抓获黑龙江籍嫌犯王训和等 4 人。

22 日，同安区被国家人口计生委、卫生部确定为全省唯一的中国/联合国人口基金第五周期生殖健康/计划生育项目区。5 月 29 日，项目正式启动。

23 日，连接五显、新圩两镇的同新路开工建设，全长 12.87 公里，宽 24 米，总投资 7200 万元。翌年竣工通车。

是月

祥桥邮电支局获全国“巾帼文明示范岗”称号，4 月 4 日隆重授牌。

4 月

1 日，同安区获评省“2001—2002 年度计生一类先进区”。

1—10 日，同安公安分局开展保护知识产权专项打假行动。

5 月

15 日至 8 月 15 日，同安公安分局开展“夏季百日侦破会战”，共破获各类刑案 479 起，抓获嫌犯 415 名，其中命案 6 起，捣毁犯罪团伙 8 个 35 人。

6 月

25 日，共产主义青年团城乡活动百千万工程（厦门市—福建省省直单位）结对帮扶活动在同安区举行。马巷镇团委、莲花镇团委分别与省总工会团委、省环保局团总支结对帮扶。

是月

同安公安分局刑警大队被中央政法委、中央综治委评为“全国严打整治斗争先进集体”。

7月

24日，同安区被中国计生协会确定为全国预防艾滋病知识宣传项目点。

是月

同安区遭遇50年一遇罕见夏旱，当月降雨量10.5毫米，破历史最少纪录。受旱农田5万多亩。

同安东部新圩、内厝、马巷、新店、大嶝5个镇和大帽山农场析出，设立厦门市翔安区。

8月

11日，同安体育馆正式动工建设，用地面积7.4公顷，建筑面积2.66万平方米，总投资8000多万元。2004年9月8日，举行落成典礼。

是月

原属同安区的86个单位、3482名在职人员成建制划转翔安区，同安区抽调124名机关干部到翔安区工作。

9月

1日至10月10日，同安公安分局开展为期40天的“安保”专项行动，破获各类刑案102起，抓获嫌犯91名。

3日，竹坝开发区举行福建省华侨农场文化节，全省17个华侨农场归侨参加系列文体活动。中央、省、市及多个外省市侨办领导出席。

9日，盛之乡（厦门）温泉度假村举行开工仪式。占地16万平方米，总投资6000万美元。

是日，区政府在同安会堂举行中秋招待酒会，招待在同安投资办厂的三资企业，与会客商及三胞300多人。

12日，同安区在第七届“9·8”中国国际投资贸易洽谈会签订外资项目5个，引资6850万美元。

13—15日，同安区十四届人大一次会议召开，选举林友才为区人大常委会主任，陈子强为区长，周内金为区法院院长，洪智勇为区检察院检察长。

24日，同安选手叶超群在全国第六届残运会上获TT7级乒乓球男单冠军。

25—26日，中共同安区第十次代表大会召开，陈昭扬当选为区委书记。

30日，厦门市委、市府批准《厦门市同安区机构、编制、领导职数调整方案》。

是月

同安区开展全区农村“五保”普查，全区共有五保对象256人，尚有未保86人。

10月

10—12日，政协厦门市同安区第十届一次会议召开，选举杨宏祥为政协主席。

15日起，秋冬大旱，延续至翌年2月。

11月

2日，同安梅山寺举行摩崖石刻佛像群开光典礼和大雄宝殿奠基仪式。

6日，同安区获福建省十二届运动会总分排名第五名的优秀成绩。

15日，长672米、宽24米的银莲路A、B段竣工通车，总投资2177.05万元。

12月

6日，同安区被福建省计生委评为省“计划内生育优质服务先进区”。23日，被国家人口计生委评为首批“全国计生优质服务先进区”。

18日，厦门市同安医院更名为厦门市第三医院，正式挂牌营业。

20日，厦门莲花国家森林公园经林业部批准成立，规划总面积3824公顷，整合莲花山、金光湖、野山谷、小坪、文山、铜钵岩六大景区而成。

是年

同安供销系统16个单位完成改制。

2004年

1月

1日，同安一中划归厦门市教育局直接管理。

5日，同安获评“全国科技进步先进区”。同年10月28日，又被科技部批准为“全国科技进步示范区”。

是月

同安区计生协会获评“全国计生协会先进单位”。

同安区农业疫情网络直报系统正式启动。

2月

2日，莲花工业片区设立，面积100公顷。

4日至4月6日，同安公安分局开展为期二个月的流动人口宣传执法专项活动，带破刑案106起，查处治安案件108起。

是月

区宗教局开展对滥建寺观教堂、露天佛像和民间信仰活动场所的专项治理。

同安区开元、金富、黄金、城南、城北、同集、同吉7个市级工业区整合为城南工业区、火炬工业园区、厦门轻工食品园和同安石材工业园。

3月

5日，同安公安分局破获祥平“3·3”绑架台商江飞明案，抓获嫌犯杨建军等6人。

12日，碧溪路开工建设，长1659米，宽24米，投资4079.3万元。

16日至5月15日，公安分局开展为期两个月的校园及周边治安专项整治行动。

19日，同安区农业行政综合执法大队被农业部评为“全国农业执法先进集体”。

3—5月，同安区实施农村义务教育建设工程，共38个项目，市、区财政投入8745万元。

是月

同安在全省率先实行村级会计委托代理制度。全区有108个村的会计业务分别由新成立的镇会计服务站代理。

4月

1日，成立同安区会计服务中心。全区155个区级行政事业单位分3批实施会计委派制度，实行会计集中核算。

2—4日，全省农业科教暨农广校工作会议在同安召开。

6日，成立“同安区招商服务中心”，撤销区“外商投资咨询服务处”“同安区工业开发中心”。

5月

1日，厦门凤凰花旅游节在同安影视城开幕，市、区领导出席。当日，接待游客1.5万人次。

是日，区歌仔戏剧团编排的反腐剧目荷叶说唱《侄儿、女儿、老爸》在中央台一套展播。

是月

林腾达获全国重点城市射击赛男子青年组10米移动靶标准速射30+30冠军。

6月

1日至8月31日，按市局统一布置，同安公安分局开展夏季侦破会战，抓获嫌犯357人，破刑案314起，其中命案3起。

7 月

23 日，大同街道东山村被司法部、民政部授予“全国民主法治示范村”称号。

8 月

3 日，丹麦 ECCO 鞋业集团于城南工业区举行奠基典礼，市区领导出席。次年 4 月正式投产。

25 日 20 时至 27 日 16 时，第 18 号台风“艾利”袭击同安，全区受灾损失 888.6 万元，其中农牧渔业损失 370.8 万元，但台风降雨缓解了旱情。

是月

方小燕在全国重点体校射箭锦标赛中获女子组 50 米单轮、60 米单轮和团体三项冠军。

9 月

1 日，第一实验小学芸溪校区正式开学。

是日，梵天寺“厚学慈善会”成立，基金 500 万元。

8—9 日，同安区 7 个外资项目签约“9・8”投洽会，总引资 2.62 亿美元。另签约内资项目 8 个、投资总额 12.77 亿元。

10 日，区建设局实施东西溪两侧夜景工程建设，总投资 41 万元。

20 日，印尼苏北省印华总会黄印华会长率领的江夏合唱团一行 69 人到访同安，并到竹坝华侨农场参观、联谊。

24 日至 12 月 3 日，同安秋季大旱。气象局进行 16 次人工增雨作业，以缓解旱情。

10 月

1 日，同安第一实小举办百年校庆，区领导与各界人士 600 多人参加，同时举办“双溪论坛”。

13 日，区内 12 家企业参加沈阳博览会。

17 日，区政府和厦门日报社联合主办的“活力同安”民俗文化活动在影视城开幕。

29 日，《同安区关于大力促进民营经济发展的实施细则》颁行。

11 月

11—16 日，吕厝华兴芗剧团一行 40 人应邀赴金门进行文化交流演出。

28 日至 12 月 2 日，在同安体育馆举办全国少年羽毛球比赛。全国 19 个运动队 218 名运动员参加。4 个年龄组决出 16 块金牌。

12 月

3—4 日，受台风“南玛都”影响，同安普降暴雨。

21 日，汀溪中学被中国教育学会授予“全国教育课题实验校”称号。

30 日，东溪公园建设完工，占地 3.38 公顷，投资 192.08 万元。

是月

全区进行第二次全国经济普查。

是年

区教育局调整改善小学布局，朝元小学等 12 所小学被撤并。

城区上游河道治理工程启动，总投资 4498.27 万元。

2005 年

1 月

1—2 日，同安遭霜冻灾害，农业损失约 6960 万元。

1—5 月，同安公安分局开展打击赌博专项行动，共查案 201 起，抓获嫌犯 413 人。

是月

同安对进城务工就业的农民工子女实行义务教育，免收借读费。

3 月

1 日，同安公安分局开展为期一个月的集中整治无牌无证摩托车专项行动。

25 日，同安湾大桥动工建设，全长 7528.47 米，宽 54 米，双向六车道。

29 日，金门同胞 172 人组团到瑶江大元殿进香。

5 月

7 日，同安区邀请中国女排在同安体育馆举行同安区“争创文明城”中国女子排球对抗赛，市、区领导出席观赛。

是月

苏玉玲在全国青少年射击锦标赛中获女子气枪 40 发亚军。

6 月

同安区 17 家国有粮食企业改制完成。

同安第二实验小学被省教育厅确认为“福建省示范学校”。

7 月

苏凯丽在全国高水平后备人才基地举重锦标赛中获女子 44 公斤级抓举、挺举、总成绩和总分 4 项第一。

8 月

13—14 日，第 10 号台风“珊瑚”袭击同安，降雨 383.8 毫米，受灾群众 7.45 万人，直接经济损失 2.35 亿元。

25 日，在省第二届社区文化艺术节活动中，同安区选送的节目获一银二铜。

是月，育才学校接收的首批 50 名甘肃籍学生毕业并顺利就业。

9 月

5 日，同安工业集中区举行开工典礼，规划面积 12 平方公里，包括同安园、思明园、湖里园、火炬园四个园区。

12 日，区政府制定《关于完善征地拆迁政策若干意见的实施细则》，按三种地类、四个地等实行不同的征地补偿标准。

17 日，五峰村民邵茶花被全国妇联授予“让你感动的中国母亲”荣誉称号。

10 月

1 日，区政府颁布实施《城乡医疗救助办法》，对低保户及优抚对象实施医疗救助。

9 日至 2006 年 1 月 26 日，同安发生严重秋冬旱情。

15 日，同安公安分局破获“10・14”非法拘禁台商宋淑美案，抓获嫌犯潘某某、魏某某。

30 日，汀溪造水村“宋江阵”赴金门烈屿西口国民小学传艺交流。

11 月

10 日，中宣部等十部委授予大同街道 2001—2005 年“全国婚育新风进万家”活动先进街道称号。李淑贞、庄惠祝获评先进个人。

26—28 日，第六届世界同安联谊会在同安隆重举行，主题为“同根缘、华夏情”。

12 月

31 日，市、区宣传部门联办的“温馨厦门、和谐社区——同安专场文艺晚会”，在厦门广电集团电视演出大厅举行直播演出。

是月

同安一中学生方英宏、李恬恬、王璐的《关于“六合彩”调查报告》受到中纪委和厦门市委领导肯定，被中宣部、中央监察部、中央电视台评为“2005 年度全国十大法治人物”。

全区政府系统418名公务员进行《中华人民共和国公务员法》培训与测试。

西安桥重修工程开工。

是年

城区南北通道改造工程开工，设计全长1522.85米，宽30米，总投资2.06亿元。

同安侨情普查结束，全区旅外华侨华人共1773户35781人，其中东南亚占89.16%。侨眷6737人，眷属579人。

依据市政府的规划，同安区开展环东海域整治工作。

同安区继续保持全国计生优质服务先进区称号。

同安区国企改革基本完成，52家国企实行改制，占全部国企数量的90%。

同安国土房产分局制定《同安区2005—2015年地质灾害防治规划》。

2006年

1月

1日，同安区首个“金包银”工程西湖村株厝“金边”工程开工建设，建筑面积7108平方米（其中，底层店面约1900平方米）提供公寓115套，总造价596万元。7月2日，竣工验收。

11日，古龙集团、力隆氨纶、娃哈哈、钰洲食品、光华医药等5个重点项目开工建设。

19日，华诚、银祥、榕兴、惠尔康、华电开关、良机等6家公司被确认为厦门市重点高新技术企业。

是月

同安区开展全区第二次全国农业普查。

截至1月，同安区在两年内投入2亿元资金，全区110个建制村率先在全省实现村村通水泥路。

2月

7日，金门烈屿“元极舞”“太极功夫扇”表演团30人到同安交流表演。

17日至5月17日，区人口和计划生育局联合公安等单位开展为期3个月的流动人口宣传执法活动，办理暂住证5481人，带破刑案164起，抓获嫌犯486人，查处治安案件504起。

24日，区十四届人大第五次会议补选高玉顺为厦门市同安区人民政府区长。

27日晚，外商联谊会举行“活力同安、共谋发展”新春茶话会。

是月

启悟中学被省教育厅确认为“省二级达标学校”。

3月

10日，区政府公布铜鱼池、南山吕氏古墓葬等7处为第八批区级文保单位。

19日，区人事劳动和社会保障局举办大型招聘会，123家企业提供7000多个岗位，1.1万人到场应聘。

23日至4月21日，区公安分局破获以王某为首的外来青年涉黑犯罪团伙，抓获团伙成员25人，破刑案35起。

是月，省综治委授予同安区“平安区”称号。

4月

21日，区内被征地人员基本养老保险工作正式启动。

是日，“泰国大学生闽南印象之旅夏令营”一行80余人到同安区访问。

29日，竹坝学校女排实现市中学生排球赛“十连冠”。

是月

区公安分局开展“金戈行动”，至7月结束，共破获刑事案739起，打掉团伙50个（其中涉黑恶4个）。

5月

21日，国务院副总理回良玉率国务院调研组在省市领导陪同下考察同安。

30日，同安区妇女儿童活动中心大楼落成剪彩。

是月

同安区组织6人保龄球队代表厦门市参加全国体育大会，获男子团体第三名。陈文昌获男子双人赛第三名、三人赛第一名、五人赛第二名，并获个人体育道德风尚奖。

区政府批办9所镇级公办中心幼儿园。

6月

23日，区政府召开同安区中国/联合国人口基金第六周期生殖健康/计划生育项目启动大会。

29日至8月31日，同安区组织环东海域退养渔民就业专场招聘会9场，工业集中区专聘会1场，提供就业岗位17600个。

是月

五显镇布塘村一奶牛场19头奶牛被市、区动物卫生部门检测为牛结核病阳性，扑杀深埋。

7月

2—4日，中共同安区第十一次代表大会召开，陈昭扬当选为区委书记（连任）。

9日，同安区6位作者9幅农民画参加第二届中国农民书画展，获二等奖1件、三等奖1件，入选全国农业展览馆参展3件。

13—15日，4号强热带风暴“碧利斯”过境同安，暴雨成灾，直接经济损失1343.6万元。

23日，同安区银城女子室内合唱团参加第四届世界合唱比赛获银奖。

28日，应同安区政府邀请，中国女子青年排球队与德国女子排球队在同安体育馆举行对抗赛。

是月

在“弘扬中华美德，构建和谐学校——从我做起”主题读书、实践、征文活动中，启悟中学获全国集体一等奖。

8月

31日，同安区808名公务员参加全省公务员法网络考试，合格率100%。

9月

5日，惠尔康、银祥、中盛、百穗行、源水生5家企业被列为2006—2007年度农业产业化省级重点龙头企业。

16日，育才学校招收的第二批甘肃籍学生70人入校学习。

是月

陈小川在全国田径大赛中以40″73的成绩获男子400米冠军，达国家健将标准。付根本在全国赛艇锦标赛中获男子双人双桨冠军。

10月

16日，同安区被国家计生委、财政部评为“全国农村计划生育家庭奖励扶助制度和‘少生快富’工程试点先进单位”。

是月，同安区运动员在第十三届省运动会上，获42金、37银、28铜，第四至第八名54人，总分排名第四位。

是月

区公安分局开展“狂飙行动”，至12月结束。共破获刑案527起，打掉团伙25个（其中黑恶团伙4个）。

11 月

11 日，中国红十字会会长彭佩云一行，在省市级领导陪同下考察同安的红十字会工作，并题词。

25 日，区人事劳动和社会保障局提前超额完成全区农村劳动力培训转移任务，培训 4567 人、转移就业 12507 人。

是月

全区完成公务员登记 787 人。暂缓登记 15 人，除名 4 人。

12 月

5 日，同安区举行“遏制艾滋病，履行承诺”为主题的大型巡回宣传活动。

9 日，千年古观朝元观举行重建落成庆典。

11—12 日，联合国人口基金生殖健康项目督导组一行对同安实施联合国人口基金第六周期生殖健康项目进行督导。

30 日，“厦门同安国有资产投资集团”挂牌成立。

是月

截至 12 月，区属国有企业 62 家中，完成改制 58 家，其中 10 家工业企业全部改制完成。

是年

全区机关事业单位实行工资制度改革。

全区完成集体土地所有权登记发证工作。

2007 年

2 月

2 日，区政府出资 400 万元购置公交车 27 辆，开通 7 条山区学生公交专线。

3—5 日，政协厦门市同安区第十一届一次会议召开，选举郭永辉为政协主席。

4—6 日，同安区十五届人大一次会议召开，选举毛立臻为区人大常委会主任，高玉顺为区长。

8 日，同安区政府为 390 户计生家庭发放贡献奖和困难扶助金。

18 日，“全民健身与奥运同行”文体大游园于同安体育馆举行。

3 月

4 日，莲花小坪道地村举行“莲花褒歌赛”，同安、安溪 8 支代表队参赛，省、市、区文化界领导出席。

20 日，同安区获评“省规范教育收费示范区”。

是月

同安区获省综治委授予的“平安区”称号。

4 月

12 日，汀溪下游河道治理工程开工，总投资 4498.27 万元。

是月

同安区被征地农民参加基本养老保险 3505 人，财政补贴 2455 万元，开始领取养老金 2016 人。

5 月

3—4 日，第 49 届世乒赛中国男队热身赛在同安体育馆举行，中央台、厦门台现场直播。

16 日，区政府召开“2001—2005 年科技进步”表彰大会。

18 日，市第三医院升格为“三级乙等综合性医院”。

20 日，CCTV 少儿频道播出在同安第一实小拍摄的节目《英雄出少年》。22 日、26 日，重播。

6月

1—3日，同安区农民自行车队代表厦门市参加省第六届农运会，获二金七银四铜。

6日，区政府组织食品加工企业参加第五届中国（厦门）国际食品交易博览会。

15日，区政府举办首届“同安区台商恳谈会”，集中解决台商反映的14件问题。

21日，厦门同安国有资产投资集团下属5家子公司成立。

25日，首批城镇居民及未成年人社会保障卡发放，7月1日起启用。

是日，侨务部门接待印尼苏北省华裔青少年夏令营一行30多人到访。

31日，同安区全面完成2007年度生态风景林建设任务，造林4126亩。

7月

6日，省长黄小晶率省委调研检查团莅临同安工业集中区和ECCO公司考察调研。

8月

1日，梵天寺举行大悲殿落成及千手观音开光典礼。

8日，同安工业集中区管理委员会成立，市、区领导出席挂牌仪式。

15日，受超强台风“圣帕”带来强降水影响，同安直接经济损失1823万元。

28日，厦门同安康众出租车有限公司挂牌成立，同安开始有出租车营运企业。

是月

同安区的“车鼓弄”“莲花褒歌”“厦金宋江阵”被省府列入第二批“非物质文化遗产名录”。

付根本在全国水上运动会赛艇比赛中获8人单浆舵手第一名。

9月

13日，同安社会保障性住房项目“城北小区”工程开工，总投资3亿元左右，可提供保障性住房3280套。

14日，同安区8幅现代民间绘画作品参加全国画乡画展。

29日，同安区首届民俗文化艺术节在同安体育馆开幕，市、区领导出席。

10月

28日，首届同安民俗文化艺术节在区体育馆举行闭幕式和汇报演出，市、区领导出席。

是月，在全国第六届城市运动会上，付根本获赛艇男子2000米八人单浆有舵手第二名。陈梅婷获跆拳道女子47公斤级第三名。戴小祥获射箭奥林匹克个人赛亚军。陈艺梅获女子举重第三名。陈小川获田径4×400米接力赛第三名。

11月

27日，同安区第九届运动会于人民体育场开幕。

12月

12日，同安公安分局破获一重大入室盗窃团伙，抓获嫌犯18人，该团伙先后作案18起。

18日，区文化体育出版局开展取缔非法出版物行动，共查缴盗版音像制品1123片，盗版书籍2238册。

是月

截至12月，同安工业集中区入驻企业474家，其中已投产314家，职工3.8万人，完成年工业产值52.1亿元。

是年

全区完成农村公路建设投资10428万元，新（改、扩）建农村公路56条94.09公里。完成自然村道路硬化建设51个62.56公里。全区653个自然村中，有409个通水泥路。

全区公交车辆258辆，开通26条公交客运线路，实现镇镇通公交。110个行政村中通公交96个。

全区固定电话用户9.6万户，小灵通用户14.8万户，宽带用户4万户。

区政府投资4000万元，扩建轮山公园，修步游道13.69公里。

第一篇　政区与自然环境

1997年5月1日，同安撤县设区，全区辖12个镇、7个农林场、18个居委会、213个村委会。辖域面积由解放初的1481平方公里减为1078.55平方公里。2003年10月，析内厝、新圩、马巷、新店、大嶝5镇及大帽山农场设立翔安区，辖域面积减为657.59平方公里，下辖2个街道、6个镇、13个居委会、110个村委会。2006年，实施村改居，至2007年12月，全区辖2个街道、6个镇、44个居委会、81个村委会。

2003年10月，同安东部5个镇析置翔安后，同安位于北纬24°35′～24°55′、东经117°55′～118°15′之间。东连翔安，西接长泰，北邻安溪、南安，西南与集美区接壤，东南面海。地势由西北向东南倾斜，地形地貌复杂，主要地貌呈现出北部、西北部的中山和峡谷，莲花、汀溪的低山和盆谷，山地边缘和河谷两侧的高丘，及其外缘山间谷盆的低丘，五显、新民、洪塘的台地，洪塘、西柯的海积平原，东西溪下游的冲积平原，以及西柯的海岸地貌。属南亚热带海洋性季风气候。土壤以红壤为主，水稻土为主要耕作土。森林覆盖率1997年为50.60%，2006年59.41%。森林植被均为次生植被和人工植被。人均水资源量2578立方米。动植物资源丰富，高岭土、花岗岩蕴藏量较大。

第一章　政　区

第一节　境　域

1997年5月1日同安撤县设区，同安区下辖12个镇、7个农林场、18个居委会、213个村委会。北邻安溪、南安，南接厦门集美，东连南安，西接长泰，西南连厦门灌口，东南与金门隔海相望。辖域面积1078.55平方公里。

2003年10月厦门市行政区划调整，析内厝、新圩、马巷、新店、大嶝5镇及大帽山农场设立翔安区。同安区辖域面积减为657.59平方公里，位于北纬24°35′～24°55′、东经117°55′～118°15′之间。

据2005年县（区）级勘界结果，同安区行政界线全长178.767公里，其中西北、北与安溪接壤，边界线西起同安、安溪、长泰三交点莲花镇西坑村尖石尾山（界碑1224251），向东延伸至同安、安溪、南安三交点汀溪镇汪前村云顶山（界碑1224831）全长55.11公里。东北与南安相邻，边界线西北起自汪前村，向东南延伸至同安、南安、翔安三交点汀溪镇五峰村高畲头，全长16.397公里。东与翔安毗邻，边界线北起汀溪镇五峰村同安、南安、翔安三交点，向南、西南延伸至西柯镇后田同安集美二交点（界碑1112003），全长45.67公里。西与长泰交界，边界线北起同安、安溪、长泰三交点（界碑

1224251）向南至同安、集美、长泰三交点（界碑 1112251），全长 20.72 公里。西南与集美区相连，边界线西北起自同安、集美、长泰三交点，向东南延伸至同安西柯后田与集美交界点（1112003），全长 40.87 公里。

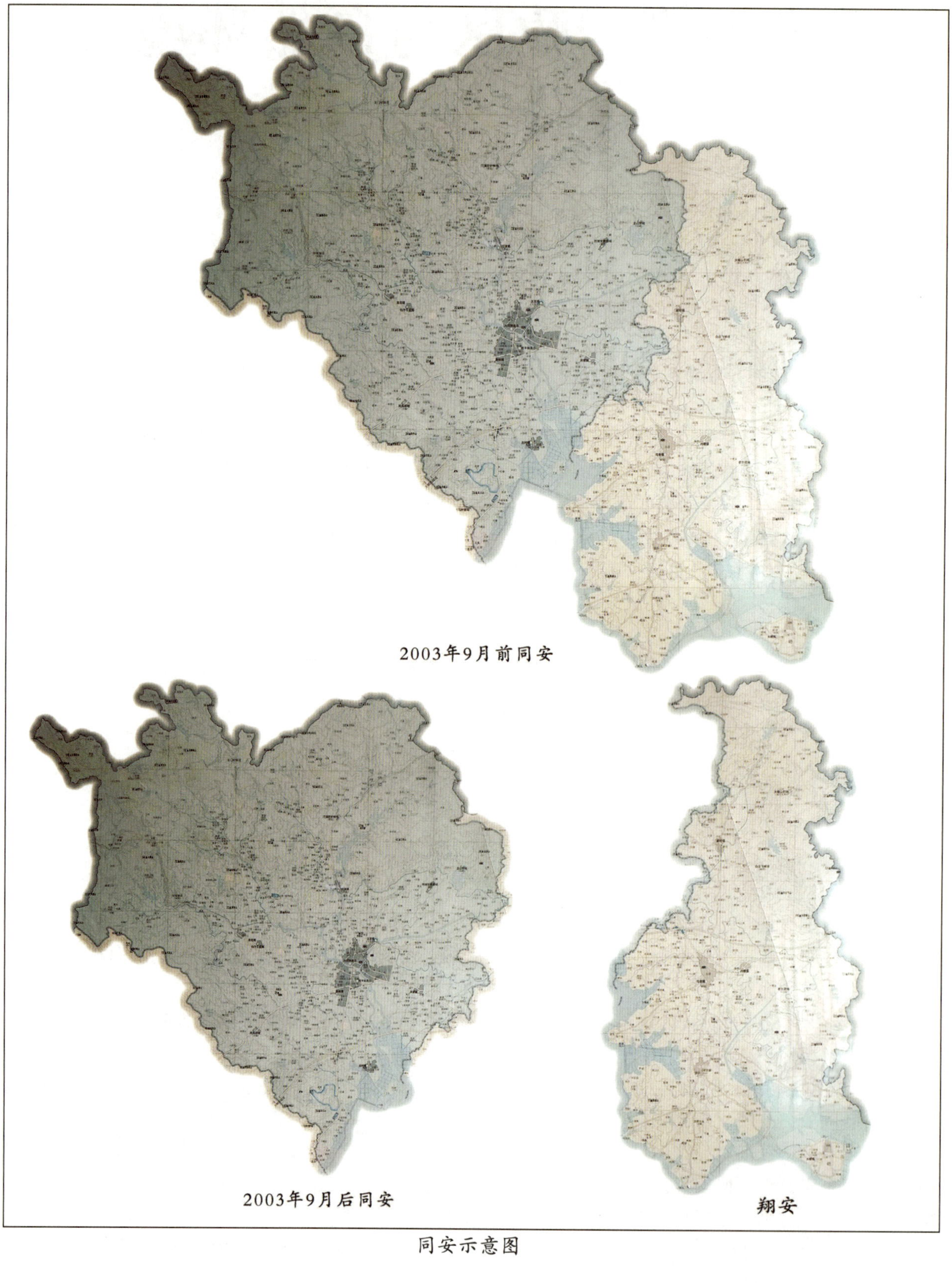

同安示意图

第二节　行政区划

一、2003 年 9 月前区划

1997 年 5 月，同安撤县设区，区划不变，仍设大同、莲花、汀溪、新民、西柯、五显、洪塘、马巷、新店、新圩、内厝、大嶝 12 个镇，下辖 18 个居委会、213 个村委会。

2000 年 6 月，大同镇增设凤山、北门、西池、新安、舒安、祥平 6 个居民委员会。大同镇辖西溪、双溪、西安、三秀、后炉、东溪、溪边、南门、北镇、银华、城西、陆丰、凤山、北门、西池、新安、舒安、祥平 18 个居委会及祥桥、过溪、田洋、古庄、朝元、东山、顶溪头、碧岳、凤岗、溪声、杜桥、西湖、西洪塘（前 5 个村由新民镇划归）、阳翟、卿朴、瑶头（前 3 个村由西柯镇划归）、下溪头、东宅、康浔（前 3 个村由洪塘镇划归）19 个村委会。

2001 年 5 月，撤销大同镇，设立大同、祥平街道办事处。大同街道办事处辖城西、西安、双溪、南门、溪边、东溪、后炉、北镇、三秀、银华、凤山、北门、西池、新安、舒安 15 个居民委员会和田洋、东山、古庄、朝元、碧岳、顶溪头、下溪头、东宅、康浔 9 个村民委员会。祥平街道办事处辖陆丰、西溪、祥平 3 个居民委员会和祥桥、过溪、凤岗、溪声、杜桥、西湖、西洪塘、阳翟、卿朴、瑶头 10 个村委会。街道办事处驻祥桥村。

2002 年 11 月，整合大同街道的城西、新安居民委员会，设立城西社区居民委员会。

2003 年 4 月，整合大同街道的东溪和双溪、三秀和南门、后炉和北镇、西安和舒安、凤山和银华、北门、西池、溪边 13 个居民委员会，分别设立同新、三秀、后炉、西安、凤山、北门、西池、溪边 8 个社区居民委员会。大同街道办事处辖城西、同新、三秀、后炉、西安、凤山、溪边、北门、西池 9 个社区居民委员会和原辖 9 个村民委员会；同时，整合祥平街道的西溪、陆丰、祥平 3 个居民委员会和祥桥村民委员会，祥桥村民委员会实施“村改居”，设立西溪、陆丰、祥平、祥桥 4 个社区居民委员会，祥平街道办事处辖西溪、陆丰、祥平、祥桥 4 个社区居民委员会和过溪、凤岗、溪声、杜桥、西湖、西洪塘、阳翟、卿朴、瑶头 9 个村委会。

2003 年 6 月，新民镇四口圳村民委员会分设四口圳、湖安两个村民委员会。至 2003 年 9 月，析出翔安前，全区共设 2 个街道办事处 11 镇、19 个（含马巷 4 个、新店、新圩各 1 个）社区居民委员会、6 个农林场，213 个村委会。

2003 年 9 月同安区行政区划表（析出翔安前）

表 1–1

镇（场）名称	村（居）委会名称	村（居）委会驻地
大同街道办事处（驻城西路，下辖 9 个社区居委会 417 个居民小组，9 个村委会 45 个自然村）	西安	城西路
	三秀	三秀路
	后炉	后炉街
	北门	城北新村 49 号
	西池	西池一里 65 号
	溪边	溪边街
	同新	东溪里 13 号
	城西	城西

续表1-1

镇（场）名称	村（居）委会名称	村（居）委会驻地
大同街道办事处（续）	凤山	凤山二里39号
	朝元村	张厝
	田洋村	湖厝宅
	古庄村	官田
	碧岳村	铺前
	东山村	双圳头
	顶溪头村	顶溪头
	东宅村	东宅
	下溪头村	下溪头
	康浔村	康浔
祥平街道办事处（驻陆丰社区，下辖4个社区居委会252个居民小组，9个村委会64个自然村）	祥平	祥平里24号
	西溪	祥路街
	陆丰	溪埔尾路
	祥桥	祥路顶
	过溪村	草仔市
	杜桥村	杜桥
	西洪塘村	西洪塘
	西湖村	西湖塘
	凤岗村	岗头
	溪声村	坑仔口
	瑶头村	瑶头
	卿朴村	卿朴
	阳翟村	土楼
马巷镇（驻巷南路，下辖4个居委会52个居民小组，30个村委会89个自然村）	后亭	街市头
	友民	六路后
	五美	池王宫前
	三乡	元帅爷宫
	五星村	巷南路
	琼头村	琼头
	井头村	井头
	城场村	城场
	窗东村	窗东
	蔡浦村	蔡浦
	山亭村	山后亭
	亭洋村	亭洋

续表1-1

镇（场）名称	村（居）委会名称	村（居）委会驻地
马巷镇（续）	郑坂村	郑坂
	陈新村	陈头
	后莲村	后莲
	曾林村	曾林
	后许村	后许
	沈井村	沈井
	桐梓村	塘仔头
	内垵村	内垵
	黎安村	内林
	垵边村	垵边
	前庵村	前庵
	内官村	内官
	何厝村	何厝
	同美村	下方
	西炉村	李厝
	赵厝村	赵厝
	后滨村	后滨
	洪溪村	仑头
	西坂村	下坂
	市头村	市头
	朱坑村	朱坑
	舫阳村	蘑菇场
新店镇 （驻新店，下辖 1 个居委会 10 个居民小组，33 个村委会、1 个农场 346 个村民小组）	新兴	新兴街
	新店村	新店
	莲河村	莲河
	霞浯村	霞浯
	沙美村	沙美
	珩厝村	珩厝
	霄垄村	霄垄
	东园村	东园
	茂林村	茂林
	大宅村	后宅
	吕塘村	林边
	溪尾村	溪尾
	陈塘回民	陈塘

续表1-1

镇（场）名称	村（居）委会名称	村（居）委会驻地
新店镇（续）	祥吴村	下曾
	湖头村	湖头
	东坑村	东坑
	洪前村	洪前
	洪厝村	洪厝
	炉前村	炉前
	下后滨村	下后滨
	下许村	许厝
	垵山村	山头
	刘五店村	刘五店
	东界村	东界
	钟宅村	顶钟宅
	浦园村	浦园
	西滨村	西滨
	澳头村	澳头
	欧厝村	欧厝
	彭厝村	彭厝
	前浯村	前浯
	浦边村	浦边
	后村村	后村
	蔡厝村	蔡厝
	鼓锣农场	洋塘
新圩镇 （驻新圩，下辖1个居委会2个居民小组，16个村委会79个自然村）	龙新	新圩
	新圩村	新圩
	马塘村	马塘
	古宅村	古宅
	后埔村	后埔
	后亭村	后亭
	金柄村	金柄
	凤路村	路坂尾
	乌山村	乌山
	云头村	云头
	面前埔村	东寺庄
	上宅村	上宅
	诗坂村	诗坂

续表1-1

镇（场）名称	村（居）委会名称	村（居）委会驻地
新圩镇（续）	东寮村	东寮
	桂林村	桂林
	庄垵村	庄垵
	村尾村	村尾
莲花镇 （驻美埔，下辖19个村委会165个自然村）	莲花村	村林
	后埔村村	后埔村
	蔗内村	南山
	内田村	祖厝
	上陵村	碗窑
	军营村	东厝
	淡溪村	上社
	白交祠村	白交祠
	西坑村	西坑
	罗溪村	罗溪
	尾林村	尾林
	水洋村	水洋
	小坪村	小坪
	澳溪村	九溪尾
	云埔村	车头
	云洋村	溪墘
	窑市村	楼里
	溪东村	溪东
	美埔村	美埔
新民镇 （驻乌涂，下辖13个村委会102个自然村）	四口圳村	四口圳
	湖安村	后垵
	后宅村	后宅
	禾山村	后路
	梧侣村	大社
	乌涂村	大社
	西塘村	大厝
	洋厝埔村	洋厝埔
	西山村	长尾坑
	蔡宅村	大社
	湖柑村	新厝角
	柑岭村	美宅
	溪林村	上院

续表1-1

镇（场）名称	村（居）委会名称	村（居）委会驻地
汀溪镇（驻洪坑，下辖13个村委会126个自然村）	隘头村	隘头
	路下村	路下
	褒美村	九房头
	古坑村	宫下
	西源村	仙坪脚
	荏畲村	埔里
	顶村村	古林
	堤内村	堤内
	半岭村	进美山
	前格村	前格
	五峰村	茂林
	汪前村	汪前
	造水村	一甲
西柯镇（驻西柯，下辖12个村委会45个自然村）	西柯村	下柯
	丙洲村	丙洲
	吕厝村	吕厝
	浦头村	浦头
	西浦村	西浦
	下山头村	下山头
	埭头村	埭头
	官浔村	西官浔
	潘涂村	潘涂
	美星村	大尖山
	洪塘头村	洪塘头
五显镇（驻五显宫，下辖15个村委会92个自然村）	后田村	后田
	垵炉村	垵炉
	下峰村	下峰
	布塘村	布塘
	店仔村	店仔
	溪西村	溪西
	竹山村	蔡厝口
	后垄村	后垄
	军村村	军村
	后塘村	后塘

续表1-1

镇（场）名称	村（居）委会名称	村（居）委会驻地
五显镇（续）	上厝村	上厝
	明溪村	宫仔边
	宋宅村	塘边
	四林村	新宅
	西洋村	岭下
	三秀山村	三秀山
洪塘镇（驻洪塘，下辖16个村委会70个自然村）	洪塘村	洪塘
	三忠村	三忠宫
	苏店村	苏店
	新霞村	新厝后
	郭山村	郭山
	龙泉村	陈村
	新厝村	新厝
	新学村	学壳坑
	苏厝村	大乡
	石浔村	石浔
	龙东村	龙窟东
	龙西村	龙窟西
	大乡村	大乡
	下墩村	下墩
	塘边村	塘边
	埔后村	埔后
内厝镇（驻内厝，下辖15个村委会、1个农场75个自然村）	上塘村	西塘
	前垵村	前垵
	后垵村	后垵
	黄厝村	黄厝
	许厝村	许厝
	莲塘村	莲塘
	莲前村	莲前
	霞美村	下美店
	赵岗村	赵岗
	曾厝村	曾厝
	官路村	官路下

续表1-1

镇（场）名称	村（居）委会名称	村（居）委会驻地
内厝镇（续）	美山村	美山
	新垵村	新垵
	锄山村	大乡
	琼坑村	琼坑
	后田农场	后田
大嶝镇（驻田墘，下辖9个村委会22个自然村）	田墘村	田墘
	蟳窟村	下蟳窟
	嶝崎仔	崎口下
	双沪村	双沪
	东埕村	后店
	小嶝村	前堡
	北门村	北门
	阳塘村	阳塘
	山头村	山头
凤南农场（驻大埔，下辖4个村委会32个自然村）	南山村	田洋
	土楼村	赤松
	新塘村	新塘铺
	后坂村	西公林
	场部	大埔
白沙仑农场		白沙仑
竹坝华侨农场		新村
大帽山农场		埔顶大乡
祥溪林场		水吼
汀溪防护林场		溪后

二、2003年9月后区划

2003年10月，析内厝、新圩、马巷、新店、大嶝5个镇设立翔安区后，同安区辖2个街道、6个镇，下辖13个居民委员会、110个村委会。

2006年11—12月，大同街道办事处的东山、碧岳、朝元，祥平街道办事处的溪声、凤岗、杜桥、西洪塘、西湖、阳翟，新民镇的乌涂、梧侣、后宅、四口圳、湖安、禾山、西塘，西柯镇的丙洲、后田、潘涂、洪塘头、西柯、吕厝、浦头、下山头、埭头、官浔，洪塘镇的石浔、龙东、龙西共29个村民委员会实施“村改居”。2007年6月，祥平街道增设2个居民委员会。至2007年12月，同安区辖2个街道、6个镇，44个居民委员会、81个村委会，980个居民小组、846个村民小组。

2007 年 12 月同安区行政区划表

表 1-2

镇（场）名称	村（居）委会名称	村（居）委会驻地	村（居）委会管辖自然村
大同街道办事处（驻城西路，下辖 12 个社区居委会 417 个居民小组，6 个村委会 45 个自然村）	西安	城西路	
	三秀	三秀路	
	后炉	后炉街	
	北门	城北新村 49 号	
	西池	西池一里 65 号	
	溪边	溪边街	
	同新	东溪里 13 号	
	城西	城西	
	凤山	凤山二里 39 号	
	碧岳	铺前	铺前、岳口、五甲
	东山	双圳头	双圳头、社坛、后亭、下间、大学、埔地、北门外
	朝元	张厝	张厝、田厝、洋坂、埕西、小西门、田中央、下埕、白礁、洪厝、后坂、西池
	田洋村	湖厝宅	湖厝宅、前宅、浮莲、双笕、郊边、东洋、桐屿、上田、上坊、石门、东庄、上厝
	古庄村	官田	官田、古庄、下松脚
	顶溪头村	顶溪头	顶溪头
	东宅村	东宅	东宅、过坑、苏龙秋、行军塘、月龙、五里宫
	下溪头村	下溪头	下溪头
	康浔村	康浔	康浔
祥平街道办事处（驻陆丰社区，下辖 12 个社区居委会 252 个居民小组，3 个村委会 64 个自然村）	祥平	祥平里 24 号	
	西溪	祥路街	
	芸溪	芸溪	
	祥晖	祥晖	
	陆丰	溪埔尾路	
	祥桥	祥路顶	祥路顶、外较场、后沟、三香、程厝、后厝、古溪、芸溪、祥路、霞路、莲湖、土楼仔、角周
	杜桥	杜桥	杜桥
	西洪塘	西洪塘	西洪塘、霞尾、塘边、上坂、坂下、后埔、长房、田里
	西湖	西湖塘	西湖塘、山坪、珠厝
	凤岗	岗头	岗头、古山、中山、下柑榄岭
	溪声	坑仔口	坑仔口、后溪、浒井、下庄、金岗山、赤土楼、竹仔林
	阳翟	土楼	土楼、下店尾、烧灰、东亭、西亭、双溪口、泥山、圳岸、瓮窑、二房三阳翟（片村）
	过溪村	草仔市	草仔市、下魏、鳌峰埔、幕庵、下寮、乌山尾、营边、六落、三落、宫边、上寮

续表1-2

镇（场）名称	村（居）委会名称	村（居）委会驻地	村（居）委会管辖自然村
祥平街道办事处（续）	瑶头村	瑶头	瑶头
	卿朴村	卿朴	大社、溪头、下厝、郭厝、卿朴（片村）
莲花镇（驻美埔，下辖19个村委会165个自然村）	莲花村	村林	村林、寨内、垵柄、向溪、五斗区
	后埔村村	后埔村	后埔村、竹林边、纳场、东墩、新莲、墩里、土楼、幕边
	蔗内村	南山	南山、珩尾、百谷、岭尾、笕里、内庵、街头、树兜、格口
	内田村	祖厝	祖厝、寨内、后溪、中厝
	上陵村	碗窑	碗窑、店边、土楼、山珩、下窑、竹仔脚、大祠、东面茶场
	军营村	东厝	东厝、大厅、面前山、西鼓格林场、谷山尾茶场
	淡溪村	上社	上社、田中央、龙潭仑、上江、下江
	白交祠村	白交祠	白交祠
	西坑村	西坑	西坑
	罗溪村	罗溪	罗溪、洪田、柿脚、杆仔树、村里、庵边、巷仔内
	尾林村	尾林	尾林
	水洋村	水洋	水洋、盖集尾、
	小坪村	小坪	小坪、半岭、道地、庙村、内山、新城、洋尾、仑仔尾、岭兜
	澳溪村	九溪尾	九溪尾、南坑、树后、田洋、大社、溪埔店、石佛内（片村）新厝、溪埔下、康厝、中庄、将军洋、后溪、井内、张溪、田中央、山前、湖社内、新厝仔、下坪内、草埔头场
	云埔村	车头	车头、洋头、下溪、下坂、山边、田洋、后幕、三姓（片村）中厝、林脚、尾厝、石丹、蔡厝、孙厝、苏厝、四甲内（片村）、洋尾、鱼池埔、田里、大路尾（片村）东溪、内寮
	云洋村	溪墘	溪墘、溪埔、赛桥、坪边、后洋、桐湖、中甲、埔山、土楼、云标、砖仔厝、内林（片村）上内林、下内林、散厝、花厝、庵仔下、后格、深田尾、大源坑
	窑市村	楼里	楼里、龙虾、溪仔后、顶坝、下坝、坝内、东市、王厝、旗杆、莲山头（片村）上坂、茂林、苦竹尾、当店、圩里、上长沙、下长沙、瓦窑
	溪东村	溪东	溪东、溪东地、茂口、洞光、峰星耕山队
	美埔村	美埔	美埔、田洋、林后、下尾、面前山、张厝、庵边头、洪厝边、西洋、庙山、蔡林、溪周、大溪口、寨仔边
新民镇（驻乌涂，下辖7个社区居委会，6个村委会48个自然村）	四口圳	四口圳	四口圳、山前
	湖安	后垵	顶厝、石丹、下厝、后垵、土厝、古湖
	后宅	后宅	后宅、橄榄树、前埔、草塘、溪头洋、赤岭、赤坪
	禾山	后路	后路、刘塘、墙后、乙楼、宋厝、上坑、新桥、前山、九栈林、前房、山尾林
	梧侣	大社	大社、下边、大店、下社、新厝坂、梧侣（片村）
	乌涂	大社	大社、东宅、下埔、坝仔埔、溪仔尾、乌涂（片村）
	西塘	大厝	大厝、茂林、马垵、土楼、祖厝边、六柱、林边、坂尾埔尾、周厝、下边、沟墘、新厝、新厝仔、下半林、佘厝、西塘（片村）
	洋厝埔村	洋厝埔	洋厝埔、西山洋、西山吴、青塘后、后壁地、后厝

续表1-2

镇（场）名称	村（居）委会名称	村（居）委会驻地	村（居）委会管辖自然村
新民镇（续）	西山村	长尾坑	长尾坑、下路、大松
	蔡宅村	大社	大社、后英、田中央、龙眼林、深田、前山、内寮、蔡宅（片村）
	湖柑村	新厝角	新厝角、墙仔内、过溪、棋盘厝、奈仔顶、三角埕、城仔尾、湖井宅、湖美杉、下厝、大垵（片村）
	柑岭村	美宅	美宅、刘营、下棋盘、埔崎头、奈仔尾、新厝、下半林、官圳、下土楼、面前厝、塔埔尾、新店仔、深里、顶柑榄岭（片村）
	溪林村	上院	上院、林岭头、林窑、走马人、乙亩、乌山
汀溪镇（驻洪坑，下辖13个村委会126个自然村）	隘头村	隘头	隘头、铺里、圭母岫、杜生林、大岭溪、洪坑、坤泽洋、下土楼、溪湖
	路下村	路下	路下、新厝、六路、向阳
	褒美村	九房头	九房头、路岭、坝仔埔、西坑、圳口尾、中甲、大埔内、过坑、湾湖、新间、观石内、草埔路、虎梅坪、五云、斗拱、后崎、灰沙埕、岫内上田洋、下田洋、棋盘、深里、上洋、下书房、车田、上邦、下埕、南洋院
	古坑村	宫下	宫下、古坑内、田洋、寨下、蔡坝、后洋、美岐山、石狮、坑内、、土圳头、后坑、马湖、店前
	西源村	仙坪脚	仙坪脚、南门、新厝、吴厝、英田、溪仔墘、香埔、土寨、新厝内、龟仔山、汤里、坑内
	荏畲村	埔里	埔里、过溪、岳口、大畲、荏畲（片村）
	顶村村	古林	古林、顶村、山顶洋、吊觉
	堤内村	堤内	堤内
	半岭村	进美山	进美山、半岭、大丘田、枋脚、大埔、新田、东堤、会林、吊灯、后窟、格仔埔
	前格村	前格	前格、山东、山东仔、寨仔垄、大垄尾、五里林
	五峰村	茂林	茂林、坂头、下埕、弯坑、墩后、后溪、许厝、内田、庄上、内厝、后坑、行头、岭头、前湖、双圳、后坪
	汪前村	汪前	汪前、军山、芸山、塔林下、石壁、山坪、珩后、石莲、内田、洪仔尾
	造水村	一甲	一甲、二甲、三甲、虎空、造水、竹山、郑宅
西柯镇（驻西柯，下辖10个社区居委会，2个村委会8个自然村）	西柯	下柯	下柯、东柯、顶柯
	丙洲	丙洲	上乡、下乡、
	吕厝	吕厝	吕厝、后吴、东头埔、何厝
	浦头	浦头	浦头、八卦
	下山头	下山头	下山头
	埭头	埭头	埭头、竹仔林、坂田
	官浔	西官浔	西官浔、东官浔、官田洋、官浔（片村）
	潘涂	潘涂	潘涂、后庄、红墩、西吴
	洪塘头	洪塘头	洪塘头、下洋、蔡店、孤单厝、下尾、刘山、上店、刘埭、塘边、东亭
	后田	后田	后田、后詹、蔡林
	西浦村	西浦	西浦、顶山头、番仔厝、西埔、渐前、新厝顶
	美星村	大尖山	坑内、尾厝

续表1-2

镇（场）名称	村（居）委会名称	村（居）委会驻地	村（居）委会管辖自然村
五显镇（驻五显宫，下辖15个村委会92个自然村）	垵炉村	垵炉	垵炉、五显宫
	下峰村	下峰	下峰、寨阳、美珠堂、下欧坑、上峰、新丰、新泉、
	布塘村	布塘	布塘、陈钦寮、棋盘厝、竹仔林、彭美、大溪、缉熙亭、赵厝
	店仔村	店仔	店仔、田坂下、上埔、杜厝李、溪墘、过山埔
	溪西村	溪西	溪西、东塘、潭内、寮野、上吾头、下吾头、大尖、彭溪
	竹山村	蔡厝口	蔡厝口、北山、山头、西山、安生
	后垄村	后垄	大后垄、小后垄、后垄（片村）石厝、新山、山头后
	军村村	军村	军村、乌石、东行、后埔、下埔、下寮、跷内
	后塘村	后塘	后塘、后坝、坂垄尾、寨仔山、白石、过溪
	上厝村	上厝	上厝、潘厝、马塘、大泉
	明溪村	宫仔边	宫仔边、后烧、后溪、大片、崎路、布厝、加墩、马豆、黄坂、下路坝、茂安
	宋宅村	塘边	塘边、下许、宋宅、宋南
	四林村	新宅	新宅、梨仔林、丘厝、水果内、西坑尾、庄上、洪厝、秀人尾
	西洋村	岭下	岭下、东市、竹仔林、刘厝、新店仔、新厝、新安、坪山、西洋（片村）
	三秀山村	三秀山	三秀山
洪塘镇（驻洪塘，下辖3个社区居委会，13个村委会66个自然村）	石浔	石浔	石浔、磁仔尾
	龙东	龙窟东	龙窟东
	龙西	龙窟西	龙窟西
	洪塘村	洪塘	洪塘、埔下、下刘
	三忠村	三忠宫	三忠宫、枋兜、下茂庵、沟墘、后曾、坝口、朝拜埔
	苏店村	苏店	苏店、内宅上、内宅下、内宅（片村）枋厝、祖厝边、小古宅、顶店、下张
	新霞村	新厝后	新厝后、后埔、花厅、古来潭、尾厝
	郭山村	郭山	郭山、刘厝、埔墘、后西尾、前院、新厝
	龙泉村	陈村	陈村、前垵顶、寨仔、前垵下、前垵（片村）许垵、陈龙秋
	新厝村	新厝	新厝、顶刘、董厝、尤厝、顶欧坑
	新学村	学壳坑	学壳坑（护国坑）下宅、宫口、新厝仔
	苏厝村	大乡	大乡、白石、新宅、尾厝、苏厝（片村）
	大乡村	大乡	大乡、后房、顶厝、下厝、后麝（片村）
	下墩村	下墩	下墩、社坛
	塘边村	塘边	塘边、山仔后、下山仔、布厝宅、面前、御上山（和尚山和祥山）
	埔后村	埔后	埔后、梧桐

续表1-2

镇（场）名称	村（居）委会名称	村（居）委会驻地	村（居）委会管辖自然村
凤南农场（驻大埔下辖4个村委会，32个自然村）	南山村	田洋	田洋、山仔头、大社、南山（片村）
	土楼村	赤松	赤松、坝仔内、四角河、土楼、桥上、院前、砖仔、罗厝、土楼耕山队
	新塘村	新塘铺	新塘铺、上塘边、下塘边、塘边（片村）新厝、塔坝、竹仔脚
	后坂村	西公林	西公林、林尾外、后坂、浒空内、高浦、路林
	场部	大埔	大埔、大西、小西、社仔后、院林、寨仔兜
白沙仑农场		白沙仑	白沙仑、鱼池口、鹅仔内、东山、坝头、花厝、湖井、孤单厝
竹坝华侨农场		新村	新村、竹坝、上寮、下庄、刘厝、凤梨山、四房山
祥溪林场		水吼	水吼工区、上陵工区、河溪工区、崎溪工区
汀溪防护林场		溪后	溪后、凤梨村、席草洋、杉际内、乌石岩、溪心、新岩湖、石鼓山、后目池、大麦畲、田中央

第三节　街　镇

一、街道

（一）大同街道

2001年5月，撤销大同镇，设立大同、祥平两个街道办事处。大同街道地处西溪北岸，面积18.39平方公里，街道办事处驻城西路158号。下辖城西、西安、双溪、南门、溪边、东溪、后炉、北镇、三秀、银华、凤山、北门、西池、新安、舒安15个居民委员会和田洋、东山、古庄、朝元、碧岳、顶溪头、下溪头、东宅、康浔9个村民委员会。2002年11月，整合城西、新安居民委员会，设立城西社区居民委员会。2003年4月，东溪和双溪、三秀和南门、后炉和北镇、西安和舒安、凤山和银华、北门、西池、溪边13个居民委员会整合，分别设立同新、三秀、后炉、西安、凤山、北门、西池、溪边8个社区居民委员会。2006年11月，东山、碧岳、朝元3个村委会实施“村改居”。至2007年12月，下辖西安、三秀、后炉、北门、西池、溪边、同新、城西、凤山、碧岳、东山、朝元12个社区居委会和田洋、古庄、顶溪头、东宅、下溪头、康浔6个村委会。2007年底，人口58368人。

（二）祥平街道

祥平街道地处西溪南岸，辖域面积约27.68平方公里，街道办事处驻陆丰社区，下辖陆丰、西溪、祥平3个居民委员会和祥桥、过溪、凤岗、溪声、杜桥、西湖、西洪塘、（以上7个村由原大同镇辖）阳翟、卿朴、瑶头（以上3个村原西柯镇辖）10个村委会。2003年4月，将西溪、陆丰、祥平3个居民委员会和祥桥村民委员会整合，祥桥村民委员会实施“村改居”，设立西溪、陆丰、祥平、祥桥4个社区居民委员会。2006年11月，溪声、凤岗、杜桥、西洪塘、西湖、阳翟6个村委会实施“村改居”。2007年7月，新设立祥晖、芸溪两个社区居委会，至2007年12月，下辖祥平、西溪、芸溪、祥晖、陆丰、祥桥、杜桥、西洪塘、西湖、凤岗、溪声、阳翟12个社区居委会和过溪、瑶头、卿朴3个村委会。2007年底，人口44367人。

二、镇

（一）新民镇

位于区境西南部，镇政府驻乌涂社区，距城区 5.0 公里。面积 52.62 平方公里。1964 年 4 月至 1982 年为新民公社。1984 年撤社建乡，改称祥桥乡。1985 年祥桥、古庄等 6 个村划归大同镇。1991 年 12 月改称祥桥镇。1992 年 3 月更名为新民镇。1995 年 1 月凤岗、溪声、杜桥、西湖、西洪塘 5 个村划归大同镇。1997 年下辖四口圳、后宅、禾山、梧侣、乌涂、西塘、洋厝埔、西山、蔡宅、湖柑、柑岭、溪林 12 个村。2003 年 5 月，四口圳村析为四口圳、湖安 2 个村。2006 年 11 月，禾山、后宅、梧侣、四口圳、湖安、西塘、乌涂 7 个村实施“村改居”。至 2007 年，下辖 7 个社区居委会和洋厝埔、西山、蔡宅、湖柑、柑岭、溪林 6 个村委会。2007 年底，人口 40341 人。

（二）汀溪镇

位于区境北部，镇政府驻隘头村洪坑，距城区 6.5 公里。1964 年后称汀溪公社，1985 年改汀溪乡（驻上埔村）。1991 年 12 月改汀溪镇。1997—2007 年，下辖隘头、路下、褒美、古坑、西源、荏畲、顶村、堤内、半岭、前格、五峰、汪前、造水 13 个村委会。2007 年底，人口 19617 人。

（三）西柯镇

位于区境南部，镇政府驻西柯社区，距城区 8.5 公里。1964 年 4 月后称策槽公社。1984 年 9 月撤社改设西柯乡，1991 年 12 月改为西柯镇。1995 年 1 月阳翟、卿朴、瑶头 3 个村划归大同镇。2006 年 11—12 月，潘涂、丙洲、吕厝、西柯、下山头、官浔、洪塘头、埭头、后田、浦头 10 个村实施“村改居”。至 2007 年，下辖 10 个社区居委会和西浦、美星 2 个村委会。2007 年底，人口 36810 人。

（四）莲花镇

位于区境西北部，镇政府驻美埔村，距城区 9.0 公里。面积 196.42 平方公里。1964 年 4 月后称莲花公社。1984 年，撤社建莲花乡。1991 年 12 月撤乡建莲花镇。1997—2007 年，下辖莲花、后埔村、蔗内、内田、上陵、军营、淡溪、白交祠、西坑、罗溪、尾林、水洋、小坪、澳溪、云埔、云洋、窑市、溪东、美埔 19 个村委会。2007 年底，人口 37209 人。

（五）五显镇

位于区境东北部，镇政府驻垵炉村五显自然村，距城区 2.5 公里。1964 年 4 月后称果园公社。1984 年撤社更名为五显乡。1991 年 12 月改为五显镇。1997—2007 年，下辖垵炉、下峰、布塘、店仔、溪西、竹山、后垄、军村、后塘、上厝、明溪、宋宅、四林、西洋、三秀山 15 个村委会。2007 年底，人口 38640 人。

（六）洪塘镇

位于区境东中部，南临同安湾海域。镇政府驻洪塘自然村，距城区 5.5 公里。面积 40.68 平方公里。1964 年 4 月后称洪塘公社。1984 年撤社改称洪塘乡，1991 年 12 月撤乡设洪塘镇。1995 年 1 月，划下溪头、东宅、康浔 3 个村委会归大同镇。2006 年 11 月石浔、龙东、龙西 3 个村实施“村改居”。至 2007 年下辖 3 个社区居委会和洪塘、三忠、苏店、新霞、郭山、龙泉、新厝、新学、苏厝、大乡、下墩、塘边、埔后 13 个村委会。2007 年底，人口 32962 人。

（七）马巷镇

析置翔安前，位于区境东南部，镇政府驻巷南路，距城区 14.9 公里。面积 66.87 平方公里。马巷别名舫山，自古为同安名镇。1955 年 10 月，称马巷乡属马巷区。1956 年 6 月复名马巷镇。1959 年 2 月裁镇，分解为大队属马巷公社。1964 年 4 月撤区并社，原马巷镇区 5 个居（村）委会属马巷公社。1984 年 4 月，马巷公社更名后滨乡，1987 年，撤销后滨乡，复名马巷镇。下辖友民、三乡、后亭、五美 4 个居委会与五星村委会。2003 年 9 月划出翔安前下辖 4 个居委会 30 个村委会。2003 年 10 月划归翔安区时，21872 户 79701 人。

（八）新店镇

析置翔安前，位于区境东南部，镇政府驻新店，距城区 22.0 公里。面积 118.29 平方公里。1969 年 1 月后称新店公社，鞍山、湖头等 8 个大队划归新店公社。1971 年 1 月，南安石井公社的莲河、霞浯 2 个大队划归新店公社。1984 年 9 月，撤社建新店乡。1987 年 10 月，撤乡建新店镇。2003 年 9 月析出翔安前下辖 1 个居委会 33 个村委会、1 个农场。2003 年 10 月划归翔安区时，21872 户 79277 人。

（九）新圩镇

析置翔安前，位于区境东部，镇政府驻新圩村，距城区 12.0 公里。面积 77.03 平方公里。1964 年 4 月后为新圩公社。1985 年撤社建新圩乡，1988 年 12 月，撤乡称新圩镇。2003 年 9 月前析出翔安前下辖 1 个居委会、16 个村委会。2003 年 10 月划归翔安区时，人口 39527 人。

（十）内厝镇

析置翔安前，位于区境东南部，镇政府驻内厝村，距城区 16.0 公里。面积 70.15 平方公里。1961 年 9 月后称巷东公社，1984 年 9 月撤社设内厝乡，1991 年 12 月撤乡设内厝镇。2003 年 9 月析出翔安前下辖 15 个村委会、1 个农场。2003 年 10 月划归翔安区时，人口 39527 人。

（十一）大嶝镇

析置翔安前，位于同安陆地东南 8 海里，镇政府驻大嶝岛田墘村，距同安城区 36.0 公里。包括大嶝、小嶝、角屿三岛，面积 43.45 平方公里。其中陆地面积 7.72 平方公里。1958 年公社化时期称南安县大嶝公社。1971 年划归同安县管辖。1984 年撤社改设大嶝乡。1991 年 12 月撤乡设大嶝镇。2013 年 9 月析出翔安前下辖 9 个村委会。2003 年 10 月划归翔安区时，人口 19219 人。

附录一：农林场

1. 同安竹坝华侨农场（同安竹坝华侨经济开发区）

位于城区东北方三秀山南麓，距城区 8 公里，面积 7.84 平方公里。前身为建于 1960 年、隶于省侨办的竹坝华侨农场，安置印尼、越南等东南亚 8 国归侨 2000 多人。1997 年元旦起，改制为厦门同安竹坝华侨经济开发区（仍保留农场实体），隶属于同安。2007 年，开发区下辖竹坝、刘厝、下庄 3 个自然村及新村、上寮、凤梨山、四房 4 个管区，居民 755 户 2719 人。

2. 凤南农场

位于城区西南方，场部驻大埔村，距城区 10 公里。面积 24.83 平方公里。下辖南山、土楼、新塘、后坂 4 个村委会 32 个自然村。场部下设五个作业区、一个耕山队和场办厂。2007 年，2481 户 7595 人（其中全民职工 730 人）。

3. 白沙仑农场

位于城区西方，场部驻白沙仑村，距城区 7 公里，面积 7.3 平方公里。2007 年下辖鱼池口、鹅仔内、东山、坝头、花厝、湖井、孤单厝 7 个自然村。人口 575 户 1777 人（其中职工 770 人）。

4. 祥溪林场

位于城区西北方，与长泰县接壤，场部驻莲花镇水吼，距城区 15.0 公里。面积 20.09 平方公里。下设水吼、上陵、河溪、崎溪 4 个工区。2007 年，人口 25 户 128 人。

5. 汀溪防护林场

位于城区西北方，与南安、安溪接壤，场部驻溪后村。距城区 12 公里。面积 38.92 平方公里。下设 4 个工区、6 个护林点。2007 年，2 户 5 人。

6. 北山农场

位于城区正北方，场部驻五显西崎村，距城区 10 公里。面积 0.31 平方公里。1998 年 1 月，撤销建制并入区投资管理总公司。2007 年，人口 7 户 35 人。

7. **大帽山农场**

位于区境东北部，东南与南安接壤。场部驻埔仔顶村，距城区19.0公里。面积24.30平方公里。下辖埔顶大乡、埔顶、山后桥、山边、官仔尾、红毛岭、加塘、内官、刘厝、村门、古坑、寨仔尾、上埔、后炉、后炉埔、罗田、后厝、大寮18个自然村。2003年10月，划归翔安区时人口7065人。

附录二：

同安各镇古今区划对照表

表1-3

镇名称	历史追溯			附注
	明清时期名称	民国时期名称	中华人民共和国时期（人民公社阶段）名称	
大同镇	在坊里	大同镇	城关公社	明洪武元年置在坊里
马巷镇	马巷厅	马巷镇	马巷公社	清乾隆四十年设厅，辖民安、翔风二里及同禾里一部分
新店镇	翔风里	翔风乡	新店公社	其中10个行政村原属民安里。明清之翔风里辖今之新店镇、大嶝镇及金门县
新圩镇	同禾里	公安乡	新圩公社	原同禾里五、六、七都设公安乡。古宅、后埔、金柄、后亭原属长兴里
西柯镇	从顺里	康乐乡	策槽公社	
新民镇	从顺里、归德里	康乐乡	新民公社	原从顺、归德、感化里的各一部分
莲花镇	归德里、感化里	莲山乡	莲花公社	原归德里、大路尾至军营等原属感化里
汀溪镇	感化里	美峰乡	汀溪公社	原感化里一部分
五显镇	长兴里	长兴乡	果园公社	原长兴里大部分
洪塘镇	同禾里	同禾乡	洪塘公社	原同禾里大部分
内厝镇	民安里	民安乡	巷东公社	原民安里大部分
大嶝镇	翔风里		大嶝公社	原翔风里一部分，1915年起属金门县。1949年9月起属南安县，1971年划归同安县

附录三：

同安区居民点古今异名对照表

表1-4

镇、场	今（古）名称	废村名
大同镇（在坊里）	祥路（上路）、后沟（新厝）、古溪（许溪）、芸溪（坛溪）、霞路（下路）、莲湖（沉湖）、双笕（双港）、郊边（沟边）、桐屿（童屿）、上田（松田）、古庄（前卢）、埕西（城西）、下埕（芦竹脚）、西池（池后坂）、后亭（后陈）大学（大營）	洪厝村（清末废）
马巷镇（民安里）	马巷（马家巷、马厝巷）、五美（五甲尾）、友民（牖民）、琼头（龙头、柏头）、陈头（亭头）、城场（施场、诗场）、丁亭（东陈）、窗东（窗头、窗兜）、蔡浦（菜圃）、山后亭（封侯亭）、后郭（侯阁）、浦头（普头）、亭洋（陈洋）、则大行（执代）、塘厝港（唐厝）、后莲（湖莲）、后许（湖口）、路山头（卢山头）、后叶（后蝶）、芸头（坛头）、内林（梨林）、桐梓（塘仔头）、林柄（林边）、内垵（内鞍）、青泉（青西）、内官（邵厝）、小后者（小后廨）、同美（塘仔尾）、后柄（打埔、小社）、西炉（西湖、西河）、后滨（后边、侯滨）、造店（坐店）、根岭（崑岭）、古垵（许鞍）	

续表1-4

镇、场	今（古）名称	废村名
新店镇（翔风里）	莲河（来蚵）霄垅（萧垅）、珩厝（白石珩）东园（李厝）、茂林（湖龙头、鳗头）、大宅（大泽、大治）、中保（中堡）、溪尾（赤山）、陈塘（亭塘、丁塘）、沟沙（金沙）、东浦（东埔）、浯溪（五溪）、东坑（董坑）、东莲（东林）、洪厝（柏埔、柏坡）、炉前（芦前）、双过山（双髻山）、下后滨（后边、后柄）、文崎（园崎）、桂园（葛园）、西滨（西边）、南美（南尾）、和美（下尾）、前浯（前吴）、后村（后仓）	
新圩镇（长兴里、同兴里）	辜宅（古宅）、芹内（芸内）、宫央（宫边）、下铺（下廊）、后亭（侯亭）、金柄（坑柄）、尾林（米篮）、方田（荒田）、黄岗（黄光、风岗）、路坂尾（芦坂尾）、御宅（牛宅）、村尾（误田园、仓尾）、村内（仓内）、松管院（静隐院）、温溪（塭溪）、曾坝洋（僧坝洋）、诗坂（施坂）、东寮（东陵）铺内（廊内）、桂林（鬼林、掛篮）、姑井（义井）	田边村（1950年废）溪仔墘（上世纪40年代废）六角井
莲花镇（归德里）	垵柄（鞍边）、五斗区（五斗垃）、纳场（猎场）、新莲（新店）、幕边（墓边）、南山（蔗内）、百谷（壁角）、内田（蓝田）、上陵（祥陵）、白交祠（白狗祠）、罗溪（锣溪）、洪田（红田）、杆仔树（橄榄树）、巷仔内（庵外）、尾林（岩尾林）、水洋（水杨）、盖集尾（葛藤尾、割尽尾）、树后（下厝）、澳溪（澳内、澳内湖）、车头（尾林口）骞桥（泗桥）、桐湖（童湖）、莲山头（内山头）美埔（尾埔）	康厝（解放前废） 下坪内（解放初废） 下长沙（解放后废） 东坑（属云洋，民国时因虎患废村）
汀溪镇（感化里）	铺里（廊里）、圭母岫（圭武寺）、杜生林（逃生林）、坤泽洋（关帝洋）褒美（埔尾）、路岭（芦岭）山顶洋（山猪洋）、进美山（尖尾山）、枋脚（枫脚）、芸山（云山）、虎空（虎硿）	草埔路（解放前废） 马湖（解放前废） 岳口（原废村，现南安移民迁入）
新民镇（从顺里、归德里）	霞尾（下尾）、西湖塘（睦命塘）、珠厝（朱厝）、四口圳（四九圳）、土厝（涂厝）、禾山（豪山）乙楼（土楼）、大社（乌涂）东宅（董宅）、下半林（下看林）长美坑（长尾坑）、洋厝埔（杨厝埔、榧厝埔）西山洋（西山杨）青塘后（青塘）、下路（马路）、大松（大榕）后英（佛祖宫后）奈仔顶（拦仔顶）、三角埕（相鸽埕）、湖井宅（宅内）、湖美杉（无尾杉）、美宅（尾宅）、塔埔尾（打埔尾）新店仔（猪母田）、走马人（走马廊、走马垅）	后垵附近的芦竹脚、十一柱两村解放前废
西柯镇（从顺里、仁德里）	东头埔（童头埔）、瑶头（瑶江）、卿朴（坑打）、潘涂（滩涂、亨泥、藩土）、洪塘头（金光宅）霞阳（下洋）、蔡店（店仔）	猴厝（解放前废）下庄
五显镇（长兴里、同禾里）	下峰（下鲂）、美珠堂（马舌堂）、店仔（殿野）杜厝李（后田洋）、过山埔（郭山埔、赵厝埔）、东塘（董塘）、寮野（寮仔）、五头（鳌头）军村（军仓）、后塘（玉堂）、布厝（傅厝）、后烧（后萧）、丘厝（邱厝）、水果内（水阁内）、秀人尾（小垅尾）	跷内（桡内，清代废。1972年南安移民入住） 墓庵（解放前废。1972年南安移民入住，改幕垵）东洋（解放前废）
洪塘镇（同禾里）	洪塘（红塘）、埔下（塘仔尾）、下茂庵（下墓庵）、枋厝（方厝）、小古宅（小辜宅）、古来潭（鲇呆潭）、陈村（陈仓）、过坑（郭坑）、月龙（卧龙）、学壳坑（鲎壳坑）、大乡（后磨）、顶厝（丁厝）、布厝宅（傅厝宅）御上山（和尚山）	上张（康熙间洪灾废）
内厝镇（民安里）	小光山（小龟山）、古店（许店）、东烧尾（东萧尾）、横路（宏路）赵岗（逃缸）、马池内（尾头内）坝上亭（坝上陈）、茂前（墓前）官塘（官堂、李厝）琼坑（柏坑）	
大嶝镇（翔风里）	土厝（泥厝）、鲟窟（龙窟）、崎头下（崎沟下）、双沪（淳厚、霜厚）、阳塘（余厝、南尾社）后店（院兜）、溪墘（溪边）、坑尾（坑美）麦埕（烈地、番薯埕）	
凤南农场（从顺里、归德里）	赤松（赤榕）、四角河（河仔）、塔坝（塔尾）、西公林（师公林）、浒空内（虎硿内）、高浦（高浦仔）	后英、师公林（清废，1961年于此建大队部复名）
竹坝农场（长兴里）		上庄（解放前瘟疫废，农场成立后复移入）

续表1-4

镇、场	今（古）名称	废村名
大帽山农场（长兴里）	埔顶大乡（埔仔顶）、红毛岭（洪毛岭）、加塘（葭塘）、内官（利菅）、刘厝（留厝）、古坑（孤坑）、上铺（上廍）	东岭（解放初废） 葭塘（解放前废，1954年复村） 山根（20世纪30年代废） 大箱（80年代后废） 后头洋（80年代后废）
白沙仑农场（归德里）		孤单厝

说明：括号外为今名，括号内为古名

第二章　自然环境

第一节　地　质

同安区大地构造位处闽东火山断拗带。受距今1.95亿—1.37亿年前火山喷发活动的影响，地层以中生界侏罗系、新生界第四系为主，西部地区局部出露中生界三叠系地层。

一、构造

（一）断裂构造

北东向断裂构造　永春东平—同安—厦门断裂带。南西起自厦门西港，沿北东20°方向经集美进入同安区西柯，经大同、汀溪，由芹山进入南安英都延伸至永春东平，全长大于110公里，宽度10～12公里，其中同安境内23.5公里。倾角由北向南加大，主要断裂有荇后、中甲、美人山断裂。

军营—尾林断裂，规模小，长约8公里，宽约2公里，沿东北方向发育于燕山早期花岗岩岩体中。

北西向断裂构造　为同安另一组主干断裂带。自北西向南东延伸，经莲花、入翔安内厝、大嶝，宽度10公里，总体走向北西320°。

东西向断裂　北西角寮祁山附近可见东西向断裂。对水系控制较明显的有莲花溪。

南北向断裂　仅见同安区西北的尾林、寮祁山附近，对水系控制较为明显的有内田溪和东溪。

（二）火山构造

以古宅水库—郭山—洪塘—潘涂为界，西部属南安五台山—安溪桂窑晚侏罗系火山喷发带，东部属仙游郊尾—翔安新圩—厦门嵩屿晚侏罗系火山喷发隆起带。西带火山岩地层保留较完整，东带剥蚀作用较强烈。在东岭尖保留有一个较完整的火山喷发中心，由南园组第四段构成。

上述北东向和北西向两组断裂带自第三纪以来有地震、温泉出露及地块间歇性上升或下降的新构造运动。境内主要有汀溪—造水、潘涂—洪塘—古宅水库2条北东向新构造活动线和沿北西向断裂带作断续性活动的北西向新构造活动线。

二、地层

（一）三叠系上统

该地层出露于区境西北与长泰、安溪交界处的白格尖、淡溪一带，由上统文宾山组上下段组成。岩层厚度大于646米。

（二）侏罗系上统

长林组 见于区境西北部与长泰县交界处的西坑村南部，岩层厚度244米。

南园组 主要出露于汀溪、小坪、三秀山一带北部与安溪、南安交界处，南部大帽山、美人山、美星等地也有零星出露。分为4个岩段：

一段 出露于北西部白格尖附近，面积不到1平方公里，厚度244米。

二段 出露于汀溪、小坪、三秀山及南部的美人山、美星、大帽山等地，厚度405～1618米。

三段 出露于汀溪水库、造水、芹山一带，文山也有小面积分布，厚度337～1667米。

四段 出露于汀溪与安溪交界的堤内、顶村一带。

（三）第四系

广泛出露于全区各地，地层划分为四个单位：

未划分时代残坡积层 是第四系最发育的地层单位，主要出露于五显、竹坝、白沙仑农场、梧侣、潘涂等地。自上而下分为3个带：泥质碎石角砾残积带→白色黏土带→砖红色黏土带，厚度5～20米，局部达72米。

更新统同安组 主要出露于泥山、凤岗、古山等地，地貌上多形成于Ⅲ级阶地上，呈弧丘出现，厚度10米左右，与上覆龙海组呈假整合接触。

更新统龙海组 主要出露于沿海平原台地上和河流两侧Ⅱ级阶地上，新民、西柯等地均有出露，厚10米左右，与上覆长乐呈假整合接触。

全新统长乐组（仅见） 分以下两个沉积类型：

长乐组冲洪积层分布于东溪、西溪、莲花溪、澳溪、官浔溪、汀溪等流域现代河床及两侧河滩上，厚度4～9米，与下伏龙海组呈假整合接触。

长乐组海积层多见于西柯海湾与河流入海口附近，呈海滩、海积平原成Ⅰ级阶地产出，厚度1～30米不等。

同安区地层简况表

表1-5

界	系	统	组	段	厚度（米）
新生界	第四系	全新统	长乐组	海积层	1～30
				冲洪积层	4～9
		更新统	龙海组		10±
			同安组		10±
		时代未分的残坡积层			5～20
中生界	侏罗系	上统	南园组	四	
				三	337～1667
				二	405～1618
				一	244
			长林组		244
	三叠系	上统	文宾山组	上段	>646
				下段	

三、侵入岩

（一）燕山早期侵入岩

第一次侵入　由花岗岩、二长花岗岩组成。花岗岩见于丙洲、吕厝及官浔村，上部为第四系残坡积层覆盖，出露面积约1平方公里。二长花岗岩主要分布于洪塘、五显一带，出露较大的岩体有白沙仑、大宅水库、郭山、庵头山、大学、猴石山、洋麻山等。

第二次侵入　岩性为含黑云母花岗闪长岩，见露于莲花云洋村，面积约2平方公里。

第三次侵入　规模最大，岩性为中粒花岗岩，主要分布于小坪水库、莲花、凤南、禾山、潘涂一带，次为汀溪、三秀山、铁砧山、牛岭山、高仑头、铁峰山一带，少量分布于汀溪半岭、造水、西莲、西溪等。

第四次侵入　由细粒花岗岩、花岗斑岩组成，侵入规模较小，且局限于第三次侵入的岩体内，呈小岩瘤状产出。主要分布于区西部，岩体有水洋、观音山、张溪、莲花山、祥溪林场、莲花、康厝等数十个小岩体。花岗斑岩仅见于河溪水库上游的竹坑尖、鹅头楼尖一带。

（二）燕山晚期侵入岩

第一次侵入　由辉长岩、花岗闪长岩、石英闪长岩组成。辉长岩仅见于花厝，出露面积约2.5平方公里，局部相变为闪长岩。花岗闪长岩仅见于莲花、内寮、小西山、下墩山四个小岩体。石英闪长岩仅见于莲花白交祠，面积不到1平方公里。

第二次侵入　由花岗岩、黑云母二长花岗岩、花岗闪长岩组成。主要岩体分布在莲花内田村、虎坑山、尖尾仑等地。

第三次侵入　在同安区未见发生。

第四次侵入　由花岗斑岩组成，分布范围小，主要岩体有尾林、淡溪两处，出露面积约3平方公里。

（三）脉岩

境内与燕山期各侵入活动相伴随的岩脉较发育，种类繁多，基性、酸性到酸偏碱性岩类均有，主要有花岗岩脉、花岗斑岩脉、石英斑岩脉、流纹斑岩脉、二长花岗斑岩脉、石英正长斑岩脉、花岗闪长岩脉、石英闪长岩脉、闪长岩脉、闪长玢岩脉、辉绿岩脉、伟晶岩脉、细晶岩脉及石英岩脉等。其中花岗斑岩脉常风化成高岭土矿（境内著名矿区有洪塘郭山），绿辉岩是石雕制品的主要原材料。

第二节　地　貌

一、分区

北—西北中、低山区　包括莲花、汀溪两镇。

中部中、低丘区　包括西柯、洪塘、五显、大同街道、祥平街道、新民及竹坝、凤南等农场。区内中低丘陵起伏，沿边分布许多500米以上的低山如康山、大溪山、小溪山、大企山等。

平原　包括西柯、洪塘的海积平原和东西溪下游的冲积平原。

二、类型

境内地貌可分为中山、低山、高丘、低丘、台地、平原、滩涂、盆谷、海岸、岛礁等类型。

中山　分布于区境北部和西北部，海拔800米以上，相对高度大于500米，山坡陡峭，坡度30°以上，有的达45°～60°，切割强烈，河谷构成“V”形。面积22.79平方公里，占全区土地面积2.1%。

低山　主要分布于莲花、汀溪两镇，海拔500～800米，相对高度大于200米，坡度30°～45°，山

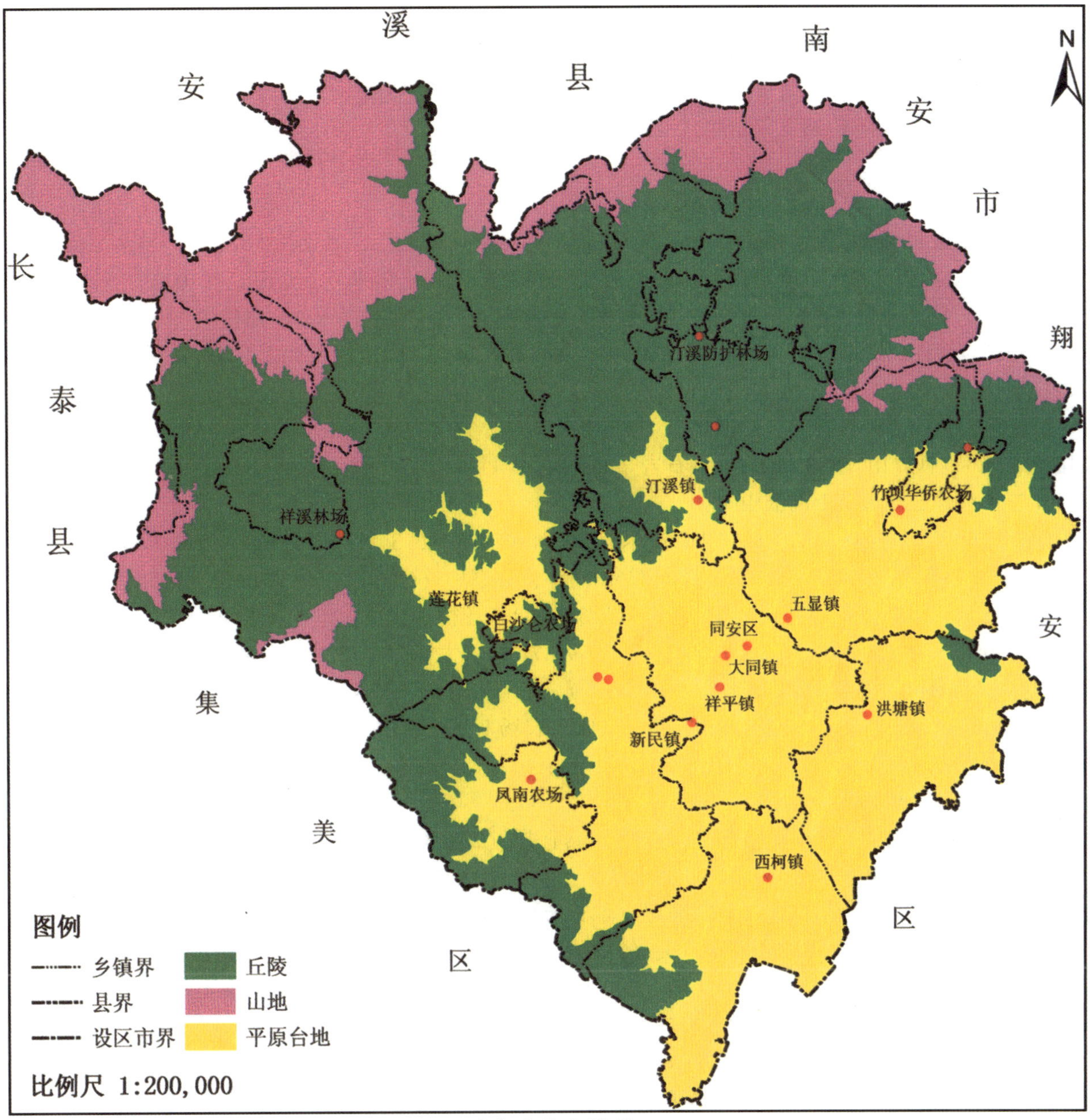

同安地貌分区图

岭较中山舒缓，河谷为“V”形和“U”形，河谷中有阶地分布，溪流短促，山间盆谷发育。面积69.57平方公里，占全区土地面积10.58%。

高丘 条状分布山地边缘、河谷两侧，海拔250～500米，相对高度100～200米，排列整齐，多呈浑圆的馒头状，坡度20°～30°，基岩露头少。

低丘 分布于高丘外缘的山间盆谷周围和沿海地区，海拔50～250米，相对高度50米左右，坡度10°～25°，地势起伏舒缓，破碎零乱。

台地 海拔50米以下，分布广、面积大。中部的新民、五显镇山前地带，以洪积台地为主。洪塘镇以剥蚀台地为主。台面微坡起伏，坡度10°以下，其间为浅坳谷切割，总地势向海、河方向缓降。

平原 分为冲积平原和海积平原。前者条带状分布在东西溪下游两岸，海拔10米以下。后者分布在洪塘、西柯沿海区，海拔3米左右，地形开阔，地势平坦。

盆谷 广泛分布于莲花、汀溪等镇的山区，海拔50～800米间均有，谷盆宽阔，多发育于溪流交汇处。

滩涂 主要分布西柯沿海，以泥、泥沙为主。

海岸 东起西柯丙洲，西至西柯后田，长 11 公里。主要类型为港湾泥质海岸。

礁石 西柯海域香炉礁（干出礁）、石鼓礁（明礁）。

三、主要山峰

（一）海拔 800 米以上的中山

莲花镇境内有 16 座：凤冠山（833.4 米）、寨尖尾（1042.8 米）、状元尖（1072.2 米）、虎仑（984.1 米）、四斗仑（966.5 米）、禄谷岭（1065.8 米）、尖山（1034.2 米）、白格尖（1069.9 米）、尖石尾（916.7 米）、南山尖（967.4 米）、大尖（996.8 米）、席草池山（912.1 米）、观音岩（917.6 米）、寮祁山（924.3 米）、大尖山（852.5 米）、洪格林（901.4 米）。汀溪镇 8 座：东岭尖（908.1 米）、土地公坑（948.5 米）、云顶山（1175.2 米）、大尖（1110 米）、目仔尖（851.8 米）、芹山（1095.4 米）、铁峰山（878.9 米）、乌石岩（852 米）。

（二）海拔 500 米以上的低山

莲花镇境内有 18 座：莲花山（738.4 米）、大落尾山（563.3 米）、大企山（755.7 米）、内寮尖（794 米）、大寨山（638.4 米）、鸟母坪（736.3 米）、后寮山（633.1 米）、洪田尖（505.5 米）、下格尖（506.6 米）、白叶格（517.6 米）、大尖（706.3 米）、花桥（541.1 米）、石格尖（572.7 米）、大寨尾山（796.8 米）、文山（523.5 米）、小溪山（699.7 米）、大溪山（721 米）、崎溪寨（615 米）。汀溪镇 3 座：大仑尖（516.2 米）、石狮头（611.3 米）、拍石仑（633.5 米）。五显镇 3 座：牛岭山（768.6 米）、铁钻山（780.1 米）、三秀山（625 米）。凤南农场 1 座：康山（558.8 米）祥溪林场 1 座：竹坑尖（513.9 米）。

（三）海拔 200 米以上的丘陵

莲花镇境内有 11 座：石狮山（406.4 米）、寨仔尾（209.3 米）、凤过尖（404 米）、虎坑（413.4 米）、加座山坪（329.4 米）、小尖（464.1 米）、金瓜寨（370.1 米）、幸福山（334.9 米）、虎头山（307.1 米）、溪东山（221.9 米）、寨仔尾（441 米）。汀溪镇 6 座：乌石岩山（496.2 米）、南洋寨（299.7 米）、石鼓寨（412.1 米）、长仑尖（233.6 米）、什班山（351.2 米）、大东山（235.7 米）。新民镇 3 座：大西山（324.1 米）、石壁山（240.9 米）、虎山（290.8 米）。西柯镇 4 座：美人山（256 米）、打石山（282 米）、天马山（393.7 米）、大帽山（408.4 米）。凤南农场 4 座：陈皇寨山（214 米）、大凤山（456.1 米）、小凤山（380.5 米）、砖仔山（364.5 米）。白沙仑农场 2 座：石壁山（240.9 米）、虎头山（307.1 米）。祥溪林场 1 座：鹅角楼尖（495 米）。北山农场 1 座：白沙仑（323.4 米）。

第三节 气 候

一、类型与四季划分

（一）类型

同安属南亚热带海洋性季风气候，气候温和，雨量充沛，热量充足。随着海拔高度变化。可分为沿海、平原、北部西北部山区 3 个气候类型。

（二）四季划分

综合考虑气温、降水量等气候特点，同安气候季节按物候法可划分为：12 月至来年 2 月为冬季；3—4 月为春季或春雨季；5—9 月为夏季；10—11 月为秋季。3—9 月为春夏多雨湿润季节，10 月至来年2月为秋冬少雨干燥季节。

二、主要气象要素

（一）气温

1997—2007年，年平均气温为21.8℃，比常年（21.1℃）显著偏高0.7℃。其中1998年年平均气温22.3℃，为有记录以来的历史最高纪录。2007年年平均气温22.1℃，为历史第二高温记录。极端最高气温为2003年7月26日的39.0℃，是1956年以来极端最高气温第1位偏高年。按《气温法》划分（下同）冬季（上年12月—2月），11年平均气温14.8℃，比常年（13.9℃）偏高0.9℃，暖冬现象延续不断。春季（3—5月），11年平均气温20.5℃，比常年（19.6℃）偏高0.9℃，暖春现象明显。春播期（2月下旬—4月上旬）11年平均气温17.0℃，比常年（15.7℃）偏高1.3℃。夏季（6—8月），11年平均气温28.0℃，比常年（27.7℃）偏高0.3℃。秋季（9—11月），11年平均气温23.9℃，比常年（23.3℃）偏高0.6℃。

（二）降水

年雨量分布随海拔和地域变化而变化。海拔每升高100米，年雨量约增加70毫米。从东南到西北方向，向内陆每延伸10公里，年雨量约增加150毫米。气候增暖对年总降水量变化规律的影响不大。1997—2007年，年平均降水量为1604.5毫米，比常年（1526.7毫米）偏多77.8毫米（5.1%）。各年的降水量有明显的差异，年内降水分布差异突出，暴雨洪涝和干旱等极端天气事件频繁发生。

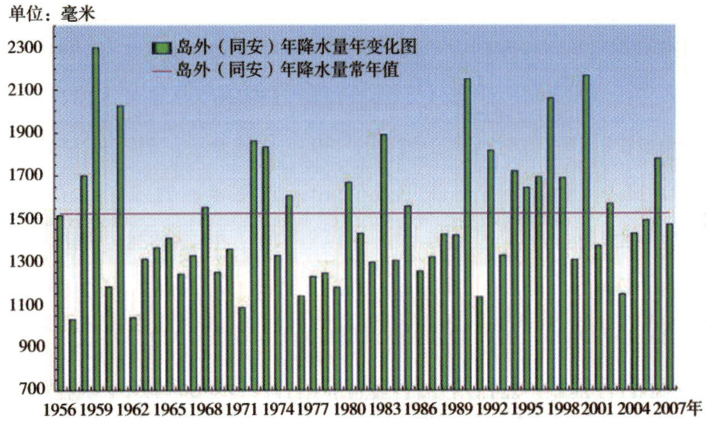

图1-1　若干年份同安年降水量（毫米）变化图

冬季降水量为155.8毫米，比常年（151.3毫米）偏多4.5毫米（3.0%）。春季平均降水量为435.6毫米，比常年（467.3毫米）偏少31.7毫米（6.8%）。夏季平均降水量为772.3毫米，比常年（687.2毫米）偏多85.1毫米（12.4%）。秋季平均降水量为239.7毫米，比常年（220.6毫米）偏多19.1毫米（8.7%）。春雨季节（3—4月）平均降水量为218.6毫米，比常年（272.8毫米）偏少54.2毫米（19.9%）。梅雨季节（5—6月）平均降水量为493.3毫米，比常年（447.2毫米）略偏多46.1毫米（10.3%）。台风季（7—9月）平均降水量659.1毫米，比常年（582.4毫米）略偏多76.7毫米（13.2%）。

（三）蒸发量

随气候增暖，蒸发量也呈上升趋势。1997—2007年，年平均蒸发量（小型蒸发）为2039.5毫米，比常年（1707.5毫米）偏多332.0毫米。除1997年蒸发量比常年偏少外，其余年份均比常年偏多，其中2004年蒸发量为2233.2毫米，比常年偏多525.7毫米，是1956年以来年蒸发量最多年份。

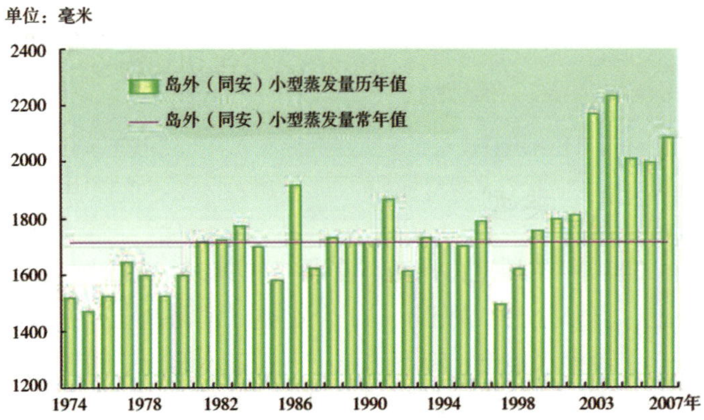

图1-2　若干年份同安年蒸发量变化图

（四）日照

1997—2007年，年平均日照时数为

1975.3 小时，比常年（1934.4 小时）偏多 40.9 小时。各季节平均日照时数春季、秋季、冬季略偏多，夏季略偏少。

气压、温度、风速风向等其他气象要素比常年值基本无变化。

1997—2007 年同安气象要素变化表

表 1-6

年份	平均气温（℃）	平均最高气温（℃）	平均最低气温（℃）	极端最高气温（℃）	极端最低气温（℃）	降雨日数≥0.1mm（天）	降雨量（毫米）	一日最大降雨量（毫米）	蒸发量（毫米）	平均相对湿度（%）	本站平均气压（百帕）	日照时数（小时）	日照百分率（%）	平均风速（米/秒）	最大风速（米/秒）	最多风向
1997	21.5	26.1	18.4	37	3.1	139	2058.8	199.8	1543.5	77	1013.1	1686.7	38	1.5	—	ENE,SSE
1998	22.3	26.3	19.3	37	5.7	143	1688.5	136.4	1932.7	77	1011.0	1866.3	42	1.9	—	ENE
1999	21.7	26.1	18.6	35.4	0	122	1307.6	155.4	2114.5	74	1010.0	2000.6	46	2.2	—	ENE
2000	21.9	26.2	18.8	36.1	3.7	130	2165.6	231	2174.9	74	1009.8	1969.4	44	2.2	13	ENE
2001	21.9	26.4	18.5	38.1	3.5	140	1371.8	71.9	2155	74	1010.2	2121.4	48	2	11.0	E,ENE
2002	22	26.6	18.7	36.9	5	130	1571.7	193.8	1966.6	76	1011.1	2039.4	46	1.6	13	E
2003	21.8	26.6	18.3	39	4.5	93	1147	86.8	2169.6	74	1011.7	2436.1	55	1.7	13.7	ENE
2004	21.7	26.6	18	37.2	2.1	103	1430.3	112.5	2233.2	72	1011.2	2446.2	56	2	15.3	E
2005	21.5	25.9	18.3	37.7	1.7	121	1656.3	256.9	2007.8	72	1010.8	1711.2	39	2.2	13.6	ENE
2006	22	26.4	19	37.4	4.2	121	1781.7	109.6	2050.8	73	1010.3	1718.9	39	2.2	12.7	ENE
2007	22.2	26.5	19.2	37.8	4.7	124	1470.4	131.3	2085.6	70	1010.3	1732.3	39	2.2	10.4	ENE
11 年	21.9	26.3	18.6	39	0	124	1604.5	256.9	2039.5	74	1010.8	1975.3	45	2	12.8	ENE
常年	21.1	25.5	17.8	37.6	0	138	1526.7	268.1	1707.5	78	1010.8	1934.4		2.0		ENE
11 年距平	0.8	0.8	0.8	1.4	0	-14	77.8	-11	332	-4	0	40.9	—	0	—	—
评价	偏高	偏高	偏高	偏高	无变化	偏少	略偏多	变化小	偏多	略偏小	无变化	略偏多		无变化		无变化

第四节　耕地土壤

一、类型

2004 年耕地地力调查，在调查的 9639.32 公顷耕地土壤中，共分为 5 个土类（赤红壤、红壤、水稻土、滨海盐土、潮土）、11 个亚类（滨海盐土、灰潮土、赤红壤、红壤、黄壤、漂洗水稻土、潜育水稻土、渗育水稻土、淹育水稻土、盐渍水稻土、潴育水稻土）、19 个土属（耕作灰砂土、耕作砂泥土、赤砂土、赤土、红泥砂土、红泥土、黄泥砂土、黄泥土、白鳝泥田、冷烂田、青泥田、黄泥砂田、黄泥田、红泥砂田、红土田、埭田、潮砂田、灰泥田、灰砂泥田）、34 个土种。各土种面积：

灰黄泥砂田 2387.56 公顷、黄泥沙田 1542.20 公顷、灰黄泥田 1282.92 公顷、红泥砂田 1042.54 公顷、黄底灰泥田 688.86 公顷、灰沙泥田 621.96 公顷、灰赤砂土 373.90 公顷、潮沙田 275.51 公顷、沙埭田 244.69 公顷、埭田 203.69 公顷、赤砂土 165.89 公顷、黄泥田 165.87 公顷、白底田 133.87 公顷、红泥砂土 119.28 公顷、灰埭田 96.14 公顷、灰泥田 73.36 公顷、锈水田 56.49 公顷，灰砂土、灰泥田、赤土、黄赤土、灰赤土、灰红泥砂土、红泥土、灰红泥土、红砂土、黄泥砂土、黄泥土、灰黄泥土、白鳝泥土、冷水田、浅脚烂泥田、青泥田、红土田面积均在 50 公顷以下，大部分在 1～10 公顷间。

2007 年耕地地力调查，在调查的 9947.67 公顷耕地土壤中，共分 6 个土类（滨海盐土、潮土、赤红壤、红壤、黄壤、水稻土）、11 个亚类（同 2004 年亚类）、18 个土属（比 2004 年少耕作砂泥土、黄泥砂土、青泥田、红泥砂田 4 个土属，多埭土、砂埭土、砂质田 3 个土属）、32 个土种。各土种面积如表 1-7。

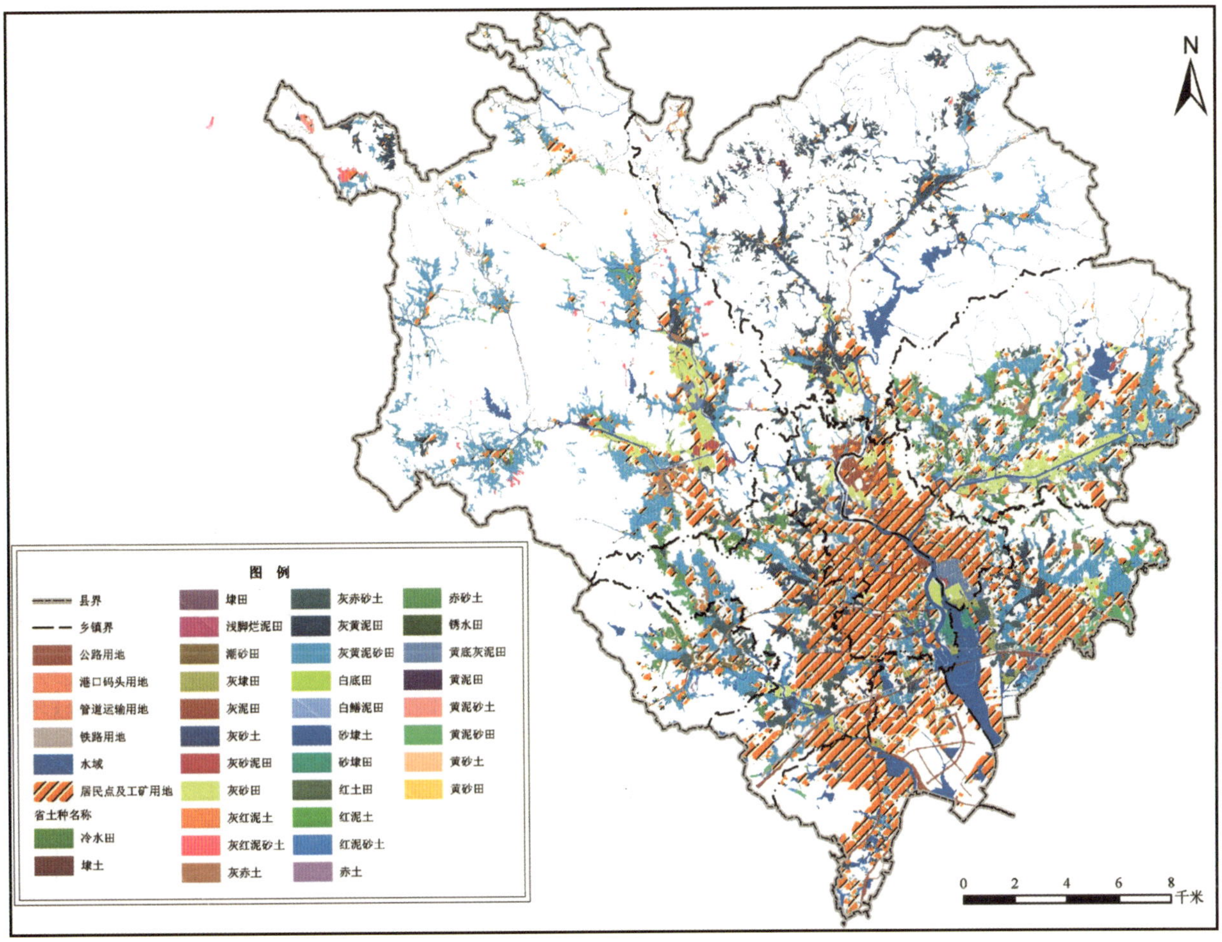

耕地土壤类型图

2007 年同安区耕作土壤类型面积调查表

表 1-7　　　　单位：公顷

土种名称	面积分布									
	大同街道	凤南农场	洪塘镇	莲花镇	汀溪镇	五显镇	西柯镇	祥平街道	新民镇	合计
白底田	—	—	1.50	—	8.22	5.09	—	—	—	14.81
白鳝泥田	—	—	—	—	—	—	—	58.59	—	58.59

续表1-7

土种名称	面积分布									
	大同街道	凤南农场	洪塘镇	莲花镇	汀溪镇	五显镇	西柯镇	祥平街道	新民镇	合计
潮砂田	—	37.93	9.16	—	—	—	—	3.67	—	50.76
赤砂土	15.93	76.24	83.57	76.01	11.22	311.80	2.73	12.16	144.00	733.66
赤土	—	6.93	—	7.70	—	0.15	—	—	—	14.78
埭田	—	—	15.84	—	—	—	—	0.79	—	16.63
埭土	—	—	—	—	—	—	4.43	—	—	4.43
红泥砂土	—	—	—	11.99	—	—	—	—	2.00	13.99
红泥土	—	—	—	—	0.26	—	—	—	—	0.26
红土田	—	—	3.31	—	—	—	—	—	—	3.31
黄底灰泥田	115.98	—	25.09	28.77	0.02	32.04	—	24.69	—	226.59
黄泥砂田	5.28	30.15	138.94	67.04	8.69	143.58	5.23	2.12	45.25	446.28
黄泥砂土	—	—	—	17.05	—	—	—	—	—	17.05
黄泥田	—	0.09	7.93	5.98	50.74	5.07	—	0.17	—	69.98
黄砂田	—	—	—	—	0.52	—	—	—	—	0.52
黄砂土	—	—	—	—	4.04	2.77	—	—	—	6.81
灰赤砂土	24.90	109.82	122.87	50.59	19.42	135.68	9.83	52.60	197.57	720.28
灰赤土	0.08	0.04	7.20	71.86	14.28	35.28		0.08	22.25	151.07
灰埭田	22.59	0.51	49.91	—	—	—	41.34	28.40	3.74	146.49
灰红泥砂土	—	—	—	71.75	5.54	1.15	—	0.32	—	78.76
灰红泥土	—	—	—	1.61	20.33	—	—	—	—	21.94
灰黄泥砂田	41.57	250.47	432.49	1635.87	329.38	931.46	104.49	159.08	394.58	4279.39
灰黄泥田	—	5.90	100.99	208.48	845.43	2.35	31.07	46.66	177.18	1418.06
灰泥田	104.47	—	0.04	0.99	2.99	9.60	—	71.70	3.71	193.50
灰砂泥田	4.23	—	—	36.07	—	7.17	—	—	—	47.47
灰砂田	103.97	7.48	26.01	317.25	63.97	415.10	—	62.34	42.70	1038.82
灰砂土	8.96	—	—	—	—	—	—	9.32	—	18.28
冷水田	—	—	—	22.30	2.71	2.15	—	—	2.80	29.96
浅脚烂泥田	—	—	0.35	—	—	—	—	—	—	0.35
砂埭田	1.64	0.12	41.66	—	—	—	1.70	64.99	—	110.11
砂埭土	—	—	—	—	—	—	12.54	—	—	12.54
锈水田	—	—	—	—	1.40	—	—	0.80	—	2.20
合计	449.60	525.68	1066.86	2631.31	1389.16	2040.44	213.36	598.48	1032.78	9947.67

二、肥力

（一）土壤养分

土壤有机质 2004年调查，耕地土壤有机质平均含量15.98±0.28克/公斤，变异系数1.75%，属中等水平。含量均值丰富（≥20 克/公斤）的土种类型主要有灰黄泥土、青泥田、黄泥土、灰泥田、浅脚烂泥田、冷水田和锈水田，含量均值缺乏（<10 克/公斤）土种类型主要有赤砂土、红泥沙土、红砂土和黄泥沙土。2007 年调查，耕地土壤有机质平均含量 15.68±1.89 克/公斤，变异系数 12.05%，属较缺乏。其中，浅脚烂泥田含量值较丰富（22.25 克/公斤），红土田含量最低。

土壤氮素　2004 年调查，耕地土壤全氮量平均值 0.91±0.02 克/公斤，变异系数 2.20%，属缺乏水平。平均含量属中偏高水平的土种主要有灰砂田、青泥田、浅脚烂泥田，冷水田、锈水田和砂埭田，其余土种属中偏低和缺乏水平。2007 年调查，耕地全氮含量均值 0.96 克/公斤，变异系数 14.62%。速效氮平均含量 101.61±25.43 毫克/公斤，变异系数 25.03%，属中等水平。黄泥砂田速效氮含量最高（187.18 毫克/公斤），埭田含量最低（68.92 毫克/公斤）

土壤磷素　2004 年调查，耕地土壤有效磷平均值 50.39±1.26 毫克/公斤，变异系数 2.50%，含量相当丰富，除白鳝泥田含量处缺乏水平以及赤土、灰赤土、红砂土、黄泥砂土、浅脚烂泥田和青泥田含量处中等水平外，其余土种含量均值都达到丰富水平。其中以灰黄泥土、灰埭田、砂埭田、灰沙泥田最为丰富，最高达 85.30 毫克/公斤。2007 年调查，耕地土壤全磷含量均值 1.15 毫克/公斤，变异系数 22.13%。有效磷含量均值 65.95±22.39 毫克/公斤，变异系数 33.95%，处于丰富水平，最高达 112.10 毫克/公斤，最低也有 50.43 毫克/公斤。

土壤钾素　2004 年调查，耕地土壤缓效钾含量平均值 189.85±4.48 毫克公斤，变异系数 2.36%，处于低水平。处于丰富水平的土种类型主要有灰红泥土、浅脚烂泥土、潮砂田，处于中等水平的土种类型主要有灰沙土、黄赤土、黄泥砂土、灰黄泥土、灰埭田、砂埭田、黄底灰泥田、灰砂泥田，其余土种处于低水平。速效钾含量平均值 67.15±2.06 毫克/公斤，变异系数 3.07%，处中等水平。其中处于丰富水平的土种类型主要有赤土、黄泥沙土、潮砂土、灰泥田；处于低水平的土种主要有灰赤砂土、黄赤土、灰红泥土、红砂土、白底土、白鳝泥田、浅脚烂泥田、锈水田、红土田、埭田，极低水平土种主要有红泥土和黄泥田。其余土种速效钾含量处于中等水平。2007 年调查，耕地土壤缓效钾平均值 335.36±36.65 毫克/公斤，变异系数 10.93%，处于中等水平。其中，埭田、浅脚烂泥田、黄泥沙田、红泥沙田、砂埭田含量相对较高，黄砂田含量最低，仅 301.00 毫克/公斤。速效钾总平均值 44.13±23.12 毫克/公斤，变异系数 52.40%，处于缺乏水平。其中浅脚烂泥田含量相对最高（69.59 毫克/公斤），黄砂田含量相对最低（15.17 毫克/公斤）。

土壤微量元素　2004 年调查，耕地土壤有效铁平均值 150.09±3.83 毫克/公斤，变化系数 2.55%，极为丰富。有效锰平均值 16.70±0.53 毫克/公斤，变异系数 3.17%，较为丰富。有效铜平均值 2.22±0.07 毫克/公斤，变异系数 3.15%，较为丰富。有效锌平均值 3.21±0.09 毫克/公斤，变异系数 2.80%，较丰富。有效硼平均值 0.25±0.01 毫克/公斤，变异系数 43.42%，相当缺乏。有效钼平均值 0.17±0.01 毫克/公斤，变异系数 5.88%，较丰富。有效硅平均值 84.70±2.52 毫克/公斤，变异系数 2.98%，较缺乏。2007 年调查，耕地土壤有效锌平均值 4.90±3.28 毫克/公斤，变异系数 66.25%，除黄泥砂土处于中等水平外，其余土种含量均处丰富水平，尤以红泥土含量最高（9.08 毫克/公斤）。有效硼平均值 0.23±0.05 毫克/公斤，变异系数 23.83%，除砂埭土、埭田、灰埭田、浅脚烂泥田、砂埭田、白鳝泥田、灰赤砂土、埭土含量缺乏外，其余土种均极缺。

（二）土壤酸碱性

2004 年耕地调查，pH 平均值 5.84±0.03，变异系数 0.51%，属酸性。pH 均值低于 5.5 的强酸性土壤类型主要有黄赤土、红泥砂土、红泥土、灰红泥土、灰黄泥土、白鳝泥土、锈水田和红土田，其余土种类型平均 pH 值介于 5.55～6.87，属弱酸性、中性土壤。

2007 年地力调查，耕地土壤 pH 平均值 5.72±0.37，变异系数 6.47%。除灰砂土、灰黄泥田、红泥砂土、黄泥田、灰红泥砂土、黄砂田、灰红泥土、红泥土、黄泥砂土 pH 均值低于 5.5，属强酸性外，其余土壤类型 pH 值均高于 5.5，属微酸性壤。

（三）土壤质地

2004年地力调查，耕地土壤质地类型以壤土占绝对优势，土壤质地较理想。分布于平原区并发育于冲积海积母质的灰埭田、灰泥田，分布于台地且发育于第四纪红色黏土的赤土、黄赤土、灰赤土、红泥土、灰红泥土以及汀溪山地且发育于凝灰岩的黄泥土、黄泥田质地均较为黏重，物理黏粒平均含量高于36%，土壤保水保肥能力较强。发育于花岗岩或河流冲积母质的赤砂土、灰赤砂土、红泥砂土、红砂土、灰砂土、潮砂田等土种，质地较砂，物理性黏粒平均含量均小于26%，保水保肥能力差，肥力低。

2007年地力调查，耕地土壤质地类型有壤质黏土、砂质壤土、砂质黏壤土、砂质黏土和黏壤土，面积依次为145.53公顷、3946.43公顷、5185.76公顷、61.89公顷和553.06公顷。以砂质壤土、砂质粘壤土占绝对优势。

（四）耕地地力

2004年耕地地力调查与质量评价，按自然因素评价耕地地力，全区耕地总体质量不高，以中产耕地占绝对优势。一等耕地144.06公顷，占调查耕地面积（9639.32公顷）的1.49%，主要分布在莲花、

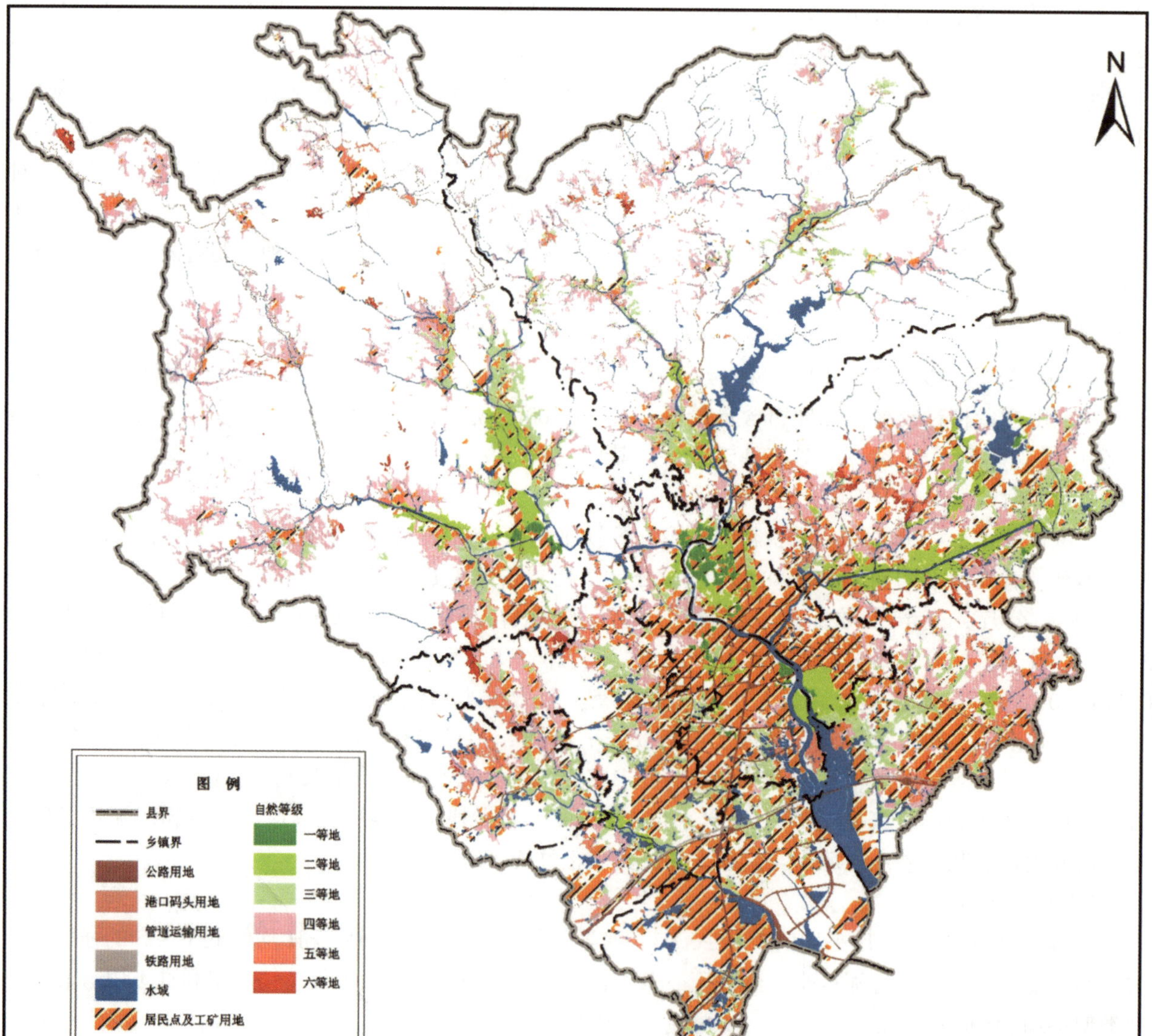

同安区耕地地力等级分布图

五显、洪塘等镇，主要土种类型为黄底灰泥田、灰砂泥田；二等耕地1345.78公顷，占调查面积13.96%，主要分布在莲花、五显、汀溪3个镇和祥平、大同2个街道，主要土种为黄底灰泥田、灰砂泥田；三等耕地3136.94公顷，占调查面积32.54%，主要分布在莲花、五显、汀溪、新民、洪塘5个镇，主要土种类型为灰黄泥砂田和灰黄泥田；四等耕地面积4431.85公顷，占调查面积45.98%，主要分布于莲花、五显、汀溪、洪塘、新民5个镇和凤南农场，主要土种为黄泥沙田、灰黄泥沙田、红泥砂田、灰赤沙田；五等耕地481.74公顷，占调查面积5.00%，主要分布在莲花、新民、汀溪3个镇，主要土种为黄泥砂田、赤砂土、红泥砂田、红泥砂土；六等耕地98.95亩，占调查面积1.03%，主要分布在莲花、汀溪、五显3镇，主要土种为锈水田、红泥砂土、红土田、冷水田。

2007年地力调查按自然因素评价，同安耕地以中产田占优势，总体质量一般。高产一等耕地230.81公顷，占耕地总面积（9947.67公顷）的2.33%，主要分布于大同街道、祥平街道和莲花镇，主要土种为灰泥田、灰砂泥田；二等耕地（一、二等地均属高产地）1275.57公顷，占耕地总面积12.89%，主要分布于五显镇、莲花镇、大同街道、祥平街道，主要土种为灰砂田、黄底灰泥田；三等耕地2652.54公顷，占耕地总面积26.81%，主要分布于莲花、五显、汀溪、新民等镇，主要土种为灰黄泥砂田、灰黄泥田、灰赤砂土、灰埭田、灰赤土；四等耕地（三、四等地均属中产地）4160.30公顷，占耕地总面积42.05%，主要分布于莲花、汀溪、五显、洪塘、新民等镇，主要土种为灰黄泥砂田、灰黄泥田、灰赤砂土、灰赤土；五等耕地1359.86公顷，占耕地总面积13.74%，主要分布于五显、洪塘、莲花、新民等镇，主要为赤砂土、黄泥砂田、砂埭田；六等耕地（五、六等地均属低产地）214.89公顷，占耕地总面积2.17%，主要分布于五显、洪塘、莲花、新民等镇，主要土种为赤砂土、黄泥沙土。

2007年同安区耕地土壤有机质、矿物质养分状况及其他理化性质一览表（一）

表1-8

土种类型	有机质（克/千克）		碱解氮（毫克/千克）		有效磷（毫克/千克）	
	变化范围	均值	变化范围	均值	变化范围	均值
白底田	11.60～15.70	14.87	66.50～105.04	81.20	31.20～90.00	74.85
白鳝泥田	15.50～15.50	15.50	111.35～111.35	111.35	112.10～112.10	112.10
潮砂田	11.50～15.50	13.93	76.55～101.42	90.43	55.40～93.10	80.15
赤砂土	11.00～18.40	13.72	53.35～182.00	90.20	18.90～110.30	62.40
赤土	12.30～15.10	14.47	76.49～110.42	89.53	28.60～90.70	61.44
埭田	11.10～13.40	12.23	59.08～79.35	68.92	39.90～134.40	61.43
埭土	17.60～18.30	17.90	130.36～138.80	135.09	77.80～79.40	78.37
红泥砂土	12.60～15.30	14.38	67.77～128.73	96.74	23.30～76.60	56.43
红泥土	17.90～19.30	18.60	101.67～129.46	115.56	29.80～48.90	39.35
红土田	11.00～11.50	11.23	77.97～82.09	79.45	73.30～82.70	77.67
黄底灰泥田	15.60～17.90	16.75	58.99～147.56	91.02	30.50～112.10	79.96
黄泥砂田	10.80～18.20	12.95	56.79～169.63	85.72	15.40～109.20	58.75
黄泥砂土	16.00～16.00	16.00	187.18～187.18	187.18	56.00～56.00	56.00
黄泥田	11.30～19.40	16.03	62.80～122.16	95.56	17.60～92.80	47.82
黄砂田	15.80～15.80	15.80	142.10～142.10	142.10	36.20～36.20	36.20
黄砂土	13.80～14.90	14.34	74.16～159.08	85.43	44.00～76.70	66.14

续表1-8

土种类型	有机质（克/千克）		碱解氮（毫克/千克）		有效磷（毫克/千克）	
	变化范围	均值	变化范围	均值	变化范围	均值
灰赤砂土	11.80～18.70	15.51	55.86～232.42	98.92	23.90～127.40	72.99
灰赤土	12.20～17.80	15.27	69.70～137.66	95.77	28.20～125.40	70.67
灰埭田	12.90～18.50	15.29	73.35～154.84	101	39.40～133.50	83.65
灰红泥砂土	14.70～21.20	17.38	81.62～165.39	115.25	22.70～90.20	49.66
灰红泥土	16.70～22.70	18.33	89.38～169.88	110.66	19.20～52.10	33.26
灰黄泥砂田	12.70～22.90	15.97	53.85～284.02	105.27	10.50～152.90	65.83
灰黄泥田	12.90～23.00	17.31	69.57～197.05	105.01	16.70～115.70	58.78
灰泥田	11.20～19.20	15.82	61.27～253.93	90.17	52.20～124.70	86.91
灰砂泥田	11.20～17.00	15.38	79.58～235.10	108.31	62.70～114.20	87.93
灰砂田	12.00～19.20	15.13	50.72～264.58	108.54	21.20～143.20	74.35
灰砂土	15.10～15.80	15.30	74.54～100.42	86.78	95.50～109.50	103.28
冷水田	14.10～19.30	15.95	66.36～150.60	99.7	35.90～52.70	42.47
浅脚烂泥田	22.10～22.40	22.25	72.72～74.81	73.76	52.50～52.70	52.60
砂埭田	11.40～14.90	13.45	64.30～155.66	83.42	43.70～130.80	90.69
砂埭土	11.60～12.50	12.19	69.23～83.67	76.47	69.10～81.80	75.63
锈水田	18.70～19.50	19.10	75.24～78.16	76.40	75.10～87.50	80.86
同安区	10.60～23.00	15.68	50.72～284.02	101.61	10.50～152.90	65.95

2007年同安区耕地土壤有机质、矿物质养分状况及其他理化性质一览表（二）

表1-8

土种类型	全氮（克/千克）		全磷（克/千克）		缓效钾（毫克/千克）	
	变化范围	均值	变化范围	均值	变化范围	均值
白底田	0.73～1.07	0.98	0.91～1.53	1.19	308.00～346.00	321.17
白鳝泥田	0.89～0.89	0.89	1.32～1.32	1.32	318.00～318.00	318.00
潮砂田	0.79～1.03	0.86	1.08～1.56	1.28	327.00～398.00	344.66
赤砂土	0.70～1.10	0.87	0.67～1.80	1.12	242.00～416.00	318.03
赤土	0.71～0.98	0.87	0.94～1.45	1.22	314.00～362.00	333.87
埭田	0.97～1.13	1.08	0.80～1.60	1.42	398.00～449.00	422.95
埭土	1.00～1.05	1.02	1.14～1.25	1.18	359.00～367.00	364.33
红泥砂土	0.74～1.11	0.94	0.73～1.24	1.08	286.00～407.00	382.39
红泥土	1.15～1.18	1.16	0.65～0.94	0.79	317.00～319.00	318.00
红土田	0.98～1.06	1.03	1.34～1.41	1.38	374.00～382.00	379.00
黄底灰泥田	0.75～1.07	0.90	0.80～1.59	1.29	242.00～386.00	331.98
黄泥砂田	0.69～1.19	0.91	0.63～1.79	1.11	232.00～424.00	330.07

续表1-8

土种类型	全氮（克/千克）		全磷（克/千克）		缓效钾（毫克/千克）	
	变化范围	均值	变化范围	均值	变化范围	均值
黄泥砂土	1.13～1.13	1.13	0.88～0.88	0.88	388.00～388.00	388.00
黄泥田	0.78～1.32	1.17	0.67～1.66	1.05	299.00～420.00	320.85
黄砂田	1.18～1.18	1.18	0.86～0.86	0.86	301.00～301.00	301.00
黄砂土	0.70～1.07	0.97	1.02～1.23	1.14	322.00～350.00	336.67
灰赤砂土	0.69～1.24	0.89	0.68～2.07	1.25	229.00～462.00	333.81
灰赤土	0.76～1.24	0.95	0.65～1.72	1.12	294.00～375.00	323.16
灰埭田	0.77～1.15	0.94	0.80～1.62	1.30	280.00～464.00	368.03
灰红泥砂土	0.86～1.27	1.07	0.64～1.41	0.94	296.00～419.00	354.77
灰红泥土	1.04～1.25	1.17	0.63～1.18	0.80	290.00～374.00	317.96
灰黄泥砂田	0.70～1.30	0.94	0.56～2.13	1.15	224.00～445.00	342.86
灰黄泥田	0.71～1.38	1.11	0.56～1.73	1.07	230.00～466.00	320.34
灰泥田	0.76～1.07	0.96	0.73～1.83	1.28	278.00～403.00	363.29
灰砂泥田	0.76～0.92	0.88	0.93～1.61	1.30	293.00～376.00	330.88
灰砂田	0.70～1.17	0.90	0.74～2.12	1.21	248.00～439.00	336.30
灰砂土	0.91～0.98	0.94	1.27～1.36	1.30	337.00～362.00	350.00
冷水田	0.74～1.27	0.89	0.64～1.25	0.93	268.00～390.00	313.72
浅脚烂泥田	1.00～1.04	1.02	1.51～1.52	1.52	415.00～417.00	416.00
砂埭田	0.83～1.12	0.95	0.83～1.59	1.21	309.00～447.00	381.27
砂埭土	0.99～1.03	1.02	1.12～1.26	1.21	361.00～367.00	364.50
锈水田	0.96～1.00	0.97	1.15～1.27	1.20	325.00～341.00	334.14
同安区	0.69～1.38	0.96	0.56～2.13	1.15	224.00～466.00	335.36

2007年同安区耕地土壤有机质、矿物质养分状况及其他理化性质一览表（三）

表1-8

土种类型	速效钾（毫克/千克）		有效硫（毫克/千克）		有效锌（毫克/千克）		有效硼（毫克/千克）	
	变化范围	均值	变化范围	均值	变化范围	均值	变化范围	均值
白底田	31.34～65.41	39.52	9.18～41.03	20.26	2.53～6.54	4.03	0.17～0.24	0.21
白鳝泥田	53.36～53.36	53.36	7.45～7.45	7.45	4.65～4.65	4.65	0.27～0.27	0.27
潮砂田	37.23～77.18	58.88	5.08～29.39	9.44	2.15～12.01	7.77	0.21～0.28	0.24
赤砂土	1.93～139.15	45.57	2.30～93.46	15.65	1.34～80.29	6.00	0.16～0.40	0.22
赤土	18.07～63.89	43.69	4.71～51.28	12	2.51～14.22	7.37	0.18～0.23	0.20
埭田	38.64～65.66	55.06	15.32～55.56	38.76	2.63～3.43	3.29	0.31～0.41	0.36
埭土	54.97～71.96	62.36	3.08～5.50	4.48	1.54～2.49	2.00	0.22～0.30	0.26
红泥砂土	15.30～37.12	27.80	4.66～16.93	9.14	1.50～5.28	3.03	0.17～0.23	0.19

续表1-8

土种类型	速效钾（毫克/千克）		有效硫（毫克/千克）		有效锌（毫克/千克）		有效硼（毫克/千克）	
	变化范围	均值	变化范围	均值	变化范围	均值	变化范围	均值
红泥土	23.16～33.08	28.12	19.06～68.01	43.53	5.29～12.87	9.08	0.19～0.21	0.20
红土田	56.62～60.92	58.74	9.67～9.83	9.77	2.24～2.34	2.30	0.22～0.23	0.23
黄底灰泥田	23.11～99.13	49.91	2.70～27.62	14.98	1.96～14.73	4.00	0.17～0.29	0.23
黄泥砂田	5.09～90.27	39.09	3.89～87.00	17.65	1.49～16.50	4.57	0.15～0.42	0.22
黄泥砂土	56.59～56.59	56.59	8.73～8.73	8.73	1.52～1.52	1.52	0.24～0.24	0.24
黄泥田	17.82～74.85	30.69	6.49～281.34	49.89	2.40～23.74	6.47	0.17～0.33	0.20
黄砂田	15.17～15.17	15.17	9.09～9.09	9.09	2.23～2.23	2.23	0.18～0.18	0.18
黄砂土	26.45～107.10	36.65	4.19～18.84	11.44	4.35～5.77	4.83	0.19～0.20	0.19
灰赤砂土	17.30～170.96	52.06	2.40～147.64	16.50	1.47～75.69	5.43	0.16～0.66	0.26
灰赤土	20.06～86.32	44.57	4.80～65.63	16.04	1.54～34.74	5.31	0.17～0.40	0.22
灰埭田	35.75～110.82	56.03	3.75～67.54	21.20	1.73～9.57	3.90	0.18～0.59	0.34
灰红泥砂土	5.37～52.90	29.37	4.05～262.63	16.79	1.03～22.40	3.83	0.16～0.32	0.20
灰红泥土	5.12～36.19	24.82	3.05～74.32	27.73	1.64～14.11	6.26	0.16～0.22	0.19
灰黄泥砂田	0.00～210.89	45.49	2.55～298.25	14.61	0.65～25.26	4.86	0.15～0.52	0.23
灰黄泥田	0.00～114.16	31.79	2.17～295.67	22.31	0.59～24.78	4.46	0.15～0.67	0.21
灰泥田	22.31～188.19	37.91	3.46～43.09	16.49	2.38～7.90	3.90	0.18～0.30	0.21
灰砂泥田	30.93～168.07	52.53	8.10～23.85	15.87	2.21～13.54	5.14	0.17～0.31	0.23
灰砂田	19.58～181.39	58.69	4.24～104.17	18.23	1.55～33.72	5.12	0.16～0.42	0.22
灰砂土	38.08～47.71	42.54	6.62～8.00	7.12	2.44～3.94	3.41	0.18～0.21	0.20
冷水田	15.26～48.78	27.52	5.11～15.37	8.45	2.90～6.27	4.21	0.17～0.24	0.19
浅脚烂泥田	67.91～71.26	69.59	26.32～27.50	26.91	3.60～3.62	3.61	0.31～0.31	0.31
砂埭田	38.10～79.56	51.30	5.25～36.37	17.80	1.91～5.84	2.66	0.19～0.54	0.29
砂埭土	36.10～44.16	38.45	20.83～21.98	21.53	4.13～4.18	4.16	0.36～0.37	0.37
锈水田	31.08～34.19	33.29	24.02～26.86	25.64	3.98～4.22	4.15	0.19～0.20	0.20
同安区	0～210.89	44.13	2.17～298.25	17.38	0.59～80.29	4.90	0.15～0.67	0.23

2007年同安区耕地土壤有机质、矿物质养分状况及其他理化性质一览表（四）

表1-8

土种类型	砂粒（%）		粉粒（%）		黏粒（%）		pH	
	变化范围	均值	变化范围	均值	变化范围	均值	变化范围	均值
白底田	54.93～79.50	61.81	10.06～27.18	23.1	8.75～18.00	15.09	5.50～6.10	5.67
白鳝泥田	65.20～65.20	65.20	17.75～17.75	17.75	17.05～17.05	17.05	5.60～5.60	5.60
潮砂田	64.75～79.22	69.93	10.71～18.33	12.64	8.46～20.66	17.43	5.50～6.30	6.10
赤砂土	55.39～79.66	70.27	8.51～27.31	15.93	8.19～22.77	13.80	5.20～7.00	5.88
赤土	60.21～77.93	65.54	9.32～24.48	16.99	9.51～19.81	17.47	5.50～6.10	5.81
埭田	60.70～68.51	65.91	15.73～18.84	16.65	15.38～21.05	17.43	5.70～6.30	6.04

续表1-8-4

土种类型	砂粒（%）		粉粒（%）		黏粒（%）		pH	
	变化范围	均值	变化范围	均值	变化范围	均值	变化范围	均值
埭土	59.83～60.19	59.98	20.28～20.40	20.35	19.41～19.80	19.67	6.10～6.20	6.13
红泥砂土	67.06～73.92	71.64	9.86～17.92	13.15	13.98～18.46	15.21	5.10～6.10	5.43
红泥土	58.67～59.23	58.95	19.31～19.48	19.40	21.46～21.85	21.65	4.90～5.00	4.95
红土田	79.23～79.60	79.40	12.68～12.80	12.75	7.72～7.97	7.85	6.20～6.20	6.20
黄底灰泥田	60.65～77.24	68.19	10.09～24.31	16.90	12.19～20.28	14.92	5.20～6.40	5.80
黄泥砂田	52.13～79.89	70.40	6.53～27.67	16.76	7.49～23.40	12.84	4.80～6.90	5.80
黄泥砂土	52.84～52.84	52.84	20.39～20.39	20.39	26.77～26.77	26.77	4.90～4.90	4.90
黄泥田	49.91～74.74	56.44	10.25～27.66	22.16	9.74～27.27	21.40	4.90～6.30	5.36
黄砂田	52.79～52.79	52.79	18.27～18.27	18.27	28.94～28.94	28.94	5.10～5.10	5.10
黄砂土	61.57～77.62	64.10	12.35～24.15	22.56	9.94～14.30	13.34	5.80～6.00	5.89
灰赤砂土	50.06～77.65	66.58	8.53～29.84	16.60	8.83～25.11	16.83	5.30～6.40	5.94
灰赤土	50.31～77.78	66.69	8.32～25.79	16.77	8.19～24.68	16.54	5.00～6.20	5.75
灰埭田	54.51～73.75	62.70	8.53～20.61	18.41	12.65～24.91	18.89	5.30～6.90	6.03
灰红泥砂土	50.04～75.25	64.40	9.80～30.38	17.94	10.54～29.04	17.66	5.00～6.00	5.34
灰红泥土	48.20～67.75	58.03	11.85～28.22	18.98	17.15～32.20	22.99	4.90～5.30	5.02
灰黄泥砂田	48.95～79.94	67.95	5.05～31.40	16.98	8.34～29.87	15.07	4.70～7.00	5.74
灰黄泥田	47.52～77.22	57.45	5.47～29.50	21.40	9.91～31.80	21.15	4.80～6.60	5.44
灰泥田	64.08～75.74	66.50	9.67～22.90	19.97	9.21～19.75	13.53	5.40～6.50	5.84
灰砂泥田	64.21～72.98	66.55	12.89～22.45	16.98	9.15～20.62	16.47	5.40～6.40	5.74
灰砂田	50.81～78.46	67.72	9.08～28.99	17.82	9.27～23.34	14.45	5.20～6.40	5.84
灰砂土	64.09～64.67	64.35	19.04～20.49	19.88	15.21～16.29	15.77	5.40～5.60	5.55
冷水田	52.66～75.50	66.39	10.40～30.24	16.94	10.58～18.96	16.68	5.30～6.10	5.66
浅脚烂泥田	70.68～71.12	70.90	14.42～14.68	14.55	14.47～14.64	14.56	6.30～6.30	6.30
砂埭田	58.30～73.73	64.40	8.59～20.65	18.65	13.15～22.68	16.95	5.20～6.40	5.75
砂埭土	66.54～68.92	67.94	16.87～17.74	17.30	14.21～16.02	14.75	6.20～6.40	6.36
锈水田	60.83～63.38	62.31	23.51～24.96	24.10	13.11～14.20	13.59	5.90～6.10	5.99
同安区	47.52～79.94	65.85	5.05～31.40	17.88	7.49～32.20	16.27	4.70～7.00	5.72

第五节　植　被

同安的森林植被为亚热带雨林区。原生植被早已绝迹，现有植被均为次生植被和人工植被。1997年森林覆盖率50.60%。翔安析出后的2004年，覆盖率59.97%，2006年为59.41%。典型植被群种以马尾松、相思树、杉木、桉树、木荷、榕树等为主。常见植被树种有167科549属755种，主要树种有66科181属385种（其中人工引种43科141种）。

一、次生植被

（一）常绿阔叶林

主要分布于中部海拔300米以下的丘陵台地，约占林业用地的15%。主要建群种有木荷、相思树、桉树、木麻黄、火力楠、黄杞等。主要群落有木荷—桃金娘—芒箕滑、相思树—桃金娘—南岭荛花—野枯草。

（二）常绿针叶林

成片连续分布于海拔800米以下的低山丘陵山地，约占林业用地的60%，主要建群种有马尾松、杉木、柳松、湿地松、火炬松、短叶松、加勒比松等。主要群落有杉木—桃金娘—灌木—芒箕骨、马尾松—杜鹃—卡氏乌饭—芒箕骨、马尾松—桃金娘—小叶赤楠—芒箕骨、杉木—马尾松—桃金娘—芒箕骨。

（三）针阔混交林

呈块状分布于各镇海拔300米以下的部分丘陵山地，占林业用地5%，主要建群种为马尾松与木荷、马尾松与相思树、马尾松与火力楠、马尾松与闽粤栲、米槠混交。主要群落有马尾松+木荷—桃金娘—芒箕骨、马尾松+相思树—桃金娘—南岭荛花—野枯草。

（四）灌木草被

主要分布于海拔600米左右的山脊、山顶地段的莲花白交祠、军营一带。主要群落有杜鹃+卡氏乌饭+刺芒野枯草+芒箕骨、桃金娘+小叶赤楠+芒箕骨。

二、人工植被

（一）毛竹林

呈零星状分布于海拔300～500米山坡中下部或洼地，多为人工毛竹纯林。平原地区亦有小面积杂竹分布。主要群落有毛竹林—芒箕骨+东方毛蕨。

（二）经济林

油茶林　多分布于莲花、汀溪镇低山丘陵的缓坡地带。主要群落有油茶—桃金娘—芒箕骨。

油桐林　零星分布于新民、莲花、汀溪等镇。主要群落以油桐、芒箕骨为主。

茶叶林　分布于莲花、汀溪等海拔较高、地势较开阔的山地。

药材林　分布于莲花、汀溪两镇。

果树林　块状或散生分布于低丘台地和村镇附近，其中洪塘、五显、新民、西柯镇分布面积较广，主要树种有龙眼、柑橘、荔枝、番石榴、桃、李、柚、梨、杧果、香蕉、波罗蜜、枇杷、橄榄、奈、柿、板栗锥栗等。

橡胶林　多种植于莲花、新民镇及凤南农场的丘陵坡脚避风地段，为人工引种。

（三）农田防护林

分布于台地和小平原地带的村镇周围，主要树种有柠檬桉、银桦、大叶桉、木麻黄、大叶合欢、川楝、细叶桉、乌桕、麻楝、盆架子、母生、柚木、榕树、白千层、绿竹等。

此外，人工森林植被还有以马尾松、湿地松、火炬松、杉木为主的常绿针叶林和以桉类、相思树、榕树、木麻黄等组成的常绿阔叶林。

第六节　自然资源

一、土地资源

1996年同安第五次土地利用现状调查，全县土地面积100836.68公顷（不含滩涂苇地3345.58公顷)。其中：耕地 24219.51 公顷，占土地总面积 24.02%；园地 16102.56 公顷，占 15.97%；林地 36891.62 公顷，占 36.59%；内陆水面 4460.16 公顷，占 4.42%；居民及工矿用地 8960.40 公顷，占 8.89%；交通用地 1587.76 公顷，占 1.57%；农业设施用地 1201.88 公顷，占 1.19%。未利用土地 7412.79 公顷，占 7.35%。

2006 年同安区土地利用更新调查，全区土地总面积 65014.96 公顷，其中农用地 55081.25 公顷（耕地 10589.53 公顷、园地 12789.90 公顷、林地 27744.69 公顷），占土地总面积 84.72%；建设用地 7619.56 公顷（其中居民点及独立工厂用地 6448.85 公顷，水利设施用地 585.53 公顷，交通用地 585.18 公顷），占 11.72%。未利用土地 2314.15 公顷，占 3.56%。

二、水资源

（一）总量

全区水资源总量：枯水年（P=95%）为 3.95 亿立方米，平水年（P=50%）为 7.17 亿立方米，丰水年（P=5%）为 12.46 亿立方米，多年平均地表水资源量为 7.44 亿立方米，多年平均地下水资源量为 1.16 亿立方米，多年平均水资源量为 7.56 亿立方米，人均拥有水资源量为 2578 立方米。

（二）地表水

全区多年平均总来水量 8.6 亿立方米、多年平均径流深为 600～1000 毫米，从西北往东南递减，径流分布趋势基本上和降水相似。西北汀溪、莲花多年平均径流深 1050 毫米，每平方公里平均年产水 105 万立方米，人均占有地表水 8159 立方米；中部为 800～920 毫米，每平方公里平均年产水量 86 万立方米，人均占有地表水 1346 立方米；东南部及海岛为 550～680 毫米，每平方公里平均年产水量 64 万立方米，人均占有地表水 822 立方米。径流年内分配不均匀，大部分集中在 4—10 月，占年径流量的 79.1%～88.6%。

（三）地下水

同安区地下水分布不均，五显镇属富水区，大部分为基岩裂隙水，埋深 2 米左右，以降水补给为主，地下径流畅通，单位涌水量 40 吨/日·米，矿化度 0.2～0.5 克/升，属淡水。汀溪镇、新民镇、西柯镇内陆，大部分是冲积层潜水和冲洪积层潜水，属弱水区，埋深 2～5 米，单位涌水量 20 吨/日·米，矿化度 0.05～0.2 克/升，属淡水。西柯镇沿海属海积层潜水，矿化度 1～3 克/升，属微咸水。莲花、汀溪镇属风化裂隙水，涌水量一般小于 10 吨/日·米。地下水源天然补给量每年 0.97 立方米。

同安区境内已探明温泉露点 6 处，矿泉水 7 处。

（四）海洋水

2005 年，厦门市政府载定同安区海域面积为 4.2 万亩。2006 年，环东海域吹泥造地大部分滩涂变为浅海。海水的水温盐度、透明度、水色、潮流、硬度等指标无大变化。

（五）水质

地表水水质　境内饮用水源地汀溪水库的水质状况较好，河流的下游河段均已受不同程度的污染。

地下水水质　同安地下水质绝大部分为无色、无味、透明、可饮用的淡水，水温一般为 21～24℃，化学成分以钠盐为主，个别地方受围岩蚀变作用或海水渗透影响，含有碳酸盐、氯化物等成分。山区及山前地带矿化度都小于 1 克/升，灌溉系数大于 6，适于工农业生产和生活用水；沿海部分地区的海积层及海岛残积层水质较差，矿化度大于 1 克/升，灌溉系数小于 6，且有咸味，仅适于农业灌溉，不宜作生活用水。

海洋水水质　同安湾浅海的各项水质指标变化不大，唯因酸雨增多和河流污染导致海水 pH 值下降及营养盐含量上升。

（六）水能资源

同安区水力资源丰富，流域面积 30 平方公里以上的河流有 5 条，水电理论蕴藏量 20741 千瓦。全区建成且现存水电站 43 处，总装机容量 22608 千瓦。

三、动植物资源

（一）植物资源

同安区植物资源丰富，全区常见植物共167科549属755种。其中主要树种有66科181属385种。

森林植被树种　主要有属用材树种的杉木、马尾松、柳杉、栲树、米槠、木荷、黄栀、枫香、桉树、麻楝、银桦、相思树，属经济树种的油茶、油桐、茶叶、巴西橡胶、板栗、乌桕、山苍子。此外还有5种纤维类、10种油料类、7种淀粉类、5种栲胶类、10种饲料类、6种绿肥类、7种农药类的野生植物。其中国家重点保护的森林植物有金毛狗、油杉、刺桫椤、红豆杉、水杉、福建柏、杜仲、台湾杉、闽楠、台湾苏铁等树种。

水果树种　全区果树种类50多个，其中亚热带水果有龙眼、荔枝、枇杷、杨桃、柚等。热带水果有菠萝、香蕉、番木瓜、番荔枝、西番莲、人参果、波罗蜜等，温带水果有桃、李、柿、葡萄、板栗等，还有余甘、枳壳、杨梅、芭蕉、草莓、石榴、桃金娘等野生、半野生水果。2002年全区水果种植面积150858亩，其中龙眼最大宗，有48个品种，种植面积达134668亩，占果林总面积89.3%。2003年分区后，同安区龙眼种植面积为101788亩，至2006年84055亩。

药材植物　全区中药材植物共586个品种，隶属101科。主要品种有野生的灵芝、蛇舌草、砂仁、山药、薄荷、茯苓、金线莲、天门冬等，人工种植的主要有姜黄、泽舍、一见喜、白菊花、生地、麦文冬、玫瑰茄、川芎、紫苏、乙金、排草、春砂仁、肉桂、厚朴、枳壳、水枝子等。因山林山地承包经营，野生药材资源损减不少。

（二）动物资源

水生动物　同安海区水生动物种类繁多。海区浮游动物有原生动物门、腔肠动物门、毛腭动物门、节肢动物门、软体动物门、被囊动物门379种，虾蟹类76种，贝类77种，海水鱼类420种，其中文昌鱼、真鲷、马鲛、鲳、石斑鱼、对虾、三疣梭子蟹、无针乌贼、海蜇、海豚等经济价值较高。可供养殖的有贝类4种、海水鱼类4种、虾蟹类3种。淡水鱼类常见的有12科28种，其中鲤科类14种。人工养殖的有鲫鱼，自然增殖的有青虾、毛蟹、河蚌、河蚬、田螺等。

害虫天敌　现存农作物害虫的天敌昆虫有两大类：一为寄生性天敌，又可分为寄生蜂和寄生蝇，如姬蜂、茧蜂、头蝇、稍寄蝇等；二是捕食性天敌，有蜻蜓、螳螂、草蛉、猎蝽、瓢虫、步甲、虎甲、隐翅虫、蚂蚁、胡蜂等。

陆生野生动物　境内的野生动物主要有毛属类16种、鸟类51种、爬行类和两栖类25种。其中，出没于汀溪林区的苏门羚及蟒蛇属国家一类珍稀野生动物。有虎纹蛙、穿山甲、水獭及鹰、隼鸮科共18种列为国家二类保护。

附录：同安主要陆生野生动物名录

一、兽类

云豹、山獐、山羊、苏门羚、山犬、水獭、刺猬、山猪、山兔、鼠狼、猫头鹰、田鼠、黄麂、赤麂、白皮猫。

二、鸟类

红喉潜鸟、黑喉潜鸟、小䴙䴘、白鹈鹕、苍鹭、白鹭、鸳鸯、普通鵟、咜雕、小隼、小鹧鸪、环颈雉、花田鸡、银鸥、山斑鸠、短耳鸮、斑鱼狗、戴胜、三宝鸟、大拟啄木鸟、八色鸫、云雀、家燕、金腰燕、树鹨、白鹡鸰、灰鹡鸰、灰山椒鸟、太平鸟、棕背伯劳、楔尾伯劳、八哥、灰椋鸟、灰喜鹊、喜鹊、鹪鹩、鹊鸲、乌鸫、紫啸鸫、虎斑地鸫、银耳相思鸟、黄腰柳莺、白腹鹟、大山雀、暗绿绣眼鸟、麻雀、燕雀、栗鹀、乌鸦、田鹨、丝光椋鸟。

三、两栖、爬行类

虎纹蛙、棘胸蛙、蟒蛇、黑眉锦蛇、乌游蛇、渔游蛇、草游蛇、小头蛇、翠青蛇、横纹斜鳞蛇、灰鼠蛇、滑鼠蛇、乌梢蛇、繁花林蛇、中国水蛇、银环蛇、金环蛇、眼镜蛇、眼镜王蛇、海蛇、五步蛇、竹叶青、赤链蛇、三索绵蛇、五绵蛇。

四、矿产资源

（一）金属矿（加括号地点在2003年9月后属翔安区境）

铁矿　已发现矿点22处：汀溪镇云顶山、路下、路杂坑山，莲花镇内田、上江、文山，新圩镇（古宅）、（埔顶）、（新圩）、（后房坑），内厝镇（锄山）、（曾厝），新店镇（东园）、（吕塘）等14处为原生铁矿点。此外还有西桥、（舫山）、（后洋）、（东岩山）、（湖古）、新民上坂、新民凤岗、阳训岸等8处次生铁矿情报点。大多产于侵入岩中，属热液型铁矿化，品位低，规模小，不具工业意义。

锰矿　有7处，分布于莲花小坪、军营，汀溪堤内，五显六房山，莲花南山，新圩（后寨）、（古宅）等地。属中湿热液型，矿石品位15%～40%，规模小，不具工业意义。

以上为黑色金属矿。

铜矿　仅发现马巷（军岭）1处，矿体产于二长花岗岩的裂隙中，属低温热液型，规模小，不具工业意义。

铅锌矿　仅发现莲花小坪一处，矿体产于黑云母花岗岩外接触带硅化破碎带中，属中温热液型，规模小，不具工业意义。

钨矿　有汀溪东堤村云顶山南坡和莲花大溪山2处，不具工业意义。

黄铁矿　仅发现莲花石莲1处，矿体产于次生石英岩中，矿石含硫1.5%，储量估算为24万吨，未开发。

以上为有色金属矿。

（二）非金属矿（加括号地点在2003年9月后属翔安区境）

钾长石　发现10处，分布于新圩镇（舍人宫），莲花张溪、河田，新圩（白云山），五显梅山、布塘，新店（后山岩）、（大嶝）、（小嶝岛），新圩（公路边），汀溪溪东村。矿体产于伟晶岩中。新圩（上宅至舍人宫）一带钾长石储量在0.6万吨以上，属小型矿床。

高岭土　全区发现52处，多属风化残积型。其中大型矿有郭山矿区，有郭山、布塘、（刘厝）、（前院）、（后行）5个矿段，郭山矿段长1.2公里，宽1.18公里，平均厚度35米，面积1.4平方公里，储量达3873.18万吨，具有工业开发意义。另有中型矿床3个，其中（东坑）矿区矿体长1400米以上，宽50～600米，厚1.06～49米，储量526万吨。沉积型矿床各镇均有分布，（新店镇）最多，已发现小型矿床8个、矿点76个，冲洪积高岭土矿分布于沿海平原阶地，（新店东界）有小型矿床。

黑粘土矿　发现马巷（洪溪）等矿点32个、小型矿1个，可作制瓷砖原料。

耐火黏土　发现9处，分布于洪塘村、洪塘镇尾厝、（诗坂）、（路坂尾）、（曾林）、（马巷）、北山、后溪、橄榄树村。储量不明。

砖瓦黏土　发现5处，位于四口圳、（赵岗）、（宫田洋）、潘土、（西吴村）。总储量达数千万吨，可烧制砖瓦。

石英石　发现14处，分布于盖集尾、水洋、缉熙亭、（白云山）、内田、（墩内）、（崎路）、白沙仑、（后亭）、（铁狮豹）、河田、新民、（大帽山）、（蜂窠山）。规模小。

花岗岩石　产地数百处，储量达十亿立方米以上。较大矿床有大学山中型矿，龙东—熊山614#矿床、莲花花厝黑色角闪辉长岩矿（出露面积2.5平方公里）、禾山打石山矿区、（马巷何厝）614#矿区、五显石垄矿区等。2000年全区采石点170个（有证），总产石材59.5万立方米。

建筑碎石　各镇均有。2000年全区开采点29个，总产35.6万立方米/每年。凤南农场、西柯镇和

（内厝镇）为主要矿区，有著名的大小凤山石子场、美星石子场和师姑庵—狮头山石子场。

泥煤　发现10处，分布于凤岗、（毅力）、洪塘、（诗坂）、（路坂尾）、（锄山）、南山、梧侣、（炉前）、（红志）。呈泥质黑色，含炭高，储量5万吨左右。

建筑砂　河砂分布于东西溪、莲花溪、沃溪、官浔溪、（内厝后田溪）等地，总储量500万立方米以上。1997年东西溪禁采后，年采量5万～6万立方米。海砂分布于（琼头）、丙洲、浦头、石浔、（大小嶝岛海域），每年采量数十万立方米。

矿泉水　发现8处，分布于大同镇岳口、梅山，凤南农场东岭、狮山岭、（新圩同茂），汀溪五峰、西源万寿山，西柯美人山。均为花岗岩裂隙水，偏硅酸性。2000年，全区有4家企业开采，年采37.59万吨。

温泉　已发现8处，位于汀溪仙景坪、一甲、坤泽洋，五显寮野，洪塘的洪塘村、东宅，（马巷内垵），（新店洪前村）。水温40～60℃，水质优良。其中汀溪坤泽洋与洪塘温泉已开发。

同安区矿产资源调查表（2001年资料）

表1-9

矿产分类		矿产名称	工业矿床			矿点	矿化点及情报点	合计	备注
			大型	中型	小型				
金属稀土矿	黑色金属	磁铁矿	—	—	—	5	3	8	除②号矿点磁异常值高，有一定远景外，均无价值
		褐铁矿	—	—	—	1	1	2	远景不大
		铁砂矿	—	—	—	1	—	1	远景不大
		锰矿	—	—	—	3	—	3	远景不大
	有色金属	铜矿	—	—	—	—	1	1	矿化点，远景不大
		铅锌矿	—	—	—	—	1	1	矿化点，远景不大
		钨矿	—	—	—	1	1	2	远景不大
	稀土	独居石	—	—	—	—	2	2	矿化点，远景不大
非金属矿及其他	陶瓷原料	钾长石	—	—	1	6	3	10	规模小，需手选，有一定工业价值
		高岭土	1	3	10	123	—	137	沉积型规模小，工业价值较大；残积型规模大质量差，有一定远景
		黑黏土	—	—	1	32	—	33	质量尚可，有一定价值
		伊利石矿	—	—	1	6	—	7	杂质含量低的矿石有工业价值
		砖瓦黏土	—	—	4	1	—	5	有工业价值
		耐火黏土	—	—	—	10	—	10	作陶瓷原料利用
		石英石	—	—	—	4	10	14	有一定工业价值
	石材	建筑饰材	2	1	10	92	—	105	规模大，工业价值大
		建筑碎石	1	—	2	40	—	43	规模大，有工业价值
		雕刻石材	—	—	4	13	—	17	规模小，有一定工业价值
	其　他 非金属	硫铁矿	—	—	—	1	—	1	含S1.5%，无远景
		泥煤	—	—	9	2	—	11	规模小，有一定工业价值
		建筑砂	—	2	7	5	—	14	有工业价值
		硅质卵石	—	—	—	1	—	1	待进一步调查

续表1-9

矿产分类	矿产名称	工业矿床			矿点	矿化点及情报点	合计	备注
		大型	中型	小型				
地下水	矿泉水	—	2	6	—	3	11	工业价值大
	温泉	—	—	—	8	2	10	有一定开发远景

第七节 自然灾害

一、气象灾害

（一）台风

1997—2007 年，影响同安的台风（热带风暴）40 次，年均 3、6 次。台风活动时间范围 5—12 月，异于往常的 6—10 月。影响严重的 5 次台风：1999 年 10 月 9 日 14 号超强台风正面袭击同安，风力最大 10 级，阵风 14 级，是 11 年间风力最大的台风。同安受灾人口 15530 人，死亡 10 人，伤 180 人，房屋倒塌 11015 间，直接经济损失 5.75 亿元。2002 年 8 月 6—8 日 12 号台风“北冕”造成同安直接经济损失 5961 万元。2004 年 12 月 3—4 日强热带风暴“南玛都”影响同安，是有记录以来影响同安最晚的热带风暴。2005 年 8 月 13—14 日 10 号“台风”“珊瑚”过程雨量 398.6 毫米，日最大雨量 256.9 毫米，是 11 年间带来最多降雨的台风。造成同安直接经济损失 2.35 亿元，受灾人口 8.23 万人，大牲畜死亡 2909 头，毁房 1191 间。2006 年 5 月 18 日，31 号强台风“珍珠”过境同安，是有记录以来正面袭击同安的最早台风。2006 年 7 月 13—15 日 04 号强热带风暴“碧利斯”过程雨量超过 316 毫米，造成经济损失 1344 万元。

（二）暴雨

同安暴雨主要由西风带低值系统和低纬度热带天气系统形成。1997—2007 年发生 73 天暴雨，年平均 6.6 天。最多年为 2000 年，共计 10 天；发生在台风季节（7—9 月）的台风或热带低值系统影响产生暴雨天气为 35 天，发生在梅雨季节（5—6 月）受冷暖锋面系统影响产生暴雨天气为 19 天。日降水量超过 100 毫米达大暴雨量级的共计 15 天，日最大降水量 256.9 毫米，发生在 2005 年 8 月 14 日。2000 年 6 月 17—19 日 3 天降水量总计 418.0 毫米为过程之最。

（三）干旱

1997—2007 年发生气象干旱 26 次，平均每年 2.4 次，其中大旱和特旱 9 次。2002 年 91 天的春季特旱和 2004 年 84 天的春季特旱，是最为严重的春旱；2003 年 38 天的夏季高温大旱和 2005 年 44 天的夏季大旱，是最为严重的夏旱；2003—2004 年历时 110 天的秋冬季特旱和 2004—2005 年历时 146 天的秋冬季特旱，是最为严重的秋冬连旱。

（四）高温

1997—2007 年发生高温天气（日最高气温≥35.0℃）114 天，年平均 10.4 天。出现高温天数最多的为 2004 年（18 天）。

（五）寒潮

1999 年 12 月 16—26 日，日平均气温由 18.4℃降至 6.0℃，最低气温 0℃，是 11 年间极端最低值。22—24 日出现严重霜冻，香蕉、龙眼、芭乐等果树大面积受冻死亡。渔业也遭受严重损失。

2000 年 1 月 23—27 日，日平均气温从 16.7℃降至 7.7℃，27—28 日最低气温连续 2 天低于 6℃，分别为 4.3℃、3.7℃。

2001 年 12 月 20—22 日，日平均气温从 17.3℃降至 9.2℃，22—27 日连续 6 天低于 6℃。

2004 年 1 月 20—22 日，日平均气温从 16.4℃持续降至 7.7℃，21—22 日最低气温连续 2 天低于 6℃。

2004 年 12 月 31 日至 2005 年 1 月 1 日，日平均气温从 16.6℃持续降至 6.0℃，降温幅度大，1 月 1 日、2 日最低气温连续降至 2.2℃、1.9℃。

2005 年 12 月 15—16 日，日平均气温从 18.1℃持续降至 9.9℃，1 月 15—18 日最低气温连续 4 天低于 6℃。

2006 年 1 月 3—7 日，日平均气温由 16.0℃持续降至 7.8℃，1 月 7—8 日最低气温连续 2 天低于 6℃，分别为 4.9℃、4.2℃。2 月 22 日至 3 月 2 日，日平均气温由 18.2℃持续降至 9.7℃，3 月 2—3 日最低气温分别为 4.3℃、4.6℃。

（六）低温阴雨

1997—2007 年，发生两次低温阴雨过程。2005 年 2 月 16 日晚起，连续发生两次低温阴雨天气过程，直至 3 月 4 日结束，持续 15 天，日平均气温连续数日低于 12℃，前期达到同安的寒潮标准（2 月 17—23 日），后期达到春寒标准（2 月 26 日至 3 月 7 日），极端最低气温都在 2～4℃，局部 0～2℃，并出现霜冻，为 20 世纪 80 年代后少见。另一次出现在 2006 年 2 月 27 日晚至 3 月 4 日。

（七）倒春寒

1997—2007 年，只有 2005 年 3 月 12—14 日发生明显的倒春寒天气，连续 3 天日平均气温低于 10℃的阴雨天气，极端最低气温 5.2℃，并出现霜冻。

（八）五月寒

1997—2007 年共发生 4 次，1997 年 6 月 14—16 日、1998 年 5 月 25—27 日、1999 年 5 月 27—31 日连续 3 年出现 23℃型五月寒天气。2006 年 5 月 28—6 月 1 日出现 1 次明显的 20℃型五月寒天气。

（九）寒露风

1997—2007 年同安未出现 20℃型秋季"寒露风"；23℃型秋季"寒露风"每年发生，累计 86 天，年均近 8 天。其中，1999 年、2003 年分别长达 13 天和 19 天。

（十）陆龙卷风

2004 年 8 月 2 日 14 时 30 分至 15 时 30 分，陆地小龙卷风袭击同安区五显镇，6 个行政村直接经济损失 120 万元。

（十一）冰雹

2002 年 19 日下午 4—5 时，突降冰雹。

2005 年 5 月 18 日局部地区出现冰雹。

（十二）雷暴

1997—2007 年，同安雷暴日数 552 天，年平均 50.2 天，多集中于 6、7、8 三个月。常有人、畜遭雷击致死。

（十三）雾

1997—2007 年，浓雾天气出现 66 次,其中能见度在 500 米以下的有 38 次,能见度在 200 米以下的 13 次。

（十四）霾

1997—2007 年，霾总日数 469 天，其中：1997 年 39 天、1998 年 26 天、1999 年 29 天、2000 年 29 天、2001 年 27 天、2002 年 20 天、2003 年 53 天、2004 年 56 天、2005 年 66 天、2006 年 59 天、2007 年 65 天。2003 年起，霾日数剧增。

二、地质灾害

1999 年 5 月，大帽山红毛岭发生山体崩塌，1 户居民 3 人被迫搬迁。

2000 年 6 月至 2002 年 9 月，发生公路崩塌、渠道滑塌 11 处，面积 17.6 万平方米，损失 225 万元，抢救及后续治理投入 257 万元。具体情况不详。

2004 年，发生险情 4 次。其中，9 月 10 日汀溪镇荏畲村岳口自然村发生山体滑坡，村民 14 户 57 人被迫转移。

2005 年 8 月 14 日，受“珊瑚”台风所带来特大暴雨影响，五显镇、汀溪镇、莲花镇 11 个自然村发生不同程度的泥石流、土质崩塌，村民 22 户 79 人被迫转移。

2006 年 5 月 30 日，汀溪镇褒美村、五峰村发生山体开裂、山坡崩塌，村民 37 户 139 人被迫转移。

2006 年 6 月 4 日，汀溪镇五峰村发生山体开裂，村民 3 户 11 人生命财产受到威胁。

2006 年 7 月 15—17 日，受台风“碧利斯”带来暴雨影响，莲花镇、汀溪镇 10 个自然村发生山坡开裂、崩塌，倒塌房屋 6 间，村民 44 户 263 人生命财产受到威胁。

2007 年发生险情 6 处，均未造成灾害。

2004—2006 年同安区地质灾害发生情况表

表 1-10

发生时间	地点	灾害类型	灾害情况	灾害损失及影响
2004 年 9 月 10 日	汀溪镇荏畲岳口自然村	山体滑坡	屋后山体滑坡塌方	组织地灾点村民群众转移避让 14 户 57 人
2005 年 8 月 14 日	五显镇四林村北侧山坡	泥石流	损坏围墙、泥石堆积房内及堵塞房屋后沟、边沟	清除堆积物，雨天加强监测，强降雨时转移避让，威胁村民 5 户 20 人
2005 年 8 月 14 日	汀溪镇西源村	崩塌	堵塞房屋后沟	检测、挡护、地表排水，威胁村民 2 户 6 人
2005 年 8 月 14 日	汀溪镇路下村北西侧山坡	泥石流	损坏厨房、堵塞房屋后沟、边沟，泥石堆积房内	清除堆积物，雨天加强监测，强降雨时转移避让，威胁村民 3 户 10 人
2005 年 8 月 14 日	汀溪镇造水村	崩塌	土质崩塌、堵塞房屋后沟	清土、监测、挡护、坡上水沟防漏处理，威胁村民 3 户 10 人
2005 年 8 月 14 日	汀溪镇顶村陈	崩塌	土质崩塌（含孤石）威胁坡下住户	监测、清除孤石，威胁村民 2 户 9 人
2005 年 8 月 14 日	汀溪镇顶村林	崩塌	土质崩塌、堵塞房屋后沟	监测、挡护、地表排水，威胁村民 2 户 4 人
2005 年 8 月 14 日	汀溪镇半岭村	崩塌	土质崩塌、堵塞房屋后沟	监测、挡护、地表排水，威胁村民 1 户 5 人
2005 年 8 月 14 日	莲花镇上陵村	崩塌	土质崩塌、堵塞房屋后沟、边沟	监测、挡护、地表排水，威胁村民 1 户 4 人
2005 年 8 月 14 日	莲花镇蔗内村	崩塌	土质崩塌、堵塞房屋后沟、边沟	监测、挡护、地表排水，威胁村民 1 户 5 人
2005 年 8 月 14 日	莲花镇蔗内村	崩塌	土质崩塌、堵塞房屋后沟、边沟	监测、挡护、地表排水，威胁村民 1 户 3 人
2005 年 8 月 14 日	莲花镇淡溪村	崩塌	房屋、厨房变形，堵塞屋后沟、边沟	监测、挡护、地表排水，威胁村民 1 户 3 人
2006 年 5 月 30 日	汀溪镇褒美村寨山	山体开裂	裂缝长约 50 米、宽约 25～40 厘米，后缘下错 30～60 厘米	影响到山脚 30 多户 100 多人的生命财产安全，区、镇政府紧急转移 34 户 128 人
2006 年 5 月 30 日	汀溪镇五峰村	崩塌	发现山坡上有裂缝	房子建在村排水沟边，造成沟岸崩塌，威胁村民 3 户 11 人
2006 年 6 月 4 日	汀溪镇五峰村	山体开裂	发现山披上有裂缝	威胁到坡脚 3 户 11 人的生命财产安全
2006 年 7 月 15 日	莲花镇淡溪村	崩塌	发生小型崩塌灾害	倒塌房屋 1 间，因事先转移，没有人员伤亡。直接经济损失 5 万元

续表1-10

发生时间	地点	灾害类型	灾害情况	灾害损失及影响
2006年7月15日	莲花镇水洋村	崩塌	发生小型崩塌灾害	倒塌房屋1间及牛圈1间，没有人员伤亡。直接经济损失5万元
2006年7月16日	汀溪镇汪前村	崩塌	发生小型崩塌灾害	倒塌房屋1间，因事先转移，没有人员伤亡。直接经济损失5万元
2006年7月16日	莲花镇蔗内村	崩塌	发生小型崩塌灾害	倒塌牛圈1间，压死牛1头，没有人员伤亡。直接经济损失2万元
2006年7月17日	莲花镇白交祠村	山坡开裂、房屋开裂、地面隆起	山披上有多处裂缝，长度20多米到近百米，宽度几毫米到3厘米；坡脚有2座房屋出现地面和墙体开裂以及地板砖隆起等现象	紧急转移受直接威胁的10户40人到安全地方，为防止暴雨、滑坡共同影响随后又疏散转移26户122人，并组织监测、警戒等工作。若遇暴雨等强降雨天气产生滑坡破坏，可能滑坡体随着山洪而下，影响到100多人的安全。直接经济损失30万元、造成危房13间
2006年7月17日	莲花镇淡溪村上淡溪	崩塌	崩塌后水沟自然坡度大于30°，深10～15米，崩塌体宽8米，长12～15米，崩塌物为残积土，部分已被冲走	威胁村民3户11人的安全
2006年7月17日	莲花镇淡溪村下淡溪	崩塌	坡下为农田、茶林和竹子等，坡体为残积土，坡度45°～55°，崩塌体宽10米，长15～20米	威胁村民4户17人的安全
2006年7月17日	莲花镇淡溪村下江里	崩塌	山坡坡度65°，表层为残积土，沿着中风化基岩面产生崩塌，崩塌体宽5米，长6米	威胁村民一户4人的安全
2006年7月17日	莲花镇淡溪村上江里	崩塌	山坡为碎块状强风化岩，裂隙发育，崩塌体宽10米，长8～10米	威胁村民一户4人的安全
2006年7月17日	莲花镇淡溪村上淡溪	崩塌	山坡为残积土，坡度60°～70°，崩塌体宽8米，长8米	威胁村民2户5人的安全

第二篇　人　口

同安人口大部分为古代中原居民辗转迁徙而至的移民后裔，汉族人口占总人口的99.5%以上。1997年以后，随着人民生活水平和生活质量的提高，以及计划生育的持续推行，户籍人口总量稳中有升，由1997年的54.91万元增加到2002年的54.96万人，平均年增长率0.18‰；由2003年29.40万人增加到2007年的30.83万人，平均年增长率11.96‰。人口素质不断提高，人口预期寿命由1997年的72.19岁提高到2007年的74.81岁；大学本科学历人口占总人口比例由1991年的1.5‰上升到2005年的10.80‰，高中学历人口占比由36.68‰上升到122.69‰，初中学历人口占比由153.64‰上升到403.98‰，文盲半文盲人口占比由202.11‰下降到113.02‰。人口类型由1990年的成年型转变为2007年的接近老年型。抚养比由2000年的38.6%降为2005年的28.54%。家庭类型和规模发生变化，2000年和1991年比较，一代户占比提高9.51个百分点，二至四代户占比均有所下降；1～4人户占比有所上升，5～10人户有所下降。流入人口由1997年的3.69万人增加到2007年的11.57万人。

第一章　人口总量与分布

第一节　人口总量

1996年，全区户籍人口为136780户546406人，至2002年底149585户549590人，净增3184人，年均增加0.097%。2003年翔安析出后，同安区户籍人口为82316户293995人，至2007年底为95867户308314人，净增14319人，年均增加1.2%。

1997—2007年同安区年末户籍人口情况表

表2-1

项目	1997年	1998年	1999年	2000年	2001年	2002年	2003年	2004年	2005年	2006年	2007年
总人口（人）	549108	549912	549231	548199	550218	549590	293995	296309	299144	303430	308314
其中：男	278718	278837	278344	277092	278116	277120	148159	148974	150420	152427	154871
女	270390	271075	270887	271107	272102	272470	145836	147335	148724	151003	153443
农业人口	487227	484718	476003	473580	470968	459684	179726	180376	182197	186788	191060
非农业人口	61881	65194	73228	74619	79249	89906	114269	115933	116947	116642	117254

续表2-1

项目			1997年	1998年	1999年	2000年	2001年	2002年	2003年	2004年	2005年	2006年	2007年
总户数（户）			138056	139391	141234	144805	147254	149585	82316	83988	86336	91608	95867
大同镇	大同街道	户数（户）	15997	16749	17412	18016	19205	17452	18025	18365	18465	18178	18189
		人口（人）	56704	59268	60836	61902	65808	58535	60097	60361	60212	58810	58368
	祥平街道	户数（户）	—	—	—	—	—	11391	12120	12640	13334	14035	14534
		人口（人）	—	—	—	—	—	40286	41109	42159	43062	43797	44367
莲花		户数（户）	8992	9036	9141	9358	9476	9592	10179	10285	10385	10484	10806
		人口（人）	36451	36203	36039	35930	35749	35656	35951	36102	36283	36634	37209
西柯		户数（户）	11136	11281	11346	11585	11730	8473	8711	8936	9053	11317	11744
		人口（人）	46745	46781	46670	46400	46446	33759	33869	34168	34580	36075	36810
汀溪		户数（户）	4312	4328	4422	4551	4615	4726	4992	5070	5198	5550	6026
		人口（人）	19067	18931	18869	18766	18612	18507	18329	18360	18396	18774	19617
新民		户数（户）	12724	12778	12998	13512	13840	10258	10638	10737	11412	12231	13097
		人口（人）	50658	50405	50229	50322	50582	37125	37273	37603	38537	39496	40341
洪塘		户数（户）	8931	8959	9020	9162	9216	7765	8034	8150	8376	8889	9825
		人口（人）	37660	37482	37294	37231	37105	31015	30801	30879	31189	32191	32962
五显		户数（户）	8804	8818	8865	9089	9170	9310	9617	9805	10113	10924	11646
		人口（人）	37012	36938	36765	36775	36656	36665	36566	36677	36885	37653	38640
马巷		户数（户）	20622	20686	20922	21200	21389	21618	—	—	—	—	—
		人口（人）	79852	79648	79389	79039	78781	78385	—	—	—	—	—
新店		户数（户）	21330	21404	21435	21694	21738	21892	—	—	—	—	—
		人口（人）	82259	81844	81141	80492	79811	79277	—	—	—	—	—
新圩		户数（户）	10606	10678	10825	11454	11567	11680	—	—	—	—	—
		人口（人）	44592	44429	44309	44267	43915	43680	—	—	—	—	—
内厝		户数（户）	9522	9553	9657	9852	9908	9985	—	—	—	—	—
		人口（人）	38352	38264	38081	38025	37640	37481	—	—	—	—	—
大嶝		户数（户）	5080	5121	5191	5332	5400	5443	—	—	—	—	—
		人口（人）	19756	19719	19609	18996	19113	19219	—	—	—	—	—

说明：1. 农林场由所在镇统计。1997 年同安区土地面积 1008.42 平方公里，户籍人口 549108 人

2. 2001 年撤大同镇改置大同、祥平二街道，2002 年起数据上档为大同街道、下为祥平街道。西柯、新民部分村纳入祥平街道

3. 2003 年 9 月翔安析出，其所属 6 镇户口数未统计。同安余六镇二街道，面积 657.59 平方公里，人口 293995 人

4. 2003 年同安区户籍人口中包括外地入籍扣除本籍迁出后净增 1864 人。2007 年迁入迁出相抵后净增 2349 人

5. 本表数据均采自《同安统计年鉴》

第二节　人口分布

一、分布

（一）区域分布

城镇及东部沿海马巷、西柯、洪塘、新民、新店、大嶝等镇的沿溪平原、台地，人口较密集，而西部、北部汀溪、莲花、五显、新圩、内厝、大帽山等镇场的山区、丘陵地带人口较稀少。1997年底，全区人口549108人，其中大同镇56704人，占10.33%。马巷镇79852人，占14.54%。西柯镇46745人，占8.51%。洪塘镇37660人，占6.86%。新民镇50658人，占9.23%。新店镇82259人，占14.98%。大嶝镇38352人，占6.98%。以上7个镇人口占总人口的71.43%。莲花、汀溪、五显、新圩、内厝、大帽山山区5镇1场人口占总人口的28.57%。2003年析出翔安后，同安区总人口293995人，其中大同街道、祥平街道共101206人，占总人口34.42%。西柯镇33869人，占11.52%。新民镇37273人，占12.68%。洪塘30801人，占10.47%。其余汀溪、莲花、五显3个山区镇人口共90846人，占总人口的30.90%。2007年底，大同、祥平2个街道总人口为102735人，占全区总人口的33.32%。西柯镇36810人，占11.94%。新民镇40341人，占13.08%。洪塘镇32962人，占10.69%。莲花镇37209人，占12.07%。汀溪镇19617人，占6.36%。五显镇38640人，占12.53%。3个山区镇共95466人，占总人口30.96%。

（二）城乡分布

历史上同安县是传统农业县，农村人口比例大。1997年全区户籍内农村人口487227人，占全区人口549108人的88.73%。城镇人口61881人，占11.27%。此后随着城镇化建设推进，农村人口大幅下降。2003年析出翔安后，全区人口293995人，其中农村人口179726人，占总人口61.13%。城镇人口114269人，占38.87%，比1997年增加27.6个百分点。2007年全区人口308314人，其中农村人口191060人，占61.97%。城镇人口117254人，占38.03%，比2003年下降0.84个百分点。

二、密度

沿溪沿海的城镇人口密度较大，山区镇密度较小。1997年同安区人口密度每平方公里544.52人。其中，大同镇人口密度最大，2760.66人，马巷镇次之，1194.14人，其余依次为洪塘镇925.76人、大嶝镇882.67人、西柯镇800.98人、新民镇797.01人、新店镇695.40人、新圩镇578.89人、五显镇500.09人、内厝镇281.63人、莲花镇168.90人、汀溪镇117.85人。2003年底析出翔安区后，人口密度为每平方公里447.01人。其中大同、祥平2街道密度2196.79人，其余各镇人口密度由高到低依次为：洪塘镇757.15人、新民镇708.34人、西柯镇690.92人、五显镇494.07人、莲花镇166.58人、汀溪镇113.70人。2007年底，同安区人口密度468.85人，比2003年增加21.84人。各镇街人口密度依次为：大同、祥平二街道2229.98人、洪塘镇810.26人、新民镇766.65人、西柯镇750.92人、五显镇522.09人、莲花镇172.41人、汀溪镇121.25人。

若干年份同安区人口地区分布、城乡分布及人口密度一览表

表2-2

项　目	1997年	2000年	2003年	2005年	2007年
同安区面积（平方公里）	1008.42	1008.42	657.59	657.59	657.59
年末总人口（人）	549108	548199	293995	299144	308314

续表2-2

项目			1997年	2000年	2003年	2005年	2007年
人口密度（人/平方公里）			544.52	543.62	447.01	454.91	468.85
农村人口（人）			487227	473580	179726	182197	191060
占比（%）			88.73	86.38	61.13	60.91	61.97
非农人口（人）			61881	74619	114269	116947	117254
占比（%）			11.27	13.62	38.87	39.09	38.03
大同镇	大同街道	面积（平方公里）	20.54	20.54	18.39	18.39	18.39
		人口数（人）	56704	61902	60097	60212	58368
		人口密度（人/平方公里）	2760.66	3031.73	3267.92	3274.17	3173.9
		非农人口占比（%）	75.36	86.8	100	100	100
	祥平街道	面积（平方公里）	—	—	27.68	27.68	27.68
		人口数（人）	—	—	41109	43062	44367
		人口密度（人/平方公里）	—	—	1485.15	1555.71	1602.85
		非农人口占比（%）	—	—	100	100	100
莲花镇		面积（平方公里）	215.82	215.82	215.82	215.82	215.82
		人口数（人）	36451	35930	35951	36283	37209
		人口密度（人/平方公里）	168.9	166.48	166.58	168.12	172.41
		非农人口占比（%）	2.07	2.57	9.66	9.96	9.9
西柯镇		面积（平方公里）	58.36	58.36	49.02	49.02	49.02
		人口数（人）	46745	46400	33869	34580	36810
		人口密度（人/平方公里）	800.98	795.05	690.92	705.43	750.92
		非农人口占比（%）	3.59	4.18	5.34	5.36	5.54
汀溪镇		面积（平方公里）	161.79	161.79	161.79	161.79	161.79
		人口数（人）	19067	18766	18329	18396	19617
		人口密度（人/平方公里）	117.85	115.99	113.29	113.7	121.25
		非农人口占比（%）	3.07	2.93	4.93	12.06	11.89
新民镇		面积（平方公里）	63.56	63.56	52.62	52.62	52.62
		人口数（人）	50658	50322	37273	38537	40341
		人口密度（人/平方公里）	797.01	791.72	708.34	732.36	766.65
		非农人口占比（%）	1.95	2.3	7.5	7.73	7.72
洪塘镇		面积（平方公里）	40.68	40.68	40.68	40.68	40.68
		人口数（人）	37660	37231	30801	30879	32962
		人口密度（人/平方公里）	925.76	915.22	757.15	759.07	810.26
		非农人口占比（%）	1.48	1.78	3.88	4.05	3.94
五显镇		面积（平方公里）	74.01	74.01	74.01	74.01	74.01
		人口数（人）	37012	36775	36566	36677	38640
		人口密度（人/平方公里）	500.09	496.89	494.07	495.57	522.09
		非农人口占比（%）	1.5	3.83	4.52	4.71	5.31

续表2-2

项目		1997 年	2000 年	2003 年	2005 年	2007 年
马巷镇	面积（平方公里）	66.87	66.87	—	—	—
	人口数（人）	79852	79093	—	—	—
	人口密度（人/平方公里）	1194.14	1181.98	—	—	—
	非农人口占比（%）	10.66	11.43	—	—	—
新店镇	面积（平方公里）	118.29	118.29	—	—	—
	人口数（人）	82259	80492	—	—	—
	人口密度（人/平方公里）	695.4	680.46	—	—	—
	非农人口占比（%）	2.49	2.73	—	—	—
新圩镇	面积（平方公里）	77.03	77.03	—	—	—
	人口数（人）	44592	44267	—	—	—
	人口密度（人/平方公里）	578.89	574.67	—	—	—
	非农人口占比（%）	1.97	2.25	—	—	—
大嶝镇	面积（平方公里）	43.45	43.45	—	—	—
	人口数（人）	38352	38025	—	—	—
	人口密度（人/平方公里）	882.67	875.14	—	—	—
	非农人口占比（%）	2.71	2.76	—	—	—
内厝镇	面积（平方公里）	70.15	70.15	—	—	—
	人口数（人）	19756	18996	—	—	—
	人口密度（人/平方公里）	281.63	270.79	—	—	—
	非农人口占比（%）	4.15	5.12	—	—	—

说明：1. 2001 年撤销大同镇，分置大同、祥平二街道，其中，原大同镇辖之过溪、祥桥、凤岗、溪声、杜桥、西洪塘、西湖 7 个村划归祥平街道，大同街道面积余 18.39 平方公里。祥平街道辖 10 个村面积 27.68 平方公里，西柯镇划出瑶头、阳宅、卿朴 3 个村归祥平，面积减少 9.34 平方公里，余 49.02 平方公里

2. 原新民镇属凤岗、溪声、杜桥、西洪塘、西湖五个村 1995 年划属大同镇，但新民镇面积、人口区年鉴一直无反映此变动，直到 2001 年 5 个村由大同镇划属祥平街道后，2002 年年鉴才缩统了新民的面积与人口。土地面积缩为 52.62 平方公里，人口减为 37105 人

第二章 人口变动

第一节 自然变动

1997 年，全区户籍人口 549108 人，出生人口 5749 人，出生率 10.47‰。死亡人口 2311 人，死亡率 4.21‰。自然增长率为 6.26‰。至 2002 年，6 年累计出生 32421 人，年平均出生 5403.5 人，年平均

出生率9.84‰；累计死亡18344人，年平均死亡3057.3人，年平均死亡率5.57‰，年平均自然增长率4.27‰。

2003年出生人口2720人，出生率9.25‰。死亡人口1731人，死亡率5.89‰，自然增长率3.36‰。至2007年，当年出生3745人，出生率12.15‰，死亡人口1216人，死亡率3.94‰，自然增长率8.21‰；5年累计出生16274人，年平均出生3254.8人，年平均出生率10.84‰，累计死亡7332人，年平均死亡1466.4人，年平均死亡率4.88‰，年平均自然增长率5.96‰。

第二节　机械变动

20世纪90年代后，由于就业、就学、经商、务工、购房、参军、婚姻等原因，同安户籍人口机械变动较大。1997年户籍人口迁入同安2020人，其中省内迁入1190人，省外迁入830人；迁出同安1910人，其中迁至省内1300人，迁至省外610人，净增110人。至2002年，户籍人口6年累计迁入同安17667人，其中由省内迁入10690人，省外迁入6977人；迁出同安19058人，其中迁至省内11882人、省外7176人，净减1391人。

2003年10月，随同析出翔安区划出人口258650人，当年迁入同安户籍人口3294人，其中由省内迁入2260人，省外迁入1034人；迁出1430人，其中迁至省内791人、省外639人，净增1864人。至2007年，5年累计迁入同安20401人，其中由省内迁入13152人、省外7249人；迁出11546人，其中迁至省内7805人，省外3741人，净增8855人。

第三节　流动人口

20世纪90年代后，外地来同安务工、投资办厂、经商的人员剧增。据公安部门统计，1997年底全区外来人口（办暂住证者，下同）36937人。2004年，同安区流入人口62557人。至2007年末，流入人口剧增至115740人。2004—2007年，年均增加22.76%。

同期因务工、经商等原因由同安区外出的人口也不少。据计生部门对流出人口清查统计，1997年流出7267人，2000年流出8550人，2003年流出18018人。析出翔安后，2005年同安区流出1676人，2007年流出1377人。

1997—2007年同安区户籍人口变动情况表

表2-3　　单位：人

年份	变动情况	总计	大同	莲花	洪塘	西柯	汀溪	五显	新民	马巷	新店	新圩	内厝	大嶝	大同街道	祥平街道
1997	出生	5749	488	473	390	482	221	506	528	795	803	492	356	215	—	—
	死亡	2311	251	199	243	140	224	110	214	286	213	235	92	94	—	—
	迁入	2020	591	142	86	121	180	109	146	166	195	122	88	74	—	—
	迁出	1910	569	117	108	155	107	117	128	168	344	221	32	61	—	—
1998	出生	5456	508	382	382	394	218	372	524	763	749	466	377	221	—	—
	死亡	3305	298	207	237	263	142	144	346	602	466	245	263	92	—	—
	迁入	2487	859	138	103	213	92	119	138	239	202	167	159	58	—	—
	迁出	2512	415	207	202	145	89	178	224	242	344	227	132	89	—	—

续表2-3

年份	变动情况	总计	大同	莲花	洪塘	西柯	汀溪	五显	新民	马巷	新店	新圩	内厝	大嶝	大同街道	祥平街道
1999	出生	5111	544	327	316	369	199	384	461	773	696	456	380	206	—	—
	死亡	3694	412	201	189	289	93	358	389	544	484	285	291	150	—	—
	迁入	2729	927	171	100	178	96	141	169	255	291	137	179	87	—	—
	迁出	3043	490	198	199	158	94	190	189	427	546	215	201	138	—	—
2000	出生	6877	721	582	452	503	269	549	645	889	910	578	474	305	—	—
	死亡	4480	438	370	263	561	169	307	330	629	694	346	275	98	—	—
	迁入	3073	1092	194	131	176	75	193	239	304	276	147	174	72	—	—
	迁出	4667	931	289	238	251	95	268	307	500	382	200	229	777	—	—
2001	出生	4831	598	334	301	423	159	336	520	602	645	330	350	233	—	—
	死亡	2164	208	147	107	140	76	132	201	443	240	136	218	116	—	—
	迁入	4000	1556	210	118	249	74	197	404	328	285	135	165	279	—	—
	迁出	3742	1240	168	165	252	71	173	235	423	487	191	202	135	—	—
2002	出生	4397	—	301	220	255	132	308	348	616	527	357	312	210	451	360
	死亡	2390	—	187	148	128	111	151	208	410	240	157	165	103	209	173
	迁入	3358	—	288	165	104	92	330	181	304	340	143	181	149	668	413
	迁出	3184	—	202	198	200	56	246	197	467	525	219	199	122	372	181
2003	出生	2720	—	390	246	293	188	349	340	—	—	—	—	—	513	401
	死亡	1731	—	204	299	139	114	187	249	—	—	—	—	—	305	234
	迁入	3294	—	308	197	220	115	260	268	—	—	—	—	—	1410	516
	迁出	1432	—	134	162	212	70	218	134	—	—	—	—	—	312	172
2004	出生	3158	—	430	270	343	212	400	435	—	—	—	—	—	592	476
	死亡	1383	—	183	146	128	128	175	223	—	—	—	—	—	242	158
	迁入	3846	—	381	278	400	190	366	423	—	—	—	—	—	1201	607
	迁出	2574	—	245	245	278	139	278	229	—	—	—	—	—	798	362
2005	出生	3210	—	355	328	384	202	426	467	—	—	—	—	—	575	473
	死亡	1853	—	227	171	276	128	315	137	—	—	—	—	—	332	267
	迁入	4060	—	312	353	391	144	298	513	—	—	—	—	—	972	977
	迁出	2549	—	144	218	161	108	254	117	—	—	—	—	—	1156	421
2006	出生	3441	—	340	333	430	227	530	520	—	—	—	—	—	554	507
	死亡	1149	—	114	134	108	91	172	135	—	—	—	—	—	249	146
	迁入	4728	—	339	594	774	230	595	510	—	—	—	—	—	1030	656
	迁出	2839	—	134	162	80	90	194	84	—	—	—	—	—	1575	520

续表2-3

年份	变动情况	总计	大同	莲花	洪塘	西柯	汀溪	五显	新民	马巷	新店	新圩	内厝	大嶝	大同街道	祥平街道
2007	出生	3745	—	373	376	419	252	488	546	—	—	—	—	—	612	584
	死亡	1216	—	166	116	110	74	145	189	—	—	—	—	—	218	182
	迁入	4473	—	459	416	330	359	673	436	—	—	—	—	—	1138	604
	迁出	2124	—	210	121	106	83	163	97	—	—	—	—	—	1022	307

说明：1. 2001 年撤销大同镇设置大同街道与祥平街道

2. 2003 年 10 月析出翔安区，同安户籍人口 258650 人迁出

3. 1997—2002 年表中“出生人口”含补报往年出生婴儿：1997 年全区补报 2097 人，1998 年补报 1678 人，1999 年补报 1456 人，2000 年补报 2369 人，2001 年补报 1091 人，2002 年补报 937 人

1997—2007 年同安区暂住人口情况表

表 2-4　　单位：人

镇	1997 年	1998 年	1999 年	2000 年	2001 年	2002 年	2003 年	2004 年	2005 年	2006 年	2007 年
总人数合计	36937	30642	49827	38000	42104	62722	69963	62557	62163	90809	115740
其中：男	19632	16210	26352	20731	21472	33016	36457	30606	32988	49723	65803
女	17305	14432	23475	17269	20632	29706	33506	31951	29175	41086	49937
大同	8865	6259	9719	5133	6028	6965	7347	6771	6537	8117	6964
新店	3060	2036	4036	457	1333	550	2411	—	—	—	—
马巷	5797	4949	6890	2117	4282	6801	6900	—	—	—	—
汀溪	2127	1753	3419	1121	1758	2060	2009	2007	2109	2458	2389
莲花	1510	1040	2054	1079	1009	1732	2081	3348	3268	5322	3336
新民	3195	2696	7523	7569	6876	8218	7987	9691	12031	19428	28283
洪塘	1518	1109	2194	2151	1943	2300	2277	2962	3051	3796	3618
五显	2374	1296	2296	1930	1899	2140	3435	3940	4108	4741	4599
内厝	2086	2103	2163	998	702	1287	2589	—	—	—	—
祥平	—	—	—	9887	12645	24185	21750	28397	24712	33093	47467
西柯	4067	5061	6758	1730	1962	3076	3971	5441	6347	8846	13943
新圩	2338	2340	2775	1049	1443	1969	2698	—	—	—	—
潘涂	—	—	—	2058	—	—	2106	—	—	5008	5141
莲河	—	—	—	314	—	—	802	—	—	—	—
沃头	—	—	—	117	—	—	541	—	—	—	—
大嶝	—	—	—	290	224	439	1059	—	—	—	—

第三章　人口结构

第一节　民族与姓氏构成

一、民族构成

1964年、1982年、1990年第二、三、四次人口普查，全县汉族人口的比重依次为99.98%、99.99%、99.91%。2000年人口普查，全区（含翔安）总人口580813人（含外来居住半年以上人口，该年末同安区户籍人口为548199人），其中汉族577993人，占99.51%；少数民族30个2820人，占人口0.49%，其中蒙古族174人、回族285人、藏族19人、苗族367人、维吾尔族15人、彝族57人、壮族199人、布依族93人、朝鲜族38人、满族32人、侗族144人、瑶族54人、白族13人、土家族709人、哈尼族4人、傣族3人、黎族5人、佤族2人、畲族172人、水族5人、东乡族4人、景颇族5人、土族16人、仫佬族12人、羌族1人、撒拉族2人、仡佬族42人、塔吉克族2人、京族2人、独龙族1人、其他未识别81人。

2005年11月1日零时，同安区百分之一人口抽查，抽查人口8196人，其中汉族8158人，占99.54%；少数民族38人，占0.46%。

二、姓氏构成及分布

（一）构成

据各姓宗亲会资料，析出翔安区前同安区各姓氏人口数居前25位姓氏依次为陈、林、叶、洪、黄、蔡、李、许、王、张、郭、吴、苏、杨、吕、纪、郑、彭、柯、朱、邵、颜、曾、康、刘。

2003年析出翔安后，同安区姓氏构成发生较大变化，据厦门市姓氏源流研究会秘书长许初水调查资料，2007年人口数150人以上的姓氏共43个，合计人口275190人，占当年全区户籍人口总数的89.26%，其中，姓氏人口在2万人以上的依次有陈、叶、林3个姓。1万人以上的依次有杨、苏、张、李、纪、吕6个姓，5000人以上的依次有洪、吴、邵、黄、郭、蔡、王、颜、郑9个姓。3000人以上的依次有徐、施、柯、刘、庄5个姓。2000人以上的依次有刘、卢、康、卓4个姓。1000人以上依次有曾、詹、江、许4个姓。500人以上依次有方、何、彭、邱、辛、谢6个姓。150人以上依次有周、沈、马、朱、孙、倪6个姓。

（二）分布

陈姓主要分布于大同街道及丙洲阳翟、顶溪头、蔗内、田洋等20多个自然村。

叶姓主要分布于大同街道及古坑、垵柄、楼内、后埔村、溪东地等80多个自然村。

林姓主要分布于大同街道及潘涂、瑶头、后田、浦头、下山头、东西官浔等10多个自然村。

杨姓主要分布于大同街道及外交场、康浔、白交祠、下洋、水洋、尾林等20多个自然村。

苏姓主要分布于大同街道及下溪头、康浔、埭头、东宅、学壳坑、行军塘等20个自然村。

张姓主要分布于大同街道及西洪塘、田里、四房、长房、浒井、坂尾、坂下等28个自然村。

李姓主要分布于大同街道及大后垅、店仔、上社、宋南、彭溪、杜厝李、下欧坑等36个自然村。

纪姓主要分布于大同街道及下墩、大乡、新厝后、顶厝、后埔、埔后、社坛、龙东等20个自然村。

吕姓主要分布于大同街道及大社、四口圳、古湖、新厝、郭厝、吕厝、东头埔、后埔等11个自然村。其他姓氏的分布见表2-5。

2007年同安区主要姓氏人口及其分布表

表2-5

姓氏	姓氏人口（人）	占当年户籍人口308314人的比例（%）	主要分布地
陈	32611	10.58	丙洲6000人，阳翟5186人，大同街道12841人，顶溪头1934人，蔗内1200人，霞美670人，缉仔亭600人，田洋（片村、含上坊、胡厝宅、五峰埔、郊边、石门、双筧等村）3130人。另布塘、盖集美、顶村、奎目岫等19个自然村也有陈姓人口居住
叶	30547	9.91	垵柄1200人，大同街道4425人，楼内1500人，后埔村900人，溪东650人，溪东地610人，古坑1536人，张厝500人，路岭500人，塘边1000人，宋宅780人，下许520人，潘厝600人，寨阳580人，上峰900人，美埔400人，另宫边、寨内、西洋等80余个自然村也有叶姓人口居住
林	23635	7.67	潘涂6000人，大同街道4918人，后田1600人，浦头1600人，下山头1403人，浦头1600人，瑶头4224人，东官浔770人，西官浔700人。另竹仔林、后庄、堤内等10个自然村也有林姓人口居住
杨	17396	5.64	大同街道6663人，外较场2477人，康浔1003人，白交祠1000人，下洋610人，水洋560人，尾林725人，下柑岭550人，后厝500人。另后沟、程厝、溪墘等18个自然村也有杨姓人口居住
苏	15313	4.97	大同街道4310人，下溪头2081人，康浔1083人，埭头1000人，大乡600人，东宅670人，行军塘600人，学壳坑700人，洪塘550人，埔下420人，另过坑、月龙、白石、新宅等12个自然村也有苏姓人口居住
张	13720	4.45	大同街道4200人，西洪塘中心村2000人，田里村700人，四房村740人，长房村450人，浒井470人，坂尾550人，坂下350人，另塘边、茂林、六柱、坂尾等21个自然村也有张姓人口居住
李	13106	4.25	大同街道4008人，大后垄1400人，店仔900人，上社400人，宋南300人，彭溪410人，杜厝李330人，下欧坑530人，田坂下300人，上埔360人，另湖井宅、蔡林、小后垄、三秀山等27个自然村也有李姓人口居住
纪	12136	3.94	大同街道3300人，下墩2200人，大乡500人，新厝后660人，顶厝360人，后埔490人，埔后800人，社坛330人，龙东1563人，另康浔、后房、下厝、古来潭、花厅等12个自然村也有纪姓人口居住
吕	11040	3.58	大同街道2900人，大社1800人，四口圳1160人，古湖1000人，新厝910人，郭厝685人，吕厝1400人，东头埔900人，后坂600人，另下厝、溪头、山前等自然村也有吕姓人口居住
洪	9080	2.95	大同街道2800人、岗头2100、长尾坑2000、古山690人、营边800人、道地700人、坑仔口450人、中山170人
吴	8780	2.85	大同街道2220人、石浔3600人、郑宅250人、磁灶尾140人、汪前100人、塔林下20人、五甲370人、洋厝埔1200人、庙山700人、后英180人
邵	8380	2.72	大同街道2830人、刘营950人、美宅800人、面前厝700人、郭厝角380人、郭厝360人、柑岭1800人、下棋盘570人、棋盘厝220人，另源里、奈仔顶、三角埕、赤土楼等11个自然村也有邵姓人口居住
黄	7820	2.53	大同街道2508人、西洪塘1000人、西湖塘810人、洪塘头700人、寮野700人、布厝350人、马豆310人、下路坝340人、西山400人，另后溪、潭内、黄坂、梨仔林等村也有黄姓人口居住
郭	7292	2.36	大同街道2502人、郭山1400人、石佛内770人、溪埔店440人、前院400人、造水一甲210人、竹山200人、后洋910人、刘厝300人，另埔墘、后西尾、新厝、后埔、虎空内、墩后等村也有郭姓人口居住
蔡	6631	2.15	大同街道1821人、蔡厝口750人、大溪630人、北山500人、蔡店680人、溪西400人、东堤230人、百谷500人、蔡林600人，另芸溪、石丹、大埔等6个自然村也有蔡姓人口居住
王	5920	1.92	大同街道1800人、西湖塘1200人、山坪650人、古溪300人、珠厝255人、埔里215人、竹山360人、八卦130人、埭头176人、宋宅120人

续表2-5

姓氏	姓氏人口（人）	占当年户籍人口308314人的比例（%）	主要分布地
颜	5830	1.89	大同街道1260人、后塘1500人、垵炉1000人、军村900人、下寨360人、大尖160人
郑	5422	1.76	大同街道950人、刘山620人、后溪300人、坂头230人、将军洋200人、岭兜200人，另苻后、大溪口、中庄、田中央等6个自然村也有郑姓人口居住
徐	4220	1.37	大同街道950人、乌涂大社1300人、溪仔尾500人、东亭470人、下埔450人、坝仔埔300人、东宅250人
施	3424	1.11	大同街道632人、霞路1752人、祥路顶882人、内厝160人
柯	3400	1.10	大同街道650人、下柯800人、顶柯710人、大店470人、东柯240人、下社350人、新厝坂50人
高	3200	1.04	大同街道480人、洋尾400人、小坪300人、内山330人、后溪240人、东厝300人、大厅240人、庙村260人、面前山200人、进美山160人、会林160人、半岭130人
庄	3064	1.0	大同街道612人、祥路1752人、莲湖700人
刘	2691	0.88	大同街道1030人、洪坑240人、圭母岫310人、坤泽洋500人、五甲170人、隘头120人、大岭溪170人、刘厝90人、幕庵60人
卢	2550	0.83	大同街道450、古庄1200人、官田380人、下埕160人、内田150人、下松脚110人、后畲100人
康	2530	0.82	大同街道430人、前山800人、刘塘470人、墙后380人、乙楼370人、后路80人
卓	2420	0.78	大同街道460人、前山790人、大社450人、田中央360人、后英270人、深田、龙眼林、内寮各30人
曾	1743	0.57	大同街道303人、岳口650人、宋厝58人、九栈林160人、新桥50人
詹	1475	0.48	大同街道222人、后詹240人、大祠220人、磁窑210人、店边180人、土楼183人、下窑140人、竹仔脚80人
江	1355	0.44	大同街道295人、造水三甲460人、山坪200人、岭头150人、茂林150人、前湖100人
许	1305	0.42	大同街道465人、凤南桥上270人、桐屿240人、埔尾130人、五峰庄上200人、许厝70人、双圳150人、后坪20人
方	960	0.31	大同街道290人、烧灰420人、下溪130人、洋头120人
何	835	0.27	大同街道255人、何厝500人、石莲80人
彭	770	0.25	大同街道120人、后烧650人
邱	760	0.25	大同街道220人、丘厝350人、后坑170人、行头20人
辛	735	0.22	大同街道135人、坂垄尾600人
谢	600	0.19	大同街道270人、赛桥220人、珩尾100人、珩头10人
周	470	0.15	大同街道250人、土厝160人、凤南砖仔埕60人
沈	455	0.15	大同街道105人、东塘320人、竹仔林30人
马	448	0.15	大同街道108人、山顶洋220人、吊苋120人
朱	375	0.12	大同街道75人、美珠堂300人
孙	292	0.09	大同街道142人、孙厝150人
倪	163	0.05	大同街道73人，古林村90人

附录：2007 年同安区人口数前 43 位姓氏来源

陈姓：人口居同安区第一位。丙洲陈氏系明洪武年间陈有瑞由嘉禾陈寮迁入开族，灯号“颍川”，后裔分衍于翔安陈下厝、陈头村及厦门码头。祥平街道的阳翟，田洋陈氏为明正统年间分别由金门浯阳的陈大益、陆延魁迁入开基。嘉靖时金门名宦陈沧江、清顺治间陈观泰也迁入田洋。田洋浯阳陈氏后裔于明清时分衍周边上坊、胡厝宅、五峰铺、郊边、双览、石门、前宅等 10 多个村社。大同的埔地、下间、碧岳、顶溪头，莲花镇的溪埔、内林、顶下田洋，西柯的西浦、渐前、番仔厝村，汀溪的水路村，新民的赤坪村等社的陈氏，均为明清时代由金门陈氏迁入繁衍。莲花蔗内客家陈氏系明洪熙元年（1425 年）由南靖客家余子玉迁入开基（明万历间五世起改从妻姓为陈），北门社区陈氏系明弘治间南院太傅派陈敦素由龙溪迁入开基，灯号“岱北”。后裔分衍于城内。大同田厝陈氏系清初由海澄迁入。岳口村部分陈氏，先祖由泉州后埔迁入。西柯瑶头、新民湖井、莲花岭尾等村陈氏，先祖也均由外地迁入。

叶姓：2007 年人口居同安区第二位。大部系唐末由河南固始县随王审知入闽，卜居大同场佛子岗的叶沬的后裔。八世叶益娶南宋赵王妹赵环娘、封郡马，建郡马府于岭下，以“佛岭”作灯号，为闽台叶氏之大宗。后裔集中分布于莲花、汀溪、西柯为中心的 30 多个社里。

林姓：人口居同安区第三位。潘涂（亨泥）林氏系宋理宗年间安溪莲美林美宗迁入开族。后裔传衍周边 17 个村，灯号“金紫”。官浔林氏系明初林师生由安溪赤岭迁入开基，后裔再衍新民柑岑、前埔村，灯号“银紫”。大同溪边林氏系林贤培由安溪山前村迁入开基，灯号“西河”。宋代林国材由泉州迁入同安，四世孙林棐于宋元丰八年（1085 年）士及第，迁入同安南门馆，后裔分衍翔安琼头、顶山头村。宋林怿由莆田迁入同安东市开基，后裔分衍走马人村。莲花溪埔下村林氏系明嘉靖六年（1527 年）林达观夫妇由海澄迁入开基，灯号“峨山”。四口圳林氏系明嘉靖间林丽彩由海澄新垵林东社迁入开基，灯号“西河”，后裔再衍瑶头后巷角。南门内林氏系明末由安海林氏迁入繁衍，灯号“安平”。汀溪堤内林氏系明嘉靖间林天春由安溪桂窟迁入开基。

杨姓：人口居同安第四位。大同霞路杨氏系元末明初杨赐保由南安谢庄迁入开基，灯号“关西”。后裔传衍祥平岗头、较场、后沟、杜桥，莲花云标，汀溪后洋，新民上院、西山洋及城内米市洋等 20 个村街。莲花水洋、尾林杨氏系安溪三洋杨姓迁入。莲花白交祠杨氏系杨宗养由永安黄坑迁入传衍。新民下柑岭杨氏系明后期杨长青由金门彤庭迁入开基，灯号“彤庭”。洪塘头霞阳、孤单厝杨氏系明代由后溪杨姓迁入传衍，灯号“弘农”。

苏姓：人口居同安区第五位。五代时苏光海由泉州迁同安五芦山下开基，建“五芦堂”，灯号“芦山”，后裔衍传大同苏厝大乡及周边 24 社。

张姓：人口居同安第六位。南宋初张恭由晋江张林迁入同安后溪坂桥开基，后裔传衍新民浒井。宋末张吉月由金门迁入同安西洪塘开基。宋嘉定十七年（1224 年）张德政由南安石井迁入同安西塘开基，灯号“松莲”，后裔分衍凤南后坂。

李姓：人口居同安区第七位。南宋时李汝谨由南靖迁入同安仙店南山，李汝梅迁入同安兑山，后南山李分衍同安小东山李姓，兑山李分衍潘土，宅内、下蔡、双塔等 8 个村李姓。莲花淡溪李姓系宋代李玄文由安溪迁入开基，灯号“仙景”。大同洋坂、田厝李民系金门李姓迁入分衍。1972 年，南安山尾水库李姓移民 7750 人，安置于同安莲花、汀溪、五显、内厝计 36 个村，灯号“彭口”。五显店仔、后垄、下欧坑等 13 村李姓系明清时由外地“燕楼”李姓迁入分衍。

纪姓：人口居同安区第八位。明洪武二年（1369 年）子铭由惠安县迁入同安后廨开基，后裔传衍至周边 24 个社纪姓，灯号“平阳”。

吕姓：人口居同安区第九位。祥平卿朴吕姓系元代吕朝兴由金门西仓迁入开基。西柯吕厝村吕姓系明洪武二十六年（1393 年）吕长顺由金门刘澳吕厝社迁入开基。同期吕潜溪迁入凤南土楼坝仔内开基，后裔分衍东头埔、新厝、四口圳、后按、南山、后坂等20个村。

洪姓：人口居同安第十位。祥平外较场洪姓系宋末洪源由南安石井迁入开基。后裔繁衍凤岗、坑仔口、长尾坑、竹仔林、莲花军营等36个村，灯号“古山”。过溪营边洪氏系明中叶洪元毓由金奖英林迁入开基，灯号“凤山”，后裔分衍草仔市。丙洲大埔洪姓系宋末由江西迁入马巷市头的洪清溪后裔分衍，灯号“金山”。大同崎街仔洪姓系元初由长乐迁入马巷窗东的洪衮后裔分衍。

吴姓：人口居同安区第十一位。石浔吴氏系明永乐三年吴从师由福清石塘迁入开基，后裔分衍堤内、竹山、汪前、西山、溪边、城内等10余个街村，灯号“延陵”。大同五甲社吴姓由南安王巢吴姓迁入繁衍。新民西山洋厝埔4个社吴姓系厦门埭头村吴姓迁入繁衍。

邵姓：人口居同安区第十二位。明永乐间邵子厚由晋江迁入新民柑岭村开基繁衍，灯号“东陵”，后裔传衍美宅、刘营、新厝、官圳，顶橄仔岭等17村及城内。

黄姓：人口居同安区第十三位。唐垂拱二年（686年），黄纶由泉州迁入新圩金柄村开基，灯号“紫云”。后裔衍传翔安新圩、马巷及同安大同、西柯洪塘头、五显、西山、黄坂、五显宫等40多个村街。大同北门黄氏系清代由莆田迁入，今较集中分布于城内、西洪塘、西湖塘、洪塘头、寮野、西山等村。

郭姓：人口居同安区第十四位。唐末汾阳王郭子仪孙郭镕迁入洪塘郭山村开基，灯号“汾阳”，七世孙郭烈分衍翔安后仓村。元末郭仁齐由兴化迁入五显梨仔林开基，灯号“松莲”，后裔分衍莲花云洋、大埔等6个村，大同铺前、北门、双圳头3个村，五显布塘、马豆等5个村，汀溪、竹山、坤泽洋、溢头等8个村。澳溪郭氏系明末郭贞德由厦门迁入开基，灯号“汾阳”，后裔分衍大社、田洋等6个村。

蔡姓：人口居同安区第十五位。五显大溪、大同东山后亭村蔡氏系明末金门蔡姓迁入开基。新圩乌山村蔡氏系元末蔡文仲由晋江东石迁入开基，灯号“青阳”，后裔分衍同安五显竹山、北山、蔡厝口等6个村及祥桥芸溪，莲花百谷等村。

王姓：人口居同安区第十六位。石浔王氏系明代由集美珩山王姓迁入开基。新民西湖山坪王氏由福州迁入开基，灯号均为“开闽”。南门内、西湖塘王氏均系明初由金门浯江王姓迁入繁衍。清康熙间，王汉胤由嘉禾迁入同安松柏林街开基，后裔传衍米市楼、王大庭内及西柯八卦村。灯号“浯江”，今较集中分布于城内及新民、西柯。

颜姓：人口居同安区第十七位。明永乐间，颜德泰由金门迁入同安南门前街开基，颜同元迁入五显后塘开基，灯号均为“桃园”。

郑姓：人口居同安区第十八位。明永乐间戍卒郑崇卜居高浦上郑村开基，成化间后裔迁衍西柯洪塘头刘山村，再衍上店，灯号“带草堂”。大同碧溪郑氏系明正统间由泉州郑姓迁入开基，灯号“碧溪”，后裔分衍城内南门馆、五显村、新民、下庄、乌山及西洪塘、塘边等村。

徐姓：人口居同安区第十九位。元末明初，徐友武由角尾迁入新民乌涂村开基，灯号“南洲”。后裔分衍新民下埔、坝仔埔、东宅等7个村，西柯东亭村，凤南宏路村及城内。

施姓：人口居同安区第二十位。大同霞路施氏系元代施四由晋江迁入开基，后裔分衍祥路顶村及城内。

柯姓：人口居同安区第二十一位。后柯村柯氏系南宋柯绍宗由晋江迁入开基，灯号“济阳”。后裔分衍同安顶柯、西柯、梧侣、杜桥、埭头、塘头、田中央诸村。

高姓：人口居同安区第二十二位。明代高世臣由安溪大坪迁入同安莲花军营开基，灯号“渤海”。后裔高钦和由军营迁入莲花庙山村。

庄姓：人口居同安第二十三位。祥露庄氏系元末明初庄仙福由晋江青阳迁入开基，灯号“天水”。后裔分衍角尾下祥露、凤南桥上及城内。

刘姓：人口居同安区第二十四位。汀溪奎姆岫刘氏系元代刘元举由晋江祥芝迁入开基，灯号“祥芝”，后裔再传衍古庄、祥露、坤泽洋、隘头、杜生林、大岭溪及城内。东桥五甲刘氏系明正德间刘铁山由角尾后埔村迁入开基，灯号“桥东”，后裔分衍下欧坑、瑶头、后溪、后英、竹坝等村。大同社坛刘氏系明初刘璠由江西玉山县迁入开基，灯号“玉山”，后裔分衍西池、康浔、竹坝刘厝、田中央、下庄、双圳头等村。

卢姓：人口居同安区第二十五位。杜桥卢邹系唐末卢部由河南固始迁入开基，灯号“范阳”。后裔分衍大同古庄，官田、前宅、汀溪内田、洪坑、坤泽洋等村。

康姓：人口居同安区第二十六位。禾山前房村康氏系南宋绍兴间康廿八承事由龙海康厝迁入开基，灯号“豪山”。后裔分衍豪山前山、刘塘、九栈、墙后、前房、乙楼、山尾诸村。

卓姓：人口居同安区第二十七位。五代时卓侃由河南入赘大嶝谢姓，开基大嶝卓氏，灯号“西河”，后裔分衍同安新民蔡宅、前山、后英、田中央、后寮、宋厝等村。

曾姓：人口居同安区第二十八位。汀溪云埔大路尾曾氏系明中叶曾源由福州迁入开基，灯号“龙山”，后裔分衍车头、下溪、后幕、中厝、林卿及城内。大同岳口曾氏系明嘉靖间曾贵明由海隆迁入开基，后裔分衍城内曾姓。

詹姓：人口居同安区第二十九位。宋詹延由安溪迁入莲花上陵村开基，灯号“龙山”，后裔分衍后詹，大祠，碗窟、店边、土楼、下窟、竹仔脚诸村。

江姓：人口居同安区第三十位。明嘉靖间江季官由龙海港尾迁入同安汀溪五峰岭头社开基，后裔分衍汪前山坪村、五峰茂林、前湖弯坑、芸山、造水一甲、三甲内社及西柯埭头。

许姓：人口居同安区第三十一位。汉将军许濙屯戍今同安小西门地面而开基，后裔分衍于城内及马巷东界、洪坑。五峰许氏翔安内厝镇许厝村许姓分衍。大同桐屿许氏系明嘉靖间许擎建由金门迁入开基，灯号“浯埔”。

方姓：人口居同安区第三十二位。宋绍兴二十七年（1157年），方土端由莆田迁入同安马巷万家春开基，灯号“六桂”，后裔分衍祥平烧灰，汀溪铺里、莲花洋头、下溪及城内。

何姓：人口居同安区第三十三位。明代何则万由漳浦迁入同安祥路村开基，后裔分衍城内、何厝、石莲。

彭姓：人口居同安区第三十四位。明代彭用斌由金门迁入五显后烧村开基，后裔传衍后烧村与城内。

邱姓：人口居同安区第三十五位。五代后唐时邱资携子邱珩由泉州迁入同安五峰村开基，为入同邱姓始祖。后裔传衍汀溪洪坑、内厝社、大同镇东山后亭村及小嶝。

辛姓：人口居同安区第三十六位。明初由金门迁入同安龙窟西村开基，明中期又举族由龙窟西迁入五显后塘村，后裔再传衍坂垄尾村。

谢姓：人口居同安区第三十七位。南宋初谢悌由外府迁入同安莲花埔边山村开基。裔孙谢图南举族迁居同安小西门，灯号“庆丰”。后裔传衍城内，太守坊、莲花珩尾、东门及杨坂村。

周姓：人口居同安区第三十八位。明正德间周一朴由高浦迁入同安芦山下太守坊开基，灯号“芦山”。后裔分衍城内、四空井、凤南砖仔、南山等村。

沈姓：人口居同安区第三十九位。唐天佑间，神君荣由中原迁入马巷沈井村开基，后裔传衍同安新民竹仔林、祥平草仔市、大同岳口、莲花将军洋。灯号“吴兴”。

马姓：人口居同安区第四十位。明天顺间马广清由安溪迁入莲花山顶洋村开基。马广成迁入吊笕村开基，两人为亲兄弟。后裔传衍莲花上陵、澳内村。

朱姓：人口居同安区第四十一位。明弘治间陈福全由嘉禾入赘马巷梓村朱家，开基“朱陈”姓，外称朱姓。后裔传衍祥平下魏，新民林窑、乌山、新塘埔诸村。

孙姓：人口居同安区第四十二位。明正法间孙肇开由安溪迁入内厝镇前垵村开基。后裔分衍同安新民后宅、洋坂、蔡宅及莲花孙厝。

倪姓：人口居同安区第四十三位。明中叶倪金标由漳浦迁入同安铜鱼馆开基，灯号“千乘”。后裔分衍汀溪顶村古林社。

第二节　性别年龄构成

一、性别构成

1997—2007年同安区人口男女性别比变化不大，在103～101之间（以女性为100）。最高年为1997年、1999年，性别比为103。2004年起，均为101。同期新生儿性别比呈上升趋势。

1997—2007年同安区人口男女性别比表

表2-6

年份	人口		性别比
	男	女	
1997	278718	270390	103
1998	278837	271075	102.86
1999	278344	270887	103
2000	277092	271107	102
2001	278116	272102	102
2002	277120	272470	102
2003	148159	145836	102
2004	148974	147335	101
2005	148724	151003	101
2006	152427	151003	101
2007	154871	153443	101

1997—2007年同安区新生儿男女性别比表

表2-7

年份	新生儿		性别比
	男	女	
1997	2881	2868	100.05
1998	2787	2669	104.42
1999	2649	2462	107.60
2000	3416	3461	98.70
2001	2475	2356	105.05
2002	2390	2007	119.08
2003	1462	1258	116.22
2004	1650	1508	109.42
2005	1724	1486	116.02
2006	1757	1684	104.33
2007	1974	1771	111.46

说明：1997—2007年新生儿含“五清理”报补数据

二、年龄构成

（一）构成变化

2005 年百分之一人口抽查，0～4 岁年龄段人口占抽查人口数的 4.83%，比 2000 年人口普查同年龄段人口占总人口的 4.29% 高 0.54 个百分点；5～9 岁、10～14 岁、25～29 岁 3 个年龄段的占比分别为 4.09%、6.20%、8.85%，比 2000 年同年龄段人口占比（6.84%、9.59%、10.83%）分别低 2.75 个、3.39 个、1.98 个百分点；15～19 岁、20～24 岁 2 个年龄段人口占比分别为 10.85%、9.97%，比 2000 年同年龄段人口占比（10.15%、8.76%）分别高 0.70 个、1.21 个百分点，30～59 岁 6 个年龄段人口占比分别为 10.50%、8.98%、7.84%、6.97%、6.54%、4.27%，比 2000 年同年龄段人口占比（10.12%、8.65%、7.41%、6.55%、4.20%、3.05%）分别高 0.38 个、0.33 个、0.43 个、0.42 个、2.34 个、1.22 个百分点；60～74 岁 3 个年龄段人口占比分别为 0.30%、2.16%、1.81%，比 2000 年同年龄段人口占比（2.53%、2.57%、2.10%）分别低 2.23 个、0.41 个、0.29 个百分点；75～89 岁 3 个年龄段人口占比分别为 1.89%、0.87%、0.34%，分别比 2000 年同年龄段人口占比（1.29%、0.64%、0.26%）高 0.6 个、0.23 个、0.08 个百分点。

（二）构成类型

据 1990 年第四次全国人口普查资料，当年同安人口年龄构成类型为成年型。2000 年 7 月第五次全国人口普查，同安 65 周岁及以上人口 40341 人，占总人口的 6.95%。14 周岁及以下人口 120385 人，占总人口的 20.73%；老少比 33.51%；属由成年型人口向年老型人口过渡。2005 年 11 月 1 日零时，全区百分之一人口抽查，同安 65 周岁及以上人口 581 人，占抽查人口的 7.09%；14 周岁及以下人口 1239 人，占抽查人口的 15.12%；老少比 46.89%；也属由成年型人口向年老型人口过度。

一曲台湾民谣“天黑黑”让 276 对老人乐开怀

（三）抚养比

2000 年 7 月 1 日第五次人口调查，14 周岁及以下少年儿童人口和 65 周岁及以上人口合计非劳动年龄人口 160729 人，15～64 周岁劳动年龄人口 420087 人，抚养比为 38.26%，其中少儿抚养比为 28.66%，老年抚养比为 9.60%。

2005 年百分之一人口抽查，14 周岁及以下少年儿童人口和 65 周岁及以上人口合计非劳动年龄人口 1820 人，15～64 周岁劳动年龄人口 6376 人，抚养比为 28.54%，其中少儿抚养比 19.43%，老年抚养比 9.11%。

同安区人口年龄构成情况表

表 2-8

年龄段	第五次人口普查（2000 年 7 月 1 日零时）统计		2005 年 11 月 1 日零时 同安区 1% 人口抽查（抽查数 8196 人）统计	
	年龄段人口（人）	占总人口（%）	年龄段人口（人）	占抽查人口（%）
0～4	24923	4. 29	396	4. 83
5～9	39741	6. 84	335	4. 09
10～14	55721	9. 59	508	6. 2
15～19	58924	10. 15	889	10. 85
20～24	50865	8. 76	817	9. 97
25～29	62912	10. 83	725	8. 85
30～34	58771	10. 12	861	10. 5
35～39	50235	8. 65	736	8. 98
40～44	43012	7. 41	643	7. 84
45～49	38464	6. 55	571	6. 97
50～54	24501	4. 2	536	6. 54
55～59	17735	3. 05	350	4. 27
60～64	14668	2. 53	248	0. 30
65～69	14924	2. 57	177	2. 16
70～74	12186	2. 10	148	1. 81
75～79	7495	1. 29	155	1. 89
80～84	3696	0. 64	71	0. 87
85～89	1502	0. 26	28	0. 34
90～94	447	0. 077	2	0. 024
95～99	82	0. 014	0	0
100 以上	9	0. 0015	0	0
合计	580813	100	8196	100

说明：1. 2000 年普查，包含居住半年以上的外来人口，合共 580813 人，而当年末同安户籍人口数为 549590 人

2. 2003 年、2005 年统计不含翔安

3. 2003 年区统计年鉴统计，1～17 岁 68314 人，占 23. 24%；18～34 岁 91498 人，占 31. 12%；35～59 岁 102823 人，占 30. 97%；60 岁以上 31360 人，占 10. 67%

2007 年同安区百岁以上老人名表

表 2-9

姓　名	性别	出生年月	民族	健康状况	居住地址
林　变	女	1907. 07. 14	汉	一般	同安区洪塘镇石浔村
苏　对	女	1907. 05. 16	汉	健康	同安区五显镇布塘村 6 组

续表2-9

姓　名	性别	出生年月	民族	健康状况	居住地址
魏彩庆	女	1907. 06. 14	汉	良好	同安区大同后炉街 5 号
杨奖希	女	1904. 05. 20	汉	一般	同安大同街道东山村北门
陈　沃	男	1905. 01. 17	汉	良好	同安大同街道三秀银城佳园 A-405 室
叶　阵	女	1906. 11. 15	汉	差	同安区白沙仑农场坝头自然村 24 号
陈　和	女	1905. 04. 15	汉	一般	同安区西柯镇后田村
王　凛	女	1907. 02. 10	汉	一般	同安区西柯镇吕厝村 4 组
吴　位	女	1907. 07. 07	汉	健康	同安区新民镇洋厝村西山洋里 30 号

第三节　文化构成

1990 年第四次人口普查，大学本科学历人口占 1. 5‰，大专学历占 3. 81‰，中专学历占 8. 48‰，高中学历占 36. 68‰，初中学历占 153. 64‰，小学学历占 470. 49‰，文盲半文盲占 202. 11‰。

2000 年 7 月第五次人口普查，同安区 6 岁以上人口 550581 人，其中研究生学历人口占 0. 005‰，大学本科学历占 3. 48‰，大专学历占 12. 31‰，中专学历占 26. 82‰，高中学历占 64. 54‰，初中学历占 345. 68‰，小学学历占 403. 58‰，文盲半文盲占 91. 49‰。

2005 年 11 月 1 日人口百分之一抽查，同安区抽查人口数 7686 人，其中大学本科学历人口占 10. 80‰，大专学历占 29. 79‰，高中学历占 122. 69‰，初中学历占 403. 98‰，小学学历占 322. 92‰，文盲半文盲占 109. 81‰（15 岁以上人口 6928 人，文盲 783 人，占 113. 02‰）。

若干年份同安区人口文化构成比较表

表 2-10

学历	1990 年第四次人口普查（总人口 513281 人）		2000 年第五次人口普查（总人口 580813 人）		2005 年 1% 人口抽查（抽查人口数 7686 人）	
	学历人数（人）	占总人口比重（‰）	学历人数（人）	占总人口比重（‰）	学历人数（人）	占抽查人口比重（‰）
研究生	0	0	30	0. 005	0	0
大学本科	773	1. 50	2022	3. 480	83	10. 80
大学专科	1958	3. 81	7150	12. 310	229	29. 79
中专	4355	8. 48	15580	26. 820	0	0
高中	18830	36. 68	37484	64. 540	943	122. 69
初中	78861	153. 64	200774	345. 680	3105	403. 98
小学	241493	470. 49	234409	403. 580	2482	322. 92
文盲半文盲	103739	202. 11	53139	91. 490	844	109. 81

说明：2000 年第五次人口普查，总人口数含居住半年以上外来人口。当年末同安区的户籍常住人口为 549590 人

第四章　婚姻　家庭

第一节　婚姻状况

2000 年第五次人口普查，按 0.891% 比例抽查 15 周岁及以上人口婚姻状况，在抽查 43272 人中，未婚 10553 人，占 24.38%，其中男 5869 人，女 4684 人；初婚有配偶 29276 人，占 67.66%，其中男 14586 人，女 14690 人；再婚有配偶 500 人，占 1.16%，其中男 217 人、女 283 人；离婚 152 人，占 0.035%，其中男 97 人、女 55 人；丧偶 2791 人，占 6.45%，其中男 571 人、女 2220 人。

后炉居委会给金婚老人发放纪念品

2005 年百分之一人口抽查，抽查 15 周岁及以上人口婚姻状况 6920 人，其中男 3297 人、女 3623 人。在抽查人口中，未婚 1849 人，占抽查人数的 27.71%，其中男 859 人、女 990 人；初婚有配偶 4600 人，占 66.47%，其中男 2308 人、女 2292 人；再婚有配偶 67 人，占 0.96%，其中男 34 人、女 33 人；离婚 16 人，占 0.23%，其中男 9 人、女 7 人；丧偶 388 人，占 5.61%，其中男 87 人、女 301 人。

第二节　家　庭

一、家庭类型

据 2000 年人口普查资料，2000 年同安家庭一代户占比为 19.02%，比 1990 年提高 9.51 个百分点，二代户、三代户、四代户占比依次为 60.29%、19.88%、0.08%，分别比 1990 年下降 3.50 个、5.36 个、1.37 个百分点。与 1990 年一样，仍以二代户为主。

二、家庭规模

2000 年，1～4 人户占比依次为 7.51%、14.44%、24.32%、30.81%，分别比 1990 年上升 2.35

个、7.11个、10.8个、1.54个百分点，以4人户为主，3人户次之，5～10人户占比依次为14.81%、5.41%、1.69%、0.62%、0.22%、0.16%，分别比1990年下降6.76个、5.73个、3.86个、2.3个、1.35个、1.8个百分点。家庭规模逐渐小型化。

1990年“四普”与2000“五普”同安家庭户类型规模比较表

表2-11

家庭户类型、规模	1990年7月人口“四普”		2000年7月人口“五普”	
	户数（人/户）	占比例（%）	户数（人/户）	占比例（%）
一代户	10689	9.51	28104	19.02
二代户	71695	63.80	89068	60.29
三代户	28359	25.24	29376	19.88
四代户	1635	1.45	1182	0.08
五代户及以上	—	—	4	—
总户数	112378	100	147734	100
1人户	5804	5.16	11095	7.51
2人户	8234	7.33	21339	14.44
3人户	15199	13.52	35936	24.32
4人户	32895	29.27	45520	30.81
5人户	24241	21.57	21875	14.81
6人户	12528	11.14	7986	5.41
7人户	6234	5.55	2498	1.69
8人户	3283	2.92	918	0.62
9人户	1762	1.57	332	0.22
10人户及以上	2198	1.96	235	0.16

说明：1990年普查资料1人户含单身户4794户和其他户1010户，一代户含一对夫妇户4298户、单身户4794户、一代户和其他亲属非亲属户587户，其他户1010户，二代至四代户分别含该类和其他亲或非亲属1676户、1473户、122户

第五章　计划生育

第一节　机　构

一、领导机构

1997年5月1日，同安撤县设区，原同安县计划生育领导小组更名为同安区计划生育领导小组。

2002年11月、2004年1月、2007年8月区长杨金兴、陈子强、高玉顺相继任组长，相关责任部门领导为成员，指导、协调全区的人口计生工作。

二、行政机构

（一）区行政机构

1997年4月28日，原同安县计划生育委员会更名为厦门市同安区计划生育局，内设办公室、计划财务科、宣传法规科3个职能科室。2000年6月5日，增设群众工作科，为区计划生育协会办事机构。2003年12月3日，厦门市同安区计划生育局更名为厦门市同安区人口和计划生育局，内设群众工作、法规科2个职能科室。2004年7月23日，将群众工作科更名为综合科。至2007年，不变。

（二）镇级行政机构

1997年，各镇场设有计划生育办公室和1名计生专职副书记。2003年机构改革，保留镇（街道）级计划生育办公室和党委计生专职副书记，核定计生办公务员编制各3名。2007年，全区2个街6个镇设有计划生育办公室和计生专职副书记，合计配置计生公务员28名。

三、流动人口计生管理机构

1997年，保留流动人口计划生育管理站，成立各镇（场）流动人口计生审检点，调配1～4名流动人口计生审检员，负责流动人口计划生育审检、办证等管理和服务工作。2004年，按流动人口“千人一员”要求，由镇、街、场聘请流动人口计生协管员42名。2005年，按“千人一员”标准增配村级流动人口计生管理员20名。至2007年，镇级流动人口计生协管员增至80名、村级流动人口计生管理员增至38名，筹建流动人口计生服务窗口和服务室。

四、节育技术服务机构

（一）区人口计生服务站

前身为成立于1984年的同安县人口计生服务站，核定人员编制20名。2001年9月5日，重新核定为19名。内设检验、门诊、治疗、手术、消毒、药具、宣教、门诊、药房、B超、人口学校等十室一校，专职从事计生宣传教育、技术服务、咨询培训、药具发放以及优生指导、生殖健康等服务。2007年，人员到位17名，其中卫技人员16名，2000年、2003年、2006年，三次获评省计生服务先进一级站。

（二）镇人口计生服务所

撤县改区后，保留12个镇级计生服务所。2002年4月，新设置的大同、祥平2个街道计生服务所挂靠在街道社区服务中心，人员编制各5名，2002年4月15日增加到7名。2003年12月，同安区6个镇所获评省级先进所。2006年，洪塘、莲花2个镇所获评省级先进一级所，其余4个镇2个街服务所获评省先进二级所。2007年，全区6个镇2个街道人口计生服务所编制人员56名，其中卫技人员40名（中级职称8名、初级职称32名），均经专业培训考核、持证上岗。

（三）村人口计生服务室

1997年，同安区213个行政村全部设有计划生育服务室，妇女主任或1名管理员任服务员。2003年析出翔安后，同安区有123个村（居）人口计生服务室。村级按“千人一员”配备计划生育管理员。2005年6月20日，对全区308名村级计生管理员、123名村（居）级计生信息管理员和123名协会专职副会长进行整合，实行“区指导、镇管、村聘用”的管理新体制，经过整合后聘用的345名村级管理员于同年9月1日正式上岗。2007年底，全区共有村级计生管理员374人。

（四）三级计划生育协会

协会组织　1997年，全区设有区计划生育协会及其下辖镇、村计划生育协会。区计生协会由区委副书记任会长。同年，开展计生协会小组（中心户）建设，使计生协会组织向村（居）民小组延伸。

2007年底，全区共有11个镇（街、场）级计生协会，123个村（居）计生协会，201个企业计生协会。协会小组长1610名，会员27335名。

协会活动　1999—2000年，开展基层协会组织整建工作。2001年，开展争创一流村（居）和合格村（居）计生协会的“双创”活动。2006年，将村（居）计生协会“双创”活动向镇（街）协会和协会小组两头延伸，开展创建先进镇（街）计生协会、合格村（居）计生协会、一流村（居）计生协会和“五好”计生协会小组的“三联创”活动。全区各级计生协会组织会员带动群众开展自我教育、自我管理、自我服务的活动，发挥带头、宣传、服务、监督、交流的五大职能作用，促进人口和计划生育工作发展。2007年，全区123个村（居）中达到合格以上的村（居）计生协会117个，占95.1%，其中一流村（居）计生协会68个。

第二节　计划生育管理

一、计划生育政策

（一）生育限量及指标

撤县设区后，同安区继续执行《福建省计划生育条例》的生育政策。提倡一对夫妻只生育一个子女，特殊情况，经批准间隔四年后可以再生育一个子女，即实行“一胎半”生育限量。同时执行市政府下达的计生政策符合率指标。1999年起，执行市政府下达的人口总量控制指标。2000年起，执行市政府下达的出生率指标。2001年12月29日《中华人民共和国人口与计划生育法》和2002年7月26日修订的《福建省人口与计划生育条例》颁布后，同安执行的生育限量政策不变。

区计生局街头宣传人口政策

（二）执行实绩

1997年全区出生率8.76‰。政策符合率98.23%，超额完成厦门市指标3.23个百分点。当年被评为福建省计生工作先进一类区（蝉联至2002年）。此后全区围绕“巩固创先成果，实行良性循环”，采取有效措施，保证计生工作健康稳定发展，人口出生政策符合率年年超额完成厦门市下达指标。2003年被评为首批全国、全省计划生育优质服务先进区（蝉联至2007年）。2004—2007年，全面完成厦门市下达的人口总量指标、出生率指标和计生政策符合率指标。

1997—2007 年同安区人口和计划生育指标完成情况表

表 2-12

年份	人口总量（人）			出生率（‰）			政策符合率（%）		
	市指标	完成情况	完成实绩+、-	市指标	完成情况	完成实绩+、-	市指标	完成情况	完成实绩+、-
1997	—	549108	—	—	8.76	—	95.00	98.23	3.23
1998	—	549912	—	—	8.69	—	95.00	98.58	3.58
1999	548305	549231	+926	—	8.60	—	96.00	98.96	2.96
2000	554376	548199	-6177	12.5	9.44	-3.06	96.00	99.06	3.06
2001	555500	550218	-5282	12.5	9.46	-3.04	96.00	99.08	3.08
2002	555957	549590	-6367	12.5	8.55	-3.95	96.00	98.30	2.30
2003	559862	293995	-265867	12.5	8.97	-3.53	96.00	97.84	1.84
2004	328200	296309	-31891	10.1	10.89	+0.79	97.00	98.19	1.19
2005	330200	299144	-31056	10.2	11.12	+0.92	97.00	97.56	0.56
2006	—	303430	—	11	12.34	+1.34	96.20	97.23	1.03
2007	—	308314	—	11	12.59	+1.59	96.20	97.66	1.46

说明：2003 年人口总量完成实绩包括划归翔安人口数

二、计生信息管理

1998 年，在全区配齐区、镇二级计生微机及配套设备的基础上基本完成育龄妇女信息录入工作，启用计生信息微机管理。

1999 年 12 月启用《基层计生信息变动报告单》，取消村级月报表。

2000 年 11 月，全区 16 个镇（场）全部实行计生信息微机管理，取代原有烦琐的计生手工台账，实现区、镇二级计生微机信息动态管理。

2003 年先后配齐 123 个村（居）计生专用电脑、打印机等设备，聘用微机信息管理员，实现区、镇、村三级计生微机信息动态管理；建立全国跨省流动人口计划生育信息交换平台，实现流动人口户籍地和现居住地之间计划生育信息的异地交流、查询和信息共享。

2005 年下半年，基本完成流入育龄妇女信息录入工作，开通运行福建省流动人口计划生育服务与管理信息系统。2007 年开通运行厦门市人口和计划生育服务管理信息系统（流动人口）。

三、计生奖励政策

1997 年起，加大计生“三结合”奖励机制推行力度，为农村二女结扎户夫妇和独生子女父母办理养老保险，截至 2004 年底，全区累计办理 18359 对农村二女结扎户和独生子女父母养老保险。

2000 年起，开展农村计划生育帮扶工作，重点帮扶二女户，每户无偿给予 1000 元资金帮扶发展生产。2006 年起，每年增加重点帮扶户 50 户，每户 5000 元。截至 2007 年，全区共帮扶 7740 户

2004 年 3 月落实法定奖励费，对于独生子女父母光荣证或农村生育两个女孩并落实绝育措施的夫妻一次性发给 1000 元奖励费，对符合再生育条件自愿不生育并领取独生子女父母光荣证的夫妻一次性发给 2000 元奖励费。实施农村计划生育一般扶助，对农村只生育一个子女领取独生子女父母光荣证的农村居民夫妻，其独生子女发生死亡或伤残，夫妻不再生育和收养子女的，每人每月发 50 元扶助金。至 2007 年度，有 17 名对象享受一般扶助。实施农村计划生育家庭新型农村合作医疗补助制度，对农村独女领证户、二女结扎户给予免费参加新型农村合作医疗险，所需费用由区财政负担，至 2007 年度共

计生家庭喜获计生奖励扶助金

为35030人免费办理新型农村合作医疗险。实施农村计划生育户女儿上大学补助制度，对于农村困难的独女领证户、二女结扎户女儿考入大学者每人一次性给予助学金1000元。至2007年，累计有35人享受助学金。实施计划生育节育手术并发症扶助制度，对于计划生育节育手术并发症患者每人每月给予80元的扶助金，2007年全区有31名对象享受扶助金。

2005年1月起，取消农村二女结扎户夫妇和独生子女父母养老保险，实施农村部分计划生育家庭奖励扶助制度，对农村只生育一个孩子或二个女孩的计划生育家庭夫妇，年满60周岁，每人每月发给80元的奖励扶助金，首批享受对象共有66名，至2007年全区有95名。同年，实施农村计划生育家庭社会救助制度。对于户籍在本区农村、享受最低生活保障且只生育一个孩子并领取独生子女父母光荣证或生育两个女孩并结扎的家庭户，每月每户增发生活补助费20元。至2007年，有682户农村独生子女、二女扎低保享受提高生活补助。

2006年11月起，实施农村计划生育贡献奖励制度，对农村只生育一个女孩，且符合再生育条件自愿放弃不生育并领取独生子女父母光荣证的农村居民夫妻，育龄妇女年满30周岁的，每人每月奖励50元，至60周岁自动转为奖励扶助对象。2007年，有373名农村独女领证的村民享受贡献奖。

四、计生工作综合改革

1998年，把流动人口计生管理纳入社会治安综合治理的总体方案和管理体制，实行统一领导、统一收费、统一管理和“单位负责、条条保证、以块为主、条块配合”及“谁用工谁负责”的管理体制。实行审检证、暂住证、工商执照、劳务证发放统一把关及有关部门联合巡检制度，逐步推行公安、计生合署办公。

2002年，同安区被省计生委确定为全省人口与计划生育工作综合改革试点区后，同安的计划生育改革工作由局部向整体拓展，重视人性化管理。改革优化生育计划证的管理方法，改用免费发放《计划生育服务手册》，简化一孩生育证办理手续，实行“即到即办，登记反馈”和送册上门；简化再生育审批程序，取消再生育跨年度签证手续，试行符合再生育条件者进行孕后补证，努力减少政策外生育。截至2007年，全区为40074对初婚夫妇办理一孩服务手册，依法办理再生育审批15775件。改革环情、孕情监测服务方法，实行分类指导服务。对农村40岁以上的双查服务对象，改一年3次集中服务为一年1次集中服务、2次入户访视相结合；对机关、企事业单位双查服务对象，取消一年3次集中服务，实行单位负责、村（居）入户跟踪服务。

2004年，建立流动人口计划生育统一管理优质服务新体制，将流动人口纳入流入地人口总数，实行以流入地为主的目标管理双向考核。流入地按照“属地化管理、市民化服务”的原则，为流动人口计划生育管理提供与户籍人口同等的服务。

若干年份同安区流入人口计划生育管理情况表

表 2-13　单位：人

项目	1997 年	2000 年	2003 年	2005 年	2007 年
流入人数	26491	19372	41531	49389	112790
其中：育妇人数	8489	11959	21858	26499	46997
已婚育妇人数	2318	4240	8130	10876	24112
持婚育证	12240	8686	30837	15249	20149
未办证	14251	10686	10694	12250	26848
审验人数	24371	18405	39456	24648	44099
其中：无证补办	3131	4237	5132	3648	7051
办临时证	4171	3171	4521	525	1218
在同落实节育	52	82	258	70	321
在同生育	30	47	117	262	408
其中：计划内	30	47	117	252	399
计划外	0	0	0	10	9
回复	535	1516	1503	1070	2556
通报	2230	4130	8389	2140	3750

若干年份同安区流出人口计划生育管理情况表

表 2-14　单位：人

项目	1997 年	2000 年	2003 年	2005 年	2007 年
流出人数	7267	8550	18018	1676	1377
其中：育妇人数	5398	5671	9165	715	804
已婚育妇人数	1326	922	2388	396	582
持婚育证	7267	8550	16863	650	752
未办证	0	0	1155	55	52
已落实节育措施	1317	777	1846	231	356
其中：结扎	813	323	696	69	79
放环	504	454	1150	162	277
无措施	9	11	349	7	13
双查	1513	1300	4511	521	910
在外生育	23	14	47	5	6
其中：计划内	17	10	30	4	6
计划外	6	4	17	1	0
回复	921	811	1912	198	390
通报	921	811	1912	198	390

五、创建新型生育文化示范基地

1998年10月9日，同安区被确定为全国38个新型生育文化试点区之一，拓宽宣传教育服务内容，在宣传国情国策、人口知识的同时，注重避孕节育、优生优育、生殖保健等科学知识宣传。至2007年全区印发各种计生宣传材料146.18万份进村入户（其中区站印发36.75万份，镇所印发109.43万份），制作计生宣传版画158块、固定标语5585条，举办300多场形式多样的计生咨询、知识竞赛。育龄群众对人口计生/生殖健康基础知识知晓率达85%以上。

东山村婚育新风园一角

2002年4月27日，大同街道、新民镇和15个村（居）开展省级首批创建新型生育文化示范基地建设。至2006年2月，同安区被福建省委宣传部、省文明办、省计生委等11个单位联合表彰为2001—2005年福建省婚育新风进万家活动先进区。

2006年6月21日，五显镇和8个村（居）开展市级第二批新型生育文化示范基地建设。

六、实施联合国人口基金生殖健康/计划生育项目

2003年3月22日，同安区被国家人口计生委、卫生部确定为全省唯一的中国/联合国人口基金第五周期生殖健康/计划生育项目区，期限3年。4月23日，区政府成立中国/联合国人口基金第五周期生殖健康/计划生育项目实施领导小组。5月16日，区政府制定出台项目实施方案。5月29日，项目启动。至2006年3月，推进避孕方法知情选择、维护公民生殖健康权益、管理信息评估系统、规范服务、生殖道感染/艾滋病预防、关爱女孩行动、青少年生殖健康、关心流动人口生殖健康等八个子项目工作。2006年3月3日，顺延为第六周期项目区，期限5年，6月23日项目启动。

第三节　计划生育服务

一、节育技术服务

用房　1997年，区计生服务站和12个镇计生服务所总用房面积6109平方米，12个镇所平均404平方米（市指标400平方米）。全区233个村（居）计生服务室平均用房面积20平方米以上。2007年，同安区8个镇（街）计生服务所用房4849平方米，平均606.12平方米（其中大同所530平方米，祥平所1000平方米，洪塘所450平方米，五显所530平方米，汀溪所315平方米，新民所850平方米，莲花所500平方米，西柯所674平方米）。

设备　截至2007年，区站共有各项设备203台（架），主要设备有电脑乳腺诊断仪、乳腺治疗仪、

光电离子治疗仪、波姆光疗仪、东莞240B超机、尿十项分析仪、日本希森美康血液分析仪、全自动生化分析仪、酶联免疫检测仪、美国G20B超机、B超阴道探头、万能手术床、精子质量分析仪、输卵管通液仪、人流电动吸引器、离心机、血凝仪、宫腔镜、输氧设备、空气消毒机、电热消毒器及电脑、空调、工作用车等。镇服务所配备B超机、显微镜、血液分析仪、血凝仪、离心机、急救推车、输氧设备、尿液分析仪、自动杀菌净手器、四孔无影灯、电动吸引器、多功能手术床、多姆光疗仪、妇科冲洗设备等等，能满足工作需要。

“二查”“四术”服务 1997—2007年，区站、镇街所累计完成查孕28.92万人次（其中镇所完成26.58万人次），发放避孕药具22.47万人次（其中镇所完成20.23万人次）。完成节育“四术”5.85万人次，其中区服务站完成2.47万人次，镇所完成3.38万人次，均无发生重大医疗事故和严重后遗症。

二、生殖保健服务

优生检测和出生缺陷干预 1997年10月开始检测育妇的弓形虫、风疹病毒、巨细胞病毒及单纯疱疹毒等影响优生的疾病，指导孕妇服用叶酸。2004年3月15日起，对全区农村和城镇低保对象政策内怀孕的育妇提供免费孕前优生筛查服务，2006年免费筛查服务对象扩大至全区所有常住和流动人口。至2007年底，区计生服务站所累计接受优生咨询门诊45661例，孕前优生筛查44304例（其中区站完成43943例），发现阳性1594例，及时给予指导并治疗。

育妇生殖道感染检查防治 1998年1月5日同安区被确定为全省计生优质服务试点区后，区委、区政府成立区计划生育优质服务试点工作领导小组，制定实施方案，确定大同、五显、西柯、新民4个镇（街）及其8个村为首批试点镇村。尝试和推广生殖道感染干预工程、避孕节育工程、出生缺陷干预工程。至2007年，全区计生服务站、所门诊总数累计169.36万例，环情孕情检测117.17万例，妇科病普查26.55万例，查出各类疾病5.38万例，给予指导治疗和跟踪随访服务。

避孕知情选择 1999年，对机关事业单位干部职工全面推行避孕方法“知情选择”，自行在医生指导下，知情选择最适宜、安全有效的避孕节育方法。2000年8月，首批在大同镇朝元村、过溪村，新民镇禾山村，西柯镇卿朴村，五显镇西洋村和莲花镇上陵村开展“知情选择”试点。2004年全区11个镇（街场）123个村（居）全面推行避孕方法知情选择工作。至2007年，全区58527名育妇在卫技人员指导下，结合自身身体、生理特点，自主选择以长效节育措施为主的安全、有效、适宜、科学的避孕方法。

三、流动人口“市民化”服务

按照“属地化管理、市民化服务”要求，为流动人口提供与户籍人口相同的计生服务，已婚育龄流动人口在现居地免费享受国家规定基本项目的计划生育技术服务。2006年，流动人口免费享受服务项目扩大到优生检测、妇科病普查等。截至2007年，全区流动人口节育手术2879例，免费优生筛查干预12例，门诊总数127910人次。

1997—2007年同安区节育服务统计表

表2-15

项目	1997年	1998年	1999年	2000年	2001年	2002年	2003年	2004年	2005年	2006年	2007年
当年落实节育手数(例)	6828	6089	5725	6024	5889	5657	5802	2892	4701	4204	4716
其中：男女扎合计	1464	1364	1267	1345	1171	1094	1087	464	543	600	619
二女扎	506	525	510	559	479	419	451	182	190	222	258
上环	4593	4098	3928	4169	4164	3855	3927	2038	3691	3127	3593

续表2-15

项目	1997 年	1998 年	1999 年	2000 年	2001 年	2002 年	2003 年	2004 年	2005 年	2006 年	2007 年
皮下埋植	16	21	30	20	13	60	46	17	14	10	18
补救措施	755	606	500	490	541	648	742	373	453	467	486
综合节育率（%）	90. 96	89. 97	89. 29	88. 52	88. 74	88. 69	88. 36	87. 26	86. 56	86. 09	85. 9
女青年晚婚率（%）	55. 31	55. 87	61. 69	67. 11	70. 38	74. 37	71. 44	65. 21	63	66. 33	66. 87
独生子女领证率(%)	72. 21	69. 30	69. 46	68. 21	68. 54	68. 57	67. 72	66. 05	65. 35	62. 82	60. 87
育妇孩次比例（%）	—	—	—	—	—	—	—	—	—	—	—
其中：无孩	4. 97	4. 94	5. 20	5. 38	5. 12	5. 22	5. 44	6. 47	7. 40	7. 60	7. 81
一孩育妇比	26. 64	27. 55	29. 06	31. 07	32. 54	34. 34	36. 22	42. 80	44. 94	47. 25	49. 95
二孩育妇比	44. 31	44. 57	44. 68	44. 95	44. 87	44. 75	44. 33	39. 92	38. 44	37. 06	35. 29
多孩育妇比	24. 08	22. 94	21. 06	18. 59	17. 48	15. 69	14. 01	10. 81	9. 22	8. 08	6. 95

说明：2003 年节育手术数含翔安

第三篇 城乡建设

1997—2007 年，是同安城乡建设快速发展时期，全区完成重点工程项目 90 项，总投资 538.84 亿元。其中：区属项目投资 302.28 亿元，占 56.10%；2004—2007 年，完成 61 个项目、投资 527.58 亿元，分别占总项目、总投资额的 67.78%、97.89%。城区新建市政主次干道 23 条 22.84 公里。新建居住小区 44 个，建筑面积 420 万平方米。城市建成区由 1994 年的 3.93 平方公里扩大到 2007 年的近 24 平方公里。供电、供水、电信、公共交通等公用事业发展迅速。环东海域新城区建设拉开序幕。镇场建设快步向工业化、城镇化迈进，新村建设与旧村改造同步推进，“金边”工程封顶 85 栋、建筑面积 31.41 万平方米，“银里”改造完成 80%。随着城乡建设的发展，房地产业迅速兴起，11 年间完成投资 45.90 亿元，其中商品住宅完成投资 21.54 亿元；房屋施工面积 664.73 万平方米，其中商品住宅 520.05 万平方米；房屋竣工面积 202.63 万平方米，其中商品住宅 156.57 万平方米。建筑施工企业累计完成施工面积 1356.67 万平方米，工程总造价 416.14 亿元。土地利用率由 1996 年的 92.65% 提高到 2006 年的 96.44%。环境保护工作得到加强，环境质量得到有效改善。

第一章 建设规划

第一节 城区总体规划

1997 年 5 月撤县设区后，城市总体规划由厦门市统一编制，同安城区总体规划，按新一轮厦门市城市总体规划的要求，改为同安区分区规划。

2004 年，由厦门市城市规划设计研究院编制完成同安分区规划，规划包括大同片区和西柯片区两部分，规划以“相对稳定、逐步拓展、统筹布局”为基本原则，积极适应新的城市发展要求。规划内容如下：

规划区范围 规划范围北至梅山、大轮山风景区、五显镇区，南至福厦高速公路，东至洪塘镇区，西至新民镇区。远期（2020 年）分区规划区范围 30.5 平方公里，城市建设用地 21.4 平方公里。规划控制区范围包括同溪路、同集路两侧。远景（2020 年以后）分区控制范围 60 平方公里。

规划性质和发展规模 同安分区是厦门北部历史悠久的综合性城区，是厦门城市的重要组成部分，同安区的政治、经济、文化中心。

规划期限：近期至 2010 年。规划人口规模：近期 2010 年常住人口 12.20 万人，流动人口 6 万～10 万人，实际居住城市人口为 17 万～19 万人，取 18.50 万人。规划用地规模：2010 年城市建设用地为 1945 公顷。

城市布局结构 北依大轮山、梅山，东溪、西溪从城中穿过，依据两山两溪的自然态势，结合地形及道路，规划城市结构呈一城三片“风车型”城市形态，即城南片、城北片、城东片。城市规划为组团式布局结构，呈“一中心、七组团”的结构形式，各组团一般为综合区。风车型的城市形态依山势水态而构成，在山与水、旧城与新区、现状与未来、近期与远景之间寻求一种内在的有机的协调关系，充分展示在特定的自然条件下城市的特色与风韵，强化自然景观功能，同时也丰富城市空间。“一中心、七组团”的结构形式，呈现一种紧凑与向心的布局。

土地利用规划 规划居住用地590.0公顷，分一类居住用地、二类居住用地和村庄建设用地。规划分四个居住分区：城北老城分区，规划总用地约170公顷，规划居住人口6.9万人，人均居住用地24.64平方米；城东居住分区，规划总用地60公顷，为城东工业区配套的生活居住区，规划人口2.3万人，人均居住用地26.1平方米；城南居住分区，总用地120公顷，规划人口4万～5万人，人均居住用地25.8平方米；福厦公路东南居住分区，规划总用地约240公顷，可容纳人口8.5万人。规划工业用地341.4公顷。工业性质以一、二类为主，三类工业选址在该规划区以外。规划有城北工业区，规划用地2.5公顷，工业项目限定为无水污染、大气及噪音污染较小的劳动密集型的食品、轻型加工及技术密集型的电子工业；城东工业区，规划用地111.5公顷，规划以食品、轻工、机械加工等行业为主的成片工业区；城南工业区，规划用地227.4公顷，以发展轻工、纺织、电力、电子、金属制品、食品等行业为主。规划仓储用地41.7公顷。规划将大型的仓库集中布置在城南外环路仓库区内。在城东工业区的东侧，布置一处集中仓库用地。危险品仓库选址在该规划区范围以外。普通仓库规划设置在工业用地范围内。在外环路两侧预留建设中转储备库。公共设施用地规划375.5公顷。规划公共设施中心分为市级公共设施中心、市级公共设施副中心、区级公共设施中心三个层次。两溪合流处以南，城南大街两侧，规划为城市中心区，规划面积120公顷。旧城区内商业区，集中于中山路、南门路以及西安路段。规划作为城北居住区的公共设施，通过加以完善调整，与新建居住区中心相结合，成为市级公共设施副中心。城东片区公共设施中心结合大型蔬菜果品批发市场，组合布置为区级商业中心。城南片区设置为生活区配套的公共设施，形成区级的文教中心。城北五显组团中设置旅游服务中心。规划区级行政中心从老城区迁至规划中心区北侧，商业金融中心规划在中心区内。城北老城区结合文物保护建成公益性文化设施区，原老城区的体育场作为片区级体育中心，规划区级体育中心布置在中心区东南部的银湖公园。

规划绿化用地以两溪为主轴，干道系统为纽带，沿河绿地及梅山、大轮山风景区为区域，生活居住区内绿地为辅助，形成点、线、面有机联系的绿化系统。市区绿化重点区域为沿溪绿地，东、西溪两侧利用自然地形做成片绿化或带状公园。规划在城南两溪合流处建一大型市级公园。规划该区公共绿地总面积197.1公顷，人均公共绿地10.6平方米。

道路交通规划 以十字形主干道为主骨架，方格网状为主导形式。规划道路等级分为主、次、支三级，主干道红线宽40～60米，次干道红线宽24～30米，支路红线宽16～20米。规划道路技术标准：干道网密度3.56公里/平方公里，容积率13%，人均道路广场用地14.0平方米。规划该区设置公共停车场六处，占地2.5公顷，长途汽车站两处，在规划新区设生活性货物流通中心一处，占地4公顷，在城南工业区设置一处占地6公顷的生产性货物流通中心，规划在同集路与外环线交叉口处建设一占地2公顷的长途客运站。

市政公用设施规划 给水工程规划：规划预测全区中期最高用水量为13.5万立方米/日，远期为21万立方米/日。供水水源为汀溪水库、溪东水库和竹坝水库。规划兴建祥溪水库（莲花水库）解决本区西南部供水水源。计划合理开发利用地下水资源，研究九龙江北溪引水工程向本区供水的可能性。水厂规划基本维持梅山水厂现状，新建新民水厂。新民水厂，规划占地6公顷，近期规模为6万～8万立方米/日，远期扩建至9万立方米/日。供水管网布置为环状管网供水系统。排水工程规划：规划采用雨、污分流制。排雨水系统规划结合地形布置雨水管网，规划布置为城北、城东、城西、城南四个排水区，各沿主要道路敷设雨水干管就近排入东溪和西溪。排污水系统，近期主要是解决旧城区、城东、城南三个新工业区的排污问题，估算近期污水量为10.8万立方米/日，远期污水量为18万立方米/日。规划近期在卿朴村大社自然村附近建设一座占地4公顷，规划处理能力2.5万～4万立方米/日的污水处理厂。远期在瑶头村北侧建设一座占地10公顷，10万立方米/日的总污水处理厂，在五显组团设一座小型污水处理站。电力工程规划：规划预测本区近期年总用电量为9.82亿千瓦时，远期年总用电量16.6亿千瓦时。根据负荷测算，规划在城区布置110千伏变电站二座，220千伏变电站一座，主变容量为434.5兆伏安。由嵩屿电厂、李林变、厦门电厂、梧侣变引线提供电源，保证该区实现四个变电站高压网络的双电源、双回路供电格局。通信工程规划：规划到2010年共需电话9.6万门。规划新建城北、城东邮电局各一座，每座占地4500平方米，装机3万门。新建城东南邮电局一座，占地8000平方米，装机5万门。

此外，还就燃气工程、环卫工程、抗震、消防、防洪、环保等作出规划。

第二节 片区规划与镇街（场）规划

一、片区规划

（一）大同片区

规划范围 东至规划的滨海大道，南至新324国道，西至大小西山，北至规划的北外环路，规划控制总用地面积5707公顷，其中2020年城市建设用地3883公顷。

规划性质 以工业、居住、风景旅游为主的厦门北部城市组团和同安区的行政、文化、经济中心。

发展规模 2010年，规划人口21万人，用地规模2800公顷。2020年，城市建设用地3883公顷，城市人口规模35万人。

规划结构 采用组团式布局结构，划分为5个组团：城北组团、城东组团、城南组团、城西组团和两湖组团。

公共设施规划 分为市级公共设施、区级公共设施中心、居住区级或工业区级公共设施中心三个层次。市级公共设施主要有两处即五显影视娱乐城，占地约60公顷；综合批发市场，占地40公顷。规划以东西两溪合流处为中心，向四周拓展形成具有一定规模的区级公共设施中心圈，主要包括城西的行政中心（约16公顷）、商务中心（约46公顷）、体育中心（约13公顷），城北的商业中心（约15公顷），城东的中洲滨水旅游商务中心（约36公顷）。

绿地系统 绿地采用以两溪为主轴，干道系统、临河绿地为纽带，梅山、大轮山观光游览区和滨水生态绿地为主体，居住区级绿地为辅助，形成以线连线，以线含点，以线带片的完整绿地系统。片区内规划布置双溪、银湖、祥桥、凤岗、刘营、卿朴、东溪、阳翟、西湖、西洪塘、梧侣、瑶头、文笔塔、中洲新城等14个公园。福厦高速铁路控制绿化走廊50米。

（二）西柯片区

规划范围 南起集美片区规划界限，北至福厦高速公路，西起美人山、天马山山麓，东以丙洲半岛和同安湾岸线为界，规划控制用地总面积约3430公顷。

规划性质 为厦门市主要的旅游观光、休闲度假基地，具有居住、工业、旅游等综合功能的城市片区。

发展规模 2020年，规划城市建设用地2100公顷，规划总人口13万人。远景规划控制城市建设用地3430公顷，规划总人口20万人。

规划结构 概括为“一绿心、二绿楔、四组团”。即官浔溪、顶柯河交汇的内湖绿心，分隔西柯片区与集美片区的城市生态绿楔、分隔西柯片区与大同片区的城市生态绿楔，同吉工业组团、西柯工业组团、丙洲组团与潘涂—洪塘头组团，

绿化与环保规划 形成点、线、面相结合的绿地系统，组团公共绿地为“点”，道路两侧绿化带和

滨水绿化带为“线”，天马山—美人山森林公园、生态控制绿地、官浔湖“绿心”、凯歌高尔夫球场为“面”，西柯片区共设3个区级公园，即虎头山公园、官浔湖公园和望海公园，同时设置官浔溪、宋厝、后垵、顶溪河、浦头厝、丙洲、双溪、美林、群英桥、潘涂、美峰和洪塘12个镇级公园。福厦高速公路、城市快速路、同集路两侧设置宽50～100米绿化带，海湾大道临海一侧控制50～100米绿化带，同丙路和规划40米、50米的城市主干道两侧各控制30米绿化带，规划30米的干道两侧各控制15米绿化带、西福路两侧绿化带各控制15米。

分期建设规划　按以工业区带动、村庄改造及市政设施建设并行的原则，近、中期建设主要集中在同吉工业组团、西柯组团北部和潘涂—洪塘头组团、丙洲组团北部。

二、镇街（场）规划

2005年，区建设局村建站委托厦门城市规划院、雅客城市规划院以及重庆规划院3家设计单位对同安工业集中区内梧侣、乌涂、西塘、四口圳、后宅、西洪塘及西湖村7个行政村进行“金包银”规划设计，共计31个自然村，总人口约2万人，并于2006年4月完成规划评审。规划范围面积379.22公顷，其中“金边”用地面积45万平方米，总建筑面积90万平方米，可提供店面面积25万平方米、公寓面积65万平方米。环东海域新城区涉及的12个行政村由市统一委托设计，统一组织评审。

2006年，同安区委托6家规划设计单位（厦门城市规划院、雅客城市规划院、重庆规划院、海口城市规划院、厦门建筑设计院及长沙有色冶金设计院），对全区（城市建成区及环东海域范围的村庄除外）所有村庄进行规划编制，截至2007年底，共完成99个行政村（包括大同、祥平街道），552个自然村的规划，合计规划面积2569.35公顷。规划区域包括规划建设区的瑶头、溪声、卿朴、后宅、美星、西浦、西塘、顶溪头、田洋、下溪头、东宅、康浔、东山、柑岭、湖安、凤岗、西湖、西洪塘、乌涂、梧侣、四口圳等21个行政村；规划近郊区的过溪、溪林、后坂、土楼、大浦、新塘、南山、明溪、垵炉、下墩、郭山、苏厝、塘边、埔后、苏店、龙泉、新霞、新厝、大乡、三忠、新学、洪塘、布塘、下峰、湖柑、禾山等26个行政村；规划远郊区的蔡宅、西山、洋厝埔、隘头、古坑、西源、路下、褒美、莲畲、顶村、堤内、前格、半岭、五峰、造水、汪前、竹坝、上寮、新村、白沙仑场部、溪东、莲花、窑市、云洋、云埔、后埔、美埔、沃溪、蔗内、内田、上陵、罗溪、军营、淡溪、白交祠、西坑、水洋、尾林、小坪、溪西、店仔、后塘、竹山、四林、宋宅、西洋、后垅、军村、上厝、三秀山等50个行政村。

第二章　城区建设

第一节　市政基础设施建设

一、城区道路

（一）道路改造

1996年底，全城区街巷道路总长31.34公里，其中主、次干道路22条总长度18.00公里，常青路、西溪路、东溪路、新安路等一般道路11条2.84公里，溪边街、金桥街、清泉巷、灰窑巷等巷道53条10.50公里。

1997 年始，依据旧城改造及城区总体规划，市政道路逐年拓宽改造，先后拓宽东桥至新三秀路东转弯道路，翻建新三秀路东段 7200 平方米路面、县口路 984 平方米路面，改造南门路。城区主干道、次干道、支路与环城路构成交通网络。

2007 年开始进行的南北通道改造，从城南大街与银湖路交叉口，经西桥路、西安路、十字街、中山路至环城中路的汀溪路口交叉处。设计全长 1522.85 米、宽 30 米，按城市四级主干道建设。内容包括道路、桥梁、排洪、给排水、路灯、绿化、通信系统配套管网等。项目总投资约 2.06 亿元，其中工程费用 5244.5 万元，前期拆迁安置费用 1.54 亿元。南北通道拆迁共涉及 20 个单位、230 户居民，涉及拆迁面积 45359.02 平方米，其中店面面积 11351.21 平方米，住宅面积 29981.49 平方米，办公面积 3958.30 平方米。与南北通道相交的南门路西段长 339 米、宽 30 米一并改造，需拆迁房屋 10800 平方米（其中住宅 7300 平方米、店面 3500 平方米），总投资约 5621 万元。

同安区旧街道改造情况表

表 3-1　　单位：米

路　名	起　　止	长	宽	路面结构	改扩建年月
南门路东段	南门桥至中国银行	310	30	砼	1996—1997 扩建
凤山路西段	制药厂至南门桥	1108	30	砼	1996—1997 扩建
新三秀路东段	东桥头至县政府	470	18	砼	1997 扩建
凤山路东段	同安制药厂至南环路	700	26	砼	1997 扩建
县口路	县政府至中国银行	108	12	砼	1997 扩建
南北通道	银湖中路交叉口至汀溪路交叉口	1523	30	砼	2007 年开建

（二）新建道路

1997 年起，城市市政配套设施建设力度加大，城区道路不断向外扩展，主要有西环路、党校路、阳翟路、武阳路、梅山路、较场路、祥桥北路、银莲路、三秀路、银湖路、银湖中路、银湖西路等 23 条主次干道。新道路建设包括排洪、给排水、路灯、道路绿化、通信系统配套管网等。至 2007 年，新增道路长度 22.84 公里，累计市政道路总长 81.74 公里（含巷道），面积 74.17 万平方米，人均道路面积 8.25 平方米。

银湖中路一景

同安区城区新建主次干道情况表

表 3-2　　单位：米

路　名	起　　止	长	宽	路面结构	建成年份
双溪路	西安路西桥头到同新路	800.0	12.0	砼	1997
田洋路	汀溪路口至监狱	—	—	砼	1997

续表3-2

路 名	起 止	长	宽	路面结构	建成年份
武阳路	同集路至同丙路	775.0	24.0	砼	1997
祥桥北路	银湖中路至环城西路	407.6	40.0	砼	1998
祥平西路	西安桥至新西桥	288.0	20.5	砼	1998
祥平东路	银湖桥至西安桥	710.9	20.5	砼	1998
铺前路	南门桥至东桥头	535.8	20.5	砼	1998
陆丰路	西桥路至祥平东路	10.7	3.6	砼	1998
银湖路	银湖中路至环城南路	847.0	30.0	砼	1998
同南路	环城北路至汀溪	9800.0	30.0	砼	1998
新西桥北侧路	新西桥至同安造价站	95.8	6.4	砼	1998
较场路北段	银湖中路至银莲路	320.0	20.0	砼	1999
西环路	银湖中路至环城南路	1482.0	40.0	砼	1999
梅山路	环城东路至同新路	1753.0	10.0	砼	2000
三秀路西段	中山路至县口路	420.0	18.0	砼	2000
较场路南段	银莲路至环城南路	335.0	20.0	砼	2001
碧溪路	南门桥至环城南路双溪大桥	540.0	20.5	砼	2001
银莲路	银湖路至城南大街	672.0	30.0	砼	2002
陆丰路	祥平东路至西桥路	467.2	12.0	砼	2005
古庄沿溪路	新西桥至草仔市渡头	897.0	25.0	砼	2005
启悟中学人校道	启悟中学至同丙路	328.3	24.0	砼	2006
古庄路	环城北路至草仔市渡头	897.0	25～30	砼	2007
九跃山路	凤山路至环城东路	453.9	24.0	砼	2007

（三）路灯、夜景饰灯

路灯　1997年，同安城区大街小巷的路灯线路总长73.72公里，路灯2081盏，其中高压钠灯1526盏、白炽灯427盏、园林灯228盏。马巷镇区安装路灯线路3.8公里，路灯74盏及高杆灯一盏。2002—2004年维修路灯电缆5900米，更换路灯1660盏，更换镇流器1520只、启辉器245只，更换变压器4只、爆竹灯10盏。2005年改造新安州路、西桥路等8条市政道路路灯共计274盏。2006—2007年投资400万元，新建同安工业集中区（同安园）路灯310盏、城东工业区路灯281盏；投入22万元，改造中山路、西安路等路灯155套；投入维护资金90多万元，更换老街路灯钠灯1300只、镇流器1200个、触发器1600只、普通灯3010只。投资52.4万元，安装岳东路、果蔬批发市场、祥平西路、祥平东路、同南路汀溪大桥至古坑路段路灯164盏（套）。至2007年底，同安城区路灯照明专线长度136.4公里，路灯3142盏、夜景灯744盏。

夜景饰灯　1997年，按“统一规划、业主承担、落实责任”的原则，在新安洲、西安路、南门路、城西路及城区各高大建筑物、各桥梁安装用于美化、装饰、宣传的灯光。其装饰布局包括：高大建筑物墙体轮廓，道路两侧行道树，东、西双溪各桥护栏，双溪河岸工程。2000年起，路灯和夜景工程由20世纪90年代的时钟控制方式逐步转用微机监控系统。2002年按“创建文明城市”工作部署，投资1200万元，在对城西市场北侧道路、四口井道路、霞路街道路、祥路等道路、同新路、城西老干部楼北侧道路以及新安洲路、东山路等路灯改造整治的同时，改造整治铺前路夜景工程和整修城区夜景工程灯具、更换电缆、检修测试变压器。2005 年投资 500 万元，改造同南路、烧灰收费站、碧溪路、东溪公园照明工程；增设同安体育馆前高杆灯。2006 年投资 1200 万元，在城区重要地段、重要景观点等 48 处建筑物，启动夜景工程建设，同年 9 月试亮灯。2007 年全面加强市政道路、路灯维护管理工作，投资 1200 万元，选择城区重要地段、重要景点 48 处，开建 LED 夜景工程，美化城市夜景。

同安区城区街巷示意图

二、桥梁堤坝

（一）桥梁

南门桥　原名铜鱼桥，又称朱紫桥，位于南门口，俗称南门桥，约北宋末始建。1996年至1997年拆除重建，建成后长91米、宽30米，其中主车道18米，两侧人行道各6米，安装路灯。是区内第一座五跨预应力钢筋混凝土变截面箱形连续梁桥。

西安桥　位于西门外，宋元祐八年（1093年）始建。历代屡毁屡修，2005年重修前为七孔钢筋混凝土T型桥，2005年因受两次大洪水影响，桥梁基础被掏空，致使4#5#墩两次向相反方向倾斜，桥面下沉。同年12月重修，并安装夜景灯和路灯。2006年8月，建成通车。

银湖大桥　位于同安区东、西溪汇合处下游，连结银湖东路和轮山路。2001年11月16日开工建设，2002年9月10日竣工。投资总额3532万元，由中铁大桥局集团第二工程有限公司承建。大桥总长380米，为单塔双索面斜拉桥，其中主塔西侧为主跨，跨径150米，主塔东侧为辅跨，跨径80米，辅桥长150米，桥宽33米。

银湖桥夜景

1997—2007年，旧城还未进行改、扩建的桥梁还有东桥、新西桥和双溪桥。

（二）堤坝

1998年，结合旧城改造，启动“东、西溪防洪工程体系”建设，并于同年12月25日动工，2001年1月18日竣工，实现双溪水位高低可控，水势可疏可堵。工程投资1.5亿元，东起五显第一溪桥，西起草仔市至双溪下游团结棣，拓宽和疏浚河道14.47公里，砌筑防洪堤坝33.3公里及道路、绿化等配套工程，同时在卿朴建造一座可以提升双溪水位的橡胶坝。

三、供排水　污水处理

（一）供水

1997年，同安城区自来水由梅山水厂供水。水源引自汀溪水库。随着工业区开发建设及城区扩大，用水量大幅增加，原有日供水4万吨的梅山水厂不能满足需求。2004年，厦门市水务集团正式接管同安区的自来水供应后，不断加大资金投入，增加供水管网及供水设施等配套建设并与集美并网。至2007年底，同安供水范围从原来的城区扩展到大同街道、祥平街道、新民镇、西柯镇、五显镇，供水面积210多平方公里，日用水量突破7万吨，用户2万户。

（二）排洪沟

城南排洪沟　1998年6月动工，1999年6月30日前竣工。总投资1557万元，建设排洪渠3.44公里，闸门5孔，小桥7座。由城南工业区排入西溪。

芸溪排洪沟　2006年初开工，投资250万元，长452米。下游段约190米，上游段100米，2006年底完工。由芸溪小区排入西溪。

城北排洪沟　2006 年，改建城北排洪沟，长 268.84 米，当年完工。由城北西池小区北部排入西溪。

市场路北段排洪沟　长 89.92 米、宽 12 米，2006 年底完工。由市场路排入南护城排水道。至 2007 年，连同 1997 年前建成的排洪沟，旧城区共 8 条排洪沟。

（三）污水处理

2001 年前，同安无污水处理系统，污水按自然地形沿明沟排放至自然水体，靠土地和水体的自净能力自净。随着市区扩展和人口大量增加，城市污水排放量不断增加，污染物排放量超出自净能力，形成较集中的污染源。市区内 10 多万人口，200 多家企业的生活、生产污水，未经任何处理流入东、西溪，水体污染日益加剧。

2001 年 11 月 15 日，在祥平街道卿朴村兴建污水处理厂，主厂区占地 95180.6 平方米，包括污水泵站主体工程、附属结构主体等项目，设计处理能力 10 万吨/日，一期按 5 万吨/日施工，总投资 1.3 亿元，整体工程由主厂区和厂外污水干管组成，业主为厦门水处理公司。2003 年底完工。在东、西溪两岸埋设截污流管道，总长 9.5 公里，把城区所有流入东、西溪污水导送污水处理厂处理。

2005 年 12 月，投资 550 万元，建设城南工业区东北部、城东工业区、华诚工业区等片区污水管道，收集处理工业区排放的污水。

第二节　公用事业

一、供电

50 万伏变电站

1999 年，同安区用电“两改一同价”工作被列入全国 500 个、全省 16 个试点县（区）之一。至 2003 年，完成农网一、二期改造任务，完成投资 1.7234 亿元。213 个行政村受益。

2000 年，为满足用电负荷年增长 20% 的需求，先后扩建 220 千伏梧侣变电站二期三期工程、新建 110 千伏田洋变电站、110 千伏西柯变电站。

2004 年，建成 3.5 万伏莲花变电站无人值守改造工程，新增一台 1 万千伏安的主变压器，并对综合自动化系统、变电站 1 万伏出线进行改造，供电可靠性提高。

2006—2007 年投入配网建设与改造资金 1.5 亿多元，先后建设银湖、同吉、城南、乌涂、鸿福等 10 千伏开闭所。截至 2007 年，城区、工业区 10 千伏“手拉手”联络线路 22 条，形成多分段、多联络，调度运行灵活、优化的配电网络。

二、供（燃）气

1997 年，城区液化石油气用户占总户数的 95% 以上，均为罐装气，主要由区供销社供应。2002 年由厦门毅达房地产开发公司开发的银城明珠，首家建成有管道煤气的住宅区。2007年，开工建设城市液化天然气工程，至年底，铺设中压管线17公里、高压管线5.7公里，场站建设完成总工程量的80%。项目建成后，日供给能力近期可达21.6万立方米。

三、公共交通

同安公交始于1996年5月1日，首开3条区内线路（三中至五显、六中至西塘、城南至城东），运营车辆5辆。当年客运量310万人，客运周转量9917万人公里，至2007年公交线路26条，其中，市际线路8条、区间线路9条（配套候车亭68个），学生专线9条。运营公交车245辆。客运量3032万人次，客运周转量92500万人公里。

第三节 旧城改造 小区建设

一、旧城改造

至1996年底，按照"先易后难、成片成线、就地安置"的旧城改造原则和"控制规模、量力而行、配套建设"的方针完成旧城改造项目19个，拆迁房屋面积90000平方米，安置面积50000平方米，兴建城西、金桥、东山、城北、新城、邮电新村、岳口新村等项目。

1997年后，推进旧城改造，至2007年，全区转让商品房用地42幅，累计拆迁公私房屋23.34万平方米，其中2000年拆迁公私房屋51173平方米，安置341户；2001年拆迁29个项目65839.66平方米，安置446户；2003年拆迁3个项目13201平方米，安置65户；2004年拆迁21217平方米，安置105户；2006年拆迁7292平方米，安置260户；2007年拆迁74632平方米，安置365户。

二、小区建设

截至1996年底，先后建成城西新村、华泰广场、振兴新村、舒安里小区、城北新村、中福花园，建筑面积26.5万平方米。

芸溪小区一角

1997年，小区建设迈入稳步发展轨道，至2000年，先后建成西池小区、华清中心城等17个小区。

2001年始，在加快城市化进程的背景下，城市建设进入快速发展阶段。品牌房地产大企业唐门房地产、厦门特房、万盛基业、毅达房地产先后登陆同安。小区开发档次和品位提高，规模扩大，花园式小区、高层建筑、楼中楼、别墅等高档住宅项目不断出现。至2007年底，建成27个小区。11年间累计建成44个新区，总建筑面积360多万平方米。

附录：1997—2007 年同安区建成小区

西池小区 位于城区北侧，1997 年由厦门市同安房地产开发公司开发，用地总面积 80000 平方米，总建筑面积 158841.57 平方米，建成 36 幢商品房综合楼。内有幼儿园、居民委员会，是同安一个配套设施较完善的综合居住小区。

埕西新村 位于城西市场北，1997 年由厦门广厦建筑工程公司开发，用地总面积 2684.3 平方米，总建筑面积 12798.9 平方米，建成 14 幢商品房综合楼。

同顺公寓 位于环城北路加油站东，1998 年由厦门市对外经济合作总公司开发，用地总面积 4128.2 平方米，总建筑面积 7485 平方米，建成 4 幢商品房综合楼。

五福楼 位于环城北路中医院对面，1998 年 4 月由同安大同经济建设发展公司开发，用地面积 1529.7 平方米，建筑面积 16300 平方米，建成 3 幢商品房综合楼。

华福楼 位于碧岳，1998 年 4 月由同安大同经济建设发展公司开发，用地面积 2829.8 平方米，建筑面积 8796 平方米，建成 1 幢商品房综合楼。

鸿利小区 位于城西市场北侧，1999 年由同安第二建筑公司开发，用地总面积 6984.6 平方米，总建筑面积 18914 平方米，建成 5 幢商品房综合楼。

后炉花园 位于后炉街，1999 年由厦门市对外经济合作总公司开发，用地总面积 8234 平方米，总建筑面积 24000 平方米，建成 7 幢商品房综合楼。

东洲花园 位于南门街，1999 年由厦门市东洲房地产有限公司开发，用地总面积 14015 平方米，总建筑面积 35706 平方米，建成 7 幢商品房综合楼。

南门新村 位于南门路，1999 年由厦门同安大同经济建设发展有限公司开发，占地面积 10643 平方米，建筑面积 29429 平方米，建成 5 幢商品房综合楼。

后炉新村 位于后炉街，2000 年由厦门市鸿吉房地产开发公司开发，用地总面积 13656 平方米，总建筑面积 11991 平方米，建成 7 幢商品房综合楼。

银环佳园 位于环城西路，2000 年由厦门同安农建材公司开发，占地面积 12995 平方米，建筑面积 4308 平方米，建成 1 幢商品房综合楼。

银福小区 位于西桥路陆丰市场东侧，2000 年 7 月由同安商业局房地产开发公司开发，用地面积 6804 平方米，建筑面积 14752 平方米，建成 2 幢商品房综合楼。

和祥苑 位于西桥路陆丰市场东侧，2000 年 7 月由华清房地产有限公司开发，用地面积 7106 平方米，建筑面积 17550 平方米，建成 7 幢商品房综合楼。

大唐世家 位于城南大街同安车站对面，2000 年由厦门唐门房地产有限公司开发，占地面积 22758 平方米，建筑面积 54598 平方米，建成 20 幢多层商品楼。

银城佳园 位于三秀街中段，2000 年由同安银福佳园房地产开发有限公司开发，占地面积 21335.73 平方米，建筑面积 51966 平方米，建成 6 幢多层商品楼。

银湖花园 位于城东工业区，2000 年由厦门同安房地产开发公司、厦门健中房地产开发有限公司、厦门中山房地产公司联合开发，占地面积 91300 平方米，建筑面积 75000 平方米，建成别墅 95 套。小区内有湖泊 15000 平方米、会所 1100 平方米，绿化率 51%。

华清中心城 位于较场路，2000 年由华清房地产有限公司开发，占地面积 21324 平方米，建筑面积 158170 平方米，建成 25 幢多层商品楼。

祥顺新村 位于较场路，2001 年由厦门市对外经济合作总公司开发，用地总面积 44767 平方米，总建筑面积 321900 平方米，建成 7 幢商品楼。

同顺公寓 位于环城北路，2001 年由厦门市对外经济合作总公司开发，用地总面积 1368 平方米，总建筑面积 11685 平方米，建成 7 幢商品房综合楼。

北星花园 位于环城北路，1998年由厦门同兴有限公司开发，用地面积13233平方米，总建筑面积34239平方米，建成7幢商品房综合楼。

裕景新城 位于凤山路，2002年由厦门市对外经济合作总公司开发，用地总面积19308平方米，总建筑面积85830平方米，建成4幢商品房综合楼。

银城明珠 位于同集路北侧，2002年由厦门毅达房地产开发公司开发，占地面积53952.53平方米，建筑面积120000平方米，建成900多套商品房。小区绿化率40%，内有20000平方米的人工湖，是同安首家有配套管道煤气的住宅小区。

瑞华商业城 位于环城北路，2002年由厦门永成旺房地产有限公司开发，占地面积6025平方米，建筑面积14998平方米，建成4幢商品房综合楼。

同安人家 位于银湖中路南侧，2002年由佳业房屋发展有限公司开发，用地面积12995平方米，建筑面积20000平方米，建成6栋多层住宅楼。

三秀新城 位于三秀路，2002年由同安建设发展有限公司开发，用地面积12995平方米，建筑面积25754平方米，建成5栋商住楼。

祥福花园 位于银湖中路北侧，2002年由唐鸣房地产开发有限公司开发，占地面积24267平方米，建筑面积76000平方米，建成9栋多层住宅楼。小区内设有市场。

富丽华名园 位于环城南路北侧凤山路南侧，2002年由厦门莲福房地产开发有限公司开发，占地面积35262平方米，建筑面积70500平方米，建成527套多层商品楼。小区内建有6000平方米花园，绿化率33%。

银星花园 位于三秀路同安宾馆后，2002年由大同经济建设发展有限公司开发，占地面积99174.5平方米，建筑面积14940平方米，建成5幢商品楼。

富贵家园 位于西溪南，2002年由厦门富兴房地产开发有限公司开发，用地面积33749平方米，两期建筑面积88344平方米，建成11栋商品楼。

印发小区 位于环城北路，2002年由同安建设发展有限公司开发，为住宅、别墅综合开发区，占地面积8181平方米，建筑面积22540平方米，建成6幢商品楼。

磐金·锦绣江南 位于同安凤山路妇幼保健院旁，2004年由磐金实业有限公司开发，占地面积21197.1平方米，建筑面积42218平方米，建成13幢多层商品楼。小区绿化率35%。

芸溪居住公园 位于银湖西路北侧，2002年由厦门特工房地产有限公司开发，占地面积310000平方米，建筑面积450000平方米，由24幢多层、高层、别墅等组成。小区绿化率40%。

古庄新城 位于环城北路北侧古庄村，2004年由厦门市同安区第一建筑工程公司开发，占地面积58617平方米，建筑面积105758平方米，建成19幢多层小高层住宅楼，总套数234套。小区绿化率35%。

星海湾 位于同集路南侧，2004年由惠元（厦门）房地产发展有限公司开发，占地面积213273平方米，建筑面积421142平方米，建成1000套别墅。小区绿化率40%。

百桥别墅 位于同集路南侧（同安集美交接处），2003年由惠元（厦门）房地产发展有限公司开发，占地面积213039平方米，建筑面积460642平方米，建成369套别墅。小区绿化率39.8%。

大溪地 位于古庄沿溪路北侧，西溪北岸，2005年厦门筼筜东区联合房地产开发有限公司开发，占地面积59481平方米，建筑面积160934平方米，以叠加花园洋楼，高层住宅为主，856户社区。小区绿化率35%。

锦华金都 位于环城北路，同南路口，2005年由厦门同安华森房地产开发有限公司开发，占地面积12016.65平方米，建成5幢多层商品楼，812个车位。

凤凰城小区 位于凤山路与岳东路交接处，2006厦门万盛基业房地产开发有限公司开发，占地面积5.8万平方米，建筑面积126725平方米，以小高层、高层住宅为主，992户社区。小区绿化率38%。

同城湾 位于凤山路南侧，2006年由厦航地产开发，占地面积58643平方米，建筑面积144050平方米，以别墅、高层住宅为主，1190户社区。小区绿化率38%。

丽水云天　位于同安区汀溪水库自然森林保护区，2007年由厦门诚毅地产投资管理有限公司开发，占地面积530000平方米，建筑面积240000平方米，以独立别墅、四合院住宅为主，共62栋，小区绿化率35%。

瑧品盛世　位于南门桥东溪交接处，2005年由厦门同安祥顺房地产开发有限公司开发，用地面积19307平方米，建筑面积52661平方米，建成8幢高层住宅楼。小区绿化率35%。

金利·蓝湾新城　位于环城南路南侧，2006年由厦门金利房地产发展有限公司开发，占地面积39609.97平方米，建筑面积91101.93平方米，以高层住宅为主，894户社区。小区绿化率35%。

银溪春墅　位于环城南路南侧，双溪桥头西侧，2007年由厦门经济特区房地产发展集团有限公司开发，占地面积52486.6平方米，建筑面积107000平方米，以高层住宅及别墅为主，1282户社区。小区绿化率35%。

锦辉国际花园　位于环城南路南侧，同安商会东侧，2006年由厦门艺辉建设发展有限公司开发，占地面积38804平方米，建筑面积96129平方米，建成12栋高层楼房。小区绿化率35%。

第四节　街道建设

一、大同街道

（一）房屋建设

1997年前，大同镇政府建成办公室、餐厅会议室、综合办公楼、计生服务所，建筑面积4043平方米；企事业用房建有大同卫生院、供销经理部、服装工艺厂、五金厂、制面厂、牛奶厂、纸箱厂、鞋帽厂共26082.6平方米；大同建筑工程公司和五金门市部，建筑面积27151.11平方米；镇管公房66间6125平方米。2000—2006年，新建保健院3800平方米，妇幼儿童活动中心6853平方米，医院公司综合楼2981平方米，文化活动中心2019平方米，卫生执法大队办公楼3522.58平方米。

居委会公房：包括办公、企事业、幼托等各类房屋，至2006年，总建筑面积3475.6平方米。

村委会公房：至2007年建筑总面积达24576平方米，其中碧岳社区2290平方米、田洋村2290平方米、顶溪头村3280平方米、东山社区11329.8平方米、朝元社区2710平方米、古庄村2056平方米。

农户住房：至2006年底统计，全街民房建设累计批准1882宗，建筑面积458988平方米。

（二）环境卫生

至2007年，大同街道共建设公厕16座，垃圾转运站1座，购置垃圾转运车85辆，密闭式垃圾桶400个，敞开式橡胶垃圾桶1000个。东宅村作为旧村改造重点村，铺设排水排污沟（管）9212米，房前屋后硬质化6740平方米。

（三）教育　体育设施建设

1998—2007年，境内同安第六中学、碧岳小学、同安一中、聋哑学校、实验小学、东山小学、岳口小学等先后扩建教学楼，合计110476平方米。至2007年，街道共建设文化、体育场馆面积28337.89平方米。其中，同新社区6606.89平方米、溪边社区150平方米、凤山社区188平方米、东山社区2400平方米、后炉社区3580平方米、朝元社区140平方米、城西社区1950平方米、西安社区3319平方米、北门社区434平方米、三秀社区2420平方米、西池社区120平方米。东宅村建设篮球场3个、文化活动室1个。

（四）城郊道路桥涵建设

城郊社区（村）至2007年，共建有道路24条，总长16423米。其中，东山社区6条长2850米、朝元社区2条长980米、碧岳社区5条长3243米、田洋村4条长4600米、顶溪头村3条长1100米、古庄村4条长1850米。桥峰桥、西风桥、五甲过溪桥3座，总长210米，古庄排水涵和溪堤涵2座，总长13米。

2006年，街道共硬质化村道23018.89米。其中，东宅村硬质化道路10518.6米。

二、祥平街道

（一）民房建设　环境卫生

2001—2007年，民房建设共批准1702宗，建筑面积434290平方米。西湖社区铺设排水排污沟（管）8003米、西湖洪塘社区7042米、凤岗社区2106米。

（二）村道建设

至2007年底，辖区内计有街列养道路2条，总长4.9公里，村列养道路7条，总长5.43公里。硬质化道路总长12223米，其中西湖社区6063米、西洪塘社区长4742、凤岗社区1418米。

（三）市政　公共服务设施建设

辖区内有新同安医院（厦门市第三医院）、中心广场、银湖大桥、同安体育中心、污水处理厂、祥平街道新办公楼等项目的建设、启用。2005年建成祥平街道服务中心7701平方米，建成工商所1110平方米。

（四）“金边”工程

2006年启动建设西湖村（社区）“金边”工程11幢，2.44万平方米；西洪塘村（社区）金边工程15幢，5.34万平方米。

（五）农贸市场建设

至2007年底，阳翟社区投资576万元，建设综合市场4175平方米，摊位200个、店面40间；杜桥社区建设农贸市场4200平方米，摊位180个、店面22间。

（六）教育、体育设施建设

2001年扩建同安第三中学（2002年改为启悟中学）图书馆3303平方米，2002年扩建第二外国语学校宿舍楼2835.10平方米。2004年扩建启悟中学教学楼4200平方米，扩建第二实验小学教学楼3408.02平方米。2005年扩建阳翟小学综合楼2000平方米，扩建第二外国语学校教学楼4600平方米，扩建启悟中学宿舍楼2994.50平方米。

至2007年底，建设西湖社区篮球场2个、门球场1个；建设西洪塘社区篮球场4个；凤岗社区篮球场1个。

第五节　园林　绿化

一、园林

双溪公园　位于同新路双溪汇流处，1985年8月由县园林管理所兴建。占地21.38亩（其中溪滩水面8.17亩），至1996年先后建成仿古园门、盆景园、游乐场、榕荫棋座、大型自控游艺机、儿童游艺园、沿溪长廊、汇流亭、怡乐亭、银光亭、喷水池、儿童小火车等13项，成为县城居民主要休闲场所。公园除900平方米盆景园、盆景荫廊外，园内陆地全部绿化，种植榕树、凤凰木、洋紫荆、高山榕、三角梅等几十种植物，有盆栽近千盆，绿篱263米、草坪500平方米。2005年整治后成为三星级公园，2007年升级为四星级公园。

梵天寺　位于大轮山南麓，千年古刹，隋初始建，1994年元月28日奠基重建。至1999年，天王殿、金刚殿、钟楼、鼓楼、藏经阁、大雄宝殿、大悲阁、两庑五百罗汉堂、三祖殿、药师殿、达摩殿、关帝殿、弥陀殿、奎星殿、济公殿、斋堂、印顺图书馆、素菜馆、尊客堂等相继竣工，蔚成规模，倍胜往昔。2001 年，清念法师纪念堂落成。2004 年，占地 120 平方米的舍利塔园建成。

大轮山公园 占地 4 平方公里，自古即为游览胜区。是一个融寺庙文化和自然人文景观于一体的综合性公园，园内绿树成荫，为厦门市二十大名景之一。2005 年评为三星级公园。

大轮山公园俯瞰

1996 年为迎接第二届世界同安联谊大会召开，政府投入巨资，与梵天寺的重建工程同步进行，建成文化广场 33527 平方米、绿化面积 8320 平方米、大型灯光喷水池 1 座 360 平方米、荷花池 2500 平方米。

2007 年投资 4000 万元，扩建轮山公园南部。工程包括高 14. 82 米、宽 30. 8 米的石质斗拱琉璃瓦山门；高 7 米、汉白玉石质佛塔 7 座；高 10. 52 米、宽 38. 96 米，3 级屋面、纯石质照壁，上刻有“庄严国土利乐有情”八个大字。台阶两侧，雕刻古田青石质唐代十供养飞天图、87 神仙卷图，八宝吉祥图和莲花图浮雕。公园后山修建环寺路 700 米、步游道 13. 685 公里，完成瞻亭节点景观工程，包括艺术挡墙、木栈道、亭、瀑布、绿化。形成环境优美自然古朴的景观效果。

梅山 位于县城东面 1 公里的同山上，下临东溪，占地 2 平方公里。有梅亭、文公祠、文公松、二郎殿、登高台、猴石诸胜。1998 年修复朱子祠，2006 年新建灵堂、舍利塔园。2007 年开工新建闽南最壮观的山门，新建大雄宝殿。

影视城 位于同安城北的五显镇金水湾，西依闽南古刹梵天寺，东邻梅山，东溪绕城而过，是一座以浓缩首都北京明清皇家建筑为主题，集影视拍摄、旅游观光、休闲购物为一体的仿古人造景观娱乐城。1996 年始建，1998 年竣工。总占地面积 1000 亩，主要有仿造北京故宫的天安门、太和殿、养心殿三大典型建筑，以及御花园、仿颐和园的长廊和购物、用餐的明清一条街、酒楼等。古意盎然，气势恢宏。是福建省首家影视拍摄基地，先后有《皇宫宝贝》《开台英雄郑成功》《施琅将军》《褡裢王爷》等多部古装电视连续剧在此拍摄。每逢节日在太和殿举办“皇帝上朝”活动以及大型歌舞、闽南民俗文化、杂技武术等表演，深受游客喜爱。“养心殿”按照北京故宫养心殿的规模兴建。设“历代陶瓷”“‘文化大革命’时期物品”“古物杂件”三个展室，展品 1300 多件。明清一条街开设全聚德、同仁堂、华清池、六必居、王麻子刀剪铺等 38 间北京著名老字号店铺，经营全国各地特色食品、工艺品、日用品等。

银湖公园 位于银湖大桥西南侧，区行政中心南侧，占地面积 8476 平方米。2005 年 12 月完工。内设下沉式广场一处、行车道、停车场、铺砖地面、花架、花坛、特色景观亭、景墙、喷水池。园内广种大王椰子、洋紫荆、细叶榄仁、高山榕、三角梅盆景、马尼拉草等，是休闲、娱乐为主要功能的综合性公园。

东溪公园 位于同新公路轮山路段一侧的沿溪带状公园。东至五显桥头、西至梵天文化广场服务中心、南至东溪、北至同新公路，总用地面积 33830 平方米。2004 年建成，园区洋紫荆、美丽异木棉、木本象牙红、高山榕、大王椰子、海枣、垂柳、大花紫薇、凤凰木、杧果、海南蒲桃、尖叶杜英等十几个观赏性乔木苍翠成荫，林间小径、花圃、草坪、小广场错落有致。2005 年，被评为三星级公园。

二、绿化

（一）城市道路绿化

1997 年前，先后在城西路、南门路、三秀路、城南路、东山路、银湖路、轮山路、新安洲、市场路、朝阳路等主干道两旁种植绿化植物 20 多种。

1997 年，在祥平西路（银益楼—新西桥）种植高山榕、大王椰子、黄心梅、黄心榕、花叶扶桑等。1998 年 1 月，完成田洋路道路绿化，共种植行道树杧果 247 株。1999 年，完成祥桥路（西溪新街）道路绿化，共种植行道树木棉 58 株、高山榕 106 株及黄心梅、黄心榕、花叶假连翘、红桑、花叶扶桑、凤尾珍珠等花灌木、铺植马尼拉草。2000 年，完成银湖路、西环路、铺前路、祥平东路、祥平西路、阳翟路、三秀路西段道路绿化，共种植行道树大叶榕、杧果、刺桐、小叶榕、凤凰木等 1183 株，片植黄心榕、花叶假连翘、美女樱、长春花、红桑、黄心梅、遍地黄金等花灌木。2002 年，完成梅山路道路绿化，共种植小叶榕 621 株。

2003 年，完成二环路、莲湖路、西池路道路绿化。共种植盆架子 156 株、美丽异棉 84 株、台湾弈树 116 株，片植黄心梅、凤尾珍珠、花叶假连翘、彩叶扶桑、稀美莉、仙丹花、马樱丹等花灌木。2004—2006 年，加强城区行道树、公共绿地管理养护，注重整形修剪、补缺补漏、更新品种，完成银莲路道路绿化。2007 年，完成同安西溪北岸（古庄苑）市政道路景观绿化工程。截至 2007 年，城区道路绿化合计 33 条，总长度 39. 67 公里，绿地面积 30. 33 万平方米，绿化覆盖面积 41. 53 万平方米。

（二）城市公共场地绿化

1997 年前，城区建成公共绿地 15 万平方米，至 2002 年绿地面积增至 50. 61 万平方米。

2003 年，投资 110 万元改造城区公共绿地 6000 平方米，种植各类绿化灌木 14. 5 万株、乔木 420 株，维修完善双溪公园和大轮山公园园林设施。完成银湖桥下公共绿地建设，植花叶假连翘、万年麻、鹅掌柴、虎尾兰、冷水花、爬山虎等。

2004—2005 年，完成体育馆周边 4500 平方米、污水泵站边约 2000 平方米绿地建设，完成银湖大桥头绿地及污水处理厂周边绿地建设。

2006 年，投资 370 多万元，建设银湖桥头广场绿地、同安体育馆前绿化工程及东溪公园、部分公共集中绿地配套设施。

2007 年，完成同安法院周边 5300 平方米绿地建设，种植苏铁、美丽针葵、三角梅盆景、鸡蛋花、彩叶扶桑、天堂鸟、花叶良姜、变叶木等花灌木，铺植马尼拉草。截至 2007 年，城区公共绿地 18 块，绿地面积 53. 93 万平方米，绿化覆盖面积 59. 32 万平方米。

（三）居住小区绿化

1999—2007 年，同安区在开发居住小区时，注重小区空地绿化与道路绿化相结合，建设花园式小区。居住小区平均绿化面积占开发面积 30% 左右。其中，银城明珠、星海湾的绿化面积占 40%，银湖花园的绿化面积更是达到 51%。至 2007 年底，同安城区新旧居住小区绿地面积 63. 69 万平方米。

第六节　环境卫生

一、管理机构

（一）同安区环境卫生管理处

2000 年，改同安区环境卫生管理所为同安区环境卫生管理处，差额拨款事业单位，定编人数 36 人。2007 年，职工总数 621 人，其中在编干部 7 人，从事管理工作在编职工 21 人，其余为编外合同制职工。管理处负责规划与管理全区市容环境卫生工作、组织与管理公共环卫设施建设、办理生活垃圾排放处理申报、开征垃圾处理费、组织城区主次干道的清扫保洁、管理生活垃圾转运和无害化处理以及负责对各镇街（场）环卫所进行业务指导等。

（二）镇街（场）环卫所

2004年3月，各镇街（场）成立环卫所，实行农村环境卫生规范化管理。2006年5月始，全区投入740万元，启动农村环卫长效体系建设，成立农村环卫体系考评管理办公室和家园清洁行动领导小组办公室，加强对各镇街（场）环卫所的业务指导、检查监督与考评。实行“110联动”制度，成立突发公共环卫事件应急小分队，完善每日巡查，每周联查，每月末领导小组检查和每季度综合考评的管理考评机制。

二、环卫设施

（一）环卫专用车

1997年，环卫处共有各类清洁工具车18部，至2007年共有机械化清扫车5辆，其他保洁车65部，转运车辆15辆。实行机械化清扫的城区主要道路26条，机扫面积46.11万平方米，机械化清扫率39.2%。

（二）清洁楼

2004—2007年，相继建设清洁楼29座，连同划出翔安建设的21座，合计50座。其中，城区范围清洁楼6座，城乡接合部、工业区周边和部分镇政府所在地44座。基本满足垃圾转运需要。

（三）垃圾场

1997年11月，建成凤南垃圾无害处理填埋场，占地面积4.53公顷，日处理能力50～150吨，使用年限20年。每天接纳来自同安城区及工矿企业80～120吨的生活垃圾。2006年5月15日，关闭同安凤南垃圾无害化处理场，同安生活垃圾处理工作纳入市垃圾处理体系运作管理。

（四）公厕

1997年初，城区计有公厕（包括小便所）19座，建筑面积879.05平方米。

2004年，建设连体清洁楼公厕7座，连体压缩式清洁楼公厕2座，独立公厕2座。

2007年，建设五显镇四林村清洁楼连体公厕1座，面积332平方米，投资103万元；大同街道苏颂故居芦山堂公厕，面积32平方米，投资9.75万元。此外，同安工业区配套清洁楼连体公厕11座。

至2007年底，全城区累计有新旧公厕25座，其中一类公厕4座、二类公厕6座、三类公厕15座。

三、市容管理与保洁

（一）道路清扫

1997年，清扫保洁10条道路，保洁总面积27.9万平方米，日转运和处理垃圾64.4吨。2005年，新增城南工业区三期、食品工业园和洪塘石材工业区26条道路总计47.74万平方米的清扫保洁任务。2006年，承接工业集中区已建成的14条道路总计56.27万平方米保洁任务。到2007年底，保洁路段扩大到大小主次干道67条，保洁面积扩大到255.68万平方米，此外工业道路保洁清扫面积122.9万平方米，总计378.58万平方米。

（二）门前三包

1997年，城区机关、团体、部队、学校、企业、事业单位、个体工商户继续与所在地街道办事处或居委会签订门前三包责任书，对其责任地段承担包卫生、包秩序、包绿化，定期检查考核。

附录：门前三包责任制

包卫生：负责责任地段内的清扫保洁，做到无乱倒垃圾、污水、废土、粪便，无随地吐痰，无乱扔瓜果皮、纸屑、烟蒂，无乱张贴标语、广告，并负责卫生设施的保护。

包秩序：保持、维护责任地段内秩序良好，做到无聚众喧哗，无占道经营、乱摆摊设点、乱停放车辆，无乱搭盖，无燃放烟花爆竹及其他违章行为。

包绿化：保护和管理责任地段内的花草树木，做到无攀折树木、践踏草坪、破坏绿化和损坏绿化设施等行为。

四、垃圾清运处理

（一）垃圾类别

同安城区垃圾主要来自城区范围内以及城乡接合部村庄、工厂等单位的居民生活垃圾、道路清扫垃圾、商业单位垃圾、行政事业单位垃圾、医疗卫生垃圾、交通运输垃圾、建筑装修垃圾、工业企业垃圾以及其他垃圾等9类，分为可堆肥物（动物、植物）、无机物（灰土、砖瓦陶瓷、贝壳）和可回收物（包括纸类、塑料、泡沫橡胶、金属、玻璃、纺织物皮革、木竹等）三种。农村生活垃圾主要来自农村居民生活垃圾、建房装修垃圾和农业生产活动产生的废弃物等种类。

（二）清运处理

1998年，凤南垃圾场全年进场垃圾量按清运车辆吨位计为23521吨。2004年增加到62485吨。2005年起，实行过磅称重，进场垃圾量43987.16吨，2006年48210吨，2007年61403吨。

进场垃圾进行无害化处理，2003—2007年处理率分别为97.83%、98.64%、93.64%、93.57%、88.94%。

（三）处理费征收

2006年4月1日起，根据《厦门市市政园林局、市财政局、市物价局城市生活垃圾处理费征收使用暂行办法》的通知，对全区已建成的城镇社区、街道和企事业单位，常住人口、暂住人口和机关、企事业单位、医院、学校、部队、社会团体、个体经营户、宾馆、酒店、商场、超市、娱乐场所、集贸市场、餐饮业及海上生活垃圾产生单位、船舶征收城市生活垃圾处理费。当年征收85万元。2007年征收155万元。

第三章　镇场建设

第一节　镇建设

一、西柯镇

（一）房屋建设

1997年前，建有镇政府大院、卫生院、供销社、邮电所、农场鸡场、税务所、财政所、交管站、信用社、水利站、计生楼、派出所、法庭、交管站、文技楼、镇政府办公楼、会议厅等20个项目，总建筑面积20156平方米。1997—2006年全镇共批准民房建设2110宗，建筑面积626775平方米。2007年“金边”工程全面开工，计划建成“金边”工程17幢，10.34万平方米。

环东海域金边工程开工典礼

(二) 码头、道路、桥涵

1997年前，有浦头、潘涂、丙洲、后田、东头埔等码头，可停泊一般船只，航线达粤、浙两省。主要道路有福厦线境内路段10公里，贯通阳翟、西埔、埭头、官浔、潘涂、美星6个村。同埔线11公里，通过阳翟、卿朴、瑶头、浦头、吕厝、东头埔、丙洲等村。国道324线双溪大桥至双溪口路口4公里、205线西亭至塘边村10公里、205线长途车站至东头埔7公里、县道东头埔至丙洲蛇头14公里。西柯镇至同集公路四车道水泥公路，长2.64公里，宽90米。乡、村道路47条，总长55.2公里。全镇镇乡列养道路14条，总长44.49公里。桥梁有：卿朴桥长108.4米，净宽4米；瑶江桥长149米，净宽4米。2007年底，全镇村道共硬质化23.305公里。其中，埭头社区5705米、丙洲社区2450米、西浦村2000米。

(三) 环境卫生

至2007年，埭头社区铺设排水排污沟（管）10000米，垃圾处理点2个；丙洲社区铺设排水排污沟（管）1200米；潘涂社区铺设排水排污沟（管）1550米；西浦村铺设排水排污沟（管）190米，垃圾处理点1个。

(四) 中小学校舍建设

1997年前，同安第三中学占地31310平方米，建筑面积12487平方米。国棋中学占地44022平方米，建筑面积9064平方米。美林中学占地21504平方米，建筑面积3678平方米。西柯中心小学占地面积9904平方米，建筑面积1746平方米。农村小学14所，占地总面积48425平方米，总建筑面积99554平方米。1998年至2002年，扩建同安第三中学教学楼5709.88平方米，扩建国棋中学宿舍楼1198平方米。

(五) 水电、体育设施建设

2006年，实现全镇使用自来水，同安电网供应10个村（居）和1个农场用电，官浔溪南5个行政村由杏林线路供电。埭头村建设篮球场2个，购置健身器材3套。

二、洪塘镇

(一) 房屋建设、旧村改造和“金边”工程

1997年前，建成镇政府办公大院、供销社、卫生院、农产品收购站、石油站、肥料站、农机站、罐头加工站、政府综合楼、计生楼、会议厅、膳厅、农技站、敬老院、鸿梅花园商楼、干部集资楼、教师集资楼、商住楼30余幢，总建筑面积4万多平方米。16个村（居）建房用地997329平方米，户均占地126平方米，建成私房7719座。

2005年后，先后投入资金5400万元。在9个村（居）实施旧村改造和新村建设，建设水泥道路60公里，硬质化道路70.68公里，排水沟32公里，铺设排污管道96公里，安装路灯834盏，安装健身路径29套，建立垃圾收集点38个。

2006 年，洪塘片区“金边”工程采取整合做法，将龙东、龙西、石浔社区和下墩村 4 个村（居）集中建设，工程占地 13 万平方米，设计建筑面积 25 万平方米。至 2007 年，建成“金边”工程 39 栋 24.88 万平方米。

（二）中小学校舍建设

1997 年前，同安第十一中学占地 36000 平方米，建筑面积 8753 平方米。同安第二十四中学占地 26666 平方米，建筑面积 3621 平方米。洪塘中心小学占地 8350 平方米，建筑面积 1850 平方米。农村小学 17 所，占地面积 49448 平方米，建筑面积 17140 平方米。2000 年第十一中学扩建宿舍楼 2660 平方米，2004 年下墩小学扩建教学楼 1000 平方米，2005 年第二十四中学扩建实验楼 3000 平方米。

（三）道路

国道 324 线和泉厦高速公路穿境而过，总长 13 公里，连接 10 个自然村。1997 年前建成水泥路面的镇区路连接国道长 1700 米、宽 24 米，两侧统一建设三层商住楼。2007 年全镇主干道总长 97.5 公里。村间可通车道路有：石浔—顶溪头（长 3 公里，宽 7 米）、石浔—许垵（长 3 公里，宽 6 米）、石浔—月陵（长 3.5 公里，宽 5 米）、洪塘—龙东（长 4.2 公里，宽 6.5 米）、新霞—郭山（长 2.9 公里，宽 7 米）等 5 条，总长 16.6 公里。镇村列养道路 18 条，总长 34.19 公里。

（四）文化、体育设施建设

2007 年底，全镇篮球场 27 个，文化活动室 24 个，其中塘边村投资 900 多万元建设文化园、篮球场、排球场、门球场等文化、体育设施；下墩村建成篮球场 3 个、文化活动室 1 个、苏厝村建成篮球场 5 个、文化活动室 3 个，购置健身器材 3 套；龙西社区建成篮球场 2 个；龙东社区建成篮球场 1 个；石浔社区建成篮球场 3 个；大乡村建成篮球场 2 个。

（五）环境卫生

2002—2007 年，埔后村铺设排水排污沟（管）2500 米，垃圾处理点 10 个；龙西社区铺设排水排污沟（管）2150 米，垃圾处理点 5 个；龙东社区铺设排水排污沟（管）1180 米，垃圾处理点 2 个；大乡铺设排水排污沟（管）4950 米。下墩社区铺设排水排污（管）12400 米，垃圾处理点 10 个；苏厝村铺设排污管道 7790 米，垃圾处理点 25 个。

三、新民镇

（一）“金边”工程、新村建设

2004 年，计划建设“金边”工程 71 栋 26 万平方米，至 2007 年开工 66 栋 24.4 万平方米，交付使用 43 栋。

新农村建设包括梧侣、后宅、湖安、湖柑 4 个社区，共修建水泥硬质化道路 33.4 公里。

（二）道路房屋建设

至 2007 年，全镇镇村列养道路 19 条，总长 32.508 公里。硬质化道路 66.033 公里。其中，乌涂社区 8750 米，路灯 154 盏；禾山社区 13160 米，路灯

工业集中区“金包银”工程开工典礼

100 盏；西塘社区 11420 米，路灯 180 盏；湖安社区 6466 米，路灯 120 盏；湖柑村 8765 米，路灯 100 盏；梧侣社区 5132 米，路灯 114 盏；后宅社区 11840 米，路灯 100 盏。全镇共批准民房建设 3980 宗，建筑面积 1086302 平方米。

（三）环境卫生

至 2007 年，全镇共铺设排水排污沟（管）81.9 公里，房前屋后硬化 11.35 万平方米，修建清洁楼 18 座、公厕 119 座、垃圾处理点 168 个。

（四）文化、体育设施建设

2003—2007 年，西塘社区建成篮球场 4 个、文化活动室 1 个、休闲健身小公园 1 个；乌涂社区建成篮球场 3 个、门球场 1 个；禾山社区建成篮球场 3 个、门球场 2 个、文化活动室 1 个；湖安社区建成篮球场 3 个、门球场 1 个、文化活动室 1 个；湖柑村建成篮球场 4 个、文化活动室 2 个；梧侣社区建成篮球场 6 个、门球场 1 个、文化活动室 3 个；后宅社区建成篮球场 6 个、门球场 1 个、文化活动室 2 个。

（五）中小学建设

1997 年前，同安第十四中学校园占地面积 22667 平方米，校舍建筑面积 6950 平方米。小学 17 所共占地面积 64564 平方米，建筑面积 18667 平方米。2000—2006 年，新建梧侣中学，总建筑面积 47047 平方米。扩建柑岭中学综合楼 3329.37 平方米，扩建新民中学综合楼 4797.7 平方米，扩建西塘小学综合楼 1987.63 平方米，扩建禾山小学教学楼 1772.5 平方米。

四、汀溪镇

（一）房屋建设

1997 年前，建成卫生院、供销社、镇政府办公楼、派出所、税务所、农机站、兽医站、制面厂、镇财经楼、信用社营业楼和邮电大楼，总建筑面积 15900 平方米。1999 年扩建卫生院综合楼 2295 平方米，2002 年新建汀溪文化中心 1326 平方米。

截至 2006 年，合计审批建房用地 108388 平方米。

（二）中小学校舍建设

1997 年前，同安第七中学占地 90009 平方米，建筑面积 4627 平方米。汀溪中心小学占地 10656 平方米，建筑面积 1952 平方米。农村小学 13 所，共占地总面积 41251 平方米，建筑面积共 7017 平方米。1998—2007 年，第七中学新建教学楼 3446.69 平方米，农村小学新建教学楼 3118.11 平方米。

（三）主要道路

1997 年前，建成省道 205 线汀溪隘头—安溪桂窑，长 24 公里；县道五峰御史岭—猪哥崎，长 11.4 公里，宽 6.5 米；乡村道路镇—荏畲 10.6 公里（宽 6.5 米）、茂林—造水 4.5 公里（宽 6.5 米）、茂林—汪前 6 公里（宽 5 米）、路岭—褒美 3.5 公里（宽 6.5 米）、温泉—路下村 3 公里（宽 5 米）、半岭—205 线 3.4 公里（宽 5 米）。1997 年后，建成路岭—褒美水泥路长 2 公里（宽 8 米）、味友厂—西坑桥水泥路长 0.8 公里（宽 7 米）；斗拱、古坑、汪前（西）、路下等 4 条公路 10.16 公里；汪前东环路、五峰公路、褒美公路、顶村公路、前格公路、堤内公路、前格至大丘田公路、半岭至大埔里等 8 条公路 41.17 公里；汪前内田至石莲、前格五里林村路、褒美上洋至观石内、顶村的环自然村以及五峰的岭头至前湖等 5 条公路 9.99 公里。总计 130 公里。其中镇村列养道路 16 条，总长 85.88 公里。上埔桥长 177 米，宽 8 米，为石拱桥。

（四）供水、供电、燃料、邮电通讯

2007 年底，日产 1000 吨自来水厂 1 座，供镇驻地单位、居民生活用水。

同安电网供应工农业用电及照明。镇水电装机容量 750 千瓦，并入同安电网。燃料以煤、柴草为主，沼气用户占 6%。程控电话交换机总容量 1700 门。

（五）环境卫生

至 2007 年，全镇共修建卫生公厕 79 座、兴建沼气池 150 口、无公害化公厕 42 座，兴建垃圾处理

点23个。房前屋后硬化面积67240平方米。

（六）文化、体育设施

至2007年，全镇共建成篮球场32个，村文化园10个，文化活动室2个，镇文化活动中心大楼1座。

五、莲花镇

（一）房屋建设

1997年前镇区建成乡政府大院、礼堂、粮站、派出所、供销社、文化站、经联社、侨联、农机站、卫生院、糖厂、信用社、财政所、税务所等32个项目，总占地面积207825平方米，总建筑面积53913平方米。

至2006年，全镇10个行政村按规划审批建房用地803996平方米，人均用地23.0平方米。新村建设老区改造平均每村投入500万元以上，其中后埔村为全镇新村建设第一个试点村。

（二）中小学校建设

1997年，同安第八中学占地49078平方米，建筑面积7441平方米。澳溪中学占地11001平方米，建筑面积3254平方米。莲花中心小学占地14834平方米，建筑面积2570平方米。农村小学18所，总占地面积67035平方米，总建筑面积17473平方米。1997年后新建第八中学教学楼1934平方米，新建澳溪中学教学楼1734.31平方米，农村小学新建教学楼502.31平方米。

（三）主要道路

至2007年，全镇省、县、镇村道路总长434.2公里，村村通水泥路95.3公里。其中镇村列养道路22条，总长72.44公里。10公里以上的镇村道路有安柄—尾村（36公里）、安柄—西坑（34公里）、安柄—水洋（30公里）、安柄—小坪（28公里）、安柄—淡溪（26公里）、安柄—白交祠（25公里）、上陵—西坑（23.1公里）、安柄—军营（20公里）、安柄—罗溪（15公里）、安柄—澳溪（13公里）、安柄—内田（12公里）、安柄—云埔（12公里）、安柄—云洋（10公里）13条。桥梁有溪东桥（30米×3.5米、石拱桥）、后埔村桥（30米×3.5米、石拱桥）、栋佐桥（30米×3.5米、水泥桥面）、云埔桥（25米×5米、水泥桥面）4座。

（四）景区建设

2003年始，整合莲花山、金光湖、小坪（含野山谷）、文山、铜钵岩5个景区，成功申办厦门唯一国家森林公园，规划总面积3924公顷。至2007年底，建设完成蔗内—内田公路、文山景区公路、野山谷旅游公路。开工建设"金光湖"原始次森林旅游区；小坪混交林森林公园、观光园、森林别墅、度假村；澳溪"安乐塔"；莲花山"云源""太华岩""留心湖"；莲花佛心寺等景点。

六、五显镇

（一）房屋建设

1997年前建成卫生院、供销社、政府办公大院、计生楼、农产品收购站、石油购销站、肥料购销站、农机修理站、罐头加工站、村办企业及一些个体商店，总占地面积8488.5平方米，总建筑面积6278.5平方米。

1997—2007年，全镇（含竹坝农场）共批准农村住宅建设2976宗，建筑面积622682平方米。

（二）镇村道路桥梁建设

至2007年全镇建成圭母岫—四林—寮野（长18.65千米）、五显宫—竹坝农场（长4.15千米）、五显宫—寮野（长7.85千米）、赵厝—寮野（长3.48千米）、同安—五显—新圩（长12.87千米）、寮野—北山（长3.85千米）6条公路，总长50.85公里；村与村之间主要道路总长39.2公里。其中列养道路21条57.06公里，硬质化道路32.88公里。镇区有元代建的五显第一溪桥长72.8米（宽7米，1996年拓宽至14米）和第二溪桥。

（三）中小学校舍建设

1997 年前，同安第十二中学校园占地面积 43390 平方米，建筑面积 8432 平方米。同安第二十二中学校园占地 26660 平方米，建筑面积 3539 平方米。小学 14 所总占地面积 54423 平方米，总建筑面积 12219 平方米，其中五显中心小学占地 6141 平方米，建筑面积 2021 平方米。

2000—2002 年，第十二中学新建教学楼 3 栋，建筑面积 7195.43 平方米。第二十二中学新建教学楼 4 栋，建筑面积 8552.36 平方米。2007 年，开工建设建设文教区，建成厦门东海学院、同安职业技术学校。

（四）文化、体育、卫生设施建设

至 2007 年，全镇建设篮球场 30 座、门球场 1 座、文化园 2 座、文化活动室 4 个。铺设排水排污沟（管）7840 米，兴建新型公厕 18 座，垃圾处理点 110 个，房前屋后硬质化面积 32000 平方米。

（五）旅游事业设施建设

1998—2007 年，累计投入 2000 多万元，完善北辰山景区配套设施，开办水上娱乐项目及配套服务项目，建成国家 AAAA 级风景旅游区。

北辰山风景区王审知塑像

第二节　农林场建设

一、竹坝农场（竹坝华侨经济开发区）

（一）房屋建设

1997 年前，全场房屋总建筑面积 348526 平方米，其中公房住宅 21663 平方米，私房住宅 290563 平方米，工业企业用房 20000 平方米，中小学校舍 5599 平方米（其中竹坝中学 2890 平方米），其他建筑物 10701 平方米。1998 年后，陆续新建竹坝小学教学楼 1292 平方米、竹坝学校 2500 平方米、竹坝归侨文化活动中心、管委会办公楼、统建房 2 栋 24 套总建筑面积 2700 平方米、廉租房 6 栋 234 套总建筑面积 15130 平方米。投资 1.8 亿元的五星级竹坝美庐大酒店正在建设中。

（二）道路、桥涵

1997 年前，竹坝华侨经济开发区村与村、场办工厂之间均有 4～6 米宽的乡道相通。对外交通干道共 32.3 公里，其中场部—五显水泥路长 10.3 公里，宽 7.5 米；场部—宫仔边—后烧—五显土路 7 公里，宽 6 米，1997 年拓宽；场部—新圩土路 8 公里，宽 6～7.5 米，5 公里为水泥路面；场部经塘边至五显土路长 7 公里，宽 7.5 米。其中镇村列养道路 6 条 14.45 公里。

1997 年前建成石构桥梁 5 座：刘盾桥、竹坝桥、上寮桥、白石溪桥、四房山桥，共 85 米，原宽 5～6 米，1996 年竹坝桥、上寮桥拓宽至 10.1 米。

（三）给水、供电、通讯

1997 年，投资 80 万元建成场办自来水厂，管道长 8 公里，日供水 1000 立方米，7 个村及中小学均使用自来水。2004 年，扩建日供水能力 6000 吨的竹坝自来水厂及供水管网；用电由区电网供应，辅以场办小火电。1997 年，设立程控电话模块，装机容量 1800 门。

（四）旅游设施建设

2004 年，结合竹坝南洋风情文化特色，加快南洋风情休闲度假区建设。至 2007 年，先后建成竹坝—北辰山、竹坝—汀溪等 7 条旅游道路总长 15 公里；南洋大道长 1.8 公里；国寿种猪场、芳都杨桃果园以旅游为主题的农业休闲农庄。

南洋风情休闲度假区

二、凤南农场

（一）房屋和新村建设

1997 年前，全场总建筑面积 364521 平方米，场属公建房屋 12240 平方米，多为二层楼房，其中中小学校舍 4298 平方米。4 个行政村房屋 344131 平方米，其中住房 223406 平方米，人均 31.5 平方米，生产用房 120725 平方米，多为平房。324 国道两侧建成沿街店面 8150 平方米，配有占地 1200 平方米的农贸市场。2004 年，新建凤南中学教学楼 2888 平方米。2007 年 11 月，建成场部新办公楼，占地面积 2635 平方米，总建筑面积 764 平方米，总投资 142 万元。批准民房建设 612 宗，建筑面积 181724 平方米。

2004 年起，区政府投入 80 万元，对农场 4 个行政村旧村改造新村建设进行规划。农场投入 35 万元，配备保洁员 15 人，建设垃圾池 45 个，购置垃圾容器 100 个，初步形成垃圾收集转运处理机制，拆除旱厕 60 座，建设公厕 20 座。

（二）道路

1997 年前，全场有国道 324 线凤南段长 5.5 公里、土楼—砖仔—禾山土质机耕路 6 公里、塘边—蔡宅—石壁山—白沙仑四级公路 8 公里、桥上—院前—后垵线穿境 3 公里。村道 19 公里，其中镇村列养道路 6 条，总长 12.98 公里。1997 年后对村道硬质化改造，至 2007 年，水泥硬质化道路 16.63 公里，实现村村通水泥路。

（三）给水、供电、燃料、电信

至 2007 年场部及土楼、南山、后坂均自建水塔饮用自来水。用电由区电网供给。工业以煤为燃料。生活燃料以煤、沼气及液化气为主，辅以柴草，建有沼气池 487 个。设有邮电支局。程控电话装机 900 门。有线电视入户率 87%。

三、白沙仑农场

（一）房屋和新村建设

1997 年，全场总建面积 89149 平方米，其中小学校舍 594 平方米。场属公建房屋 1993 平方米，除场部办公楼为二层楼房，其余多为一层瓦房建筑。1997—2007 年，批准民房建设 120 宗，建筑面积 21600 平方米。

2006 年起，农场投入 6 万元，配备保洁员 5 人，建设垃圾池 9 个，购置垃圾容器 20 个，初步形成垃圾收集转运处理机制，拆除旱厕 20 座，建设公厕 2 座。

（二）道路

1997 年前，全场有同莲路白沙仑段长 1.9 公里、白沙—瑶市长沙白沙仑段 1.8 公里、塘边—白沙仑段四级公路 2.5 公里。此后没有新建改造。

（三）给水、供电、燃料、电信

1997—2007 年，场部用电由区电网供给。工业以煤为燃料。生活燃料以煤、沼气及液化气为主，辅以柴草，建有沼气池 30 个。程控电话装机 100 门。有线电视入户率 80%。

附录一：新村建设与旧村改造

1999 年，确定马巷桐梓、洪塘龙西、五显垵炉、新民西塘等为旧村改造示范村。西柯镇后田、潘涂，新店镇欧厝，马巷镇五星、琼头被省建设厅列为省级村镇住宅小区建设试点村。

2003 年，完成新民镇 9 个行政村、面积 13 平方公里的新村规划调整工作，完成马巷、内厝、大嶝三个镇合计 3070 米的新村道路建设和新店镇区 1250 米道路两侧人行道建设，实施新圩镇东寮、凤路、诗坂三个卫生示范村建设。

2006 年，委托 6 家规划设计单位，对全区除城市建成区和环东海域范围外 99 个行政村 552 个自然村进行规划编制。同时，按“生产发展、生活宽裕、乡风文明、村容整洁、管理民主”20 字方针，确定 26 个新村建设与旧村改造试点。安排试点建设项目 436 个。建设村内道路 13.5 公里，排污沟、管 17606 公里，路灯 2040 套及绿化、体育设施等。

2007 年，成立“家园清洁行动协调领导小组”，编制村镇环境卫生专项规划，增加清洁家园试点村，建设垃圾收集点、排污沟管，建立村级保洁队伍和管理制度，同时重点推进新民梧侣、后宅、湖安、湖柑，莲花后埔，汀溪隘头，洪塘下墩、苏厝，五显垵炉，大同东宅等 10 个重点村旧村改造。在“规划优化、道路硬化、村庄绿化、路灯亮化、卫生洁化、环境美化”工作目标的基础上，注重整治后的卫生保洁长效管理。

附录二：“金包银”建设

（一）概况

2002 年为适应同安工业集中区和环东海域城市新区建设需要，启动“金包银”工程，2005 年委托厦门市城市规划院等 3 家设计单位对工业集中区周边梧侣等 7 个行政村 31 个自然村进行“金包银”设计，2006 年 4 月完成。规划范围面积 379.22 公顷，其中金边用地 45 万平方米，总建筑面积 90 万平方米，可提供店面 25 万平方米、公寓面积 65 万平方米。环东海域新城区“金包银”项目由厦门市统一委托规划和评审。

2006 年，同安区政府制定并实施《“金包银”工程指导意见》，规定政府征用农村土地、规划设计工业集中区建设时，预留合适空间，统一规划建设商业用房，供给农民作为经营性收入来源，实现每户被征地农民有一套居住用房、一套供出租公寓和店面，即为“金边”，同时把旧村改造为“银里”。合称为“金边银里”，简称“金包银”

截至 2007 年，全区“金包银”建设工程累计开标 133 栋，建筑面积 52.14 万平方米，开工建设 95 栋，建筑面积 34.3 万平方米，封顶 85 栋，建筑面积 31.41 万平方米，交付使用 77 栋，建筑面积 27.17 万平方米，“银里”改造完成 70%～80%。

（二）工业集中区“金包银”工程

2006 年 9 月，后宅 1～5 号楼开工，建筑面积 17965.3 平方米，工程造价 1627.77 万元。10 月 24 日，乌涂地块 1～3 号楼开工，建筑面积 9901 平方米，工程造价 838.78 万元。11 月，西塘地块 6 栋 A1～4 的 1～4 号楼，A1～5 的 3～4 号楼开工，建筑面积 22103.19 平方米，工程造价 2002.21 万元。

2007年初，乌涂二期5栋、农贸市场、文化中心等开工，建筑面积15846.97平方米，工程造价1359.66万元。3月1日，乌涂二期商业中心三幢安置房开工，建筑面积15745.97平方米，工程造价1471.85万元。3月30日，后宅地块五期1～3号楼开工，建筑面积15442平方米，工程造价1590.58万元。

（三）环东海域“金包银”工程

环东海域新城区“金包银”涉及西柯片区和洪塘片区12个自然村，其中西柯片区总建筑面积约101万平方米，总投资14亿元，2007年3月18日开工，开工面积14.5万平方米，包括西柯村34058平方米、埭头村26650平方米、官浔村83979.27平方米，至年底累计完成投资1.9亿元；洪塘片区总建筑面积约25万平方米，总投资4亿元，2007年9月13日开工，开工面积10.6万平方米，至年底累计完成投资7700万元。

第四章　建筑业

第一节　建筑设计

一、厦门同安建筑设计院

1993年改同安县建筑设计室为厦门同安建筑设计院，为丁级工业与民用建筑设计单位，承担一般的工业与民用建筑工程设计。1997—2007年，该院先后输出中级职称人才17人，2007年同安建筑设计院尚有中级职称人员7人，一级注册结构师1人。

二、主要设计项目

根据国家地震局要求，由于同安地震基本烈度除西北部汀溪、莲花为六度外，城区及东南地区与厦门同属七度，同安建筑设计自1983年起开始按七烈度抗震设计，并依照1978年国家基本建设委员会颁发的《工业与民用建筑抗震设计规范》进行设计。1997年设计商住楼等5项工程，面积40137平方米。至2007年累计完成工程设计项目42个，设计面积64.64万平方米。

区境内建筑工程，除由同安区建筑设计院承担设计外，尚有大量工程项目由外地设计单位设计。

1997—2007年同安建筑设计院主要设计工程

表3-3　　单位：平方米

年份	工程名称	面　积	业主单位
1997	同成园A座商住楼	7936	厦门市同成实业公司
1997	学生宿舍楼	4879	厦门市同安第一中学
1997	厂房	9832	厦门华诚实业有限公司
1997	埕西新村5#、4#、C3#、C#商住楼	12798	厦门广厦建筑工程公司
1997	宿舍楼、厂房	4692	厦门泰茂雨具日用品有限公司
1998	3#厂房、钢屋厂房、办公楼	72349	厦门兴茂矿泉饮料有限公司

续表3-3

年份	工程名称	面　积	业主单位
1998	职工培训中心	4760	厦门市同安区总工会
1998	北星花园 5#、6#、7#、1#、3#、4#楼	34239	厦门同兴开发有限公司
1998	鸿利花园 1#、2#、3#、4#、5#商住楼	18915	厦门同安区第二建筑公司
1998	教学综合楼及教学楼、体育馆、食堂宿舍楼	7267	厦门市同安第二实验小学
1999	银星花园 D#、E#、F#住宅楼	14940	同安大同经济建设发展公司
1999	生产车间 3#	19799	厦门金鹏人造花有限公司
1999	厂房 C#	11626	厦门华诚实业有限公司
2000	办公楼	5179	福建省同安第一中学
2000	富贵家园二期 1#楼 A 栋、3 楼 BC 栋、2#楼 DE 栋	30646	厦门富兴房地产开发有限公司
2000	东洲新村一期 1#、2#、3#楼	11951	厦门东洲房地产开发有限公司
2000	五福楼 2#	7364	同安大同经济发展公司
2001	富贵家园三期 7#楼 A 栋	6739	厦门富兴房地产开发有限公司
2001	三秀新城 2#、3#楼	10418	同安建设发展公司
2001	1#厂房	16604	厦门金鹏人造花有限公司
2002	富贵家园三期六号楼 A 栋、7#楼 D 栋	17098	厦门富兴房地产开发有限公司
2002	东洲新村 2#3#4A#4B#楼	13518	厦门东洲房地产开发有限公司
2002	综合楼	3603	雅丽中英文国际幼儿园
2003	富贵家园三期的 7#BC 栋附属建筑物	9971	厦门富兴房地产开发有限公司
2003	东洲新村二期 1#、5#楼	10236	厦门东洲房地产开发有限公司
2003	综合楼	4433	厦门圣境观光农园有限公司
2003	青少年宫	4831	厦门市同安青少年宫
2003	鸿福新村楼 5#、8#楼	7564	华旺房地产有限公司
2004	艺术馆、综合楼	3364	厦门市同安第二实验小学
2004	富贵家园三期商住楼 7#E 栋	4363	厦门富兴房地产开发有限公司
2004	“为民楼”	6677	厦门大兴房地产开发公司
2004	佰士佳园 A#、B#、C#楼	9125	厦门祥居房地产
2005	古庄新村 6#、7#、9#、10#、11#楼	22138	同安第一建筑工程公司
2005	古庄新村 1#、2#、4#、3#、5#楼	17681	同安第一建筑工程公司
2006	古庄新村 8#楼	6232	同安第一建筑工程公司
2006	古庄新村 18#、19#楼	9716	同安第一建筑工程公司
2006	实验综合楼、宿舍楼	4598	厦门市洪前中学
2006	安置房后宅地 4 期 1#、2#、3#、5#楼	17965	同安区工业集中区
2007	1#～8#厂房	65590	厦门玄武石业有限公司
2007	侨居工程 1～6#楼	18284	同安竹坝华侨农场
2007	10#、11#、12#、13#厂房	61839	厦门华诚纺纤有限公司
2007	1#、2#、3#科技楼	14594	厦门翔顺兴工贸有限公司
合　计		646352	

第二节　建筑施工

一、建筑企业

1997 年，全区施工企业 54 家，其中区属企业 5 家，乡镇企业 11 家，外地企业 38 家。此后时有增减，至 2007 年底，增加到 96 家，其中区属企业 3 家，乡镇企业 6 家，外地企业 87 家。

1997—2007 年在同安施工企业统计表

表 3-4　　单位：家

年份	本区施工企业		外地施工企业	合计
	区属	乡镇		
1997	5	11	38	54
1998	4	14	30	48
1999	4	16	39	59
2000	4	13	30	47
2001	4	12	35	51
2002	4	12	54	70
2003	3	6	42	51
2004	3	7	45	55
2005	3	5	66	74
2006	3	9	60	72
2007	3	6	87	96

（一）区属建筑企业

同安区第一建筑工程公司　1956 年成立的老企业。2007 年企业资质等级为房屋建筑工程施工总承包二级，职工 1100 人，其中中高级职称及专业技术人员 165 名，各类建筑机械 400 多台。公司以工业与民用建筑为主，承包 28 层以下、单跨度 36 米以下的房屋建筑工程，高度 120 米以下构筑物，建筑面积 12 万平方米及以下的住宅小区或建筑群体。国家 ISO 9001：2000 质量管理体系的认证企业，厦门市建筑企业综合业绩前二十名的企业，房屋建筑二级企业排名和优良工程排名前十名企业。1998 年，公司被省政府评为第六届（1996—1997）省级文明单位；1999 年，被省企业评价中心、省企业评价协会评为福建省建筑 100 强、福建 A 级信用企业；2007 年，被厦门市建设与管理局评为“2007 年度建设工程质量安全生产文明施工先进单位”“施工总承包企业的绿色 A 级以上企业”“AAA 级信用企业”“纳税大户”。1997—2007 年，公司累计竣工面积 121.92 万平方米，建安产值 10.81 亿元，上缴税利 6102.66 万元，创优良工程项目 62 幢，创优面积 341474 平方米。

1997—2007 年同安区第一建筑工程公司情况表

表 3-5

年份	完成工作量竣工面积（平方米）	建安产值（万元）	上缴利税（万元）	创优良工程（幢）/造价（万元）	创优面积（平方米）	总人数（人）	其中：工程技术人员数（人）
1997	100600	10313.22	420.48	2/1129.77	10344	1250	—
1998	80604	5951.10	426.08	6/1387.86	16437	1250	—
1999	119862	11817.00	423.74	10/3286.40	46674	1250	—
2000	165675	9030.00	430.30	16/9836.22	119427	1250	—
2001	155198	12733.80	311.70	5/2374.64	20327	1250	96
2002	79101	6802.90	230.38	4/1417.88	19194	1250	150
2003	65083	4310.70	272.58	—	—	1100	150
2004	74019	10028.80	505.10	4/855.13	16496	1100	150
2005	63084	8332.90	551.94	4/2902.00	32094	1100	150
2006	114471	12781.20	800.06	1/458.00	6795	1100	150
2007	201517	16000.7	1730.30	10/4448.64	53686	1100	150
合计	1219215	108102.30	6102.66	62/28096.50	341474	—	—

同安区第三建筑工程公司　前身为1958年成立的群英公社基建队。2007年，为福建省建设厅核发房屋建筑施工总承包三级企业，固定职工96人，拥有各类专业技术人员62人，其中高级工程师2名，工程师13名，项目经理20名。注册资金1000万元，资产总额7662万元，固定资产650万元，流动资金6857万元。公司下设经营部、工程部、财务部、质安部、劳工部、总工室、材料试验室、办公室等职能部门，具有完善的经营管理体系和规范的现代化企业管理制度。1997—2007年，公司累计完成产值61151万元，利税3158万元，固定资产投资285万元。

1997—2007 年同安区第三建筑工程公司主要经济指标表

表 3-6　　单位：万元

年份	产值	利润	纳税	固定资产投资
1997	3267	23	178	7
1998	2504	16	134	11
1999	4868	28	267	19
2000	4272	25	228	66
2001	4248	22	233	35
2002	2420	11	130	22
2003	2249	13	126	5
2004	8103	27	264	68
2005	5660	26	246	15
2006	13534	24	538	27
2007	10026	66	533	10
合计	61151	281	2877	285

厦门市银城建筑工程有限公司　前身为1983年成立的同安县建设局驻厦门办事处及同安县驻厦门

建筑企业联合公司，1989年改组为厦门市银城建筑公司，为县办集体、建安三级企业。2007年7月改制成股份有限公司。先后成立湖北省宜城工程处、山西省长冶市工程处、龙岩工程处、石狮工程处。公司在厦门特区建设中完成近百幢（项）工程。连续6年被厦门市政府授予“重合同、守信用企业”称号，多次荣获厦门市建委授予的工程质量奖和安全、文明施工奖，福建省集体建筑企业质量管理优秀奖。

同安房地产开发公司　1984年11月成立，全民所有制企业。与同安县房产管理处一套班子，两块招牌。1992年8月，与县房产管理处政企分开，由原企业单位事业管理转变为企业管理。2006年1月，划归厦门同安国有资产投资有限公司。公司是同安区唯一专营房地产的国有企业，担负同安房地产综合开发、旧城改造、土地成片开发主要任务，自筹资金建设同安第一个外商投资工业区“城东外商投资工业区”。公司承建政府80%以上“金包银”工程，2006—2007年累计完成同安工业集中区“金包银”12.9万平方米，投资总额9938.3万元；轻工食品工业园生活配套项目建筑面积30073平方米，投资总额2813.2万元；梵天广场景观区、夜景工程，投资总额1800万元。环东海域工业邻里中心“金边”工程开工面积25.2万平方米，总投资约2.71亿元；物流园区公寓总建筑面积145750.46平方米，投资总额1.27亿元。公司为区纳税特大户，先后被评为省、市文明单位，省绿化文明单位，市花园式单位，省“诚信企业”“AAA级信用企业”“优秀效绩企业”，国家“建设行业AAA级企业”“百姓放心房地产开发企业”。

（二）乡镇属建筑企业

1997年，全县乡镇建筑企业11家，产值15161万元。建筑企业中资质较好，技术、设备力量较强，管理较完善，年均产值在200万元以上者有大同建筑工程公司（集体建安四级企业）、新民建筑工程公司、马巷建筑工程公司和马巷土木建筑工程公司4家企业。

1998—2002年施工的乡镇建筑企业12家企业，2003年析出翔安后至2007年，仅存6家。

（三）外来建筑企业

1996年底，同安县有外来施工企业39家，施工产值18563万元，占同年全县建筑安装工程投资总值的28.12%。1997年后外来施工企业时增时减，至2007年底87家，施工工程占同年全区建筑安装工程投资总值的50%。

二、工程量

1997年，施工项目152个，施工面积391334平方米，工程造价25733万元。至2003年累计施工项目1124个，施工面积459.16万平方米，工程造价30.76亿元。

2004—2006年，累计施工项目497个，施工面积587.43万平方米，工程造价41.15亿元。

2007年，建筑工程剧增，全区开工工程项目225个，工程总造价344亿元，总建筑面积310万平方米。其中商品房新开工项目25个，工程总造价19.7亿元，总建筑面积153.5万平方米。

1997—2007年同安区建筑工程量统计表

表3-7

年份	施工					竣工				施工企业（家）	其中
	项目数	施工面积（平方米）	工程造价（万元）	其中		竣工面积（平方米）	工程造价（万元）	其中			本区施工企业（家）
				房地产（平方米）	工程造价（万元）			房地产（平方米）	工程造价（万元）		
1997	152	391333.68	25732.57	97518.27	5614.45	—	—	—	—	54	15
1998	166	433166.44	27059.64	162766.64	9103.27	—	—	—	—	48	18
1999	175	711524.70	35767.04	183544.37	10444.81	—	—	—	—	59	20
2000	139	556071.90	38138.54	259583.65	15202.49	—	—	—	—	47	17

续表3-7

年份	施工					竣工				施工企业（家）	其中
	项目数	施工面积（平方米）	工程造价（万元）	其中		竣工面积（平方米）	工程造价（万元）	其中			本区施工企业（家）
				房地产（平方米）	工程造价（万元）			房地产（平方米）	工程造价（万元）		
2001	174	791035.85	54791.02	254329.96	18427.15	102013.73	6299.70	42670.21	3588.77	51	16
2002	175	869255.78	58818.20	446327.72	37149.62	516679.05	34357.88	282513.14	18097.82	70	16
2003	143	839405.86	67305.38	378022.97	24135.10	580402.04	34742.80	31964.30	18075.80	51	9
2004	142	1026630.57	81098.47	395064.61	31819.69	375158.29	25548.31	145009.62	10181.91	55	10
2005	189	1834200.29	123690.9	415355.86	33028.38	606630.60	42925.30	140247.30	8039.99	74	8
2006	166	3013585.11	206983.48	169793.83	15370.24	1440784.00	94260.64	229911.00	16778.60	72	12
2007	225	3100514.80	3442060.00	1535342.00	197842.00	1949562.96	102814.43	443716.80	34202	96	9

第三节　建筑市场管理

一、管理机构

20 世纪 90 年代后，同安先后成立建设工程招标投标领导小组（办公室）、建筑工程质量安全监督站、建筑工程检测站、建筑材料检验室，根据同安建筑市场实际和国家有关规定，实施全面的建筑业管理。

二、工程报建

1997 年，继续实行建设工程项目报建制度，报建手续由建设局生产科办理。1998 年同安区工程招标投标中心成立后，改由招标投标中心办理。报建的项目包括房屋建筑和市政基础设施、线路管道、设备安装工程、建筑装饰工程、园林绿化工程等新建、改建、扩建和技术改造工程。报建工程须备齐工程项目立项批准文件、银行资金证明以及资金来源构成情况等有效证明文件、资料等。

1999—2003 年，共办理报建项目 859 个，总投资额 40.06 亿元。2004—2007 年，办理报建项目 624 个，工程总造价 146.33 亿元。

三、工程招投标

1998 年 4 月，同安区建设工程招标投标中心正式成立，市建设行政主管部门授权为建设工程招标投标执法机构，中心建立开标评标过程监控系统、公开办事制度和办事程序，为建设工程交易活动提供场所和服务。2004 年初首创“背靠背”式投标法，改资格预审为资格后审。2007 年，在全市率先试行“诚信招标代理机构名册”管理制度。

1998—2007 年，累计招标项目 669 个，总标底价 443278.65 万元，总中标价 385792.47 万元，降低工程造价 57486.18 万元。

四、施工许可

1997 年，建设工程施工许可制度以法律形式确定。申请领取施工许可证时，须提供建设工程项目报建表、新建工程抗震设防审查意见书、中标通知书或厦门市建设工程项目洽谈登记表、经批准的厦门市工程质量监督申报表、房地产开发企业资质等级证书（房地产项目须提交）、建设工程规划许可证复印件、工程预算书、经工商部门鉴证的合同副本、工程监理合同副本、装饰装修工程应提交消防审核意见书等资料。

1997—2007 年，办理施工许可证 1626 件，工程总造价 60.23 亿元。总建筑面积 886.06 万平方米。

五、工程质量管理

（一）施工企业质保体系

施工企业质保体系先后实行企业内部工程技术人员的自控管理、施工队长负责制、总工程师负责制、项目经理负责制等。20 世纪 90 年代后引入国际质量保证和质量管理模式即 ISO 9000 质量管理标准。

（二）建设工程质量监督申报管理

1997 年，继续执行新开工工程，不分工程大小，均由建设单位（业主）统一向质监站办理申报质量监督登记手续。2004 年工程质量监督实行招标投标管理。1997—2003 年办理监督项目 1041 项，总建筑面积 358.9 万平方米，工程总造价 36.52 亿元。2004—2007 年办理监督项目 727 项，总建筑面积 751.8 万平方米，工程总造价 61.6 亿元。

六、施工安全管理

（一）安全生产责任制

1997 年，继续执行建立安全生产目标管理责任制。1998 年起规定企业经理对本公司劳动保护和安全生产负第一责任，分管副经理负总领导责任，技术经理、总工程师负技术工作总领导责任，公司安全部门负督促检查责任，单位工程项目经理、工程负责人、队长、幢号长、工长、施工员对所管的工程的安全生产负直接领导责任。

（二）施工现场安全达标

1997 年，继续在在建工程施工现场，开展以安全管理、施工用电、“三安”（安全帽、安全带、安全网）、“四口”（通道口、楼梯口、电梯井口、预留洞口）、外脚手架、塔吊井字架、施工机具等 7 个项目为主的标准化达标活动。施工现场安全防护设施、安全用品实现工具化、定型化和标准化。

（三）安全知识培训

同安区建筑企业的法人代表、项目经理、专职安全管理员、企业其他管理人员、特殊工种、待岗、转岗的职工，每年必须接受一次专门的安全培训。建设主要部门每年举办 2～3 期安全法规培训，参训人员近千人。每年组织建筑工人上岗培训 7～10 场。1997—2007 年，累计用工总人数 18867 人次，持证 15655 人次，持证上岗率 83%。

第五章　房地产业

第一节　房地产开发

一、开发企业

1997 年前在同安开发房地产的企业有同安房地产开发公司、厦门市对外经济合作总公司、同安第一建筑公司、同安建设发展有限公司、同安商业局房地产开发公司等。

1997—2007 年，在同安从事房地产开发的企业新增 41 家。

1997—2007 年在同安从事房地产开发企业（新增）一览表

表 3-8

企业名称	开发工程	企业名称	开发工程
厦门广厦建筑工程公司	埕西小区	厦门筼筜东区联合房地产开发有限公司	大溪地
同安大同经济建设发展公司	五福楼、华福楼	厦门同安华森房地产开发有限公司	锦华金都
同安第二建筑公司	鸿利小区	厦门万盛基业房地产开发有限公司	凤凰城
厦门市东洲房地产有限公司	东洲花园	厦航地产开发有限公司	同城湾
厦门市鸿吉房地产开发公司	后炉新村	厦门诚毅地产投资管理有限公司	丽水云天
厦门同安农建材公司	银环佳园	厦门同安祥顺房地产开发有限公司	臻品盛世
华清房地产有限公司	和祥苑、华清中心城	厦门金利房地产发展有限公司	金利·蓝湾新城
厦门唐门房地产	大唐世家	厦门经济特区房地产开发展集团有限公司	银溪春墅
同安银福佳园房地产开发有限公司	银城佳园	厦门艺辉建设发展有限公司	锦辉国际花园
厦门健中房地产开发有限公司	银湖花园	厦门大兴房地产开发有限公司	—
厦门中山房地产公司	银湖花园	厦门莲湖房地产开发有限公司	—
厦门同兴有限公司	北星花园	厦门农正房地产开发有限公司	—
厦门毅达房地产开发公司	银城明珠	厦门振华投资发展有限公司	—
厦门永成旺房地产有限公司	瑞华商业城	厦门房地产股份有限公司	—
佳业房屋发展有限公司	同安人家	厦门齐农地产建设	—
唐鸣房地产开发有限公司	祥福花园	厦门嘉盛园房地产开发有限公司	—
厦门莲福房地产开发有限公司	富丽华名园	厦门古龙集团房地产开发有限公司	—
厦门富兴房地产开发有限公司	富贵家园	厦门航空同翔置业有限公司	—
磐金实业有限公司	磐金·锦绣江南	厦门新宇置业有限公司	—
厦门特工房地产有限公司	芸溪居住公园	福建凤山集团房地产开发有限公司	—
惠元（厦门）房地产发展有限公司	星海湾、百桥别墅		

二、开发规模

1997 年，房地产完成投资 14604 万元，其中，商品住宅完成投资 9077 万元，占投资额的 62.15%；房屋施工面积 250592 平方米，其中住宅 223886 平方米，约占施工面积的 89.34%；房屋竣工面积 70008 平方米，其中住宅 48742 平方米，占竣工面积的 69.62%。至 2002 年累计完成投资 95168 万元，其中商品住宅完成投资 52803 万元，占 55.48%；房屋施工面积 1801468 平方米，其中住宅 1376304 平方米，占 76.40%；房屋竣工面积 745470 平方米，其中住宅 561044 平方米，占 75.26%。

2003 年，房地产完成投资 32227 万元，其中商品住宅 23003 万元，占 71.38%；房屋施工面积 787000 平方米，其中住宅 588030 平方米，占 74.72%；竣工面积 306917 平方米，其中住宅 306917 平方米，占 52.19%。至 2007 年，累计完成投资 363786 万元，其中商品住宅 162637 万元，占 44.71%，房屋施工面积 4845866 平方米，其中住宅 3824220 平方米，占 78.92%；竣工面积 1280846 平方米，其中住宅 1004630 平方米，占 78.43%。

1997—2007 年同安房地产投资情况统计表

表 3-9

年份	完成投资额（万元）		房屋施工面积（平方米）		房屋竣工面积（平方米）	
	合　计	其中：商品住宅	合　计	其中：住宅	合　计	其中：住宅
1997	14604	9077	250592	223886	70008	48742
1998	13248	7447	266425	176609	130470	83909
1999	13378	6127	186897	149095	80867	73789
2000	14174	6011	194054	153847	72809	58415
2001	16066	6944	288313	199181	146972	102874
2002	23698	17197	615187	473686	244344	193315
2003	32227	23003	787000	588030	306917	234174
2004	42551	29135	894658	708263	267281	198467
2005	34474	28002	1008816	792222	273910	206993
2006	105329	33215	772814	649882	155205	134674
2007	149205	49282	1382578	1085823	277533	230322
合计	458954	215440	6647334	5200524	2026316	1565674

第二节　房地产市场

一、商品房销售

1997 年，商品房销售面积 65714 平方米，销售额 6447 万元。至 2002 年，累计销售面积 457412 平方米，销售额 64734 万元，年均销售 76235.3 平方米、10789.5 万元。每平方米均价 1415.22 元。从 2002 年起，年销售面积、销售额增长很快，分别是 2001 年的 2.33 倍、2.79 倍。

2003 年，商品房销售面积 241268 平方米，其中商品住宅 189153 平方米；销售额 39879 万元，其中商品住宅 24162 万元。至 2007 年累计销售商品房 1280143 平方米，其中商品住宅 1084820 平方米，占 84.74%；累计销售额 425107 万元，其中商品住宅 339707 万元，占 79.91%；每平方米均价分别为 3320.78 元、3131.46 元。

二、二手房买卖

1997—2003 年，同安二手房买卖仅有 1998 年、1999 年、2002 年统计资料，三年合计交易 703 起，交易面积 10.391 万平方米，办理房产抵押金 4558 起，抵押面积 217.61 万平方米，征收契税 2049 万元。2004 年起，交易所直属厦门市局管理。

1997—2007 年同安区商品房销售情况表

表 3-10

年份	销售面积（平方米）		销售额（万元）		均价（元/平方米）	
	合计	其中：商品住宅	合计	其中：商品住宅	商品房	其中：商品住宅
1997	65714	—	6447	—	981.07	—
1998	59970	—	5682	—	947.47	—

续表3-10

年份	销售面积（平方米）		销售额（万元）		均价（元/平方米）	
	合计	其中：商品住宅	合计	其中：商品住宅	商品房	其中：商品住宅
1999	63668	—	6926	—	1087.83	—
2000	70926	—	8472	—	1194.48	—
2001	81120	—	9816	—	1210.06	—
2002	189062	158517	27394	17361	1448.94	1095.21
2003	241268	189153	38979	24162	1652.89	1277.38
2004	222591	169679	60085	32055	2699.35	1889.16
2005	250626	225394	61962	51176	2472.29	2270.51
2006	257607	225909	97330	84430	3778.24	3737.35
2007	308048	274685	165851	147884	5383.94	5383.77
合计	1810600	1243337	489844	357068	2705.42	2871.85

第三节　房地产管理

一、登记发证

1998 年下半年起，启动全区城乡住宅房产权和宅基地土地使用权“两证合一”办理工作。至 2000 年，计发农村房屋“两证合一”证件 16960 宗；至 2004 年，计发放城镇住宅“两证合一”10454 宗。

1999 年，收集各镇土地权属登记档案 3885 宗，同时开展第三次住房普查，共收回 398 单位普查表 24383 份，具体数据缺档。

2000—2001 年，发放乡镇企业土地使用权 118 宗。2002 年，作为国土资源部试点区，全面铺开集体土地所有权登记发证，至 2005 年 2 月，8 个镇完成发证 660 宗，至 2006 年基本完成 12 镇发证工作（含翔安区）。

二、住房制度改革

1995 年 9 月开始的住房制度改革，内容有五：

1. 提高公有住宅租金。1995 年 10 月 1 日起，公有平房租金由每月每平方米 0.55 元调升至 1.10 元，标准套房每月每平方米由 0.9 元调升至 1.2 元。从 1996 年 1 月起，每年递增 20.87%，至 2000 年每月每平方米租金 2.85 元。同时按职工工资总额的 3% 发给职工住房补贴。

城北保障性住房开工典礼

2. 建立住房公积金制度。住房公积金按职工上年工资总额的5%由职工个人和单位共同缴纳，归职工所有。职工买房、翻修住房可支可贷。

3. 公有住房可以出售。原租户可优先购买（称房改房）享受政策优惠价。房改房一年后可上市出售。1996—2007年，合计上市出售3600套。

4. 保障性住房建设。2001年，同安房管局在凤山路妇幼保健院一侧开发岳口统建房小区，建筑面积4.5万平方米，由16幢多层商品楼组成，绿化率35%。2007年，开工建设城北社会保障性住房，总用地面积11.79万平方米，总建筑面积23.53万平方米（含地下室面积），南北分成A、B两个组团，由32幢多层、高层建筑及2个地下室组成。其中，居住面积18.44万平方米可提供保障性住房3280套，其中一房型1206套、二房型1882套、三房型192套、总投资3亿元。同年，完成低保户入住廉租房调查，确定租金按岛内补助标准的80%发放，即按人均居住面积10平方米，1人户每人月每平方米补助16元，2人户每人月每平方米补助14元，3人户及以上户每人月每平方米补助12元，最高月补不超过720元，资金由市财政划拨。

5. 集资房补差确权。1998—2007年，单位职工补交土地税费后确权1885套。

三、物业管理

（一）机构

20世纪90年代末，出现同安建发物业公司、同安物业公司等物业管理机构。截至2007年底，在同安服务的物业企业22家，其中一级资质企业2家，二级资质企业1家，三级资质企业19家，从业人员近千人。服务领域从单一类型物业发展到综合性物业，从单纯居住区的物业管理发展到机关、企事业单位的后勤社会化物业管理，从新建小区物业管理发展到房改房和老住宅物业管理。物业管理范围覆盖住宅、写字楼、工业区、学校、商场、医院等。

（二）小区自治管理

2004年，区建设局规定房地产企业开发居住小区必须建成不小于300～500户、功能配套的独立组团，并实行封闭式管理；老片区要按300～500户为一个住宅组团，引导建立合理的物业片区，实行规范管理；督促、引导各物业小区要成立物业管理委员会，实现小区自治。逐步建立街道、社区、建设局联手联网监管机制。加强住宅区物业管理，提升自管自治能力。

2005年，成立专门督查组，加大物业小区整治、监管。全年共发出整改通知书64份。督促开发商规范前期物业管理，入驻率达50%的小区指导其成立业主委员会。

2006—2007年推动物业小区的封闭管理和报警监控系统建设，组织物业管理人员参加市建设局、区总工会举办的物业管理知识培训，自行组织并配合市、区考评委的检查考评31次，检查物业小区218次。

（三）小区内部管理

物业企业对小区实施安全、卫生、绿化、车辆等实行全面的管理。其中，安全管理方面，由物业公司聘用保安员每天24小时轮班执勤，及时消除小区治安隐患；卫生管理方面每天早晚两次对小区进行卫生清扫，进行卫生宣传教育；绿化管理方面有专人对小区的绿化进行养护，每年一次对小区的草坪、花树进行换苗，每年两次施肥、修剪、除草、杀虫，保证小区的绿化率达到30%；车辆管理方面，凡是小区内住户的车辆，均指定车位有序停放。外来车辆则指定地点停放。

（四）收费

物业管理收费，执行《厦门市物业管理服务收费办法》，物业管理服务收费标准为：多层0.6元/平方米/月；小高层1.0元/平方米/月；商场店面1.0元/平方米/月。公共维修基金收取标准为：多层0.2元/平方米/月；小高层0.3元/平方米/月；商场店面0.3元/平方米/月。

第六章 国土资源管理

第一节 机 构

一、厦门市国土资源与房产管理局同安分局

1997年5月，同安县土地管理局更名为同安区土地管理局，内设办公室、用地矿产科、房产权籍科、执法监察科，下辖土地监察队及12个镇土管所。2003年8月，成立厦门市国土资源与房产管理局同安分局，内设办公室、用地矿产科、房产权籍科、执法监察科、下辖房产地产权籍登记中心、土地交易所、土地矿产监察队。2004年4月，取消土地矿产监察队，其职能移归区执法局。

二、镇土地管理所（站）

1997年5月，全区设大同、新民、西柯、莲花、汀溪、五显、洪塘、新圩、马巷、内厝、大嶝、新店12个镇的土地管理所，隶属于同安区土地管理局。2003年8月，厦门市国土资源与房产管理局同安分局成立后，大同、西柯、洪塘、五显、新民、汀溪、莲花7个土管所更名为土地管理站并直属厦门市局。

第二节 土地开发利用

一、土地整理

1998年起，为弥补三项非农建设消耗的大量耕地，各级政府投入巨资，开展土地整理工程，采取开荒、平整、还果退渔还耕、废矿坑填土复垦及废宅基、畜栏、厕所、田埂、小道、水塘等平整填方等措施。结合异地开发、土地置换等措施，确保基本农田面积“用一补一”“占补平衡”。当年投入129万元，整理2021亩，增加耕地230亩，至2004年，累计投资6180.80万元，整理项目45个，整理面积65085亩，增加耕地面积8466亩。45个项目中部级项目1个，省级项目25个，市级项目14个，区级5个。

1998—2004年同安区土地整理工程情况表

表3-11

年 份	项目所在区域	整理区面积（亩）	增加耕地（亩）	资金总额（万元）
1998年（2项）	内厝镇赵岗村	1621	200	108.00
	莲花镇后埔村	400	30	21.00
1999年（3项）	莲花镇云洋、窑市村	1900	160	105.00
	五显镇后垅村	500	10	18.00
	新店镇下许村	507	194	73.00

续表3-11

年　份	项目所在区域	整理区面积（亩）	增加耕地（亩）	资金总额（万元）
2000 年 省级项目（6 项）	莲花镇云埔、溪头村	4900	420	309.25
	五显镇军村村	1500	105	91.50
	新民镇西塘村	1450	125	107.58
	大嶝镇田墘村	500	400	252.00
	许厝农场	1084	72	78.57
	内厝镇前安村	2000	157	75.36
2000 年 市级项目（4 项）	新圩镇东寮村	90	70	14.00
	马巷镇同美村	160	125	25.00
	新店镇溪尾村	1550	105	31.50
	新圩镇后埔村、金柄村	1500	90	92.04
2001 年 市级项目（10 项）	汀溪镇褒美村	1700	170	145.35
	新民镇西山村	2140	115	34.50
	内厝镇许厝村	1432	104	103.50
	新圩镇东寮村	87	75	15.00
	新圩镇新圩村	87	80	16.00
	新圩镇金柄村	88	75	15.00
	马巷镇沈井村	160	150	30.00
	马巷镇内官村	140	115	23.00
	洪塘镇下墩、塘边村	170	150	30.00
	厦门市白沙仑农场	150	135	27.00
2001 年 省级项目（3 项）	洪塘镇郭山村	2000	205	130.80
	马巷镇后溪村	2500	205	169.50
	五显镇布塘村	1600	80	57.12
2001 年 部级项目（1 项）	新民、莲花、五显、新圩、洪塘	21630	2228	2019.67
2002 年 省级项目（11 项）	厦门市白沙仑农场	1354	284	212.56
	内厝镇莲前等 10 个项目	2491	1376	309.00
2003 年 省级项目（2 项）	莲花镇五斗区村	1878	217	325.00
	洪塘镇龙东、龙西村	2335	156	420.00
2004 年 省级项目（3 项）	五显镇明溪马豆片	1002	82	200.00
	五显镇后垅片	1205	97	241.00
	竹坝农场片	1274	104	255.00
总计	45	65085	8466	6180.80

二、土地利用

（一）土地利用现状调查

1997 年，根据上年第五次土地利用现状调查，同安区土地总面积 100836.68 公顷，其中耕地

（24219.51 公顷）、园地（16102.56 公顷）、林地（36891.62 公顷）、内陆水面（4460.16 公顷）等农用地 81673.85 公顷，占土地总面积的 81.00%。居民点工矿用地（8960.40 公顷）、交通用地（1587.76 公顷）、农业设施用地（1201.88 公顷）等建设用地 11750.04 公顷，占土地总面积的 11.65%。滩涂苇地（3345.58 公顷）、其他（4067.21 公顷）等未利用土地 7412.79 公顷。土地利用率 92.65%。

2006 年，全区开展土地利用更新调查，全区土地总面积 65014.96 公顷，其中耕地（10589.53 公顷）园地（12789.90 公顷）林地（27744.69 公顷）其他（3957.13 公顷）等农用地 55081.25 公顷，占土地总面积的 84.72%；居民点及独立工矿用地（6448.85 公顷）、交通用地（585.19 公顷）、水利设施用地（585.52 公顷）等建设用地 7619.56 公顷，占土地总面积的 11.72%；未利用土地 2314.15 公顷，占 3.56%。土地利用率 96.44%。

（二）土地利用规划

根据 1996 年土地利用现状普查结果，结合各镇建设实际需要与厦门国土局宏观控制指标，各镇（缺大同镇、新民镇）相继制订 1997—2010 年土地开发整理、农用地与建设用地规划，报上级批准执行。

1996 年同安县土地调查情况表

表 3-12

乡镇	地类		面积（公顷）	占土地总面积（%）
洪塘镇	农用地	小计	2622.20	70.8
		耕地	1337.09	36.1
		园地	906.61	24.5
		林地	202.80	5.5
		内陆水面	175.70	4.7
	建设用地	小计	719.96	19.4
		居民点工矿用地	553.91	14.9
		交通用地	80.62	2.2
		农业设施用地	85.43	2.3
	未利用地	小计	363.44	9.8
		滩涂、苇地	254.77	6.9
		其他	108.67	2.9
	土地总面积		3705.60	100.0
五显镇（含竹坝农场、北山农场）	农用地	小计	7117.57	85.1
		耕地	2141.34	25.6
		园地	1812.79	21.7
		林地	2872.74	34.3
		内陆水面	290.70	3.5
	建设用地	小计	882.12	10.5
		居民点工矿用地	671.19	8.0
		交通用地	109.03	1.3
		农业设施用地	101.90	1.2
	未利用地	小计	366.78	4.4
		滩涂、苇地	47.44	0.6
		其他	319.34	3.8
	土地总面积		8366.47	100.0
西柯镇	农用地	小计	2060.59	51.9
		耕地	768.51	19.4
		园地	604.74	15.2
		林地	425.59	10.7
		内陆水面	261.75	6.6
	建设用地	小计	1010.05	25.5
		居民点工矿用地	835.94	21.1
		交通用地	103.42	2.6
		农业设施用地	70.69	1.8
	未利用地	小计	898.68	22.6
		滩涂、苇地	735.83	18.5
		其他	162.85	4.1
	土地总面积		3969.32	100.0
新圩镇（含大帽山农场）	农用地	小计	9012.47	88.8
		耕地	2266.87	22.4
		园地	1972.56	19.4
		林地	4530.93	44.7
		内陆水面	242.11	2.4
	建设用地	小计	746.90	7.4
		居民点工矿用地	560.19	5.5
		交通用地	100.29	1.0
		农业设施用地	86.42	0.9
	未利用地	小计	390.27	3.8
		滩涂、苇地	42.95	0.4
		其他	347.32	3.4
	土地总面积		10149.64	100.0

续表3-12

乡镇	地类		面积（公顷）	占土地总面积（%）	乡镇	地类		面积（公顷）	占土地总面积（%）
马巷镇	农用地	小计	3963.31	64.9	汀溪镇（含汀溪林场）	农用地	小计	13669.95	87.7
		耕地	2689.60	44.1			耕地	1525.64	9.8
		园地	818.57	13.4			园地	1978.72	12.7
		林地	190.54	3.1			林地	9757.95	62.6
		内陆水面	264.60	4.3			内陆水面	407.64	2.6
	建设用地	小计	1389.04	22.8		建设用地	小计	664.84	4.3
		居民点工矿用地	1099.79	18.0			居民点工矿用地	355.94	2.3
		交通用地	113.88	1.9			交通用地	144.62	0.9
		农业设施用地	175.37	2.9			农业设施用地	163.28	1.1
	未利用地	小计	751.02	12.3		未利用地	小计	1250.93	8.0
		滩涂、苇地	543.64	8.9			滩涂、苇地	98.86	0.6
		其他	207.38	3.4			其他	1152.07	7.4
	土地总面积		6103.38	100.0		土地总面积		15585.26	100.0
新店镇	农用地	小计	6583.20	62.4	莲花镇	农用地	小计	20347.31	92.9
		耕地	4307.62	40.9			耕地	3091.26	14.1
		园地	898.63	8.5			园地	3245.33	14.8
		林地	867.65	8.2			林地	13665.65	62.4
		内陆水面	509.30	4.8			内陆水面	345.07	1.6
	建设用地	小计	1442.81	13.7		建设用地	小计	886.17	4.0
		居民点工矿用地	1039.32	9.9			居民点工矿用地	622.16	2.8
		交通用地	191.80	1.8			交通用地	206.87	1.0
		农业设施用地	211.69	2.0			农业设施用地	57.14	0.2
	未利用地	小计	2517.38	23.9		未利用地	小计	670.27	3.1
		滩涂、苇地	2200.28	20.9			滩涂、苇地	18.75	0.1
		其他	317.10	3.0			其他	651.52	3.0
	土地总面积		10543.39	100.0		土地总面积		21903.75	100.0
大同镇、新民镇	农用地	小计	10191.39	73.0	大嶝镇	农用地	小计	527.31	36.1
		耕地	3715.25				耕地	280.95	19.2
		园地	2762.99				园地	41.43	2.8
		林地	2177.39				林地	67.55	4.6
		内陆水面	1535.76				内陆水面	137.38	9.5
	建设用地	小计	3566.57	25.6		建设用地	小计	533.94	36.6
		居民点工矿用地	3075.53				居民点工矿用地	469.56	32.2
		交通用地	338.06				交通用地	32.88	2.3
		农业设施用地	152.98				农业设施用地	31.50	2.1
	未利用地	小计	199.58	1.4		未利用地	小计	398.77	27.3
		滩涂、苇地	0.00				滩涂、苇地	334.45	22.9
		其他	199.58				其他	64.32	4.4
	土地总面积		13957.54	100.0		土地总面积		1460.02	100.0

续表3-12

乡镇	地类		面积（公顷）	占土地总面积（%）	乡镇	地类		面积（公顷）	占土地总面积（%）
内厝镇	农用地	小计	5578.55	81.8	同安县（包括12个镇8个农场）	农用地	小计	81673.85	81.0
		耕地	2095.38	30.7			耕地	24219.51	24.0
		园地	1060.19	15.6			园地	16102.56	16.0
		林地	2132.83	31.3			林地	36891.62	36.6
		内陆水面	290.15	4.2			内陆水面	4460.16	4.4
	建设用地	小计	947.96	13.9		建设用地	小计	11750.04	11.7
		居民点工矿用地	716.19	10.5			居民点工矿用地	8960.40	8.9
		交通用地	166.29	2.4			交通用地	1587.76	1.6
		农业设施用地	65.48	1.0			农业设施用地	1201.88	1.2
	未利用地	小计	290.57	4.3		未利用地	小计	7412.79	7.3
		滩涂、苇地	14.86	0.2			滩涂、苇地	3345.58	3.3
		其他	275.71	4.1			其他	4067.21	4.0
	土地总面积		6817.08	100.0		土地总面积		100836.68	100.0

1997—2010年同安区各镇（场）土地利用规划一览表（一）（缺大同、新民镇）

表3-13

镇名			洪塘镇		西柯镇		五显镇		汀溪镇		莲花镇	
			市指标	镇规划	市指标	镇规划	市指标	镇规划	市指标	镇规划	市指标	镇规划
土地整理开发规划（公顷）	增（+）减（-）	耕地增减	+3.80	+52.65	-66.09	-327.82	+37.20	+61.02	+23.67	-61.80	-408.26	-80.94
	补充耕地量	合计	84.20	154.25	68.19	34.79	156.87	172.83	105.80	8.80	204.67	131.02
		整理	40.40	43.02	34.33	4.18	61.13	42.91	14.80	5.55	50.47	58.69
		土地开发	1.80	0	5.73	0	11.00	5.37	4.00	0	1.73	0
		退果还耕	42.00	111.23	28.13	30.61	84.74	124.55	87.00	3.25	152.47	72.33
	控制耕地减少量	合计	80.40	101.60	134.28	362.61	119.00	111.81	82.13	70.60	612.93	211.96
		建设占用	52.00	80.27	118.00	350.34	75.00	77.54	56.00	46.20	548.00	162.56
		退耕	7.07	0	4.01	0	10.40	0	1.73	0	15.53	0
		灾毁	21.33	21.33	12.27	12.27	34.27	34.27	24.40	24.40	49.40	49.40
市控制指标与镇用地规划各类建设用地增量（公顷）	城镇用地		51.10	76.38	73.80	149.00	57.70	95.66	23.80	69.73	58.40	103.56
	村镇用地		—	411.95	—	71.57	农场用地 24.95	523.19	林场 1.60	324.51	农林场 17.81	556.74
	独立工矿用地		8.00	278.14	83.10	1652.23	4.00	287.01	58.07	186.11	21.00	247.11
	其他用地（交通、水利等）		64.60	124.26	175.90	170.18	39.75	231.26	52.21	327.53	846.40	341.04
	合计		123.70	890.73	332.80	2043.00	126.40	1137.12	135.68	907.88	943.61	1248.45
	占土地总面积%		—	24.0	—	51.5	—	13.6	—	5.8	—	5.7

续表3-13

镇名			洪塘镇		西柯镇		五显镇		汀溪镇		莲花镇	
			市指标	镇规划	市指标	镇规划	市指标	镇规划	市指标	镇规划	市指标	镇规划
镇农业用地规划（公顷）	合计		2430.42		1317.93		6871.03		13776.36		20547.34	
	基本农田保护区		1303.72		192.54		2245.76		1547.60		2968.73	
	一般农田区		64.64		18.91		146.13		93.50		290.86	
	其他农业用地区		1062.06		1106.48		4479.14		12135.26		17287.75	
	占土地总面积%		65.6		33.2		85.7		88.4		93.8	
镇土地利用分区规划	农业用地	面积（公顷）	2430.42		1317.93		7171.03		13776.36		20547.34	
		比例（%）	65.6		33.2		85.7		88.4		93.8	
	建设用地	面积（公顷）	890.73		2042.98		1137.12		907.88		1248.45	
		比例（%）	24.0		51.5		13.6		5.8		5.7	
	未利用地	面积（公顷）	384.45		608.41		58.32		901.02		107.96	
		比例（%）	10.4		15.3		0.7		5.8		0.5	
	合计		3705.60		3969.32		8366.47		15585.26		21903.75	

1997—2010 年同安区各镇（场）土地利用规划一览表（二）（缺大同、新民镇）

表3-13

镇名			马巷镇		新店镇		新圩镇		内厝镇		大嶝镇	
			市指标	镇规划	市指标	镇规划	市指标	镇规划	市指标	镇规划	市指标	镇规划
土地整理开发规划（公顷）	增(+)减(-)	耕地增减	-116.30	-150.12	-137.20	+16.21	+1.00	+26.14	-4.60	-16.95	-43.60	-62.69
	补充耕地量	合计	123.90	205.70	161.40	321.61	135.80	—	141.00	103.68	15.47	33.33
		整理	86.00	97.70	115.73	171.03	41.33	43.09	91.87	56.63	13.47	0
		土地开发	0	28.00	4.00	0	2.00	0	0	0	0	33.33
		退果还耕	37.90	80.00	41.67	150.58	92.47	99.33	49.13	47.05	2.00	0
	控制耕地减少量	合计	240.20	355.82	298.60	305.40	134.80	116.28	145.60	120.63	59.07	96.02
		建设占用	183.00	312.92	207.00	236.67	90.00	80.15	101.00	87.16	53.00	91.55
		退耕	14.30	0	22.87	0	8.67	0	11.13	0	1.60	0
		灾毁	42.90	42.90	68.73	68.73	36.13	36.13	33.47	33.47	4.47	4.47
市控制指标与镇用地规划各类建设用地增量（公顷）	城镇用地		206.70	386.55	167.40	207.18	84.30	145.20	28.20	96.82	76.60	125.03
	村镇用地		—	835.07	—	972.72	农场 47.30	494.40	—	564.38	—	194.34
	独立工矿用地		68.00	387.25	195.40	342.26	84.30	274.56	42.40	113.94	65.00	140.63
	其他用地（交通、水利等）		97.00	243.39	159.50	305.75	58.17	118.17	79.30	289.57	347.70	356.24
	合计		371.70	1852.26	522.30	1827.91	200.57	1032.33	149.90	1064.71	489.30	816.24
	占土地总面积%		—	30.3	—	17.3	—	10.2	—	15.6	—	55.9

续表3-13

<table>
<tr><th colspan="3" rowspan="2">镇名</th><th colspan="2">马巷镇</th><th colspan="2">新店镇</th><th colspan="2">新圩镇</th><th colspan="2">内厝镇</th><th colspan="2">大嶝镇</th></tr>
<tr><th>市指标</th><th>镇规划</th><th>市指标</th><th>镇规划</th><th>市指标</th><th>镇规划</th><th>市指标</th><th>镇规划</th><th>市指标</th><th>镇规划</th></tr>
<tr><td rowspan="5">镇农业用地规划（公顷）</td><td colspan="2">合计</td><td colspan="2">3647.00</td><td colspan="2">6460.87</td><td colspan="2">9116.00</td><td colspan="2">5602.09</td><td colspan="2">291.31</td></tr>
<tr><td colspan="2">基本农田保护区</td><td colspan="2">2649.67</td><td colspan="2">4603.51</td><td colspan="2">2383.65</td><td colspan="2">2353.43</td><td colspan="2">22.11</td></tr>
<tr><td colspan="2">一般农田区</td><td colspan="2">227.02</td><td colspan="2">272.78</td><td colspan="2">177.90</td><td colspan="2">106.49</td><td colspan="2">152.60</td></tr>
<tr><td colspan="2">其他农业用地区</td><td colspan="2">770.31</td><td colspan="2">1584.58</td><td colspan="2">6554.45</td><td colspan="2">3142.17</td><td colspan="2">116.60</td></tr>
<tr><td colspan="2">占土地总面积%</td><td colspan="2">59.8</td><td colspan="2">61.3</td><td colspan="2">89.8</td><td colspan="2">82.2</td><td colspan="2">20.0</td></tr>
<tr><td rowspan="7">镇土地利用分区规划</td><td rowspan="2">农业用地</td><td>面积（公顷）</td><td colspan="2">3647.00</td><td colspan="2">6460.87</td><td colspan="2">9116.00</td><td colspan="2">5602.09</td><td colspan="2">291.31</td></tr>
<tr><td>比例（%）</td><td colspan="2">59.8</td><td colspan="2">61.3</td><td colspan="2">89.8</td><td colspan="2">82.2</td><td colspan="2">20.0</td></tr>
<tr><td rowspan="2">建设用地</td><td>面积（公顷）</td><td colspan="2">1852.26</td><td colspan="2">1827.91</td><td colspan="2">1032.33</td><td colspan="2">1064.71</td><td colspan="2">816.24</td></tr>
<tr><td>比例（%）</td><td colspan="2">30.3</td><td colspan="2">17.3</td><td colspan="2">10.2</td><td colspan="2">15.6</td><td colspan="2">55.9</td></tr>
<tr><td rowspan="2">未利用地</td><td>面积（公顷）</td><td colspan="2">604.12</td><td colspan="2">2254.61</td><td colspan="2">1.31</td><td colspan="2">150.28</td><td colspan="2">352.47</td></tr>
<tr><td>比例（%）</td><td colspan="2">9.9</td><td colspan="2">21.4</td><td colspan="2">0</td><td colspan="2">2.2</td><td colspan="2">24.1</td></tr>
<tr><td colspan="2">合计</td><td colspan="2">6103.38</td><td colspan="2">10543.39</td><td colspan="2">10149.64</td><td colspan="2">6817.08</td><td colspan="2">1460.02</td></tr>
</table>

说明：1. 建设用地栏市控指标为用地增量指标，镇规划为镇建设用地量规划，下同

2. 五显镇的建设用地市指标含北山、竹坝二农场

3. 建设用地市指标含汀溪林场

4. 建设用地含白沙仑农场、祥溪林场

5. 建设用地市指标含大帽山农场

第三节 用地管理

一、地权籍管理

（一）地权籍登记

1996年起，土地整理新增耕地、土地使用权流转、项目用地置换等动态变动，均一一登记入档上图标示并实行动态管理。

1998年上半年，发出农村村民宅基地使用权证16万本，下半年启动城乡房产、宅基地使用权“两证合一”工作，至2003年发证16960宗，均列入地籍管理。

1999年，登记各镇土地权属3885宗，2000年5385宗，整理归档11227宗。

2002—2005年，完成集体土地所有权登记发证660宗，宗地权属归档606宗。

（二）地权纠纷调处

2003—2004年，3次调处五显大溪、缉熙亭两村土地权属案。2005年，调处西柯镇西浦、新厝两村大路片土地纠纷案及石浔、瑶头滩涂纠纷案。2006年，调处土地争议案28起，完满解决4件。着手档内236宗集体土地所有权争议的调查、处理，制订“争议地调处方案”，走“依法调处”程序。

二、地价管理

1997年，执行1993年10月制定的5类用途9个等级的综合地价。其中，最高为商住商品房最高

档，每平方米580元，最低为工业仓库堆场用地最低档，每平方米28元。

2005年3月，执行《厦门市城镇土地基准地价表》中所规定同安区城镇各类用地的基准地价。其中最高为商业用地最高档，每平方米3800元，最低为旅馆用地最低档，每平方米90元。

同安区土地综合地价表（1993年）

表3-14

单位：元/平方米

		商住商品房			工业商品房		自用营业性用地			非营业性用地		工业仓库堆场用地	
		公共设施费	小区配套费	土地出让金	公共设施费	土地出让金	公共设施费	小区配套费	土地出让金	公共设施费	小区配套费	公共设施费	小区配套费
县城规划区	A1	300	80	200	70	50	150	40	100	150	40	50	40
	A2	280	80	180	65	45	140	40	90	130	40	45	40
“工业走廊”	B1	250	80	170	60	40	120	40	85	120	40	40	40
	B2	200	80	140	50	30	100	40	70	100	40	35	40
新民、马巷、汀溪镇规划区	C1	160	80	110	40	25	80	40	55	80	40	25	40
	C2	120	80	80	30	20	60	40	40	60	40	20	40
洪塘、五显镇规划区	D1	120	70	80	30	20	60	35	40	60	35	20	35
	D2	80	70	55	20	10	40	35	25	40	35	15	35
新店、西柯、新圩、内厝、莲花镇及刘五店规划区	E1	60	70	40	15	10	30	35	20	30	35	10	35
	E2	40	60	30	12	8	20	30	15	20	30	7	30
主要公路两侧	F	60	60	40	15	10	30	30	20	30	30	10	30
大同、马巷、新民、洪塘镇辖区	G	30	60	25	9	7	20	30	12	20	30	7	30
五显、西柯、新店镇辖区	H	25	50	15	6	4	12	25	8	12	25	4	25
新圩、内厝、汀溪、莲花镇辖区	I	12	50	8	5	3	10	25	4	10	25	3	25

说明：1. 别墅用地不考虑容积率，土地出让金按本表高一倍收取

2. 本表容积率按2计，当容积率在2～4时，公共设施和小区配套费增收50%，超出4时，超出部分公共设施和小区配套费增收部分减半

3. 微利商品房和拆迁周转房按非营业性用地收取

4. 本表各项收费中不含土地平整费和土地征用拆迁费

5. 如用地（开发）单位自行解决水、电、通讯及道路等“五通一平”，可免收小区配套费

同安区城镇土地基准地价表（2005年）

表3-15

单位：元/平方米

用途	TⅠ1	TⅠ2	TⅠ3	TⅠ4	TⅡ1	TⅡ2	TⅡ3	TⅡ4	X_1	X_2	X_3	X_4	X_5	X_6
商业	3800	2400	1300	830	700	500	350	300	1400	1200	750	600	400	250
住宅	350	300	250	200	180	150	120	100	230	200	180	160	140	100
办公	300	300	250	150	170	140	120	100	220	200	180	150	130	100

续表3-15

用途	TI1	TI2	TI3	TI4	TⅡ1	TⅡ2	TⅡ3	TⅡ4	X_1	X_2	X_3	X_4	X_5	X_6
旅馆	200	200	180	150	130	120	100	90	180	150	150	140	100	90
工业		200	150	150	200	150	100	80	150	150	150	150	120	100

说明：1. 本表中的价格为法定最高年限，住宅、办公、旅馆用地在容积率为3时，商业用地在一层为标准层，进深小于10米时的楼面价格，工业用地在容积率为1.5时的地面价格

2. 法定最高年限：住宅70年，商业40年，工业、办公、其他50年

3. 基准地价是指城镇规划区范围内，对现状利用条件下不同级别或不同等级均质地域的土地，按照商业、居住、工业、办公、旅馆等用途，分别评估确定某一期间法定最高年限土地使用权的区域平均价格

三、征地补偿

1997年，执行同政〔1992〕46号文规定的征用土地综合补偿费（含土地补偿费、安置补偿费、青苗补偿费）标准，最高每亩31409元，最低13234元。

1997—2005年同安区征用土地综合补偿费标准

表3-16

土地所在村人均耕地（亩）				0.3	0.4	0.5	0.6	0.7	0.8	0.9	1.0
综合补偿费	规划区	水田（元/亩）	上	31409	26602	23707	21794	20429	19390	18582	17948
			中	30862	26138	23304	21415	20073	19053	18359	17636
			下	30315	25560	22891	21035	19717	18715	17935	17323
		农地（元/亩）	上	29988	25398	22644	20808	19504	18513	17742	17136
			中	29792	25232	22494	20672	19377	18392	17626	17024
			下	29594	24526	22348	20596	19249	18271	17610	16912
	非规划区	水田（元/亩）	上	23040	19829	17906	16617	15664	14822	14483	14060
			中	22635	19480	17590	16324	15436	14756	14227	13811
			下	22229	19129	17273	16029	15157	14489	13969	13561
		农地（元/亩）	上	21986	18920	17084	15854	14991	14330	13816	13421
			中	21841	18795	16971	15749	14892	14235	13724	13323
			下	21696	18670	16858	15644	14792	14140	13633	13234

2005年9月起，依据市府〔2005〕176号文规定，结合同安区情，同安区政府发布《关于完善征地拆迁改革若干意见的实施细则》（厦同政〔2005〕121号），细则规定征用地综合补偿费（含土地补偿费、安置补偿费、青苗和地上附着物补偿费、水利设施摊销费）按三类（农用地、林地、荒杂地）四个等级计算。

盐田及国有滩涂上的虾池、鱼池，统一按每亩2.5万元予以补偿。

育苗池、孵化池的砌体内径计算容积，补偿标准含养殖设施设备、养殖亲本、苗种及搬迁补助费，最高补偿容积60立方米。补偿标准钢筋混凝土结构不高于220元/立方米，砖石结构不高于140元/立方米。

集体建设用地按《厦门市征用集体土地房屋拆迁补偿安置规定》标准执行。其中，属合法的村镇

企业用地，统一按 150 元/平方米补偿给村集体经济组织。

土地补偿费的发放，凡村民代表大会已做决定，且符合法律规定的，按决定执行。未做决定的，发放 70%（含办理养老保险费用）。余下 30%，主要用于公益事业及发展村集体经济，具体使用由村民代表大会决定。

农村集体土地房屋拆迁可实行产权调换，拆一补一，不补差价。人均合法产权超过 50 平方米超出面积按安置房市价计算。不足 50 平方米按 50 平方米给予安置。实行货币补偿的，人均 50 平方米按上季度拆迁房邻近普通商品房价的平均售价补偿。超过人均 50 平方米部分，按安置房市价评估补偿。

以上征地拆迁补偿标准执行至 2007 年底未改变。

2005 年同安区征用土地综合补偿费标准表

表 3-17 单位：万元/亩

等级	区　　域	农用地	林地	荒杂地
1	①大同街道古庄村、朝元村、东山村、顶溪头村、碧岳村、田洋村、下溪头村、康浔村 ②祥平街道祥桥村、杜桥村、凤岗村、阳翟村、卿朴村	5.2	—	—
2	①西柯、新民辖区（除溪林村、蔡宅村、西山村外） ②大同街道东宅村 ③祥平街道西洪塘村、西湖村、溪声村、瑶头村 ④汀溪镇隘头村 ⑤五显镇安炉村、西洋村	5.0	—	—
3	①五显、洪塘镇辖区（含竹坝农场） ②祥平街道过溪村 ③新民镇溪林村、蔡宅村、西山村 ④凤南农场	4.5	—	—
4	莲花镇辖区（含白沙仑农场、汀溪林场）	4.0	2.2	1.7

说明：1. 上述补偿标准中已包含青苗及地上附着物补偿费，每亩 5700 元

2. 上述补偿标准中已包含农用地（除林地外）水利设施摊销费每亩 300 元，属被征地农村集体经济组织所有

3. 同一项目征地按同一标准补偿，就高不就低（线性工程征地除外）

4. 每亩可增加 3000 元作为同一项目地上附着物差异的补偿调剂费用，由征地单位组织编制，区征地拆迁办审核并公示后，报区政府批准

5. 征收农用地按期交地的，另奖励被征地对象 0.6 万元/亩，给被征地农村集体经济组织。被征地属村民承包经营的土地或自留地的，应全额支付给被征地村民

四、用地审批

1997—2007 年，城乡非农三项建设用地统一由区土地局（2003 年后由同安区国土资源管理分局）上报有权机关批准（区级政府可批耕地 3 亩以内，杂地 10 亩、市级政府批耕地 10 亩、杂地 100 亩以内，耕地 10 亩、杂地 100 亩以上者报省政府）。1999—2007 年，全区累计审批三项非农业地 47900.35 亩，其中国家用地 47072.48 亩，农村村民建房用地 827.87 亩。

附录：城乡非农三项用地申请审批手续

村民建房用地 按一户一宅、宅基地面积 90～95 平方米控制、宅基地为空杂地的申请审批手续依次为个人申请、村民小组及村委会同意、张榜公布并群众评议通过、镇土管所审查同意、区规划部门签章、区土管部门批准、镇土管所放样、县土管部门核发用地许可证、村民按放样红线开工。宅基地占用耕地的，则在区土管部门审核后报区政府审批。

城镇居民建房用地　宅基地每户最多不超过60平方米。申请审批手续同宅基地为耕地的村民申请户。

国家与集体建设用地　申请手续依次为立项，选址、测绘地形、扩初方案设计、设计审查、区土管部门审核、报市府（省府）批准。

外资企业用地　申请审批手续依次为外资管理部门审批立项设立企业，工商行政管理部门注册登记，建设、土管部门办理规划和用地手续，建设部门会同土地、环保、消防部门联合选址、核发规划许可证、用地红线图和代拟批文上报，外企凭红线图委托征地拆迁部门与被征地单位签订用地协议、与土管部门签订《土地使用合同》，土管部门核发建设用地许可证、建设部门审定初步设计和施工图。

1999—2007年同安区报批三项非农建设用地表

表3-18

年份	国家建设（含三资、集体建设用地）	农村居民建设用地
1999	748.00亩	无批建
2000	1640.40亩	1664宗232.12亩
2001	4036.70亩	811宗114.15亩
2002	4723.50亩	无批建
2003	6520.26亩	747宗104.80亩
2004	3555.94亩	660宗89.10亩
2005	8407.68亩	400宗55.60亩
2006	6280.00亩	595宗86.32亩
2007	11160.00亩	1092宗145.78亩
总计	47072.48亩	827.87亩

五、土地监察

土地监察执法重点制止、查处未批擅建、超面积建设、改变用途、侵占破坏基本农田、毁耕毁林、化耕为杂、闲置抛荒、非法转让、以租代征等土地违法行为。1997年监察执法18件，责令退地复耕近47亩。至2007年，累计执法788件，涉及面积1945.08亩，罚款456.5万元（缺5年罚款数）。拆除违建面积67.87亩，没收违建面积157.55亩，责令退地复耕277.19亩。

1997—2007年同安区土地执法情况表

表3-19

年份	执法件数	涉及面积（亩）	罚款（万元）	拆除违建面积（亩）	没收违建面积（亩）	责令退地复耕（亩）
1997	18	—	—	—	0	46.92
1998—1999	79	86.20	—	—	0	68.80
2000	63	326.40	303.80	4.27	4.91	46.80
2001	90	356.23	97.32	0.40	0	68.72
2002	95	68.25	28.30	0.48	0.32	0.32
2003	71	65.75	22.00	5.73	0	5.73

续表3-19

年份	执法件数	涉及面积（亩）	罚款（万元）	拆除违建面积（亩）	没收违建面积（亩）	责令退地复耕（亩）
2004	57	66.98	—	2.68	0	2.68
2005	97	120.30	—	13.12	0.20	0.20
2006	131	166.17	5.09	10.56	16.22	10.56
2007	87	688.80	—	30.63	135.90	142.18

第四节　矿产管理

一、开采权证审核年检

1997 年，继续实行矿点开采权证审批发证规定，征收矿产资源补偿费。同年对 497 家矿产生产经营企业的许采证，经营证进行年检，不合格 93 家，注销许采证 103 家。

2002 年 6 月，停止采矿权行政审批，改为有偿出让。当年马巷镇何厝矿点招标成功，底价 130 万元，复垦保证金 30 万元，年限 8 年。

2003 年年检 154 家，不合格 16 家，注销许采证 16 家。

2006 年，开采合同到期矿点全部有偿让出，收取出让金 400 多万元，复绿保证金近 500 万元。

2007 年，年检 78 家，不合格 9 家，有偿出让矿点 73 个，收取出让金 728 万元，复绿保证金 500 万元。1997—2007 年，累计年检 1796 家，不合格 191 家，注销许采证 269 家。

二、资源区划分

2001 年 8 月，区政府颁布《同安区矿产资源开发与利用规划》，把矿业生产划为开采区、限采区和禁采区，2002 年起执行开采区规定 8 大基地，其中石材有洪塘下墩、马巷何厝、新民禾山、凤南大小凤山、五显石垄，合计 5 区 26 点。（主矿区为省优“红糖白”和“禾山红”，储量分别 5782 万立方米和 2520 万立方米）；建筑碎石矿 2 区 12 点（同安区年产 60 万立方米），高岭土 1 区 3 点（东坑矿储量 500 万吨）。矿泉水 3 点（已开采多年）、地热 1 点。开采区均须建三级保护带治污。限采区 27 个点，其中海沙 2 点、石材 2 点、高岭土 23 点。禁采区共 9 个点；花岗岩矿 7 个点，砂矿 2 个点。

三、矿业执法

1997 年，继续开展以“合法、有序”为目标的矿业秩序大整治，通过证件年检、实地抽检、巡回检查、执法大检查和立案查处，取缔无证、越界、超深、以采代探、非法转让出租矿权以及毁耕毁林、破坏生态、污染环境、破坏军界、破坏景观等的违规违法矿点。至 2000 年累计执法 81 件，其中违法 35 件，无证 46 件，罚款 23.2 万元，注销许采证 210 件，闭坑 164 件，停产整改 191 件。基本实现矿业生产的有序和合法。

2004—2006 年，累计执法 89 件，其中违法 57 件，无证 4 件，注销许采证 40 件，闭坑 28 件，停产整改 34 件，移送执法局处理 12 件。

1997—2007 年，全区矿业执法 170 件，其中违法 92 件，无证 50 件，罚款 23.20 万元，收缴资源费 232.12 万元；注销许采证 269 件，闭坑 203 个，停采整改 228 点；移送执法局 12 件。

同安矿业限采区一览表

表 3-20

编号	限采区名称	面积（万平方米）	估算储量（万吨或万立方米）
X1	莲云镇云洋高岭土	9.00	5.40
X2	新民梧侣高岭土	7.88	1.80
X3	新民柑岭高岭土	7.00	2.34
X4	新民后宅高岭土	5.50	3.94
X5	同安湾海域海砂	7454.00	—
X6	新民凤岗高岭土	4.50	5.40
X7	五显四林高岭土	66.50	2.70
X8	洪塘新学高岭土	80.00	11.40
X9	洪塘东宅高岭土	1.00	2.5
X10	新店安山高岭土	300.00	1.65
X11	新店东界—浦园高岭土	787.50	40.00
X12	五显古垄花岗岩荒料	202.50	6075.00
X13	马巷安边—上吴高岭土	15.00	6.00
X14	马巷后莲高岭土	1.00	2.00
X15	新店东坑高岭土	116.25	280.00
X16	新店鼓锣农场高岭土	530.00	6.00
X17	新店洪前高岭土	42.50	4.80
X18	马巷桐梓高岭土	1.00	3.00
X19	新店祥吴宋厝高岭土	23.87	2.20
X20	新圩七里高岭土	12.50	4.7
X21	新圩金柄高岭土	57.00	16.00
X22	内厝莲前高岭土	9.00	12.40
X23	新店蔡厝高岭土	30.00	1.98
X24	新店大宅高岭土	97.50	4.90
X25	内厝黄厝周后高岭土	8.00	5.40
X26	内厝鸿渐山—狮头山石材	715.00	15000.00
X27	新店—大嶝海域海砂	—	—

第五节 地质灾害防治

一、灾害点调查

1997 年，全区地质灾害隐患点 118 点，其中居民灾害点 96 处。

2002 年普查，重点灾区为莲花、汀溪、五显、内厝、大帽山。

2006 年，建卡录为重点灾害区的有 64 处，其中汀溪镇 27 处、莲花镇 31 处。

二、综合防治

2002 年普查后，同安区编制《地质灾害防备预案》，重点防备民居地灾害隐患 96 处。成立 12 镇地灾防治组，聘请 32 名地灾监测员（2007 年增至 39 人），培训 30 名村组联络员，组成三级地灾监测网络。汛期坚持三级值班监测，启动紧急防灾预案，全力防避人员伤亡。

2005 年，制订《同安区 2005—2015 年地质灾害防治规划》，从宣传教育、培训、监测、投资、防治、汛期避险到整村搬迁避险等多方面、全方位进行规划，并付诸实施。

2006 年，64 处重点灾害点建卡入微机，涉及 128 户 836 人，设警示牌 70 块，开通地灾应急防避系统。

2002—2007 年，累计投资 262.8 万元治理白交祠小学、罗溪、淡溪、褒美、汪前、造水等地质灾害（隐患）点，汛期转移避灾 3200 多人次。累计投资 149 万元帮助吴厝、莲花尾林、大帽山红毛岭、汀溪汪前、内田、茬畲等地质灾害（隐患）点 26 户村民搬迁避险。

第七章　环境保护

第一节　机构

厦门市环境保护局同安分局　1997 年 4 月成立，为厦门市环境保护局派出机构，正处级。

厦门市环境监理中心所同安分所　1998 年 3 月，同安县排污收费监理所更名为厦门市同安环境监理所。2005 年同安环境监理所更名为厦门市环境监理中心所同安分所，同时分所人事权、财权移归厦门市环保局管理。

厦门市环境监测中心站第一分站　1998 年 3 月，同安县环境保护监测站更名为厦门市同安环境监测站。2005 年，同安环境监测站更名为厦门环境监测中心站第一分站，同时分站人事权、财权移归厦门市环保局负责。

第二节　环境质量

一、大气环境质量

1997 年，大同镇城区环境空气质量主要指标二氧化硫、氮氧化物浓度符合 GB3095—1996 环境空气质量一级标准；总悬浮微粒物浓度符合 GB3095—1996 环境空气质量二级标准。降尘量的年月均值为 4.5 吨/月平方公里，比 1996 年下降 27.45%。

1998 年，大同镇城区环境空气质量主要指标二氧化硫、氮氧化物、总悬浮微粒浓度符合 GB3095—1996 环境空气质量一级标准。

2000 年，全年环境空气质量符合 GB3095—1996 环境空气质量二级标准，大气主要污染物为总悬浮微粒。

2001 年起，采用自动监测，并使用空气污染指数分级表征空气质量，当年同安城区环境空气污染指数年平均值为 50.2，首要污染物为可吸入颗粒物，空气质量优的天数占 49.28%；良的天数占 50.72%。2002—2003 年，同安城区空气污染指数年均为 54.5 和 59。2004—2006 年，同安全区空气污染指数年均为 56、56、61。从 2004 年起二氧化氮的浓度大幅上升，并呈逐年增长的趋势。

2007 年，同安区空气污染指数年平均值为 58，空气质量良。全年优的天数 112 天；良 239 天；轻度污染 1 天。环境空气中三种主要污染物年平均浓度分别为：二氧化硫 0.029 毫克/立方米，二氧化氮 0.033 毫克/立方米，可吸入颗粒物浓度 0.071 毫克/立方米。

二、水环境质量

同安水环境按《厦门市环境功能区划》的相关规定，汀溪水库为特殊保护水域，东、西溪水系，石浔坝、瑶江橡胶坝上游为重点保护水域，官浔溪等小溪为一般保护水域。根据监测结果，对照相关水质标准，测定各功能区历年水质。

（一）汀溪水库特殊保护水域

1997—1998 年，每两个月采样监测一次，除 1997 年 5 月 pH 值和 1998 年地面水环境质量大肠杆菌超标外，其余指标均符合 GB5749—85 生活饮用水卫生标准中规定的水源水质要求及 GB3838—88 地面水环境质量Ⅲ类水质标准。

1999—2000 年，每二个月采样监测一次，饮用水源达标率分别为 83.3%、100%，其中 1999 年 7 月份大肠菌群和非离子氨超出 GB3838—88 地面水环境质量标准Ⅲ类标准。

2001 年起，每月监测一次，当年饮用水源达标率为 91.7%，监测结果除 6 月份的粪大肠菌群外，其余均符合 GHZB1—1999 地表水环境质量Ⅲ类标准。

2003 年，饮用水源达标率 83.3%，超标污染物为 pH、总磷，超标月份为 7 月、8 月。

2004 年，pH 值、高锰酸盐指数部分月份超标，总氮、总磷浓度值较高，呈现水体富营养化的趋势。

汀溪水库水源地保护区

2005 年 6 月，汀溪水库水质呈严重的富营养化状态，水面漂浮着厚约 15～20 厘米绿藻层，pH 值、高锰酸盐指数部分月份超标。经拆除 54 处规模化养猪场等综合整治，严重影响汀溪水库的主要污染源基本消除，水质明显好转，稳定达标。

2006 年，水质基本符合Ⅱ类水质，但总磷、总氮指标浓度值仍出现超标。

2007 年，水质符合Ⅲ类水质，按城市环境综合整治定量考核有关规定，达标率 100%。根据《厦门市环境功能区划》的有关规定，汀溪水库水质基本符合Ⅱ类水质，高锰酸盐指数出现一次超标，全年均值达标；总磷、总氮浓度值出现超标，总磷符合Ⅲ类水质标准。

（二）东、西溪重点保护水域

1997 年，东、西溪水系水质除大肠菌群超标外，其余指标监测结果均符合 GB3838—88 地面水环境质量Ⅲ类标准。东、西溪合流段平、枯水期的监测结果基本符合 GB3838—88 地面水环境质量Ⅳ类标准。

1998 年，东、西溪水系的水质除大肠菌群超标外其余 21 项指标监测结果均符合 GB3838—88 地面水环境质量标准Ⅲ类标准。东西溪合流段丰、平、枯水期的监测结果基本符合 GB3838—88 地面水环境质量Ⅳ类标准，枯水期卿朴断面六价铬的浓度超Ⅳ类水质标准的限值。

1999 年，东溪水系的水质达标率为 66.7%，西溪水系的水质达标率为 55.6%。东西溪合流段丰、平、枯水期的监测结果均符合 GB3838—88 地面水环境质量Ⅳ类标准。

2000 年，东、西溪水系的水质，合流段水质测试均超过 GHZB1—1999 地表水环境质量Ⅲ类标准。

2001 年，东溪水系水质，丰、平、枯水期粪大肠菌群、总磷超过 GHZB1—1999 地表水环境质量Ⅲ类标准。西溪水系水质，丰、平、枯水期粪大肠菌群、总磷和氨氮超过 GHZB1—1999 地表水环境质量Ⅲ类标准。东、西溪合流段，丰、平、枯水期粪大肠菌群和总磷超过 GHZB1—1999 地表水环境质量Ⅳ类标准。

2004 年，西溪水质粪大肠菌群浓度值超过Ⅲ类水质标准，东溪和东、西溪合流段超过Ⅴ类水质标准。

2005 年，全面开展东、西溪水环境污染综合整治工作，水环境质量明显好转。但次年由于厦门银鹭食品有限公司废水处理设施发生故障，生产废水未经处理排入东溪，使东溪受到严重污染，东溪水环境质量呈恶化趋势。

2007 年，西溪水质符合Ⅲ类标准要求，东溪和东西溪合流段水质无明显变化。东溪、西溪和东西溪合流段出现的超标项目均为粪大肠菌群、氨氮、总磷、五日生化需氧量、高锰酸盐指数、溶解氧，各水体的主要污染物和出现的超标项目基本相同。

（三）其他水系

2003 年起，其余水系所受污染日趋严重，尤其是新民、西柯、洪塘境内的小溪水质普遍超出 GB3838—2002 地表水环境质量Ⅴ类水质标准的限值，小溪、水沟都变成排污沟，不少河段水质发黑发臭。

三、声环境质量

据 1997—2007 年监测资料，1997—2004 年同安城区环境噪声平均等效声级均超城市环境综合整治定量考核 1 类标准，2005—2007 年超 2 类标准，交通路段交通噪声平均等效声级均超 4 类标准 1.4～6.5 分贝。

1997—2007 年同安城区声环境质量监测结果

表 3-21

年份	监测面积（平方公里）	监测点（个）	平均等效声级（分贝）	同比升降（分贝）	超 1 类标准（2 类）	交通路段监测点（个）	交通噪声等效声级（分贝）	同比升降（分贝）	超 4 类标准
1997	4	106	58.2	+1.6	+3.2	11	72.4	—	+2.4
1998	4	106	56.3	−1.9	+1.3	11	76.5	+4.1	+6.5
1999	4	106	57	+0.7	+2.0	11	71.4	−5.1	+1.4
2000	4	106	59.5	+2.5	+4.5	11	74.2	+2.8	+4.2
2001	4	106	58.2	−1.3	+3.2	11	73.0	−1.2	+3.2
2002	4	106	59.4	+1.2	+4.4	11	72.5	−0.5	+2.5

续表3-21

年份	监测面积（平方公里）	监测点（个）	平均等效声级（分贝）	同比升降（分贝）	超1类标准（2类）	交通路段监测点（个）	交通噪声等效声级（分贝）	同比升降（分贝）	超4类标准
2003	8.2	205	59	-0.4	+4.0	11	73.0	+0.5	+3.0
2004	8.2	205	60.5	+1.5	+5.5	11	73.6	+0.6	+3.6
2005	8.2	205	61.9	+1.4	+1.9（2类）	12	73.6	—	+3.6
2006	8.2	102	61.4	-0.5	+1.4（2类）	12	74.8	+1.2	+4.8
2007	8.2	110	58.8	-2.6	-1.2（2类）	12	75.3	+0.5	+5.3

说明：1类标准适用于居住、文教机关为主的区域。2类标准适用于居住、商业工业混杂区。3类标准适用于城市中交通干线道路两侧区域。

第三节 环境监测

一、监测项目

地表水监测：监测重点放在东、西溪水系，石浔坝、瑶江橡胶坝上游重点保护水域和汀溪水库特殊保护水域。监测项目主要有pH值、悬浮物、总硬度、溶解氧、高锰酸盐指数、五日生化需氧量、氨氮、亚硝酸盐氮、硝酸盐氮、铅、镉、六价铬、石油类、浊度、氟化物、细菌总数、大肠菌群、总磷等。

地下水监测：分析测试的项目除地表水的监测项目外，加测钾、钠、钙、镁、铁、锰、铜、铝、银、镍、锶、锂、锌、偏硅酸、重碳酸根、氯离子、砷、氰化物、酚类化合物等。

大气监测：监测项目主要有二氧化硫、氮氧化物、总悬浮颗粒物、降尘。

区域环境噪声监测：采用均匀布点法，按城市噪声测量规范的有关规定测定。

二、监测数据及结果

1997年，全年共获取水、气、声环境监测数据1474个。

1999年，全年共完成监测数据3729个，对外服务项目60个。

2000年，完成例行监测要素数据2755个，其中大气环境监测要素数据720个、水环境监测要素数据567个、饮用水源监测要素数据420个、降水监测要素数据335个、区域环境噪声监测要素数据713个；完成污染源监测436家次，测取监测数据1402个；完成对外服务分析测试数据1200个。全年累计测取各类数据5357个。

2001年4月，厦门大气自动监测站同安子站建成并投入使用，6月5日起正式向社会公布同安的环境空气质量状况日报和预报。当年，完成例行监测要素数据5749个，其中大气环境监测要素数据3764个、水环境监测要素数据1209个、降水监测要素数据75个、区域环境噪声监测要素数据701个；完成污染源监测385家次，测取监测数据1198个；环境污染纠纷有关数据86个。完成水库水质监测，测取有关数据155个。完成对外服务分析测试数据1200个。全年累计测取各类数据8388个。

2002—2004年，完成例行监测要素数据11232个，其中大气环境监测要素数据3306个、饮用水源监测要素数据1116个、地表水监测要素数据2685个、降水监测要素数据183个、区域环境噪声监测要素数据3942个；完成污染源监测1324家次，测取监测数据6080个；环境污染纠纷有关数据428个；完成对外服务分析测试数据3507个。三年完成各项工作任务累计测取各类数据21247个。

2005—2007 年，监测污染源 1812 家次，其中废水 943 家次，废气 309 家次，噪声 560 家次。废水出现超标的项目主要有 COD_{Cr}、BOD_5、氨氮；废气出现超标的项目有二氧化硫浓度等，噪声主要为厂界噪声、建筑施工场界噪声。

1997—2000 年同安区环境空气主要污染物年度平均浓度统计表

表 3-22

年份	二氧化硫（SO_2）（毫克/立方米）	氮氧化物（NO_X）（毫克/立方米）	总悬浮微粒物（PM_{10}）（毫克/立方米）	降尘量（吨/月·平方公里）
1997	0.013	0.016	0.12	4.50
1998	0.010	0.018	0.11	4.34
1999	0.010	0.022	0.12	5.18
2000	0.009	—	0.13	4.80

说明：一级标准：二氧化硫 0.02 毫克/立方米、氮氧化物 0.05 毫克/立方米、总悬浮微粒物 0.08 毫克/立方米
二级标准：二氧化硫 0.06 毫克/立方米、氮氧化物 0.05 毫克/立方米、总悬浮微粒物 0.20 毫克/立方米

2000—2007 年同安区环境空气主要污染物年度平均浓度统计表

表 3-23

年份	二氧化硫（SO_2）（毫克/立方米）	二氧化氮（NO_2）（毫克/立方米）	可吸入颗粒物（PM_{10}）（毫克/立方米）	API 值
2000	0.009	0.018	—	—
2001	0.026	0.014	0.061	50.2
2002	0.028	0.021	0.082	54.5
2003	0.027	0.023	0.088	59.0
2004	0.029	0.027	0.067	56.0
2005	0.027	0.039	0.066	56.0
2006	0.028	0.041	0.073	61.0
2007	0.029	0.033	0.071	58.0

说明：一级标准：二氧化硫 0.02 毫克/立方米、二氧化氮 0.04 毫克/立方米、可吸入颗粒物 0.04 毫克/立方米
二级标准：二氧化硫 0.06 毫克/立方米、二氧化氮 0.08 毫克/立方米、可吸入颗粒物 0.10 毫克/立方米

2007 年汀溪水库水质超标项目分析表

表 3-24　　单位：毫克/升

月份	总氮		总磷		高锰酸盐指数	
	结果	超标倍数	结果	超标倍数（Ⅱ类）	结果	超标倍数（Ⅱ类）
1	1.95	2.90	0.021	—	0.8	—
2	3.19	5.38	0.039	0.56	1.1	—
3	0.92	0.84	0.039	0.56	5.4	0.4
4	0.94	0.88	0.040	0.60	2.9	—
5	0.93	0.86	0.040	0.60	3.2	—
6	0.99	0.97	0.043	0.72	2.2	—

续表3-24

月份	总氮		总磷		高锰酸盐指数	
	结果	超标倍数	结果	超标倍数（Ⅱ类）	结果	超标倍数（Ⅱ类）
7	0.97	0.94	0.022	—	2.3	—
8	0.90	0.79	0.021	—	2.0	—
9	0.86	0.72	0.024	—	3.2	—
10	0.94	0.87	0.016	—	1.3	—
11	0.88	0.76	0.017	—	3.1	—
12	0.94	0.88	0.018	—	1.6	—
平均值	1.20	1.40	0.028	0.13	2.4	—

说明：Ⅱ类标准：总氮0.5毫克/升、总磷0.025毫克/升、高锰酸盐指数4毫克/升

Ⅲ类标准：总氮1.0毫克/升、总磷0.05毫克/升、高锰酸盐指数6毫克/升

2007年同安东、西溪主要污染物监测结果汇总表

表3-25　　单位：毫克/升

河流	监测点位	采样日期	总磷	高锰酸盐指数	溶解氧	氨氮	五日生化需氧量
西溪	鳌峰埔桥	2007.1.5	0.167	1.6	8.4	0.428	1.6
		2007.3.7	0.159	3.5	8.1	0.308	1.6
		2007.5.9	0.180	4.3	7.6	0.319	3.8
		2007.7.4	0.078	3.1	7.5	0.703	2.8
		2007.9.4	0.112	3.1	7.4	0.433	1.5
		2007.11.5	0.144	4.1	8.0	0.416	1.2
		浓度平均值	0.140	3.3	7.8	0.435	2.1
		超标率（%）	0	0	0	0	0.0
	营前桥	2007.1.5	0.165	3.3	8.5	0.406	1.5
		2007.3.7	0.400	4.5	6.1	1.23	3.5
		2007.5.9	0.416	3.8	4.7	0.452	2.9
		2007.7.4	0.196	3.4	6.9	0.817	1.4
		2007.9.4	0.440	5.9	6.7	1.250	2.7
		2007.11.5	0.331	3.7	7.4	0.711	2.7
		浓度平均值	0.325	4.1	6.7	0.811	2.5
		超标率（%）	66.7	0	16.7	33.3	0
西溪	新西桥	2007.1.5	0.530	1.8	2.5	0.394	7.4
		2007.3.7	0.364	4.5	7.3	1.940	3.0
		2007.5.9	0.394	3.9	8.9	0.492	2.4
		2007.7.4	0.179	2.9	6.8	1.210	1.5
		2007.9.4	0.282	4.2	6.9	1.050	1.9
		2007.11.5	0.340	5.2	7.3	1.470	2.7
		浓度平均值	0.348	3.7	6.6	1.090	3.1
		超标率（%）	83.300	0	16.7	66.700	0

续表3-25

河流	监测点位	采样日期	总磷	高锰酸盐指数	溶解氧	氨氮	五日生化需氧量
东溪	店仔桥	2007. 1. 5	0. 612	4. 9	4. 6	2. 540	5. 7
		2007. 3. 7	0. 600	12. 2	6. 6	3. 550	7. 9
		2007. 5. 9	0. 592	11. 0	5. 7	3. 470	9. 5
		2007. 7. 4	0. 352	4. 2	6. 5	0. 974	2. 7
		2007. 9. 4	0. 496	9. 3	6. 1	1. 440	2. 1
		2007. 11. 5	0. 428	6. 4	8. 7	1. 000	2. 7
		浓度平均值	0. 513	8. 0	6. 4	2. 160	5. 1
		超标率（%）	100. 0	66. 7	16. 7	83. 3	50. 0
东溪	五显桥	2007. 1. 5	1. 090	6. 1	1. 7	4. 690	30. 5
		2007. 3. 7	1. 030	7. 7	5. 0	2. 660	4. 1
		2007. 5. 9	1. 390	9. 9	6. 6	3. 070	7. 4
		2007. 7. 4	0. 696	4. 3	6. 8	2. 210	3. 1
		2007. 9. 4	0. 516	5. 5	6. 7	1. 270	3. 9
		2007. 11. 5	1. 860	8. 9	8. 5	1. 510	6. 0
		浓度平均值	1. 100	7. 1	5. 9	2. 570	9. 2
		超标率（%）	100. 0	66. 7	16. 7	100. 0	66. 7
	南门桥	2007. 1. 5	2. 250	7. 0	1. 3	2. 500	35. 0
		2007. 3. 7	1. 360	10. 8	4. 3	4. 290	7. 8
		2007. 5. 9	1. 430	9. 1	5. 6	3. 300	6. 9
		2007. 7. 4	0. 655	5. 0	6. 4	2. 420	3. 7
		2007. 9. 4	0. 760	5. 5	6. 4	1. 180	3. 8
		2007. 11. 5	1. 790	8. 2	8. 3	2. 350	6. 2
		浓度平均值	1. 370	7. 6	5. 4	2. 670	10. 6
		超标率（%）	100. 0	66. 7	16. 7	100. 0	66. 7
东、西溪合流段	南环桥	2007. 1. 5	0. 516	3. 4	3. 2	1. 690	4. 4
		2007. 3. 7	0. 712	6. 5	4. 6	2. 930	4. 9
		2007. 5. 9	0. 706	6. 0	2. 9	2. 540	5. 9
		2007. 7. 4	0. 289	3. 6	5. 9	1. 310	2. 3
		2007. 9. 4	0. 464	5. 0	5. 8	1. 520	2. 9
		2007. 11. 5	0. 664	5. 4	7. 6	1. 780	3. 5
		浓度平均值	0. 559	5. 0	5. 0	1. 960	4. 0
		超标率（%）	100. 0	16. 7	50. 0	100. 0	50. 0

说明：Ⅲ类标准：总磷≤0. 26 毫克/升、高锰酸盐指数≤6 毫克/升、溶解氧≥5 毫克/升、氨氮≤1. 0 毫克/升、五日生化需氧量≤4 毫克/升

第四节　污染防治

一、防治规章

1999年，按照《同安区工业污染源达标排放和城市环境功能区达标工作方案》，部署全区工业污染源和城市环境功能区“一控双达标”工作。

2002年4月，根据同安区政府《关于开展规模化畜禽养殖污染防治工作的通知》，开展规模化畜禽养殖污染防治工作；11月，为加强东西溪管理，制定《厦门市同安区东西溪管理规定》。

2003年9月1日，印发《厦门市同安区人民政府关于严禁破坏汀溪水库饮用水源保护行为的通告》，强化汀溪水库饮用水源保护力度，严禁一切破坏水源保护的行为。

2004年6月，执行《厦门市环境保护条例》。8月19日，印发《厦门市同安区人民政府关于加强规模化畜禽养殖污染管理工作的通告》，在全区范围内进一步加强规模化畜禽养殖污染管理工作。

2005年5月23日，印发《厦门市同安区人民政府办公室关于印发同安区进一步改善和提升环境空气质量行动方案的通知》，要求用三年的时间，通过整治和提升工作，使同安环境空气质量达到优的水平。

2006年10月16日，印发《同安区环境污染和生态破坏突发事件应急预案》，加强环境突发事件应急处置能力。

2007年6月15日，印发《关于“十一五”期间主要污染物减排工作的实施意见》，成立减排工作领导小组，领导小组下设办公室，挂靠区环保分局。9月17日，印发《厦门市同安区人民政府办公室关于印发同安区第一次全国污染源普查实施方案的通知》，着手污染源普查。

二、建设项目环境影响评价制度

1998年始，实施开发建设项目环境影响评价制度。至2007年共审查建设项目2181个，其中编制建设项目环境影响报告表1021个，填报环境影响登记表1009个，否决不符合环保要求或选址不当或不符合产业要求的项目8个。

三、环保“三同时”管理制度

1997年，对改建、扩建、新建项目继续实行污染治理设施与主体工程同时设计、同时施工、同时投产使用，控制新污染源产生。1997—2007年，共对990个建设项目进行环保“三同时”验收或环保设施竣工验收，其中房地产开发项目32个，餐饮建设项目581个。

同安区一般污染源普查培训大会

四、污染源调查

1997年2月，根据国家环保局、农业部、财政部、国家统计局《关于开展全国乡镇工业企业污染源调查的通知》精神，开展乡镇工业污染源调查，实施国家污染物总量控制目标，共调查工业企业435家，其中乡级工业企业56家，村级223家，村级以下52家，三资企业104家，调查工业产值23.17亿元，占全县乡镇工业产值的83.19%。完成调查工作总结和技术总结，制成污染源分布图。

2007年9月起，根据《国务院关于开展第一次全国污染源普查的通知》精神，开展对所有排放污染物的工业源、农业源、生活源和集中式污染治理设施普查。全区工业污染源1176家，其中，重点工业污染源500家，一般工业污染源676家；农业污染源2439家，其中，水产318家，种植315家，畜禽1806户；生活污染源1170家。集中式污染治理设施1家。

五、污水处理厂建设

瑶江污水处理厂

2004年10月，同安污水处理厂启动建设，占地面积9.6万平方米，服务范围为同安区的城北、城南和城东老城区及新建的同安工业集中区、轻工食品工业区等片区，服务面积70平方公里，服务区人口20万，日处理能力5万吨。污水处理采用二级生物处理的DE型氧化沟活性污泥工艺，二期日处理能力为5万吨。设计进水水质：CODcr≤300毫克/升、BOD5≤150毫克/升、SS≤250毫克/升、TP≤4毫克/升。出水指标执行《城镇污水处理厂污染物排放标准》（GB18918—2002）一级B标准，尾水排放至同安东西溪，最后进入同安湾。污泥经过离心脱水机脱水后外运。2005年2月6日正式通水运行。

六、重点排污企业污染零排放试点

2006年起，开展重点排污企业污染治理零排放试点工作，在20家重点排污企业推广循环经济及中水回用，并取得初步成效。

2006年同安区循环经济及中水回用主要企业情况表

表3-26

单位：万元

企业名称	项目名称	治理类型	总投资（含中水回用投资）
厦门大统皮革制品有限公司	生产、生活废水处理回用工程	中水回用	100.8
厦门市同安区农业资源环境管理所	城区可再生能源开发利用试点建设	循环经济利用	15.0
厦门市同安区西铺水泥制品厂	石材污泥综合利用	循环经济利用	110.0
厦门市同安银凤石材工艺有限公司	石材生产废水治理回用工程	中水回用	35.0
华夏山二实业有限公司	中水回用	中水回用	78.1
厦门搏捷电镀有限公司	电镀污水处理回用工程	中水回用	197.0

续表3-26

企业名称	项目名称	治理类型	总投资（含中水回用投资）
厦门金日制药有限公司	污水处理回用	中水回用	65.0
亚美（厦门）皮件有限公司	中水回用	中水回用	118.3
厦门欧士佩电镀厂有限公司	电镀污水处理回用工程	中水回用	73.0
厦门兴重环保化工有限公司	利用餐厨特殊生活垃圾及地沟油渣加工生产有机肥料	中水回用	200.0
厦门市新银凤纸业工贸有限公司	污水、污泥处理回用工程	中水回用	70.0
厦门市同安兴浪纸业有限公司	造纸污水、污泥处理回用工程	中水回用	261.0
厦门市同安华达利纸业有限公司	造纸废水、污泥处理回用工程	中水回用	70.0
厦门市麒龙纸业有限公司	造纸废水、污泥处理回用工程	中水回用	225.0
厦门市厦戎联合造纸厂同安分厂	造纸废水、污泥处理回用工程	中水回用	350.3
厦门市同安区五显造纸厂	造纸废水、污泥处理回用工程	中水回用	80.0
厦门同安兴星纸品有限公司	造纸废水、污泥处理回用工程	中水回用	210.0
厦门明佑电镀有限公司	电镀废水处理回用	中水回用	120.0
厦门汇盛生物有限公司	中水回用工程	中水回用	154.4
厦门欣建雅工贸有限公司	电镀废水处理回用	中水回用	255.0

七、执法检查

每年开展清理整顿不法排污企业、保障群众健康专项行动。同时利用休假日、雨天等特殊时间进行突击执法检查，督促企业污染物治理设施保持正常运转。

1997—2001 年统计数字缺，2002—2007 年，累计出动执法人员 9483 人次，检查企业 4325 家次，立案查处环境违法企业 302 家，送达环境违法行为限期整改通知书 199 份，责令停止违法行为通知书 3 份，限期治理通知书 49 份，责令停产 75 家，罚款 264.67 万元。

第四篇 农 业

1997年后，同安区围绕农业增效、农民增收和农村稳定的工作目标，进一步深化农村改革，优化生产条件，调整农业结构，加强病虫害和疫病防治，实施科教兴农，加快发展现代农业，推进传统农业向现代农业转变、粗放型经营向集约型经营转变，推进“一村一品”工程，农业产业化初具规模。稳定完善土地承包关系，减轻农民负担，实行“村账镇管”，农业保持较快增长。至2007年，全区省、市级农业龙头企业15家，订单农业面积8.5万亩。农业总产值12.16亿元，比析区后的2003年增加2.85亿元，增长30.66%，年均增长6.29%。其中，种植业产值5.18亿元，占农业总产值42.62%，增加0.94亿元、增长22.24%，年均增长5.15%；牧业产值6.02亿元，占农业总产值49.53%，增加3.54亿元、增长142.77%，年均增长24.82%；渔业产值0.95亿元，占农业总产值7.84%，减少1.63亿元、减少63.18%，年均减少22.07%。农民年人均纯收入6462元，增加2112元、增长48.55%，年均增长10.40%。

第一章 生产条件

第一节 作物资源

一、大田作物

1997年后，全区大田作物种类不多，种植面积较大的有水稻、甘薯、马铃薯、玉米、花生、大豆、菜豆、豌豆、果蔗和茶等，少量种植的有高粱、木薯、田薯、绿豆、赤山豆、蚕豆、芝麻、油茶、油菜籽、黄麻、烟草、绿肥、中草药、香料等。1997年前种植的粳稻、山麦、大麦、小米、黍、稷、粟、荞麦、油菜、甜菜、橡胶、咖啡、胡椒等作物已销声匿迹。处于野生或半野生的有蓖麻、木棉、剑麻、龙舌兰、绿萍、水浮莲、水葫芦等。

二、园艺作物

（一）水果

全区水果种类30余种，以南亚热带、热带水果为主，大宗的有龙眼、柑橘、柚子、荔枝、番石榴、香蕉、凤梨、果蔗等，其他有杨桃、莲雾、杧果、番木瓜、番荔枝、柠檬、波罗蜜、人参果、橄榄等；温带水果为次，有桃、李、梅、梨、柿、枣、枇杷、樱桃等。此外，还有草莓、火龙果、西甜瓜、樱桃番茄等草本水果。

（二）蔬菜

全区蔬菜种类达18科68种，大面积种植的有黄瓜、茄子、大白菜、甘蓝、四季豆、白萝卜等。主要种类：直根类的白萝卜、胡萝卜；白菜类的大白菜、小白菜、结球甘蓝、球茎甘蓝、花椰菜、青花菜、芥蓝、芥菜；绿叶菜类的莴苣、芹菜、菠菜、蕹菜、苋菜、茼蒿、芫荽、冬寒菜、牛皮菜、落葵（木耳菜）、紫背天葵（血菜）、豆瓣菜、洋麻叶、甘薯叶；葱蒜类的洋葱、大蒜、葱（大葱、香葱）、韭菜、韭葱（岩葱）；茄果类的番茄、茄子、辣椒；瓜类的黄瓜、冬瓜、南瓜、丝瓜、越瓜（腌瓜）、苦瓜、瓠瓜、西葫芦、佛手瓜、蛇瓜；豆类的菜豆、豇豆、毛豆、豌豆、蚕豆、绿豆、扁豆、将军豆；薯芋类的芋头、马铃薯、山药、豆薯、姜；水生类的莲藕、茭白；多年生类的竹笋、黄花菜、昙花、木瓜；食用菌类的黑木耳、香菇、金针菇、蘑菇、平菇、草菇、鸡腿菇、猪肚菇、杏鲍菇、巴西菇、白灵菇；特种蔬菜豌豆苗、龙须菜、鲜食玉米、玉米笋、紫菜及篱笆菜、小灰、灰菜、黄蒿、马齿苋等野菜。

（三）花卉

木本花卉 观花类有凤凰木、三角梅、九里香、白玉兰、鸡蛋花、含笑等60多种；观叶类有八宝树、印度塔树、红继木、红枫、苏铁科、罗汉松科、棕榈科、樟科、红豆杉科、杨柳科、南洋杉科、松科、柏科等100多种；观果类有人参果、佛手、莲雾、石榴、美国樱桃、葡萄等30多种。

草本花卉 观花类有大丽花、瓜叶菊、马蹄莲、凤仙花、鹤望兰、荷花、紫罗兰、蝴蝶兰等80多种；观叶类有文竹、吊兰、花叶万年青、龟背竹、芦荟、绿萝、滴水观音等38种；地被类有马尼拉草、狗牙根等25种；观果类有袖珍凤梨、朝天椒、樱桃番茄等。

藤本花卉 木质类有扶芳藤、金银花、常青藤、南蛇藤、珊瑚藤等16种以上；草本类有大花老鸦嘴、白蝶合果芋、白粉藤、红柄喜林芋、西番莲、牵牛花等。

三、茶

主要品种有毛蟹、铁观音、本山、奇兰、黄棪、乌棪、肉桂等。

第二节 资源分区

一、1998年资源分区

在原有农业区划的基础上，以发展现代农业为指导，对区域布局进行适当调整及定位，重新划分为三大区域：

（一）东南沿海平原渔、菜现代农业区

主要包括沿海的大嶝、新店、马巷、西柯等镇，是渔业、蔬菜生产主要分布区域。土地总面积2.87万公顷，其中耕地面积0.73万公顷；总人口22.80万人，其中农业人口21.44万人，占总人口94.04%；农林牧渔业总产值8.72亿元，占农村社会总产值的29.45%，其中农、林、牧、渔业产值分别为2.45亿元、0.02亿元、1.01亿元、5.24亿元，比例为28.13∶0.18∶11.60∶60.09。

该区沿海岸线于同安湾、大嶝岛海域二个区域重点布局水产养殖基地，及以基地为依托的水产品冷冻、冷藏和鲜活水产品加工出口生产基地和科技示范基地。新店、马巷布局南菜北调和出口加工蔬菜主产区。同时注重发挥区域内大嶝岛紧临金门的地理优势，重点布局发展城市型的第三产业。

（二）中部丘陵果、牧、菜、花卉、粮现代农业区

位于北部和东南沿海农业开发区之间的低丘、台地、小平原，包括新民、五显、洪塘、大同、内厝及凤南、竹坝等镇场，是主要的果、牧、菜、粮、油生产分布区域，及以果、菜、粮油为主的农产品加工分布区。区域土地总面积3.01万公顷，其中耕地面积0.82万公顷；总人口22.24万人，其中农业人口

17.31 万人，占总人口 77.83%；农林牧渔业总产值 5.38 亿元，占农村社会总产值的 17.94%，农、林、牧、渔业产值分别为 3.13 亿元、0.03 亿元、1.51 亿元、0.71 亿元，比例为 58.09∶0.61∶28.03∶13.27。

区内于漳州—同安、福州—厦门公路沿线等水果主产区，布局以龙眼为主的水果生产、科技示范基地，以同茂、惠尔康等为主的水果加工企业，重点加快建立以龙眼为主的水果冷藏保鲜加工。区内的五显镇、洪塘镇、凤南农场等集中分布了全市几个国有万头猪场，以此为依托，建立生猪生产、繁育基地，防疫科技示范基地。重点布局发展以洪塘万亩蔬菜基地为主的现代农业示范区，以同安果蔬批发市场、如意食品公司等为主的蔬菜加工区；建设以内厝、五显、新民等主要粮产镇区的粮食自给工程。此外，在城郊、马巷镇一带相对集中扶持发展以果蔬、粮油、饲料加工为主的工业小区。

（三）北部中低山林、果现代农业区

位于西北部的中低山区，包括莲花、汀溪、新圩等镇及大帽山等农林场，是同安区主要林、果、反季节蔬菜生产区。区域土地总面积 4.91 万公顷，其中耕地面积 0.47 万公顷；总人口 9.96 万人，其中农业人口 9.73 万人，占总人口 97.70%；农林牧渔业总产值 2.34 亿元，占农村社会总产值的 19.38%，农、林、牧、渔业产值分别为 1.55 亿元、0.07 亿元、0.59 亿元、0.14 亿元，比例为 66.08∶2.90∶25.17∶5.85。

该区在海拔较高的中低山区，主要布局发展以生态效益为主的水源涵养林，并因地制宜适当发展一些如竹类、茶叶等经济林，以及一些南药材生产基地。在低海拔丘陵山区布局以龙眼为主的南亚热带水果带。在汀溪镇高海拔的村庄，布局高山反季节蔬菜生产基地，同时注重利用本区自然条件，适当布局发展以森林生态为主的休闲旅游区。

二、2003 年资源分区

2003 年行政区划调整后，根据新的自然资源特点、区位优势、产业基础及未来的发展前景，对农业发展布局重新划分为二大区域：

（一）北部中低山绿色农业开发区

包括莲花、汀溪、五显等三个镇及竹坝开发区、白沙仑农场，区域土地总面积 4.55 万公顷，其中耕地面积 0.47 万公顷；总人口 9.08 万人，其中农业人口 8.36 万人，占总人口 92.07%；农林牧渔业总产值 2.91 亿元，农、林、牧、渔业产值分别为 1.93 亿元、0.02 亿元、0.82 亿元、0.14 亿元，比例为 66.32∶0.69∶28.18∶4.81。

该区山地资源丰富，雨量充沛，农业生态环境良好，在保持一定的粮油菜面积、努力提高单产改善品质、保证粮食基本自给的基础上，确立以水果、茶叶、林业、花卉特种种植、特色旅游为主导产业，重点推进绿色产业的发展。一是在高山地带开发和保护并举，因地制宜发展林、竹业，营造生态涵养林及人工经济林，防止水土流失，改善周围环境小气候；二是在调整优化龙眼品种结构、提升龙眼品质基础上，适当引进种植名优特果树；三是在改造低产茶园基础上，引进快速检测设备，开发推广有机肥、生物农药及相应的栽培、加工技术，推广无公害生产技术，逐步形成品牌效应，全面提高茶叶的品质和经济效益；四是立足该区土地、劳动力资源丰富，气候适宜，自然条件优越的优势，将花卉产业作为新的经济增长点；五是利用林草资源丰富及优越的大气环境，引进推广先进技术，发展优质食用菌，并逐步开发野生食用菌资源。六是建设生态果牧场，引导农户发展营养丰富、经济价值高的珍禽；七是在北山岩、影视城、钓鱼台等现有景点的基础上，重点开发文山、小坪森林公园和金光湖原始次生林旅游区，结合林、果、茶、花卉等，发展旅游休闲农业，促进相关产业发展。另外，引导农民开发森林中草药、野菜及食用中药等资源。

（二）中南部平原高优农业开发区

包括大同、祥平两个街道和洪塘、新民、西柯三镇及凤南农场。区域土地总面积 2.03 万公顷，其中耕地面积 0.46 万公顷；总人口 20.31 万人，其中农业人口 9.61 万人，占总人口 47.32%；农林牧渔业总产值 5.88 亿元，农、林、牧、渔业产值分别为 2.26 亿元、0.05 亿元、1.31 亿元、2.26 亿元，比例为 38.44∶0.85∶22.28∶38.43。

该区地处城郊，交通、通迅等基础设施完善，且紧靠闽南果蔬批发市场，第二、三产业发达，具有优越的地理区位优势。在家庭联产承包的基础上，有效促进了农田的合理流转，有利于建设规模化商品生产基地，逐步形成集约化程度较高的现代化农业生产体系。以“服务城市，出口创汇，富裕农村”为发展方向，实施科教兴农战略，积极引进新品种、新技术，加大高新技术推广力度，完善服务体系，形成技术先进、布局合理、技术含量高、可持续发展的现代农业生产体系，着重发展蔬菜、畜牧、水产、水果等产业。一是实施科技兴菜战略，加速产品优质化、多样化进程；建立现代化生产基地，大力发展蔬菜深加工，着重发展高效益高附加值的蔬菜产品，生产适销对路的蔬菜产品，拓宽流通渠道，提高社会、经济效益。二是以市场为导向，以银祥集团为龙头，规划新民、洪塘为畜牧发展生产区，重点推进现有猪场沼气池配套、种鸭场改建扩建、小型奶牛示范场及商品猪生产基地建设。三是以洪塘、新民二镇为主，采用高接换种技术，调整龙眼熟期比例，提高优质率；开展果园山、水、园、林、路的综合改造，建立节水灌溉设施等，提高果园综合生产能力；建立龙眼干加工基地，扶持创建龙眼深加工企业。

第三节 耕地 园地

一、耕地

（一）面积

1997 年，耕地面积 20441.9 公顷，2002 年 19387.3 公顷，年均减少 1.05%；2003 年，9325.3 公顷，2007 年，8256 公顷，年均减少 3.00%。

（二）土壤

土壤类型 耕地土壤受复杂成土因素的影响，种类繁多，全区耕作土壤包括赤红壤、红壤、水稻

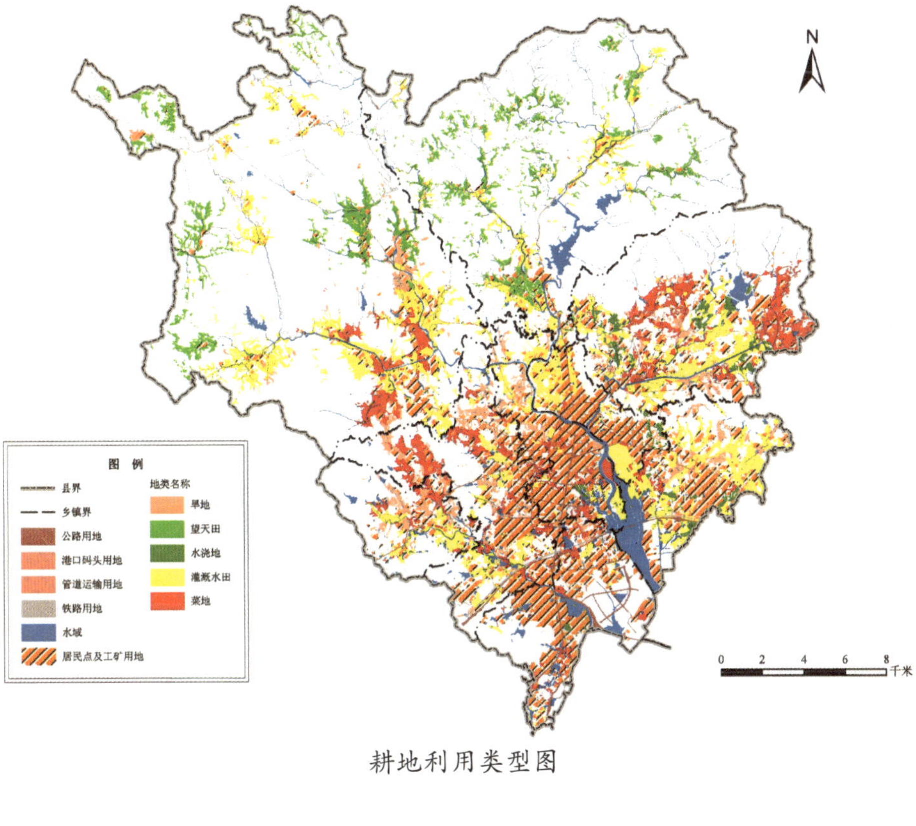

耕地利用类型图

土、滨海盐土和潮土 5 个土类、11 个亚类、19 个土属和 34 个土种，主要土种类型为赤砂土、灰赤砂土、红泥砂土、白底田、黄泥砂田、灰黄泥砂土、黄泥田、红泥砂田、灰埭田、砂埭田、潮砂田、黄底灰泥田和灰泥田等 13 种。全区耕作土壤类型以水稻土占绝对优势，面积 9449.95 公顷，占全区耕作土壤总面积的 83.10%。

综合环境质量　2004 年，全区保护区耕地土壤的综合环境质量较高，清洁、尚清洁的耕地面积占保护区耕地面积 90% 以上，主要分布于莲花、汀溪、五显、新民等镇，但由于受到人类活动所产生的大量污水、废气、废物以及农业生产中大量使用化肥、农药的影响，平原、台地区的耕地土壤已出现不同程度的污染，污染面积达 524.8 公顷，占保护区耕地面积的 5% 以上，局部区域（白沙仑农场）耕地土壤达到中度甚至重度污染。受污染的耕地以水田面积最大，占受污染总面积的 82.89%；菜地、水浇地次之，分别占 8.93%、7.17%；旱地最小，占 0.87%。受污染的旱地中，1/4 达到重度污染。

保护区耕地土壤综合环境质量（2004 年）

表 4-1

水平	清洁（安全）	尚清洁（警戒线）	污染程度		
			轻度	中度	重度
面积（公顷）	8598.76	515.76	519.05	4.49	1.26
比例（%）	89.21	5.35	5.38	0.05	0.01
主要分布区域	莲花、汀溪、五显、新民	洪塘、大同、祥平	大同、祥平、五显	白沙仑农场	白沙仑农场

（三）灌溉条件

全区除平原、低台地和山间盆地的耕地灌溉条件较好外，山地、丘陵、缓坡耕地及高台地区的耕地均存在不同程度的缺水，尤以莲花、五显、洪塘、汀溪和新民等镇耕地的干旱限制较为突出，全区受干旱限制的耕地面积 3633.79 公顷，占保护区耕地面积的 37.7%。

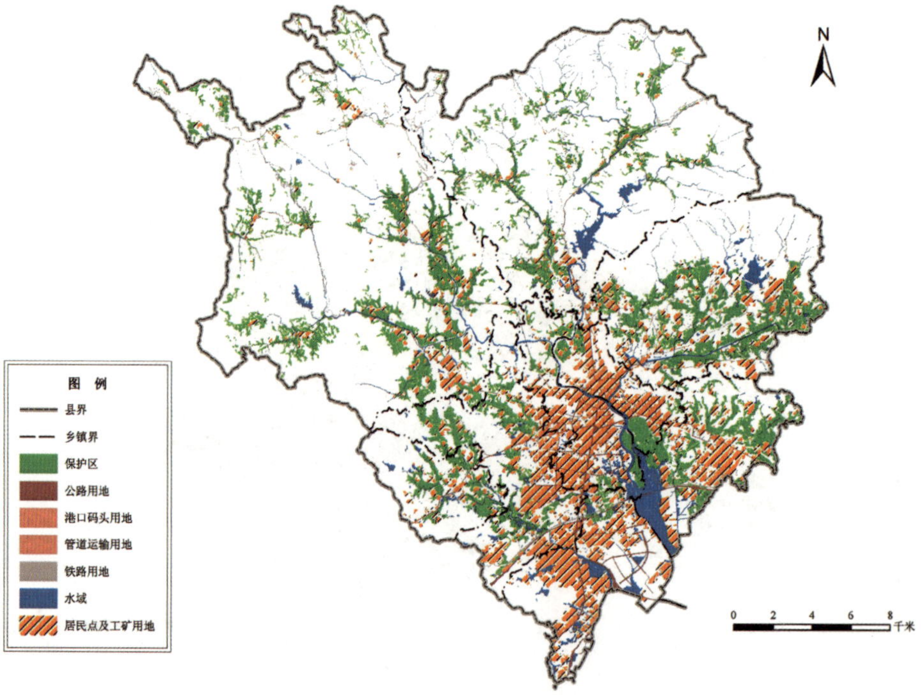

2007 年同安基本农田分布图

（四）地力

同安耕地保护区的耕地地力以3～5等中产地为主，计有7927.34公顷，1～2等高产地770.96公顷，6～8等低产地941.02公顷，中低产耕地占全区保护区耕地总面积的92.0%，主要分布于莲花、汀溪、五显、新民和洪塘等镇，占全区中低产耕地总面积的84.83%。

二、园地

（一）面积

1997年，全区园地面积11293.5公顷，2002年10467.2公顷，净减826.3公顷，年均减少1.51%。2003年8452.2公顷，2007年6128.6公顷，净减2323.6公顷，年均减少7.72%。

（二）土壤

同安区园地多数分布于中低丘陵地区，土壤均为砖红壤性红壤衍生而来的赤土类型，土壤耕层较薄（<12厘米）。据2007年土样测试结果，土壤有机质含量7.6～17.8克/公斤，属缺乏（<20克/公斤）；碱解氮41.85～69.76毫克/公斤，属缺乏（<100毫克/公斤）；有效磷13.15～32.58毫克/公斤，属中等（<12～25毫克/公斤）；速效钾7.02～12.2毫克/公斤，属极缺（<100毫克/公斤）；酸碱性pH4.4～5.19，属偏酸性。由于农田基本建设不到位，大多数园地受干旱限制，水土流失严重。

1997—2007年同安区耕地园地面积情况表

表4-2 单位：公顷

年份	年末实有耕地	园地（果园、茶园）
1997	20441.9	11293.5
1998	20181.2	11517.6
1999	20089.7	11242.4
2000	20012.1	10682.7
2001	19812.5	10754.1
2002	19387.3	10467.2
2003	9325.3	8452.2
2004	9051.6	8228.7
2005	8404.5	7531.5
2006	8299.9	6853.8
2007	8256.0	6128.6

说明：2006年、2007年的年末实有耕地面积采自同安国土分局统计资料

2003年厦门市同安区基本农田保护区面积统计表

表4-3

	耕地（公顷）					园地（公顷）	总合计（公顷）	保护率（%）
	灌溉水田	望天田	旱地	水浇地	菜地			
大同及祥平街道	486.03	5.12	40.07	49.86	46.33	18.02	645.43	52.90
莲花镇	1634.08	925.97	106.05	19.09	—	105.85	2791.04	92.49
新民镇	803.01	—	162.40	126.82	—	53.87	1146.10	75.43
洪塘镇	889.85	—	116.65	91.04	20.93	113.03	1231.50	96.92

续表4-3

	耕　　地（公顷）					园地（公顷）	总合计（公顷）	保护率（%）
	灌溉水田	望天田	旱地	水浇地	菜地			
西柯镇	146.79	—	3.33	2.43	—	35.07	187.62	36.47
汀溪镇	841.54	565.59	32.99	5.54	1.05	45.34	1492.05	98.25
五显镇	1312.53	0.37	65.98	334.35	—	191.16	1904.39	90.90
凤南农场	459.51	—	20.90	22.11	—	20.57	523.09	93.41
白沙仑农场	103.10	0.48	27.84	0.61	—	1.26	133.29	99.89
竹坝华侨农场	102.30	—	—	21.83	—	20.74	144.87	76.76
祥溪林场	—	13.19	—	0.44	—	—	13.63	52.16
汀溪林场	16.02	11.66	3.56	—	—	0.23	31.47	77.21
合　　计	6794.76	1522.38	579.77	674.12	68.31	605.14	10244.48	84.77

第四节　劳力　畜力

一、劳力

1997年，全区农业劳力267040人，每劳力耕地1.15亩，负担复种2.75亩，人均农业产值6669元。

2002年，全区农业劳力273735人，每劳力耕地1.06亩，负担复种2.56亩，人均农业产值8102元。

2003年，析出翔安后，全区农业劳力133972人，每劳力耕地1.04亩，负担复种2.49亩，人均农业产值7006元。

2007年，全区农业劳力147559人，每劳力耕地0.84亩，负担复种1.68亩，人均农业产值8290元。

1997—2007年同安区劳动力情况表

表4-4　　单位：人

年份	劳动力	其中：从事一产业	年份	劳动力	其中：从事一产业
1997	267040	183685	2003	133972	78933
1998	272548	182409	2004	135184	73279
1999	270580	177864	2005	136644	67885
2000	273556	177729	2006	140060	59880
2001	272097	167657	2007	147559	51715
2002	273735	164578			

二、畜力

1997年，全区耕牛39508头，平均每头负担复种耕地面积18.59亩，2002年耕牛38203头，平均每头负担复种耕地面积 18.31 亩。

2003 年耕牛 21283 头，平均每头负担复种耕地面积 15.69 亩。2007 年，耕牛 15516 头，平均每头负担复种耕地面积 16.03 亩。

1997—2007 年役畜数量、负担耕地面积、复种面积情况表

表 4-5

年份	耕牛数量（头）	耕地面积（亩）	复种面积（亩）	年份	耕牛数量（头）	耕地面积（亩）	复种面积（亩）
1997	39508	309585	734532	2003	21283	145396	333840
1998	43953	306629	739884	2004	18428	139880	321575
1999	42705	302718	745778	2005	17476	135774	297117
2000	41494	301346	745076	2006	16117	126367	265403
2001	40016	300182	743560	2007	15516	106300	248676
2002	38203	297188	699644				

第五节　农机具

一、农业机械总动力

1997 年，全区农业机械总动力 246450 千瓦，其中柴油发动机动力 208331 千瓦，汽油发动机动力 4809 千瓦，电动机动力 33310 千瓦。

进入 21 世纪，全区工业化和农村城市化进程不断发展，农业结构调整、生态环境建设、退渔造地、改革耕作制度等次第进行，这些都为农业机械化化提出新要求，全区农业机械装备结构进一步调整和优化，农业机械化水平稳步提高。2002 年，全区农业机械总动力 337545 千瓦，比 1997 年增加 91095 千瓦，年均增加 6.69%。其中，柴油发动机动力 292550 千瓦，汽油发动机动力 1494 千瓦，电动机动力 42883 千瓦，其他机械动力 618 千瓦。

2003 年，全区农业机械总动力 135290 千瓦，其中柴油发动机动力 112608 千瓦，汽油发动机动力 1396 千瓦，电动机动力 21286 千瓦。到 2007 年，农业机械总动力 166780 千瓦，比 2003 年增加 31490 千瓦，年递增 5.37%，其中：柴油发动机动力 142940 千瓦，汽油发动机动力 259 千瓦，电动机动力 23581 千瓦。

二、农机具拥有量

1997 年，全区拥有大中型拖拉机 117 台 41512 千瓦，小型拖拉机 4292 台 37474 千瓦，机耕船 2 艘 18 千瓦，配套农机具旋耕机 388 部、机引犁 39 部、机引耙 39 部；农用排灌机械动力柴油机 10763 台 70584 千瓦，电动机 1995 台 20012 千瓦，农用水泵 10101 台，喷灌机械 2691 台；机动脱粒机 607 台，机动喷雾（粉）机 62 台 141 千瓦，饲料粉碎机 447 台 2939 千瓦；渔业机动船 1681 艘 10831 千瓦，增氧机 202 台，池塘挖掘机 28 台；农副产品加工机械动力 25950 千瓦，其中碾米机 861 部、磨面机 292 部、榨油机 145 部、淀粉加工机 398 部；运输机械动力 59875 千瓦，专业推土机 121 台 10872 千瓦，发电机 12 台 127 千瓦，手动水稻插秧机 7240 部，手动喷雾（粉）器 28056 部，人力打谷机 16317 部，胶轮大车 1203 辆，胶轮手推车 6218 辆，农用水泥帆船和木船 257 艘 193 吨，农用机动三轮车 78 辆 636 千瓦。

2003 年，全区拥有大中型拖拉机 31 台 1140 千瓦，小型拖拉机 1326 台 12094 千瓦，变形拖拉机 1206 台 16568 千瓦，配套农机具旋耕机 267 部、机引犁 59 部、机引耙 40 部、化肥深施机 2 台，田园管理机 2 台 6 千瓦，机动水稻插秧机 1 台；农用排灌机械动力柴油机 4066 台 27886 千瓦，电动机 1400 台 11966 千瓦，农用水泵 4031 台，节水灌溉类机械 77 套；机动脱粒机 807 台，谷物烘干机 1 台；机动喷雾（粉）机 79 台 176 千瓦，联合收割机 2 台 45 千瓦，饲料粉碎机 377 台，牧草收割机 1 台；渔业机械 1488 台 5468 千瓦，农副产品加工机械 1006 台，其中粮食加工机械 734 台、油料加工机械 272 台；运输机械动力 39963 千瓦，其中农用载重汽车 265 辆 25829 千瓦、机动运输船 91 艘 2240 千瓦、农用运输车 402 辆 11894 千瓦；农田基本建设机械推土机 20 台 1347 千瓦、挖掘机 11 台 1248 千瓦、装载机 8 台 1358 千瓦、平地机 1 台 357 千瓦。

2007 年，全区拥有大中型拖拉机 45 台 1678 千瓦，小型拖拉机 818 台 7217 千瓦，多功能拖拉机 1880 台 29081 千瓦，配套农机具旋耕机 325 部、机引犁 66 部、机引耙 42 部、化肥深施机 4 台，耕整机 1 台 3 千瓦，田园管理机 4 台 12 千瓦；农用排灌机械动力柴油机 4729 台 35184 千瓦，电动机 1647 台 14105 千瓦，农用水泵 4733 台，节水灌溉类机械 106 套；机动脱粒机 1015 台，谷物烘干机 1 台；机动喷雾（粉）机 109 台 259 千瓦，饲料粉碎机 394 台；渔业机械 298 台 1103 千瓦，农副产品加工机械 1492 台，其中粮食加工机械 1079 台、油料加工机械 415 台；运输机械动力 15131 千瓦，其中三轮农用运输车 32 辆 353 千瓦、四轮农用运输车 462 辆 14778 千瓦；农田基本建设机械推土机 66 台 9488 千瓦、挖掘机 129 台 16944 千瓦、装载机 99 台 14273 千瓦、平地机 3 台 1035 千瓦。

三、农业机械作业量

1997 年，全区利用各类农业机械实际机耕面积 36668 亩、机械植保面积 11500 亩、机械脱粒粮食产量 3970 吨、机电灌溉面积 68810 亩、机械加工农副产品作业量 412133 吨、机械增氧面积 3255 亩、农机运输作业量 6127.89 万吨公里。

收割机在作业

2003 年，全区实际机耕面积 30195 亩、机械植保面积 8970 亩、机械脱粒粮食产量 6957 吨、机电灌溉作业面积 51480 亩、机械加工农副产品作业量 48113 吨、农机运输作业量 4800 万吨公里。

2007 年，实际机耕面积 25125 亩、机械植保面积 21060 亩、机械脱粒粮食产量 11045 吨、机电灌溉作业面积 74670 亩、机械加工农副产品作业量 46658 吨、农机运输作业量 6623 万吨公里；植保、机电灌溉面积分别比 2003 年增长 134.78%、45%，机耕面积下降 16.89%，农机运输作业量增长 38%。

第二章 作物种植

第一节 粮食作物

一、种植面积与产量

1997 年，同安粮食作物种植面积 397390 亩，总产 156204 吨。2002 年，种植业结构调整，全区粮食作物种植面积 293428 亩，比 1997 年减少 103962 亩，减幅 26. 16%；总产 110110 吨，比 1997 年减少 46094 吨，减幅 29. 51%，2007 年全区粮食作物种植面积 98251 亩，总产量 33963 吨，比 2003 年面积、产量分别减少 53533 亩、19452. 2 吨，分别减少 35. 27% 和 36. 42%；平均单产 346 公斤，比 2003 年减少 6 公斤，下降 1. 7%。

1997—2007 年粮食作物面积产量情况表

表 4-6

项 目		1997 年	1998 年	1999 年	2000 年	2001 年	2002 年	2003 年	2004 年	2005 年	2006 年	2007 年
粮食作物	面积（亩）	397390	396778	401875	393990	377820	293428	151784	145393	125112	107209	98251
	亩产（公斤）	393	407	394	386	388	375	352	354	348	338	346
	总产（吨）	156204	161626	158310	152235	146762	110110	53415	51405	43585	36272	33963
水稻	面积（亩）	194816	195518	197665	189974	181851	118611	80796	80692	67506	60813	55478
	亩产（公斤）	396	399	390	389	389	366	358	358	358	349	357
	总产（吨）	77222	77943	77010	73830	70688	43434	28908	28904	24178	21226	19800
甘薯	面积（亩）	149152	147463	147888	146330	139543	122872	45624	42457	34755	27177	24320
	亩产（公斤）	414	444	418	420	422	424	382	385	377	369	369
	总产（吨）	61739	65519	61869	61413	58941	52142	17448	16349	13103	10042	8968
大豆	面积（亩）	17053	15269	15093	14650	13595	11394	7060	4991	4991	4159	3696
	亩产（公斤）	136	138	145	144	147	129	145	137	144	138	145
	总产（吨）	2319	2107	2188	2110	1998	1470	1024	684	719	574	536
马铃薯	面积（亩）	136	138	145	144	147	129	145	137	144	138	145
	亩产（公斤）	414	444	418	420	422	424	382	385	377	369	369
	总产（吨）	56	61	61	60	62	55	55	53	54	51	54

二、主要种植作物

（一）水稻

1. 面积 产量

同安区的水稻生产因经济建设需要和种植业内部结构调整，种植面积逐年减少。1997—2002 年，全区水稻年种植面积在 11.8 万～19.5 万亩之间，年总产 4.3 万～7.7 万吨。2002 年，年种植面积 118611 亩、总产 43434 吨、平均单产 366 公斤，分别比 1997 年减少 76205 亩、减幅 39.11%，减少 33788 吨、减幅 43.75%，减少 30 公斤、减幅 7.57%。2007 年全区水稻种植面积 55478 亩、总产 19800 吨、平均单产 357 公斤，分别比 2003 年减少 31.33%、31.5%、0.28%。

2. 种植品种

同安水稻种植品种主要有常规稻龙引 88、漳龙 9104、龙特早、闽科早 77、澳青占、佳禾早占、双佳一号、新科二号、佳辐占、宁术 717、闽岩术、荆术 6 号等品种；早稻杂优品种汕优 89、特优 77、新香优 80；晚稻杂优品种特优 63、特优多系一号、特优 669、汕优多系一号等组合。

3. 种植技术

水稻抛秧种植和水稻旱育稀植栽培新技术　1995 年，从日本引进的高产低耗栽培技术。抛秧种稻以软盘育秧抛栽为主要特征，因秧苗带土不伤根，返青快，自然浅插，早生快发，低节位分蘖多，有效穗多而获得增产。1996—1998 年，同安区农业技术推广站承担福建省农业厅、厦门市农业技术推广中心、同安区科技局下达的《水稻抛秧和旱育稀植栽培技术研究及推广》项目，在引进该新技术的基础上，开展水稻抛秧与常规水稻手插秧、旱育稀植栽培与普育普栽对比试验、栽培苗情观察、不同施肥比例试验、高产栽培配套技术研究，并进行大面积的推广应用。全区水稻抛秧栽培技术推广面积 6.72 万亩，加权平均亩产 455.6 公斤，比手插田亩增 40.2 公斤，亩增收节支 81.21 元；水稻旱育稀植栽培技术推广面积 12.22 万亩，加权平均亩产 467.82 公斤，比普育普栽亩增 52.72 公斤，亩增收节支 117.89 元。两者合计推广 18.94 万亩、增加稻谷总产 914.30 万公斤，增收节支 1986.12 万元。1998 年 12 月，“水稻抛秧技术推广”项目获福建省农业厅农牧业技术推广奖三等奖，1999 年 12 月，“水稻旱育稀植栽培技术推广”项目获福建省农业厅农牧业技术推广奖三等奖。2001—2005 年，全区推广水稻抛秧栽培面积累计 12.65 万亩，加权平均亩产 447.5 公斤，比常规手插秧亩增稻谷 37.6 公斤，累增稻谷 475.55 万公斤，增产 8.4%；全区推广旱育稀植栽培面积 23.9 万亩，加权平均亩产 457.6 公斤，比常规普育普栽亩增稻谷 52.8 公斤，累增稻谷 1261.8 万公斤，增产 11.54%。全区推广“两秧”栽培技术累增稻谷 1737.35 万公斤。在推广“两秧”栽培技术的基础上，进行种子包衣剂的应用及水稻优控栽培试验示范，为探索“两秧”的高产栽培提供科学依据。

杂交水稻推广　杂交稻增产潜力大，据 2001 年调查，同安区早杂优种植汕优 89、特优 77 等组合面积 5000 亩，平均单产 428 公斤，亩产比常规稻增产 34%；晚杂优种植特优 63、特优多系 1 号等组合面积 15000 亩，其中高产示范片平均亩产 525 公斤，高产田亩产达 606 公斤，平均单产 435 公斤，亩产比常规稻增产 33.5%。但种植面积呈逐年下降趋势。

附录：水稻主要栽培品种（组合）简介

佳禾早占　厦门大学生物系水稻育种组采用花粉辐射诱变后授粉杂交，经系谱法育成的中熟早籼优质稻品种。1997 年春季，在新圩镇新圩村种植 5 亩，平均亩产 484 公斤；1998 年春季，在福建省水稻新品种生产示范中，平均亩产 424 公斤，比对照品种“79106”增产 11.49%，居第一名。1998 年以后，该品种在同安各镇因地制宜示范推广，一般亩产 380～400 公斤。该品种属感温基本营养型，早季栽培全生育期 125 天，晚季栽培全生育期 123 天左右。中感纹枯病，轻感稻瘟病，适宜在无病区、肥力中上田块种植。

双佳一号　厦门大学生物系水稻育种组育成的优质早籼稻品种。2000 年早季，参加福建省新品种区域试验和同安区示范，丰产性比佳禾早占好，亩产量 450 公斤。该品种在同安区因地制宜示范推广，亩产量 400～450 公斤，全生育期 120～130 天，结实率 90%，抗倒性比佳禾早占好，米质优良。

新科二号　福建省农科院稻麦所选育而成的早、晚兼用型优质稻品种。2001 年，在同安区示范种植，亩产 430 公斤，比对照品种亩增产 35 公斤，为同安区示范推广品种，一般亩产量 400～450 公斤。

全生育期早季128～132天，晚季120～130天，属感温型品种，结实率88%。

龙引88 漳州市农科所育成。1996年春季在厦门市新品种试验、示范，平均亩产456公斤，居参试、示范品种第一名。春季种植全生育期125～130天，晚季种植全生育期115～125天，是同安区常规稻主要栽培品种，一般亩产量400～450公斤。该品种表现高产、优质，分蘖力强，结实率88%～92%，抗稻瘟病，轻感纹枯病。

龙特早 漳州市农科所育成的高产品种，米质中上。同安区常规稻主要栽培品种，春季全生育期120～125天，晚季全生育期118～125天，一般亩产量400～450公斤。结实率88%～92%，轻感纹枯病。

佳辐占 厦门大学生物系水稻育种组育成，属优质早稻品种。2002年早季在同安区种植试验，亩产417.2公斤，比佳禾早占亩增31.5公斤。早季全生育期125～130天，晚季倒种120天左右，是同安区优质早稻主要推广品种之一，一般亩产400公斤左右，结实率90%。轻感纹枯病，抗病性比佳禾早占好。

汕优89 福建农业大学遗传育种研究所育成的籼型杂交早稻组合。1996年厦门市早杂优新组合试验、示范，平均亩产520公斤，比对照组合增产19.6%，居第一名。早季全生育期127～130天，晚季倒种全生育期110天左右，一般亩产量450～500公斤，是同安区推广的早杂优组合之一。结实率85%左右。中抗稻瘟病，轻感纹枯病。

新香优80 湖南农业大学水稻研究所配制而成的三系杂交早稻优质组合。1999—2000年在同安区试验、示范，平均亩产450公斤左右，2001年示范亩产量456公斤，全生育期125～130天，是同安区推广的优质早杂优组合之一，一般亩产量450公斤左右。结实率80%以上，轻感纹枯病。

特优63 1986年漳州市农科所用龙特浦A与明恢63配组而成的籼型晚季杂交稻组合。1989—1990年参加福建省晚稻组区域试验，平均亩产分别为447公斤和424公斤，比对照种汕优63增产5.4%和2.3%。该组合属基本营养型，早季全生育期150～155天，晚季全生育期125～135天，一般亩产500公斤左右，高产田亩产可达600公斤以上，是同安区主要晚杂优栽培组合之一。结实率90%左右，米质优。

特优多系一号 漳州市农科所用龙特甫A与多灰一号配组而成的籼型晚季杂交稻组合。福建省两年区域试验产量平均比对照种汕优63增长5.6%，1997年晚季福建省中试亩产居第一名，是同安区中稻和晚稻主要栽培杂优组合，全生育期与汕优63相当，一般亩产500公斤左右。

特优669 福建农业大学遗传育种研究所与福建省种子总站合作，以龙特甫A为母本，R669为父本配组育成的中、晚稻组合。两年省区试亩产分别为391.9公斤和417.6公斤，比特优63增产4%左右，同安区中试平均亩产480公斤左右。该组合属基本营养型，全生育期125～135天，是同安区推广的中、晚稻杂优组合之一，一般亩产450公斤左右。结实率89%，中抗稻瘟病和白叶枯病，轻感纹枯病。

汕优多系一号 该组合在全省水稻新品种（组合）示范中，表现最好，亩产436.8公斤，比对照种特优63增产4.33%，居第一名。全生育期125～135天。结实率85%，抗稻瘟病。

（二）甘薯

1. 面积　产量

1998—2002年，全区甘薯年种植面积在12万～14.7万亩，年总产在5万～6.5万吨。2002年，全区甘薯年种植面积122872亩，总产量52142吨，平均单产424公斤，分别比1997年减少26280亩，减少9597吨，增加10公斤。2003年后，受到市场经济的推动，交通方便、肥水条件好的平原地区种植蔬菜等价值较高作物面积逐年增加，甘薯种植由平原转向山区，由农田转向坡地、山地，且种植面积不断减少，单产、总产受到较大影响。再加区境缩小，到2007年全区甘薯种植面积24320亩、总产量8968.1吨、平均单产369公斤，比2003年分别减少21304亩、8479.9吨、13公斤，减幅分别为

46.69%、48.6%、3.4%。

由于市场化和人们对产品品质要求的不断提高，优质、高产、商品率高的甘薯品种种植逐渐增加。2001年优质、高产的甘薯品种福薯26、龙岩7-3种植面积分别达到30800亩和53500亩，分别占年甘薯种植面积的22.78%和38.34%；而高产品质差的甘薯品种“潮薯一号”1996年种植面积37000亩，到2001年种植面积只有3100亩。

2. 种植品种

1998—2000年，同安区甘薯种植品种较多，有潮薯一号、福薯26、新种花、龙岩7-3、台薯66、台湾甜薯、许山种、安溪竖仔、四季红、福薯101等品种，但以福薯26、潮薯一号、龙岩7-3、新种花为主。2001—2005年，主要有龙岩7-3、岩薯5号、龙薯1号、龙薯3号、龙薯9号、龙薯10号、金山57等品种。2002年，岩薯5号、龙岩7-3在全区种植面积分别达到5.82万亩和4.73万亩，占全年甘薯种植面积的47.37%和38.5%。

白交祠牌地瓜

附录：甘薯主要种植品种简介

龙岩7-3 福建省龙岩地区农科所选育品种，是食用兼加工薯条干的优良品种。属短主中蔓型，块薯外观美，长纺锤形，薯皮淡黄色，薯肉橘红色，食味软甜，纤维少、口感好、品质优，晒干率25%～27%，出粉率12.5%。适合水田或有灌溉条件的农地栽培，是同安区种植面积较大的优质薯，一般亩产2000～2500公斤。

福薯26 福建省农科院育成品种，适应性广、易栽培、产量高。短蔓型，薯肉淡黄，是食用、饲用兼提取淀粉的品种，甜味较差。适合于水田及旱地种植，在同安区种植面积较大，一般亩产2500公斤，高的可达3000公斤。

岩薯5号 福建省龙岩市农科所选育品种。短蔓型，蔓皮紫红色，薯肉橘红色，薯形长纺锤形，结薯性好，食味软甜，纤维少，抗蔓割病，丰产、稳产性强。适合于水肥条件较好的水田或菜地种植，在同安区种植面积大，一般亩产2750～3000公斤，高的亩产可达3500公斤以上。

甜薯（俗称台湾鹦哥） 属短蔓型，薯皮光滑，黄色，薯肉橘红色，结薯较少，薯块大，早熟，在同安区部分地区种植，一般亩产量2000～2500公斤。

3. 种植技术

1999年区农技站在新民镇西洪塘村建立优质甘薯块薯育苗基地10亩，繁殖优质薯品种有台薯66、甜薯、龙岩7-3、福薯一号和福薯二号等壮苗200万株。建立一级良种薯苗基地100亩，建立优质甘薯高产栽培示范片面积1000亩，加权平均亩产2450公斤。

2000年，为解决1999年冻害后薯苗紧缺问题，区农技站组织建立春季块薯育苗基地180亩，选用龙岩7-3、甜薯、福薯二号、岩薯5号等优质高产品种，推广地膜覆盖块薯育苗，加强苗地繁殖管理等技术。组织指导各镇农技站建立薯苗繁育基地100亩，繁殖一级薯苗1000亩。在全区建立优质薯高产栽培示范片3万亩，其中：中心片5000亩，平均亩产2510公斤。通过对比试验，块薯苗种植田比一般老蔓苗种植田亩增鲜薯5%～10%。同年，区农技站建立甘薯脱毒块薯育苗基地10亩，并在各镇建立脱毒苗繁育基地100亩，脱毒甘薯苗高产栽培示范片5000亩，其中中心片500亩，每亩比非脱毒苗种植田增产鲜薯10%左右。

2001年，在全区建立优质甘薯块薯育苗基地10亩，二龄繁育苗基地200亩，大田推广1万亩，其中：中心示范片2500亩，主要种植龙岩7-3、甜薯、岩薯5号等优质甘薯品种，平均亩产鲜薯2560公斤。

2002年，区农技站示范加速龙岩7-3、岩薯5号等品种脱毒薯苗的繁殖。

（三）大豆

1. 面积　产量

大豆是同安区最主要的豆类作物之一，是加工豆腐、豆芽、豆浆、豆豉、酱油等副食品的原料，也是畜牧业主要精饲料原料。1998—2002年，全区年种植面积1.1万～1.52万亩左右，年总产1470～2114吨。2002年，全区大豆种植面积11394亩，总产量1470吨，平均单产129公斤，分别比1997年减少面积5659亩、减少8480吨，减少7公斤。2003年以后，大豆种植转向半山区、山区，由农田、农地转向坡地、山地，种植面积和总产量逐年减少。2007年种植面积3696亩，总产量536吨，单产与2003年持平，种植面积与总产量分别比2003年减少3364亩、484.4吨，减幅47.65%、47.47%。

2002年后，随着菜用大豆的引进，龙头企业规模化种植，出口数量增加，菜用大豆种植面积逐年增加。

2. 种植品种

主要有莆豆10号、莆豆8008、比松、穗稻黄、77赤豆、东引3号、毛豆75、毛豆2808、毛豆292、菜豆、香豆五叶等品种，其中，莆豆8008品种茎秆粗壮，叶片偏大，分枝中等，三粒果荚多，籽粒大而饱满，在同安区栽培表现早熟、高产、耐旱、适应性广、籽粒饱满、商品性好。一般亩产量135公斤左右，全生育期110天左右。

（四）玉米高粱

玉米　同安区玉米生产经历由套种变专种、杂粮变零食的发展过程。玉米分为春播玉米和秋播玉米。1998—2002年，全区年种植面积1323～2048亩，年总产399～693吨。2002年，种植面积1888亩、总产量593吨、平均单产314公斤，分别比1997年增加450亩、175吨、23公斤。2007年，种植面积2943亩、产量997吨、平均单产318公斤，分别比2003年增加1128亩、420.4吨、21公斤，增幅分别为62.15%、72.91%、6.6%。主要种植品种有：掖单13、临粤一号、奥玉特一号（甜糯玉米）、闽紫糯1号（组合）等品种。

高粱　小面积种植的杂粮作物，有春播、秋播，也有专种、套种。1998—2002年，全区每年种植面积631～920亩，年产量121～178吨，2002年，全区年种植面积631亩、总产量121吨，分别比1997年减少165亩、54吨；2007年全区种植面积42亩、总产量7.4吨，分别比2003年减少146亩、31.6吨。平均亩产175～230公斤，2005年亩产最高230公斤，2006年最低175公斤。主要种植品种有弯颈高粱、矮脚软芒等。

附录：玉米主要种植品种简介

临粤一号　全生育期与掖单13基本相似。春季种植130天左右，秋季75～85天就可以收获鲜棒上市。株高2～2.5米，穗长21～26厘米，红轴，黄粒，品质优良。抗大斑病、矮花叶病、粗缩病、青枯病和黑粉病，中抗小斑病，中感弯菌叶斑病，轻感拟眼斑病。元旦春季起就可播种。

奥玉特一号（甜糯玉米）　鲜食玉米。采用高科技手段将甜玉米的甜质基因导入糯玉米中，使糯玉米的青果穗中的含糖量由4.5%提高到9.6%，集中了糯玉米和甜玉米的优点，实现甜、香、糯一体，糯性好、甜度高、青香可口，皮薄、无渣、蛋白质含量高达10.89%。冬种株高1.8～2.0米，夏种1.7～1.9米左右，双穗率高，春播亩产量800～1000公斤。穗行整齐，籽粒纯白，商品性好。夏种抗高温，冬种耐低温，抗大、小叶斑病比其他品种强。宜和其他品种隔离种植，防止品质退化，适当提早采收品味更佳。

三秀山甜玉米生长喜人

闽紫糯1号　鲜食型玉米。植株高大整齐，株高180厘米左右。适宜采收鲜果穗，紫粒薄皮，糯性好，香甜，根系发达，抗倒伏，抗大、小叶斑病。春播在1月中旬，气温稳定在10℃以上时播种（温室和薄膜覆盖可适当提前），秋播在8月上中旬。一般亩产量700公斤左右，高产可达1000公斤。同安区5—6月不宜播种，以避免花期遇高温危害。种植田必须与其他玉米品种隔离300米以上或花期间隔30天以上，以防止串粉丧失糯性。

第二节　经济作物

一、油料作物

（一）面积、产量

1997年，全区油料作物种植面积118792亩，总产23424吨。2001年，107118亩，总产17291吨，分别比1997年减少11674亩、6133吨，减幅9.83%、26.18%。2007年，种植面积3700亩、总产6497吨，分别比2003年减少10596亩、1281吨，减幅22.26%、16.47%。

（二）主要油料作物

1. 花生

面积　产量　同安区每年种植的花生分为春季花生和秋季花生，播种面积分别占当年花生播种面积75%～80%和20%～25%。因经济建设需要和种植业内部结构调整，年种植面积逐渐减少。1998—2002年，全区花生年种植面积10.7万～12万亩，年总产1.72万～2.33万吨。总面积和总产量分别占福建省的1/10和1/6，在全省占有举足轻重的地位。2002年，种植面积107012亩、总产量17285.4吨、平均亩产162公斤，分别比1997年减少11508亩、6116.6吨、35公斤。2007年种植面积36990亩、总产量6503吨、平均亩产176公斤，分别比2003年减少10435亩、减幅22%，减少1264.8吨、减幅16.28%，增加12公斤、增幅7.31%。

种植品种　主要有泉花10号、泉花646、汕油71、白沙1号、白沙4号、泉花327、金花1012、抗黄一号等品种。

种植技术　1998年，区农技站与内厝镇、新店镇、马巷镇和新民镇等有关镇农技站、科技示范村配合，建立万亩春花生高产稳产示范片，平均亩产256公斤，比一般栽培亩增56公斤。2000年，全区推广春花生高产配套栽培技术3万亩，平均亩产240公斤，比一般栽培亩增30公斤。同时在汀溪褒美、大同古庄进行花生新品种对比试验，主要品种有9407、80282、福达3号、金花1012，对照种泉花10号，筛选出抗性好、产量高、品质优的花生新品种，为全区花生生产提供优良品种。2001—2002年，区农技站组织实施花生新品种"泉花327"高产栽培技术研究项目，开展泉花327与泉花646、金花1012、泉花10号品种对比试验，观察泉花327品种的生育特性，泉花327高产栽培配套技术研究；建立泉花327高产栽培示范面积1万亩，高产栽培示范片加权平均亩产265公斤，比对照种亩增40公斤，初步掌握了泉花327生育特性和高产栽培配套技术。2003—2004年，区农技站组织实施春花生"泉花646"、"抗黄一号"高产栽培配套技术研究及推广项目，在全区建立"泉花646""抗黄一号""泉花327"高产栽培示范片1.5万亩，加权平均亩产260公斤，比一般栽培的其他品种亩增38公斤。

附录：花生主要种植品种简介

泉花10号　泉州农科所经多代选育而成的新品种。1995年通过省农作物品种审定，1996年成为福建省花生第一主栽品种，也是同安区花生主要栽培品种，一般亩产量220～250公斤。属珍珠豆型，春季种植生育期120～130天，秋季种植110天。植株矮壮，开花结荚集中，出仁率70%左右。耐肥抗倒，耐涝性强，叶斑病、锈病中偏轻，对青枯病有较强的抗性。

泉花646　泉州市农科所用泉花114-8与粤油92杂交选育而成，是同安区旱地及农改地的主要花生栽培品种。春季种植全生育期115～125天，秋季种植110天左右，一般亩产量200～220公斤。属珍珠豆型，饱果率72%～81%，丰产稳产，抗青枯病，抗病性较强。

泉花327　泉州市农科所以705-2为母本，汕油523为父本杂交育成。春季种植全生育期120～130天，秋季种植110～115天。一般亩产量250公斤左右，高者可达350公斤以上。是同安区示范推广品种，适合肥力中上的水田、水旱轮作地种植。青枯病中、重病地不宜种植。属连续开花亚种珍珠豆型，饱果率80%左右，出仁率68%～71%。抗旱性、耐涝性中等，抗倒性较强，叶斑病和锈病发生较轻，轻感枯萎病。

金花1012（白皮花生）　福建农林大学作物学院育成，同安区示范推广品种。春季种植全生育期115天左右，秋季种植105天左右，一般亩产200～225公斤。属连续开花亚种珍珠豆型，饱果率85%左右，出仁率70%～72%左右。中感枯萎病，叶斑病、锈病发生轻，抗青枯病中偏弱，抗倒性、耐旱性中等。在水旱轮作田增产潜力比较大，宜于小暑后一星期收获。

抗黄一号　福建省农科院耕作轮作研究所育成，同安区2003—2005年示范推广品种。春季种植全生育期120天左右，秋季种植110～115天左右，一般亩产230～280公斤。属珍珠豆型，饱果率90%左右，出仁率71%～72%。丰产性好，抗旱性强，抗倒性、耐涝性中等，抗黄曲霉，中抗青枯病，比较适宜农改水田和有灌溉条件的旱地栽培。

2. 油菜籽

油菜为同安区小宗种植草本食用油料作物。1998—2000年，种植面积分别为60亩、80亩和90亩，平均亩产25～85公斤左右。此后少有或不再种植。种植品种主要有莲花河田油菜，全生育期90～116天。

3. 芝麻

芝麻为同安区小宗种植草本油料作物。含油量比花生和油菜高。1998—2002年，全区年种植面积106～260亩，年产5.9～20吨。此后种植面积、总产逐年减少直至零星种植。1998—2006年，平均亩产在50～96公斤左右，其中最高年2000年96公斤，最低年2006年50公斤。种植品种主要有四稔芝麻和六稔芝麻等。

1997—2007年油料作物面积产量情况表

表4-7

年份	油料作物			其中：花生			其中：芝麻			其中：油菜籽		
	面积（亩）	亩产（公斤）	总产（吨）	面积（亩）	亩产（公斤）	总产（吨）	面积（亩）	亩产（公斤）	总产（吨）	面积（亩）	亩产（公斤）	总产（吨）
1997	118792	197	23424.0	118520	197	23402.0	222	81.0	18.0	50.0	76	4.00
1998	121186	193	23375.0	120866	193	23350.0	260	77.0	20.0	60.0	83	5.00
1999	121245	192	23318.4	120922	193	23296.0	243	66.0	15.9	80.0	81	6.50
2000	118744	193	22891.2	118329	193	22854.6	325	96.0	29.2	90.0	82	7.40
2001	111654	192	21436.2	111483	192	21423.6	171	74.0	12.6	—	—	—
2002	107118	161	17291.3	107012	162	17285.4	106	55.7	5.9	—	—	—
2003	47596	163	7778.1	47425	164	7767.5	171	60.2	10.3	—	—	—
2004	48035	164	7858.2	47853	164	7846.1	182	66.0	12.1	—	—	—
2005	44243	175	7739.7	44071	174	7661.5	142	79.0	11.2	30.0	223	6.7
2006	40395	188	7581.4	40303	188	7575.7	90	50.0	4.5	1.5	80	0.12
2007	37000	176	6497.0	36915	176	6491.0	70	71.0	5.0	15.0	66.67	1.00

二、甘蔗

（一）糖蔗

面积　产量　1997年，糖蔗种植面积12276亩，亩产6.5吨，总产7.98万吨。1998年，杏林、同安糖厂停榨后，糖蔗保留面积5087亩，亩产5.2吨，总产2.6万吨，以后逐年减少。1999年，种植1556亩，亩产4.5吨、总产7000吨。2000年，种植106亩。2001年，种植10亩。主要种植地在莲花、汀溪及新民、五显等镇偏远山区梯田。

种植品种　主要栽培品种，有适宜旱地种植的闽糖70/611、闽选703、69/263、台糖134，适宜水田、埭田种植的粤糖57/423。其次还有台糖108、台糖10号、东爪哇3010、东爪哇2878、D152、印度419、桂糖11号、福引79/9、闽糖77/208、华引1号、福农79/23等。

种植技术　糖蔗栽培技术要点：早种早分蘖，套种绿肥压青，分次分级培土，6—7月主攻长茎肥，保持蔗田湿度，及时防治病虫害。糖蔗产量大面积平均亩产达6.5吨，高产丰产片亩产12吨。

（二）果蔗

田洋果蔗

同安“田洋果蔗”自古闻名，属青皮果蔗，品质极佳，具有皮薄、汁多、脆甜等优点，可全年上市。栽培地以田洋、过溪、溪声、溪林等西溪和汀溪水库下游的冲积小平原为佳，土壤肥沃，灌溉方便，宜果蔗生长。1997 年种植 641 亩，产量 3584 吨。2002 年种植 390 亩，产量 1489 吨，2007 年种植 200 亩，产量 700 吨。

1998—2007 年同安果蔗种植情况表

表 4-8

年 份	面积（亩）	单产（公斤）	总产（吨）
1998	641	5591	3584
1999	302	4411	1332
2000	262	3784	991
2001	325	3677	1195
2002	390	3818	1489
2003	655	4618	3025
2004	120	3125	375
2005	155	3935	610
2006	185	3059	566
2007	200	3500	700

三、茶

（一）面积 产量

1997—2002 年，同安茶叶种植面积变化不大，总产量最多年 2001 年 753 吨，最少年为 2000 年 230 吨。2003—2007 年，种植面积、总产量呈增长趋势，分别年递增 9.75%、13.11%，主产区为莲花镇山区的小坪、水洋、尾林、淡溪、军营、白交祠、西坑、圳上茶场，半山区的上陵、罗溪、蔗内和祥溪林场；其次为汀溪镇的堤内、汪前、顶村、半岭和汀溪林场、竹坝农场、新民柑岭西山岩等。

1997—2007 年同安区茶叶生产情况表

表 4-9

年份	面积（亩）	产量（吨）	年份	面积（亩）	产量（吨）
1997	6421	613	2003	8480	1120
1998	9603	455	2004	8208	1050
1999	6497	510	2005	8826	1130
2000	6478	230	2006	9293	1220
2001	6444	753	2007	9791	1320
2002	6150	713			

（二）种植品种

同安为乌龙茶产区，以品种好、品质优良而驰名。据莲花镇农技站 2003 年统计，种植面积以毛蟹最多，5904 亩，占全区茶园面积 57%。铁观音 1830 亩、占 18%，本山 1785 亩、占 17%，黄旦 425 亩、

莲花山乌龙茶

占4%，奇兰360亩、占3%。其他还有梅占、乌龙、佛手、肉桂、八仙、桃仁等。近年来从外地引进金观音、黄观音、金萱、金牡丹等良种，在莲花镇山区试种，其中金萱、金观音得到推广。

（三）栽培技术

引进新品种　扩大高香优质茶和早、晚熟茶种，如早熟种的黄旦、迎春、八仙、奇兰；晚熟种的观音、肉桂、佛手等优良品种种植面积。使中熟种毛蟹从占茶园面积的70%，降至57%。

推行高产栽培技术　对茶园实行改园、改土、改树和补缺株的“三改一补”高产栽培技术。具体措施：做好茶园水土保持，加固园岸，开沟蓄水，增施有机肥、绿肥及稿秆压青，培土以及茶树修剪，大苗补缺株等，使茶园从低产变高产。

实行“无公害栽培”　建立2000亩无公害茶叶生产基地，推行“公司+基地+农户”的订单农业生产经营模式，打造莲花高山无公害茶叶品牌。

第三节　园艺作物

一、蔬菜

（一）面积　产量

同安蔬菜种植，1997—2002年，种植面积年均增加9.97%，总产年均增加7.10%，但亩产年均减少2.61%。2003—2007年，种植面积、总产分别年均减少2.47%、2.36%，亩产年均增加0.11%。2007年种植面积上万亩的有甘蓝、黄瓜、茄子、四季豆。

西源四季豆

褒美槟榔芋优质高产生产基地

1997—2007年同安区蔬菜种植情况情况表

表4-10

年份	面积（亩）	单产（公斤）	总产（吨）	年份	面积（亩）	单产（公斤）	总产（吨）
1997	165652	1891	313276	1999	186778	1738	324706
1998	176959	1853	327978	2000	196714	1722	338649

续表4-10

年份	面积（亩）	单产（公斤）	总产（吨）	年份	面积（亩）	单产（公斤）	总产（吨）
2001	215828	1738	375179	2005	122964	1835	225643
2002	266461	1657	441521	2006	114832	1786	205098
2003	125861	1681	211557	2007	111090	1690	187702
2004	123135	1816	223552				

2003—2007 年同安区主要蔬菜种植情况表

表 4-11

种 类	2003 年		2004 年		2005 年		2006 年		2007 年	
	面积（亩）	总产（吨）	面积（亩）	总产（吨）	面积（亩）	总产（吨）	面积（亩）	总产（吨）	面积（亩）	总产（吨）
菠菜	1412	2207. 5	1158	1647	916	1395	812	1143	1002	1403
芹菜	611	1401	507	1091	421	719	506	1193	559	871
大白菜	11444	18480	10280	23631	9428	25406	9179	24924	8839	19099
甘蓝	12033	21209	12139	23110	12486	24518	12961	24788	11351	20208
花椰菜	3556	6145	1968	5737	2713	5227	2707	5286	3088	5635
芥菜	1513	1966	1421	2336	1977	3206	1656	2293	1171	1693
空心菜	2015	3636	1708	3278	2585	4507	2633	3979	2701	4419
黄瓜	18996	31787	19392	40163	19322	40738	18178	35978	17248	31975
冬瓜	1150	1739	471	874	565	1004	593	1068	735	1546
丝瓜	3744	6914	4045	7221	4217	7866	3223	5333	3707	5494
萝卜	9271	16643	9656	18649	9557	20009	8156	17448	7801	16501
胡萝卜	45	165	177	231	246	424	118	211	204	246
芋头	3410	4062	3044	3985	2635	3618	2392	3060	2067	2771
生姜	1106	1414	1126	1384	1066	1363	1362	1902	1299	2061
茄子	11973	20827	12492	27391	12501	25930	12527	26769	12516	25960
番茄	2466	5633	2203	5125	2232	4771	2034	4238	1945	3938
辣椒	732	1187	1045	1365	1001	1254	1508	1876	1200	1512
大蒜	1666	3370	1075	2124	1152	2135	1340	2340	1214	2040
韭菜	722	766	212	255	512	608	227	257	251	318
葱	462	677	286	560	189	303	320	369	266	371
四季豆	11985	17022	13695	18485	15940	20389	13370	17080	14693	18282
豌豆	2419	2780	2196	2403	1979	2379	2180	2262	1953	1980
豇豆	1361	1766	1944	2888	2021	2944	1874	2524	1650	2322
茭白	1464	2115	1434	2346	2540	3935	2316	3558	2549	3342
其他	20305	3764. 5	19461	27273	14763	20995	12660	15219	11081	13715
合 计	125861	177676	123135	223552	122964	225643	114832	205098	111090	187702

（二）种植品种

截至2007年，同安种植主要蔬菜25类，推广主要品种110多种，其中大路菜大白菜11种，花椰菜10种、甘蓝9种、黄瓜8种、苦瓜6种。

1997—2007年同安区蔬菜种植推广品种表

表4-12

种　类	主要推广品种
菠菜	台湾绿菠　香港黄清河全能菠菜　虎耳　乌绿　寒绿
芹菜	泰国芹菜　天津白庙实芹种都实芹　神农牌津南实芹
大白菜	台湾庆农45天　庆农耐热　庆农春夏利45天　农友玉冠　日本小林交配白菜　春大将　日野（兴农）富春（少伟）　台宝　春台宝
甘蓝	中甘11　中甘15　中甘21　京丰　福星甘蓝　新世纪　春光珠　福绿　福月
花椰菜	庆农65天　丰田65天　丰田80天　雪白　丰田松花　庆农系列　文兴系列　鹭玉60天　雪美　金盛系列
芥菜	大坪埔芥菜　明丰1号　金献客家竹芥
空心菜	泰国柳叶蕹菜　本地竹叶　台湾竹叶
黄瓜	中农8号　宝龙　斯奈尔　园丰6号　丰研6号　津优一号　金盛1号　金盛6号
冬瓜	黑皮冬瓜
丝瓜	泰国早熟一号　金盛新禧中长丝瓜
萝卜	台湾明芳、永和　韩国白玉春、早光、将军　春白玉　雪春　春雪莲2号
胡萝卜	Sk4-316　因卡　美国助农大根　新黑田五寸
芋头	褒美芋头
生姜	台湾姜　本地姜
茄子	农友长茄704　亚蔬茄王　丰田茄王　超级茄王　长丰一号
番茄	浙杂5号　浙杂6号　合作903　满园红　以色列316
辣椒	湘研九号　湘研十九号　中厦29号　红香　红丰王　长香米香
大蒜	四川南蒜
四季豆	绿玉803地豆　白珍珠架豆　白玉珍珠
豌豆	香港益农604荷兰豆　台中11号
豇豆	振闽8号　中厦长仁豇豆　金盛美玉8号　台豇101　台宝6号
苦瓜	台湾月华苦瓜　明珠　雪华　丽华　金盛绿秀　日秀

（三）种植技术

冬季蔬菜栽培模式开发及配套技术　1996—1998年，推广“冬季蔬菜栽培模式开发及配套技术”优化栽培模式，在土壤肥力较高、水稻蔬菜种植经验丰富地区推广“蔬菜—蔬菜—水稻”栽培模式，如：“春大将”结球白菜—西葫芦（或菠菜）—水稻、“豆（美国矮脚四季豆或矮脚豇豆）—豆（美国矮脚四季豆）—稻”栽培模式；在水旱轮作区域或双季稻区推广“蔬菜—水稻—水稻”栽培模式，如：“花椰菜（短叶100天、珍珠100天、城场120天）—水稻—水稻”、“甘蓝（或美国太阳牌胡萝卜、农友圣女番茄、南畔洲白萝卜）—水稻—水稻”、“马铃薯—水稻—水稻”栽培模式。1999年该项技术荣获农业部丰收奖二等奖。

二、花卉

1998 年后，花卉栽培成为同安新兴种植业。1998—2007 年，占用耕地栽培最多年 2002 年 1864 亩，最少年 1998 年 360 亩。种植收入仅 1998—2003 年有统计数字，最多年 2002 年产值 305 万元，最少年 1999 年产值仅 52 万元。

莲花镇菊花生产基地

祥溪林场兰花苗圃

1998—2007 年同安区花卉栽培情况表

表 4-13

年份	占用耕地面积（亩）	收入（含盆景）（万元）	年份	占用耕地面积（亩）	收入（含盆景）（万元）
1998	360	53	2003	1163	190
1999	1047	52	2004	1117	—
2000	925	58	2005	603	—
2001	1821	209	2006	791	—
2002	1864	305	2007	710	—

三、果树

（一）品种与产量

品种　同安区水果生产从传统栽培向高产、优质、生态型果业发展，以市场为导向、效益为中心，引进龙眼、荔枝、番石榴、毛叶枣、杨桃、密雪梨、柑橘、火龙果、莲雾、番荔枝等新品种。

产量　1997 年，全区果树种植总面积 162982 亩、总产 14616 吨。2002 年，种植面积 150858 亩，5 年间年均减少 1.53%；总产年均增加 8.82%。2007 年，种植面积 82138 亩，总产量 10254 吨，4 年间年均减少 8.72%、11.80%。

种植技术　引进高接换种、果实套袋、果实产期调节及生物防治等新技术。

（二）主要果树

1. 龙眼

面积　产量　1997—2007 年，因龙眼价格下降，果农未再新扩种，加上因城镇建设和工业区建设用地日增，原种植的龙眼园面积有所减少，但仍是同安区的主要果树，栽培面积占水果总面积的 85% 左右。1997—2002 年，种植面积变化不大，均在 1.3 万亩以上，但总产波动较大，最高年 1999 年

21343 吨，最低年 1998 年 541 吨。2003—2007 年，种植面积呈逐年下降趋势，年均递减 7.96%，总产最高年 2004 年 21051 吨，最低年 2007 年 5563 吨。

厦银牌龙眼

种植品种　历史上当家品种是水涨和赤壳，果实大、固形物含量 15% 左右，主要用于制罐和焙干，成熟期 8 月中旬至 9 月上旬，属中熟品种。1997 年以后进行龙眼品种结构调整，推广龙眼高接换种，品种以本地的凤梨穗为主，以及银早 98、东壁、石硖、松风本等优良品种。如台湾果农龚山水两兄弟在莲花镇云洋村、云埔村和汀溪镇西源村投资创办的广兴果场种植龙眼 5400 亩，实施品种改良 3500 亩；同安区名优水果示范场有龙眼 400 亩，实施品种改良 300 亩。至 2007 年，全区龙眼品种改良面积 1 万多亩。同安区现有龙眼品种 50 多个，宜鲜食的有凤梨穗、东壁、石硖、冰糖味、红核子、八一早、白壳早种、银早 98；宜制罐和焙干的有水涨、赤壳、后壁埔种、白花仔种、福眼等。近几年引进试种的有水南 1 号、松风本、立冬本、储良等优良品种。

种植技术　主要有常年进行的高接换种、2000—2001 年进行的产期调节实验、2005 年建设无公害生产基地等。

附录：种植技术举例

高接换种　常年在春秋两季均可进行，但以 2—4 月嫁接成活率较高。接穗选择树冠外围中上部、枝条充实、腋芽饱满、无病虫害、直径 1～1.5 厘米的一年生枝条。高接方法宜低干位高接，最高不超过 1.5 米，采用切接法。

龙眼产期调节试验　2000 年、2001 年，进行龙眼产期调节试验，采用氯酸钾催花。经多点试验，只有五显镇后塘村坂垅尾试验龙眼较为成功，供试品种为白壳早种，共 4 株，2000 年 6 月 26 日采用氯酸钾催花，8 月 1 日花穗开始陆续抽出，8 月 16 日始花，8 月 22—25 日雌花盛开，8 月 31 日终花。2000 年 12 月 29 日现场验收，4 株平均株产 19.4 公斤，最高株产 40 公斤；果实比正造果小，可食率和可溶性固形物与正造果相近。

建立无公害生产基地　2005 年，同安区承担厦门市农业局项目，分别在汀溪镇西源村、莲花镇云洋村和竹坝开发区建立无公害生产基地 1300 亩，开展无公害栽培示范，改变传统栽培模式，规范无公害栽培技术。

厦门市同安区部分龙眼品种主要性状表

表 4-14

品种	产地	成熟期	主要经济性状
八一早	龙秋	8 月上旬	较早熟，果中等大，质优，产量中上，适鲜食
白壳早种	上厝	8 月上中旬	早熟，果大质优，产量高，适鲜食、制罐

续表4-14

品种	产地	成熟期	主要经济性状
银早98	褒美	8月上中旬	早熟，果大小适中，质优产量高，适鲜食
水涨	全区各地	9月上旬	果大质优产量高，抗逆性强，适制罐、焙干
赤壳	全区各地	8月下旬	产量高，果大质优，适焙干、制罐
白花种	新民、五显	9月上旬	丰产稳产，抗逆性强，但果小味淡。
凤梨穗	全区各地	9月上旬	果大小中等，质优、果穗大产量高，抗逆性强，适鲜食
红核仔	洪塘、五显、西柯等	8月下旬	丰产、抗逆性强，果小质较优，适鲜食
后壁埔	五显	9月上旬	果大高产，适焙干、制罐
冰糖味	洪塘、五显、汀溪	8月下旬	果小，质优、肉脆，产量高，适鲜食
凤梨味	洪塘、五显	9月上旬	果实大小中等，质优风味佳，产量中等，适鲜食
桂花味	洪塘	9月上旬	果小可食率中等，具特殊香味，是鲜食良种
东壁	泉卅引进	8月下旬	果中等大、质极优、肉香甜、脆，产量中等，适鲜食
乌龙岭	莆田引进	9月上旬	果大质优、产量高，适焙干、鲜食
白核仔	莆田引进	8月下旬	果肉厚、脆，核小白色，产量中等，稀优鲜食种
公妈本	莆田引进	9月上旬	果大质优、产量高，适焙干、制罐
松风本	莆田引进	9月中旬	中熟偏晚，果中等质优，产量中上
立冬本	莆田引进	9月下旬	晚熟种，果中等质优，需采取保果措施
石硖	广东引进	8月中下旬	果小肉脆品质佳，产量中等，鲜食良种。

2. 荔枝

1997—2002年，荔枝种植面积在2200～2800亩之间，总产在188～600吨之间波动，2003年以后，种植面积年均减少19.19%，总产由2003年的195吨锐减为2007年的34吨。

荔枝雌雄同株异花，雌花比例少，主要采用化学调控及打顶措施培养短壮花穗，提高着果率。1997年区农业局组织专业技术人员到广东东莞参观学习叶钦海荔枝矮化密植栽培新技术；2005年引进晚熟荔枝红秀球和大丁香新品种在凤南金湖果牧场进行高接换种100亩。

3. 柑橘

同安种植品种有芦柑、桶柑、橙、琯溪蜜柚以及台商詹景童引进的西施柚、柠檬柚和甜葡萄柚等品种，主要分布在汀溪、莲花和新民镇。1997—2007年，种植面积在5000～8000亩之间，总产量在2000～6000吨之间。

栽培以开筑梯田、深翻熟化土壤、增施有机肥、树体修剪、早春适度环割、及时防治病虫害以及推广果实套袋等技术为主，提高产量和品质。

4. 香蕉

1997—2007年，种植面积最多年1998年5248亩，最少年2006年1125亩，总产最高年1998年4019吨，最低年2002年580吨。

香蕉性喜高温、高湿，忌风，栽培上要注意选择避风、肥沃、水源充足的地块，注意留芽、除芽，增施有机肥，适施化肥，支柱护株，及时除蕾和果实套袋。

5. 番石榴

2001—2007年，种植面积最多年2007年925亩，最少年2002年366亩。总产最高年2001年900吨，最低年2002年101吨。

本地品种有34个，其中种植面积较大的有吕宋拔、梨仔拔、八月拔等。20世纪90年代又陆续引进台湾番石榴世纪1号、世纪2号、水晶拔、珍珠拔等品种。

珍珠芭乐

番石榴属热带作物，喜光忌阴怕霜冻。选择避风向阳面南开阔、霜冻机率低的地形种植，应注意水源充足、排水良好、土层深厚、土质肥沃。同时要做好修剪、肥水管理、病虫防治、疏花疏果及果实套袋等工作。

此外，截至2007年，同安区种植的水果还有菠萝、枇杷、杨梅等热带、亚热带水果和桃、李、梅等，种植面积均不大。

1997—2007年同安区果树种植面积、产量情况表

表4-15

项目		合计	龙眼	柑橘类	荔枝	凤梨	香蕉	枇杷	番石榴	桃子	李子	柿子	杨梅	其他水果
1997	面积(亩)	162982	130192	8187	2572	3500	4783	264	—	1329	668	1049	1710	8728
	产量(吨)	14616	5817	2413	604	1300	2849	34	—	342	79	41	65	1072
1998	面积(亩)	163161	129779	8136	2560	3500	5248	214	—	754	678	1106	1615	9571
	产量(吨)	10102	541	2231	300	1300	4019	24	—	116	136	53	25	1357
1999	面积(亩)	162169	132313	5491	2842	500	3059	307	—	560	523	1084	1635	13855
	产量(吨)	29489	21343	2651	605	200	2416	22	—	92	66	47	25	2022
2000	面积(亩)	152265	130394	8814	2069	2970	—	328	—	467	371	1108	1263	4481
	产量(吨)	12619	4636	6230	188	721	—	9	—	62	56	51	21	645
2001	面积(亩)	154867	135527	5178	2842	500	2570	—	1000	500	60	525	2180	3985
	产量(吨)	26858	16094	5890	600	150	2548	—	900	150	1	201	101	223
2002	面积(亩)	150858	134668	5762	2229	1793	1229	—	366	400	85	235	910	3181
	产量(吨)	22299	15097	4664	496	169	580	—	101	84	15	16	24	1053
2003	面积(亩)	118303	101788	5930	1440	1640	1854	111	863	—	—	—	910	3767
	产量(吨)	16947	9342	4189	195	319	1717	3	107	—	—	—	21	1054
2004	面积(亩)	115223	103085	5755	1253	980	1541	110	827	—	—	—	305	1367
	产量(吨)	28327	21051	4395	371	160	1497	20	408	—	—	—	21	404
2005	面积(亩)	103232	93085	5922	1024	347	1264	112	838	110	123	—	305	102
	产量(吨)	25453	9985	3583	75	43	1344	3	268	35	49	—	20	48

续表4-15

项目		合计	龙眼	柑橘类	荔枝	凤梨	香蕉	枇杷	番石榴	桃子	李子	柿子	杨梅	其他水果
2006	面积(亩)	93434	84055	5140	764	294	1125	112	869	82	128	—	265	600
	产量(吨)	13910	8595	3383	36	21	1315	6	421	17	35	—	11	70
2007	面积(亩)	82042	73055	5094	614	224	1190	10	952	59	105	—	104	635
	产量(吨)	10194	5563	1964	34	20	1640	5	747	29	23	—	20	149

第四节　种植制度

一、轮作方式

（一）平原台地区

包括大同、祥平街道，五显、洪塘、西柯、新民、汀溪、莲花等镇海拔100米以下地区和竹坝农场、凤南农场、白沙仑等农场。以水旱轮作为主，一年三熟。根据作物组成和种植顺序，主要有“早稻—晚稻—白萝卜或番茄”“早稻—晚稻或菜—马铃薯”“早稻—晚薯—菜”“早稻—秋花生—菜或马铃薯”“早稻—菜—菜”“早薯—晚稻—菜”“春花生—晚薯—菜”“春花生—晚稻—白萝卜或西红柿或马铃薯”“春花生—菜—菜”“菜—菜—晚稻或秋花生”“菜—春花生—菜或晚稻”“菜—早稻—菜”“菜—晚稻—白萝卜或西红柿”“菜—菜—菜”“反季节紫长茄—中稻—菜”“果蔗—大豆或花生—水稻”等16种轮作方式。

（二）山地丘陵区

包括汀溪、莲花等镇的山地丘陵区。除高海拔地区为一年一熟外，其余也多以水旱轮作为主，一年两熟。主要轮作方式有“单季稻—休闲”“甘薯—休闲”“早稻—晚薯”“早稻—菜”“早稻—秋大豆”“中稻—马铃薯”“春花生—晚稻”“春大豆—晚薯或晚稻”等8种。

二、作物布局

同安区是厦门市的主要农产品生产基地，根据这一定位和耕地质量的状况，重点发展无公害蔬菜和优质粮油作物。蔬菜主要发展以内销为主的精细蔬菜和以出口为主的订单蔬菜；粮油作物主要发展优质稻、优质甘薯、优质花生和部分果蔬型、特用型优质玉米。

（一）传统农业产业区

包括西柯镇、洪塘镇福厦路以南，新民镇的梧侣、湖安、乌涂、柑岭，汀溪镇平原区，莲花镇半山区，白沙仑农场。主要土种为灰黄泥砂田、黄泥砂田、灰砂田，肥力较高。以传统农业为主，主要作物为稻、甘薯、马铃薯、花生、蔬菜，实行水旱轮作。

（二）蔬菜产业区

无公害蔬菜基地产业区　包括汀溪镇，五显镇溪西村、明溪村，莲花镇云洋村、瑶市村、莲花村、美埔村、溪东村、后埔村，新民镇后宅村，竹坝、凤南农场。耕地水源充足，土种以灰黄泥砂田最多，土壤偏酸，中产肥力，土壤综合环境质量处于清洁（安全）水平，主要发展绿色蔬菜和订单蔬菜，品种为甘蓝、白菜、芹菜、胡萝卜、茭白等优质蔬菜。

精细蔬菜和“一村一品”产业区　包括大同街道的祥桥、凤岗、杜桥、田洋、顶溪头，祥平街道的阳宅、卿朴、瑶头、过溪，五显镇的垵炉、上厝、后塘、宋宅、四林、西洋，洪塘镇的苏店、三忠、

苏厝、新学。土种以灰黄泥砂田为主，水源充足，水耕年代较长，土壤肥沃，交通条件好，靠近城市或交通主干道，主要种植反季节菜、叶菜秧、豆类菜、瓜果类菜以及甘蓝、白菜、芹菜、韭菜、优质果蔗等。

紫长茄产业区　包括洪塘镇的郭山、龙泉村，五显镇的布塘、军村、后垄、店仔村，新民镇的蔡宅、西山村。主要土种为灰黄泥田、灰黄泥砂田、灰砂田，水源充足，水耕年代较长，熟化度较高，犁底层渗透性能适中，土壤肥力较高，主要种植高效益的台湾紫长茄。实行“反季节台湾紫长茄——中稻”生产模式。

白萝卜、西红柿种植区　大同街道的康浔、下溪头村，主要土种为砂埭田，砂性强，肥力中等，主要种植白萝卜，生长期短，好管理，产量高，每亩产量可达6吨以上，产值6000元以上。祥平街道的卿朴村，土种为灰泥田、灰砂田，洪塘镇的石浔村，土种为埭田、灰砂埭田，该类土壤质地一般为砂—中壤，肥力中上，保水保肥性能较好，后劲较足，以种植西红柿为主，每亩产量7.47吨以上，产值1.33万元以上。

第五节　作物保护

一、水稻病虫害与防治

（一）稻纵卷叶螟　水稻最重要害虫，发生呈上升趋势。早季：1997—1999年、2005年为偏轻发生；2001—2002年为中度发生；2000年、2003—2004年为偏重发生；2006—2007年为大发生。平原蔬菜种植区，特别是紫长茄种植区，实行种植中稻进行轮作，成为稻纵卷叶螟的桥梁田，使稻纵卷叶螟在早稻生长后期不用北迁而直接迁入本地中稻，后期又迁入晚稻，是稻纵卷叶螟晚季严重发生的重要原因之一。

稻纵卷叶螟为水稻害虫的监测重点，区植保站坚持田间逐日赶蛾，了解发生动态，每年均及时发布3～5期的病虫情报。1997—2007年，累计指导稻纵卷叶螟防治93.7万亩次，挽回产量损失19258吨，防治后仍损失（包括漏治田）1881.5吨。

（二）稻飞虱　监测重点对象，田间每五天调查一次，测报灯逐日观察，1997—1998年晚季中等发生，1998、2007两年早季大发生，其余的早晚季均为轻发生。

（三）三化螟　偏轻发生，原因一：水稻品种均为早熟品种，包括晚季均为倒种春品种，生育期短而且比较一致，为害关键时期的破口期多数与三化螟的卵盛孵期不吻合，能避过危害；原因二：冬种面积比较大，农事操作可减少一些虫源；原因三：测报准确，农民防治水平提高，防治效果较好。

（四）稻瘿蚊　幼虫侵入水稻生长点使其产生变异，形成葱管而不结穗，俗称“稻出葱”。局限在汀溪、莲花、五显3个镇的几个山村晚稻田发生，年发生面积3000亩左右，危害程度中等。通过不断的病虫情报宣传和培训指导，农民基本学会防治办法，为害均较轻。

（五）纹枯病　重要病害，发生程度呈下降趋势，1997—2001年平均菌核量5.24万粒/亩，2002—2007年平均菌核量2.2万粒/亩。纹枯病发生下降原因，一是水稻种植密度越来越稀，由20世纪80年代每亩2万丛降至1.6万丛左右，有利于降低田间湿度；二是施肥量趋于合理，氮肥施用量过多的现象越来越少，减少徒长，提高抗病能力。

（六）稻瘟病　1997—2007年，除2006年早季在引种外地品种的30多亩稻田出现大发生并绝收外，其他年份均很轻。原因一是种植品种多数为较抗病品种；二是种植品种多样性较明显，克服单一品种的格局；三是偏施氮肥现象较少，种植密度下降，田间前期通风透气，小气候湿度较小。

（七）白叶枯病　1997—2007年，发现较少。

（八）细条病　1997—2007年，晚季种植杂交水稻常有发生，但为害程度较轻。

二、龙眼等水果病虫害与防治

（一）荔枝蝽象 龙眼主要害虫，成虫和若虫在结果期为害龙眼果实，一年只发生一代。1997—2002年，为中偏轻发生，主要原因是推广应用平腹小蜂防治荔枝蝽象示范，省工、省药，防治效果持续。2003—2005年，属偏大发生，主要原因是龙眼价格低廉、农民管理不到位。

（二）爻纹细蛾 龙眼主要害虫之一，结果期果实受害率4%以上，在营养生长期幼梢被害率24.7%～63.0%。1997—2000年，在测报的基础上，虽然发生较重，但防治后损失较轻；2001—2007年，虽进行预测预报，但因龙眼价格低廉农户疏于管理，发生较为严重。

（三）龙眼角颊木虱 主要为害龙眼新梢嫩叶，致其卷缩，直接影响龙眼营养生长。1997—2000年，发生较重，但推广应用同安区植保植检站对该虫的生物学特性、发生规律测报与防治技术研究成果，基本控制为害。2001—2005年，发生严重。吡虫啉、木虱净、扑虱灵、敌敌畏等农药对木虱均有较好的防治效果。

（四）毒蛾 2003年，发现有舞毒蛾和木毒蛾两种。主要为害龙眼的梢叶，受害后整株龙眼树叶被吃光，为害期在4月下旬到5月上旬。靠成虫飞翔传播。防治药剂以有机磷、菊酯类杀虫剂防治效果较好。

（五）桔小实蝇 检疫性害虫，1994年传入同安并在大同镇少量发生。2000年以后，年年大发生。受害果树番石榴（没有套袋）损失10.0%、柚子损失20%～50%，桃子、洋桃分别损失10%，成熟期柿子损失60%。全区共设立15个防治示范片。

三、花生病虫害与防治

（一）斜纹夜蛾 花生主要害虫。1999年、2004年、2005年为害较轻，其他年份较重。可用20%福灵丹1500倍，35%赛丹1200倍，50%来福灵3000倍喷雾防治，药后7天防效分别达96.8%、93.7%、88.7%。

（二）蛴螬 同安地区主要有红脚异丽金龟子、大等鳃金龟和卵园齿爪鳃金龟3种。花生果实受害率一般为30%，最高72.4%，产量损失轻的在1～2成，重者3～5成甚至绝收。1997—2001年通过测报，将为害的龙眼金龟子防治在产卵之前，并在5月下旬对幼虫进行毒土，有效控制虫害。2002年以后防治力度下降，田间虫口密度有所回升。

（三）甜菜夜蛾 1991年，开始在花生等农作物上暴发为害。2000年、2002年、2004年，花生损失较为严重。2000年，引用澳绿一号99型多角体病毒生物防治药剂500倍液防治，药后4天防效71%，药后7天89%，药后15天90%。

四、蔬菜病虫害与防治

（一）小菜蛾 十字花科的主要害虫。性诱防治降低用药成本28%，减少田间虫量30%。化学药剂阿维菌素、甲胺基阿维菌素、锐劲特、卡死克等防效均在90%以上。

（二）美洲斑潜蝇 外国入侵的蔬菜害虫。1997—2002年，发生较为严重。为害作物6个科25种蔬菜，最严重的是豆科，其次是茄科、瓜类和十字花科，辣椒发生较轻，为害面积常年占蔬菜面积20.44%。灭蝇胺、毒死蜱、阿维菌素等药剂均有较好的防效，但该虫世代重叠明显，需重复用药。

（三）瓜实蝇 20世纪90年代发展起来的害虫，主要为害瓜类作物，为害程度高于桔小实蝇。周年均可发生，主要发生期在5—10月，最严重的是8—10月。猎蝇对该虫有较好的捕杀效果。

（四）白粉虱 同安发生的种类为烟粉虱，一年四季都可发生，世代重叠。全年以4月下旬至6月下旬，9月下旬至11月下旬危害最严重。天敌主要有捕食性天敌、寄生性天敌、虫生真菌三大类。一般利用小黑瓢虫进行综合控制烟粉虱。采用吡虫啉、啶虫脒叶面喷雾、土壤淋灌、沟灌等方式防治效果最好。

（五）黄曲条跳甲 萝卜等十字花科蔬菜重要害虫。2004 年大发生，洪塘镇康浔村、下溪头村等萝卜主产区一千多亩萝卜几成“麻脸”，2006—2007 年，由省农业厅植保总站主持，在同安区开展黄曲条跳甲综防技术项目研究，21%啶虫脒毒死蜱微乳剂对萝卜黄曲条跳甲成虫防效达 92%以上，大面积推广。幼虫则用浇灌才能提高防治效果。

五、农田鼠害防治

每年均有发生，以黄毛鼠为优势种群。2001 年以前以化学灭鼠为主。2002 年以后由于农田生态改善，鼠害天敌（猫、猫头鹰、蛇）不断增加，田鼠密度一直控制在中等偏低发生水平。

第六节 良种繁育

一、新品种引进试验示范与推广

（一）引进试验 1998—2007 年，先后引进新品种（组合）40 个，其中杂交稻新组合 7 个，常规稻新品种 5 个，花生新品种 6 个，蔬菜新品种 22 个。引进新品种在全区进行多点试种，观察记载品种（组合）的特征特性，通过召开现场会，对参试品种（组合）进行现场鉴定、评比，每年对其中优良的新品种（组合）及时扩大试验、示范。

（二）示范推广 对初评确定优良的品种（组合）建立较大面积的生产示范片，年建立试验示范点 10 个，中心示范片 4～6 个，早、晚两季由市种子管理站、农技中心组织专家和专业技术人员进行现场考察、验收、鉴定。新品种推广应用的时间由原来 4～8 年缩短到 3～4 年，1998—2007 年共推广新品种（组合）375 万亩，其中水稻 117.92 万亩，花生 72.96 万亩，甘薯 78.75 万亩，大豆、马铃薯等 32.86 万亩，蔬菜 152.51 万亩，均占该作物播种面积 96%以上。

附录：1997—2007 年经鉴定示范推广新品种

水稻 早杂优汕优 89、新香优 80、T 优 7889 等组合；晚杂优特优多系 1 号、汕优多系 1 号、特优 669、D 奇宝优 527 等组合；常规稻佳禾早占、佳辐占等品种。

花生 泉花 646、泉花 327、泉花 7 号、抗黄 1 号、金花 1012 等品种。

蔬菜 农友 704 紫长茄、茄王年等茄子；中甘 11、中甘 15 等甘蓝；春大将、台湾庆农 45 天、日本小林交配等大白菜；庆农 65 天、丰田 65 天、庆农系列等花椰菜；韩国白玉春、将军等萝卜；SK4－316、因卡等胡萝卜；浙杂 5 号、合作 9.3、满园红等番茄；湘研 9 号、19 号、红丰等辣椒；绿玉 803 地豆、白珍珠架豆等四季豆。

二、种子繁育管理

（一）种子繁育 1997—2007 年年平均繁育良种 1275 亩，其中水稻 440 亩、花生 700 亩、蔬菜 135 亩。年均提供粮油菜良种 33.18 万公斤，其中水稻 11.45 万公斤、花生 18.21 万公斤、蔬菜 3.52 万公斤。

（二）精选加工包装 1997—1999 年为方便农民购买种子，确保种子质量，同安区种子公司对种子进行精选加工、小包装供应，精选加工率 100%。2000 年种子经营放开后，农作物种子购销仍以小包装为主。

（三）质量监督检测制度 1997—2007 年，先后建立种子质量监督检测管理制度，全面推行《农作物种子检验规程》，建立规范标准检验室与资料档案，规范种子繁育生产程序与管理。

（四）种子经营 1997—1999 年，同安主要粮油种子由同安区种子公司统一购销。2000 年后种子经营放开。至 2006 年，全区有厦门唐宁贸易有限公司、厦门市智强蔬菜种苗有限公司和同安区种子公司 3 家种子经营企业，其中同安区种子公司隶属于同安区种子管理站。

（五）种子贮备 2004 年，省、市确定同安区为粮食安全应急储备种子承储单位，区级种子贮备量每年可供粮食播种面积 2.8 万亩，2005 年起调整为 3.5 万亩。2007 年，厦门市在同安区投资兴建粮食安全种子应急储备库，其中常温库 200 平方米，低温库 400 平方米，除收储同安区级储备种子外，还作为厦门市及其他区级（翔安、集美、海沧）粮食安全应急种子储备库。

附录：同安名优稀特农产品

一、蔬菜产品

新店马巷胡萝卜 年产 8.75 万吨，主要品种为日本 SK4-316、日本黑田五寸胡萝卜、美国太阳牌胡萝卜、王朝理想胡萝卜等，每年加工出口日本及东南亚等国家，同时也内销全国各地。

新店洋葱 年总产 1 万～1.5 万吨，种植品种为日本的“玉葱”和美国的“爱思娜”“格林娜”“佛手”“太阳”等系列品种，产品多数出口日本，部分销往港、澳和内地。

马巷城场花椰菜 种植历史悠久，有城场 60 天、80 天、90 天、100 天和 120 天等配套当家品种，其花菜种子销往全国各地，是南菜北调的主要蔬菜之一。

新圩古宅大蒜 年种植面积 7000 多亩，其中青蒜 2000 亩、总产 3000 吨，大蒜头 5000 亩、总产 5000 吨，是同安的名优特良种，品质优，香气浓，品质居国内同类产品前列，产品远销韩国、东南亚各国和港、澳、广东等地区。

郭山、蔡宅 704 紫长茄 从台湾省引进，同安主栽品种，年种植面积 1.1 万亩，2007 年达 1.6 万亩，总产 5.6 万吨，主要分布在洪塘镇郭山村，新民镇蔡宅村、西山村，五显镇布塘村、垵炉村等，果实长棒形，果径 3～4.5 厘米，果长 30～45 厘米，果皮紫红色、油亮，耐老化，果肉浅绿白色，产量高，品质优。产品大多销往浙江、江苏、上海及长江流域地区。

此外，马巷“陈、琼、井”白萝卜，石浔的番茄、豌豆，新圩、五显的大白菜、包心芥菜、豇豆、四季豆，褒美槟榔芋等均为名产。下溪头白萝卜、小坪芥菜、竹坝生菜、新学韭菜、汪前岩葱、石浔西红柿、东宅丝瓜、西源四季豆、凤南马铃薯、后埔村生姜、顶村茭白等均为同安区特色蔬菜。

二、水果产品

同安龙眼 年总产量在 0.6 万～3.0 万吨，主要品种有“赤壳”“八一早”“凤梨穗”等珍优品种及引进“东壁”“石硖”“白核子”“水南二号”等优良品种，产品主要以鲜销和焙干成桂元干，一部分制成罐头，销往全国各地。

此外，西塘凤梨穗龙眼、西源蜜柚、汀溪詹氏葡萄柚、内田芦柑、埭头番石榴、竹坝杨桃、后埔凤梨释迦（番荔枝）、路下蜜雪梨、田洋果蔗等，均享誉市场，深受消费者青睐。

第三章　畜禽蜂养殖

第一节　家畜饲养

一、猪

饲养品种主要有本地黑猪（明朝时代农民驯养）、莆田黑猪（20 世纪 70 年代）、中约克猪（英国原产、20 世纪 50 年代从外省引进）、长白猪（丹麦原产、20 世纪 50 年代从外省引进）、大约克猪（英国原产、20 世纪 60 年代从英国瑞典引进）、瘦肉型杜洛克猪（美国原产、1980 年从国外引进）。1997 年后商品猪肉饲养则以三元杂交杜长大、二元杂交等杂交猪为主，占 90% 以上。21 世纪初，厦门国寿养猪场自己培育的国寿黑猪。

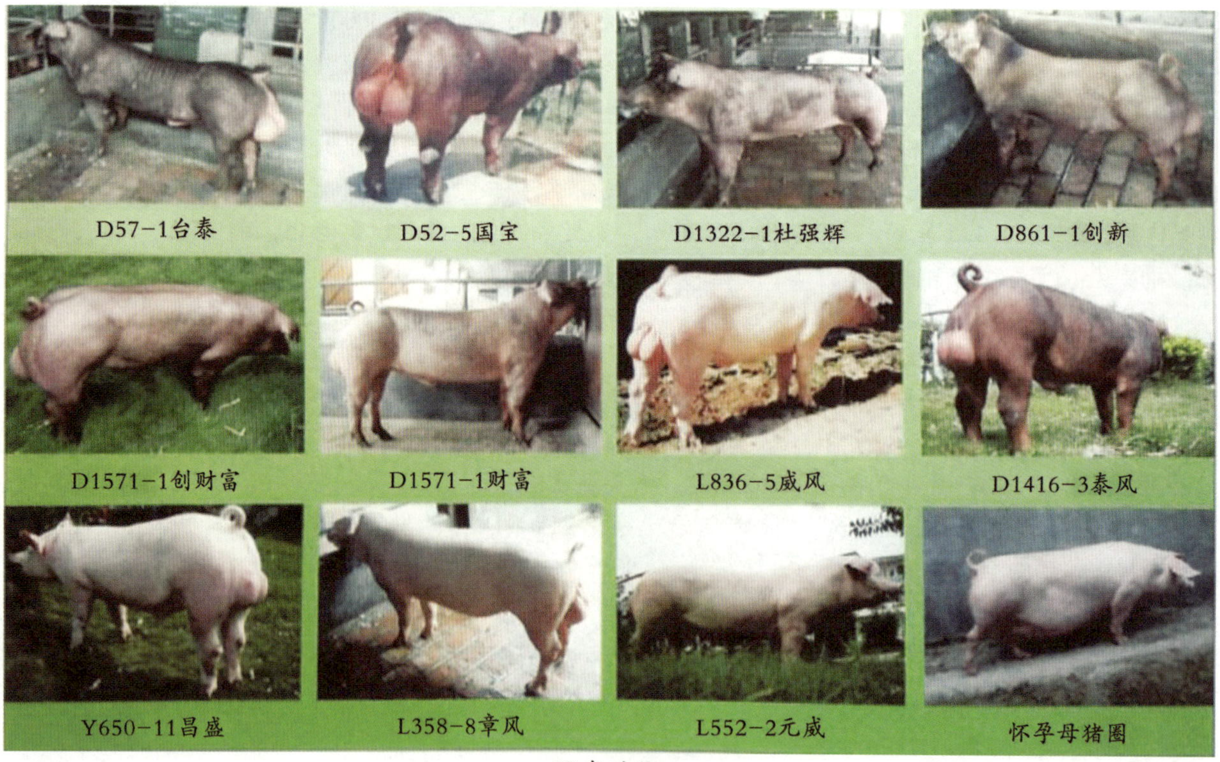

国寿种猪

1997 年生猪存栏 18.22 万头，2001 年 20.51 万头，年均递增 2.39%。2007 年，生猪存栏 26.21 玩头（其中能繁母猪 2.4 万头），出栏商品肉猪 52.6 万头，分别比 2003 年增长 95.64%、82.64%。饲养地主要集中在西柯镇、新民镇、凤南农场、祥平街道，合计饲养量占全区饲养量的 61.1%。生猪存栏 20 头以上饲养户 3300 多户，存栏量占全区的 94.4%；存栏 200～1000 头饲养户 760 多户，存栏 1000～3000 头饲养户 50 户，存栏 3000 头以上户 19 户。通过无公害产地认定 15 家，年出栏生猪 12.06 万头。

生猪生产形式由分散型，传统家庭副业型向专业化商品规模化发展。

二、牛

主要有闽南黄牛、水牛（均为清以前农民驯养）、奶牛（20世纪30年代从外省引进）、杂交奶牛（20世纪70年代从国外引进）、黑白花奶牛（1989年从北京朝阳奶牛场引进）。

2000年饲养闽南黄牛、水牛主要为役用。少量饲养的黑白花奶牛以农户散养为主，生鲜奶在本地销售，牛奶产量214～591吨。2000年后逐渐由役用转向役肉兼用，以肉用为主。1997—2002年，牛存栏38360～44057头，以黄牛占绝大多数。2007年，牛存栏15772头（其中黄牛15022头，水牛494头，奶牛256头），比2003年下降36.82%，牛奶产量454.3吨。

三、羊

主要饲养品种有戴云山羊、萨能奶山羊。

1997—2002年，全区羊存栏9730～10722头。2007年存栏3413头，比2003年下降15.28%；羊奶产量129.1吨，比2003年下降57.4%，占奶总产量583.4吨的22.1%。

四、兔

主要饲养品种有哈尔滨大白兔、新西兰白兔、福建黄兔。

1997—2007年，兔出栏在53976～71432头。2007年出栏14485头，比2003年减少64.91%。

1997—2007年同安区全社会畜牧业生产情况表

表4-16

项目	1997年	1998年	1999年	2000年	2001年	2002年	2003年	2004年	2005年	2006年	2007年
大牲畜存栏数(头)	39793	44257	43005	41781	40261	38437	21592	18828	17847	16379	15774
其中:黄牛(头)	38785	43089	41872	40704	39364	37673	20859	18023	17052	15749	15022
水牛(头)	723	864	833	790	652	530	424	405	424	368	494
乳牛	71	104	154	163	151	157	297	397	366	259	256
马(头)	71	78	52	48	29	30	10	3	4	2	2
骡(头)	143	122	94	76	55	47	2	—	1	1	—
牛出栏数(头)	4090	7180	9184	9552	8854	8509	4891	5863	4961	4720	4382
羊存栏数(头)	9730	10112	10722	10099	10366	9914	4032	4179	3755	3686	3416
出栏数(头)	5663	10382	10088	11682	10498	10946	3448	3613	3687	3857	3632
生猪存栏数(头)	182249	197541	194411	205081	206529	205122	133980	205713	242393	244515	262117
其中:能繁母猪存栏(头)	15824	15840	15218	16718	16118	14991	14227	23948	18493	20117	24003
出栏数(头)	274705	301223	337511	351470	371091	400172	288138	366155	413022	373271	526260
家禽存栏数(头)	1279387	1177887	1227544	1284444	1196396	1182833	675603	916232	881579	849141	900157
出栏数(头)	2083056	2453590	2343569	2529329	2773969	2847334	1562382	2087209	2405049	1996366	2001674
兔出栏数(头)	57866	53976	62811	63362	65030	71432	41281	36021	29117	18822	14485
牛奶产量(吨)	218.0	214.0	277.0	289.0	543.0	591.1	600.5	509.3	424.0	379.0	454.3
羊奶产量(吨)	135.0	267.0	250.0	316.0	316.0	359.8	302.7	264.2	247.0	200.0	129.1
蜂蜜产量(吨)	174.0	132.0	144.0	171.0	185.0	154.0	47.0	51.0	45.0	52.0	65.0

续表4-16

项目	1997 年	1998 年	1999 年	2000 年	2001 年	2002 年	2003 年	2004 年	2005 年	2006 年	2007 年
禽蛋产量(吨)	4665	4404	4964	4777	3574	2973	1625	1371	1326	1377	1272
蜜蜂(箱数)	1692	1704	1878	2127	2661	2657	1961	2461	2355	2752	2944

第二节　家禽及蜂饲养

一、家禽饲养

（一）种类

鸡　肉鸡主要有快速生长型三黄鸡及厦门燕巢山禽业有限公司引进推广的黑角麻鸡，饲养量占全区的70%以上；还有同安文水生态农业园、厦门康达富禽业有限公司引进的江西东乡绿壳蛋鸡。

同安文水生态农业园饲养的高山土鸡及其高山土鸡蛋

鸭　肉鸭主要以法国白番鸭和本地鸭杂交的正番鸭、土番鸭、绿头野鸭为主。

鹅　主要有清代以前遗传下来的本地白鹅和20世纪50年代引进的狮头鹅、长乐灰鹅、豁眼鹅等。

其他禽类　主要有清代以前农村民间驯养遗传下来的闽南火鸡和引进的鹧鸪、肉鸽、珍珠鸡、山鸡、鹌鹑、海鸭、金定鸭、美国七彩山鸡等特种珍稀禽。

（二）禽饲养及禽产品产量

家禽饲养以鸡、鸭为主，1997年后饲养专业化水平逐步提高，规模化养殖总量占比逐步提高，至2007年达90%以上，主要集中在五显镇、洪塘镇。1997—2002年，年存栏117.79万～128.44万羽，出栏208.31万～284.73万羽，禽蛋产量2973～4964吨；2003—2007年年存栏67.56万～91.62万羽；2007年年存栏90.02万羽，比最高年2004年略有下降，出栏200.17万羽，比最高年2005年下降16.77%；禽蛋产量1272～1675吨。

二、蜂

同安密源资源植物1980多种，其中以水果蜜源最多，2007年水果面积8万多亩，为养蜂提供很好的外部环境。1997—2002年，年养蜂1692～2661箱，年产蜂蜜132～185吨。2003—2007年，年养蜂1961～2944箱，年产蜜45～65吨；2007年养蜂2944箱，产蜜65吨，均为最高年。

第三节　疫病防治

一、疫情

1997年后，猪瘟、猪链球菌病、猪丹毒、鸡新城疫等得到有效控制，但由于动物及动物产品流通频繁，猪伪狂犬病、细小病毒病、猪蓝耳病等疫病时有零星发生。1999年在西柯镇潘涂村出现口蹄疫疫点，2001年在大同镇古庄村、洪塘镇发生禽流感疫点。染疫动物均被及时扑杀，疫情得到控制。

二、疫病检疫监测

20世纪90年代起，动物疫病由此前的以治疗为主转变为以预防为主，政府加大动物疫病防控投入，重视重大动物疫病强制免疫，疫苗费用由财政支付。2004年起，先后设立村级动物防检员114人，有效推进全区防疫体系建设。

动物产地检疫　全区设立11个产地检疫申报点，实行报检制度。代检员进村入户、到场实施临栏检疫并出具动物产地检疫代检凭证，在申报点统一换证、收费。

生猪屠宰检疫　1996年起，实施生猪定点屠宰，先后建立区级同安凤岗屠宰场和18个镇级定点屠宰场。2005年1月，厦门银祥肉业有限公司屠宰场建成投产，日屠宰生猪3000头。2007年，全区日屠宰量1000头以上大型屠宰场、日宰量200头左右的屠宰场各1个，日宰量20头以下的小型屠宰场6个。其中由区动物卫生监督所负责检疫监管的有厦门银祥屠宰场和同安凤岗屠宰场，共派驻30名动物检疫人员24小时检疫，屠宰检疫率100%。

家禽检疫　2005年12月起，区畜牧兽医站先后在同安闽南果蔬批发市场、区畜牧兽医站店面设立白条禽检疫点，实施白条禽产品检疫，对检疫合格的家禽套上检疫标识（脚环），日检疫量300多羽。

生猪瘦肉精等违禁药品检测　先后开展养殖环节违禁药品和屠宰环节生猪瘦肉精、莱克多巴胺违禁药品的监督抽检。2005—2007年，共检测生猪“瘦肉精”2100多份，平均合格率99.7%以上。

动物疫病监测　主要加强对高致病性禽流感、猪链球菌病等重大动物疫病的监控。2004—2007年，区动物卫生监督所在大同、五显、汀溪等11个镇（街）、场55个行政村开展抽检工作，累计监测家禽23次1900份血清，禽流感免疫抗体水平90%；监测猪13次500份血清，免疫合格率90%；监测牛、羊10次血清共160份，免疫合格率88%。均超过市、区制定的75%免疫合格率指标。病原学监测1800份样品，未发现病原。

1997—2007年同安区农业总产值统计表

表4-17　　单位：万元

年份	按当年价计算				按可比价计算			
	合计	种植业	畜牧业	渔业	合计	种植业	畜牧业	渔业
1997	176846	76883	30733	69230	92198	31930	13498	46770
1998	184625	75296	32661	76668	96701	30108	15558	51035
1999	186054	77003	33652	75399	98374	39572	17540	41262
2000	197927	72332	35452	90143	95185	30669	18266	46250
2001	216048	82254	36373	97421	108503	38010	18582	51911
2002	220834	81313	38204	101317	113169	35929	19293	57947

续表4-17

年份	按当年价计算				按可比价计算			
	合计	种植业	畜牧业	渔业	合计	种植业	畜牧业	渔业
2003	93046	42390	24807	25849	48580	17916	12048	18616
2004	104758	46187	37212	21359	56512	25035	15345	16132
2005	119298	49644	38660	30994	52859	18383	17103	17373
2006	111069	50575	38441	22053	—	—	—	—
2007	121579	51819	60224	9536	—	—	—	—

第四章　水产养殖

第一节　水产资源

一、水域

（一）淡水水域　包含水库、水塘、河沟和围垦区等水面。1997 年，全区内陆水面 4460 公顷，其中可养殖水面 2493 公顷。划出翔安后，内陆水面减少。2005 年，据同安国土分局提供数据，同安水库水面 441.03 公顷，坑塘水面 212.72 公顷，河流水面 1164.29 公顷，农田水利水面 332.24 公顷，可养殖水面 1916.89 公顷，可养殖水面中水库可养殖水面 81.5 公顷。

（二）海水水域　1997 年，10 米等深线内浅海 10000 公顷，潮间带滩涂 6703 公顷。2003 年划出翔安后，海水水域大量减少，经 2005 年区际海域勘界，属同安区浅海 2823 公顷。滩涂在 2006 年环东海域整治中消失。

二、水生动植物资源

（一）海水动植物资源

主要有文昌鱼、狗鲨、黄鲂、刺壳、青鳞、油鱼、江鱼、黄鲫、溪温、虎鳗、土龙、钱头、石斑、鲈鱼、巴浪、黄瓜、加腊、黄翅、白鱼、虎鱼、剥皮鱼、比目鱼等海水鱼类 400 多种，红虾、草虾、沙虾、狗虾、蟳、三疣梭子蟹等海水虾蟹类 70 多种，牡蛎、蚧、蛏、花蛤、血蚶、蛹仔、彩恋、土鬼、海兔、墨贼等贝类 70 多种，紫菜、海带、海面线、浒苔等海水藻类 120 多种，以及海马、海豚、鲎、海蜇、土笋、玳瑁、海龟等。近 10 多年陆续引进鲍鱼、南美白对虾、石斑鱼等名贵品种。

（二）淡水动植物资源

主要有草鱼、青鱼、鲢鱼、鳙、鲤、鲫、鲂（武昌鱼）、鲮、鲈、鲻、鳗、福寿鱼等经济价值较高的淡水养殖鱼类，大脚虾、毛蟹、金钱蟹、背角无齿蚌、古巴牛蛙、美国绿背青蛙、鳖、龟、水蛇等淡水动物。淡水浮游植物主要有藻类 170 多种，莲、水葱、咸草、水浮莲、红萍、青萍等高等水生植物。近十多年陆续引进罗氏沼虾、史氏鲟、中华倒刺鲃（光鱼）、牛蛙、胡子鲶等名贵品种。

第二节 养 殖

一、海水养殖

（一）面积 产量

1997年，养殖面积115750亩，产量101315吨，2002年分别为132402亩、121007吨，5年间年均增加2.72%、3.62%。2003年养殖面积44655亩、产量29590吨，2007年分别为1140亩、535吨，4年间年均减少60.03%、63.33%。

（二）主要养殖品种

1. 贝类养殖

牡蛎 1997年，普遍采用棚架式、浮筏式养蛎。养殖区域由滩涂向浅海外围发展。1999年养殖面积最高72197亩，2002年产量最高96552吨。主要产区分布在东部沿海，2003年区划调整后，同安仅余西柯镇的后田、潘涂、丙洲等少数渔村养殖，2006年环东海域整治后，牡蛎养殖完全从同安海域消失。

1997—2006同安牡蛎养殖情况表

表4-18

年份	养殖面积（亩）	养殖产量（吨）
1997	68379	11230
1998	71382	95544
1999	72197	73864
2000	71000	80144
2001	71000	89960
2002	70000	96552
2003	13185	20904
2004	14400	22495
2005	14720	20233
2006	317	365

缢蛏 养殖面积在2000～3500亩之间，产量在2200～3900吨之间，其中1997年和1998年面积最大3500亩，产量以1998年最高3850吨。苗种主要从晋江购入，养殖区分布在沿海各村。2003年后，养殖面积、产量剧减，至2007年少有养殖。

1997—2006年缢蛏养殖情况表

表4-19

年份	养殖面积（亩）	养殖产量（吨）
1997	3500	2710
1998	3500	3850
1999	3000	2800
2000	2550	2800

续表4-19

年份	养殖面积（亩）	养殖产量（吨）
2001	2000	2200
2002	2600	2620
2003	195	153
2004	240	104
2005	320	108
2006	2.55	8

泥蚶　1997 年少量养殖泥蚶。2002 年同安区水技站在大嶝华普水产养殖有限公司育苗室进行泥蚶育苗试验成功，当年养殖面积和产量达到最高值，分别为 4800 亩、3500 吨。2003 年后养殖面积和产量逐年递减，至 2007 年没有养殖。

蛤（花蛤）　以对虾池套养为主，每年 9 月播种，与日本对虾混养，翌年 5 月采收。亩产 250～500 公斤，单产以官浔溪和东西溪入海口养殖区域最高。苗种大多从漳浦和福清调入。2002 年虾池套养花蛤 5000 亩，产量 9530 吨，均为最高年份。至 2007 年少有养殖。

1997—2006 年同安泥蚶、蛤养殖情况表

表 4-20

年份	泥蚶		蛤	
	养殖面积（亩）	养殖产量（吨）	养殖面积（亩）	养殖产量（吨）
1997	70	35	850	2550
1998	250	270	1400	4488
1999	900	300	1400	3002
2000	2500	1800	2550	6900
2001	3500	2680	2600	8920
2002	4800	3500	5000	9530
2003	13095	2021	4815	3458
2004	9300	2100	4815	4070
2005	9174	2294	—	—
2006	198	88	—	143
2007	—	—	—	126

2. 紫菜养殖

紫菜是同安主要养殖藻类，主要养殖区域在大嶝、小嶝和新店的欧厝、珩厝、前浯等。1997—2002 年年养殖面积 1.1 万～1.3 万亩，年产量 1000～1500 吨。1998 年在大嶝阳塘、小嶝岛和欧厝海区进行“紫菜网帘冷藏试验”成功。2002 年普查，全区有紫菜育苗室 34 家。2003 年后主产区划归翔安，同安无养殖。

3. 虾蟹养殖

对虾　20 世纪 90 年代中期，对虾养殖基本采用双季模式，春夏季养殖草虾，套养青蟹，冬季养殖日本对虾（沙虾），套养花蛤（低盐度区）或青蟹（高盐度区）。在海淡水交界处，低盐度的池塘养殖南美白对虾。产区主要集中在西柯和洪塘交界的石浔和瑶头团结埭片区。1997 年养殖 18000 亩 1112 吨，至 2002 年养殖面积发展到 2.6 万亩，产量近 2600 吨。此后面积产量剧减，至 2007 年仅有 1140 亩，393 吨。

锯缘青蟹　一般春夏季套养在草虾池中，套养数量依盐度高低作增减。2003 年同安养殖面积 5805 亩、产量 276 吨，此后四年产量分别为 245 吨、198 吨、5 吨、16 吨。

4. 鱼类养殖

海水鱼养殖主要模式为网箱养殖。该模式于 20 世纪 90 年代中后期迅速发展。2002 年有网箱 203 排 13829 箱，用海面积 15 万平方米，主要集中在二亩和鳄鱼屿海区。养殖品种有石斑、真鲷、金鲳、美国红鲈、鮸鲈、河豚等。2003 年析出翔安后，同安仅辖二亩海区。2005 年全区养殖 38 排 2755 箱。2006 年 10 月环东海域整治，网箱养殖从海区退出。

二、淡水养殖

（一）面积、产量

1997—2002 年，养殖面积均为 37400 亩，产量 10302～13005 吨。2003—2007 年养殖面积 7575～11910 亩，产量 4205～5723 吨。

（二）主要养殖品种

罗非鱼　主要养殖单性福寿鱼、台湾永强一号罗非鱼。1997 年总产量 7000 多吨，占全区淡水鱼产量 75% 以上。此后随着池塘被改为养殖对虾等价值较高的品种和被征用为非农用地，罗非鱼养殖的面积、产量大为萎缩。

鳗鲡　2003 年 12 月统计，同安鳗鲡养殖场有 9 家，合计养殖面积 199.4 亩。

牛蛙　1997 年牛蛙养殖迅速发展，养殖区域由沿海、平原农村向山区延伸。2003 年产量 3208 吨，2005—2007 年养殖面积产量依次为 450 亩 2273 吨、600 亩 1348 吨、560 亩 1536 吨。

中华倒刺鲃（光鱼）　同安仅莲花、汀溪两个山区镇具备光鱼养殖所需水质条件。1999 年莲花镇蔗内村率先引进试养并获得成功，2000 年汀溪镇五峰村也引进养殖。2007 年两村养殖面积 8.7 亩。

史氏鲟　2000 年 6 月，同安汇得利鲟鱼养殖场在汀溪镇隘头村建立鲟鱼养殖基地 50.4 亩，当年从黑龙江引进鲟种。经过几年摸索，至 2007 年养殖技术已基本成熟，形成育苗、养成、销售产业链。

锦鲤　锦鲤是近年市场热捧淡水观赏鱼，常见于庭院和游园人工池中。2003 年，愉盛兴锦鲤繁（养）殖有限公司在莲花后埔村建立养殖场 40 亩，引进锦鲤繁殖和培育。

莲花蔗内村试养的光鱼

汇得利鲟鱼养殖场养殖的鲟鱼

三、种苗繁殖

1997—2001 年，种苗繁殖未做普查。2002 年普查，全区共有各类水产苗场 108 家，主要分布在新店（49 家）、大嶝（27 家）、马巷（16 家）、西柯（15 家）、新民（1 家），其中虾类 67 家，贝类 3 家，藻类 38 家。2006 年普查，各类水产苗种繁殖场 40 家，其中虾类繁育场 38 家，鲤、鲮鱼苗繁育场 2 家；主要分布在西柯镇的潘涂 10 家、丙洲 20 家、后田 6 家、浦头 1 家、洪塘头 1 家和莲花镇的后埔村 1 家、汀溪镇的前格 1 家。

1997—2007 年同安区水产养殖面积、产量统计表

表 4-21

年份	海水养殖		淡水养殖	
	面积（亩）	产量（吨）	面积（亩）	产量（吨）
1997	115750	101315	37400	10460
1998	117750	110931	37400	12285
1999	119257	83205	37400	10302
2000	116887	96997	37400	10805
2001	125602	111195	37400	12100
2002	132402	121007	37400	13005
2003	44655	29590	11910	5723
2004	43815	31003	7575	4205
2005	44820	29118	10575	5157
2006	930	684	10440	4648
2007	1140	535	8430	4689
合计	863008	715580	235930	93379

第三节　捕　捞

一、海水捕捞

渔场　20 世纪 90 年代初，由于渔业资源衰竭，原有浙江、闽东渔场消失，同安大围缯作业船只退出，远洋捕捞作业消失。海水捕捞限内海浅海。

渔船　20 世纪 90 年代末，作业渔船发展迅速，至 2001 年高峰时有 3235 艘，大多为船体小、马力低、机动性强的小型作业渔船。2006 年，环东海域整治，全区仅存渔船 71 艘 142 吨位 592 千瓦。

渔具　内海捕捞以流刺网为主，另有为数不多的定置网、围网等。不少渔农仍沿用原始的杂鱼具，如缯鱼杆、手抄网，甚至叉、铲、耙等。

品种产量　捕捞以鱼类为主，主要有蓝圆鲹、鲷和其他野杂鱼、虾和梭子蟹、锯缘青蟹等，少量的底栖贝类如蛤、蚶等。1997 年，捕捞量最高 7005 吨，之后呈下降趋势。2006 年 5 月，环东海域浅海捕捞全部退出，产量剧减。2007 年不足百吨。

二、淡水捕捞

水库、溪流和池塘淡水捕捞产量有限，且未行统计。水库捕捞主要有刺网（以三层刺网较为普遍）

和畚箕定置网，后者要辅以脉冲赶鱼，把鱼群驱赶入网箱，再根据需要从网箱中起获。汀溪水库一般每年在春节前正值枯水季节进行作业一次。溪流捕捞主要是东西溪下游石浔段，采用发包方式，由承包人自行组织捕捞，以单层和双、三层刺网为主，每年捕捞量在15～20吨之间。池塘捕捞通常以手抄网和拉网为主，刺网为辅。

2000年同安区渔业船舶情况表

表4-22

分类	类型	渔船数（艘）	总吨位（吨）	功率总和（千瓦）	马力贴花总和（千瓦）	资质值总和（万元）
按船舶种类统计	BS	972	4354	13962	9470	2487
	QT	13	274	485	554	40
	YS	2216	2856	8560	5908	1518
	TX	3235	7596	23394	16311	34
按作业特征统计	兼业	290	653	1978	2523	393
	专业	2945	6943	23396	13788	3686
按作业方式统计	钓业	97	126	351	353	71
	定置网	304	656	1771	961	209
	帆张网	11	13	35	4	75
	流刺网	438	760	3756	2725	443
	其他	2251	3248	9450	6740	1582
	拖网	134	2793	8032	5528	1699
按船体材料统计	玻璃钢	8	4	0	0	1
	木质	2688	7042	20621	15359	3746
	其他	392	228	2536	652	302
	水泥	147	321	238	300	30

说明：渔船总数3235艘

第五章　机构与管理

第一节　机　构

一、领导机构

中共厦门市同安区委农村工作领导小组办公室　1997年，成立中共厦门市同安县委农村工作领导小组办公室，加挂在县农业委员会。同年5月，县农业委员会（县委农村工作部）撤销，改加挂在县农业局后更名为中共厦门市同安区农村工作领导小组办公室。

同安区人民政府农村工作领导小组办公室　2004年4月，中共同安区委农村工作办公室加挂同安区人民政府农村工作办公室牌子。

二、区农业局

1997年2月，县水产局与县农业局合署办公，5月，撤销县农业委员会（县委农村工作部），县农业局挂县委农村工作领导小组办公室牌子，改县农业局为区农业局。11月，内设农村工作科、办公室、人事教育科、生产科和政策法规科，机关行政编制18名，机关事业编制2名。2002年12月，机构改革"三定"保留区农业局（挂乡镇企业局、水产局牌子），内设办公室、农业经济发展科、政策法规科、乡镇企业科、海洋与渔业科。机关行政人员20名，工勤人员2名；2003年12月，林业局划归农业局管理。内设综合科、农业经济发展科，机关行政人员9名，工勤人员1名；2004年6月，划出乡镇企业局职能，区农业局加挂厦门市同安区人民政府农村工作办公室、厦门市同安区水产局牌子。中共厦门市同安区委农村工作领导小组办公室与其合署。内设综合科、农业经济发展科，机关行政人员9名，工勤人员1名。

三、合署挂牌机构

同安区水产局　1997年2月县水产局与县农业局合署办公，属两个机构，相对独立。同年5月更名为同安区水产局。2002年区农业局加挂同安区水产局牌子，区水产局职能同时划转。原区水产局下属企事业单位随其划入区农业局。

同安区乡镇企业管理局　2002年区农业局加挂乡镇企业管理局牌子，2004年4月原加挂在区农业局的同安乡镇企业局牌子调整加挂在同安区经济贸易发展局，有关乡镇企业的职能同时作相应的划转。

四、区农业局下属单位

1997年，区农业局下属事业单位计有区农业技术推广站、区经济作物技术推广站、区土壤肥科学技术推广站、区种子管理站、区种子公司、区农业科学研究所、区龙眼研究所、区农村经济审计所、区农村经营管理站、区农业广播电视学校、区农业科教信息站、区农村能源领导小组办公室、区农业区划委员会办公室、区渔政管理站、区水产经营管理站、区乡镇企业食品质量检测站、区农村能源技术服务站、区农业机械管理站、区畜牧兽医站、区植保检测站、区农业行政综合执法大队、区水产技术推广站、区农村工作站、区良种繁育场、区农村经济开发公司25个单位。2003年，析出翔安后，区渔政管理站和区水产经营管理站划归翔安区。2004年，区乡镇企业食品质量检测站划归经贸局，区农业行政综合执法大队加挂"中国渔政行政同安区大队"和"中国海监同安区大队"牌子。2005年，事业单位整合时，前述区农业技术推广站至区龙眼研究所等7个单位合并为区农业技术推广中心；区农村经济审计所和区农村经营管理站合并为区农村经营管理中心；区农村广播学校和区农业科教信息站合并为区农业科教信息与农产品安全管理中心；区农村能源领导小组办公室和区农业区划委员会合并为区农业资源环境管理所。至2007年，区农业局下属单位，除划转及合并单位外，其他不变，计13个单位。

五、镇农业技术推广机构

1997年4月，派驻各镇的农业技术推广机构（农业技术推广站、畜牧兽医站、农村经营管理站、农业机械管理站、水产技术推广站）的人员、编制、财产下放各乡镇政府管理，业务上接受区农业局的领导，至2007年不变。

第二节 管 理

一、土地延包

1998年9月，同安区委、区政府下发《关于进一步稳定和完善农村土地承包关系的若干意见》（同委〔1998〕106号），提出家庭土地承包经营期限从1998年算起再延长30年、土地“小调整”须经三分之二以上村民同意并报镇政府批准、“机动田”应严格控制在耕地总面积的5%以内等10条意见。成立“同安区稳定和完善农村土地承包关系协调领导小组”，组织开展土地延包30年和颁发土地承包经营权证书工作。全区参与土地延包发证共201个村、2029个村民小组、9.88万个承包农户、24.01万亩耕地，不参与延包发证10个村、116个村民小组、8959农户、34061人口；村内部分小组不参与延包发证的涉及6个村、17个村民小组、875农户、3304人口。至1999年3月底，全区2010个村民小组完成延包30年发证工作，占应延包村民小组总数的99.1%、耕地总面积的99.2%。

同时全区有67个村民小组将原“两田制”中的责任田2317亩，退包到户或改留机动田；有417个村民小组将原多留的机动田7439亩，按规定退包到户。

二、农民专业合作组织

（一）专业协会

2002年4月，同安区首家农民专业协会——西柯镇养猪协会成立。至2007年12月先后成立各种专业协会15家，均为利益联结比较松散的专业协会。成员1342人，辐射带动非成员农户4520户。

（二）专业合作社

2007年9月，厦门三秀山蔬菜专业合作社成立，是《中华人民共和国农民专业合作社法》实施后厦门市成立的首家农民专业合作社。2007年12月，厦门裕成蔬菜专业合作社成立。两家合作社合计成员158人，辐射带动非成员农户530户。

2007年同安区农民专业合作组织登记表

表4-23

单位名称	地址	法定代表	成员人数（人）	带动农户（户）	登记部门及时间
同安区西柯镇养猪协会	西柯镇	郑财陆	192	500	民政2004年5月
同安区西柯镇水产研究会	西柯镇	柯振耀	106	250	民政2004年8月
洪塘镇郭山蔬菜协会	洪塘镇郭山村	郭水平	124	680	民政2004年12月
洪塘镇郭山禽业协会	洪塘镇郭山村	郭清池	21	50	民政2004年12月
同安明溪蔬菜协会	五显镇明溪村	郭永远	216	700	民政2005年1月
同安上厝养殖协会	五显镇上厝村	叶军记	55	85	民政2005年6月
莲花镇后埔花卉盆景协会	莲花镇后埔村	叶根在	35	400	民政2005年11月
汀溪镇西源蔬菜协会	汀溪镇西源村	陈永森	156	400	民政2006年1月
莲花镇茶叶协会	莲花镇	高树足	106	500	民政2006年2月
同安区新民镇畜牧协会	新民镇	张武堂	56	300	民政2006年10月

续表4-23

单位名称	地址	法定代表	成员人数（人）	带动农户（户）	登记部门及时间
洪塘镇龙泉果蔬协会	洪塘镇龙泉村	陈火炮	57	150	民政 2006 年 12 月
五显镇布塘蔬菜协会	五显镇布塘村	陈贡	110	250	民政 2007 年 1 月
同安溪西果蔬协会	五显镇溪西村	沈福	32	150	民政 2007 年 1 月
厦门三秀山蔬菜专业合作社	五显镇明溪村	郭永远	153	500	工商 2007 年 9 月
汀溪镇顶村村蔬菜协会	汀溪镇顶村村	马明飘	25	130	民政 2007 年 9 月
同安区莲花镇军营村茶业协会	莲花镇军营村	高泉国	51	0	民政 2007 年 10 月
厦门裕成蔬菜专业合作社	竹坝农场	李雅松	5	30	工商 2007 年 12 月

（三）参建农业项目

2004 年，西柯镇养猪协会被农业部确定为全国农民专业合作组织示范项目，获得国家财政补助 15 万元。2005 年，洪塘镇郭山蔬菜协会承担现代农业示范基地建设项目，获得区财政补助 150 万元；被确定为全国农民专业合作组织示范项目，获得国家财政补助 10 万元。2007 年，洪塘镇龙泉果蔬协会承担龙泉村无公害紫长茄基地建设项目，获得区财政补助 60 万元；明溪蔬菜协会承担五显镇马豆片无公害蔬菜基地建设项目，获得区财政补助 40 万元；汀溪镇西源蔬菜协会承担西源村无公害蔬菜基地建设项目，获得区财政补助 30 万元；汀溪镇顶村村蔬菜协会承担顶村村无公害茭白基地建设项目，获得区财政补助 20 万元。

三、农业综合执法

1999 年，福建省农业厅把同安区确定为农业行政综合执法试点区后，于 2000 年 6 月成立同安区农业行政综合执法大队，同年 12 月挂牌运作。

2001 年 3 月，与区工商局联合开展全区性农资市场打假执法活动。4 月，对首起肥料案立案查处，5 月，对首起简易农药事件当场处罚。至年底共立案查处 45 件结案 45 件。11 月，在全区各大超市、批发点，开展卫生杀虫剂执法宣传活动，12 月，开展高剧毒农药监管工作。当年查处农药、兽药、肥料等违法案件 45 起，处罚金额 3.41 万元。

2004 年，在毒鼠强专项整治执法检查中，查处 2 起违法销售毒鼠强单位（个人），移交公安机关处理。同时公布 10 个定点经营杀鼠剂的单位。

2005—2007 年，累计查处农药、兽药、肥料等违法案件 42 件，处罚金额 6.93 万元。

四、渔政执法

1998 年开始实施伏季休渔，定置网作业从 5 月 1 日零时始至 6 月 30 日 24 时止，拖网作业从每年 6 月 1 日零时始至 7 月 31 日 24 时止。渔政站在伏季休渔期间，加强海区巡查，做到“船入港，网入库、人上岸”。

2000 年 6 月 1 日至 9 月 30 日，根据厦门市的统一部署，开展海洋渔业船舶的全面普查登记工作，同安渔船总数 3235 艘，全部按船舶种类、作业特征和方式进行归类建档。

2001 年 3 月 29 日，渔政站查获 1000 公斤中华鲎，依法进行查处，并在丙洲湾放生。9 月 24 日至 11 月 23 日，对海洋渔船进行专项整治，共清理“三无”渔船 467 艘，“三证不齐”渔船 286 艘，注销 234 艘。

2003 年 9 月，区划调整后，原同安区渔政站成建制划入翔安区。同安的渔政管理职能转入同安农业执法大队。

2004 年成立“中国渔政同安区大队”后，依托同安区农业行政综合执法大队开展渔政管理。先后制定《海洋渔业防台风应急预案》、《渔业船舶水上安全应急预案》，分发“海上遇难急救联系卡”，先后开展海上渔船安全生产监督、水生野生保护动物专项整治、渔药经营和使用专项整治、东西溪专项整治。至 2007 年，累计查处非法捕捞 26 起，没收电鱼工具 21 件，水生野生保护动物渔获物 60 多公斤(后放生)、不合格渔药 850 瓶，清退渔船 350 艘。

五、海监执法

2004 年 4 月，成立中国海监同安区大队，依托区农业行政综合执法大队协助市海监局，实施海监日常巡查、用海项目监管、海域使用秩序、海洋生态环境保护等方面的管理、执法。2007 年，海洋执法案件 1 件，处罚金额 1. 24 万元。

第五篇　林　业

1997—2007 年，同安区林业继续推进从工业文明向生态文明、从传统林业向现代林业的改革、发展进程。前期，通过改造产量低、效益差的林分，适地适树种植以龙眼、蜜柚为主的经济林，全区经济林面积从 20 世纪 90 年代初的 11.38 万亩发展到 1999 年的 26.47 万亩。后期，在厦门市城市林业规划指导下，着重进行以建成林业生态体系为目标的林业产业结构调整。2002 年，区划界定生态公益林 2.38 万公顷。建立森林生态效益补偿制度，加快生态风景林建设，生态林面积由 2004 年的 1.11 万公顷增加到 2006 年的 1.59 万公顷。继续在省道、国道、森林公园、旅游景区进行优化树种的林相改造，至 2007 年底，改造面积 820 公顷。在现代林业管理中，在省内率先采用森林防火电视远程监控系统和通信技术，也是全国率先采用生物防治、药物防治、工程治理相结合新技术，建立森林资源地理信息系统、采用 GPS 等技术进行森林资源调查。同安林业正在按“生态建设产业化、产业发展生态化”要求，逐步向城市林业发展。2006 年区境内森林覆盖率 59.41%。

第一章　森林资源

第一节　林　地

1997 年同安区林地面积 814102 亩，占土地总面积的 54.28%。2004 年，同安区林地面积 621797 亩，占土地总面积的 63.75%。2006 年，林地面积 619789 亩，占土地总面积的 63.55%。

1997—2006 年同安区各类林地面积统计表

表 5-1　　　　单位：亩

年份	总面积	林地合计	其中											
			有林地	疏林地	灌木林地	未成林地	苗圃	无（立木）林地						
								计	宜林荒山地	采伐迹地	火烧迹地	可封育成林的荒山荒地	林中林缘空地	暂未利用荒山荒地
1997	1499764	814102	699914	3702	59288	8171	401	42626	16358	5599	4550	554	1005	14560
1998	1499764	813393	698810	3702	59157	9975	328	41421	15785	6809	3112	524	1005	14186

续表5-1

年份	总面积	林地合计	其中												
			有林地	疏林地	灌木林地	未成林地	苗圃	无（立木）林地							
								计	宜林荒山地	采伐迹地	火烧迹地	可封育成林的荒山荒地	林中林缘空地	暂未利用荒山荒地
1999	1499764	813541	700105	3702	57211	8836	328	43359	16602	7543	3936	489	975	13814
2000	1499764	815357	704653	3662	56404	11359	328	38951	15647	6336	2443	362	975	13188
2001	1499764	814771	704721	3662	56389	12129	328	37542	14643	6518	2056	302	1021	13002
2002	1499755	814720	705354	3661	56389	12180	328	36808	14173	6403	1913	302	1012	13005
2003	1499764	811538	704510	3661	56463	11540	328	35036	13538	5521	1829	302	1012	12834
2004	975344	621797	538595	3417	46365	5429	328	27663	11263	4262	264	302	976	10596
2005	975344	620315	538213	3417	44128	8279	328	25950	9439	4448	250	302	976	10535
2006	975344	619789	535446	3275	44050	11662	328	25028	8615	4364	250	302	962	10535

说明：2007年启动的二类调查，统计口径有变，相关数据无法入表，以后相关表格同此，不另注

第二节　森林面积与蓄积量

1997年，森林面积703616亩，其中林分面积433299亩，活立木蓄积960884立方米，其中林分蓄积909698立方米。至2003年，森林面积708171亩（含翔安），其中林分面积434381亩，6年年均增加0.11%、0.04%。活立木蓄积1142292立方米，其中林分蓄积1090761立方米，6年年均增加2.92%、3.07%。

2004年，森林面积5420亩，其中林分面积340815亩。活立木蓄积1031751立方米，其中林分蓄积1001854立方米。至2006年，森林面积538721亩，其中林分面积338910亩，2年年均减少0.30%、0.028%。活立木蓄积1085711立方米，其中林分蓄积1055892立方米，2年年均增加2.58%、2.66%。

1997—2006年同安区森林面积蓄积量统计表

表5-2

年　份		活立木	林分蓄积面积					经济林面积	竹林（百株）	疏林	散生林蓄积	四旁树蓄积
			合计	用材林	薪炭林	防护林	特用林					
1997	蓄积（立方米）	960884	909698	379422	82374	413182	34720	—	9260	2489	11889	36808
	面积（亩）	703616	433299	148820	63222	213106	8151	262936	3679	3702	—	—
1998	蓄积（立方米）	1015101	964056	403125	87947	436307	36677	—	6134	2631	11606	36808
	面积（亩）	702512	431181	148287	62663	212085	8146	264003	3626	3702	—	—
1999	蓄积（立方米）	1062299	1011191	421044	92797	459255	38095	—	6400	2686	11614	36808
	面积（亩）	702914	431006	149709	61993	211169	8135	264689	4147	3072	—	—
2000	蓄积（立方米）	1064143	1012850	229185	72106	636637	74922	—	6343	2686	11799	36808
	面积（亩）	708314	435651	54348	40237	312780	28286	264581	4421	3662	—	—

续表5-2

年份		活立木	林分蓄积面积					经济林面积	竹林（百株）	疏林	散生林蓄积	四旁树蓄积
			合计	用材林	薪炭林	防护林	特用林					
2001	蓄积（立方米）	1068813	1017855	228605	69784	643104	76362	1345	6497	2774	11671	36513
	面积（亩）	702912	432723	53858	38258	312612	27995	261507	5020	3662	—	—
2002	蓄积（立方米）	1107673	1056214	238009	72082	667383	78740	—	6560	2876	11775	36808
	面积（亩）	709015	433777	54143	38476	312889	28269	266383	5194	3661	—	—
2003	蓄积（立方米）	1142292	1090761	246969	71349	691565	81178	—	6774	2983	11740	36808
	面积（亩）	708171	434381	53527	37413	315187	28254	264107	6022	3661	—	—
2004	蓄积（立方米）	1031751	1001854	262769	94741	563022	81322	—	6870	2924	8175	18798
	面积（亩）	542012	340815	64817	39166	209406	27426	191737	6043	3417	—	—
2005	蓄积（立方米）	1058831	1028851	264522	94233	583259	86837	—	7079	3040	8142	18798
	面积（亩）	541630	340322	63199	39646	209005	28472	191102	6789	3417	—	—
2006	蓄积（立方米）	1085711	1055892	268915	91342	606462	89173	—	7079	2909	8112	18798
	面积（亩）	538721	338910	62470	38474	208964	29002	189747	6789	3275	—	—

第三节　林　种

1997 年按经营类型分，同安区森林分为生态林、商品林和兼用林三类。全区生态林包括以发挥生态、社会效益为主导功能的水源涵养林、水土保持林、防风固沙林、农田防护林、护路护岸等防护林和国防林、实验林、母树林、环境保护林、风景林、名胜古迹和纪念林、自然保护区森林等特用林221257 亩，商品林 329837 亩，兼用林 148820 亩，分别占林地面积的 27.20%、40.50%、18.30%。析出翔安后 2004 年同安区三类林木面积依次为 236832 亩、269681 亩和 32082 亩。分别占林地面积的38.09%、43.37%、5.16%。2006 年三类林木依次为 237966 亩、267093 亩、30387 亩，分别占林地面积的 38.39%、43.09%、4.90%。

1997—2006 年同安区生态林、商品林、兼用林结构统计表

表 5-3

年份	单位	林地面积	生态林		商品林		兼用林	
			面积（亩）	%	面积（亩）	%	面积（亩）	%
1997	合计	814102	221257	27.18	329837	40.52	148820	18.28
	乡镇计	656370	166790	25.40	304356	46.40	94130	14.30
	国有林场	82645	24475	29.60	2028	2.50	40871	49.50
	其他国有	75087	29992	39.90	23453	31.20	13819	18.40
1998	合计	813393	220231	27.08	371207	45.64	107372	13.20
	镇	655666	166045	25.32	304544	46.45	93654	14.28
	国有林场	82645	24610	29.78	43041	52.08	—	—
	其他国有	75082	29576	39.39	23622	31.46	13718	18.27

续表5-3

年份	单位	林地面积	生态林		商品林		兼用林	
			面积（亩）	%	面积（亩）	%	面积（亩）	%
1999	合计	813541	219304	26.96	371677	45.69	109124	13.41
	镇	655732	165477	25.24	304617	46.45	95436	14.55
	国有林场	82645	24602	29.77	42985	52.01	—	—
	其他国有	75164	29225	38.88	24075	32.03	13688	18.21
2000	合计	815357	341066	41.83	309239	37.93	54348	6.67
	镇	655689	255854	39.02	283574	43.25	27970	4.27
	国有林场	84123	41671	49.54	2131	2.53	25542	30.36
	其他国有	75545	43541	57.64	23534	31.15	836	1.11
2001	合计	814771	341091	41.86	335178	41.14	28452	3.49
	镇	655195	255738	39.03	284061	43.36	27618	4.22
	国有林场	84123	41851	49.75	27529	32.72	—	—
	其他国有	75453	43502	57.65	23588	31.26	834	1.11
2002	合计	814729	341158	41.87	335723	41.21	28473	3.49
	镇	655266	255528	39.00	284313	43.39	27643	4.22
	国有林场	84123	42252	50.23	27768	33.01	—	—
	其他国有	75340	43378	57.58	23642	31.38	830	1.10
2003	合计	811538	343441	42.32	333288	41.07	27781	3.42
	镇	652199	257625	39.50	281894	43.22	26983	4.14
	国有林场	84123	42334	50.32	27844	33.10	—	—
	其他国有	75216	43482	57.81	23550	31.31	798	1.06
2004	合计	621797	236832	38.09	269681	43.37	32082	5.16
	镇	488723	166622	34.09	224624	45.96	31760	6.50
	国有林场	84123	42561	50.59	28112	33.42	—	—
	其他国有	48951	27649	56.48	16945	34.62	322	0.66
2005	合计	620315	237477	38.28	270052	43.53	30684	4.95
	镇	487161	167001	34.28	225096	46.21	30362	6.23
	国有林场	84123	42561	50.59	28142	33.45	—	—
	其他国有	49031	27915	56.93	16814	34.29	322	0.66
2006	合计	619789	237966	38.39	267093	43.09	30387	4.90
	镇	486635	167233	34.37	222531	45.73	30065	6.18
	国有林场	84123	42561	50.59	27748	32.99	—	—
	其他国有	49031	28172	57.46	16814	34.29	322	0.66

说明：2007 年二类调变统计口径不同，数据不入表

第四节　陆生野生动物

同安陆生野生动物资源丰富，据1997年12月和2000年3月野生动物资源常规调查和两栖、爬行动物专项调查，列入国家Ⅰ级保护野生动物有蟒蛇和扬子鳄2种；列入国家Ⅱ级保护野生动物有17种，即鸟类的普通鵟、松雀鹰、乌灰鹞、红隼、游隼、红脚隼、灰背隼、勺鸡、小杓鹬、褐翅鸦鹃、小鸦鹃、草鸮、褐林鸮、勺鸡和两栖类的虎皮蛙、穿山甲、水獭。此外，其他与人类生活、生产有关系的森林野生动物还有眼镜蛇、金环蛇、狐、山猪、山羊、刺猬、猫头鹰、老鹰、白鹭、喜鹊、画眉、啄木鸟、鹧鸪、麻雀、乌鸦等。

同安区国家保护的野生动物情况表

表5-4

保护级别	名称	种属	分布
国家Ⅰ级	蟒蛇 Python molurus	爬行纲蛇目蟒科	山区、半山区均有分布
	扬子鳄 Alligatorsinensis	两栖纲鳄目鼍科	1996年在汀溪镇隘头村有人工养殖，1999年因经济效益问题停止养殖
国家Ⅱ级	普通鵟 Buteobuteo 松雀鹰 Accipiter virgatus 乌灰鹞 Circus melanoleucos	鸟纲隼形目鹰科	—
	红隼 Falco tinnunculus 游隼 Falco peregrinus 红脚隼 Falco vespertinus 灰背隼 Falco columbarius	鸟纲隼形目隼科	山区有分布
	勺鸡 Pucrasia macrolopha	鸟纲鸡形目锥科	山区有分布
	小杓鹬 Numenius	鸟纲鹤形目鹬科	—
	褐翅鸦鹃 Centropus sinensis 小鸦鹃 Centripus toulou	鸟纲鹃形目杜鹃科	—
	草鸮 Tyto capensis	鸟纲鸮形目草鸮科	—
	褐林鸮 Strix leptogrammica 勺鸡 Pucrasia macrolopha	鸟纲鸮形目鸱鸮科	—
	虎纹蛙 Hoplobatrachus rugulosus	两栖纲无尾目蛙科	—
	穿山甲 Manis pentadactyla	兽纲鳞甲目鲮鲤科	分布在本区的低山、丘陵地区
	水獭 Lutra spp	兽纲食肉目鼬科	境内水库、池塘附近均有分布

第五节　林下植物

同安区林下植物，主要是茅草和蕨类、芒萁骨、卡氏乌饭、刺芸野枯草、桃金娘、小叶赤楠、黑木竹等，多分布在低山、丘陵的山脊、山顶，总覆盖度70%～90%。不但提供多种食草动物的食源，还提供人类部分能源。

此外还有食用菌类的香菇、蘑菇、金针菇、草菇、鸡丝菇、黑木耳、金木耳、银木耳等，可供人类采食。

药用类灵芝、蛇舌草、砂仁、山药、紫苏、薄荷、茯苓、金线莲、天门冬等几百种，可供人类药用。

附录：红树林

1997 年从龙海市海澄调种苗在大嶝、新店、马巷、洪塘和西柯镇的海滩种植，因管理不善保存不多。据 2001 年 11 月红树林资源调查，全区红树林 184. 5 亩，分布于西柯镇丙洲村北围堤 1. 5 亩，围堤坝上 4. 5 亩、洪塘镇石浔村围堤 1. 5 亩、新店镇蔡厝村中路码头 69 亩、北围堤 37. 5 亩、东园村北围堤 16. 5 亩、大嶝镇盐场 49. 5 亩、马巷镇琼头村 4. 5 亩。2006 年厦门市实施环东海域整治，同安区域内的红树林全部废去。

第二章　森林经营

第一节　采种育苗

一、采种

种子来源于本地和外调。同安区 1997—2007 年育苗种子 502. 5 公斤，其中采集本地台湾相思、樟树、杨梅、木荷、油桐、竹柏等种子 220 公斤，外地调进杉木、柠檬桉、马占相思、乳源木莲、铁刀木、枫香等种子 282. 5 公斤。

二、育苗

（一）苗圃

1997 年，同安区有国有苗圃 4 家，（上埔苗圃、祥溪、汀溪、小坪林场苗圃）集体苗圃 3 家（莲花大溪、汀溪风鼓格、内厝狮头山林场苗圃）及村办林场（耕山队）30 多家。此外还有为数不少的个体、联合体、公司办苗圃。至 2007 年，经整合，共有苗圃 24 家，育苗土地面积 2385 亩，主要培育造林苗和绿化苗。

2007 年同安区苗圃单位与面积情况表

表 5-5　　单位：亩

苗圃名称	所在地	面积	主要培育树种花科
合　计	—	2385	—
厦门美格农艺有限公司	莲花镇美埔村、溪东村、云洋村，汀溪镇褒美村，西柯镇官浔村	540	台湾栾树、细叶榄仁、风铃木、阿勃勒等 2000 余种

续表5-5

苗圃名称	所在地	面积	主要培育树种花科
厦门市上埔苗圃	汀溪镇褒美村、莲花镇溪东村、五显镇四林村	315	榕树类、刺桐类、黄花槐、白蜡等300余种
同安区阆苑绿化有限公司	大同街道碧岳村	45	重阳木、三角梅
同安区成景绿化有限公司	汀溪镇隘头村	60	黄槿、草皮
同安公路局苗圃	汀溪镇褒美村、新民镇溪林村	165	樟树、南洋楹
厦门禾山苗圃	西柯镇埭头村	105	凤凰木、海桐
厦门环球绿化有限公司	新民镇溪林村	120	刺桐、观赏竹
同安区莲花长沙苗圃	莲花镇窑市村	105	散尾葵、龟背竹
同安云埔苗圃	莲花镇云埔村	30	细叶榄仁、万年麻
同安博富园林绿化工程服务部	新民镇溪林村	195	大花紫薇、盆架子
同安云洋苗圃	莲花云洋村	45	国王椰子、细叶榄仁
同安花厝苗圃	莲花云洋村	30	霸王棕、黄金榕
同安月龙苗圃	大同街道东宅村、洪塘镇龙西村	45	大王椰、三角梅
同安潘涂苗圃	西柯镇潘涂村	45	凤凰木、彩叶扶桑
同安汀溪镇火来苗圃	汀溪镇隘头村	90	樟树、菠萝密
同安前格苗圃	汀溪镇前格村	45	栾树、苏铁
同安军村苗圃	五显镇	30	高山榕、鸭木
同安北山苗圃	五显镇竹山村	30	盆架子、凤凰木
同安宋宅苗圃	五显镇宋宅村	30	凤凰木、樟树
同安市政苗圃	新民镇西塘村	90	南洋杉、鸡冠花
同安兄弟苗圃	大同街道碧岳村、西柯镇西浦村	60	树桩盆景、林那果、巴西红果
同安三香苗圃	大同街道碧岳村、汀溪镇汪前村	90	阿勃勒、含笑桂花
同安超之然园艺公司	大同街道碧岳村、祥平街道祥桥村	15	非洲茉莉、茶花
同安古庄苗圃	大同街道古庄村	60	伊拉克蜜枣、盆架子、凤凰木、樟树

（二）苗木生产及价格

苗木生产　1997—2007年，累计育苗面积129.85亩，培育造林苗469.58万株，其中容器苗297.15万袋，绿化苗72.63万株，调拨苗259.9万株。社会非林业系统育苗面积4175亩，培育造林苗731亩2247.5万株、绿化苗3444亩122.22万株。造林苗主要树种有油茶、相思、桉树、香樟、桂花、三角梅、重阳木、苦楝、湿地松、马占相思、台湾相思、木棉、木荷、枫香、盆架子、杨梅、山杜英、扁柏、千年桐、爬山虎、福建含笑、单性木兰、巨尾

苗木生产企业厦门美格农艺有限公司大门

桉、土密树、海南红兰、台湾奕树、加冬、桃花心木、火力楠、鸡冠刺桐、枫香、天竺桂、凤凰木等30多种。绿化苗主要树种有天竺桂、铁刀木、千年桐、南洋楹、羊蹄甲、乔木、棕榈科、刺桐、火焰木、木棉、盆架子、香樟、台湾奕树、枫香、山杜英、凤凰木、桃花心木、海南红兰、美丽木棉、重阳木、竹柏、水池榕、桂花、黑木、菩提、晃伞枫、黄金宝树、黄花槐、金枝国槐、红千层等30多种。

苗木价格　苗木价格因树种、规格、年度而异，一般以当年的市场价格为主。属政府性消灭荒山为主的苗木价格由苗圃、林业局审核定价。

同安区若干年段造林苗木价格表

表5-6　单位：元/株

	1999—2000年苗木价格		2001—2002年苗木价格		2003—2005年苗木价格	
	大田苗	容器苗	大田苗	容器苗	大田苗	容器苗
杉　木	0.07	—	0.07	—	—	—
外国松	0.14	0.20	0.17	0.20	—	—
相　思	0.04	0.12	0.04	0.12	—	—
马尾松	0.04	—	0.04	—	—	—
柠檬桉	0.16	0.18	0.16	0.18	0.16	0.18
木麻黄	0.18	0.20	0.18	0.20	0.18	0.20
火力楠	—	—	—	—	0.25	—
木　荷	0.12	—	0.12	—	0.12	—
杨　梅	0.30	—	0.30	—	0.30	—
马占相思	—	—	0.20	0.25	0.20	0.25
巨尾桉	—	—	—	0.50（扦插苗） 0.80（组培苗）	—	0.5 0.8
台湾相思	—	—	—	—	0.04	0.12
厚荚相思	—	—	—	—	—	0.4
杜　英	—	—	—	—	0.40	—
香　樟	—	—	—	—	0.50	—
柳　杉	—	—	—	—	0.50	—
肯氏相思	—	—	—	—	—	—
油　茶	—	—	—	—	—	—
毛　竹	地径4～7厘米，苗价3～6元					

第二节　造林育林

一、植树造林

（一）造林

由于林木采伐及森林公园建设等需要，每年在林中空杂地，采伐及火烧迹地，因地制宜适地适树造林。1997—2007年，适地造林面积依次为1573亩、3504亩、7970亩、7902亩、7115亩、4189亩、5554亩、6178亩、7373亩、8021亩、7138亩。总计造林66517亩，其中迹地更新造林28486亩，林中空杂地造林26055亩。

（二）万亩竹林基地建设

1999年1月，为帮助同安山区脱贫致富，市林业局负责筹集资金，区林业局负责规划设计、技术指导、苗木调配和造林质量验收，莲花镇政府组织实施，启动万亩竹林基地建设。至2000年底，共完成竹林基地建设11375亩，其中新造10258亩、垦复1117亩，种植、垦复毛竹、麻竹、大头典竹、红竹、绿竹等37.33万株，其中新造31.74万株。(之后没有再造竹林)。

（三）全民义务植树

每年3月12日植树节，区委、区政府均组织义务植树活动。1997—2007年，全民义务植树活动260万人次，劳动用工300万工日，植树561.4万株。缴交绿化费45.94万元，建立北辰山、小坪林场、西山岩、宝镇山4个义务植树基地和东溪公园、大轮山2个区领导示范点。

义务植树示范点

（四）四旁绿化

路旁绿化 1997—2007年，全区主次干道绿化长度46.67公里，绿化树种主要有桉树、刺桐、杧果、盆架子等，西柯、汀溪、莲花、新民等镇级公路绿化长度71.68公里，绿化树种主要有巨尾桉、梧桐、杧果、盆架子等。合计118.35公里。

水旁绿化 1997—2007年，境内西溪、东溪、官浔溪、乌涂溪、泥山溪等5条溪流115.78公里河道，绿化114.65公里，绿化率99%，其中西溪47.48公里，河道绿化47.30公里；东溪25.18公里，河道绿化24.95公里。

祥平东路人行道

绿色掩映云洋溪

村旁宅旁绿化 2004—2007年，境内莲花、汀溪、洪塘、新民、西柯、五显6个镇的100个行政村（含农村果林场）和祥溪、汀溪两林场共56943公顷行政村面积，绿化覆盖面积24468公顷，绿化覆

盖率42.97%，其中祥溪林场最高98.0%，汀溪林场93.0%，莲花镇41.5%，汀溪镇40.9%，新民镇39.7%，五显镇39.3%，西柯镇32.0%，洪塘镇31.3%。

截至2007年，城镇单位占地557.83万平方米，宅旁绿化187.27万平方米，绿地率33.6%。建制镇公共绿地面积9.29公顷，人均6.8平方米。

龙西村中小公园

西塘村村里小公园

二、育林

（一）中幼林抚育、间伐

幼林抚育　主要对造林1～3年的幼林翻土、除草，以壮大林木的根系，促进水分、养料吸收并根据需要增施专用肥。1998—2007年全区共抚育幼林10多万亩。

中幼林间伐　为促进林木的生长发育，提高林木的质量和生长量，有规划、有审批、有监督地对中幼林进行去劣存优、伐密留疏、去小留大的间伐。1998—2001年，累计中幼林间伐1.41万亩。（间伐不是每年进行，2001年后没有间伐）

（二）封山育林

同安区封山育林属沿海防护林建设国债项目。按相关要求，将封育责任落实到人，聘请专兼职护林员18名，加强巡山护林。自封育起，在封育地块，严格按封山育林技术规程进行抚育、空地补植等，禁止乱砍滥伐、乱捕滥猎、乱征占用林地。1999年，在内厝、新圩、洪塘、五显、汀溪等镇封育乔木型山林14234亩。2001年，在小坪林场、汀溪林场、祥溪林场等地封育乔木型山林17276亩、灌木型山林739亩。

莲花生态林一角

大溪巨尾桉树速生丰产林

（三）人工促进天然更新

1997—2007年全区人工促进天然更新78961亩，其中1999年、2001年、2003年三年属沿海防护林建设国债项目，按“造、封、管”相结合，生态效益、社会效益与经济效益相结合原则，人工造林更新面积9691亩。

（四）林相改造

2005—2007年，根据市建设“生态园林城市”的要求和部署，先后在莲花山、野山谷、文山、金光湖、小坪、北辰山、郭山、竹坝农场、祥溪林场、白沙仑农场、汀溪荏畲村、新民西山等处，开展以改造林分及树种结构，提高林分质量、充分发挥生态效益和社会效益为主要目标的生态风景林建设。三年完成林相改造12276亩。用以改造的树种以木棉、凤凰木、刺桐等绿化树种为主，多树种配合，林缘及道路两侧配置三角梅、红乌桕等灌木类小苗。

（五）裸露山体整治

2000—2006年，先后在汀溪、莲花、五显、洪塘、新民、西柯6镇和凤南、白沙仑、竹坝、小坪等农林场，采取招投标方式，以巨尾桉、马占相思、台湾相思等为主要树种，实行乔灌草结合整治裸露山体245堀3926.6亩（含2000—2003年东部4镇一场整治61堀1405.14亩）。

山体绿化

若干年份同安区裸露山体整治统计表

表5-7　　单位：亩

治理单位	治理堀（点）数	治理面积	其中				
			2000年	2001年	2002年	2003年	2006年
合　计	245	3926.60	1542.49	1078.08	899.70	65.00	341.30
莲花镇	32	551.00	157.06	144.73	80.25	—	169.00
汀溪镇	6	110.82	48.52	20.30	42.00	—	—
五显镇	10	164.43	82.28	59.30	22.85	—	—
内厝镇	23	582.01	147.01	161.20	273.80	—	—
马巷镇	17	264.16	127.67	136.49	—	—	—
新店镇	15	403.72	71.39	121.39	210.94	—	—
洪塘镇	15	244.85	116.44	—	100.91	27.50	—
西柯镇	21	319.72	77.20	159.12	83.40	—	—
新民镇	24	422.10	249.83	—	—	—	172.27

续表5-7

治理单位	治理堀(点)数	治理面积	其中				
			2000 年	2001 年	2002 年	2003 年	2006 年
大同镇	16	138.55	117.65	20.90	—	—	—
新圩镇	3	31.80	—	—	31.80	—	—
凤南农场	32	379.11	246.05	88.86	44.20	—	—
白沙仑农场	9	71.38	41.38	—	—	30.00	—
大帽山农场	3	123.45	16.45	107.00	—	—	—
竹坝农场	3	22.30	—	22.30	—	—	—
小坪林场	16	97.10	43.56	36.49	9.55	7.50	—

说明：洪塘镇、白沙仑农场、小坪林场，2003 年的治理面积为规划面积

（六）低产林改造

在 1997—1998 年、1999—2001 年、2003—2004 年、2006—2007 年的四个时间段内，全区依次完成低产林改造 126272 亩、9085 亩、734 亩和 2638 亩，合计 138729 亩，促进林木速生丰产优质。

第三节 营林单位

一、国有营林单位

厦门市同安区上埔苗圃 原名同安县上埔苗圃，始创于 1936 年，位于汀溪上埔桥头，距同安城区 5.5 公里，是同安林业局下属事业单位。1997 年，更名为厦门市同安区上埔苗圃。苗圃总面积 552 亩，其中温室大棚 1200 平方米，经济林（龙眼、蜜柚）180 亩，圃地 332 亩；每年能够提供 3 万多株 50 多个品种的绿化苗。此后，因公路建设占用，圃地有所减少，至 2007 年为 305.68 亩。1998 年起，苗圃连续两年进行麻竹侧枝扦插育苗推广应用研究。实验证明，麻竹扦插苗经过一年培育，根系发达，起苗容易，伤根较少，造林成活率明显高于采用母竹苗造林。造林费用仅为母竹苗造林的 56.1%，每公顷可以减少成本 3613 元，适合大力推广。2000 年，苗圃利用壳聚糖进行木荷、杨梅等苗木猝倒病防治应用探讨，同时从土壤和苗木附生的拮抗微生物的种群变化和拮抗活性的角度，研究壳聚糖抗病的作用机理。实验证明，在木荷苗木生产中，每亩施用 2～5 公斤的壳聚糖，猝倒病的发病率减少 6.9%～7.7%。2003 年，苗圃引进火焰木 3 万株、掌叶苹婆 2000 株、白蜡树 1500 株等，长势良好。2004 年，苗圃与省林科所合作，从澳大利亚引进蓝桉种子 2000 粒，培育初期长势良好，后期由于感染焦枯病，仅保存 50 株。2006 年，苗圃引进并成功培育降香黄檀 2800 株，长势良好。1997—2007 年，苗圃育苗面积 129.85 亩，出圃苗木 469.58 万株。其中容器育苗 297.15 万袋，主要有柠檬桉、台湾相思、湿地松、马占相思、木荷、杉木等绿化苗 72.63 万株，还调拨苗木 259.9 万株。

小坪林业试验场 原名同安县小坪林业试验场，1997 年更名为厦门市同安区小坪林业试验场。位于莲花镇东北部海拔高 126.2 米至 1038.5 米。2007 年有干部 7 人，其中工程师 2 人、助理工程师 5 人，临时工 7 人，经营林业用地 20916 亩，有林地 18866 亩，其中列入省级生态公益林 17610 亩（试验林 3531 亩）、经济林 330 亩（其中龙眼 200 亩、蜜柚 50 亩、无籽柿 80 亩）、竹林 650 亩（其中毛竹林 350 亩，麻竹、雷竹、红竹、大头典竹等观赏竹 300 亩）。森林覆盖率 84.5%，活立木蓄积 19170 立方米。2000 年 9 月，建立面积 1666 公顷的福建省厦门小坪森林公园。同年 12 月，成立福建省厦门小坪森林公

小坪林业试验场场部

园管理所，与厦门市同安区小坪林业试验场实行“两块牌子、一套班子”的管理体制，是区林业局下属事业单位，经营范围不变。

2003年12月厦门莲花国家森林公园建立后，小坪森林公园作为其中的小坪景区，划分为生态科教园区、休闲游乐区、茶文化区、纪念林区、水上活动区、高山度假区等6个经营小区。集避暑纳凉、度假疗养、科普教育、民俗风情、体验活动和户外运动等旅游产品为一体的近郊型多功能生态旅游景区。2004年，进行闽南山地火力楠用材林栽培生物学特性与培育利用技术研究，获福建省科学技术进步三等奖。

同安祥溪国有林场　原国营厦门市祥溪林场，1996年更名为福建省同安祥溪国有林场，2004年事权调整，主管部门定为同安区林业局，随转编制39人。2007年同安区政府理顺林场财政管理体制，区财政给予祥溪林场每年定补115万元，退休人员非统发工资全额纳入区财政预算，林场转型为生态公益型林场，性质为差额拨款事业单位，编制核定为17人。场部设有综合科、营林科、护林队等3个职能科室。分设水吼、河溪、上陵三个工区和崎溪、场部、坝头、罗溪、深水坑、圳上等6个护林点。2007年，全场有干部10人，职工20人。据1996年森林资源二类调查有林地面积31242亩、蓄积量104471立方米，其中用材林面积19160亩、蓄积量83434立方米，防护林面积7124亩、蓄积量20689立方米，特种用材林面积110亩、蓄积量348立方米，经济林面积616亩，竹林170亩。1999年全场分类经营，界定生态林18797亩，商品林12445亩。2007年森林资源建档，林业用地31222亩（其中有林地26970亩，经济林397亩，竹林170亩），灌木林地2690亩，未成林造林地957亩，苗圃地38亩，非林地20亩，森林覆盖率96.71%。全场活立木蓄积量由1996年167419立方米增加到2007年180101立方米，年生长量11119立方米，年消耗量4928立方米。2003年，林场承建祥溪苗圃，项目总投资443.62万元（其中国债资金100万元，市财政100万元，林场自筹243.62万元），建成477亩桉树等各类优良树种采穗圃，80亩优良树种资源保护区，150亩火力

祥溪林场场部

楠、海南蒲桃等树种母树林，1800平方米温室，2500平方米单拱育苗棚，10套全光雾插块紧平台，建后已育出蝴蝶兰等观赏花卉400万株。2006年，祥溪苗圃承担厦门市林业局投资77万元的彩化树种和优良乡土树种培育项目，育出红花油茶、香椿、马褂木、海南蒲桃、香樟、米老排、红叶乌桕、黄连木等各类优良苗木28万株供应各绿化用苗单位。1997—2007年，全场造林3266亩。2006年起，承担生态景观林建设，至2007年共完成1562亩，采伐并销售木材21560立方米，生产松香及衍生品3240吨，生产苗木28万株，抚育幼林13052亩。

同安汀溪国有防护林场　原为国营厦门汀溪防护林场，1996年更名为福建省同安汀溪国有防护林场。2004年事权调整，主管部门定为厦门市水利局，为其下属差额拨款的全民所有制事业单位。2007年，林场有综合科、计财科、生产科、资源管护科等四个内设职能科室，设有场部、席草洋、凤梨村、新石4个工区和杉际、凤梨村、席草洋、水库、溪东、乌石岩、大湖7个护林点。职工总数39人，其中：干部（含聘干）9人（有中级技术职称5人），工人30人。1999年，省林业厅将林场界定为生态公益型林场，实行分类经营。界定生态公益林面积36606亩，占总面积53423亩的68.52%，商品林15522亩，占29.05%。2006年林地面积53067亩，有林地面积42595亩（其中生态林27115亩，商品林15480亩），疏林地2290亩，灌木林地7264亩，未成林造林地577亩，采伐迹地290亩，苗圃地11亩，四旁树面积356亩，森林覆盖率93.33%。2007年，省林业厅定权发证总面积52727亩（其中属集体山权的林地33312亩），未定权666亩。蓄积量1996年213102立方米，到2007年建档蓄积326104立方米，年均增长10273立方米，年消耗蓄积量5169.12立方米（原木材3101.47立方米，出材率60%）。1997—2007年，采伐木材35166立方米，销售34368立方米，迹地造林4782亩，其中生态风景林900亩，经济林36亩，抚育幼林9984亩。

汀溪林场场部

二、集体营林单位

汀溪镇风格鼓林场　创办于1975年3月．林业用地2897亩，有林地2300多亩，绝大部分为积木林，活立木蓄积量5000多立方米，设专职护林员管护。

莲花镇大溪林场　1966年创建。总面积17802亩，林业用地7722亩，有林地7300多亩，主树种为马尾松、杉木及其他阔叶树。活立木蓄积量15000立方米。现由个体承包。

三、其他营林单位

1995年后，随着山、林权属的确定和“三五七”工程造林，特别是龙眼价格提高引发大种龙眼的热潮，出现个体承包、几户合股，集体与个人合作、联合体、有限公司等营林单位，至2007年，全区共有林业系统的社会营林单位18家。

第三章　森林保护

第一节　森林防火

一、防火组织

（一）区际联防组织

1997年继续开展厦、漳、泉护林防火联防委员会活动。2006年，在原有3个市6个县区（同安区、长泰县、龙海市、安溪县、南安市、集美区）基础上，新增翔安区、龙文区、招商局漳州开发区，形成9个县（市、区），25个乡（镇），9个农林场的联防组织。联防委员会每年12月召开联防会议，讨论部署护林防火工作，由9个县（市、区）轮流召集。

（二）区内护林联防组织

以汀溪林场、祥溪林场、小坪林场为主的区内联防组织，每年12月召开周边相关镇、村联防会议，开展护林联防活动。

（三）区内森林防火组织

同安区森林防火指挥部　前身为成立于1961的厦门市同安县森林防火指挥部，县长任指挥，分管副县长、武装部部长、农业局局长、林业局局长任副指挥，县相关单位为组成成员。1997年更名为厦门市同安区森林防火指挥部，1999年12月下设厦门市同安区森林防火指挥部办公室，为正科级事业单位，编制2人，设专职副主任1人。2005年调整编制为3人。

森林消防专业队　2003年10月成立专业扑火队，2007年有17名队员，采用临时合同制，经费由区财政负担，归属区防火办管理。

民兵应急森林扑火分队　2000年，由区武装部牵头，各镇（街、场）成立民兵扑火应急分队，到2007年全区共有民兵应急分队14支，队员734人。

镇（街、场）机关扑火小分队　2005年，各镇（街、场）成立机关扑火小分队，到2007年全区共有机关小分队24支，人数607人。

村级义务扑火队　2007年，全区共有村级义务扑火队68支，队员1502人。

部队共建扑火突击队　2005年，与白沙仑驻军工兵团一个营共建扑火突击队，成员200人。

护林员　2000年，建立兼职护林员，只在10月至翌年4月防火期内聘用，2003年改为全年聘用。护林员五大职责：护林、防火、林地保护、野生动物保护、森林病虫害预测预警。每人管护山林面积，原则上控制在3000—5000亩之间。

二、火灾预防

（一）制度建设

2005—2007年，区政府和区森林防火指挥部先后制定《关于落实村级森林防火责任制的通知》《关于野外生产用火管理的通知》《关于森林防火行政责任追究制度的通知》《同安区森林火灾预防和处置应急预案的通知》《同安森林防火实施细则的通知》《关于下达2006—2010年森林防火责任书的通知》《同安区森林火险预警响应实施细则的通知》等文件，严格林地内外生产用火审批制度，做好防火值班应急预警制度，明确森林防火责任和奖惩。

（二）防火设施

1997—2002 年，开设 198.9 公里（宽度为 12～15 米）生物防火林带。2002 年，在小坪林场建造 1 座 4 层混凝土结构瞭望台，之后在五显的北辰山，汀溪镇的文山、乌石岩、石狮头、半岭、顶村，莲花镇的水洋、状元尖、白交祠、西鼓桶、虎头山、内田、水吼、幸福山、大寨山，新民镇的大帽山、康山等处建造 22 座瞭望铁塔（台）。建设森林火险预警台 21 个。

此外，配置灭火水枪、指挥车、无线对讲机。储备油锯、风力灭火机、灭火弹、铁扫把等灭火工具。

附录：森林火灾

1997—2007 年，全区共发生火警（受害森林面积 1 公顷以下）、火灾（受害森林面积 1 公顷以上至 100 公顷以下）166 起，过火面积 8123 亩，虽经全力扑救仍损失活立木 65 万株、林木蓄积量 7248 立方米。

较严重的森林火灾有：1999 年 2 月 5 日，大帽山农场森林火灾过火面积 1000 余亩。2000 年 2 月 8 日，新店东园村山林大火，持续 20 小时，过火面积 1609 亩。同日，内厝锄山村山林火灾，持续 17 小时，过火面积 1000 多亩。2004 年 12 月 6 日，五显大寨山林火，漫延 3.5 公里。2005 年 2 月 7 日晚，天马山山火，持续 12 小时。

1997—2007 年同安区重大森林火灾统计表

表 5-8

年份	起数	过火面积（亩）	损失林木株数（万株）	损失林木（立方米）
1997	4	58	0.62	4.78
1998	12	377	1.08	753.90
1999	40	2116	27.74	657.60
2000	27	2771	20.15	2629
2001	14	306	1.47	178.50
2002	18	214	7.47	68.01
2003	13	396	2.35	97.47
2004	10	1489	3.06	2483.25
2005	12	69	0.18	23.00
2006	5	50	0.72	—
2007	11	277	0.16	352.00
合计	166	8123	65.00	7248.00

第二节　森林病虫害防治

一、森林病虫害调查

1999 年 9 月，按省、市林业部门要求，开展森林植物检疫对象普查工作，对杉木、马尾松、外国松、毛竹、木麻黄、桉树等6个树种进行疫情调查。通过调查和标本鉴定，在莲花镇、汀溪镇、新圩镇和小坪林场、凤南农场发现检疫对象外国松松针褐斑病，发生面积合计73422亩，占寄主面积的97%。

1999年外国松松针褐斑病发生情况表

表5-9

单 位	寄主面积（亩）	发生面积（亩）	占寄主面积（%）	其 中			发生村数（个）	发生小班（个）
				轻度（亩）	中度（亩）	重度（亩）		
同安区	75344	73422	97	8140	65282	0	42	755
莲花镇	38355	38355	100	2911	35444	0	16	394
汀溪镇	16933	16933	100	1031	15902	0	12	214
新圩镇	976	759	77.8	759	0	0	3	5
小坪林场	11507	11507	100	0	11507	0	4	98
凤南农场	361	361	100	0	361	0	1	3

2001年7—8月，全区设置567个调查样地，抽调技术人员开展松突圆蚧发生情况调查，发生面积161565亩，发生率55.6%。其中轻度危害144749亩，中度危害14428亩，重度危害2388亩。分布于12个镇（场）。同时，确定洪塘镇郭山村、新厝村，新店镇吕塘村，五显镇布塘村、下峰村、垵炉村，新民镇大小西山（西塘村、西山村、柑岭村），新圩镇马塘村等5个镇10个村为危险性病虫害疫点，面积3822亩。翔安析出后，危险性病虫害疫点面积3154亩。

2002年5—6月，根据国家级中心测报点松突圆蚧测报办法，组织14个调查小组，在全区30.3万亩松类林分设置355个调查样地，再次进行全面调查。发生面积152058亩，发生率49.8%。其中，轻度危害面积135798亩，中度危害面积14674亩，重度危害面积1586亩，分布于12个镇（场）。析出翔安后，同安区发生面积94249亩，发生率40.2%。其中，轻度危害面积85028亩，中度危害面积8733亩，重度危害面积488亩，分布于7个镇（场）。

2005年5月开展“加拿大一枝黄花”的清查与除治工作，查清境内澳溪村后溪黄行、上茂林、云洋村田洋社下板桥、云埔村东溪、大同古庄村等处栽种该花计2.5亩。莲花镇窑市村溪仔后和上坝社坝渡等处育苗计0.4亩，销售该花花店4家。全部给予铲除、没收、集中烧毁并制定防控措施。

同年10月，开展刺桐姬小蜂疫情普查，查清境内莲花、五显、西柯、大同和祥平等镇（街）栽种刺桐面积3266亩，发生刺桐姬小蜂疫情面积10亩。

二、病虫情测报

（一）测报管理目标

病虫情测报由同安区森林病虫害防治检疫站（2000年起加挂国家森林病虫害中心测报点）负责（2002年危险性病虫害疫点内监测采用工程承包监测）。“九五”期间，森林病虫害监测覆盖率要求达70%以上管理目标，确定同安县（区）6个树种、10种主要病虫害为监测对象，设置固定样地268个，实行监测目标管理。2001年，省林业厅下达“十五”期间森林病虫害监测覆盖率85%以上，确定同安区6个树种，12种主要森林病虫害为监测对象，设置固定样地257个，固定踏查线路51条，实行监测目标管理。“十一五”期间，省森林病虫害防治检疫站要求监测覆盖率85%以上，确定同安区5个树种，11种主要森林病虫害为监测对象，设置固定样地185个，固定踏查线路36条，实行监测目标管理。

“九五”至“十一五”期间同安区主要森林病虫害寄主分布面积统计表

表 5-10 单位：亩

期间	马尾松毛虫	松材线虫病松突圆蚧	国外松褐斑病	木毒蛾、多纹豹蠹蛾	双条杉天牛	白蚁		毛竹枯梢病、竹镂舟蛾、竹毒蛾、竹蝗
						杉白蚁	桉白蚁	
“九五”期间	255104	—	61898	4362	30799	—	6922	2733
“十五”期间	235856	302996	67140	4435	—	29141	6518	2691
“十一五”期间	165677	231878	66201	—	—	25846	6518	2691

“九五”至“十一五”森林病虫害监测目标管理指标表

表 5-11

时间	成灾率（‰）		防治率（%）		监测覆盖率（%）		种苗产地检疫率（%）		松材线虫病监测率（%）	
	指标	完成	指标	完成	指标	完成	指标	完成	指标	完成
“九五”期间	6 以下	2.7	75 以上	92.5	70 以上	74.8	90 以上	91.6	0	0
“十五”期间	5 以下	0	80 以上	100	85 以上	86.8	90 以上	93	100	100
“十一五”期间	5 以下	0	85 以上	100	85 以上	86.2	90 以上	93	100	100

（二）监测样地

规划监测林种和病虫害种类，按要求设置固定监测样地，进行监测调查，同时增加松突圆蚧和危险性病虫害的监测调查对象，实行全查。

“九五”至“十一五”期间同安区应监测寄主面积、测报点情况表

表 5-12

病虫害名称	应施监测寄主面积（亩）			监测点数（个）		
	“九五”期间	“十五”期间	“十一五”期间	“九五”期间	“十五”期间	“十一五”期间
松毛虫松大蚜	184707	143306	84036	149	164	102
松针褐斑病	61898	64195	63410	56	62	61
木麻黄毒蛾多纹豹蠹蛾	4362	2090	0	6	7	0
竹蝗、竹毒蛾、竹镂舟蛾、毛竹枯梢病	2733	2147	2147	6	3	3
双杉天牛	30799	0	0	26	0	0
白蚁	6922	0	0	25	0	0
杉白蚁	0	16302	16302	0	17	17
桉白蚁	0	3474	1316	0	4	2

省、市森林病虫害防治检疫站每年年底进行内外业检查，每个规划期间的期中和期末都进行详细的检查考核，检查结果显示，同安目标管理指标均符合省、市森林病虫害防治检疫站提出的要求。

三、病虫害防治

（一）松毛虫防治

1998 年，区内发生松毛虫面积 4349 亩，其中莲花镇美埔村 2609 亩、新民镇蔡宅村 1740 亩，防治面积 4349 亩。

1999 年发生马尾松毛虫面积 5474 亩，其中新民镇蔡宅村 2710 亩、凤南农场 2034 亩、莲花镇美埔村 730 亩，防治面积 5474 亩。

2005 年发生松毛虫面积 3735 亩，其中五显镇垵炉村、溪西村、明溪村共 3674 亩，莲花镇美埔村 61 亩，防治面积 3735 亩。每年施放白僵菌 2 万发，预防面积 6000～9000 亩。

（二）松突圆蚧防治

针对 2001 年普查发现的被松突圆蚧危害林木，从 2003 年开始有计划、有针对性地防治：当年，在西柯镇潘涂村皆伐改造 500 亩；2004 年，林分改造 2312 亩、生物防治放养花角牙小蜂防治 10000 亩；2005 年，皆伐改造 18500 亩；2006 年，综合治理 5068 亩；2007 年，综合治理 5060 亩、生物防治放养花角牙小蜂 87 万头，防治面积 12000 亩。2003—2007 年，累计皆伐、改造 21312 亩、综合治理 10128 亩、生物防治 22000 亩。

（三）危险性病虫害防治

2002 年 4 月起，危险性病虫害疫点内由广东惠州某病虫害工程治理有限公司承包防治，采取砍伐枯死木切段（包括 1 厘米以上枝条）装袋熏蒸（磷化铝，每立方米松木 15 克），伐根在 5 厘米以下、郁闭度 0. 8 以上进行卫生间伐，古松打孔注射 16% 虫线清乳油 1∶1 倍液，修整枯死树侧枝，挂设诱捕器诱杀松墨天牛、降低其虫口密度，枯死松树和松墨天牛取样分离镜检等除治措施。至 2007 年，累计发生、防治 13952 亩。此外，还采取产地检疫、培育选择抗病品种、林业技术设施适时抚育间伐，化学防治等措施，防治外国松褐斑病。

1998—2007 年同安区森林病虫害发生防治投资统计表

表 5-13

年份	松毛虫		松突圆蚧		危险性病虫害		生物防治		诱捕松墨天牛		投资金额（万元）
	发生面积（万亩）	防治面积（万亩）	发生面积（万亩）	防治面积（万亩）	发生面积（万亩）	防治面积（万亩）	白僵菌	管氏肿腿蜂	诱捕器数量（个）	天牛数量（只）	
							防治面积（万亩）	防治面积（万亩）			
1998	0. 4349	0. 4349	—	—	—	—	—	—	—	—	17. 1
1999	0. 5474	0. 5474	—	—	—	—	—	—	—	—	23. 5
2000	—	—	—	—	—	—	—	—	—	—	—
2001	—	—	16. 1565	—	0. 3822	0. 3822	0. 6	—	—	—	95. 0
2002	—	—	15. 2056	—	0. 3822	0. 3822	0. 6	—	700	1603	136. 0
2003	—	—	—	0. 05	0. 3822	0. 3822	0. 6	—	700	3729	97. 9
2004	—	—	10. 3	0. 2312	0. 3154	0. 3154	0. 9	1	432	364	125. 0
2005	0. 3735	0. 3735	10. 75	1. 85	0. 3154	0. 3154	0. 8	1. 5	511	1549	118. 0
2006	—	—	10. 2525	0. 506	0. 3154	0. 3154	0. 9	—	511	2105	78. 0
2007	—	—	—	0. 506	0. 3154	0. 3154	0. 7	1. 1	511	4566	83. 0
合计	1. 3558	1. 3558	62. 6646	3. 144	2. 4082	2. 4082	5. 1	3. 6	3365	13916	773. 5

第三节　古树名木保护

一、认定

1997年，区政府认定公布第一批古树名木58株。2000年10月，区政府认定公布第二批古树名木446株。

2004年4月，绿化办认定公布区古树名木411株，12月，区政府重新发布保护通知，落实管护责任单位和责任人，签订管护责任书，明确管护内容和保护措施。

2007年，全区古树名木396株，其中古树395株，名木1株；其中Ⅰ级古树（500年以上树龄）29棵，Ⅱ级古树（300—499年树龄）91棵，Ⅲ级古树（100—299年树龄）275棵。古树树种以榕树为主，计269株；杧果57株；重阳木12株；枫香10株；黄连木7株；樟树6株；薄姜木5株；木棉、朴树、刺桐各3株，白玉兰、深山含笑、桂花、山埔姜各2株；米槠、苏铁、鸡蛋花、木荷、含笑、荔枝、细叶榕、红豆树、铁冬青、马尾松、橄榄、红桂木各1株。

全区枫香古树树龄最大300年，胸（地）径最大280厘米，位于莲花镇小坪村道地社水尾，为Ⅱ级保护。榕树古树树龄最大840年，为Ⅰ级保护，位于大同街道碧岳村梵天寺东面；胸（地径）最大1150厘米，为Ⅰ级保护，位于大同街道碧岳村岳口社（环城东路东岳宫）。芒果古树树龄最大400年，为Ⅱ级保护，位于祥平街道阳翟村东亭社；最大胸（地）径670厘米，为Ⅲ级保护，位于汀溪镇古坑

树龄420年的红豆树

树龄300年的榕树

树龄540年的重阳木

村。香樟古树树龄最大1130年，最大胸（地）径1124厘米，为Ⅰ级保护，位于洪塘镇郭山村村部门口。

名木1株为柚木，在大同街道孔庙内。

国家一级保护植物桫椤

树龄1130年的樟树

二、分布

据统计，2007年古树名木分布于莲花镇86株，汀溪镇59株，五显镇56株，洪塘镇36株，大同街道65株，新民镇16株，西柯镇12株。

2007年同安区古树名木分布表

表5-14

乡镇（场）	树种	株数（株）	级别			其中之最					
			Ⅰ	Ⅱ	Ⅲ	年龄（年）	级别	树高（米）	胸（地）围径（厘米）	树冠（米）	地址
莲花镇	榕树	37	1	9	27	400	Ⅱ	18	675	15	罗溪村村里社
						200	Ⅲ	21	800	35	上陵村大祠社（赤榕）
	杧果	21	—	1	20	300	Ⅱ	17	512	10	莲花村6组（格头）
	枫香	9	—	6	3	300	Ⅱ	20	230	7.5	小坪村道地社水尾
						300	Ⅱ	18	280	8	小坪村道地社水尾
	重阳木	4	2	2	—	600	Ⅰ	22	542	—	庶内村内庵社
	樟树	2	1	—	1	500	Ⅰ	12	470	—	云洋村
	细叶榕(赤榕)	1	—	—	1	200	Ⅲ	21	800	—	上陵村大祠
	深山含笑	2	—	—	2	170	Ⅲ	18	152	—	白交祠下蔗（安公字脚）
	铁冬青	1	—	—	1	170	Ⅲ	16	168	—	白交祠美厝社（后均）
	马尾松	1	—	1	—	350	Ⅱ	18	236	—	淡溪村下淡溪社
	荔枝	1	—	—	1	500	Ⅲ	8	500	—	澳溪村湖山社

续表5-14

乡镇（场）	树种	株数（株）	级别			其中之最					
			Ⅰ	Ⅱ	Ⅲ	年龄（年）	级别	树高（米）	胸（地）围径（厘米）	树冠（米）	地　址
莲花镇	黄莲木	2	—	—	2	150	Ⅲ	10	320	—	澳溪村溪埔社（溪边）
	红豆树	1	—	1	—	420	Ⅱ	20	460	—	美埔村张厝社34号门口
	橄榄	1	—	—	1	200	Ⅲ	8	106	—	云埔村（石空村）
	红桂木	1	—	1	—	360	Ⅱ	18	370	—	小坪村道地社（水尾）
	米槠	1	—	—	1	190	Ⅲ	8	290	—	水洋村（村口）
	桂花	1	—	—	1	120	Ⅲ	4	120	—	溪东村五组（后山）
汀溪镇	榕树	28	1	1	26	300	Ⅱ	25	850	25	前格村五里社（五里林）
	杧果	18	—	—	18	210	Ⅲ	15	670	21	古坑村（坑子/褒美桥往古坑300米）
	朴树	2	—	—	2	150	Ⅲ	13	210	—	路下村（路下奄仔）巷
	菠萝木	2	—	—	2	110	Ⅲ	12	270	—	路下村叶添水门口
	枫香	4	—	—	4	150	Ⅲ	18	292	—	顶村顶村社（陈天炳厝边）
	木荷	1	—	—	1	120	Ⅲ	20	270	—	半岭村东堤社（庙门口）
	重阳木	2	—	—	2	160	Ⅲ	15	284	—	汪前村（小坪）
	山埔美	2	—	—	2	150	Ⅲ	18	376	—	堤内村（小学旁）
五显镇	榕树	40	2	9	29	520	Ⅰ	15	740	33.5	布塘村布塘社（布塘小学围墙外）
						180	Ⅲ	15	940	19	布塘村大溪社（池塘边）
	杧果	7	—	3	4	350	Ⅱ	15	390	17.5	竹山村（五公宫前）
						350	Ⅱ	7	410	4.5	竹山村（五公宫前）
	枫香	1	—	—	1	160	Ⅲ	11	400	19	布塘村缉熙亭社
	黄连木	1	—	—	1	160	Ⅲ	15	270	14	下峰村（田边池塘）
	樟树	1	—	—	1	280	Ⅲ	14	560	19	店仔村杜厝李社（杜厝李）
	薄姜木	1	—	1	—	310	Ⅱ	14	310	12	竹山村蔡竹社
	桂花	1	—	—	1	140	Ⅲ	4	125	4.5	明溪村西后烧农田边
	木棉	2	—	—	2	200	Ⅲ	16	280	11.5	明溪村黄坂社（北）
	含笑	1	—	—	1	160	Ⅲ	3	140	305	明溪村东后烧竹下
	铁树	1	—	1	—	300	Ⅱ	3	420	4	后垅村山头后社
洪塘镇	榕树	33	3	10	20	720	Ⅰ	13	805	29	新霞村新厝后社（国道324线路边）
						250	Ⅲ	21	842	26.5	苏店村（内宅顶大帝公宫）
	樟树	2	2	—	—	1130	Ⅰ	12	1124	—	郭山村郭山社村部门口
	薄姜木	1	—	—	1	130	Ⅲ	6	345	—	苏店村苏店社
大同街道	榕树	54	11	13	30	840	Ⅰ	15	450	49	碧岳村梵天寺东面
						780	Ⅰ	20	1150	31	碧岳村碧口社（环城东路东岳宫）
	白玉兰	2	—	—	2	150	Ⅲ	13	250	—	同安北镇居委会同安宾馆、同安博物馆（孔庙）

续表5-14

乡镇（场）	树种	株数（株）	级别			其中之最					
			Ⅰ	Ⅱ	Ⅲ	年龄（年）	级别	树高（米）	胸（地）围径（厘米）	树冠（米）	地　址
大同街道	木棉	1	—	—	1	100	Ⅲ	13	280	—	东宅村目龙社
	樟树	1	1	—	—	540	Ⅰ	6	560	—	古庄村大社后宫后
	朴树	1	—	—	1	210	Ⅲ	10	290	—	古庄村宫田组
	柚木	1	—	—	—	—	—	—	—	—	大同孔庙博物馆
	刺桐	3	—	—	—	—	—	—	—	—	大同孔庙博物馆
	重阳木	2	2	—	—	550	Ⅰ	12	1350	—	溪边居委会凤山路（溪边下加冬）
祥平街道	榕树	51	2	16	33	700	Ⅰ	15	870	30	西溪村霞路社（祥路村妙建埯后）
						200	Ⅲ	15	960	25	祥桥村后沟社（后沟）
	杧果	12	—	4	8	400	Ⅱ	13	325	14	阳翟村东亭社
						100	Ⅲ	17	370	14	过溪宫边
	鸡蛋花	1	—	1		300	Ⅱ	6	150	—	过溪村鰲峰埔社凤岗7组
	黄连木	1	1	—	—	780	Ⅰ	7	580	—	西洪塘田里社龟蛇虎马口
	荔枝	1	—	—	1	150	Ⅲ	13	380	—	溪声村（浒井）
新民镇	榕树	9	—	1	8	450	Ⅱ	15	502	41	梧吕村（梧吕宫边）
						140	Ⅲ	17	628	47	湖甘村湖甘社（村部对面）
	薄姜姜	1	—	—	1	120	Ⅲ	10	163	13.5	西塘村上宅社（土地宫边）
	枫香	1	—	—	1	100	Ⅲ	16	197	11	西山村长美坑社（小学后）
	黄连木	1	—	—	1	140	Ⅲ	17	376	13	甘岭村塔埔尾社
	重阳木	4	—	3	1	300	Ⅱ	24	502	15.5	甘岭村（西山岩）
西柯镇	榕树	10	—	6	4	380	Ⅱ	20	600	24	后田村（大路边）
						180	Ⅲ	16	980	21	吕厝村（旧学校边）
	黄连木	2	—	1	1	300	Ⅱ	14	270	19	后田村（大路边）

第四节　林业执法

一、执法机构

（一）厦门市公安局同安森林分局

1999年，同安区公安局林业公安科更名为厦门市公安局同安森林分局，为同安区林业局内设机构。管理同安全境的森林执法。2003年后，辖区有莲花、汀溪、洪塘、新民、五显、西柯6个镇，大同、祥平2个街道，汀溪、祥溪、凤南、白沙仑4个农林场和厦门市竹坝农场开发区。2006年1月，撤销同安森林公安分局，与祥平林场派出所合并为同安森林公安派出所，副处级单位，直属厦门市森林公安局，管理同安辖区内所有林地的公共安全。

（二）林业执法大队

2006年1月—2007年12月，由区林业局抽调16人组成执法大队，开展以独立组建形式进行为期两年的林业综合行政执法试点工作，依照林业法律、法规、规章实施检查监督和行政处罚。两年共处理各类涉林案件 90 起，收缴罚没款 35 万多元。

二、依法治林

1997 年，森林公安、林业执法大队合计处理涉林案件 128 起 185 人，其中内厝锄山盗伐林木大案等刑事案件 3 起 3 人，收缴木材 386 立方米、野生动物 21 公斤，罚款 25.6 万元。

1998 年，清理违法占用林地 12.37 万平方米。

2001 年 4 月、10 月，破获重庆籍盗伐内厝防护林木案、省挂牌督办莲花罗溪盗伐林木案，逮捕犯罪嫌疑人 3 人。至 2003 年，7 年累计处理涉林案件 300 件、466 人，其中刑案 8 起 11 人。收缴木材 837 立方米，野生动物 160 公斤；处理违法占用林地 12.50 万平方米。

2004 年，处理涉林案件 19 起 21 人，收缴木材 4.8 立方米、处理违法占用林地 88.4 平方米。至 2007 年，4 年累计处理涉林案件 121 件 161 人，其中刑案 2 件 3 人；收缴木材 8.6 立方米，处理违法占用林地 1622 立方米。

1997—2007 年同安区依法治林统计表

表 5-15

年份	案件处理		收缴木材（立方米）	野生动物		其中：刑事案件		违法占用林地（平方米）	罚款（万元）
	起数	人数		公斤	只、件	起数	人数		
1997	128	185	385.7	20.5	17	3	3	123681	25.6
1998	47	51	108.1	11.7	—	1	4	—	10.0
1999	26	35	69.4	56.0	—	1	1	—	1.3
2000	31	105	135.7	14.0	—	1	1	—	5.9
2001	26	31	87.7	4.7	—	2	2	1299	8.5
2002	22	31	19.1	48.7	—	—	—	—	7.5
2003	20	28	31.4	4.0	147	—	—	—	5.4
2004	19	21	4.8	—	24	1	—	88	8.3
2005	30	59	0.9	—	37	—	—	1534	4.9
2006	32	33	2.7	—	—	—	—	—	6.1
2007	40	48	0.2	—	17	1	3	—	18.5
合计	421	627	845.7	159.6	242	10	14	126602	102

第四章 森林利用

第一节 林木采伐

在办理林木采伐许可证后，可采伐一些木、竹，为生产生活提供原木及非规格材。1997—2007 年，累计批准采伐面积 84893 亩，蓄积量 97794 立方米、出材量 57844 立方米，其中薪材出材量 25760 立方米，毛竹247039根。按消耗类型分，商品材蓄积量96756立方米，出材量57275立方米，自用材蓄积量933立方米、出材量538立方米。

1997—2007年同安区林木采伐审批统计表

表5-16　　单位：立方米

年份	采伐面积	采伐蓄积量	出材量	其中		按消耗类型分			
				薪材（出材量）	毛竹（根数）	商品材		自用材	
						蓄积量	出材量	蓄积量	出材量
1997	7430.9	10212.1	5570.7	1491.9	—	10064.3	5482.9	147.8	87.8
1998	6855.2	12102.1	7190.1	1783.2	9500	11919	7090.3	183.1	99.8
1999	14701.4	14421.1	8735.8	2809.3	1350	14277.7	8658.7	143.4	77.1
2000	11210.8	10953.8	5860.4	2160.9	1200	10829.2	5789.7	124.6	70.7
2001	4547.4	7325.8	4542.4	1324.8	550	7279.7	4515.8	46.1	26.6
2002	3849.7	4365.8	2712.1	1433.8	—	4282.8	2659.1	83	53
2003	3233.3	4988.4	3209.2	801.2	859	4938.4	3182.2	50	27
2004	13386.6	6943.5	4170.4	2009.1	—	6828.5	4133	10.5	6
2005	6373.4	9499	5660.8	3806.6	—	9458.7	5636.9	40.3	23.9
2006	4524.9	7990	4743.4	3916.2	5480	7926.6	4703.2	63.4	40.2
2007	8779.3	8992.1	5448.8	4223.1	228100	8950.9	5422.7	41.2	26.1
合计	84892.9	97793.7	57844.1	25760.1	247039	96755.8	57274.5	933.4	538.2

第二节　经济林产品及林副产品

一、经济林产品

同安主要经济林产品有龙眼、荔枝、柚、柑橘、油茶、笋竹、茶叶等，其中以龙眼、柚、茶叶占的比重最大。

二、林副产品

同安林副产品主要有：松香、松节油、油桐等工业材料；香菇、蘑菇、金针菇、木耳等食用菌类；桔梗、肉桂、黄栀子、金银花、土茯苓、天文冬、淡竹叶、蛇舌草、灵芝菇、砂仁等药材类；板栗、油茶等粮油类。1997—2007年，累计采集松脂766吨、油茶籽17.58吨、竹笋干15吨、油桐籽12.95吨。

第三节　森林公园建设

一、厦门小坪森林公园

2000年9月，以较丰富森林资源的小坪林业试验场原经营范围为基础建立省级森林公园，面积

1670.5 公顷。同年 12 月，成立福建厦门小坪森林公园管理所，管理人员 7 人，与小坪林业试验场实行一套人马两块牌子管理。2003 年 12 月，将厦门小坪森林公园并归为厦门莲花国家森林公园的一个景区。

二、厦门莲花国家森林公园

厦门市唯一国家级森林公园，位于莲花镇境内，2002 年起，在厦门小坪森林公园的基础上，整合莲花山、金光湖、文山、铜钵岩景区、野山谷等景区而成，总面积 3924 公顷。

文山龙潭峡谷景区 位于莲花镇云洋村，面积 351.9 公顷。2002 年，由厦门文山峰旅游开发公司开发建设，投资总额 8000 万元人民币。

金光湖原始森林景区 位于莲花镇内田村，面积 701 公顷。2003 年，由厦门必成花业有限公司与内田村委会签订开发协议，2007 年改由区国投集团代业主投资建设景区基础设施。

野山谷景区 位于莲花镇小坪、水洋村，面积 100 公顷。2004 年起，由厦门达嘉投资有限公司投资开发，投资总额 1.6 亿元，建成采金溪 5 公里景区步行道、拦水坝、凉亭、小木屋、水上餐厅、热带雨林区、景区内 10.5 公里主干道、1500 平方米接待中心酒店、停车场、接待中心等项目。2006 年 5 月 1 日，开始营业。

文山景区

金光湖生态旅游景区大门

野山谷森林公园

莲花山名胜风景区 位于莲花镇后埔村，面积 958.6 公顷。2004 年起，由厦门磐基地产投资有限公司投资开发建设。

小坪森林公园景区 位于莲花镇小坪村，面积 1670.5 公顷，由小坪林场筹资建设。2000 年 5 月，完成总体规划，建成空气质量监测站、林间小道 3 公里、揽胜亭、8 公里主干道绿化、休闲度假房屋、石降湖拦水坝及景观长廊、休闲凉亭等。

铜钵岩南亚热带水果观光园区 位于莲花镇云洋村，面积 142 公顷。尚待开发。

莲花山景点之夫妻石

小坪森林公园

第五章　管　理

第一节　机　构

一、同安区林业局

1997 年 5 月，同安县林业局改名为厦门市同安区林业局。内设办公室、林政法规科、营林产业科、林业公安科。区防火办、绿化办、处理山林纠分办挂靠林业局。2002 年，机构改革保留厦门市同安区林业局，主管全区林业事务。内设办公室、政策法规科、下辖同安森林公安分局。2004 年 6 月，区林业局归口同安农业局管理。2006 年 1 月，同安森林公安分局改制为区森林公安派出所，直属厦门市公安局。

二、区林业局下属机构

基层林业站　1997 年，林业局下设莲花、汀溪、五显、新店、新民、西柯、洪塘、大同、内厝、新圩、马巷、大嶝 12 个基层林业站，均为局派出机构全民事业单位，负责各镇的林业管理。2003 年析出翔安后，全区共有莲花、汀溪、五显、新民、洪塘、西柯 6 个林业站。

业务机构　1997—2007 年，局下属业务机构有林政资源站、森林病虫害防治检疫站、林业规划队（2006 年改为林业工作站）、营林技术站。

此外，1997—2007 年，先后成立同安区绿化委员会，同安区森林防火指挥部等 10 个林业专设机构。

第二节 山林权属

一、集体林权制度改革

为明晰集体林木所有权和林地使用权，放活经营权，落实处置权，确保收益权，保证“耕者有其山”，实现“山有其主、主有其权、权有其责、责有其利”，2003 年 3 月至 2007 年 2 月，先后完成试点、铺开、自查、验收、发证等阶段性工作，确认林改村 68 个，明晰产权总面积 17.75 万亩，占集体商品林应列入改革总面积 18.84 万亩的 94.2%，集体林权登记发、换证总面积 39.02 万亩，占集体林权应登记发换证总面积 40.27 万亩（其中省级以上生态公益林 18.23 万亩，一般公益林 2.14 万亩，商品林 19.90 万亩）的 96.9%。完成宗地附图绘制 13480 份、3370 个宗地、面积 43.3 万亩。林权证制证 756 本，全部发给各村和林权权利者。

二、山林权属纠纷及调处

2003 年，集体林权制度改革以后，一方面由于山地资源的重要性进一步凸显，林农的需求越来越大。另一方面，1981 年林业“三定”底图粗放，界线不清、四至不明，产生不少林权遗留问题，至 2007 年全区新增待处理山林纠纷 55 起，面积 11364 亩。其中：县（区）际纠纷 8 起，面积 703 亩；镇际纠纷 19 起，面积 4791 亩；村际纠纷 28 起，面积 5870 亩。其中汀溪镇汪前村与南安县翔云乡沙瑶村之间“仙洞头”山林纠纷久拖未决，2002 年行政勘界也无法确认权属界线，2005 年，沙瑶村要开辟一条通往同安的便道，须经过同安区汀溪镇汪前村的山地，经双方协商互换条件，最后解决了纠纷。其他 54 起纠纷尚待处理。

第三节 资源管理

一、森林资源调查与监测

（一）林木资源调查与监测

县（区）级森林资源清查　1997 年、2007 年，分别开展第二、三次森林资源清查。重新确认第一次调查的林地、森林资源等因子，核实森林资源结构，分析资源的数量质量和结构的变化，建立生态公益林动态监测和实施效果评价体系，完善县（区）市省森林资源监测管理应用系统。

林木资源消长动态　1997 年，有林地面积 699914 亩，活立木蓄积量 960884 立方米，采伐面积 9986 亩，采伐蓄积量 22239 立方米。2003 年有林地面积 704510 亩，活立木蓄积量 1142292 立方米，采伐面积 6014 亩，采伐蓄积量 38530 立方米，比 1997 年年均增长 0.11%、2.92%、-8.1%、9.59%。翔安区析出后的 2004 年，同安区有林地面积 538595 亩，活立木蓄积量 1031751 立方米，采伐面积 4020 亩，采伐蓄积量 23912 立方米。2006 有林地面积 535446 亩，活立木蓄积量 1085711 立方米，采伐面积 4098 亩，采伐蓄积量 39356 立方米。比 2004 年有林地面积（因土地开发、林地被占用）减少 3149 亩，年均减少面积 1049 亩，年均减少 0.2%；蓄积量增加 53960 立方米，年均蓄积量增加 17987 立方米，年均增长 0.85%；采伐面积增加 78 亩，年均增 26 亩，年均增长 0.32%；采伐蓄积量增加 15444 立方米，年均增长 5148 立方米，年均增长 8.14%。

国家森林资源清查　1998 年、2003 年各 1 次，以 1∶50000 比例的地形图，4×6 公里间距交叉点设置样地，同安设 42 个固定样地。分区后，同安区固定样地 29 个。样地为正方形，面积 1 亩，其设置和林木调查按规定进行。最后把样地调查记录卡送交省林业厅。

（二）野生动物资源调查与监测

1997 年 12 月，开始在全区进行野生动物资源常规调查，至 2000 年 3 月共记录鸟类如小鸊鷉、鹧鸪、小勺鹬、珠颈斑鸠、小鸦鹃、斑鱼狗、树鹨、白头鹎、棕背伯劳等 82 种，兽类如野猪、穿山甲等 6 种。

1998 年 11 月进行两栖、爬行动物专项调查，共记录两栖爬行动物泽蛙、黑眶蟾蜍、黑斑蛙、沼蛙、虎纹蛙、戴云湍蛙、银环蛇、滑鼠蛇、竹叶青、紫灰锦蛇、王锦蛇、眼镜蛇等 12 种。

2006 年 12 月，同安区被确定为国家级野生动物疫源疫病监测站后，成立同安区陆生野生动物疫源疫病监测领导小组，制定同安区防控野生动物高致病性禽流感应急预案和重大野生动物疫情防控工作方案，划定监测区域并常年进行监测，至 2007 年底未发现疫情。

二、森林资源建档与经营方案编制

（一）森林资源建档

始于 1988 年，每年进行森林资源年度变化调查统计。林木和使用林地因造林更新采伐、灾害及自然生长、自然枯损等原因造成的变化，按土地类别、面积、林木类别、蓄积量等项目，逐班核对，调查统计，编制报表，绘制图相，建立档案。

1987 年同安区树种蓄积量生长率表

表 5-17　　单位：%

树种	生长率	龄段					枯损率
		幼	中	近	成	过	
综合	5.33	—	—	—	—	—	0.26
杉木	6.34	11.45	7.08	6.17	5.72	—	0.01
马尾松	6.11	10.33	6.07	5.61	4.84	4.84	0.08
阔叶树	5.20	7.77	5.33	3.17	1.89	—	0.40
木麻黄	8.38	11.86	9.61	7.45	—	—	0.02

1987 年同安区林种生长率表

表 5-18　　单位：%

生长率	平均	杉木	马尾松	阔叶树	木麻黄
总生长率	11.1	13.4	11.1	7.8	15.0
用材林生长率	11.1	13.4	8.3	10.2	—
防护林生长率	11.3	12.5	11.0	7.2	15.0
薪炭林生长率	11.5	—	11.7	7.8	15.0
特用林生长率	14.4	—	8.6	8.3	15.0
散生木生长率	15.8	—	—	—	—
疏林生长率	5.56		—	—	—
四旁树生长率	12.5	—	—	—	—
枯损率	0.26	0.01	0.08	0.40	0.02

（二）森林经营方案编制

同安森林经营方案编制开始于1991年，采用滚动式编制，总体规划到2010年。每次编制的经营期为10年，前5年落实到山头、地块，后5年进行规划。

2000年，编制完成森林经营类型表、造林类型表、森林经营措施类型表、同安区森林（集体林部分）经营编制说明书等。其中，集体林《造林类型表》《森林类型表》《森林经营措施类型表》通过专家论证，为促进森林总量扩大，质量提高，结构变化，效益增长提供分类指导。

三、森林结构调整

（一）林种调整

为适应经济和社会发展，2003年、2006年对森林的各林种面积进行调整。经调整，用材林面积由1997年占森林总面积的21.26%调整为2003年的7.6%，再调整为2006年的11.67%；薪炭林面积由9.03%分别调整为5.31%、7.18%；防护林面积由30.45%分别调整为44.74%、39.03%；特用林面积由1.16%分别调整为4.01%、5.42%；经济林面积由37.57%分别调整为37.49%、35.44%；竹林面积由0.53%分别调整为0.85%、1.27%。

（二）树种调整

根据林业建设发展培养目标和因地制宜、适地适树原则，调整用材林优势树种面积结构。杉木林面积由1997年占优势树种总面积的41.6%调整为2003年的32.5%，再调整为2006年的27.1%；马尾松林面积由53.1%分别调整为56.9%、62.8%；阔叶树林面积由5.3%分别调整为10.6%、10.1%。侧重发展乡土树种马尾松和阔叶树。

1997—2007年同安区用材林优势树种各龄组面积统计表

表5-19　　单位：亩

年份	优势树种组	合计	Ⅰ	Ⅱ	Ⅲ	Ⅳ	Ⅴ	>Ⅴ
1997	杉木	32661	2199	6561	5440	9555	5414	3492
	马尾松	105534	3571	53915	2966	7022	11712	26348
	阔叶树	10625	250	836	1194	809	328	7208
1998	杉木	32621	2341	5778	5996	8594	6428	3484
	马尾松	104822	57381	8442	19351	13291	6357	—
	阔叶树	10325	719	1959	1555	6092	—	—
1999	杉木	32586	1594	5827	5018	9417	5538	5192
	马尾松	107214	55081	13449	17863	14124	6697	—
	阔叶树	9653	546	1879	616	6484	128	—
2000	杉木	19277	936	2655	3382	3355	4834	4115
	马尾松	29193	4264	5639	7629	7009	4652	—
	阔叶树	6284	882	1088	495	2632	1187	—
2001	杉木	19125	871	2028	3347	3290	5438	4151
	马尾松	28767	2973	7205	7215	6920	4454	—
	阔叶树	5966	572	1075	500	2632	1187	—
2002	杉木	18961	482	1719	3770	2430	5449	5111
	马尾松	28882	3019	6913	7199	6371	3354	2026
	阔叶树	6300	950	992	568	2099	1691	—

续表5-19

年份	优势树种组	合计	Ⅰ	Ⅱ	Ⅲ	Ⅳ	Ⅴ	>Ⅴ
2003	杉木	16609	90	1722	2683	2414	4258	5442
	马尾松	29061	2449	7442	6042	6956	4146	2026
	阔叶树	5386	847	327	333	1520	2359	—
2004	杉木	17704	165	1799	2888	2363	4436	6053
	马尾松	40800	3838	17371	6174	6892	4499	2026
	阔叶树	6313	1307	378	659	1378	2591	—
2005	杉木	17248	282	1142	2599	2938	3194	7093
	马尾松	39587	3633	17243	5149	7037	4499	2026
	阔叶树	6364	1415	414	646	942	2947	—
2006	杉木	16933	282	1061	2224	2623	2996	7747
	马尾松	39211	2430	17931	4069	6476	6319	1986
	阔叶树	6326	1559	271	751	649	3096	—
2007	杉木	二类调查结果未出	—	—	—	—	—	—
	马尾松		—	—	—	—	—	—
	阔叶树		—	—	—	—	—	—

说明：表中Ⅰ、Ⅱ、Ⅲ、Ⅳ、Ⅴ、>Ⅴ为用材林优势树种各龄级序号。龄级越大，树龄越大

第四节　林　政

一、林木管理

（一）木材限额凭证采伐

按商品林中用材林的采伐量低于生长量，生态林禁止商品性采伐、实行限额采伐的原则，在申请人缴交育林费、维简费、林业建设保护费后核发采伐证，凭证采伐。1996—2005 年，全区集体林采伐限额 8.66 万立方米。1997—2007 年，审批采伐面积 8.49 万亩；蓄积量 9.78 万平方米，其中商品材 9.68 万立方米、自用材 0.1 万立方米；出材量 5.78 万立方米，其中商品材 5.73 立方米、自用材 0.05 万立方米。

（二）木材运输管理

木材运输应在申请人按规定缴交检疫费后核发运输证，凭证运输。1997—2007 年，核发木材运输证 5100 多份，运输木材 55000 多立方米。

（三）木材市场管理

1999 年，组织工商、税务对木材经营加工单位进行清理，实施木材经营（加工）许可证制度，经过清理整顿，对 90 家符合条件的木材经营（加工）企业颁发木材经营（加工）许可证，其中，经营企业 40 家、加工企业 40 家、家具生产企业 10 家；国企 2 家、集体企业 26 家、私企 62 家。

2000 年 9 月，贯彻《福建省木材经营加工批准和监督办法》，对木材经营（加工）企业的申请和批准、监督管理、责任追究等作出明确规定，实行公示、申报、年检等制度。

2002 年，全区木材经营加工企业 64 家，其中经营企业 26 家，加工企业 38 家，产值 112.8 万元。

2007 年，全区经营加工企业 41 家，其中经营企业 14 家，加工企业 27 家；国有企业 1 家，私人企业 40 家。产值 2800 万元。

二、陆生野生动物管理

陆生野生动物的保护和管理，除每年开展爱鸟周（3 月 25 日起）和野生动物宣传月（10 月）宣传野生动物保护法律法规外，还不定期进行检查、查处破坏野生动物资源的违法行为，没收的野生动物野外放生。对需猎捕、运输、驯养繁殖、经营加工的，按行政许可程序进行。

1997—1999 年，全区共批准野生动物经营加工 39 家，至 2003 年因“非典”全部停止经营加工。

三、征占用林地管理

征占用林地管理始于 1988 年，按规定凡征占用林地，应收取林地补偿费、林木补偿费、安置补助费、森林植被恢复费。前三项费用由被征用地单位收取，后一项由林业部门收取。据统计，1997—2007 年，全区共办理征占用林地 182 起，征占用林地面积 3969.71 亩，收取森林植被恢复费 1192.53 万元。

1997—2007 年同安区办理征占用林地统计表

表 5-20

年份	起数	征占用面积（亩）	森林植被恢复费（万元）
1997	40	645.00	7.84
1998	18	404.85	27.00
1999	12	126.75	5.94
2000	1	153.00	10.20
2001	25	515.10	33.11
2002	16	177.45	11.83
2003	8	355.80	151.79
2004	7	337.50	92.19
2005	7	219.90	83.47
2006	21	387.60	276.95
2007	27	646.76	492.21
合计	182	3969.71	1192.53

说明：1997—2002 年，森林植被恢复费征收标准为每平方米 1 元，2003—2007 年为每平方米 2～10 元

第五节　资金管理

一、林业投资

上级有关部门每年拨款投资林业生产。1997—2007 年，累计投资 13081.45 万元，其中行政事业费 4292.98 万元；林业专项投资 8788.47 万元，用于森林防火 963.45 万元、病虫害防治 376.64 万元、造

林3939.60万元、生态公益林补偿资金1141.80万元、国债造林510万元、裸露山体整治812.47万元，其他1044.51万元。林业局基建总投资453.43万元，建筑面积3077.5平方米，占地5927平方米。

1997—2007年同安区林业建设投资统计表

表5-21　　单位：万元

年份	总投资金额	其中							
		行政事业费	林业专项投资						
			森林防火	病虫害防治	造林	生态公益补偿资金	国债造林	裸露山整治	其他
1997	773.34	250.30	77.45	2.94	419.30	—	—	—	23.35
1998	574.29	264.89	20.00	10.20	253.10	—	—	—	26.10
1999	957.59	267.36	40.90	11.30	281.20	—	—	333.73	23.10
2000	726.54	360.44	88.50	4.30	118.00	—	100	—	55.30
2001	1088.34	435.04	29.70	5.70	279.50	4.30	100	184.00	50.10
2002	1103.45	313.85	53.00	22.50	500.50	5.50	—	184.00	24.10
2003	1165.07	363.97	85.80	85.40	122.60	165.10	150	46.00	146.20
2004	1020.30	486.00	90.40	50.00	86.40	115.00	125	—	67.50
2005	1219.80	412.00	126.70	67.80	224.00	185.40	35	—	168.90
2006	1864.53	566.64	67.80	55.00	508.00	229.20	—	64.74	373.15
2007	2588.20	572.49	283.20	61.50	1147.00	437.30	—	—	86.71
合计	13081.45	4292.98	963.45	376.64	3939.60	1141.80	510	812.47	1044.51

说明：1. 国债造林是指国家发行债券进行造林的资金，2001年的“国债造林”属该项目中的“农村小型生态建设”造林补助款

2. 裸露山体整治是指在采石场造林

二、林业收费

1997年，林业收费9项：育林费、义务植树绿化费、检疫费、证件费、野生动物保护费、维简费、林木补偿费、植被恢复费、林业建设保护费。当年合计收费46.41万元。至2003年7月，累计收费388.76万元，年均55.54万元。

2004年，停止征收林业建设保护费，当年合计收费24.40万元。至2007年底，共有除林业建设保护费外其余8项。4年累计收费87.11万元，年均21.78万元。

林业收费项目标准一览表

表5-22

收费项目	计费单位	标准收费%	标准收费的机关及文号
育林费	销售额（元）	12	省林业厅，物委，闽林财综〔1998〕026号
维简费	销售额（元）	8	省林业厅，物委，闽林财综〔1998〕026号
森林植被恢复费	元/平方米	6	财政部，国家林业局财综〔2002〕73号
义务植树绿化费	元/人年	8	闽价〔1992〕费字394号

续表5-22

收费项目		计费单位	标准收费%	标准收费的机关及文号
森林植物检疫费		货值（元）	0.20	国家物价局，财政部〔1992〕价费196号
林木补偿费		当年当地耕地补偿标准（元）	20～30	闽价〔1993〕费字78号
证件费		件	1.5	
林业建设保护费		元/平方米	5.00	计价格〔1994〕38号、财字〔1994〕7号（限南方集体林区）
野生动物保护费	特许猎捕证	本	5.00	林护字〔1992〕72号、闽林〔1993〕43号
	驯养繁殖许可证	本	10.00	
	狩猎证	本	5.00	

1997—2007年同安区林业收费项目资金统计表

表5-23 单位：万元

年份	合计金额	其中								
		育林费	林业建设保护费	义务植树绿化费	检疫费	证件费	野生动物保护费	维简费	林木补偿费	植被恢复费
1997	46.41	15.08	2.77	0.60	—	—	—	5.76	—	22.20
1998	48.9	13.45	4.47	4.17	—	0.70	1.10	10.05	—	14.96
1999	107.92	17.4	4.63	5.31	0.15	0.36	—	10.97	0.9	68.20
2000	63.74	9.94	2.73	4.91	0.12	0.35	—	8.83	17.63	19.23
2001	66.72	12.43	3.87	4.76	0.06	0.40	—	8	7.5	29.70
2002	23.88	5.52	2.10	3.49	0.1	0.24	—	3.72	8.47	0.24
2003	31.19	10.38	2.50	6.98	0.1	0.19	—	8.44	2.6	—
2004	24.40	10.96	0.82	5.25	0.19	0.10	—	6.9	0.18	—
2005	15.43	7.45	—	3.22	0.1	0.01	—	4.65	—	—
2006	19.55	9.84	—	3.73	0.2	—	—	5.78	—	—
2007	27.73	14.66	—	3.56	0.3	—	—	9.21	—	—
合计	475.87	127.11	23.89	45.98	1.32	2.35	1.10	82.31	37.28	154.53

第六篇　水　利

1997—2007年，同安紧抓农田水利基本建设，加强防汛抗旱、水土保持和水资源管理；深化水利改革，开征水资源费；启动小型水利设施产权制度改革，建设洪水预警系统，为同安农业增产、经济发展提供服务。全区累计动工修建水利工程3842处，完工3443处，完成土石方3246万立方米，使用劳动力4829万工日，完成投资65850万元，恢复灌溉面积1.53万公顷，改善灌溉面积3.36万公顷，新增节水灌溉面积0.46万公顷，清淤渠道1298.4公里。供水14.56亿立方米，发电2.03亿千瓦时，治理水土流失0.68万公顷。先后完成海堤加固达标、贫困山区电网改造、沿海突出部人饮工程、小海堤维修加固、渠道清淤防渗、东西溪防洪堤防、农村自来水进村入户等重要建设工程。

第一章　水利工程建设

第一节　水　库

一、中型水库

1997—2007年，全区有汀溪水库、溪东水库、竹坝水库中型水库3座，集雨总面积110.21平方公里，总库容7269万立方米。

2007年同安区中型水库情况表

表6-1

工程名称	所在地	集雨面积（平方公里）	防洪标准		水位（米）		库容（万立方米）		大坝		溢洪道	开工时间	竣工时间
			校核	设计	校核	设计	总库容	正常库容	坝型	坝高（米）	型式		
汀溪水库	汀溪镇	77.40	10000	50	74.91	70.66	4845	3797	土石混合坝	44.84	实用堰	1955.12	1956.7
溪东水库	汀溪镇	23.40	10000	100	130.68	127.15	1412	1128	土石混合坝	40.00	开敞式宽顶堰	1959.12	1964.10
竹坝水库	五显镇	9.41	1000	50	46.65	45.40	1012	850	黏土斜墙坝	27.00	开敞式宽顶堰	1959.12	1984.11

（一）汀溪水库

汀溪水库位于同安西北部的汀溪镇上埔村，西溪流域汀溪支流下游段，是福建省最早建成的中型水库之一，集雨面积 77.40 平方公里，总库容 4845 万立方米，正常库容 3797 万立方米，死库容 34 万立方米。工程主要由主坝、副坝、溢洪道、放水塔、输水涵洞（管）、坝后电站、渠道及其他附属建筑物等部分组成。

1997 年前，先后完成 13 次水库大坝及输水渠道的保坝加固及防渗清淤工程。

1997 年 3 月 29 日，汀溪水库大坝溢洪道左侧墙防渗灌浆工程和主坝测压管冲洗工程开工，同年 6 月 12 日完工。工程决算投资 18.8 万元，完成灌浆总进尺 481.48 米，清洗恢复大坝测压管 3 孔。

1998 年 10 月 20 日，汀溪水库左干渠内厝段 23 公里清淤整治工程开工，1999 年 2 月完工。工程总投资 57.9 万元，完成土石方 5.4 万立方米。

（二）溪东水库

溪东水库位于同安区汀溪镇溪东村西溪流域汀溪支流造水溪汇入汀溪处，是一座集灌溉、防洪、发电于一体，调节性能为不完全年调节的中型水库，集雨面积 23.4 平方公里，总库容 1412 万立方米，正常库容 1128 万立方米，死库容 13 万立方米。工程主要由大坝、溢洪道、放水设备、坝后电站等部分组成。1997 年前，完成一次提高防洪标准建设工程。

2000 年 4 月，对坝后电站进行增容改建，总装机容量 640 千瓦。

2004 年 9 月，溪东水库防汛防火混凝土路面工程开工，2005 年 7 月竣工，修建公路 4.3 公里，完成土石方 2.7 万立方米，总投资 210 万元。

（三）竹坝水库

竹坝水库位于同安区竹坝华侨农场竹坝村，东溪流域竹坝溪，是一座主要具有灌溉、养殖功能的多年调节中型水库，集雨面积 9.41 平方公里，总库容 1012 万立方米，正常库容 850 万立方米，死库容 57 万立方米。工程主要由大坝、副坝、溢洪道、放水设备、渠道、附属建筑物等部分组成。

1997 年前，先后完成 2 次保坝加固工程。

1997 年，大坝出现 12 处漏水点，经市、区水利主管部门研究决定将竹坝水库整治工作列入 1998 年水库保安加固重点工程项目。

1999 年 5 月，完成桩号 0+098—0+818 垂直混凝土防涌墙长 720 米，墙底调程达 33.5 米，总面积 5439 平方米，涵洞顶轴线左右 14 米范围改为灌浆补强；增设水文自动测报设施。

2004 年 3 月，对大坝背水坡采取条石网格护坡措施，同年 12 月，对大坝两端实施灌浆，累计投资约 100 万元。

二、小（I）型水库

1997 年，同安有小（Ⅰ）型水库 11 座，2003 年析出翔安后，古宅水库、曾溪水库、张埭桥水库和西岩水库划归翔安管理，美峰水库降级为小（Ⅱ）水库，境内余 6 座，集雨总面积 54.69 平方公里，总库容 1580 万立方米。其中，1997—2007 年经改造或进行防渗加固工程的有 4 座。

（一）河溪水库

位于莲花镇河溪村，西溪流域河溪支流，集雨面积 19.6（5.6+14）平方公里，总库容 544 万立方米，正常库容 485 万立方米，死库容 10.7 万立方米。主要由大坝、副坝、溢洪道、放水设备、渠道、电站等部分组成。

1997 年，进行第二轮水库保安加固，完成大坝两坝端与山体结合部防渗灌浆进尺 1950 米，左副坝防浪墙衬砌，管理房屋面板修缮，工程总投资 10.57 万元。

2003 年 1 月 6 日，河溪水库抢险保安工程及总干水毁修复工程动工，2003 年 4 月 8 日完工，共完成钻孔进尺 2073.96 米，灌浆总进尺 1638 米，更换通气管 60 米，更新放水涵洞门盖止水铜片，涵洞内堵漏 135.8 米，干砌块石护坡 46.95 立方米，浆砌块石 138 立方米，工程总投资 50 万元。

2005 年 7 月，河溪水库防汛公路工程开工，2006 年 3 月竣工，修建防汛公路总长 1.388 公里，路面采用双层结构，宽 3.5 米，工程总投资 68.7 万元，完成土石方 0.93 万立方米。

（二）小坪水库

位于莲花镇小坪村，晋江流域官桥溪支流大竹溪上，集雨面积23.2（18.1+5.1）平方公里，总库容408万立方米，正常库容346万立方米，死库容62万立方米。主要由大坝、溢洪道、放水设备、引水渠、电站等部分组成。

1999—2000年，完成大坝裂缝灌浆工程。

2004年12月，防汛公路工程开工，2005年10月竣工，公路总长2.59公里，路面采用双层结构，宽4.5米，工程总投资119.66万元，完成土石方0.91万立方米。

2005年6月，小坪一级站防汛公路工程开工，同年8月竣工，公路总长1.08公里，路面采用双层结构，宽4.0米，工程总投资35.79万元，完成土石方0.35万立方米。

（三）茂口水库

又名莲花水库，位于莲花镇峰星村，茂口干流仙来回支流，集雨面积2.62平方公里，总库容240万立方米，正常库容216万立方米，死库容10.84万立方米。主要由大坝、溢洪道、放水设备、渠道、电站等部分组成。

（四）东岭水库

位于凤南农场后坂村，东岭溪干流，集雨面积2.35平方公里，总库容148万立方米，正常库容122万立方米，死库容为3.3万立方米。主要由大坝、溢洪道、放水设备、渠道等部分组成。

2001年9月5日，东岭水库保安加固工程正式开工，2002年6月18日完工。工程总投资436.7万元，完成土石方13526立方米。工程主要内容：坝体高程57.5米以下采用单管高压旋喷造防渗漏墙，结合57.5米高程以上坝坡铺设复合土工膜，对大坝进行防渗加固；坝顶水泥粘土充填灌浆进尺1842.7米及两坝肩水泥灌浆进尺384米；放水涵洞化学灌浆防渗。

（五）美人山水库

位于西柯镇美林村，大蔗内山沟干流，集雨面积2.92（2.62+0.3）平方公里，总库容127万立方米，正常库容113.3万立方米，死库容0.77万立方米。主要由大坝、溢洪道、放水设备、渠道等部分组成。1997—2007年，未行改扩建或防渗加固。

（六）石垅水库

位于五显镇四房村，东溪干流石垅支流，集雨面积4（0.73+3.27）平方公里，总库容113万立方米，正常库容102万立方米，死库容5万立方米。主要由大坝、溢洪道、放水设备、渠道、电站等部分组成。1997—2007年未行改扩建或防渗加固。

2007年同安区小（Ⅰ）型水库情况表

表6-2

工程名称	所在地	集雨面积（平方公里）	防洪标准		水位（米）		库容（万立方米）		大坝		溢洪道型式	开工时间	竣工时间
			校核	设计	校核	设计	总库容	正常库容	坝型	坝高（米）			
河溪水库	莲花镇河溪村	5.6+14	500	20	81.97	81.1	544	485	均质土坝	33.5	宽顶堰	1967.1	1970.12
小坪水库	莲花镇小坪村	18.1+5.1	500	50	591.3	591	408	346	浆砌石重力坝	55.3	宽顶堰	1975.5	1984.11
茂口水库	莲花镇峰星村	2.62	500	20	75.7	74	240	216	混合型土坝	30	开敞式宽顶堰	1971.12	1976.10
东岭水库	凤南农场后坂村	2.35	500	20	72.6	71	148	122	黏土心墙坝	26.5	开敞式宽顶堰	1971.12	1976.6
美人山水库	西柯镇美林村	2.62+0.3	500	20	61.6	60.83	127	113.3	均质土坝	18	梯形宽顶堰	1965.1	1957.1
石垅水库	竹坝农场四房山	0.73+3.27	500	20	113.73	113.2	113	102	黏土心墙坝	27.5	开敞式宽顶堰	1975.1	1978.12

三、小（Ⅱ）型水库

1997 年，全同安有小（Ⅱ）型水库 67 座，总库容 1332.76 万立方米，正常库容 980.22 万立方米，设计有效灌溉面积 4.64 万亩，有效灌溉面积 3.75 万亩。2003 年随翔安划出 47 座，报废 5 座，降等 2 座，至 2007 年存 13 座，集雨总面积 8.71 平方公里，总库容 385.84 万立方米。1997—2007 年，均未行改扩建或防渗加固。

2007 年同安区小（Ⅱ）型水库情况表

表 6-3

工程名称	所在地	集雨面积（平方公里）	防洪标准		水位（米）		库容（万立方米）		大坝		溢洪道型式	开工时间	竣工时间
			校核	设计	校核	设计	总库容	正常库容	坝型	坝高（米）			
牛心石水库	莲花镇军营村	0.44	200	20	703.07	701.74	26.45	21.21	均质土坝	14	开敞式宽顶堰	1968.1	1970.12
席草池水库	莲花镇上陵村	0.16	200	20	693.34	692.55	26.64	24.19	均质土坝	12	明渠式	1970.1	1971.12
大坑水库	莲花镇窑市	0.52	200	20	49.36	48.12	19.38	12.23	均质土坝	6.38	宽顶堰	1964.12	1966.01
徐水垵水库	莲花镇白交祠	0.48	300	30	803.5	802.5	12.87	11.02	均质土坝	16.8	明渠式	1986.11	1987.2
红旗水库	汀溪镇褒美	1.2	200	20	42.0	39.0	76.7	59.24	均质土坝	26	宽顶堰	1969.12	1973.6
坝仔水库	汀溪镇新路	0.56	200	20	68.96	67.7	17.1	13.16	均质土坝	9.6	开敞式宽顶堰	1982.8	1983.12
后格水库	新民镇禾山	0.31	200	20	100.92	100.22	15.17	13.12	均质土坝	14.5	开敞式宽顶堰	1958.3	1959.11
前格水库	新民镇禾山	2.05	500	50	24.96	23.96	68.23	56.96	均质土坝	14.78	宽顶堰	1956.11	1974.11
和尚田水库	新民镇蔡宅	0.24	200	20	198.85	198.0	15.72	13.21	均质土坝	17	开敞式宽顶堰	1968.1	1968.9
坑内水库	新民镇蔡宅	0.45	200	20	42.45	41.6	20.8	17.78	均质土坝	16	明渠式	1958.6	1974.12
小狮水库	新民镇西塘	0.13	200	20	28.21	27.66	16.01	13.61	均质土坝	9	明渠式	1957.12	1958.6
庵内水库	洪塘镇郭山	0.49	200	20	98.92	97.99	41.29	33.35	均质土坝	13	开敞式宽顶堰	1964.11	1965.12
浒溪水库	风南农场后坂	1.65	200	20	49.12	48.4	29.47	25.81	均质土坝	16	开敞式宽顶堰	1957.1	1958.1

第二节 引水工程 提水工程

一、引水工程

（一）滚水坝

1997 年，同安滚水坝引水工程 1190 处，其中灌田万亩以上 2 处，总集雨面积 133.3 平方公里，总引水量 6.7 立方米/秒，有效灌溉面积 3.99 万亩；灌田千至万亩 7 处，总集雨面积 127.15 平方公里，总引水量 2.391 立方米/秒，有效灌溉面积 1.26 万亩；灌田百至千亩 97 处，总引水量 11.09 立方米/秒，有效灌溉面积 2.27 万亩。灌田百亩以下 1084 处，有效灌溉面积 2.57 万亩。

2003 年后，划属翔安区 33 处，至 2007 年，全区尚有滚水坝引水工程 1157 处，其中灌田万亩以上

2 处，千至万亩 5 处，百至千亩 74 处，百亩以下 1076 处，有效灌溉面积总计 94256 亩。

2007 年同安区灌溉千亩以上滚水坝引水工程情况表

表 6-4

工程规模	工程名称	所在地点	竣工年月	集雨面积（平方公里）	闸坝高/长（米）	引水流量（立方米/秒）	土石方量（万立方米）	渠道长（公里）	投资（万元）	有效灌溉面积（亩）
灌田万亩以上	策槽引水工程	窑市与溪林交界的虎头山下	1955. 3	94. 4	6/70	4	35. 2	总干渠 6. 47 干渠 21. 52	24	27000
	祥溪引水工程	莲花河田村水吼	1967. 2	38. 9	8. 7/40	2. 7	35. 92	39. 1	21. 45	12900
灌田千至万亩	古坑滚水坝	汀溪古坑村	中华人民共和国成立后加固、扩建古坝	30. 41	3/70	0. 16	—	10	2. 35	1450
	石蛇滚水坝	新民凤南溪石蛇宫	1958. 12	40. 0	2/25	0. 65	—	—	4. 06	1000
	莲花顶坝	莲花窑市村	1968	5. 65	3. 5/20	0. 15	—	1. 5	0. 34	1200
	田洋滚水坝	汀溪隘头埔下	1980. 3	18. 45	2. 8/70	0. 35	—	2. 5	4. 2	1500
	洪坑滚水坝	汀溪隘头洪坑	1981	14. 0	1. 3/80	0. 96	—	12. 7	12. 82	5000

2007 年同安区灌溉百至千亩滚水坝情况表（一）

表 6-5

镇别	工程名称	所在地点	集雨面积（平方公里）	闸、坝型	闸坝高（米）	闸坝长（米）
全区合计 74 座						
大同街道 2 座	古庄东溪滚水坝	田洋村上田	214. 69	滚水坝	1. 8	61. 5
	过溪滚水坝	隘头	15. 11	滚水坝	1. 9	75. 5
莲花镇 27 座	五丈畲引水	沃溪村	4. 96	滚水坝	1. 0	13
	虎空引水	沃溪村	0. 75	滚水坝	1. 0	15
	旱坝	沃溪村	10. 23	滚水坝	1. 6	40
	保宜内坝	沃溪村	0. 62	滚水坝	1. 0	6
	内树坝	沃溪村	0. 50	滚水坝	1. 0	6
	新田坝	沃溪村	0. 34	滚水坝	1. 5	8
	古呆坝	沃溪村	3. 14	滚水坝	2. 5	16
	九溪坝	沃溪村	7. 46	滚水坝	2. 0	30
	山竹仔坝	沃溪村	2. 57	滚水坝	1. 5	20
	高层坝	沃溪村	15. 51	滚水坝	2. 0	10
	安公宫坝	沃溪村	26. 79	滚水坝	2. 5	37
	加老洋坝	沃溪村	19. 32	滚水坝	2. 0	26
	大头圳坝	沃溪村	2. 34	滚水坝	1. 5	5
	后曾头引水坝	云洋村	54. 35	滚水坝	1. 4	57
	上坝坝	云埔村	14. 53	滚水坝	2. 1	21
	东溪坝	云埔村	14. 63	滚水坝	3. 0	28

续表6-5

镇别	工程名称	所在地点	集雨面积（平方公里）	闸、坝型	闸坝高（米）	闸坝长（米）
莲花镇 27 座	吉仔坝	云埔村	13.27	滚水坝	1.3	22
	洋头坝	云埔村	15.07	滚水坝	4.0	35
	黑石坝	云埔村	18.13	滚水坝	2.1	40
	银行坝	窑市村	0.16	滚水坝	2.0	10
	蔡林引水	美埔村	11.93	滚水坝	2.2	40
	崎溪引水	内田村	0.51	滚水坝	1.5	20
	溪心坝	罗溪村	14.09	滚水坝	2.5	20
	淡溪坝	淡溪村	4.66	滚水坝	2.5	35
	茂口引水	窑市村	4.47	滚水坝	2.0	15
	开元寺引水	云洋村	51.78	滚水坝	3.2	80
	南山大圳	蔗内村	3.3	滚水坝	2.0	15
汀溪镇 16 座	周厝坝	古坑村	28.76	滚水坝	3.0	45
	安公坝	古坑村	0.41	滚水坝	1.0	7
	驶牛坝	古坑村	27.38	滚水坝	2.5	75
	路岭坝	褒美村	33.10	滚水坝	2.5	60
	上洋坝	褒美村	2.33	滚水坝	3.5	15
	九江坝	褒美村	7.64	滚水坝	3.0	15
	罗远坝	褒美村	8.27	滚水坝	2.0	18
	大训坝	褒美村	1.87	滚水坝	4.0	10
	奄边坝	造水村	9.9	滚水坝	1.0	30
	坝头坝	五峰村	21.23	滚水坝	1.5	40
	土楼坝	五峰村	26.65	滚水坝	2.0	40
	猪肚坝	隘头村	40.34	滚水坝	1.5	50
	顶圳头	半岭路	3.72	滚水坝	2.0	17
	溪心口坝	西源村	14.16	滚水坝	1.5	42
	西坝仔	褒美村	3.42	滚水坝	1.0	10
	狮后坝	西源村	1.46	滚水坝	1.5	8
新民镇 8 座	塌穴溪闸	乌土村塌穴	4.85	平板闸	2.0	2×2.3
	东宅溪闸	乌土村东宅	4.98	平板闸	2.0	2×1.7
	和尚山水库滚水坝	九庵	2.96	滚水坝	2.2	12
	面前厝溪闸	甘岭面前厝	8.82	钢丝网平板闸	2.0	3×2
	西洪塘溪闸	西洪塘村	6.16	钢丝网平板闸	2.0	2×1.4
	尚厝滚水坝	风南溪尚厝坝头	42.96	滚水坝	1.1	32.2
	后英滚水坝	后英	4.89	滚水坝	2.0	8
	土厝滚水坝	风南溪集美埔	42.97	滚水坝	1.5	32

续表6-5

镇别	工程名称	所在地点	集雨面积（平方公里）	闸、坝型	闸坝高（米）	闸坝长（米）
洪塘镇9座	大溪水闸	苏厝大溪	6.16	插板闸	2.0	6×1.57
	帮溪水闸	苏厝帮溪	6.60	插板闸	1.8	6×1.5
	下茂庵水闸	下茂庵破厝	8.51	插板闸	2.0	9×1.7
	深巷水闸	石浔深巷	7.14	插板闸	2.5	2×2.1
	石兴印水闸	石浔石兴印	9.28	平板闸	1.7	3×1.45
	坑后水闸	新学大宅坑后	2.48	插板闸	2.0	4×1.5
	新坝水闸	洪塘新坝	0.69	鱼鳞闸	2.0	5×1.2
	小古宅水闸	苏店小古宅	6.30	插板闸	1.2	3×1
	大潭水闸	新学宫口大潭	6.17	插板闸	1.85	2×2.4
五显镇12座	石鼓水坝	石鼓	5.43	滚水坝	2.0	8
	林仔坝	尾厝	7.05	滚水坝	1.5	12
	耐炉水闸	耐炉	5.52	直升木平板闸	2.0	3×2
	下庄坝	下庄	7.58	滚水坝	2.0	18
	圳内水坝	竹山大圳内	3.94	滚水坝	1.5	6
	坝乌水坝	坝乌	3.49	滚水坝	3.5	20
	下路坝水闸	下路坝	4.40	直升钢筋混凝土平板闸	2.0	3×2
	宫口坝	新宅村口	1.79	滚水坝	3.5	6
	辽野水闸	后溪	8.65	鱼鳞闸	1.5	10
	黄坂坝仔	布厝村口	1.11	滚水坝	3.0	7
	茶寮水坝	茶寮坑	3.51	滚水坝	1.0	11
	双溪水坝	蔡厝口双溪	6.94	滚水坝	1.2	14

2007年同安区灌溉百至千亩滚水坝情况表（二）

表6-5

镇别	项目	进口尺寸宽×高（米）	引水流量（立方米/秒）	渠道长（公里）	土石方量（立方米）	投资（万元）		使用劳力（万工日）	现有灌溉面积（亩）	建成年月
						合计	国家补助			
合　计		—	9.09	120.95	61928	62.99	11.45	29.15	19106	—
大同街道	小计	0.56	5.6	5020	7.1	0.5	7.86	1350	—	—
	古庄东溪滚水坝	0.8×0.8	0.26	2.6	810	3.5	0.5	1.74	600	1975
	过溪滚水坝	0.8×0.8	0.30	3.0	4210	3.6	—	6.12	750	1981
莲花镇	小计	—	2.65	51.25	25065	18.64	1.81	15.12	7016	—
	五丈畲引水	0.8×0.5	0.06	3.0	137	0.10	—	0.07	200	中华人民共和国成立前
	虎空引水	0.8×0.6	0.05	2.0	137	0.10	—	0.07	120	中华人民共和国成立前
	旱坝	1×0.8	0.10	1.0	1426	1.22	—	0.88	120	中华人民共和国成立前
	保宜内坝	0.8×0.6	0.15	2.0	36	0.03	—	0.02	450	中华人民共和国成立前
	内树坝	0.5×0.6	0.05	0.4	36	0.03	—	0.02	130	中华人民共和国成立前

续表6-5

镇别	项目	进口尺寸宽×高（米）	引水流量（立方米/秒）	渠道长（公里）	土石方量（立方米）	投资（万元）		使用劳力（万工日）	现有灌溉面积（亩）	建成年月
						合计	国家补助			
莲花镇	新田坝	0.6×0.5	0.05	1.5	74	0.06	—	0.04	250	中华人民共和国成立前
	古呆坝	0.8×0.6	0.05	0.5	526	0.42	—	0.31	150	中华人民共和国成立前
	九溪坝	0.8×0.8	0.10	1.0	390	0.34	—	0.23	300	中华人民共和国成立前
	山竹仔坝	0.7×0.8	0.10	1.0	196	0.15	—	0.11	300	中华人民共和国成立前
	高层坝	0.8×0.6	0.05	0.10	173	0.14	—	0.10	6	中华人民共和国成立前
	安公宫坝	1.2×1	0.15	2.0	2095	1.74	—	1.26	350	中华人民共和国成立前
	加老洋坝	1×0.8	0.10	0.05	820	0.66	—	0.48	120	中华人民共和国成立前
	大头圳坝	0.5×0.5	0.05	3.0	50	0.04	—	0.03	120	中华人民共和国成立前
	后曾头引水坝	1.5×1	0.25	2.5	1173	1.2	0.4	0.66	550	中华人民共和国成立前
	上坝坝	1×0.8	0.10	1.5	642	0.52	—	0.36	200	中华人民共和国成立前
	东溪坝	1.2×0.8	0.15	3.0	1232	0.98	—	0.71	500	中华人民共和国成立前
	吉仔坝	0.6×0.5	0.10	3.5	333	0.25	—	0.19	100	中华人民共和国成立前
	洋头坝	1×0.8	0.10	1.5	2880	2.55	—	1.84	250	中华人民共和国成立前
	黑石坝	1×0.6	0.10	0.5	1124	0.91	0.10	0.66	150	中华人民共和国成立前
	银行坝	1×0.8	0.05	0.8	220	0.18	—	0.13	150	中华人民共和国成立前
	蔡林引水	1×1	0.10	1.5	1955	1.95	0.10	1.41	400	中华人民共和国成立前
	崎溪引水	0.8×0.6	0.05	2.0	320	0.85	—	0.23	300	中华人民共和国成立前
	溪心坝	1.2×0.6	0.15	4.5	820	0.63	—	0.47	400	中华人民共和国成立前
	淡溪坝	1.2×0.6	0.20	7.3	1422	1.26	0.50	0.88	200	1955.10
	茂口引水	0.6×0.4	0.05	0.6	135	0.28	—	0.09	350	1968
	开元寺引水	1×0.6	0.15	1.5	5133	1.5	0.41	3.65	500	1977.10
	南川大圳	0.8×0.6	0.04	3.0	1580	0.55	0.30	0.22	350	1987.3
汀溪镇	小计	—	0.72	34.9	6948	9.17	1.96	2.41	3740	—
	周厝坝	0.5×0.4	0.05	2.0	860	1.54	0.30	0.37	180	中华人民共和国成立前
	安公坝	0.3×0.3	0.02	0.5	301	0.10	—	0.04	160	中华人民共和国成立前
	驶牛坝	0.4×0.4	0.04	1.5	1100	1.68	0.40	0.41	150	中华人民共和国成立前
	路岭坝	0.5×0.5	0.12	2.5	765	1.18	0.18	0.28	700	中华人民共和国成立前
	上洋坝	0.4×0.3	0.05	4.5	398	0.56	0.05	0.14	400	中华人民共和国成立前

续表6-5

镇别	项目	进口尺寸宽×高（米）	引水流量（立方米/秒）	渠道长（公里）	土石方量（立方米）	投资（万元）		使用劳力（万工日）	现有灌溉面积（亩）	建成年月
						合计	国家补助			
汀溪镇	九江坝	0.4×0.4	0.04	3.5	380	0.51	0.10	0.13	250	中华人民共和国成立前
	罗远坝	0.4×0.4	0.04	3.0	270	0.34	0.10	0.09	240	中华人民共和国成立前
	大训坝	0.3×0.3	0.02	1.5	400	0.57	—	0.14	160	中华人民共和国成立前
	奄边坝	0.6×0.8	0.04	5.0	360	0.21	—	0.07	300	中华人民共和国成立前
	坝头坝	0.5×0.4	0.04	3.0	241	0.27	0.10	0.08	300	中华人民共和国成立前
	土楼坝	0.5×0.4	0.04	1.0	440	0.67	0.25	0.18	150	中华人民共和国成立前
	猪肚坝	1×0.8	0.03	2.0	360	0.46	0.10	0.18	200	中华人民共和国成立前
	顶圳头	0.3×0.2	0.03	1.2	251	0.17	—	0.06	120	中华人民共和国成立前
	溪心口坝	0.6×0.5	0.12	1.2	276	0.36	0.10	0.12	150	中华人民共和国成立前
	西坝仔	0.3×0.3	0.02	2.0	260	0.25	0.15	0.04	110	1984.12
	狮后坝	0.3×0.3	0.02	0.5	286	0.30	0.13	0.08	170	1987.4
新民镇	小计	—	2.27	7.70	13038	15.33	5.13	1.27	2320	—
	塌穴溪闸	0.3×0.4	0.10	0.25	351	0.80	0.10	0.10	300	1974.4
	东宅溪闸	0.4×0.5	0.20	0.35	157	0.70	—	0.03	150	1974.5
	和尚山水库滚水坝	1×1.1	0.51	0.85	2540	2.5	1.0	0.27	—	1977.3
	面前厝溪闸	0.5×0.6	0.25	0.30	254	0.79	0.25	0.04	350	1978.9
	西洪塘溪闸	0.3×0.5	0.15	0.15	674	2.4	—	0.14	120	1979.11
	尚厝滚水坝	0.35×0.5	0.25	1.5	3850	3.8	1.95	0.21	700	1985.12
	后英滚水坝	1×0.8	0.37	0.8	312	0.74	0.20	0.05	150	1986.2
	土厝滚水坝	0.8×0.8	0.44	3.5	4900	3.6	1.63	0.43	550	1986.3
洪塘镇	小计	—	2.41	4.0	3890	6.91	0.85	1.20	1950	—
	大溪水闸	ф0.2	0.02	0.3	800	0.6	—	0.16	300	1964
	帮溪水闸	0.4×0.3	0.10	0.40	700	0.5	—	0.15	150	1964
	下茂庵水闸	0.3×0.3	0.05	0.50	300	0.9	—	0.05	250	1972
	深巷水闸	0.8×0.9	1.0	0.5	170	0.5	—	0.40	300	1976
	石兴印水闸	0.85×0.9	1.0	0.7	100	0.3	—	0.10	200	1979
	坑后水闸	0.2×0.2 0.25×0.25	0.02+0.03	0.6	1450	2.35	侨建	0.17	150	1984.12
	新坝水闸	0.3×0.1	0.10	0.3	230	1.3	0.75	0.15	150	1985
	小古宅水闸	0.2×0.2	0.02	0.2	100	0.16	0.05	0.01	250	1986
	大潭水闸	0.6×1	0.07	0.5	40	0.30	0.05	0.01	200	1987.2
五显镇	小计	—	0.48	17.5	7967	5.84	1.20	1.29	2730	—
	石鼓水坝	0.15×0.2	0.08	1.5	445	0.3	—	0.07	100	1958.12
	林仔坝	0.25×0.4	0.05	2.0	1190	0.48	0.20	0.15	250	1964.3
	耐炉水闸	0.3×0.4	0.03	1.0	330	0.60	—	0.11	350	1968.12

续表6-5

镇别	项目	进口尺寸宽×高（米）	引水流量（立方米/秒）	渠道长（公里）	土石方量（立方米）	投资（万元）		使用劳力（万工日）	现有灌溉面积（亩）	建成年月
						合计	国家补助			
五显镇	下庄坝	0.2×0.3	0.04	1.5	2015	1.10	0.40	0.21	400	1971.12
	圳内水坝	0.2×0.3	0.03	1.5	365	0.24	—	0.05	120	1972.10
	坝乌水坝	0.3×0.4	0.05	3.0	1350	0.62	—	0.15	500	1975.11
	下路坝水闸	0.4×0.6	0.04	1.1	310	0.50	—	0.10	125	1975.12
	宫口坝	0.2×0.3	0.02	0.8	450	0.32	—	0.08	80	1978.12
	辽野水闸	0.5×0.8	0.05	1.5	420	0.85	0.40	0.15	315	1983.4
	黄坂坝仔	0.15×0.25	0.02	1.2	420	0.25	—	0.06	100	1983.12
	茶寮水坝	0.3×0.35	0.04	1.6	320	0.18	0.10	0.04	250	1986.5
	双溪水坝	0.2×0.2	0.03	0.8	352	0.40	0.10	0.12	140	1987.5

（二）水闸

1996年底，同安控制流域面积10平方公里以上的水闸47处，总流域面积1779.58平方公里（含重复计算），设计有效灌溉面积4.24万亩。其中，控制流域面积100平方公里以上3处（大同东桥、五显东风、洪塘石浔），50～100平方公里6处（西柯官浔溪闸、潘涂溪闸、雷达水闸、五显酒鹅、布塘、垵峰），10～50平方公里38处。1997—2007年间，或废，或划归翔安，至2007年仅余9处，其中控制流域面积100平方公里以上1处（洪塘石浔水闸）、50～100平方公里3处（五显布塘水闸、西柯官浔水闸、雷达水闸）、10～50平方公里5处（洪塘龙东一、二闸、石崎排洪闸、石崎水闸、下墩水闸）。

2007年同安区控制流域面积26平方公里以上水闸工程情况表

表6-6

工程名称		石浔水闸	雷达水闸	布塘水闸	官浔水闸	石崎排洪闸	石崎水闸	龙东二闸	龙东一闸	下墩水闸
工程地点		洪塘石浔	西柯潘涂	五显布塘	西柯官浔	洪塘石崎	洪塘崎头	洪塘龙东	洪塘龙东	洪塘下墩
所在河流		东西溪	官浔溪	东溪	官浔溪	三忠溪	三忠溪	三忠溪	三忠溪	三忠溪
主河道平均坡降(‰)		0.33	3.25	1.25	3.25	2.66	2.66	2.99	2.99	2.99
控制流域面积(平方千米)		166.2	81.02	80.89	80.71	44.72	31.4	30.54	26.89	26.38
防洪标准（P=5%）（立方米/每秒）	设计洪峰流量	339.55	181.14	285.92	180.68	99.3	100.84	111.23	102.18	100.88
	校核洪峰流量	490.83	268.5	454.88	267.9	154.04	154.04	169.9	156.07	154.1
闸体规模	孔数	25	16	19	28	7	7	9	11	8
	总宽(米)	126	50.4	54	74.8	25.76	23.8	26	34.5	20
	孔×宽×高(米)	25×4.3×2.1	16×2.4×3.2	18×29×2.0 1×0.6×2.0	22×1.8×2.0 6×2×2	5×3.0×2.5 2×2.8×3	5×4.0×2.0 2×2.5×2.0	7×2.9×1.8 2×1.5×1.8	10×2.9×1.8 1×2.0×1.8	7×2.9×1.6 1×1.22×1.6
	闸门结构	平板闸	钢筋砼平板闸	钢筋砼鱼鳞闸	木翻斗闸钢筋砼平板闸	钢丝网砼平板闸	钢筋砼平板闸	钢鱼鳞闸	木鱼鳞闸	木鱼鳞闸
	启闭型式	液压	手动	手动	手动	电动	电动	手动	手动	—
	设计过闸流量（立方米/每秒）	871	181	440	317	190	190	140	102	125
	消力池尺寸长×宽×深(米)	50×125×1	20×50.4×2.5	—	6.5×82×0.7	—	—	—	—	—

续表6-6

工程名称		石浔水闸	雷达水闸	布塘水闸	官浔水闸	石崎排洪闸	石崎水闸	龙东二闸	龙东一闸	下墩水闸
灌溉效益（亩）	设计胡效	7200	250	200	125	2000	—	200	300	370
	现有有效	2500	250	115	100	2000	—	150	300	370
竣工年月		1983.1	1975.12	1979.12	1967.1	1972.5	1971.4	1981	1978	1976

说明：石浔水闸 P 设=3.3%；P 校=0.33%

二、提水工程

1997 年，同安装机 100 千瓦（马力）以上机、电灌站 6 处，装机 607 千瓦+180 马力；装机 40～100 千瓦电灌站 1061 台，容量 12963.2 千瓦，提水流量 38 立方米每秒；100 马力以下固定机灌站 435 台，容量 6334 千瓦，提水流量 14.936 立方米每秒。20 世纪 80 年代开始萎缩的提水工程，继续被废弃或拆除，基本停止新建，转向发展小型轻便、适合家庭使用的移动式抽水机。2007 年，全区拥有排灌柴油机 4279 台，总动力 35184 千瓦，排灌电动机 1647 台，总动力 14105 千瓦，农用水泵 4733 台。

第三节　围垦（堤防）工程

1997 年，同安有保护万亩以上围垦工程 3 处（西柯围垦、石崎围垦、东坑围垦），保护千亩以上围垦工程 2 处（石浔团结埭、九溪堤防），保护百亩以上围垦工程 15 处。2003 年 10 月后，东坑围垦、九溪堤防和马巷、大嶝 10 处百亩以上围垦划归翔安。至 2007 年还有 8 处，其中保护万亩以上 2 处（西柯、石崎），千亩以上 1 处（石浔），百亩以上 5 处（西柯 2 处、洪塘 3 处）。

一、保护万亩以上围垦工程

西柯围垦　西柯围垦海堤位于同安区西柯镇东西溪出海处的丙洲湾，1975 年 6 月建成土堤，全长 10.60 公里，分南堤、北堤、厦西堤、浦瑶堤四段，其中南堤长 1.73 公里，北堤长 3.15 公里，厦西堤长 4.11 公里，浦瑶堤长 1.60 公里，堤顶高程5～6.7米，防浪墙高 0.5～1 米，堤顶宽 3～5 米，堤岸内外坡均用块石护砌。南堤东侧堤头建有排洪闸 5 座共 27 孔，排洪能力 120 立方米/秒，配备电动启闭机 16 台、手动启闭机 11 台和 15 千瓦备用电源 1 台。另在雷达溪闸旁修建纳潮闸 1 座 8 孔。西柯围垦建成后围垦面积 1.02 万亩，其中已开发利用耕地 8500 亩，水产养殖水面 4850 亩，养殖对虾等水产品，保护耕地 5613 亩。保护面积 1.32 万亩，保护人口 1.36 万人。受 1996 年第 7、8 号台风和暴雨袭击，西柯海堤多处决口，同年 12 月按照抗百年一遇高潮位加 12 级台风袭击加安全超高的标准进行设计，进行海堤达标建设。1997 年 11 月竣工。建设内容包括：南堤外坡脚砌筑平台，厦西堤及浦瑶堤部分堤段改为直墙式扫墙，新增四个码头，新建北堤、浦瑶堤、团结埭 3 处排洪闸，增建亭 2 座、纪念碑 5 座、花园 3000 平方米。工程总投资 2022 万元，其中市、区补助 1100 万元，镇投资 400 万元，各村投资 500 万元，镇、村干部捐资 22 万元，各受益村每个劳动力 20 个义务工日，共投入劳力 40.16 万工日，其中技工 9.47 万工日，完成土石方 28.87 万立方米，其中石方砌体 9.47 万立方米。

西柯瑶浦海堤达标建设碑记

石崎围垦　石崎围垦海堤位于同安区洪塘镇石浔村至崎头宫，始建于1969年10月，竣工于1972年5月，全长3.787公里，坝顶高程6.5～6.8米，堤顶宽3.0米，设排洪闸1座共7孔，配备电动启闭机7台。石崎围垦建成后围垦面积3500亩，水产养殖面积600亩，保护耕地1.06万亩。保护人口1.15万人。1996年11月，洪塘镇人民政府成立保护千亩以上海堤建设指挥部，对海堤进行达标建设，1997年10月20日，通过竣工验收。建设内容包括：内外坡清除杂树杂草，内坡脚砌筑挡土墙，内坡及堤面夯填土，内坡种草，外坡原石护坡水泥砂浆填缝及埋设条石消浪桩，砌筑堤肩石，砌筑防浪墙及混凝土压顶。整修后，第一段（0～2+930堤段）堤顶高程5.6米，防浪墙顶高程6.5米，堤面宽3.75米；第二段（2+930～3+787堤段）堤顶高程5.4米，防浪墙高程5.9～6.5米，堤面宽不小于3.75米。工程总投资434.75万元，完成土方3.92万立方米、石方1.48万立方米。

洪塘石崎海堤达标建设纪念碑

东坑围垦　东坑围垦海堤位于翔安区马巷镇陈新村至新店镇和平村，始建于1964年9月，竣工于1966年4月。全长3.577公里，分新店段长1.004公里、马巷段长2.57公里，两段堤顶高程6.6米，防浪墙高1米，堤顶宽4.5～6米，防挡墙宽0.7米，设排洪闸2座，共6孔，排洪能力161立方米/秒，配备电动启闭机11台、机动启闭机1台和20千瓦备用电源1台；1989年新建纳排潮闸1座共6孔。东坑围垦建成后围垦面积1.34万亩，水产养殖面积2300亩，可保护耕地8700亩。1996年，市、区人民政府决定按百年一遇高潮位加抗击12级台风的标准进行加固，分北堤、南堤两处施工。北堤加固工程由马巷镇人民政府负责修建，1997年1月15日动工，1997年10月15日通过竣工验收。加固后，北堤总长2570米，堤顶宽4.5米，堤高6.6米，坡比1∶2，防浪墙高1米，顶宽60厘米。内坡网格条石护砌，网格标准1.5米×1.5米，网格内植草皮；内坡砌筑挡土墙，高1米，坡度1∶0.3，外坡进行抛石处理，平均坡长14.5米，厚度30厘米，重要堤段块石干砌。工程总投资208.44万元，其中国家补助108.63万元，使用劳力5.65万工日，完成土石方3.46万立方米，其中石方1.06万立方米、毛石混凝土521立方米。南堤加固工程由新店镇人民政府负责修建，1996年12月26日动工，1997年10月15日竣工验收。加固后，南堤总长1007米，加高至6.6米高程，堤顶宽6米，砌筑防浪墙高1米，墙顶高程7.6米，内坡加挡土并于堤中建纪念亭1座。工程总投资183.76万元，其中市、区补助107.04万元，完成土石方2.26万立方米，其中石方0.79万立方米。2003年后，划归翔安区管理。

二、保护千亩以上围垦工程

团结埭围垦　位于同安区洪塘镇石浔村至西柯镇浦头村，在东、西溪港湾后再分叉的出海口，始建于明朝，原名双溪坝。全长7.08公里，分洪塘（长3.76公里）、西柯（长3.32公里）两段，堤顶高程4.78～5.42米，堤顶宽2～2.8米；设排洪闸1座，排洪能力40立方米/秒。20世纪50年代始填筑团结埭。续建于1969年，全部竣工于1973年。1996年11月，按抗御百年一遇高潮位和抗击12级台风加安全超高的标准设计，由洪塘镇保护千亩以上海堤达标建设指挥部负责对团结埭海堤进行达标建设。工程于同年12月动工，1997年10月竣工，建设内容包括：内坡砌筑挡土墙及堤面夯填土，内坡种草，外坡填沙，碎石垫层及块石护砌，干砌护坡水泥砂浆填缝，砌筑防浪墙、堤肩石，埋设消浪桩，防浪墙混凝土压顶等，堤面高程5.4米，宽3米，防浪墙顶高程5.9米，内外坡坡比均为1：2，工程总投资563.77万元，完成土石方6.7万立方米。达标工程竣工后，新垦耕地600亩，保护耕地4200亩。

九溪堤防 位于新店吕塘西林溪（九溪）入海处，堤长5500米、顶高5.2～6.5米、顶宽1.5～2.5米、5孔内涝闸、5台手动启闭机，抗洪能力656立方米每秒。堤防建成后保护人口3737人，保护耕地1726亩，2003年后划归翔安管理。

三、保护百亩以上围垦工程

1997年，保护百亩以上围垦有西柯镇的下洋围垦、浦头围垦；洪塘镇的新埭、过溪埭、新围海浦埭；马巷镇的黾后埭围垦、前厝温埭围垦、新堤围垦（前厝—赵厝）新堤围垦（赵厝—小崎）大嶝镇的大嶝围垦、小嶝围垦、东阳围垦、田螭围垦、嶝崎围垦、虎头寨围垦。2003年10月后，马巷以下围垦划归翔安。

第四节　流域治理工程

一、东西溪防洪工程

1997年3月1日，《同安城区防洪规划报告》《工程项目建议书》分别上报后获批。同年10月9日，《同安区东西溪防洪工程初步设计报告》原则通过。该工程设计包括：东溪自五显第一桥以下2.13公里，西溪自草仔市以下4.52公里，两溪合流段公园至南环桥1.6公里、石浔支流3.42公里，浦声支流2.8公里，总治理长度14.47公里。保护范围：同安城区、大同镇及新民、西柯、洪塘、五显等镇的部分村的沿溪低洼地区，保护区总面积25平方公里，人口25万余人，耕地5.3万亩。

1998年工程动工，2001年9月主体工程完工，共完成堤岸砌筑总长24.14公里、橡胶坝1座、防汛道路2.7公里及涵闸21座，完成土方挖填365万立方米，石砌体9.38万立方米，混凝土浇筑2.75万立方米，铺设土工织物28.5万平方米以及高压旋喷桩1.65万米。总投资1.5亿元。工程建成后，使同安城区防洪标准达到二十年一遇。

瑶江橡胶坝

东西溪防洪工程

二、官浔溪下游治理工程

2004年6月立项，治理范围为官浔溪下游土厝高速公路桥至出海口雷达水闸长4.66公里的河段，设计二十年一遇防洪标准。工程主要建设项目为两岸防洪堤总长9.06公里，新建引水、排涝水闸4座，排水涵洞（管）4处等。2005年12月5日，完成施工招标并进场，分A、B两个标段施工，工程中标价1046.27万元。

官浔溪整治工程施工中

整治工程完工后的官浔溪

三、汀溪下游河道治理工程

2002年，开始流域综合规划，历经项目建议书、可行性研究、初步设计、施工设计四个阶段的设计工作，至2007年4月开工。按二十年一遇防洪标准、五年一遇排涝标准设计。工程等别为Ⅳ等，主要建筑物等级为4级，次要建筑物为5级。治理河段范围为：汀溪水库下游上埔大桥起经坤泽洋汇流口至祥平草仔市河段。工程规模及内容为治理河道长度5.41公里；两岸堤防长10.81公里，新建防洪堤岸长8.81公里，改建堤长1.13公里；河道设计底宽55～160米；改造滚水坝进水闸各2座、新建跌水2座、排涝涵闸12座。概算项目总投资2587.52万元（不包括征地拆迁费）。

第五节 节水灌溉工程 小型水利工程

一、节水灌溉工程

20世纪90年代，加大农业节水工程投入，开展渠道防渗、管道输水、喷灌等节水工程建设。1997—2007年，完工节水灌溉工程节水灌溉面积15.31万亩。其中渠道防渗节水灌溉8.42万亩，占节水灌溉面积的55.00%；管道输水节水灌溉1.8万亩，占节水灌溉面积的11.76%；喷灌面积1.59万亩，占节水灌溉面积的10.39%；微喷灌面积3.5万亩，占节水灌溉面积的22.86%。

（一）喷灌工程

境内喷灌工程试验于1978年，推广于1986年，20世纪90年代因成本高，体制改革等原因，喷灌工程不仅没得到发展，有些工程甚至报废。2000—2002年间，在新店镇开展节水微喷灌小区试验、示范，并获得成功。截至2007年底，同安区推广应用微喷灌技术3.5万亩，并向厦门周边地区推广。

（二）渠道防渗节水工程

1997年始，政府投入大量资金，开展渠道防渗、管道输水节水工程，截至2005年，累计投入1573.13万元，完成灌溉面积500亩以上节水灌溉工程14处，渠道防渗或管道输水长度62.79公里，节水灌溉面积21023亩。

1997—2005 年同安区灌溉面积 500 亩以上节水灌溉工程（粮食工程）情况表

表 6-7

项目名称	建设地点		渠道防渗或管道长度（公里）	节水灌溉面积（亩）	工程投资（万元）	建设时间
	所在乡镇	所在村				
西山渠道防渗	新民	西山	4.90	1000	128.17	1997
下峰渠道防渗	五显	下峰	4.26	1000	132.45	1997
布塘渠道防渗	五显	布塘	2.35	650	41.30	1999
渠道防渗	西柯	下山头、埭头	5.50	1050	38.80	1999
渠道防渗	西柯	洪塘头	1.50	500	22.10	1999
渠道防渗	西柯	埭头	3.97	1500	185.96	1999
渠道防渗	五显	军村	4.39	1500	210.30	1999
渠道防渗	莲花	云洋	4.53	1547	152.90	1999
渠道防渗	莲花	云洋、窑市	4.19	5000	188.48	1999
渠道防渗	西柯	西浦、埭头	4.44	2300	141.00	2001
渠道防渗	汀溪	褒美	9.27	1500	130.20	2001
渠道防渗	新民	西塘	1.59	1450	38.7	2001
引水渠道防渗	汀溪	美山	6.20	1506	103.00	2005
坝仔水库灌区节水	汀溪	褒美	5.70	520	60.10	2005
合　　计	—	—	62.79	21023	1573.13	—

二、小型水利工程

2004 年，分三批对 57 处小型水利工程进行维修加固，由区财政补助 224.5 万元。

2005 年，分两批对全区 17 处小型水利工程进行维修加固，区财政补助 65.5 万元。

2006 年起，同安加强小型水利工程建设，至 2007 年底，累计完成工程 125 处，完成土石方 177407 立方米，总投资 1157.44 万元，其中财政补助 910.50 万元，镇村自筹 246.94 万元，增加灌溉面积 17900 亩。

2006—2007 年同安区小型水利工程情况表

表 6-8

年份	工程名称	工程处数	完成土石方（立方米）	其中石方（立方米）	总投资（万元）	财政补助（万元）	镇村自筹（万元）	主要效益（亩）
2006	小型农田水利工程	11	4579	2460	64.5	50	14.5	2600
	水毁应急修复工程	90	102322	19815	287.09	245	42.09	—
	冬春修水利工程	4	水库坝体帷幕灌浆 582.4 亩喷灌工程		287.37	175	112.37	—
2007	小型农田水利工程	11	14390	1771	56.64	50	6.64	1110
	冬春修水利工程	4	13850	2000	103.3	61	42.3	—
	基建工程	5	42266	12540	358.54	329.5	29.04	5000
合　　计		125	177407	38586	1157.44	910.5	246.94	8710

1997—2007 年同安区水利工程修建情况表

表 6-9

年份	水利工程动工修建（处）	完工（处）	完成土石方（万立方米）	使用劳力（万工日）	完成投资（万元）	恢复灌溉面积（万亩）	改善灌溉面积（万亩）	新增节水灌溉面积（亩）	清淤渠道（公里）
1997	661	585	583.8	897.84	10192.8	7.7	25.2	2480	578.4
1998	496	472	386.81	579.9	6227.77	6.3	8.1	缺	—
1999	806	721	813.5	1220.3	14277.58	4.4	5.92	11747	438
2000	915	831	867	1300	9975	0.5	1.2	缺	250
2001	223	164	241.18	381	7479.61	0.8	2.2	7356	—
2002	414	373	117.54	176.34	4992.57	缺	3.98	36330	17
2003	20	13	15.99	24.11	1370.37	缺	0.22	1340	15
2004	68	68	14.92	24.42	638.13	0.05	0.625	5110	—
2005	96	96	32.26	50.60	895.44	1.865	1.948	1350	—
2006	95	80	78.9	127.45	6046.44	1.287	0.785	1950	—
2007	48	40	93.78	46.89	3753.9	0.11	0.175	1200	—
合计	3842	3443	3245.68	4828.85	65849.61	23.01	50.35	68863	1298.40

第二章 水电工程建设

第一节 装机 500 千瓦以上水电工程

1997 年，全同安装机 500 千瓦以上水电站计 8 座，装机 19 台，容量 1127 千瓦，年均发电量 2954.6 万千瓦时。2000 年 5 月以后，陆续新建 5 座，装机 10 台，容量 4680 千瓦，年均发电量 850.53 千瓦时，合计 13 座，装机 29 台，容量 15950 千瓦，年均发电量 3805.13 万千瓦时。2003 年后划归翔安 1 座，余 12 座。

富兴水电站厂房

一、富兴水电站

位于同安区汀溪镇堤内村。一期站设计水头 280 米，设计流量0.33立方米/秒，装机容量640（2×320）千瓦；二期站设计水头180米，设计流量0.64立方米/秒，装机容量800（2×400）千瓦。

一期站工程于2000年5月20日建成，并入同安电网运行。主要建设内容包括：开挖引水渠总长1.5公里；安装管径40厘米的压力钢管总长568米；安装2台320千伏的发电机组和2台总容量为640千伏安的变压器；架设35千伏输电线路总长460米。工程总投资370万元。年利用2000小时，年均发电量128万千瓦时；二期站2001年6月建成，年利用1600小时，年均发电量128万千瓦时。

二、荇蔗水电站

位于汀溪镇汪前溪流雷田社。电站设计水头279米，设计流量0.25立方米/秒，装机容量800（2×400）千瓦。

工程于2001年1月动工，2002年1月竣工投产发电，并入汪前10千伏线路3.8公里到五丰墩后变35千伏入同安电网运行。主要建设内容：建调节池4.7万立方米；安装管径50厘米压力水管总长1100米；安装2台CJ-W70/1×7型水轮机、2台FSW400-6型发电机和3台总容量为2100千伏安的变压器；架设10千伏高压线路总长1公里。工程总投资250万元。年利用2000小时，年均发电量160万千瓦时。

三、紫云岭水电站

位于新圩镇罗田村，电站设计水头125米，设计流量0.4立方米/秒，装机容量640（2×320）千瓦。

工程于2002年8月动工，2003年3月建成并投产，并入同安电网运行。主要建设内容包括：安装管径60厘米引水钢管总长2400米；安装2台320千瓦的发电机组；户外式升压开关站。工程总投资225.25万元。年利用1680小时，年均发电量107.6万千瓦时。2003年9月析出翔安后归其管理。

四、上陵溪水电站

位于同安区莲花镇上陵溪下游。电站设计水头62米，设计流量1.2立方米/秒，装机容量1000（2×500）千瓦。电站工程于2001年1月动工，2003年4月30日建成，并入同安电网运行。开挖引水渠总长3.12公里；安装管径80厘米的压力钢管总长341米；安装2台500千瓦的发电机组和2台总容量为1260千伏安的变压器；架设10千伏的输电线路总长0.55公里。工程总投资600万元，其中工程直接费549.47万元。年利用2319小时，年均发电量231.93万千瓦时。

五、水洋水电站

位于同安区莲花镇水洋村。电站设计水头95米，设计流量0.2立方米/秒，装机容量800（2×400）千瓦。

工程于2003年11月动工，2004年12月建成并投产，主要建设内容包括：开挖引水渠道总长2079米；安装管径40厘米的压力钢管总长219米；工程总投资41.3万元。年利用1187小时，年均发电量95万千瓦时。

2007年同安区装机500千瓦以上水电工程情况表

表6-10

工程名称	所在地	装机容量（千瓦）	年利用小时数（时）	年均发电量（万千瓦时）	建成时间
溪东水库电站	同安区汀溪镇溪东水库造水村	640（2×320）	3562	228	1974.7
汀溪水库电站	同安区汀溪镇汀溪水库坝下	1760（3×320+1×800）	2000	370	1974.3

续表6-10

工程名称	所在地	装机容量（千瓦）	年利用小时数（时）	年均发电量（万千瓦时）	建成时间
吴厝电站（4级）	同安区汀溪镇吴厝村	1050（2×400+1×250）	3125	250	1974.12
小坪一级电站	同安区莲花镇花桥	600（3×200）	2500	150	1975.7
水吼电站	同安区莲花镇上陵溪	820（1×320+1×500）	2378	195	1976.7
小坪二级电站	同安区莲花镇苦竹村	3600（2×1600+1×400）	3125	1000	1977.12
小坪三级电站	同安区莲花镇堤内村	1600（2×800）	4900	628	1979.12
墩后电站	同安区汀溪镇五峰墩后	1200（4×300）	1113	133.6	1980.8
富兴水电站	同安区汀溪镇堤内村	1440（2×320+2×400）	3600	256	2000.5
荇蔗水电站	同安区汀溪镇雷田社	800（2×400）	2000	160	2002.1
上陵溪水电站	同安区莲花镇上陵溪下游	1000（2×500）	2319	231.93	2003.4
水洋水电站	同安区莲花镇水洋村	800（2×400）	1187	95	2004.12

第二节 装机500千瓦以下水电站

1997年，同安区500千瓦以下水电站18座，装机容量3292千瓦。2000年以后，拟新建19座，装机容量4625千瓦。至2007年底，除1座（美山电站）报废、1座（石拜里电站）未建成、2座（西坑电站、安乐电站）未建，2座（古宅电站、锄山电站）划归翔安外，现有31座，合计装机总容量6658千瓦。

2007年装机500千瓦以下水电工程情况表

表6-11

工程名称	所在地	装机容量（千瓦）	年均发电量（万千瓦时）	投产时间
凤岗电站	同安区新民镇凤岗	75	—	1956.7
淡溪三级电站	同安区莲花镇淡溪田中央	125（1×125）	56.91	1971.2
古宅电站	翔安区新圩镇古宅	320（1×320）	62	1973.3
蔗兜电站	同安区莲花镇上陵	100（1×100）	52.24	1977.5
蔗内电站	同安区莲花镇蔗内	100（1×100）	—	1977.7
石垅电站	同安区竹坝农场上寮	200（1×200）	21.13	1979.2
莲花水库电站	同安区莲花镇溪东茂口	84	—	1980.1
罗溪电站	同安区莲花镇罗溪柿脚	334（1×250+1×84）	—	1980.10
造水电站	同安汀溪镇造水郑宅	250（2×125）	—	1981.10
河溪电站	同安区莲花镇蔗内	320（1×320）	35	1984.1
大溪电站	同安区莲花镇大溪林场	320（1×320）	45	1984.3
小坪水库电站	同安区莲花镇小坪水库	200（1×200）	并入一级站	1986.4
美山电站	同安汀溪镇半岭会林	55	—	1987.1
锄山电站	翔安区内厝镇锄山	84	—	1987.3

续表6-11

工程名称	所　在　地	装机容量（千瓦）	年均发电量（万千瓦时）	投产时间
汪前一级电站（东坑）	同安汀溪镇汪前	200（1×200）	17. 2	1988. 5
后埔电站	同安区莲花镇澳溪将军洋	200（1×200）	—	1993. 8
三利电站	同安区莲花镇罗溪村里	225（1×125+1×100）	74. 92	1995. 2
坝坞电站	同安区莲花镇罗溪柿脚	100（1×100）	—	1996. 3
月光林电站	同安区莲花镇蔗内	350（1×250+1×100）	88. 29	2000. 8
内田电站（育进宁）	同安区莲花镇内田	200（1×200）	29. 76	2001. 10
半岭电站	同安汀溪镇半岭会林	325（1×200+1×125）	78. 1	2001. 10
汪前二级电站	同安汀溪镇汪前	325（1×200+1×125）	45. 5	2001. 10
田边电站	同安区莲花镇澳溪将军洋	125（1×125）	—	2002. 7
道地一级电站	同安区莲花镇小坪道地	200（1×200）	32	2004. 6
祥利电站	同安区莲花镇上陵	350（1×250+1×100）	40. 76	2004. 8
槎内电站	同安区莲花镇澳溪树内	320（1×320）	47. 78	2004. 9
峰云电站	同安汀溪镇五峰古厝	325（1×200+1×125）	71. 7	2004. 9
鹭广水电站	同安汀溪镇西源溪心	400	—	2004. 9
石船溪电站	同安区莲花镇小坪	100（1×100）	38. 45	2004. 10
九溪埔电站	同安区莲花镇将军洋	125（1×125）	—	2004. 11
茶仔林电站	同安区莲花镇罗溪	160（1×160）	60	2005. 3
道地二级电站	同安区莲花镇小坪道地	200	—	2005. 6
罗溪二级电站	同安区莲花镇罗溪柿脚	160（1×160）	—	2005. 7
西坑电站	同安区莲花镇淡溪	160（1×160）	—	—
水洋坑仔内电站	同安区莲花镇水洋	160（1×160）	20	2005. 9
石拜里电站	同安区莲花镇澳溪将军洋	320（1×320）	—	—
安乐电站	同安区莲花镇澳溪	320（1×320）	—	—

第三章　防汛抗旱

第一节　防　汛

1997 年，10 号、14 号台风给同安造成严重洪涝灾害，经济损失 4517 万元，其中水利设施直接经济损失 587 万，堤防决口 16 处，护岸损坏 75 处、水闸损坏 5 处，塘坝冲毁 113 座，渠道塌方 11. 5 公里，桥涵损坏 22 座，水电站损坏 7 座。市区领导深入防汛救灾第一线，现场办公，召开防洪排涝协调会，部署水毁修复工作。

1998 年汛情来得早，2 月全区降雨量 200 毫米以上。8 月 12 日，区政府防汛抗旱指挥部组织防洪、防台风仿真演练，按照模拟险情、灾情，指挥部领导成员分工负责，深入现场指挥抢险救灾，整个演练按区政府防汛抗旱指挥部颁发的《同安区防洪、防台风预案》和演练方案有条不紊地进行。10月26日台风，时间长，强度大，雨量大且集中，造成1300多万元的直接经济损失。

1999年，受拉尼娜现象的影响，同安气候持续异常，1—4月降雨量比常年同期偏少近五成，5—10月降雨量比常年同期多出三成，占全年降雨量的88.1%。14号台风于1999年10月9日上午10点左右正面袭击同安，并在同安地面停留5～6小时。受台风影响，全区各地过程雨量200毫米左右，局部地区达309毫米，风、雨、潮交加，造成10人死亡，直接经济损失5.75亿元；其中农、牧、水产养殖业经济损失4.082亿元，水利工程损失1.41亿元，沿海新店、大嶝、西柯、马巷四镇的小海堤决口和损毁长度达54.75公里。此前区委、区政府在1999年10月8日中午和晚上，连续二次召集各镇、各有关部门主要领导参加的紧急会议，部署抗御台风工作。各镇、各部门、各单位紧急行动认真做好防台抗灾工作部署，加强值班，深入重点部位、重点地段检查了解情况，通知出海船只、水产养殖人员回港上岸避风，转移危房、低洼地带居民。台风正面袭击后，区防汛指挥部指挥杨金兴区长坐镇指挥部，协调指挥全区抗灾抢险工作。书记陈韬、副区长张友福陪同市领导及有关部门组成前线救助指挥部，制定救助方案，成功解救鳄鱼屿附近受困网箱养殖人员70人安全上岸。灾后，邮电、电力部门组织力量日夜抢修受毁线路；交通部门抢修受损公路、桥梁；卫生部门组织医疗急救队做好卫生防疫工作；农业部门组织抢收，防护农经作物，开展生产自救；民政部门做好灾民安置、发放救灾款；水利、防汛部门检查和抢修水利工程。

2000年，同安年降雨量偏多，6月18日的特大暴雨及第10号“碧利斯”台风给同安造成灾害损失。区委、区政府启动“防洪防台预案”，组织抗洪救灾。

2004年8月26日凌晨，台风“艾利”正面影响同安，最大风力12级，局部最大过程雨量超过200毫米。9月9—16日的强降雨过程，造成汀溪镇荏畲村一处山体滑坡，城乡接合部的东山、阳翟等村多处民宅进水，莲花等镇的一些水利工程受损严重，全区受灾损失888.6万元，其中农业损失370.8万元，房屋（含简易搭盖）受损101间。由于相关部门防汛准备于前，及时抗洪于后，未造成人员伤亡和重大财产损失。

2005年，影响同安的台风与热带风暴有“珊瑚”“泰利”“龙王”等5个，其中受“珊瑚”台风的外围影响，8月13日凌晨至14日，同安各地发生强降雨，小坪、汪前的过程雨量分别达到634毫米和592毫米，14日上午全区性的特大暴雨，汀溪水库出现近年来最大泄洪流量每秒750立方米，东西溪双溪口水位超危险水位0.3米，全区11个镇（街、场）均出现不同程度的洪涝灾害，大量村庄进水被淹，部分企业厂区进水，全区直接经济损失约2.35亿元，受灾群众7.45万人，1.29万人次被紧急转移安置。公路受灾18条、中断104条次，桥梁损坏4座。小型水利设施受损2500多处，其中小（Ⅱ）型水库损坏一座。房屋倒塌955间，简易搭盖1300平方米。水产养殖受损6053亩，畜禽舍受淹1.07

组织群众安全转移

万平方米，倒塌0.55万平方米，猪死亡796头，鸡鸭死亡5.82万只。受淹农作物面积7.44万亩，其中绝收3.36万亩。全区输电线路损坏1.14千米，汀溪镇、莲花镇部分山上村断电、通信受阻。针对特大暴雨产生洪涝所造成的灾情，区政府及时启动救灾预备金25万元，财政下拨360万元，争取上级救灾款420多万元，用于灾民安置和灾后生产自救。

2006年7月13—18日，受台风“碧利斯”影响，同安过程雨量316毫米（西柯）至821毫米（小坪），小坪、上陵、河溪、汪前、半岭、荇后六个雨量点过程雨量超过500毫米，其间多次出现短历时的强降水，7月15日22时至16日22时小坪水库24小时降雨量达479毫米，接近50年一遇降雨量（490毫米），小坪水库和汀溪水库分别开闸泄洪，泄洪量分别为655万立方米和2740万立方米，溪东、竹坝、美人山等7座水库也先后出现溢洪。7月15日晚11时，洪塘镇三忠村下茂庵段三忠溪堤岸决口30米长，接报后，镇政府立即组织有危险的群众25户80人转移安置，切断电源，安排青壮年看护现场，确保群众生命安全。水利技术人员随后赶赴勘察，指导制定修复方案，及时进行抢险加固。7月17日晚8时，莲花镇白交祠村发生山体滑坡，镇领导及国土资源部门在道路受阻的情况下，采用摩托车、步行的方式，赶赴受灾点及时转移安置村民33户140人。台风造成直接经济损失1343.6万元。

2007年8月15日，受超强台风“圣帕”带来强降水影响，同安倒塌房屋69间，小型水利设施水毁损失340万元，工业交通损失166万元，农林牧渔损失1317万元。防汛指挥部组织汀溪水库和小坪水库，分别于8月15日12时和16日0时开始预泄，累计泄洪量1417万立方米，其他高水位水库也通过涵洞放水预泄54万立方米，转移低洼地带危房工棚危楼、易滑坡地带新建房等人员10449人。

第二节　抗　旱

2002年1—6月，春夏连旱，为50年来最严重旱情。在市防汛抗旱指挥部和区委、区政府的部署下，各部门通力合作，采取有效措施抗旱。3月9—24日，启动大嶝引水工程，向沿线新店、马巷两镇13个村紧急供水55.1万立方米，缓解近2万亩蔬菜的用水困难；区水利局派出技术人员，指导旱区开挖大井282口，着重解决公共水源配套，当地驻军帮助内厝镇新垵开挖大井3处，发动新店、马巷两镇群众，淘深田头小井4.5万口，进行生产自救；配发310套小型提灌设备，在全区各镇（街）成立抗旱机灌服务队，修复提灌设施71处；汀溪水库做好用水调度，研讨紧急限水预案和应急供水措施；推广节水灌溉和大棚育秧、旱育秧技术，选用抗旱新品种；从3月份起做好人工增雨筹备工作，5月14日、5月15日和6月11日、12日、13日先后在白沙仑农场分别成功实施5次人工增雨作业，增加雨量102%～160%，有效缓解旱情。

2003年全年降水量只有1115.5毫米，仅为常年的76.7%，且时空分布极为不均。从6月28日起，连续37天高温干旱，三破同安历史气象纪录（即7月降雨量仅10.5毫米破历年最少纪录，极端气温39℃破38.3℃的历史纪录，平均气温达29.7℃破历年平均29.3℃纪录），为50年一遇旱，农田受旱面积5万多亩。10月15日起延续到第二年2月连续117天秋冬季特旱，其中12月降雨量为0，农田受旱面积达3.24万亩。出现旱情后，区委区政府多次召开抗旱紧急会议，全面部署抗旱。市区两级拨出专款，进行灌区渠

人工增雨

系清淤，增购160套小型抽水机具，补充到各镇（街）、场的抗旱服务队。各水库管理单位按照先生活后生产，先重点后一般的用水原则，制定科学供水计划；各镇（街）、场组织抗旱服务队下乡支持群众抗旱，发动组织群众采取挖大井、塘坝清淤、淘溪床，挖掘地下水源进行生产自救；区水利、农业部门组织技术人员深入抗旱一线，指导群众抗旱。8月4日，分别在白沙仑和竹坝水库成功实施人工增雨作业，发射火箭弹14发，全区普降暴雨到特大暴雨，有效缓解旱情。抗旱期间，全区共投入劳力2.4万人次，资金217.7万元。

2004年2月10日至5月4日春旱，9月22日至2005年2月2日秋冬旱，农田受旱面积2.02万亩，其中重旱0.4万亩。市、区财政投入抗旱专项补助270万元，开挖抗旱大井60口（其中市级50口，区级10口），推进村村通自来水的建设，保证人畜饮水。

2006年秋季，连续50多天没有有效降水，出现轻度干旱，同安农业生产用水造成困难。协调汀溪水库、竹坝水库放水，区财政拨出专款10万元，用于支付五显、洪塘两镇汀溪灌区的农业水费，总放水量约101.9万立方米，受益农田1.4万亩。

农民用传统工具“戽桶”抗旱

2007年10月中旬起至2008年1月中旬止，协调汀溪灌区从竹坝水库放水50万立方米支援旱区，有效缓解农业用水紧张。

第四章　水土保持

第一节　水土流失

一、流失情况

1997年厦门市水土流失普查，同安区水土流失面积达到11622公顷，占全市水土流失总面积的68.1%，占全区土地总面积11.55%，除大嶝镇外，其余18个镇（场）都有不同程度的流失发生，其中高于全区平均流失率的镇（场）有8个，依次为：白沙仑农场33.7%，莲花镇19.44%，汀溪镇19.31%，竹坝华侨农场16.85%，凤南农场16.14%，内厝镇15.86%，北山农场15.15%，新民镇14.85%。水土流失面积和流失强度以莲花镇最严重，其次是汀溪镇、内厝镇、新民镇。按土地利用类型分，流失率从高到低依次为茶园29.59%、果园26.34%、林地19.43%。城市水土流失（闲置土地开发、工矿区、道路交通等）451公顷，占该类型水土流失面积15.6%。

2003年析出翔安后，同安区水土流失面积4708.15公顷，占全区土地总面积的7.16%，占厦门市水土流失面积的44.52%，为全市最大水土流失区。水土流失主要分布在园地和林地，分别占水土流失总面积的45.28%和42.0%，以轻度流失为主。其次为未利用土地、居民点及工矿地，流失强度大。与1997年普查结果比较，水土流失率减少4.39%。其中轻度流失减少0.84%，中度流失减少3.71%，强度流失减少0.44%。小流域水土流失情况，以凤南农场南山小流域水土流失最严重，流失率14.85%，其次为莲花镇茂口13.86%，五七农场后垄12.96%，莲花水洋12.22%，大帽山农场9.01%，汀溪茂林溪8.59%，汀溪西源溪8.23%，莲花镇下坂7.85%；在同安（包括翔安）21条河段中，有8个小流域水土流失率高于全区水土流失率平均值，是较严重的水土流失区域。

2007年，全区水土流失面积4001.69公顷，占全区土地总面积的7.16%。其中，轻度流失3019.55公顷，占4.59%，中度流失607.65公顷，占0.92%，强度流失345.38公顷，占0.53%，极强度流失29.11公顷，占0.04%。

水土流失对当地和河流下游的生态环境、生产、生活和经济发展造成极大的危害。据普查资料，同安每年冲蚀表土0.17毫米，流失表土24.67万吨。跑水跑土造成土壤瘠薄、生产力下降；严重的水土流失，大量泥沙淤积在水库河道，对水利设施造成威胁，加剧洪涝灾害。造成生态环境十分脆弱，给生态保护与建设带来困难和压力，直接影响农业生产和社会经济的可持续发展。

2003年同安区河流流域水土流失情况表

表6-12

大流域名称	小流域名称（河段）	河段面积（公顷）	流失面积（公顷）	流失率（%）	占大流域流失面积百分比（%）
东西溪流域	莲花镇茂口	612.69	84.92	13.86	4.26
	五七农场后垄	929.42	120.49	12.96	6.04
	莲花镇水洋	3452.63	421.8	12.22	21.14
	帽山农场山边	1040.98	93.77	9.01	4.70
	汀溪镇茂林	2790.22	239.75	8.59	12.01
	汀溪镇西源	1893.44	155.81	8.23	7.81
	莲花镇下坂	2238.11	175.75	7.85	8.81
	莲花镇中庄	3057.4	216.09	7.07	10.83
	莲花镇罗溪	1911.2	123.43	6.46	6.19
	大帽山农场村门	554.3	28.03	5.06	1.40
	汀溪镇前格	575.59	27.29	4.74	1.37
	汀溪镇明溪	570.56	23.46	4.11	1.18
	莲花镇后埔	4138.68	161.97	3.91	8.12
	五显镇山头	602.2	18.05	3	0.90
	内厝镇大乡	852.04	16.88	1.98	0.80
	新圩镇村尾	535.47	10.11	1.89	0.50
	莲花镇庙山	946.73	17.08	1.8	0.90
	汀溪镇三甲	1916.66	26.26	1.37	1.32
	新圩镇溪园内	1039.94	12.22	1.17	0.61
	汀溪镇汪前	2068.26	22.37	1.08	1.12
	合　计	31726.52	1995.53	6.29	100
官浔溪流域	凤南农场南山	1625.25	241.33	14.85	100
总　　计		33351.77	2236.86	6.71	—

若干年度同安区水土流失情况表

表 6-13

年份	土地面积（公顷）	水土流失		轻度流失		中度流失		强度流失		极强度流失	
		面积（公顷）	流失率（%）	面积（公顷）	流失率（%）	面积（公顷）	流失率（%）	面积（公顷）	流失率（%）	面积（公顷）	流失率（%）
1997	100659. 07	11622. 00	11. 55	5941. 00	5. 90	4705. 00	4. 67	976. 00	0. 97	—	—
2003	65773. 61	4708. 15	7. 16	3328. 99	5. 06	986. 25	1. 50	351. 53	0. 53	41. 39	0. 06
2007	65773. 61	4001. 69	6. 08	3019. 55	4. 59	607. 65	0. 92	345. 38	0. 53	29. 11	0. 04

二、成因

自然因素　地质地貌因素为不利的成土母岩和复杂坡地丘陵地貌，易形成水土流失。

气候因素　南亚热带海洋性季风气候，更易造成冲刷侵蚀，是加剧水土流失的强大外力。

人为因素　林地生产，广种轻管，森林郁闭度低，同安有 60% 以上林地郁闭度小于 0. 5，且时有乱砍滥伐发生；乱垦乱种，违章开采砂、土矿等；开发建设项目水土保持方案特别是道路建设、土地开发、水工程建设等项目的水土保持方案的编报审批制度未很好贯彻落实，人为造成水土流失。人为因素造成的水土流失占全部流失面积的 95% 以上，是水土流失的主要成因。

第二节　治　理

一、编制方案

2001 年，水土保持试验场取得水土保持方案丙级编制资质，先后编制开发建设项目和水土流失治理项目的水土保持方案 52 个，并通过专家组的评审。

二、划定重点防治区

2001 年 6 月，根据厦门市水土保持规划和同安水土流失现状，划定莲花镇北部和汀溪镇的东北部、汀溪林场、大帽山农场、新圩镇的村尾村和贺滨溪林场、白云飞林场、内厝镇锄山为重点预防保护区；324 国道两侧及主要土地开发和矿产开采区，以及内厝镇、马巷镇、洪塘镇、新民镇、西柯镇、大同街道、祥平街道及凤南农场为重点监督区；汀溪镇、莲花镇、凤南农场、白沙仑农场、五显镇、新圩镇的低山半山的丘陵地区为重点治理区。

三、治理措施

水土流失治理坚持“预防为主，全面规划，综合治理，因地制宜，加强管理，注重效益”的治理方针，坚持以小流域为单元，山、水、田、林、路综合治理，因地制宜采取生物措施和工程措施相结合，取得较好成效。1997—2007 年，东西溪流域治理项目 92 个，治理面积 7079. 64 公顷，其中封禁治理 5514. 11 公顷，强化治理 1565. 53 公顷。完成水土工程 139 处，土石方 231. 81 万方，总投资 1063. 77 万元（国家投资 509. 71 万元）。其中：莲花溪小流域综合治理项目，治理面积 4719 公顷，其中封山治理 3625 公顷，耕地 400 公顷，完成梯田改造强化治理 427 公顷，修筑 4 米宽机耕道路 1000 米，修筑排洪沟 500 米，共完成土石方量 2. 33 万立方米，总投资 819 万元（国家投资 352 万元），2002 年通过省级验收；1999 年国债水土保持生态建设项目的汀溪西源溪小流域和莲花茂口小流域水土流失治理工程，总投资122.60万元，完成防洪沟3420米，节水灌溉蓄水池5座，道路1460米，果园坡改梯77公顷，完成土石方量7.53万立方米。至2007年，全区水土流失率、轻度流失率、中度流失率、强度流失率分别比1997年减少5.47%、1.31%、3.75%和0.44%。

莲花镇圳上茶场水土治理

1997—2007年同安区水土流失治理统计表

表6-14

年份	治理面积（公顷）			总投资（万元）			完成工程量		
	合计	封禁治理	强化治理	合计	国家投资	群众投资	水保工程（处）	土石方量（万立方米）	投工量（万工日）
1997	1120.6	720	400.6	103	28	75	51	4.02	0.715
1998	1000	733.33	266.67	82.85	25.25	57.6	48	187.15	0.73
1999	1174.67	966.67	208	129.64	12.1	117.54	1	13.4	0.65
2000	1526.33	1266.67	259.66	263.22	79.36	183.86	5	3.25	86.3
2001	513	300	213	160.12	143	17.12	15	9.85	33.6
2002	60	0	60	73.5	41	32.5	5	4	3.6
2003	445	358	87	78.1	50	28.1	3	6	—
2004	813	784	29	73.1	46	27.1	3	0.8	—
2005	212	200	12	28.5	25	3.5	3	0.87	—
2006	134	120	14.2	43.4	35	8.4	2	1.2	—
2007	80.44	65.44	15.4	28.34	25	3.34	3	1.27	—
合计	7079.64	5514.11	1565.53	1063.77	509.71	554.06	139	231.81	125.595

第五章 管 理

第一节 管理机构

一、同安区水利局

1997年5月，同安县水利水电局更名为同安区水利水电局，内设办公室、财务科、业务科。2002年7月，改为同安区水利局，科室不变。2003年12月撤销内设科室。

二、事业单位

同安区策槽灌区管理处 1997年5月，同安县策槽灌区管理处更名为同安区策槽灌区管理处，自收自支事业单位，2005年核定人员编制38名。

同安区小坪水库水电管理站 1997年5月，同安县小坪水库水电管理站更名为同安区小坪水库水电管理站，自收自支事业单位，2005年核定人员编制10名。

同安区水土保持委员会办公室 1997年5月，同安县水土保持委员会办公室更名为同安区水土保持委员会办公室，水利局下属全民所有制正科级事业单位、经费区财政核拨。2005年核定人员编制6名。

同安区防汛抗旱指挥部办公室 2002年9月成立。核拨正科级事业单位，核定人员编制4名。

同安区东西溪管理所 1997年5月，同安县东西溪管理所更名为同安区东西溪管理所。核拨事业单位，2005年12月核定人员编制8名。

同安区水利管理站 2005年12月，将同安区水利水电技术队、同安区电力管理站、同安区水利管理站、同安区水利水电综合设计所、同安区水利水电工程队5个单位整合为同安区水利管理站。全民所有制正科级事业单位，经费由财政核拨，核定人员编制14名。

同安区水利工程质量监督站 1999年1月成立。核拨事业单位。2005年12月核定人员编制6名。

同安区水政监察大队 1997年5月，同安县水政监察大队更名为同安区水政监察大队。核拨副科级事业单位，核定人员7名。

同安区水土保持试验场 1997年5月，同安县水土保持试验场更名为同安区水土保持试验场。水利局下属全民所有制企业化管理股级事业单位，经费自收自支，2005年核定人员编制2名。

同安区水土保持苗圃 1997年5月，同安县水土保持苗圃更名为同安区水土保持苗圃。水利局下属集体所有制企业化管理股级事业单位、经费自收自支，人员编制3名。

第二节 管 理

一、水政监察

1997年，开征水资源费。出台“禁止在东西溪河道采砂的公告”，深入现场制止违章采砂行为。查处水事违法案件45起，处罚1.16万元。

1998年，出动150人次，突击查禁东西溪河道采砂，遏制非法开采。开展取水检查，登记、审批发证工作，当年累计发证172件，总取水量4450万立方米。查处水事违法案件27起，处罚6.28万元。

1999年，查处水事案件17起，处罚3.40万元。

取缔莲花沃溪非法采砂场

2000年，完成取水许可证换证工作。当年批准取水户220户，取水量3854万立方米、收取水资源费17.33万元。查处水事违法案件13起，处罚1.86万元。

2001—2003年，强化整治河道采砂，取缔官浔溪非法采砂点8处，责令停止水事案件违法行为65件，查处水事违法案件41起，处罚15.96万元。

取缔瑶头非法围垦

2004年，完成《同安区翔安区水源调查评价与配置》的编写，摸清区域内地表水和地下水资源量、水质和分布。责令停止水事违法行为20起，处理水事纠纷2起。查处水事违法案件2起，处罚1.40万元。

2005年，查处违法采砂5起，结案4起，处罚0.75万元，责令停止水事违法行为23起。查处水事违法案件4起，处罚0.55万元。

2006—2007年，全面普查、登记入河排污口272处，责令停止水事违法行为60起。查处水事违法案件2起，处罚0.50万元。

二、水利、水电建设管理

1997—1998年，完成西柯、洪塘、马巷、新店等镇海堤达标工程和大嶝岛供水工程、汀溪总干渠防渗加固工程、粮食自给工程的申请、规划及建设。

1998—2000年，完成东西溪防洪建设工程的申请、规划及建设，指导内厝、新店、马巷、新圩、洪塘等镇水厂和美人山水厂的建设。

2001—2004 年，规划建设 16 座小水电；完成农村电网改造工程。

2005 年，启动官浔溪下游河道治理工程，至 2007 年完成。

2007 年，完成 19 座病险水库除险加固工程；启动汀溪下游河道治理工程、梧侣溪河道改造工程。

三、水土保持执法

查处违法开垦

同安水土办行使区政府授予的水土保持行政处罚权，开展水土保持行政执法，推动水土保持“三权一案”（即监督权、审批权、收费权，编报审批水保方案）的实施。1997—2007 年，全区共审批水土保持方案 809 件；查处水土保持违法案件 124 起，罚款 14.45 万元；依法收取水土保持设施补偿费 390.89 万元。水土办先后荣获“全国水土保持先进单位”“全国第一批水土保持预防监督试点县先进单位”“福建省水土保持预防监督先进单位”等称号。

1997—2007 年同安区水土保持监督执法情况表

表 6-15

年份	审批（件）	水保方案检查（件）	补偿费（万元）	违法案件（件）	罚金（万元）	立案（起）	强制执行（起）
1997	75	75	28.59	27	0.54	10	10
1998	272	272	39.78	37	3.05	15	1
1999	212	212	21.47	1	0.1	1	0
2000	194	194	30.67	7	0.2	2	0
2001	15	182	27.71	22	2.94	22	0
2002	16	92	31.24	8	1.45	8	0
2003	5	88	26.12	9	1.39	9	0
2004	9	74	24.49	3	0.47	3	0
2005	6	71	37.07	3	0.47	3	0
2006	2	57	47.17	4	2.67	4	0
2007	3	55	76.58	3	1.17	3	0
合计	809	1372	390.89	124	14.45	80	11

第七篇　工　业

1997年5月，同安撤县设区后提出“工业立区”战略，开发“城东”“城南”工业区，加大招商引资力度，“三资”工业企业迅速发展。民营工业企业也在原乡镇企业的基础上进入迅速发展期，成为“生力军”。2002年，全区工业总产值116.81亿元，是1996年的1.67倍，1978年的167.52倍。2003年区划调整以后，同安主动融入海峡西岸经济区和海峡西岸重要中心城市建设的发展格局，进一步明确“工业立区”发展战略，工业建成区从2003年的不足4平方公里扩大到2007年底的20平方公里。2007年全区有工业企业1934家，工业总产值248.24亿元，是1996年（含翔安）的3.55倍、1978年（含翔安）的358倍，工业化初具雏形。规模以上工业企业有346家，工业总产值227.64亿元，占全部工业总产值的91.7%。全区拥有年产值超10亿元的企业2家，超亿元的企业48家，5000万元至亿元的企业38家，1000万元至5000万元的企业194家，形成以五大支柱产业为主的包括机械制造、造纸及纸制品、塑料橡胶制品、金属制品、文体用品、工艺品、制伞等产业集群。

第一章　工业结构

第一节　行业结构

1997年，没有工业行业分类资料。全部独立核算工业企业302个、总产值466473万元（当年价下同）。其中，以农产品为原料的轻工企业139个、总产值236916万元，以非农产品为原料轻工企业88个、总产值117943万元，原料工业企业15个、总产值25727万元，加工工业企业58个、总产值85858万元，采掘工业企业2个、总产值29万元。

2003年，析出翔安区。当年全部国有及规模以上非国有工业企业121个、总产值746440万元。其中，轻工业企业91个、总产值626196万元，重工业企业30个、总产值120244万元。

2004年经济普查，全区规模以上工业企业260个、总产值1178625万元，分布在26行业。其中，总产值超10亿元行业有3个，总产值511757万元，占规上工业企业总产值的43.42%。按产值大小依次为农副食品加工业（2350352万元）、皮革制品制造业（152274万元）、纺织业（124448万元）；产值5亿以上、10亿以下行业4个，总产值293891万元，占规上工业企业总产值的24.94%，依次为非金属矿物制品业（86830万元）；工艺品及其他制造业（79600万元）、饮料制造业（66900万元）、造纸及纸制品业（60561万元）；产值亿元以上、5亿元以下行业13个，总产值298767万元，占规上工业企业总产值的25.35%，依次为医药制造业（37854万元）、通信设备计算机及其他电子设备通信设备制造业（33612 万元）、文教体育用品制造业（29710 万元）、金属制品业（27802 万元）、橡胶制品业（26925 万元）食品制造业（25856 万元）、塑料制品业（25856 万元）、化学原料及化学制品制造业（20370 万元）、电气机械及器材制造业（19342 万元）、风机衡器包装设备等通用设备制造（17194 万元）、家具制造业（12190 万元）、有色金属冶炼压延加工业（11345 万元）、交通运输设备制造业（10711 万元）；亿元产值以下行业 6 个，总产值 74210 万元，占规上工业企业总产值的 6.30%。

2007 年，全区规模以上工业企业 346 个、总产值 2276441 万元，分布在 27 个行业。其中工业总产值超 10 亿元的行业有 6 个，总产值 1454373 万元，占规上工业企业总产值的 63.89%，依次为农副食品加工业（519876 万元）、皮革毛皮羽毛（绒）及其制品业（279704 万元）、纺织业（207113 万元）、非金属矿物制品业（172161 万元）、工艺品及其他制造业（154059 万元）、饮料制造业（121460 万元）。总产值 5 亿元以上不满 10 亿元的行业有 7 个，总产值 495375 万元，占规上工业企业总产值的 21.76%，依次为通用设备制造业（96638 万元）、电气机械及器材制造业（89780 万元）、造纸及纸制品业（82067 万元）、食品制造业（59378 万元）、金属制品业（59229 万元）、塑料制品业（57983 万元）、化学原料及化学制品制造业（50300 万元）。总产值 1 亿元以上至 5 亿元以下的行业 10 个，总产值 312061 万元，占规上工业企业总产值的 13.71%。依次是纺织服装鞋帽制造业、文教体育用品制造业、有色金属冶炼及压延加工业、医药制造业、通信设备计算机及其他电子设备业、橡胶制品业、交通运输设备制造业、家具制造业、黑色金属冶炼及延压加工业、印刷业和记录媒介的复制。总产值在 1 亿元以下的有专用设备制造业，电力、热力的生产和供应业，仪器仪表及文化、办公用机械制造业，木材加工及木、竹、藤、棕、草制品业等 4 个行业，总产值 14632 万元，占规上工业企业总产值的 0.64%。

2007 年同安区规模以上工业企业行业分类表（一）

表 7-1　　单位：万元

指标名称	企业单位数（个）	亏损企业	工业总产值（当年价格）	工业销售产值（当年价格）	出口交货值	资产总计	固定资产原值
总　计	346	93	2276441	2223332	789152	1983369	842751
农副食品加工业	23	4	519876	503739	22386	266844	78535
食品制造业	8	3	59378	64076	21654	93150	53127
饮料制造业	15	2	121460	117581	6899	156332	84131
纺织业	14	2	207113	180742	36061	279211	161105
纺织服装、鞋、帽制造业	15	3	44616	44643	13564	27741	11831
皮革、毛皮、羽毛（绒）及其制品业	16	7	279704	282149	247585	175178	64259
木材加工及木、竹、藤、棕、草制品业	2	2	2674	2200	2200	4899	2615
家具制造业	6	1	24268	23583	21232	28196	8808
造纸及纸制品业	21	9	82067	83385	193	94498	37126
印刷业和记录媒介的复制	4		10745	10650	7075	10359	4278
文教体育用品制造业	13	4	41889	41885	39518	43910	29591
化学原料及化学制品制造业	15	3	50300	49605	6604	34793	7692
医药制造业	3		37355	37063	37	39619	12114
橡胶制品业	7	1	37238	36152	29130	39515	19977
塑料制品业	23	6	57983	57529	21571	67083	39000

续表7-1

指标名称	企业单位数（个）	亏损企业	工业总产值（当年价格）	工业销售产值（当年价格）	出口交货值	资产总计	固定资产原值
非金属矿物制品业	38	12	172161	172520	116531	184156	68449
黑色金属冶炼及压延加工业	2	1	12661	11574	2802	7242	1691
有色金属冶炼及压延加工业	7	1	37489	37322	1750	22855	7750
金属制品业	18	6	59229	58024	35645	41141	10287
通用设备制造业	17	1	96638	95889	11537	90900	31761
专用设备制造业	4	1	5812	6663	1835	4711	1528
交通运输设备制造业	3		28526	22941	826	32578	7454
电气机械及器材制造业	20	4	89780	87131	31273	93882	24162
通信设备、计算机及其他电子设备	15	7	37274	38439	26042	42895	20764
仪器仪表及文化、办公用机械制造	2		2782	2688	1592	4964	1467
工艺品及其他制造业	33	12	154059	151793	83610	84111	40821
电力、热力的生产和供应业	2	1	3364	3366	—	12606	12428

2007年同安区规模以上工业企业行业分类表（二）

表7-1　　单位：万元

指标名称	负债合计	所有者权益合计	利润总额	利税总额	劳动、失业保险费	养老保险和医疗保险费	全部从业人员年平均人数（人）
总　计	1120915	862451	106735	150142	1648	11414	85424
农副食品加工业	170304	96540	30792	33879	145	240	3475
食品制造业	35599	57551	923	3598	48	418	3182
饮料制造业	86315	70017	11060	19361	98	559	2435
纺织业	160679	118532	14148	16573	55	294	3974
纺织服装、鞋、帽制造业	13058	14683	2588	3815	22	296	4212
皮革、毛皮、羽毛（绒）及其制品业	115027	60151	3608	7330	312	3663	18934
木材加工及木、竹、藤、棕、草制品业	1505	3394	-101	-94	4	45	212
家具制造业	16928	11268	2160	2211	6	54	1577
造纸及纸制品业	52012	42486	4033	7503	53	351	3208
印刷业和记录媒介的复制	6052	4307	298	401	5	34	345
文教体育用品制造业	22973	20937	309	473	58	387	3854
化学原料及化学制品制造业	19838	14955	772	1946	16	158	1384
医药制造业	25553	14065	2545	5029	49	294	786
橡胶制品业	21264	18251	655	1666	59	320	2486
塑料制品业	24886	42197	6266	8066	32	433	2752

续表7-1

指标名称	负债合计	所有者权益合计	利润总额	利税总额	劳动、失业保险费	养老保险和医疗保险费	全部从业人员年平均人数（人）
非金属矿物制品业	111817	72338	6554	9123	196	828	7471
黑色金属冶炼及压延加工业	5574	1668	115	241	4	22	386
有色金属冶炼及压延加工业	10144	12711	2638	4177	4	22	321
金属制品业	28019	13122	32	574	31	276	3150
通用设备制造业	51914	38985	6292	9268	112	697	3154
专用设备制造业	1816	2894	218	407	7	17	220
交通运输设备制造业	18059	14520	2109	2702	2	115	897
电气机械及器材制造业	54344	39538	2427	3521	24	297	2906
通信设备、计算机及其他电子设备	16720	26175	1780	2371	165	679	3353
仪器仪表及文化、办公用机械制造	2198	2766	118	176	3	36	179
工艺品及其他制造业	37208	46903	5677	6907	126	786	10383
电力、热力的生产和供应业	11109	1497	-1281	-1082	12	93	185

2004 年同安区规模以下工业情况表

表 7-2　　单位：万元

指标名称	企业数（个）	工业总产值（当年价）	销售产值（当年价）	固定资产原价	资产总计	负债合计	产品销售税金及附加	利润总额	从业人员劳动报酬	劳动失业保险金	从业人员年均数（人）	出口交货值
内资企业	305	376419	379873	245995	542734	250857	3895	6384	63581	1807	6569	37668
港澳台投资企业	92	176323	177237	285393	513589	230782	118	-26444	42227	1529	3633	81547
外商投资企业	17	39992	37318	117229	151197	45021	200	-9512	6866	255	612	17743
合计	414	592734	594428	648617	1207520	526660	4213	-29572	112674	3591	10814	136958

说明：本表根据《2004 年同安经济普查》所列数据

第二节　所有制结构

1997 年，全区工业企业单位数 2699 个、总产值 1080498 万元（当年价、下同）。其中，乡镇及以上企业 391 个、总产值 782273 万元，分别占总数的 14.49%、72.40%；城乡集体企业 437 个、总产值 58095 万元，分别占总数的 16.19%、5.38%；城乡私有企业 1871 个、总产值 240130 万元，分别占总数的 69.32%、22.22%。乡镇及以上企业中，国有企业 21 个、产值 17963 万元，分别占企业的 5.37%、2.30%；集体企业 99 个、产值 37575 万元，分别占 25.32%、4.80%；联营及股份企业 8 个、产值 25554 万元，分别占 2.05%、3.27%；外商投资企业 49 个、产值 135731 万元，分别占 12.53%、17.35%；港澳台商投资企业 214 个、产值 565449 万元，分别占 54.73%、72.28%。

1997 年后，三资企业和民营企业迅速发展，至 2003 年，全区工业企业单位数 1119 个、总产值 929440 万元。其中，全部国有及年产品销售收入 500 万元以上企业 121 个、总产值 746440 万元，分别占总数的 10.81%、80.31%；年产品销售收入 500 万元以下非国有企业 998 个、总产值 183000 万元，分别占总数的 89.19%、19.69%。全部国有及年产品销售收入 500 万元及以上企业中，国有企业 5 个、产值 23844 万元，分别占该类企业 4.13%、3.19%；集体企业 3 个、产值 46400 万元，分别占 2.48%、0.62%；联营及有限责任公司 7 个、产值 27902 万元，分别占 5.79%、3.74%；私营企业 9 个、产值 103713 万元，分别占 7.44%、13.89%（以上属内资企业）；外商投资企业 17 个、产值 139941 万元，分别占 14.05%、18.75%；港澳台商投资企业 80 个、产值 446400 万元，分别占 66.12%、59.80%。

2003 年析出翔安后，同安进一步落实“工业立区”的发展战略和各项工作措施，民营企业迅猛发展，2005 年国企改革改制完成。至 2007 年底，全区工业企业单位数 1934 个，总产值 2482438 万元。其中，规模以上工业企业 346 个，产值 2276438 万元，分别占总数的 17.89%、91.70%；规模以下工业企业 1588 个，产值 206000 万元，分别占总数的 82.11%、8.30%。在规模以上企业中，国有企业 3 个，产值 60032 万元，分别占该类企业的 0.87%、2.64%；集体企业 4 个、产值 11534 万元，分别占 1.16%、0.51%；联营企业 2 个、产值 6048 万元，分别占 0.58%、0.27%；有限责任公司 36 个，产值 125243 万元，分别占 10.40%、5.50%；私营企业 96 个、产值 692267 万元，分别占 27.75%、30.41%；（以上均属内资企业）外商投资企业 61 个，产值 502422 万元，分别占 17.63%、22.07%。港、澳、台商投资企业 144 个，产值 878892 万元，分别占 41.62%、38.61%。

1997—1999 年同安区全部工业企业单位所有制构成表（一）

表 7-3　　　　单位：个

年份	总计	一、全部国有及年产品销售收入 500 万元及以上的非国有工业企业															
		合计	其中		国有企业	集体企业	联营企业	有限责任公司	股份有限公司	私营企业	港澳台商投资企业				外商投资企业		
			轻工业	重工业							小计	与大陆合资	与大陆合作	独资企业	小计	中外合资	外资企业
1997	2699	391	295	96	21	99	7	—	1	—	214	73	23	118	49	22	27
1998	2467	113	87	26	7	6	4	—	1	4	70	11	2	57	21	7	14
1999	2759	125	100	25	7	6	4	1	1	4	84	12	2	70	18	5	13

1997—1999 年同安区全部工业企业单位所有制构成表（二）

表 7-3　　　　单位：个

年份	二、年产品销售收入 500 万元以下乡及乡以上非国有工业企业									三、城乡集体、私营、个体工业企业						
	合计	其中		集体企业	股份合作企业	私营企业	联营企业	外商及三资企业	其他企业	合计	城镇集体	农村集体	城镇私营	农村私营	城镇个体	农村个体
		轻工业	重工业													
1997	—	—	—	—	—	—	—	—	2308	22	415	87	1784	—	—	—
1998	264	193	71	106	1	5	6	144	2	2090	21	322	85	201	148	1313
1999	264	196	68	90	1	6	6	159	2	2370	15	293	83	228	157	1594

2000—2007 年同安区全部工业企业单位所有制构成表

表 7-4 单位：个

项 目	2000 年	2001 年	2002 年	2003 年	2004 年	2005 年	2006 年	2007 年
总计	2026	2077	2611	1119	1703	1712	1802	1934
一、规模以上工业企业	—	—	—	—	—	—	—	—
其中：轻工业	102	104	102	91	162	161	180	219
重工业	31	40	39	30	98	84	101	127
合 计	133	144	141	121	260	245	281	346
内资企业	23	28	22	24	94	84	104	141
国有企业	5	5	3	5	6	4	3	3
地方企业	—	—	—	—	—	—	3	3
集体企业	5	6	5	3	4	3	2	4
联营企业	2	2	2	2	3	2	2	2
国有与集体联营企业	—	—	—	—	1	1	1	—
其他联营企业	1	1	—	—	2	1	1	—
有限责任公司	4	5	4	5	25	21	27	36
其他企业	—	—	—	—	3	—	—	—
私营企业	6	9	8	9	53	54	70	96
私营独资企业	—	—	—	—	—	3	3	3
私营合作企业	—	—	—	—	2	2	4	4
私营责任公司	—	—	—	—	44	43	56	83
私营股份公司	—	—	—	—	7	6	7	6
港澳台投资企业	90	94	96	80	126	122	132	144
合资经营企业	12	13	13	8	13	15	17	20
合作经营企业	1	3	3	1	1	1	1	—
港澳台独资企业	77	78	80	71	112	106	114	123
外商投资企业	20	22	23	17	40	39	45	61
中外合资企业	7	10	10	6	11	10	13	18
外资企业	13	12	13	11	29	29	32	43
总计中	—	—	—	—	—	—	—	—
亏损企业	—	—	—	—	—	—	61	93
国有控股企业	—	—	—	—	12	15	7	9
大型企业	—	—	—	—	—	—	1	—
中型企业	—	—	—	—	26	35	42	47
小型企业	—	—	—	—	234	210	238	299
二、规模以下工业企业	1893	1933	2470	998	1443	1467	1521	1588

第二章　工业生产

第一节　生产规模

1997 年，全区工业企业 2699 个、工业总产值 108.05 亿元．（当年价、下同）。其中，内资企业（不含规下企业、下同）128 个、总产值 8.11 亿元，分别占总数的 4.74%、7.51%；港澳台商投资企业 214 个、总产值 56.54 亿元，分别占 7.93%、52.33%；外商投资企业 49 个、总产值 13.57 亿元，分别占 1.82%、12.56%；规模以下企业（含规下三资企业、下同）2308 个、总产值 29.82 亿元，分别占 85.51%、27.60%。同年，加强内联企业经济协作项目的引进、跟踪和协调服务，至年底，已有内联企业 196 家，其中产值 1000 万元以上的企业有 18 家，全年完成工业总产值 4.3 亿元。

2003 年，进一步推进工业园区的开发和重大基础设施建设，加大招商引资力度，工业生产取得较好成绩。至年底全区工业企业单位数 1119 个、工业总产值 92.94 亿元。其中，内资企业 24 个、总产值 16.01 亿元，分别占 2.14%、17.23%，港澳台商投资企业 80 个、总产值 44.64 亿元，分别占 7.15%、48.03%；外商投资企业 17 个、总产值 13.99 亿元，分别占 1.52%、15.05%；规模以下企业 998 个、总产值 18.30 亿元，分别占 89.19%、19.69%。

2007 年，全区工业企业 1934 个、总产值 248.24 亿元。总产值是 2003 年的 2.67 倍，年均增长 27.84%。其中，内资企业 141 个、总产值 89.51 亿元，分别占总数的 7.29%、36.06%；港澳台商投资企业 144 个、总产值 87.89 亿元，分别占 7.45%、35.41%；外商投资企业 61 个、总产值 50.24 亿元，分别占 3.15%、20.24%；规模以下企业 1588 个、总产值 20.60 亿元，分别占 82.11%、8.30%。

1997—2007 年同安区全部工业企业单位数和工业总产值情况表

表 7-5

		1997 年	1998 年	1999 年	2000 年	2001 年	2002 年	2003 年	2004 年	2005 年	2006 年	2007 年
单位数（个）		2699	2467	2759	2026	2077	2611	1119	1703	1712	1802	1934
总产值（万元）		1080497	1158912	1243499	961240	1030201	1168158	929440	1279450	1551501	1953861	2482438
一、按轻、重工业分												
轻工业	单位数（个）	295	280	296	102	104	102	91	162	161	180	219
	产值（万元）	606264	490807	500066	512058	572358	608259	626196	925265	1165562	1368410	1734672
重工业	单位数（个）	96	97	93	31	40	39	30	98	84	101	127
	产值（万元）	176008	140845	155130	174182	163843	264099	120244	253360	286638	380451	541766
二、按经济类型分组（规模以上工业企业）												
国有企业	单位数（个）	21	7	7	5	5	3	5	6	4	3	3
	产值（万元）	17963	15805	17463	12301	20711	17297	23844	28399	58576	69194	60032
集体企业	单位数（个）	99	6	6	5	6	5	3	4	3	2	4
	产值（万元）	37575	20270	21434	22666	11335	9502	4640	6549	6331	7184	11534

续表7-5

		1997 年	1998 年	1999 年	2000 年	2001 年	2002 年	2003 年	2004 年	2005 年	2006 年	2007 年
联营企业	单位数（个）	7	4	4	2	2	2	2	3	2	2	2
	产值（万元）	3886	19499	11965	3732	4340	4045	3455	6830	4855	4769	6048
股份制企　业	单位数（个）	1	1	1	1	1	—	—	1	—	—	—
	产值（万元）	21668	17058	15131	18157	16708	—	—	2750	—	—	—
有限责任公司	单位数（个）	—	—	1	4	5	4	5	25	21	27	36
	产值（万元）	—	—	1374	14480	16823	16022	24447	69977	57024	84300	125243
私营企业	单位数（个）	—	4	4	6	9	8	9	53	54	70	96
	产值（万元）	—	13882	13993	21495	44381	45846	103713	254317	394643	453943	692267
港、澳、台商投资企业	单位数（个）	214	70	84	90	94	96	80	126	122	132	144
	产值（万元）	565449	310901	373701	480974	477701	628953	446400	589433	658075	774947	878892
外商投资企业	单位数（个）	49	21	18	20	22	23	17	40	39	45	61
	产值（万元）	135731	114583	106278	112435	144202	150693	139941	216581	272697	354524	502422
三、规模以下												
工业企业	单位数（个）	2308	2354	2634	1893	1933	2470	998	1443	1467	1521	1588
	产值（万元）	298225	646914	682160	275000	294000	295800	183000	100824	99300	205000	206000

说明：2004 年，其他企业 2 个、产值 3790 万元未入表

第二节　产　品

一、产品产量

1997 年撤县设区后，随着“三资”企业和民营企业的发展，同安的主要工业产品在原有的基础上增加至 55 种，包括原盐 1.41 吨、发电量 3977 万千瓦时、供电量 4641 万千瓦时、自来水生产量 1071 万吨、自来水供应量 714 万吨、小麦粉 0.41 万吨、小麦粉制品 4144 吨、食用植物油 842 吨、人造奶油 517 吨、畜肉制品 99 吨、酱腌菜 700 吨、水产加工品 540 吨、蜜饯果脯 68 吨、糕点 22 吨、饼干 11 吨、方便主食品 5989 吨、罐头 200 吨、酱油 90 吨、液体乳 70 吨、饮料酒 11.10 万吨、软饮料 3.92 万吨、精制茶 654 吨、服装 267 万件、皮鞋 325 万双、皮箱 9077 只、皮包 65 万个、机制纸及纸板 2.09 万吨、多色印刷品 2.74 万令、各种篮排足球 477 万个、玩具 342.7 万元、雕塑工艺品 1844.9 万元、人造花卉 5968 万元、刺绣工艺品 1059 万元、地毯 254 万平方米、油墨 31 吨、化学原料药 15 吨、中成药 108 吨、塑料制品 8665 吨、水泥 3.72 万吨、砖 7090 万块、水磨石板材 140 万平方米、釉面砖 143 万平方米、墙地砖 299 万平方米、日用陶瓷 2852 万件、金属制包装物品 1842 吨、制冷空调设备 1429 台、液压元件 1.85 万件、手术器械 21.9 万元、配合饲料 2.69 万吨、混合饲料 6520 吨、纸制品 8193 吨、单色印刷品 6.1 万令、花岗石板材 898 万平方米、房间空气调节器 343 名、电子计算机外部设备 87.22 万部等。

1998—2002 年，乡镇企业实施名牌战略，加强招商引资力度，新开发白酒、木制家具、水泥电杆、阀门、灯具、工艺美术制品、伞、鲜冻畜肉、啤酒、机制纸板、纸箱、体育用品及用具、电子元件、味

精、果汁及果汁饮料、瓶（罐）装饮用水、显示器等17种产品。产量各见表7-6。

2003—2007年，同安主要工业产品新增加天然花岗石荒料、饲料（配合饲料）、毛油（初榨植物油、大豆毛油）、精制食品植物油（大豆精制油、花生精制油）、梭织服装、碳酸饮料、针织服装、瓦楞纸箱（纸箱）、大米、布、化学纤维布（纯化纤布）、羽绒服、天然皮革手提包（袋）、背包、家具、金属家具、初级形态的塑料（塑料树脂及共聚物）。

1997—2007年，同安生产的主要轻重工业产品达87种。

1997—2007年同安区主要工业产品生产量

表7-6

产品名称	单位	历年生产量										
		1997年	1998年	1999年	2000年	2001年	2002年	2003年	2004年	2005年	2006年	2007年
原盐	吨	14090	30156	21896	23402	22504	18065	20188	29527	17019	9513	11139
发电量	万千瓦小时	3977	4641	3558	3643	3284	3235	3422.26	3160.47	5549.20	5467.86	4736.50
供电量	万千瓦小时	33114	35459	42769	51838	61760	74751	89909	110751	132249	157240	199800
自来水生产量	万吨	1071	1050	801	836	814	867	924	1096	1420	1778	2196
自来水供应量	万吨	714	725	687	724	737	791	842	998	1282	1574	1979
食用植物油	吨	842	2653	4074	4553	3763	3838	23703	—	—	—	—
精制食用植物油	吨	—	—	—	—	—	—	—	65715	178405	204263	204044
大豆毛油	吨	—	—	—	—	—	—	—	46372.48	—	—	—
水产加工品	吨	540	690	3	290	—	—	—	—	—	—	—
方便主食品	吨	5989	6718	18360	36293	51934	38505	9907	—	—	—	—
罐头	吨	200	1830	2321	1330	484	85		1859.68	—	—	27262
啤酒	吨	111047	84380	95946	102780	90368	—	84778	81742	100372	11052	120125
酱油	吨	90	239	—	—	—	—	—	—	—	—	4866
味精	吨	—	—	—	18055	22125	20479	19049	21793	18957	15004	11938
软饮料	吨	39165	62631	82803	128964	157154	182046	274626	145101	129832	246017	346349
果汁及果汁饮料	吨	—	—	—	—	125349	65151	149737	116833	24708	22598	19501
瓶(罐)装饮用水	吨	—	—	—	—	13654	15333	18281	—	20752	58876	132154
碳酸饮料	吨	—	—	—	—	—	—	—	—	13486	27585	16885
精制茶	吨	654	441	683	2071	952	726	938	1871	2021	1784	2317
中成药	吨	108	126	199	254	235.76	171.57	337.27	843	755	1084	1180
饲料	吨	33467	—	—	152274	187167	206865	197245	334960	333358	322873	341681
服装	万件	267	337.8	240.89	306.58	190.53	132.5	306.95	855.48	288.71	309	724.63
皮鞋	万双	325	388.5	320.36	402.56	354.58	566.77	508.41	569.56	624.46	863	1092.67
工艺美术制品	千元	—	87274	115969	145363	40979	14390	—	—	—	—	—
伞	万把	—	650	—	676.91	994.02	1361.55	1294	6182.27	2008.99	—	3008.3
机制纸及纸板	吨	20861	18042	26412	21542	42963	47323	48446	94397	20094	18604	23317

续表7-6

产品名称	单位	历年生产量										
		1997年	1998年	1999年	2000年	2001年	2002年	2003年	2004年	2005年	2006年	2007年
纸箱	吨	—	—	14798	—	30970	18639	44722	124717	106234	124514	90601
纸制品	吨	8193	7028	93860	16876	30970	21828	48198	124717	106234	124514	93523
房间空气调节器	台	343	303	242	64	24	—	—	—	—	—	—
制冷空调设备	台	1429	1240	232	—	—	—	—	—	—	—	—
日用陶瓷	万件	2052	1600.9	2482	2410.1	3089	3166.6	2532.4	—	3214	—	2078
釉面砖	万平方米	143	111	153.37	51.5	26.9	12.07	—	—	—	—	—
墙地砖	万平方米	294	489	388.5	376	341.4	308.59	—	—	—	—	—
花岗石板材	万平方米	898	29.52	50.29	41.36	4.42	47.04	59.31	119.4	155.94	—	255.42
水泥	万吨	3.72	3.72	3.69	—	—	—	—	—	—	—	4.29
灯具	万只	—	13	—	—	—	2162	—	—	—	—	—
多色印刷品	万对开色令	2.74	3.04	6.69	8.88	7.45	—	—	—	—	—	—
体育用品及用具	千元	—	—	332541	383143	247789	218292	—	—	—	—	—
电子元件	万只	—	—	2633	2687	1344	14771	—	—	—	—	—
显示器	部	—	—	—	—	—	40895	—	—	—	—	—
化学原料药	吨	15	15	12	3.6	—	—	—	—	—	—	—
塑料制品	吨	8665	8582	11615	13183	13809	21129	10511	—	5186	—	6406
家具	件	—	163（木）	—	—	—	—	—	—	—	—	4260500（金属）

说明：

1. 历年供电量与发电量之差，主要是购自省电网电量

2. 1997年小麦料（0.41万吨）、小麦粉制品（4144吨）、人造奶油（517吨）、畜肉制品（99吨）、酱腌菜（700吨）、蜜饯果铺（68吨）、糕点（22吨）、饼干（11吨）、液体乳（70吨）、皮箱（9077只）、皮包（65万个）、篮排足球（477万个）、玩具（34274千元）、雕塑工艺品（18449千元）、人造花卉（59680千元）、刺绣工艺品（10449千元）、地毯（254万平方米）、油墨（31吨）、砖（7090万块）、水磨石板材（140万平方米）、液压元件（1.85万件）、手术机械（274千元）、单色印刷品（6.01万令）、鲜冻畜肉（5262吨）、金属制包未列入表中

3. 1998年多色印刷品（3.04万令）、篮排足球（392万个）、油墨（10吨）、手术机械（274千元）、白酒（37吨）、水泥电杆（625吨）、阀门（110吨）、鲜、冻畜肉（5262吨）未列入表中

4. 2007年皮包（132万个）、初级形态塑料（1225.4吨）未列入表

二、名优产品

盛洲牌食用植物油系列产品 厦门中盛粮油集团有限公司生产的“盛洲”牌花生油、大豆油、调和油、玉米胚芽油、葵花籽油、菜籽油及橄榄油等食用植物油系列产品，先后获得国家绿色食品、福建名牌产品称号。“盛洲”商标被认定为中国驰名商标、“中盛”被认定为首批福建省企业知名字号、首届厦门优质品牌、首届厦门百姓喜爱的十大品牌。同时，通过ISO 9001：2000质量管理体系认证、QS

盛洲牌食用油系列生产厂家中盛粮油集团办公楼

认证、HACCP 认证和 ISO 14000 环境质量管理体系认证。产品主要销往全国 20 多个省、市和地区，在全国建立了 200 多家经销商网点和企业直销网点。

中禾牌豆粕及大豆食用油 厦门中禾实业有限公司生产的“中禾”牌豆粕及大豆食用油，2005 年通过 ISO 9001 质量管理体系认证，2007 年“中禾”牌产品被评为厦门市著名商标和福建省著名商品。

银祥牌鲜冻分割猪肉 厦门银祥肉业有限公司生产的“银祥”牌鲜冻分割猪肉，为中国名牌农产品、福建省名牌产品。其商标为厦门市著名商标。产品销往福建、广东、浙江、江苏、湖北、湖南等省。

三角梅牌涤纶、尼龙长丝和化纤织物 厦门华诚实业有限公司制造的“三角梅”牌涤纶、尼龙长丝—POY、DEY、DTY，尼龙丝束和化纤织物—家纺、服装、箱包面料，包括花瑶、牛津、桃皮绒、麂皮、涤塔夫、塔斯隆、尼丝纺、提花类等系列产品，为福建省名牌产品。其商标为福建省著名商标。产品销往浙江、江苏、上海、广东、福建等地。

“鹭宝”牌锦纶长丝和“东纶”牌化纤坯布 厦门同纶实业有限公司生产的“鹭宝”牌锦纶长丝，产品主要销往江苏、浙江、上海、广东、福建、辽宁等省和香港地区，并远销巴西等国。“东纶”牌化纤坯布，产品主要销往江苏、浙江、上海、福建、广东等省和香港地区。

“亚美”代工皮带皮包 亚美（厦门）皮件有限公司代工生产的 NIKE、LACOSTE、DKNY、NAVTICA、AK、CK、TOMMY、HILFICA、LEVIS、GUESS、EXPRESS、DOCKERS 等品牌皮带、皮包，近 100% 出口，主要销往美国市场。

亚美皮件有限公司开业庆典

COACH 皮包皮带皮夹 厦门大统皮革制品有限公司生产的 COACH 皮包、皮带、皮夹产品销往美国。其产品居 2007 年度福建皮革、毛皮、羽毛（绒）及其制品业企业出口市场占有率第 6 名。

百穗行牌配合饲料 厦门百穗行科技股份有限公司生产的百穗行牌配合饲料（鸡类、鸭类、猪类、虾类、蛙类、甲鱼、罗非鱼等），被授予中国饲料行业信得过产品、福建省乡镇企业名牌产品、厦门市著名商标。产品主要销往福建省内各地。

ECCO 牌休闲牛皮鞋 ECCO（厦门）有限公司生产的 ECCO 牌休闲牛皮鞋，为国际知名品牌，产

惠尔康生产线

品全部出口，主要销往欧洲、美国等。

高时牌石材产品　高时（厦门）石业有限公司生产的“高时”牌石材产品，2007 年分别获得“一种结构改良的石材桌面”和“可双面使用的石材桌面”实用新型专利证书。产品销往欧洲、美洲、中东、俄罗斯、日韩等 50 多个国家和地区。

惠尔康牌植物蛋白饮料菊花茶饮料葡萄糖饮料　厦门惠尔康食品有限公司生产的“惠尔康”牌植物蛋白饮料为中国名牌产品；“惠尔康”牌菊花茶饮料和葡萄糖饮料为福建省名牌产品；“惠尔康“牌谷粒谷力浓浆系列产品为中国公众营养推荐产品。“惠尔康”牌商标为中国驰名商标、福建省著名商标、厦门市著名商标。产品经销商网络覆盖全国。

古龙牌肉类罐头红烧肉类丁香鱼罐头　厦门古龙罐头食品有限公司生产的“古龙”牌肉类罐头为中国名牌产品、厦门优质品牌产品，“古龙”牌红烧肉类（含午餐肉）为福建省名牌产品，丁香鱼罐头获厦门市优秀新产品奖。以上产品畅销国内北京、天津等 25 个省市及港、澳地区，出口马来西亚、新加坡、澳大利亚、新西兰、加拿大、印度尼西亚、秘鲁、古巴、德国、法国、刚果、文莱等 80 多个国家。

古龙产品集锦

银合牌牛蛙水产饲料等系列产品　厦门浦头饲料有限公司生产的“银合”牌牛蛙水产饲料为福建省名牌产品，并通过 ISO 9001：2000 国际质量管理体系认证。“银合”牌商标为福建省著名商标。产品销往福建、广东、海南、江西、浙江、上海、湖北等地区。

太阳城、SUNCITY 牌晴雨伞　太阳城（厦门）雨具有限公司生产的“太阳城、SUNCITY”牌晴雨伞为中国名牌产品、国家免检产品、福建省名牌产品。其商标为厦门市著名商标、福建省著名商标、厦门市优质品牌。产品销往香港地区和山东、湖南、广东等省；远销日本等国。

金日牌心源素洋参系列蛋白质粉　厦门金日制药有限公司生产的“金日”牌心源素、洋参系列、蛋白质粉为省名牌产品、厦门优质品牌产品；“金日牌”商标被评为福建省著名商标、中国驰名商标。产品主要在国内销售，盛销于江浙沪一带。

银华牌液压油缸石材机械　厦门银华机械有限公司生产的“银华”牌液压油缸为福建省名牌产品及用户满意产品，厦门市优质品牌、优秀新产品。该产品主要为厦工、临工、福田重工、山工、杭叉、玉柴等工程机械厂家配套，并随整机出口东南亚、欧美等地。公司生产的 YHQQJ-36 全自动桥式切边机、SMS-1800 柱式升降磨石机等 15 个产品被中国石材工业协会评为石材机械类“信得过”产品，“银华牌”摇臂磨石机、远红外桥式切机、组合锯等产品为 2007 年中国石材行业名牌产品。产品主要销往全国主要石材产区，出口美国、巴西、南非、葡萄牙、越南、俄罗斯、埃及、意大利、澳大利亚、尼日利亚、保加利亚、印度、英国、德国、土耳其等国家。

波特牌运动鞋 波特（厦门）鞋业有限公司生产的波特牌运动鞋，产品销往美国。

娃哈哈牌营养快线纯净水爽歪歪 厦门娃哈哈食品有限公司生产的“娃哈哈”牌营养快线、纯净水、爽歪歪等产品为省名优产品。产品主要销往福建和广东地区。

银祥牌水产饲料畜禽饲料 厦门银祥饲料有限公司生产的“银祥”牌水产饲料为福建省名牌产品、厦门市优质品牌产品，畜禽饲料为福建省名牌产品。产品销往福建、广东、海南、浙江、江西、江苏、湖北、湖南、安徽等省。

第三节 生产效益

一、全员劳动生产率

1997 年，全员劳动生产率平均为 108597 元/人年，外商投资企业最高，达 127132 元/人年，其他依次为港澳台商投资企业 114751 元/人年，股份企业 100849 元/人年，集体企业 88869 元/人年，国有企业 46909 元/人年，联营企业最低，为 46709 元/人年。

2002 年，全员劳动生产率平均为 159643 元/人年，是 1997 年的 1.47 倍，年均增长 8.01%。私营企业由 1998 年的 154338 元/人年增加到 350333 元/人年，年均增长 22.74%。其他依次为外商投资企业 201262 元/人年，港澳台商投资企业 164203 元/人年，联营企业 158778 元/人年，集体企业 109179 元/人年，国有企业 104211 元/人年，有限责任公司 32083 元/人年。

2007 年，全员劳动生产率平均为 266487 元/人年，是 2003 年 2.61 倍，年均增长 12.71%。私营企业仍居第一，达 523651 元/人年，其他依次为联营企业 395294 元/人年，有限责任公司 274475 元/人年，外商投资企业 250285 元/人年，国有企业 245129 元/人年，港澳台商投资企业 198078 元/人年，集体企业 194175 元/人年。

二、产品销售额

1997 年，销售产值 438350 万元，其中港澳台商投资企业 384720 万元、占 87.77%，集体企业 35834 万元、占 8.17%，国有企业 17796 万元、占 4.06%。

2002 年，销售产值增至 825410 万元，比 1997 年增长 88.30%，年均增长 13.49%。港澳台商企业最高，达 584777 万元，占总销售的 70.85%。其他依次为外商投资企业 149379 万元，占 18.10%，私营企业占 5.45%，国有企业占 2.11%，有限责任公司占 1.84%，集体企业占 1.16%，联营企业占 0.50%。当年出口交货值达 457443 万元，其中港澳台商投资企业 362685 万元、占 79.29%，外商投资企业 82943 万元、占 18.13%，有限责任公司 6654 万元、集体企业 3497 万元，私营企业 1664 万元。

2007 年，销售产值猛增至 2223329 万元，为 2003 年的 3.03 倍，年均增长 31.88%。港澳台商投资企业仍居第一，达 839218 万元，占总销售的 37.75%。其他依次为私营企业 680591 万元、占 30.61%，外商投资企业 496263 万元、占 22.32%，有限责任公司占 5.64%，国有企业占 2.90%，集体企业占 0.52%，联营企业占 0.27%。当年出口交货值达 789151 万元，其中港澳台商投资企业 411090 万元、占 52.09%，外商投资企业 313026 万元、占 39.67%，私营企业 34648 万元、占 4.39%，国有企业 13362 万元、占 1.69%，有限责任公司 12132 万元、占 1.54%，集体企业 4893 万元、占 0.62%。

三、利税

1997 年，利税总额 12447 万元，其中港澳台商投资企业 8479 万元、占 68.12%，国有企业 2076 万元、占 16. 68%，集体企业 1892 万元、占 15. 20%。

2002 年，利税总额达 34547 万元，为 1997 年的 2. 78 倍，年均增长 22. 65%。港澳台商投资企业创利税最高，达 18667 万元，占 54. 03%。其他依次为外商投资企业 6798 万元、占 19. 68%，国有企业占 10. 43%，私营企业占 7. 96%，集体企业占 3. 68%，有限责任公司占 3. 62%，联营企业占 0. 60%。

2007 年，利税总额大幅度增加，达 150138 万元，为 2003 年的 3. 66 倍，年均增长 38. 33%。港澳台商投资企业保持第一，达 62842 万元，占 41. 86%。其他依次为私营企业 44455 万元、占 29. 61%，外商投资企业 29674 万元、占 19. 76%，有限责任公司占 4. 89%，国有企业占 2. 61%，集体企业占 0. 71%，联营企业占 0. 56%。

四、资产

1997 年，同安区规模以上工业企业固定资产原值 255516 万元，流动资产 230142 万元。其中，港澳台商投资企业为 218462 万元、21380. 19 万元，分别占 85. 5%、92. 9%；国有企业为 21165 万元、10450 万元，分别占 8. 3%、7. 1%；集体企业固定资产原值 15842 万元占 6. 2%。

1998—2002 年，三资企业和私营企业迅速发展，至 2002 年底，全区规上企业固定资产原值达 478352 万元，流动资产 446465 万元，分别是 1997 年 1. 87 倍、1. 94 倍，年均增长 13. 36%、14. 17%。其中，港澳台商投资企业固定资产原值 339158 万元，流动资产 311257 万元分别占总数的 70. 90%、69. 72%。外商投资企业为 78082 万元、86950 万元，分别占总数的 16. 32%、19. 48%。私营企业为 14389 万元、16894 万元，分别占总数的 3. 01%、3. 78%。

2007 年，全部规上工业企业固定资产原值 842750 万元，流动资产 1206459 万元，分别是 2003 年的 2. 11 倍、2. 78 倍、年均增长 20. 54%、29. 17%。其中，港澳台商投资企业固定资产原值 456745 万元，流动资产 542708 万元，分别占总数的 54. 20%、44. 98%，外商投资企业为 126235 万元、274799 万元，分别占 14. 98%、22. 78%。私营企业 121917 万元、263912 万元、分别占总数的 14. 47%、21. 87%。

1997—2007 年同安区规模以上工业企业全员劳动生产率

表 7-7

	1997 年	1998 年	1999 年	2000 年	2001 年	2002 年	2003 年	2004 年	2005 年	2006 年	2007 年
全部从业人员年平均人数总计（人）	34943	30610	37877	41060	43669	51076	40294	60762	67695	76328	85424
其中：轻工业	27943	24617	29450	32528	34746	39949	34540	47029	56772	59693	66969
重工业	7000	5993	8427	8532	8923	11127	5754	13733	10923	16635	18455
国有企业	2090	1659	1712	1555	1405	1230	1378	1267	2407	2791	2449
集体企业	3412	673	858	737	858	694	429	446	474	440	594
联营企业	553	1470	2282	158	172	180	172	216	169	150	153
股份企业	1683	1656	1433	1403	1116	—	—	240	—	—	—
有限责任公司	—	—	125	2419	3079	4019	1156	3223	2515	3598	4563
私营企业	—	544	590	902	1044	1050	1499	6883	7667	11962	13220
港澳台商投资企业	21033	19573	26313	28588	30480	38085	29692	38353	39745	42918	44371
外商投资企业	6172	5035	4564	5298	5515	5818	5968	10134	14718	14469	20074
年均劳动生产率(元/人)	108597	138123	124625	141792	144661	159643	165127	193974	214521	229124	266487
其中：轻工业	102911	131760	123438	131926	140740	145530	165118	196743	205306	229241	259026
重工业	131294	164258	128771	179407	159928	210313	165181	184490	262417	228705	293561

续表7-7

	1997 年	1998 年	1999 年	2000 年	2001 年	2002 年	2003 年	2004 年	2005 年	2006 年	2007 年
国有企业	46909	51187	65280	53486	96256	104211	132286	224140	243356	247918	245129
集体企业	88869	269643	195559	239633	107960	109179	89347	146841	133557	163280	194175
联营企业	46709	107244	36858	152721	174244	158778	156105	316185	287266	317940	395294
股份企业	100849	84414	94766	102837	116514	—	—	114583	—	—	—
有限责任公司	—	—	109920	49094	44381	32083	180709	217117	226736	234296	274475
私营企业	—	154338	188424	183825	343074	350333	544089	389878	514729	379487	523651
港澳台商投资企业	114751	135315	122491	146364	139281	164203	145311	153686	165574	180565	198078
外商投资企业	127132	185029	191440	174590	215634	201262	178803	213717	185281	245023	250285

1997—2007 年同安区规模以上工业企业主要经济指标表

表 7-8

单位：万元

	1997 年	1998 年	1999 年	2000 年	2001 年	2002 年	2003 年	2004 年	2005 年	2006 年	2007 年
资产总计（万元）	502036	1024585	1095099	1224852	1321558	825341	761220	1021947	1256689	1486012	1983365
其中：轻工业	341257	744172	796777	913330	965569	575961	615687	765294	986165	1136835	1440969
重工业	160779	280413	298322	311522	355989	249380	145533	256653	270524	349177	542396
国有企业	44459	557670	589874	661031	716642	36432	43930	28894	83111	82632	91068
集体企业	26970	8959	10333	11020	6633	8201	3132	3626	4271	4506	8320
联营企业	—	—	—	—	—	3705	4294	5866	4977	5177	5994
股份企业	—	—	—	—	—	—	—	2845	—	—	—
有限责任公司	—	—	—	—	—	23632	32672	51161	44141	80827	120845
私营企业	—	—	—	—	—	34265	100692	139240	196695	285582	414280
港澳台商投资企业	430607	299024	390430	465271	470358	573221	452712	602451	667119	739973	920480
外商投资企业	—	158932	104462	87530	127925	145885	123788	187864	256375	287315	422378
固定资产原值总计(万元)	255516	472274	590781	691138	747748	478352	399130	495161	590675	684690	842750
其中：轻工业	172020	305015	413244	490410	532363	321995	315741	381178	476598	538886	642650
重工业	83496	167259	177537	200728	215385	156357	83389	113983	114077	145804	200100
国有企业	21165	264754	326912	381145	412777	30542	34781	13386	21016	37565	45664
集体企业	15889	4119	4039	4580	3030	3157	1128	1678	1794	1390	1999
联营企业	—	—	—	—	—	1982	2253	2602	2091	1840	2708
股份企业	—	—	—	—	—	—	—	1604	—	—	—
有限责任公司	—	—	—	—	—	11042	22719	17000	14857	34322	44632
私营企业	—	—	—	—	—	14389	26785	42270	68376	85079	121917
港澳台商投资企业	218462	150464	199591	257617	261013	339158	247622	324615	358718	386465	456745
外商投资企业	—	52937	60239	47796	70928	78082	63842	92006	123823	138029	169085
流动资产总计（万元）	230142	226841	342022	325322	348085	446465	4333392	611578	757273	885001	1206459
其中：轻工业	163695	156968	265718	244600	248393	307712	354626	455234	581175	667104	858454
重工业	66447	69873	76304	80722	99692	138753	78766	156344	176098	217897	348005
国有企业	16450	13887	11373	22551	16284	13447	19049	18361	56530	38591	42998

续表7-8

	1997 年	1998 年	1999 年	2000 年	2001 年	2002 年	2003 年	2004 年	2005 年	2006 年	2007 年
集体企业	—	5279	6690	6931	4468	4917	2522	2672	2647	2999	6370
联营企业	—	—	—	—	—	2318	2886	4292	3797	3584	3962
股份企业	—	—	—	—	—	—	—	1623	—	—	—
有限责任公司	—	—	—	—	—	10681	14512	34331	28385	42334	71711
私营企业	—	—	—	—	—	16894	69971	92635	120760	180534	263912
港澳台商投资企业	213692	161087	274921	249360	258066	311257	250755	339200	385226	445517	542708
外商投资企业	—	46588	49038	46480	69267	86950	73697	117511	159927	171442	274799
其他企业	—	—	—	—	—	—	—	953	—	—	—
销售产值（当年价格）总计（万元）	438350	842692	969831	1196436	1294295	825410	734907	117496	1442157	1726830	2223329
其中：轻工业	336569	658753	747216	900783	1016929	578865	618421	866345	1157494	1350613	1690860
重工业	101781	183939	222615	295653	277366	246545	116486	251151	284663	376217	532469
国有企业	17796	452688	514786	633362	698082	17391	23886	26607	60319	60657	64470
集体企业	35834	19173	20979	22881	9496	9577	4640	6434	6338	7158	11474
联营企业	—	—	—	—	—	4096	3560	6791	5094	4762	5937
股份企业	—	—	—	—	—	—	—	2750	—	—	—
有限责任公司	—	—	—	—	—	15221	24087	69933	55996	82793	1E+05
私营企业	—	—	—	—	—	44969	107437	244154	390256	449284	680591
港澳台商投资企业	384720	272058	336052	434771	450369	584777	434397	547844	653465	770640	839218
外商投资企业	—	98773	98014	105422	136348	149379	136900	212983	270689	351536	496263
出口交货值总计（万元）	341646	—	—	—	—	457443	341647	451698	518358	678654	789151
其中：轻工业	—	—	—	—	—	296312	292821	344768	379377	506829	578943
重工业	—	—	—	—	—	161131	48826	106930	138981	171825	210208
国有企业	—	—	—	—	—	—	—	1113	—	14310	13362
集体企业	3084	—	—	—	—	3497	3084	3496	3759	4340	4893
联营企业	—	—	—	—	—	—	—	—	—	—	—
股份企业	—	—	—	—	—	—	—	—	—	—	—
有限责任公司	—	—	—	—	—	6654	—	4157	4585	12707	12132
私营企业	910	—	—	—	—	1664	910	14955	13632	22434	34648
港澳台商投资企业	243177	—	—	—	—	362685	243177	290318	336048	385931	411090
外商投资企业	94476	—	—	—	—	82943	94476	137659	160334	238932	313026
利润总额总计（万元）	4257	10293	10357	13210	19312	21174	25773	24098	37740	61650	106735
其中：轻工业	-504	496	-4135	5361	9311	15005	17612	12670	24272	44421	77505
重工业	4761	9797	14492	7849	10001	6169	8161	11428	13468	17229	29230
国有企业	235	5062	3159	7137	10603	1237	3382	2475	1571	1050	1291
集体企业	751	613	718	787	785	881	433	371	614	995	478
联营企业	—	—	—	—	—	29	129	283	481	425	450

续表7-8

	1997 年	1998 年	1999 年	2000 年	2001 年	2002 年	2003 年	2004 年	2005 年	2006 年	2007 年
股份企业	—	—	—	—	—	—	—	453	—	—	—
有限责任公司	—	—	—	—	—	657	1574	2072	2233	1222	2745
私营企业	—	—	—	—	—	2346	2270	-2485	6836	13461	35447
港澳台商投资企业	3271	4863	7338	4183	7382	11622	13305	12771	16911	27388	43507
外商投资企业		-245	-858	1103	542	4402	4680	8158	9094	17109	22817
利税总额总计（万元）	12447	27482	30582	41370	54392	34547	41004	44855	72369	93167	150138
其中：轻工业	3425	11396	9983	25762	35262	23139	28473	26934	53786	67724	109048
重工业	9022	16086	20599	15608	19130	11408	12531	17921	18583	25443	41090
国有企业	2076	16423	16769	24889	32402	3602	6314	4218	3957	2193	3922
集体企业	1892	916	1051	1098	1177	1270	737	949	1011	1465	1068
联营企业	—	—	—	—	—	207	307	619	824	741	840
股份企业	—	—	—	—	—	—	—	732	—	—	—
有限责任公司	—	—	—	—	—	1252	5383	3884	4484	4100	7337
私营企业	—	—	—	—	—	2751	2781	217	10452	19004	44455
港澳台商投资企业	8479	8726	12453	12343	16889	18667	19379	23833	38500	44270	62842
外商投资企业	—	1417	309	3040	3924	6798	6103	10403	13141	21394	29674

说明：1. 2004 年“其他企业”数字并入“私营企业”栏内

2. 2004—2006 年利税总额包括：利润总额、主营业务税金及附加、本年应交增值税

第四节　主要企业

一、2003—2006 年产值前 20 名企业

2003 年，产值 1 亿元以上、6 亿元以下工业企业为华夏山二实业有限公司、厦门歌乐电子企业有限公司、厦门中禾实业有限公司、厦门华诚实业有限公司、厦门金日制药有限公司、厦门惠尔康食品有限公司、亚美（厦门）皮件有限公司、厦门东纶织造有限公司、厦门市同安银祥实业有限公司、波特（厦门）鞋业有限公司、厦门浦头饲料有限公司、厦门中盛粮油企业公司、厦门同纶实业有限公司、茂泰食品（厦门）有限公司、厦门银华机械厂、高时（厦门）石业有限公司、厦门金鹏人造花有限公司、青岛啤酒（厦门）有限公司、厦门愉天石材有限公司、厦门悠来斯球业有限公司。

2004 年，产值 1.2 亿元以上、9 亿元以下工业企业比 2003 年增加厦门百穗行实业有限公司、厦门海灵宝水产饲料有限公司、厦门合兴包装印刷有限公司 3 家；减少厦门歌乐电子企业有限公司、厦门市同安银祥实业有限公司、厦门悠来斯球业有限公司 3 家，其余 17 家保持不变。

2005 年，产值 1.7 亿元以上、9 亿元以下工业企业为厦门中和实业有限公司、厦门中盛粮油企业公司、厦门华诚实业有限公司、亚美（厦门）皮件有限公司、华夏山二实业有限公司、厦门同安银祥实业有限公司、厦门银祥肉业有限公司、高时（厦门）石业有限公司、厦门金日制药有限公司、厦门古龙罐头有限公司、厦门大统皮革制品有限公司、波特（厦门）鞋业有限公司、厦门百穗祥饲料有限公

司、厦门浦头饲料有限公司、厦门市东纶织造有限公司、厦门银华机械厂、厦门金鹏人造花有限公司、茂泰食品（厦门）有限公司、厦门市同安银祥实业有限公司、青岛啤酒（厦门）有限公司。

2006 年，产值 2.1 亿元以上、10 亿元以下工业企业比 2005 年增加 ECCO（厦门）有限公司、厦门惠尔康食品有限公司、厦门娃哈哈食品有限公司 3 家；减少茂泰食品（厦门）有限公司、厦门市同安银祥实业有限公司、青岛啤酒（厦门）有限公司 3 家，其余 17 家保持不变。

二、2007 年产值前 20 名企业

厦门中盛粮油集团有限公司　1993 年成立，注册资金 6000 万元，民营企业，址在厦门市同安区美人山高科技园区，占地面积 16 万平方米。主要生产“盛洲”牌花生油等食用植物油系列产品。2007 年产值 110550 万元，总资产 35975 万元，固定资产 12364 万元，利税总额 2078 万元。年生产能力 37 万吨，为福建省食用植物油生产规模最大的民营企业，位居全国同行业前列。企业职工 286 人，其中大专以上学历 89 人，技术研究开发人员 31 人，高级工程师 4 人，工程师 8 人。

厦门中禾实业有限公司　2002 年 9 月，投资兴建的大型大豆加工企业，址在同安城南工业园区金富路 97 号，占地 13.33 万平方米。注册资金 1 亿元，私营企业。主产品为豆粕及大豆食用油，2007 年，产值 11.22 亿元，创利税 13444 万元，固定资产原值 8887 万元。在职员工 218 人，50% 以上具有大中专以上学历。公司产品不仅填补了厦门市大豆油脂加工及豆粕加工企业的空白，还对厦门市及其周边地区的养殖、饲料加工业形成巨大的支持，成为产业链的龙头企业。

银祥肉业有限公司生产线

厦门银祥肉业有限公司　创办于 2003 年，私营企业，址在同安西柯轻工食品工业园美禾六路 99 号。主要产品：猪肉。2007 年，产值 75244 万元，创税利 1967 万元，固定资产 14496 万元，企业职工 390 人。

华城实业有限公司生产车间一角

厦门华诚实业有限公司　位于同安区城南工业区，系志诚国际（香港）有限公司于 1995 年在厦门注册成立的外商独资企业，注册资本 3000 万美元，投资总额 6000 万美元。占地面积 16 万平方米。主要产品：涤纶、尼龙长丝—POY、FDY、DTY，尼龙丝束；化纤织物—家纺、服装、箱包面料，包括花瑶、牛津、桃皮绒、麂皮、涤塔夫、塔斯隆、尼丝纺、提花类等。2007 年，产值 71158

万元，税利5154万元，净利润4394.5万元，固定资产原值41052万元，企业职工780人。

厦门同纶实业有限公司 1996年9月创办，系与厦门东纶股份有限公司合并而成立的股份有限公司，址在同安区同集路美人山高科技工业园区。主要产品锦纶6及锦纶66原丝；化纤坯布。2007年，产值8.33亿元，创税利0.79亿元，固定资产7.36亿元，企业职工1200人。

亚美（厦门）皮件有限公司 1997年初创建的独资企业，址在同安城南工业园区，厂房5.6万平方米。主要产品为各类皮带、皮夹、皮包。2007年，产值6.2亿元，创税利1600万元，固定资产6000万元，企业职工3700余人。

厦门大统皮革制品有限公司 2000年10月创办。外商独资企业，址在同安城南工业园区。主要产品：皮包、皮夹、皮带。2007年，产值57132万元，创税利1904万元，固定资产10388万元，企业职工4602人。

厦门百穗行科技股份有限公司 1999年9月创办，股份制企业，址在同安城南工业园区。主要产品：畜禽、水产配合饲料。2007年，产值56657万元，创税利1242万元，其中利润794万元，固定资产6619万元，企业职工207人。

ECCO（厦门）有限公司 2004年6月新加坡投资创办的独资企业，址在同安城南工业园区。主要生产ECCO牌成品鞋和鞋面。2007年，产值49252万元，创税利2638万元，固定资产25935万元，企业职工2586人。

ECCO（厦门）有限公司厂区一角

高时（厦门）石业有限公司 1999年9月外商合资创办的大型综合性石材企业，址在同安大同街道东山村。主要股东来自英属维尔京群岛，其余三位股东来自日本。注册资金3000万美元，主要从事各种石料产品的生产和加工以及各种石材的批发和进出口。2007年，产值46614万元，创税利2367万元，固定资产13264万元，企业职工近千人。

华夏山二实业有限公司 1989年4月创办的外商独资企业，址在同安城东工业区。主要产品皮带、皮包、皮夹、皮箱。2007年，产值36536万元，创税利1248万元，固定资产7998万元，企业职工2481人。

厦门惠尔康食品有限公司 1998年12月31日创办的民营企业，址在同安区朝元路1801号。主要产品：惠尔康茶饮料、植物蛋白饮料、谷物饮料、八宝粥等系列产品。2007年，产值184058万元，创税利20419万元，固定资产70559万元，企业职工3250人。

厦门古龙罐头食品有限公司 1954年创立的国有企业，现址厦门市同集中路1666号古龙工业园。主要产品：红烧肉类、午餐肉类、果蔬及其他类罐头；酱油、豆酱、豆豉、辣椒酱、味精、白糖、橄榄油等调味品及枫叶糖浆。2007年，产值32485万元，税利2065万元，固定资产33812万元，企业职工1497人。

厦门浦头饲料有限公司 1987年创办的民营企业，址在同安区西柯镇浦头村。占地面积6万多平方米，标准厂房2.3万平方米，注册资金3000万元，是一家从事动物营养饲料研发、生产、经营的专业生产企业，年生产能力超过30万吨。主要产品：牛蛙配合饲料、罗非鱼配合饲料、虾类配合饲料、蛋鸭肉鸭配合饲料等。2007年，产值5084万元，创税利229万元，固定资产1598万元，企业职工187人。

太阳城（厦门）雨具有限公司 1995年9月创办，台、港、澳法人独资企业，址在同安美人山高科技园区。主要产品：太阳城牌雨伞。2007年，产值30015万元，创税利372万元，固定资产350万元，企业职工229人。

厦门金日制药有限公司 1991年7月5日创办的香港独资企业，址在同安金日路1号。主要产品：金日牌心源素、蛋白质粉、牦牛骨髓粉、洋参袋泡茶、洋参口服液、洋参含片、洋参冲剂、冰糖燕窝等。2007年，产值28860万元，利税3736万元，固定资产649万元，企业职工584人。

厦门银华机械有限公司 1971年创建，原名福建洪流机器厂（国营第五三五七厂，隶属于兵器工业部），1984年从三明市清流县整体搬迁到厦门市同安县并着手开始转入民品生产，同年12月1日经同安县工商行政管理局核准取名国营银华机械厂，1992年4月9日更名为厦门银华机械厂，1998年加盟厦工集团，2006年5月资产划入厦门机电集团，是机电集团成员企业。址在同安城东工业区。主要产品：液压油缸、石材机械、电子设备三大系列产品。2007年，产值26606万元，税利总额1237万元，固定资产7513万元，企业职工736人。

厦门银华机械有限公司生产车间一角

波特（厦门）鞋业有限公司 1989年5月4日成立的外商投资企业，投资方为美属萨摩亚，址在同安城南工业区。主要产品：运动鞋。2007年，产值26715万元，税利519万元，固定资产6160万元，企业职工1910人。

厦门娃哈哈食品有限公司 2005年初创办的中外合资企业，址在同安区轻工食品工业园美禾三路333号。注册资本800万美元，占地6.5万多平方米，厂房建筑面积2.75万平方米。生产基地包括厦门娃哈哈食品有限公司和厦门娃哈哈饮料有限公司。主要产品：营养快线、茶、爽歪歪、乳娃娃、AD钙奶、纯净水等。2007年，产值38585万元，创税利7598万元，固定资产15270万元，企业职工270人。

厦门银祥饲料有限公司 1988年创办的私营企业，占地22000平方米，址在洪塘镇石浔工业区。主要产品：畜禽饲料、水产饲料。年生产能力15万吨。2007年，产值47522万元，税利1502万元，固定资产2514万元，企业职工200人。

第三章　企业改革与创新

第一节　企业改革

1995年1月12日，经同安县人民政府同意，厦门银城食品工业开发总公司所属同安罐头厂、同安针织厂有偿转让给厦门银城股份有限公司。收取有偿使用费867万元，两厂共有固定职工（含退休职工）397人全部由厦门银城股份有限公司负责接收安置。

1995年12月，同安经济开发贸易公司与菲律宾公平针织有限公司合资兴办的“厦门同安联华有限公司”合资期届满，经合资中、外双方各股东同意，决定将联华有限公司现有财产按照清算后的价值按原比例作为原各股东投入厦门华宏卫生用品企业有限公司的股本。同月，中菲合资联兴公司合资期满，按账面资产298.80万元由同安漂染厂接收，付给外方股东150万元。

1997年1月15日，经同安县人民政府同意，厦门同安轻工业开发公司、厦门同安陶器厂、同安瓷厂三家国有工业企业从1997年元月1日起改为内部职工持股的股份合作制企业，同时分别更名为“厦门同安印刷有限公司”“厦门同安陶器有限公司”“厦门同安瓷器有限公司”。三家企业的资产总额分别为1457.05万元、1263.58万元、434.42万元，负债总额分别为1019.47万元、473.94万元、166.74万元，所有者权益分别为437.59万元、789.64万元、267.68万元；原固定职工分别为48人、59人、36人，安置费分别为67.98万元、97.20万元、57.92万元；原合同制职工分别为46人、30人、17人，补贴金分别为5.72万元、7.75万元、4.02万元；退休职工和抚恤对象人数分别为37人、116人、44人，补贴金分别为18.50万元、63.00万元、22.00万元。

1997年3月，同安机械厂按照《中华人民共和国公司法》要求，改制为有限责任公司，成立厦门同安豪发汽车机械有限公司，国有股占96%，社会法人股占4%。改制后所有者权益从582万元增至1347万元。

1998年2月25日，经同安区人民政府同意，厦门同安制药厂由厦门银城股份有限公司兼并。厦门同安制药厂的债权、债务由厦门银城股份有限公司承担，所有资产亦由该公司支配和管理。厦门同安制药厂的全部职工由厦门银城股份有限公司负责接收和安置，并享受国家规定的各项劳保福利待遇。厦门同安制药厂被兼并后，其企业法人代表由厦门银城股份有限公司聘任，党团、工会等组织也并入该公司。截至1997年12月31日，厦门同安制药厂职工40人（其中固定工26人），资产总额1896.02万元（其中土地资产作价740万元），负债总额1316.75万元，所有者权益579.27万元；历年累计亏损358.88万元；还有潜亏、呆账等财产损失250多万元。

2002年3月18日，厦门银城股份有限公司在法院主持下对有效资产公开拍卖。青岛啤酒集团以1.41亿元竞买成功，并更名为青岛啤酒（厦门）有限公司。银城股份公司资产总额23227万元，所有者权益-3296万元，在职职工483人，离退休职工160人，抚恤人员9人，已支付安置费1377万元。青岛啤酒集团入主后，立即进行资产重组、整合和改造，使资不抵债濒临破产的企业重新焕发生机，原公司400多名下岗职工重新就业。

2003年3月，厦门市中级人民法院对同安油厂计划内破产等立案，2004年12月，完成财产清查、财务审计、资产评估、土地确认、资产拍卖处置、债权债务清理及职工安置分流的各项工作，并由法院下达裁定书。通过启动破产程序，免除企业债务3500多万元，财产（含土地使用权）拍卖收入1050万元用于支付职工补偿金和破产成本后略有节余，企业改制不仅没有增加财政负担，而且收回财政原垫付的60多万资金，缴纳地方各级税费110多万元。同安油厂资产总额2311万元，所有者权益-552万元，在职职工132人，离退休职工61人，抚恤人员19人，已支付安置费1020万元。

2004年8月，区国企办、经贸局以同安马巷布厂现有土地使用权与银行协商解押后划拨给区星火公司作储备，由其垫付资金1000万元用于支付职工补偿金及各项欠费。2004年10月，布厂关闭解散。核实资产总额512万元，所有者权益-318万元，在职职工130人，离退休职工207人，抚恤人员7人，支付安置费896万元。

2004年10月，同安食品厂实施关闭解散。该厂资产总额1809万元，所有者权益1019万元，在职职工132人，离退休职工51人，抚恤人员5人，支付安置费800万元。改制后，原持有的厦门同顺食品饮料有限公司76%的股权由同安区国有资产有限公司接管。

2004年10月，同安食品罐头二厂实施关闭解散。该厂关闭后8000多平方米用地，挂牌出让收入2500多万元，支付职工补偿金和改制费用450多万元。资产总额676万元，所有者权益-129万元，在职职工53人，离退休职工49人，抚恤人员7人，支付安置费374万元。

2004年10月，同安漂染厂实施股份合作制。该厂资产总额387万元，所有者权益328万元，在职职工35人，离退休职工28人，支付安置费165万元。

2004年10月，同安医药化工总公司实施关闭解散。公司资产总额1374万元，所有者权益-122万元，在职职工100人，离退休职工25人，抚恤人员3人，支付职工安置费600万元。

2004年10月，同安经济开发贸易公司实施关闭解散。公司资产总额220万元，所有者权益-149万元，在职职工6人，支付职工安置费26万元。

2005年5月，同安豪发汽车机械有限公司完成全厂250多名员工的安置分流，实施关闭解散，以自有资金700多万元支付职工补偿金，尚剩余600多万元现金以及可变卖的固定资产约1500多万元，按照有关规定由区国资公司接管。核实资产总额1645万元，所有者权益1515万元，在职职工153人，离退休职工90人，抚恤人员9人，已支付安置费850万元。

2006年12月，同安区水泥制管厂实施关闭解散。该厂资产总额362万元，所有者权益355万元，在职职工7人，离退休职工4人，支付安置费50万元。

第二节　企业创新

一、技术创新

1997年，同安文兴工艺品公司仿制古瓷珍品技术研究取得成功。同年，厦门市洋江蚝油进出口公司研究“清蚝油”技艺并取得成功。

1998年，同安区皂素厂研究“三改二”海柯吉宁生产新工艺（2000年获市科技奖）取得成功。

1999年，金日制药公司购置国外先进机台，改造生产车间，企业通过国家GTMP认证。

2000—2002年，古龙罐头食品公司投巨资从欧美引进微波解冻机、高速真空斩拌机、高精度装填机及二片罐三片罐生产线，在国内首次将冰蓄冷空调技术运用于罐头生产车间低温空调系统技术改造获得成功。并研发水产品系列罐头的生产技艺。

2002年，高时（厦门）石业公司研发的“高时牌”系列产品“结构改良的石材桌面”和“可双面使用的石材桌面”生产技艺获实用新型专利证书。同年，厦门百穗行科技公司开发成功壳寡糖环保饲料工业化生产技术。

2003年，厦门百穗行科技股份有限公司研发环保高效监子鱼饲料产业化生产技术。同安将军食品公司研发果蔬气调保鲜技术。

2004 年起，厦门百穗行科技股份有限公司研发成功的高效环保型乳猪饲料、绿色大规格对虾饲料、大黄鱼配合饲料，壳寡糖环保型虹鳟饲料生产新技术、新工艺，分别达国际先进水平、国内领先水平。

2005 年，厦门华诚实业有限公司开发“海岛纤维”产业化生产技术，开创国内独树一帜的纺丝、纺织工业结合的生产技术。金日制药有限公司研发壳寡糖絮凝新技术。

2007 年，厦门同纶实业有限公司研发“锦纶 66 全消光细旦 FDY（44dte/36F）产业化生产技术。厦门鹰君保健食品公司研发复合氨基酸口服液产业化生产技术。

二、产品开发

1997 年，同安文兴工艺公司研制的“无光裂釉彩瓷”获摩洛哥第三届国际发明与革新展览会奥斯卡金奖。同年起，金日制药有限公司先后开发心源素、蛋白质粉、虫草菌丝体口服液、蜂王浆冻干粉含片等 50 多种新产品。

1998 年，同安银城啤酒股份有限公司研制成功全麦芽啤酒，银华机械厂研制成功 KOC-50L 全自动切线剥皮机、移动式兽药切边机、液压油缸等。

1999 年，惠尔康食品有限公司成功开发“花生牛奶”系列蛋白饮料，同安华圣公司成功研制的“六甲基环三硅氧烷”获新加坡国际化工产品博览会金奖。

2000 年，古龙罐头食品有限公司先后研制成功鲮鱼系列、牡蛎系列、沙丁鱼系列等 20 多个品种、多种口味的水产品罐头，填补国内空白，开发出清真类和汤类罐头。

2001 年，银祥肉业有限公司开发“同安封肉”、冷冻肉系列新产品；银祥饲料公司研发国家科技项目多种特殊性水产饲料。

2002 年，厦门绿地康生物工程研制成功低毒生物农药系列产品；同安三立实业公司研制成功感应全自动测湿仪。同年起，银祥饲料有限公司先后研制成功大黄鱼慢沉型配合饲料、美国红鱼饲料、黄鳝鱼配合饲料、泰国虎纹高效饲料、海水鱼高能膨化型无公害饲料等。

2003 年，厦门浦头饲料有限公司研制成功福建名牌产品牛蛙水产饲料；太阳城雨具有限公司研制成功国家实用新型专利产品折骨晴雨伞，填补国内空白。

2004 年起，厦门百穗行科技股份有限公司先后研制成功高效环保型乳猪饲料、绿色大规格对虾饲料、大黄鱼配合饲料、壳寡糖环保型虹鳟饲料。该 3 种产品在 2006 年 1—10 月实现产值 2. 19 亿元。

2005 年，厦门华诚实业有限公司研制成功涤棉复合差别化纤维；永盈厦门科技公司研制成功 ESW-12K-40. 5KV 户内高流高压接地开关。

2007 年，金日制药有限公司研制成功复方地塞米松凝胶；厦门同纶实业有限公司研制成功锦纶 66 全消光细旦 FDX 产品；厦门鹰君保健食品公司研制成功复合氨基酸口服液。

第四章　工业园区

第一节　同安工业集中区

一、园区简介

位于国道 324 线以南、同集快速路以西、白云大道以东、国道 324 复线以北，南北长 3. 4 公里、东西宽 3.8 公里。距离高崎国际机场 25 公里、东渡港码头 27 公里、福厦高速公路入口 1 公里。总规划面积 13 平方公里，由同安园、思明园、湖里园和火炬园 4 个园区组成。其中：

同安工业集中区同安园一角

同安园　规划面积 8 平方公里，引进企业 253 家，其中通用厂房企业 194 家，自建企业 59 家。

思明园　规划面积 2.72 平方公里，引进企业 146 家，其中通用厂房企业 140 家，自建企业 6 家。

湖里园　规划面积 0.79 平方公里，引进企业 107 家，其中通用厂房企业 99 家，自建企业 8 家。

火炬园　规划面积 0.9 平方公里，引进企业 15 家，全部是自建企业。

园区规划定位以发展机械电子、服装鞋帽、运动器械、电子商务、物流配送、印刷包装等符合产业导向的劳动力和技术密集型产业为主兼容的综合性产业基地。截至 2007 年底，同安工业集中区已引进企业 521 家，其中通用厂房项目 433 家，自建项目 88 家。有 507 家企业入驻，445 家企业投产，产业工人近 5 万名。实现工业总产值 52.1 亿元。

同安工业集中区思明园一角

同安工业集中区湖里园一角

二、园区建设

（一）征地拆迁

工业集中区辖区涉及新民镇和祥平街道的 7 个行政村、2 万多村民。2005 年 5 月，启动征地拆迁，仅用 45 天时间完成 11372 亩可供开发的存量土地预征和地上物清点工作；又用 45 天基本完成 11 万多株果树、12 万多平方米临时建筑、8400 个坟墓等地上物的清理；此后再用 10 天时间，完成 3 个起步区 70 万土方工程量的场地平整，并交付使用，创造征地拆迁的“同安速度”（时任福建省委书记卢展工语）和被征地村民“零上访”两个“同安奇迹”

（二）工程建设

市政配套　2005 年 7 月 30 日，市政工程梧侣路、同辉路动工建设。园区规划建有“三纵三横”6

条30米宽的主干道路、26条18米以上等级支路共54公里长，同步配套给水排水、排污、邮电通讯、有线电视等专业管线；投资改扩建220千伏变电站一座，新建110千伏变电站一座、10千伏开闭所23座、自来水加压泵1座。同时，规划配套建设优质中小学校、医疗服务中心、文体活动中心、现代化住宅小区、综合商业街、大型超市、商务酒店、公交始末站等项目，为园区提供完整的市政、公共和商业服务配套。

同安工业集中区大门

厂房建设 2005年9月15日，标准厂房建设正式开工，同安园、思明园、湖里园3个起步区同时举行开工典礼。园区规划建设标准工业厂房占地1.8平方公里，269栋290万平方米；建有专业厂房300多万平方米。占地约3.8平方公里，2006年3月15日，首家企业入驻投产。

同安工业集中区首批厂房封顶

“金包银”项目 2005年12月2日，“金包银”项目正式启动，以解决被征地农民的生产生活出路，被省委称为“创新之举、惠民之举”，被回良玉副总理称为是“社会主义新农村的有益探索”。2006年4月24日，第一标段3栋“金边”项目封顶；同年9月10日，位于祥平街道西湖村株厝里的首栋“金边”工程交付使用。至2007年底，项目累计开工“金边”工程92栋，建筑面积32.14万平方米。7个村按照“路通、水畅、污治、安全有保障”的原则完成旧村改造和新村建设规划设计。

三、管理与服务

（一）管理机构

厦门市同安工业集中区管理委员会 2007年8月8日成立，为厦门市人民政府的派出机构。管委会由市政府副秘书长兼任主任，同安区副区长兼任常务副主任，思明区、湖里区各一位分管副区长及市土地开发总公司总经理兼任副主任，委员由市委政法委、市交通委、市电业局、市水利局、思明区、湖里区、同安区、火炬管委会等相关单位领导组成。下设办公室，编制3人，为管委会的常设办事机构，挂靠同安区人民政府管理。

厦门市同安工业集中区服务中心 2007年8月8日成立，编制11人，为副处级全民事业单位，由

厦门市同安工业集中区管理委员会办公室管理。

（二）服务

服务理念 2007年，园区管委会以一个中心（力促企业入驻投达产）、两项建设（完善市政、生产生活配套设施的硬环境建设、强化管理提供优质服务的软环境建设）、三条原则（主动作为原则、服务企业原则、开拓创新原则）、四个切入点（以深入一线，服务经济，面向基层，服务企业，协调政府职能部门向园区延伸为切入点，为入驻企业生产提供优质服务；以解决吃、住、行、就学、就医、就业，文化娱乐，完善生活服务配套为切入点，为入驻企业员工提供良好的生活环境；以抓好环境卫生、绿化美化，完善市政配套，规范公共秩序，构筑平安园区为切入点，塑造园区整体形象；以建章立制、规范服务、主动作为、廉洁、高效为切入点，推进管委会各项工作常规化、常态化）、五大品质（平安园区、优美园区、温馨园区、满意园区、效益园区）为核心，创新思维，更新观念，致力于打造“平安、优美、温馨、满意、效益”园区。

服务企业生产 管委会落实省、市、区关于扶持中小企业经营发展的各项政策措施，走访、了解企业遇到的生产生活困难和问题，先后协调各相关部门帮助企业解决融资、招工、食宿、公共交通等问题；开展用工调查，举办专场招聘会，实行网络招聘等，满足园区企业用工需求；先后协调同安区行政执法直属中队、新民派出所工业区驻勤点、厦门市人才服务中心、厦门市中小企业服务中心、同安区工会进驻工业园区，为园区企业提供规范管理、人才需求、成长型中小企业资格认定、劳工关系调处等方面服务；设立“新市民教育中心”，并使之成为集中区职工群众步入新观念、新生态、新生活方式和新精神面貌学校，进行新市民的诚意、正心、修身、齐家、立业、助天下思想教育场所；对接同安区国土局和星火公司，协助园区企业办理产权登记和厂房确权工作248栋；帮助周边社区做好金边公寓管理工作，为园区企业员工住宿提供优质服务；协调教育部门及时解决外来务工人员子女就学问题；协调同安公交公司把集中区纳入常态化服务运营范围，方便园区员工出行；建立治安巡警、物业管理、企业内保“群防、群管、群治”安保体系，架设园区主要道路、道口治安远程监控探头90个，采用统一呼叫频率对讲系统，为创建“平安园区”提供强有力的基础保证；鼓励和支持企业踊跃参加国内各种展会，符合条件的企业享受市、区现有的市场开拓资金支持，享受厦门市展位费补贴和免公共布展费等优惠政策。

服务员工生活 建成投用思明园乐迎餐厅、同安园大厨餐厅（2处）、同安园九里香餐厅，可提供就近就餐及配送近2万份；牵头各园区管理部门年补助同安公交公司120万元，公交公司降低票价，园区内至同安城区全程上车只需1元。有6部公交车在园区内封闭运行，另有22部公交车经过园区，方便园区内员工出行；利用临时性文化活动中心开展形式多样的文化娱乐活动，满足企业员工业余文化生活；开设图书馆、棋牌室、电影播放室、乒乓球室、台球室等活动场所，免费向企业员工开放；每周举行电影晚会，每月举行卡拉OK比赛，营造和谐氛围。

第二节 其他工业区

一、城南工业区

位于城南福厦公路右侧，2001年开发。规划面积300公顷，定位为皮革、纺织、服装鞋帽、电子、有色金属、纸制品、塑料、运动器械、工艺品等符合产业导向的无污染、零排放的劳动密集型和技术密集型综合性产业基地。区内设有电子、机械、食品、纺织等组团及生活服务配套设施。区内道路9条，总长4600米。先后引进内外资项目72个，引资总额30亿元。入驻企业50家。

二、城北工业区

位于城区北侧、同南公路西侧，南北长1600米，东西宽300～550米。规划面积94公顷，2004年开发建设，配套一定规模休憩、办公用地，是无污染、零排放的劳动密集型、技术密集型为主的轻加工工业区。入驻企业有惠尔康食品有限公司、高时石材（厦门）有限公司和三得兴制衣有限公司等。

三、城东工业区

位于城东1公里处，占地面积93公顷，定位为中小型食品、轻工、机械加工为主的具有一定现代化水平的新工业区。1991年由同安房地产开发公司和厦门国际信托投资公司开发。区内设有电子、机械、建材、食品、纺织等组团及银行、邮电、商场、娱乐场、公寓别墅等生活服务设施。区内道路10条，总长6320米。截至2007年，先后引进内外资项目39个，引资总额10.6亿元，年工业总产值超过10亿元，缴纳税近2000万元。入驻企业42家，安排劳动力就业约1万人。

四、洪塘石材工业区

位于洪塘镇国道324线南侧，2002年开发。规划面积300公顷，规划建成集石材加工、进出口贸易和加工设备制造为一体的全国石材进出口集散基地。先后引进内外资项目28个，引资总额为15亿元。入驻企业32家。

五、莲花工业区

2003年开发，规划面积为100公顷，先后引进内外资项目15个，引资总额为4.89亿元。主要为台企入驻。

六、同安轻工食品工业区

位于同安区城南15公里处，紧临同集路，北连厦门同安工业集中区，东接环东海域综合整治区，距厦门国际机场、厦门东渡港15公里，建设中的海翔大道贯穿整个工业区。2002年经省政府批准设立，2003年开发。园区总规划面积556公顷，计划配套建设资金10亿元，发展定位为以发展罐装食品、速冻果蔬、饮料及茶叶深加工、海洋药物、中药保健等轻工食品生产及配套的包装、配送为主，融工业、村庄整合及各类服务设施于一体，环境优美、配套齐全的生态型工业区。

2003年启动后，工业区先后整合美禾园、黄金园、西福园、古龙园、同吉园等五个园区。截至2007年底，累计投入建设资金43354万元，引进娃哈哈、古龙集团、厦门中药厂、银祥、国能热电等一批知名企业和众多内、外资项目入驻。

此外，至2007年底，还有如下小工业区：

东山工业区 位于大同街道城北东山村，总用地9.33公顷，金日等大企业入住。

金富工业区 位于新民镇324国道北侧，总用地55.31公顷，30家外资企业落户。

潘涂工业区 位于西柯镇潘涂村，总用地6.53公顷。

火炬高科技工业区 位于西柯镇，总用地26.67公顷。

弘龙工业区 位于洪塘镇，总用地24公顷。

红福工业区 位于莲花镇，总用地30.67公顷。

汀溪工业区 位于汀溪镇，总用地33.33公顷。

十八榴工业区 位于五显镇，总用地17公顷。

附录：美禾等5个工业园区简介

美禾园：规划面积228公顷，2003年4月启动建设。截至2007年，土地开发投入2.7亿元，累计完成土地征用207公顷，（其中农转用198公顷）。园区完成三横四纵等七条规划道路建设，供水、供电、排污管线结合道路同步完工。园区签约引进项目48个，投资总额32.54亿元，其中外资项目14

个，投资总额1.44亿美元；内资项目34个，投资总额22.47亿元。2007年，实现工业生产总值16.23亿元人民币。

黄金园：规划面积66公顷，截至2007年底，共征地31.8公顷，开发投入2803万元，已经完成1#路、2#路2条规划主干道，3#路建设进入尾声，路网框架基本形成，园区内的供水、供电、排污管线结合道路建设同步配套到位。已引进太阳城雨具、金国际地产、联发置业等多家企业。

古龙园：规划面积28公顷，计划投资3.5亿元，由古龙集团自主开发建设。古龙项目已竣工投产，2007年产值达3.25亿元人民币，税收1905.65万元人民币。

西福园：规划面积167公顷，2001年下半年启动建设，截至2007年，园区完成征地和农转用100公顷，土地开发投入5000余万元，建成一条园区主干道和排水沟。园区引进项目52个，其中内资项目39个，投资总额7.6亿元；外资项目13个，投资总额3500万美元。

同吉园：规划面积67公顷，1992年启动建设。由湖里区及同吉开发公司开发建设的一期用地，道路及市政管网等基础设施建设已全部完成。园区先后引入绿泉饮料、舟和食品、进雄等12个项目，吸引外资5700万美元，吸引内资1.8亿元。

第八篇　交通　运输

1997 年，同安在推进高等级公路与县乡公路、农村公路建设齐头并进的基础上，进一步提出“加大投入，加快建设半小时交通圈，实现国道、高速公路、省道、县乡公路网络化”目标。2003 年后，又本着“总体规划、分期实施、同步建设、协调发展”的原则，制定“二横三环六辐射”公路网络建设规划。1997—2007 年，共完成公路建设投资近 14 亿元，新（改）建公路里程 689 公里，并全部实现等级化、硬质化。截至 2007 年，全区拥有公路 290 条 831.05 公里。

交通基础设施的完善，交通网络的形成，有力拉动交通运输市场的发展。2002 年，完成客运量 1886 万人、客运周转量 67252 万人公里，分别是 1997 年的 1.47 倍、1.29 倍、年均增长 7.94%、5.23%；货运量 1253 万吨、货运周转量 79008 万吨公里，分别是 1997 年的 1.60 倍、1.84 倍，年均增长 9.83%、12.97%。2007 年，全区拥有营运车辆 6619 辆，其中客车 262 部 9213 座位，货车 5236 部 25006 吨位，各种机动车维修企业 139 家，机动车驾驶员培训企业 6 家。完成客运量 3072 万人、客运周转量 94724 万人公里，分别是 2003 年的 2.84 倍、1.37 倍、年均增长 29.87%、8.19%；货运量 683.22 万吨、货运周转量 52345 万吨公里，分别是 2003 年的 1.005 倍、0.79 倍，年均增长 0.12%、-5.67%。

交通运输市场的发展，带动物流产业的繁荣。同安按照协调发展的思路，整合物流发展资源，完善城南城东物流园区的规划；加快商检检测中心和海关陆运转关中心建设；优化物流通关环境；扶持完善厦门建材物流配送中心；力促兴荣二期、普讯、晋联等物流配套项目的投产，实现物流产业向规模化拓展。2007 年，全区拥有物流企业 50 家，集装箱拖头 690 辆 18148 吨位，建材、果蔬、医药等物流园区仓储用地近 300 亩，初步形成集物流配送、仓储和集装箱运输、普货运输等专业批发和运输物流市场。

第一章　公路与桥梁

第一节　公　路

一、国道

（一）沈海高速同安段

沈海高速同安段总长 17 公里，是海峡西岸经济区“三纵八横三环二十五联”高速公路网规划的重要路段，交通量年均增长 12.6%，局部路段日均交通量 5 万辆。

2007 年，启动拓宽工程，采用“双侧拼接加宽为主，局部分离”的扩建方案，将全线扩建为 8 车

沈海高速同安段（1997 年前）

道高速公路，整体式路基宽 42 米，分离式路基单幅宽 22 米。同安段境内龙西村、顶头山、宋厝、浦头等 4 处先行工程于 2007 年 9 月动工。

沈海高速复线泉厦段主线起点位于泉三高速公路金淘枢纽互通，过境安溪县后，经双溪口进入同安区，由北往南经龙门岭隧道、小坪隧道至莲花镇云埔枢纽互通，再往西经上陵隧道至罗溪，进入漳州市长泰县境内；厦门机场连接线起点位于云埔枢纽互通，经莲花（西洋）互通、观音山隧道，终点位于沈海高速公路田厝枢纽互通。沈海高速复线厦门至安溪城际快速路第一期工程云埔至龙门隧道 9.73 公里，其中 TA1 和 TA2 两个标段于 2007 年 2 月 14 日开工建设。

（二）国道 324 线同安段

国道 324 线福昆线（福州—昆明）同安段起自 251K+700 洪塘镇三忠村，迄 272K+000 凤南农场南山村，全长 20.3 公里。1994 年 6 月 1 日开工改建，当年 10 月 28 日贯通。

324 国道同安收费站

国道 324 复线凤南—西湖段起自凤南农场南侧南山附近山仔边，终点四口圳北与同集路交叉处，全长约 8.4 公里，城市Ⅰ级主干道，主车道双向六车道，计算行车速度主车道为 60 公里/小时；国道 324 复线西湖—马巷段起点位于同安祥平街道西湖村附近与同集快速路 K283+920 交叉处，终点位于马巷国道 324 线 K251+620 处，道路全长 9.73 公里，同安区域内约 9 公里，为城市快速路，计算行车速度主车道为 60 公里/小时。2007 年 1 月，相继进场开工。

二、省道

省道 205 线同安段改线工程芸溪至龙门岭隧道于 1995 年 5 月 1 日竣工通车。2001 年，改命名为省道 206 线（西厦线，尤溪西城—厦门），同安段起自 259K+540 龙门岭隧道口（安溪界），迄 291K+900 天马种猪场，长 32.36 公里。其中，同集路为省道 206 线的一部分，起自 278K+800 安溪路口，迄 291K+900 天马种猪场，长 13.1 公里，又叫同集路，1995 年开始方案设计并施工，1998 年建成通车，2007 年对辅道进行改造，并在烧灰、潘涂、洪塘头修建三座人行天桥。

三、县道

1997 年后，改建、新建竣工 6 条。至 2007 年，同安拥有县道 9 条，194.82 公里。其中，水泥混凝土路面 134.10 公里，其他路面 60.72 公里。全部由同安公路分局和同安交通局专养。

县道 404 同安二环线　县道 404 线即同安二环线，起自竹坝，主要控制点有军村、洪塘、石浔、瑶头、梧侣、乌涂、柑岭、圭母岫，迄于竹坝。里程 35.255 公里。县道 404 线洪塘至龙西公路改建工程于 1996 年 2 月开工，1997 年 6 月竣工。建成后路基宽 6.5～8 米、路面宽 7.57 米、总里程 3.61 公里、建设投资 360.12 万元。县道 404 线布塘至军村至竹坝公路于 2007 年 7 月开工，2007 年 12 月竣工。建成后路基宽 6.5 米、路面宽 5 米、总里程 4.72 公里、建设投资 307 万元。县道 404 线马塘至后曾公路工程于 2007 年 2 月开工，2007 年 12 月竣工。建成后路基宽 18 米、路面宽 15 米、总里程 2.76 公里、建设投资 801.11 万元。

县道 422 大罗线　县道 422 大罗线（大帽山农场—莲花罗溪），起自 9K+800 银鹭集团路口（翔安界），迄 48K+734 莲花镇罗溪村（长泰界），里程 29.07 公里。旧东枧线（同安后沟—西环路口），起 7K+000 后沟村（与 S206 交界处），迄 8K+150 凤岗村（与西环路交界处），里程 1.15 公里。

旧东枧线　1996 年元月对旧东枧线（同安后沟—西环路口）段进行改造，1996 年 8 月完工。1998 年 10 月对东枧线 22K+000—34K+428 段进行改造，1999 年 3 月完工。

县道 415 云嵩线　县道 415 云嵩线（莲花云埔—海沧嵩屿），起自 0K+000，迄 6K+130，里程 6.13 公里。2000 年 2 月对美埔至云埔路段进行改造，2000 年 11 月完工。该路段为 20 厘米厚 C35 水泥混凝土路面。县道 415 云嵩线白沙仑至下塘边公路工程于 2005 年 1 月开工，2006 年 1 月竣工。建成后路基宽 12 米、路面宽 9 米、总里程 5.38 公里、建设投资 985.45 万元。

县道 414 五西线　县道 414 五西线（汀溪五峰—西柯），起自 0K+000 汀溪镇五峰村（南安界），迄 27K+930 西柯镇，里程 25.35 公里。1999 年 6 月对旧东枧线西柯至阳翟段进行改造，1999 年 9 月完工。2000 年 12 月对该路的北环路西池路口至上埔大桥的同南公路段进行改造，2002 年 4 月完工。改造后路基宽度为 36～60 米，设计等级为城市次干道Ⅱ级道路。

县道 416 军海线　县道 416 军海线起自莲花倒水桥，迄莲花内田，里程 23.34 公里。县道 416 线水吼至内庵公路工程于 2005 年 9 月开工，2006 年 3 月竣工。建成后路基宽 7 米、路面宽 6 米、总里程 7 公里、建设投资 195.05 万元。

县道 421 后云线　县道 421 后云线起自五显竹山，迄莲花云埔。里程 31.15 公里。县道 421 线茌畲至云埔公路工程于 2006 年 8 月开工，2006 年 12 月竣工。建成后路基宽 6 米、路面宽 4.5 米、总里程 3.49 公里、建设投资 287.99 万元。县道 421 线圭母岫至竹坝公路于 2005 年 9 月开工，2007 年 7 月竣工。建成后路基宽 12 米、路面宽 9 米、总里程 7.21 公里，建设投资 129.14 万元。

四、乡道

1997 年后改建、新建竣工 9 条。至 2007 年，同安拥有乡道 73 条、292.08 公里。其中，水泥混凝土路面 197.98 公里，其他路面 94.10 公里。乡道养护实行专养与群养相结合方式，交通局道路管理公司专养链接区、镇的主要乡道 31.22 公里，其他乡道由镇村群养。

乡道 649 马巷后莲至亭洋公路　马巷后莲至亭洋公路拓宽改建工程于 1998 年元月开工，1998 年 3 月竣工。建成后路基宽 12 米、路面宽 7 米、总里程 0.74 公里、建设投资 188.5 万元。2003 年后，该路移交翔安区管理。

乡道 673 宫三线　五显至三秀山公路于 2001 年 5 月开工，2002 年 1 月竣工。建成后路基宽 10 米、路面宽 7 米、总里程 5.57 公里、建设投资 661 万元。

乡道 671 辽赵线　辽野至赵厝公路于 2001 年 6 月开工，2002 年 4 月竣工。建成后路基宽 8.5 米、路面宽 7 米，总里程 2.58 公里，建设投资 1100.8 万元。

乡道 666 新郭线 新霞至郭山公路工程于 2001 年 8 月开工，2002 年 4 月竣工。建成后路基宽 10 米、路面宽 7 米、总里程 3.2 公里、建设投资 279.9 万元。

乡道 685 御东线 御史岭至东岭公路工程一期 2005 年 10 月开工，2006 年 4 月竣工；二期 2006 年 6 月开工，2007 年 3 月竣工。建成后路基宽 6.5 米、路面宽 4.5 米，总里程一期 7.77 公里、二期 4.54 公里，一期建设投资 367.41 万元、二期建设投资 301.67 万元。

乡道 680 西堤线 西源至堤内公路工程于 2005 年 7 月开工，2006 年 6 月竣工。建成后路基宽 8.5 米、路面宽 6.5 米，总里程 17 公里、建设投资 530.95 万元。

乡道 732 圳西线 白交祠至西坑公路工程于 2005 年 7 月开工，2006 年 6 月竣工。建成后路基宽 6.5 米、路面宽 5 米，总里程 12.58 公里，建设投资 458.27 万元。

乡道 686 凤大线 凤黎村至大埔公路（半岭四级改建）于 2005 年 6 月开工，2006 年 8 月竣工。建成后路基宽 6.5 米、路面宽 5 米，总里程 3.5 公里，建设投资 266.53 万元。

乡道 721 井小线 井内至小坪公路拓宽工程于 2007 年 9 月开工，2008 年 1 月竣工。建成后路基宽 6.5 米、路面宽 5 米，总里程 14.69 公里，建设投资 545.7 万元。

五、村道

农村公路硬质化

2004 年起，同安区委、区政府根据省委、省政府提出的全省实现村村通硬质化道路的要求，至 2006 年 1 月 25 日，累计投入近 2 亿元资金，完成 51 个项目 148.87 公里通达行政村公路路面硬化建设任务。全区 110 个建制村率先在全省实现村村通水泥路。之后，区委、区政府又把行政村村村通硬质化道路延伸到自然村，截至 2007 年底，全区完成通达自然村道路硬质化建设项目 65 个 89.42 公里。全区 653 个自然村中已有 409 个通水泥路。至 2007 年，同安拥有村道 205 条，274.49 公里。村道由所在镇村负责养护管理。

2007 年同安区公路一览表（不含沈海高速公路）（一）

表 8-1

路线编码	路线名称	起点地名	终点地名	里程总计（公里）	按路面等级分（公里）					
					高等级路面	低等级路面				
					水 泥混凝土	沥青	简易铺装	砂石路面	无路面	列养情况
国道省道（2 条 52.66 公里）				52.66	52.66	0	0	0	0	—
G324	福昆线	福州	昆明	20.3	20.3	0	0	0	0	公路局专养

续表8-1

路线编码	路线名称	起点地名	终点地名	里程总计（公里）	按路面等级分（公里）					
					高等级路面	低等级路面				
					水 泥混凝土	沥青	简易铺装	砂石路面	无路面	列养情况
S206	西厦线	尤溪	厦门	32. 36	32. 36	0	0	0	0	公路局专养
县道（9 条 194. 82 公里）				194. 823	134. 103	32. 541	0. 543	11. 762	15. 874	—
X404350212	同安二环线	竹坝	竹坝	35. 255	14. 586	0	0	5. 622	15. 047	交通局专养
X414350212	五西线	五峰	潘土	29. 47	26. 647	0	0. 543	2. 28	0	公路局专养
X415350212	云嵩线	云埔	南山	17. 851	16. 638	1. 213	0	0	0	公路局　交通局
X416350212	军海线	倒水桥	内田	23. 335	17. 341	5. 994	0	0	0	公路局　交通局
X421350212	后云线	竹山	云埔	31. 147	27. 287	0	0	3. 86	0	交通局专养
X422350212	大罗线	赵厝	罗溪	37. 506	12. 172	25. 334	0	0	0	公路局专养
X423350212	内凤线	翔安界	大埔	15. 328	14. 501	0	0	0	0. 827	公路局　交通局
X432350212	顶大线	顶溪头	梵天寺	3. 781	3. 781	0	0	0	0	公路局专养
	旧东枧线	后沟	西环路口	1. 15	1. 15	0	0	0	0	公路局专养

2007 年同安区公路一览表（不含沈海高速公路）（二）

表 8-1

路线编码	路线名称	起点地名	终点地名	里程总计（公里）	按路面等级分（公里）						
					高等级路面	低等级路面					
					水泥混凝土	沥青	简易铺装	砂石路面	石质路面	渣石路面	列养情况
乡道（73 条 292. 08 公里）				292. 076	197. 978	0	5. 498	88. 26	0. 34	0	—
Y612350212	新溪线	坛内	溪西	1. 736	0	0	0	1. 736	0	0	—
Y658350212	岳石线	G324 线石浔路口	石浔村内	3. 511	3. 511	0	0	0	0	0	镇列养
Y659350212	石崎线	石浔	崎头	3. 887	0. 139	0	0	3. 748	0	0	—
Y660350212	月石线	月龙崎	石浔村内	4. 427	2. 878	0	0	1. 209	0. 34	0	村列养
Y661350212	月龙线	月龙崎	布塘	3. 847	1. 397	0	0	2. 45	0	0	镇列养
Y662350212	新和线	新厝后	御上山	2. 109	1. 694	0	0	0. 415	0	0	镇列养
Y663350212	郭布线	郭山	布塘	2. 757	0. 355	0	0	2. 402	0	0	—
Y664350212	洪埔线	洪塘村	埔后	1. 726	1. 726	0	0	0	0	0	镇列养
Y665350212	三白线	G324 线三忠路口	姑井	1. 744	0. 928	0	0	0. 816	0	0	村列养
Y666350212	新新线	G324 线新霞路口	井上	5. 346	2. 848	0	0	2. 498	0	0	镇列养
Y667350212	五山线	五显	山头后	6. 415	6. 415	0	0	0	0	0	交通局专养
Y668350212	钓北线	钓鱼台	北辰山	4. 165	4. 165	0	0	0	0	0	交通局专养
Y669350212	五四线	五显	四林	3. 872	3. 872	0	0	0	0	0	镇列养
Y670350212	五北线	十八厢	北山农场	9. 251	5. 958	0	0	3. 293	0	0	镇列养

续表8-1

路线编码	路线名称	起点地名	终点地名	里程总计（公里）	按路面等级分（公里）						
					高等级路面	低等级路面					
					水泥混凝土	沥青	简易铺装	砂石路面	石质路面	渣石路面	列养情况
Y671350212	辽赵线	辽野	赵厝	3.016	3.016	0	0	0	0	0	镇列养
Y672350212	五后线	五显十八厢	后烧	2.5	2.5	0	0	0	0	0	镇列养
Y673350212	宫三线	宫仔边	三秀山	1.368	1.26	0	0	0.108	0	0	镇列养
Y674350212	垵后线	后烧	垵炉	1.189	0	0	0	1.189	0	0	—
Y675350212	下龙线	下峰	龙秋	2.078	0	0	0	2.078	0	0	—
Y676350212	赵店线	赵厝	店仔	0.891	0.891	0	0	0	0	0	村列养
Y678350212	后布线	后塘	布塘	4.137	0.931	0	0	3.206	0	0	镇列养
Y679350212	溪吾线	坛内村口	坛内	2.785	0.081	0	0	2.704	0	0	—
Y680350212	西堤线	西源	堤内	15.543	15.543	0	0	0	0	0	交通局专养
Y681350212	堤小线	堤内	小坪林场	4.624	0	0	0	4.624	0	0	—
Y682350212	朝观线	朝元	X414 线	7.208	4.744	0	0	2.464	0	0	镇列养
Y683350212	路观线	路岭	观石内	2.315	2.315	0	0	0	0	0	镇列养
Y684350212	褒路线	褒美	路下	1.484	1.484	0	0	0	0	0	镇列养
Y685350212	御东线	御史岭	东岭	14.003	10.759	0	0	3.244	0	0	交通局专养
Y686350212	凤大线	凤梨村	大埔	3.191	3.191	0	0	0	0	0	交通局专养
Y687350212	坂溪线	坂头	溪东水库	4.216	4.216	0	0	0	0	0	—
Y688350212	五大线	五峰	大坝	10.876	10.876	0	0	0	0	0	镇列养
Y690350212	五造线	五峰	造水	5.457	5.457	0	0	0	0	0	镇列养
Y691350212	造大线	造水	大湖	7.962	0	0	0	7.962	0	0	—
Y695350212	云杜线	芸溪	324 线	1.761	1.761	0	0	0	0	0	—
Y697350212	西溪线	西桥	溪乾	1.181	1.181	0	0	0	0	0	—
Y698350212	车阳线	车站	村部	1.642	1.077	0	0.565	0	0	0	—
Y699350212	阳城线	阳翟	S206	0.748	0.748	0	0	0	0	0	—
Y701350212	乾橡线	溪乾	橡胶坝	3.116	1.585	0	0	1.531	0	0	—
Y702350212	卿橡线	污水厂	X414	1.432	1.432	0	0	0	0	0	—
Y692350212	东五线	东桥	五显同新路	1.748	1.748	0	0	0	0	0	—
Y693350212	鳌崎线	五峰埔	崎坑桥	2.138	0.962	0	1.176	0	0	0	镇列养
Y694350212	朝古线	朝元	古庄溪乾	1.586	0	0	1.399	0.187	0	0	镇列养
Y696350212	小圭线	小西门	X414	2.73	0.871	0	1.859	0	0	0	村列养
Y703350212	东双线	东桥	双溪桥	2.196	1.725	0	0	0.471	0	0	—
Y704350212	岳双线	X432	双溪桥	0.754	0.754	0	0	0	0	0	—
Y705350212	下潘线	下乡	S206 潘涂路口	4.577	4.577	0	0	0	0	0	镇列养

续表8-1

路线编码	路线名称	起点地名	终点地名	里程总计（公里）	按路面等级分（公里）						
					高等级路面	低等级路面					
					水泥混凝土	沥青	简易铺装	砂石路面	石质路面	渣石路面	列养情况
Y706350212	洪美线	洪墩仔	撬内	2. 154	2. 154	0	0	0	0	0	—
Y707350212	天后线	天马	后田	1. 694	1. 694	0	0	0	0	0	村列养
Y708350212	埭官线	埭头	S206 官浔路口	3. 701	2. 275	0	0	1. 426	0	0	村列养
Y709350212	蛇浦线	埔头	蛇头	4. 41	1. 283	0	0	3. 127	0	0	—
Y710350212	西浦线	S206 西埔村口	X414 顶山头路口	2. 78	2. 78	0	0	0	0	0	村列养
Y713350212	溪溪线	坑子口	乙亩	3. 841	2. 438	0	0	1. 403	0	0	镇列养
Y714350212	湖乌线	乌山	湖柑	2. 477	0. 317	0	0	2. 16	0	0	村列养
Y715350212	蔡下线	蔡宅	下塘边	2. 201	0. 296	0	0	1. 905	0	0	—
Y716350212	西石线	长美坑	石壁	3. 651	1. 618	0	0	2. 033	0	0	镇列养
Y717350212	湖后线	湖井	后宅	8. 405	6. 608	0	0	1. 797	0	0	镇列养
Y718350212	西西线	柑岭深里	西山岩	4. 931	2. 824	0	0	2. 107	0	0	村列养
Y720350212	禾四线	禾山	S206 好春路口	4. 943	2. 333	0	0	2. 61	0	0	镇列养
Y721350212	井小线	井内	洋尾	14. 085	13. 056	0	0	1. 029	0	0	交通局专养
Y722350212	道水线	前洋	道地	8. 435	5. 274	0	0	3. 161	0	0	镇列养
Y723350212	大尾线	大竹溪	前洋	3. 778	3. 778	0	0	0	0	0	镇列养
Y724350212	云沃线	云埔	沃溪	2. 62	2. 62	0	0	0	0	0	村列养
Y725350212	沃张线	沃溪	张溪	4. 274	0	0	0	4. 274	0	0	—
Y726350212	云瑶线	云洋	窑市	1. 319	0	0	0	1. 319	0	0	村列养
Y729350212	瑶美线	峰星桥	当店	2. 372	0	0	0. 499	1. 873	0	0	村列养
Y730350212	张大线	大溪口农场	张厝路口	3. 212	0. 557	0	0	2. 655	0	0	村列养
Y731350212	庶金线	庶内	金光湖	5. 873	2. 968	0	0	2. 905	0	0	镇列养
Y732350212	圳西线	圳上	西坑	12. 036	12. 036	0	0	0	0	0	镇列养
Y733350212	圳军线	圳上	军营小学	1. 222	1. 222	0	0	0	0	0	镇列养
Y734350212	圳淡线	圳上	淡溪	3. 385	3. 385	0	0	0	0	0	镇列养
Y711350212	大土线	大内	大埔	2. 687	0. 103	0	0	2. 584	0	0	镇列养
Y712350212	大东线	大埔	东岭水库	4. 245	2. 688	0	0	1. 557	0	0	镇列养
Y727350212	白栋线	白沙仑	栋佐桥	2. 1	2. 1	0	0	0	0	0	镇列养
村道（205 条 274. 49 公里）				274. 49	89. 535	0. 684	1. 561	166. 952	5. 884	9. 874	—
C134350212	上姑线	内宅上	姑井	0. 547	0	0	0	0. 547	0	0	—
C136350212	三下线	三忠	下茂庵	1. 237	1. 237	0	0	0	0	0	村列养
C137350212	朝猪线	G324 线 朝拜埔村口	后曾	1. 174	0. 253	0	0	0. 921	0	0	—
C138350212	塘社线	塘边	山仔后	1. 054	0. 283	0	0	0. 771	0	0	村列养

续表8-1

路线编码	路线名称	起点地名	终点地名	里程总计（公里）	按路面等级分（公里）						
					高等级路面	低等级路面					
					水泥混凝土	沥青	简易铺装	砂石路面	石质路面	渣石路面	列养情况
C139350212	尤棋线	棋盘厝	尤厝	1.472	0	0	0	1.472	0	0	—
C140350212	后下线	枋厝	后埔	2.749	0	0	0	2.749	0	0	—
C141350212	大社线	大乡	社坛	1.041	1.041	0	0	0	0	0	村列养
C142350212	新苏线	G324 线新学泥像厂	苏厝	1.307	1.256	0	0	0.051	0	0	村列养
C143350212	苏二线	苏厝	二四中	1.123	0.418	0	0	0.705	0	0	村列养
C145350212	洪龙线	洪塘	龙泉	2.563	1.701	0	0	0.862	0	0	镇列养
C146350212	大龙线	大乡	龙西	1.149	1.067	0	0	0.082	0	0	村列养
C147350212	龙龙线	龙西	龙东	1.489	0.344	0	0	1.145	0	0	—
C860350212	坝枋线	坝口	枋兜	0.421	0	0	0	0.421	0	0	—
C861350212	埔新线	埔乾	新厝	0.848	0	0	0	0.848	0	0	—
C862350212	刘下线	刘厝	下张	2.116	0	0	0	2.116	0	0	—
C863350212	前寨线	前垵下	寨仔	0.947	0	0	0	0.947	0	0	—
C864350212	陈许线	陈村	龙秋	1.483	0	0	0	1.483	0	0	—
C865350212	陈洪线	陈村顶	陈村下	0.676	0	0	0	0.676	0	0	—
C866350212	尤洪线	尤厝	洪塘村	1.925	0	0	0	1.925	0	0	—
C867350212	埔后村线	埔后村口	G324 线	1.164	1.164	0	0	0	0	0	村列养
C868350212	龙东村线	龙东北	龙东南	1.345	0.544	0	0	0.801	0	0	村列养
C148350212	竹彭线	竹仔林	彭美	0.61	0	0	0	0.61	0	0	—
C149350212	竹大线	竹仔林	大溪	0.528	0.528	0	0	0	0	0	村列养
C150350212	寨新线	寨阳	新丰	0.594	0	0	0	0.594	0	0	—
C151350212	下新线	下峰	美珠堂村内	1.031	0.646	0	0	0.385	0	0	村列养
C153350212	西竹线	东市	坪山	1.57	1.237	0	0	0.333	0	0	—
C154350212	蔡溪线	蔡厝口	溪西	1.251	0	0	0	1.251	0	0	村列养
C155350212	行乌线	行宫	乌石	0.856	0	0	0	0.856	0	0	—
C156350212	乌后线	后埔	乌石	1.264	0	0	0	1.264	0	0	—
C158350212	军东线	东行	军村	0.718	0	0	0	0.718	0	0	—
C159350212	乒寨线	X404	乒乓仔树	2.028	0.926	0	0	1.102	0	0	—
C160350212	安炉村 1 线	安炉南	安炉北	0.462	0.462	0	0	0	0	0	村列养
C161350212	安炉村 2 线	垵炉西	垵炉村内	0.625	0.387	0	0	0.238	0	0	村列养
C163350212	溪东线	溪西埔	坛内	1.844	0	0	0	1.844	0	0	—
C165350212	吾大线	吾头	大尖	1.811	0.2	0	0	1.611	0	0	—
C265350212	塘边线	塘边	宋宅小学	0.24	0	0	0	0.24	0	0	—
C821350212	下新线	下欧坑	新泉村内	0.498	0	0	0	0.498	0	0	—

续表8-1

路线编码	路线名称	起点地名	终点地名	里程总计（公里）	按路面等级分（公里）						
					高等级路面	低等级路面					
					水泥混凝土	沥青	简易铺装	砂石路面	石质路面	渣石路面	列养情况
C822350212	下后坑村线	下欧坑	下欧坑村内	0.467	0	0	0	0.467	0	0	—
C823350212	大下线	大溪路口	下大溪	0.247	0	0	0	0.247	0	0	—
C824350212	缉仔亭村线	缉仔亭	缉仔亭	0.887	0.887	0	0	0	0	0	村列养
C825350212	过后线	过山埔	田坂下	0.979	0	0	0	0.979	0	0	—
C826350212	田店	田坂下	店仔	1.221	0.813	0	0	0.408	0	0	村列养
C827350212	中前路	池塘	垵炉路口2	0.289	0.289	0	0	0	0	0	—
C828350212	环东路	垵炉路口3	垵炉村内	0.22	0.22	0	0	0	0	0	—
C829350212	环东路	垵炉路口1	垵炉村内	0.275	0.275	0	0	0	0	0	—
C830350212	后埔村线	Y667后埔路口	后埔	0.288	0.288	0	0	0	0	0	—
C831350212	后垄村线	后垅路口	山头后	2.685	0.496	0	0	2.189	0	0	村列养
C832350212	小学路	后垅村部	后垅小学	0.363	0	0	0	0.363	0	0	—
C833350212	竹山村线	山头	西山村内	1.311	1.05	0	0	0.261	0	0	村列养
C834350212	安生村线	山头	安生	0.806	0.265	0	0	0.541	0	0	—
C835350212	竹山村	蔡厝口	蔡厝口	0.885	0.742	0	0	0.143	0	0	村列养
C836350212	北山村线	蔡厝口	蔡厝口	1.073	0	0	0	1.073	0	0	—
C837350212	北上线	北山	上辽	0.583	0	0	0	0.583	0	0	—
C838350212	果场线	北山	五显果林场部	0.743	0	0	0	0.743	0	0	—
C839350212	上厝村线	上厝村口	后烧	1.361	0.487	0	0	0.874	0	0	村列养
C842350212	四林村道	梨仔林	西坑尾	3.187	2.983	0	0	0.204	0	0	村列养
C843350212	水果内村线	水果内	水果内村内	0.462	0	0	0	0.462	0	0	—
C844350212	庄上村路	X421	大崎场	0.986	0	0	0	0.986	0	0	—
C846350212	新下线	Y669新店仔路口	下许	0.68	0	0	0	0.68	0	0	—
C847350212	宋宅村线	宋南	出宋宅村	1.266	0.295	0	0	0.971	0	0	—
C848350212	宋南村线	宋南	Y672	0.239	0.239	0	0	0	0	0	—
C849350212	布佳线	布厝路口	上辽	1.968	0.603	0	0	1.365	0	0	村列养
C850350212	明溪村线	宫仔边	布厝路口	3.82	2.39	0	0	1.43	0	0	—
C851350212	后大线	X421后溪路口	大片	1.113	1.113	0	0	0	0	0	村列养
C852350212	后烧东线	后烧东	后烧西	1.462	0	0	0	1.462	0	0	—
C166350212	大凤线	大埔	凤梨村	5.719	1.5	0	0	4.219	0	0	—
C167350212	远后线	许厝	X414	1.794	0.785	0	0	1.009	0	0	—
C168350212	山荇线	山坪	荇后	6.197	0.313	0	0	0	5.884	0	—

续表8-1

路线编码	路线名称	起点地名	终点地名	里程总计（公里）	按路面等级分（公里）						列养情况
					高等级路面	低等级路面					
					水泥混凝土	沥青	简易铺装	砂石路面	石质路面	渣石路面	
C169350212	后美线	后洋	美岐山	1.939	1.085	0	0	0.854	0	0	村列养
C170350212	古石线	古坑	石狮	0.817	0.255	0	0	0.562	0	0	—
C171350212	虎郑线	虎空	郑宅	1.56	1.146	0	0	0.414	0	0	村列养
C172350212	西吊线	西堤公路	吊笕	1.854	0	0	0	1.854	0	0	—
C173350212	褒草线	褒美小学	斗拱	2.679	2.679	0	0	0	0	0	村列养
C175350212	南观线	南洋	观石内	1.456	0	0	0	1.456	0	0	—
C176350212	南车线	车田	南洋	0.646	0	0	0	0.646	0	0	—
C177350212	南西线	南洋	西坑	0.537	0	0	0	0.537	0	0	—
C178350212	御大线	御史岭	大麦畲	1.43	1.43	0	0	0	0	0	—
C179350212	顶许线	西堤公路	顶村	1.746	0	0	0	1.746	0	0	—
C180350212	西山线	西堤公路	山顶洋	0.482	0.286	0	0	0.196	0	0	—
C181350212	西社线	西源桥	社尾	0.786	0.463	0	0	0.323	0	0	—
C182350212	西土线	西源	土寨	0.46	0.46	0	0	0	0	0	—
C880350212	胡蹀谷	茌畲	蝴蝶谷	1.51	1.51	0	0	0	0	0	村列养
C882350212	大畲村线	X421	大畲	1.233	0	0	0	1.233	0	0	—
C883350212	堤内村线	西堤公路	堤内村部	0.62	0.321	0	0	0.299	0	0	—
C885350212	峋五线	峋内	五云	2.983	0	0	1.055	1.928	0	0	—
C886350212	路西线	路岭	西坑	0.836	0.836	0	0	0	0	0	村列养
C887350212	五里林线	Y685	五里林	1.487	0	0	0	1.487	0	0	—
C888350212	土楼线	庄上	土楼	0.498	0.498	0	0	0	0	0	村列养
C889350212	内石线	内田	石莲	1.535	0	0	0	1.535	0	0	—
C890350212	镇坤线	汀溪镇政府	西坑	0.738	0	0	0.409	0.329	0	0	—
C891350212	丘部线	丘厝	石门	2.056	1.699	0	0	0.357	0	0	村列养
C183350212	乌营线	乌山	营边	1.116	0.113	0	0	0	0	1.003	—
C184350212	宫仔边线	Y693	宫仔边	0.643	0	0	0	0	0	0.643	—
C186350212	田乾村线	新井	瑶桥尾	1.341	0	0	0	0.918	0	0.423	—
C187350212	西瑶社线	新井	村内	0.442	0	0	0	0.395	0	0.047	—
C273350212	瑶头线	跃进门	大元殿	0.548	0.548	0	0	0	0	0	村列养
C274350212	西湖线	S206 线	S206 线	1.187	1.187	0	0	0	0	0	村列养
C801350212	后溪村线	S206 线	后溪村	0.499	0.096	0	0	0	0	0.403	村列养
C802350212	浒井村线	S206 线	S206 线	1.166	0.324	0	0	0	0	0.842	村列养
C804350212	仙下线	S206 线	下厝	0.976	0.38	0	0	0	0	0.596	—
C805350212	宫上线	宫仔边路口	上辽	1.115	0	0	0	0	0	1.115	—
C807350212	杜桥村线	杜桥	同莲路	0.556	0.556	0	0	0	0	0	村列养
C809350212	西洪塘	S206	村部	0.877	0.877	0	0	0	0	0	村列养
C190350212	下溪头村线	G324	康浔村路口	0.367	0.367	0	0	0	0	0	—

续表8-1

路线编码	路线名称	起点地名	终点地名	里程总计（公里）	按路面等级分（公里）						
					高等级路面	低等级路面					
					水泥混凝土	沥青	简易铺装	砂石路面	石质路面	渣石路面	列养情况
C191350212	下溪头山岸线	G324 线	石浔路	0.767	0.339	0	0	0	0	0.428	—
C192350212	西池村线	环城中路	X414 线	0.273	0.273	0	0	0	0	0	—
C193350212	朝洋线	朝元	洋坂	0.621	0.621	0	0	0	0	0	—
C194350212	岳口村线	东岳行宫	溪边崎	0.871	0.871	0	0	0	0	0	—
C195350212	铺前村线	前街	南门桥	0.72	0.72	0	0	0	0	0	—
C196350212	五甲村线	东桥	五甲村尾	0.602	0.602	0	0	0	0	0	—
C197350212	东宅村线	G324 线	龙秋	0.811	0.672	0	0	0	0	0.139	村列养
C198350212	过坑村线	龙秋	城东	0.86	0	0	0	0	0	0.86	—
C199350212	顶溪头村线	环 X432	批发市场	0.535	0.535	0	0	0	0	0	村列养
C200350212	东山村线	双圳	大学	1.638	0.368	0	0	1.27	0	0	—
C201350212	双郊线	双苋	开发区	0.591	0	0	0	0	0	0.591	—
C202350212	前宅村线	Y682	前宅村内	0.642	0.642	0	0	0	0	0	村列养
C203350212	胡宅厝村线	Y682 道	胡厝宅村内	0.13	0	0	0	0	0	0.13	—
C204350212	田洋村线	Y682	松田村内	0.604	0	0	0	0.604	0	0	—
C205350212	石门村线	Y682	东庄	1.599	0	0	0	0.903	0	0.696	—
C206350212	竹仔林线	竹仔林村口	竹仔林村内	0.247	0.247	0	0	0	0	0	—
C271350212	康浔线	康浔	石浔线	1.205	0.91	0	0	0	0	0.295	村列养
C811350212	城东线	城东	G324	0.478	0	0	0	0	0	0.478	—
C812350212	东月线	东宅	G324 线 月龙崎	0.845	0	0	0	0.845	0	0	—
C813350212	顶溪头村西路	顶溪头村路	X432 线	0.437	0.437	0	0	0	0	0	—
C814350212	顶溪头村东路	X432 线	G324 线	0.235	0.235	0	0	0	0	0	—
C815350212	浮莲村线	双苋	浮连村内	0.269	0	0	0	0	0	0.269	—
C816350212	桐屿村线	Y682 线	桐屿村内	0.522	0	0	0	0	0	0.522	—
C817350212	东山村中线	X414	双圳	0.437	0.437	0	0	0	0	0	—
C818350212	康浔村内路	村部	康浔村线 V6271	0.697	0.697	0	0	0	0	0	村列养
C207350212	西柯村线	西柯	西柯	0.568	0.568	0	0	0	0	0	村列养
C208350212	西吕线	西柯	吕厝王爷宫	0.269	0.269	0	0	0	0	0	—
C209350212	西中线	东柯	上柯路口	0.974	0.472	0	0	0.502	0	0	村列养
C210350212	洪工线	洪塘头东伦	工业区	0.669	0.669	0	0	0	0	0	—
C211350212	埭头村线	埭头村口	S206 竹仔林村口	2.669	2.669	0	0	0	0	0	村列养
C212350212	美撬线	撬内村口	S206	2.782	2.658	0	0	0.124	0	0	村列养
C213350212	吕何线	西柯	何厝	0.827	0.098	0	0	0.729	0	0	—

续表8-1

路线编码	路线名称	起点地名	终点地名	里程总计（公里）	按路面等级分（公里）						列养情况
					高等级路面	低等级路面					
					水泥混凝土	沥青	简易铺装	砂石路面	石质路面	渣石路面	
C214350212	洪塘头线	洪塘头村	霞阳	2. 14	1. 574	0	0	0. 566	0	0	村列养
C871350212	顶西线	顶山头	西浦小学	1. 109	1. 109	0	0	0	0	0	村列养
C872350212	丙洲村线	蛇头	下乡	2. 396	0	0	0	2. 396	0	0	—
C873350212	下山头村	下山头村口	埭头	2. 042	0. 223	0	0	1. 819	0	0	—
C216350212	坑风线	凤岗	坑仔口	0. 881	0	0	0	0. 881	0	0	—
C218350212	柑小线	甘岭路口	小学	0. 402	0. 402	0	0	0	0	0	村列养
C219350212	柑竹线	柑岭路口	竹仔林	1. 474	0. 513	0	0	0. 961	0	0	村列养
C224350212	大长线	大榕村口	长美坑	1. 828	1. 141	0	0	0. 687	0	0	村列养
C225350212	英蔡线	长美坑	蔡宅小学	1. 131	0	0	0	1. 131	0	0	—
C226350212	石大线	石壁	大榕	2. 128	0. 362	0	0	1. 766	0	0	村列养
C227350212	蔡果线	蔡宅	果林场	4. 712	0	0	0	4. 712	0	0	—
C229350212	大新线	大厝	下边	1. 486	1. 118	0	0	0. 368	0	0	—
C230350212	乌小线	乌涂村口	乌涂小学	0. 81	0. 81	0	0	0	0	0	村列养
C232350212	石后线	石丹	后宅路口	2. 483	1. 855	0	0	0. 628	0	0	村列养
C233350212	禾前线	禾山	前山路口	1. 951	0. 054	0	0	1. 897	0	0	—
C234350212	禾刘线	禾山	禾山	4. 698	1. 431	0	0	3. 267	0	0	村列养
C931350212	后宅村线	后宅机砖厂	后宅赤岭	1. 623	1. 623	0	0	0	0	0	村列养
C932350212	四口圳村线	许溯路口	四口圳路口	1. 631	1. 203	0	0	0. 428	0	0	村列养
C933350212	林梧线	林边	梧侣	4. 729	0. 201	0	0	4. 528	0	0	—
C935350212	西土线	西塘	土楼	0. 335	0. 335	0	0	0	0	0	—
C936350212	湖柑小学路	湖柑路口	下厝	1. 181	0. 279	0	0	0. 902	0	0	—
C937350212	蔡田线	蔡宅	田中央	0. 97	0	0	0	0. 97	0	0	—
C999350212	后埔环村路	腊场	墩里	1. 109	0	0	0	1. 109	0	0	—
C235350212	道半线	道地	半岭	3. 22	0	0	0	3. 22	0	0	—
C236350212	新岭线	新城	Y721	2. 02	0	0	0	2. 02	0	0	—
C237350212	小庙线	小坪	庙村	3. 513	0	0	0	3. 513	0	0	—
C239350212	峰溪线	溪东	峰星桥	4. 984	2. 164	0	0	2. 82	0	0	村列养
C240350212	淡田线	淡溪	龙潭仑	2. 639	0. 576	0	0	2. 063	0	0	—
C241350212	上陵村线	上陵村部	上陵村内	0. 584	0. 584	0	0	0	0	0	村列养
C242350212	军水线	军营村部	倒水桥	1. 247	0	0	0	1. 247	0	0	—
C243350212	大祠村线	大祠路口	大祠路口	0. 99	0. 99	0	0	0	0	0	—
C244350212	罗竹线	柿脚	洪田	1. 537	0	0	0	1. 537	0	0	—
C245350212	白交祠线	白交祠村口	橄榄崎	3. 938	0	0	0	3. 938	0	0	—
C246350212	小内线	小坪	内山	1. 667	0	0	0	1. 667	0	0	—

续表8-1

路线编码	路线名称	起点地名	终点地名	里程总计（公里）	按路面等级分（公里）						列养情况
					高等级路面	低等级路面					
					水泥混凝土	沥青	简易铺装	砂石路面	石质路面	渣石路面	
C259350212	莲花村线	垵柄头	寨内	2. 124	1. 024	0	0	1. 1	0	0	村列养
C260350212	罗溪线	柿脚村内	柿脚村内	1. 596	0	0. 132	0	1. 464	0	0	—
C900350212	山洋线	内山	洋尾	1. 786	0	0	0	1. 786	0	0	—
C901350212	田下线	田中央	下江	2. 638	0	0	0	2. 638	0	0	—
C902350212	茶场线	圳上茶场	圳上	0. 255	0	0	0	0. 255	0	0	—
C903350212	内庵村线	内庵村口	内庵村内	0. 426	0	0	0	0. 426	0	0	—
C904350212	岭尾村线	岭尾村口	岭尾村内	0. 196	0	0	0	0. 196	0	0	—
C905350212	庶枧线	庶内	枧仔	1. 043	0. 542	0	0	0. 501	0	0	—
C906350212	溪社线	溪乾	社尾	0. 304	0	0	0	0. 304	0	0	—
C907350212	上行线	上宫	行宫	0. 394	0	0	0	0	0	0. 394	—
C908350212	河溪水库	庶内	河溪水库	1. 326	1. 326	0	0	0	0	0	—
C910350212	后埔村线	后埔村口	后埔小学	0. 627	0. 627	0	0	0	0	0	村列养
C911350212	莲花山线	后埔村内	莲花太华岩	4. 243	0	0	0	4. 243	0	0	镇列养
C912350212	后洞线	后埔	垵柄头	1. 886	0	0	0	1. 886	0	0	村列养
C913350212	莲花村小学路	莲花小学	垵柄路口	0. 488	0. 488	0	0	0	0	0	村列养
C914350212	橄林线	橄榄山	林后	0. 786	0	0	0	0. 786	0	0	—
C915350212	瑶茂线	窑市	茂口	3. 312	0	0	0	3. 312	0	0	村列养
C916350212	窑旗线	上坂	旗杆	0. 267	0	0	0	0. 267	0	0	—
C917350212	窑内线	窑市西	云洋小学	4. 125	1. 144	0	0. 097	2. 884	0	0	村列养
C918350212	云标村线	云标路口	云标桥	0. 748	0	0	0	0. 748	0	0	—
C919350212	上赛桥	顶溪埔	赛桥	0. 952	0	0	0	0. 952	0	0	—
C920350212	孙厝路口	孙厝路口	洋尾	0. 9	0	0	0	0. 9	0	0	—
C921350212	西洋线	西坝头	洋头	1. 338	0	0	0	1. 338	0	0	—
C922350212	后将线	后溪桥头	真军洋	1. 268	0. 345	0	0	0. 923	0	0	—
C923350212	井湖线	井内	湖社里	1. 534	0. 295	0	0	1. 239	0	0	—
C924350212	沃南线	田洋	南坑村外	1. 093	0	0	0	1. 093	0	0	—
C152350212	竹凤线	竹坝新村	凤梨村	1. 376	0. 331	0	0	1. 045	0	0	—
C853350212	上四线	上辽村	石垅水库	2. 66	0	0	0	2. 66	0	0	镇列养
C854350212	上新线	上辽	竹坝新村	1. 052	0	0	0	1. 052	0	0	—
C925350212	白沙仑	白沙仑公路站	工兵团部	3. 74	0. 836	0. 552	0	2. 352	0	0	—
C926350212	社南线	社仔后	南山村部	2. 752	0. 935	0	0	1. 817	0	0	村列养
C927350212	林后线	林美外	后坂	1. 064	0. 243	0	0	0. 821	0	0	—
C928350212	路浒线	路林	浒空内	1. 067	0	0	0	1. 067	0	0	—
C929350212	高新线	高埔	新塘	1. 535	0	0	0	1. 535	0	0	村列养
C930350212	埔山线	埔山头	土楼	0. 55	0	0	0	0. 55	0	0	镇列养

第二节　桥　梁

20 世纪 80 年代以前新建的桥梁以石质桥、石拱桥为主，90 年代后新建和改造的桥梁基本为钢筋混凝土梁桥，亦有少量石桥、预应力混凝土斜拉桥。至 2007 年，同安区境内共有公路桥梁 148 座，总长 4683.52 米。其中，1997—2007 年新改建桥梁 41 座总长 1308.8 米。

同安湾大桥

2007 年同安区公路桥梁一览表

表 8-2

路线号	桥名	桥桩号	建桥年月	桥梁总长（米）
国道 324	后溪桥	251.709	1980.11	19.80
国道 324	三忠桥	252.442	1978.12	32.60
国道 324	东洪塘一桥	255.072	1994.07	9.00
国道 324	东洪塘二桥	255.639	1966.12	28.20
国道 324	顶溪头桥	258.265	1967.1	22.00
国道 324	双溪大桥	259.135	1996.05	224.58
国道 324	阳宅桥	259.840	1989.12	35.70
国道 324	北溪桥	263.353	1972.12	10.00
国道 324	新塘桥	267.679	1963.02	15.60
国道 324	林尾外桥	269.572	1970.01	19.00
省道 206	*仙人桥	259.875	1997.08	57.00
省道 206	*云埔一桥	266.742	1997.08	57.00
省道 206	*云标小桥	269.934	1997.08	8.00
省道 206	崎坑大桥	274.408	1994.09	115.00

续表8-2

路线号	桥名	桥桩号	建桥年月	桥梁总长（米）
省道206	* 泥山一桥	281.700	1997.11	22.70
省道206	泥山二桥	282.458	1995.09	35.50
省道206	四口圳桥	283.976	1994.07	19.10
省道206	后垵一桥	285.434	1994.07	94.00
省道206	后垵二桥	285.736	1994.07	36.00
省道206	后垵三桥	285.893	1994.07	45.00
省道206	官浔桥	287.113	1994.07	117.40
省道206	天马小桥	291.861	1995.09	22.70
县道414	* 板头大桥	7.345	2000.12	126.00
县道414	* 林场中桥	8.164	2000.12	38.00
县道414	* 上埔大桥	12.562	2000.12	179.30
县道414	新西桥	19.193	1996.8	156.40
县道414	* 瑶头桥	23.654	1999.4	23.50
县道414	浦头桥	25.587	1996.8	68.20
县道415	* 云埔二桥	0.248	2000.12	47.85
县道415	* 瑶市一桥	2.889	2000.12	9.20
县道415	* 窑市二桥	4.744	2000.12	85.55
县道416	祥溪桥	18.026	1980.4	55.00
县道422	* 布塘一桥	12.530	2004.03	5.50
县道422	* 布塘二桥	13.300	2004.03	8.00
县道422	* 五显一桥	17.079	2004.03	20.00
县道422	美埔桥	31.529	1996.1	26.90
县道422	溪东一桥	32.200	1996.1	13.90
县道422	溪东二桥	32.565	1996.1	9.20
县道422	上陵桥	42.457	1996.1	18.20
县道422	新罗桥	47.710	1967.1	18.80
县道422	奇溪桥	47.830	1996.1	18.80
县道432	东桥	2.505	1996.1	112.70
县道423	西福桥	5.700	1996.5	30.30
C239	* 峰星桥	0.400	2001.01	53.00
C259	赛内桥	0.710	1970	11.00
X404	后坝桥	0.500	1976	21.00
X404	布塘桥	3.468	1979	60.00
X404	白石桥	8.242	1972	16.00

续表8-2

路线号	桥名	桥桩号	建桥年月	桥梁总长（米）
X404	*乌土二桥	19.650	1998	10.70
X404	*乌土一桥	20.300	1998	10.00
X404	*柑岭桥	21.200	1998	16.00
X404	*大泉桥	31.476	2003	12.00
X416	倒溪桥	0.009	1976	17.00
X416	双头坝一桥	5.000	1978	10.00
X416	西湖桥	5.110	1978	15.00
X416	大祠桥	8.418	1978	9.50
X421	溪西桥	3.706	1978	27.60
X421	后芋桥	7.034	1992	20.00
X421	竹坝小桥	7.930	1992	21.00
X421	*大泉桥	15.012	2006	25.00
X421	兴源桥	26.800	1995	38.60
X421	汤里桥	27.450	1963	14.00
X423	后垵桥	21.713	1996	58.00
X423	赤松中桥	21.713	1993	32.00
Y733	军营桥	0.755	1989	14.00
X667	*五显二桥	0.167	2000.8	59.00
X667	安炉桥	2.185	1996	27.34
X668	*吾头桥	1.564	1998	20.50
X668	*尾寮桥	2.951	1997	18.50
Y670	溪尾桥	3.174	1971	25.00
Y671	*酒鹅桥	2.790	2002	56.80
Y673	三秀山桥	1.100	1990	15.60
Y678	*军村下辽桥	0.364	1999	22.30
Y679	*辽野桥	0.073	2001	14.20
Y680	堤内桥	15.290	1979	16.00
Y682	鳌峰埔桥	2.600	1982	121.30
Y682	西坑桥	7.035	1994	69.40
Y682	温泉桥	7.615	1993	65.00
Y683	褒美中桥	0.092	1966	72.00
Y685	通风格桥	0.510	1979	7.60
Y685	前格一桥	2.670	1979	7.80

续表8-2

路线号	桥名	桥桩号	建桥年月	桥梁总长（米）
Y685	前格二桥	3.458	1979	7.40
Y686	新溪拱桥	2.542	1986	20.00
Y686	大埔桥	3.315	1986	9.80
Y688	五峰桥	0.092	1971	30.40
Y688	内田二桥	6.183	1976	33.30
Y688	内田桥	6.382	1985	20.00
Y688	大坝桥	11.360	1990	28.80
Y711	坝仔内桥	0.795	1982	11.00
Y712	* 西公林桥	1.250	1998.8	15.00
Y712	社仔后桥	2.100	1991.10	6.50
Y713	* 溪林桥	2.350	2000	21.00
Y720	新桥	4.200	明代	41.4
Y721	道地桥	10.500	1970	7.00
Y721	* 洋尾桥	13.312	2000	14.00
Y722	五坑桥	0.190	1990	15.00
Y722	水洋桥	5.250	1975	9.00
Y722	盖集尾二桥	1.345	1978	6.00
Y722	盖集尾桥	1.953	1978	5.00
Y723	水电桥	2.025	1980	19.00
Y725	丰隆桥	0.210	1968	45.00
Y726	溪埔桥	0.435	1976	38.00
Y727	栋佐桥	0.832	1956	41.40
Y730	* 西洋桥	0.850	2003	13.80
Y731	内田桥	1.720	1969	10.00
Y732	西坑桥	11.900	1994.8	7.00
Z144	康浔桥	0.270	1988	6.50
Z146	* 龙西高速桥	0.451	2006.7	58.00
Z152	下庄桥	0.560	1967	19.00
Z154	蔡厝口水渠桥	0.240	1988	10.00
Z166	东堤桥	2.699	1972	12.00
Z166	会东桥	4.267	1969	16.20
Z167	后溪桥	0.398	1978	40.00
Z167	远坑桥	0.058	1993	43.00

续表8-2

路线号	桥名	桥桩号	建桥年月	桥梁总长（米）
Z169	* 美岐山北桥	0. 610	2000	15. 20
Z169	蔡坝桥	0. 053	1995. 6	30. 00
Z170	* 石狮桥	0. 062	1998	27. 00
Z171	郑宅桥	1. 470	1980	31. 20
Z182	寨内桥	0. 146	1968	6. 00
Z183	营边桥	0. 075	1993	108. 00
Z185	七寨桥	0. 478	1972	10. 00
Z186	干渠桥	0. 600	1969	13. 00
Z187	干渠二桥	0. 333	1969	13. 60
Z234	刘塘桥	0. 280	已废除	9. 00
Z239	溪东地桥	0. 090	1977	69. 00
Z241	* 奄后溪桥	0. 258	2002	12. 00
Z273	干渠一桥	0. 269	1968	14. 60
Z416	* 龙西高速铁路桥	0. 451	2007. 8	43. 00
Z834	山头桥	0. 014	1972	12. 00
Z834	* 安生桥	0. 790	2005	9. 50
Z842	西坑尾桥	3. 157	1975	13. 80
Z851	* 振群一桥	0. 087	2004	11. 20
Z851	* 振群二桥	0. 606	2008	9. 50
Z853	白石溪桥	0. 219	1979	12. 00
Z853	四房山桥	0. 774	1974	11. 00
Z883	* 庵仔溪桥	0. 015	2001	9. 00
Z888	庄上桥	0. 48	1967	18. 50
Z890	* 洪坑桥	0. 333	2006	30. 00
Z910	后埔桥	0. 042	1964	33. 00
Z918	云标漫水桥	0. 800	1976	45. 00
Z921	云埔石拱桥	1. 500	1968	26. 00
Z922	后溪桥	0. 005	1973	40. 00
Z923	井内桥	0. 700	1965	12. 00
Z924	南坑桥	0. 592	1968	12. 00
Z924	南坑二桥	0. 850	1968	18. 00
Z926	南山桥	0. 015	1988. 3	8. 50
Z927	* 后坂桥	0. 095	2007. 11	15. 00
Z927	林尾外桥	0. 150	1966	9. 50
合计		148 座 4683. 52 米		

说明：表中带 * 号者为 1997—2007 年新、改建桥梁

第二章　水　路

第一节　航　道

一、刘五店航道

位于厦门岛东水道内东岸，地理坐标东经北纬24°30′～24°35′，118°11′～118°13′。刘五店码头向外50～60米处，水深6～7米，深5米以上的水域宽度约450米，向北逐渐变窄，仅20米左右；向南及西南方向水渐加深，为东嘴港、浔江向东、南方向延伸的一个深槽，最深达22米。厦门北侧水道深10米以上的水域宽约1500米，平潮时，万吨级船舶可以从厦门北侧水道进入距现码头50～60米的水域，出口航道即厦门东水道。2003年9月析出翔安后，属翔安。

二、莲河航道

介于莲河和大嶝岛之间，紧靠莲河一侧水深域宽无暗礁，主航道距莲河码头前沿仅80米，水深4.24米，大潮高潮位时水深达10米以上，最低潮位时莲河码头至主航道之间的泥滩干出0.7米，小船可循人工挖掘的水沟转驳到大船上。2003年9月析出翔安后，属翔安。

第二节　港区　渡口

一、港区

（一）刘五店港区

位于新店镇刘五店村，地处厦门岛北侧水道的东北岸，西面正对高（崎）集（美）海堤，东侧是金门岛，临东嘴港。地理坐标为北纬24°34′，东经118°12′。北起石浔村，南至澳头村。海岸线9.1公里，水域面积182万平方米。1996年底，港区内有8个码头、9个泊位。2003年析出翔安前，其中4个码头、5个泊位靠泊能力8300吨。

（二）莲河港区

位于新店镇东南端与南安市交界的莲河村，南面隔海与大嶝岛、小嶝岛、角屿岛相望，是“三岛”进入内陆的门户，再往南是大、小金门岛；西南遥对厦门岛。地理坐标为北纬24°35′，东经118°20′。其范围由莲河起，沿海岸向西至欧厝止，全长10.6公里，水域面积210万平方米。码头距主航道仅100米，港口深阔无暗礁，航路三面畅通，既是对外通商口岸，又是避风良港。1996年底，港区内有21个码头、23个泊位。2003年析出翔安前，1个码头、2个泊位。靠泊能力2000吨，建有客运站房236平方米、仓库106平方米。

（三）大嶝港区

位于金门湾内的大嶝、小嶝、角屿三岛间（俗称“三岛”）。属大嶝镇管辖，北面隔海相对莲河码头，南面隔海与金门岛相望。港区总面积5000平方米，内陆域5000平方米，自然岸线长23公里。地理坐标为北纬24°34′，东经118°20′。1996年底，港区内有15个码头、20个泊位。2003年析出翔安前2个码头、2个泊位，靠泊能力600吨。

以上3个港区2003年析出翔安后属翔安。

（四）丙洲港区

位于东咀港西侧丙洲村，地理坐标北纬24°38′，东经118°10′，北起浦头村，沿东咀港西侧向南，经丙洲村至后田村。海岸线3公里，水域面积60万平方米，陆地面积1万平方米。1996年底，有2个码头、2个泊位。2006年6月，环东海域整治后废除。

二、渡口

1997年底，同安有7对14个渡口。

刘五店渡口至五通渡口，两渡口相距2.3海里。

澳头渡口至五通渡口，两渡口相距1.85海里。

莲河渡口至大嶝渡口，两渡口相距1海里，大嶝大桥通车后，客渡逐渐减少。

莲河渡口至小嶝渡口，两渡口相距1.67海里。

蔡厝渡口至嶝崎渡口，两渡口相距0.5海里。2006年取消。

霞浯渡口至田墘渡口，两渡口相距0.61海里，2006年取消。

丙洲渡口至崎头宫渡口，两渡口相距0.33海里。

2003年析出翔安后，同安境内仅存丙洲至崎头宫1对2个渡口。

附录：福厦高速铁路同安段

福厦高速铁路同安段全长13.98公里，贯穿洪塘、祥平、新民、西柯。2006年4月6日，中铁三局采用卫星定位系统对同安段铁路主线工程用地测量放样，4月18日完成。

2006年6月6日举行征地交地暨开工仪式。至2007年底，约完成桥梁、隧道、桩基等项目工程量的70%。

第三章　运　输

第一节　客　运

一、客运线路

（一）长途客运线路

1997年至2005年8月，同安长途客运线路都是过路班车。2005年9月1日，厦门车站管理分公司同安站正式组建，全市统一联网售票，班车统一调度排班。同安站始发线路两条：2005年11月8日，开通同安至岩溪班车，每天二班，里程85公里；2005年12月10日，开通同安至漳州班车，每十五分钟一班，里程64公里。2007年底，同安长途客运线路230条，总里程20多万公里，经营面覆盖全省各县、市，并辐射到广东、广西、四川、贵州、江西、湖南、湖北、江苏、浙江、安徽、上海、重庆等18个省市及香港特别行政区。

（二）公交线路

1996年5月1日，同安公共交通有限公司首开同安三中至五显、同安六中至西塘、城南至城东3条公交线路，至2007年，先后开通公交线路31条，取消2条，划归翔安公交公司3条，尚有运营线路26条，其中市际线路8条，区际线路和学生专线各9条。

2005年4月28日，同安城区公交线路开通仪式

2007年同安区公交线路一览表

表8-3　　　　单位：公里

线路	开通时间	起讫点	线路类别	线路里程	班次/日
671	1996年10月	同安车站至新圩	市际线路	16.5	128
658快	1997年7月	同安影视城至梧村汽车站	市际线路	42.5	200
616	1998年8月	集美大学湾至华夏学院	市际线路	30.0	150
658	1999年10月	同安影视城至梧村汽车站	市际线路	39.0	160
659	2002年2月	岳口小区至胡里山	市际线路	48.0	200
651	2002年4月	同安城东工业区至会展中心	市际线路	48.0	200
655	2002年10月	同安小西门至轮渡（经湖里）	市际线路	42.5	100
657	2002年12月	小西门经灌口至梧村车站	市际线路	51.0	144
615	1996年5月	四林至丙洲	区内线路	19.0	112
607	1996年9月	同安车站至莲花后埔	区内线路	14.0	76
602	1996年11月	同安车站至竹坝	区内线路	25.0	64
613	1998年6月	同安车站至沃溪	区内线路	16.0	60
611	2004年8月	同安车站至吴厝	区内线路	17.4	32
600	2004年8月	同安车站至罗溪	区内线路	28.0	32
612	2006年3月	芸溪居住公园至工业集中区大门	区内线路	14.7	80
603	2007年2月	同安小西门至乌涂商业街	区内线路	13.8	134
606	2007年2月	同安车站至莲花白交祠	区内线路	41.5	34

续表8-3

线路	开通时间	起讫点	线路类别	线路里程	班次/日
学生专线	2006年11月	莲美中学至上陵	学生专线	12.3	36
学生专线	2006年11月	莲美中学至蔗内、内田	学生专线	13.9	72
学生专线	2006年11月	莲美中学至罗溪	学生专线	16.3	36
学生专线	2006年11月	莲美中学至白交祠、军营	学生专线	27.0	162
学生专线	2006年11月	沃溪中学至小坪、尾林	学生专线	18.7	54
学生专线	2006年11月	汀溪中学至五峰	学生专线	8.3	54
学生专线	2006年11月	汀溪中学至西源	学生专线	7.9	36
学生专线	2006年11月	汀溪中学至堤内	学生专线	2.1	18
学生专线	2006年11月	汀溪中学至城南	学生专线	10.8	18

说明：1. 日班次栏，学生专线为月班次，606线为周班次

2. 602线、671线2007年2月1日起，起点改为厦门市第三医院

二、主要客运企业

（一）同安汽车客运站

1999年7月，同安汽车客运站在原址兴建新站房，2000年10月投入使用，2001年8月被福建省核定为“二级汽车客运站”，为同安区唯一二级汽车客运站。2007年底，通达省内外18省市、线路230条，总里程20多万公里。1997—2007年，合计客运量79.72万人，周转量18867.81万人公里。

同安汽车客运站客运量统计表

表8-4

年份	客运量（人）	客运周转量（人公里）	年份	客运量（人）	客运周转量（人公里）
1997	35750	8461538	2003	58500	13846153
1998	39750	9408284	2004	62500	14792899
1999	43500	10295857	2005	65000	15384615
2000	47250	11183432	2006	107368	25412543
2001	51013	12071005	2007	231797	54863192
2002	54750	12958579	合计	797178	188678097

（二）厦门公交集团同安公交公司

1996年，厦门经济特区运输总公司、厦门经济特区运输总公司同安公司及其职工集资创办厦门市同安区公共交通有限公司。同年5月1日，公司开通同安第三中学至五显，同安第六中学至西塘、城南至城东三条公交线路，首批5辆公交车正式投入运营。之后发展壮大为同安最大的客运企业，公司还承担学生、老年人、残疾人等特殊群体优惠乘车的社会义务。

第一批投入运营的公交车

2005 年 8 月，厦门市同安区公共交通有限公司分为两个独立的公司，厦门特运公共交通有限公司同安分公司（简称同安公交公司）为其一。

2006 年 8 月 1 日，同安公交公司与厦门市公交总公司同安分公司整合合并为厦门公交集团同安公共交通有限公司。至 2007 年，运营公交车 245 辆，运行公交（农客）线路 26 条，其中市际客运线路 8 条、区间线路 9 条、学生专线 9 条。配套农村客运候车亭 68 个。

1996—2007 年同安公交公司客运车辆及客运量统计表

表 8-5

年份	车辆数	客运量（万人）	客运周转量（万人公里）	年份	车辆数	客运量（万人）	客运周转量（万人公里）
1996	35	310	9917	2002	212	1829	65900
1997	71	628	21203	2003	232	1060	67000
1998	111	710	38615	2004	258	2437	85216
1999	126	1115	41501	2005	159	2153	66890
2000	172	1420	49030	2006	219	1560	48000
2001	196	1655	57000	2007	245	3032	92500

（三）厦门市康众出租车有限公司

2007 年 8 月，由同安公共交通有限公司与同安路桥建设投资有限公司合股组建。第一批招聘出租车驾驶员 37 名，购置北京现代出租车 20 部。同年 9 月 30 日，正式运营。

（四）厦门特运集团有限公司车站管理分公司同安客运站

2005 年 9 月 1 日，厦门车站管理分公司同安站正式组建。同日起，原属同安公交公司的同安客运站划归厦门车站管理分公司同安站统一管理，统一联网售票，班车统一调度排班。至 2007 年底，客运站发售班线 230 余条，班车 1400 余班，途经 18 个省、直辖市、特别行政区和福建省内各市。其中，同安客运站始发班线 2 条（漳州、岩溪），日始发班车 48 班，日均客运量 1000 余人，高峰期日发送旅客

同安客运站大楼

2000余人。引进闽南快运南安、梅山、永春等直达班车进站经营，开设后垵票点，设立从同安车站到后垵票点的免费接送车。

1997—2007年同安区水陆客运统计表

表8-6

年份	客运量（万人）	其中水运（万人）	客运周转量（万人公里）	其中水运（万人公里）	年份	客运量（万人）	其中水运（万人）	客运周转量（万人公里）	其中水运（万人公里）
1997	1287.00	20.00	52121.00	90.00	2003	1080.00	0	69143.00	0
1998	823.46	9.36	49148.40	46.80	2004	4217.39	0	125554.50	0
1999	1491.33	9.46	50407.16	25.32	2005	3371.00	0	101895.00	0
2000	1492.00	10.26	50980.00	30.78	2006	1575.00	0	49436.00	0
2001	1701.26	5.40	59030.57	16.20	2007	3072.00	0	94724.00	0
2002	1886.00	8.00	67252.00	17.00					

说明：1997—2002年水运客运量、客运周转量主要是集体水运企业大嶝航运公司的航运量。该公司2003年后为翔安企业

第二节　货　运

一、主要货运企业

（一）厦门兴荣国际物流有限公司

1988年创办，址在同安区同集北路936号，系一家长期从事道路集装箱运输和仓储管理及一般纳税人资格贸易的多元化实业公司，注册资金2580万元。2007年，有101名员工。

公司拥有四栋共3万多平方米的综合办公楼及一个10万多平方米的仓储堆场（年均堆箱量达6000个标箱）、1万多平方米的大型停车场、职工宿舍；拥有拖车70多部（车辆总吨数达1500多吨）、车架200多个，吊车、叉车等配套设施齐全。公司立足于厦门港区和全省各集装箱码头、堆场，与马士基、APL、OOCL、太平船务、CMA、长荣海运、以星轮船、阳明海运等多家船务公司、堆场签有长期集装箱运输协议；代理首钢钢材销售，与胜狮集团下属各工厂及其他建筑商有常年性业务往来；与厦门烟草工业有限责任公司签订常年性仓储合同；同时与多家出口企业有常年性业务往来，货源稳定，经营业务良性发展。

公司连续多年获得同安区“超百万纳税大户”及“诚信文明企业”荣誉，连续多年被厦门市人民政府评为“守合同重信用”优秀单位，同时被多家银行授予信用等级AAA优良客户。是福建省百家文明诚信私营企业之一。

（二）厦门市大顺物流有限公司

1992年8月创办，址在同安工业集中区同源路298号，1998年8月成立“厦门大顺国际货运代理有限公司”，2001年11月成立“厦门大顺进出口有限公司”2家独立公司。

至2007年，公司发展为包括道路运输、仓储、集装箱堆存、修理、装卸、货物配送、物流加工、海运代理、货运代理、进出口贸易等经营业务的物流企业。拥有2万平方米的集装箱堆场，6万平方米的现代物流仓库，1.5万平方米汽车旅馆公寓，自备集装箱货柜50个，多台集装箱自卸车辆，70台集装箱牵引车，多台集装箱重型设备。23名员工。

公司多次获“全国货代百强企业”“守合同重信用”“纳税大户”“重点物流项目”等荣誉称号，被银行授予 AAA 级信用企业。

（三）厦门陆港物流有限公司

东港国际集团下属综合物流公司，2003 年 4 月成立，址在同安区洪塘路 140 号，2007 年 23 名员工。主要经营国内集装箱运输、进出口贸易、国际货运代理、仓储等业务。内设有办公室、财务部、陆运部、拖车部、海运部、贸易部、业务部、车队等部门。公司自有集装箱运输车辆 16 部，车架 46 个。

公司先后获厦门市“2005—2006 守合同重信用企业”“2007—2008 守合同重信用企业”和厦门市经发局“2007—2009 成长型中小企业 A 级称号”等称号。

（四）厦门莲捷物流有限公司

2001 年 4 月成立，址在新民大道 699 号。从事国内货物运输，道路集装箱、大中小型汽车运输及货物仓储服务。2005 年，注册资金 1100 万元。2007 年，有 36 名员工。

公司先后开通厦门至广东、上海、天津、北京、武汉、山东、青岛等运输业务专线。2004 年成立厦门莲捷物流有限公司汽车修理厂。

（五）厦门启隆达物流有限公司

1998 年 11 月成立，址在新民大道 699 号，2007 年 5 名员工。从事国内外货物运输，道路集装箱，大中小型汽车运输及货物仓储服务。

公司先后开通厦门至广东、上海、重庆、成都等运输专线。在深圳、东莞、上海、重庆等地设立办事处。2007 年，荣获首届厦门市同安区优秀中国特色社会主义事业建设者称号。

2007 年同安区货运企业一览表

表 8-7　　单位：万元

业户名称	企业驻地	注册资金
厦门兴荣国际物流有限公司	同安区同集北路 300 号（综合办公楼）	2580
厦门晋联物流有限公司	同安区工业集中区同源路 299 号	2288
厦门同安远安物流有限公司	同安区洪塘镇洪塘村（镇政府内）	386
厦门同安顺发物流有限公司	同安区西柯镇埭头村	500
厦门金客兴汽车运输有限公司	同安区集贤路 215 号综合楼二楼	50
南靖福海运输公司同安分公司	同安区大同镇环城西路东侧福星大地	50
南靖三龙汽车发展公司同安分公司	同安区五显镇垵炉村五显社	100
厦门三江华宇物流有限公司	同安区工业集中区西洪塘路 299 号	100
厦门安顺达公司同安分公司	同安区祥平街道大唐世家二期 4 号楼 38 号店面	100
厦门振源物流有限公司	同安区莲花镇美埔村莲花供销社 301#	188
厦门佳运丰物流有限公司	同安区西柯镇西柯村东柯 38 号	500
厦门联盛发物流有限公司	同安区银湖西里 121 梯 1101 室	100
厦门桂顺运输有限公司	同安区西柯镇潘涂工业区	300
厦门陆翔汽运公司	同安区祥平街道凤祥三里 35 号底层	350
厦门顺尔达汽车运输公司	同安区凤山路 60 号一层之五区	50
厦门鹭盛顺物流公司	—	50
厦门同安东阳汽运公司	同安区祥平街道阳翟村	435
厦门万诚达物流公司	同安莲花镇美埔村莲花供销社中心商场 3 楼 302	210

续表8-7

业户名称	企业驻地	注册资金
厦门东港物流公司	—	1000
厦门凯鹏汽运公司	同安区五显镇垵炉村梅山社	50
厦门凯达物流公司	同安区祥平街道办事处阳翟村	88
厦门鹭银运输公司	—	50
厦门顺诚通物流有限公司	同安区莲花镇白沙仑农场东山 64 号三楼	100
厦门庆捷物流有限公司	—	50
厦门宏高货运有限公司	同安区新民镇文化活动中心综合楼 1 楼 101 室	2240
厦门永昊石油制品有限公司	同安区新民镇西塘村	300
厦门市大顺物流有限公司	同安区工业集中区 10 号地块	1260
厦门陆港物流有限公司	同安区洪塘路 140 号二楼	500
厦门莲捷物流有限公司	同安区新民大道 699 号东侧起 7 号	1100
厦门立迅物流有限公司	同安竹坝华侨农场新村 88 号 102 室	500
厦门汉晟物流有限公司	同安区官浔村桃源山庄 17 号	350
厦门裕兴发运输有限公司	同安工业集中区思明园 51 号	300
厦门东诚达物流有限公司	同安区大同下溪头里 88 号	150
厦门盛斯达物流有限公司	同安区莲花镇美埔村供销合作社中心商场三楼 301A 室	100
厦门成鑫汽运公司	同安区祥平街道阳翟村一组 118 号	50
厦门幸丰运输有限公司	同安区大同镇南门路 145 号	400
厦门全顺捷物流有限公司	同安区同源路 299 号（同安工业集中区）	50
厦门鑫兰星运输公司	同安区洪塘镇农机站二楼	500
厦门通成华代理有限公司	—	50
厦门启隆达物流有限公司	同安区新民大道 699 号 2 号楼之 8	300
厦门南运物流有限公司	同安区新民镇乌涂村	50
厦门富得辉物流有限公司	同安区莲花镇美埔村（莲花供销社三楼）	198
厦门同安恒达运输有限公司	—	100
厦门杰顺运输有限公司	同安区银湖西路 158-160 号 102 室	200
厦门港远物流公司	同安区祥平街道阳翟村	80
厦门精鹰货运代理公司	同安区城南工业区（振裕饲料厂内）	10
厦门胜和汽车运输公司	同安区洪塘镇埔后村	150
厦门港骏物流有限公司	同安区五显镇梅山	180
厦门裕盛运输有限公司	同安区洪塘镇埔后工业区	80
厦门华丽晶石油制品有限公司	同安区西洪塘	628

说明：企业驻地栏空白者为该企业 2007 年已不存在

1997—2007 年同安区水陆货运量统计表

表 8-8

年份	货运量（万吨）	其中水运（万吨）	货运周转量（万吨公里）	其中水运（万吨公里）	年份	货运量（万吨）	其中水运（万吨）	货运周转量（万吨公里）	其中水运（万吨公里）
1997	784.00	64.00	42942	2462	2003	680.00	0	66109	0
1998	822.30	72.30	49648	2420	2004	605.56	0	49881	0
1999	931.08	3.87	60241	857	2005	610.25	0	50322	0
2000	1009.00	96.00	65222	2880	2006	650.09	0	54619	0
2001	1171.54	108.00	72865	3240	2007	683.22	0	52345	0
2002	1253.00	123.00	79008	3405					

说明：1997—2002 年水运货运量、货运周转量主要是大嶝航运公司、厦门银城船舶公司的货物运输量。两公司 2003 年后为翔安企业

1997—2007 年同安区全社会办证运输工具统计表

表 8-9

年份	合计	汽车	其中			挂车	拖拉机	其他机动车	摩托车	客运人力车	货船	客船	其他船舶
			货车	客车	专用货车								
1997	29553	2552	2023	529	—	—	3080	1560	22011	350	116	7	—
1998	27894	3135	2675	460	—	25	2010	1300	21074	350	194	7	1
1999	71655	5585	3901	1684	—	42	4064	6137	55477	350	169	10	—
2000	78635	6435	4409	1981	45	—	4657	1442	65751	350	188	9	439
2001	82884	4635	3952	435	248	—	1500	2148	74251	350	190	10	435
2002	104404	9741	5888	372	222	—	4762	1560	87991	350	165	16	436
2003	111213	11608	6493	5115	261	—	20	1318	98006	353	—	—	—
2004	126850	13553	6293	6935	325	88	—	1318	111538	353	—	—	—
2005	116099	8738	—	—	—	220	—	269	106519	—	—	—	—
2006	130444	11141	—	—	—	244	—	152	118907	—	—	—	—
2007	142677	14614	—	—	—	283	—	122	127658	—	—	—	—

说明：1. 2003 年起划出翔安无船舶统计
　　　2. 2007 年另有集装箱拖头 690 辆

二、物流园区

（一）厦门建材物流园

2005 年 8 月由厦门东南湾投资股份有限公司投资开发建设，址在同安工业集中区，占地面积 40 公顷，总建筑面积 40 万平方米，投资总额达 5 亿元，是福建省规模最大，品种

同安建材物流园一角

最全、配套最好的建材、家居、机电五金营销基地。截至2007年，引进200多家建材、家居、机电五金企业，被誉为“建材航母”。

（二）厦门医药采购供应站

2005年12月由厦门光华医药科技有限公司投资建设，址在厦门轻工食品园，占地面积6.93公顷，总投资1.5亿元，批零兼营药品、中药材、中成药、医疗器械、化学试剂和玻璃仪器等六大类医药商品，享有除国家特殊管理以外各类商品的进出口权，营销网络遍及全国各地、港澳台，并向国际市场延伸。

（三）闽南果蔬批发市场

1995年3月，由同安市场建设管理有限公司出资建成并投入使用，位于同安城区东部，占地面积6.8公顷，总投资5000万元，是农业部定点联系市场。2005年，进入全国蔬菜专业批发市场二十强行列。2007年，市场交易量为109万吨，交易额为13.6亿元，市场已从产地型批发市场发展为全国性的南菜北调、北菜南运蔬菜中转集散地，是全省最大的蔬菜专业批发市场。

同安闽南果蔬批发市场

第四章 交通运输管理

第一节 管理机构

一、行政机构

（一）同安区交通局

1997年5月1日，同安撤县改区，同安县交通局改为同安区交通局，区政府口岸办公室并归交通局，加挂区交通战备办公室牌子。内设办公室、计划财务科（加挂同安区车辆购置附加费征收管理办公室牌子）、工程科、路政科、交通运输科、人事教育科、口岸科、交通战备科8个科室，机关行政编制20名、机关事业编制10名。

2002年12月16日，车辆购置附加费征收办公室的职能移交国税部门，交通局代征。交通局内设办公室、计划财务和审计科、工程建设管理科、综合科、交通战备和口岸管理科5个科室。机关行政编制13名，工勤人员1名。

2003年12月3日，交通局加挂区口岸办公室、区国防动员委员会交通战备办公室牌子，内设综合科、工程科 2 个科室。行政编制 8 名、工勤人员编制 1 名。

2005 年 1 月 1 日起，交通部门停止代征车辆购置税，原设置在交通局的同安车辆购置税征收管理办公室正式成建制移交给国税部门。

（二）同安区口岸办公室

1985 年 7 月 21 日成立，是县人民政府在其辖境沿海口岸的行政机构，口岸办公室机关人员编制 4 名。1997 年 5 月 1 日，同安撤县改区后，口岸办并归同安区交通局。2003 年 12 月，交通局加挂区口岸办公室。

二、事业机构

（一）同安区运输管理所

1997 年，同安县交通运输管理所对外增挂机动车船维修管理所牌子，副科级全民所有制事业单位，下辖镇运输管理站（股级），核定事业编制 73 名。

2003 年 10 月 22 日，改为同安区运输管理所，机构规格相当于正科级，核定人员编制 38 名。2004 年 1 月 1 日，运输管理所所属马巷、新圩、新店、内厝 4 个运管站 28 名工作人员成建制划转翔安区。

（二）同安区机动车综合性能检测站

1997 年，同安县汽车技术检测站更名为同安区汽车技术检测站。1999 年，筹集资金建设厦门市同安区机动车综合性能检测站，并于 2000 年 8 月建成投入使用。检测站拥有检测车间 800 平方米，职能办公区 288 平方米，标准水泥路面停车场 8000 平方米，以及试车道、洗车台等。检测车间配备目前国内较先进和高科技含量较高的软硬件设备共计 24 台，经省交通厅核准为 A 级站，2001 年取得省质量技术监督局颁发的计量认证证书。2007 年，在编人员 14 人，其中工程师 1 人、助理工程师 3 人、技术员 8 人。

同安机动车综合性能检测站

同安区机动车综检站对外加挂独立法人企业单位“厦门同安车安机动车安全检测站”牌子，实现同一条检测线能够同时完成营运车辆技术等级评定检测和车辆法规性年度安全检测“两检合一”，属全国首例。2007 年，厦门市同安区机动车综合性能检测站共完成营运检测约 8000 部、年度安全检测约 2 万部。

（三）福建省公路稽征局同安稽征所

1993 年 1 月 1 日成立，隶属福建省公路稽征局厦门公路稽征处，负责同安区和翔安区汽车的养路费、客运附加费、货运附加费的征收、稽查工作，为公路建设筹集专项资金的行政执法单位。2007 年，内设征费稽查股、财务股、办公室。正科级单位，编制 20 人。

（四）同安公路分局

同安公路分局原名同安公路段，1993 年公路体制改革后更名为福建省厦门市公路局同安分局（简称同安公路分局），负责辖区国省干线公路、部分县级公路的建设、管理与养护工作。1997 年，职工 197 人，内设工程科、养护绿化科、路政所、机材科、财务科、办公室、工会 7 个科室。下辖泥山、白沙仑、北环、前格、上陵、内厝、黄厝、新圩、新店 9 个公路养护班站，管养公路里程 188.9 公里。

2001 年 7 月，成立厦门市同安养护工程处，分流职工 115 人到该处。2002 年 6 月，成立厦门市通途工程有限公司。

2003 年，职工 15 人，内设工程科、养护绿化科、财务科、路政所、办公室和工会 6 个科室。下辖泥山、白沙仑、北环、汀溪、云埔、内厝、黄厝、新圩、新店 9 个养护班站，管养公路里程 188.90 公里。

2004 年 1 月，翔安公路分局成立，从同安公路分局管理里程划出 64.33 公里归该局管养。

2007 年，职工 24 人，其中，在编 11 人，外聘 13 人，内设养护绿化科、财务科、路政所、办公室和工会。下辖泥山、白沙仑、北环、汀溪 4 个养护班站，管养公路里程 124.57 公里。

第二节 管　理

一、农村公路建设管理

（一）资金筹措

2003 年 12 月以前，同安农村公路建设资金主要采取“交通部门补一点，有关单位筹一点，地方政府拿一点，群众捐一点”的办法。2003 年后，公路建设以政府性资金投入为主。

（二）规划编制

区交通局工程管理科具体实施公路建设管理，负责农村公路建设规划、建设市场监督管理和养护管理。分别于 2001 年、2004 年、2007 年委托中交二院、长安大学、厦门市交通委海西交通研究所完成《同安区农村公路建设规划》编制。

（三）农村道路硬质化建设

2003 年 11 月起，按照《福建省农村公路建设实施意见》和区委、区政府提出的“明确责任，齐抓共管，先易后难，分步实施”的工作原则，组织开展为期 3 年的通达行政村道路硬化建设。至 2006 年 1 月，全区 110 个行政村实现村村通水泥路。2006 年，在实施年万里农村路网工程的基础上，启动通达自然村道路硬化建设工程，至 2007 年 12 月，完成通达自然村道路硬化建设项目 65 个，全区 653 个自然村中已有 409 个村通达水泥路，通达率 62.63%。

二、路政管理

乡镇公路和部分县道的路政管理由同安区交通局路政科负责，2002 年后改由交通局工程科管理。

（一）查处案件

1997 年，查处路政案件 2247 起，其中侵犯、损坏公路路产案 23 起，纠正、制止违法行为案 2224 起。至 2002 年，累计查处路政案件 13141 起，其中侵犯损坏公路路产案 774 起，纠正、制止违法行为案 10369 起，超限运输车辆上路行驶案 1998 起。2003 年划出翔安当年 2861 起，至 2007 年累计 11515 起，其中侵犯、损坏公路路产案 976 起，纠正、制止违法行为案 8884 起，超限运输车辆上路行驶案 1655 件。

1997—2007 年同安路政案件查处情况表

表 8-10　　单位：起

年份	侵犯、损坏公路产案	纠正制止违法行为案	超限运输车辆擅自行驶公路行为案
1997	23	2224	—
1998	193	2052	—

续表8-10

年份	侵犯、损坏公路产案	纠正制止违法行为案	超限运输车辆擅自行驶公路行为案
1999	171	2013	—
2000	160	1854	962
2001	120	1100	405
2002	107	1126	631
2003	117	2077	667
2004	125	1513	376
2005	207	2222	302
2006	464	1562	254
2007	63	1510	56
合计	1750	19253	3653

说明：超限运输车辆擅自行驶公路行为自《超限运输车辆行驶公路管理规定》2000 年 4 月 1 日施行后开始查处

（二）公路养护

同安区公路养护分为专养和群养（列养）。国省道和主要县道由公路分局专业养护；主要乡道和部分县道由交通部门道路养护公司专门养护；其他乡村公路由所在镇村负责养护。同安区每年约投入3500 万元资金用于公路养护。1997 年，全区养护公路 882. 118 公里，其中公路局专养 188. 90 公里，区交通局专养 206. 33 公里，镇村列养 486. 888 公里；2003 年析出翔安后，全区养护公里 588. 21 公里，其中公路局专养 188. 90 公里；区交通局专养 123. 80 公里，镇村列养 275. 51 公里；2007 年全区养护公里588. 21 公里，其中公路局专养 124. 57 公里，区交通局专养 180. 32 公里，镇列养 150. 94 公里，村列养132. 38 公里。

（三）公路绿化

根据《同安区统计年鉴》统计，1997 年全区公路绿化里程 222. 10 公里，其中交通局管理 160. 40公里，公路分局管理 61. 70 公里；至 2002 年增加到 513. 32 公里，其中交通局管理 414. 00 公里，公路分局管理 99. 32 公里；2003 年划出翔安后为 392. 58 公里，其中交通局管理 252. 50 公里，公路分局管理140. 08 公里；至 2007 年 174. 17 公里，其中交通局管理 50. 51 公里，公路分局管理 123. 66 公里。

（四）规费征收

汽车养路费、客运附加费、货运附加费由福建省公路稽征局同安稽征所征收。1997 年征收 2838 万元，2007 年 10982 万元，累计征收 59428. 6 万元。拖拉机、摩托车养路费由同安运管所征收，1997 年征收 566 万元，2007 年 182 万元，累计征收 4340 万元。

1997—2007 年公路规费征收统计表

表 8-11　　单位：万元

年份	稽征所征收额	同安运管所征收额
1997	2838. 00	566
1998	3283. 60	521
1999	3712. 80	500
2000	3737. 60	519

续表8-11

年份	稽征所征收额	同安运管所征收额
2001	4133.50	500
2002	4727.20	507
2003	4877.34	500
2004	5667.38	215
2005	6926.95	180
2006	8542.43	150
2007	10981.80	182
合计	59428.60	4340

三、运政管理

（一）机动车维修管理

同安区运输管理所具体实施机动车维修企业资质条件（企业生产条件、从业人员素质、安全生产、维修质量）管理。1997 年，全区机动车维修企业（个体）115 家，其中一类维修企业 0 家、二类维修企业 3 家、三类维修企业 20 家、摩托车维修 92 家。2003 年，有维修企业 127 家，其中各分类依次为 2 家、11 家、51 家、63 家。2007 年，有机动车维修企业 139 家，其中一类维修企业 6 家、二类维修企业 18 家、三类维修企业 62 家，摩托车维修 53 家。一、二类维修企业许可由区运管所初审后上报市运管处审核许可，三类维修企业和摩托车维修由区运管所审核许可。

（二）机动车驾驶员培训管理

机动车驾驶员培训行业原属公安交警管理，2004 年 5 月起移交给交通运政管理。驾训企业许可由市运管处牵头，交警、驾训协会、区运管所等部门参加，联合核查合格后由区运管所许可。

2004 年，全区有机动车培训机构 7 家 161 部教练车，每年培训机动车驾驶员约 4800 人。

2007 年，全区有机动车培训机构 6 家 166 部教练车，每年培训机动车驾驶员约 5000 人。

2007 年机动车驾驶员培训机构一览表

表 8-12

培训机构	法人代表	住　址
同安大宏汽车培训有限公司	颜允胜	同安五显镇西洋村（影视城边）
厦门同安欣红星汽车驾驶培训队	陈旭辉	同安大同镇环城东路（气象局隔壁）
厦门兴幸丰汽车培训有限公司	庄清乐	同安区祥平街道阳宅 A 座 203 室
厦门华歆汽车培训有限公司	吕自力	同安区大同街道岳口统建 10 号 103 号
厦门市同安鑫隆汽车驾训有限公司	吕恭灿	同安大同镇东宅村（交警大队对面）
同安永欣汽车培训有限公司	陈丽萍	同安区祥平街道祥桥村三香 8 号

（三）交通安全管理

交通部门只对道路营业性运输企业（车辆）进行安全管理，负责道路客货运输安全生产、公路工程的安全生产、危险物品道路运输安全的管理工作，以及开展道路交通安全专项整治及隐患排查治理工作。2007 年，全区有道路运输企业 44 家，从业人员 9957 人，其中安全管理人员 176 人。

四、口岸管理

2005 年 11 月起，厦门海关驻同安办事处陆运监管科负责同安区域进出口的监管工作，至 2007 年，共接受申报进出口报关单 84534 张；监管进出口货物 75246.81 吨（其中进口 14231.05 吨、出口 61015.77 吨）；监管进出口车辆 10350 车次（其中集装箱 10397 个标箱，厢式货车 5017 车次）；实际查验报关单 3287 票，查验率为 4.31%，查获率为 17.61%。

五、交通战备管理

交通局具体负责区国防动员委员会交通战备办公室日常工作，主要负责制定区国防交通保障计划，组织国防交通保障队伍，为本地区的军事行动和紧急任务组织海、陆、空的交通保障工作、国防运力动员和征用、国防交通物资储备与调用等。

六、港航管理

1997 年，在刘五店船舶进出口港口登记处，对进出口船舶检验船舶证书、船员证书、航行签证簿及征收港务费。2002 年，完成大嶝至小嶝航道的规划、测量、清理、投放浮标等工作。2003 年后，港航管理机构成建制划转翔安区。

第九篇 邮政电信

1997—2007年，同安电信业飞速发展，实现由人工向自动、模拟向数字、公众电信网向信息网的转变，一跃成为同安国民经济的基础产业和先导产业。同安电信局在1990年12月首开程控电话的基础上，于1999年实现全区自然村程控化，1991年开通自动寻呼机系统，2000年开通小灵通业务，2001年开通宽带城域网。到2007年，全区拥有固定电话用户9.6万户、程控电话用户14.8万户，宽带用户近4万户。2000年3月成立的同安移动公司不断追求无处不在的网络覆盖和随时随地清晰通话的目标，2004年推进“村村通电话”工程建设，2007年启动“村村通”和扩大的TD—SCMDA规模网络技术应用试验网工程建设，至2007年，拥有GSM900M/DCS1800双频网和TD网通讯网络，实现对区域的100%覆盖。信息化建设进展快速，2007年实现政府公共服务信息化，建成全区首个农村信息化示范村——新民镇禾山村。同安邮政面对邮、电分营后出现的严重亏损局面，在竞争中求生存、改变中求发展，创新经营，创新服务，创新业务，增开邮路，增设邮政服务网点，推进邮政信息化、电子化建设，推行ISO9001：2000质量管理体系。到2007年，计有投递邮路74条2634公里，扩展业务至12类50余种，业务收入增长3倍多，实现扭亏为盈，并步上良性循环轨道。

第一章 邮 政

第一节 机 构

1997年6月1日，省邮电管理局根据同安撤县改区的需要，撤销同安县邮电局，设立同安邮电分局，归厦门市邮电局领导。内设邮政业务组、6个邮政生产班组，下辖祥桥、南门、城北、城东、上埔、美埔、潘涂、凤南、马巷、新店、新圩、大嶝、莲河13个邮电支局，五显、洪塘、西柯、内厝4个邮电所，辽野、竹坝、西塘、邱厝、白沙仑5个邮政代办所和祥桥、南门、城北、上埔、美埔、潘涂、凤南、马巷、新店、新圩、大嶝、莲河12个邮政储蓄专柜。

1998年11月11日，实行第三次邮、电分设体制，成立同安邮政分局，归厦门市邮政局领导。内设综合部、市场部，生产班组有邮件组、报刊组、投递组、邮储组、速递站、集邮公司，下辖邮电支局所邮政储蓄专柜不变。

2002年1月1日，同安邮政分局速递站划归厦门市邮政局速递局。

2004年1月1日，信报收投业务和人员划归厦门市邮政局信报收投局管理。2005年1月1日，厦门市邮政局对同安邮政分局进行机构调整，上埔、美埔、潘涂、凤南、大嶝、莲河6个邮电支局及祥桥、南门、城北、马巷、新店、新圩6个邮政储蓄专柜划归厦门市邮政局储汇局。

2005年3月，上埔邮政储蓄专柜撤销。

2006年4月3日，翔安邮政分局成立，仍与同安邮政分局合署运营。

2007年底，同安区邮政分局内设综合部、市场部两个职能部门，下辖祥桥、南门、城北3个邮电支局，祥桥、南门、城北、美埔、凤南、潘涂6个邮政储蓄专柜，五显、洪塘、西柯、城东、上埔、辽野、北山、西塘、邱厝、白沙仑、窟氏、株厝12个邮政代办所和同安信报收投部。

第二节 邮 路

一、城市投递邮路

1997年初，城市投递邮路5条，总长16公里：邮电局至车站、至小西门、至溪边、至外较场、至松柏林，逐日班。

2003年9月析出翔安后，城市投递邮路6条，总长109公里：至后炉18公里，至城西17公里，至西溪16公里，至溪边20公里，至东山19公里，至中山路19公里。

2005年1月，新增至祥平邮路33公里。

2007年底，城市投递邮路仍为前记7条，总长142公里。

二、农村邮路（委办邮路）

1997年初，自办农村投递邮路25条，总长726公里。

2003年9月析出翔安后，投递邮路11条570公里：至辽野50公里，至洪塘47公里，至西源56公里，至后埔45公里，至新圩50公里，至后田50公里，至小坪97公里，至竹坝45公里，至凤南50公里，至西柯55公里，至南山25公里。委办邮路14条139公里：莲花镇新店至上陵8公里、至内田14公里，上陵至西坑23公里、至罗溪4公里，小坪至尾林4公里、至道地2公里，小坪水库至水洋2公里，上埔至茂林18公里，前格至半岭12公里，茂林至造水5公里、至汪前6公里、至墩后3公里，西源至堤内36公里，西柯至潘涂2公里。

2005年7月1日起，农村投递班期由周六班改为逐日班。

2006年3月，农村投递邮路改为委办邮路，新增邮路28条、长1095公里。合计53条1804公里。

2007年底，农村委办邮路仍为53条1804公里。

三、其他邮路

（一）早报早投邮路：2003年10月试办，2006年3月列入邮路统计：至岳口22公里，至振兴23公里，至东山21公里，至西池24公里，合计4条90公里。

（二）商函邮路：2007年11月，新增商函邮路6条301公里。

（三）机要邮路：2003年9月析出翔安时，即有同安至辽野机要邮路1条55公里，至2007年保持不变。

（四）邮运汽车邮路：2007年底，厦门邮区中心局邮路至祥桥、洪塘、城东、南门、潘涂5个邮电支局所，总长63公里。同安邮政分局至各邮电支局所及邮政代办所2条179公里。

（五）速递邮路：厦门邮政速递局集美二部承揽同安区速递（EMS）邮件投递和揽收，日行程约700公里。

第三节 设 施

一、设备

1997 年，同安县邮电局主要邮政设备有汽车 7 辆、摩托车 3 辆、微机 25 台，邮件处理机械 14 台以及电子秤、铁柜、邮筒、信箱等。20 世纪 90 年代中期，陆续配备邮政储蓄微机、邮政营业微机和报刊微机。

1997 年 8 月，祥桥、南门支局首批安装自动柜员机（ATM）。

2000 年 10 月，同安城关首批 6 座报刊亭投入使用。

进入 21 世纪，推进邮政现代化，全面实施电子化支局建设，实现邮运和投递摩托化、作业机械化、营业微机化。

2007 年底，同安邮政主要设备有：各种汽车 18 辆、摩托车 30 辆，各类微机 79 台、打印机 55 台、传真机 13 台、电子秤 26 台、ATM 自动柜员机 17 台，过戳机 1 台、捆扎机 4 台、报刊亭 9 座，以及保险柜、铁皮柜、信筒、信箱、邮袋等。

二、营业场所

1997 年前，建成城南、城东、上埔、美埔、凤南、潘涂、五显、西柯等邮电综合楼。1997 年 8 月，区邮政综合楼竣工并投入使用。1998 年 10 月，购置城北支局营业厅。1998 年 11 月邮、电分营，原属邮政生产、营业的场所全部划归同安邮政分局。2005 年 5 月，同新路邮政综合楼落成。至 2007 年底，同安邮政分局在同安境内的邮政生产、营业用房计有城南、城东、城北、南门、上埔、美埔、凤南、潘涂、五显、西柯 10 座，面积 2602 平方米。

第四节 业 务

20 世纪 90 年代中期，电信业快速发展，导致邮政传统业务逐渐萎缩。1997 年，邮政主要业务有函件、包裹、汇兑、报刊发行、邮政储蓄、特快专递（EMS）国际国内邮政电子信函等。

1998 年 11 月邮、电分营后，邮政营业厅代办电信、移动、联通等电信运营商的部分业务，形成邮、电配套服务。1999 年 8 月起，开办邮政商业信函及中邮专送广告（DM）业务。2000—2003 年，陆续开办特快汇款、加急汇款、汇款回执、快递包裹、邮政礼仪等业务。2006 年 7 月起，邮政储蓄开办

1999 年，同安邮政局发行首套 6 枚明信片之《千年古刹·梵天寺》和《同安土楼》

小额质押贷款业务。2007 年，农村平信直投到户。

2007 年底，邮政业务计 12 类、50 余种：

国内国际平常邮件 信函、明信片、印刷品、盲人读物等。

国内国际给据邮件 挂号函件、特种挂号函件、保价信函、保价印刷品等。

国内国际包件 普通包裹、商品包裹、纸质品包裹、保价包裹、快递包裹等。

国内国际特快专递 文件型、物品型特快专递。

国内国际汇兑 实时汇款、汇款回执、西联汇款、入账汇款等。

邮发报刊 订阅、零售、委代办等。

机要通信 党、政、军机要文件等。

邮政礼仪 生日礼仪、中秋礼包、春节礼包及各种贺卡。

集邮 各类集邮票品销售、新邮预订及庆典纪念邮品、个性化邮折、邮册等定向邮品开发业务。

邮政广告型业务 商业信函、招生信函、企业数据库商函、邮资封片卡和中邮专送广告等。

邮政储蓄 活期、零存整取、整存整取、定期定额、定活两便，小额质押贷款、代办理财、代理基金、代理保险，以及代发工资、代缴电费、代缴电信费等中间业务。

电子类业务 电子信函、电子商务等。

电信、移动、联通等电信运营商委托代办业务 装移撤机、手机（小灵通）入网、各类电话（充值）卡、现金缴费、数据通信（宽带）等业务及通信产品销售。

2005—2007 年同安邮政局业务统计表

表 9-1

年份	函件（万件）			特快专递（万件）			包裹（万件）			报刊发行流额（万元）	汇兑（万笔）	邮储余额（万元）	集邮收入（万元）	经营收入（万元）
	合计	国内	国际港澳台	合计	国内	国际港澳台	合计	国内	国际港澳台					
2005	33.93	33.36	0.57	3.52	3.46	0.06	2.88	2.81	0.07	289.25	8.85	50843	118	707
2006	32.93	31.95	0.44	4.05	4	0.05	2.92	2.9	0.02	275.39	7.83	60194	66	661
2007	30.85	30.41	0.44	5.05	5	0.05	3.05	3.03	0.02	284.23	7.19	52232	68	685

第五节 管 理

一、用工制度

1997 年，继续实行始于 1996 年 5 月的集体合同工制度。1998 年 11 月邮、电分营后，实行用工制度和工资制度改革，用工和人事管理统归市邮政局。当年同安邮政分局（含翔安）共有全员合同制职工（正式工）100 名、招聘工 44 名、代理工 13 名，另有社会委、代办人员 20 名，合计 177 名。2005 年起，在保留全员合同制职工、招聘工用工制度的同时，增加劳务派遣工。2007 年底，同安邮政（不含翔安）全员合同制职工 36 名、招聘工 19 名、劳务派遣工 38 名，社会委、代办人员 62 名，合计155 名。

二、质量管理

1998 年前，推行全面质量管理制度和全面质量管理所应遵循的科学程序（“PDCA”循环），形成质量闭环管理体系，确保通信质量。

1999 年起，引进先进质量管理手段，导入 ISO 9002 国际标准质量体系，实施全员培训和考核，并于第二年获得认证证书。2005 年，改版为 ISO 9001：2000 质量管理体系；企业内部强化内审，认证机构进行外审。

2000 年起，开展“5S”（整理、整顿、清扫、清洁、习惯）活动。2006 年 11 月扩展为“6S”（整理、整顿、清扫、清洁、素养、安全），提高服务现场管理水平。

三、技术管理

20 世纪 90 年代起，陆续配备邮政储蓄、邮政营业、速递、报刊、投递、集邮等微机系统，并逐步实现全市、全省、全国联网。至 1997 年，邮政生产和营业基本实现微机化。

1999 年起，开通邮政综合办公网（OA 系统），实现无纸化办公和信息共享，提高管理工作效率。

进入 21 世纪，推进邮政信息化和电子化支局建设，各种微机系统升级、联网。2006 年，OA 系统纳入全省邮政综合办公网。2007 年 9 月，邮政综合网（营业与营运系统互联互通）成功上线运行，邮政营业网再次升级，进一步提高网络技术水平。

四、财务管理

1997 年，继续实行“市管县”体制，人、财、物统一由市局管理，统一执行市局制定的财会规章制度。邮、电分营后，同安邮政分局为报账单位，业务收入全额上缴，各项费用开支上报市局核准。市局下达年度业务收入等主要经营指标，根据分局经营业绩和质量指标完成情况核发薪酬。2003 年起，增加年度收支差额考核指标，作为核发薪酬的主要依据之一。分局对各支局所、生产班组下达年度业务收入指标和专项业务发展指标，根据经营业绩核发薪酬；生产、经营所需费用，上报分局核准，由分局统一向市局报账。

附录：集邮

一、集邮团体

（一）厦门市集邮协会同安分会

1998 年 11 月，同安集邮协会改名为厦门市集邮协会同安分会，会员 300 余名。2007 年 7 月 19 日，召开第三次代表大会，选举产生第三届理事会。同年底，同安集邮分会下辖启悟中学荔园集邮社、公安分局警苑集邮社、莲美中学小荷集邮社及 10 多个集邮小组，会员 600 多名。

（二）同安一中海峡两岸集邮文化研究会

2004 年 10 月 17 日成立。

2003 年 1 月，启悟中学被中华全国集邮联合会评为全国青少年集邮示范基地

二、集邮活动

1999 年 10 月 1—2 日，举

办以“祖国新貌”为主题的集邮展览，庆祝建国五十周年暨同安解放50周年。

2000年6月，组织大规模的集邮巡展，并与杏林邮协联办以“华夏生辉”为主题的集邮百框大展，通过“方寸之地”展现祖国大好河山、景观胜迹、灿烂文化和社会主义现代化建设成就。

2002年8月20日，在苏颂故居芦山堂举行苏颂纪念邮票暨系列邮品发行式，为同安集邮史上最隆重的活动。

2003年12月10日，启悟中学被中华全国集邮联合会授予“全国青少年集邮活动示范基地”称号。

2006年12月至2007年1月，同安区团委、教育局、邮局、邮协联办校园“新年贺辞”创作大赛，以贺年明信片为载体，比赛贺辞创作，全区32所学校共5万多名学生参赛。

2007年10月，在省集邮协会和省青少年宫协会组织的题为“绿色奥运，和谐家园”邮票、明信片设计比赛中，启悟中学学生林永文获二等奖、庄艳梅和苏小莉获三等奖。

1997—2007年，配合庆典等重大活动，共举办24次集邮展览。

三、集邮品开发

1999年9月，发行同安首套（6枚）风光明信片，分别为银城夜景、汀溪水库、梵天寺、十二龙潭、店仔土楼和西山岩。

2000年12月，推出第二套风光明信片（6枚），分别为同安影视城、孔庙、大嶝战地观光园、凯歌高尔夫球场、出米岩、马塘新村。

2001年8月，发行《厦门三峡移民第一村纪念》封，填补国家邮政局未发行移民题材集邮品的空白，外地集邮者纷纷求购。

2002年8月，制作《苏颂》题材明信片2套（10枚）、原地纪念封1枚、纪念戳2枚、宣传戳6枚，弘扬苏颂科技文化。

2005年11月，制作《第六届世界同安联谊大会》个性化邮折和2款纪念封，作为赠送贵宾礼品，深受青睐。

2006年9月，制作《宋代科学家苏颂》个性化邮折，作为苏颂科技馆开馆纪念、珍藏品。

2007年12月，首套邮册《同安电力公司创建国家电网公司一流县供电企业纪念》问世，展示企业文化。

1997—2007年，合计开发纪念封25枚、明信片51枚、纪念戳（章）32枚、个性化邮票折10套、邮册2套及一大批邮资封片。

第二章　电　信

第一节　同安电信局

一、机构设置

（一）局机构

1998年11月11日，邮、电分设，成立同安电信分局，归厦门市电信分公司领导。1999年9月，移动与电信分离，成立同安移动公司，归厦门移动公司领导。2000年1月，从同安电信分局分离部分

同安电信大楼

人员到厦门纵横集团网络终端服务有限公司同安维护局，2003 年 7 月回归。2005 年 4 月 12 日，翔安电信分局成立，由同安电信分局领导。2005 年 5 月 13 日，同安电信分局升格为同安电信局，仍归厦门市电信分公司领导。

（二）职能机构

1997 年，同安邮电局设置电信职能组 1 个，设置电信营销组、机务组、电力组、计算机维护组、报务组、测量台、线路技术组、机线一班、机线二班、建设组 10 个生产班组。1998 年 11 月邮、电分营，同安电信分局设办公室、维护部 2 个职能部门和营销部、线路一班、线路二班、电缆班、交换组、传输组、测量台、电力组、线路技术组、建设组、驾驶班等 11 个班组。2004 年 1 月，对职能部门和生产班组进行调整，设置办公室、维护部、营销部三个部室；成立客户服务中心、公众客户部、公话服务中心、营业中心、派测中心、业务支撑中心、光电维护中心、区域设备维护中心和祥平、潘涂、五显、马巷、新店 5 个社区服务中心。2007 年底，整合为综合管理部、市场拓展部、公众客户部（下设流客班、营业班）、政企客户部（下设大班、商客班）4 个部室，大同、祥平、潘涂、五显、马巷、新店 6 个社区服务中心，客户响应中心，区域维护中心及设备一班、二班，线路维护中心及派测班、线路班。

二、设施

（一）程控电话交换设施

1996 年底，同安邮电局拥有程控电话母局 5 个、模块局 7 个。1997 年起，配合同安区城市化、工业化和新农村建设，实施大规模扩建程控电话设施，当年新建凤南、云埔、汀溪、西塘、洪塘、五显、竹坝 7 个模块局。1998—2000 年，先后新建蔗内、五峰、西源、禾山、南门、龙西 6 个模块局。2001 年新建西湖、军营、白交祠、溪声、龙凤山庄、龙西 6 个模块局和小坪接入局。2002 年，新建上陵、垵柄、石浔、瑶头、田洋、城南、丙洲 7 个模块局。2003—2005 年，新建澳溪、莲湖、城西、竹坝（新局）、后垵、毅达 6 个模块局和芸溪接入局。2006—2007 年，新建金富、思明园、湖里园、古庄新城、三忠、毅景新城 6 个模块局和半岭接入局。2007 年底，全区共有程控电话交换局点 39 个，接入局点 100 个，总容量 140000 门、实占容量 100000 门，分别比 1996 年底增加 3 倍和 2.7 倍。

（二）小灵通（PHS）基站

2000 年 11 月，首期 5 个无线环路无绳电话（PHS，俗称小灵通）基站投入使用。2001 年，建成南门、城东、马巷等 26 个小灵通远端模块，开通 600 多个基站。2002 年，新增禾山、西塘、凤南等小灵通模块局，安装开通基站 200 多个，基站总数达到 900 个，有效缓解农村地区小灵通信号差电话难打问题。2003 年，新增五峰、垵柄等小灵通模块局，并完成网优网调工作，改善山区小灵通电话通信质量。2004—2006 年，实施大规模扩建和网络优化，小灵通基站增至 3000 个，网络运行质量不断提高。至 2007 年底，小灵通基站 3200 多个。

（三）光端传输设备

1997 年，开通凤南、云埔、汀溪、西塘、洪塘、五显、竹坝模块局光端设备。1998—2000 年，开通蔗内、五峰、西源、禾山、南门、溪西模块局光端设备。2001 年，开通西湖、军营、白交祠、溪声、龙凤山庄、龙西模块局光端设备。2002 年，开通上陵、垵柄、石浔、瑶头、田洋、城南、丙洲模块局光端设备。2003—2005 年，开通澳溪、莲湖、城西、竹坝（新局）、后垵、毅达模块局光端设备。2006—2007 年，开通金富、思明园、湖里园、古庄新城、三忠、毅景新城模块局光端设备。至 2007 年底，同安电信局（不含翔安）共有各种传输电路端口 8133 个、电路 24 万条，实用端口 2427 个、电路 7 万条。

（四）数据通信设备

1996 年底，同安县邮电局仅有分组交换端口 84 个，DDN 数字数据端口 92 个。1997 年，厦门电信在全省率先建成厦门信息平台（XIAMENNET），互联网逐步走入寻常百姓家。2001 年 1 月，同安电信宽带城域网开通。2007 年底，同安电信局（不含翔安）共有宽带节点 47 个、端口 72944 个，小区宽带节点 78 个、端口 18000 个。

（五）管线

1997 年，架设凤南、云埔、汀溪、西塘、洪塘、五显、竹坝等模块局中继光缆，敷设出局管线；架设军营至白交祠、上陵、罗溪、淡溪、西坑等主干电缆及山区 8 个村级配线电缆。1998 年，架设汀溪至五峰、美埔至蔗内中继光缆，五峰至汪前主干电缆；架设山区 7 个村级配线电缆。1999—2000 年，架设南门、溪西、禾山、西源等模块局中继光缆，敷设出局管线，架设村级配线电缆；对洪塘、凤南、汀溪等主干电缆进行扩容。2001 年，架设龙凤山庄、丙洲、云埔、龙西等模块局中继光缆，敷设出局管线；对五峰、五显、大同、洪塘等主干管线进行扩容。2002 年架设瑶头、田洋、城南、溪声等模块局中断光缆，敷设出局管线，架设村级配线电缆；对汀溪、凤南、祥桥等主干、配线电缆进行调整改造；对白沙仑、竹坝三个移民点的电缆杆路和管线等进行配套建设。2003—2004 年，架设澳溪、莲湖、城西、芸溪等模块局中继光缆，敷设出局管线，架设村级配线电缆；架设祥平、潘涂等主干电缆；加大农村管线网络的整治和改造，增放电缆，满足装机需求。2005 年，架设西柯、布塘等主干电缆，解决周边工业区主干线接入问题；完成 15 个主干、配线光缆割接项目的割接，配合完成 81 个立项光缆工程的建设，新增三忠（石材工业区）和城东拓福等室外光交，进一步提升光缆网络能力；完成小型管线新增项目 408 个、迁移项目 1020 个；架设毅达、后垵等模块局中继光缆，敷设出局管线。2006—2007 年，架设金富、同安园、湖里园、思明园、古庄新城、毅景新城、半岭、三忠等模块局中继光缆，敷设出局管线；对思明园、湖里园、同安物流园等新区的主干电缆进行扩容。至 2007 年底，同安电信局（不含翔安）中继光缆总长度 500 皮长公里，配线光缆总长度 370 皮长公里；主干电缆 2700 皮长公里；地下管道 500 孔公里。

（六）机房

1997 年起，采取自建与租赁相结合的方式建设电信设施用房，当年建设洪塘、五显、汀溪三座综合楼和西山、环北机房，总建筑面积 3700 平方米。1998 年，建设云埔、溪西机房，建筑面积 250 平方米。2000 年，建设大同鸿利、石浔、南门、城西机房，总建筑面积 430 平方米。2002 年，建设军营机房，建筑面积 76 平方米。2004 年 2 月 7 日，总建筑面积 16157 平方米的同安电信综合大楼竣工并投入使用，同安电信分局搬迁到该大楼，底层电信营业大厅同日开业。同年，芸溪机房（60 平方米）投入使用。2005 年，建设蔗内和同安工业集中区湖里园机房，建筑面积 288 平方米。2006 年，建设新城南综合楼，建筑面积 995 平方米。2007 年底，同安电信局（不含翔安）自建综合楼和机房共 23 处，总建筑面积 27747 平方米；租赁机房共 48 处，总建筑面积 1435 平方米。

三、业务

（一）程控电话业务

1997—2007 年，程控电话主要业务随着程控电话技术的发展，陆续开办长途自动电话、IC、IP、800、11808、主叫号码显示、呼出限制、三方通话、免打扰服务、转移呼叫、热线服务、闹钟服务等业务。2000 年 11 月，开办“小灵通”无线市话业务。并开办超级无绳、模拟中继线、数字中继线（用于互联网）、虚拟网、“一号双机”等业务。

（二）数据通信业务

1997—1999 年，陆续开办电子信箱、电子数据交换、可视图文、传输语言、四类传真、图像、会议电视、国际互联网等业务。进入 21 世纪，数据通信快速发展，至 2007 年底，主要新型业务有：拨号上网、16300 等窄带业务；ADSL、LAN/共享 10M、学生套餐、账号阳光等宽带业务；域名、企业邮箱、虚拟传真、自助建站、在线翻译等商务领航业务。

（三）电信增值业务

2000 年起，不断开发电信增值业务，至 2007 年底主要增值业务有：七彩铃音、铃音盒、移机不改号、灵通助理、企业助理、幸福村、短信、家加 e、800、交互式电话会议等。“我的 e 家”业务有：国内长途包、小灵通亲情包、增值业务包等 e6（固话+小灵通）业务；国内长途包、小灵通亲情包、增值业务包等 e8（固话+宽带）业务。

第二节　中国移动通信集团福建有限公司同安分公司

一、机构设置

（一）分公司沿革

前身为成立于2000 年3 月的同安移动通信分公司，2006 年10 月更名为中国移动通讯集团福建有限责任公司同安分公司。下设综合办公室、市场管理等职能模块，员工 17 名。2007 年底，内设综合办公室、市场经营部、网络部、集团大客户部，下辖 6 家营业厅，各类合作营业厅、业务代办点 105 个、“手机加油站”163 家和农村信息服务站。

（二）营业机构

同安移动南门客户服务中心　址于同安区大同街道南门路 77 号，2001 年 11 月 28 日开业。

马巷移动通信客户服务中心　址于翔安区马巷镇巷南路，2004 年 3 月 25 日开业。2006 年 4 月划归刚成立的翔安分公司。

中国移动同安分公司办公大楼

中国移动营业厅

新店营业厅　址于翔安区新店镇新兴街 294-295 号一楼店面，2004 年 9 月 28 日开业。2006 年 4 月划归翔安分公司。

新圩营业厅　址于翔安区新圩镇同新路 119 号，2004 年 9 月 29 日开业。2006 年 4 月划归翔安分公司。

城南营业厅　址于同安区祥平街道城南大街建发大厦一层店面，2005 年 4 月开业。

巷南营业厅　址于翔安区马巷镇巷南路 153 号，2005 年 12 月 20 日开业。2006 年 4 月划归翔安分公司。

珠厝营业厅　址于同安区祥平街道西湖村珠厝金边第一层临北店面，2007 年 3 月 26 日开业。

汀溪营业厅　址于同安区汀溪镇温泉路邮政支局沿街店面，2007 年 3 月 26 日开业。

美埔营业厅　址于同安区莲花镇美埔村邮政支局一层店面，2007 年 3 月 26 日开业。

西柯营业厅　址于同安区西柯镇下柯里 382 号，2007 年 9 月 12 日开业。

西塘村中国移动农村信息服务站　址于同安区新民镇西塘村村部，2006 年 12 月 26 日开通，是厦门市首个农村信息服务站，为该村村民提供信息采集、信息咨询、信息发送等业务。

二、设施

（一）基站建设

2007 年，同安移动通信网网络拥有完善的数字 GSM900M/DCS1800 双频网和 TD-SCDMA 网，安装诺基亚公司设备，采用国际先进的蜂窝式组网，共有移动基站近 200 个，TD-SCDMA 网基站近 100 个，发射铁塔基站 17 个，实现对辖区城区、乡镇百分百覆盖，对旅游风景区、高速公路、交通隧道、主干线公路的全面覆盖，并在高楼、繁华商业区等重要地点、高话务密度区实现室内覆盖，无线信号质量优良，做到通信配套建设与同安地区的重点工程项目同步，满足移动客户随时随地、无所不在的通信要求。

（二）管线设施

2000—2007 年，共建设通信管道 96 孔公里，敷设光缆 597.92 皮长公里（其中地下光缆 294.73 皮长公里）。

（三）TD-SCDMA 试验设施

2006 年，信息产业部将厦门市确定为开展 TD-SCDMA 试验网建设的全国 3 个城市之一。2007 年 1 月，国务院决定在包括厦门在内的全国 10 个城市建设扩大的 TD-SCDMA 规模网络技术应用试验网。同安移动公司按照上级公司的统一部署，于 2007 年 6 月、9 月率先完成同安 TD 一、二期网络建设任务，其中：同安大帽山高速公路隧道 TD 网络覆盖工程完工，成为全国首个成功实现 TD 网络覆盖的高速公路隧道，使厦门成为全国率先开通 3G（第三代移动通信）十城市之一。

三、业务

（一）大众业务

公司为民众提供本地通话、国内长途、国内漫游、国际漫游等基础业务和主叫显示、来电提醒、呼叫转移、呼叫限制、语音信箱、主叫隐藏等个人业务。公司移动客户由 2000 年的 5 万多户增加至 2007 年底的 20.7 万户。

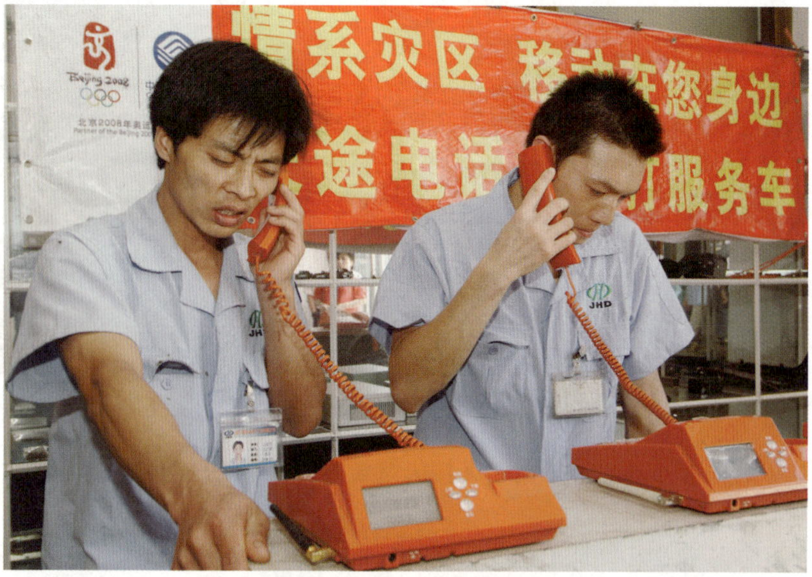

中国移动为灾区人民送上免费电话

（二）集团业务

2001 年底，推出集团 V 网。2002 年，推出移动总机、集团信使（集团短/彩信）和会议电话。2003 年，推出亲情号码。2004 年，推出集团 E 网。2006 年，推出集团彩铃和 IP 直通车。2007 年，推出集团通讯录和 M2M（Machine-to-Machine）。

（三）数据增值业务

1998 年，推出无线音乐俱乐部。1999 年，推出短信。2000 年初，推出 MO 手机上网、随 e 行业务。2003 年 10 月，推出彩铃。2005 年，推出手机报、彩信、手机证券。2006—2007 年，先后推出飞信、短讯回执、无线音乐、“号簿管家”、＊＊139 业务、无线音乐专区、手机邮箱、BlackBerry 业务、同花顺手机炒股等业务。

（四）移动品牌

全球通（Gotone）　中国移动通信旗舰品牌，1995 年 11 月推出。是国内网络覆盖最广泛、国际漫游国家和地区最多、功能最为完善的移动信息服务品牌。先后推出 27 种业务。享有基础服务（主要有：异地入网、“12580”服务、专区专柜、信用服务、跨区服务）、增值服务（主要有：专属 SIM 卡、备卡、优惠购机服务、大客户经理服务）、延伸服务（主要有：联盟商家优惠服务等）等特色服务。

神州行（Easyown）　是中国移动通信旗下客户规模最大、覆盖面积最广的品牌，也是中国移动通信市场上客户数量最大的品牌。2001 年，厦门移动通信推出神州行“小康卡”“校园卡”“吉祥卡”“亲情卡”等丰富多样的新产品，满足不同消费阶层的需求。先后推出 27 种业务。享有话费节约权、业务任选权、联盟优惠权、手机常新权等特色服务。

动感地带　2003 年推出。是中国移动通信为年轻时尚人群量身定制的品牌，资费灵活，服务个性化。先后推出 25 种业务。享有话费节约权、业务任选权、联盟优惠权、手机常新权等特色服务。

第三节　中国联合网络通信公司同安分公司

一、机构设置

（一）分公司沿革

中国联通同安分公司成立于 2003 年，内设综合办公室、家庭客户部、集团客户部、综合市场部、客户服务部，下辖 5 家营业厅，分管翔安服务部的业务。2007 年 1 月，中国联通有限公司厦门分公司翔安营销部正式设立，自主管理该营销部的业务。

（二）营业厅

2004 年 4 月 1 日，成立祥桥营业厅；2006 年 9 月 1 日，成立西柯营业厅；2006 年 9 月 21 日，成立梧侣营业厅；2006 年 12 月 27 日，成立乌涂营业厅；2007 年 11 月 1 日，成立潘涂营业厅。至 2007 年底，共有 5 个营业厅。

中国联通同安分公司祥桥营业厅

二、设施

2000 年 6 月，签订同安新民基站，7 月，签订西柯潘涂基站，8 月，签订西柯后田基站、西柯溪声基站、西柯西浦基站；2001年1月，签订同安盐务局基站，3月，签订莲花后埔、同安凤南和同安城南基站；2004年8月，签订潘涂五柱社基站，9月，签订同安卿朴基站；2005年2月，签订同安四林基站，5月，签订同安五峰基站，11月，签订同安莲花小学基站，12月，签订同安乌涂、同安实验小学基站；2006年5月，签订同安城南外口公寓基站，6月，签订同安育才中学基站，7月，签订同安欧罗巴基站，9月，签订西柯卫生院基站；2007年1月，签订同安后垵、同安潘涂村基站，2月，签订同安工业园基站，6月，签订同安东头埔、同安顶柯里基站，8月，签订同安洪塘头、阳翟西亭基站，11月，签订同安四林工业园、同安阳翟土楼里基站，12月，签订同安西湖塘里基站。

至2007年底，公司有2G移动基站99个，3G移动基站56个。

三、业务

（一）大众业务

2004—2006年业务资料缺

2007年4月，推出短信E站。2007年6月推出如意通——大众卡（特惠版）。2007年8月27日，推出新势力——校园卡（职业能力提升特惠版）。2007年10月10日，开通“世界风”156。2007年12月15日，推出如意通——吉祥卡（2008版）。

（二）数据增值业务

2004—2006年业务资料缺

2007年4月开通“短信防火墙”，2007年4月推出语音信箱、未接来电提示业务。2007年8月1日，推出“假日计划”之省际漫游选包。2007年9月15日，推出GPRS业务、神气宝典、联通彩信。

第三章　信息化建设

第一节　电子政务

1999年，同安区政府（三秀街）建立办公局域网，开设“同安之窗”政府网站，拉开政府办公自动化、信息化序幕。

2002年，区政府（银湖）行政办公大楼完成网络综合布线工程，接入厦门网络办公资源网“金宏网”，实现与市政府办公厅的电子公文交换。同年，“同安之窗”网站改版，由静态页面转变为动态网站，网上访问量200多次。

2004年4月，成立区电子政务工作领导小组，制定《同安区电子政务建设实施意见》，规划、部署电子政务建设。7月，建成区政府统一政务外网，网络覆盖各部、委、办、局，实现统一网络、统一平台和统一出口的建设目标，外部40个单位通过光纤率先接入政务外网平台。10月，开通同安区政府电子邮件系统。年底，建成电子政务平台，陆续开通公文交换、办公自动化、电子邮件、网上办事等系统。

2005年1月，建成区政府网络办公系统，全区各部门间实现网上公文交换。年初，建成“统计数据网上直报系统”。2月18日，网上审批服务系统投入运行。9月，建成同安区政府信息门户，开通以区政府网站为主站的30多个政府部门站点群。同安移动为各村、镇免费安装上网、办公、会议通知等诸多信息功能的信息发布平台，打造高速高效、简单易用的电子政务平台。

2007 年 9 月，网上审批和行政审批电子监察系统基本建成投用。10 月，建成“移动警务通”，公安机关通过手机即能实现对人口、车辆、逃犯等信息数据的查询管理。同月，建成人大代表信息服务平台，区人大办公信息化。至年底，政府的公共服务实现信息化。

第二节　社会信息化建设

1997 年 3 月，同安开通厦门市公众信息服务网络，向公众提供接入网络平台和信息源综合服务。

2000 年 11 月，中国电信开办“小灵通”无线市话服务，并推出超级无绳、数字中继线（用于互联网）和“一号双机”业务。

2001 年 1 月，中国电信建成宽带城域网，覆盖全部电话用户。满足企、事业单位联网和家庭联网需要。8 月，电信局推出互联网数据中心，第四季度建设无线视频会议系统内部试用。

都市网吧一角

2002 年 5 月，同安移动公司推出“小康卡”“吉祥卡”“亲情卡”，无线区移动 IP 公话、移动 EMS 流动连锁店等服务项目，当年净用户 10 万余户。同年 5 月，联通公司数字通信（CDMA）网络工程一期动建，8 月通话，年底用户 8 万户。同年 5 月，厦门电信开办“电话吧”业务，8 月开通“96201”纵横电话卡业务，开通“95001”信息台。10 月 8 日中国移动公司开办彩信（MMS）业务（GPRS 手机发送多媒体信息）。

2003 年 7 月，电信率先全省推出“电话医院”。同安移动推出全球通贵宾诊室。

2004 年，中国电信开通小灵通短信、上网、“20130”和“互联星空”等新业务。联通公司 4 月 2 日推出“联通无限”，5 月推出“联通秘书”、“宝视通”业务。9 月，开通“9·8”小额现金支付一卡通（e 通卡）系统，并试运行电子政府公共平台。移动公司则开办“机场易登机”、“全球通汽车保养”、金融、法律支援、联盟商家等服务，推出彩信、彩铃、语音短信、随 e 行、百宝箱等新业务。7 月，同安移动建立企业法人数据库。10 月，同安移动在同安政府部门及商业领域推出移动办公助理业务，利用全球移动通信（GSM）网络的短信息服务简单快捷的特点，将单位或个人的信息发送接收者的手机上，提高工作效率、节约办公时间实现信息化办公。

2005 年，同安移动为 3 万多户农村移动用户定制“农信通”业务，使农户通过手机及时掌握最新农科农技、社会保障、灾害预警等民生信息。铁通公司于 3 月 8 日推出“一号通”业务并启动“MPSVPN”业务。9 月 12 日，建成并推出“卫星导航定位综合信息服务平台（GPS）”和“车载语音智能导航系统”业务。10 月，推出“全球卫星移动电话”业务。8 月，联通公司推出“世界风双模手机”业务。移动公司推出“企业秘书”业务，在所有行政村及镇政府建设农村信息服务平台同安所有行政村及镇政府建设“农村信息服务平台”，提供农业综合信息服务，方便农民获取政务、农业气象、

家庭网上行

就业与科技服务等涉农公共信息。联通公司推出“城市眼”业务。9 月 12 日，卫通公司建成“卫星导航定位综合信息服务平台（GPS）和“车载语音智能导航系统”。11 月，同安移动推出“企动力”信息化解决方案。

2006 年，同安电信先后建设咨询服务、远程教育、人材交流，医疗保健，娱乐活动等 5 个信息服务板块，涵盖农业技术、生产资料、品种信息、市场信息、农村生活、网上教育、政策法规、科研文献、基础数据、农业新闻等方面的咨询服务；启动农村信息化建设“3+1”工程，即“三通”、“三联”、“三化”加渠道建设，开办“号码百事通”和“平安我家”系列套餐。中国移动开通“12582”全国农村信息服务网站和服务热线和“农信通”短信服务。铁通公司开通网络传真服务平台。联通公司则自主开发“厦门农村信息网”，提供涉农公共信息服务。

同安第一个信息化新农村——禾山村

2007 年 3 月 18 日，同安第一个信息化示范村——新民镇禾山村开通网站，村民可通过网站招商引资、查阅信息。同年，同安移动免费为 74 个行政村建设农村信息服务站，具有村务信息发送、涉农信息发布、紧急事项通知、政令上传下达等功能，为农民提供农业政策法规、农科农技、市场行情、灾害预警、外出务工等各类涉农信息。

第十篇　商业服务业

1997年同安撤县设区后，商贸业进一步发展，消费品市场购销两旺。社会消费品零售总额由1997年的17.3亿元增加到2002年的28.75亿元，年均增长10.69%，由2003年的18.53亿元增加到2007年的19.36亿元，年均增长1.11%。以连锁经营为基本特征的大型超市进入同安零售市场，网上购物、电视购物等无店铺销售方式开始流行；产销结合，科工贸结合等先进营销方式也在同安出现。餐饮、住宿、以及各类居民生活服务业网点遍布城乡，为消费品货畅其流提供渠道，为城乡消费者提供便捷的购物与消费环境。

粮油购销逐渐形成多元主体、多渠道参与市场的局面，非国有粮食企业、个体经营户等的经营份额不断增加，活跃了粮食市场。通过“订单粮食”、在产粮区建立生产基地等产销合作方式，保证了引粮入同的顺利进行和同安粮食供应。

区供销系统在经济体制改革浪潮中走过“V”形历程。全系统商品销售在连续6年下滑后终于在2004年完成全系统企业改制后，业务经营出现恢复性增长。2005年，同安被确定为“万村千乡市场工作”试点区后，全区建成3个农资配送中心、100个农资农家店、503个日用品农家店，实行“五统一”连锁经营，商品销售额逐年增加，到2007年达1.11亿元，恢复到1997年的44.75%。

同时积极发展金融业，并使之向现代服务业发展。截至2007年，全区拥有银行机构9家，保险机构5家；证券机构2家。

第一章　商品市场

第一节　商业网点

1997年，全区共有商业网点7158个，比1996年增加164个，从业人员13039人，增加1851人。其中：国有商业网点175个，从业人员1610人；集体商业网点120个，从业人员422人；联营商业网点2个，从业人员11人；私营商业网点204个，从业人员2549人；个体经营网点6653个，从业人员8447人。

2002年起，同安区统计年鉴仅统计限额以上批发零售贸易业产业活动单位，当年全区9个，年末从业人员1311人。其中：国有企业7个，从业人员610人；有限责任公司1个，从业人员450人；私营企业1个，从业人员200人。另据工商个私登记资料，当年批零贸易业个体户6206户，从业人员8316人。全区总计商业网点6212个，从业人员9576人。

2007 年，全区限额以上批发零售贸易登记注册类型分组，批发业 14 个，从业人员 889 人，全部为内资企业。其中：有限责任公司 5 个，从业人员 149 人；股份有限公司 3 个，从业人员 615 人；私营企业 5 个，从业人员 87 人。零售业法人单位 16 个，产业活动单位 38 个，从业人员 1491 人，全部为内资企业。其中：国有企业 3 个，产业活动单位 6 个，从业人员 145 人；有限责任公司 4 个，产业活动单位 4 个、从业人员 58 人；私营企业 9 个，产业活动单位 27 个，从业人员 1275 人。个体经营户 7003 户，从业人员 11041 人。全区总计商业网点 7054 个，从业人员 13408 人。

佳事达商业广场开业

旺家福超市

1997—2007 年若干年度同安区批发贸易业法人单位、网点、人员表

表 10-1　　单位：个

企业类型	1997 年	1999 年	2000 年	2001 年	2002 年	2003 年	2004 年	2005 年	2006 年	2007 年
法人单位总计	51	52	80	78	4	5	13	13	11	14
国有企业	42	31	25	15	4	4	2	2	2	—
集体企业	8	6	18	21	—	—	—	—	—	—
联营企业	1	1	1	1	—	—	—	—	—	—
有限责任公司	—	3	8	12	—	1	4	4	4	5
私营企业	—	11	14	28	—	—	—	5	2	5
股份企业	—	—	14	—	—	—	—	2	—	3
个体经济	—	—	—	1	—	—	—	—	—	—
网点总计	208	145	218	177	4	5	14	15	15	14
国有企业	154	119	155	53	4	4	2	4	6	—
集体企业	53	9	19	31	—	—	—	—	—	—
联营企业	1	1	1	1	—	—	—	—	—	—
有限责任公司	—	4	14	12	—	1	5	4	4	5
私营企业	—	12	15	28	—	—	—	5	2	5
股份企业	—	—	14	—	—	—	—	2	—	3
个体经济	—	—	86	52	—	—	—	—	—	—
人员总计	1546	1454	1638	1148	394	365	227	228	349	889
国有企业	1305	1225	1011	515	394	357	71	52	166	—
集体企业	240	116	103	194	—	—	—	—	—	—

续表10-1

企业类型	1997 年	1999 年	2000 年	2001 年	2002 年	2003 年	2004 年	2005 年	2006 年	2007 年
联营企业	1	11	10	7	—	—	—	—	—	—
有限责任公司	—	35	180	122	—	8	62	73	82	149
私营企业	—	67	256	204	—	—	—	61	47	87
股份企业	—	—	78	—	—	—	—	42	—	615
个体经济	—	—	—	106	—	—	—	—	—	—

说明：1. 2002—2007 年各栏数字均为限额以上单位的统计数，限下数字缺，“网点”栏为产业活动单位。网点和人员栏的个体经济栏网点数和人员数含于表 10-3 相应栏

2. 1998 年统计资料缺

1997—2007 年若干年度同安区零售贸易业法人单位、网点、人员表

表 10-2　　单位：个

企业类型	1997 年	1999 年	2000 年	2001 年	2002 年	2003 年	2004 年	2005 年	2006 年	2007 年
法人单位总计	23	103	—	152	5	4	11	13	10	16
国有企业	10	17	—	31	3	1	4	4	1	2
集体企业	12	24	—	35	—	—	—	—	—	—
联营企业	1	3	—	2	—	—	—	—	—	—
有限责任公司	—	7	—	33	1	1	1	3	2	4
私营企业	—	41	—	49	1	—	—	6	7	9
股份企业	—	11	—	2	—	2	—	—	—	—
网点总计	6950	7103	—	5406	6211	6423	6386	6600	6698	7040
国有企业	25	72	—	104	3	1	10	9	1	6
集体企业	67	79	—	97	—	—	—	—	—	—
联营企业	1	3	—	3	—	—	—	—	—	—
有限责任公司	—	7	—	43	1	1	1	7	2	4
私营企业	204	45	—	52	1	—	—	14	21	27
股份企业	—	11	—	5	—	2	—	—	—	—
个体经济	6653	6886	5806	5102	6206	6419	6375	6570	6674	7003
人员总计	11493	12942	—	8956	9182	9599	9571	11536	12002	12519
国有企业	305	2106	—	1155	216	37	254	219	35	145
集体企业	182	329	—	391	—	—	—	—	—	—
联营企业	10	22	—	10	—	—	—	—	—	—
有限责任公司	—	58	—	537	450	405	24	96	32	58
私营企业	2549	324	—	302	200	—	—	1402	1585	1275
股份企业	—	51	—	133	—	437	—	—	—	—
个体经济	8447	10052	6113	6428	8316	8720	9293	9819	10350	11041

说明：1. 2002—2007 年各栏（个体经济栏除外）数字均为限额以上单位的统计数，限下数字缺，“网点”栏数字为产业活动单位。网点个体经济栏含批发数

2. 1998 年统计资料缺

第二节　集　市

1997 年，全区有陆丰、大嶝、新店、城西、新圩、闽南果蔬批发市场、洪塘、马巷中心、莲花、杜桥、南门、阳翟、马巷蔬菜批发市场 13 个集市贸易市场。总占地面积 15.02 万多平方米，总建筑面积 8.86 万多平方米，总摊位 3994 个。当年成交量 423030 吨、成交额 85404 万元。

2005 年 8 月，新圩、大嶝、新店、马巷中心、马巷蔬菜批发市场移归翔安区。同安尚有其余 8 个市场。当年成交量 75.96 万吨、成交额近 12.67 亿元。

2007 年 5 月，陆丰市场拆迁改建。当年 8 个市场成交量 112.48 万多吨、成交额近 17.04 亿元。

城西市场一角

闽南果蔬批发市场

1997—2007 年同安区旧有、新建农贸市场情况表

表 10-3

市场名称	所在地点	启用年月	占地面积（平方米）	建筑面积（平方米）	投资额（万元）	类型	摊位数	停用年月
陆丰市场	同安大同街道陆丰街	1975	3360	1800	50	零售市场	244	2007 年 5 月拆迁
大嶝市场	翔安大嶝镇	1980	300	200	8.3	零售市场	50	2005 年 8 月移交翔安区
新店市场	翔安新店镇	1986	3000	537	44	零售市场	200	2005 年 8 月移交翔安区
城西市场	同安大同城西街	1990	12900	6500	394	零售市场	872	在用
新圩市场	翔安新圩镇	1993	7966	7375	375	零售市场	536	2005 年 8 月移交翔安区
闽南果蔬批发市场	同安大同凤山路	1995	68400	42000	3100	批发零售	619	在用
洪塘市场	同安洪塘镇	1999	3500	1220	30	零售市场	93	在用
马巷中心市场	翔安马巷街	2000	13000	6600	1300	零售市场	690	2005 年 8 月移交翔安区
杜桥市场	同安祥平杜桥	2002	4342	1998	225	零售市场	216	在用
莲花市场	同安莲花尾埔	2002	1107	385	20	零售市场	130	在用
南门市场	同安大同南门街	2003	1200	946	200	零售市场	88	在用
阳翟市场	同安祥平阳翟	2003	1166	385	10	零售市场	120	在用
马巷蔬菜批发市场	翔安马巷五星	2003	29970	18700	2000	零售市场	146	2005 年 8 月移交翔安区

1997—2007 年同安区集市贸易交易情况表

10-4

年份	成交额（万元）	同比增长（%）	成交量（吨）	同比增长（%）
1997	85404	—	423030	—
1998	85430	0.03	433901	2.57
1999	85794	0.43	450402	3.80
2000	86158	0.42	467541	3.80
2001	87513	1.57	514109	9.96
2002	97230	11.11	569215	10.72
2003	108577	11.68	629306	10.55
2004	135577	24.87	781957	24.25
2005	126696	-6.55	759683	-2.85
2006	154199	21.71	1068633	40.66
2007	170391	10.5	1124820	5.25

说明：1. 1999—2003 年统计数字包括闽南果蔬批发、城西、陆丰、南门、阳翟、莲花、洪塘、马巷蔬菜批发、马巷中心、新圩、大嶝、新店等 12 个市场

2. 2004 年统计数字包括 2003 年 12 个市场及杜桥市场，计 13 个市场的成交额和成交量

3. 2005—2007 年统计数字包括闽南果蔬批发市场、城西市场、陆丰市场、南门市场、阳翟市场、莲花市场、洪塘市场、杜桥市场

2007 年同安区限额以上商贸企业基本情况表

10-5

法人单位名称（公司、商店、超市）	产业活动单位（个）	企业性质	成立时间	经营业务
厦门市同安医药公司	5	国有	1955. 10	药品批发与零售
福建新华发行（集团）有限责任公司同安分公司	1	国有	1950. 04	图书零售
厦门同安液化石油气公司	3	国有	1991. 09	液化石油气批发、零售
厦门升兴实业有限公司	1	私营	2001. 12	批发 PVC 管材
厦门市同安中宜贸易有限公司	1	私营	1996. 08	建材批发
厦门市同安福厦石油有限公司	1	私营	2000. 05	成品油零售
厦门市同安路和石油有限公司	1	私营	1995. 10	成品油零售
厦门市同安集福汽车贸易有限公司	1	私营	1996. 02	汽车批发
厦门市新阳隆汽车销售有限公司	1	私营	1997. 01	汽车零售
厦门市建顺贸易有限公司	1	私营	1997. 09	摩托车零售
厦门市同安区中桥电子通讯有限公司	7	私营	1999. 07	手机零售
厦门市同安榕厦汽车贸易有限公司	1	私营	1998. 07	汽车批发、零售
厦门市同安兴金城摩托车贸易有限公司	1	私营	2004. 04	摩托车零售
厦门育哲进出口有限公司	1	私营	1999. 04	纺织品批发
厦门同安五菱汽车销售服务有限公司	1	私营	1999. 05	汽车批发
厦门市旺家福购物商场有限公司	6	私营	2000. 06	百货零售
厦门市利能电力发展有限公司	1	集体	2001. 04	电力设备批发
厦门银祥食品有限公司	1	私营	2002. 02	鲜猪肉零售
厦门兴隆茂纸品回收有限公司	1	私营	2002. 01	废纸回收
厦门水德废旧物资回收有限公司	1	私营	2002. 02	废品回收
厦门市源丰顺废旧物资回收有限公司	1	私营	2002. 03	废旧物资回收
厦门瑞福源废旧物资回收有限公司	1	私营	2002. 03	废旧物资回收
厦门市新源春摩托车有限公司	1	私营	2002. 07	摩托车零售
厦门青岛啤酒东南营销有限公司	1	集体	2002. 07	啤酒批发
厦门现代通商汽车服务有限公司	1	私营	2004. 04	汽车批发零售
厦门市永兴三国贸易有限公司	1	私营	2005. 07	摩托车零售
厦门古宁废旧物资回收有限公司	1	私营	2006. 01	废旧物资回收
厦门市鹭甬小玲石油化工有限公司	1	私营	2006. 08	成品油零售
厦门拓兴成贸易有限公司	1	私营	2006. 10	钢材批发
厦门佳事达购物广场有限公司	7	私营	1999. 12	百货零售

说明："企业性质"栏中的"私营"包括有限责任公司和股份有限公司

附录：国有商贸企业改制

2002 年 12 月，同安百货公司完成改制，实施股份合作，安置在职职工和离退休职工 153 人，支付安置费454万元；同安糖烟酒公司、同安纺织品公司、同安银兴商业物资公司同时完成改制，实施关闭解散，分别安置在职职工和离退休职工74人、73人、5人，分别支付安置费210万元、126万元、17万元。

2004年6月，同安食品公司完成改制，实施股份合作，安置在职职工和离退休职工218人，支付安置费863万元。12月，同安五交化公司完成改制，实施关闭解散，安置在职职工和离退休职工110人，支付安置费395万元。

2005年6月，同安商业房地产开发公司完成改制，实施关闭解散，安置在职职工10人，支付安置费50万元；同安医药公司同时完成改制，整合到医药采购供应站，其人员、资产归供应站管理、经营和处理。

2005年12月，同安饮食服务公司完成改制，实施股份合作，安置在职职工和离退休职工144人，支付安置费606万元。

截至2005年12月，同安区区属9家国有商贸企业完成产权制度改革，其中实行股份合作3家，关闭解散5家，整合1家。合计资产总额12331万元，所有者权益4213万元。在职职工632人，离退休职工337人，抚恤人员39人，支付安置费3623万元。

同安区区属国有商贸企业改制基本情况表

表10-6

企业名称	资产总额（万元）	所有者权益（万元）	在职职工总数（人）	离退休职工总数（人）	抚恤人员（人）	已支付安置费（万元）	改制形式	完成改制时间
同安百货公司	1699	376	117	36	6	454	股份合作	2002.12
同安糖烟酒公司	657	131	46	28	4	210	关闭解散	2002.12
同安纺织品公司	201	7	44	29	1	126	关闭解散	2002.12
同安银兴商业物资公司	270	-12	5	—	—	17	关闭解散	2002.12
同安食品公司	2126	1389	115	103	8	863	股份合作	2004.6
同安五交化公司	1639	-60	77	33	—	395	关闭解散	2004.12
商业房地产开发公司	1460	155	10	—	—	50	关闭解散	2005.6
同安医药公司	2450	717	135	47	16	—	整合	2005.6
同安饮食服务公司	1829	1510	83	61	4	606	股份合作	2005.12
小　计	12331	4213	632	337	39	2721	—	—

第二章　商品经营

第一节　商品购进

1997年，全区限额以上商品购进总额53976万元，其中国有企业28283万元，占52.4%；集体经济24135万元，占44.7%；联营企业1558万元，占2.9%。国有集体购进额占97%以上。

析出翔安后的2003年底，全区限额以上批发和零售商品购进总额34501万元，其中国有企业21332万元，占总额的61.83%；有限责任公司12410万元，占总额的35.97%；股份制企业759万元，占总额的2.20%。2007年，购进总额446852万元，年均增长89.71%，其中国有企业购进总额占比大幅下降至1.04%，有限责任公司占比为31.83%，比1997年略有下降；股份有限公司占比为17.25%，比2005年提高10个百分点；私营企业占比为47.79%，比2005年下降20多个百分点。

2007年，全区限额以上批零贸易业商品购进总额中，批发业购进总额370533万元，为2003年的14.33倍，平均年增长94.57%。其中有限责任公司购进132730万元、占35.82%；股份有限公司购进77060万元、占20.80%，私营企业购进152960万元、占41.28%。按国民经济行业分，其中矿产品、建材及化工产品批发业52951万元，为2003年的21.79倍，平均年增长116%；机械设备、五金交电及电子产品批发业135839万元，为2003年的13.78倍，平均年增长92.66%；其他批发业31525万元，为2003年的2.30倍，平均年增长23.13%。零售业购进总额76319万元，为2003年的8.86倍，平均年增长72.51%。其中，国有企业购进4666万元、占6.11%，有限责任公司购进9518万元、占12.47%，私营企业购进60593万元、占79.39%。按国民经济行业分，其中综合零售业（超级市场零售业）5714万元，汽车、摩托车、燃料及零配件专门零售业22802万元。

1997—2007年若干年度同安区限额以上批发和零售商品购进总额统计表

表10-7　　单位：万元

年份	总计	批发业							零售业				
		内资企业合计	国有企业	有限责任公司	股份有限公司	私营企业	集体经济	联营经济	内资企业合计	国有企业	有限责任公司	私营企业	股份企业
1997	53976	53976	28283	—	—	—	24135	1558	—	—	—	—	—
1998	14282	14282	7529	—	—	—	6753	—	—	—	—	—	—
1999	15156	15156	13802	—	—	1354	—	—	—	—	—	—	—
2000	32603	32603	27254	—	4658	691	—	—	—	—	—	—	—
2001	31615	17644	17644	—	—	—	—	—	13971	9682	—	—	4289
2002	33108	23924	23924	—	—	—	—	—	9184	7014	1978	192	—
2003	34501	25885	19262	6623	—	—	—	—	8616	2070	5787	—	759
2005	140456	85206	5787	14359	7173	57887	—	—	55250	9817	7254	38179	—
2006	124097	64743	13918	19403	6755	24667	—	—	59354	1530	4311	53513	—
2007	446852	370533	—	132730	77060	152960	—	—	76319	4666	9518	60593	—

说明：1. 1997—2000年批发业栏下各栏数字均含零售业购进额

2. 2007年批发业购进额还有其他登记类型购进额7783万元，零售购进额还有其他登记类型购进额1542万元

第二节　商品销售

1997年，全区限额以上批发和零售商品销售总额59859万元，其中：国有企业21928万元，占36.6%；集体经济36305万元，占60.7%；联营经济1626万元，占2.7%。批发业46153万元，占77.1%；零售业13706万元，占22.9%。

2003年，全区限额以上批发和零售商品销售总额41627万元，其中国有企业24955万元，占销售

总额的59.95%；有限责任公司14769万元，占销售总额的35.48%；股份企业1853万元，占销售总额的4.45%。2007年，限额以上批发和零售贸易业商品销售总额383404万元，为2003年的9.21倍，年均增长74.21%。其中：国有企业6859万元，占1.79%；有限责任公司47552万元，占12.40%；股份有限公司89121万元，占23.24%；私营企业229857万元，占59.95%。批发业297845万元，占77.68%，零售业85559万元，占22.32%。按国民经济行业分组，批发业销售总额297845万元，为2003年的9.71倍，平均年增长76.55%。其中：矿产品、建材及化工产品批发业52219万元，为2003年的17.56倍，平均年增长104.69%；机械设备、五金交电及电子产品批发业35669万元，为2003年的3.53倍，平均年增长37.11%。其他批发业36972万元，为2003年的2.10倍，平均年增长20.45%。零售业销售总额85559万元，为2003年的7.80倍，平均年增长67.12%。其中综合零售业（超级市场零售业）6300万元，汽车、摩托车、燃料及零配件专门零售业24749万元，机动车燃料零售业4205万元。

乌涂商业城开业

同安永乐思文商场

1997—2007年同安区限额以上批发和零售商品销售总额统计表

表10-8　　　　单位：万元

年份	总计	批发业							零售业						
		内资企业	国有企业	有限责任公司	股份有限公司	私营企业	集体经济	联营经济	内资企业	国有企业	有限责任公司	私营企业	股份企业	集体经济	联营经济
1997	59859	46153	17059	—	—	—	29094	—	13706	4869	—	—	—	7211	1626
1998	14668	12720	5841	—	—	—	6879	—	1948	1948	—	—	—	—	—
1999	15805	8079	8079	—	—	—	—	—	7726	6169	—	1557	—	—	—
2000	38832	30481	24169	—	6312	—	—	—	8351	7304	—	931	116	—	—
2001	36466	19903	19903	—	—	—	—	—	16563	11935	—	—	4628	—	—
2002	47898	34926	34926	—	—	—	—	—	12972	10053	2255	664	—	—	—

续表10-8

年份	总计	批发业							零售业						
		内资企业	国有企业	有限责任公司	股份有限公司	私营企业	集体经济	联营经济	内资企业	国有企业	有限责任公司	私营企业	股份企业	集体经济	联营经济
2003	41627	30659	23030	7629	—	—	—	—	10968	1975	7140	—	1853	—	—
2004	110236	81626	15399	14876	—	—	—	—	28610	10687	2709	—	—	—	—
2005	151834	92757	6919	15640	7214	62985	—	—	59077	9912	7264	41901	—	—	—
2006	186284	124962	14051	17646	7078	86188	—	—	61322	1507	4825	54990	—	—	—
2007	383404	297845	—	37646	89121	162738	其他 8340	—	85559	6859	9906	67119	—	1675	—

说明：2007 年“集体经济”栏的数字为“其他”所有制销售额

第三节　消费品零售

1997 年，全区社会消费品零售额 172927 万元，人均 3149.23 元，其中批零贸易额 123577 万元，占 71.46%。至 2002 年，总额增至 287524 万元，为 1997 年的 1.66 倍，平均年增长 10.70%；人均 5231.61 元，为 1997 年的 1.66 倍，年均增长 10.68%。

同安百货大楼

析出翔安后的 2003 年，社会消费品零售总额 185273 万元，人均 6301.91 元，其中批零贸易额 159673 万元，占 86.18%。

2007 年，总额增至 193636 万元，为 2003 年的 1.21 倍，年均增长 4.94%，人均 6280.48 元，为 2003 年的 0.997 倍，年均减少 0.34%。

1997—2007 年同安区社会消费品零售总额统计表

表 10-9　　单位：万元

	1997 年	1998 年	1999 年	2000 年	2001 年	2002 年	2003 年	2004 年	2005 年	2006 年	2007 年
总计	172927	192758	215084	242213	263409	287524	185273	112763	135407	175391	193636
按行业分组											
批发零售贸易额小计	123577	128299	141964	169781	191404	201842	159643	90700	106246	143462	155976
限额以上	—	—	—	8948	—	6621	10882	27080	36546	69695	71889

续表10-9

	1997年	1998年	1999年	2000年	2001年	2002年	2003年	2004年	2005年	2006年	2007年
限额以下	—	—	—	160833（142230）	—	195221（169864）	148762（121054）	63620	69701	73767	84087
住宿餐饮业小计	10784	13091	16517	24267	22311	28797	20855	11563	17825	20219	24783
限额以上	—	—	—	—	—	—	—	484	893	976	2315
限额以下	—	—	—	—	—	—	—	11079	16932	19244	22468
其他行业小计	38566	51368	56603	48165	49694	56885	4775	10500	11336	11709	12877
其中：制造业零售	2328	3481	6300	3860	3912	7855	—	—	—	—	—
农对非零售	36238	47256	44355	38147	42213	44706	—	—	—	—	
按登记注册类型分组											
国有	10162	—	—	14505	13205	11980	6022	9173	3881	2808	4357
集体	7838	—	—	9112	13990	14893	7001	—	—	—	—
私营	7018	—	—	13482	25517	23154	14119	—	42605	42848	60281
联营	1626	—	—	—	—	—	—	—	12895	5042	5588
港澳台投资	—	—	—	507	264	—	—	—	—	—	1914
外商投资	—	—	—	296	436	684	995	—	—	—	
个体	110045	—	—	166164	167784	192108	132633	—	—	—	—
其他	36238	—	—	38147	42213	44706	24503	15197	—	—	2239

说明：1. 2004—2007年注册类型分组栏有关数据为限上零售额统计数，和按行业分组栏限上批零业贸易额统计数据存在相当差距，仅供参考

2. 2005—2007年“联营”“港澳台投资”栏数字分别为“有限责任公司”“股份公司”数字

3. 2000年、2002年、2003年批发零售贸易额“限额以下”括号内数字为“个体”贸易额数字

第四节　经营效益

一、资产

1997年，全区限额以上批发零售贸易业企业资产合计9329万元，2002年增至22192万元，为1997年的2.38倍，年均增长18.92%；其中批发业15254万元，零售业6938万元。

2003年，全区限上批零贸易业企业资产合计24967万元，其中批发业13022万元，零售业11945万元。2007年，分别增至187340万元、125517万元、61822万元，分别是2003年的7.50倍、9.64倍、5.18倍；年均增长65.51%、76.20%、50.83%。

二、所有者权益

1997年，全区限额以上批发零售贸易业企业所有者权益2913万元。至2002年，增至10218万元，为1997年的3.51倍，年均增长28.53%，其中批发业6127万元，零售业4091万元。

2003年，所有者权益为9254万元，其中批发业为4749万元，零售业4505万元。2007年，分别增至24856万元、10728万元、14128万元，分别为2003年的2.69倍、2.26倍、3.14倍，年均增长

28.02%、22.60%、33.07%。

三、营业收入

1997年，全区限额以上批发零售贸易业企业营业收入合计20298万元，至2002年增至44075万元，其中批发业32491万元，零售业11584万元，分别是1997年的2.93倍、4.42倍、1.51倍，年均增长率分别为43.17%、64.16%、14.70%。

2003年，全区限上批零企业营业收入40380万元，其中批发业为29648万元，零售业10732万元。2007年，分别增至341882万元、268221万元、73661万元；分别为2003年的8.47倍、9.05倍、6.86倍，年均增长70.58%、73.43%、61.86%。

四、税金

1997年，全区限额以上批发零售贸易业企业应交税金总额（含主营业务税金及附加、所得税、增值税）336万元，其中主营业务税金及附加64万元，所得税61万元，增值税211万元。

2002年，应交税金总额641万元（不含所得税），其中主要业务税金及附加152万元，增值税489万元，分别是1997年的2.33倍、2.38倍、2.32倍，年均增长18.44%、18.89%、18.31%。

析出翔安后的2004年税金总额为530万元（不含所得税），其中主营业务税金及附加134万元，增值税396万元，2007年分别增至5929万元（不含所得税1499万元）、281万元、5648万元，分别为2004年的11.19倍、2.10倍、14.26倍，年均增长为123.65%、28%、142.51%。

五、利润

1997年，全区限额以上批发零售贸易业企业利润总额231万元，2002年1769万元，是1997年的7.66倍，年均增长50.25%。

2003年，利润总额252万元，其中批发业84万元，零售业168万元。2007年，分别为1056万元、-39万元、1095万元，利润总额为2003年的4.19倍、年均增长43.08%，零售业利润总额为2003年的6.52倍，年均增长59.78%。

六、劳动、待业保险费

1997—2000年，无劳动、待业保险费统计数据。

2001年，全区限额以上批发零售贸易业企业劳动、待业保险费161万元，其中批发业31万元，占19.3%；零售业130万元，占80.7%。2005—2007年劳动、待业保险费分别为193万元、270万元、566万元，其中批发业分别为73万元、101万元、58万元，分别占37.8%、37.4%、10.2%；零售业分别为120万元、169万元、508万元，分别占62.2%、62.6%、89.8%。

2007年，上述三项指标分别为2005年的2.93倍、0.79倍、4.23倍，年均增长71.25%、-11.12%、105.75%。

七、工资

1997年，全区限额以上批发零售贸易业企业工资总额446万元，至2002年增至1759万元，为1997年的3.94倍，年均增长31.58%。

2007年，批零贸易业企业工资总额达4851万元，为2003年1568万元的3.09倍，年均增长32.62%。人均月工资1744元，是2005年1132元的1.54倍，年均增长24.12%。

八、福利费

1997年，全区限额以上批发零售贸易业企业福利费总额59万元，2002年231万元，为1997年的

3.92倍，年均增长31.39%。

2003年为210万元，2007年为347万元，是2003年的1.65倍，年均增长13.38%。

1997—2007年同安区限额以上批发零售贸易业企业财务情况表

表10-10　　单位：万元

企业类型	1997年	1998年	1999年	2000年	2001年	2002年	2003年	2004年	2005年	2006年	2007年
企业数合计（个）	—	—	9	9	8	9	9	24	26	21	30
批发业	—	—	2	4	2	4	5	13	13	11	14
零售业	—	—	7	5	6	5	4	11	13	10	16
流动资产合计	5563	20337	5144	9681	9054	11963	16381	25084	36951	38963	157996
批发业	—	—	1957	5006	3737	8132	6818	19487	23332	23728	105335
零售业	—	—	3187	4675	5317	3831	9563	5597	13619	15235	52662
固定资产原价合计	3741	12974	3978	5756	5760	7858	7547	7746	11674	7533	11306
批发业	—	—	903	2874	1941	4821	5776	2840	5806	3663	4168
零售业	—	—	3075	2882	3819	3037	1771	4906	5868	3870	7138
资产合计	9329	32938	8950	17344	15814	22192	24967	34852	51666	49676	187340
批发业	—	—	2689	9884	6516	15254	13022	24882	31328	29224	125517
零售业	—	—	6261	7460	9298	6938	11945	9970	20338	20452	61822
所有者权益合计	2913	19445	3757	6164	6468	10218	9254	—	—	22427	24856
批发业	—	—	932	3173	3149	6127	4749	—	—	11850	10728
零售业	—	—	2825	2991	3319	4091	4505	—	—	10577	14128
营业收入合计	20298	144547	15020	34403	33637	44075	40380	100768	152336	179865	341882
批发业	—	—	7344	25319	17799	32491	29648	76034	94537	124602	268221
零售业	—	—	7676	9084	15838	11584	10732	24734	57799	55263	73661
主营业务税金及附加合计	64	124	92	214	74	152	84	134	145	104	281
批发业	—	—	10	147	30	106	73	26	81	46	197
零售业	—	—	82	67	44	46	11	108	64	58	85
应交所得税合计	61	735	—	—	65	—	—	—	306	473	1499
批发业	—	—	—	—	10	—	—	—	196	353	1417
零售业	—	—	—	—	55	—	—	—	110	120	81
应交增值税合计	211	750	138	414	540	489	-175	396	944	1976	5648
批发业	—	—	-13	210	205	84	-308	149	266	1681	4649
零售业	—	—	151	204	335	405	133	247	678	295	999
税金总额合计	336	1609	230	628	679	641	-91	530	1395	2553	7428
其中：批发业	—	—	-3	357	245	190	-235	175	543	2080	6263
零售业	—	—	233	271	434	451	144	355	852	473	1165
利润总额合计	231	4191	157	491	954	1769	252	1222	1805	2660	1055
批发业	—	—	34	429	970	1485	84	790	915	1405	-39

续表10-10

企业类型	1997 年	1998 年	1999 年	2000 年	2001 年	2002 年	2003 年	2004 年	2005 年	2006 年	2007 年
零售业	—	—	123	62	-16	284	168	432	890	1255	1095
劳动、待业保险费合计	—	—	—	—	161	—	—	—	193	270	566
批发业	—	—	—	—	31	—	—	—	73	101	58
零售业	—	—	—	—	130	—	—	—	120	169	508
工资总额合计	446	1827	417	795	983	1759	1568	1627	2683	2579	4851
批发业	—	—	106	312	338	677	800	455	576	704	3058
零售业	—	—	311	483	645	1082	768	1172	2107	1875	1793
福利费总额合计	59	255	56	128	127	231	210	167	691	330	347
批发业	—	—	17	63	37	86	117	69	53	83	264
零售业	—	—	39	65	90	145	93	98	638	247	83

第三章　粮油购销与储运

第一节　粮油购销

一、粮油采购

1997 年，同安区政府没有下达花生定购任务，各农户根据市场供需情况，自行安排花生上市交易。当年粮食总购进 49168 吨，食油总购进 1137 吨。

1997 年、1998 年、1999 年，同安区粮食采购实行省内地区间定购粮对口调拨，为指令性计划。根据省、市政府的通知，加强与对口县（市）洽谈，每年接收定购粮 5000 吨，确保省政府下达的调拨计划顺利完成。

2000 年，省内地区间粮食对口调拨由指令性计划改为指导性计划，实行产销区“产需见面，平等协商，调剂余缺，建立长期合作的粮食供需合同关系”，调拨稻谷等的采购方式仍采取签订合同，直接向产区粮食购销企业购买的方式。

2001 年，根据“放开收购，放开市场”的精神，省不对粮食采购调拨的产地作限制，采购调拨粮食，自主和省内外的粮食收储（或购销）企业签订购销合同，从省内外粮食产区调入粮食。同年 9 月，省政府取消粮食定购任务。

2002 年，推动国有粮食企业参与粮食订单收购，推进粮食产业化经营，根据同安区粮食供需缺口以及多年来与主产省的粮食购销关系，与江西、山东、辽宁等粮食主产区建立长期稳定的粮食产销合作关系，实行政府搭台，企业唱戏，开展企业与企业之间的购销合作。当年粮食总购进 5185 吨，食油总购进 216 吨。

2004 年 9 月，同安区储备粮新增采购实行“订单粮食”，委托厦门市粮食批发市场向省内外粮食主产区公开招标采购。同年11月粮食储备新增规模中，以“订单粮食”的方式向龙岩市采购2000吨晚籼谷。

2007年，引导和协助厦门市“好年东米业有限公司”到产粮区长汀县等地建立生产基地。当年粮食总购进725512吨，食油总购进140471吨。

此外，同安区粮食局还组织辖区内粮油企业参加每年七省粮食购销协作、省内粮食产销协作等洽谈会，密切与产区的关系，多方引粮入同。

二、粮油销售

（一）市场交易

1997年起，同安区粮食销售活动日益多样化，多种所有制经营格局形成并得到发展，从粮食销售的主体看，既有走街串巷的个体粮食销售者、自产自销的农民，也有国有粮食企业和部分外资企业；从粮食销售的形式看，既有集贸市场上的农民相互之间、城乡之间的零星交易，也有日益活跃和逐步规范化的大宗粮食批发交易。当年粮食总销售51392吨，食油总销售979吨。

2002年，粮食总销售4972吨，食油总销售2240吨。

2007年，区内多元主体、多渠道参与粮食市场的局面正式形成，非国有粮食企业、个体工商户等的经营份额不断增加，活跃粮食市场，促进粮食流通。当年粮食总销售710710吨，食油总销售137644吨。

（二）军供

管理体制　1997年1月，国务院、中央军委《关于深化军粮供应体制改革的通知》，规定粮食部门仍是军粮供应的职能部门，粮食部门开设军粮供应网点仍是军粮供应的主渠道。军粮供应执行统一规定的军粮供应价格，筹措成本价高于军供价部分，由国家财政补贴，军粮差价补贴款实行预、决算制度，专项管理。根据国务院、中央军委的通知精神，同安区粮食部门建立健全“一体化”（收购、储备、加工、销售一体化）、“两重管”（市级财务与区级业务管理）、“三结合”（军民结合、平战结合、主副营结合）、“四定点”（定点生产、定点储备、定点加工、定点销售）的军供工作新机制。落实军粮质量管理制度和各项岗位责任制，军供站长履行军粮质量第一责任人的职责，加强检验工作和落实一批一检一报告制度。2001年4月，根据省财政厅、粮食局转发关于进一步完善军粮供应管理办法的通知，同安区军粮供应部门加强粮源采购管理，提高军供大米供应等级标准，调整军粮供应价格，改进大米包装。2003年6月，在防治“非典”的特殊时期，建立军粮供应工作报告制度，指定专人监测，分析本地军粮供应情况，确保军粮供应及时到位。2004年4月，在国内外粮油价格波动和台海形势多变的情况下，区军粮供应部门分析研究粮食购销市场变化给军粮供应工作带来的影响，把握市场行情，因势利导，未雨绸缪，千方百计筹措粮源，确保军供库存充裕，供应万无一失。

网点设施　1996年11月，根据军粮供应工作的需要，同安县军粮供应站挂牌，独立行使军粮供应的职能，设置大同、马巷、大嶝三个供应店，负责军粮供应。在中央、省、市级财政的扶持下，不断完善军供网点设施建设，1999年，基建大嶝军供店；2000年，基建马巷军供店；2003年9月，根据区划调整，同安区境内保留大同军粮供应店。2004年，购置同安区军供站与大同军供店（站与店合一）办公和营业场所。

供应办法　1997年1月，部队单位持军用粮票（1997年版，分为大米、小麦粉两种）和军粮供应证到军粮供应部门按军供价购粮；食油由部队单位按随行就市的原则到军粮供应部门采购。2000年，全国各地相继出现假版军用粮票流入军供部门，严重干扰军粮供应秩序，也造成国有资产流失。根据国家军粮办的紧急通知，同安区旧版军用粮票使用至2000年8月15日，改用新版防伪军用粮票，新版分别为A、B、C、D、E、F、G版，一年使用一版。2007年1月，同安区军粮供应部门实行军用购粮卡改革，部队单位必须持卡到军粮供应部门刷卡购粮。快捷、简便、安全的电子技术取代沿袭50多年的凭军用粮票购粮的方式。

供应品种　同安区军粮供应部门除了按国家规定的晚籼米、特一等面粉供应外，还组织优质米、面制品、油等十多个品种供部队串换调剂，以及根据不同季节、不同部队、不同性质，专供品种、价格各有特色，夏季增供绿豆、凉粉，冬季增供油类、制品，传统节日增供面类等。

第二节　粮油储运

一、粮油储备

（一）储备机构

1997年，同安区12个镇粮站、2家公司储备粮油。2003年9月析出翔安区后，同安区储备粮油单位减少为7个镇粮站、1家公司。2005年6月，同安区国有粮食企业改制，实行关闭解散，原储粮单位所承储的粮油由刚组建的厦门市同安粮食购销有限公司接管。

（二）管理制度与措施

1997年后，继续严格执行粮食保管工作规范，落实各项仓储制度，坚持“勤查仓，不坏粮”、采用“双低”储粮、单面覆盖熏蒸杀虫等科学保粮技术，延缓储备粮油的品质变化。同年3月，区粮食局组织春季粮油安全普查工作，共检查12个镇粮站及油脂公司，仓房67座，存粮21297吨，储粮全部处于安全稳定状况，实现四无粮仓100%。

1997年起，储备粮油轮换仍为行政计划管理，由区粮食局商区财政、农发行等部门提出全年轮换任务的计划，并上报区政府、市粮食局等批准实施。同年9月，省粮食厅同意区粮食局轮换“506”储备油的任务。

1999年4月，对政策性粮油实行划细管理的办法，真实反映各级政策性粮油存放的库（站）点、品种等静态情况和入库、出库等动态情况。

2001年10月，市财政局制定的《同安区地方储备粮财政财务管理暂行办法》规定了同安区储备粮每年轮换应达到储备量的1/3。

2003年7月，贯彻省粮食局、财政厅、农发行的《福建省地方储备粮油管理办法》，严格遵守查仓保粮制度，做到勤查不断，严防不懈。9月，委托市粮油批发市场服务中心拍卖轮换粮3636.126吨，进一步完善轮换粮拍卖和采购监督机制，使陈粮公开拍卖、新粮竞价招标采购“阳光操作”制度化、规范化管理。

2005年6月，开展2005年“储备粮管理年”活动，规范运作，依法、依规管住管好储备粮，提高同安区地方储备粮管理水平。9月，在全市率先建立“粮食储备图像、数据远程综合监控系统”，在各储粮单位安装粮情检测和安全监控系统，进一步提高科学保粮水平。10月，执行市粮食局的《市地方储备粮滚动轮换暂行办法》，对同安区储备粮实施滚动轮换，降低保管成本并提高储备粮质量。

2007年1月，厦门市同安粮食购销有限公司委托厦门市好年东米业有限公司代储1000吨储备大米。11月，市粮食局第一分局组织秋季粮油实物库存检查和安全普查工作，检查同安区粮库3个，仓廒34座，存粮油20400吨（其中食油100吨），库存的储备粮油均达到“一符、四无”的标准，科技保粮和旧仓型粮食保管工作走在全省前列。

二、粮油调运

（一）调自省区

同安区是缺粮区，依靠省内、外调入补缺。1997年起，省内建阳、南平、三明、龙岩专区按省编计划调粮入同，省外粮食输同以江西省为主，保证同安国营粮食储存年年有余；玉米输同以黑龙江、辽宁、山东等省为主。

（二）调运方式

同安粮油企业的粮食转运业务由厦门驻高崎转运站承接，1998 年 4 月起由杏林区同安铁路专用线承接。

2004 年 4 月杏林粮食转运站撤销后，同安区粮油企业所需的粮食根据粮食购销合同的约定，由销粮方发运至厦门市火车站、高崎火车站、杏林货运周转站，购粮方用汽车调运到各单位。

1997—2007 年同安区粮油购销情况表

表 10-11 单位：吨

年份	粮食		食油	
	总购进	总销售	总购进	总销售
1997	49168	51392	1137	979
1998	43300	51293	1267	1237
1999	13611	8094	200	168
2000	5488	6687	187	191
2001	4758	4821	246	200
2002	5185	4972	216	224
2003	5062	4841	213	254
2004	4053	4136	279	259
2005	528107	496373	104920	104713
2006	647779	640279	124310	119690
2007	725512	710710	140471	137644

说明：1997—2004 年为粮食系统粮油购销数，2005—2007 年为全社会粮油购销数

第三节 粮油市场

一、网点

1993 年粮油价格放开后，民营粮食企业发展迅速，分布面广点小。1997 年，全区粮油经营者计有国有机构 17 家，集体所有制 178 家，其中经营粮食 109 家，粮食加工 24 家，面粉厂和制面厂 31 家，其他 14 家；个体或私营 374 家，其中有工商执照 149 家，无证经营 150 家，其他 75 家；经营形式：没有大的批发商，零售商 483 家，收储 14 家，加工 272 家。

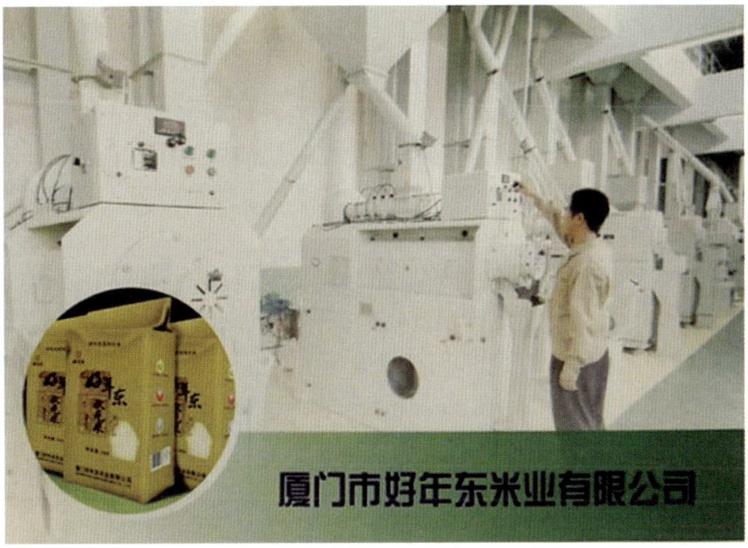

好年东米业有限公司车间一角

2000 年 7 月，同安区大同粮站第一粮店为市国有骨干粮店，扩大

经营场所、经营范围，方便市民购粮。

析出翔安后的2004年，全区粮油经营机构270家，其中零售机构255家，收储机构9家，加工机构6家；国有机构12家，集体机构26家，私营机构232家。

2007年，全区粮油经营机构297家，其中零售机构289家，收储机构1家，加工机构7家；国有机构1家，集体机构11家，私营机构285家。

1997—2007年同安区粮油经营机构一览表

表10-12　　单位：个

年份	合计	经营形式			所有制		
		零售	收储	加工	国有	集体	私营
1997	569	483	14	72	17	178	374
1998	558	487	14	57	17	164	377
1999	566	495	14	57	17	136	413
2000	564	495	14	55	17	115	432
2001	570	502	14	54	17	96	457
2002	547	517	14	16	171	82	448
2003	552	520	14	18	17	75	460
2004	270	255	9	6	12	26	232
2005	282	267	9	6	12	21	249
2006	283	275	1	7	1	15	267
2007	297	289	1	7	1	11	285

说明：2003年机构数含翔安

二、管理

1997年，粮油供应继续实行掌握批发，放开零售的办法。对粮油批发经营者实行资格审批，取得粮油批发资格证者向工商行政管理部门办理企业登记后方可经营。

1998年12月，执行国务院《当前推进粮食流通体制改革的意见》，加强对同安区粮食市场的管理，打击不法粮商，维护粮食市场秩序。

1999年9月，健全粮油市场质量监督体系，同安区粮油质量监督站获得省技术监督局颁发的计量认证合格证书，取得对全区粮油企业的粮油质量跟踪监督抽样检测的资格。11月，强化同安区粮食收购市场监管，不断加大巡查力度，打击违法违章行为，督促用粮大中型企业落实并规范经营台账制度，坚持台账核销制度。

2001年5月，停止办理城镇居民粮食供应关系转移手续。

2002年12月，实行粮食收购资格审批制度，从事粮食收购经营活动的企业经粮食行政管理部门审查资格、工商行政管理部门核准登记后，按国家有关规定从事粮食收购业务。

2003年11月，停止办理粮油批发资格证审批。

2004年5月起，依据《粮食流通管理条例》，同安区粮食行政管理部门负责同安区粮食流通的行政管理、行业指导，对全区粮食经营者从事粮食收购、储存、运输活动和政策性用粮的购销活动以及执行国家粮食流通统计制度的情况进行监督检查。同时粮油经营统计范围由国有粮食系统扩大到全区粮油经营企业，共17家较大型从事粮食收购、销售、储存、加工的企业建立粮食经营台账，并向粮食主管部门报送粮食购进、销售等基本数据和有关情况。12 月，依照国家《粮食质量监督实施办法》，履行对粮食收购、储存、运输活动和政策性用粮购销活动中粮食质量用原粮卫生的监管职责，定期对粮食质量监督、监测结果进行通报。

2005 年 1 月，实行粮食经营者最低库存量与异常情况下最高库存量标准。

2007 年底，同安区有资格收购粮油的企业 7 家。

第四章　涉农物资及废旧物资购销

第一节　农业生产资料购销

1997 年，区供销系统从农业需要和农民意愿出发，在量、质、价、时和服务上下功夫，加强储备，落实货源，严格价格管理，开展预约送货和农忙季节全日营业等优质服务，全年共调进各种化肥 12.23 万吨，供应化肥 12.6 万吨，农药 389.4 吨、农膜 12.1 吨，总购进 16326 万元，总销售 16858 万元。

1998 年，大力推行农资连锁经营，发挥系统的整体优势，在“联”字上下功夫，巩固和提高市场占有率。完善连锁经营规范化管理和全区 218 家村级供销店管理，促进村代销店的规范经营。全年供应化肥 11.03 万吨、农药 308.3 吨，总购进 12163 万元，总销售 13360 万元。

1999 年，推行和深化化肥流通体制改革。加强厂商联合，完善系统联合，巩固和发展村级农资代销点，对代销店的管理做到有盘点、有监控，把住货源，保证质量。全年供应化肥 8.56 万吨、农药 169.6 吨，总购进 8280 万元，总销售 8931 万元。

2000 年底开始，全系统进行全面的企业改革，股份制改制单位忙于改制，荒于经营，削弱了供销社农资供应服务功能，供应网点不断减少，农资购销量呈下降趋势。至 2002 年，总购进 3076 万元，总销售 3389 万元。2005 年重新组建祥穗农资公司，供销系统负责全区农资经营管理，承办商务部“万村千乡市场工程”，重新对全区农资市场进行整合，全区共 120 多个经营网点纳入供销社管理，实行统一进货、统一配送、统一店名、统一服务规范、统一管理的连锁模式。农资市场又逐步走向规范，市场秩序良好，供销社每年承担起政府委托的农资冬储任务，保障市场供应，农资购销额逐年回升，2007 年销售化肥 1.54 万吨，农药 5.80 吨，总购进由 2003 年的 1399 万元增加到 2104 万元，总销售由 1180 万元增加到 2115 万元。

祥穗农家店

1997—2007 年，累计购进

化肥574955.9吨、销售584063.8吨，购进农药1264.5吨、销售1262.4吨；累计总购进59595万元，总销售61952万元。

第二节 生活资料购销

1997年，随着个体经济的发展，供销系统在吃、穿消费品供应日渐萎缩的情况下，重点做大做强液化气市场，汽车、摩托车市场和碘盐配送经销，全年销售液化气2473.3吨，营业额840.9万元。销售汽车230辆、摩托车442辆、碘盐1072吨；总购进5630万元，总销售6575万元。

同气储罐站

1999年7月，供销社撤销工业品部，退出摩托车市场。当年总购进3062万元，总销售5888万元。到2001年因中汽公司实施关闭解散，汽车经销业务随之退出。同时供销社系统企业改革，大部分生活资料供应基本停顿，保留下来的只有液化气、鞭炮、图书等少数几个品种。当年总购进3075万元，总销售2946万元。

此后，液化气供应随着居民的普及使用和越来越多的工业企业需求，供应量不断提高，由1997年的2473.3吨，增加到2007年的12500吨；总购进也由2003年的2860万元增加到8162万元、总销售由3587万元增加到8796万元。

1997—2007年，累计总购进48549.7万元、总销售55275.9万元。

第三节 农副产品购销

农副产品购销主要有蔬菜、干鲜水果、茶叶、蜂蜜等品种。

1997年，供销社立足本地资源，抓住季节时效，开展代购、代销、代理和冷藏保鲜加工等营销业务，引导农民走向市场，一方面帮助农民寻找销路，解决“卖难”问题，另一方面引进外来品种供应本地市场，丰富市场。当年购、销额分别为1310万元、1374万元。此后至2001年供销社系统企业改革之前，农副产品购销业务平稳，年购销额依次为1368万元、2699万元、3367万元。2002年起，除茶叶以外的绝大部分品种的购销业务基本停顿。2007年，农副产品购销额454万元，依次为前4年的87.14%、48.61%、55.77%、51.13%。

蔬菜 1997年，供销社依托杏林铁路专用线开展南菜北调业务，依托自有保鲜冷库开展蔬菜保鲜加工业务，利用华合冷冻厂开展蔬菜速冻出口业务，利用场地优势开展代购、代销和代理等多种营销业务。其中，立足本地资源，开展大宗胡萝卜、高丽菜等购销业务，收购大宗蔬菜4744.6吨，出口速冻毛豆、花菜、保鲜高丽菜等各类蔬菜2181吨。1998年，围绕蔬菜生产、加工、销售系列化服务，参与农业产业化经营，抓基地示范，开辟反季节台湾大白菜、菠菜、白萝卜、豆菜等生产基地，抓好南菜北调业务。全年共收购蔬菜3667.8吨，速冻保鲜加工毛豆、胡萝卜1800吨，南菜北调5172个车皮约31万吨。1999年，市场疲软，经营萎缩，区供销社“走出去”，远赴东北收购面粉、黄豆，到广州设点促销地产保鲜胡萝卜，全年收购蔬菜5024.4吨，速冻保鲜980吨。2001年，企业改革开始后，各项经营业务下滑，全年收购胡萝卜3000吨、花菜170吨、四季豆100吨、毛豆320吨等，到2002年，随着企业改革的进一步铺开，蔬菜购销业务随之停止。

水果 1997年，为解决地产龙眼、荔枝的销路，区供销社多头并举，开展龙眼、荔枝鲜销、焙干和冷藏加工，全系统收购14600担。1998年，洪塘供销社引进广西荔浦罐头厂技术和设备，加工荔枝、龙眼罐头100多吨。1999年，同安龙眼丰产，产量突破历史最高纪录。为缓解销售压力，区供销社走出去、请进来，积极招商拓展销路。到上海、南京、镇江、武汉、长沙等地招商，签订购销合同折合龙眼鲜果3000多吨。同时全系统开展收购加工和销售业务。投入26条生产线、建焙灶120个，旺季日加工鲜果达2000多担，收购鲜龙眼65292担，收购价不降反升。2000年后水果购销业务渐趋停顿。

茶叶 1997年，为拓宽销售门路，开展“两头在外”购销业务，产品首次打入广东市场，当年销售167万元。1998年，探索“公司+基地+农户”的产销一条龙路子，与竹坝农场联合开发20多亩茶叶基地，实行就地保护价收购，方便和让利给茶农。之后几年，基地不断扩大，达到200多亩。2005年，由原茶叶公司改制成立的银塔茶叶公司，继续扩大基地建设规模，在汀溪开发2个茶叶种植基地，面积近千亩；与高校科研单位合作，开展科技试验工作，改善和提升茶叶品质和品牌知名度。

第四节 废旧物资购销

1996年，废旧物资购销额3.9万元，为历史最低。1997年经营废旧汽车拆车业务，加强废旧物资管理回收，收购量剧增，到2002年购进额增长到1317万元、销售额1352万元。

2003年8月，外较场进行拆迁，废品回收经营场所丧失，只剩后炉常青路回收点，废旧汽车拆车业务无法开展，回收量也随之大幅减少，当年购进额342万元、销售额360万元。2004年分别为386万元、304万元。

2005年土产公司改制组建后至2007年，废品回收业务处于停顿状态。

1997—2004年，累计购进2971万元，销售3054.5万元。

1997—2007年同安区供销系统购销分类情况表

表10-13 单位：万元

年份	购销	农业生产资料	生活资料	农副产品	废旧物资	合计
1997	购	16326	5630	1310	97	23363
	销	16858	6575	1374	103	24910
1998	购	12163	5314	666	39	18182
	销	13360	5888	702	50	20000
1999	购	8280	3062	1319	72	12733
	销	8931	3892	1380	83	14286
2000	购	6809	2773	1807	219	116708
	销	7186	3350	1807	250	12593
2001	购	4743	3075	1718	499	10035
	销	4879	2946	1649	550	10024

续表10-13

年份	购销	农业生产资料	生活资料	农副产品	废旧物资	合　计
2002	购	3076	3355	1377	1317	9125
	销	3389	3555	1433	1352	9729
2003	购	1399	2860	259	342	4860
	销	1180	3587	262	360	5389
2004	购	1229	3179	447	386	5241
	销	1198	3692	487	307	5684
2005	购	1637	4701	391	—	6729
	销	1264	5907	423	—	7594
2006	购	1829	6438	432	—	8699
	销	1592	7089	456	—	9137
2007	购	2104	8162	219	—	10485
	销	2115	8796	235	—	11146

第五章　餐饮住宿及居民服务和其他服务业

第一节　餐饮业

一、机构人员

1997年，全区餐饮网点565个，从业人员1221人，其中集体企业1个，从业人员1人，私营企业12个，从业人员127人，个体552个，从业人员1093人。

2001年，法人单位32个，其中国有2个，集体8个，私营20个，外资及股份合作各1个；网点2277个，其中国有9个，集体19个，私营20个，外资1个，个体2228个；从业人员4444人，其中国有117人，集体156人，私营147人，外资47人，个体3977人。此后未再进行全面统计，仅作限上

豪享来海鲜大酒楼

餐饮业统计。

据工商登记资料，2007 年，全区餐饮企业 35 家，其中国有、集体 13 家，私营 22 家，注册资本分别为 268 万元、2225 万元。个体 938 户（含住宿）从业人员 2199 人（含住宿）、资金 2617.34 万元（含住宿）。

2000—2007 年同安区限额以上餐饮业经营情况表

表 10-14

企业类型	2000 年	2001 年	2002 年	2003 年	2004 年	2005 年	2006 年	2007 年
法人单位合计（个）	1	2	2	2	1	2	2	5
内资企业	1	2	1	1	1	1	1	5
其中：国有企业	—	2	1	1	—	—	—	—
有限责任公司	—	—	—	—	1	1	1	2
私营企业	—	—	—	—	—	—	—	2
外资企业	—	—	1	1	—	1	1	—
产业单位合计（个）	4	3	3	3	1	4	4	5
内资企业	2	2	2	2	1	1	1	5
其中：国有企业	2	2	2	2	—	—	—	—
有限责任公司	1	—	—	—	1	1	1	2
私营企业	—	—	—	—	—	—	—	2
外资企业	1	1	1	1	—	3	3	—
从业人员合计（人）	—	191	142	171	180	184	184	269
内资企业	—	176	106	140	90	92	92	269
其中：国有企业	—	176	106	140	—	—	—	—
有限责任公司	—	—	—	—	90	92	92	150
私营企业	—	—	—	—	—	—	—	75
外资企业	—	15	36	31	—	92	92	—
营业额合计	1613	1218	1039	751	336	884	858	2737
内资企业	1613	781	618	519	336	334	313	2737
其中：国有企业	—	781	618	519	—	—	—	—
有限责任公司	—	—	—	—	336	334	313	1462
私营企业	—	—	—	—	—	—	—	908
外资企业	—	437	421	232	—	550	545	—
营业面积合计（平方米）	—	—	—	—	—	900	900	6070
内资企业	—	—	—	—	—	400	400	6070
其中：国有企业	—	—	—	—	—	—	—	—
有限责任公司	—	—	—	—	—	400	400	1600

续表10-14

企业类型	2000 年	2001 年	2002 年	2003 年	2004 年	2005 年	2006 年	2007 年
私营企业	—	—	—	—	—	—	—	1213
外资企业	—	—	—	—	—	500	500	—
拥有餐位数合计（个）	—	—	—	—	—	480	751	670
内资企业	—	—	—	—	—	30	301	670
其中：国有企业	—	—	—	—	—	—	—	—
有限责任公司	—	—	—	—	—	30	301	230
私营企业	—	—	—	—	—	—	—	396
外资企业	—	—	—	—	—	450	450	—

说明：2000 年产业单位“其中有限责任公司”栏数字为“港、澳、台商投资企业”数字

二、业务经营

（一）营业额

1997—1999 年，营业额资料缺。

2000 年，全区限额以上餐饮业营业额 1613 万元，为内资企业。2001—2003 年，营业额分别为 1218 万元、1039 万元、751 万元（不含翔安），其中国有企业分别为 781 万元、618 万元、519 万元，分别占 64.1%、59.5%、69.1%；外资企业分别为 437 万元、421 万元、232 万元（不含翔安），分别占 35.9%、40.5%、30.9%。

2001 年，全区限额以上餐饮企业营业收入合计 781 万元，2002 年 1004 万元，同比增长 28.6%。翔安析出后的 2003 年 732 万元。

2007 年，营业额 2737 万元，均为内资企业营业额，是 2003 年的 3.64 倍，年均增长 38.17%。其中，有限责任公司 1462 万元，占 53.4%，为 2004 年的 4.35 倍，年均增长 63.26%，占 38.17%。私营企业 908 万元，占 33.2%。

（二）税金（含主营业务税金及附加、所得税）

1997—2000 年税金资料缺。

2001 年，全区限额以上餐饮企业税金总额 42 万元，2002 年 51 万元，同比增长 21.4%。析出翔安后的 2003 年 34 万元。

2007 年，税金总额 261 万元，为 2003 年 7.68 倍，平均年递增 66.45%。

（三）工资

1997—2000 年，工资资料缺。

2001 年，全区限额以上餐饮企业工资总额 237 万元，人均月工资 1034.03 元，2002 年 146 万元，人均月工资 856.81 元，2003 年 196 万元，人均月工资 955.17 元。

2007 年，工资总额 334 万元，人均月工资 1034.70 元，为 2003 年的 1.08 倍，平均年递增 2.02%。

（四）福利费

1997—2000 年，福利资料缺。

2001 年，全区限额以上餐饮企业福利费总额 29 万元，2002 年 18 万元，同比下降 37.9%。2003 年，为 16 万元，同比下降 11.1%。

2005 年，福利费总额 11 万元，2006 年 2 万元，同比下降 81.8%。2007 年 4 万元，比 2001 年下降 86.2%，比 2006 年增长 1 倍。

2000—2007年同安区限额以上餐饮企业财务情况表

表10-15 单位：万元

年份	企业数（个）	年末资产负债					损益及分配				工资、福利费		全部从业人员年平均人数（人）
		流动资产合计	固定资产原价	资产总计	负债合计	所有者权益合计	营业收入合计	主营业务税金及附加	利润总额	应交所得税	应付工资总额	应付福利费总额	
2000	—	—	—	—	—	—	1613	—	—	—	—	—	—
2001	2	216	2116	2293	780	1513	781	40	-50	2	237	29	—
2002	2	426	513	1089	588	—	1004	51	103	—	146	18	—
2003	2	659	591	1350	950	400	732	34	-98	—	196	16	—
2004	1	57	350	363	113	—	336	32	15	—	68	—	—
2005	2	87	532	654	362	292	884	56	0.5	16	217	11	182
2006	2	82	527	646	358	288	858	56	-7	16	194	2	172
2007	5	544	1509	2992	622	2370	2737	200	96	61	334	4	269

第二节 住宿业

1997年，经公安审批旅馆45家，至2002年，减为37家，析出翔安当年为22家。

2004年起，同安仅有限额以上住宿业统计资料，当年仅有国有旅游饭店1家，从业人员75人，主营业务收入400万元，税金总额15万元，利润总额56万元，工资总额129万元，人均月工资1433.33元。此外据公安提供资料，旅馆23家，私人出租户8257户。

翠丰温泉度假酒店大堂

2007年，私营住宿企业5家，注册资本59万元。其中限额以上住宿业法人单位2个，产业活动单位2个，从业人员523人。主营业务收入1595万元，为2004年的3.99倍，年均增长58.58%，税金总额82万元，同比增长67万元，税润总额-1453万元，同比下降1509万元。工资总额885万元，人均月工资1362.33元，同比下降4.95%。个体经营旅馆34家，私人出租户9529户。

2004—2007 年同安区限额以上住宿企业经营情况表

表 10-16

项目		2004 年	2005 年	2006 年	2007 年
法人单位（个）		1	1	1	2
产业单位（个）		1	1	1	2
从业人员（人）		75	81	73	523
营业额（万元）	合　计	400	397	475	1595
	客房收入	252	232	225	749
	餐费收入	148	165	217	405
营业面积（平方米）		—	1500	1500	1455
拥有床位（个）		—	197	197	447
拥有餐位（位）		—	500	500	790
年末资产负　债（万元）	流动资产合计	84	75	35	4440
	固定资产原价	1686	1692	1563	2149
	资产总计	1546	1493	1220	13575
	负债合计	611	587	572	14422
	所有者权益合计	—	906	648	-847
损益及分配（万元）	营业收入合计	400	397	442	1595
	主营业务税金及附加	15	2	61	82
	利润总额	56	45	-15	-1453
	应交所得税	—	—	—	18
工资福利费（万元）	应付工资总额	129	129	142	885
	应付福利费总额	51	7	11	14
全部从业人员年平均人数（人）		—	81	74	501

说明：本表数字均为旅游饭店数字

附录：2007 年全区限额以上饮食服务企业名录

厦门同安宾馆　国有企业，1972 年 6 月成立，经营住宿餐饮。

厦门银城大酒店娱乐有限公司　集体企业，2001 年 6 月成立，经营餐饮服务。

厦门市红牡丹酒店娱乐有限公司　私营企业，2002 年 8 月成立，经营餐饮服务。

厦门豪享来置业发展有限公司　私营企业，2003 年 9 月成立，经营餐饮服务。

厦门珍滨海鲜大酒楼餐饮有限公司　私营企业，2005 年 4 月成立，经营餐饮服务。

厦门市同安区骨之味餐厅　私营企业，2007 年 1 月成立，经营餐饮服务。

厦门翠丰温泉度假酒店有限公司　外资企业，2007 年 9 月成立，经营住宿餐饮服务。

第三节　居民生活服务和其他服务业

一、居民生活服务和其他服务业企业

2000年以前，无该类服务业的相关统计资料。

据工商行政管理局企业登记资料，2000年全区居民服务和其他服务业企业7家，其中私营企业4家，国有、集体企业3家，注册资本分别为3300万元、490万元（只含法人企业，下同）。2001—2003年，该类企业依次为10家、12家、13家，其中私营企业依次为7家、8家、9家，国有、集体企业依次为3家、4家、4家；注册资本，私营企业依次为3580万元、3840万元、3870万元，国有、集体企业均为490万元。

据2004年经济普查资料，当年居民服务和其他服务业企业21家，其中居民服务业7家，主要分布在理发及美容保健服务（3家）、洗浴服务（2家）、摄影扩印服务、其他居民服务（各1家）；其他服务业14家，主要分布在修理与服务（11家）、清洁服务（1家）、其他未列明服务（2家）。从业人员375人，其中居民服务业122人，其他服务业253人。实现增加值7861万元，其中居民服务业791万元，其他服务业7070万元。

2005—2006年，该类企业依次为38家、47家，其中私营企业依次29家、38家，国营、集体企业均为9家。注册资本私营企业依次5761万元、7454万元，国营集体企业均为490万元。

2007年，居民服务和其他服务业企业60家，其中私营企业52家，国有、集体企业8家，注册资本分别为8458万元、1651万元。无详细业态分布资料。

二、居民服务和其他服务业个体户

据工商登记资料，2000年，登记为居民服务业和其他服务业个体户1324户，从业人员2187人，注册资金2393.46万元，分别占第三产业个体户的14.76%、16.91%、4.91%，其中当年新开业186户，从业人员274人，注册资金304.83万元。

2001年，公司法出台，符合公司条件的多数登记为公司。当年新开业个体户28户，从业人员41人、注册资金41万元。期末数为1352户、2228人、2449.46万元，分别占第三产业个体户的14.69%、16.77%、4.97%。

2004—2006年，登记为居民服务和其他服务业的个体户依次为1377户、1461户、1418户，从业人员依次为2467人、2611人、2629人，注册资金依次为2820.51万元、3045.91万元、3078.53万元。

2007年，居民服务和其他服务业个体户期末数为1466户，从业人员2693人，注册资金3190.44万元，分别占第三产业个体户的14.40%、15.62%、5.83%。这些个体户为居民提供理发及美容、保健、洗浴、摄影扩印及录像、日用品修理、家政等生活服务。

2004年同安区居民生活服务和其他服务业企业财务情况表

表10-17　　　　单位：万元

指标名称	居民服务和其他服务业	居民服务业	理发及美容保健服务	洗浴服务	摄影扩印服务	其他居民服务	其他服务业	修理与维护	清洁服务	其他未列明的服务
企业数(个)	21	7	3	2	1	1	14	11	1	2
年末从业人员数(人)	375	122	90	23	5	4	253	207	4	42
固定资产原价	856.2	72.1	29.6	21.5	20.0	1.0	784.1	460.9	2.5	320.7

续表10-17

指标名称	居民服务和其他服务业	居民服务业	理发及美容保健服务	洗浴服务	摄影扩印服务	其他居民服务	其他服务业	修理与维护	清洁服务	其他未列明的服务
本年折旧	132.0	14.3	5.0	1.2	8.0	0.1	117.7	92.9	0.2	24.6
资产总计	4646.3	234.4	146.6	64.8	20.0	3.0	4411.9	1308.6	23.9	3079.4
负债合计	2190.4	84.2	73.5	0.7	10.0	—	2106.2	470.2	—	1636.0
实收资本	2345.9	156.0	108.0	5.0	38.0	5.0	2189.9	816.0	30.0	1343.9
营业收入合计	1986.6	192.3	141.6	28.4	10.0	12.3	1794.3	956.3	1.0	837.0
主营业务收入	1963.8	191.0	141.3	28.4	9.0	12.3	1772.8	934.8	1.0	837.0
主营业务成本	1043.9	114.1	93.6	5.3	8.0	7.2	929.8	543.9	—	385.9
主营业务税金及附加	20.3	11.9	6.9	2.0	2.0	1.0	8.4	8.3	0.1	—
费用合计	709.9	130.4	88.2	26.0	7.0	9.2	579.5	358.6	6.4	214.5
营业利润	231.7	-45.2	-44.4	-4.9	1.0	3.1	276.9	45.8	-5.5	236.6
利润总额	229.2	-45.2	-44.4	-4.9	1.0	3.1	274.4	42.3	-5.5	237.6
从业人员劳动报酬	404.6	98.1	81.5	8.6	3.0	5.0	306.5	244.6	3.5	58.4
劳动、失业保险费	11.8	0.6	0.6	—	—	—	11.2	4.8	—	6.4
全部从业人员年平均人数(人)	34.8	8.8	5.6	2.3	0.5	0.4	26.0	21.2	0.6	4.2

第六章　金融机构

第一节　银行机构

一、中国银行同安支行

址在县口路。1997 年，内设办公室、保卫科、营业科、信贷科，工作人员 45 人。下设马巷分理处、城西分理处（2003 年改为祥福分理处）、西桥分理处，工作人员分别为 8 人、6 人、6 人。析出翔安后，马巷分理处脱离同安支行自行成立支行。2005 年，祥福、城西分理处均改为支行，由厦门分行直管。各支行经营业务主要有人民币存款、贷款、结算、票据兑现和贴现、外汇存款、外汇贷款、外汇汇款、外汇兑换、国际结算业务、结售汇，通过上级分行办理代客外汇买卖业务、代理国外信用卡付款业务、办理分行在中国银行股份有限公司授权的业务范围内授权的其他业务。理财产品有汇聚宝、中银安稳等 6 种理财产品及银行卡服务。2007 年底，同安支行对公人民币存款 4.6 亿元，外币存款 1200 万美元，对私人民币存款 3.1 亿元，外币存款 330 万美元，消费贷款 2.1 亿元。年发卡量 1 万多张。

二、中国建设银行同安支行

址在大同西桥路 183 号。1997 年，内设办公室、综合、信贷、储蓄、保卫、会计、建经 7 个科室，辖马巷、新店、大嶝、新圩、大同、陆丰、洗墨池7个分理处。员工103人。1998年，撤销大嶝、新圩分理处。2000年12月，陆丰储蓄所搬迁至城南更名为城南储蓄所；2003年10月，翔安区新店、马巷分理处析出，洗墨池分理处升格为支行。2004年12月，大同分理处升格为支行。至2007年，同安区有同安支行、大同支行、洗墨池支行3个网点，均隶属于厦门市分行，其中同安支行属全功能网点，其余两家支行属个人业务特色网点。同安支行下设综合科、营业科、业务科3个科室，职工68人。2007年，3家支行对公存款11.09亿元，个人存款12.09亿元，对公贷款16.72亿元，个人贷款3.7亿元。

建设银行大楼

三、中国工商银行同安支行

址在新安路2号。1997年内设办公室、保卫、信贷、计划、储蓄、会计出纳6个科室，辖城南、马巷、新店、大嶝4个分理处及大同、西门、同新、城西、环城、西桥、马巷、新店等8个储蓄所。1998年12月，撤销新店储蓄所。2001年12月，大同储蓄所、西门储蓄所升格为分理处。2002年8月，大嶝分理处更名为环城分理处，城西储蓄所撤销。2003年7月，马巷分理处升格为马巷支行（二级支行，仍属同安支行管辖）。2004年3月，同新储蓄所撤销，9月马巷支行更名为翔安支行。2005年9月，马巷储蓄所撤销，7月西门分理处撤销。2005年6月起实施扁平化管理，支行科室精减为综合部、营销部、结算部3个部门，下属4个网点中翔安支行升格为准一级支行，大同分理处、城南分理处、环城分理处升格为二级支行，由厦门市分行直接管理，不再归属同安支行管辖。2005年，中国工商银行厦门市同安支行更名为中国工商银行股份有限公司厦门同安支行。2007年底，工商银行同安支行为厦门分行下属一级支行，从业人员53人；工商银行大同支行、城南支行、环城支行为二级支行，从业人员分别为14人、12人、11人。主要办理的金融业务种类有：对公存贷款业务、中小企业业务、机构业务、票据业务、结算与现金管理业务、贸易融资与国际结算业务、对公理财业务。个人金融业务有活期储蓄、定期整存整取储蓄（含定期存本取息）、零存整取储蓄、定活两便储蓄、教育储蓄、个人贷款、理财、银行卡等种类。2007年，对公存款7.84亿元，对私存款5.18亿元，对公贷款10.18亿元，对私贷款2.27亿元。

四、厦门商业银行同安支行

1996年11月，由同安银城城市信用社联合15家信用社、城市财政、企业单位和个人参股组建股份制城市合作银行，1998年11月更为今名。设董事会、监事会，员工10人。主要办理的金融业务种类有：人民币存贷款业务、银行保函、承兑汇票、应收账款融资业务、厂房按揭贷款、货物质押贷款、专业担保机构担保贷款等面对中小企业和个人助业的金融服务、代征公路规费，发行“银鹭E通卡”服务。2007年底，员工人数发展到17人，各项存款余额3.9亿元，贷款余额3.4亿元。

五、中国农业银行同安支行

址在银湖中路152号。1997年4月，内设办公室、业务科、计划信息科、会计出纳科、资金组织科、稽核审计科、保卫科和工会，下设1个营业部、6个营业所、6个自办储蓄所、4个联营储蓄所。2000年，撤销小西门、阳宅、同兴、钟楼4个联营储蓄所，合并整合中山、北门、马巷、五美、新店、银城6个自办储蓄所。1998年3月，大嶝、新圩分理处撤销，业务并入新店、马巷分理处；2000年12月，陆丰储蓄所更名为城南储蓄所；2003年，翔安片区分理处划出同安支行，新同安支行内设综合部、业务管理部、客户部、个人金融管理部、理财中心及策槽、城南、中山、新安洲、城东5个下属分理处，10月洗墨池分理处升格为支行；2004年12月，大同分理处升格为支行。2007年底，同安支行仍内设四部一中心，下辖策槽、城南、中山、新安洲、城东5个分理处，干部职工100人。

六、中信银行同安支行

2006年3月成立，内设行长室、公司银行部、零售银行部、营业部，员工15人。2007年底，员工增至17人。主要办理的金融业务种类有：人民币存款、贷款、结算业务；外汇存款、贷款、汇款，外币兑换及经中国银行业监督管理委员会批准的其他业务。2007年底，人民币存款余额51791万元，各项贷款余额54437万元。

七、兴业银行同安支行

1997年，支行内设办公室、计划资金、信贷、会计、储蓄、出纳6个科室，下设大同、汀溪、马巷、新店四个分理处，干部职工81人。2000年，取消汀溪、新店分理处并入支行本部。2002年，取消大同分理处并入支行本部。2003年，原马巷分理处脱离同安支行升格为兴业银行翔安支行，同时同安支行内部机构整合为营销科及柜员科两个科室。至2007年底，兴业银行同安支行只有支行本部网点，员工25人；本外币贷款余额5.83亿元，本外币存款余额8.69亿元，全年利润2776万元。

八、厦门市农村信用合作联社同安信用社

前身为同安区信用合作社联合社，由同安农行托管，1996年成立独立法人单位。2004年，同安区农村信用合作社联合社更名为同安区农村信用合作联社，2006年更名为厦门市农村信用合作联社同安信用社。2007年，下辖10个营业网点：莲花、新民、西塘、西柯、潘涂、汀溪、五显、洪塘、大同9个信用社及本部营业厅。当年个人储蓄存款余额10亿元，对公存款余额10亿元；个人贷款余额8亿元，对公贷款余额7亿元。

九、交通银行同安支行

址在同安区大同街道银安大厦一楼。1997年开设外币储蓄业务，2003年9月升格为同安支行，隶属于交通银行厦门市分行，2007年职工人数12人，对公存款余额1.30亿元，个人存款余额0.54亿元，对公贷款余额2亿元，个人贷款余额0.93亿元。

交通银行为三胞胎举行慈善晚会

第二节　保险机构

一、中国人寿公司同安支公司

1996年7月，中国人寿同安支公司成立，设同安职场、马巷职场两个中心营销服务部，有干部职工9人。业务涵盖健康、意外、养老、分红、重疾等。该年实现保费收入2926万元，保额33亿元。2005年，开设潘涂职场、新店职场、莲河职场3个农村保险营销服务部，成立收展部，对孤儿保单以及售后服务等集中管理。2007年，成立团险部及中介部。截至2007年底，设有个险营销部、团险部、中介部，其中个险部下设同安本部职场、潘涂职场、马巷职场、新店职场、莲河职场以及收展部6个营销职场，员工46人。

二、平安产险同安支公司

1998年10月20日，中国平安保险股份有限公司厦门市同安支公司开业，业务范围包括财产保险业务和人身保险业务，两大业务分业经营、分开核算。

1999年，平安产险厦门分公司在同安区设点开展业务，主要经营车险业务。2002年5月16日，平安产险公司厦门分公司同安支公司正式成立，下辖1个直销团队，当年保费收入400万元。2007年，平安产险公司同安分公司设1个管理部门，含出单、理赔缮制人员，名下设1个直销团队，1个综合开拓团队。主要经营财产保险、机动车辆保险、货运险、责任保险、信用保险、短期人身意外伤害保险等30多个险种，当年实现保费收入2700万元。

三、平安人寿同安支公司

2003年11月4日，中国平安人寿保险股份有限公司厦门市同安支公司正式成立，经营范围包括承保人民币和外币的各种人身保险业务，包括各类人寿保险、健康保险、意外伤害保险等保险业务；办理各种法定人身保险业务；代理国内外保险机构检验、理赔及其委托的其他有关事宜；经中国保监会批准的其他业务。2004年7月，马巷营销服务部成立。2007年，实现保费8260万元，赔付951件，赔付金额579万元，赔付率60.76%。

四、中保财产保险有限公司同安支公司

1996年7月，由原中国人民保险公司同安县支公司改制，11月正式挂牌成立。承接原公司除人身保险以外的所有业务。2003年7月更名为中国人民财产保险股份有限公司厦门市同安支公司。2007年元月析出翔安支公司。当年保费收入4200万元，赔付支出4787万元。

五、中华联合财产保险股份有限公司同安网点

2005年2月，中华联合财产保险公司福建省分公司特险部开始在同安发展机动车辆保险业务。2006年3月，中华联合财产保险公司厦门中心支公司在同安设立业务办事处，开办机动车辆保险、交强险、企业财产保险、货物运输保险、责任保险、人意险等险种，当年业务规模450万元，支付理赔190万元。

第三节 证券机构

一、中信建投证券厦门同新路证券营业部

成立于1995年，原属华夏证券股份有限公司，2005年改属中信建投证券有限责任公司。开通沪深A、B股、三板市场、权证、基金、国债、企业债券、国债回购等代理业务。2007年底有工作人员15人。开户数23050户，成交量215亿元，利润2868万元。

二、中国银河证券同安服务部

成立于2005年12月，隶属于银河证券厦门嘉禾路营业部，开通沪深A、B股、三板市场、权证、基金、国债、企业债券、国债回购等代理业务，推出海王星、双子星和智慧星3套网上交易系统软件，为不同需求的客户提供个性化技术服务。2007年有员工7人，开户数2844户，总成交量24亿元，利润330万元。

1997—2004年同安区银行机构存贷款余额统计表

表10-18　　单位：万元

项目	1997年	1998年	1999年	2000年	2001年	2002年	2003年	2004年
存款余额合计	310527	348373	378310	409621	478362	582366	716564	626581
企业存款	66753	74118	78029	89108	110449	149060	198397	190116
财政性存款	6255	8334	5901	10739	7998	14239	17488	14733
城乡储蓄存款	216727	245135	271996	279520	324456	377031	461162	382822
农业存款	10822	10499	12012	14598	14409	19886	24826	22523
其他存款	9970	10287	10372	15656	21050	22150	14691	16387
贷款余额合计	218577	227436	247862	243926	257312	318378	389314	453716
长期贷款	172877	181854	194714	192039	204682	239433	265914	305768
活期贷款	29229	21533	33781	34284	51244	76229	116748	143596
其他贷款	16471	24049	19367	17653	1386	2716	6652	4352

说明：2005—2007年未统计

1997—2007年同安区保险机构保险业务情况表

表10-19

年份	财产险				人身险			
	承保额（万元）	保费收入（万元）	赔付金额（万元）	赔付率（%）	承保额（万元）	保费收入（万元）	赔付金额（万元）	赔付率（%）
1997	782362	3011	1996	66.29	—	4401	403	9.16
1998	1323241	3043	2044	64.62	338121	5838	511	8.75
1999	868600	3336	3524	105.64	400506	22932	835	3.64
2000	1393097	4532	2564	56.58	675465	8105	1140	14.07

续表10-19

年份	财产险				人身险			
	承保额（万元）	保费收入（万元）	赔付金额（万元）	赔付率（%）	承保额（万元）	保费收入（万元）	赔付金额（万元）	赔付率（%）
2001	11946189	3318	1454	43.82	224000	5744	542	9.44
2002	6124812	3475	2269	65.29	3879902	16351	1082	6.62
2003	1937324	3967	2715	68.44	—	4043	845	20.90
2004	512144	3520	2171	61.68	—	4337	3366	77.61
2005	1681300	4271	3164	74.08	—	—	—	—
2006	789000	4280	3273	76.47	—	3749	1231	32.84
2007	566120	3550	2846	80.17	—	2122	—	—

第十一篇　对外及港澳台经贸

1997—2007 年，同安对外及港澳台经贸快速发展，贸易额年均增长 6.2%；三资企业工业总产值占全区工业总产值一半以上；劳务外派克服重重困难得以延续，涉外旅游事业迅速兴起，逐渐成为同安区第三产业的一支生力军。外向型经济的快速发展，推动同安经济建设进入高速发展时期。

第一章　商品贸易

第一节　商品出口

一、出口额

1997 年，商品出口主体呈多元化，商品出口额无全面统计数据，经同安经贸局审批的中小型企业加工贸易出口额 62253 万美元。2007 年 109554 万美元，为 2003 年的 2.10 倍，年均增长 20.42%。

二、出口企业及出口商品

出口企业　三资企业（加工贸易出口和外销产品出口）、民营工业企业（工业产品出口）、民营商贸企业及自然人经营者。

出口商品　仅有 2007 年出口商品资料，共七大类：纺织服装类的纯化纤布年出口 144 百万米、梭织服装（休闲装）609 万件、羽绒服 69 万件、针织服装 115 万件；天然皮革制品 132 万件；天然花岗岩石板材 225 万平方米；日用陶瓷 2078 万件；电子元器件 6610 万只；伞（包括洋伞、太阳伞及各类专用伞）3308 万把；精制茶 2316 吨。

第二节　商品进口

一、进口额

1997 年，进口总额 44972 万美元，2007 年 86521 万美元，为 2003 年的 2.90 倍，年均增长 30.53%。1997—2007 年，累计进口额 51 亿美元，约为前 12 年（1985—1996 年）的 4.8 倍。

二、进口企业及进口商品

进口企业 1997年外贸体制改革完成后，区属外贸公司退出竞争领域，由少数几家外贸企业垄断商品进口的局面不复存在。商品进口的主体呈多元化，三资企业、民营企业、民营商贸企业、商贸经营者（自然人）等，均可自主使用外汇，自求外汇平衡，参与商品进口业务。

进口商品 三资企业主要进口涤纶生产线、氨纶生产线、数控机床生产线、变速马达、深水泵生产线及其他制造业生产线等成套生产设备。天然皮革、金属铜、铝、天然橡胶、纸浆、树脂、切片、塑料米以及各种零部件零配件等生产原料、辅料、零部件、零配件。民营企业主要进口大豆油、橄榄油，精制生产设备、食品饮料加工生产线及包装设备，饲料生产线，水产品、蔬菜加工保鲜设备等先进生产设备。商贸企业及个体商贸经营者主要根据市场需要进口大米、面料、水果及少量家用电器、手机、化妆品、洋酒等。

厦门海关驻同安办事处揭牌

1997—2007年同安区进出口贸易总额统计表

表11-1 单位：万美元

年份	总额	出口	进口
1997	107225	62253	44972
1998	110198	63649	46549
1999	94866	56320	38546
2000	82042	48559	33483
2001	88153	53877	34276
2002	97229	60204	37025
2003	81900	52100	29800
2004	112100	68114	43986
2005	136300	76000	60300
2006	149903	92661	57242
2007	196075	109554	86521
合计	1255991	743336	512665

说明：表中数字仅为区经贸局审批的加工贸易，不包括一般贸易及市贸发局审批的民营企业进出口，不包括市外资局审批的大型三资企业及进口金额60万美元以上的加工贸易

第二章　三资企业

第一节　招商引资

1997 年，同安招商引资一改开放之初“大、中、小一起上，侨、台、外都欢迎”做法，提高“两高一低”企业（高污染、高消耗、低效益的劳动密集型企业）准入门槛，当年签订外商投资合同项目 156 项，合同利用外资 9711 万美元，实际利用外资 15000 万美元。至 2002 年，累计签订合同项目 489 个，合同利用外资 96631 万美元，实际利用外资 58590 万美元。

2004 年同安区政府召开招商引资表彰大会

2003 年，同安作出“招商选资”的战略调整，加强对资金密集企业和第三产业的招商引资力度。当年签订合同项目 65 个，合同利用外资 13792 万元，实际利用外资 6915 万美元。至 2007 年，累计签订合同项目 405 个，合同利用外资 104848 万美元，实际利用外资 47275 万美元。

1997—2007 年招商引资情况统计表（含增资项目）

表 11-2

年份	引资任务（万美元）	合同利用外资（万美元）	完成率（%）	实际利用外资（万美元）	合同项目数（个）
1997	10000	9711	97	15000	156
1998	10000	9907	99	10500	76
1999	14000	14450	103	8179	57
2000	14000	16294	116	6165	64
2001	15000	22161	148	7498	54
2002	11000	24108	219	11248	82
2003	12400	13792	111	6915	65
2004	7000	15079	215	6705	73

续表11-2

年份	引资任务（万美元）	合同利用外资（万美元）	完成率（%）	实际利用外资（万美元）	合同项目数（个）
2005	15000	16144	108	8039	69
2006	21500	34286	112	11599	114
2007	24100	25547	106	14017	84
合计	154000	201479	131	105865	894

第二节　入驻企业

一、分类及投资额

据外商及港澳台商投资企业基本信息，1997 年，入驻同安的外商及港澳台商投资企业 114 家，投资总额 17788 万美元。其中外商投资企业 4 家、投资总额 250 万美元，港澳商 78 家、投资总额 6574 万美元，台商 32 家、投资总额 10965 万美元。至 2002 年，累计入驻企业 319 家、投资总额 84749 万美元。其中，外商投资企业 29 家、投资总额 4403 万美元，港澳商投资企业 121 家、投资总额 37029 万美元，台商投资企业 169 家、投资总额 43317 万美元。

2003 年，入驻企业及其投资总额依次为 45 家 17756 万美元、10 家 1842 万美元、12 家 12639 万美元、23 家 3275 万美元。至 2007 年，累计入驻企业及其投资总额依次为 244 家 151321 万美元、64 家 36848 万美元、63 家 45633 万美元、117 家 68840 万美元。外商、港澳台商入驻企业数及其投资总额占 5 年累计数的百分比依次为 26. 23% 和 24. 35%、25. 82% 和 30. 16%、47. 95% 和 45. 49%。

另据区统计局统计，至 2007 年，正常生产经营外商和港澳台商投资企业 352 家（含规下）。按投资方式分，独资企业 294 家，合资企业 48 家，合作企业 7 家，股份制企业 2 家，其他 1 家；按地区、国别分，香港 76 家、台湾 170 家，美国 19 家，亚洲、欧洲、北美洲、大洋洲、非洲、拉丁美洲其他国家、地区 87 家。行业分布以制造业为主 337 家，农林牧渔业、文化体育娱乐业各 3 家，批发零售业、房地产业、居民服务和其他服务业各 2 家，其他 3 家。年末职工人数 73324 人，占全区在岗职工年末数的 84. 02%、工资总额 134510 万元，占全区在岗职工年工资总额的 70. 73%。实现产值 144. 76 亿元，占全区工农业总产值的 55. 57%。

1997—2007 年同安区外商及港澳台商投资企业统计表（不含增资项目）

表 11-3

年份	工商登记数（家）				投资总额（万美元）			
	合计	外商	港澳商	台商	合计	外商	港澳商	台商
1997	114	4	78	32	17789	250	6574	10965
1998	39	4	10	25	17329	293	11735	5301
1999	32	3	9	20	11089	1560	7719	1810
2000	32	4	8	20	8759	561	2236	5962
2001	47	5	8	34	17532	323	4834	12375
2002	55	9	8	38	12251	1416	3931	6904

续表11-3

年份	工商登记数（家）				投资总额（万美元）			
	合计	外商	港澳商	台商	合计	外商	港澳商	台商
2003	45	10	12	23	17756	1842	12639	3275
2004	52	15	14	23	37457	10947	15613	10897
2005	37	12	11	14	13910	3859	3302	6749
2006	77	17	16	44	60059	13555	7627	38877
2007	33	10	10	13	22139	6645	6452	9042
合计	563	93	184	286	236070	41251	82662	112157

1997—2007 年外商及港澳台商投资企业主要行业分类表

表 11-4

年份	制造业（二产）占92.72%								一产	三产	合计
	纺织服装皮革	机械	塑料制品	电子	食品	石材	陶瓷	其他	农业（农林水畜牧等）	批发、房地产等服务业	
1997	59	6	26	2	3	2	5	7	1	3	114
1998	4	4	7	2	2	1	4	13	2	0	39
1999	8	8	0	3	0	2	0	8	2	1	32
2000	6	6	6	0	2	0	2	5	4	1	32
2001	3	6	6	5	4	6	1	14	2	0	47
2002	10	12	5	6	5	3	0	11	1	2	55
2003	7	8	1	3	2	6	2	12	1	3	45
2004	7	13	2	4	6	0	3	15	0	2	52
2005	5	13	1	1	2	0	1	10	3	1	37
2006	7	17	2	14	9	0	3	21	1	3	77
2007	3	9	5	3	0	1	0	4	1	7	33
合计(家)	119	102	61	43	35	21	21	121	18	22	563
各占比例(%)	21.14	18.12	10.83	7.64	6.22	3.73	3.73	21.31	3.2	4.08	100

1997—2007 年同安区港澳台及外商三大产业投资额情况表

表 11-5

单位：万美元

年份	合计	第一产业	第二产业	第三产业
1997	17789	28	16511	1250
1998	17329	91	17238	0
1999	11089	80	9751	1258
2000	8759	1511	7048	200
2001	17532	702	16830	0
2002	12251	20	9721	2510
2003	17756	21	14119	3616
2004	37457	0	36344	1113

续表11-5

年份	合计	第一产业	第二产业	第三产业
2005	13910	74	13737	99
2006	60059	534	59205	320
2007	22139	130	18372	3637
合计	236070	3191	218876	14003

二、主要企业

港商独资企业华城实业有限公司生产车间一角

厦门华诚实业有限公司 1995年12月25日批准设立，港商独资企业，法人代表洪顶拥；公司地址：大同镇溪声（城南工业区）；用地面积36.67公顷；投资总额8000万美元；注册资本3000万美元；主要产品：涤纶纤维及高级服装面料；全部投产后，年产值可达20亿元。2007年，完成工业产值71158.7万元，销售值65466.9万元。缴纳税款1686万元；年末职工863人。

ECCO鞋业（厦门）有限公司 2004年5月26日批准设立，世界知名制鞋企业丹麦ECCO鞋业集团投资兴办。投资总额7900万美元；注册资本2970万美元；公司地址：新民镇柑岭村；用地20公顷；公司法人代表：外商DIETER RICHARD KASPRIAR；主要产品：皮鞋及天然皮革。2007年，完成工业产值49092.9万元，销售值49252.1万元，出口交货值49252.1万元，缴纳税款1041万元，进出口总额11064万美元，年末职工2971人。

丹麦客商投资的ECCO鞋业（厦门）有限公司动工兴建

厦门金日制药有限公司 1991年6月18日批准成立，香港金日投资集团投资兴办的药品、保健品生产基地。投资总额3375万美元，注册资本1440万美元，实际到资1440万美元，法人代表李仲树；公司地址：城东工业区；征地总面积9.33公顷。主要产品有：金日洋参、心源素、虫草鸡精等系列保健品；感冒康、先锋霉素等40多种中西成药。2007年，该公司完成工业产值28860万元，销售值28914.8万元，缴纳税款2513万元，位列三资企业第二名，年末职工 600 人。

华夏山二及大统皮革集团 华夏山二实业有限公司及厦门大统皮革制品有限公司都是美国山二公司投资兴办。华夏山二于 1988 年 12 月 16 日批准设立，法人代表：张俊明；厂址：城东工业区。大统皮革 2000 年 9 月 13 日批准设立；法人代表：张育斌；厂址：祥平街道柑岭工业园区 1 号。两个公司投资总额 4000 万美元，注册资本 1500 万美元，主要从事以天然皮革、人造皮革为原料的各类箱、包、带、夹等日用品生产，并拥有世界知名品牌"雅迈您""皮尔卡丹"的使用权。2007 年，两个公司完成工业产值 93396 万元，销售值 93290 万元，进出口总额 18533 万美元，缴纳税款 2273 万元。年末职工 6925 人。

厦门同纶实业有限公司 1998 年 9 月 12 日批准成立，港商独资公司，法人代表：蔡月明；投资总额 9000 万美元，外资 3000 万美元；公司地址：西柯镇美人山高科技工业园；主要产品：主营锦纶差别化学纤维及化纤纺丝。2007 年，完成工业产值 8. 33 亿元，销售值 51992. 8 万元，往来贸易总额 6500 万美元，创税利 0. 79 亿元。年末职工 1200 人。

厦门惠尔康食品有限公司 1992 年 10 月 12 日批准设立，港商独资企业，法人代表：叶美兰；公司地址：汀溪镇隘头村；投资总额 2995. 84 万美元；注册资本 2000 万美元；主要产品：乳制品及果汁、饮料系列。2007 年，完成工业产值 33911. 8 万元，销售值 30554. 5 万元，缴纳税款 1250 万元。年末职工 611 人。

亚美（厦门）皮件有限公司 1997 年 3 月 12 日批准成立，台商独资企业，法人代表：王东升；投资总额 3000 万美元；注册资本 1500 万美元；公司地址：城南工业区；主要产品：天然皮革制品、箱、包、夹、皮带等。2007 年，完成工业产值 6. 2 亿元，销售值 60245 万元，往来贸易总额 13046 万美元，创税利 1600 万元。年末职工 3700 人。

高时（厦门）石业有限公司 1999 年 9 月 5 日批准成立，外商合资企业，法人代表：高忠麟；投资总额 6000 万美元；注册资本 3000 万美元；公司地址：城北工业小区；主要产品：装饰、工程石材，丁挂系列石材，加工异型石材等。2007 年，完成工业产值 46614 万元，销售值 47177. 2 万元，进出口总额 9359 万美元，创税利 2367 万元。年末职工 925 人。

厦门合兴包装印刷股份有限公司 原厦门合兴包装印刷有限公司于 1993 年 5 月批准成立，厦港合资公司，2007 年 1 月 30 日，经国务院商务部批准改制，变更为厦门合兴包装印刷股份有限公司。投资总额 39368 万元；注册资本 7500 万元；资产总额 65362 万元；法人代表：许晓光；公司地址：同集路 556 号；主要从事中高档瓦楞纸、纸箱的研发、设计、生产与销售。2007 年，完成工业产值 18791. 7 万元。缴纳税款 1269 万元。年末职工 1722 人。

青岛啤酒（厦门）有限公司 2002 年 4 月批准成立，厦港合资公司，由厦门青岛啤酒东南营销有限公司与青岛啤酒香港贸易公司合资兴办。法人代表：薛超山；公司地址：环城东路顶溪头村；投资总额 1 亿元；注册资本 9000 万元；资产总额 2. 59 亿元；年产啤酒 12 万吨。2007 年，完成工业产值 21057. 2 万元，销售值 21057. 2 万元，缴纳税款 2513 万元，居三资企业之首。年末职工 420 人。

第三节　生产经营

一、生产规模

1997—2006 年，仅有港澳台商和外商投资工业企业生产经营情况资料。2007 年，开始有全部港澳台商、外商投资企业生产经营情况统计资料。

1997 年，全区独立核算"三资"企业（工业下同）190 家，完成总产值（当年价下同）411616 万元，增加值 110257 万元，安置劳动力 25324 人。

2002 年，独立核算“三资”企业 119 家，其中港澳台商投资企业 96 家、外商投资企业 23 家；完成总产值 779646 万元，其中港澳台商投资企业 628953 万元、外商投资企业 150693 万元；增加值 198225 万元，其中港澳台商投资企业 164357 万元、外商投资企业 33868 万元；安置劳动力 43903 人，其中港澳台商投资企业 38085 人、外商投资企业 5818 人。

2007 年，独立核算“三资”企业 205 家，其中港澳台商投资企业 144 家，外商投资企业 61 家；完成总产值 1381314 万元，其中港澳台商投资企业 878892 万元、外商投资企业 502422 万元，分别为 2003 年的 1.50 倍、年均增长 23.89%，1.96 倍、年均增长 18.45%，3.59 倍、年均增长 37.65%；完成增加值 333702 万元，其中港澳台商投资企业 227621 万元、外商投资企业 106081 万元，分别为 2003 年的 2.34 倍、年均增长 23.66%，2.00 倍、年均增长 18.88%，3.69 倍、年均增长 38.62%；安置劳动力 64445 人，其中港澳台商投资企业 44371 人、外商投资企业 20074 人，分别是 2003 年的 1.8 倍、1.49 倍、3.36 倍。

另据区发展和改革局统计资料，2007 年，同安全部港澳台商、外商投资企业 352 家（正常生产）其中港澳台商投资企业 246 家、外商投资企业 106 家；完成总产值 1447605 万元，其中港澳台商投资企业 870544 万元、占 60.14%，外商投资企业 577061 万元、占 39.86%；安置劳动力 73324 人（年末数），其中港澳台商投资企业 46435 人，外商投资企业 26889 人。

二、经营效益

1997 年，“三资企业”企业利润总额 3271 万元，利税总额 8479 万元，所有者权益 205670 万元，劳动生产率港澳台商投资企业 106692 元、外商投资企业 130338 元。

2002 年，港澳台商投资企业、外商投资企业利润总额分别为 11622 万元、4402 万元，利税总额分别为 18667 万元、6798 万元，所有者权益分别为 285655 万元、55446 万元，劳动生产率分别为 162066 元、201262 元。

2007 年，港澳台商投资企业、外商投资企业利润总额分别为 43507 万元、22817 万元，分别为 2003 年的 3.27 倍、年均增长 34.48%，4.88 倍、年均增长 48.59%；利润总额分别为 62842 万元、29674 万元，分别为 2003 年的 3.24 倍、年均增长 34.19%，4.86 倍、年均增长 48.49%；所有者权益分别为 426886 万元、183681 万元，分别为 2003 年的 1.89 倍、年均增长 17.31%，3.71 倍、年均增长 38.80%；劳动力生产率分别为 198078 元、250285 元，分别为 2003 年的 1.36 倍、年均增长 8.05%、1.40 倍、年均增长 8.77%。

另据同安区统计年鉴，2007 年全部港澳台商外商投资企业生产经营情况见表 11-6。

2007 年同安区港澳台商、外商投资企业生产经营情况表

表 11-6

项目	单位	亚洲合计	其中中国香港	其中中国台湾	其他	欧洲合计	北美洲合　计	其中美国	大洋洲合　计	非洲合计	拉丁美洲合计	合计
企业数	个	289	76	170	43	4	20	19	12	4	23	352
注册资本	万美元	76068	36856	27317	11895	437	6723	6713	1549	338	10887	96002
理念实际投资总额	万美元	132607	97097	23587	11923	1077	6339	6329	1379	338	11142	152882
总产值（现价）	万元	1102377	479670	390874	231833	14061	175865	174206	18009	7945	129347	1447604
销售（营业）收入	万元	1093173	472918	387221	233034	12561	168007	166348	16986	9733	125914	1426374
出口销售收入	万元	72696	20186	36518	15992	1351	16546	16346	999	88	13059	104739

续表11-6

项目	单位	亚洲合计	其中中国香港	其中中国台湾	其他	欧洲合计	北美洲合计	其中美国	大洋洲合计	非洲合计	拉丁美洲合计	合计
实交税金及附加费	万元	43956	26908	10376	6672	517	3858	3957	1125	349	2461	52366
利润总额	万元	36935	26155	2671	8109	-424	-1804	-1512	377	164	7734	42982
所有者权益	万元	552605	284235	181571	86799	3699	49182	49009	12693	3802	94083	716064
平均职工	人	55910	19811	27341	8758	355	8952	8652	1232	259	4680	71388
工资总额	万元	103095	39333	47164	16598	912	17228	16868	2495	546	10235	134511

1997—2007 年规模以上港澳台商及外商投资工业企业主要经济指标统计表

表 11-7

项目		1997 年	1998 年	1999 年	2000 年	2001 年	2002 年	2003 年	2004 年	2005 年	2006 年	2007 年
规模以上企业数（家）	港澳台	86	70	84	90	94	96	80	126	122	132	144
	外　资	18	21	18	20	22	23	17	40	39	45	61
工业总产值（当年价万元）	港澳台	565449	310901	373701	480974	477701	628953	446400	589433	658075	774947	878892
	外　资	135731	114583	106278	112435	144202	150693	139940	216581	272697	354523	502422
工业增加值（万元）	港澳台	110257	90821	104235	192739	141012	164357	113957	138974	154697	178359	227621
	外　资		35026	34858	45446	48970	33868	28731	60662	64641	64675	106081
出口交货值（万元）	港澳台	—	—	—	—	—	362685	243177	290318	336047	385930	411090
	外　资	—	—	—	—	—	82943	94476	137659	160333	238932	313026
产品销售收入（万元）	港澳台	286960	212360	269925	359916	393687	581963	445593	547844	653464	770640	834559
	外　资	—	67662	70105	82164	120103	135335	129583	212983	270688	351536	495909
利润总额（万元）	港澳台	3271	4863	7338	4183	7382	11622	13305	12771	16911	27388	43507
	外　资	—	-245	-858	1103	542	4402	4680	8158	9094	17108	22817
利税总额（万元）	港澳台	8479	8726	12453	12343	16889	18667	19379	23833	38499	44270	62842
	外　资	—	1417	309	3040	3924	6798	6103	10403	13141	21393	29674
所有者权益合计（万元）	港澳台	205670	141729	179453	214578	224708	285655	225444	276428	308556	349721	426886
	外　资	—	107910	40684	34950	46359	55446	49488	80264	106887	131742	183681
当年安置劳动力（人）	港澳台	21033	19573	26313	28588	30480	38085	29692	38353	39745	42918	44371
	外　资	4291	3917	4564	5298	5515	5818	5968	10134	141718	14469	20074
劳动生产率（元/人）	港澳台	106692	127212	124000	142336	134578	162066	145311	153686	165574	180565	198078
	外　资	130338	189035	191440	174590	215634	201262	178803	213717	185281	245023	250285

2007 年同安区三资企业投资规模前十名排序表

表 11-8　　　　单位：万美元

序号	公司名称	投资总额
1	厦门金国际地产发展有限公司	11860
2	百路达（厦门）工业有限公司	9900

续表11-8

序号	公司名称	投资总额
3	世通华纳（厦门）工业有限公司	9000
4	厦门华诚实业有限公司	8000
5	厦门东纶股份有限公司	4.5亿元（人民币）
6	厦门金扬电子科技有限公司	6000
7	凯歌（厦门）高尔夫球俱乐部有限公司	5000
8	川普（厦门）精密电子有限公司	4500
9	厦门同恒金属有限公司	4500
10	厦门翔邦高分子科技有限公司	4500

2007年同安区三资企业生产规模前十名排序表

表11-9　　单位：万元

序号	公司名称	产值	销售
1	厦门华诚实业有限公司	71158.7	65466.9
2	厦门东纶股份有限公司	62545.3	51992.8
3	亚美（厦门）皮件有限公司	60245	60245
4	厦门大统皮革制品有限公司	57151.5	57151.5
5	ECCO鞋业（厦门）有限公司	49092.9	49252.1
6	高时（厦门）石业有限公司	47715.2	47177.2
7	华夏山二实业有限公司	36244.5	36138.7
8	厦门惠尔康食品有限公司	33911.8	30554.5
9	太阳城（厦门）雨具有限公司	30015	29487
10	厦门金日制药品有限公司	28860	28914

2007年同安区三资企业纳税贡献前十名排序表

表11-10　　单位：万元

序号	公司名称	税款
1	青岛啤酒（厦门）有限公司	4223
2	厦门金日制药有限公司	2513
3	厦门华诚实业有限公司	1868
4	华夏山二实业有限公司	1435
5	厦门合兴包装印刷股份有限公司	1269
6	厦门惠尔康食品有限公司	1250
7	厦门彰泰隔热膜有限公司	1129
8	厦门娃哈哈食品有限公司	1047
9	ECCO鞋业（厦门）有限公司	1041
10	厦门大统皮革制品有限公司	838

第三章　其他经贸合作

第一节　加工贸易

1997年，“三来一补”（来料加工、来样加工、来件装配、补偿贸易）改称为“加工贸易”。当年加工贸易合同数534件，进出口总额107225万美元，合同工缴费3448万美元。之后国有企业改制后开始退出来料加工领域，原有47家来料加工企业也先后转为外商投资企业，拥有法人资格，成为加工贸易的主力。至2002年，6年累计加工贸易合同数3022件，进出口总额579713万美元，合同工缴费19285万美元。2003年，加工贸易合同473件、进出口总额81900万美元，合同工缴费3021万美元，至2007年5年累计加工贸易合同2754件，进出口总额676278万美元，合同工缴费22162万美元。

2007年12月同安区经贸局加工贸易合同情况表

表11-11　　单位：万美元

企业性质	贸易性质	合同数		合同进口总值		合同出口总值		合同变更数		合同工缴费	
		当月	累计	当月	累计	当月	累计	当月	累计	当月	累计
国有企业	来料加工	0	0	0.00	0.00	0.00	0.00	0	0	0.00	0.00
三资企业	来料加工	8	71	199.60	2664.64	319.38	3947.20	6	98	118.41	1228.59
	进料加工	12	184	417.43	14093.65	890.37	26918.14	18	225		
合　计		20	255	617.03	16758.29	1209.75	30865.34	24	323	118.41	1228.59

说明：上述统计数据不包括市有关部门批准的加工贸易数据

第二节　劳务输出

1997年，自派劳务出口及协办外派劳务出口250人次，至2002年累计自派、协派2172人次。2003年自派、协派劳务出口360人次，至2007年，累计1662人次。1997—2007年，合计自派、协派劳务出口3834人次，仅占实际劳务出口人数41000人次（加上省市劳务公司及周边县市劳务公司到同安招收人数）的9.35%。外派劳务工从事行业主要有建筑劳务、船务及纺织服装行业的车缝工。外派劳务人均每年创收近20万元人民币。

欢送劳务派遣人员赴罗马尼亚

1997—2007 年同安区对外劳务输出统计表

表 11-12　　单位：人

年份	人数	年份	人数
1997	250	2003	360
1998	323	2004	408
1999	316	2005	323
2000	458	2006	269
2001	460	2007	302
2002	365	小计	3834

说明：表列数字仅为同安 2 家劳务公司自派或协办劳务出口人数，不包含省市劳务公司及周边县市劳务公司直接到同安招收的人数

第四章　管　理

第一节　管理机构

一、行政机构

1997 年 1 月 2 日，同安县党政机构改革的三定方案实施，将同安县对外经济贸易委员会更名为同安区对外经济贸易局，内设：办公室、外资科、计财科、企管科。并附设外商投资咨询服务处（事业性质、企业管理）。人员定编 14 人。外资科具体负责外经贸工作。

2002 年 7 月 9 日，将同安区对外经济贸易局改称同安区贸易发展局，内设科室同前，人员定编 14 人。外资科具体负责外经贸工作。

2003 年 12 月 3 日，贸易发展局与经济发展局合并，改称经济贸易发展局。内设综合科、企业科、经贸科，定编 12 人，其中行政编制 11 人，工勤编制 1 人。2004 年 4 月，下辖事业单位招商服务中心，与经贸科共同管理与服务外经贸工作。

二、招商中心

2004 年 4 月，根据区委机构编制委员会《关于成立厦门市同安区招商服务中心的批复》成立，为厦门市同安区经济贸易发展局下属的全民事业单位，核定人员编制 8 名，其中领导职数 2 名，经费由区财政核拨；2005 年 5 月，增加人员编制 2 名。其职责：宣传投资环境，吸引外商投资；负责项目的包装、洽谈、跟踪，为外商投资提供相关服务；参与有关的客商接待，提交外资项目报告单、外商投资企业设立、变更、终止等事项的咨询及材料的整理，在谈、在办外资项目的跟踪、落实。

第二节 管　理

一、进出口管理

（一）外贸经营权管理

1997 年，外贸进出口经营权扩大到民营企业及自然人，国家只监控需要配额或许可证的商品进出口，严禁禁止类的商品进出口。

（二）加工贸易审批权限管理

1999 年 9 月 27 日，按厦门市人民政府对外商投资企业加工贸易业务区一级审批权限的规定，同安区外经贸部门只审批同安辖区内三资企业加工贸易业务，同安辖区内 7 家市属重点企业的加工贸易业务仍由市外资局审批；进口金额 60 万美元以下的加工贸易业务由同安区审批，以上者由同安区审核，报市外资局审批；涉及天然橡胶、植物油、棉花、羊毛、食糖等五种国家重点管理的配额、许可证商品的加工贸易业务，由市外资局审批；三资企业加工贸易出口成品涉及国家许可证管理的，由市外资局审批。

（三）服务承诺

同安区三资企业加工贸易业务审批纳入行政审批服务中心，统一服务标准。具体承诺：一次性告知办事流程；一次性告知企业须提交的申报材料；资料审核无误时，三个工作日内完成审批，核发加工贸易业务批准证。

二、外资管理

（一）招商引资

2004 年 3 月前，招商引资由外商投资咨询服务处负责，之后由招商服务中心负责。服务项目：接待、导引外商考察；招商项目包装与推介；接受外商关于投资环境，投资政策，申办手续各方面的咨询，并给予准确答复；外商确定投资项目后，代外商组织项目送行政审批中心联合会审；代办各种相关的审批手续；外商选址后，代办征地手续，基建手续；外商投资项目获批后，代办工商、税务、海关等各种企业注册手续。

同安招商外资工作，制定办事时限、定“零投诉”、定量化标准等接待人员行为准则。

（二）项目审批

项目审批由同安区经济贸易发展局企业科（原贸发局外资科）负责。按国家及市政府有关规定，审批权限为设立于同安区且投资总额3000 万美元以下（含3000 万美元）的外商投资鼓励类及允许类项目。在接到投资者完整申报资料并按规定审核内容初审无误后，6 个工作日内正式行文批复。

（三）“三资企业”管理

生产经营管理由经济贸易发展局的经贸科（原外经委企管科）负责。负责审批“三资企业”加工贸易，包括来料加工和进料加工，协助海关监管“三资企业”免税进口物品、保税料件。协调各相关职能部门解决“三资企业”在生产经营过程中所遇到的问题和困难。

三、劳务外派管理

由经贸局综合科（原外经委办公室）负责同安区自派劳务出口的外派人员的政审工作，协助承办公司申报出国护照；负责排解劳务外派人员在国外遭遇到的工伤索赔、劳资纠纷、合同纠纷等问题与困难；负责协办外派人员的工资汇入、汇兑工作。2005 年 3 月 31 日，该业务终止。

第十二篇 旅 游

同安自然与人文旅游资源丰富。但在1994年前，旅游业基本空白。1995年后，特别是进入21世纪后，同安区政府逐渐把旅游业作为支柱产业之一开发建设，同安第一个旅游景区北辰山、第一个人工景点影视城、厦门市唯一一个国家级森林公园莲花森林公园、野山谷生态乐园、同安第一家五星级旅游接待大酒店翠丰温泉大酒店等一批新开发建设的旅游景区和设施相继建成并开业。到2007年，先后开发建设12个景区、60多个重要景点，基本形成“三区一湾一中心”的旅游格局，初具产业规模，成为闽南地区重要短线旅游目的地之一。到同安旅游人次由1997年的57.3万增加到2002年的118.5万，由2003年的73.3万增加到2007年的121.0万，分别年均增长15.65%、13.35%，门票（营业）收入由1997年的375万元增加到2002年的671万元，由2003年的387万元增加到2007年的1152万元，分别年均增长12.34%、31.35%，旅游总收入由1997年的5748万元增加到2002年的11853万元，由2003年的7911万元增加到2007年的28000万元，分别年均增长15.57%、37.16%。

第一章 景区与景点

第一节 景 区

1997年，同安区政府提出把旅游业建成三大支柱产业之一的发展目标。2003年，政府决策建立“工业、物流、旅游”三大基地，设计布局、投资景区建设。至2007年，同安旅游初步形成“三区一湾一中心”格局：东部历史文化民俗风情旅游区，以大同街道、五显镇、竹坝经济开发区为主，主要旅游景区有国家AAAA级风景区同安影视城、省级风景区北辰山，及孔庙、古城墙、芦山堂、苏颂科技馆、梵天寺、梅山寺、竹坝南洋休闲度假区等；中北部田园风光温泉度假旅游区，以汀溪镇为主，主要旅游景区有大溪温泉、翠丰温泉、盛之乡温泉、五峰乡村游、荏畲乡村游、五里林招宝休闲农庄、顶村休闲山庄等；西部自然生态休闲自助旅游区，以莲花镇、新民镇为主，主要旅游景区有莲花国家森林公园（含文山龙潭、铜钵岩、野山谷生态乐园、小坪森林公园、莲花山、金光湖等景）、南山客家村、仙人谷、佛心寺、同字古厝、西山岩寺等。环同安湾滨海旅游区，以西柯镇为主，主要旅游景区有凯歌高尔夫球场、丙洲陈化成故居、环东海域旅游带等；城区接待中心包括同安宾馆、银城佳丽海鲜酒楼、厦门怡庭酒店同安店、快捷酒店，及新华都超市、佳事达购物广场、旺家福超市、三秀特色购物街区等。

1997—2007年，外商在同安累计投资5815万美元，建设旅游项目17个，其中农艺公司、休闲农牧观光园区和温泉度假村、度假酒店成为同安旅游的重要景区。

金光湖原始森林景区俯瞰

金光寨

第二节 景 点

一、同安孔庙景点

孔庙坐西北朝东南，占地面积6432平方米，建筑面积1400多平方米，中轴线自东南向西北依序为戟门、天井（两侧为廊庑）、祭台、大成殿。南侧为朱熹始建的苏公（颂）祠和明代修建的林公（希元）祠，北侧有观澜亭、泮池、兴贤育才坊。露天石雕场陈列从全县各地征集的历代石雕、碑刻500多件，有“同安兵马俑”之称。1990年，孔庙修葺并辟为博物馆，展览古同安自新石器时代到新中国成立前各个历史时期重大史迹及十位杰出乡贤名宦（苏颂、吴夲、林希元、洪朝选、蔡复一、林君升、吴必达、陈化成、吴瑞甫、陈嘉庚）事迹。同安孔庙是厦门地区唯一的孔庙，是古同安（包括今厦门市各区、金门岛及龙海市角美镇等地）教育中心和古文明的标志，也是厦门爱国主义教育基地之一。2005年6月，升格为福建省第六批文物保护单位。

海峡两岸学子心中的圣地——同安孔庙

二、苏颂故居（芦山堂）和苏颂科技馆

（一）芦山堂

位于城区西北隅葫芦山南麓（大同街道洗墨池23号），是五代后晋开运年间（944—946年）左屯卫将军苏光诲始建的府第，北宋天禧四年（1020年）十一月二十三日政治家、科学家、药物学家苏颂诞生于此。苏颂（1020—1101），字子容，庆历二年（1042年）进士，官至宋哲宗丞相。元祐元年（1086年）11月，苏颂奉诏组织一批科学家研制水运仪象台，元祐三年研制成功。以水力运转，集天

苏颂诞生地——苏氏大宗

象观察、演示和报时三种功能为一体，是现代天文活动圆顶、转仪钟、擒纵器的鼻祖。他编写的《新仪象法要》附有星图 63 种，记录恒星 1434 颗，比 300 年后西欧星图记录的星数还多 442 颗。他编著的《本草图经》，记载 300 多种药用植物和 70 多种药用动物，图文并茂，是“中国古代和中世纪最伟大的博物学家和科学家之一”（英国科学家李约瑟语）。

南宋后芦山堂改建为“芦山”苏氏大宗祠，现存的芦山堂系清代重建，坐西北朝东南，占地面积为 1700 多平方米。前为苏氏大宗祠堂，有前厅和正厅两部分，正厅奉祀入闽苏氏始祖苏益神像，祠堂后隔一天井是于原基址重建的苏颂祠堂，两侧为卷棚顶护厝。祖籍同安的数学家苏步青教授为 1998 年修葺的芦山堂书题“苏氏大宗”和“芦山堂”两方匾额。

“芦山堂”既是名人故居，又是海内外“芦山”苏氏（含由苏氏析出的许、连、周，故有连战赠送的锦旗）大宗祠堂。1991 年，公布为省级文物保护单位，2001 年被列为厦门涉台文物古迹。

（二）苏颂科技馆

位于大同街道城西路中段，为纪念宋代科学家苏颂而建，馆名题字为原中科院院长方毅手书。

苏颂历任县郡守，官至哲宗朝“尚书右仆射兼中书侍郎”（宰相），修仁宗、英宗两朝正史，两次使辽。元祐三年（1088 年）研制成功“水运仪象台”。卒后赠“司空”，谥“魏国公”，南宋赐“正简”。

馆内陈列有苏颂塑像、生平事迹，图文资料，有据《新仪象法要》复制的“水运仪象台”模型和《本草图经》记载的药物资料，是厦门市爱国主义教育基地之一，2006 年 10 月重新改造布展。

三、大轮梵天景点

梵天寺位于同安城东北的大轮山南麓。大轮山因其“群峰自北奔跃如车轮”而名，方圆约 1 平方公里，海拔 108 米，自古就是同安名胜。

梵天寺始建于唐，原名兴教寺，原有大小庵堂 72 所，宋熙宁二年（1069 年）合为一区，赐名梵天禅寺，历经兴废。1918 年 10 月被北洋军焚毁。1994 年，住持厚学法师（1918—2002）先后十二次出洋，募集大量资金重建，古刹重光，倍胜往昔。主要景点除重建的金刚殿、天王殿、大雄宝殿、藏经阁主体建筑外，还有新建的大悲阁及门楼、两廊、尊客堂、法慧纪念堂、印顺图书馆、斋堂等附属建筑以及寺前的喷水池、文化广

厦门二十名景之一——大轮梵天

场。厚学法师圆寂后，其占地120平方米的舍利塔园是厦门市最壮观的僧人墓园。其后山除原有的朱文公祠、瞻亭、圣泉、魁星阁诸景点外，尚增建了“闺胜寨”、“水蕉园”、“佛岩瀑布”、“尚月亭”等景点。

“大轮梵天”以其丰富的自然和人文景观被列入“厦门二十名景”。2007年，区政府投入近5000万元建设梵天寺文化广场、大山门并改造大轮山地公园，成为市民休闲健身的好去处。

四、梅山莲寺景点

同安城东与大轮山对峙的梅山，古名同山。山间石壁上有南宋朱熹主簿同安时以朱砂书写“同山”二字。同山之阳有梅山寺，与梵天寺同是唐代始建的古刹。明嘉靖间拓建，清乾隆年间重修并于寺左建筑朱子祠祀朱文公。清初增建“二郎殿”。古寺北侧采石遗留的石窟改造为放生池，石壁凿成佛龛群，安放88尊石佛像，周围镌刻有书法名家书题的30多幅摩崖石刻。还有婆罗门佛塔“海会阁”景点。山上有古梅亭、登高台、古松林、“石猴听经”及文公榕等古景点。

梅山寺广场

五、同安影视城景点

同安首个人工景区，1999年元月开业，为国家AAAA级景区，位于五显镇镇政府所在地、布塘溪和西洋溪汇流处，是一座金碧辉煌的仿造北京故宫景观的娱乐城，总占地面积66.67公顷，主要景点有仿北京故宫三大殿建造的天安门、太和殿、养心殿，仿颐和园长廊建造的雕花长廊，明清风情街。雕梁画栋，黄瓦红墙，颇具老北京风情，是旅游娱乐、拍片摄影、休闲度假的好去处。作为福建省首家影视拍摄基地，是《皇宫宝贝》《开台英雄郑成功》《施琅将军》《褡裢王爷》等多部古装电视连续剧拍摄地。

每逢节庆长假，影视城均举办大型民俗庆典活动，游客可以欣赏闽南民俗文化展示和杂技杂耍表演，参与扮皇帝、登宝座、坐龙轿、骑马射箭、古俗婚礼、森林探险、过山车、碰碰车、“嘉年华有奖游戏”等游乐活动，到养心殿观赏历代陶瓷、杂件器物、红色年代艺术品等文物展示，到明清一条街购买工艺品、字画、珠宝、台湾商品等特色旅游纪念品，在“都一处”酒楼品尝各式同安特色小吃、名点。

国家AAAA级景区——南国紫禁同安影视城

六、北辰山省级风景名胜区景点

位于五显镇竹山村，俗称“北山”，为国家AAAA级景区。为1998年8月第一个开业的旅游景点。景区峰峦叠嶂、山林葱茏，瀑飞泉淌，景色迷人。北辰山以闽王文化著称，相传唐末王审知“北山竹林拜剑，剑竟三拜而三升”。王审知被尊为“开闽王”，山间历史名刹“广利庙”及“闽王衣冠冢”是后人为纪念王审知施政有方、恩泽八闽而修建的。

国家AAAA级景区省级风景名胜区北辰山

主要景点有：北辰山山门、古刹“广利庙”、“开闽王”王审知大型石雕像、十二龙潭瀑布、闽王衣冠冢、水天洞、明代祈雨石刻、仙宫、“仙苑”、仙姑洞、十二龙壁、拜剑台、“七仙”、“旱滑道”等，其中“北辰十二龙潭”列为厦门二十名景之一。

每年农历二月十二，北辰山广利庙庙会为同安民间盛大的民俗活动日，以“宋江阵”表演著称，热闹非常。

七、竹坝南洋风情度假区景点

位于竹坝经济开发区，是座具有浓郁异国色彩的南洋民俗风情园。20世纪60年代以后，这里的华侨农场陆续安置来自印尼、越南、缅甸、新加坡、柬埔寨、马来西亚、菲律宾、泰国等8个国家的归侨、难侨2000多人，有“小联合国”之戏称。异国服饰、南洋歌舞、风味美食和民俗风情异彩纷呈。度假区的配套设施完善，陆续建成南洋大道、南洋集市、南洋特色商品一条街、法式果酒厅、蒸汽浴、休闲木屋、家庭旅馆、滑草场等旅游服务设施。度假区举办的南洋赶集游系列主题游园活动吸引众多游客。

南洋文化节

竹坝南洋休闲度假村

八、绩光铜柱坊

位于城东顶溪头村原漳（州）泉（州）古道上，是清初康熙皇帝旌表施琅将军平定台湾功比东汉马援，绩及西晋羊祜的纪念建筑物，也是厦门市规模最大的石牌坊。坊为四柱三间重檐石构，宽 9.55 米，高 9 米，坊上有表彰施琅所得荣典爵位和官阶以及立坊者职衔姓名铭文，还有栩栩如生的人物故事浮雕。石坊被列为县级文物保护单位，2001 年被公布为厦门涉台文物古迹。

九、文笔塔

位于同安城东凤山之上，东溪之畔。凤山为孔庙之案山，明万历二十八年（1600 年），邑令洪世俊为振兴同安文运而捐俸于山上建塔，故称文笔塔。石塔石构实心，六角五级，通高 14.25 米，每层出拱挑檐。第二层塔身有镂空石雕“魁星”像，旁镌一联：“斗气护金轮频见五云捧日，文峰参碧水永为一柱擎天”。第三层镌有“山斗具瞻”四字。第四层置如来佛石雕坐像一尊。塔刹高三米，葫芦形刹顶。石塔与孔庙的“兴贤育才”坊、泮池、观澜亭同在一条中轴线上。建塔当年，同邑即有八名士子考中举人，翌年同安金门后浦人许獬夺取会试会元及殿试二甲头名，故世传同安文运振兴，缘塔而起。

十、叶氏郡马府

位于大同岳口铺前村，佛子岗之岭下。唐昭宗龙纪元年（889 年）“佛岭”叶氏始祖叶洙随王审知入闽，于同安岭头崎建“佛岗院”居住，至八世叶益（1230—1313）娶魏王赵从政之妹赵环娘，故称“叶郡马”。宋淳祐八年（1248 年），创建“郡马府”，元初被火毁，明永乐年间（1403—1424 年）重修为家庙，为海内外佛岭叶氏的大宗祠。

郡马府坐北朝南偏西，中轴线上由南至北依序为照墙、旗杆埕、太子亭、家庙、文昌阁、玄坛宫。照墙以彩瓷粘制成麒麟浮雕，两侧以黑砖砌成“寿”字图案。家庙为二进式，前进屋顶造“太子亭”，乃宋度宗赵禥为太子时探视其姑母赵环娘的纪念建筑，脊上置独角犀，檐下修九曲涵。前有小石桥步入家庙，桥下即“八池”之流水。二进为家庙祖厅，匾曰“南阳堂”，供奉“佛岭”分灯号的历代祖先。家庙后面为“文昌阁”，祀“文昌帝君”和“魁星”，旧时为叶氏子弟读书处。郡马府占地面积 2170 平方米，四周环砌砖石围墙。东侧墙壁立满名家题词石刻，花圃栽种奇花异草，是厦门市少有的花园式家庙。古驿道从家庙右侧而过。尚有佛子岗“甘露亭”、四周“七宫八池”等附属景点，自然及人文资源丰厚，为区文物保护单位和市涉台文物古迹，立碑保护。

十一、安乐村塔

新加坡侨领陈延谦先生赋《乡思》：“巍巍古塔镇山门，朱子题名安乐村”，诗中的安乐村塔即在莲花镇澳溪村口。塔为四层方形，素面实心，通高 6 米，第四层正面嵌置“安乐村”竖行楷书石匾，相传乃朱熹墨宝。南宋绍兴二十三年（1153 年），朱熹首任同安县主簿，民间相传朱子“三探莲花山”，途经澳溪，见此一岙平川，水足壤沃，便口谶此地是“大旱半收，大乱半忧”的风水宝地，并手书“安乐村”三字。村民便于临溪朱子登临的岩石上造塔，并拓“安乐村”墨迹置匾以志。

石塔北侧有宋代麒麟寨，寨南麓有明代石佛洞。山谷下有明嘉靖“三府太守”陈沧江筑造的“沧江坝”，至今造福乡民。已故新加坡银行家郭芳枫及世界乒乓球冠军得主郭跃华都是安乐村孕育的乡贤俊杰。

十二、西山景点

位于新民镇西山上，因在县城之西而名，又因其岗峦体势似狮，别称“狮山”，远望蜿蜒如游龙，故又称“天龙山”。面积约 5 平方公里，海拔 324 米。山上林木茂盛，有“西山茂、同安固”之古谚流传。自古为同安风景名胜区。明代丁一中（隆庆、万历间泉州府同知）、刘存德（同安东桥人，浙江按察副使）、洪朝选（同安洪厝人，官至刑部左侍郎）等乡贤名宦曾到此游玩留题。

山上有寺曰白云岩，因清晨常有白云缭绕而名，俗称西山岩。传为唐代嘉禾屿（今厦门）人陈黯创建，祀三宝佛祖。元、明、清增修、重建，乾隆四十五年（1780 年）于岩左建文昌祠及肄业之所，

西山护山宫

并奉朱文公神像。山腰有明代始建的“半山宫”祀护国尊王张巡。1993 年，台胞捐资重建并易名“护山宫”。西山岩周围除明代摩崖诗刻（文保单位）外，还有圣泉井、桂花宫、天公坛、瞭望哨塔、环山坑道、十八罗汉茶树等景观。岩池圣泉长流不竭，水质甘甜，香客争相饮用。

十三、德安楼

位于汀溪镇五峰村，俗称五峰土楼，是市民休闲怀古、拍摄婚纱照的景点。据说土楼原有 99 间房间，现在房间早已圮塌，只剩下方形的楼墙。楼墙边长 37 米，通高 8.6 米，垛墙高 1.4 米。墙体下半部以溪石垒砌，上半部为三合土，东面和北面各有一个高 2.13 米、宽 2.8 米的石拱门，门楣嵌“德安楼”匾额，另有防火、防盗等设施，是古代聚族而居、生活设施和防卫功能兼备的石堡建筑。

土楼楼主相传是乾隆时富甲一方的许尚官，当地有乾隆五十二年（1787 年）旌表其妻江氏 101 岁的贞寿坊，民间还有“五峰出嘉腊”的传说，说的是许尚官为儿子在城里找了一门亲，城里的千金小姐嫌山沟里没有海鲜。许尚官为了摆阔，在嘉腊鱼（真鲷鱼）上市前，到沿海放定金，高价收购渔民首获的嘉腊鱼，使嫁到五峰的千金小姐吃上市面上还见不到的“嘉腊鱼”，错以为“五峰出嘉腊”。

2005 年 12 月，德安楼定为旅游景点，是国家休闲农业及乡村旅游示范点。景区清溪环流，餐馆农家菜飘香，书画室雅俗共享，旅游房舍返璞归真，周围田野广碧，牛羊悠游，实为乡村游的好去处。

国家休闲农业与乡村旅游示范点、省四星级乡村旅游示范单位——五峰德安古堡

十四、莲花山景点

莲花山位于莲花镇后埔村，厦门市唯一的国家级森林公园莲花国家森林公园的景区之一。山势峻峭雄伟，主峰海拔 755.2 米，因峰顶巨石裂开八瓣，形似莲花而得名。山上怪石嶙峋、千姿百态：如仙女

下凡、如情侣相拥、如莲花绽放，如雄鹰展翅，如玉兔伴月……几乎每块奇石都有生动的神话传说。

山间林木蔽天，古藤如织，涧流潺潺。中有国家一级保护植物“桫椤”、珍稀物种“百米山棕树”“水杉”等。

山腰有宋代古庙太华岩寺，曾是清代闽南小刀会起义的据点之一。寺前有“太华岩”“灵源”等朱熹题刻，山腰“石释岩洞”保存有宋代僧侣石刻修持文字，是闽台“莲山大人”山神信仰的发祥地。民间有朱文公“三探莲花山”的传说。

十五、金光湖景点

位于莲花镇内田村，是莲花国家森林公园的景区之一，素享闽南“西双版纳”美誉的原始次生林区，由金光湖景区和森林人家度假酒店组成。因其形如“湖”状，四周六条山岭和两座小山包交相环抱，构成“金”字形，旭日初照，叶露晶莹，金光闪闪而得名。

林区里植物群落层次丰富、品种繁多，是东南沿海地区为数极少、保存完好、面积较大的亚热带天然原始次生常绿阔叶林，是名副其实的“植物宝库”。清康熙年间安溪籍宰相李光地颁发的“护林谕”功不可没。

金光湖内绿潭罗列，跌宕多姿，几乎潭潭有泉瀑，瀑瀑显风韵。林海中庞大的树根隆起的板根、粗壮的古藤都独具特色。整个植被呈现南亚热带雨林向中亚热带雨林过渡的特征。林中野生动物品种众多，尤以穿山甲著名。身处林海，可以饱览大自然秀丽风光，享受“森林浴”的乐趣。

部落狂欢

土著舞蹈

十六、南山客家村

位于莲花镇南山蔗内村南山。明洪熙元年（1425 年），余子玉由南靖客家迁入开基，人口千余。

客家村以明万历间创建的大宗祠闻名。宗祠土木结构，三进闽南大厝式建筑。双边有 7 条建筑划一、一房一出檐的“护巷”（左三右四），后围有三条护巷，边巷置隘门，左隘门内由后厅上部出椽建一悬空哨所，防卫功能严密。护巷环抱宗祠，历史上族人聚居于 10 条护巷近百间巷房内，整个建筑群显示出闽南古大厝与客家土楼环居相融合的建筑特色。

客家村周围山清水秀石奇景美。村口临溪有庙，庙前有奇石“石牛吸水”，庙后古榕树下有“卧龙石”。溪中有“金龟枕流”和“石猪沐浴”石，惟妙惟肖。村前方山丘 15 座，古称“十五子山”，林木葱郁，梯田层迭，牧场广阔。谷间，有“蟾蜍望月”“金榜题名”“石门锁翠”“频鼓动天”诸石景。

客家村民俗古朴好客，村民至今保留传统客家服饰及某些古俗，如“除夕上山扫墓”、不做普度、忌摸小孩脑壳等。

十七、文山景点

位于莲花镇云洋村、云埔村，与汀溪镇褒美村交界，原名福鹏山，又名三台山。因南宋理学大师朱熹于山顶石矶镌刻“文山”两字而得名。

文山景区具林、石、泉、瀑之胜。景区内林木苍郁；峡谷奇石嶙峋，泉水叮咚，飞瀑如帛。

山巅有斗拱岩寺，寺前有一片近百亩的沼泽地，长年泉水汩汩，形成一块天然小湿地。湿地中“田螺精”的民间传说引人入胜。

景区内有一古寨曰灯火寨，系明代为抵御倭寇而建。现存有古堡、古驿道遗址和残缺的寨墙。

十八、小坪森林公园景点

位于莲花镇小坪村，莲花国家森林公园的景区之一。公园内山峦叠嶂，万木参天，遮云蔽日。苍翠欲滴的火力楠，整齐有序的福建柏，婆裟婀娜的毛竹林，傲然挺拔的马尾松，正是“千林遍山绿，万树逐岭青”。

小坪公园入口

小坪水库和石降湖构成碧波闪烁的高山湖景，花桥涧泉汇成潺潺溪流，小坪三级水电站构成一幅幅优美的高山人造景观。林区云绕雾罩，给森林公园蒙上一层超凡脱俗的神秘色彩。

景区茶文化历史悠久。茶叶品质上乘，一片片梯田茶园形成一道道迷宫式的格局，一家家茶作坊，不时弥漫着阵阵清香。茶园内非遗“褒歌”对歌此起彼伏，场面热烈。

十九、铜钵岩

位于莲花镇云洋村，莲花国家森林公园的景区之一。始建于南宋开禧元年（1205 年），奉祀观音、清水祖师、定光古佛（五代同安僧人郑自严，为闽西客家人保护神）三尊宋刻石佛像。1984 年 7 月，公布为县级文物保护单位。寺依山岩而建，古色古香。四周奇岩怪石耸立。寺东侧一巨石，高丈余，犹如屏障，一面如刀削，光滑如镜。寺东南侧一古榕依石而生，榕岩相依，俨然一副天然盆景。寺正前方有三座山峰，犹如三头狮子居高临下，正在追一只来犯的山大王（老虎），形成“三狮赶一虎”自然景观。

站在寺前放眼望去，万亩南亚热带名优水果实验基地尽收眼底，龙眼、荔枝、芭乐、火龙果等果林错落有致。景区虽小，却“到处有诗境，随地有华物”。

二十、野山谷生态乐园景点

位于莲花镇小坪村，与安溪交界，莲花国家森林公园的景区之一，2006 年 5 月开业。园内群峰林立，千姿百态。“七仙峰”“太子峰”“百丈崖”，险峻陡峭，形态各异，有的如寿桃呈祥，有的似莲花

野山谷景区

盛开，有的像狮子回头，金龟出水，令人拍手称奇。脚下石壁千仞，非身临其境不知其险。

入园即有水上餐厅。顺栈道而上，山谷中林木森森，原始次生林蔽日参天，枝缠藤绕。林中野花野果丛生，飞鸟走兽成群。山谷内有急流奔腾的溪流、飞虹流锦的瀑布、水质甘冽冬夏不竭的涌泉。溪流瀑布激石而成情人潭、仙女潭。山巅天池水天一色，云水相融，池水下泄为瀑，飞珠溅玉。谷中有古代金银矿坑洞遗址，山坡上有人造恐龙园、鳄鱼园景观，让游客进入“时间隧道”，远离尘嚣。

分布在林间的天然马尾松，植物园内的原始次生林，茶园四周的人工湿地松林及成片的果林，形成不同的森林群落景观，是一处不可多得的避暑、纳凉、观光、休闲、健身的旅游胜地。

二十一、盛之乡温泉度假村

位于汀溪镇洪坑村，由盛之乡（厦门）温泉度假村有限公司开发。利用汀溪界内温泉地热资源开发的三星级温泉度假村，用地面积 1000 亩 66.67 公顷。投资总额 2980 万美元（折合人民币 2.1 亿元）。其开发的温泉为厦门少有的碳酸氢钠热泉，弱碱性，有“美人汤”“神仙水”的美誉。内有“度假酒店”“溶洞温泉”“温泉 SPA 会所”“温泉别墅”“音乐西餐酒廊”等旅游休闲服务设施。

盛之乡温泉度假村景区

二十二、翠丰温泉度假酒店

位于汀溪镇上铺村，由厦门翠丰温泉度假酒店有限公司开发。占地面积 33.33 公顷。外商前期投资 513 万美元，约合人民币 3591 万元。内设星级大酒店、中医康复中心、高级会所、温泉别墅。

国家 AAAA 级景区翠丰温泉度假酒店

二十三、造水休闲观光农业

位于汀溪镇造水村，厦门造水生态农业有限公司开发。项目总投资680万美元；利用造水村的自然风光，聚集海峡两岸的农业科技，建成“绿色乡村”原生态休闲观光园区，以引种台湾芭乐闻名。

此外，五显、汀溪、莲花、竹坝等镇（场）还有台商投资兴办的观光农业项目：广兴农牧、祥裕茶业、耕读园休闲观光农场、丰民绿竹、荣光园艺、台农农牧、安业畜牧、国寿种猪、北辰山观光农园、芳都观光果园、同森园艺、诚艺农艺、美格农艺等。

第二章 旅游经营与服务

第一节 旅游经营

1997年，政府加强对旅游的规划、投入和宣传介绍，使同安景区的知名度逐年提高，成为闽南短线游的重要组成部分。旅游业经营效益逐年提高。当年同安区接待游客57.3万人次，接待旅游团队3359个；门票及营业收入375万元，旅游总收入5748万元。

2002年，接待游客118.5万人次，接待旅游团队7417个；门票及营业收入671万元，旅游总收入11853万元。两项收入分别比1997年增长78.93%和106.21%。

析出翔安后的2003年，接待游客73.3万人次，接待旅游团队1907个；门票及营业收入387万元，旅游总收入7911万元。

2007年，接待游客121万人次，接待旅游团队2351个；门票及营业收入1152万元，旅游总收入28000万元。四项指标分别比2003年增长65.07%、23.3%、197.7%和253.9%。

1997—2007年同安区旅游接待情况表

表12-1

年份	万/人次	团组数（个）	门票/营业（万元）	总收入（万元）
1997	57.3	3359	375	5748
1998	60.2	3527	622	6035
1999	63.3	3704	653	6337
2000	66.5	5368	685	6653
2001	69.8	7032	585	6984
2002	118.5	7417	671	11853
2003	73.3	1907	387	7911
2004	83.6	2297	574	8934
2005	96.2	1900	649	10271
2006	104.8	2206	932	21884
2007	121	2351	1152	28000
合计	914.5	41068	7285	120610

第二节 服务机构

一、同安旅游总公司

1993 年 7 月经县政府批准成立的旅游企业单位，23 名员工。主要从事国内组接团、国内小额贸易、餐饮业经营以及县政府交办的工作，2002 年 6 月关闭解散。

二、厦门龙行旅行社

2002 年 9 月经省旅游局批准成立，主要从事国内组接团业务，组织、接待旅游者，为旅游者安排交通、游览、食宿、娱乐及提供导游等相关业务，职工 10 人。

三、同安中国旅行社

1980 年经省侨办、同安县人民政府批准成立，曾名同安县中国旅行社、同安县华侨旅行社、同安县台胞旅行社。职工 20 余人。1980—1993 年，主要作为县政府接待港澳台同胞、海外侨胞和外国人机构。

1993 年 10 月以后，接待改由同安宾馆负责后，旅行社开展旅游有偿服务，从事国内旅游的组接团业务。

四、同安宾馆

1993 年建成，前身是同安县人民政府招待所。1998 年 1 月，被评为二星级旅游饭店，有 87 间客房，40 名职工。主要承担区政府接待任务及为旅游者提供餐饮、住宿、配套娱乐等。2007 年，同安宾馆进行二号楼改造工程，按照三星级酒店建设，项目总投资 2287. 59 万元，新建客房 67 间。

第三节 境外与港澳台同胞和海外侨胞接待

1994 年起，境外旅游来客及港澳台同胞和海外侨胞的接待均由同安宾馆负责。

1996 年 11 月，第二届同安世联会在同安召开，引发侨、台、港澳同胞回乡观光、寻亲、考察投资的热潮。1997—2007 年，同安宾馆接待回乡的台港澳团体和个人年均二三百人次。而接待的外国人（含外籍华侨）每年也有数十至上百人次。析出翔安后的 2004 年起，宾馆开始统计接待境外过夜人数。2004—2007 年，宾馆接待外国人及台、港澳同胞过夜的人数依次为 440 人次、579 人次、350 人次和 462 人次。

2004—2007 年同安宾馆接待境外游客与港澳台同胞和海外侨胞旅游住宿统计表

表 12-2 单位：万元

年份	人次	其中				人日	旅游收入（按人日 300 元计）
		外国人（含外籍华侨）	香港同胞	澳门同胞	台湾同胞		
2004	440	94	12	0	334	1339	40. 17
2005	579	174	15	9	381	2045	61. 35
2006	350	81	6	2	261	1092	32. 76
2007	462	164	28	1	269	1324	39. 72

第三章　旅游管理

第一节　旅游规划

一、产业规划

1997年区委、区政府提出“把同安旅游业建成经济发展三大支柱产业之一”的发展目标，依据树立“大产业、大市场、大旅游、大发展”的观念和“加强政府引导，适度超前培育”的精神，区旅游部门制定产业发展规划。规划内容：

（一）立体旅游市场格局

根据同安的特点规划培育“三个市场”（国内旅游、入境旅游和出境旅游市场）相结合的格局，形成以国内旅游为主体、以入境旅游为目标和以出境旅游为补充的立体旅游市场格局，根据市场不同的结构层次开发旅游产品。

（二）可持续发展良性循环模式

在同安旅游开发与建设中，要注重保护良好的自然生态环境、纯朴的民俗风情、浓郁的山野乡情和珍贵的历史人文资源，建立以保护为前提，以开发促保护的可持续发展的良性循环模式。

（三）大旅游区共同发展格局

在旅游开发中，既要注重自己的特色，又要将其组合到厦门、闽南以及整个东南沿海的大旅游区之中，与安溪、长泰、集美、翔安等周边地区开展合作，形成优势互补、功能互补、相互促进、共同发展的良性发展格局。

二、发展目标与开发规划

（一）近期发展目标

2006—2010年，把同安建成厦门市和闽南金三角地区主要的休闲度假旅游地、新兴的都市郊野型民俗风情和绿色生态旅游区，同安城区成为厦门市重要的旅游接待、旅游集散的副中心之一。力争建设2个AAAA景区、2家四星级以上酒店。完成旅游业的全面启动，形成一定程度的旅游“热点”。到2010年，力争实现旅游经济各项指标在“十五”末的基础上翻一番：接待游客总数约200万人次，平均每年递增15%，旅游总收入6亿元。

（二）景点开发规划

选择以下6个重点开发项目，实行政策、资金倾斜，创品牌、树精品。

莲花国家森林公园　以山体生态系统为基础，结合莲花镇新农村建设，开展观光、生态为主的旅游活动，同时选择条件较好的野山谷生态乐园、小坪景区、文山景区开发康体娱乐度假旅游项目，把森林公园建设成为人与自然和谐共处的旅游地。

竹坝南洋风情旅游区　开发新的特色旅游活动项目，完善旅游基础设施和接待设施，建立标准规范的旅游管理和服务系统，加大宣传促销招商引资力度，建成闽南乃至全国著名的南洋风情、农业生态旅游景区。

北辰山景区　以山地度假旅游和闽王民俗文化为主打产品，完善自然与人文景观建设，使之成为厦门市和闽南地区重要的山地生态旅游区。

盛之乡温泉度假村 以国际高峰会议、康体疗养、休闲度假中心建设为突破口，开展参与性强的旅游活动，建成闽南、全省及东南沿海著名的温泉度假休闲康体旅游区。

翠丰温泉大酒店 以温泉休闲度假为主，与盛之乡温泉度假村连成一体，做大温泉休闲度假品牌。

影视城 抓好以影视城为主的“闽南民俗大观园”主题公园项目规划，推出招商。与梵天寺、梅山寺、竹坝、北辰山连成片，逐步形成文化、宗教、民俗旅游集聚带。

第二节　行业管理

一、管理机构

1997 年 7 月，经区政府批准成立厦门市同安区旅游事业局（区科级事业单位）；2002 年 8 月同委〔2002〕42 号文件决定组建厦门市同安区旅游局（行政局）；2003 年 12 月同委〔2003〕54 号文件决定同安区旅游局变更为处级事业单位，负责全区旅游业的行政管理。

二、管理措施

1997—2001 年，整治规范旅游市场；加强旅游从业人员培训力度；强制节前安全检查，确保黄金周达到“健康、安全、秩序、质量”的要求，并成为制度。

2002—2003 年，开展旅游市场打假打非专项整治工作；组织开展民主评议旅游行业行风。

2004 年，结合市场经济规范整顿活动，杜绝黑社、野导出现。组织参加上级旅游行政部门组织的各种业务培训和导游资格考核，执行旅游从业人员“持证上岗”制度。

2005 年，制定《同安区旅游行业争创首批全国文明城市工作方案》，加大对旅行社、星级酒店、景区景点的行业管理力度，杜绝无序竞争，净化旅游市场，切实保障旅游者的合法权益。

2006 年 8—10 月，开展旅游安全“双百”专项整治，创造全区“安全、秩序、质量、效益”四统一的良好旅游环境。健全旅游安全监管的长效机制。

2007 年，制定《同安区旅游突发公共事件应急预案》，对区属旅行社、星级酒店、景区景点进行定期和不定期的工作巡查。结合创建“平安同安”，开展“诚信旅游”“食品卫生专项整治”活动，进一步优化旅游环境。

第十三篇　财　政

1997—2007 年，区财政部门遵循“比重适当，集散有度，收支合理，使用得当”的基本思路，更新理财观念，整顿财经秩序，推进依法理财；调整和优化支出结构，加大对农业、科技教育、社会保障、人民生活、基础设施等重点支出的保障力度。2003 年前，财政收入增幅赶不上人员经费增幅和改革项目陆续实行所造成的刚性支出大幅度增长，财政收支平衡十分困难。资金缺口造成历年大量预算结转，2000 年区本级指标结转 6000 万元，区欠市财政超调资金 4280 万元。镇级财政困难进一步加大，7 个镇可用财力不能满足工资发放，多数镇靠超调资金、借款、挤占专项资金维持人员经费发放。2003 年起，区经济发展带动财政收入大幅度增长，当年财政总收入 7. 10 亿元，其中地方级财政收入 4. 02 亿元，实现历史性突破，财政资金供求矛盾有所缓和。2004 年，实行新的市对区财政体制，同安地区经济发展带动以工商税收为主体的税收收入持续增长，财政总收入 5. 04 亿元，其中地方财政收入 2. 52 亿元。2007 年，区财政总收入突破 13. 87 亿元，其中地方级财政收入 8. 10 亿元，分别为 2004 年的 2. 75 倍、3. 21 倍。

第一章　财政体制

第一节　区级财政体制

1997 年，厦门市对同安区实行 1994 年元月起实施的分税财政管理体制，同安区的财政收入范围为：辖区内的各项地方财政收入（不含中央级收入及同安区的耕地占用税市分成 27%），同安区引进的营业场所在辖区外的“三资”企业缴纳属县范围内的财政收入。财政支出范围为：区辖境内各项行政事业经费、抚恤和社会救济、城市维护费、环境保护补助、科技三项费用、农林水事业支出、文教卫生事业支出、计生事业支出，民政公检法支出、价格补贴（含粮食）支出、企业挖潜改造支出等。市对同安区超基数收入分成实行“固定缴补，超收全留”体制。

2001 年 5 月，厦门市人民政府调整包括同安区在内的区级财政体制。

财政收支范围调整：（1）岛内与岛外区共同招商引资到岛外的涉外企业，缴纳的区级财政收入由两区五五分成，年限由双方商定。（2）岛内区招商引资到岛外的涉外企业，岛内区在岛外开发的工业区内的企业，由相关区商定分成比例和年限。（3）同安区的金融营业税和国有土地使用权有偿使用收入下放给区级，相应新增建设用地有偿使用费、耕地开垦费和征地管理费由区级负责缴交。（4）同安区的政策性粮食储备费用由市财政承担。

财政体制缴补调整：对同安区实行“定向定额补助”。2002—2005 年，将每年市财政支持农村薄弱学校建设专项资金和小城镇建设专项资金的 70%，定向定额补助同安区，由同安区按规定用途自主安排使用，市级职能部门就资金使用情况进行检查、监督。调整后同安区每年可增加资金补助收入和专项资金安排额 6000 万～7000 万元。

2004 年 1 月 1 日起，实行新的区级行政体制后，市相应对同安区的财政体制作出调整。

收入划分：（1）将与经济发展关联度高、增长稳定的税种作为市、区共享税种，包括：营业税（不含金融、保险营业税）、增值税的地方分成部分、企业所得税的地方分成部分、个人所得税的地方分成部分、城建税、房产税、印花税、城镇土地使用税。（2）将适合全市集中征收的项目作为市级固定收入，包括：车船使用税、契税、排污费收入、矿产资源补偿费、城市水资源费、文化事业建设费、教育费附加、地方教育附加。教育费附加、地方教育附加按照学生数在市级和各区之间重新分配。（3）将税源分散适宜区级征管的税种作为区级固定收入，包括：资源税、耕地占用税以及暂缓征收的农业税、农业税附加。国有土地使用权有偿使用收入实行市、区分成，分成办法和比例由市政府另行确定。其他各项收入，包括国有企业经营收益、罚没收入、行政事业性收费收入和其他基金收入，隶属关系不变。（4）跨区房地产项目的地方级流转税及附加收入归属项目所在地，由项目所在区的税务部门征收；所得税归属注册地所在区。（5）投资额在 3000 万元以上的建设项目及营业额在 3000 万元以上的餐饮、娱乐、酒店等大型连锁企业，其流转税及附加收入归属项目所在地，由项目所在区的税务部门征收；所得税归属注册地所在区。（6）岛内区到岛外成片开发所取得的税收，市财政在一定年限内不参与分成，由岛内投资区和岛外所在区按协商比例分成。今后企业搬迁不调整相关区收入基数。（7）2004 年起，新增出口企业的出口退税地方承担部分，由市、区按共享税的分享比例共同承担。

支出范围调整：市级将部分社会事务管理权限下放区级管理，并下放相应的支出基数。同时将市级承担的社区卫生服务配套支出、农村合作医疗补助支出和计生补助经费下放区级。

第二节　镇（街场）财政体制

1997—2002 年，区镇级财政实行“划分收支、核定基数、收支包干，收入递增上缴（或递减补助），一定三年”的“大包干”型体制。对街道财政实行“划分收支、核定基数、超收分成（区与街道办事处为 4∶6 分成）、节余留用，一定三年”的“分成”型体制。“三资”企业税收分成，由镇、街自行引进的企业所产生的地方级增值税、营业税、企业所得税区、镇 5∶5 分成；凡地价低于区政府制定的土地综合地价标准 50% 的增值税地方级部分按区、镇、村三级 4∶4∶2 分成；新办企业产生镇级地方税收（营业税、企业所得税）镇、村两级 8.5∶1.5 分成。将农业税计税价格提高增收部分由原来 100% 上交区级财政，改为区、镇 7∶3 分成。

镇、街道支出包干范围：镇、街行政机关、事业单位的人员经费，离退休人员经费及公用经费；各镇辖区内的学区及教职员工的人员经费及各项教育事业费；各镇辖区内的卫生院及各项卫生事业费；各镇街辖区内公共事业费、城市维护费、社会保障经费；其他支出类的村（居委会）干部补贴、干部退养费、村（居委会）办公经费及其他支出。

2002 年，区调整对镇、街财政体制，重新确定各种税费的区、镇（街）分成比例。其中，车船使用税、农业税、特产税、教育费附加、屠宰税、社会抚养费、土地登记费、学杂费、卫生挂号费诊金、计生统筹费、五保孤儿统筹费、优抚经费、乡财承包款等 13 项税费 100% 归镇（街）收入。增值税、资源税镇（街）分成 25%，营业税内资分成 100%，外资分成 50%，所得税内资、个体分成 40%，外资分成 20%，民兵训练费分成 70%，罚收款分成 50%。

2002 年同安区税收分成情况表

表 13-1

税费种类	分成比例		
	中央级	地方级	
		区级	镇级
增值税(内资)	75%	0	25%
(盐)	75%	0	25%
资源税	75%	0	25%
营业税(内资)	0	0	100%
(外资)	0	50%	50%
所得税(内资)	60%	0	40%
(外资)	60%	20%	20%
(个人，外资除外)	60%	0	40%
车船使用税	0	0	100%
房产税	0	100%	0
土地使用税	0	100%	0
印花税	0	100%	—
农业税	0	0	100%
农业特产税	0	0	100%
教育费附加	0	0	100%
屠宰税	0	0	100%
行政收费	—	—	—
其中：社会抚养费	0	0	100%
土地登记费	0	0	100%
事业性收费	—	—	—
其中：学杂费	0	0	100%
卫生挂号费诊金	0	0	100%
乡镇统筹费	—	—	—
其中：民兵训练费	0	30%	70%
计生统筹费	0	0	100%
五保孤儿统筹费	0	0	100%
优抚经费	0	0	100%
乡财收入（承包款）	0	0	100%
其他收入（罚没）	0	50%	50%

说明：增值税、资源税只限马巷、大嶝、新店等镇

2004 年 9 月、12 月，同安区委、区政府先后发出《关于调整部分事权和财政体制的通知》《同安区镇（街）财政管理体制调整实施办法》，调整区对镇财政体制，实行“确定税种、分税分成”的分税

制财政体制。执行年限为2004—2007年。

调整部分财权：规定将各镇农村小学教育经费、卫生院财权上划区级，事权由区、镇两级政府根据相关法律、法规分别承担，原债权债务关系不变，现有资产所有权不变，闲置资产的处置由区财政局、区教育局、区卫生局根据有关法律、法规规定另行通知。将村（居）干部补贴、村（居）计划生育管理员、村会计代理站、劳动保障站、镇（街）环卫所、农村义务兵家属优待金等社会事务管理权限及财权（包括区级承担的支出基数）下放镇级。城市建设和管理的事权在区、镇（街）两级政府间的具体分工，由区相关主管部门另行规定，经费由区政府根据具体情况另行专项下达。

镇（街）财政收入范围划分：

（1）按属地原则（扣除区定重点企业），将辖区内企业实现的增值税、营业税（不含金融、保险营业税）、企业所得税（包括外资企业所得税）的区级税收收入（不包括其税收的滞纳金和罚款部分）分设为区、镇（街）两级共享税，进行分税分成。2004年1月1日以后，上述企业的绝对控股和相对控股等关联企业所产生的全部税收划为区级收入。同安区域内所有企业税收的滞纳金和罚款等收入以及稽查案件产生的税款（正税）、滞纳金和罚款等收入全部划归区级收入。（2）2004年岛内迁入同安区的原市属国有企业、国有控股企业（包括原市属迁入同安区的绝对控股和相对控股的国有企业）实现的税收（不包括建安税）划归区级收入。（3）区定重点企业实现的税收划归区级收入。（4）除增值税、营业税、企业所得税实行分税分成外，其他工商税收及个人所得税、耕地占用税、区级行政事业性收费收入、罚没收入、其他收入、基金收入划归区级收入。（5）将缓征的农业税、农业税附加、镇级的行政事业性收入、其他罚没收入、其他收入（含房租收入）划归镇级。（6）跨镇房地产项目以及跨镇基础设施建设项目，其共享税部分的流转税归项目所在地，其共享部分的所得税归注册地所得。（7）由区政府统一开发的工业园内，2004年新设立的企业产生的建安营业税，按属地原则，统一实行区、镇（街）6∶4分成，其他税收全部划归区级收入；2004年，岛内迁入同安区的原市属国有及国有控股企业产生的建安营业税以及2004年1月1日以后新注册的房地产企业产生的建安营业税，按属地原则，统一实行区、镇（街）8∶2分成，其他税收全部划归区级收入。税收归属由税务部门按季结算，年终总决算。（8）镇办农场、养殖场产生的各项收入划为镇（街）级收入。

镇（街）财政支出范围：（1）镇（街）行政、事业单位的在职、离退休人员经费，具体包括镇党委（街道党工委）、镇政府（街道办）行政（党政办、社会事务办、财政经济办、计生办、综治办）、镇人大、团妇、农业服务中心、农村经济管理中心、文化服务中心、计生服务所、街道社区服务中心、劳动服务保障站、镇环卫所等的人员经费。（2）镇（街）政府基本运行经费，人均按1.7万元测算支出基数（包括公用经费、汽车经费等）。（3）其他支出及转移支付补助等专项支出。具体包括：村（居）干部补贴、村（居）干部退养费、村（居）养老保险、村机构运转经费（办公经费）、村（居）计生管理员经费、村会计代理站经费、五保户补助、义务兵优待金、民兵训练费、村计生经费（按转移支付补助和区级出台的补助事项）等其他杂项支出。（4）不可预见的调剂支出，按照核定给镇（街）的人员经费和运行经费的支出基数，控制在10%以内。（5）税务征收经费，根据区、镇共同负担的原则，区财政根据相关文件规定测算后另行下达。

体制缴（补）基数：（1）以2003年度财政收支决算数为基础，综合考虑2004年的财税政策变化因素和2004年出台部分增资因素，测算收支基数，确定财政体制缴（补）数。（2）各镇（街）分税分成比例，按市对区财政体制确定的区级收入的增值税、营业税、企业所得税三种税种采取不同的分成比例。具体为：大同、祥平基数内实行分税分成比例为20%街：80%区，超基数部分实行超收分成比例为70%区∶30%街；西柯、新民分税分成比例为50%区∶50%镇；莲花、汀溪、五显、洪塘分税分成比例为20%区∶80%镇。（3）竹坝华侨经济开发区由区财政以2003年竹坝华侨经济开发区地域内实现的地方级财政收入为基数，测算补助基数，超收部分在体制期内待年终决算后全额返还。

2005年，为进一步调动同安区各农（林）场发展经济的积极性，在农（林）场原机构建制、性质及人事制度总体框架下，同安区对所属农（林）场实行新的财政管理体制。

竹坝华侨农场（竹坝华侨经济开发区）：（一）竹坝华侨经济开发区、竹坝华侨农场“两块牌子一套人马”捆绑执行新体制；（二）辖区教育、卫生仍由区级财政全额承担；（三）计生、低保、农村合作医疗保险等按相关规定应由市级财政承担的部分，由区财政专项转下达；（四）2004—2007年竹坝辖区内（区级集中企业除外）所产生的地方级税收，由区财政年终结算，全额补助竹坝华侨经济开发区、竹坝华侨农场用于弥补经费不足及其发展经费；（五）离休人员（含“5·12”退休人员）差额部分由区级财政全额负担；（六）“3个管区”运转经费按村运转经费标准，区级每年每个管区给予补助2万元。

白沙仑农场：延续原市财政体制每年补助白沙仑农场6万元；根据白沙仑农场承担部分社会性事务的实际，区财政每年再定额补助20万元、用于社会事务管理支出。

凤南农场：（一）凤南农场的村干部补贴、村运转经费、场运转经费、计生经费及村代理会计经费从已下达新民镇的支出基数中分离出来，下达支出基数29.7万元给凤南农场；（二）在延续原市财政体制每年补助凤南农场支出17万元的基础上，根据凤南农场管辖四个行政村，承担部分社会性事务的实际，区级财政每年再给予定额补助29万元（含场带村经费补助12万元）。

祥溪林场：（一）延续原市对祥溪林场财政体制、实行退休人员定项补助，确保退休人员经费供给；（二）在职人员经费延续市对祥溪林场财政体制，由该单位增收节支解决；（三）为使祥溪林场工作正常运转，每年给予定额补助25万元作为祥溪林场运转经费。

2006年，区政府制定《区对镇（街）财政管理体制的办法》，对大同、祥平、西柯、新民等镇（街）实行加大“超基数分税分成”的办法。区财政与大同街道办事处、祥平街道办事处分成比例为40：60；区财政与西柯镇、新民镇分成比例为30：70。对汀溪、莲花、洪塘、五显等镇实行“确定税种，分税分成，超收全留”的鼓励性分税制财政体制，在原区对镇、街财政体制框架下，汀溪镇、莲花镇、洪塘镇、五显镇的超收部分（超2003年度基数部分）全额留归各镇。

同时，实行工业园区招商引资项目的税收分成办法。各镇、街凡引进项目落户区属工业园区，自项目动工之日起，该项目实现的建安营业税区级不参与分成，由引进该项目的镇、街与属地的镇、街按80：20比例分成；该项目实现的流转税部分（增值税），除区级分成的60%外，其余部分，由项目引进镇、街与属地镇、街按50：50分成；该项目实现的所得税部分，由项目引进镇、街与属地镇、街按20：80分成。

第二章　财政收入

第一节　财政总收入

1997年，财政总收入34006万元，其中区本级财政收入21738万元（含政府性基金收入，下同），中央级收入12268万元。

2003年，财政总收入（含翔安）71021万元，为1997年的2.09倍，年均增长13.06%。其中区本级收入40155万元，首破4亿元大关，为1997年的1.85倍，年均增长10.77%，上划中央级收入30866万元，为1997年的2.52倍，年均增长16.62%。

2004年，财政总收入（不含翔安）50383万元，其中，区本级财政收入25152万元，上划中央级收入25231万元。

2005年，财政总收入69436万元，完成年度预算的96.15%，比上年同期增长26.01%。其中，中央级收入 29069 万元，完成年度预算的 98.06%，比上年同期增长 15.21%；区级财政收入 34827 万元，完成年度预算的 92.21%，比上年同期增长 38.47%。均未完成预算的原因，在于政策性变化及税收收入的延后效应。主要是：同安工业集中区（同安园）的建安营业税由于在 2004 年 12 月底才明确税收归属，无法在本年度实现预计的税收收入。根据市政府的有关规定，同安工业集中区的通用厂房销售最后确定实行“土地出让加代建”的办法，因而受全市政策性调整影响无法体现预计销售不动产营业税。

2007 年，区域范围内固定资产投资，规模以上工业企业实现产值均比上年度有较大幅度的增长，全区财政总收入 138714 万元，为 2004 的 2.75 倍，年均增长 40.16%。其中区级财政收入 81003 万元，为 2004 年的 3.22 倍，年均增长 47.68%；上划中央收入 57，681 万元，为 2004 年的 2.29 倍，年均增长 31.73%。

1997—2007 年同安区预算内财政总收入统计表

表 13-2　　　　单位：万元

		1997 年	1998 年	1999 年	2000 年	2001 年	2002 年	2003 年	2004 年	2005 年	2006 年	2007 年
财政总收入		34006	36827	36332	42334	53673	64269	71021	50383	69436	92640	138714
其中：中央两税（2002 年起为四税）		12268	11798	11577	15064	19190	29865	30866	25231	29069	43128	57681
地方财政		21738	25029	24755	27270	34483	34404	40155	25152	34827	49512	81003
收入项目	增值税	3213	3399	3486	4278	5768	7218	6983	4307	5236	7780	10442
	营业税	5420	5742	6272	6743	7539	8784	10826	6799	8882	12660	25976
	企业所得税	1086	1012	1486	2222	5954	2603	3224	2201	2100	3775	5928
	个人所得税	1492	1973	2340	2537	3951	2549	2133	1563	1699	2269	3059
	资源税	—	38	51	36	39	31	37	16	42	62	58
	城市维护建设税	484	467	458	540	725	1622	1167	737	905	1653	2894
	房产税	—	1096	1166	1623	1592	2095	2287	1771	2130	2275	2922
	印花税	—	164	171	203	261	409	497	430	566	805	1149
	车船使用及牌照税	—	107	107	150	140	156	168	—	—	—	—
	城镇土地使用税	—	156	180	220	235	413	473	343	640	1451	1872
	屠宰税	—	80	95	87	82	101	11	—	—	—	—
	农业税	474	414	386	416	353	425	—	—	—	—	—
	农业特产税	668	626	602	574	520	529	—	—	—	—	—
	耕地占用税	225	76	177	104	454	512	1241	754	723	844	2780
	契税	193	363	619	838	951	1062	2734	—	—	—	—
	行政性收费	—	1160	1194	1035	729	704	1158	1469	2831	3620	4206
	罚没收入	4507	2368	1523	1219	1185	1114	1440	900	2215	532	597
	专项收入	—	504	402	540	795	1143	1196	—	—	—	107
	其他收入	37	475	37	213	174	281	111	209	289	262	354
	基金收入	2806	4984	3783	3692	3036	2653	4469	3653	6265	9483	13885
	国有资产收益	-178	23	—	—	—	—	—	—	304	1852	2985

续表13-2

		1997 年	1998 年	1999 年	2000 年	2001 年	2002 年	2003 年	2004 年	2005 年	2006 年	2007 年
收入项目	国有企业补贴	—	-198	—	—	—	—	—	—	—	—	—
	土地和海域有偿使用收入	—	—	400	—	—	—	—	—	—	—	50
	土地增值税	—	—	—	—	—	—	—	—	—	459	1739

说明：1. 1997 年同安区统计年鉴地方财政收入的分项目未全列，分项合计不等于21738 万元合计数

2. 2004 年起，各项收入不含翔安区

第二节 区级财政收入

一、区级一般预算收入

区级一般预算收入包括税收收入和除政府性基金收入之外的政府非税收入。

1997 年，区级一般预算收入 18932 万元，其中税收收入 14388 万元，占同年区级一般收入的 76.00%。之后随着区内工业经济的逐步发展，工业集中区、环东海域的建设带来的税收效应逐步显现，企业交纳的税收不断增长，税收收入不断增长，带动区级一般收入大幅度增长，至 2003 年（含翔安），区级一般收入 35686 万元，为 1997 年的 1.88 倍，年均增长 11.14%，其中税收收入 31781 万元，为 1997 年的 2.21 倍，年均增长 14.12%，占同年区级一般预算收入的 88.87%。

2007 年，区级一般预算收入 67118 万元，为 2004 年的 3.12 倍，年均增长 46.15%；其中税收收入 58819 万元，占同年区级一般收入的 87.64%。

1997—2007 年区级一般预算收入统计表

表 13-3 单位：万元

预算科目	1997 年	1998 年	1999 年	2000 年	2001 年	2002 年	2003 年	2004 年	2005 年	2006 年	2007 年
税收收入	14388	15713	17614	20571	28564	28509	31781	18921	22923	33763	58819
工商税收	9206	9802	10465	11817	14306	18068	19496	12202	15705	23795	42975
企业所得税	726	1012	1486	2222	5954	2603	3224	2201	2100	3775	5928
个人所得税	1492	1973	2340	2537	3951	2549	2123	1563	1699	2269	3059
农业“四税”	1560	1479	1784	1932	2278	2528	3975	754	723	844	2780
其他税收	1044	1447	1539	2063	2075	2761	2963	2201	2696	3080	4071
政府非税收入	4544	4332	3358	3007	2883	3242	3905	2578	5639	6266	8299
专项收入	—	504	402	540	795	1143	1196	—	—	—	107
行政事业性收费收入及罚没收入	4507	3528	2717	2254	1914	1818	2598	2369	5046	4152	4803
国有资本经营收入	—	-175	-198	—	—	—	—	—	304	1852	2985
国有资产（资源）有偿使用收入	—	—	400	—	—	—	—	—	—	—	50
其他收入	37	475	37	213	174	281	111	209	289	262	354
总　计	18932	20045	20972	23578	31447	31751	35686	21499	28562	40029	67118

（一）税收收入

1. 工商税

指属于区财政收入的增值税 25% 部分以及营业税、资源税、城市维护建设税、城镇土地使用税和土地增值税。

1997 年，区财税部门根据营业税集中在金融、保险、建安、房地产和娱乐、餐饮行业的特点，加大跟踪管理工作，并对餐饮业实行双定征收管理办法，领用发票超过月定营业额的，按税率递增营业税，全年共征收营业税 5420 万元，比上年同期增收 622 万元。同年增值税、城市维护建设税分别为 3213 万元、484 万元，全年工商税收入 9206 万元，至 2003 年增加到 19496 万元（含翔安），年均增长 13.32%。

2004 年，由于工业区的开发速度加快、招商引资项目的开工投建以及房地产开发的发展，区建安营业税稳步增长，全年建安营业税收入 2930 万元，增长 20%。由于工业企业运行稳步增长，增值税入库 4307 万元。同年营业税、资源税、城市维护建设税、城镇土地使用税分别为 6799 万元、16 万元、737 万元、343 万元。全年工商税收入 12202 万元。

2005 年，由于工业区的开发速度加快，招商引资项目的陆续开工投建，区建安营业税稳步增长。轻工业食品工业区企业的快速投产及各工业企业运行的稳步增长，使增值税入库 5236 万元，占全区财政收入的 38.54%。同年营业税、资源税、城市维护建设税、城镇土地使用税分别 8882 万元、42 万元、905 万元、640 万元。全年工商税收入 15705 万元，比上年增长 28.71%。

2007 年，岛内迁移企业、轻工食品园快速投产初见成效，工业区招商引资项目陆续开工投产，增值税收入 10442 万元；固定资产投资的大幅增长，带来建安营业税的快速增长；房地产业为主拉动的营业税收入 25976 万元。同年资源税、城市维护建设税、城镇土地使用税、土地增值税收入分别为 58 万元、2894 万元、1872 万元、459 万元。全年工商税收 42975 万元，是 2004 年的 3.52 倍，年均增长 52.15%。

2. 企业所得税和个人所得税

1997 年，区财税部门根据不同行业对个人所得税采取不同的征管办法，对高收入的行业实行双向申报，对特种行业实行定员定额征收，对行政事业单位实行代扣代缴，全年共征收个人所得税 1492 万元，比上年同期增加 327 万元；企业所得税 726 万元。

2000 年，区“三资”企业所得税比上年增加 322 万元。全年企业所得税、个人所得税收入分别为 2222 万元、2537 万元。

2001 年，区内企业效益逐步显现和外资企业税收减免陆续到期，成为区企业所得税增长的重要原因。加上区税务部门完善企业所得税汇算清缴办法，当年企业所得税（区级）收入 5954 万元，比上年增收 3732 万元，增幅 167.96%；个人所得税收入 3951 万元，比上年增收 1414 万元，增幅 55.74%。

2002 年，根据《国务院关于印发所得税收入分享改革方案的通知》等规定，原属地方级收入的企业所得税和个人所得税作为中央与地方共享税。原属中央级的个人储蓄存款利息所得税和企业所得税，也作为中央与地方共享税。地方上划的所得税大于中央下划的所得税收入的差额部分，由中央作为基数返还给地方。相应地，市调整对同安区的所得税分享制度，规定自 2002 年 1 月 1 日起，原属区地方级收入的企业所得税和个人所得税作为中央与地方共享税。在同安区内，中央下放给市的企业所得税和个人储蓄存款利息所得税相应下放给各区，并核定了区 2002 年的所得税返还基数。如果区 2002 年及以后年度企业所得税和个人所得税完成数达不到核定数，市将扣减区所得税基数返还额。其中，企业所得税扣减额根据区实际完成额低于核定数的差额，以及地方企业所得税占纳入分享范围企业所得税比重和中央分享比例计算确定；个人所得税扣减额区实际完成额低于核定数的差额和中央分享比例计算确定。当年企业所得税和个人所得税收入分别 2603 万元、2549 万元，分别比 2001 年下降 56.28%、35.48%。析出翔安后开始回升。

2007 年，企业所得税和个人所得税收入分别为 5928 万元和 3059 万元，分别为 2004 年的 2.69 倍和

1.96倍，年均增长39.13%和25.09%。

市核定2002年同安区级所得税基数返还表

表13-4 单位：万元

项 目	2001年地方级收入基数	2001年中央级收入基数	2002年所得税基数返还
企业所得税	3293	489	1402
个人所得税	3951	598	1676

3. 农业“四税”

农业“四税”，指农业税、农业特产税（对农业特产收入征收的农业税的简称）、耕地占用税和契税。

1997年，农业“四税”收入1560万元，其中，农业税474万元、农业特产税668万元、耕地占用税225万元、契税193万元。

1998年，由于农业税计税价格调减，农业特产品减收引起特产税收入下降；耕地占用税缴市部分直接入市金库，区财政不体现收入等原因，农业“四税”完成1479万元，完成预算的98.6%。比1997年减少81万元。其中，农业税414万元、农业特产税626万元、耕地占用税76万元、契税363万元。

2000年，受1999年14号台风和冻害的影响，主要大宗特产税源受损严重，加上耕地占用税的影响，农业“四税”收入1932万元，比上年仅增长8.30%。其中，四税收入依次为416万元、574万元、104万元、838万元。

2001年，由于房地产复苏，区本级财政直征的耕地占用税和契税收入比上年增收463万元，增长49.15%。当年农业“四税”收入2278万元，比上年增长17.91%，四税收入依次为353万元、520万元、454万元、951万元。

2002年，由于农业税、特产税征收经费原为退库，2002年改为列支；区财政部门清理企业用地，补办耕地占用税；区房地产业发展，契税收入大幅度增长等原因，农业“四税”收入比上年增加250万元，同比增长10.97%。四税收入依次为425万元、529万元、512万元、1062万元。

2003年，因清理企业用地补办耕地占用税，加上房地产业的发展，区农业“四税”有较大幅度增长。税收收入达3975万元（含翔安），比上年增长57.24%。其中，耕地占用税、契税依次为1241万元、2734万元。同年，根据省、市农村税费改革方案，停征农业特产税、农村“五统筹”（包括农村教育附加），缓征农业税。次年起，农业“四税”仅征耕地占用税一项，至2007年该税收入依次为754万元、723万元、844万元、2780万元。

4. 其他税收收入

包括车船使用税、房产税、印花税、屠宰税等。2003年后，主要税收收入为房产税和印花税。

1998—2003年，其他税收收入累计12848万元，其中房产税9859万元，印花税1705万元，车船使用及牌照税828万元，屠宰税456万元，各占累计数的76.74%、13.27%、6.44%、3.55%。2004—2007年，累计收入12048万元，其中，房产税9098万元，印花税2950万元，各占累计数的75.51%、24.49%。

（二）政府非税收入

原称“预算外资金”。1996年，根据国务院颁布的《关于加强预算外资金管理的决定》，区财政开始将预算外资金纳入预算管理。2004年，始称“政府非税收入”。政府非税收入项目主要有专项收入、行政事业性收费、罚没收入、国有资本经营收入、国有资产（资源）有偿使用收入。1997年，政府非税收入4544万元，其中行政事业性收费收入及罚没收入4507万元、其他收入37万元。此后逐年下降，至2001年2883万元，是1997年的63.45%，其中专项收入795万元、行政事业性收入1914万元、其他收入174万元。之后有所回升，至2003年为3905万元（含翔安），其中专项收入1196万元、行政事业性收费2598万元、其他收入111万元。2004年起逐年增长，至2007年8299万元，是2004年的3.22倍，年均增长47.65%。

1. 专项收入

有烟酒专卖收入、社会事业发展费、排污费等。

1997年，同安区依省政府规定开征社会事业发展费和文化建设费。凡在区境内（不含厦门市和民政福利企业）从事生产经营活动的各种所有制的生产、经营单位和个人按当年销售（营业）总额的2%缴纳，商业批发企业按1%缴纳（批零兼营的划分计缴）。1998—2003年和2007年，累计征收专项收入4687万元。

2. 行政事业性收费和罚没收入

行政事业性收费是指依据法律、法规、规章的规定或经省以上财政部门批准，提供不以盈利为目的的服务所收取的费用。包括检测、计量、鉴定、勘察、设计、咨询、培训、学杂费等方面的收费。罚没收入指执法、司法机关依照法律、法规、规章的规定，对违法违章者实施经济处罚的款项、没收的赃款和赃物变价款。

1998年，区行政事业性收费和罚没收入3529万元，比预算收入增长76.84%，其中物价罚没收入1000万元，是超预算收入的主要原因。

2001年起，由于取消部分收费项目，行政事业性收费下降，当年收入729万元，罚没收入1185万元。

2003年，停止征收镇统筹、村提留费、教育集资等专门面向农民征收的行政事业性收费，取消涉农收费项目17个，对农民免收行政事业收费项目8个，降低收费标准的行政性收费项目4个。当年行政事业费收入1158万元，罚没收入1440万元。

1997—2007年，两项收入累计为35706万元。

3. 国有资本经营收益和国有资产（资源）有偿使用收入

1998年，为23万元，2005—2007年国有资本经营收益收入依次为304万元、1852万元和2985万元。国有资源有偿使用收入仅有1999年的400万元和2007年的50万元。总计5614万元。

二、政府性基金收入

政府性基金收入是指依照法律、法规并经有关部门批准设立，凭借行政权利或政府信誉，向单位和个人征收的具有专项用途的资金，设立政府基金的目的，主要是用以支持某项特定产业、事业发展。

1997年，全区有文教、地方财政税费附加、其他等3个基金决算收入计2806万元，至2003年，有工业交通、文教、农业、土地有偿使用、地方财政税费附加、其他等6项基金决算收入4469万元。1997—2003年，累计决算收入25423万元。析出翔安后的2004年，工业交通、农业、土地有偿使用、地方财政税费附加、其他5项基金决算收入3653万元，2007年土地有偿使用，其他政府性基金等8项基金决算收入13885万元。2004—2007年，累计基金决算收入33286万元。

1997—2007年区基金预算收入统计表

表13-5　　单位：万元

年份	1997年	1998年	1999年	2000年	2001年	2002年	2003年	2004年	2005年	2006年	2007年
合计	2806	4984	3783	3692	3036	2653	4469	3653	6265	9483	13885

第三节 上划中央级收入

一、中央“两税”收入

1997 年，中央“两税”（增值税和消费税）仍为中央、地方共享收入，其中增值税中央分享 75%，地方分享 25%。消费税是对特定的消费品和消费行为征收的一种流转税，为中央税收。中央对地方实行 1∶0.3 “两税”返还。1997—2007 年，合计上划中央 230265 万元，其中增值税 206779 万元，消费税 23486 万元。

二、中央级企业所得税收入和个人所得税收入

2002 年，根据《国务院关于印发所得税收入分享改革方案的通知》，原属地方级收入的企业所得税和个人所得税作为中央与地方共享税，中央与地方分成比例为 5∶5。当年两税收入分别为 2603 万元、2549 万元。

2003 年起，企业所得税中央与地方分成比例调整为 6∶4。当年两税收入分别为 4836 万元、3184 万元（均含翔安）

划出翔安后的 2004 年，企业所得税、个人所得税收入分别为 3012 万元、4131 万元、至 2007 年分别增加到 10968 万元、5734 万元，分别年均增长 53.85%、11.55%。

1997—2007 年区上划中央级收入统计表

表 13-6 单位：万元

年份	1997 年	1998 年	1999 年	2000 年	2001 年	2002 年	2003 年	2004 年	2005 年	2006 年	2007 年
合计	12268	11798	11577	15064	19190	29865	30866	25231	29069	43128	57681
增值税	10171	10196	10457	12833	17304	21652	20950	16150	19636	29176	38254
消费税	2097	1602	1120	2231	1886	3061	1896	1938	2310	2620	2725
个人所得税	—	—	—	—	—	2549	3184	4131	3185	4254	5734
企业所得税	—	—	—	—	—	2603	4836	3012	3938	7078	10968

第三章 财政支出

第一节 一般预算支出

一、建设性支出

1997—2000 年建设性支出的重点项目有：1997 年，投资 3050 万元建设海堤加固达标工程；1998

年，投资建设城东、城南工业区；1999 年，投资 1557 万元建设城南排洪工程，投资 1200 万元建设同安第二实验小学、投资 8628 万元建设区行政中心；2000 年，区财政共筹集各项建设资金 1.5 亿元，投入东西溪防洪工程体系建设。

2001 年，投资 1.3 亿元建设同安污水处理厂。投入农业基础设施和农业产业化扶持资金 2493 万元，水利设施资金 3500 万元，扶持乡镇企业、民营企业和“同发展、共富裕工程”资金 2200 万元，扶持农村“两化”建设、工业园基础建设和新村建设 3900 万元；国企改制准备金 1000 万元。

2002 年，投资建设面积 4.5 平方公里的厦门轻工食品工业区和同集高科技术园区。筹集无偿拨款 13893 万元投入工农业生产。

2003 年，投资 7200 万元建设同新路（同安—新圩），建设第一实小芸溪校区。区财政对农业的投入 4988 万元。

2004 年，投资 4079.3 万元建碧溪路，投资 8745 万元建 38 个农村义务教育项目，支农建设资金投入 3250 万元。

2005 年，投资 1.5 亿元启动 12 平方公里的同安工业集中区建设。投资 596 万元建设株厝“金包银”金边工程。

2006 年，投资 3118 万元进行 7 个市级试点村 163 个项目的新农村建设；筹措资金 2148 万元投入区第二批 3 个试点村 40 个项目建设和农村环卫长效体系建设。投入 6909 万元用于农、林及水利建设。投入 4482 万元用于城区基础设施建设。

2007 年，投资 4498.27 万元启动汀溪下游河道治理工程。区财政对农林水事务共投入 10353 万元，城区基础设施投入 127983 万元。市、区两级财政共投入资金 5095 万元，启动 10 个市级重点村 234 个项目的新农村建设。筹集资金 9169 万元用于农林水利工程建设。

二、经常性支出

财政经常性支出以教育、卫生事业费，行政管理费和社会保障支出为重点。

1997 年，区财政对各行政事业单位的公用经费实行“定额包干，结余留用，超支不补”的办法。实施公费医疗改革，节约公共医疗支出 500 多万元。当年经常性支出 22511 万元，其中教育事业费 10274 万元、卫生事业费 2128 万元、行政管理费 4106 万元。

1998 年，将全区行政事业单位业务费压缩 40%，严格控制人员、车辆、会议、电话等费用支出。当年经常性支出 27083 万元，其中行政管理费 4338 万元、教育事业费 12183 万元、卫生事业费 3517 万元。

1999—2002 年，区财政决算经常性支出总额依次为 29083 万元、30580 万元、38983 万元和 47503 万元。其中，教育事业费支出依次为 12806 万元、12391 万元、14446 万元、18955 万元。卫生事业费支出依次为 3215 万元、3776 万元、3209 万元、4105 万元。行政管理费支出依次为 5349 万元、3093 万元、6336 万元、6374 万元。

2003 年，决算经常性支出 50917 万元（含翔安），为 1997 年的 2.26 倍，年均增长 14.57%。其中教育事业费支出 19890 万元，扶持农村薄弱学校专项经费支出 2800 万元，使区中小学普教设备基本达到省颁一类标准，基建投资 1317 万元，用于农村基点校、中心校校舍建设，增校舍面积 6549 平方米。卫生投入 3907 万元，其中用于农村合作医疗补助资金 277 万元。行政管理费用支出 8115 万元。社会保障性支出 603 万元、抚恤和社会福利救济费支出 767 万元。从 2003 年 7 月起，提高城乡“五老”“五老遗属”“五保户”定补标准，扩大城乡低保面，全区共有社会保障对象 7506 人得到社会保障资金补助。

2004—2006 年，同安区经常性支出总额依次为：43085 万元、49237 万元、61543 万元。其中，教育事业费支出依次为 12607 万元、15455 万元、18869 万元。卫生事业费支出依次为 3039 万元、3810 万元、4623 万元。行政管理费支出依次为 8687 万元、8403 万元、10997 万元。社会保障支出依次为 501 万元、726 万元、710 万元。

2007 年，区一般财政支出决算 99952 万元，其中教育经费支出 32645 万元，教育投入增长率为 73.01%，高于地方财政经常性收入增长率；生均教育事业经费同比增加 31.67%；生均公用经费同比增加 117.34%。卫生经费支出 6643 万元，建立突发公共卫生事件应急处置系统，健全疾病预防控制体系和医疗救助体系，农村卫生医疗和社区卫生服务体系发展壮大。城乡社会事务支出 3502 万元。一般公共服务支出 17664 万元。社会保障支出 12367 万元，为 2006 年的 17.42 倍，确保最低生活保障线、农村合作医疗、被征地农民养老保险、大病补助、城镇居民未成年人年医保等社会保障性经费。发放 1.5 万名水库移民的补助资金。

第二节　基金预算支出

根据《财政部关于印发（2001 年政府预算收支科目）的通知》（财预〔2000〕129 号）的规定，基金预算支出分为 8 类：工业交通部门基金支出、商贸部门基金支出、文教部门基金支出、农业部门基金支出、土地有偿使用支出、其他部门基金支出、地方财政税费附加支出、基金预算调拨支出。

1997 年，同安区基金决算支出 2558 万元，其中文教基金支出 1924 万元，税费附加支出 309 万元，旅游开发支出 325 万元。2003 年基金决算支出 4807 万元，其中文教基金支出 522 万元、农业基金支出 60 万元，土地有偿使用支出 3400 万元，税费附加支出 271 万元。分区后的 2004 年基金决算支出 4896 万元，其中文教基金支出 1377 万元，农业基金支出 14 万元，土地有偿使用支出 2920 万元，税费及附加支出 301 万元。2007 年基金决算支出 137412 万元，为 2004 年 28.07 倍，年均增长 203.90%。其中文教基金支出 1868 万元，社保支出 224 万元，社区事务支出 124390 万元，农林水支出 1103 万元，交通支出 1414 万元，旅游开发支出 8314 万元。

1997—2006 年同安区财政支出决算表

表 13-7　单位：万元

预算科目	1997 年	1998 年	1999 年	2000 年	2001 年	2002 年	2003 年	2004 年	2005 年	2006 年
一般预算支出合计	30506	33097	34967	39594	51537	60733	62476	49405	56881	69105
建设性支出	7995	6014	5884	9014	12554	13230	11559	6320	7644	7562
其中：基本建设支出	1855	10	681	950	463	—	167	250	180	170
企业扶持支出	520	605	289	355	1602	156	56	—	23	—
科技三项费用	157	157	481	381	417	157	707	420	560	800
农林水事务	1409	1467	1275	1408	1373	1408	8034	4348	5087	4854
城市维护费	718	533	907	1849	2456	1923	2271	527	1121	779
经常性支出	22511	27083	29083	30580	38983	47503	50917	43085	49237	61543
其中：文化体育传媒	933	1002	1117	1146	1421	1464	1774	1897	2070	2352
教育	10274	12183	12806	12391	14446	18955	19890	12607	15455	18869
医疗卫生	2128	3517	3215	3776	3209	4105	3907	3039	3810	4623
社会保障支出	—	208	173	216	1042	914	617	501	726	710
行政管理费	4106	4338	5349	3093	6336	6374	8115	8687	8403	10997
公检法司支出	1344	748	815	804	1017	994	1427	1300	1601	2830

续表13-7

预算科目	1997 年	1998 年	1999 年	2000 年	2001 年	2002 年	2003 年	2004 年	2005 年	2006 年
基金决算支出小计	2558	2219	1820	2482	3343	2489	4807	4896	7402	10046
工业交通部门基金支出	—	—	194	494	1274	484	534	244	219	140
商贸部门支出	—	—	—	—	—	—	—	—	—	—
文教部门支出	1924	1695	1306	1658	1068	835	522	1377	1601	2304
农业部门基金支出	—	—	—	—	80	16	60	14	34	106
土地有偿使用支出	—	—	—	—	593	—	3400	2920	5277	7063
其他部门基金支出	325	—	—	—	—	—	20	40	30	85
地方财政税费附加支出	309	524	320	330	328	268	271	301	241	348
其他（旅游开发支出）	—	—	—	—	—	886	—	—	—	—
年度财政支出合计	33064	35316	36787	42076	54880	63222	67283	54301	64283	79151

2007 年同安区财政支出决算表

表 13-8 单位：万元

科　目	2007 年度决算数
一般预算支出合计	99952
一、一般公共服务	17664
二、外交	—
三、国防	370
四、公共安全	4365
五、教育	32645
六、科学技术	1555
七、文化体育与传媒	1235
八、社会保障和就业	12367
九、医疗卫生	6643
十、环境保护	—
十一、城乡社区事务	3502
十二、农林水事务	9078
十三、交通运输	773
十四、工业商业金融等事务	633
十五、其他支出（旅游开发）	9122
基金支出合计	137412
一、教育	1868
二、文化体育与传媒	—

续表13-8

科　目	2007 年度决算数
三、社会保障和就业	224
四、城乡社区事务	124390
五、农林水事务	1103
六、交通运输	1414
七、工业商业金融等事务	—
八、其他支出	8413
本年度财政支出合计	99952

第四章　机构与管理

第一节　机　构

一、区财政局

1997 年 5 月，同安县财政局更名厦门市同安区财政局，管理全区财政业务。内设办公室、预算、综合、工业交通、商贸、文教行政、农业、会计、财政监督、国有资产管理 10 个职能科室，下辖中华会计函授学校同安分校、同安拍卖行、同安国债服务部 3 个事业单位。

2002 年 11 月，同安区财政局内设办公室、综合科、预算科、行政事业与社会保障科、农业科、科教文科、基建科、国库科、企业与统计评价科、监察科等 10 个科室，下辖财政票据管理所、财政性资金审核管理所、会计管理服务中心和中华会计函校同安分校 4 个事业单位。

2003 年 8 月—2007 年 12 月，同安区财政局内设综合科、预算科、行政事业与社会保障科、农财科等 4 个科室，下辖 4 个事业单位（同 2002 年 11 月）。

二、区财政局直属事业单位

（一）中华会计函校同安分校

1990 年 8 月成立，负责全区财政系统的岗前培训、业务培训工作。协助财政部门办理会计从业资格证的申请、迁转、遗失补办及继续教育登记等日常事业性工作。承担区财政局委托进行的会计从业资格管理和会计人员继续教育管理等各项公共管理事务工作。

1997—2007 年，分校累计招收成人中专生 787 人，毕业 635 人；会计从业资格证培训 2407 人，会计人员继续教育 12165 人，办理会计从业资格证 4110 份。

（二）区财政性资金审核管理所

2000 年 6 月成立，正科级机构。负责全区财政性投融资建设项目工程预、决算的审核工作，统一出具工程预、决算审核结论书。监督检查工程建设资金的使用情况，签署拨付工程进度款的意见。参与工程造价管理的相关工作。负责房地产拆迁评估审核工作。

2001—2007 年，共审核 1494 个工程，送审工程造价 352037 万元，审核后工程造价 313844 万元，核减 38193 万元，核减率为 11%，为同安区节约财政资金 38193 万元。

2001—2007 年财政性资金审核管理所审核情况表

表 13-9

年份	类别	审核项目数（项）	送审造价（万元）	审后造价（万元）	核减额（万元）
2001	预算	36	3731	3156	575
	决算	18	1106	995	111
	小计	54	4837	4151	686
2002	预算	71	5734	4963	771
	决算	44	5660	4864	796
	小计	115	11394	9827	1567
2003	预算	86	17109	14674	2435
	决算	50	5682	4887	795
	小计	136	22791	19561	3230
2004	预算	86	17899	14036	3863
	决算	73	12409	10678	1731
	小计	159	30308	24714	5594
2005	预算	153	78075	71693	6382
	决算	76	8257	7798	459
	小计	229	86332	79491	6841
2006	预算	143	44798	40771	4027
	决算	144	20167	18449	1718
	小计	287	64965	59220	5745
2007	预算	254	69965	59911	10054
	决算	260	61445	56969	4476
	小计	514	131410	116880	14530
合计		1494	352037	313844	38193

（三）区财政票据管理所

2002 年 9 月成立，主要职责是负责全区行政事业性收费票据、罚没款票据和各种政府性基金等财政票据的申请印制、购领、保管、发放、使用、核销、年度审验、票据稽查等票据管理工作；负责处理全区行政事业单位预算外资金代收系统基础资料的编制、日常对账系统维护及各银行之间的协调和系统维护等业务；受区财政局委托，负责财政票据管理的行政执法稽查工作。

2004—2007 年，全区用票单位分别为 193 个、218 个、227 个、242 个，领用票据量分别为 14019 本（手工，下同）和 260.80 万份（电子，下同）、15272 本和 280.20 万份、10188 本和 419.72 万份、

9884 本和 441.83 万份；发放票据量分别为 13342 本和 194.35 万份、14591 本和 277.36 万份、9638 本和 379.80 万份、10077 本和 445.52 万份；核销票据量分别为 30.80 万份，264.45 万份、423.10 万份、497.36 万份；核销金额分别为 15840.45 万元、114295.90 万元、961643.74 万元、1161849.83 万元。

（四）国库集中支付中心

原名区会计管理服务中心（以下简称“中心”），2003 年 12 月成立，“中心”建立国库单一账户，在“预算单位执行预算主体不变、单位资金使用权不变、单位财务自主权不变的前提下，实行“单一账户、集中支付、统一核算”的管理办法，统一办理资金结算、集中进行会计核算、集中会计档案管理。当年共对区本级 155 家行政事业单位进行财务清理，实行集中统一会计核算。

2005 年，将 78 所镇级农村小学纳入集中核算。为全区各行政事业单位有基建项目集中核算的单位设立基建账户，实行专账核算，把基建项目资金核算从日常财务会计核算分离出来，采用以单位为主体，以项目为对象的方式实行单独核算。2006 年，共有 60 家集中核算单位 200 个基建项目资金纳入“中心”基建组核算，汇总资金 9462 万元。2007 年，区级行政事业单位纳入“中心”会计集中核算单位达 282 个，设置账户 325 个，其中经费账户 171 个，基建账户 68 个，工会账户 86 个。

同安区国库支付中心

“中心”通过会计集中核算，将原滞留在各部门、单位的历年结存和闲散资金进行集中，2004—2007 年，累计结存分别为 1.3 亿元、1.9 亿元、2.16 亿元、3.39 亿元。这笔存量资金对缓解区财政资金供求的突出矛盾起了重要作用。

第二节　预算管理

一、预算编制

1997—2000 年，同安财政预算编制仍沿用“基数+增长”的办法。2001 年，根据市统一部署，同安区级财政试行部门预算。

2003 年，区财政局自行开发预算指标管理执行系统，根据支付情况实现指标动态核销，全面反映预算指标的执行进度和执行情况。

2004 年，区级财政全面实行预算内外资金结合的综合部门预算的编制，当年编制预算的原则是：实行预算内外资金捆绑使用的综合预算，先预算外后预算内；实行行政事业性收费收入和罚没收入“收支两条线”完全脱钩的预算改革制度；推行零基预算的编制方法；适当提高公用经费标准，提高住房补贴、住房公积金等人员性支出标准。

2005 年，区财政局在部门预算编制中引进国家财政部的财政管理信息系统——部门预算管理软件，进行部门预算的编审，以提高预算编制的科学性和准确性。

2006 年，编制预算先用预算外资金安排支出，不足部分再由预算内安排。4 月，区财政局制作下发《新旧科目初步衔接确认表》，要求各单位对适宜使用的新支出功能分类科目进行确认反馈，完成全区所有预算单位 2006 年部门预算执行数据的转换工作。下半年，根据市财政局统一部署，区财政局开始使用太极华清“E 财”财政管理信息系统预算指标管理软件，重新规范指标执行和资金拨付流程。

2007 年，区级财政开始试行财政支出绩效评价。结合财政管理实际，研究制定《同安区区级财政专项支出预算绩效考评实施细则》，明确绩效评价的方式方法和指标体系。

二、预算外资金管理

1997 年初，完成全县清理预算外资金“小金库”专项工作，全县自查上报 1995 年预算外资金收入 13039 万元，支出 12669 万元。对全县 124 个单位作重点检查，查出行政事业性收费有违纪收费项目 24 个，金额 247.20 万元。1998 年，清理区直行政事业单位的银行户头，重新确认银行账户，对区直行政事业单位全面设立预算外资金财政专户，实行收支两条线管理。1999 年，开始分批实施行政事业性收费银行代收制，建立非税收入收缴分离制度，对区直属行政事业单位和执法单位收费试行银行代收制管理，即“部门开票、银行收款、物价监督、统一开户、收支统管”，实行直接缴库和集中汇缴两种方式。2001 年，矿产资源补偿费纳入区级预算管理。至 2003 年，区财政建立一套基本符合实际的预算外资金管理模式，基本做法是按预算外资金的性质，分为专项预算外资金和一般预算外资金进行管理。专项预算外资金必须专款专用。一般预算外资金采用以收定支形式，按部门、单位不同的财政预算管理体制，编列年度收支计划（预算），经同级财政核定后进行分配管理。

区财政局开展“小金库”专项清理工作

2004 年，实行综合财政预算制度，将部门行政性收费和罚没收入全部纳入财政预算，对部门预算内外基本支出按照统一定额标准核定，对预算内外资金实行统一、规范管理。全区共有 114 个具有行政、事业性收费收入和其他收入的单位纳入区本级财政专户。

2006 年起，区财政局对已实行“票款分离”的用票单位全面推进财政票据电子化管理改革。完善非税收入收缴系统，制定政府非税收入征收管理办法，对行政资源（资产）的有偿使用实行“招、拍、挂”，所得资金纳入“收支两条线”的预算管理范围。

2004年同安区行政事业单位部门预算标准定额表

表13-10

<table>
<tr><th>科目</th><th colspan="2">构 成</th><th>标 准</th><th>备 注</th></tr>
<tr><td rowspan="10">人员经费</td><td rowspan="2">工资</td><td>应发工资数（统发部分）</td><td>以2003年10月应发工资扣除住房补贴后换算而成</td><td>（1）行政机关在职人员应发工资包含统一岗位津贴，退休人员包含综合补贴
（2）机关退休人员（含“5·12”干部）的电话补贴和交通补贴已并入综合补贴，不得重复享受</td></tr>
<tr><td>住房补贴</td><td>上年12个月工资总额10%</td><td>个人标准、计算口径按照厦财综〔2001〕06号执行</td></tr>
<tr><td colspan="2">年终考核奖（离退干部年终一次性生活补贴）</td><td>（1）在职人员：人均两个月基本工资数
（2）离休干部：300元/人·年
（3）退休干部：200元/人·年</td><td>行政干部：基础工资+职务工资+级别工资+工龄工资
工　　人：技术等级工资+津贴
事业人员：职务工资+技术等级工资+津贴+教护龄津贴</td></tr>
<tr><td colspan="2">防暑降温费</td><td>（1）在职人员、离休干部：750元/人·年
（2）退休人员：600元/人·年（不含机关）</td><td>—</td></tr>
<tr><td colspan="2">福利费</td><td>600元/人年</td><td>—</td></tr>
<tr><td colspan="2">遗属补助</td><td>（1）城镇户口521元/人·月
（2）农村户口372元/人·月</td><td>遗属补助按实核定，抚恤金按实年终结算</td></tr>
<tr><td colspan="2">住房公积金</td><td>上年12个月工资总额9%</td><td>个人标准、计算口径按厦财综〔2001〕06号文执行</td></tr>
<tr><td colspan="2">社会保障</td><td>上年工资总额的23%
上年工资总额的2%
上年工资总额的8%</td><td>离休干部（含“5·12”干部）按15000元/人·年</td></tr>
<tr><td colspan="2">其他</td><td colspan="2">（1）离休干部公务费：地专级1050元/人·年、县处级及其以下950元/人·年
（2）离休干部特需费500元/人·年、护理费450元/人·年（享受对象须经老干局核实）
（3）部分离休干部增发1—2月生活补贴（须经老干局核实）；（4）离退休干部活动经费100元/人·年</td></tr>
<tr><td rowspan="2">公用经费</td><td colspan="2">综合定额标准（包括办公费、印刷费、水电费、邮电费、差旅费、会议费、招待费、福利费、劳务费、维修费、专用材料费、图书资料购置费及其他费用）</td><td>（1）行政机关（含机关事业编制）8000元/人·年
（2）事业单位（除教育卫生系统）6000元/人·年</td><td>核定人数按编制内实有人数
教育、卫生系统及其他定额差补单位下达指标情况详见同财预〔2003〕22号文件</td></tr>
<tr><td colspan="2">汽车经费</td><td>（1）机关“五套班子”用车23000元/辆·年
（2）其他机关车辆18000元/辆·年</td><td>除机关“五套”班子、检察院、法院、司法车辆经费按实际车辆数供给外，其他单位车辆经费按2辆（含）以下配置，超过核定数车辆经费单位自行解决</td></tr>
</table>

2005—2006年同安区部门预算定额标准对比表

表13-11

<table>
<tr><th>定额名称</th><th>项目</th><th>2005年定额标准</th><th>2006年定额标准</th><th>备　注</th></tr>
<tr><td rowspan="7">人员支出标准</td><td>1. 工资、住房补贴等</td><td>工资统发数</td><td>工资统发数</td><td rowspan="16">1. 比照市财政做法及标准，将加班工资在非统发人员经费体现，标准按市财政标准（属人员经费部分）。行政元/人·年，事业元/人·年，教育生均标准主要提高九年义务教育生均公用经费，按满足教育绩效奖和午餐补贴人均标准元/人·年加入生均公用经费标准测算
2. 行政人员由于将午餐补贴、通讯费补贴（含固定电话补贴）、工作补贴等项列入工资统发项目（年均约元）加上加班工资定额标准元及公用经费定额标准元合计达元/人·年
3. 事业人员加班工资标准元、工作补贴标准元加上公用经费定额标准元（含绩效奖、午餐补贴等），合计达元/人·年
4. 事业退休人员生活补助包括事业在职人员发放绩效奖时给予适当补助，加上本次生活补助元/人·年，合计元/人·年
5. 助学金将原零基安排改切块安排
6. 汽车经费在未重新核定编制前不做调整</td></tr>
<tr><td>2. 年终考核奖</td><td>一个月工资总额</td><td>年终考核奖，行政人员按一个月基本工资测算、事业人员按一个半月基本工资测算（本项实际支出按年终核定标准执行）</td></tr>
<tr><td>3. 防暑降温费</td><td>750元</td><td>750元</td></tr>
<tr><td>4. 遗属补助</td><td>555元/月·城镇
396元/月·农村</td><td>555元/月·城镇
397元/月·农村</td></tr>
<tr><td>5. 工作补贴</td><td>—</td><td>①机关单位纳入工资统发；②事业在职人员工作补贴按2000元/人·年标准</td></tr>
<tr><td>6. 加班工资</td><td>从公用经费定额中供给</td><td>比照市财政做法及标准，将加班工资在非统发人员经费体现，标准按市财政标准（属人员经费部分）。①行政3500元/人·年；②事业2500元/人·年</td></tr>
<tr><td>7. 社会保险费、失业保险费等</td><td>按实际费用</td><td>按实际费用</td></tr>
<tr><td rowspan="8">公用经费定额标准</td><td>1. 行政在职人员</td><td>12000元</td><td>10000元</td></tr>
<tr><td>2. 事业在职人员</td><td>10000元</td><td>12000元</td></tr>
<tr><td>3. 汽车公用经费</td><td>18000元</td><td>18000元</td></tr>
<tr><td>4. 高中生</td><td>220元</td><td>220元</td></tr>
<tr><td>5. 职高生</td><td>200元</td><td>200元</td></tr>
<tr><td>6. 初中生</td><td>300元</td><td>600元</td></tr>
<tr><td>7. 小学生</td><td>250元</td><td>650元</td></tr>
<tr><td>8. 幼儿园</td><td>170元</td><td>170元</td></tr>
<tr><td>助学金</td><td>4. 高中生
5. 初中生
6. 小学生</td><td>10元
30元
20元</td><td>全区统一切块安排助学、奖学金万元专项用于全区贫困学生助学、优秀学生奖学</td></tr>
<tr><td rowspan="8">离退休人员</td><td>1. 工资</td><td>实际工资总额</td><td>实际工资总额</td><td rowspan="8">—</td></tr>
<tr><td>2. 降温费</td><td>离休干部750元/人·年
事业退休干部600元/人·年</td><td>离休干部750元/人·年
事业退休干部600元/人·年</td></tr>
<tr><td>3. 离休人员特需费</td><td>500元/人·年</td><td>500元/人·年</td></tr>
<tr><td>4. 离退休人员生活补助</td><td>1200元</td><td>3000元</td></tr>
<tr><td>5. 年终一次性补助</td><td>离休干部300元/人·年
退休干部200元/人·年</td><td>离休干部300元/人·年
退休干部200元/人·年</td></tr>
<tr><td>6. 离休干部公务费</td><td>地专级1050元/人/年、县处级及其以下950元/人·年</td><td>地专级1050元/人·年、县处级及其以下950元/人·年</td></tr>
<tr><td>7. 离休干部护理费</td><td>600元/人·月，本项补贴仅对“因公致残饮食起居需人扶助的”或“由于瘫痪等原因，生活长期完全不能自理的”离休干部有效</td><td>600元/人·月，本项补贴仅对“因公致残饮食起居需人扶助的”或“由于瘫痪等原因，生活长期完全不能自理的”离休干部有效</td></tr>
<tr><td>8. 退休干部活动经费</td><td>地厅级含享受厅级待遇150元/人·年、县处级120元/人·年、科级以下100元/人·年</td><td>地厅级含享受厅级待遇150元/人·年、县处级120元/人·年、科级以下100元/人·年</td></tr>
</table>

第三节　财政国库和土地基金管理

一、财政国库管理

根据市统一部署，2000 年 7 月起同安区先后对区直行政机关单位工作人员、9 所完全中学及技工学校教师的工资实行统一发放。2001 年，工资统一发放的范围扩大至区属 117 个行政事业单位工作人员和离退休人员及全区所有学校教师和离退休人员，共 9173 人，发放金额为月 1648.55 万元。至 2003 年 5 月，实现全区区属行政事业单位在职干部、离退休干部，所有镇属小学教师、离退休教师工资统一发放，总人数 10007 人。

2003 年 12 月，成立区财政国库集中支付中心，制定和公布《厦门市同安区财政国库集中收付制度改革实施方案》《厦门市同安区财政国库集中支付管理暂行办法》《厦门市同安区区级财政国库集中支付资金银行支付清算暂行办法》《厦门市同安区财政国库集中支付会计核算暂行办法》《厦门市同安区财政国库集中支付预算单位年终额度结余处理暂行规定》等文件。10 月、11 月分两批将 150 个区级行政事业单位（除差额拨款和自收自支事业单位外）全部纳入国库集中支付管理。

二、土地基金管理

2001 年 1 月，同安区根据市有关规定，设立土地基金专户管理土地基金，收入实行银行代收，支出严格按规定支付。属于拆迁安置，全部由区拆迁办审核后拨款；属于工程性资金，必须通过财政审核所审核后方可拨款。2004 年，将区工业区土地出让收入全部纳入区土地基金专户，实行专户管理。

2001—2007 年，土地基金收入依次为 4288 万元、17493 万元、28238 万元、30571 万元、48676 万元、178924 万元、111595 万元；支出依次为 2433 万元、14831 万元、27754 万元、34328 万元、43420 万元、143193 万元、113091 万元。年终结余依次为 1855 万元、4516 万元、5000 万元、1243 万元、6499 万元、42230 万元、46 万元。

第四节　政府采购管理

2001 年 12 月起，按照“分批纳入、逐步实施”的办法，对全区机关事业单位、社会团体使用财政性资金购买纳入采购项目的商品物资试行政府采购。当年对大中型项目采用邀请招标的方法，完成区人大、政协大楼的电梯，广电局的光缆、挂钩、光发射接收机等重要器材的集中采购，采购资金 626 万元。同时对空调、电脑等配套设施、同类商品批量价值十万元以上的物资进行公开招标。

2002 年，开通同安区政府采购信息网，进行网上采购咨询、采购信息发布、接受投诉等，提高政府采购的工作效率和透明度。全年采购金额 1934.9 万元，节约资金 164.47 万元，节约率 8.5%。

2003 年，区政府采购商品范围扩大为汽车、摄像机、电视机、投影设备、体育设备、10 万～50 万元的工程项目以及批量价值 5 万元以上的物资。从 6 月起开设政府采购专户，通过该专户将采购款直接支付到商品和劳务供应者，保证采购资金的及时到位。当年采购金额 2113 万元，节约资金 274 万元，节约率 11.47%。

2004 年，公布区集中采购目录及政府采购限额标准，细化和明确应纳入采购项目和限额标准。全年政府采购金额 4984.49 万元，节省 431.97 万元，节约率 8.67%。其中，公开招标 60 标次，采购额 2625.18 万元，节约 266.81 万元，定点采购 909.64 万元，节约 144.84 万元；采购汽车 64 部，采购额 1449.67 万元，节约 20.32 万元。

政府采购招投标评标

2005年，区财政局制定《关于进一步规范我区政府采购工作的通知》，要求区所有行政事业单位要按政府采购的有关规定认真编制政府采购预算，并严格按批复的政府采购预算执行，凡未编入部门预算的项目原则上不安排采购。实行柜台式办公，结合企业改制对采购中心人员进行整改，提高采购效率和服务质量。全年共采购7436.67万元，节省采购资金1562.86万元，节省率21.02%。

2006年，全区完成政府采购项目预算9936万元，共采购8867万元，节约资金1068.85万元，节约率12%。其中，公开招标类中的办公设备及医疗器械预算金额8470.12万元，中标采购金额7443.78万元，节约1026.34万元；定点采购类中的办公设备预算采购金额594.52万元，中标采购金额566.16万元、节约28.36万元；汽车定点采购46部、预算金额871.43万元、中标采购金额857.28万元、节约14.15万元。

2007年，同安区在全市率先实行政府采购开标、评标过程同步影音监控。同时，依据《政府采购法》明确供应商投诉的条件、权利和义务、投诉程序、受理投诉的条件以及处理要求，实现政府采购供应商投诉的制度化、程序化，建立多层次、全方位的监督制约机制。同年，完成政府采购项目预算9936万元，采购金额8867万元，节约资金1068.85万元，节约率12%。

据统计，2001—2007年，累计完成政府采购金额34223.16万元，节约资金4583.53万元，节约率13.39%。

第五节　国有资产管理

一、公务车辆统一保险

1999年，区财政局根据《厦门市同安区行政事业单位公务车辆统一保险暂行办法》，区属行政机关、全额事业单位的公务用车，按照统一规定的投保险种（主要险、附加险只保玻璃破碎险和驾驶员险），由三家保险公司分别投保。当年公务车164部纳入统保，年可节约保费54万元（车均3100元）。2001年区属公务用车全部实现统一保险。2003年6月，全区行政机关和全额、差额事业单位共有公务车367辆纳入统保，保费支出126.34万元，比未执行公车统保时减少支出73.40万元。

2007年4月，区财政局发布《关于进一步完善机关事业单位实行公务车辆统一保险的补充通知》，对公务车辆统一保险的主险及附加险进行调整，同时将第三责任险每次事故的责任限额提高至30万元，车上人员责任险仅投保一个座位，其责任限额也提高至5万元。截至2007年12月，全区行政机关和全额、差额事业单位共有460辆公务车进行统一保险，保费支出179万元。

二、机动车辆定点维修

2007 年初，在对全区行政事业单位机动车辆维修情况全面调查的基础上，相继制定《同安区行政事业单位机动车辆定点维修暂行规定》《同安区行政事业单位机动车辆定点维修实施细则》等 5 份公车定点维修的配套管理文件，报送区行政资源和社会公共资源配置市场化改革办公室印发。4 月，通过公开招标，择优选择同安联通汽车修配有限公司、同安良进汽车修配厂、同安交通运输公司修配厂、厦门市翔露汽车服务有限公司、厦门市忠宇汽车修配有限公司等 5 家具有机动车辆相关维修资质的企业作为全区 135 家行政事业单位 505 辆公车定点维修厂家，签订定点维修合同。同年 6 月 1 日起，全部实施定点维修。

三、出租资产管理

2005 年起，同安区国有资产管理有限公司配合区机关事务管理局下发"单位闲置、出租资产调查表"，同安区国有资产管理有限公司根据各单位上报的调查表，抽调业务骨干，成立资产接收小组，区财政局会同机关事务管理局及国资公司等有关单位，根据各单位上报情况，对行政、事业单位闲置、出租资产进行调查汇总，集中统一接收。截至 2007 年共接收行政、事业单位闲置、出租资产 10390 平方米，土地面积 3.09 亩。资产接收完毕后，区财政局组织人员对资产分门别类，对水电进行分户、清理、养护，并对房产实际丈量核实后，根据毗邻房产市场行情，研究确定租金标准，对在租房产及时通知租户到国资公司办理变更租赁手续或续租，并缴交租金、押金。对空置、到期的房产（如水技站一楼、政协楼一楼等）对外进行公开、公正、公平招租，通过公开投标确定承租人，同时办理相关租赁事宜，从接收至 2007 年 10 月底，租金收入约 239 万元，交纳相关税费后上缴区财政 208 万元。

四、国有企业资产管理

2003 年前，同安区区属国有企业有 72 家，2003 年析出翔安后有 62 家。区财政局对区属国企的资产、债务、经营盈亏和利税均进行常规管理。2001 年，对国企产权体制全面改革，使国企从一般性竞争领域有序退出，改制的形式有股份合作制、兼并、破产、关闭、拍卖等。财政局对改制企业的资产、资金、债务、人员经费等财务情况全面统计，并制定出资产变现、职工安置补偿资金及财政补助的预案，为企业改制提供财务依据。至 2006 年，全区先后完成 58 家国企改制，其中改制为股份有限公司 15 家，破产拍卖 1 家（同安油厂，拍卖价 1600 万元），整合 1 家（同安医药公司），关闭解散 41 家。余建发公司等四家暂缓改制拟整合。改制中的资产评估、处置、补偿金、补助金等财务依据均由区财政局统计完成。解除劳动关系获得补偿的职工 4856 人。

第六节 会计管理与财政监督

一、会计管理

1997 年，中华会计函授学校同安分校组织全区 400 名行政单位会计进行培训，为从 1998 年 1 月 1 日起全面实施新会计制度做准备。2000 年，开展《中华人民共和国会计法》和《中华人民共和国预算法》学习和宣传活动，利用电视宣传、开办讲座等形式，加强各级领导、各单位负责人、财会人员严格执法、依法理财的观念。举办全区副处级以上干部《中华人民共和国会计法》专题讲座。中华会计函授学校同安分校举办三期会计电算化培训班，共培训 330 人；举办九期《中华人民共和国会计法》培训班，共培训 1950 人。2001 年，对 557 个行政事业单位、"三资"企业、乡镇企业开展《中华人民共和国会计法》执法检查和会计信息质量检查，打击会计造假行为。重点检查 30 个单位，督促会计基础工作存在问题的单位进行整改。2003年，开展会计信息质量检查，对12家重点单位2002年度会计信息的真实性和完整性进行检查，重点检查单位执行会计法律、行政法规和国家统一的会计制度情况，并责令存在不规范行为的4个单位进行整改。2005年7月，区财政局成立监督检查工作小组，对发改局、文体局、建发公司等8个单位的重点财政支出资金使用情况和会计信息质量进行检查。完成全区行政企事业单位2004年度会计决算报表的审核、汇总和编报工作。列入2005年会计报表汇编的单位204个，其中，行政事业单位153个，国有企业51个；资产总额443725.7418万元，负债总额241058.6466万元，所有者权益108120.8983万元。其中，机关事业单位总资产129053.4269万元，负债34507.2301万元，净资产91834.1262万元；国有企业总资产314672.3148万元，负债206551.4165万元，所有者权益108120.8983万元。

二、财政监督

1997年，继续开展税收财务物价大检查，全年共查出违纪金额1583万元，应入库1591万元（含处罚）。清理社会集团单位和行政事业单位公用摩托车、无线电移动电话和公款安装住宅电话，查出未经社会集团单位审批安装的移动电话500部，未经审批购置的公用摩托车1250部。对行政事业单位的公用摩托车作定价拍卖2232部，拍卖所得785万元分别上缴区、镇两级财政，用于冲减财政支出。

1998年，按“话机个人购置，话费限额补贴，费用总量控制，特岗限量配备”的方式，对全县公费移动电话和住宅电话进行清理，共拍卖移动电话415部，住宅电话563部，拍卖所得94.5万元。每年可节约财政支出120万元。之后，对全区国有企业公款购置的移动电话内部折价处理135部，规定移动电话话费开支与当年销售额挂钩，实行限额核定。同年起，根据国务院决定，取消一年一度的财务税收“大检查”，代之以专项检查与日常监督管理，加强对专项资金的财政监督。

1999年，区财政在有关部门配合下，采取抽查、跟踪、专项检查等办法，对村镇建设资金、14号台风救灾资金等专项资金进行监督检查，涉及12个镇、15家工交企业的268个项目，专项资金近3000万元。

2000年，对同安区工交、商贸系统1998—1999年度专项资金使用情况进行检查，涉及50个单位111个项目1257万元，查出未完全按规定使用的资金58.7万元，占全部资金量的4.7%。同时跟踪检查农业基础设施建设资金、海堤加固修建资金、抵御特大冻害恢复生产资金等。

2002年，区财政局会同有关部门，对21个单位的2001年度私设“小金库”情况、“收支两条线”管理、政府采购执行情况进行综合检查，发现私设“小金库”的单位3个，涉及金额12.9万元；“收支两条线”管理存在违规现象的单位24家，应缴未缴金额401万元；违反《厦门市同安区政府采购实施细则》的单位24家，总金额95万元。

2003年，区委、区政府决定区直机关实行统一岗位津贴制度，区财政局在有关部门配合下，对区直机关公务员各种特殊岗位津（补）贴进行清理和确认，规范加班工资的发放行为。同年，区财政加强对市扶持同安区薄弱学校专项经费的跟踪管理，督促基建进度，并对各镇农业专项资金使用情况开展专项检查。

2004年7月，根据市统一要求，结合区实际情况，同安区成立专项监督检查工作小组，重点围绕“三农”、公共卫生体系建设、社会保障等问题开展检查。同时根据市财政局要求，对全区112个单位用公款为个人购买商业保险的情况进行清理登记。清理出用公款为职工购买商业保险资金3.018万元。

2005年7月，区财政局成立监督检查工作小组，对发改局、文体局、建发公司等8个单位的重点财政支出资金使用情况和会计信息质量进行检查。

2006—2007年，集中组织检查农村税费改革转移支付、扶贫、救灾、社保、低保、医疗、涉农、计划生育和政府性融资等重点财政专项资金的使用情况，杜绝挪用财政专项资金等严重违纪违规行为。在市、区两级财政审计中，均未发现因财政部门原因造成的资金浪费现象。

第十四篇　税　务

1997年同安撤县设区，新成立的厦门市同安区国家税务局和地方税务局年年超额完成税收任务，至2007年累计组织国税收入34.39亿元（不含海关代征，下同），年均增长15.61%。其中，前7年（1997—2003年）年均增长13.51%，后4年（2004—2007年）年均增长38.23%；累计组织地税收入26.20亿元，年均增长20.23%，其中前7年，年均增长16.12%，后4年年均增长38.91%，实现税收与经济增长良性互动，为中央财政收入、同安地方经济建设做出贡献。

第一章　国家税务

第一节　税　制

1997年1月1日起，中央与地方共享收入的证券交易印花税收入分享比例调整为中央80%，地方20%。同年，证券（股票）交易印花税由原来对买卖双方各征3‰调高到各征收5‰，其中调高税率增加的收入全部作为中央财政收入，中央与地方证券交易印花税分享比例折算为中央88%，地方12%（2000年10月1日起，该税分享比例分三年调整到中央97%，地方3%）。同年，中央固定收入的金融保险业营业税税率由5%提高到8%，提高税率增加的收入归中央财政（2001年1月1日起，该税税率每年下降一个百分点，分三年将金融保险业营业税税率由8%降低到5%）。

1999年，调整国有土地有偿使用收入分配，将其中新批转为非农业建设用地的部分收入上缴中央财政。

2002年1月1日起，除铁路运输、国家邮政、中国工商银行、中国农业银行、中国银行、中国建设银行、国家开发银行、中国农业发展银行、中国进出口银行以及海洋石油天然气企业界缴纳的所得税继续作为中央收入外，其他内资企业所得税、外商投资企业和外国企业所得税以及个人所得税改由中央与地方按比例分享，中央分享50%，地方分享50%（2003年所得税收入中央分享60%，地方分享40%）；同时，实施所得税收入分项改革，国家税务局、地方税务局分别按原来的征管范围负责企业所得税和个人所得税（包括储蓄存款利息所得个人所得税）的征管。自改革方案实施之日起，新登记注册的企事业单位所得税由国家税务局征收管理。

2004年1月1日起，按“新账不欠，老账要还，完善机制，共同负担，推动改革，促进发展”的思路，改革出口退税机制。具体包括对出口退税率进行结构性调整，平均出口退税率由此下调3个百分点；加大中央财政对出口退税的支持力度；建立超基数部分应退税额由中央和地方按75∶25比例共同负担的新机制；推进外贸体制改革，调整出口产品结构；累计欠退税由中央财政负担。

2005 年 1 月 1 日起，中央与地方出口退税分担比例调整为 92.5∶7.5，出口退税改由中央统一退库，相应取消中央对地方的出口退税基数返还，地方负担部分年终转向上解。

第二节　税　种

一、增值税

税率　1997 年，一般纳税人基本税率为 17% 或 13%，有权领购使用增值税专用发票和按规定取得进项税额的抵扣权。小规模纳税人按 6% 的征收率征收，不能领购增值税专用发票，不得抵扣进项税额。1998 年 7 月 1 日起，商业企业小规模纳税人的增值税征收率由 6% 调减为 4%。

税额　1997 年，征收入库 12899 万元，至 2003 年增加到 27933 万元（含翔安，下同）为 1997 年的 2.17 倍，年均增长 13.74%。

2004 年，征收入库 26023 万元（不含翔安，下同），2007 年征收入库 53740 万元，为 2004 年的 2.07 倍，年均增长 27.34%。

二、消费税

税率　征收范围包括烟、酒及酒精、化妆品、贵重首饰、鞭炮、焰火、汽车轮胎、摩托车、小汽车等产品。黄酒、啤酒、汽油和柴油四项为定额税率，白酒和卷烟实行定额税率并比例税率，其他实行比例税率（最高 45%，最低 3%）。2006 年 4 月 1 日起，新增高尔夫球及球具（税率 10%）、高档手表（税率 20%）、游艇（税率 10%）、木制一次性筷子（税率 5%）、实木地板（税率 5%）税目。取消汽油、柴油税目，增列成品油税目。

税额　1997 年，征收入库 2097 万元。此后至 2003 年，征收额除 2000 年、2002 年增加外，均减少，2003 年征收额为 1896 万元，比 1997 年减少 9.59%。2004 年，征收入库 1938 万元，此后至 2007 年均显增长趋势，2007 年征收入库 2725 万元，为 2004 年的 1.41 倍，年均增长 12.03%。

三、内资企业所得税

税率　征收范围是在中国境内实行独立经济核算（除外商投资企业和外国企业以外）而有生产经营所得和其他所得的企业或者组织，税率 33%。

税额　1997 年，征收入库 171 万元，此后至 2003 年显增长趋势，2003 年，征收入库 958 万元，是 1997 年的 5.60 倍，年均增长 33.27%。2004 年，征收入库 406 万元，2007 年，征收入库 3913 万元，是 2004 年的 9.64 倍，年均增长 112.81%。

四、涉外企业所得税

税率　征收范围是外商投资企业和外国企业，税率 15%。

税额　1997 年，征收入库 361 万元，至 2003 年增加到 3170 万元，是 1997 年的 8.78 倍，年均增长 43.64%。2004 年，征收入库 1998 万元，至 2007 年增加到 7404 万元，是 2004 年的 3.71 倍，年均增长 54.75%。

五、企业所得税

2007 年 3 月，开征企业所得税，税率 25%，同时取消内资企业所得税按 33% 征收和涉外企业所得税按 15% 征收的税目，符合条件的小型微利企业减按 20% 的税率，国家需要重点扶持的高新技术企业减按15%的税率，符合规定的非居民企业适用税率20%并减按10%税率征收。当年征收入库11322万元。

六、车辆购置税

根据国家税务总局、交通部、人事部、财政部、中编办《关于做好车辆购置税费改革人员财产业务划转移交工作的通知》（国税发〔2004〕144号），自2005年1月1日起，车辆购置税由原交通部门代征改由国家税务局负责征收。同安区局负责同安区、翔安区的摩托车、挂车、农用车车辆购置税的征收管理工作，具体征收工作由同安区国家税务局车辆购置税征收管理办公室负责。2005—2007年，车辆购置税征收总额2542万元，各年征收额依次为884万元、773万元、885万元。

第三节 税款征收

一、征收方式

查账征收 增值税一般纳税人与财务会计制度健全、账册完备的增值税小规模纳税人和个体工商户采用查账征收。纳税人在规定的期限内根据自己的财务报告表或经营成果，向税务机关申报应税收入或应税所得及纳税额，经税务机关审查核实后，由纳税人到指定的银行缴纳税款。

核定征收 没有记账能力，无法查实其销售收入或经营收入和所得额的个体工商户或者无法准确核算成本、无法取得成本单据的行业，税务机关根据纳税人的生产经营情况，按税法规定直接核定其应纳税额，分期征收税款。

委托代征 税务机关委托有关单位或个人代为征收。屠宰税等零星、分散难以管理的税种均采用此方式征收税款。

二、征收额

1997年，同安区国税局制定“作风严谨、管理精细、制度规范、阳光操作、争创特色”的工作方针，践行“聚财为国、执法为民”的税收工作宗旨，实现税收收入高速增长，当年税收计划数15380万元，实际入库数16111万元，完成计划数的104.75%。

2003年，税收计划数29400万元（含翔安），为1997年的1.91倍，年均增长11.40%；实际入库数34464万元，为1997年的1.17倍，年均增长2.68%，完成计划数的117.22%。

2004年，税收计划数24200万元，实际入库数26023万元，完成计划数的107.53%。2007年，税收计划数62290万元，是2004年的2.57倍，年均增长37.05%；实际入库数68739万元，是2004年的2.64倍，年均增长38.23%，完成计划数的110.35%。

区委区政府表彰纳税大户

1997—2007 年同安国税各税种入库情况表

表 14-1

税种	1997 年	1998 年	1999 年	2000 年	2001 年	2002 年	2003 年	2004 年	2005 年	2006 年	2007 年
增值税	12899	13716	14000	17192	23101	28873	27933	21533	26182	38901	53740
消费税	2097	1602	1121	2231	1887	3061	1896	1938	2310	2620	2725
内资企业所得税	171	226	254	301	490	605	958	406	1282	2152	3913
涉外企业所得税	361	391	732	1054	1440	1307	3170	1998	1996	4425	7404
税滞补罚收入	103	—	—	—	—	—	—	—	31996	—	—
车辆购置税	—	—	—	—	—	—	—	—	884	773	885
合计	15631	15935	16107	20778	26918	33846	33957	25875	32654	48871	68667

说明：2005 年税滞补罚收入不计入当年合计数

1997—2007 年同安国税税收计划及完成情况表

表 14-2　　单位：万元

年份	年度计划数	实际入库数	完成情况
1997	15380	16111	104. 75
1998	16509	16540	100. 19
1999	15124	16609	109. 82
2000	19440	21394	110. 05
2001	23300	27623	118. 55
2002	34200	34472	100. 80
2003	29400	34464	117. 22
2004	24200	26023	107. 53
2005	30500	32880	107. 80
2006	38970	49088	125. 96
2007	62290	68739	110. 35

第四节　机构与管理

一、机构

1997 年 5 月 6 日，原厦门市国家税务局同安分局更名为厦门市同安区国家税务局。内设办公室、人事教育科、监察室、计划财务科、税政管理科、征收管理科、涉外征管科、税务监察室、检查科、下辖直接征收所、马巷税务所、新店税务所、城关税务所、五显税务所、祥桥税务所、洪塘税务所、新圩税务所、西柯税务所、内厝税务所。年末全局干部 104 人。

1998 年 6 月 1 日，内设办公室、人事监察科、计划会计科、管理科、税政审理科、征收科、涉外税收管理科，下辖马巷中心税务所、祥桥中心税务所、新店中心税务所、稽查一科、稽查二科、执行

同安国税大楼

科。年末全局干部99人。

1999年11月11日，计划会计科和征收科合并为计会征收科，增设大同中心税务所、大嶝税务所。年末全局干部96人。

2001年，内设办公室、人事监察科、税政征管科，下辖征收分局、管理分局、稽查分局、外税分局、五显分局、祥桥分局、马巷分局、新店分局、信息中心。年末全局干部97人。

2003年11月27日，原同安区国家税务局马巷分局、新店分局划归翔安区国家税务局，撤销同安区国家税务局征收分局、管理分局、外税分局。厦门市同安区国家税务局稽查分局更名为厦门市同安区国家税务局稽查局。内设办公室、人事监察科、税政科、办税服务科、管理一科、管理二科；直属行政机构稽查局；派出机构有：五显税务分局、祥桥税务分局；事业单位信息中心。年末全局干部100人。

2006年，内设办公室、人事教育科、监察室、税政管理科、计划征收科、税源管理一科、税源管理二科；直属机构稽查局；派出机构有：新民税务分局、五显税务分局；事业单位信息中心。年末全局干部职工95人。此后至2007年，机构人员不变。

二、管理

（一）税源管理

1998年，建立“纳税申报、税务代理、税务稽查”三位一体的税收征管模式，率先在全市国税系统建立对所有企业流转税、所得税、出口退税进行一体化纳税评估的“三位一体”纳税评估体系，在管理科室建立二级评估体系，确立以纳税评估为中心的税源监控方式。

2005年6月，率先在国税系统细化“五清一会”，按照“属地管辖，分片为主，分类结合”的原则，探索地域管理为主、分类管理为辅的管户方式。同年9月，制定征管质量管理考核制度，完善征管质量“六率”（登记率、申报率、入库率、滞纳金加收率、处罚率、资料完成率）的考核。

2007年6月，建立健全一般纳税人回访机制，改变以往“严认定、松管理”的现象，将偷、漏税行为扼杀在萌芽状态。同年10月，建立税收分析、税源管理、纳税评估和税务稽查征、管、退、查“四位一体”联动机制，开展“以评估促征管，向评估要收入”活动。

国税创A类纳税信用企业签名仪式

附录：厦门市国税局税收征管“五清一会”细化要求

一是要清楚企业生产、经营的产品品种、类型以及每种产品或主要产品的生产工艺、流程等，以便对企业的工序和各个环节进行全面了解。

二是要清楚企业生产、经营的每种产品或主要产品的生产成本、产成品率和产品损耗率以及产品的产销率等，以便对企业各个环节的费用、增值和税负情况进行全面了解。

三是要清楚企业每种产品或主要产品的各种原材料或主要原材料所占的比重，原材料的来源渠道、对象以及产品销售渠道、对象等，以便判断企业生产经营是否规范。

四是要清楚企业生产、经营的原材料和半成品、产成品的库存情况和库存地点及仓库面积等并定期或不定期深入企业检查库存情况，以便了解和掌握企业存货情况和进项留抵情况。

五是要清楚企业申报纳税及欠税情况以及发票购买使用情况等，以便加强对企业税负异常情况的监控分析和跟踪管理。

六是要会充分运用所掌握的信息，结合具体实际，并懂得运用纳税评估的技术、技巧、流程和运作方式、方法等开展纳税评估工作。

（二）税务登记

税务登记内容包括设立登记、变更登记、注销登记、停复业登记、外出经营报验登记、税务登记证验审和更换、非正常户处理等。1997 年，新增税务登记 754 户，至 2003 年累计新增税务登记 6914 户。2003 年，新增税务登记 1008 户，至 2007 年累计新增税务登记 6850 户。2007 年，还处于正常开业状态的个体工商户 2793 户；处于正常开业状态的企业纳税人 2786 户。

（三）发票管理

发票管理包括发票印制管理、发票领购管理、发票开具管理以及发票的保管。重点加强普通发票的真伪鉴定，增值税发票的发售管理、异常发票和红字发票审核及失控发票的核查。为达以票控税的目的，采取多种形式激励消费者索取发票；常年开展发票的检查、稽查活动，规范发票使用；与公安、司法等部门合作，打击制售、贩卖和使用假发票的行为。至 2007 年底，全区使用发票的纳税人共计 3366 户，其中使用增值税发票 1680 户。

（四）税务稽查

按照依法治税、行业税收专项检查与区域税收专项整治相结合、分类检查和专案检查相结合的工作原则，采取对税收大幅下降的重点税源企业的分析监控、对税负波动异常企业的跟踪监控、税负低于预警线企业的专案评估、增值税纳税申报表的案头审核分析、政策性退税管理、免抵税额测算和免抵退税企业的评估、健全纳税评估企业后续管理的长效机制；建设“四位一体”联动机制等措施；同时通过查处大案要案、税收专项检查、整顿和规范税收秩序等工作主线，加大税收征管法的执行力度，进一步整顿规

国税税务人员与公安警员召开联合办案通报会

范税收秩序，保护公平竞争。

1997 年，稽查税务案件 56 件，补税 1447.00 万元，罚款 126.00 万元，均入库。至 2002 年，累计稽查税务案件 248 件，补税 3280.00 万元，罚款 839.00 万元，入库 4119.00 万元。

2003 年，稽查税务案件 47 件，补税 425.00 万元，罚款 185.00 万元，入库 70200 万元，至 2007 年，累计稽查税务案件 171 件，补税 1766.30 万元，罚款 765.00 万元，入库 2823.50 万元.

1997—2007 年，累计稽查案件 419 件，查补税款 7001.00 万元，其中补税 5046.30 万元，罚款 1604 万元，滞纳金 341.10 万元，发票罚款 6.90 万元，没收 2.70 万元，入库 6942.50 万元。

（五）生产企业出口免抵退税

1997 年全区符合条件的生产企业全面实行免抵退税办法，减轻企业资金占用，降低出口成本，增强出口产品在国际市场的竞争力。当年实行免抵退税生产企业出口额及退税额缺失。

2002 年起，扩大实行免抵退税管理办法的企业范围，对生产企业自营或委托外贸企业代理出口自产货物，除另有规定外，增值税一律实行免抵退税管理办法，实行按月申报、按月退税办法，取消了原免抵退税管理办法按季退税的规定，取消原免抵退税管理办法关于出口比例的限制性规定，明确免抵退税操作规程。

2004 年，按照出口退税机制改革精神，清理陈欠退税，促进出口企业良性发展。当年实行免抵退税生产企业出口额 40 亿元，办理退税 1.36 亿元。

2005 年，按照总局制定的《出口货物退（免）税管理办法（试行)》，进一步规范出口货物退（免）税管理。

2007 年，全区实行免抵退税的生产企业出口额 69 亿元，办理的出口退税额 1.96 亿元。

（六）信息化建设

2000 年，启用金税工程，推进增值税防伪税控系统，将增值税专用发票纳入监控。采用“金税信息采集”自动对比软件，实现金税稽核系统一般纳税人信息与 CTAIS2.0 系统一般纳税人信息的自动对比，实现三个确保（确保本月新认定一般人、纳税人档案信息采集及时，确保本月从其他区局迁入的一般纳税人档案信息采集完整，确保金税数据采集的准确)，解决漏采信息的现象，提高工作效率。

2006 年 5 月，CTAIS2.0 系统成功上线，税收征管工作实现科学化、精细化管理；

2006 年 7 月至 12 月，完成一机多票推行，建成覆盖全部业务的信息流。

1997—2007 年同安区税务稽查情况表

表 14-3　　　　单位：万元

年份	案件	查补情况						入库情况		未入库合计
		补税	罚款	发票罚款	没收	滞纳金	合计	税款	合计	
1997	56	1447.00	126.00	—	—	—	1573.00	1447.00	1573.00	—
1998	48	686.00	36.00	—	—	—	722.00	686.00	722.00	—
1999	35	235.00	155.00	—	—	—	390.00	235.00	390.00	—
2000	37	260.00	180.00	—	—	—	440.00	260.00	440.00	—
2001	32	300.00	156.00	—	—	—	456.00	300.00	456.00	—
2002	40	352.00	186.00	—	—	—	538.00	352.00	538.00	—
2003	47	425.00	185.00	—	2.00	92.00	704.00	425.00	702.00	—
2004	53	414.70	126.70	0.30	—	76.50	618.20	414.70	618.20	—
2005	38	166.10	148.60	0.70	—	38.30	353.70	166.10	353.70	—
2006	20	373.50	219.40	3.00	—	87.30	683.20	344.40	650.40	32.90

续表14-3

年份	案件	查补情况						入库情况		未入库合计
		补税	罚款	发票罚款	没收	滞纳金	合计	税款	合计	
2007	13	387.00	85.30	2.90	0.70	47.00	522.90	387.00	499.20	23.70
合 计	419	5046.30	1604.00	6.90	2.70	341.10	7001.00	5017.20	6942.50	56.60

第二章　地方税务

第一节　税　制

1997年1月1日起，证券交易印花税收入分享比列调整为中央80%、地方20%。同年，证券（股票）交易印花税调高至买卖双方各征5‰，调高税率增加的收入全部作为中央财政收入，中央与地方证券交易印花税分享比例折算为中央88%、地方12%；中央固定收入的金融保险业营业税税率由5%调高到8%，提高税率增加的收入归中央财政。

2000年10月1日起，证券交易印花税分享比例分三年调整到中央97%，地方3%。

2001年1月1日起，金融保险业印花税税率分三年下调至5%。

2005年，全国人大常委决定自2006年1月1日起废止《农业税条例》全面取消农业税，减轻农民负担，规范农村的分配关系。

第二节　税　种

一、营业税

（一）税率

同安区对境内从事应税劳务、转让无形资产和销售不动产等活动的单位和个人就其营业额征收营业税。按照不同行业、类别设置9个税目，分别采用不同的比例税率：

交通运输业、建筑业、邮电通信业、文化体育业，税率为3%。

服务业、销售不动产、转让无形资产，税率为5%。

金融保险业，国务院决定自1997年1月1日起将金融保险业的营业税税率由5%提高到8%，提高的部分由国家税务局负责征收，原5%的部分仍由地方税务局征收。2001年起，金融保险业营业税税率每年下调一个百分点，分三年将金融保险业营业税税率从8%降低到5%，至2003年1月为5%。从2004年1月1日起，对改革试点地区农村信用社取得的金融保险业应税收入，按3%的税率征收营业税。

娱乐业，5%～20%的税率。2001年5月1日起，歌厅、舞厅、卡拉OK歌舞厅、音乐茶座、台球、高尔夫球、保龄球、游艺等营业税统一按20%的税率征收。2004年7月1日起，对台球、保龄球减按

5%的税率征收，税目仍属于“娱乐业”。

2001年4月18日起，对个人按市场价格出租的居民住房，其应缴纳的营业税暂减按3%的税率征收，营业税附加税费也按减征后的营业税税额计征。

2003年1月1日起，营业税按期纳税的月起征点由600元调为2000元；按次纳税的起征点为每次（日）营业额由50元调为100元，适用于除私房出租者以外的个人（包括个体户），私房出租者营业税起征点由600元调为1000元。2005年5月1日起，将营业税按期纳税的起征点月营业额提高到5000元，按次纳税的起征点仍为每次（日）营业额100元，私房出租营业税起征点不变。

（二）税额

1997年，地税部门征收营业税5420万元。此后逐年增加到2003年的10825万元（含翔安），是1997年的2倍，年均增长12.22%。2004年征收9462万元。此后逐年增加到2007年的29877万元，是2004年的3.16倍，年均增长46.71%。

二、所得税

（一）税率

同安区地方税务机构负责征收的所得税主要包括适用于内资企业的企业所得税和个人所得税，采用分类所得税率。

企业所得税税率　同安区对境内企业（外商投资和外国企业除外）的生产、经营所得和其他所得征收企业所得税，比照厦门特区执行税率为15%的特区优惠税率征收。2000年1月1日起，对个人独资企业和合伙企业停止征收企业所得税，改为对其生产、经营所得比照个体工商户的生产、经营所得征收个人所得税。1997—2007年，地税部门共征收企业所得税37260万元。

个人所得税税率　同安区对取得应税所得的个人（自然人）征收个人所得税。个人所得税法列举的个人所得共11项，其税率区分不同个人所得项目分为超额累进税率和比例税率两大类。工资、薪金所得适用5%～45%的九级超额累进税率。2005年12月31日以前，中国公民工资、薪金所得费用扣除标准为800元，外籍人员为4000元。2006年1月1日起，中国公民工资、薪金所得费用扣除标准为1600元、外籍人员为4800元。个体工商户的生产、经营所得，个人独资企业和合伙企业投资者的生产、经营所得以及对企事业单位的承包承租经营所得适用5%～35%的五级超额累进税率。稿酬所得适用比例税率为20%，并按应纳税额减征30%。劳务报酬所得适用比例税率为20%，对劳务报酬所得一次收入畸高的，加成征收。利息、股息、红利所得、偶然所得和其他所得，以每次收入额为应纳税所得额，不减除任何费用，适用20%的比例税率。特许权使用费所得、财产租赁所得，以一个月内取得的收入为一次，适用20%的比例税率。从2001年1月1日起，同安区对个人出租房屋取得的所得暂减按10%的税率征收个人所得税。财产转让所得以转让财产的收入额减除财产原值和合理费用的余额为应纳税所得额，适用20%的比例税率。

（二）税额

个人所得税税额　1997年，征收个人所得税1755万元，此后逐年增加到2003年的4724万元（含翔安）是1997年的2.69倍，年均增长17.94%。2004年，征收4873万元，此后逐年增加到2007年的10579万元，是2004年的2.17倍，年均增长29.48%。

企业所得税税额　1997年，征收企业所得税726万元，2003年3931万元，是1997年的5.41倍，年均增长32.51%。2004年，征收4481万元，2007年8176万元，是2004年的1.82倍，年均增长22.20%。

三、土地增值税

2006年1月1日，同安区恢复征收土地增值税，采用扣除法和评估法计算增值额，实行30%～60%四级超额累进税率，在房地产发生转让环节征收。2006—2007年，分别征收574万元、2174万元。

四、财产税

（一）房产税

税率　同安区对内资企业和其他单位以及中国公民征收房产税，房产税区分为从价或从租两种计征方式。依据房产原值一次减除10%～30%后的余值计算缴纳，税率为1.2%。房产出租的依照房产租金收入计算缴纳，税率为12%。2001年1月起，同安区对个人按市场价格出租的居民住房，房产税暂减按4%的税率征收。对外商投资企业和外国企业以及外籍人员、华侨、港、澳、台同胞征收城市房地产税。城市房地产税依房价按年计征的计税依据为年初房产净值，税率为1.2%。出租房产的，一律按租金收入征收12%城市房地产税。

税额　1997年，征收房产税701万元，2003年征收2287万元（含翔安），是1997年的3.26倍，年均增长21.78%。2004年，征收2225万元，2007年征收3726万元，是2004年的1.67倍，年均增长18.75%、

（二）车船税

车船使用（牌照）税税率　同安区对境内拥有并使用车船的单位和个人，按照拥有车船的种类、吨位和规定的税额计算征收车船使用（牌照）税：对内资企业和其他单位及中国籍人员征收车船使用税，实行定额税率，根据不同类型车辆的吨位、载重吨位分别规定年定额税率计税；车船使用牌照税仅对外资投资企业、外国企业及外籍个人征收，采用定额税率，对车辆实行幅度税额，对船舶实行分类分级的固定额。1998年1月1日起，地税部门委托厦门市水路运输管理处代为征收船舶的车船使用（牌照）税。

车辆税额表

表14-4

类别	税额	备注
乘人汽车：七座以下 八座至四十一座 四十一座以上	每辆160元/年 每辆240元/年 每辆320元/年	大、中、小吉普车一律按乘人汽车以座位计征；计算座位不包括驾驶员专用的座位
载货汽车	每吨56元/年	按净吨位计征
机器脚踏车：二轮 三轮	每辆48元/年 每辆60元/年	即摩托车
乘人拖车：七座以下 八座至四十一座 四十一座以上	每辆112元/年 每辆168元/年 每辆224元/年	拖车系指汽车或拖拉机牵引的车辆（没有装置发动机）亦称挂车
载货拖车	每吨40元/年	—

船舶税额表

表14-5

类别		每吨每年税额	类别		每吨每年税额
机动船	50吨以下	1.2元	机动船	501～1000吨	2.2元
	51～150吨	1.4元		1001～1500吨	2.6元
	151～300吨	1.6元		1501～2000吨	3.2元
	301～500吨	1.8元		2001～3000吨	3.8元
				3001吨以上	4.4元

车船税税率　2006 年 12 月 29 日，国务院将《车船使用牌照税暂行条例》和《中华人民共和国车船使用税暂行条例》合并修订，发布《中华人民共和国车船税暂行条例》，规定从 2007 年 1 月 1 日起，对各类企业、行政事业单位和个人统一征收车船税。从 2007 年 9 月 1 日起，厦门市机动车车船税由从事机动车交通事故责任强制保险业务的保险机构代收代缴，保险机构为车船税的唯一扣缴义务人，由纳税人在购买机动车交通事故责任强制保险时按照厦门市车船税税额标准计算缴纳车船税。船舶按照净吨位区间确定具体适用税额。

税额　1997—2007 年，车船使用牌照税、车船税每年征收额 100 多万元，累计征收 1459 万元。

福建省车船税税目税额表（2007 年 9 月 1 日执行）

表 14-6

税目	计税单位	每年税额	备注
载客汽车：大型客车	每辆	540 元	包括电车
中型客车	每辆	480 元	
小型客车	每辆	360 元	
微型客车	每辆	240 元	
载货汽车	按载重每吨	72 元	包括半挂牵引车、挂车
专项作业车、轮式专用机械车	按载重每吨	36 元	—
三轮汽车低速货车	按载重每吨	48 元	—
摩托车	每　辆	60 元	—
船舶：净吨位小于或者等于 200 吨	按净吨位每吨	3 元	拖船和非机动驳船分别按船舶税额的 50% 计算
净吨位 201 吨至 2000 吨	按净吨位每吨	4 元	
净吨位 2001 吨至 10000 吨	按净吨位每吨	5 元	
净吨位 10001 吨及其以上	按净吨位每吨	6 元	

说明：大型客车是指核定载客人数大于或者等于 20 人的载客汽车；中型客车是指核定载客人数大于 9 人且小于 20 人的载客汽车；小型客车是指核定载客人数小于或者等于 9 人的载客汽车；微型客车是指发动机气缸总排气量小于或者等于 1 升的载客汽车

（三）城镇土地使用税

税率　同安区对在城市、县城、建制镇和工矿区范围内使用土地的单位和个人征收城镇土地使用税，以纳税人实际占用的土地面积为计税依据，依照规定税率计算征收，其税率为定额税率。自 1998 年 1 月 1 日起，同安区土地使用税土地等级及税额标准为：大同镇定为四级，年纳税额 3 元/平方米；新民镇、西柯镇、马巷镇、新店镇定为五级，年纳税额 2 元/平方米；其他地区定为六级，年纳税额 1 元/平方米。2002 年 1 月 1 日，同安区部分行政区域调整，对土地使用税的土地等级及税额标准进行调整：大同街道办事处范围内、祥平街道办事处中原属大同镇范围的区域为一级，年税额为每平方米 3 元；祥平街道办事处中原属新民镇及西柯镇的区域、新民镇、马巷镇、西柯镇、新店镇的范围内为二级，年税额为每平方米 2 元；除上述区域以外的其他区域为三级，年税额为每平方米 1 元。2006 年 1 月 1 日，同安区土地使用税等级及税额标准调整为：大同街道、祥平街道定为二级，年税额为 5 元/平方米；其他区域定为三级，年纳税额为 4 元/平方米。2007 年 1 月 1 日，同安区根据修改后的《中华人民共和国城镇土地使用税暂行条例》，对外商投资企业、外国企业开始征收土地使用税，并调整了土地使用税等级及税额标准：同安区祥平街道的西桥路临街店面 6—194 号、祥平东路临街店面 86—272 号定为四级，年税额为 6 元/平方米；其他区域（不只限店面）定为五级，年税额为 4 元/平方米。

税额　1997年，征收城镇土地使用税26万元。此后逐年增加，至2003年征收473万元（含翔安），为1997年的18.19倍，年均增长62.17%。2004年，征收437万元，2007年征收2368万元，是2004年的5.42倍，年均增长75.64%。

（四）资源税

税率　1997年4月1日起，同安区在对生产海盐、开采高岭土、花岗石（含荒料、板材等花岗岩制品）等非金属矿原矿的单位和个人征收资源税的基础上，扩大资源税的征收范围，对生产、开采砖瓦黏土、建筑用沙、其他建筑用石（含各种条石、碎石、石块，下同）等非金属原矿的开采单位和个人，均按每立方米1.5元的标准征收资源税。1998年1月1日起，同安区将矿泉水纳入征税范围，按3元/吨征收。2005年4月1日起，对矿山开采的资源税实行核定征收，条石、方石按规模核定资源税额4800～7200元/年，碎石场按碎石机型号核定资源税额4800～7800元/年。2007年4月1日，依次调整为6000～8000元/年、6000～9000元/年，新民镇禾山村除外。

税额　1997—2007年，累计征收463万元。

五、其他地方税种

（一）印花税

同安区对在经济活动和经济交往中书立、领受凭证的单位和个人征收印花税，根据不同征税项目，分别实行从价计征和从量计征两种征收方式，采用比例和定额两种税率。印花税的比例税率有四档，即1‰、0.5‰、0.3‰和0.05‰；定额税率为每件5元。为便于征收，同安区征收印花税部分采用核定征收办法。2002年7月1日和2004年7月1日，两次对部分印花税核定征收合同及比率重新进行修订。1997—2007年，累计征收5652万元。

（二）城市维护建设税

同安区对从事工商经营活动，并且实际缴纳增值税、消费税、营业税的单位和个人征收城市维护建设税，外商投资企业和外国企业暂不缴纳城市维护建设税，海关在进口环节征收的增值税和消费税不附加征收城市维护建设税。该税实行分区域的差别比例税率，按纳税人所在地，分别规定市区7%，县城和镇为5%，其他地区1%。1997—2007年，累计征收13615万元。

（三）屠宰税

同安区对屠宰或收购猪、牛、羊的单位征收屠宰税，按头定额征收猪4元/头、牛6元/头、羊0.5元/头。2003年1月1日停征。1997—2003年，累计征收517万元。

（四）烟叶税

2006年4月28日起开征，由地税部门向收购烟草的单位征收，税负由烟草公司负责，按照收购金额的一定比例征收，税率为20%，价外补贴统一暂按收购价款的10%计入收购金额。自开征之日起至2007年12月31日，同安区暂无烟叶税收入。

此外，1997—2007年期间，规定拟开征但同安未征收的地方税种还有固定资产投资方向调节税和筵席税。

六、地方附加

（一）教育费附加

1997年，继续征收教育附加费，对境内从事生产、经营活动的单位（暂不含外商投资企业和外国企业）和个人以其实际缴纳的增值税、营业税、消费税的税额为计税依据附征教育费附加，附加率为3%，分别与增值税、营业税、消费税同时缴纳。对从事生产卷烟和经营烟草的单位，减半征收。1997—2007年，累计征收6602万元。

（二）基础设施附加费

1997年，继续征收基础设施附加费，对在境内缴纳增值税、消费税和营业税的单位和个人按其实际缴纳增值税、营业税总税额的5%和消费税总税额的2.5%征收基础设施附加费。1996年6月1日起，征收标准按原标准降30%征收。2000年9月1日以后，停征。1997—2000年，累计征收2504万元。

（三）社会事业发展费

1997年1月1日起开征，对从事生产、经营活动的企业和个人征收社会事业发展费，按实现增值税税额的3%、消费税税额的2%、营业税税额的4%征收。2000年1月1日起，厦门市批准新办的外商投资企业免征社会事业发展费，对其他企业，2001年1月1日起减半征收。2002年1月1日起，全面停止对外商投资企业征收社会事业发展费。同年3月1日起，对内外资企业全面停征。1997—2002年，累计征收3249万元。

（四）文化事业建设费

1997年7月1日起开征，对缴纳娱乐业、广告业营业税的单位和个人征收文化事业建设费，费率为3%，由地税部门在征收娱乐业、广告业营业税时一并征收。1997—2007年，累计征收535万元。

（五）地方教育附加

2002年3月1日起，对除纯中央属企业外的所有企事业单位和个人（中央与地方合资企业、外商投资企业和外国企业、个体户等也包括在内）开征地方教育附加，以其实际缴纳的增值税、消费税、营业税税额为计征依据，征收率为1%。征收的地方教育附加专项用于企业分离学校所需办学经费。2003—2007年，累计征收3199万元。

1997—2007年同安区各地方税种征收税额统计表

表14-7 单位：万元

税收项目	1997年	1998年	1999年	2000年	2001年	2002年	2003年	2004年	2005年	2006年	2007年	合计
一、地税税收收入	9506	10740	12008	13751	19474	21432	24120	23186	27355	38253	62144	261969
营业税	5420	5742	6274	6743	7935	8784	10825	9462	11826	16151	29877	119039
个人所得税	1755	2320	2752	2981	3951	4528	4724	4873	5668	7790	10579	51921
城市维护建设税	484	467	458	540	724	1622	1167	978	1359	2214	3602	13615
房产税	701	1096	1166	1624	1592	2095	2287	2225	2720	2944	3726	22176
城镇土地使用税	26	106	180	220	235	413	473	437	817	1844	2368	7119
印花税	162	164	171	203	261	409	497	548	735	1040	1462	5652
土地增值税	—	—	—	—	—	—	—	—	—	574	2174	2748
屠宰税	62	80	95	86	82	101	11	—	—	—	—	517
资源税	52	38	51	36	40	31	37	16	42	62	58	463
车船使用税	118	106	107	150	140	156	168	166	125	101	122	1459
企业所得税	726	621	754	1168	4514	3293	3931	4481	4063	5533	8176	37260
其中：国有企业所得税	327	203	272	455	2712	1640	1550	1308	1182	1236	1839	12724
股份、联营企业所得税	—	20	—	128	521	996	1366	1416	161	1939	2007	8554
集体、私营企业所得税	399	398	482	585	1281	657	1015	1757	2720	2358	4330	15982
附：税款滞纳金补罚	86	—	63	93	134	530	156	208	190	143	258	1861
二、教育费附加	299	199	179	249	271	508	644	666	807	1084	1696	6602
三、基础设施附加费	677	565	643	619	21	82	3	5	—	—	—	2615

续表14-7

税收项目	1997年	1998年	1999年	2000年	2001年	2002年	2003年	2004年	2005年	2006年	2007年	合计
四、社会事业发展费	480	496	564	734	669	306	7	2	—	—	—	3258
五、文化事业建设费	11	3	14	12	14	12	15	25	34	61	334	535
六、地方教育附加	—	—	—	—	—	187	339	340	497	790	1046	3199
七、税务机关罚没收入	—	—	—	12	11	20	41	8	25	15	16	148

附录：社会保险基金与残疾人就业保障金征缴

2001年7月1日起，厦门市社会保险费（养老保险、失业保险、医疗保险和工伤保险）委托地税部门征收。当年征收3068万元。

2003年7月1日，厦门市政府实行生育保险，并由地税部门代征保险基金，实现地税代征的“五险统征”。当年征收8047万元，清理欠费260.87万元。

2004年4月6日，地税局全面接受全市社保费登记、变更、审核等全部征缴业务，并负责采集个人参保信息，形成“地税征收、社保使用、财政监督”的社会保险管理新模式。全年共受理申报信息1万多条，其中独立个人新增投保业务2230人，企业办理新增业务495户，新增投保人员8000多人，办理增减员15000多人次。当年征收入库11962万元。

2005年，地税局巩固扩大全责征缴成果，推进社保管理规范化，重点抓好停产、改制企业欠费管理，通过国有企业、集体企业、改制企业社保费自查和专项检查，清理企业15户，清缴欠费210万元。开展事业单位新旧养老保险制度衔接工作，受理近200个事业单位基本养老保险参保，完成3000多人养老及失业保险的的录入工作。同年，在厦门地区就业的台湾、香港、澳门居民也开始纳入社会保险统筹范围。当年征收16916万元。

2006年4月起，地税局为36个村（居）2560人办理失地人员养老保险的信息录入和缴纳工作，缴纳失地人员养老保险费9155.80万元。同年11月1日，厦门市残疾人就业保障金由市残联移交地税部门征收。当年征收各项社保费33309万元、残疾人就业保障金272万元。

2007年4月6日起，厦门市开始实施全民医保，同安区地税局共为同安区31个村（居）委会和41所学校共10069人办理城镇居民和未成年人医疗保险。为全区37个村（居）1365名被征地人员办理养老保险信息录入和征收缴纳工作，征缴入库保险费6035万元。2007年7月1日起，厦门市非本市城镇户籍从业人员纳入企业职工生育保险，与本市人员享受同等生育保险待遇。截至2007年12月底，同安区社保参保人数84020人（不含6815名离退休人员）。当年征收各项社保费38072万元、残疾人就业保障金752万元。

2001—2007年同安区社会保险费等征缴统计表

表14-8　　单位：万元

项目	2001年	2002年	2003年	2004年	2005年	2006年	2007年	合计
社保费合计	3068	6533	8047	11962	16916	33309	38072	118407
养老保险	1898	4013	4895	6021	8212	21863	21702	68604
失业保险	246	530	629	764	1023	1476	2001	7169
医疗保险	685	1478	1859	4574	7000	9061	12830	37487

续表14-8

项目	2001 年	2002 年	2003 年	2004 年	2005 年	2006 年	2007 年	合计
工伤保险	239	512	610	477	538	733	1012	4121
生育保险	—	—	54	126	143	176	527	1026
残疾人就业保障金	—	—	—	—	—	272	752	1024

第三节 税款征收

一、征收方式

（一）查账征收

地税部门对生产经营正常、财务制度基本健全，账册、凭证完整，会计核算较为准确的固定业户采取查账征收方式。由业户根据税法规定自行计算应纳税款，填制纳税申报表，连同会计报表等纳税资料，按规定的申报期限一并报地税部门，由税管员监督业户按规定期限缴库。

（二）核定征收

对账证不健全，不能完整、准确提供纳税资料的业户，地税部门视情况分别采取特定方法确定其应纳税收入或应纳税额并据以缴纳税款，主要有查定征收、查验征收、定期定额征收等方式。

地税局对确实无法采取查账征收方式的企业户的所得税核定征收的方式包括定额征收和核定应税所得率征收以及其他合理办法。

（三）查验（定）征收

对生产规模较小、账册不健全、产品零星、税源分散的小型厂矿和作坊采取查定征收，对城乡集贸市场中的临时经营者和机场、码头等场所所经销商品的课税采取查验征收。

（四）定额、定员定额征收

对个体工商户原则上采取定期定额征收方式，按业户自报、典型调查、定额核定和下达定额的程序进行核定。对餐饮、娱乐、网吧、美容美发等收入较高的服务行业主要实行定期定额征收，对厨师、美容师、桑拿浴、歌舞三厅娱乐场所演职人员和服务人员，以及婚纱摄影摄影师、私人诊所医师的个人所得税实行“定员定额”征收。

（五）代扣代缴、代收代缴征收

凡支付个人应纳税所得的企业（公司）、事业单位、机关、社团组织、驻华机构、个体户等单位或者个人，为个人所得税的扣缴义务人，其向个人支付应纳税所得（包括现金、实物和有价证券）时，不论纳税人是否属于本单位人员，均应按适用税目税率代扣代缴其应纳的个人所得税税款，并可向地税局申领代扣代缴手续费。对于建安工程分转包情况，由建安工程总承包人代扣代缴分包或转包建筑安装业务营业税等。私有出租房屋应缴纳的税款，由租入营业房产的个体工商户代扣代缴房产税。此外，地税局与银行联合建立“银税一体化”代缴个体工商户地方税费制度。

（六）委托征收及驻点征收

车船使用税原委托交警代征。2001 年 1 月 1 日起，派员在交警车管处驻点征收，对车辆实行先税后检。2007 年 9 月 1 日起，由从事机动车交通事故强制保险业务的保险机构代收代缴。

交通运输税，自 20 世纪 80 年代开征长期委托交通部门代征。2001 年 10 月起，停止委托代征改由地税局自行征收与管理，并从 2002 年 1 月 1 日起，在全市推行。

零星税源，自 2003 年 7 月 8 日起，为解决临时经营纳税人到国税局窗口代开发票和定税户超定额使用发票，地税局派员到国税局办税服务厅驻点，征收到国税办税服务厅临时开票缴纳“两税”的纳税人应纳的地方税及附加费和个人所得税。2003—2007年，地税驻点征收地方税费1302万元。

房地产三级市场交易税费原委托房管部门代征。2007年10月22日起，地税局正式派员进驻权籍交易中心，驻点征收二手房交易相关税费。

二、征收额

1997年，地方各税及附加征收考核数8845万元、确保数9345万元，入库数9506万元，完成率分别为107.47%、101.72%。2003年，考核数、确保数均为23500万元（含翔安），入库数24120万元，完成率均为102.64%，分别为1997年的2.66倍、2.51倍、2.54倍，年均增长17.69%、16.61%、16.79%。

2004年考核数、确保数、入库数分别为23100万元、23100万元、23186万元，完成率均为100.37%。2007年，考核数、确保数均为59000万元、入库数62144万元，完成率均为105.33%，分别是2004年的2.55倍、2.68倍，年均增长36.69%、38.91%。

1997—2007年同安区地税局税收计划及完成情况表

表14-9

年份	考核数（万元）	确保数（万元）	入库数（万元）	考核数完成率（%）	确保数完成率（%）
1997	8845	9345	9506	107.47	101.72
1998	10530	10600	10740	101.99	101.32
1999	11650	11870	12008	103.07	101.16
2000	13000	13450	13751	105.78	102.24
2001	16590	16590	19474	117.38	117.38
2002	20500	20730	21432	104.55	103.39
2003	23500	23500	24120	102.64	102.64
2004	23100	23100	23186	100.37	100.37
2005	26800	26800	27355	102.07	102.07
2006	37500	37500	38253	102.01	102.01
2007	59000	59000	62144	105.33	105.33
合　计	251015	252485	261969	104.36	103.75

第四节　机构与管理

一、机构

1997年5月，厦门市同安县地方税务局更名为“厦门市同安区地方税务局”，“稽查队”更名为“稽查分局”。1998年9月，同安区地方税务局稽查分局分设为稽查一分局、稽查二分局。

1999年，同安区地方税务局机构调整，下设21个科级单位：办公室、人事教育科、监察室、计划财务科、征收管理科、税政法制科、外税分局、直属分局、大同分局、马巷分局、新民税务所、西柯税务所、莲花税务所、新店税务所、汀溪税务所、大嶝税务所、五显税务所、洪塘税务所、新圩税务所、内厝税务所、稽查分局。

2001 年 7 月，实施第一轮机构改革。同安区地方税务局下设 19 个科级单位：办公室、税政科（社保科）、征管法规科、计划财务科、信息技术科、人事教育科、监察室、外税分局、直属分局、稽查局、大同分局、马巷分局、五显分局、新民分局、西柯税务所、莲花税务所、新店税务所、汀溪税务所、大嶝税务所。

2003 年行政区划调整后，同安区地方税务局进行机构调整，分设为同安区地方税务局和翔安区地方税务局两个机构。调整后的同安区地方税务局下设 17 个科级单位：办公室、税政管理科、征收管理与法规科、信息技术科、人事教育科、社会保险费征收管理科、监察室、外税分局、稽查局、大同分局、新民分局、祥平分局、莲花税务所、汀溪税务所、五显税务所、西柯税务所。2007 年 7 月，社会保险费征收管理科更名为“规费征收管理科”。

1997—2007 年同安区（县）地方税务局人员变动情况表

表 14-10

年份	在职人员	其中		年份	在职人员	其中	
		干部	工人			干部	工人
1997	101	92	9	2003	98	92	6
1998	101	92	9	2004	75	72	3
1999	100	96	4	2005	73	70	3
2000	102	95	7	2006	74	71	3
2001	101	94	7	2007	76	73	3
2002	97	91	6				

说明：2003 年（包括 2003 年）以前各年度含区划调整前的翔安部分

二、管理

（一）税务登记

企业，企业在外地设立的分支机构和从事生产、经营的场所，个体工商户和从事生产、经营的事业单位，都应依法办理税务登记。其他纳税人，除国家机关、个人和无固定生产、经营场所的流动性农村小商贩外，也应依法办理税务登记。依法负有扣缴税款义务的扣缴义务人，应当依法办理扣缴税务登记。

国税地税联合颁发税务登记证

税务登记实施属地管理，采取联合登记或者分别登记的方式办理税务登记，执行统一的税务登记代码。2003年7月9日以前，国、地税分别办理税务登记。之后，同安国、地税在全省率先推行联合办理税务登记，并在全省推广。2006年8月的税务登记换证及以后的办理新证（包括设立、变更、注销、违章处理）采取联合方式，为纳税人共同核发一本税务登记证，收一本工本费，盖两个章。

国、地税联合办理税务登记证后，纳税人有违反税务登记管理行为的，由发现的一方进行处罚，另一方不再行处罚。

据统计，1997—2003年，同安区地税局共登记10170户纳税户，2004—2007年，共登记6483户。

（二）纳税申报及缴款

1997年，与区交警大队联合行动，由交警大队在办理年检、挂牌作业中稽征车船使用税。同年10月，启用规范化、多功能办税服务大厅。同年，农村的11个办税服务厅（室）建立并投入使用。同年12月，推出电子申报。

1998年10月，推出电话申报纳税业务。

1999年9月，推出微机申报纳税业务。

2001年上半年，推行“民主评税”，2002年10月在全市推广。2003年，地税部门严抓“三私”税收征管，私房出租税收征管工作取得突破性进展，到年底纳入正常管征的私房出租户有3120户，私房出租税收收入113.73万元；同年提出“先易后难、先城后乡、以票控税、办证监控”的适合同安实际的私人建房税收征管工作思路，并于8月21日征收到私人建房第一笔税收32886.40元。

2003年2月，在个体双定户中，推广“缴费一卡通”，年底网上申报纳税方式成为同安区大部分纳税人首选的申报方式。8月，在国税局申报厅和马巷分局各设立地税征收点。

2004年，与国土资源与房产管理局协作，实现房地产及土地交易税收源头扣缴。同年6月起，同安地税局办税服务厅增加“POS机缴税”系统，增设信用卡划缴的便捷方式。

2005年，与财政局等部门合作在同安工业集中区建立税源监控平台，加强建安税收扣缴。

2007年10月，驻点权籍交易中心征收二手房交易相关税收。

（三）税务稽查

专项检查　1997年，重点检查3993户，有问题户1232户，查补税款及加收滞纳金、罚款合计411.72万元，入库392.31万元。对全区房地产开发企业、金融保险业、货物运输及工业企业开展印花税重点检查160户，计有问题户57户，查补罚款收入54.4万元。1998年，开展私房出租专项清理，征收私房出租税款60多万元。1999年4月，与国税、公安部门合作开展发票清理专项检查，重点检查房地产及房地产代理业发票、建安专用发票、交通运输发票等，计检查359户，补罚总额18.2万元。2000年，稽查组织税款入库401.6万元。2001年，开展企业所得税汇算清缴，房地产项目、建筑项目等的纳税检查和发票清理大检查，共检查116户，查出有问题69户，查补罚总额484.32万元，入库

国、地税联合举办诚信纳税演讲比赛

342.87 万元，累计立案查处 50 户，采取保全措施 1 起、强制执行措施 3 起、涉嫌犯罪移送司法机关 2 起。2003 年，重点开展金融、保险、证券、电力、烟草、电信、建筑安装七大行业个人所得税专项检查，共查结 30 户，滞补罚 140.97 万元。同时，查处同兴房地产开发公司滞补罚款 213.72 万元，并因涉嫌偷税罪被移送公安机关处理。2004 年，开展建安、房地产、货物运输等行业的税收专项检查。2005 年，开展餐饮娱乐、建筑、房地产、广告运输行业和关联企业税收专项检查，检查结案 52 户，补缴税款 759.65 万元。2006—2007 年，开展房地产业、建安业专项稽查和行政事业单位个人所得税专项稽查，查结 63 户，查补税款、加收滞纳金、罚款计 148.32 万元。

打击涉税违法行为　地税局设立涉税举报中心，集中受理群众涉税举报件。1997 年，公布举报电话，设立举报箱，受理人民来信举报的税务违章案件，全年受理举报案件 18 起，查办结案 15 起，补罚税款 45 万元。此后，逐步规范涉税举报件的管理。2001—2007 年，共受理涉税举报件 124 起，累计查补税费、滞纳金及罚款 380 多万元。2002 年 7 月 13 日成立稽查专案组，查处“7·13”假发票案。至 2003 年底，查实违章发票 4901 份，涉案金额 6158 万元（其中已开具假运输发票 1637 份，涉案金额 4873 万元，直接涉及的承运单位 47 户、托运单位 26 户），补税、滞纳金、罚款、没收非法所得总计 1339 万元，涉案人员 40 余人，追究刑事责任 16 人。2006 年 11 月初，与同安公安分局经侦大队协作，并在思明警方的协助下查获一起出售有奖服务业假发票案，抓获犯罪嫌疑人 4 名，查获服务业定额刮刮奖假票 1719 份，发票总面额达 321450 元，同时缴获 6 枚私刻的假发票专用章，同安警方依法对 4 名犯罪嫌疑人执行刑事拘留并依法定程序进行处理。

清理欠税　1997 年，清理欠税 152.6 万元，加收滞纳金和罚款 20 多万元。2001 年起开展陈旧欠税户清理工作，至 2006 年，共清理 59 户，追缴旧欠税款、滞纳金及罚款共计 1719 万元。2002 年，组织开展“追缴欠税百日活动”，追缴新、旧欠税款 2390 万元，其中对同安银城啤酒厂采取强制执行措施，清理欠税 1300 多万元。

（四）税收减免

1997—1998 年，按照厦门市政府文件规定对新技术企业发展、国企改革、下岗再就业、对台贸易、开发区建设提供税收扶持，对老弱病残、贫困户等对象采取“列入管理，适当放宽”的办法。具体数据缺。

1999 年，落实国家关于出售空置商品住房优惠政策，制定鼓励龙眼收购、销售的一系列政策措施，促使龙眼流通顺畅。四十年一遇的 14 号强台风过后，地税局采取减免企业所得税、房产税，核减（免）税收定额，及时审批流动资产净损失，办理税收缓缴等帮助受灾企业生产自救，完成灾后重建工作。具体数据缺。

2001—2002 年，扶持国有企业改组改制，促进下岗工人再就业，支持科技创新，发展高新技术企业，引导个体私营经济、第三产业和外向型经济健康发展，共办理各项减免税额 473.79 万元。

2003 年 5 月起，落实扶持受“非典”影响行业的税收政策，全免娱乐业文化事业建设费。截至 2003 年 9 月，停征屠宰税办理退税 12 万元，下调双定户 1184 户，下调月税费 27.28 万元；起征点提高后，确认 4000 多户个体户纳入未达起征点管理，年免交税费近 250 万元。

2005 年，审批技术改造国产设备抵免企业所得税 132.92 万元；两次提高个体户税收起征点，将 2961 户个体户纳入未达起征点管理，年免交税费近 300 万元。

2006 年 1 月 1 日起，对从事学历教育的学校提供教育劳务取得的收入免征营业税。

2003—2007 年，地税部门分别办理各类减免税 713.39 万元、761.86 万元、957.26 万元、999.81 万元和 826.16 万元。

（五）发票管理

地税局负责的发票种类主要有建筑安装、金融保险、邮电通信、文化体育、娱乐、服务、转让无形资产、销售不动产等。

1997 年，上述发票的印制、领购、缴销、查验等环节纳入计算机管理，严格规范发票的供应和缴销管理，通过发票交叉稽核制度化和发票使用监督社会化，逐步实现“以票控税”。

1999 年 9 月，推出“发票摇奖”活动。

2002 年 1 月起，交通运输发票管理权从交通管理部门收回到地税部门，全面清理交通运输发票，开展提供货物运输劳务的单位和个人的自开票、代开票纳税人的认定和发票代开工作。

2004 年 5 月，推出“即验即奖”发票摇奖新模式。

2006 年 6 月 1 日起，推出“刮开式服务业有奖定额发票”。

2007 年 1 月 1 日起，启用与服务业定额发票不同的娱乐业有奖定额发票。

（六）信息化建设

1997—1999 年，在建成市局小型机局域网、区局微机局域网和税务所单机系统的基础上，建成厦门地税广域网络系统。1997 年 10 月，同安区地方税务局办税服务厅启用，为纳税人提供税务登记、申报税款、发票领用、政策咨询等服务。1997 年 12 月，“厦门地税”网站上线，并在全国率先推出基于因特网的电子申报方式。1998 年 6 月，覆盖市地税局、基层局、税务所（科）的三级广域网络全面建成开通，全市地税统一的征管软件——“厦门地方税收征管信息系统”投入使用，全市征管业务实现全集中处理和存储。1998 年 10 月，具有电话申报、催报催缴、发票验证等功能的厦门地税电话语音系统投入使用。1999 年，开展“计算机应用年”活动。1999 年 4 月，推广应用“厦门地税办公自动化系统”，初步实现无纸化办公。1999 年 9 月，推出微机申报纳税业务。

2001 年，开展“计算机应用安全年”活动。2001 年 5 月，开展“电子化报税推广月”活动。2002 年 1 月，启用视频会议系统。2002 年 11 月 30 日，光纤宽带网二期工程顺利竣工，全市地税系统 40 余个工作场所全部实现千兆光纤联网。

2003 年 2 月，在个体双定户中推广“缴费一卡通”。到年底，全区办理网上申报户数为 1332 户，占企业总数的 66%；实际使用户数 1191 户，占企业总数的 57.9%；办理缴税一卡通 1724 户，占起征点以上业户的 67%。同年 7 月 1 日，与人行、国税、财政等部门合作，实现税银库联网，正式启用厦门电子缴费系统，税款缴库方式发生历史性变革。2004 年 6 月起区办税服务中心启用市地税局 POS 机缴费系统。2005—2007 年，个税全员全额管理模块、新税收征管（含社保费）系统核心模块、福建地税行政管理系统模块等相继上线运行。

第十五篇　综合经济管理

1997—2007年，同安区计划部门制定、执行“九五”“十五”“十一五”计划（规划）。重点针对计划（规划）所定的重点工程实行监管。11年间共监管重点工程项目83项，投资总额554.63亿元。统计部门除每年完成八大类社会与经济统计工作外，还承担上级部署的人口、经济、农业专项普查及各项抽样调查。物价部门对水、电、气、公交及各种行政事业性收费进行价格管理，查处价格违法案568件、非法所得2274万元，处罚1996万元。对市场主要商品进行常规价格监测。工商行政管理部门对内外资企业登记，市场、经营合同、商标广告、个体私营经济实行登记监管。11年间共完成260家内资企业和563家外商投资企业的登记工作。打击无证经营、假冒伪劣、不合格食品、商业欺诈等违法经营行为。累计鉴证经营合同659份，办理动产抵押登记283份、金额51.61亿元，拍卖合同210起，金额7.8亿元，查处合同违法案件164起，罚没36.6万元，办理商标注册411件。推荐上级认定国家驰名商标4件，省著名商标27件，市著名商标34件。拆除违章广告1194块。查处违法广告案55起。质量技术监督部门对全区企业实施标准化管理，至2005年纳入标准化备案的企业有163家440产品。对度量衡器具开展年度专项检查，对特种设备进行安全监察，对各类重要商品、食品和涉农产品实施质量监督检查，打击假劣伪冒，查处质量违法案713起，罚没194.46万元，没收扣押假冒伪劣商品8.57万件，货值205万元。审计部门在本级政府的预算审计，单位审计及各种专项审计中，累计审计274个单位（项目），查处各类违纪金额6987万元，管理不规范金额32539万元，应上缴各级财政1414万元，应归还原渠道资金693万元。安全生产监督部门，从非煤矿山安全、危险化学品安全、综合等3个方面实施安全生产监督，开展各种主题的“安全生产月”活动、推行安全生产责任制、开展各行业查隐患、压事故、保安全、安全检查和专项整治。各经济管理部门的管理、执法，保证全区经济活动的规范，有序和经济社会事业持续发展。

第一章　计划管理

第一节　机　构

1997年5月，同安县计划委员会和同安县统计局合并，组成厦门市同安区计划统计局。内设办公室、综合科、投资科等5个科室。下辖厦门市同安区经济信息中心、厦门市同安区重点工程项目前期工作办公室、厦门市同安区市场开发建设管理处等5个事业单位。

2002年12月，厦门市同安区计划统计局与同安区物价局合并，保留厦门市同安区计划统计局名称，对外加挂厦门市同安区物价局和同安区经济动员办公室两个牌子。内设办公室、综合科、投资科等5个科室。下辖厦门市同安区经济信息中心、厦门市同安区重点工程项目前期工作办公室、厦门市同安区市场开发建设管理处等8个事业单位。

2003年12月，厦门市同安区计划统计局改组为厦门市同安区发展和改革局（同安区科技局与其合署办公。加挂区统计局、区物价局、区国防动员委员会经济动员办公室牌子）。内设综合科、投资科等3个科室，下属事业单位同前。

2005年初，厦门市同安区经济信息中心划归同安区政府办公室，2006年底厦门市同安区市场开发建设管理处划归同安区国投集团。

第二节　计划（规划）编制

一、"九五"计划编制

1995年，按"到2000年把同安建成工业发达、农业高效、第三产业繁荣，成为厦门经济发展的腹地和服务中心，形成多引进、高创汇、富人民的新同安"的指导思想编制"九五"计划，计划目标为五年内国内生产总值年递增20.8%，工业总产值年递增21.6%，固定资产投资五年累计90亿元，其中，基础设施重点项目有梧侣220千伏输变电站，城南2×120MVA变电站，205线同安段21公里硬质化，同莲路、阳翟至西柯公路、新店至大嶝公路、大嶝环岛路、县道公路82.16公里、刘五店码头、银湖新区，同安医院、中医院门诊楼、老人活动中心，职业技术学校扩建等。

二、"十五"计划编制

2000年，按"以经济结构战略性调整为主线，以改革开放科技进步为动力，积极参与'海峡西岸经济区'建设，把同安建成经济繁荣、社会文明、人民富裕的厦门市新崛起经济区和新的经济增长带"的指导思想编制"十五"计划，计划目标为五年内全区国内生产总值年递增12%，工业总产值年递增14.1%的目标，计划固定资产投资五年累计60亿元。其中，基础设施重点项目有：东西溪防洪体系、中小型变电站7座、改建过境公路4条、同南路二期、环东海域公路、刘五店码头二期、城市污水处理厂、银湖大桥和银湖公园、环城西路、城南大街二轮、第三医院、职业技术学校等。

三、"十一五"规划编制

2005年，按"解放思想、实事求是、与时俱进，坚持以人为本，树立科学发展观，树立全面、协调、可持续发展思想，全面推进同安区的经济发展和社会进步，实现经济发展跨越"的指导思想编制"十一五"规划。规划目标为五年内全区国内生产总值年递增32.3%，工业总产值年递增38.9%，固定资产投资累计350亿元。其中基础设施重点项目有：开发15平方公里工业集中区、25.77平方公里环东海域新区；综合整治建设工程：206线省道同集路段、城市快速路17.8公里扩建、同集路延伸、三泉高速公路同安境内连接线11.57公里、厦门市外环快速路同安段、城东中路、南北通道、农村有线电视入户工程、五显220千伏输变电工程、区文化公园、同安职业技术学校新校区、新村建设、旧村改造及"金包银"等。

第三节　计划（规划）执行

一、"九五"计划执行

"九五"计划最后一年，即2000年，同安区生产总值65.03亿元，完成计划数的76.51%，年递增9.3%，人均生产总值11700元，完成计划数的80.14%；工业总产值96.12亿元，完成计划数的56.77%，年递增10.4%；财政总收入4.23亿元，完成计划数的70.50%，年递增14%；城镇居民人均可支配收入9261元，完成计划数的92.61%，年递增12.7%；农民人均纯收入3553元，完成计划数的59.22%，年递增8.6%。

二、"十五"计划执行

"十五"计划最后一年，即2005年，同安区生产总值73.91亿元，人均生产总值2.18万元，完成计划数的111.22%；工业总产值155.2亿元；城镇居民人均可支配收入14400元，完成计划数的117.07%；农民人均纯收入5240元，完成计划数的87.33%；预算内财政收入6.94亿元，完成计划数的94.73%。

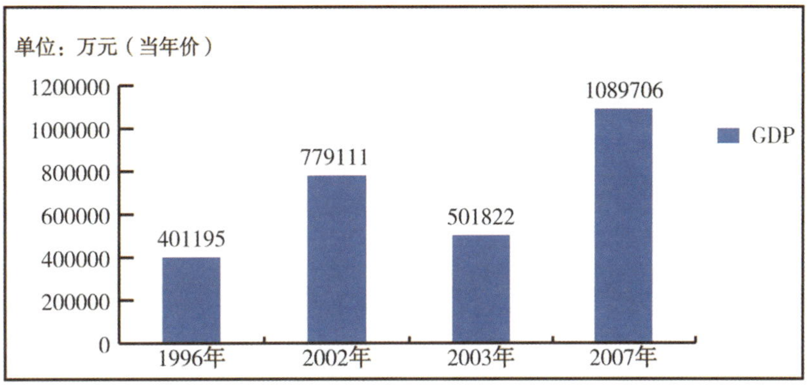

图15-1　重要年份GDP

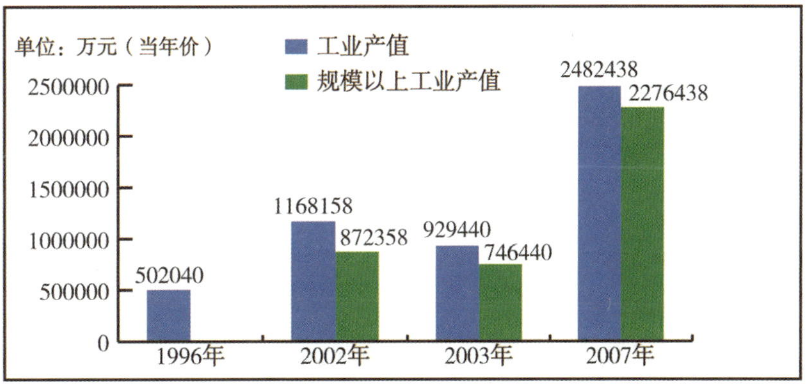

图15-2　重要年份工业产值

三、"十一五"规划执行

"十一五"规划的第二年，即2007年国内生产总值108.97亿元，2年完成五年规划数的36.30%，人均生产总值2.98万元，2年完成五年规划数的30.40%；工业总产值248.24亿元，2年完成五年规划数的31.00%；预算内财政总收入13.87亿元，2年完成五年规划数的60.30%；城镇居民人均可支配收入18441元，2年完成规划数的83.26%；农民人均纯收入6462元，2年完成计划数的80.17%。

"九五""十五""十一五"前2年，固定资产投资计划执行情况见第三节（二）重点项目实施。

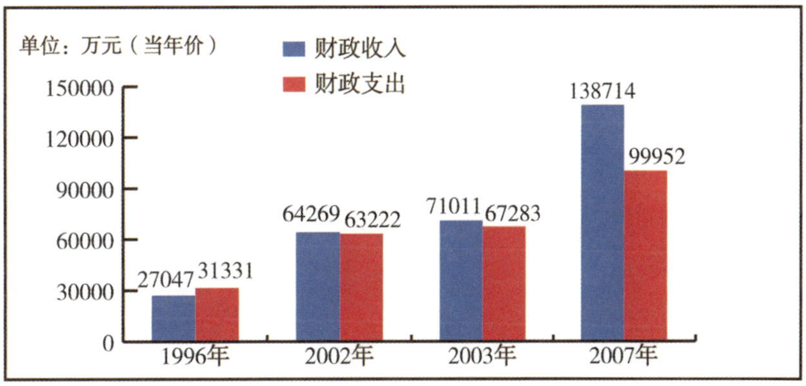

图15-3　重要年份财政收支

同安区国民经济和社会发展“九五”计划执行情况表

表 15-1

指标名称	单位	“九五”计划时期（1996—2000 年）			
		计划数	2000 年实际完成数	1995 年实际完成数	“九五”期间年递增%
一、国内生产总值	亿元	85. 00	65. 03	40. 20	10. 10
第一产业	亿元	6. 80	12. 99	9. 30	6. 91
第二产业	亿元	50. 20	31. 62	20. 50	9. 00
第三产业	亿元	28. 00	20. 42	10. 20	13. 20
二、人均国内生产总值	元	14600	11700	7314	5. 62
三、三次产业结构	%	8：59：33	20：48. 6：31. 4	23. 2：51. 2：25. 6	—
四、工农业总产值	亿元	180	116. 02	69. 70	9. 70
其中：农业总产值	亿元	10. 70	19. 90	14. 30	4. 70
工业总产值	亿元	169. 30	96. 12	55. 30	10. 40
五、预算内财政收入	亿元	6. 00	4. 23	2. 20	14. 00
六、社会商品零售总额	亿元	23. 00	24. 22	13. 40	12. 50
七、外贸进出口总值	亿美元	18. 00	8. 20	6. 70	4. 00
其中：出口总值	亿美元	10. 00	4. 86	3. 90	4. 40
八、农民人均纯收入	元	6000	3553	2353	8. 60
九、城镇居民人均可支配收入	元	10000	9261	5124	12. 70
十、年末户籍总人口	万人	62. 00	54. 82	54. 40	—

说明：以上指标以现行价计算

同安区国民经济和社会发展“十五”计划执行情况表

表 15-2

指标名称	单位	“十五”计划时期（2001—2005 年）			
		计划数（包括翔安区）	2005 年同安区实际完成数	2003 实际完成数	2005 年比 2003 年增长%
一、国内生产总值	亿元	113	73. 91	53. 40	38. 40
第一产业	亿元	16. 60	7. 26	5. 63	28. 90
第二产业	亿元	59. 70	43. 31	29. 70	45. 80
第三产业	亿元	36. 70	23. 34	18. 10	30. 00
二、人均国内生产总值	万元	1. 96	2. 18	1. 81	20. 40
三、三次产业结构	%	14. 7：52. 8：32. 5	10. 1：58. 1：31. 8	12. 3：49. 9：37. 80	—
四、工农业总产值	亿元	210	167. 24	102. 30	63. 50
其中：农业总产值	亿元	26. 00	12. 09	9. 38	28. 90
工业总产值	亿元	184. 0	155. 20	92. 90	67. 00
五、预算内财政收入	亿元	7. 33	6. 94	两区未分开	—

续表15-2

指标名称	单位	“十五”计划时期（2001—2005年）			
		计划数（包括翔安区）	2005年同安区实际完成数	2003实际完成数	2005年比2003年增长%
六、外贸进出口总值	亿美元	18.00	13.63	8.19	66.40
其中：出口总值	亿美元	10.00	7.60	5.21	45.90
七、农民人均纯收入	元	6000	5240	4350	20.50
八、城镇居民人均可支配收入	元	12300	14400	10985	31.1
九、年末户籍总人口	万人	57.68	29.74	29.4	—

说明：以上指标以现行价计算

同安区国民经济和社会发展“十一五”规划执行情况表

表15-3

指标名称	单位	“十一五”规划时期（2006—2010年）			
		2010年规划数	2007年完成数	2007年比2005年增长%	完成“十一五”规划%
一、国内生产总值	亿元	300	108.97	47.40	36.30
第一产业	亿元	6.00	8.10	11.60	135
第二产业	亿元	215	59.63	37.70	27.70
第三产业	亿元	79.00	41.24	76.70	52.20
二、三次产业结构	%	2：71.7：26.3	7.4：54.7：37.90	—	—
三、人均生产总值	万元	9.76	2.98	36.70	30.40
四、工农业总产值	亿元	810.50	260.48	55.80	32.10
其中：农业总产值	亿元	10.50	12.23	11.60	116.40
工业总产值	亿元	800	248.24	59.90	31.00
五、预算内财政总收入	亿元	23.00	13.87	99.80	60.30
六、进出口总值	亿美元	27.40	19.60	43.90	71.50
其中：出口总值	亿美元	15.30	10.96	44.20	71.60
七、农民人均纯收入	元	8060	6462	23.30	80.17
八、居民人均可支配收入	元	22150	18441	28.10	83.30
九、年末户籍总人口	万人	30.72	30.83	—	—

说明：以上指标以现行价计算

第四节　固定资产投资管理

一、管理办法

1997—2003年，投资项目管理办法沿用1993年厦门市计委投资管理权力下放所制定的投资管理办法。2004年以后，分政府性投资和企业投资两大类进行管理。

政府性投资项目管理，按《国务院关于投资体制改革的决定》和同安区政府《关于厦门市同安区区级财政性投资项目管理暂行办法的通知》规定办。政府性投资项目中，凡属厦门市政府拨款投资或补助项目，须转报厦门市发改委审批。同安区自筹项目由区发改局审批。申请项目需报项目建议书、可行性研究报告、投资概算三个申办材料。对按规定提交的申报材料已齐全、政府已确定且规划条件较为成熟、建议内容、规模及标准已基本确定的项目，在4个工作日内给予批复或转报厦门市发改委。对较大的投资项目，需委托咨询评估、征求公众意见和进行专家评议的，所需时间不计算在规定期限内。企业性投资项目管理，按《国务院关于投资体制改革的决定》和国家发改委《企业投资项目核准暂行办法》规定办。企业投资项目中，厦门市属企事业单位或跨行政区项目须转报厦门市发改委审批，其他项目区发改局审批，报厦门市发改委备案。

二、重点项目

“九五”后4年（1997—2000年）重点项目有梧侣和城南变电站、污水处理厂一期等12个项目，计划总投资85110万元，全部完成，均为市发改委审批的政府性投资项目（当时企业投资项目不列入重点项目）。

“十五”期间（2001—2005年）重点项目有同安工业集中区同安园、同安室内体育馆、农村供水工程等30个，计划总投资716020万元，大部完成。其中属政府性投资23个项目587349万元，属企业投资7个项目128671万元。其中报厦门市发改委审批25个项目642089万元，同安区审批5个项目73931万元。

“十一五”前二年（2006—2007年）重点项目有：环东海域综合整治建设、同安工业集中区通用厂房、“金包银”工程、五缘湾营运中心（同安园）、厦门石材工业区等项目41个，计划总投资4745141万元，至2007年底完成投资3045000万元。其中，属政府性投资项目25个4179284万元，属企业投资项目16个565857万元。报市发改委审批项目24个4315038万元，区发改局审批项目17个430103万元。

“九五”计划后四年同安区重点建设项目实施情况表

表15-4

项目名称	建设规模	计划总投资（万元）
梧侣220KV变电站	2×120万伏安	5500
刘五店港二期码头	2×5000吨	7500
新民水厂	2万立方米/日	1110
污水处理厂	一期2.5～4万立方米/日	5400
同安中医院	20000平方米	2500
旧城道路改造	90560平方米	5300
畜禽产品出口基地及农副产品加工中心	家畜20万头家禽100万只	10000
新建、扩建、翻建中小学校舍	22万平方米	22800
同集路同安段	13公里	12000
东西溪防洪工程	—	3000
西环路	—	2000
银湖新区建设	—	8000
合计	12项	85110

2001—2005 年同安区“十五”计划期间重点建设项目实施情况表

表 15-5

项目名称	建设规模	计划总投资（万元）
同安工业区集中区同安园	开发用地面积约 5.5 平方公里。计划建设 150 万平方米通用厂房和开发 4 平方公里净地出让	247500
厦门轻工食品工业区	4.5 平方公里	87750
环东海域旅游道路（同安段）	长 3.37 公里，城市二级次干道，双向 4 车道	11099
同安湾大桥及两端接线工程	长 7.53 公里，城市快速路，一期工程路幅宽 28 米；桥梁长约 3 公里，宽 32 米	73328
沿海小海堤新建、修复达标建设	长 85.13 公里，其中新建 3.335 公里	32728
农村供水工程	铺设主次干管 500 多公里	25000
田洋 11 万伏变电站	容量（2×20）	2850
同安区室内体育馆	建筑面积 5998 平方米	3027
上陵—圳上—倒水桥通往安溪等 4 条过境公路改建	52.1 公里	15430
大同—新圩等四条战备公路修建	—	5300
圭母岫至竹坝公路	全长 7.06 公里，路基 12 米，路面 9 米	1646
竹坝至北辰山公路	全长 3.963 公里，路基 8.5 米，路面 7 米	1122
上陵至倒溪桥公路	全长 10.89 公里，路基 6.5 米，路面 5 米	2189
西源至堤内公路	全长 19 公里，路基 6.5 米，路面 5 米	1710
银湖大桥	桥：380×27 米	4000
农村义务教育和公共卫生体系	建筑面积 33.65 万平方米	48123
同安医院病房楼	建筑面积 16000 平方米	3200
同安区法院审判办公综合大楼	总建筑面积 26400 平方米	2498
北辰山风景区	园地 12.2 平方公里	7500
农业科技综合服务体系建设	信息咨询、饲料检测、动植物检疫、科技培训	1248
营林建设	荒山、迹地造林、道路、河溪绿化 4.6 万亩，林分改造 5.5 万亩、封山育林 6.2 万亩	3682
中低产田改造	改造低产龙眼 5 万亩、低产田 2.5 万亩、低产茶园 1 万亩	3420
闽南果蔬批发市场二期	2.94 万平方米	3000
古龙集团易地搬迁一、二期	形成年产 100000 吨罐头、30000 吨调味品的生产能力，引进资本形成年产 4 亿只异形罐生产能力	23644
厦门中药厂易地搬迁项目一期	占地 202.31 亩，总建筑面积 94739 平方米	19857
ECCO 鞋业	用地 68497.89 平方米，完成生产厂房，物料仓库，动力楼及员工食堂。2005 年形成约 40 万双生产能力	14089
银祥肉联厂二期	项目占地 60000 平方米，建筑面积 17700 平方米。项目年可生产香肠、火腿、烤肉、酱卤等深加工肉类食品 11600 吨	10198
“盛之乡”温泉度假村	占地约 1000 亩，其中征地建设 300 亩，租用山林地约 700 亩	24883
汀溪温泉山地小镇	占地 24.35 万平方米	20000
野山谷生态乐园一期	占地 6000 亩	16000
合计	30 项	716020

2006—2007年同安区“十一五”规划前二年重点建设项目实施情况

表15-6

项目名称	建设规模	计划总投资（万元）
环东海域综合整治建设项目	道路建设、岸壁整治、吹填造地、工业园区建设、保障性用房等	3540196
同安工业集中区（同安园）	占地278万平方米，建成105万平方米通用厂房	201800
厦门轻工食品工业区	规划566公顷，其中美禾园228公顷，西福园167公顷，同吉园67公顷，古龙园28公顷，黄金园66公顷	45000
厦门轻工食品工业区配套项目	用地面积31270平方米，总建筑面积49780平方米，建设公寓、综合楼、食堂及活动室等设施	7350
同安工业集中区配套项目环村“金包银”工程	7个行政村的“金包银”工程，总建筑面积75万平方米	120000
五缘湾营运中心（同安园）	用地面积18286.908平方米，总建筑面积81977.14平方米	35000
厦门石材工业区	规划面积300公顷，实际征地建设约2000亩	54000
四口圳片区	总用地252公顷，其中工业用地187.13公顷	45000
纵三路以西片区	总用地127.93公顷，其中工业用地103.2公顷	23000
同安湾大桥及两端接线工程	路线起于同集路，跨越同安湾，经琼头，终于马巷镇井头村。全长7528.47米，其中同安湾大桥长2520米，官浔溪桥长390米。建设内容主要包括道路、桥梁、地下人行通道、涵洞、交叉、雨污水、给水、燃气、电力、电信、有线电视、路灯、交通及绿化等工程。工程按城市快速路标准设计，设计车速为80Km/h，主车道为双向6车道，辅道为双向4车道。项目按一次规划，分期实施，桥梁一次建成宽32米，道路一期建设宽28米路基、双向4车道	73328
厦门至安溪城际快速路项目（沈海复线厦门段及连接线）（云埔—龙门段）	沈海复线厦门段主线（龙门岭—云埔—长泰）长21.495公里，厦门连接线长19.655公里，全线按高速公路标准建设，双向4车道	31985
岛外快速路［英村—同集路段（含天马山隧道）］	长6.487公里，城市快速路，双向六车道，其中天马山隧道2.65公里	60668
国道324复线（西湖—马巷段）	长9.732公里，城市一级主干道，双向六车道，路幅宽28米	13934
2007年第一批农村通自然村公路项目	25条道路，总长34.515公里	3911
竹坝至大尖山公路	全长5公里，路基宽12米，路面宽9米	2822
柑岭—后宅（同莲路—G324段）和凤岗—四口圳（同莲路—三纬路段）道路工程	柑岭—后宅（同莲路—G324段）道路长1413米，宽30米，以及配套工程；凤岗—四口圳（同莲路—三纬路段）道路长365米，宽40米，以及配套工程	7188
南北通道A段	道路拆迁面积18000平方米，建设道路长493米，宽30米	6724
启悟中学进校道路建设工程	全线长348.25米，宽24米，为城市三级次干道	1538
官浔溪下游河道综合治理工程	按20年一遇防洪标准设计，对土厝高速公路桥至出海口雷达水闸4.664km的河道疏浚整治及两岸建设防洪堤，防洪堤总长9.056公里，并加固改造雷达水闸、土厝滚水坝及新建排水闸涵等	3411
汀溪下游河道治理工程	治理河道全长5.527公里，修建堤防10.479公里，河道设计底宽55～160米	4840
农村义务教育和公共卫生体系	农村义务教育建设项目共38个，公共卫生体系建设项目共15个	12375
同安职业技术学校	总建筑面积57000平方米，在校生规模3000人	10373
新建梧侣学校	总建筑面积47047平方米	10872

续表15-6

项目名称	建设规模	计划总投资（万元）
厦门东海职业技术学院新校区	占地259.3亩	17000
厦门市第三医院二期工程	总建筑面积21081平方米（含地下室工程），床位数250床	6009
同安中医院病房楼	总建筑面积为12983平方米	4730
同安文化中心一期工程	总建筑面积20000平方米，其中文化馆8000平方米、影剧院7000平方米、图书馆5000平方米	7718
文化中心公园（项目）	占地254亩，绿化、喷泉、园林小品等设施	6000
同安就业培训中心暨劳动力市场（一期）	劳动力大厦10565.52平方米	2669
T5项目一期	建设以T5直管荧光灯为主的，高、中、低端产品并举的世界最大的集研发、生产、配套为一体的电光源制造基地。分三期建设。其中一期总投资约3.3亿元，固定资产投资2.8亿元	33000
惠尔康东方食品总厂建设项目	总建筑面积20.1万平方米	85000
厦门华诚纺纤有限公司建设项目	征地面积为553.2亩，拟投资建设年产40万吨聚酯及熔体直接纺丝项目，分二期实施，本期规模为20万吨	66800
ECCO皮革	占地面积10.68万平方米，建设内容包括皮革生产车间、原材料仓库、成名仓库及动力厂房。年产量成品革3000万平方英尺、蓝湿革2.5万吨	40000
ECCO皮革配套项目	项目建设包括5幢生产车间、1幢原材料仓库、1幢成品仓库、1幢动力房及1个员工食堂	20875
厦门中药厂易地搬迁项目	征地面积134937.8平方米，总建筑面积107763平方米	30500
厦门娃哈哈食品有限公司建设项目	占地65101平方米，总建筑面积26121平方米	16700
同恒厂房及配套设施	项目总用地面积89467.49平方米，其中建设用地面积74471.43平方米，总建筑面积93125平方米	16450
厦门银鹭福锅锅炉有限公司	锅炉厂房及配套设施，总用地面积125211.7平方米，建设用地面积114997.5平方米，总建筑面积约72113平方米	13000
川普（厦门）精密电子有限公司	厂房及配套设施	11700
野山谷生态乐园二期	占地6000亩，包括野山谷接待中心酒店、热带雨林、景区水泥路面浇灌	6675
翠丰酒店	休闲中心、温泉大酒店、会所	45000
合计	41项	4745141

三、项目前期管理

（一）前期项目

2001年，成立同安区重点工程项目前期工作办公室，负责提出中长期发展规划的重大前期项目、年度重点前期项目及其他财政投融资的重要基建前期项目的年度计划，执行重点储备项目滚动管理；检查、跟踪、服务重点前期项目工作计划的实施情况。当年提出莲花工业区、银湖大桥、区体育馆、闽南果蔬批发市场4项重点前期项目。至2003年，陆续提出中国（厦门）石材工业园区、厦门西柯食品轻工工业园等8个重点前期项目。

2004年，提出官浔溪下游防洪工程等4个重点前期项目，至2007年，陆续提出同安工业集中区、东西溪河道治理工程、同安文化中心等12个重点前期项目。2001—2007年，累计提出实施28个重点前期项目。

前期项目逐年转入年度重点项目实施，2007 年还有莲花水库、区中心公园、厦门市第二技校扩建、竹坝休闲旅游区建设等四个项目在办理中。

2001—2007 年同安区重点前期项目情况表

表 15-7

年份	项目名称	实施情况
2001	莲花工业区	已完成，投入使用
2001	银湖大桥	已完成，投入使用
2001	同安区体育馆	已完成，投入使用
2001	闽南果蔬批发市场	已完成，投入使用
2002	同安区青少年活动中心	已完成，投入使用
2002	中国（厦门）石材工业园区	已完成，投入使用
2002	城南工业区	已完成，投入使用
2002	同安第一实验小学新校区	已完成，投入使用
2003	大轮山公园盆景园、荷花池项目	已完成，投入使用
2003	东溪公园	已完成，投入使用
2003	同安城南医院	已完成，投入使用
2003	厦门西柯食品轻工工业园	已完成，投入使用
2004	区就业培训中心暨劳动力市场	已完成，投入使用
2004	同安区疾病预防控制中心	已完成，投入使用
2004	同安官浔溪下游防洪工程	已完成，投入使用
2004	同安区法院审判办公大楼	已完成，投入使用
2005	同安工业集中区	已完成，投入使用
2005	同安区职业技术学校	已完成，投入使用
2005	银湖小区安置房	已完成，投入使用
2005	新西安桥	已完成，投入使用
2006	市第三医院二期病房楼	已完成，投入使用
2006	东溪河道治理工程	已完成，投入使用
2006	中医院改造扩建	已完成，投入使用
2006	南北通道 A 段	已完成，投入使用
2007	同安文化中心	已完成，投入使用
2007	竹坝华侨农场侨居造福工程	已完成，投入使用
2007	同安工业集中区社会事业配套（梧侣学校、新民中心小学扩建、梧侣社区卫生服务中心、梧侣文化活动中心等）	已完成，投入使用
2007	梵天寺入口广场	已完成，投入使用

（二）“6·18”对接项目

2003 年 6 月 18—20 日在福州市举办首届“中国·海峡项目成果交易会”（简称“6·18”），至 2007 年举办五届，其间同安区向企业征集对接项目 114 个，项目总投资 30.67 亿元。从第二届起至第五届，获福建省资金补助共计 7 个项目 180 万元。

2004—2007 年同安区获“6·18”资金扶持项目统计

表 15-8

序号	时间	项目名称	项目单位	扶持资金（万元）
1	2004 年第二届	1% 甲胺基阿维菌素苯甲酸盐微乳剂产业化	厦门市绿地康生物工程有限公司	20
2	2005 年第三届	史氏鲟鱼养成系列配合饲料产业化开发	厦门市泉江饲料有限公司	20
3	2005 年第三届	连续聚合、高速纺丝差别化氨纶弱性纤维产业化	厦门力隆氨纶有限公司	25
4	2005 年第三届	虾青素的发酵法产业化生产	厦门永兴盛生物科技有限公司	30
5	2006 年第四届	高效环保型乳猪饲料的研发与产业化	厦门百穗行实业有限公司	30
6	2006 年第四届	纯物理分提法生产食用棕榈油产业化项目	厦门中盛粮油企业有限公司	30
7	2007 年第五届	紫长茄嫁接与栽培技术研究成果转化	厦门越洋食品有限公司	25
合计				180

第二章 统计管理

第一节 机 构

1997 年 5 月 1 日，同安县撤县改区后，同安县统计局与同安县计划委员会合并为厦门市同安区计划统计局，内设经济统计科、社会统计科及城市经济调查队、农村经济调查队，负责全区统计工作。各镇（场）均设立专职或兼职的统计人员，形成统计工作网络。2003 年 12 月，同安区计划统计局更名为同安区发展和改革局，加挂统计局牌子，内设统计科及城市经济调查队、农村经济调查队，负责全区统计工作。2007 年 6 月，设立同安工业集中区统计工作站，至年底统计局内设机构不变，下辖工业集中区统计工作站、镇场统计网络不变。

第二节 常规统计

一、统计项目

1997 年，保持原来的工农业产值、固定资产投资、财政金融、交通邮电、科教文卫等国民经济和社会发展的综合统计主要指标不变。之后为适应改革开放形势的发展和与国际接轨的需要，逐步改革统计制度，更多融入民生理念，教育、劳动、医疗卫生、收入分配、居民住宅、社会保障、社会治安等关系人民群众切身利益的内容纳入统计范畴。统计专业扩展到服务业、工业品价格调查、社情民意调查、基本单位普查、主要社会产业调查等。中国加入世界贸易组织以后，着重加强统计的科学性、准确性和权威性。2006 年，增加能源统计和服务业统计等内容。

二、统计范围

2004 年 4 月始，厦门市试行所在地统计制度，区级统计部门负责辖区内的统计调查单位（除市统计局保留不分区划转单位以外）的各项统计组织管理工作，部省属、市属行政机关及限额（规模）以上统计调查单位，原则上按所在地划归区级统计部门负责统计资料的采集、汇总、上报。

1997—2007 年同安区主要经济指标完成情况表

表 15-9

完成情况	单位	同安区（含翔安）						同安区（析出翔安区后）				
		1997 年	1998 年	1999 年	2000 年	2001 年	2002 年	2003 年	2004 年	2005 年	2006 年	2007 年
国内生产总值	万元	603859	651998	579639	650248	697328	779111	524076	621677	733427	867910	1089706
第一产业	万元	119306	123271	123525	129853	135723	138658	64420	70459	73921	68875	81013
第二产业	万元	348405	372405	272400	316163	336018	382058	261686	360189	402626	496211	596288
第三产业	万元	136148	156322	183714	204232	225587	258395	197970	191029	256880	302823	412405
人均国内生产总值	元	10906	11737	12794	11723	12560	14056	18171	21889	21804	25753	29835
工农业总产值	万元	1258597	1344834	1430401	1160213	1247335	1389769	1023296	1385012	1672417	2065491	2604767
其中:农业总产值	万元	178099	185921	186902	198973	217134	221611	93856	105563	120917	111630	122329
工业总产值	万元	1080498	707300	1243499	961240	1030201	1168158	929440	1279449	1551500	1953861	2482438
预算内财政收入	万元	34006	36828	36332	42334	53673	64269	71011	50383	69436	100922	138714
外贸进出口总值	万美元	107225	110198	94866	82042	88153	97229	81900	112100	136300	149903	196075
其中：出口总值	万美元	62253	63649	56320	48559	53877	60204	52100	68114	76000	92661	109554
农民人均纯收入	元	3181	3370	3295	3553	3803	4020	4350	4763	5240	5790	6462
城镇居民人均可支配收入	元	8705	8416	9157	9261	10064	10646	10985	12428	14363	16041	18441
年末户籍总人口	人	549108	549912	549231	548199	550218	549590	293995	296309	299144	303430	308314

说明：1～7 项指标以现价计算

第三节　统计普查与调查

一、专项普查

（一）人口普查

按照国家统一部署，2000 年进行第五次全国人口普查，普查标准时点为 2000 年 11 月 1 日零时。普查结果：全区常住人口 32.73 万人，其中男性 16.66 万人，占 50.9%，女性 16.07 万人，占 49.1%。人口出生率 11.05‰，自然增长率 7.98‰，死亡率 3.07‰。

（二）经济普查

依据国务院的规定，经济普查每 10 年进行 2 次，普查内容为全区经济单位的数量、结构、分布状况。同安区 2001—2010 年间的第一次全国经济普查的标准时点为 2004 年 12 月 31 日。该次普查摸清全区经济单位总数 12691 家，其中法人单位 1665 家（包括规模以上工业企业 260 家、规模以下工业企业

505 家、建筑业 41 家、房地产业 50 家、交通运输业 26 家、商业限额以上 24 家、商业限额以下 199 家、住宿餐饮限额以上 2 家、住宿餐饮限额以下 13 家、服务业 145 家、行政事业社团 400 家）；产业活动单位 410 家；个体经营户 10616 家。

人口普查入户调查工作照

同安区召开经济普查业务培训会

（三）农业普查

1997 年 1 月，开展第一次全国农业普查。普查标准时点为 1996 年 12 月 31 日。时期资料为 1996 年度。普查内容是农业生产要素，农村经济和社会的基本情况。普查对象是全同安区 12 个镇，6 个农林场、213 个行政村的农村住户，各种类型的农业生产经营单位。普查取得同安区有关农村、农业、农民的第一手数据。查清主要指标有农村住户 10.9 万户、农村人口 47.05 万人、从业人员 28.68 万人，其中以农业为主从业人员 18.43 万人，占从业人员 64.26%，非农业从业人员 10.25 万人，占从业人员 35.74%。全区耕地 23.1 万亩，农业生产经营单位 729 个，213 个行政村。全区行政村除大嶝镇的小嶝村外，行政村全部通公路、通电、通邮，有 55 个行政村通自来水，平均每个行政村有体育场 0.1 个、文化站 0.1 个、医疗站 1.25 个、乡村医生 2.32 人。

2006 年，开展第二次全国农业普查。普查标准时点是 2006 年 12 月 31 日，时期资料为 2006 年度。普查对象为全区 8 个镇街、5 个农林场、111 个行政村范围内的农村住户、城镇农业生产经营户、农业生产经营单位、村民委员会和乡镇人民政府。普查主要内容包括：农业生产条件、农业生产经营活动、农业土地利用、农村劳动力及就业、农村基础设施、农村居民生活以及乡镇、村民委员会和社区环境等方面的情况。普查取得同安区农村经济的大量数据。查清主要指标有：农村住户 6.28 万户，农村人口 25.77 万人，从业人员 17.25 万人，其中农业为主从业人员 5.43 万人，占从业人员总数 31.48%，非农业为主从业人员 11.82 万人，占从业人员 68.52%。全区耕地 15.3 万亩（土地局数据），农业经营单位 419 个，行政村 111 个。全区行政村全部通公路、通电、通邮。657 个自然村中，通有线电视占 94.29%，通自来水 43.3%，使用煤气 61.60%，平均每个行政村有文化站 0.38 个、体育场 0.55 个、医疗站 1.3 个、乡村医生 3.02 个。

农业普查工作照

二、抽样调查

（一）年度人口变动抽样调查

1997—2007 年，除 2000 年人口普查和 2005 年的 1% 人口小普查外，共进行 9 次年度人口变动情况抽样调查。调查样本资料报厦门市调查队并由其汇总测算。

2005 年，1% 人口小普查抽样调查，抽中样本量 8190 人，占全区户籍人口 2.73%。测算结果 2005 年全区常住人口 33.9 万人，其中男性占 48.18%，女性占 51.82%，人口出生率 11.05‰，自然增长率 7.98‰，死亡率 3.07‰。

（二）规模以下非国有工业抽样调查

1998 年始，每年开展四次规模以下工业抽样调查，每季度进行一次调查对象包括全部年产品销售收入 500 万元以下的非国有工业企业和全部个体经营工业单位，调查前须对样本村的企业和个体单位进行清查摸底，并以此测算总体。

1998—2007 年同安区规模以下非国有工业产值抽样调查统计表

表 15-10　　单位：万元/年

项目	1998 年	1999 年	2000 年	2001 年	2002 年	2003 年	2004 年	2005 年	2006 年	2007 年
工业产值（万元）	119654	93857	257500	294000	295800	183000	100824	99300	205000	206000
企业单位数（个）	264	264	1893	1933	2470	998	1443	1467	1521	1588

（三）部分服务业抽样调查

2006 年，开展仓储业、计算机服务业、软件业、租赁业、商务服务业、科技交流和推广服务业、居民服务业、其他服务业、社会福利业、体育和娱乐业等抽样调查，对象是法人企业和个体户，调查内容包括营业收入、人员薪金、上交税费、营业利润、固定资产和从业人员等指标，调查期为 2 月、5 月、8 月、11 月共 4 次。调查前要对抽中的样本村和企业进行摸底清查。调查样本报厦门市汇总测算。

（四）福建产品市场占有情况统计调查

2007 年开始调查。调查范围包括工业企业、批发和零售贸易企业、农业生产和销售单位。调查内容包括工业企业基本情况、工业产品生产及销售情况、批发和零售贸易企业基本情况、商品类销售情况、重点商品销售情况、主要农产品产销情况、三大产区（省内、省外、境外）农产品省内市场销售情况。全区抽中 236 家工业企业和 2 家批发和零售贸易企业。调查结果显示其商品销售省内占 30%，省外占 37%，境外占 33%。

（五）农村抽样调查

农村住户抽样调查　农村住户抽样调查始于 1983 年，以农村家庭户为调查对象，从农民经济收入与消费支出角度进行非全民性调查。内容为农村家庭人口、劳动力、经济总收入、总支出、耐用品拥有量等情况。调查方法是按照福建省统一方案实行，采用计算机随机起点，对称等距的抽样方法，抽出调查点为调查样本。调查实行现金收入、实物收支两本账、逐笔记账。1997—2007 年，共调查 11 次，调查样本每五年轮换一次，最近一轮 2004—2008 年样本点为朝元、梧侣、西柯、云洋、西源、西洋、新厝等七个村，共 70 户。通过调查结果推算出全区农民的收支情况和生活、生产的变化动态。

1997—2007 年同安区 70 户农民家庭收支情况统计

表 15-11

项目	1997 年	1998 年	1999 年	2000 年	2001 年	2002 年	2003 年	2004 年	2005 年	2006 年	2007 年
一、人均总收入（元）	4753	4929	4718	5023	5405	5418	5596	6510	6834	7251	8050
二、人均纯收入（元）	3181	3370	3295	3553	3803	4020	4350	4763	5240	5790	6462
其中：工资性收入	1453	482	1708	1778	1775	1877	2002	2188	2523	2803	3189
人均总支出	4178	4089	3935	4139	4272	4093	4088	4801	4892	5297	5374
其中：生活费支出	2564	2490	2499	2535	2553	2621	2729	2969	3112	3546	3822
其中:食品支出(元)	1225	1198	1248	1257	1267	1296	1348	1449	1450	1485	1613
三、人均期末存款余额(元)	1380	783	843	1008	1106	1236	2156	2843	2890	3005	3588
四、人均私房使用面积(平方米)	36.1	35	38.3	33.9	36.4	39	36.6	41	42.5	45.3	46.2

农产量抽样调查　农产量抽样调查每年调查一次，调查对象为粮食产量，方法是按国家统计局制定的《农业产量抽样调查网点抽选方案》，以粮食亩产为标准，由低到高顺次排次，采用对称等距抽样法确定调查点。通过对调查点按地块单产排队，抽取样本进行地块实割、实测推算出标准亩产，反映出全区粮食生产变化动态。1997—1999 年，利用计算机抽选澳溪、四口圳等 14 个村为固定调查点，2000 年减为 10 个村，2005 年减为凤岗、造水、西溪、后埔、梧侣 5 个村为调查点，并连续使用至 2007 年。

若干年份农业产量抽样调查情况

表 15-12

年份	品种	村民小组（个）	地块数（块）	样本（个）	标准亩产（公斤）
2000	早稻	10	150	825	396.05
	晚稻	10	150	825	377.77
2005	早稻	5	75	375	374.25
	晚稻	5	75	375	314.84
2006	早稻	5	75	375	332.23
	晚稻	5	75	375	337.72
2007	早稻	5	75	375	352.99
	晚稻	5	75	375	349.7

（六）城镇居民抽样调查

1997—2007 年，每年采取计算机在全区城镇居民中抽查 50 户。内容为城镇居民人均可支配收入、主要食品月人均消费量及耐用品拥有量，以及居民消费价格指数。调查测算出全区城镇居民 11 年的收支变化动态。

城乡住户抽样调查工作

1997—2007 年同安区 50 户城镇居民收支情况调查统计

表 15-13

项目	1997 年	1998 年	1999 年	2000 年	2001 年	2002 年	2003 年	2004 年	2005 年	2006 年	2007 年
一、人均可支配收入(元)	8705	8716	9157	9261	10064	10639	10985	12428	14363	16042	18441
其中：工资性收入	—	—	—	—	—	6491	6114	8732	9262	10113	11613
经营净收入	—	—	—	—	—	486	715	486	891	1095	1433
财产性收入	—	—	—	—	—	260	704	70	110	53	49
转移性收入	—	—	—	—	—	3903	4281	4011	5032	6158	7009
二、人均总支出（元）	7920	7634	7728	8589	10044	9834	8639	10427	12030	16778	16735
其中：消费支出	6849	6367	6417	6625	7906	7898	7065	7578	9256	11689	13677
转移性支出	—	—	—	—	—	1449	1020	1304	1657	1773	1693
财产性支出	—	—	—	—	—	35	5	—	15	14	—
社会保障支出	—	—	—	—	—	452	443	678	749	1111	1365
三、居民消费价格指数	101.1	97.5	101.5	101.6	98.6	103.8	102.1	105.3	100.1	102.5	104.6
其中：消费价格指数	—	—	—	—	97.7	98.6	99.4	106.3	100.1	101.7	105.2
服务项目价格指数	116.3	111	132.9	137.1	102.4	125.2	110.6	101.8	100	102.7	102

说明：1. 消费指数上年=100

2. 1997—2001 年人均收入、总支出中的构成因素，由于这几个项目和统计口径变化，不可比

（七）成本费用调查

2007 年，对规模以上工业企业的制造成本、营业费用、管理费用、财务费用开展调查，样本资料上交厦门市统计局汇总、测算。

（八）福建省文化产业调查

福建省统计局 2007 年抽中同安区 24 家文化产业单位进行人数、资产负债、损益与分配、劳动报酬、社会保险等情况调查。24 家总人数 994 人，其中经营性 17 家、财政拨款 7 家；盈利 18 家、亏损 6 家；参加社会保险 16 家 847 人。

第四节　统计监督与服务

一、统计监督

1997 年，统计监督坚持“依法治统，依法兴统”的目标，加强统计法制基础建设、普法宣传和执法力度，统计工作走上正常化、制度化、规范化轨道。

2001 年，制定《同安区统计报表报送制度》，规范各专业报表制度和时间要求。同年，建立统计年报表签收单制度和统计数据把关评估制，要求基层单位报送报表时，各专业统计负责人应审核签收，严格把关，认真评估。

2003 年，采用集中送审方式对全区 1030 家统计调查单位进行核换新证和年度审核，进一步完善统计基础单位数据库。

为确保统计数据质量，2003 年起每年组织数据质量大检查。

2006年8月，省统计执法检查组对50家规模以上工业企业、15家房地产开发企业和新民镇政府的统计基础工作进行检查监督。结论为统计监督工作开展较好，统计数据基本准确。11月起，把统计法律法规讲座列入每期区委党校干部培训内容。

二、统计服务

（一）统计信息资料利用

每月整理印发“同安统计月报”，年底编辑出版《统计年鉴》，编发“发改信息”，开通“同安之窗——发改局网站”“银城快讯”，提供并发表经济运行的主要数据及运行分析，及时提供统计信息。2006年，编辑出版同安《第一次全国经济普查年鉴》。

在不泄露国家机密的前提下，面向社会开展统计信息咨询无偿服务。通过新闻报道、网络等途径宣传同安改革开放及海峡西岸经济区建设成就。

（二）统计分析利用

印发不定期统计分析报告，1997年前名为“统计信息”，1997—2003年为“计统信息”，2004年以后名为“同安区发展与改革”。2007年，开展工业总产值、社会消费品零售总额及固定资产投资运行情况调研，分别提交分析报告，提出对应措施，为区领导决策提供科学依据。其中，《同安区服务业发展现状、存在问题及对策》《把提高数据的质量放在首位，认真搞好规模以下工业抽样调查》《同安工业突飞猛进已初步显现》《2007年上半年我区商品房销售面积和销售价格下降原因》《浅析建设同安工业集中区对同安经济社会发展的重要性》等分析论文受到市、区政府的表彰并在专业刊物上发表。

第三章　物价管理

第一节　机　构

1997—2002年，物价管理机构为同安区物价局，2002年12月并入同安区计划统计局。2003年12月，同安区计划统计局改组为同安区发展和改革局，加挂物价局牌子。物价局内设物价科（负责商品价格管理和各项收费审核），下设物价检查所（负责监督检查价格执行情况和查处价费收取中的违法案件）、价格成本调查队（负责农副产品成本调查和市场价格监测数据）、价格认证中心（负责对行政执法机关、司法机关办理案件涉及价格的监证、评估，以及各类价格纠纷的监证，对各类市场主体价格行为的合法性、价格合理性水平进行认证）。

第二节　价费管理

一、行政事业性收费

（一）清理涉农行政事业性收费

2003年11月30日，同安区人民政府根据中央文件精神，印发《关于继续清理行政事业性收费的实施意见》，在全区范围内对涉及农民的行政事业性收费进行全面清理整顿，共取消国内植物检疫费中检疫证收费、畜禽产品防疫检疫费中的兽医卫生条件考核证和定期技术监测收费、户籍管理工本费中的寄住证工本费 3 项涉农收费，降低畜禽及畜禽产品检疫费、农机监理费、渔业船舶检验费、渔事调解费 4 项收费，免收水土流失防治费、河道工程修建维护费、取水许可证费、农民生活用水和农业生产用水的水资源费、建设用地批准工本费、营业性运输的农用三轮车拖拉机公路运输管理费、自产自销农副产品城乡集贸市场管理费等 8 项收费，有效减轻农民负担。

（二）换发收费许可证

收费许可证三年换发一次。1999 年、2002 年、2005 年三次换证，其中，2005 年对保留行政事业性收费的 119 个单位（含部分市属单位）进行清理，后核发收费许可证 110 套，其中区属单位 92 套，省、市属单位 18 套。

（三）行政事业性收费年审

1999—2007 年，行政事业性收费年审 9 次，收费单位数由 1999 年的 524 个减为 2007 年的 71 个，收费金额由 1.63 亿元减至 0.72 亿元。

（四）规范学校收费

2004 年 8 月，规范普通高中收费管理，明确规定普通高中收费项目为学费、择校费、代办费、寄宿生住宿费。学费为省一级达标校每生每学期 1050 元、省二级达标校每生每学期 950 元、省三级达标校每生每学期 900 元、未定级学校每生每学期 720 元。择校费为一级达标学校每生收费 18000 元，二级达标学校每生收费 12000 元，三级达标学校每生收费 9000 元。同时严格执行择校生“三限政策”（限分数、限人数、限钱数）。同月，在义务教育阶段学校实行“一费制”收费办法，同安区实际执行一费制由杂费、课本费、簿籍费、借读费、住宿费等构成。

2005 年秋季起，农村中小学一律不得收取借读费。

2007 年秋季开始，对择校生不再收取学费，看电影、体检和社会实践等代办收费按照“一事一收，事毕结清，多退少补，不得盈利”的原则处理。

二、经营服务性收费

2003—2004 年，重新登记换发经营服务性单位收费许可证 41 家。2004 年 7 月行政许可法实施后至 2007 年 12 月，取消对经营服务性单位收费实施收费许可证管理，改为审核、批准、备案管理，其中物业服务、停车服务、政府投资和利用国家资源的旅游娱乐项目，行政强制性经营服务等收费项目实行政府指导价，按权限分别审核或上报审批。其余服务性收费项目实行市场调节价，按规定实施备案管理。

物价人员开展物价检查工作照

（一）物业收费

1997—1998 年，在大同镇试行缴费服务，按档次制定物业管理综合服务费。由于缺乏管理，物业公司与商品房户主不断产生纠纷，最终停止该项收费，改为提供小区内卫生保洁服务收取环境卫生服务费。

2000 年起，为配合区政法委倡导建设安全示范小区，重新审核批准物业服务收费。截至 2007 年底，同安区有 18 家物业公司为约178万平方米建筑面积住宅小区提供物业服务。物业服务收费包括物业综合服务费、房屋公共维修金、小区停车服务费、房屋装修垃圾清运费等项目，其标准如下：

物业综合服务费及房屋公共维修金　按小区类别和房屋用途，收取物业综合服务费每年每平方米0.10～2.50元，房屋公共维修金每年每平方米0.10～0.30元。

2000—2007年同安区物业综合服务费及房屋公共维修金标准

表15-14　单位：元/平方米·年

小区类别	住宅	小高层住宅	商场酒家	餐饮业	办公场所（含住宅改办公）	小高层办公场所	普通店面等其他用房
封闭式管理小区	0.35～0.50	0.60～1.50	1.20～3.50	0.80～2.00	0.65～1.00	1.00～2.50	0.60～1.50
开放式小区	0.20～0.35	—	0.80～1.20	0.70～0.80	—	0.35～0.55	0.45～0.60
不提供保全服务的开放式小区	0.10	—	0.80	0.60	—	0.30	0.40
房屋公共维修金	0.10	0.30	0.20	0.20	0.30	0.20	0.20

附录：住宅小区内停车服务费（停车三十分钟内不收费）

小区内住户　自行车每月每辆6元；摩托车每月每辆30元；小型车地面每月每辆80元、地下每月每辆60元。

外来车辆　自行车每辆每次0.5元；摩托车每辆每次2元；小型车每辆每次5元。超过4小时每次8元。

房屋装修垃圾清运费　2006年前按建筑面积一次性每平方米1.5元，2007年调升每平方米2元。

（二）社会停车场停车服务费

2003年，颁发“同价〔2003〕10号”文调整停车服务费，同年6月1日起实施。

2003—2007年同安区社会停车场收费标准

表15-15　单位：元

收费项目	计量单位	收费标准	停车时间	备注
大型车	辆·次 辆·日 辆·月	10 15 250	4小时以内 4～24小时 月票	核定载重量大于8吨以上货车、集装箱车、40座以上客车
中型车	辆·次 辆·日 辆·月	8 10 150	4小时以内 4～24小时 月票	核定载重量2吨至8吨（含8吨）货车、20座以上客车
小型车	辆·次 辆·日 辆·月	5 8 120	4小时以内 4～24小时 月票	核定载重量2吨（含2吨）以下货车、19座以下客车、轿车、农用车、拖拉机、三轮摩托车
摩托车	辆·次 辆·日 辆·月	1 2 50	4小时以内 4～24小时 月票	—
自行车	辆·次 辆·月	0.5 10	24小时以内 月票	—

说明：其中经有权机关认定严重超载车辆停放允许加收场地使用费，标准按停车服务费2倍计收

（三）民办教育收费

1997—1999年，民办教育收费按省定标准上浮20%以内。省定标准：理工、农林、体育、艺术类培训班每人每课时2元，文、法、财经、英语类培训班每人每课时1.5元，计算机培训每人每课时3元。

2000年，根据省物价局、财政厅、教育厅（闽价〔2000〕费字430号）《关于福建省社会力量办学收费管理有关问题的通知》和市物价局（厦价〔2000〕费字041号）对民办教育收费实行省定最高限额内标准备案。规定最高收费标准：九年义务教育阶段"小学每学年4000元/生，初中每学年6000元/生。九年义务教育以外由民办教育机构自主制定价格报主管部门备案。"

2006年，按省物价局、财政厅、教育厅、劳动和社会保障厅（闽价〔2006〕费字154号）"关于印发《福建省民办教育收费管理实施细则》的通知"，重新规范民办教育收费，要求民办教育机构在制定收费标准时，应按照教育成本、预留发展基金及按国家规定的其他费用，报同级政府价格主管部门备案后执行。当年，全区19家民办教育机构报送收费标准，经审核备案后执行。2007年，报备24家。

三、定价

（一）自来水价格

1999年4月，区物价局对镇级水厂自来水价格作出调整：居民生活用水2.20元/吨；工业生产用水2.40元/吨；其他各类用水2.60元/吨。

2001年6月，厦门市委、市政府推进农村工业化、城镇化建设，对岛内外工业用水实行同价补贴，区物价局对镇级水厂自来水价格作出调整：居民生活用水2.20元/吨；工业生产用水1.60元/吨；其他各类用水2.40元/吨。

2004年5月，岛内外工业用水同价补贴取消，区物价局对镇级水厂自来水价格再次作出调整：居民生活用水2.00元/吨；其他各类用水2.20元/吨。

2005年后，农村自来水"村村通"工程建设加快，除洪塘镇、莲花镇和汀溪镇，同安区大部分镇街都纳入厦门市水务集团的供水网络，自来水价格由厦门市物价局统一制定。8月，加收污水处理费。至2007年7月底，由水务集团供水网络供水的居民用水价格1.60元/吨，污水处理费0.80元/吨，合计2.40元/吨；工商企业用水价格1.80元/吨，污水处理费1.00元/吨，合计2.80元/吨；特种行业用水价格2.80元/吨，污水处理费1.20元/吨，合计4.00元/吨。

2007年8月起，由水务集团供水网络供水的居民用水价格1.60元/吨，污水处理费1.00/吨，合计2.60元/吨；工商企业用水价格1.80元/吨，污水处理费1.20元/吨，合计3.00元/吨；特种行业用水价格2.80元/吨，污水处理费1.50元/吨，合计4.30元/吨。

2007年，同安区自来水主要由4个单位供水，截至2007年12月，只有水务集团供应城区的自来水收取污水处理费。四供水单位供水价格见下表：

2007年同安区自来水价格表

表15-16　　单位：元/吨

用水分类	莲花水厂	汀溪水厂	洪塘水厂	水务集团
民用水	2.0	2.0	2.0	2.6
工商企业用水	1.6	1.6	2.2	3.0
特种行业用水	—	2.4	2.2	4.3

说明：1. 民用水包括居民、部队、行政事业单位用水

2. 特种行业：娱乐、桑拿、足浴、美容美发、洗车、茶楼

（二）液化气价格

1997 年，同安区 14.5 公斤装液化气每瓶 50 元，1998—2007 年根据厦门市物价局调整民用瓶装液化气零售价格的文件通知，区物价局 27 次调整同安区民用瓶装液化气零售价格至每瓶 115 元。

1998—2007 年同安区 14.5 公斤装液化气价格

表 15-17　　单位：元/瓶

年份	月份	价格	年份	月份	价格	年份	月份	价格
1998	5 月	53	2005	10 月	86	2006	12 月	88
1999	12 月	50	2005	11 月	92	2007	1 月	93
2000	10 月	63	2006	1 月	98	2007	2 月	8
2002	5 月	58	2006	3 月	92	2007	3 月	85
2003	12 月	63	2006	4 月	89	2007	4 月	87
2004	4 月	65	2006	6 月	84	2007	6 月	92
2004	9 月	70	2006	8 月	87	2007	7 月	95
2004	10 月	75	2006	9 月	92	2007	10 月	102
2005	9 月	78	2006	11 月	86	2007	12 月	115

（三）公交票价

2004 年，按照厦门市人民政府办公厅转发厦门市物价局《关于明确区级政府价格管理权限的通知》，区物价局核定同安区行政区域营运的公共交通汽车票价。先后核定区公交车、农村线公交车、学生专线公交车票价。

2004—2007 年同安城区区公交车票价标准

表 15-18

起止站点	全程票价（元）	分段票价（元）	备　注
丙洲至四林	3	上车 1 元，分段计费，跨段加收 1 元，丙洲/西柯/同安车站/四林	同发价〔2004〕21 号
同安车站至莲花后埔	2	上车 1 元，分段计费，跨段加收 1 元，同安车站/凤岗/后埔	
同安车站至汀溪褒美	2	上车 1 元，分段计费，跨段加收 1 元，同安车站/汀溪镇/褒美	
城东工业区至潘涂工业区	2	上车 1 元，分段计费，跨段加收 1 元，城东/烧灰→潘涂（同安一中潘涂 1 元）	同发价〔2005〕9 号
西塘至田洋	1	上车 1 元，全程 1 元	
人武部至奎武岫	1	上车 1 元，全程 1 元	同发价〔2005〕9 号
芸溪小区至三忠	2	上车 1 元，分段计费，跨段加收 1 元，芸溪/洪塘/三忠	
同安汽车站至沃溪	2	上车 1 元，分段计费，跨段加收 1 元，同安车站/崎坑桥/沃溪	同发价〔2005〕16 号
同安汽车站至竹坝	2	上车 1 元，分段计费，跨段加收 1 元，同安车站/五显镇政府/竹坝	

说明：开启空调加收 1 元

2005—2007 年同安区农村客运线路票价标准

表 15-19

线路	起止站点	全程票价（元）	分段票价（元）	备注
350	同安车站至罗溪	5	上车 1 元，分段计费，跨段加收 1 元，全程 5 元，同安车站/三角呈/美埔/祥溪林场/上陵/罗溪	同发价〔2005〕37 号
351	同安车站到茬畲	3	上车 1 元，分段计费，跨段加收 1 元，全程 3 元（开启空调加收 1 元）同安车站/汀溪镇政府/古坑/茬畲	同发价〔2005〕37 号
357	小西门至同安工业集中区	2	上车 1 元，分段计费，跨段加收 1 元，小西门/市第三医院/同安工业集中区	同发价〔2006〕20 号

2006—2007 年同安区接送学生线路票价标准（同价〔2006〕32 号）

表 15-20

线路	起止站点	途径线路	营运里程（千米）	空驶里程（千米）	车型等级	计量单位	核定票价（元）
1	莲美中学至上陵	美埔、祥溪林场	12	30	小型中级	全票	2
2	莲美中学至罗溪	美埔、祥溪林场、上陵	19	37	小型中级	全票	3
3	莲美中学至河田	美埔、祥溪林场	9	27	中型中级	全票	2
4	汀溪中学至五峰	汀溪林场	8	24	中型中级	全票	2
5	汀溪中学至西源	古坑	9	26	中型中级	全票	2
6	汀溪中学至半岭	上埔	13	29	中型中级	全票	3
7	莲美中学至军营	祥溪林场、上陵	23	41	中型中级	全票	4
8	莲美中学至白交祠	上陵、军营	33	51	中型中级	全票	6
9	澳溪中学至小坪	井内、道地	14	46	中型中级	全票	4
10	五显中学至城关	五显、安炉	9	9	中型中级	全票	2

第三节　物价专项检查

1997—1999 年，先后开展电价、学校收费、公共电话代办点收费、药品价格、涉企收费专项检查，累计查处案件 202 起，查处非法所得 94.74 万元，经济制裁 100.41 万元，办结群众举报和上级转办案件 57 件。

2000 年，开展以“清费、治乱、减负”为中心的乱收费和公安收费专项检查。当年，查处案件 69 件，查处非法所得 609.46 万元，经济制裁 613.46 万元，办结群众举报和上级转办案件 31 起。

2001 年 3 月，开展以农网收费、土地和住房建设收费、药品价格专项检查。当年，查处案件 35 件，查处非法所得 144.94 万元，经济制裁 147.67 万元，办结群众举报和上级转办案件 46 件。

2003 年，在“非典”发生时期，开展白米醋、药品、医疗服务、食用油价格专项检查。出动检查人员 259 人（次），检查 257 家（次）医疗和药品经营单位，对其中 148 家违规较轻的单位进行责令限期整改，对 16 家违价单位进行立案查处。当年查处案件 56 件，查处非法所得 31.11 万元，经济制裁 38.37 万元，办结群众举报和上级转办案件 97 件。

2004 年，检查处理同安公交违反价格承诺案。

2005—2006 年，先后开展运输市场、房地产价格、房地产中介、建设系统、国土资源、电信资费等收费专项检查，合计查处案件 81 件，查处非法所得 882.63 万元，经济制裁 580.10 万元，办结群众举报和上级转办案件 168 件。

2007 年，创新执法方式，改变以往检查、处罚的单一作法，对一些违价行为较轻的店家采取以法律法规培训代替罚款，把执法和宣传教育结合起来。

1997—2007 年，全区查处价格违法 568 件，查处非法所得 2273.79 万元。实行经济制裁 1996.43 万元，其中，没收 1324.65 万元，罚款 31.1 万元，退还消费者 1355.75 万元；其余 640.68 万元上缴财政。办结群众举报及上级转办案件 562 件。

1997—2007 年同安区查处价格违法案件统计表

表 15-21

时间	查处件数（件）	查处非法所得（万元）	经济制裁				上缴财政（万元）	办结群众举报和上级转办（件）
			总数（万元）	其中				
				没收（万元）	罚款（万元）	退还消费者（万元）		
1997 年 5 月 1 日至年底	35	36.30	38.55	36.30	2.25	38.55	—	—
1998 年	55	—	0.72	0.72	—	0.72	—	48
1999 年	112	58.44	61.14	2.43	2.70	5.13	56.01	9
2000 年	69	609.46	613.46	302.50	4.00	306.50	306.96	31
2001 年	35	144.94	147.67	59.50	2.77	62.27	85.40	46
2002 年	33	35.53	38.28	35.53	2.75	38.28	—	33
2003 年	56	31.11	38.37	7.02	7.26	14.28	24.09	97
2004 年	74	439.00	440.90	323.00	1.90	324.90	116.00	60
2005 年	54	561.83	256.20	205.10	3.49	208.60	47.60	92
2006 年	27	320.80	323.90	320.80	3.10	323.90	—	76
2007 年	18	36.38	37.23	31.75	0.88	32.63	4.62	70
合计	568	2273.79	1996.43	1324.65	31.10	1355.75	640.68	562

第四节　价格服务

一、主要农副产品成本调查

1997 年，调查早籼稻每亩生产成本 521.42 元，产品收成所得 581.00 元，盈余 59.58 元；晚籼稻每亩生产成本 490.02 元，产品收成所得 600.79 元，盈余 110.77 元；春花生每亩生产成本 492.04 元，产品收成所得 740.93 元，盈余 248.89 元；鲜桂圆每亩生产成本 780.17 元（1998 年价），产品收成所得 630.82 元（1998 年所得），盈余-149.35 元；生猪上半年每 50 公斤生产成本 438 元，出售价 493.82 元，盈余 55.82 元，下半年生产成本为 473.00 元、出售价 492.45 元，盈余 19.4 元；鸭蛋每 50 公斤生产成本 334.28 元，出售价 322.76 元，盈余-11.52 元。

2007年，早籼稻每亩生产成本700.87元，产品收成所得683.40元，亏17.46元；晚籼稻每亩生产成本616.91元，产品收成所得701.00元，盈余84.09元；春花生每亩生产成本859.92元，产品收成所得995.87元，盈余135.95元；鲜桂圆每亩生产成本416.23元，产品收成所得368.94元，盈余-47.29元，生猪上半年每50公斤生产成本407.74元，出售价508.09元，盈余100.35元，下半年生产成本494.88元，出售价668.25元，盈余173.37元；鸭蛋每50公斤生产成本372.24元，出售价399.59元，盈余27.35元。

1997—2007年同安区主要农副产品成本调查数据

表15-22

名称		计量单位		1997年	1998年	1999年	2000年	2001年	2002年	2003年	2004年	2005年	2006年	2007年
种植业	早籼稻	公斤	亩产	415	439.2	422	426.3	412.5	391.3	408.5	432	404.1	341.3	388.3
		元/亩	生产成本	521.42	498.32	450.34	411.43	421.46	474.73	393.04	629.78	634.77	694.26	700.87
		元/50公斤	出售价	70	72.46	55.02	48.03	53	52.09	60.59	79.01	75.08	80.05	88
	晚籼稻	公斤	亩产	411.5	411	345.8	408.2	347.8	345.3	389.8	323.1	330.6	408.8	350.5
		元/亩	生产成本	490.02	524.94	518.69	465.1	401.5	407.32	405.94	594.91	620.76	669.01	616.91
		50公斤	出售价	73	84	62	59.29	57.76	56.62	73.59	83.74	83.42	86.81	100
	春花生	公斤	亩产	222.5	200.3	216.7	199.2	328.4	273	214	239.08	215.4	202.1	187.9
		元/亩	生产成本	492.04	482.29	483.39	497.9	484.19	463.2	434.7	766.84	739.43	880.65	859.92
		50公斤	出售价	166.5	166.5	157	158	134	130.92	178	200	220.04	246.8	265
	鲜桂圆	公斤	亩产	—	61.7	499	—	355.3	304	180.3	459.27	209.2	206.7	103.6
		元/亩	生产成本	—	780.17	847.87	—	486.83	410.64	113.11	442.29	666.31	476.78	416.23
		元/50公斤	出售价	—	511.2	192.5	—	395	66.4	125.95	60.23	119.78	122.31	178.06
饲养业	上半年生猪	元/50公斤	生产成本	438	438.85	319.41	312.37	312.82	303.03	310.31	381.72	423.58	396.38	407.74
			出售价	493.82	367.94	310.61	329.98	337.13	311.01	328.28	459.61	445.15	349.04	508.09
	下半年生猪	元/50公斤	生产成本	473	340.33	325.69	325.75	305.56	278.28	333.56	417.31	382.3	353.42	494.88
			出售价	492.45	363.44	367.22	350.91	305.35	312.32	368.18	481.46	330.46	377.63	668.25
	鸭蛋	元/50公斤	生产成本	334.28	318.2	286.37	241.49	263.02	276.66	262.13	333.99	352.33	323.26	372.24
			出售价	322.76	326.84	304.47	238.36	278.83	273.38	270.23	328.77	322.56	314.61	399.59
	淡水鱼	元/50公斤	生产成本	—	314.38	313.79	295.36	215.06	163.83	226.32	—	248.48	271.34	—
			出售价	—	370.59	336.49	336.49	281.88	215.57	251.62	—	313.26	343.21	—

二、主要农副产品市场价格调查

2002年起，区物价局成本调查队，每年对区境内22种主要农副产品的市场价格进行调查。调查结果，2007年价格和2002年比较，涨幅在10%及以下的5种：晚米6.30%、草鱼5.50%、大白菜10%、小白菜6.70%、香蕉7.70%；涨幅10%以上至20%的5种：早籼米13.30%、晚籼米14.30%、粳米18.50%、带鱼18.00%、苹果10.70%；涨幅20%以上至30%的4种：富强粉25.90%、黄豆22.20%、羊肉25.00%、黄瓜23.10%；涨幅30%以上8种：桶装5升花生油69.10%、桶装5升色拉油62.10%、鲜猪瘦肉60.00%、鲜鸡蛋57.40%、鲜鸭蛋66.70%、鲜牛肉47.40%、活鸡32.70%、活鸭42.90%。

2002—2007 同安区主要农副产品市场价格调查表

表 15-23　　单位：元

品种	规格	单位	2002 年	2003 年	2004 年	2005 年	2006 年	2007 年
早籼米	标一	元/500 克	1.2	1.2	1.35	1.2	1.2	1.36
晚籼米	标一	元/500 克	1.4	1.4	1.45	1.45	1.4	1.6
粳米	标一	元/500 克	1.35	1.4	1.5	1.45	1.5	1.6
晚米	特一	元/500 克	1.6	1.6	1.7	1.65	1.65	1.7
富强粉	特一	元/500 克	1.35	1.4	1.5	1.5	1.6	1.7
黄豆	标准三等	元/500 克	1.8	2	2.2	1.9	1.8	2.2
花生油	一级桶装 5 升	元/桶	55	58	69.5	69.9	72	93
色拉油	一级桶装 5 升	元/桶	34	37.2	42	41.9	42	55.1
鲜猪肉	精瘦肉	元/500 克	7	7	8.5	8	7	11.2
鸡蛋	新鲜完整	元/500 克	2.35	2.4	3.4	3.1	2.7	3.7
鸭蛋	新鲜完整	元/500 克	2.7	2.8	4.3	4	3	4.5
牛肉	新鲜	元/500 克	9.5	10	11	13	13	14
羊肉	新鲜	元/500 克	12	13	13	14	13	15
活鸡	新鲜	元/500 克	5.2	5.3	5.5	6.5	5.5	6.9
活鸭	新鲜	元/500 克	4.2	4	4.5	5.5	4.5	6
带鱼	鲜条重 250 克	元/500 克	10	10	12	13	11	11.5
草鱼	鲜条重 750 克	元/500 克	5.5	5.5	5.5	6	5.5	5.8
大白菜	新鲜	元/500 克	1	0.9	2	1.3	1.2	1.1
黄瓜	新鲜	元/500 克	1.3	1.2	2	0.7	1.5	1.6
小白菜	新鲜	元/500 克	1.5	1.2	2.5	0.8	2	1.6
苹果	新鲜中等	元/500 克	2.8	2.5	2.5	3	4	3.1
香蕉	新鲜中等	元/500 克	1.3	1.2	1.8	1.6	1.5	1.4

三、主要副食品价格监测

2002 年开始，区价格监测中心对 21 种主要副食品价格采用每月逢 4 日、14 日、24 日三次进行价格监测。遇重大节日（如春节、国庆）则在假期前后一星期实行一日一报价格监测。特殊时期的特殊商品也实行一日一报价格监测。2003 年“非典”发生期间，对 25 种中草药价格实行一日一报监测。监测数据通过网络直报上级主管部门。

四、价格认证

1997 年 5 月至 12 月，全区价格认证 148 件，评估标的额 1259.28 万元。至 2003 年，累计认证 2565 件、标的额 15924.89 万元，年均 366.43 件、2274.95 万元。

析出翔安后的 2004 年，价格认证 722 件，评估标的额 3683 万元。至 2007 年，累计认证 3556 件、标的额 7548.80 万元，年均 889 件，1887.2 万元。

1997 年 5 月至 2007 年 12 月，区物价局价格认证中心共办理价格认证 6121 件，评估标的额

23473.69 万元，其中，公安案件涉及物认证 5188 件，评估标的额 8585.00 万元，法院审理案件涉及物认证 547 件，评估标的额 12420.80 万元，其他类 386 件，评估标的额 2467.89 万元。

1997—2007 年同安区价格认证情况表

表 15-24

年份	1997（5 月至 12 月）	1998 年	1999 年	2000 年	2001 年	2002 年	2003 年	2004 年	2005 年	2006 年	2007 年	合计
评估标的额(万元)	1259.28	2356.18	2196.99	1299.04	1940.56	2675.22	4197.62	3683.00	1114.00	1068.77	1683.03	23473.69
其中：公安	389.15	635.75	561.25	422.73	330.99	447.12	1368.90	872.00	977.57	1058.63	1520.91	8585.00
法院	754.81	1479.29	1622.28	804.24	1585.05	2216.12	1984.57	1900.00	28.16	4.04	42.24	12420.80
其他	115.32	241.14	13.46	72.07	24.52	11.98	844.15	911.00	108.27	6.1	119.88	2467.89
评估件数（件）	148	272	299	359	390	460	637	722	884	850	1100	6121
其中：公安	115	209	216	286	310	396	477	435	861	811	1072	5188
法院	28	50	72	65	76	58	50	120	6	6	16	547
其他	5	13	11	8	4	6	110	167	17	33	12	386

第四章　工商行政管理

第一节　机　构

一、厦门市同安区工商行政管理局

1997 年 5 月 1 日，同安县工商局更名为厦门市工商行政管理局同安分局。10 月 7 日，分局内设办公室、财务科（由财统科改）、企业注册科（由企业管理科改）外资注册科（由外资企业登记管理科改）、公平交易科（由经济检查科改）、个体私营科（由个体管理科改）、法制合同科（由法制监督科、经济合同管理科合并）、人事教育科、市场管理科、商标广告科等 10 个科室。1999 年 7 月 1 日由市工商局垂直管理。2003 年 1 月，撤销财务科，其职能并入办公室，人事教育科更名为政工科、市场管理科更名为市场合同监督管理科，外资注册科更名为外商投资企业注册管理科，法制合同科更名为法制科，个体私营经济管理和企业注册科合并为注册管理科。2004 年 7 月 1 日，更名为厦门市同安区工商行政管理局。

2007 年底，内设办公室、政工科、法制科、公平交易科、注册管理科、外商投资企业注册管理科、市场合同监督管理科、商标广告监督管理科、12315 消费者申诉举报服务台（消费者权益保护科）9 个科室。

二、工商所

1997 年，设有大同、马巷、祥桥、新店、新圩、城西、大嶝 7 个工商所。

1998 年 4 月、1999 年 3 月，前 6 家工商所及大嶝工商所先后改制为区工商行政管理局派出机构，正科级。

2003 年 9 月，马巷、新圩、新店、大嶝 4 家工商所划归翔安区。

2004 年 3 月，祥平工商所成立，管理洪塘镇、祥平街道工商事务。截至 2007 年底，区工商分局下辖大同、祥平、祥桥、城西 4 个工商所。

第二节 企业登记

一、内资企业登记

1997 年 5 月 1 日，同安撤县设区后，区工商局原有企业登记管理改由市工商局授权行使审查登记管理，进一步简化登记程序。当年登记 14 户、注册资本 2955 万元，期末实有 259 户、注册资本 51234 万元。

1998 年，贯彻市工商局《关于充分运用工商行政管理职能减轻企业负担、促进经济发展支持下岗职工再就业若干具体措施》的文件精神，服务全区经济结构调整，促进各类市场主体的发展。

1999 年，贯彻《中华人民共和国公司法》等有关法律、法规，按照边培训、边规范、边发展的原则，采取灵活措施，对 23 家良好企业试行免检制度，支持同安区国有企业实行兼并、联合等形式的改革，提前介入，主动服务，进行政策咨询和业务指导。

2000 年，加强和规范债权转股权的登记管理，继续实行良好企业免检制度。当年登记 49 户、注册资本 12396 万元。

2001 年，进一步支持国有中小企业改革、改组、改造，支持组建“银鹭”、“惠尔康”企业集团。

2002 年，开展跟踪服务、上门服务、咨询服务、不间断服务、延时服务的“五项服务”活动。同时出台 8 条优惠政策，开辟“绿色通道”，扶持下岗职工再就业。

截至 2003 年，累计登记 182 户，注册资本 102059 万元。2003 年，当年期末实有 427 户、注册资本 150338 万元。

2004 年，贯彻落实《中华人民共和国行政许可法》，运用“申请材料规范要求软件”“前置审批管理软件”“网上名称预先核准登记软件”“网上注册自助服务软件”“语音查询服务软件”等信息技术手段，开辟全时制、全方位的网络服务窗口。当年，登记 16 户、注册资本 10203 万元。

2005 年，围绕“服务、创新、规范、依法”八字方针，进一步转变职能，打造“服务型工商”，继续推行网上审批，制作《企业登记指南》光盘，辅导企业登记。

2006 年，围绕“优化发展环境，服务地方经济发展”的主题，践行“人性化监管、零距离服务”的工作理念，贯彻落实省工商局服务企业的“35 条”及服务农村经济“13 条”的有关规定。

2007 年，以工业集中区、环东海域为重点区域，以国有企业、上市公司和发展潜力大的民营经济主体为重点对象，实行挂钩服务、优先服务、专人跟踪、特事特办。贯彻新颁布的《中华人民共和国农民专业合作社法》《农民专业合作社登记管理条例》《中华人民共和国合伙企业法》《合伙企业登记管理办法》等法律法规，重点加强对特殊的普通合伙、有限合伙、农民专业合作社等新型市场主体类型的准入条件、组织形式、运作机制等的研究和探讨，有针对性地做好合伙企业、农民专业合作社的登记注册服务工作。当年，登记 12 户、注册资本 51063 万元，期末实有 508 户、注册资本 367865 万元。

1997—2007年同安区内资企业登记统计表

表15-25

年份			1997年	1998年	1999年	2000年	2001年	2002年	2003年	2004年	2005年	2006年	2007年
期末实有	合计	户数（户）	259	277	293	342	369	404	427	443	461	493	508
		其中：企业法人	210	223	234	262	275	296	307	316	325	337	377
		注册资本（万元）	51234	59907	61606	74002	87722	119680	150338	160541	167276	246656	367865
本期登记	合计	户数(户)	14	18	16	49	27	35	23	16	18	32	12
		注册资本(万元)	2955	8673	1699	12396	13720	31958	30658	10203	6735	79380	51063
	国有企业	户数(户)	3	2	2	20	2	0	3	1	2	3	0
		注册资本(万元)	915	14	5	153	120	0	0	10	50	0	0
	集体企业	户数(户)	1	1	3	7	0	0	0	1	2	2	0
		注册资金(万元)	330	58	14	450	0	0	0	3	10	10	0
	股份合作企业	户数(户)	5	2	4	8	0	2	0	0	0	0	0
		注册资金(万元)	300	31	130	168	0	70	0	0	0	0	0
	公司	户数(户)	5	12	7	14	22	31	20	14	14	27	12
		注册资金(万元)	1410	8570	1550	11625	13600	31888	30658	10190	6675	79370	51063
		实收资本(万元)	1410	8570	1550	11625	13600	31888	30658	10190	6675	79370	51063
	其他企业	户数(户)	0	1	0	0	3	2	0	0	0	0	0
		注册资金(万元)	0	0	0	0	0	0	0	0	0	0	0

2007年同安区内资企业登记管理基本情况表

表15-26

行业分类	期末实有户数（户）	其中：企业法人					
		户数（户）			注册资本（金）（万元）		
		期末实有	本期登记	本期注销	期末实有	本期登记	本期注销
合　　计	508	377	12	5	367865	51063	704
农、林、牧、渔业	9	5	0	0	2370	0	0
采矿业	12	12	0	1	1391	0	58
制造业	215	207	4	4	88686	6930	646
电力、燃气及水的生产和供应业	13	13	0	0	3433	0	0
建筑业	42	19	1	0	26797	5000	0
交通运输、仓储和邮政业	24	9	1	0	3070	480	0
信息传输、计算机服务和软件业	5	0	0	0	0	0	0
批发和零售业	79	45	0	0	32511	0	0
住宿和餐饮业	6	5	0	0	114	0	0
金融业	27	0	0	0	0	0	0
房地产业	31	28	3	0	116686	34500	0
租赁和商务服务业	13	10	2	0	83038	4150	0
科研、技术服务和地质勘探业	14	10	0	0	907	0	0

续表15-26

行业分类	期末实有户数（户）	其中：企业法人					
		户数（户）			注册资本（金）（万元）		
		期末实有	本期登记	本期注销	期末实有	本期登记	本期注销
水利环境和公共设施管理业	6	6	1	0	6920	3	0
居民服务和其他服务业	6	3	0	0	490	0	0
教育	1	1	0	0	100	0	0
卫生、社会保障和社会福利业	—	—	—	—	—	—	—
文化、体育和娱乐业	5	4	0	0	1352	0	0
其他	—	—	—	—	—	—	—

二、外商港澳台商投资企业登记

1997 年，加强外商资信、主体的审查，做好联合年检和回访工作。当天受理初审，当天报送市工商局审批。当年报批 114 家。

1999 年，实行外资企业大项目跟踪服务制度，建立外资企业联络员制度。

2001 年，应对加入 WTO 之后的新形势，在不违反《中华人民共和国公司法》的前提下，简化董事备案、分公司变更等操作所需提交的文件。

2002 年，按照加入 WTO 以后增加透明度的要求，重新制定设立登记、变更登记表格，开发、使用外资登记管理软件系统。

2003 年，按市工商局《关于进一步做好外商投资企业登记工作的若干意见》，放宽外商投资企业合资、合作中方的登记条件，允许其他经济组织（私营企业中的合伙企业和个人独资企业以及社团法人、事业法人）作为股东，取消外商独资企业聘请国内人员担任法定代表人需办理公证手续等 22 条措施。

2004 年，根据《中华人民共和国行政许可法》和《福建省工商行政管理机关行政许可公示公开暂行办法》的要求，制定《登记须知》，落实行政许可文书的具体样式及适用情况，推出网上年检。

2005 年，将台湾同胞投资者视同港澳居民，允许在同安办理个体工商户，从事零售业、餐饮业、居民服务业和其他服务业。当年未有登记。

2006 年，首推外资企业筹备登记制，方便外企办事。在同安工业集中区预购厂房、地块的外资企业，在厂房还未建成、企业无法进行生产经营的前提下，可先寻找一处办公场所作为筹备处，向工商部门提交相关的设立登记材料，取得主体资格（有效期为一年的营业执照），以开展筹备活动。当年共筹备登记外资企业 31 户。

2007 年，按简化台湾地区投资者来闽投资主体资格证明或身份证明手续的规定，全年新设立台商直接投资的公司 10 户，投资总额 2462 万美元，注册资本 1380 万美元，外方认缴额 1380 万美元。

1997—2007 年同安区外商及港澳台商投资企业登记表（不含增资项目）

表 15-27

年份	批准数（家）				投资总额（万美元）			
	合计	外商	港澳商	台商	合计	外商	港澳商	台商
1997	114	4	78	32	17788.2021	249.5600	6573.756	10964.8861
1998	39	4	10	25	17327.9321	292.6800	11734.5135	5300.7386
1999	32	3	9	20	11088.8965	1560.000	7719.3365	1809.5600
2000	32	4	8	20	8758.4859	561.1914	2235.6945	5961.6000

续表15-27

年份	批准数（家）				投资总额（万美元）			
	合计	外商	港澳商	台商	合计	外商	港澳商	台商
2001	47	5	8	34	17532. 8203	323. 2508	4834. 1640	12375. 4228
2002	55	9	8	38	12250. 8776	1415. 5740	3931. 3036	6904. 0000
2003	45	10	12	23	17755. 5159	1842. 1928	12638. 5070	3274. 8161
2004	52	15	14	23	37456. 8598	10947. 1761	15612. 7556	10896. 9281
2005	37	12	11	14	13910. 7285	3859. 3695	3302. 3590	6749. 0000
2006	77	17	16	44	60058. 6917	13555. 1630	7626. 7427	38876. 7860
2007	33	10	10	13	22139. 2628	6645. 0000	6452. 2628	9042. 0000
合计	563	93	184	286	236068. 2732	41251. 1576	82661. 3779	112155. 7377

第三节　经济合同管理

一、合同鉴证与管理

1997 年，组织合同管理人员深入企业宣传新修订的《中华人民共和国经济合同法》，指导企业建立健全合同管理机制，使合同管理的行政行为变为企业的自律行为。年初，厦门市银鹰工业公司与中国电子进出口总公司江西公司签订购销合同，为保证合同按期履行，区工商分局为厦门市银鹰工业公司与中国电子进出口总公司江西公司签订的购销合同办理订金为 20 万元的寄存手续。

1999 年，组织全区 71 家企业 150 多名企业人员举办 2 期《中华人民共和国合同法》培训班，使企业了解并自觉用合同法规范自己的交易行为。办理建安合同鉴证 18 份，鉴证金额 3. 98 亿元；建设工程设计合同鉴证 22 份，金额 142. 8 万元；委托拍卖合同鉴证 18 份，金额 346 万元。

2000 年，实施“合同解忧”工程，开展打击合同欺诈专项整治。加强粮食、成品油、商品房等重要商品买卖合同的监督。办理建安合同鉴证 153 份，鉴证金额 4. 07 亿元；建设工程设计合同鉴证 57 份，金额 331 万元。

2001 年，帮助企业建立合同管理制度，引导企业管好、用好合同。办理建安合同鉴证 168 份，鉴证金额 5. 03 亿元；建设工程设计合同鉴证 44 份，金额 127. 5 万元；借款合同鉴证 26 份，金额 3. 06 亿元。

2002 年，办理建安合同鉴证 164 份，鉴证金额 5. 4 亿元；建设工程设计合同鉴证 9 份，金额 18 万元；借款合同鉴证 27 份，金额 2. 1 亿元；首次鉴证地质勘察合同 1 份，金额 3. 9 万元。为企业和个人挽回经济损失 165 余万元。

2003 年，倡导订单农业，扶持新店“新时鲜”“海鲜鸿”等企业推行订单农业，签订种植收购合同，以保护价不限量收购农民的胡萝卜，缓解多年来胡萝卜的销售难题。

2004 年，以“诚信建设”为重点，以评选“守合同，重信用单位”、“诚信单位”等工作为桥梁，建立和完善企业信用分类监管机制，完善守信企业激励机制、警示企业预警机制、失信企业惩戒机制、严重失信企业淘汰机制。

2005 年，进一步完善规范合同监管，为企业融资，盘活企业存量资产，为企业发展提供服务。审核 48 家“守合同，重信用”企业，其中 31 家企业被评为厦门市“守合同、重信用”先进单位。

2006 年，实施“合同帮农”工程，推广订单农业。实施动态监管，对“订单农业”的事前、事中、事后进行过程监管。

2007 年，加强房地产格式合同的行政指导，查处单方设立解释权侵害消费者权益的合同案件 29

起，其中，查处房地产公司利用格式条款侵害消费者权益的案件5起。

二、拍卖监管

1997年起，实施《中华人民共和国拍卖法》、贯彻厦门市《关于工商贯彻实施〈拍卖法〉的通知》，对拍卖市场及拍卖企业开展调查摸底和清理整顿。

1998年7月，根据市工商局《关于加强拍卖市场管理的通知》，规范拍卖活动的报备制度、拍卖现场监督、异地拍卖、拍卖公告、罚没物资、查处违法违规行为等。

1999—2001年，对“拍卖委托合同”及“拍卖成交确认书”进行鉴证，并现场监拍。设立“监拍台”，完善现场监督机制。

2002—2003年，放宽拍卖企业准入门槛。

2005年，调整监管方式和力度。对重点场次、重点标的实行重点监管，对有疑问的场次、标的进行侧重监管。

1997—2007年，累计监管拍卖210场次，标的78030万元。

三、动产抵押登记

1995年10月起，根据《中华人民共和国担保法》，工商行政管理部门承担动产抵押登记职能。同年，按国家工商行政管理总局《企业动产抵押物登记管理办法》规定，企业动产抵押物登记范围为航空器、船舶、车辆以外的企业设备、企业的原辅材料、企业的产品或者商品、企业其他可以依法抵押的动产。

2002年8月市工商局出台《关于加强动产抵押登记工作的通知》，就动产抵押登记权限、登记制度、登记程序、档案管理等进一步细化、完善、规范。

1997—2007年，办理动产抵押登记283份，金额51.61亿元。

四、“守合同重信用”活动

1997年起，按照“守合同重信用企业”六条标准和八项程序开展两年一度的“守合同重信用”检查、评比和认定活动。当年至1998年认定守合同重信用企业15家。1999—2000年、2001—2002年、2003—2004年依次认定各级守重企业15家、18家、18家。

2006年，开展2005—2006年度市、省、国家三级守合同重信用企业的认定工作，认定省级守合同重信用企业7家，市级守合同重信用企业30家。

五、查处违法

1997年，查处经济合同违法案件16起、罚没2.8万元。至2003年，累计查处经济合同违法案件116件、罚没24.10万元，年均16.57件、3.44万元。

2004年，查处经济合同违法案件11件、罚没2.6万元。至2007年，累计查处经济合同违法案件48件、罚没12.5万元，年均12件、3.13万元。

1997—2007年同安区经济合同管理情况表

表15-28　　单位：万元

年份	动产抵押		拍卖合同		查处违法	
	起数	金额	起数	金额	起数	罚没金额
1997	22	21200	16	286	16	2.8
1998	23	36100	17	320	17	2.9

续表15-28

年份	动产抵押		拍卖合同		查处违法	
	起数	金额	起数	金额	起数	罚没金额
1999	23	46200	18	346	15	3.2
2000	27	45000	19	580	18	3.3
2001	26	30600	18	520	19	4.3
2002	27	54700	22	638	18	3.8
2003	25	56400	21	610	13	3.8
2004	28	58300	25	730	11	2.6
2005	27	54300	23	12000	10	3.1
2006	26	51000	9	30000	12	3.2
2007	29	62300	22	32000	15	3.6
合计	283	516100	210	78030	164	36.6

2003—2004 年同安区市级守合同重信用企业名录

表 15-29

企业	地址	行业
厦门淘化大同调味品有限公司	同安区西柯镇西福路 88 号	制造业
厦门大俊达房地产发展有限公司	同安区城南工业区	房地产业
厦门金典金属有限公司	厦门市同安区西柯镇西柯村	制造业
厦门兴荣国际物流有限公司	同安区西柯镇西柯工业区	交通运输、仓储和邮政业
厦门同安路桥建设工程有限公司	同安区大同镇新安洲路人寿大厦六层	建筑业
厦门华清房地产有限公司	同安区祥平街道西桥路 166 号和祥苑 G 幢 2 号店面	房地产业
厦门银华机械厂	厦门市同安区环城东路	制造业
厦门银祥集团有限公司	同安区洪塘镇石浔工业小区	制造业
厦门市富众渔具有限公司	同安区西柯镇埭头村同集路 150 号	制造业
厦门市华舫建筑工程有限公司	同安区大同街道人寿大厦 805A 室	建筑业
厦门青田食品工业有限公司	厦门市同安区城南工业区	制造业
厦门市同安区恒利茶叶有限公司	同安区莲花镇开发区	制造业
厦门百穗行实业有限公司	同安城南工业区	制造业
厦门中盛粮油企业有限公司	同安区美人山高科技园内（洪塘头村）	制造业
厦门闽光电气实业有限公司	厦门市同安区祥平街道同盛北路 96 号	制造业
厦门同安兴星纸品有限公司	同安区集安路 689 号	制造业
厦门市思明区黎明冶金机械厂	厦门市同安区新民镇四口圳社区圳南二路 187 号	制造业
厦门市佳事达购物广场有限公司	同安区大同街道环城路 46 号	批发和零售业

2005—2006 年同安区市级守合同重信用企业名录

表 15-30

企业	地址	行业
厦门淘化大同调味品有限公司	同安区西柯镇西福路 88 号	制造业
厦门大俊达房地产发展有限公司	同安区城南工业区	房地产业

续表15-30

企业	地址	行业
厦门市大顺物流有限公司	同安工业集中区 10 号地块	交通运输、仓储和邮政业
厦门市源利达食品进出口有限公司	同安区洪塘镇洪塘路 168 号	制造业
厦门金典金属有限公司	厦门市同安区西柯镇西柯村	制造业
厦门兴荣国际物流有限公司	同安区西柯镇西柯工业区	交通运输、仓储和邮政业
厦门同安路桥建设工程有限公司	同安区大同镇新安洲路人寿大厦六层	建筑业
厦门华清房地产有限公司	同安区祥平街道西桥路 166 号和祥苑 G 幢 2 号店面	房地产业
厦门银华机械有限公司（更名：厂改有限公司）	厦门市同安区环城东路	制造业
厦门中禾实业有限公司	同安区城南工业园区	制造业
厦门莲福房地产开发有限公司	同安区莲花镇美埔村	房地产业
厦门磐金实业有限公司	厦门市同安区环城北路 688 号	批发和零售业
厦门银祥集团有限公司	同安区洪塘镇石浔工业小区	制造业
厦门合兴包装印刷股份有限公司	厦门市同安区同集北路 556 号	制造业
厦门鑫中泰果蔬进出口有限公司	同安区洪塘镇石浔村	制造业
厦门市富众渔具有限公司	同安区西柯镇埭头村同集路 150 号	制造业
厦门市华舫建筑工程有限公司	同安区大同街道人寿大厦 805A 室	建筑业
厦门陆港物流有限公司	同安区城南工业区霞辉路 18 号综合大楼一楼	交通运输、仓储和邮政业
厦门青田食品工业有限公司	厦门市同安区城南工业区	制造业
厦门市同安区恒利茶叶有限公司	同安区莲花镇开发区	制造业
厦门百穗行实业有限公司	同安城南工业区	制造业
厦门市丽丰包装有限公司	同安区大同街道环城中路 9 号（同安食品厂内）	制造业
厦门中盛粮油企业有限公司	同安区美人山高科技园内（洪塘头村）	制造业
厦门市锦山金属工业有限公司	同安区城南工业区二期	制造业
厦门兴重环保化工有限公司	同安区祥平街道瑶头村	制造业
厦门闽光电气实业有限公司	厦门市同安区祥平街道同盛北路 96 号	制造业
厦门同安兴星纸品有限公司	同安区集安路 689 号	制造业
厦门鸿慷拍卖有限公司	同安区祥平街道华清中心城 1#楼 2A 号	租赁和商务服务业
厦门市思明区黎明冶金机械厂	厦门市同安区新民镇四口圳社区圳南二路 187 号	制造业
厦门市佳事达购物广场有限公司	同安区大同街道环城路 46 号	批发和零售业

第四节　商标广告管理

一、商标管理

1997 年 3 月，查获假冒“恒流”牌水泵 69 台。

1998 年，引导企业运用商标策略，争创名牌，推荐“岳口”矿泉水、“名士”皮鞋、“盛洲”花生油、“福寿”饲料、“惠尔康”食品等商标参加福建省著名商标评选。3—5 月，在江苏、浙江等省查获假冒厦门美华制药有限公司生产的“金日”牌美国洋参丸 780 多箱，案值 130 多万元。

1999 年，组织“银鹭”“惠尔康”“三荣”等 6 个商标参加福建省著名商标评选。

2000 年，推荐“金日”“盛洲”“名士”“武峰”“三荣”等商标参加省著名商标认定。指导“银鹭”争创驰名商标。加大查处仿冒知名商标特有装潢、包装、虚假表示、虚假宣传等行为力度。

2001 年“三荣”“名士”“银鹭”“HC”注册商标被认定为厦门市著名商标，指导著名农副产品“古宅大蒜”利用商标策略开拓市场。查处商标违法案件 13 起。

2002 年，新圩工商所指派专人引导“古宅大蒜”“陈青山橘红糕”“东寮豆干”“上宅龙眼”等特色产品的生产者转变观念，无偿为他们提供名称查询、商标设计注册等一条龙代替服务。查处各类商标案件 25 件，选 7 家企业商标参加市著名商标认定，其中“银祥”等 7 个商标被评为厦门市著名商标。

2003 年，重点扶持“银鹭”“惠尔康”等商标争创驰名、著名商标。当年全区拥有福建省著名商标 7 件，厦门市著名商标 11 件。

2004 年，开展保护知识产权专项整治行动，查处仿冒“CALLAWAY. NIKE”高尔夫球杆（价值 13611 元）和仿冒“奔驰”高尔夫专用皮箱等商标侵权案 6 件。“银鹭”“惠尔康”获中国驰名商标。

2005 年，重视“农”字号品牌培养，“古宅大蒜”“褒美进士芋”“内山猪肉”成功注册后，产销两旺。开展涉农、涉外商标专用权专项行动，查处商标侵权案 15 起，查获侵权高尔夫球头 1 万多个，运动球 3666 个。在城南大街设立“驰名著名商标一条街”。当年，全区拥有中国驰名商标 2 件，省著名商标 14 件，市著名商标 22 件。

2006 年，推荐 6 家企业认定为厦门市著名商标，7 家企业为省著名商标，表彰 1999 年以来获市级以上驰、著名商标的企业。实施“商标富农”“典型带农”工程，系列指导“郭山紫长茄”集体商标，使之成为品牌兴农范例，年增收 800 多万元。指导白交祠地瓜、内田米粉、云洋手工面线、河田芦柑、莲花茶叶、小坪茶菜等特色农产品注册商标，促其走出大山，走进市场。办结侵权眼镜及商标、标识、假冒“金许昌”封纸等商标侵权案 23 起。

2007 年，指导 20 家企业注册国际商标，使用自主品牌拓展国际市场。针对“竹坝”商标被抢注事件，指导竹坝华侨农场开展危机公关，先后申请注册“南洋竹坝”7 件商标，“竹坝”6 件商标，并开展“商标反抢注”宣传活动，为农场带来实在的销售利益。查处国际注册商标“ABKING”侵权案、制售假冒“红旗”牌灯泡、加工侵权健腹器等商标侵权案 9 件。

1997—2007 年同安区商标管理情况表

表 15-31　　单位：件

年份	注册	变更登记	转让注册	许可使用	商标验证	商标查询	续展
1997	37	0	0	0	53	30	1
1998	18	0	0	0	68	60	8
1999	45	24	3	8	131	87	2
2000	40	0	0	0	152	—	15
2001	73	15	2	0	148	105	27
2002	80	8	0	5	85	127	35
2003	56	0	2	0	0	129	15
2004	52	—	—	—	—	—	22
2005	101	—	—	—	—	—	16
2006	287	—	—	—	—	—	45
2007	411	—	—	—	—	—	61

1997—2007 年同安区获国家、省、市驰著名商标一览表

表 15-32

注册人	商　标	级别	年度
	中国驰名商标		
厦门惠尔康食品有限公司	惠尔康	国家	2004
厦门罐头食品有限公司	古龙 GULONG 及图	国家	2005
厦门银祥集团有限公司	银祥及图	国家	2007
厦门同安三得兴制衣有限公司	heiqi 黑骑及图	中院认定	2006
	省　著　名　商　标		
厦门惠尔康食品有限公司	HUIERKANG	省	1999
厦门金日制药有限公司	金日	省	2000
厦门中盛粮油企业有限公司	盛洲	省	2000
厦门银祥集团有限公司	银祥及图	省	2002
厦门浦头饲料有限公司	银合及图	省	2004
厦门罐头食品有限公司	古龙	—	2004
厦门淘化大同实业有限公司	海堤	省	2004
厦门通士达有限公司	TOPSTAR 及图	省	2004
厦门市榕兴新世纪石油设备制造有限公司	RONGXING 及图	省	2005
太阳城（厦门）雨具有限公司	太阳城+SUNCITY+图形	省	2005
厦门百穗行实业有限公司	百穗行及图	省	2005
厦门宏达洋伞工业有限公司	宏达	省	2005
厦门宏旺味香食品有限公司	香贡贡 xianggonggong 加图形	省	2005
厦门市金典实业有限公司	金典及图	省	2006
厦门银祥集团有限公司	银祥及图	省	2006
厦门市源利达食品进出口有限公司	源利达 YUANLIDA 及图	省	2006
厦门同安三得兴制衣有限公司	heiqi 黑骑及图	省	2006
厦门青岛啤酒东南营销有限公司	大白鲨及图	省	2006
厦门华诚实业有限公司	三角梅及图	省	2006
厦门东亚机械有限公司	JAGUAR 及图	省	2006
厦门市佳贝美工贸有限公司	佳贝美及图	省	2006
厦门市建潘卫厨有限公司	第 3683201 号	省	2006
厦门向阳坊食品有限公司	向阳坊及图	省	2006
厦门岳口矿泉水有限公司	岳口及图	省	2007
厦门市名士鞋业有限公司	名士	省	2007
厦门市同安恒利茶叶有限公司	雅毫 yahao 图	省	2007
施耐步（厦门）体育用品有限公司	波特	省	2007
厦门晋联物流有限公司	晋联物流+图形+JINNIAN GLOBAL	省	2007
厦门中禾实业有限公司	图形	省	2007

续表15-32

注册人	商　标	级别	年度
市　著　名　商　标			
厦门金日制药有限公司	金日	市	2000
厦门中盛粮油企业有限公司	盛洲	市	2000
厦门市名士鞋业有限公司	名士	市	2001
厦门惠尔康食品有限公司	图形	市	2001
厦门罐头食品有限公司	古龙	市	2001
厦门浦头饲料有限公司	银合及图	市	2002
厦门银祥集团有限公司	银祥及图	市	2002
太阳城（厦门）雨具有限公司	太阳城	市	2002
厦门宏旺味香食品有限公司	香贡贡 xianggonggong 加图形	市	2002
厦门通士达有限公司	TOPSTAR 及图	市	2004
厦门同安三得兴制衣有限公司	黒骑 heiqi 及图	市	2004
厦门市金典实业有限公司	金典及图	市	2004
厦门罐头食品有限公司	古龙	市	2001
厦门市榕兴新世纪石油设备制造有限公司	RONGXING 及图	市	2005
厦门百穗行实业有限公司	百穗行及图	市	2005
厦门东亚机械有限公司	JAGUAR 及图	市	2005
厦门宏达阳伞工业有限公司	宏達	市	2005
厦门市同安文水生态农业园	汪添法及图	市	2006
厦门华诚实业有限公司	三角梅及图	市	2006
厦门银祥集团有限公司	银祥及图	市	2006
厦门岳口矿泉水有限公司	岳口及图	市	2006
厦门市源利达食品进出口有限公司	源利达及图	市	2006
厦门市建潘卫厨有限公司	第 3683201 号	市	2006
厦门市纳爱斯有限公司	白光	市	2006
厦门正黎明冶金机械有限公司	LM 图形	市	2007
厦门市同安恒利茶叶有限公司	雅毫 yahao 及图	市	2007
厦门晋联物流有限公司	晋联物流+图形+JINNIAN GLOBAL	市	2007
厦门中禾实业有限公司	图形	市	2007
厦门市大顺水泥有限公司	顺建及图	市	2007
厦门福寿实业有限公司	福寿及图	市	2007
厦门向阳坊食品有限公司	向阳坊及图	市	2007
厦门鹰君保健食品有限公司	鹰君	市	2007
厦门市大平工贸有限公司	大平及图	市	2007
厦门市立大冷冻调理食品有限公司	香大王及图形	市	2007
合计：截止到 2007 年同安区有中国驰名商标 4 枚，省著名商标 28 枚，市著名商标：34 枚其中。			

二、广告管理

1997—1998 年，按“一拆除、二疏导、三规范”做法，开展国道 324 线户外广告清理整治活动，拆除违章广告 160 块，限期拆除 93 块、规范广告 40 块。按市工商局《关于调整我市广告管理权限的通知》，厦门市工商管理局同安分局负责本辖区内户外广告管理，审批 50 平方米以下户外广告。

2000 年，建立以广告监管机关为主，户外广告管理所及基层工商所三位一体的户外广告监管模式。

2003—2004 年，查处马巷一诊所擅自发布虚假医疗广告案和擅自发布他人产品广告案。查办“厦门唐门房地产有限公司”虚假宣传等违法广告案 20 起。

2005 年，把城南大街建设成为同安区户外广告景观规划的样板街、示范街。组织广告执法 32 次，拆除不合法户外广告 2057 平方米。

2006 年，开展虚假、违法广告专项整治，没收、销毁、拆除各类违法广告 1000 多个，查处违法广告案 28 起。创建三秀街广告规范管理示范街。出资为同安工业集中区同安园设置统一规范广告。

2007 年，整治医疗卫生广告，查处虚假宣传、夸大疗效等违法广告 7 起。

第五节 个体私营经济管理

1997 年，继续执行《关于充分运用工商行政管理职能，促进个体私营经济发展的意见》和《厦门市加快个体私营经济发展的暂行规定》，允许个体私营企业与国有集体、乡镇企业合资、合作兴办企业，或承包租赁、收购国有集体和乡镇企业。鼓励个体工商户、私营企业发展外向型经济，与外商合资、合作办企业，可享受“三资企业”的各种优惠政策。

1998 年，鼓励下岗职工从事个体、私营经济，对企业下岗职工从事个体、私营经济的，实行简化登记手续，允许边开业边申照，允许有半年的试营业期，并减免一年的工商管理费等优惠政策。当年为企业下岗人员从事个体、私营经济减免工商管理费计 1.698 万元。鼓励个体工商户、私营企业招聘或吸收企业下岗职工，为下岗职工提供再就业机会。同安马巷农具厂、同安马巷布厂、同安马巷机修厂等国营、集体企业的部分下岗职工分别走上商业、餐饮、服务等个体、私营经济的行列。

1999 年，根据农村特点，引导农村个体、私营企业在数量、规模、质量、效益上实现突破。引导个体、私营经济利用资源和劳动力优势进行农业综合开发。个私经济有长足发展，当年新开业的个体工商户 1954 户，从业人员 3367 人，分别比 1998 年底增加 20.17%、18.22%；私营企业 8 家，注册资金 10263 万元，从业人员 893 人，注册资金、从业人员分别比 1998 年增加 11.7%、15.3%；全年纳税 6000 多万元，成为同安区财政收入的重要支柱和新的经济增长点。

2000 年，引导个体、私营经济扩大经营规模，转变经营类型（由粗放变集约）、经营意识（由简单加工变重视人才和科技）、产销策略（由内向型变外向型），促进个体私营经济上档次、上规模、上水平。当年有 20 户个体工商户升格为私营企业。

2001 年，鼓励个体工商户和私营企业租赁、承包、兼并、购买国有中小企业，促进个体私营经济与公有制经济相互渗透、相互参股，发展混合型经济。当年新开业的个体工商户 264 户。注册资金 568.12 万元，从业人员 419 人，分别比上年同期增加 54.67%、42.57%、56.13%；私营企业 159 户，注册资金 9209 万元，从业人员 1367 人，分别比上年同期增加 26.19%、40.968%、15.75%。全区个体私营经济纳税总额 5600 万元。

2002 年，贯彻执行市工商局《关于全面深化投资软环境建设大力促进我市民营经济发展的若干实施意见》，实行告知承诺登记制、预备期登记制两项制度和八个放宽：放宽分期缴资条件、放宽对投资者的资格限制、放宽对经营范围的限制、放宽对投资者（股东）出资方式的限制、放宽对企业对外投资比例的限制、放宽对企业名称的限制、取消高新技术成果作价出资比例的限制、放宽高新技术领域企业在股东条件方面的限制，为民营经济的发展铺就一条“高速公路”。同时，引导个体私营经济向农业产业化、高新技术产业、基础产业及第三产业的高新领域拓展，向资本经营拓展。与上年底相比，增加个体工商户215户、注册资金747.92万元，从业人员414人，分别增加10.1%、35.9%、12%；增加私营企业133户。注册资金16803.6万元，从业人员2921人，分别增加12.6%、22.9%、32.4%。

2004年，进一步宽松市场准入条件，全面降低登记门槛。鼓励外来人员积极在同安区创业。

2005年，对15家企业及627家个体经营户实行首次不罚制，建立重点企业走访制度。深入“惠尔康”“青岛”“银祥”等28家骨干企业，为企业生产经营的难点重点问题出谋献策，引导企业争优创先、打好品牌战略。推行“执照立取制”和上门服务制度。围绕“农”字开展特色服务。重点扶持“文水高山猪”“高山土鸡蛋”“褒美进士芋”等“农”字号品牌和地方知名品牌。引导企业和农户签订“订单农业”，发展“企业+农户”经营模式。允许台港澳居民在内地申办个体工商户。

2006年，为“金包银”项目区的108户个体工商户减免工商行政管理费33万元。为工业区失地农民从事与工业集中区相配套的产业制定优惠政策。

2007年，贯彻《中华人民共和国农民专业合作社法》《农民专业合作社登记管理条例》《中华人民共和国合伙企业法》《合伙企业登记管理办法》等法律法规，有针对性地做好合伙企业、农民专业合作社的登记注册服务工作。贯彻落实各项扶农惠农政策，当年确定各类农村优惠对象2949户，年减免工商管理费200多万元，其中在本村开展经营活动的农民个体户2487户，环东海域整治中上岸渔民189户，“金包银”项目区失地农民170户。

1997—2007年同安区个体工商户基本情况表

表15-33

年份	本期新开业						期末数					
	合计			其中：第三产业户			合计			其中：第三产业户		
	户数（户）	从业人员（人）	注册资金（万元）	户数（户）	从业人员（人）	注册资金（万元）	户数（户）	从业人员（人）	注册资金（万元）	户数（户）	从业人员（人）	注册资金（万元）
1997	—	—	—	—	—	—	11230	13773	12864	—	—	—
1998	1626	2848	3244	—	—	—	9721	14481	14600	—	—	—
1999	1954	3367	1936	—	—	—	10474	16745	24100	—	—	—
2000	1304	2007	2867.48	1170	1716	2399.31	10048	15775	54452.47	8971	12932	48776.08
2001	264	419	568.12	235	355	480.82	10312	16194	55020.58	9206	13287	49256.89
2002	215	414	747.92	182	312	468.42	10527	16608	55768.51	9388	13599	49725.32
2003	434	764	1360.72	375	601	907.32	10881	17372	57129.23	9687	14200	50632.64
2004	570	1036	1720.66	509	841	1330.41	10746	18355	58690.12	9565	14991	51805.83
2005	945	1559	2349.57	839	1276	1668.77	11041	19337	59755.91	9842	15816	52520.93
2006	753	1358	2360.7	646	1031	1566.7	11010	20085	60474.33	9791	16373	53146.31
2007	1225	2209	4416.67	1066	1776	2669.71	11483	21148	63218.66	10179	17238	54715.5

2007年同安区私营企业基本情况表（一）

表15-34

行业分类	期末实有合计				其中：城镇				本期开业			
	户数（户）	投资人数（人）	雇工人数（人）	注册资本（万元）	户数（户）	投资人数（人）	雇工人数（人）	注册资本（万元）	户数（户）	投资人数（人）	雇工人数（人）	注册资本（万元）
合计	2191	3929	136	317377	2191	3918	136	317377	517	606	103	39131
农林牧渔业	80	150	7	7004	80	150	7	7004	14	10	2	1092

续表15-34

行业分类	期末实有合计				其中:城镇				本期开业			
	户数(户)	投资人数(人)	雇工人数(人)	注册资本(万元)	户数(户)	投资人数(人)	雇工人数(人)	注册资本(万元)	户数(户)	投资人数(人)	雇工人数(人)	注册资本(万元)
采矿业	6	8	—	794	6	8	—	794	—	—	—	—
制造业	992	1828	60	171049	992	1826	60	171049	179	217	44	16869
电力、燃气、水的生产和供应业	5	17	—	2458	5	17	—	2458	—	—	—	—
建筑业	88	163	9	13177	88	161	9	13177	17	20	9	1659
交通运输、仓储和邮政业	67	117	1	11654	67	117	1	11654	15	14	1	1313
信息传输、计算机服务和软件业	32	60	—	1358	32	60	—	1358	18	32	—	901
批发和零售业	655	1118	40	75159	655	1115	40	75159	195	232	28	12038
住宿和餐饮业	27	63	1	2284	27	62	1	2284	9	9	1	420
房地产业	25	40	5	13813	25	40	5	13813	4	4	5	650
租赁和商务服务业	92	155	1	4908	92	154	1	4908	32	37	1	1092
居民服务和其他服务业	44	63	2	1257	44	61	2	1257	12	4	2	264
文化体育和娱乐业	14	30	—	1179	14	30	—	1179	3	8	—	510
其他行业	64	117	10	11283	64	117	10	11283	19	19	10	2323

2007 年同安区私营企业基本情况表(二)

表 15-34

行业分类	独资企业				合伙企业				有限责任公司			
	户数(户)	投资人数(人)	雇工人数(人)	注册资本(万元)	户数(户)	投资人数(人)	雇工人数(人)	注册资本(万元)	户数(户)	投资人数(人)	雇工人数(人)	注册资本(万元)
合计	57	57	—	375	2	12	—	20	2132	3860	136	316982
农林牧渔业	3	3	—	26	1	10	—	—	76	137	7	6978
采矿业	—	—	—	—	—	—	—	—	6	8	—	794
制造业	9	9	—	90	1	2	—	20	982	1817	60	170939
电力、燃气、水的生产和供应业	—	—	—	—	—	—	—	—	5	17	—	2458
建筑业	3	3	—	21	—	—	—	—	85	160	9	13156
交通运输、仓储和邮政业	—	—	—	—	—	—	—	—	67	117	1	11654
信息传输、计算机服务和软件业	1	1	—	5	—	—	—	—	31	59	—	1353
批发和零售业	14	14	—	56	—	—	—	—	641	1104	40	75103
住宿和餐饮业	8	8	—	65	—	—	—	—	19	55	1	2219
房地产业	—	—	—	—	—	—	—	—	25	40	5	13813
租赁和商务服务业	8	8	—	29	—	—	—	—	84	147	1	4879

续表15-34

行业分类	独资企业				合伙企业				有限责任公司			
	户数（户）	投资人数（人）	雇工人数（人）	注册资本（万元）	户数（户）	投资人数（人）	雇工人数（人）	注册资本（万元）	户数（户）	投资人数（人）	雇工人数（人）	注册资本（万元）
居民服务和其他服务业	10	10	—	55	—	—	—	—	34	53	2	1202
文化体育和娱乐业	1	1	—	28	—	—	—	—	13	29	—	1151
其他行业	—	—	—	—	—	—	—	—	64	117	10	11283

第六节　市场监管

1997 年初，推行以制度化、规范化管理为主要内容的市局、分（区）局、工商所三级市场管理督查制度。采取“四个结合”（督查队日常督查与重点市场驻场定位管理相结合，定时督查与不定时督查相结合，正常上班时间与节假日督查相结合，明察与暗访相结合）办法，落实各项督查规定内容。重点落实市场开办单位责任制度、食品安全监管等制度，农贸市场以“主体资格合法、交易行为规范、上市商品质量规范、市场秩序良好”为重点督查内容。市场内“三栏、三台、三本”（违章违法公示栏、好人好事宣传栏，索证、索票公示栏；投诉台、公平秤台、检测台；检测登记本、投诉记录本、巡查记录本）的服务措施齐全。推行市场巡查制度，开展“百城万店无假货”和“无假冒伪劣商品和计量信得过市场”创建活动。

1998 年，参与粮食市场和劳务市场的监管。会同粮食部门，对大同、马巷的 14 家粮油加工厂进行全面的检查清理，落实粮食市场批发准入制度。重点整顿马巷批发市场和闽南果蔬批发市场代称服务存在的短斤少两、计量器具失准等违章现象。

1999 年，建立粮食市场日常台账制度，对同安区 48 家粮食批发、加工企业和 30 家饲料生产企业采取有针对性的“补缺、规范、支持”措施进行监管，查处 2 家无证粮食销售商店。大同、马巷两工商所重拳严厉打击批发市场的“坑农”现象。

检测水产品甲醛含量

2000 年，对商品交易市场、商品展销场所、商业集中区域以及违章违法多发行业和企业试行“日巡查制”，进行重点监管。对粮食经营活动企业和个体以及各类粮食批发加工企业进行全面清理，开展专项执法行动，严厉打击私商粮贩和未经批准的粮食经营企业非法收购运销违法行为。

2001 年，治理餐桌污染，加强对上市食品的检疫检测。突击检查 800 个肉禽、水产品、蔬菜、熟食品摊点，取缔无照经营 21 家，查获非法浸泡双氧水的鸡

工商人员检测上市蔬菜农药残留

爪 40 公斤、病死猪肉 30 公斤。开展集贸市场专项整治，先后出动执法检查人员 2872 人次，检查经营户 4324 户次，查处各种违法违章行为 170 起，罚没金额 130.38 万元，查扣主要物资价值近 10 万元。

2002 年，会同卫生防疫等部门开展肉食品、蔬菜水产品和冷冻加工食品、批发市场和生产加工点、夏季饮料食品市场专项整治，查扣病死、注水、私宰肉品 264 公斤，当场销毁农药残留超标蔬菜 67 公斤。

2003 年，跟踪监管百穗行磁疗有限公司竞拍到位的 1.9 万吨陈化粮。成立 7 个“非典”预防小组，分工负责挂钩 6 个基层工商所和检查大队 12315 督察抓好预防“非典”工作。巡查马巷批发市场、马巷消费品综合市场、大嶝对台小额交易市场和新店农副产品综合市场。

2004 年，重点监管家禽交易市场，组织三级市场巡查，制定跟踪监督制度、索证制度、责任追究制度，把好在场、出厂、入市三关，有效防止高致病性禽流感发生。与辖区内的集贸市场、大型商场、超市和批发店开展“共建规范市场”活动。城西市场、闽南果蔬批发市场、南门市场、佳事达购物广场成为首批“共建规范市场”。

2005 年，严格防控重大动物疫病。严把市场准入关，严格购销备案制度，落实监测制度，切实执行定点销售政策，启动市场日报告制度，实行禽类产品挂牌经营制度，执行《厦门市生鲜食品安全管理办法》，巡查辖区内各农贸市场，当场销毁、下架不合格食品 4678 包，三无产品 1852 件，价值 6 万多元；查处 26 起私宰猪肉案，查获 6730 公斤病死猪肉，5245 公斤未检疫猪肉。

2006 年，开展食品安全专项整治，以城市社区、农村和城乡接合部为重点，开展执法检查，重点解决无照经营和制售假冒伪劣食品问题；以商场、超市、集贸市场和源头性商品集散市场为重点；开展自律制度专项执法检查，重点解决经营者进货验证验票、不合格食品退市等自律制度的建立和落实问题；以五个重要节假日为重点，开展节日食品市场专项执法检查，共查处食品违法、违章案件 21 起，查获不合格猪肉 2500 公斤，销毁、下架不合格食品 2628 包，三无产品 1256 件，价值 10 万多元。

2007 年，区工商局采取“五个挂钩”（局领导联系挂钩、科所挂钩、所所挂钩、三级巡查挂钩、绩效挂钩）措施，开展流通领域食品安全监管战役，查处食品行业违法违章案件 42 起，催办、补办食品行业营业执照 149 户，查获私宰猪肉 15 批次 1240 公斤，“三无”产品 2866 包。没收销毁假鸵鸟肉 108 件。建立食品经营者特别是农村食品市场、农资商品经营者的“经济户口”管理档案，落实市场开办者食品质量责任制度、进入食品经营单位市场准入制度、食品进货检查验收制度、食品定向购销挂钩制度、食品购销台账制度、食品准入登记备案制度、销售食品质量承诺制度、食品质量自检制度、食品检测人员岗位责任制度、食品信息安全公示制度、不合格食品退市制度、处理消费者食品投诉工作制度 12 项食品经营管理自律制度。创建农村食品安全示范店，设立食品安全示范摊，在农村食品经营中引入连锁经营代理专卖、物流配送等营销方式。

第七节　整顿和维护市场秩序

1997年3月15日，区工商局开通“95315”群众举报投诉服务专用电话，设立95315举报投诉服务台，24小时接受消费者的投诉举报。成立经济检查科、同安经济检查大队等执法队伍，负责受理并及时处理辖区内消费者举报投诉的不正当竞争行为、假冒伪劣行为、陆上走私贩私行为、商业欺诈行为、垄断行为以及其他违反工商行政管理法规、损害消费者合法权益的行为。会同烟草专卖局、酒类专卖局等部门，在城区开展假冒伪劣商品大检查，共销毁假烟30550条，假酒24148瓶，假冒蚊香1638盒，儿童饮品289箱，农药96公斤，假冒商标标识12.5万只及一大批制假工具，总价值4000多万元。

1998年，开展专项治理，把查假重点逐步转移到酒类、香烟、保健品、农资、家电、建材、汽车等方面。联合区消委会为37家“诚信店”授牌，对大同镇2家销售假冒伪劣商品的经营店予以黄牌警告，销毁价值170多万元的假冒伪劣商品。山西“假酒中毒案”发生后，区工商局先后会同区酒类专卖局、区消委会及各基层工商所，检查全区各镇、场28家白酒生产厂家，928家酒类经营商店，当场查封355千克来历不明的散装白米酒，查扣没有进口标示注册标识和“名优”字样的地产白酒728箱。在农村开展“打假保春耕—为了农村消费者”的农资市场专项整治，检查农资经营户12户，查处无证经营6家，查获假冒进口化肥（尿素）36吨，农药15吨，“三无”种子15件，总价值10万余元。

1999年，严厉打击走私、制售假冒伪劣商品、欺诈和不正当竞争等“社会公害”。开展农资、石油、建材、手机、电脑及其配件、汽车、摩托车配件经营商店、维修企业以及家用电器市场的执法检查和以“红盾打假护农行动”为主题的农村市场整治行动，查处各类经济违法违章案件160多起，罚没340多万元。“12315”投诉台接受投诉700多件，接待人数1600多人次，为消费者挽回经济损失近200万元，赔偿金额14万元。

2000年，开展“两整顿”（整顿工作场所、娱乐服务场所）和“万人打假”等专项治理活动。“两整顿”期间，共立案查处各类违法违章案件53件，清理涉及前置审批的法人企业656家，个体、私营企业2000多户，外商投资企业34家，发出催办整改通知书300多份，查处无前置审批经营户14户，限期办理注销的企业3家，补交、补查、补验专项审批证件的经营主体335家，督促办理变更手续10家，取消经营范围的法人企业9家，清理“三无”企业23家，无照（证）经营户34家。端掉一个用具有毒性的工业冰醋酸制造假冒食用醋的地下黑窝，现场查获工业冰醋酸1175公斤、工业色素、商标标识、纸箱等，在6月7、8日两天全省工商系统“万人打假”大行动中，检查辖区商家（店）近360家。开展对成品油、化工原料、纺织原料、卷烟等重点商品的专项整治，查获掺杂成品油687吨。假冒卷烟3300条，不合格化肥4875公斤等。

同安区打假护农启动仪式

2001年，推行农资经营企业进货监督台，制定“农资企业经营台账表”，开展“打假护农保春耕”活动，查处假化肥、假农药、假种子和无照经营等违法经营行为。开展整顿和规范市场经济秩序活动。重点查处粮油、食品、副食品、烟、酒批发零售市场的制售假冒伪劣商品、查处虚假或引人误解的药品、保健品和医疗广告宣传。共查处万元以上大案23起和搭售商品、仿冒特有商品包装装潢、伪造产地、商业贿赂等四种类型的不正当竞争案件35起。开展"红盾打假护农"执法行动，查获大量假化肥、假农药、假劣农用机械。开展非法拼装车辆、成品油、化工原料、纺织原料、卷烟等重点商品的专项整治，立案查处各类经济违法违章案件284件，罚没入库185.16万元。查获非法拼装车、发动机、冒牌陶瓷化工原料、假冒香烟、"五粮液"酒、水泥等大量物资。整顿规范文化娱乐服务场所，先后检查624家次的宾馆酒家、桑拿按摩厅（店）、歌舞厅、茶馆、网吧、美容美发厅（店）、电子游戏和录像放映点。查处无照美容美发厅54家、电子游戏厅3家、歌舞厅3家，无前置审批手续7家，取缔34家无照经营电子游戏机室。

2002年，立案查处各类经济违法违章案260件，案值904万元，罚没入库184.88万元，其中，倒卖陈化粮案、非法传销案、倒卖走私"红油"案均为同安首例。

2003年，应对"非典"引起的抢购风潮，紧急部署食盐、白醋、口罩、体温计等紧俏商品专项检查，遏制涨价潮。同时为受"非典"影响较大的2400多户经营户，减免管理费120多万元。加强以防治"非典"名义从事违法活动为重点的市场监管，立案查处各类经济违法违章案件280件，案值1500万元，罚没款362.19万元。其中，查获厦门市工商系统首起医疗器械回扣案、非法"登陆"的台湾货物案。取缔"黑龙江大庆市华辉销售有限公司"非法传销组织。开展以食品、药品、农资、家居商品安全消费为主题的"红盾"专项执法行动。

2004年，开展以"种子、农药、化肥"三大农资产品为重点的农资市场打假护农专项治理行动，查获不合格化肥288包。"三严"（严格审批，严格管理，严厉处罚）、"二合"（多部门共管，多渠道宣传，二方面形成合力）、"一走访"（深入学校和家庭进行走访）规范管理网吧。立案查处21起，查扣电脑223台，没收电脑55台，查封电脑428台，罚没款20多万元。

2005年，对辖区1万多家经营主体进行多遍检查，发出责令限期改正通知书3125份，取缔无照经营户68家。开展"2005维护消费者权益维护公平竞争红盾行动"，取缔无照经营户3户，捣毁违法经营窝点3个，立案查处案件8起。按照"标本兼治，着力治本"的工作方针，以农资打假治劣为核心，全面启动"2005打假护农"行动，督促农资经营者推行"两账两票、一卡一书"（进销货台账、进销货发票、农资商品质量信誉卡、农资商品质量责任书）制度，整治校园周边环境，取缔"黑网吧"25家，没收电脑342台。整治和规范同安区碘盐市场秩序，加强打击私盐力度。查处贩私案件42件，没收盐产品202吨。查获团伙5个，涉案44人，机动车31辆，罚款17.88万元。

2006年，开展查处取缔无照经营专项整治"百日大会战"，补办营业执照215户；立案查处27起。立案查处不正当竞争案件27起，查扣眼镜、高尔夫球头、西服、DVD、油漆、酒、烟、化肥、电脑、黄金、光碟等大批假冒伪劣物资及制假机器、工具。查处商业贿赂案8件，开展危险化学品生产企业专项检查，查出事故隐患4个。查处无证生产4家，罚款25.5万元，没收非法所得2.6万元。实施"红盾护农"工程，以同安祥穗农业生产资料有限公司为试点，推行农资先行赔付、备案登记制度。规范台湾水果市场经营行为：规范名称（统一使用"台湾产地水果"和"台湾品种水果"）、规范标识（在包装物和价格标签上注明产地）、规范经营行为（具有检验、检疫合格证明）。

2007年，办结不正当竞争案件38起，罚没入库21.42万元。其中，商业贿赂案3起，罚款4.5万元。

1997—2007年同安区经济检查执法案件统计表

表15-35

年份	案件数（件）	案值（万元）	罚没（万元）
1997	49	268	37.56
1998	86	139	57

续表15-35

年份	案件数（件）	案值（万元）	罚没（万元）
1999	160	358	340. 2
2000	245	346	131. 8
2001	252	322	187. 5
2002	260	904	184. 9
2003	280	1500	362. 19
2004	275	540	238. 8
2005	277	466	367. 4
2006	184	321	179. 51
2007	237	386	201. 3
合计	2310	5033	2288. 26

第五章　质量技术监督

第一节　机　构

1997 年 9 月，成立同安区技术监督局，下设事业单位同安区标准计量所。2003 年 6 月，更名为厦门市质量技术监督局同安分局，直属厦门市质量技术监督局，内设办公室、质量监督科、药品监督科，下辖标准计量所。2003 年 8 月，改为厦门市质量技术监督局第三分局，内设科室及下辖单位同 6 月设置并保持至 2007 年不变。

第二节　计量管理

1997 年，为同安区被列为省强检工作示范区的最后一年，分别与工商局、农村电价整改工作领导小组联合发文，禁止在贸易中使用杆秤，禁止使用国家明令淘汰的电能表等。组织企业现场计量检测，当年共检定四等砝码 259 块，地秤 35 台次，架盘天平 105 台，加油机 307 台，压力表 403 只，衡器 1082 台。

1998 年，共检定计量器具 2283 台（件），其中，四等砝码 254 块，五等砝码 105 块，衡器 1002 台，架盘天平 87 台，加油机 357 台，压力表（含氧气表）474 只，电话计费器 600 台。

1999 年，配合农村电价整改，协同电力部门落实电能表的检定检测工作。至年底，农村入户电能表检定率 100%。此后至 2004 年，坚持对电能表、压力表、电话计费器、加油机、地称、电子计价称、市场公平秤等计衡器的年度常规检验制度。

2005 年，先后开展茶叶、粮食、电子计价秤、液化石油气、加油枪等计量执法检查。完成茶叶等 6

个批次的定量包装监督抽查；对同安茶叶公司等14家生产企业产品的净含量抽查，对其中4家不合格企业立案调查；完成流通领域计量器具的4次专项监督检查，均没有发现不合格现象；粮食企业定量包装商品净含量抽查，仅1家合格。全年，计量立案6起，结案8起（包括2004年立案的2起），罚没款1万元。

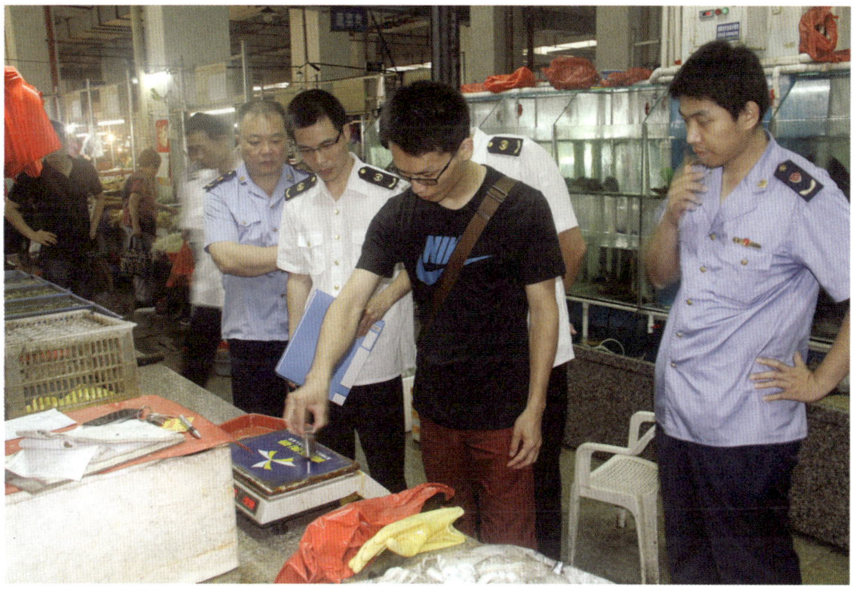

质监分局工作人员检定集贸市场计量器具

2006年国庆、中秋两节，抽查4家大米生产厂家产品净含量、6家加油站12把加油枪，合格率100%。计量日期间，抽查4家商场（超市）11台电子计价秤、6家加油站12把加油枪，均合格。

2007年中秋、国庆期间，抽查辖区内生产企业以及流通领域的定量包装商品净含量5个品种15批次样品、8家加油站共20把加油枪，合格率均100%。“3·15”期间，抽查两家化肥生产企业两个批次的化肥净含量，合格率100%。

第三节 标准化管理

1999年4月起，根据《关于在我区开展消灭无标生产工作的通知》（同政〔1999〕综174号），开展消灭无标生产活动，采取电话催办和现场办理相结合方法，协助302家无标生产企业引标，协助制订企业标准79项。至2000年11月，全区工业产值50万元以上企业标准覆盖率98.1%，比消灭无标生产工作前提高69.9个百分点。完成标准登记注册的全民、外资、集体、乡镇、私营企业498家，涉及食品、轻工、化工、机械、饲料、电子、纺织等行业产品1101种。

2000年，参与同安区芋头、紫长茄、番茄，青蒜、大蒜头、结球甘蓝、萝卜菜、胡萝卜等无公害蔬菜农产品标准的起草、审查工作。

2002年，通过ISO体系认证的上规模企业67家，占47.5%；采用国家标准11家12种产品。7月，厦门如意食品有限公司首获无公害农产品标志使用权，使用该标志产品有无公害速冻毛豆、无公害速冻叶菜类蔬菜、无公害速冻果菜类蔬菜、无公害叶菜类蔬菜和无公害果菜类蔬菜等。

截至2005年9月底，全区新增标准登记注册118家191种产品，企业标准化备案163家440种产品。举办GB/T1.1-2000《标准化工作条例第一部分：标准的结构和编号规则》培训班4期，312人获标准化人员资格证书。2005年10月起，分局取消标准备案权限，由市质监局取代。

第四节 质量监督

1998年，检查辖区13家调味品生产企业，发现6家存在以工业冰乙酸代替食用醋酸生产辣椒酱、米醋产品的违法行为，查获掺入工业冰乙酸741箱辣椒酱、白米醋等产品。查处使用报废车辆元部件组装变型运输车的违法组装点9家，组装车辆17辆。抽查燃油样品2次59个批次，合格率分别为64.7%、80%。

1999年，开展以“查市场、保两节，查农资、保春耕、查建材、保建设”为主题的专项整治，共查获假酒1967瓶、假化妆品2174瓶（件）、假手机电池119块；检查农资经销点17家，查获不合格的化肥产品三种计23.55吨；检查生产、经销水泥37家，钢材生产经销23家，查获假冒水泥51吨，不合格钢材3吨；继续开展利用报废车辆部件组装变型运输车专项整治，检查生产组装点22个，查获组装变型运输车24部。

2000年，监督抽查12家白酒企业的产品，不合格9家；抽查加饭酒、白酒、摩托车、电话机、面粉、螺纹钢等产品53批次，合格17批次，不合格36批次。查处假冒龙岩产地水泥15.5吨，假冒弯纱溪、兰都、华康加饭酒151箱，生产假冒香港食品的窝点1个，查获假冒手机电池249块和假冒充电器139只、假冒张裕干红葡萄酒590箱。

2001年，检查面粉、面制品、调味品等生产企业25家、产品8个批次，产品质量指标检定合格率62.7%。

2002年，开展市场抽查，查获黑心产品285件、假冒中华牌铅笔72箱、假冒化妆品868瓶、假冒绍兴加饭酒1220箱、不符合标准要求的复合肥622袋。

2003年，开展黑心棉、电器、化妆品等专项整治行动，查处黑心产品293件、无证电器2033件，无证化妆品703件。监督抽查建筑涂料、胶水、装修材料20批次，其中6个批次装饰胶合板材料含有害物质甲苯，二甲苯。

2004年起，开展食品企业质量工作专项整治检查，检查企业280家，监督食品生产企业建档177家，督促无标生产企业建标50家。对280家挂面、糖果、果脯蜜饯、淀粉及制品、酱腌菜、啤酒、葡萄酒、黄酒新八类食品生产企业保证产品质量基本条件开展专项调查。

2005年，元旦春节前开展为期两周的现场摸底排查。“六一”儿童节前夕开展儿童食品专项检查。中秋前夕对8家月饼、糕点生产企业进行现场检查。开展肉制品等新十类企业专项调查、保鲜膜生产企业专项检查。

2006年初，组织为期两个月的“查无证食品，保节日安全”为主题的专项整治活动，有针对性地对已实行食品生产许可证的白酒、肉制品等17类食品的生产、销售情况进行检查。查获一批无证违法生产的调味品、肉制品；8月份开始，为400家食品生产加工小作坊建档，与450家食品生产企业签订安全承诺书，把企业划分为企业A、B、C、D四个等级，实行分类监管。

工商局工作人员检查无证食品

2007年，开展涉及人身健康和安全产品质量、加工食品质量安全和食品生产加工小作坊专项整治，在查清全辖区共有食品小作坊104家（其中证照齐全20家，证照不全及无证无照的共84家）的基础上，对小作坊业主进行诚信、法律法规、质量安全知识及食品卫生规范系统培训，按照要求建立、完善台账。7月下旬开始，对辖区内QS获证企业开展专项检查，重点巡查25家C级企业，责令17家限期整改，1家停产整顿，1家吊销生产许可证。

据不完全统计，1998—2007年，全区产品质量立案713起，罚没金额194.46万元，没收扣押假冒伪劣产品8.57万件，货值205万元。

第五节　特种设备安全监察

2004年，开展特种设备普查整治和气瓶的专项普查整治工作，重点检查在用气瓶100046个、锅炉200台、压力容器650台、起重机械300台、厂内机动车辆130台、电梯150台。检查“六小企业”（小制衣厂、小浴室、小酒坊、小豆腐坊、小胶合板厂、小食品厂）锅炉使用情况。

2005年6月23日至7月4日，开展锅炉安全专项检查，共检查锅炉使用单位17家，在用锅炉20台，发出整改通知书5份。8月，开展快开门压力容器专项检查，共检查10家单位60台在档压力容器，同年7月至9月，开展载货升降机专项普查整治，查出未办理载货升降机相关手续的企业33家、设备60台。当年，累计出动执法人员145人次，检查辖区内120多家特种设备使用单位，发出整改通知书60份，监察指令书18份，查出安全事故隐患16处，查封、拆毁土制特种设备6台。

安监局专项检查危化品罐区

2006年，累计出动执法人员145人次，检查辖区内80多家特种设备使用单位，发出整改通知书30份，监察指令书15份，查出安全事故隐患15处，共查封、拆毁土制特种设备7台。

2007年，累计出动执法人员180人次，检查辖区内120家特种设备使用单位，锅炉房50家，责令29家企业限期整改，发出监察指令书71份（不包括非煤矿山检查），查出安全隐患35处，拆毁土制载货升降机6台、土制起重机械10台。

第六章　审　计

第一节　机　构

一、同安区审计局

前身为1984年8月组建的同安县审计局，负责全县财务审计和审计调查的领导和实施工作。1997年5月，更名为同安区审计局，内设办公室、行政事业审计科、工交商审计科、固定资产投资审计科4

个科室，均为正科级。2002 年 10 月，区党政机构改革，核定编制 19 人，内设办公室、财政审计科、经贸审计科、经济责任审计科。2003 年 12 月，机构改革，同安区审计局内设综合科、经济责任审计科（后更名为审计业务科），核定编制 10 人。

二、银城会计师事务所有限公司

前身为成立于 1989 年 5 月的同安县审计事务所，属全民所有制事业单位，从事社会审计业务。1992 年更名为同安县审计师事务所，首次开展对集体所有制企业的审计工作，1999 年 9 月，同安区审计师事务所改制为股份制有限责任公司，更名为银城会计师事务所有限公司。行业主管为福建省注册会计师协会。

第二节　审计项目与管理

一、审计项目

1997—2007 年，每年对本区财政预算执行情况进行审计、并提出报告。

1997 年，完成审计单位（项目）42 个，其中区财政局、地税局、卫生局、文化局、工商局、公安局等财政单位审计 15 个；区进出口贸易公司、建发公司、旅游总公司、银城股份有限公司、土地开发总公司、物贸公司、路桥建设投资总公司、同安农业银行等企业单位审计 15 个；区广电局、土地局、交通局、区医院、区中医院等行政事业单位审计 7 个；养老保险基金、待业保险基金、水土保持与乡村发展亚行贷款项目专项资金审计 3 项；镇农村合作基金会基金管理使用情况调查等其他审计 2 个。审计查出违纪金额 629 万元，上缴财政 59 万元。向上级报送审计调查报告、审计信息 26 篇，向区政府提供本级财政预结算审计结果报告 1 篇。

1998—2003 年间，累计完成审计单位（项目）169 个，其中财政单位审计 50 个，企业单位审计 24 个，行政事业单位审计 49 个，专项资金审计 25 个，其他审计 21 个。查出违纪金额 5578 万元，管理不规范金额 18842 万元。其中，2000 年对社会保障基金的专项审计，查出违纪金额 932.5 万元。2001 年对××食品饮料有限公司财务收支的审计，查出重大经济犯罪线索，并移交司法机关查处。

2004—2007 年，累计完成审计单位（项目）63 个，其中财政单位审计 16 个，企业单位审计 6 个，行政事业单位审计 33 个，专项资金审计 8 个。查出违纪金额 780 万元，管理不规范金额 13697 万元。其中，2004 年对 3 家国有企业资产负债损益的审计，为国企改革提供基础性资料；2006 年对创建文明城市专项经费安排使用情况、企业改制资金和农业专项资金的审计调查，提出审计建议 11 条，受到党政领导的重视。

审计局对某企业开展审计

审计人员对某事业单位开展审计

1997—2007年，审计部门累计完成审计（调查）单位项目274个，其中财政单位81个，企业单位45个，行政事业单位89个，专项资金审计（调查）36项，其他审计（调查）23项。查出违纪金额6987万元，管理不规范金额32539万元，上缴财政1202万元。同时完成审计署、省审计厅下达审计10多项，提交本级财政预算执行情况审计报告11件，上报调查报告、论文、信息271篇。

1997—2007年同安区审计工作基本情况表

表15-36　　单位：万元

项目	1997年	1998年	1999年	2000年	2001年	2002年	2003年	2004年	2005年	2006年	2007年	合计
审计（调查）单位数合计（个）	42	31	28	28	29	30	23	23	16	12	12	274
财政	15	9	9	7	6	9	10	3	4	4	5	81
企业	15	5	6	4	5	2	2	3	3	—	—	45
行政事业	7	4	7	8	12	13	5	14	7	7	5	89
专项资金	3	8	3	6	1	2	5	3	2	1	2	36
其他	2	5	3	3	5	4	1	—	—	—	—	23
其中：经济责任（个）	4	—	1	1	7	13	5	11	5	7	3	56
查出违纪金额	629	21	719	618	2803	591	826	372	48	360	—	6987
查出管理不规范金额	—	2854	1952	4529	3971	2175	3361	8227	3488	545	1437	32539
应缴财政金额	59	130	131	231	83	436	42	239	26	37	—	1414
应归还原渠道资金	—	38	—	21	98	61	16	118	18	323	—	693
已缴财政金额	59	40	75	183	158	405	37	65	143	37	—	1202
移交其他机关案件（件）	—	—	—	1	1	—	—	—	—	2	—	4

二、审计管理

1997年，与区农行签订审计收缴罚款协议，确定本级审计罚款收缴银行网点。

1998年，制定《厦门市同安区审计局审计组长岗位目标责任制度（试行）》。

1999年，制定落实审计执法责任制；创新审计工作方式，采取审计与审计调查结合方式，实现一次进点两项成果，有效节约审计资源。

2000年，贯彻中办、国办文件精神，开展县级以下党政领导干部任期经济责任审计和国有企业及国有控股企业领导人员任期经济责任审计工作。建立审计机关与纪检、监察、检察和公安机关的联系制度，发挥互补优势。制定、落实《厦门市同安区审计局首问责任制》，明确首问人责任。

2001年，制定并落实《厦门市同安区审计局重大审计事项报告制度》《厦门市同安区审计局业务审计会议制度》，预防审计风险，提高审计质量。建立区经济责任审计工作联席会议制度。

2002年，制定审计复核工作规定。

2004年，贯彻落实国家审计署《审计机关审计项目质量控制办法（试行）》，实施审计全过程质量指标体系。

2005年，开展“严谨细致，提高质量”年活动，全面推行审计质量100条措施。

2006年，探索由收支审计并重向支出审计为主转变、由以财务审计为主向财务审计和专项审计调查并重转变的审计方式，充分利用有限的审计资源深化各项审计。

第七章　安全生产监管

第一节　机　构

一、同安区安全生产监督管理局

2002年12月，经区委、区政府批准，组建厦门市同安区安全生产监督管理局，加挂同安区安全生产委员会办公室牌子，为区政府主管安全生产监督管理工作的部门管理机构，原区人事劳动局、区经贸局承担的安全生产监督管理职能划归区安全生产监督管理局，核定机关行政编制2名、机关事业编制2名，工勤人员编制1名；2003年12月，根据厦同委办〔2003〕54号和厦同委办〔2003〕55号文件规定，明确组建安全生产监督管理局，核定机关行政编制3名，工勤编制1名，领导职数1名。

二、同安区安全生产执法大队

2004年4月，根据同委编〔2004〕8号精神，成立厦门市同安区安全生产监察队，为区安监局下属全民事业单位，核定人员编制4名，其中领导编制1名；2006年12月，根据同委编〔2006〕14号精神，更名为“同安区安全生产执法大队”，人员编制调整为5名，机构规格相当于正科级，领导职数1名。

第二节　监管内容

一、综合监管

1997年，开展“反违章、压事故、保安全”活动和以事故易发企业、易燃易爆场所、建筑工地、交通运输、港口码头车站为重点的安全大检查。发出整改书122份，验收不合格气罐46个。

安全生产培训班开学

1998年，创安检查418家，发整改通知书250份，取缔土锅炉9座。

2000年，全年5次安全检查，共发出整改书797份。锅炉专检147家，拆除17台。

2001年，开展锅炉、压力容器及特种设备普查登记、土锅炉清查取缔工作、检查抽查企业280家，发出安全整改书152份，整改意见5200多条。

2002年，全年安全检查136家。翌

检查液氨使用单位压力管道

年，安全生产监管由新成立的安监局专职负责。安全生产监管按非煤矿山监管、危化品监管、综合监管三项实施。

2003 年，建立健全安全生产“三项制度”，即每月一次的安全生产例会制度，每季一次的安全生产分析制度，向有关领导汇报制度。开展安全生产知识与安全生产法律法规宣传教育和培训。全年共发放《中华人民共和国安全生产法》4500 多册、《中华人民共和国安全生产违法行为行政处罚办法》350 多册，举办《中华人民共和国安全生产法》培训班 180 期，参训 13700 人次。联合 7 个相关部门，先后开展道路交通、公共场所、消防、易燃易爆品、特种设备等专项整治，排查事故多发路段 18 处，纠正违章行为 9.34 万起；发现存在消防安全隐患的公共场所 11 单位 17 处，并限期整改；全面检查（验）锅炉 225 台，封存存在安全隐患锅炉 1 台，销毁土制锅炉 5 台，限期整改无证或检测期已过锅炉 93 台。

2004 年，签订区政府与镇（街）、场及区直机关间，镇（街）、场、区直机关与下属村（居）委会、生产经营单位间安全生产目标责任制，建立一级抓一级、一级对一级负责的安全生产责任制工作格局。在元旦、春节、“两会”和“五一”“十一”黄金周 4 个重点时期组织 78 个检查组、216 人次，分别检查 116 个重点厂矿与公司、工地、超市、酒家、景点的安全生产责任制落实情况，查处各类安全隐患 87 处，下达限期整改通知书 43 份。

2005 年，组建 8 个镇（街）安监站，招聘 16 名专职安全员，配备 123 个村的专兼职安全员 354 名，形成区、镇（街）、村（居）三级安全生产监管网络，初步实现安全生产“关口前移，重心下移”。结合“全国安全生产月”活动，发放《学校消防读本》《家庭防火小手册》《企业职工安全教育读本》《家庭安全知识》《安全生活小常识》《安全生产百条警句格言》等资料 5 万多本，组织数千人观看《关注安全，平安是福》文艺演出。查处厂矿商贸建安企业发生的伤亡事故 8 起，督察非生产安全的意外事故 20 起。

同安安全生产培训分中心揭牌

2006 年，表彰 2005 年度完成安全生产目标责任制的优秀单位 6 个、合格单位 18 个，先进工作者 60 名。重点开展道路交通、公共场所消防、校园安全、特种设备、农业机械、职业卫生、建筑施工、烟花爆竹、民爆器材等安全专项整治。

2007 年，开展以“综合治理，保障平安”为主题的“安全生产月”活动，先后举办“安康杯”安全生产知识竞赛、有奖征文、专题电影晚会、安全生产咨询服务进企业等活动。组织镇、街、场有关人员检查全区重点行业、领域 2200 多家，查处各类安全隐患 2500 处，及时整改2134处，其中整改到位重大隐患21处。

二、非煤矿山安全监管

2003年，按照市安监部门统一部署，开展非煤矿山专项整治，安全资格培训并重新审核发证矿长、安全管理人员286人，安全评估矿点123个，关闭不具备安全生产条件的采石场30家，停产整治无周边防护栏、存在坍塌危险的矿山30处。

2004年，全面普查清理和登记辖区内非煤矿山，联手国土矿产、公安、环保、工商等部门对列入关闭或“死灰复燃”矿点强制执行关闭。

2005—2006年，落实非煤矿山安全生产许可证制度。全区非煤矿山74家，通过整治验收取得安全生产许可证20家，办理“三同时”整改的企业44家，逾期未申请“三同时”提请区政府给予关闭的企业10家。联手国土、镇场，对全区63家非煤矿山进行地毯式大检查，发出《整改指令书》107份、《强制措施决定书》78份。

2007年，加大对非煤矿山的动态监管，对每家企业每年检查不少于3次。当年查处隐患93处，开出整改通知53份、停产停业通知11份。

取缔竹坝非法加油点

三、危险化学品安全监管

2003年，联合经贸、公安、消防等部门，开展国道省道沿线加油站点安全隐患大排查，责令停业整顿5家，取缔镇区、镇村结合部小加油站、小液化气站13家。

2004年，开展危险源普查。全区计有危化品生产企业6家、经营企业63家、使用企业51家、运输储存企业3家、重大危险源企业33家。联合经贸、消防、工会等部门检查涉危企业165家，督促整改安全隐患275个，取缔无照经营店（点）8处。

2005年，加强对非公有制危化品生产、经营企业检查、督改、监控力度，开出《限期整改通知书》9份。完成危化品生产储存企业和64家经营企业的安全现状评价。

2006年，完成全区危化品生产企业7家和经营企业103家生产经营许可证办理工作。

2007年，制定《厦门市同安区危险化学品安全监管工作职责分工》，明确相关职能部门监管职责。联合消防、镇场，开展危化品使用企业检查，责令存在安全隐患的25家喷漆烤漆企业落实整改。

1997—2007年同安区企业安全事故情况表

表15-37

年份	事故（起）	死亡（人）	工伤（人）
1997	6	9	17
1998	7	5	22

续表15-37

年份	事故（起）	死亡（人）	工伤（人）
1999	35	10	25
2000	53	7	46
2001	44	8	36
2002	78	6	6
2003	164	8	98
2004	365	17	104
2005	554	8	485
2006	790	8	690
2007	1058	7	238

第十六篇　中国共产党同安地方组织

1997—2007年，中国共产党同安区委员会先后召开第九、十、十一届代表大会选举中共厦门市同安区委三届领导班子。1997年，全区基层党组织31个（其中镇党委12个、机关事业单位党委18个、党工委1个），下辖党总支54个、党支部752个，党员17153人。2003年析出翔安后，全区基层党委、党工委28个，下辖党总支40个、党支部518个，党员13261人。2007年，全区基层党组织32个（其中党工委5个、党委20个、党组7个），下辖党总支47个、党支部664个，党员14470人。1997—2007年，区委先后作出“工业立区”“科教兴区”“创建文明城市”“建设工业、物流、旅游三大产业基地”“以工业化推进城镇化”“建设同安工业集中区”“打造新城区”“实现同安经济社会大跨越”等重大决策，推进同安经济和社会事业的迅速发展。

第一章　区委及其工作机构

第一节　区　委

一、第九届区委

1998年11月15日至11月18日，召开第九届党员代表大会。大会正式代表260人，实到258人。大会听取和审议陈韬代表第八届区委作的工作报告和黄延强代表第八届纪委作的工作报告；选举产生第九届区委委员29人，候补委员5人；区纪委委员15人。

在区委九届一次全会上，选举陈韬、杨金兴、黄文灿、蒋清坑、林有才、黄延强、王建清、吕金山、颜文箭、刘育生、林跃伟11人为区委常委。陈韬当选为区委书记，杨金兴、黄文灿、蒋清坑、林有才4人为区委副书记。黄延强为纪委书记。

二、第十届区委

2003年9月25日至9月26日，召开第十届党员代表大会。大会正式代表210人，实到206人。大会听取和审议陈昭扬代表第九届区委作的工作报告和毛立臻代表第九届纪委作的工作报告；选举产生第十届区委委员24人，候补委员5人；区纪委委员15人。

在区委十届一次全会上，选举陈昭扬、陈子强、雷志亮、王建清、毛立臻、王建多、卢晓东、吴毅飚、张仁文、陈国栋10人为区委常委。陈昭扬当选为区委书记，陈子强、雷志亮（挂职）、王建清、毛立臻4人为区委副书记。毛立臻为纪委书记。

三、第十一届区委

2006年7月2日至7月4日，召开第十一届党员代表大会。大会正式代表211人。大会听取和审议陈昭扬代表第十届区委作的《抢抓机遇，奋发有为，快速推动同安经济社会实现大跨越发展》的报告和毛立臻代表第十届纪委作的工作报告；选举产生第十一届区委委员29人，候补委员6人；区纪委委员19人；选举产生同安区出席市第十次党代会代表46人。

中共厦门同安区委十一届代表大会会场

在区委十一届一次全会上，选举陈昭扬、高玉顺、陈琛（女）、毛立臻、卢晓东、吴毅飚、陈国栋、黄小林、陈水利、黄燕添10人为区委常委。陈昭扬当选为区委书记，高玉顺、陈琛（女）、毛立臻为区委副书记。毛立臻为纪委书记。

1997—2007年中共同安区历任区委书记名表

表16-1

姓名	性别	籍贯	任职时间	附　注
卓钦锐	男	福建安溪	1996. 1—1998. 1	任命
陈　韬	男	福建闽侯	1998. 1—1998. 11	任命
陈　韬	男	福建闽侯	1998. 1—2000. 12	1998. 11第九次党代会选举
欧阳建	男	福建厦门	2000. 12—2003. 8	任命
陈昭扬	男	福建安溪	2003. 8—2003. 9	任命
陈昭扬	男	福建安溪	2003. 9—2007. 8	2003. 9第十次、2006. 7第十一次党代会选举
高玉顺	男	福建龙海	2007. 8—	任命

1997—2007年中共同安区历任区委副书记名表

表16-2

姓名	性别	职务	任职时间
陈　韬	男	副书记	1993. 12—1998. 1
黄文灿	男	副书记	1993. 12—1998. 11
詹新华	男	副书记	1996. 3—1998. 6（挂职）
李细求	男	副书记	1996. 3—1998. 6（挂职）
杨金兴	男	副书记	1998. 11—2003. 8
黄文灿	男	副书记	1993. 12—1997. 4（县委副书记） 1997. 4—2003. 9

续表16-2

姓名	性别	职务	任职时间
蒋清坑	男	副书记	1998. 10—2003. 9
林有才	男	副书记	1998. 9—2003. 9
陈子强	男	副书记	2002. 2—2006. 1
雷志亮	男	副书记（挂职）	2002. 10—2006. 7（2002. 10—2004. 10 挂职）
王建清	男	副书记	2003. 9—2006. 7
毛立臻	男	副书记	2002. 7—2007. 7
黄乔生	男	副书记	2004. 7—2006. 1
高玉顺	男	副书记	2006. 1—2007. 8
陈　琛	女	副书记	2006. 1—
卢晓东	男	副书记	2007. 7—
郑明容	女	副书记（挂职）	2007. 11—

第二节　区委工作机构

1997 年底，中共同安区委下设工作机构 7 个：办公室（与区委台湾工作办公室合署，加挂台办和区委政策研究室牌子）、组织部、宣传部（与精神文明建设办公室合署）、统一战线工作部（加挂区宗教事务局牌子）、政法委员会（与区社会治安综合治理委员会办公室合署，加挂打击走私领导小组办公室、海防委员会办公室牌子）、直属机关党委、区委纪律检查委员会。

2002 年，机构改革后，中共同安区委下设工作部门 9 个、部门管理机构 3 个、议事协调机构 1 个。工作部门为：纪律检查委员会（与区监察局合署）、办公室（加挂机要局、保密委员会办公室牌子）、组织部、宣传部、统一战线工作部、政法委员会（与区社会治安综合治理委员会办公室合署，挂防范和处理邪教问题领导小组办公室牌子）、台湾工作办公室、机构编制委员会办公室（挂区政府机构编制办公室、事业单位登记管理局牌子）、区直机关工作委员会。部门管理机构为：区委信访局（由区委、政府办公室管理）、老干部局（组织部管理）、区精神文明建设办公室（由宣传部管理，挂精神文明建设指导委员会牌子）。议事协调机构为：农委农村工作领导小组办公室。至 2007 年，机构设置不变。

第二章　基层组织与党员队伍

第一节　基层组织

1997 年，同安区委下设基层党委 31 个：大同、新民、五显、西柯、莲花、汀溪、洪塘、马巷、新店、内厝、新圩、大嶝镇 12 个镇党委，计统局、建设局、人武部、外经贸局、市公安局同安分局、商业集团公司、交通局、教育局、卫生局、文化局、农业局、水电局、二轻工业公司、竹坝华侨农场、凤南农场、银华机械厂、区直属机关、银城企业总公司18个机关企事业单位党委和区经贸局党工委。下辖机关、企事业、村（居）党总支54个，党支部752个。

1999年，厦门银城股份有限公司党委划归市经发委。2002年机构改革，成立国土资源与房地产管理局党委，撤销银城股份有限公司党委，成立青岛啤酒（厦门）有限公司党委。成立大同、祥平两个街道党工委，调整后同安区党委（党工委）整合为30个，党总支64个，党支部778个。

2003年，析出翔安，东部马巷、新店、新圩、内厝、大嶝五镇党委划归翔安区委。18个居委会和一个村委会整合成13个社区居委会，同安区共有基层党委、党工委28个，党总支40个，党支部518个。

2004年初，贸发局党委归属经贸局党工委，改称经贸局党工委。组建全区9所民办学校党支部和非公企业党支部3家，区粮食局党委划归市管。至年底，全区设党工委4个：大同街道党工委、祥平街道党工委、区直属机关党工委、经贸局党工委（下辖供销社、商业集团、二轻工业公司、青岛啤酒有限公司4个党委）。党委18个（其中区直机关、企事业单位党委12个、镇党委6个）。区人大、政府、政协、法院、检察院、司法局、工商联、科协8个单位设立党组。全区党总支41个，党支部488个。

2005年，增设教育工委。科协党组划归区直机关党工委管辖。

2006年，社区整合，全区44个社区，成立34个社区党支部、10个党总支（东山、西洪塘、凤岗、西湖、阳翟、祥桥、丙洲、洪塘头、西塘、石浔）。国土资源与房产管理局党委划归市管，林业局党委划归农业局党委，年底新设国投集团党委。

2007年，全区共组建非公企业党组织219个，水利局党委归并于区直机关党工委。至年底，全区共有5个党工委（大同街道党工委、祥平街道党工委、区直机关党工委、经贸局党工委、教育局党工委），20个党委［洪塘镇党委、五显镇党委、汀溪镇党委、莲花镇党委、新民镇党委、西柯镇党委、建设局党委、卫生局党委、交通局党委、农业局党委、公安分局党委、政法机关党委、竹坝开发区党委、凤南农场党委、国投集团党委、青岛啤酒（厦门）有限公司党委、厦门绿泉实业有限公司党委、同安二轻公司党委、供销社党委、经贸局非公企业党委］，7个党组（区人大、政府、政协、法院、检察院、司法局、工商联党组）。下辖机关企事业、村（居）党总支47个，党支部664个，党员14470人。

1997—2007年中共同安区委基层组织统计表

表16-3

年份	区级党组	基层党委、党工委	党总支	党支部	全区党员数	其中			
						女党员占%	青年党员占%	大专学历以上党员%	农村党员%
1997	—	31	54	752	17153	13.79	49.56	10.21	50.00
1998	—	31	58	767	18131	15.07	50.00	11.33	51.90
1999	—	30	64	778	18943	16.03	51.40	12.58	52.30
2000	—	31	64	700	19686	16.67	30.90	13.25	53.72
2001	—	30	64	683	20419	16.68	30.67	15.04	54.53
2002	—	27	64	677	21210	17.20	31.27	17.29	54.21
2003	—	28	40	518	13261	18.70	32.50	20.78	56.48
2004	8	26	41	488	13290	19.20	32.81	22.40	46.00
2005	7	25	40	478	13605	28.00	32.81	23.80	46.60
2006	7	25	39	480	13848	20.69	32.30	25.57	48.38
2007	7	25	47	664	14470	21.80	32.35	29.60	36.26

第二节　党员队伍

1997年，区委以创建党建工作先进区为目标，提出“再接再厉，乘势而上，全面推进基层组织建设向跨世纪目标迈进”的要求，制定、实施“党员发展五年规划”的年度工作规划，按照“坚持标准，保证质量，改善机构，慎重发展”的方针，基层组织工作出现新面貌。当年全区基层党委31个，其中一类党委25个，占80.6%，二类6个，占19.4%；党支部752个，其中一类支部606个，占80.6%，二类146个，占19.4%。全年吸收新党员1218名，其中女党员占25.0%，35岁以下青年党员占78.4%。

1998年，针对基层组织建设中存在的薄弱环节，制定《基层党组织规范化建设意见（试行）》，进一步规范基层党建工作。根据省委《关于在全省国有企业党组织中开展“学南纺、创四好”活动的通知》精神，在全区国有企业开展此项活动，加强企业党组织建设。当年发展党员1122人，其中女党员占26.78%，青年党员占80.55%。同安区成为全市党组织和党员数最多区。

1999年，发展新党员1108名，其中女党员占28.79%，青年党员占81.00%。

2000年，区委全面贯彻落实《中国共产党农村基层组织工作条例》，开展创建“五个好”村党支部、“六个好”镇党委和党建工作先进区活动，从完善组织机构、公开内容程序、公开形式、公开制度等四项内容入手，规范村务公开工作。机关、国企、居委会、学校党建工作齐头并进，开展创建“党建工作先进单位”活动；下发《关于进一步健全发展党员工作规范化管理制度的通知》，以制度推动党建工作。全年发展党员899名，其中女党员占27.39%，青年党员占81.60%。

2001年，加强以党支部为核心的村级组织配套建设，培育一批典型点，编印《同安区农村基层组织建设经验材料汇编》，用于指导农村基层组织建设。扩大非公有制经济组织党组织的覆盖面。加强发展党员测评制、公示制指导，严格规范发展程序和入党手续，保证党员质量。全年发展党员840人，其中女党员占26.66%，青年党员占77.85%。

2002年，结合机构改革，做好停产企业党员的安置和组织关系的接转。在非公企业中实行发展党员情况季报，注意培养和发展生产经营骨干，建立定人分工培养和定期考察制度。全年发展党员796名，其中女党员占28.50%，青年党员占78.43%。

2003年，全面贯彻落实《福建省村级组织工作暂行规定》，加强镇、街党委建设和后进村整顿；围绕第四轮党建责任书目标，确定55个区级典型培育点。普遍实行发展党员“测评制”、“公示制”，严把发展党员质量关。全年发展新党员394名，其中女党员占28.68%，青年党员占77.91%。

2004年，围绕党组织覆盖面扩大的难点，加强社区企事业非公组织党建，构建以“两会、两书、三站、一卡”服务为中心的社区党建工作格局；结合国有企业改制、区划调整，做好党组织撤并和党员安置，抓紧全区非公企事业单位的党建工作。全年发展新党员341名，其中女党员占33.72%，青年党员占78.39%。当年底全区设党组8个，党工委、党委26个，共有总支部41个，支部488个，党员13290名，其中农民党员6115名，占46.0%，女党员2553名，占19.2%，高中以上文化程度6858名，占51.6%，大专以上文化程度2986名，占22.4%。

2005年，根据市委《关于解决全市村级组织“无址办公”问题的通知》精神，于11月启动第一批共10个行政村的村部建设。按照《中共中央关于加强党的执政能力建设的决定》和中央、省委关于深入开展农村党的建设“三级联创”活动的统一部署，区委下发《关于建立健全基层组织建设长效机制的意见》，加强村级组织建设，深入开展创建“五个好”先进村党组织活动，通过开展评选“好搭档”“好团队”等活动，把基层党组织建设成为能够为人民利益高度负责的坚强战斗堡垒。全年发展新党员307名，其中女党员占34.20%，青年党员占78.50%。

2006年，按照“先试点，后全面”的工作思路，紧抓社区整合。是年，全区44个社区先后成立34

个社区党支部、10 个党总支（东山、西洪塘、凤岗、西湖、阳翟、祥桥、丙洲、洪塘头、西塘、石浔），社区党员 2154 名。全年发展新党员 206 名，其中女党员占 39.3%，青年党员占 73.30%。试行发展党员票决制和责任追究制。

2007 年，加大对规模以上非公有制企业党组织的组建力度，通过广泛宣传、整合资源、落实经费、强化管理等方式指导、督促非公有制企业党组织组建工作，并对组建情况登记造册，建立数据库，实行动态管理。全区共组建非公有制企业党组织 219 个。年底，全区共有 7 个党组、25 个党委党工委，47 个党总支，664 个支部，党员 14470 名，其中女党员 3159 名，占 21.8%，大专以上文化程度 4295 名，占 29.7%。全年发展新党员 290 名，其中女党员占 35.00%，青年党员占 71.00%。

同安区历年发展党员统计表

表 16-4

年份	发展人数（人）	女党员占%	青年党员占%	农村党员占%	高中以上学历占%	大专以上学历占%
1997	1218	25.00	78.40	58.60	60.23	17.20
1998	1122	26.78	80.55	57.42	62.45	17.50
1999	1108	28.79	81.00	54.63	63.25	18.20
2000	899	27.39	81.60	52.60	65.20	19.24
2001	840	26.66	77.85	56.30	64.16	16.66
2002	796	28.50	78.43	55.30	68.28	17.77
2003	394	28.68	77.91	37.05	76.39	34.77
2004	341	33.72	78.39	43.40	70.08	34.01
2005	307	34.20	78.50	46.25	73.61	30.61
2006	206	39.30	73.30	34.95	77.18	34.95
2007	290	35.00	71.00	45.00	73.00	36.20

第三章 重要决策与活动

第一节 重要决策

1997 年 7 月，同安区委作出“精简机构、减员增效”的决策，同年作出“工业兴区”、“科教兴区”的战略决策。

1998 年，提出“创建省级文明城市”和“建设东西溪防洪工程”的决策。

1999 年 11 月，提出“加快实施科技兴区战略”的决策。

2000 年 3 月，集中进行领导干部“三讲教育”（讲学习、讲政治、讲正气）。12 月，通过“从严治党”的决议。

2002 年 12 月，提出加速工业化、城镇化的决策。

2003年10月，提出“第二次机构改革”和“加速工业化”决策。

2004年初，提出坚持“工业立区”和“建设工业、物流、旅游三大基地”的决策。

2005年，提出开展“党员先进性教育，加强执政能力”和“加快工业集中区建设”两大决策。

2006年7月，区委第十一次党代会，根据区“十一五”规划和市委、市政府关于环东海域综合整治建设实际，提出今后五年同安经济社会发展的目标任务是：实现一个大跨越，打造一个新城区，建设三大基地。力争到2010年，全区实现国内生产总值、工业总产值、财政总收入包括区级财政收入等年递增30%以上；快速推进城市化建设，形成总面积25～30平方公里的新城区，全区城市化率达57.7%；工业区总面积达到30平方公里以上，物流集散基地建设总面积达到10平方公里，打造同安生态旅游品牌，建设厦门市生态休闲度假旅游基地。

第二节　重要活动

1997年，落实区委“精简机构减员增效”决策，实施机构改革。至年底，全区党政机构由原来的47个减为33个，区机关人员编制由756人减为650人，精简12.6%。区直机关处级干部平均年龄下降3.1岁，实现区委提出的以40岁左右的干部为主体，30岁和50岁左右各占一半比列的梯形结构。

1998年，实施中共厦门市同安区委第九次党代会决议，要把同安建设成为经济繁荣、社会稳定、人民富强、文明开放的特区卫星城区。以创建国家级卫生城区和省级文明城市为载体，开展“讲文明、树新风”群众性精神文明创建活动。在农村开展以“六提倡、六反对”为主要内容的移风易俗活动。全区建成省、市、区文明单位（村、镇）263个，“五好文明家庭”占60%，当年同安区被评为省级文化先进区。

1999年，完成镇党委换届选举。区委九届三次全体（扩大）会议，讨论通过区委、区政府《关于加快实施科教兴区战略的意见》，在科技进步、教育振兴、高素质人才培养和吸收上抢占制高点，加大同安科技创新力度。制定出台扶持民营科技企业发展的3个文件。

2000年3月开始，组织区级领导班子和42名区级领导干部进行三个月的讲学习、讲政治、讲正气的“三讲”集中教育。5月，区直机关61个单位和232名副处级以上干部进行“三讲”集中教育，认真对照检查，制定具体整改方案。11月，区级领导班子、领导干部进行“三讲”教育“回头看”，对照“三讲”教育期间群众提出的意见和建议，以内聚人心，外树形象为重点，狠抓整改措施的落实，区委领导下基层帮助群众解决问题287个，办实事335件，完成调研课题15个。12月，区委召开九届四次全体（扩大）会议，研究部署同安加快发展和从严治党的重大举措，审议通过《中共厦门市同安区委关于制定国民经济和社会发展第十个五年计划的建议》和《中共厦门市同安区委贯彻省、市委〈关于从严治党若干问题的决定〉的决议》，提出“十五”期间同安经济和社会发展的主要目标。

2001年，区委全面贯彻落实《中国共产党农村基层组织工作条例》，以测评制、公示制保证农村党员的发展质量，同时加强公有制经济组织的党员发展工作，在全区开展创造“党建工作先进单位”活动。

2002年12月，区委抓住把同安建成厦门海湾型城市次中心的机遇，及时召开区委九届九次全会，部署工业化、城镇化发展战略，全力推进城南、城东和马巷北部三个工业区的开发建设和招商引资工作，加快中心镇的开发建设。计划到2005年，全区城镇化水平要由目前的13.6%提高到32.1%。推动同安进入“工业化与城镇化同步推进”的新时期。在加快推进工业化、城镇化发展战略的同时，按照“生产发展、生活宽裕、乡风文明、村容整洁、管理民主”的总体要求，跳出农业抓农业，缩小农村发展农村，减少农民富裕农民。组织实施以工促农、以城带乡战略，促进城乡统筹协调发展。

2003年9月析出翔安后，区委抓住机遇，完成第二次机构改革。区委分析区情，找准发展定位，把加快发展工业作为今后一个时期工作的重中之重，迅速扩充经济总量，带动第三产业发展，突出解决

“三农”问题，迅速改变同安面貌。

2004年初，区委提出“工业立区”的发展战略和打造工业、物流、旅游三大基地的工作思路。

2005年1月，区委召开十届六次全体（扩大）会议，学习贯彻中共中央十六届四中全会和省、市有关会议精神，研究部署加强党的执政能力建设问题，审议通过了区委《关于加强党的执政能力建设的实施意见》，要求全区各级党组织和全体党员干部要全面理解和把握加强党的执政能力建设的重要意义、科学内涵和总体部署，在实践中不断提高执政能力和水平，树立良好的执政形象。会议决定从2005年开始，用一年半左右的时间，在全区各级党组织和全体共产党员中开展保持共产党员先进性教育活动，围绕加快同安发展的目标，实现干部作风明显转变。同年7月，市委九届十次全会作出加快同安工业集中区开发建设的重大决策后，同安区委主动呼应、对接，于8月召开十届七次全会，对加速推动同安实现跨越式发展的目标任务进行全面部署，进一步明确坚持“工业立区”、建设厦门市的重要工业生产基地、物流集散基地、高优农业及生态旅游基地和重要新城区的发展定位、发展目标和发展思路。当年成立同安工业集中区建设工程指挥部，将规划审批和征地拆迁工作同步进行，交叉推进，精简办事程序，简化审批手续，创造从规划到第一批项目动工不到三个月时间的“同安速度”。

2007年，落实工业集中区开发和环东海域整治建设头一年目标。12平方公里工业集中区基本建成，入驻企业470家，其中投产314家。环东海域滨海新城区建设完成吹填造地16平方公里，29个“村改居”顺利完成；各种社会保障措施全面落实。在工业集中区和环东海域相关村庄开工建设“金包银”工程累计60万平方米。

第四章　纪律检查

第一节　党风党纪宣传教育

1997—1999年，开展以“三讲”为主要内容的党性党风党纪教育，组织党员干部学习《中国共产党党员领导干部廉洁从政若干准则》《中国共产党纪律处分条例（试行）》和《中共中央国务院关于党政机关厉行节约制止奢侈浪费行为的若干规定》，大力宣传孔繁森先进事迹，教育党员干部树立正确的世界观、人生观、价值观，增强拒腐防变能力。

2000—2002年，结合开展“三个代表”重要思想教育，以《中国共产党党员领导干部廉洁从政若干准则》《中国共产党纪律处分条例（试行）》和《关于制止党和国家机关工作人员赠送和接受“红包”的暂行规定》等为主要内容，开展党风廉政教育和党纪政纪条规教育，提高领导干部廉洁从政意识，构筑思想道德防线。以厦门远华特大走私案为反面教材，在全区副处级以上干部中开展“廉洁自律、遵纪守法”专题教育活动，提高对打击走私、惩治腐败重要性和紧迫性的认识。在全区领导干部配偶中深入开展“廉内助”活动，把廉政教育延伸到家庭。编印《利剑惩腐—厦门市同安区典型案件警示教育读本》《农村党员干部违纪案件选编》，作为全区副科级以上干部和村（居）“两委”干部学习教育材料。

2003—2005年，结合开展保持共产党员先进性教育活动，在全区党员干部重点是副处级以上领导干部中，集中开展以学习《中国共产党党内监督条例（试行）》《中国共产党纪律处分条例》《建立健全教育、制度、监督并重的惩治和预防腐败体系实施纲要》为主要内容的党风党纪宣传教育活动。编印《同安区违纪违法典型案例选编》和《同安区机关效能建设手册》，全区党员人手一册。开展廉政文

厦门市同安区保持党员先进性教育活动动员大会

化进农村、进社区活动，以反腐倡廉专场文艺演出、反腐败典型案例图片展、有奖知识问答等群众喜闻乐见的形式进行反腐倡廉宣传教育，营造“尊廉、崇廉、爱廉”的社会氛围。

2006—2007年，结合社会主义荣辱观教育和纪念中国共产党建党85周年，深入开展学习贯彻党章活动，组织开展“红船杯”学党章知识竞答活动，举办“党在我心中”演讲大会，开展理想信念、党纪条规、革命传统和反腐倡廉教育，增强广大党员维护党章遵守党章的自觉性，牢固树立社会主义荣辱观。召开以加强领导干部作风建设为主题的党员领导干部专题民主生活会，对照胡锦涛同志在中纪委第七次全会上提出的八个方面良好风气的要求，查找不足，认真整改。推进“廉政文化进机关、进农村、进企业、进社区、进学校、进家庭”活动，组织开展廉政电影进农村活动，营造“以廉为荣，以贪为耻”的良好氛围。

第二节　案件查处

1997—1999年，着重查处违反计划生育政策和农村财务管理问题。累计查处案件162件174人，其中，开除党籍47人，撤职3人，留党察看27人，党内严重警告77人，警告10人；行政警告3人，记过2人，记大过3人，降级4人，撤职6人。受理群众来信来访702件（次），其中立案处理54件。

2000—2002年，着重查处违反计划生育政策、贪污、非法侵占问题。累计查处案件225件225人，其中，大要案33件33人，判刑23人，处级干部14件14人。开除党籍35人，留党察看12人，撤职8人，严重警告86人，警告70人，免予处分2人，组织处理1人；行政警告5人，记大过2人，降级4人，开除留用1人，开除2人。受理群众来信来访609件（次），累计立案处理106件。

2003—2005年，着重查处党员干部职务违纪、犯罪问题。累计查处案件135件135人，其中，大要案42件42人，判刑38件38人，处级干部13人。开除党籍43人，留党察看6人，撤职2人，严重警告19人，警告52人，免予处分8人；行政警告3人，记过1人，记大过1人。受理群众来信来访556件（次），其中立案处理63件。

2006—2007年，着重查处党员违反社会管理秩序问题。累计查处案件72件72人，其中，大要案15件15人，处级干部6件6人。判刑17件17人，开除党籍30人，留党察看5人，撤职1人，严重警告19人，警告16人；行政记大过1人，降级1人，开除1人。共受理群众来信来访325件（次），其中立案处理18件。

第三节　党风廉政建设

1997—1999年，重点开展领导干部廉洁自律和清房工作。制定党风廉政建设责任制，贯彻落实

“八项规定”，执行领导干部重大事项报告、礼品登记和收入申报制度，实行接待费“一支笔”审批制度，规范领导干部用车制度和接待制度，禁止公款大吃大喝、公费旅游、挥霍浪费等行为。组织对全区951名党政机关副处级以上领导干部和事业单位、基层站所负责人进行“清房”，核查处理161名领导干部不同程度地违规，加价处理面积超标购房71人71套1575平方米，补交加价款89.4万元；按5倍加租处理4套100平方米每月加租金额1186元；清退住房86人87套7342平方米；折价处理公款购置的摩托车2402部，回收资金1052万元；折价处理公款购置的移动电话415部，回收资金42.26万元；折价处理公款安装的住宅电话563部，回收资金45.04万元。

2000—2002年，以加强党风廉政建设责任制为重点，制定《关于建立区纪委、监察局领导班子成员同镇（街）、区直部门党政主要领导同志联系谈话制度》，强化党政主要领导“一岗双责”意识。出台《厦门市同安区行政机关工作人员行政过错责任追究暂行办法》，解决少数党员干部不作为和乱作为等问题。制定并实施《关于进一步加强镇机关领导干部作风建设的意见》，对镇干部驻镇、进村入户的时间作出明确规定，纠正镇干部“走读”现象，促进基层干部转变作风。组织调查领导干部配偶、子女经商办企业或在外商独资企业、中外合资企业任职情况和用公款为处级以上领导干部住宅配备电脑和支付上网费用情况。专项清理对党政机关及其工作人员向企业借用小汽车情况，纠正违规行为。开展“红包”专项治理工作。加强对重点部门、重点资金及领导干部离任审计，查出违规金额4668万元，追回并归还原渠道资金21万元，查出私设小金库2个，金额74万元。建立和健全村级干部离任审计。

2003—2005年，建立领导干部任前廉政谈话制度，对35名新任正、副处级领导干部进行任前廉政谈话。开展严格遵守廉洁自律规定坚决禁止奢侈浪费行为专项检查。开展党政领导干部在企业兼职情况和党政机关配备使用小汽车、党政领导干部拖欠公款、机关事业单位用公款为个人购买商业保险等专项清理工作，对个别违规行为按规定进行纠正，清退党员干部拖欠公款23.37万元。及时制止和纠正领导干部用办公电话办理“一号双机”业务、变相公费报支私人电话费的苗头性问题。实行公务员统一岗位津贴制度，清理和规范各种政策外补贴，解决部门之间分配不公的问题。在区属国有企业中开展企业领导人员违规从事营利性经营活动及投资入股行为的清理工作。

2006—2007年，落实禁止送收“红包”、有价证券、支付凭证和礼金等领导干部廉洁从政各项规定，规范领导干部外出申报等制度，严格外出审批报备和报告规定。组织全区党员干部学习中纪委《关于严格禁止利用职务上的便利谋取不正当利益的若干规定》，开展自查自纠，共有4061人填报《自查报告表》，未发现违纪违规问题。对全区各村（组）2005年1月以来国家公职人员及其配偶子女参与分配征地补偿费进行全面清查，共有167人退回领取的征地补偿费204万元。制定并实施《同安区农村基层党风廉政建设十条规定》《关于在村级组织换届选举中推行廉政承诺的制度》，将廉洁自律要求延伸到农村、社区党员干部。严格实行村级工程招投标制度，开展村级工程建设项目专项审计，督促整改突出问题。区纪委、监察局、区农业局联合组织全面清理村组集体资金以个人名义存入金融机构问题，共清理纠正“公款私存”621笔1665.67万元。

第五章　统一战线工作

第一节　民主党派工作

1997—2007年，同安区共有7个民主党派基层组织，现有4个总支、11个支部、1个支社、286名党派成员。区委统战部根据“了解情况、掌握政策、调整关系、安排人事”的基本职能，开展民主党派工作。

一、联系制度

1999 年，区委决定建立区领导与民主党派、工商联负责人交友制度。

2000 年，建立区委与民主党派、工商联的“双月座谈会”制度，建立区政协、区委统战部与民主党派“季度座谈会”制度，编辑出版民主党派参政议政的优秀调研文章。

2004 年，贯彻《中共中央关于加强统一战线工作的决定》，建立区委常委与党外人士“联系交友”制度。

2005 年，贯彻《中共中央关于进一步加强中国共产党领导的多党合作和政治协商制度的意见》，完善与各民主党派联系的各种制度。将“双月座谈会”扩大为不定期的参政议政座谈会、通报会、茶话会、谈心会。

二、政治安排

民主党派成员和无党派人士的政治安排和实职安排是统战部的一项重要工作。1997—2007 年，先后实职安排 21 人，其中担任区人大常务委员会副主任 1 人、区政府副区长 2 人、区政协副主席 5 人；担任政府及群团部门处级领导干部 6 人，担任乡镇科技副镇长 7 人；政治安排 205 人，其中省人大代表 1 人，省政协委员 3 人；市人大代表 15 人，市政协委员 11 人。第十五届同安区人大代表 67 人、常委 6 人、副主任 1 人，分别占总数的 37.02%、29.41%、20%；第十一届同安区政协委员 108 人、常委 20 人、副主席 2 人，分别占总数的 60.4%、62.5% 和 33.3%。区委统战部建立党外干部数据库，人大代表、政协委员中的界别、分布和结构及党外人士比例比较合理，先后 92 名被聘为部、委、办、局、“两院”及海关特邀“四员”（监督员、监察员、审计员、督导员），为社会主义民主政治和廉政建设作出积极贡献。

三、组织指导“三下乡”和扶贫济困活动

组织指导各民主党派开展科技、文化、卫生“三下乡”和扶贫济困活动。1997—2007 年，开展义诊、健康咨询 89 场次，就诊和咨询人数 12746 人次，法律咨询 26 场次，咨询人数 3200 人次。九三学社与同安第一实验小学联合举办“双溪论坛”讲座 6 期，参加人数 1600 人次。民主党派捐资、捐物 100 多万元开展扶贫济困，捐款 8.1 万元资助 55 名贫困生就学。

第二节　工商联（商会）工作

一、加强领导

派出统战部副部长担任商会领导职务。1997 年 5 月、2002 年 11 月，副部长蔡约任区商会第七、八届会长。2007 年 12 月，副部长蔡志强任区商会第九届监事长。

二、政治安排

1997—2007 年，安排区商会人士任省人大代表 5 人次，省政协委员 2 人次，市人大代表 9 人次，市政协委员 6 人次。区人大代表 49 人次，区政协委员 93 人次。第九届商会中有区政协常委 6 人、委员 31 人、区人大代表 17 人。有区镇特邀监督员、监察员 10 余名。为商会参政议政提供平台。

三、指导商会开展非公企业人士的职称和劳模评定

2000 年，评定私营企业家黄文传为全国劳模。2003 年，评定叶美兰为省劳模。2005—2007 年，评定高级技术职称 4 人、中级职称 24 人、初级职称 33 人。

四、指导商会落实原工商业者政策

2005 年，为健在的原工商业者办理每月 30 元补助，为 63 位原工商业者遗属办理每月 150 元补助，每年为原工商业者发放慰问金 200 元。

五、指导和支持商会对外联络、招商引资

每年组织两三次国内外考察、交流、招商推介会。1997—2007 年，引进国内外企业到同安投资，增资 40 多亿元。

第三节　台港澳侨工作

区委统战部根据“和平统一、一国两制”的战略方针，发展海外爱国统一战线，执行“放宽视野，广交朋友，宣传政策，争取人心，团结台湾同胞、港澳同胞和海外侨胞以及一切热爱祖国的中华儿女，为统一祖国、振兴中华服务”的统战政策。1996 年起，区委统战部以召开世界同安联谊大会为契机，以区侨联、区海外联谊会为依托，以同安金门同胞联谊会为帮手，积极开展海外与台港澳同胞联谊工作，增进乡谊，招商引资，共谋发展。

据不完全统计，1997—2007 年，区委统战部、区海外联谊会、金门同胞联谊会共接待海外与台港澳乡亲 1222 团组 53086 人次。统一战线成员单位领导和海联会的负责人 30 多人次通过政府组团或上级部门组团的机会参与海外考察访问。与侨、台、港澳同胞会馆、宗亲会、公会等联谊组织建立联系，经常保持联系的著名侨领、台港澳同胞 150 多人。通过发行《同声》报和《同安文史资料》向海外乡亲宣传政策、介绍家乡、增进乡情；安排归侨、侨眷和港澳代表人士参加人大和政协参政议政。

第四节　民族宗教工作

1996 年起，指导、支持梵天寺和朝元观的重建工作。

1997 年 4 月，召开佛教、基督教座谈会，会后将《关于主日崇拜时集中儿童看护的实施办法》分发到各教堂，强调不许恢复“主日学”。同年，拨专款扶持陈塘回民村建设与扶贫。9 月 24 日，梵天寺举行重建落成及佛像开光庆典，市区领导及海外来宾共 700 多人参加。

1998 年，根据国家颁发的《宗教活动场所年度检查办法》，对全区 18 个基督教堂点进行财务年检。引导梵天寺、民间信仰寺庙为长江灾区、希望工程捐款 29 万元人民币，推荐宗教界人士 6 人为区政协委员。

1999 年，帮助梵天寺建立常住人员规约及寺院管理制度，组织该寺宗教交流参观团赴台拜会台湾慈济总会。为 21 个宗教活动场所办理重新登记和年检发证工作，将 23 个涉外民间信仰点归入区级管理。

2001 年初，召开全区民间信仰管理工作座谈会，总结宫庙管理经验。指导、接待台湾进香团 50 多个 2000 多人次。

2002 年 10 月 2 日，在梵天寺召开海内外各界 5000 多人参加的释厚学法师追思法会。

2004 年，区委、区政府下发《关于进一步加强民族宗教和民间信仰管理工作的通知》，督促指导各镇（街、场）成立宗教、民间信仰管理领导小组，把建立并落实民族宗教和民间信仰管理责任制和追究制纳入党建工作责任制范围。同年，区委统战部与区公安、安全等部门密切配合，取缔基督教私下活动点 1 处，处理宗教纠纷 2 件。

2004 年 10 月 3 日，梵天寺厚学慈济慈善会成立，释长净为会长。10 月 31 日，召开佛协第五次代表大会，选举蔡友益为会长。

2005 年 2 月 24 日，同安区单独设置民族与宗教事务局，副处级级别，归口区委统战部。蔡志强兼任局长。同年，召开全区统战、民族宗教、民间信仰管理责任制专题工作会议，明确区、镇、村三级宗教工作责任。

2006 年，关心、支持同安一中开办新疆民族班。

2007 年，指导宗教团体学习贯彻《宗教事务条例》及有关配套文件。对全区 1118 座 10 平方米以上宫庙进行重新核实、拍照，制成电子文档，规范宗教和民间信仰宫庙的管理工作。引导宗教界扶贫助学、捐赠社会公益及救贫济困资金 200 余万元。

第六章 理论学习与宣传教育

第一节 理论学习

1997 年，在学习中共十一届三中全会以来的方针政策的同时，学习现代化建设所必需的各种知识，特别是《中共中央关于建立社会主义市场经济体制若干问题的决定》精神。提出副处级以上干部 5 年内受训时间累积不少于 3 个月，镇局级干部每年不少于 15 天。

1998 年，进一步建立健全各级领导和党员干部学习制度，五套班子率先垂范。40 名党员领导干部，分批到市参加培训，400 多名副处级领导干部和 130 多名科级干部分期到区党校脱产培训。开展以“三讲”（讲学习、讲政治、讲正气）为主要内容的党性党风教育活动。组织党员领导干部认真研读邓小平文选 1—3 卷，学习《邓小平建设有中国特色社会主义理论学习纲要》《邓小平经济理论》《讲学习、讲政治、讲正气》以及十五大精神。制订实施《关于加强接待用膳管理规定》《关于公用摩托车、移动电话配备管理规定》。

2001 年，组织党员干部学习邓小平的民主法制理论以及江泽民的《论科学技术》《以德治国》的论述。

2002 年起，通过学习、培训、对照检查、整改提高等步骤，进一步围绕理想信念、宗旨意识以及贯彻落实民主集中制、廉洁自律、表率作用等方面进行排查、分析并落实整改措施，修改、充实“三讲”教育整改方案。当年，同安区委被评为省“三个代表”重要思想教育活动先进单位。

2003 年，学习中共十六大，十六届三中、五中全会文件，落实以人为本，坚持科学发展观；学习“十一五”规划的指导思想、基本原则、发展目标和任务。确定“落实科学发展观”“以人为本”“依法行政”三个专题为学习重点，组织副处级以上干部认真学习“胡锦涛同志在中纪委三次会上的重要讲话”、《中国共产党党内监督条例（试行）》和《中国共产党纪律处分条例》。

2004 年，组织党员领导干部学习中共十六届四中全会《关于加强党的执政能力建设的决定》的精神，努力把机关党的建设、执政能力建设与经济特区中心城市建设有机结合起来，落实到“工业立区”

和三个基地建设。

2005 年，继续把树立科学发展观和加强党的执政能力建设作为理论学习的重点内容。坚持以党委中心组学习为龙头，以处级以上干部认真学习为重点，推动理论学习深入开展。全区共组织 4 批理论骨干近百人次参加市级以上宣传理论学习培训。同年，以“求真务实、科学发展”为主题，开展优质党课教案评选活动，开展以“求真务实促发展”为主题的基层党组织优质党课教案征集评选活动。

2006 年，继续完善区委中心组每月集中学习的制度和领导干部理论学习的考核制度，邀请市委讲师团、厦大、集大等专家教授前来讲课；各党委（党组）中心组学习进入常态化。

2007 年，围绕工业集中区建设中征地拆迁、新农村建设中的思想政治工作开展专题调研，调研专文《社会主义新农村建设中的思想政治工作载体初探》获市一等奖、省三等奖。在全区开展镇、街“比发展、比稳定、比创新、比队伍”和区直机关“比学习、比服务、比创新、比形象”的“四比”主题实践活动。

第二节　宣传教育

1997—1999 年，以迎接香港、澳门回归为载体，开展百年沧桑迎回归的宣传活动。在全区范围内进行“勿忘历史，振兴中华”的爱国主义教育。开展普法宣传，重点宣传《中华人民共和国宪法》《中华人民共和国土地管理法》《中华人民共和国合同法》和《厦门市城市市容和环境卫生管理法》等法律法规，努力实现由提高全民法律意识向提高全民法律素质的转变；由注重行政手段管理向注重法律手段管理转变，树立“依法治国”观念。开展科普、国防、计生、环保、“万人献爱心”和建设同安东西溪防洪体系工程等社会宣传工作。

2000 年，宣传贯彻省、市委思想政治工作会议精神，落实“以科学的理论武装人、以正确的舆论引导人、以高尚的精神塑造人、以优秀的作品鼓舞人”的工作目标。

2001 年，以“纪念建党 80 周年”活动为契机，进行社会主义好、改革开放好的宣传教育。

2002—2003 年，开展以“争创优异成绩向十六大献礼”的宣传教育。开展中共十六大精神、“三个代表”重要思想宣传进农村、进社区、进课堂的活动，全区共印发宣传材料 8 万份，制作宣传栏出刊 500 多版。

2005 年，在开展保持共产党员先进性教育活动中做到三个“坚持”，即坚持正面教育、自我教育为主，认真开展批评与自我批评；坚持领导干部带头发挥表率作用；坚持学习教育活动与各项工作紧密结合。同时开展创建“平安同安”、打击六合彩骗赌、揭批邪教“法轮功”等宣传教育活动。

2006 年，精心策划“实施项目带动战略，打造三大基地”的宣传，在工业集中区建设推进之初，宣传部牵头组织文化、人事劳动保障等 15 个部门开展覆盖各镇的“形势·政策·法规宣传下乡”活动，宣传与征地拆迁有关的各种法律法规，引导群众维护自身合法权益，维护全区经济发展和社会稳定；同年，策划《同安：全力打造“三大基地”》系列宣传报道，为全区大开发、大发展营造舆论氛围。

2007 年，宣传“四比”主题活动中的先进人物，先进典型，激发全区干部谋发展、促发展的工作热情。

第三节　精神文明建设

1997 年，全面启动精神文明建设“九五”规划，开展“百城万店无假货”诚信活动，弘扬“诚信、公平、情义、服务”的商业道德准则，开展各种文明健康的文体活动。倡导科学文明生活方式，倡导丧事简办和火葬、婚育新风及废除各种封建日。

1998 年 6 月，全区共废除各种封建日 2841 个次，规范各村每年一次民俗日。封建日变成卫生、普法、科技、文化宣传日，火化率、骨灰寄存率达到 100%。同年，获全国“婚育新风进万家先进区”称号和省首批文化先进区、双拥模范区称号。

2000—2001 年，开展城乡文明共建活动和“创文明行业，建满意窗口”竞赛。

2003 年，贯彻《公民道德建设实施纲要》、全区开展“三德”教育实践活动，倡导文明礼貌、助人为乐、爱护公物、保护环境、遵纪守法的社会公德；爱岗敬业、诚实守信、办事公道、服务群众、奉献社会的职业道德和敬老爱幼、勤俭持家、夫妻和睦、邻里团结的家庭美德。

2004 年，开展“爱同安、颂祖国、讲敬业、作奉献”和“万人献爱心”活动。同年起，区、镇街、村居、学校建立健全“关心下一代工作委员会”组织，组建“宣讲”队伍，对青少年进行爱国、理想及道德教育。各中、小学开展以“五好小公民”为主题系列教育活动。

2005 年，在厦门市创建首批全国文明城市活动中，在全区开展文明家庭评比，整治环境卫生、整治交通和整治违章建筑、占道经营、小广告等不文明行为。先后 3 次组织大规模洁净家园统一行动，使街坊面貌明显改观。同安区被市评为文明创建突出贡献单位。

2006—2007 年，开展“文明村”“五好文明家庭”“美在农家”“平安家庭”等创建活动，城乡村街普遍开展健康文体活动，群众精神面貌健康、向上。

第十七篇　人大　政府　政协

1997—2007 年，同安区人大、政府、政协经历 3 次换届（人大 1998 年 10 月第十三届、2003 年 8 月第十四届、2006 年 10 月第十五届。政协 1999 年 1 月第九届、2003 年 10 月第十届、2006 年 2 月第十一届）和 1997 年、2002 年两次机构改革，精简机构、减员增效。区人大除履行对政府和两院实行监督，政府干部任免，审批同安区“九五”“十五”“十一五”经济发展规划和历年财政预决算等职责外，还对区里重大事项诸如东西溪防洪工程、依法治区、撤销大同镇设立大同祥平两街道办事处、建设城区南北通道、防控禽流感、创建全国文明城市、建设同安工业集中区等作出决议，推动同安区的政治经济建设。同安区人民政府确立并推进“工业立区”的经济发展战略，完成国企改革、扶植民企发展，整合七大工业园区并建设大规模的工业集中区，加大开放招商引资力度，使同安区工业化水平大为提高。实施“科技兴区”战略，科教文卫事业全面发展，推进城镇化，完善城乡基础设施建设，发展第三产业，逐步完善社会保障体系，基本实现“小康”目标。同安区政协建立与完善工作制度，加强委组活动，建立与政府部门对口座谈和季度座谈制度，使社会热点、难点问题得到及时收集和反映。组织热点、重点课题调研，每年写出几个重要专题调研报告，供政府决策参考。

第一章　地方人民代表大会

第一节　代表选举

一、区人民代表大会代表选举

（一）第十三届人大代表换届选举

1998 年 10 月 12 日至 12 月 16 日进行。全区分为 164 个选区，选民 378784 人，参选率 98.9%；依法选举产生新一届区人大代表 221 名，一次投票选举成功的选区 162 个，占选区总数的 98.7%。代表结构非中共党员代表 73 名，占 33%，妇女代表 49 名，占 22.2%，上届代表连任 70 人，占 31.7%。民主党派、少数民族、归侨、个私企业均有一定名额。代表的整体文化程度和议政能力比往届有所提高。

（二）第十四届人大代表换届选举

2003 年 8 月 15 日至 9 月 25 日进行。全区分为 112 个选区，选民 251265 人，参选率 95.30% 依法选举产生新一届区人大代表 182 名，一次投票选举成功的选区 104 个，占选区总数的 92.86%。代表结构非中共党员代表 54 名，占 30%，妇女代表 29 名，占 21.5%，上届代表连任 47 人，占 25%。民主党派、归侨、工业、农业、法律、教科文卫、民营科技企业、乡镇企业、私营企业、自由职业均有一定名额。代表基本具备政治素质、法律素质、履职素质、文化素质、身体素质的要求。

（三）第十五届人大代表换届选举

2006年10月20日至12月11日进行。全区分为109个选区，选民240864人，参选率98.55%；依法选举产生新一届人大代表182名，一次投票选举成功的选区102个，占选区总数的93.57%。代表结构非中共党员代表66名，占36.26%，妇女代表39名，占21.43%。

第十五届人民代表大会开幕

二、镇人民代表大会代表选举

1996年镇级人大代表选举，是地方组织法、选举法修改后镇级人大首次单独进行的换届选举。全县共划分699个选区，12个镇分别于10月底举行，至12月11日完成投票选举。全县共选举产生新一届镇级人大代表833名。

1999年镇级人大代表选举，全区12个镇分别于10月底举行，至12月8日完成投票选举。全区共选举产生新一届镇级人大代表835名。

2002年镇级人大代表选举，全区11个镇（大同镇于2001年6月撤销镇级建制设立大同、祥平两个街道办事处）分别于10月底举行，至12月底完成投票选举。全区共选举产生新一届镇级人大代表738名。

2006年镇级人大代表选举，是1993年以后区、镇第一次同步进行换届选举。全区6个镇分别于10月20日举行，至12月8日完成投票选举。全区共选举产生新一届镇级人大代表364名。

1998—2006年同安区第十三至十五届人民代表大会代表选举情况表

表17-1　　单位：人

届　别	选举时间	选民人数	代表数	选举方式
十三届	1998.10—1998.12	378784	221	直接选举
十四届	2003.8—2003.9	251265	182	直接选举
十五届	2006.10—2006.12	240864	182	直接选举

1999—2006年同安区第十三届至十五届镇人民代表大会代表选举情况表

表17-2　　单位：人

届　别	乡镇数	选举时间	选民人数	代表数
十三届	12镇	1999.10—1999.12	378784	835
十四届	11镇	2002.10—2002.12	251265	738
十五届	6镇	2006.10—2006.12	240864	364

第二节　人民代表大会

一、区人民代表大会

（一）区第十二届人民代表大会（1994. 1—1998. 2）

区十二届人大四次会议　1997年2月16—19日召开。出席代表332人。补选刘建元为县人民法院院长、戴修俊为县人民检察院检察长。会议通过《关于加快农业产业化，推进城乡一体化的决议》决定议案1件，确定“关于大力加强农村卫生工作，保护和增进农民健康，加快我县农村小康建设步伐的建议”等重点建议4件和交政府办理建议80件。

区十二届人大五次会议　1997年10月召开。出席代表328人。10月31日，选举洪永世等52人为厦门市第十一届人民代表大会代表。

区十二届人大六次会议　1998年2月16—19日召开。出席代表327人。会议决定续办议案1件，确定“关于在同安城区路段建立夜市小街，繁荣同安经济的建议”等重点建议6件和交区政府办理建议52件。

（二）区第十三届人民代表大会（1999. 1—2003. 1）

区十三届人大一次会议　1999年1月11—15日召开，出席代表221人。会议选举陈再文为区人大常委会主任，林纯熙、郭友民、吴亿年为副主任，委员11人；选举杨金兴为区长，庄碧卿、朱再兴、张友福、郭永辉、叶朝宗为副区长，刘建元为区人民法院院长，戴修俊为区人民检察院检察长。会议通过《关于高质量、高标准建设好东西溪工程防洪体系，促进我区经济发展的决议》决定议案1件，确定“关于加快发展旅游业，促进第三产业发展的建议”等重点建议5件和交区政府办理建议88件。

区十三届人大二次会议　2000年1月4—7日召开，会议补选杨明姜、洪辉煌为区人大常委会委员。会议决定续办议案1件，确定“关于撤销大同镇，设立2个街道办事处的建议”等重点建议5件和交区政府办理建议62件。

区十三届人大三次会议　2001年2月27日至3月2日召开，会议通过《厦门市同安区国民经济和社会发展第十个五年计划纲要》和《关于全力推进同集高新技术园区建设，加速我区经济发展的决议》决定议案1件，确定“关于加快修建同安至新圩公路的建议”等重点建议6件和交区政府办理建议115件。

区十三届人大四次会议　2002年1月15—18日召开，会议补选周内金为区人民法院院长。决定续办议案1件，确定“关于延伸城北排洪沟建设的建议”等重点建议3件和交区政府办理建议87件。

区十三届人大第五次会议　2002年11月11—12日召开，会议选举郑立中等50人为厦门市第十二届人大代表。

区十三届人大六次会议　2003年2月18—21日召开，会议通过《关于加快城区南北通道建设，提高城市品位的决议》、《关于促进厦门马巷汽车专业交易市场建设推动第三产业发展的决议》决定议案2件，确定“关于整合建立农产品检测中心的建议”等重点建议3件和交区政府办理建议50件。

（三）区第十四届人民代表大会（2003. 10—2007. 2）

区十四届人大一次会议　2003年10月13—15日召开，出席代表182人。会议选举林友才为区人大常委会主任，吕金山、朱再兴、吴亿年、林金煌、洪美霞为副主任，委员13人；选举陈子强为区长，卢晓东、郭永辉、李虹、陈水利、黄燕添、叶振杉为副区长，周内金为区人民法院院长，洪智勇为区人民检察院检察长。

区十四届人大二次会议　2004年2月2—5日召开，会议决定续办议案2件，确定“关于加快莲花山国家森林公园建设，促进我区生态旅游发展的建议”等重点建议10件和交区政府办理建议89件。

区十四届人大三次会议　2005年1月26—28日召开，会议通过《厦门市同安区人民代表大会议事规则修正案》和《关于加快东西溪两岸综合治理，促进区域经济可持续发展的决议》决定议案1件，确定“关于解决工业区失地农民的出路问题的建议”等重点建议6件和交区政府办理建议78件。

区十四届人大四次会议　2005年8月23日召开，会议通过区人大《关于促进工业集中区建设，快速推动同安实现跨越式发展的决定》。

区十四届人大五次会议　2006年2月21—24日召开，会议补选高玉顺为区长，吕放动、苏志强为区人大常委会副主任，林永富为区人大常委会委员。会议决定续办议案1件，确定“关于同安工业集中区防洪排涝工程建设的建议”等重点建议4件和交区政府办理建议64件。

（四）区第十五届人民代表大会（2007.2—）

区十五届人大一次会议　2007年2月3—6日召开，出席代表182人。会议选举毛立臻为区人大常委会主任，苏志强、吴亿年、洪美霞（女）、吕放动、李永国为副主任，委员17人；选举高玉顺为区长，卢晓东、黄燕添、李虹、林金煌、叶振杉、徐国庆、黄新英（女）为副区长，周内金为区人民法院院长，洪智勇为区人民检察院检察长。会议确定“关于城东工业区排污排洪工程建设的建议”等重点建议5件和交区政府办理建议88件。

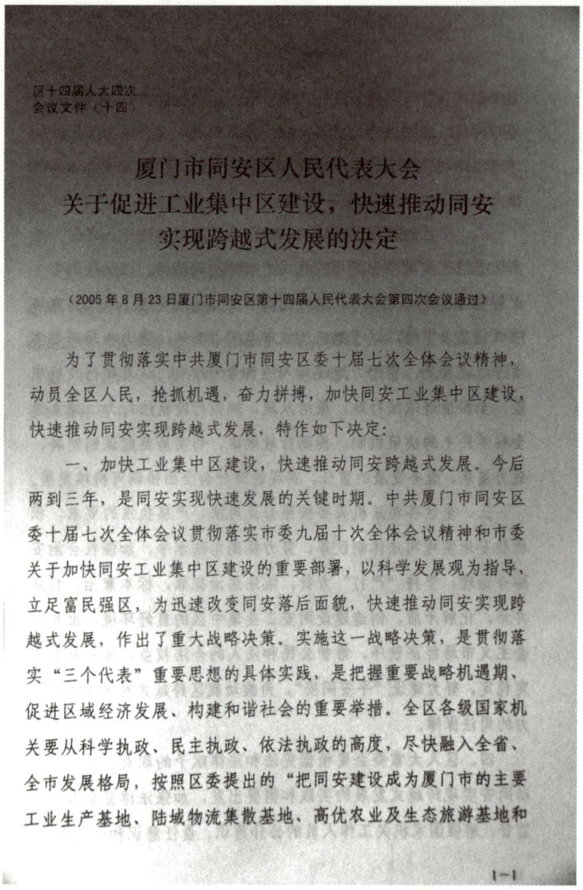

区十四届人大四次
会议文件（十四）

厦门市同安区人民代表大会
关于促进工业集中区建设，快速推动同安
实现跨越式发展的决定

（2005年8月23日厦门市同安区第十四届人民代表大会第四次会议通过）

为了贯彻落实中共厦门市同安区委十届七次全体会议精神，动员全区人民，抢抓机遇，奋力拼搏，加快同安工业集中区建设，快速推动同安实现跨越式发展，特作如下决定：

一、加快工业集中区建设，快速推动同安跨越式发展。今后两到三年，是同安实现快速发展的关键时期。中共厦门市同安区委十届七次全体会议贯彻落实市委九届十次全体会议精神和市委关于加快同安工业集中区建设的重要部署，以科学发展观为指导，立足富民强区，为迅速改变同安落后面貌，快速推动同安实现跨越式发展，作出了重大战略决策。实施这一战略决策，是贯彻落实“三个代表”重要思想的具体实践，是把握重要战略机遇期、促进区域经济发展、构建和谐社会的重要举措。全区各级国家机关要从科学执政、民主执政、依法执政的高度，尽快融入全省、全市发展格局，按照区委提出的“把同安建设成为厦门市的主要工业生产基地、陆域物流集散基地、高优农业及生态旅游基地和

1—1

区人大十四届四次会议关于促进工业集中区建设，快速推动同安实现跨越式发展的决定

二、镇人民代表大会

1999年12月，全区12个镇分别召开各镇第十三届人民代表大会第一次会议，选举新一届人大主席团成员和人大主席、副主席（内厝镇）；选举镇长、副镇长。2000年11—12月，全区12个镇分别召开各镇第十三届人民代表大会第二次会议，西柯镇补选主席团成员、镇长各1人。2001年12月，全区11个镇分别召开各镇第十三届人民代表大会第三次会议，新民镇补选镇长1人。

2002年12月，全区11个镇分别召开各镇第十四届人民代表大会第一次会议，选举新一届人大主席团成员和人大主席；选举镇长、副镇长。2004年1月，同安区6个镇分别召开各镇第十四届人民代表大会第二次会议，补选人大主席3人（汀溪镇、西柯镇、新民镇）、补选人大主席团成员2人（五显镇、西柯镇）、选举副镇长2人（五显镇、西柯镇）。2004年3月，全区6个镇分别召开各镇第十四届人民代表大会第三次会议，各镇补选副镇长。2004年10—12月，全区6个镇分别召开各镇第十四届人民代表大会第四次会议，补选镇长1人（莲花镇）。2005年9—12月，全区6个镇分别召开各镇第十四届人民代表大会第五次会议（莲花镇第六次），补选副镇长2人（西柯镇、新民镇）。2006年6月，新民镇召开第十四届人民代表大会第七次会议，补选镇长1人。

2007年1月，全区6个镇分别召开各镇第十五届人民代表大会第一次会议，选举新一届人大主席团成员和人大主席；选举镇长、副镇长。2007年4—5月，五显镇、莲花镇召开第十五届人民代表大会第二次会议，补选人大主席1人（五显镇）、人大主席团成员2人（五显镇、莲花镇）、补选镇长2人（五显镇、莲花镇）。

第三节 区人大常委会

一、区人大常委会工作机构

办公室 1997年5月，县人大常委会办公室改为区人大常委会办公室。设主任1人、副主任2人，配备工作人员若干人。人大常委会的综合办事机构，负责处理日常事务。

法制工作委员会 1997年5月，县人大常委会法制工作委员会改为区人大常委会法制工作委员会。设主任1人、副主任1人、专职委员兼秘书1人、兼职委员若干人。为人大常委会监督审判、检察、公安、安全、司法行政、行政执法等方面的工作机构。

财政经济工作委员会 1997年5月，县人大常委会财政工作委员会改为区人大常委会财政工作委员会。设主任1人、专职委员兼秘书1人及兼职委员若干人。为人大常委会监督财政经济方面的工作机构。

科教侨台工作委员会 1997年5月，县人大常委会教科文卫侨务工作委员会改为区人大常委会科教文卫侨务工作委员会，2004年1月改为区人大常委会科教侨台工作委员会。设主任1人、副主任1人、专职委员兼秘书1人、兼职委员若干人。为人大常委会监督教育、科学、文化、卫生、侨务等方面的工作机构。

城乡建设工作委员会 1997年5月，县人大常委会城乡建设工作委员会改为区人大常委会城乡建设工作委员会。设主任1人、副主任1人、专职委员兼秘书1人、兼职委员若干人。为人大常委会监督城乡建设、发展农村经济等方面的工作机构。

人大代表工作室 2003年6月设立，设主任1人。为区人大常委会代表工作的具体工作机构，负责区人大常委会联系代表的日常工作。2003年12月，撤销。

大同街道人大代表联络工作室 2006年5月设立，设主任1人、专职秘书1人。为区人大常委会派出机构。

祥平街道人大代表联络工作室 2006年5月设立，设主任1人、专职秘书1人。为人大常委会派出机构。

二、区人大常委会会议

区第十二届人大常委会自1997年2月县（区）第十二届人大常委会第二十八次会议至1999年1月4日共举行13次会议。听取和审议“一府两院”的工作报告39项，作出《关于撤销同安县设立厦门市同安区有关问题的决议》等9项决议、决定；任免地方国家机关工作人员97人次；对区政府3名局长、区法院1名副院长进行述职评议；开展清除地方和部门保护主义专题评议工作；开展视察活动和执法检查12次；督办议案1件，督办重点建议10件，建议、批评和意见132件。

区第十三届人大常委会于1999年3月16日至2003年9月29日共举行47次会议。听取和审议“一府两院”的工作报告188项，作出决议、决定55项；任免国家机关工作人员257人次；对72名拟任命人员进行任前法律知识考试；对“一府两院”及其工作部门进行工作评议23个次；对区政府6名副区长、区法院2名副院长、区检察院2名副检察长和29名局长、主任进行述职评议，并首次延伸到对法庭庭长和正科级检察官进行述职评议；开展视察活动和执法检查29次；督办议案5件，督办重点建议22件，建议、批评和意见402件。

区第十四届人大常委会于2003年11月28日至2007年1月26日共举行33次会议。听取和审议“一府两院”的工作报告78项，作出决议、决定47项；任免地方国家机关工作人员166人次；对43名拟任命人员进行任前法律知识考试；对区政府11名局长、区法院1名副院长、区检察院1名副检察长和3名法庭庭长、3名正科级检察官进行述职评议；召开6次市属部门的工作联系会，加强对全区市属部门的监督与联系；开展视察活动和执法检查12次；督办议案1件，督办重点建议20件，建议、批评和意见231件。

1999—2007年同安区人民代表大会常委会主任、副主任名表

表17-3

届别	选举时间	主任	籍贯	副主任	委员
十三届	1999.1	陈再文	福建同安	林纯熙、郭友民、吴亿年	11
十四届	2003.10	林友才	福建同安	吕金山、朱再兴、吴亿年、林金煌、洪美霞、吕放动、苏志强	13
十五届	2007.2	毛立臻	安徽砀山	苏志强、吴亿年、洪美霞、吕放动、李永国	17

第四节　行使职权

一、人事任免

同安区第十二届（自县十二届人大四次会议起）、第十三届、第十四届、第十五届人民代表大会，共选举任命区人大常委会主任3人、副主任13人、委员41人，区人民政府区长3人、区人民法院院长3人、区人民检察院检察长3人等地方国家机关领导人员。补选区人大常委会副主任3人、委员3人，补选区长1人，补选法院院长1人、补选检察院检察长1人。接受2人辞去区人大常委会副主任职务，罢免区人大常委会副主任1人，同意辞去区人大常委会委员职务1人。决定任命副区长16人次，决定代理区长3人，接受辞去区长职务2人，接受辞去副区长职务3人，决定免去副区长职务12人。接受辞去法院院长职务2人，任命法院副院长3人。任命检察院副检察长4人，接受辞去检察院检察长职务2人。审核区长提报的局委办以上领导职务任免名单，任命96名，免去52名。审核区长提报的局委办副职及相当职务的中小学校长、经理、调研员、司法人员等领导职务任免名单，任命567名，免去197名。

二、重要决议、决定

1997年8月，区第十二届人大常委会通过《关于批准厦门市同安区与河南省新乡县、黑龙江省方正县建立友好区县关系的决定》。

1999年1月，区第十三届人大一次会议通过《关于高质量、高标准建设好东西溪工程防洪体系，促进我区经济发展的决议》。3月，区第十三届人大常委会第一次会议通过《关于批准同安区人民政府调整科学技术发展“九五”计划和2010年远景规划纲要的决定》《关于进一步完善和推进执法责任制的决议》；4月，区第十三届人大常委会第二次会议通过《关于批准厦门市同安区1998年财政决算的决议》；6月，区第十三届人大常委会第三次会议通过《关于批准〈厦门市同安区人民政府关于进一步开展依法治区的实施规划〉的决议》《关于批准〈厦门市同安区人民法院关于实施进一步加强依法治区决议的方案〉的决议》《关于批准〈厦门市同安区人民检察院关于实施进一步加强依法治区决议的方案〉的决议》；10月，区第十三届人大常委会第五次会议通过《关于批准我区1999年国民经济和社会发展计划部分变更方案的决议》《关于批准我区1999年财政预算调整方案的决议》。

2000年4月，区第十三届人大常委会第十次会议通过《关于批准同安区1999年财政决算的决议》；

6月，区第十三届人大常委会第十四次会议通过《关于修复和保护铜鱼池的决议》；8月，区第十三届人大常委会第十五次会议通过《关于批准我区2000年财政预算调整方案的决议》；9月，区第十三届人大常委会第十七次会议通过《关于同意撤销大同镇设立大同、祥平两个街道办事处的决议》《关于同意厦门市同安区生态农业建设总体规划的决议》；12月，区第十三届人大常委会第十九次会议通过《关于批准我区2000年国民经济和社会发展计划调整方案的决议》。

2001年3月，区十三届人大三次会议通过《关于全力推进同集高新技术园区建设，加速我区经济发展的决议》。3月，区第十三届人大常委会第二十二次会议通过《对区人民政府〈关于国民经济和社会发展第十个五年计划纲要充实完善情况的报告〉的决议》；4月，区第十三届人大常委会第二十三次会议通过《关于批准同安区2000年财政决算的决议》；6月，区第十三届人大常委会第二十四次会议通过《关于进一步开展法制宣传教育的决议》；6月，区第十三届人大常委会第二十五次会议通过《关于批准厦门市同安区与浙江省温州市苍南县建立友好区县关系的决定》；9月，区第十三届人大常委会第二十八次会议通过《关于〈厦门市同安区科学技术发展第十个五年计划〉的决议》；10月，区第十三届人大常委会第二十九次会议通过《关于批准我区2001年财政预算调整方案的决议》。

2002年4月，区第十三届人大常委会第三十二次会议通过《关于批准同安区2001年财政决算的决议》；8月，区第十三届人大常委会第三十五次会议通过《关于〈厦门市同安区东西溪管理规定〉的决议》；10月，区第十三届人大常委会第三十六次会议通过《关于批准我区2002年财政预算调整方案的决议》《关于在全区开展纪念〈中华人民共和国宪法〉实施20周年活动的决定》。

2003年1月，区第十三届人大常委会第三十九次会议经过调研，通过《关于迁建同安区殡管所的决议》。2月，区第十三届人大六次会议，通过《关于加快城区南北通道建设，提高城市品位的决议》《关于促进厦门马巷汽车专业交易市场建设推动第三产业发展的决议》。4月，区第十三届人大常委会第四十一次会议通过《关于批准厦门市同安区2002年财政决算的决议》《关于加强预防职务犯罪工作的决定》；9月，区第十三届人大常委会第四十六次会议通过《关于批准我区2003年财政预算调整方案的决议》。

2004年2月，区第十四届人大常委会第五次会议通过《关于在我区依法开展防控禽流感工作的决议》；4月，区第十四届人大常委会第六次会议通过《关于在全区深入开展学习宣传贯彻实施〈中华人民共和国宪法〉的决议》《关于批准厦门市同安区2003年财政决算的决议》；11月，区第十四届人大常委会第十次会议通过《关于同意区人民政府暂缓办理迁建同安区殡管所决议的议案的决议》《关于批准厦门市同安区2004年财政预算调整方案的决议》。

2005年1月，区十四届人大三次会议通过《关于加快东西溪两岸综合治理，促进区域经济可持续发展的决议》。3月，区第十四届人大常委会第十四次会议通过《关于批准〈厦门市同安区国家科技进步示范区建设与发展规划〉的决议》；5月，区第十四届人大常委会第十六次会议通过《关于批准厦门市同安区2004年财政决算的决议》《关于动员全区人民携手创建全国文明城市的决议》；9月，区第十四届人大常委会第十八次会议通过《关于批准我区2005年财政预算调整方案的决议》。

2006年5月，区第十四届人大常委会第二十六次会议通过《关于批准厦门市同安区2005年财政决算的决议》《关于批准〈厦门市同安区科学技术发展第十一个五年规划〉的决议》；9月，区第十四届人大常委会第二十九次会议通过《关于批准我区2006年财政预算调整方案的决议》《关于我区进一步加强法制宣传教育的决议》。

2007年2月，区第十五届人大一次会议通过《关于城东工业区排污排洪工程建设的建议》。

三、监督“一府两院”

1997年，区人大常委会开展对同安区创建省级卫生城市、实施“三五”法制宣传教育和依法治区规划、国企改革、减轻农民负担等工作的视察和乡镇企业法、环境保护法、行政处罚法、未成年人保护法、妇女权益保障法、教育法、药品管理法、代表法、省计划生育条例等12部法律法规的执法检查。

1999 年，区人大常委会开展对同安区旅游业发展、矿产资源保护、林业等工作的视察和台湾同胞投资保护法、建筑法、水法、防洪法、义务教育法、食品卫生法等 7 部法律法规的执法检查，促进政府重视培育新经济增长点，抓好旅游规划，做好旅游资源开发和项目储备。同年区人大常委会采取常委会评议组重点评议与各代表小组全面评议相结合，组织全区省市区镇 4 级人大代表 610 多人次对区法院和区卫生局的工作评议。推进行政机关和审判机关依法行政和公正司法。

2000 年，区人大常委会开展对治理裸露山体等工作的视察和森林法、城市规划法、渔业法、预算法等法律法规实施情况的执法检查，解决新民禾山乱开山采石、山体裸露等老大难问题，加快山体植被的恢复。

2001 年，区人大常委会把评议部门工作与该部门领导人履行职责、依法行政、廉政勤政等情况有机结合起来，把监督事与监督人结合起来，形成评议意见反馈制度，跟踪督促整改，增强监督实效。先后评议 3 名副区长、1 名区检察院副检察长和侨办主任、司法局、经贸局、农业局局长的述职报告，评议侨办、经贸局和同安交警大队的工作情况。常委会授予同安交警大队“2000 年度人民满意的交警大队”荣誉称号。

2002 年，区人大常委会组织开展纪念《中华人民共和国宪法》实施 20 周年活动，督促“一府两院”广泛深入开展以“学习宣传宪法，推进民主法制建设”为主题的“宪法宣传月”和“第二个全国法制宣传日”活动，制定《关于司法案件监督的暂行办法》，促进“一府两院”依法行政、公正司法、严格执法。

2003 年，区人大常委会针对国企改革中存在的困难和问题，提出加强政府对国企改革工作的领导、加强对职工经济补偿金及预留资产的审批管理、发挥国有资产管理机构作用积极筹措改制资金等 6 点要求，促进国企改革工作顺利推进。

2004 年，区人大常委会组织视察组深入厦门轻工（食品）工业园和城南工业园区视察银祥肉联厂、厦门古龙工业园和丹麦 ECCO 公司等建设工地，听取区政府关于工业园区开发建设和招商引资情况的报告，要求区政府尽快理顺工业园区开发建设管理体制，解决好开发区建设管理机构人员编制。

2005 年，区人大常委会组织执法检查组采取自查、抽查、明察暗访等方式，检查水污染防治法、行政许可法、福建省《实施（中华人民共和国归侨侨眷权益保护法）办法》等 3 部法律法规的贯彻执行情况。

2006 年，区人大常委会听取、审议区政府、区法院、区检察院关于实施第十四届人大四次会议《关于促进工业集中区建设，快速推动同安实现跨越式发展的决定》情况的报告，检查决定的落实情况，要求“一府两院”要抢抓发展机遇，加强协调，加快进度，破解制约快速发展的难题，快速推动同安经济社会实现大跨越发展。开展对同安区公安消防大队创建“人民满意公安消防大队”活动的评议，并决定授予厦门市同安区公安消防大队“人民满意公安消防大队”荣誉称号。

2007 年 6 月 27 日、7 月 6 日，区人大常委会两次视察新农村建设和“金包银”工程，要求政府按时、按质、按量完成建设规划。

第五节　制度建设

一、基本工作制度

2000 年 6 月，区第十三届人大常委会第十四次会议通过《厦门市同安区人大常委会主任会议议事规划》；8 月，区第十三届人大常委会第十五次会议通过《厦门市同安区人大常委会议事规划》。

2001 年 3 月，区第十三届人大三次会议通过《厦门市同安区人民代表大会议事规划》。

2003 年 6 月，区第十三届人大常委会第四十二次会议通过《厦门市同安区人大常委会代表资格审查委员会议事规划》《厦门市同安区人民代表大会常务委员会补选市人民代表大会代表办法》等项工作制度。这些议事程序和会议制度的制定，对会议议事的原则，会议的召集、主持和召开，议案的提出和审议，听取和审查工作报告，选举和罢免，咨询和质询，发言和表决等作了规定。

二、行使人大常委会职权工作制度

2000 年 10 月，区第十三届人大常委会第十八次会议通过《厦门市同安区人民代表大会常务委员会任免国家机关工作人员办法》《厦门市同安区人民代表大会常务委员会评议国家机关工作人员暂行办法》；2002 年 8 月，区第十三届人大常委会第三十五次会议通过《厦门市同安区人民代表大会常务委员会讨论、决定重大事项的规定》《厦门市同安区人民代表大会常务委员会关于司法案件监督的暂行办法》；2003 年 9 月，区第十三届人大常委会第四十五次会议通过《厦门市同安区人民代表大会常务委员会关于评议区人民政府、区人民法院、区人民检察院工作的办法》。对决定权、任免权、监督权的行使，作了明确规定，把人大常委会主要职权的行使纳入规范化、制度化的轨道。

三、人大代表履职工作制度

2000 年 5 月，区第十三届人大常委会第十三次会议通过《厦门市同安区第十三届人民代表大会常务委员会组成人员守则》；2003 年 6 月，区第十三届人大常委会第四十二次会议通过《厦门市同安区人民代表大会代表工作办法》等。这些制度，对代表在人大会议期间的工作和闭会期间的活动、代表执行职务的保障、代表视察、代表小组活动方式和任务等作了比较全面的规定，为人大代表行使权利、履行义务、执行代表职务提供了制度规范，使代表工作逐步走向规范化和制度化。

四、人大常委会机关工作制度

2003 年 6 月，区第十三届人大常委会第四十二次会议通过《厦门市同安区人民代表大会常务委员会加强与区人民政府、区人民法院、区人民检察院工作联系办法》《厦门市同安区人民代表大会常务委员会办公室、工作室和各工作委员会工作职责》。这些制度明确规定了常委会机关各办事机构和工作机构的职责和职权范围，对促进常委会机关科学有序的管理、提高机关的工作效率等发挥了重要作用。

第二章　地方人民政府

第一节　区政府组成及其机构

一、区政府组成

第十二届区政府组成　该届区政府由区长陈韬，副区长张天才、庄碧卿、朱再兴、林友才、李栋梁、洪春火、周银芳（挂职）、李成堂（挂职）、杨廷才（挂职）、李泉佃（挂职）和各局局长组成。

第十三届区政府组成　该届区政府由区长杨金兴，副区长朱再兴、庄碧卿、郭永辉、叶朝宗、李栋梁、张友福、马尚吉（挂职）、李春华（挂职）、李虹、王建多、文民（挂职）、陈子强、王忠明（挂职）、陈尚义（挂职）和各局局长组成。

第十四届区政府组成　该届区政府由区长陈子强（2003. 10—2006. 2 任）、高玉顺（2006. 2—

2007.8任)、陈琛（女，2007.8起任)，副区长卢晓东、黄燕添、叶振杉、陈水利、林修凤（挂职)、李虹、郭永辉和各局局长组成。

二、区政府工作机构

1997年4月，根据中共厦门市委员会《关于同安撤县改区有关问题的批复》，厦门市同安区人民政府设28个独立工作机构、5个合署机构、4个部办局管理机构和15个挂牌机构。

独立机构 办公室、计划统计局、经济贸易局、教育局、科学技术局、公安局同安分局、国家安全局、民政局、司法局、财政局、地方税务局、人事劳动局、建设局、环境保护局同安分局、交通局、农业局、林业局、乡镇企业局、水利水电局、对外经济贸易局、文化局、广播电视局、卫生局、计划生育局、审计局、土地管理局、工商行政管理局同安分局、侨务办公室。

区政府挂牌

合署机构 监察局（与纪委机关合署)、粮食局（与经贸局合署)、机构编制委员会办公室（与人事劳动局合署)、水产局（与农业局合署)、矿产资源管理局（与土地局合署)。

部办局管理机构 机关事务管理局、技术监督局、物价局、房产管理局。

挂牌机构 台湾事务办公室、宗教事务局、打击走私领导小组办公室、海防委员会办公室、经济体制改革办公室、区委区政府信访局、保密局、经济技术协作办公室、拥军优属拥政爱民领导小组办公室、国有资产管理局、安全生产委员会办公室、口岸办公室、体育运动局、爱国卫生运动委员会办公室、外事办公室。

2002年9月，经过机构改革，区政府机构调整为24个工作机构，9个挂牌机构，4个部门管理机构，2个议事协调机构。

区政府新办公大楼（2002年）

独立机构 办公室、计划统计局、经济贸易发展局、教育局、监察局、民政局、司法局、财政局、人事劳动和社会保障局、交通局、计划生育局、卫生局、审计局、农业局、林业局、水利局、国土资源和房产管理局、建设局、科学技术局、文化体育局、旅游局、外事侨务办公室、民族宗教事务局、粮食局。其中监察局与纪律检查委员会机关合署办公，一个机构两块牌子，列入区政府工作系列，但不计入政府机构个数。

挂牌机构 区政府办公室挂国防动员委员会支援前线办公室、经济体制改革办公室牌子，民政局挂“双拥”领导小组办公室、区老龄工作委员会办公室牌子，交通局挂区政府口岸办公室、国防动员委员会交通战备办公室牌子，卫生局挂爱国卫生运动委员会办公室牌子，农业局挂乡镇企业局、水产局牌子。

部门管理机构 机关事务管理局（由区政府办管理）、安全生产监督管理局加挂安全生产委员会办公室牌子（由经济发展局管理）、城市管理综合执法局（由建设局管理）、规划局（由建设局管理）。

议事协调机构 人民防空办公室、海防管理委员会办公室。

2003年10月，析出翔安区后，区人民政府工作机构调整为18个独立工作机构、3个合署机构、10个挂牌机构、2个部门管理机构、1个议事协调机构、2个派出机构。

独立机构 办公室、发展和改革局、经济贸易发展局、教育局、民政局、司法局、财政局、审计局、人事劳动和社会保障局、人口和计划生育局、卫生局、建设局、农业局、文化体育局、水利局、交通局、城市管理行政执法局、安全生产监督管理局。

合署机构 监察局（与纪律检查委员会机关合署）、科学技术局（与发展和改革局合署）、区委农办（与农业局合署）。

挂牌机构 发展和改革局加挂统计局、物价局、国防动员委员会经济动员办公室牌子；民政局加挂“支前办”“双拥办”“老龄办”牌子；交通局加挂口岸办公室、国防动员委员会交通战备办公室牌子；农业局加挂水产局牌子；经济贸易发展局加挂乡镇企业局牌子。

部门管理机构 机关事务管理局（由区府办管理）、林业局（由区农业局管理）。

议事协调机构 人民防空办公室。

派出机构 大同街道办事处、祥平街道办事处。

三、基层政府机构

1997年5月撤县设区后，全区共辖大同、新民、西柯、莲花、洪塘、五显、汀溪、马巷、新店、大嶝、新圩、内厝12个镇政府。镇政府统一内设党政办公室、人口与计划生育办公室、经济贸易办公室、农业发展办公室、社会事务办公室、镇村建设管理办公室和社会治安综合治理办公室。

2001年5月，撤销大同镇政府，设立大同、祥平两个街道办事处。

2003年10月，马巷、新店、大嶝、新圩、内厝5个镇政府析出属翔安区人民政府。同安区下辖新民、西柯、五显、汀溪、洪塘、莲花6个镇政府。2003年机构改革，镇政府内设党政办公室、计划生育办公室、财政经济办公室、社会事务办公室和社会治安综合治理办公室。2007年6月，结合实际工作需要，镇政府内设机构重新核定为党政办公室、财政经济办公室、人口与计划生育办公室、社会事务办公室、镇村建设办公室和社会治安综合治理办公室。

1997—2007年同安区第十二届至十四届人民政府区长、副区长名表

表17-4

届别	职务	姓名	性别	籍贯	任职时间
第十二届	区　长	陈　韬	男	福建闽侯	1997.5—1998.9
	副区长	张天才	男	福建同安	1997.5—1999.1
		庄碧卿	女	福建同安	1997.5—1999.1
		朱再兴	男	福建同安	1997.5—1999.1
		林友才	男	福建同安	1997.4—1998.12
		李栋梁	男	福建同安	1997.4—1999.1
		洪春火	男	福建同安	1997.4—1998.10

续表17-4

届别	职务	姓名	性别	籍贯	任职时间
第十二届	副区长（挂职）	周银芳	男	福建南平	1997.4—1998.6
		李成堂	男	宁夏海源	1997.4—1998.1
		杨廷才	男	宁夏	1998.6—1999.6
		李泉佃	男	福建南安	1994. 4—1996. 4
第十三届	区　长	杨金兴	男	福建晋江	1999.1—2003.8
	副区长	朱再兴	男	福建翔安	1999.1—2003.10
		庄碧卿	女	福建同安	1999.1—2003.10
		郭永辉	男	福建同安	1999.1—2003.10
		叶朝宗	男	福建同安	1999.1—2002.4
		李栋梁	男	福建同安	1999.1—2002.3
		张友福	男	福建同安	1999.1—2003.10
		李　虹	男	福建厦门	2000.12—2003.10
		王建多	男	福建翔安	2001.6—2003.10
		陈子强	男	福建惠安	2002.3—2003.8
	副区长（挂职）	马尚吉	男	宁夏	1999.12—2001.2
		李春华	男	云南腾冲	2000.6—2001.2
		文　民	男	山西文水	2001.6—2001.12
		王志明	男	江苏	2002.6—2003.8
		陈尚义	男	福建福州	1999.4—2001.6
第十四届	区　长	陈子强	男	福建惠安	2003.10—2006.2
		高玉顺	男	福建龙海	2006.2—2007.8
		陈　琛	女	江苏海门	2007.8—
	副区长	卢晓东	男	安徽芦江	2003.10—2007.8
		黄燕添	男	福建永春	2003.10—
		叶振杉	男	福建翔安	2003.10—
		陈水利	男	福建翔安	2003.10—2007.1
		李　虹	男	福建厦门	2003.10—
		郭永辉	男	福建同安	2003.10—2007.2
	副区长（挂职）	林修风	男	福建尤溪	2003.10—2007.2

说明：杨金兴1998年9月至1999年1月任代区长、陈子强2003年8月至2003年10月任代区长、高玉顺2006年2月5日至2006年2月24日任代区长

第二节 政务纪要

一、制定实施经济和社会发展规划

（一）“九五”计划（1996—2000年）

确定初步建立市场体系和市场经济新体制的总体框架。

产业发展方向和重点　稳定优化第一产业，调整提高第二产业，大力发展第三产业。产业发展布局：农业要稳定粮食生产；工业以食品饮料工业、建材陶瓷工业、制衣缝纫工业、轻工工业四大行业为支柱；第三产业要完善商贸饮食、交通邮电、金融行业的网点及其配套设施，建好闽南果疏批发市场，促进流通。

城乡建设重点项目　供水、供电、通讯、道路建设、港口建设。抓好同集路工业走廊的规划建设，加强城市环境的综合治理，加速新城区建设，推进旧城区改造。加强农村小城镇建设，到2000年农村人口逐步向小城镇转移达到30%以上。

社会事业　到2000年科研投入要达到财政收入的1%以上，科技贡献率要达到40%。在城镇普及高中教育，全区中小学教师全部达到国家规定的合格学历，力争跨入全国教育先进县行列；健全文化基础设施，要建好同安文艺大厦、娱乐城、青少年宫、儿童乐园及各镇文化娱乐中心，实现全区有线电视联网，争取跨入全国文化先进县行列；落实对镇卫生院的改造，兴建同安第二医院。增加医院的病床位680张。人口自然增长率控制在10.5‰以内。

（二）“十五”计划（2001—2005年）

“十五计划”确定“开辟一条经济带”（以同集高新技术园为主）、“建设两个次中心城市”（大同、马巷）、“夯实三个基地”（新兴工业、农业现代化产业化、旅游产业）、“培植四大工业支柱”（化纤纺织、建材、食品、电子）、“抓好五大建设工程”（交通电力、给排水、农业保收、城市化建设、同发展）的发展战略。

产业发展的方向和重点　大力发展集高优农业、精细农业、生态农业和旅游、观光、休闲农业为一体的现代化农业；力争五年内把同安建成外向型高优农业示范基地、对台农业引进与合作重要基地、实现农业现代化示范基地。继续扩大工业经济总量，调整工业结构，努力建设外向型工业体系。全区工业总产值要在“九五”的基础上，按年递增14.1%的速度增长。重视发展商贸物流业旅游业和服务业，全区第三产业增加值按12.9%的年递增率发展，至2005年达36.7亿元，占国内生产总值的32.2%。

基础设施建设　前期重要项目：新大（新店至大嶝）围垦工程、环东海域公路、刘五店11万伏变电站、刘五店码头二期等。主要基础设施项目：东西溪防洪体系续建，海堤达标建设，变电站，新圩、莲花、田洋、四条过境公路，四条支干线改造，污水处理厂，银湖大桥等项目以及“一带十区”（同集科技先导型产业经济带、同集高新技术园区和城南、金富、同吉、银鹭、大同、马巷、莲花、新店、新民工业园区）工业项目建设。

城镇建设　大同城区按“一个中心”（以区政府所在地为中心），“七个组团”（城北商住区、城东工业区、城东住宅区、城南工业区、城南住宅商贸综合区、城南交通枢纽区、五显休闲娱乐区）的布局，逐步向外环状推进发展，城区建成区面积由7.05平方公里扩大到12.5平方公里。把大同城区建成厦门市北部次中心城市。马巷要围绕全国小城镇综合改革试点镇的目标进行规划和建设。建成西片文化行政区，建成东片、东北片两工业区，建成中南商贸区。2005年城区建成区达4.2平方公里，使其成为厦门市东部次中心城市。加快其他各镇的城镇建设，进一步推进农村城镇化。全区城镇化水平达40%。

社会事业发展　继续实施“五大科技工程”（现代农业、企业技术创新、科技兴海、社会科技发展、跨世纪人才培养），到2005年科技进步对经济增长的贡献率达50%，科技成果转化率达55%。科技工作的主要指标达全国先进区水平；在巩固“两基”成果的基础上，全面提高素质教育水平，基本普及高中教育。以弘扬中华民族优秀文化为主题，以继承和弘扬闽南文化为重点，开展群众性文化活动和全民健身活动；扩大乡镇有线电视和有线广播覆盖面；突出农村卫生、预防保健和中医药三个重点，全面推进医疗卫生改革，积极发展社区卫生服务，巩固农村初保达标成果；人口自然增长率控制在7‰以下，计生工作跨进全国先进县（区）行列；环境保护要巩固“一控双达标”（主要污染物排放总量控制、环境功能区达标、主要污染物排放达标）成果，重点为防治工业污染，保护农村环境，保护生态环境等。

扩大对外开放　抓住中国即将加入WTO和对台直接“三通”可能出现的机遇，进一步打开对外开放格局，提高利用外资的质量和水平。放开非公有制企业参与对外合作和外贸经营活动。到2005年全区计划协议利用外资7亿美元，外贸进出口总值达18亿美元。

深化体制改革　深化国有企业改革，采取改组、联合、兼并、股份合作制、公司制、出售和破产等多种形式进行改制；把扶持民营、个私经济的工作纳入政府的工作范畴；积极推行农村返租倒包、定单农业，促进农业集约化。转移农村富余劳动力，推进小城镇建设，推动农村城镇化进程；健全社会保障体制，建立起覆盖全社会的养老、失业、工伤、医疗和生育等社会保障体系，将非国有企业、城镇居民以及所有社会的从业人员均纳入社保范畴；深化行政管理体制改革，对政府不宜介入的领域，要主动让位于市场。对企业坚持少管理、多服务，减少直接干预经济活动。

（三）“十一五”规划（2006—2010年）

“一湾三片”经济社会发展的总体布局　一湾：环同安湾的东南部沿海发展区。重点发展商业、房地产业、旅游业等第三产业和文教服务业。三片：同安综合工业园片区，重点发展食品、轻工和生物、电子、新材料等高新技术产业；洪塘产业片区，重点发展仓储、物流、啤酒、轻工、电子和石材加工、贸易等产业；西北部生态产业片区，重点发展生态农业和休闲旅游业，建立农产品加工基地。

产业发展方向　把加快发展工业作为经济发展的重点，做强第二产业、做大第三产业，做精第一产业，通过工业的快速发展带动第三产业，提升第一产业，实现一、二、三产业在更高层次上的协调发展。

城乡发展　坚持城乡统筹发展，以城乡一体化为目标，推动农村城市化进程，逐步把城乡二元结构转变为一元结构。重点发展大同、西柯两个中心城区，加快建设洪塘、莲花和汀溪三个外围集镇，形成“两城、三镇”的城市发展空间格局。实施南北通道、206省道云埔至环城西路路段等的道路工程建设并适时启动厦门市第二水源（莲花水库）建设工程。建立城区路灯监控网络，完善城市污水排放系统。扩大垃圾场、垃圾焚烧炉，加大清洁楼、公厕建设力度。着手建设梅山公园、西山公园、同安文化公园、银湖广场，开发名胜古迹公园，发展街头绿地。全面推动新农村建设和旧村改造，着力解决工业园区周边农村的发展问题，完成“金包银”工程规划，加快推进农村城市化进程。

科教文卫发展　加强基础教育，全面提升教学水平。完善职业、成人教育体系、支持民办教育。重点发展农业科技、工业科技以及医疗卫生、生态保护等科技事业。文化事业要实现广播电视的数字化、网络化、智能化，建设同安文化公园，同安文化艺术中心；医疗卫生事业，要抓好市重点项目建设和农村公共卫生建设项目，加强医疗救治体系建设，建设厦门市第三医院配套工程；人口与计划生育工作，到2010年末，年均人口出生率控制在12‰以内，自然增长率稳定在6.5‰，出生人口政策符合率稳定在96%以上，育龄群众享有基本的生殖保健服务。

完善社会保障制度　推进城乡社会救助体系的建设，依法扩大养老、失业、医疗、工伤等社会保险覆盖面，积极推进农村新型合作医疗保险、养老保险。完善外来务工人员的社会保障。进一步完善城乡低保制度，逐步建立城乡一体化的社会保障体系，重点解决低收入家庭的社会保障，失地农民的养老问题。建立覆盖城乡的社会救助体系，切实保障困难群众的基本生活。加快实施城乡医疗救助，防止因病返贫。

精神文明和民主法制建设 宣传贯彻《公民道德建设实施纲要》，加强未成年人思想道德建设，继续开展文明校园、社区、村镇、行业的创建活动。建立健全法律服务机构，继续开展普法教育，增强公民的法律意识。妥善处理和及时化解人民内部矛盾，加强社会治安的综合治理，维护社会和谐、稳定。

二、推进经济建设

（一）工业

1997 年，政府对国有、集体工业采取股份合作、兼并、重组、委托经营等形式进行转机建制。动工建设城东、城南两个工业区。

1998 年，加大招商引资力度，全年引进外资项目 76 个，民营“厦门惠尔康食品有限公司”开业。

1999 年，制定出台招商引资奖励办法，设立境外招商代理机构，重点抓紧大中型生产项目的引进、投产、达产的配套服务。新增外商投资企业 43 家。高时（厦门）石业有限公司、厦门百穗行科技有限公司开业。

2000 年，实施工业强区战略。在新圩马塘建立“厦门银鹭高科技园区”，以同茂公司为主的厦门银鹭集团成立开业。引进外资 41 家。

2001 年，建设厦门高科技园区（址在新民镇）、城北（大同）工业区。全年引进外资企业 54 家，增资项目 22 个。同茂、惠尔康、中盛、银祥、如意、浦头饲料、百味果食品等 8 家企业被市政府确定为厦门市首批农业产业化市级龙头企业。

2002 年，推进城南三期、城北、巷北一期、洪塘石材工业园、轻工食品工业园区和同集高新技术产业园区等工业园区建设。全年引进外资企业 48 家，增资项目 34 个。大型民营企业“厦门中禾实业有限公司”开办。

2003 年 9 月析出翔安后，确定“工业立区”发展定位，以每年不少于 3 平方公里的速度推进工业区开发建设。全年引进外资企业 45 家。

2004 年，完成同安区属国企漂染厂、油厂、食品厂、机械厂、贸易公司、马巷布厂、罐头二厂、医药公司、化工公司改制工作。成立“同安区招商服务中心”，加大引资力度。丹麦 ECCO 鞋业集团于城南工业区奠基建设。新加坡投资 ECCO（厦门）有限公司及青岛啤酒东南亚营销有限公司开业。全年引进外资企业 52 家。10 月 29 日，颁行《同安区关于大力促进民营经济发展的实施细则》，扶助民营工业。

2005 年，区政府作出“招商选资”的决策，重点引进高科技、高增值和环保的外资企业。全年引进外资企业 37 家。7 月，规划面积 12 平方公里的同安工业集中区开工建设。

2006 年 1 月，古龙集团、力隆氨纶、娃哈哈、钰州食品、光华医药等五个重点工业项目开工建设。3 月，同安工业集中区首家企业投产。9 月，惠尔康、银祥、百穗行、源水生产 5 家企业被列入 2006—2007 年度农业产业化省级龙头企业。厦门恒金属公司奠基，日上钢圈公司投产。12 月，厦门同安国有投资集团挂牌成立运营。全年引进外资企业 77 家。

2007 年，同安工业集中区基本建成，至年底入驻企业 470 家，其中投产 314 家。全区工业区面积由 2003 年的 4 平方公里扩大到 18.6 平方公里。2007 年实现工业总产值 248.24 亿元，比 2003 年的 92.94 亿元增长 167.10%，年均递增 27.84%。

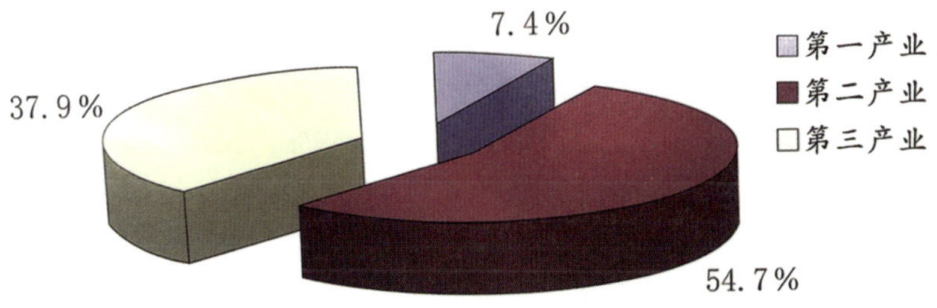

图 17-1 2007 年三次产业比例图

1997—2007 年，第二产业占比由 1996 年的 43.7% 提高到

2007 年的 54.7%。

（二）农业

1996 年，制定“九五”计划，确定优化第一产业的农业发展方向和稳定粮食生产的农业发展布局。

1997 年，引进适合高优农业发展方向新品种和蔬菜无土栽培等新技术，建立反季节蔬菜、南亚热带水果、珍禽等农副产品生产基地。

1998 年，实施科教兴农和农业产业化战略，发展高优现代农业，培植农产品加工龙头企业。

2000 年，实施国家农业综合开发工程、福建省粮食自给工程、土地整理工程和农村“同发展、共富裕”工程。

2001 年，实施农业综合开发、中低产田改造等项目，发展反季节蔬菜、浅海滩涂立体养殖等高优农业。

2002 年，实施品牌战略，实施“一村一品”工程。评选区级农业龙头企业，发展亚热带名优稀特水果和立体深海网箱养鱼。

2006 年，制定“十一五”规划，确定大力发展集高优农业、精细农业、生态农业和旅游、观光休闲农业为一体的现代农业发展方向，调整优化农业结构、建立农业现代化示范区，加强农业基础设施建设。

至 2007 年，全区实现农业总产值 12.23 亿元，比 2003 年增加 2.84 亿元，年均增长 6.83%。培育加工型区级以上农业产业化龙头企业 14 家，成功注册蔬菜、水果、地瓜、茶叶、米粉、面线、畜禽等 10 个“一村一品”地域商标，银祥集团和惠尔康集团获“中国驰名商标”和“中国名牌产品”称号，银祥、中盛 2 家龙头企业获“品牌农业金奖企业”称号，订单农业 13 万亩，新增农业产业化基地 1.1 万亩。

1997—2007 年，第一产业占比由 1996 年的 26.9% 下降为 2007 年的 7.4%。

（三）第三产业

1997—2007 年，全区商贸、物流、服务业、房地产业和旅游业都得到显著发展。第三产业增加值占国民生产总值比重由 1996 年的 29.4% 提高到 2007 年的 37.9%。

商贸　1997 年后，深入商贸体制改革。1999 年起，佳事达等大型超市入驻同安，网购、电视购物等无店铺销售方式开始流行。2002 年，开始国有商贸企业改制，并于 2005 年完成，国营商贸企业基本退出流通市场，私营商贸企业占据同安消费品市场主要份额。粮油购销市场形成多元主体、多渠道参与市场的局面。供销系统在 2004 年完成改制后业务经营逐渐恢复，2005 年成为“万村千乡市场工作”试点区后，全区建成 3 个农资配送中心，100 个农资农家店，503 个日用品农家店，实行“五统一”连锁经营。商贸开放政策使各种所有制企业大量进驻，仅 2007 年同安新开业的商贸企业即达 250 家。大变革后的同安商贸业，消费品市场购销两旺，社会消费品零售总额由 1997 年的 17.3 亿元增加到 2002 年的 28.75 亿元，年均增长 10.69%。由 2004 年的 11.28 亿元增加到 2007 年的 19.36 亿元，年均增长 19.73%。

交通运输　“十五”计划确定发展物流业。2003 年 9 月析出翔安后，又提出“打造厦门市重要的工业生产基地、物流集散基地和生态旅游基地”的工作思路，发展物流业成为同安经济发展三大基地功能定位之一，“十一五”规划又把物流业作为着力发展产业之一。交通基础设施的不断完善和交通网络的形成，促进交通运输的不断发展。至 2007 年底，全区道路客运企业 2 家，出租车企业 1 家，开通公交线路 24 条，建制村公交车通达率 86.49%，长途客运线路 230 条，总里程 20 多万公里，形成高速客运、普运、公交、出租车为一体的道路客运市场；运输物流企业 50 家，闽南果蔬批发市场、建材物流园区等专业批发市场陆续建成，货运量 683.22 万吨，货运周转量 52345 万吨公里，分别比 2004 年增加 12.82%、4.94%。

信息与服务业　“十五”计划确定信息业、社区服务业为“重视发展”的产业，“十一五”规划又确定社区服务业、信息服务业为五个大力发展的产业之一。据 2004 年经济普查资料，全区服务业企业 133 家，从业人员 2452 人，固定资产原值 3.2 亿元，资产总计近 24 亿元，从业人员劳动报酬 3.41 千万元。个体服务业 2237 家。

房地产业 "十五"计划把房地产业确定为大力发展的产业，"十一五"规划把房地产业作为第三产业的龙头，并具体确定"旧城改造和新区开发结合，实行成片开发，连片开发，扩大城区规模、提升城市品位"。1997—2007 年，先后在同开发的房地产企业 43 家，先后建成或在建新区 44 个，总建筑面积 360 多万平方米。全区累计房地产投资 45.9 亿元，年均 4.17 亿元，房屋施工总面积 664.73 万平方米，其中住宅 520.04 万平方米，占 78.23%；房屋竣工面积 202.63 万平方米，其中，住宅 156.54 万平方米，占 77.25%。2007 年的房地产销售面积 30.80 万平方米，销售金额 16.59 亿元，分别为 2000 年的 4.34 倍和 19.58 倍，2003 年的 1.94 倍和 6.87 倍。

旅游业 1997 年提出把旅游业建成三大支柱产业之一的发展目标。"十五"计划把旅游产业确定为夯实三个基地之一（其他两个为新兴工业基地、农业现代化产业基地），着力发展的五大产业之一（其他四大产业：房地产业、商贸物流业、信息服务业、社区服务业）。同时把竹坝南洋休闲旅游区、莲花山国家森林公园、影视城二期、盛之乡度假村、诚毅温泉度假村、大唐酒店作为主要建设项目。至 2007 年，基本形成东部历史文化民俗风情旅游区、中北部田园风光温泉度假旅游区、西部自然生态休闲自助旅游区和环同安湾旅游区、城区接待中心"三区一湾一中心"的旅游格局。2007 年，接待旅游客 121 万人次，旅游总收入 2.8 亿元，分别为 2004 年的 1.45 倍、3.13 倍，年均增长 13.12%、46.34%。

三、加快城乡建设

（一）农村城镇化建设

新村建设和旧村改造 1999 年，培植旧村改造示范村，实施省级村镇住宅小区试点。2003 年，根据城中村、城郊村、山区村三种不同类型，制定社区居住型、新村建设型、环境整治型三种新农村建设模式，并选择 7 个村庄作为市级新村建设和旧村改造第一批试点村，统一规划，开展村庄道路、排水排污、路灯绿化、文体设施等项目的建设。2006 年，制定《同安区实施旧村改造和新村建设暂行办法》，规范农村基础设施、公共设施等建设内容和标准，有效促进新农村建设。2006 年确定 26 个新村建设和旧村改造试点村，安排建设项目 436 个。2007 年，安排 10 个旧村改造重点村。

金边银里建设 2002 年，启动金包银建设工程。2006 年，区政府制定并实施《关于实施"金包银"工程指导意见》，规定政府征用农村土地、规划设计工业集中区建设时预留空间，统一规划建设商业用房，供给农民作为经营性质收入来源；实施每户被征地农户有一套居住用房、一套供出租公寓和店面。同时把旧村改造为"银里"。截至 2007 年，工业集中区"金边"工程和环东海域金边工程累计开标 133 栋，建筑面积 52.14 万平方米；开工建设 95 栋，建筑面积 34.3 万平方米；封顶 85 栋，建筑面积 31.41 万平方米；交付使用 77 栋，建筑面积 27.17 万平方米。银里改造完成 80%。

移民造福工程 2007 年启动偏远山区、水库周边山村的移民造福工程，完成征地、规划、拆迁等前期工作。

（二）城区建设

老城区改造与居住小区建设 1997—2007 年，又陆续建成西池小区、锦辉国际花园等 44 个小区，总建筑面积 360 多万平方米。城市建成区由 1992 年的 3.93 平方公里扩大到 2003 年的 9.8 平方公里、2007 年的 24 平方公里。

环东海域新城区建设 2007 年，制定城市化建设五年规划，当年启动环东海域滨海新城区建设，吹填造地 16 平方公里。

（三）基础设施建设

公路建设 1997 年，继续推进公路网络建设。1999 年，提出"加快建设半小时交通圈，实现国道、高速公路、省道、县乡公路网络化"目标。2004 年，制定"二横三环六辐射"公路网络建设规划，同年实施村村（行政村）通硬质化道路工程。1997—2007 年，全区完成公路建设投资近 14 亿元，新（改）建等级化硬质化公路 689 公里。2007 年底，全区拥有高速公路、国道、省道、县道、乡道、村道计 290 条 831 公里，全区 653 个自然村有 409 个实现村道硬质化。

电力建设　1997 年后，加大输变电工程建设步伐，从优化电网结构、提高电网输变电可靠性入手，电网建设和配网改造同步进行。至 2007 年，先后建成田洋 110 千伏变、西柯 110 千伏变、梧侣 220 千伏变、洪塘 35 千伏变、莲花 35 千伏变等 5 个变电站，厦梧 220 千伏、梧柯 110 千伏、梧田 110 千伏、梅田 110 千伏、马洪 35 千伏、梅小线 35 千伏、莲小线 35 千伏等 7 条输电线路，总长度 70.106 公里。供电量由 1997 年的 2.97 亿千瓦时增加到 2007 年的 18.25 亿千瓦时，年均增长 19.91%。1999 年，启动"两改一同价"农网改造，至 2002 年，改造、新建 10 千伏线路 716 公里，改造新建 0.4 千伏线路 1198 公里，接户线 1578 公里，改造配变 815 台，容量 76090 千伏安，更换高能耗配变 148 台，容量 9445 千伏安，彻底改善农村供电面貌，实现城乡同网同价供电。2000—2007 年，陆续新建水电站 21 座，至 2007 年底全区装机 500 千瓦以上水电站 12 座，500 千瓦以下 31 座。

供水工程建设　1997 年起，为适应工业区开发、工业用水大幅增加和农村普及自来水的需求，开始兴建镇级自来水厂，先后建成洪塘、新圩、马巷、内厝、莲花、新店、美人山自来水厂。实施沿海突出部人饮工程，当年完成 51 个行政村 50 公里主管道铺设。第二年完成近 20000 户入户管网建设。2004 年起，实施农村自来水工程，至 2007 年铺设农村自来水主管道 181 公里，管道入户 30367 户，入户率 98.3%。2006 年起，在对小区域供水管网改造的同时，在同集路、环城东路、岳东路、324 国道、纵二路、西福路至丙洲等处铺设 DN300～800 管道 34.1 公里。当年和集美管网并网，增加供水能力 2.8 万吨。2007 年，第二次扩建梅山水厂，日供水能力达到 8 万吨。到 2007 年底，全区供水管道（DN100 及以上）756 公里，比 1996 年增加 661 公里。日供水能力 8 万吨，用户数 53055 户，年售水量 1979 万吨，比 1996 年的 727 万吨增加 1252 万吨。供水范围从老城区扩大到大同街道、祥平街道、新民镇、西柯镇、五显镇，供水面积达 210 平方公里。

邮电设施建设　"九五"计划把通讯列为重点建设项目，"十五"计划把信息业列为重视发展的产业之一，"十一五"规划把信息服务列为大力发展的现代服务业之一。主要是扩大宽带入网率，重点发展视频点播、网上教育、网上医疗、网上商店等信息产品。至 2007 年底，同安电信局共建成程控电话交换局点 39 个，接入局点 100 个，总容量 140000 门，实占容量 100000 门，PHS（小灵通）基站 3200 多个，各种传输线路端口 8133 个，电路 24 万条，宽带节点 47 个，端口 72944 个，小区宽带节点 78 个，端口 18000 个。中继光缆总长度 500 皮长公里，配线光缆总长度 370 皮长公里，主干电缆 2700 皮长公里，地下管道 500 孔公里。同安移动建成移动基站 200 个，TD-SCDMA 网基站近 100 个，发射铁塔基站 17 个，通讯管道 96 孔公里，光缆 598 皮长公里。联通公司建成移动 2G 基站 99 个，3G 移动基站 56 个。同安邮政建成城市投递邮路 7 条，总长 142 公里，农村邮路 53 条 1804 公里，商函邮路 6 条 301 公里，机要邮路 1 条 55 公里，邮运汽车邮路 3 条 242 公里，早报早投邮路 4 条 90 公里。

1997—2007 年，全区城乡建设重点项目 90 项，总投资近 540 亿元，其中前 7 年 29 项，总投资 11.37 亿占 2.11%，后 4 年 61 项，总投资 527.58 亿占 97.89%。以工业区、开发区投资为最，占总投资的 81.45%，农林企业基建次之，占 6.89%。

四、促进社会事业发展

（一）科学技术

1999 年 6 月，开展全国科技工作先进区创建活动，8—11 月先后制定《厦门市同安区技术市场管理暂行办法》《厦门市同安区民营科技企业管理暂行办法》《厦门市同安区科技发展基金管理办法》《关于加快实施科教兴区战略的意见》。

2001 年 8 月先后制定《厦门市同安区科学技术奖励办法》《厦门市同安区区级技术创新示范型企业认定暂行办法》《厦门市同安区科技示范（户）认定条件和办法》《关于加强技术创新、扶持高新技术产业发展的若干规定》等文件，从税收、科技资金、企业用地等方面扶持科技发展。

2007年，万人拥有科技人员由1997年的172人增加到351人。市区财政总投入10776万元。企业科技经费投入总额436150万元，成为科技投入主体。累计实施科技项目340项，其中主要科技成果160项。先后被评为全省科技工作先进区（1997年）、全国科技进步先进区（2000年、2002年）、全国科技进步示范区（2004年）。全省科普示范区（2006年）。

（二）教育

1997年起，继续致力于“两基”的巩固与提高，于1999年被省政府授予“两基”工作先进区；继续教育设施的达标建设，2005年中小学硬件设施全面达标，2006年实验教学设备配备达到或超过省颁Ⅱ类标准。

2004年3月起，启动农村义务教育建设项目38个，总建筑面积68989平方米，投入资金8745万元，改善中小学办学条件。

2005年启动“双高普九”工程（高水平高质量普及九年义务教育），2007年4月通过省政府教育督导室的评估验收。

2006年，免除农村义务教育学杂费及农民工子女借读费。

2007年，免除城市义务教育学杂费和农村义务教育课本费。

（三）文化

1997年，实施广播电视村村通工程，同时以创全国、省文化先进区为契机，加强镇、村两级文化设施建设。同年10月，召开新中国成立后首轮修志成果《同安县志》（评议稿）省、市、区三级评稿会，会后经二次修改，于2000年10月由中华书局出版发行。同期各基层修志机构编写印刷部门（专业）志53部1500万字。至2005年12月，建成上联省市网，下通镇村的有线电视光缆网络，光缆覆盖率88%，有线电视入户率城镇100%，农村90%，总用户8.2万户。至2007年，全区共有12个乡镇文化站，其中省“特级文化站”1个、省“百强文化站”2个，省级达标站9个。全区80%以上的行政村建有文化室、图书室，形成区、镇、村三级文化活动网络。

2000年2月，被人事部、文化部评为“全国文化先进区”。8月，开展涉台文物普查，至2007年10月，全区列入厦门市涉台文物保护单位22处。

2007年，普查征集各类申遗材料205件，选送57件，其中民俗文化艺术项目“厦金宋江阵”“莲花褒歌”“车鼓弄”被列为福建省第二批非物质文化遗产名录。

（四）卫生

推行新农村合作医疗试点 1997年4月至1999年8月，开展新的农村合作医疗试点，在此基础上于1999年8月出台《厦门市同安区推行农村合作医疗制度实施方案》和《厦门市同安区农村合作医疗制度管理暂行规定》，并于2004年被确定为省试点区。至2007年，共计24.75万农民参保，参合率96.69%，筹资额度由2004年的30元/人年提高到80元/人年，医药费补偿幅度由0.55万元提高到6万元。近1.3万人（次）住院村民得到2420.34万元的合作医疗补偿。

施行城镇职工基本医疗保险 1997年7月1日起，施行《厦门市职工医疗保险试行规定》，废止原公费医疗和劳保医疗管理制度。至2001年，基本医疗保险覆盖面先后扩大到城镇失业人员（2000年8月），外来务工人员、以个人身份参加养老保险现已进入社会的退休人员和个体工商户雇员、居委会干部。

疾病预防控制与卫生监督 1997—2007年，卫生防疫体系由单一模式向疾病预防控制与卫生监督两个体系发展，制定实施卫生应急预案（各专案），开展卫生环境综合治理和创建卫生镇（村）活动，推行食品卫生量化分级管理，建立食品原料采购索证验收制度等。

妇幼保健 1997年起，计生部门实施计生优质服务的“三大工程”（避孕知情选择、育妇生殖道感染检查防治、优生检测和出生缺陷干预）。1998年，取消家庭接生。2003年起，连续开展中国/联合国人口基金第五、第六周期生殖健康/计划生育项目。住院分娩率、儿童保健覆盖率、3岁以下儿童系统

管理率、集体儿童体检率等指标均明显提高，孕妇死亡率、婴儿死亡率明显下降。

第三节　行政监察

一、行政执法监督

（一）执法机构

1997—2007年，同安区有行政执法权的政府机关、单位有：同安区人民政府机构编制办公室、同安区发展和改革局（加挂“同安区统计局”和“同安区物价局”牌子）、同安区财政局、同安区审计局、同安区经济贸易发展局（受委托单位：同安区酒类专卖管理站）、同安区人事劳动和社会保障局（受委托单位：同安区劳动监察队）、同安区建设局（受委托单位：同安区工程质量安全监督站、同安区建设工程招投标管理办公室）、同安区交通局（受委托单位：同安区运输管理所）、同安区民政局（受委托单位：同安区殡葬管理所）、同安区水利局（受委托单位：同安区水政监察大队）、同安区农业局（受委托单位：同安区兽医卫生监督检验所、同安区植保植检站、中国渔政同安区大队、同安区农技中心、同安区农业行政综合执法大队、中国海监同安区大队、同安区农业机械管理站、同安区农村经济管理中心、同安区农业资源环境管理所）、同安区文化体育局（受委托单位：同安区文化市场稽查队）、同安区教育局、同安区卫生局（受委托单位：同安区卫生监督所）、同安区人口和计划生育局（受委托单位：同安区大同、祥平街道办事处及西柯、新民、汀溪、莲花、五显、洪塘镇政府）、同安区安全生产监督管理局、同安区城市管理行政执法局、同安区林业局（受委托单位：同安区森林防火指挥部办公室、同安区绿化委员会办公室、同安区森林病虫害防治检疫站、同安区林业工作站）、同安区广播电视事业局、同安区人民防空办公室、同安区档案局、同安区司法局（受委托单位：同安区法律援助中心）。

（二）执法监督

1997—2007年，同安区人民政府对本区具有行政执法权的行政机关、组织及行政执法人员实施行政执法层级监督并取得一定的成效：建立区行政审批服务中心，采取“一个窗口对外”“一站式办公”以及“网上审批”等，转变政府职能、创新行政管理方式，简化办事程序，提高行政效率；执法监督部门采取依法界定行政执法职责、科学设置执法岗位、公开执法流程、清理并公布执法依据、评查执法案卷、考评执法效果、落实执法责任等措施，规范行政裁量权的行使，提高行政执法规范性；实行规范性文件备案体制，纠正处理存在问题的规章、文件，维护法制统一和政令畅通；监察机关规范对违法违纪行政行为的处理，

区行政审批服务中心揭牌

督促政府工作人员廉洁从政、防止官僚主义和形式主义产生。

二、行政复议

1997—2007 年，同安区政府共受理行政复议 11 件，维持原处理决定 8 件，其他 3 件。

案例一：李某不服区人事劳动和社会保障工伤鉴定行政复议案

李某之妻于 2003 年 4 月 24 日到某家私厂房建筑工地上班，当天下午其妻在施工厂房二楼工作架上坠落地面受伤，并向区人劳社保局申请工伤认定。区人劳社保局根据《劳动部办公厅关于私人包工负责人工伤待遇问题的复函》（劳办发〔1995〕11 号）第三条规定，认为申请人之妻受伤不符合工伤认定条件，于 2003 年 12 月 21 日作出不予受理决定。李某不服，向区政府申请行政复议。区人民政府法制科依据《中华人民共和国行政复议法》相关规定，审查后认为该申请属本机关收案范围，决定予以立案。

复议机关经调查认为，该厂房的承建方于 2003 年元月 5 日将承建中泥水施工项目承包给四川籍私人包工负责人冯环球，双方签订了相对经济承包合同，明确约定发生生产安全事故由承包方自行承担。申请人之妻受雇于建筑工程包工负责人冯××，冯××与承建方只有劳务关系，没有建立劳动关系，也不具有建筑施工企业的资质。因此冯××雇用的工人工作受伤，不应由发包方承担工伤赔偿责任。依据《中华人民共和国行政复议法》第二十八条第十款规定，维持被申请人的决定。

案例二：林某不服区征地拆迁办公室的处理意见行政复议案

2003 年 6 月 10 日，林某与某经济建设发展公司签订了拆迁补偿协议书。旧房屋拆迁新住宅楼落成后，双方就协议内容产生纠纷，后多次上访区征地拆迁办公室，要求协调解决。区征地拆迁办公室于 2006 年 3 月 10 日召集林某、某经济建设发展公司及某房屋拆迁有限公司有关领导，就林某与某经济建设发展公司签订的协议书未能履行开会协调，并形成《关于解决林某与某经济建设发展公司签订的协议书未能履行的处理意见》。申请人不服，提出行政复议。

复议机关经调查认为，根据《厦门市城市房屋拆迁管理规定》有关规定，房屋拆迁补偿，拆迁人与被拆迁人如未能达成补偿协议的，一方申请拆迁主管部门进行补偿裁决，拆迁主管部门才有权进行裁决；若双方已达成拆迁补偿协议，在履行协议发生纠纷时，任何一方可向人民法院起诉解决，行政拆迁主管部门无权处理。申请人林某与某经济建设发展公司签订了拆迁补偿协议后，双方在履行协议时发生纠纷，可依法向人民法院提起诉讼解决。被申请人作出的《处理意见》，超越权限，依据《中华人民共和国行政复议法》第 28 条第一款第（一）（二）项规定，撤销被申请人作出的《关于解决林某与某经济建设发展公司签订的协议书未能履行的处理意见》的决定。

三、行政应诉

1997—2007 年，同安区人民政府应诉行政诉讼（俗称“民告官”）共 3 件。其中厦门市同安区五显镇布塘村第六、七、八村民小组诉同安区人民政府土地权属争议行政决定案，经福建省高级人民法院判决：驳回上诉，维持原判；厦门市同安区五显镇宋宅村三村民小组诉同安区人民政府行政不作为案，经厦门市中级人民法院裁定：准许撤回诉讼。

四、议案、提案和建议办理

1997 年，区政府办理区人大各类议案、建议 82 件，政协提案 93 件，至 2003 年，累计办理 569 件和 908 件。

2004 年区政府办理各类人大议案、建议 99 件，政协提案 128 件，至 2007 年，累计办理 344 件和 543 件。

1997—2007 年，同安区政府办理同安区人大各类议案、建议 913 件，其中议案 6 件、重点建议 57 件。办理同安区政协提案 1451 件。

1997—2007年同安区办理区人大议案、建议和政协提案情况表

表17-5　　单位：件

年份	人大议案、建议			政协提案
	总数	其中：议案	其中：重点建议	
1997	82	1	4	93
1998	58	—	6	94
1999	94	1	5	131
2000	68	—	5	127
2001	122	1	6	155
2002	90	—	3	162
2003	55	2	3	146
2004	99	—	10	128
2005	85	1	6	143
2006	68	—	4	148
2007	92	—	5	124
合计	913	6	57	1451

1997—2007年同安区人大议案建议办理情况表

表17-6

年份	已解决或基本解决		解决中或列入计划		待后解决	
	件数（件）	占当年总数比（%）	件数（件）	占当年总数比（%）	件数（件）	占当年总数比（%）
1997	42	51.22	21	25.61	14	17.07
1998	27	51.9	15	28.8	10	19.2
1999	37	42	34	38.6	17	19.3
2000	25	40	—	—	—	—
2001	35	30	35	30	45	40
2002	28	32	31	36	28	32
2003	15	30	16	31	19	39
2004	25	28	33	37	31	35
2005	23	30	29	37	26	33
2006	26	41	29	45	9	14
2007	39	45	36	41	12	14
合计	322	—	279	—	211	—

说明：表中件数不含重点议案建议。2000年解决中、待解决合计38件未计入合计中

第四节 信访工作

一、机构设置

（一）区信访机构

1997年机构改革时，设区政府办公室信访科，加挂中共同安区委、区政府信访局。

2002年7月，设中共同安区委、区政府信访局，属二级局。2007年9月18日升格为一级局。

（二）三级联动网络

1997年6月，成立区信访工作领导小组，下设办公室。区直部门设分管信访工作领导、设专人负责办信接访。各镇（场）设分管领导、专兼职信访接待员。各村（居）有信访信息员。构成区、镇、村三级信访网络。

二、办信接访

（一）信访制度

领导接待群众来访日 每月10日为区党政领导接待群众上访日；每月1—4日为区领导到挂镇（街）接访群众、现场办公；各镇、街、场实行党政领导每月不少于一天接待群众活动；法院、检察院、公安等部门领导每月1～2天接待群众上访。

疑难信访问题排查调处制度 区信访工作领导小组每季度对全区疑难信访问题进行分析、排查，责任分解；区政法委每季度对全区社会矛盾纠纷进行分析排查；各镇、街、场每月对辖区内的疑难信访问题和社会矛盾问题进行预测排查；重大活动、重要节假日前夕，对信访疑难问题和社会隐患进行研究、分析、排查。

疑难信访问题处理、协调、督办制度 对群众反映的疑难信访问题，按照属地管理、分级负责，谁主管、谁负责的处置原则，明确牵头单位，信访部门按照“五定”（定领导、定部门、定人员、定办理要求、定办结时限）要求定期督办。

越级群体性上访处置工作制度 对群众越级到省、市集体上访，所在地领导必须在一定时限内组织人员赶赴省、市处置，劝回上访群众；对发生50人以上集体上访或异常集体上访，公安部门接报后应及时派警力到现场维护秩序；对围堵、冲击国家机关，堵塞、阻断交通，拉横幅、打标语等违禁行为，公安机关在做好工作的同时，依法采取必要的现场处置措施，给予治安管理处罚，构成犯罪的，依法追究刑事责任。

（二）接访原则

信访工作人员在办信接访工作中，做到“接待群众讲情、讲理、讲法，处理问题依法、依理、依情，办理结果合法、合理、合情”，实事求是解决群众的实际问题。

（三）信访办理

1997年，办信接访495件，以涉及城镇房屋拆迁问题54件为最（除其他类外、下同）。占总件数的10.91%；以涉及农村土地征用问题和环境保护问题均为38件居次，各占7.68%。至2003年，累计办信接访3744件，仍以涉及城镇房屋拆迁问题455件为最，占总件数的12.15%，以涉及劳动和社会保障问题375件居次，占10.02%。

2004年，办信接访576件，仍以涉及城镇房屋拆迁问题73件为最，占总件数的12.67%，以涉及劳动和社会保障问题55件居次，占9.55%。至2007年累计办信接访2395件，仍以涉及城镇房屋拆迁问题283件为最，占总数的11.82%，以涉及劳动和社会保障问题221件居次，占9.23%。

1997—2007年，办信2572件，接访3567件，合计6139件。其中以城镇房屋拆迁问题为最，分别是334件、404件；劳动社会保障问题居次，分别为285件、311件；农村土地征用问题居第三，分别为254件、295件；国有企业改制问题居第四，分别为218件、293件；环境保护问题居第五，分别为209件、297件；涉法涉诉问题居第六，分别为206件、221件。对历年所有信访来访，区信访局均按制度全部办结。

1997—2007年同安区信访部门办信接访统计表

表17-7　　　　单位：件

分类		1997年	1998年	1999年	2000年	2001年	2002年	2003年	2004年	2005年	2006年	2007年	合计
农村土地征用问题	办信	17	15	19	24	17	27	21	17	29	31	37	254
	接访	21	17	21	21	32	21	27	24	31	37	43	295
城镇房屋拆迁问题	办信	23	32	28	27	30	38	31	42	31	23	29	334
	接访	31	33	37	38	38	32	37	31	37	43	47	404
国有企业改制问题	办信	16	12	17	19	21	28	24	17	22	19	23	218
	接访	19	17	24	21	27	31	27	32	37	27	31	293
涉法涉诉问题	办信	15	23	21	11	17	19	17	21	18	27	17	206
	接访	17	10	19	17	18	23	21	17	21	31	27	221
复退军人问题	办信	3	—	3	2	7	11	5	7	3	7	—	48
	接访	7	11	7	3	8	12	7	3	5	4	—	67
劳动社会保障问题	办信	16	31	21	31	22	27	31	24	27	31	24	285
	接访	21	27	23	27	27	34	37	31	21	29	34	311
水库移民问题	办信	—	—	—	—	—	—	—	17	10	14	13	54
	接访	—	—	—	—	—	—	—	12	19	17	12	60
环境保护问题	办信	17	27	17	24	19	20	17	21	17	21	9	209
	接访	21	21	32	25	26	27	34	31	22	31	27	297
干部作风问题	办信	13	32	12	7	14	9	7	12	21	32	21	179
	接访	7	13	18	9	12	17	12	9	17	11	17	142
其他	办信	66	64	60	78	121	28	38	77	101	88	64	785
	接访	165	140	130	153	159	140	126	131	97	105	131	1477
小计	办信	186	236	198	223	268	207	191	255	279	292	237	2572
	接访	309	289	311	314	347	337	328	321	307	335	369	3567
办结率(%)	办信	100	100	100	100	100	100	100	100	100	100	100	100
	接访	100	100	100	100	100	100	100	100	100	100	100	100

第五节　应急工作

一、机构设置

（一）同安区突发公共事件应急委员会

2006年9月13日成立，为区突发公共事件应急管理工作领导机构。应急委主任高玉顺；副主任毛立臻、卢晓东、陈国栋、陈水利、黄燕添。下设办公室。

（二）同安区突发公共事件应急中心

2007年8月27日成立，处理同安区突发公共事件办事机构，承担应急办的日常事务工作。

（三）专项应急指挥部

2006年12月成立专项应急指挥部16个，为负责处置各类突发事件的领导机构：森林防火指挥部、防汛抗旱指挥部、特大安全生产事故应急指挥部、重大动物疫情应急控制指挥部、地质灾害防治领导小组、重特大电力突发事故应急指挥部、突发事件应急救助领导小组、环境污染和生态破坏应急领导小组、110联动指挥部、食品安全事故应急指挥部、医疗卫生救援领导小组、抗震救灾指挥部、涉外突发事件应急指挥部、新闻报道指挥部、粮食安全应急指挥部、突发公共卫生事件应急指挥部。

二、应急事务

（一）编制应急预案

2006—2007年，先后制定1个总体预案（《厦门市同安区突发公共事件总体应急预案》），14个专项预案，46个部门预案。应急预案体系基本做到“横向到边，纵向到底”。

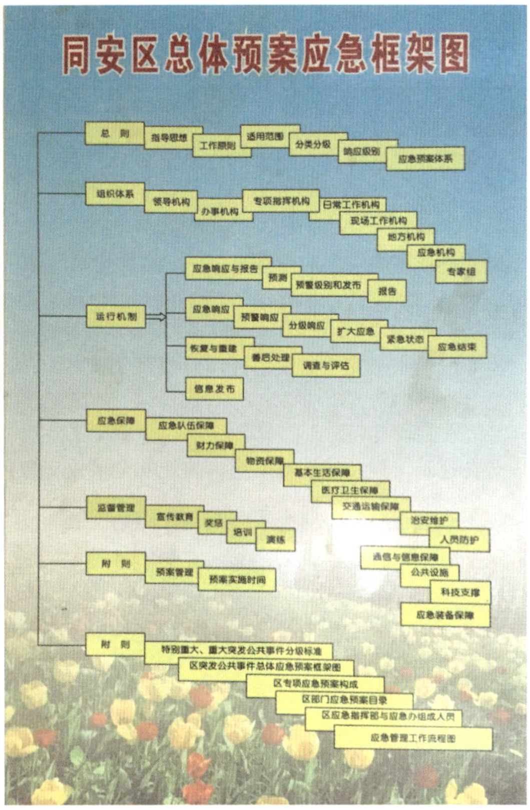

图17-2 同安区总体应急预案框架图

同安区专项应急预案目录

表17-8

文件号	预案名称	牵头部门	制定时间
厦同政〔2006〕71号	同安区突发公共卫生应急预案	卫生局	2006.5.19
厦同政〔2006〕115号	同安区处置重大森林火灾应急预案（同安区预防和处理森林火灾预案）	林业局	2006.9.4
厦同政〔2006〕139号	同安区突发环境事件应急预案	环保分局	2006.10.16
厦同政〔2006〕140号	同安区突发重大动物疫情应急预案（机密）	农业局	2006.10.17
厦同政〔2006〕150号	同安区防洪防台风应急预案	水利局	2006.11.2
厦同政〔2006〕149号	同安区抗旱应急预案	水利局	2006.11.2
同委办〔2006〕72号	同安区突发公共事件新闻发布应急预案	区委宣传部	2006.12.16
厦同政〔2006〕188号	同安区突发公共事件医疗卫生救援应急预案	卫生局	2006.12.31
厦同政〔2007〕22号	同安区粮食安全应急预案	市粮食第一分局	2007.3.19
厦同政〔2007〕31号	同安区地震应急预案	科技局	2007.4.4修订
厦同政〔2007〕63号	同安区突发地质灾害应急预案	国土房产分局	2007.5.27修订
厦同政〔2007〕83号	同安区重大食品安全事故应急预案	经贸局	2007.6.27
厦同政〔2007〕112号	同安区突发公共事件应急救助保障预案	民政局	2007.8.3
厦同政〔2007〕179号	同安区涉外突发事件应急预案（机密）	侨台办	2007.12.13

同安区基层（部门）应急预案目录

表 17-9

预案名称	制定部门	制定时间
农业重大自然灾害突发事件应急预案	农业局	2006. 12. 23
农业环境污染突发事件应急预案	农业局	2006. 12. 23
风暴潮、海啸灾害应急预案	农业局	2006. 12. 23
海洋渔业防台风工作预案	农业局	2006. 12. 23
渔业船舶水上安全突发事件应急预案	农业局	2006. 12. 23
建设系统破坏性地震应急预案	建设局	2006. 12
对在建筑工程及建筑施工重大质量安全事故应急预案	建设局	2006. 12
红十字会自然灾害与突发公共事件应急预案	红十字会	2006. 12
重大气象灾害预警应急预案	气象局	2006. 12
非煤矿山事故应急预案	安监局	厦同政办〔2008〕66 号 2008. 7. 21
危险化学品事故应急救援预案	安监局	2005. 8
处置水利工程突发公共事件应急预案	水利局	2007. 5. 21
桥梁突发事故应急预案	交通局	2006. 12. 23
公路交通突发公共事件应急预案	交通局	2006. 12. 23
处置紧急重大突发事件应急预案	交通局	2006. 12. 23
重大外来林业有害生物应急预案	林业局	2006. 12
重大林业生态破坏事故应急预案	林业局	2006. 12
医药储备应急预案	经贸局	2006. 12
煤电油运综合协调应急预案	经贸局	2006. 12
生活必需品市场供应突发公共事件应急预案	经贸局	2006. 12
火灾事故灭火救援应急预案	消防大队	2006. 12
人防工程事故灾难处置预案	人防办	2006. 7
质监系统食品安全突发事件应急预案	质监三分局	2007
突发紧急事件应急处置工作预案	同安交警大队	2006. 11. 21
重、特大传染病疫情应急预案	卫生局	2007. 4
急性职业中毒卫生应急救援预案	卫生局	2007. 4
互联网网络安全应急预案	电信局	2006. 12
教育系统突发公共事件应急预案	教育局	2006. 12
司法行政系统突发事件应急预案	司法局	2006. 12
处置市场经营秩序突发事件工作预案	工商局	2006. 12
公共文化场所和文化体育活动突发公共事件应急预案	文体局	2006. 12
旅游突发公共事件应急预案	旅游局	2006
涉侨突发事件应急预案	侨台办	—

续表17-9

预案名称	制定部门	制定时间
邮政突发公共事件应急预案	邮政分局	2006. 12
市场监管应急预案	工商局	2006. 12
群体性上访事件应急预案	信访局	2006. 12
处置民族宗教与民间信仰突发公共事件应急预案	民族宗教局	2005. 5
劳动保障群体性突发公共事件应急预案	劳动保障局	2006. 12
突发水资源污染应急预案	环保分局	2006. 4
国家安全局应对突发事件情报信息工作应急预案	国安第一分局	2006. 12
财政应急保障预案	财政局	2007. 1
应对价格异动事件工作预案	发改局	2006. 1
粮食储备应急预案	粮食一分局	2007. 3
环东海域综合整治发展工程同安片区防台防洪应急预案	环东海域指挥部	2007. 3
重特大电力突发事故应急预案	供电分局	2007. 3
防洪防台风卫生应急预案	卫生局	2007. 3

（二）建立应急救援体系

2006年，同安区开始建立由区专业应急救援队伍，企业专、兼职救援队伍和社会志愿者组成，公安、消防、武警、民兵预备役为骨干的应急救援体系。至2007年底，全区各部门，镇（街），村（居）建成各自的应急队伍。其中有公安消防特勤、公安巡警、森林消防、防汛抗旱、矿山应急救援、环境污染监测、医疗卫生救援、动物疫情应急处置等应急专业队伍，非煤矿山、危险化学品、森林、电力、电信等企事业单位专兼职队伍，卫生应急救治专家队伍，共青团组织、中国红十字会、中国青年志愿者协会、基层社区等应急志愿者队伍，构成同安区的应急救援体系。

（三）建设监测预警系统

每个街道、镇建立1个地震宏观测报网、地震灾情速报网、地震科普宣传网，配备1个防震减灾助理员，形成“三网一员”监测系统。

建立多要素自动气象站，适时雷达监测系统，气象信息综合分析处理系统（MICAPS）V2.0，气候业务系统，自动站网适时监测系统等，形成气象灾害监测预警系统。

2002—2007年，建成林火电视远程监测系统18个监测点，形成林火电视远程监测系统，监测全区80%的林地。

建设灾害点监测网，村（居委会）监测网，镇（街道办）监测网，区级监测网，形成地质灾害四级监测防灾网络。

各医疗卫生单位、社会医疗机构、村卫生所等区、镇、村三级医疗卫生服务网络在日常医疗、预防、保健服务过程建成传染病、食品卫生等各项工作预警机制，形成有效的传染病疫情食品卫生预警体系。

建设洪水预警报系统、台风路径监视系统、卫星云图自动接收系统，形成防洪防台风预警系统。

（四）建设应急避难场所

防震避灾场所：东溪公园、银湖公园、区政府大院。

防洪防台风安置点：同安一中、东山中学、厦门第二外国语学校、体育馆。

防空避难场所：人寿大厦、区政府大楼、人大大楼和接待中心地下室、同安地税分局、建行大楼、商会大楼、国税大楼、电信大楼、工商大楼、银湖花园会所、原第三医院门诊楼。

（五）储备应急物资

依托各专项指挥部储备各类应急物资，加强物资保障能力。

第六节 侨务与外事

一、侨务

（一）侨情普查

1997 年 3 月，同安县侨情普查，全县旅外华侨、华人 13367 户 152233 人，主要集中于东南亚各国，其中新加坡 6034 户 65695 人，马来西亚 4817 户 56542 人，两者占同安旅外华侨、华人总户数的 81.18%，总人数的 80.30%。新移民 332 人，留学生 15 人。全县归侨、侨眷及出国人员眷属 8806 户 85374 人，占全县总人口的 15.80%。其中归侨 1772 人、侨眷 81572 人、出国人员眷属 2030 人，居住在新店、马巷两镇者最多。旅外户与侨乡户的户比为 1.52∶1，人数比为 1.78∶1；曾侨居地和其亲属现侨居地为新加坡、马来西亚者 10851 户 121237 人，占华侨总户数的 81.18%、总人数的 79.65%。

2005 年侨情普查，全区旅外华侨、华人计 1773 户 35781 人，其中华侨 409 人，华人 35372 人，分布于 21 个国家，其中东南亚 9 个国家的华侨华人 31903 人，占 89.16%。归侨、侨眷 6127 人。

2005 年旅外同安籍华人、华侨分布表

表 17-10 单位：人

国家或地区	人数	国家或地区	人数
新加坡	12928	法国	249
印尼	3303	德国	189
马来西亚	8719	英国	134
缅甸	2249	老挝	82
菲律宾	1878	瑞士	60
美国	1867	日本	53
越南	1032	丹麦	31
泰国	1002	印度	23
柬埔寨	710	瑞典	13
加拿大	541	新西兰	8
澳大利亚	301	合计	35372

（二）侨胞接待

1997—1998 年“9·8”投洽会期间，区政府接待侨商 40 多人次。

1999 年 5 月 9 日、10 月 10 日，两次接待回乡探亲的马来西亚侨领陈六选夫妇及随员。9 月 27 日，接待回乡祭祖的巴黎侨领江基民。

2000 年 9 月 14 日，接待印尼华侨廖兴国、魏耀坤；15 日，接待菲侨叶金强夫妇。

2000 年 12 月，接待到同安参加第四届同安联谊大会的世界各地的同安乡亲。

2001 年 4 月，接待新加坡侨领孙炳炎及家族 20 余人。8 月，接待美国加州同安联谊会华裔青年寻根谒祖团一行。9 月，接待新加坡会馆陈积谋主席率领的商贸代表团。

2002年4月，区侨联成立五十周年时接待30多名专程与会的侨团、侨领。9月6日，接待澳大利亚侨领洪少松一行。9月28日，接待胡文虎之女胡仙博士及胡文虎基金会成员10余人。10月17日，接待马来西亚柔佛州金同厦会馆主席成龙率领的商务访华团。

2004年4月28日，接待马六甲同安金厦会馆陈诗抽率领的马六甲爱乡观光旅游团。5月，接待参加首届“世界闽商大会”的汪家裕、魏耀坤、洪光德、陈文赞等新加坡、北美侨领。

2005年4月，接待回乡祭祖的星侨卢勉诚一行8人，菲侨叶金强一行6人。同月14日，接待世界越柬寮华人团体联合会秘书长张作波率领的访问团。5月21日，接待加拿大侨领陈富夫妇及随员。22日，接待侨界海西行代表团。24日，接待印尼华人企业家陈国仁及随员到同安考察。27日，接待到同安考察的侨领陈文赞、杨松鹤。6月14日，接待徐嘉庆、戴再生回同祭祖。

2006年4月14日接待菲侨领叶金强、新加坡侨领郭天夜、孙炳炎。22日，接待槟城侨领周宴生。6月20日，接待马六甲中华总商会会长杨建良父子。22日，接待菲侨领叶金强及亲属一行8人、新加坡侨领杨松鹤一行3人。8月31日，接待槟城拿督杨集东参访团。

2007年3月6—8日，接待参加“第六届世界苏姓恳亲大会”的与会同胞。同月，先后接待美国加州陈文赞、印尼华裔陈宝安夫妇、缅侨吕美霞女士、法侨江基民、菲侨企业家叶长猛等。5月，接待加拿大乡贤陈国强一行4人。23日，接待菲华侨慈善会理事长李逢梧夫妇。30日，接待到同安参访考察的美国华人企业家谢坤栓。7月17日、9月3日，两次接待到同安探讨旅游度假村开发事宜的菲侨叶金强夫妇一行16人。10月22日，接待回乡探亲的星侨曾英延、沈武平一行。28—29日，接待回乡参加厦大文化交流的星侨杨宝泉、郭永秀和回乡祭祖的邵铭煌。30日，接待马来西亚福建会馆主席郑宝庆的参访团及回乡探亲的印尼侨胞叶作恒一家。

据统计，1997—2007年，区政府相关部门累计接待海外侨胞4700多人次，其中接待海外侨领、侨团领袖190多批次、700多人次。

（三）归侨服务

维护归侨侨眷的合法权益 1998年7月，区侨办发出《关于开展纪念〈中华人民共和国归侨侨眷保护法〉颁布9周年的通知》，发动各镇场侨务组大力宣传保护法，并对照检查执行情况，切实保护归侨、侨眷的合法权益。8月、9月，区侨办两次到竹坝农场办公，确认15户16人为归侨、归侨子女身份，恢复其城镇户口。1998年、1999年，为“三侨生”（华侨、归侨、侨眷）开身份证明405件次。1999年，办理归侨证778份，侨产拆迁证明95份，离退休归侨身份证明15份，侨眷出国出境证明75份。2000年，办理三侨生证明11份，归侨证40份，侨产拆迁证明91份，离退休归侨身份证明6份。2002年，办理三侨生证明17份。2004—2006年，受理侨眷信访18件并全部办结，接待侨眷来访100多人次，多为侨房政策落实和侨产拆迁事项，均依法协调相关部门予以处理。2007年，办结侨属求助信22件，涉侨来信5件，开具归侨子女升学证明6件。所开具的身份证明、侨产证明，维护了归侨、侨眷及子女的退休、出国、升学、产权保护等方面的合法权益。

扶助侨企 1998年、1999年，区侨办为55家侨资企业开具“侨企优惠待遇证明”。1999年10月，14号台风后，每年定期走访侨企，协助解决生产经营中的困难，探讨发展措施。至2007年，累计走访侨企110多家，协助解决企业用水、用电、用工及道路、环境、安全等问题50多件。

关爱贫侨 区侨办对贫困的归侨、侨眷每年春节进行慰问补助。1997—1998年，累计补助贫侨459户1537人次，发放补助款4.8万元。1999年10月14号台风后，及时拨专款救助受灾归侨4户。2000年元月，补助贫侨55户，1.38万元。2001年元月，慰问、补助贫侨70户，1.57万元。2002年元月，慰问、补助贫侨92户，2.45万元。7月普查全区困难归侨、侨眷共137户547人，制定扶持措施。2004—2006年，慰问补助贫侨143户次，6.32万元。2007年元月，慰问补助归侨41户，侨眷2人，1.8万元。同年，区侨办协助解决竹坝华侨农场职工自付的社会保险金83万元，债务39万元，并协调理顺竹坝“侨居工程”建设事宜。

附录：侨胞捐助公益纪要

1997 年，侨胞捐资 40 万元建设新圩诗坂小学校舍。马巷地区侨胞为建学校、村道、村灵堂等公益捐资 350 万元。

1998 年，星侨陈官水捐资××万元建诗坂小学校舍。

1999 年，星侨陈光镇捐××万元建村道。美侨朱立人捐××万元建萃英公园。38 位热心同安故乡公益事业的侨（台）胞获同安区人大常委会颁予的“同安荣誉市民”称号。

2000 年第四届世界同安联谊大会上，同安区政府表彰捐资兴办同安公益事业的侨团及个人，28 个团体和 63 名个人分获金、银、铜奖牌。

2002 年 1 月，马来西亚拿督黄琢齐捐资×万元重塑同安孔庙的孔子雕像。4 月，印尼侨胞郑金淡捐款×万美元建设大嶝养老院。

2003 年 4 月，同安区侨企捐资×万元助学。区侨联名誉主席陶爱菊女士将房产“柯陶小筑”捐赠给“柯朝阳奖学基金会”。同年，马来西亚拿督陈方选捐资××万元修筑诗坂村道。

2004 年 10 月，星侨陈来华向同安区博物馆捐赠七件华侨史珍贵文物。

2005 年 5 月，世界越柬寮华人团体联合会访华团向竹坝华侨农场扶贫救助基金会捐资××××美元。新加坡华侨捐××万元修建大同过溪营边桥，捐资××万元修建莲花栋佐小学校舍。

2006 年 9 月，星侨杨松鹤捐资万元委托区侨联奖学。

2007 年，胡德国（胡彩英胞弟）遵照其兄长胡德三的遗愿捐资×××万元设立“厦门市国祺中学胡德三教育促进会”，用于奖励品学兼优的学生和资助家庭困难的学生。同年 9 月，参加世界越柬寮华人团体联合会第三次会员代表大会的部分代表 250 多人参访竹坝华侨经济开发区，捐助竹坝教育事业×万元。

（四）出访联谊

1997 年 10 月 17—29 日，同安海外联谊会会长、区委统战部长王剪花参加市海联会代表团出访新、马、泰，拜访泰国侨领陈顺德夫妇等人。

1999 年 11 月下旬，区政府代表团参加在马来西亚举行的第三届同安世联会。

2000 年 8 月，区政府代表团出访印尼、菲律宾、澳大利亚侨界。

2001 年 1 月，区政府代表团出席在美国洛杉矶举行的美国加州同安联谊会成立暨首届理事就职典礼；11 月，区政府代表团、同安经贸考察团出席在美国加州举行的第五届世联会；12 月，区政府组团出席在马来西亚槟城举行的第六届世界同安联谊大会乡团扩大会，与会乡团一致通过大会逢五逢十在同安故乡召开。

2004 年 5 月 27 日至 6 月 8 日，区政府代表团出访新、马、菲各国华侨界。

2005 年 3 月 12 日，区政府代表团出访新加坡参加第六届世联会筹备会，代表团详细介绍同安乡情与发展，广泛联络各国侨团、侨领、侨亲，联谊招商，共谋振兴同安大计。同安区统战部、侨办、侨联领导均作为成员随行，与出访国侨团、侨领就世联会会所和招商引资振兴同安等大计促膝商谈。

二、外事

1999 年元月 6 日，区政府接待澳大利亚驻广州总领事安景华女士全家回同安谒祖寻根，随后安排参观同安博物馆与梵天寺等。4 月 1 日，接待马来西亚驻华大使拿督啊朴杜 · 马吉德夫人，陪同游览鼓浪屿。5 月 7 日，接待巴布亚新几内亚国防部长彼得 · 瓦伊恩一行 6 人，陪同参观马塘村村貌及农田；8 日，接待菲律宾、新加坡驻厦总领事馆官员及家属 40 人到同安参观考察，陪同参观马塘村、大嶝对台小额商品贸易市场和远华影视城；27 日，接待拉美国家青年外交官一行 14 人，陪同参观马塘村；同日，接待捷克斯洛伐克众议院主席夫人莉·克苏索娃参观马塘村。9月21日，区外事办接待非洲外交官一行26人参观马塘村；26日，接待以德里斯·圣·何塞为团长的菲律宾参议员高级助手代表团一行11人，陪同参观马塘村。

2000年3月5日，联合国难民署驻华代表处官员到竹坝华侨农场进行在华印度难民事务的考察，同安区外事办参与省、市外侨办的接待工作。5月2日，参与接待新加坡驻厦总领事林明河一行到同安参访；12日，接待新加坡前总统黄金辉夫妇视察同民医院。9月12日，接待新雷澳·汤普逊为团长的澳大利亚马卢奇郡代表团一行13人，陪同参观马塘村、同茂公司，并宴请客人。12月29日，接待越南副总理阮公丹一行，陪同参访松达公司鲟鱼养殖。

2001年9月11日，接待苏丹国大使阿卜杜勤哈来德·阿卜丁到新圩武峰公司考察。10月2日，协助同安一中接待美国东洛杉矶学院院长参访团；10—14日，协助同安一中接待新加坡南侨中学校长参访团一行16人。

2002年3月4日，接待美国（厦门友好城市）川奇集团董事长杨子明一行。5月5日，接待欧洲绿党议员一行4人，陪同参观大嶝对台小额商品交易市场。6月24日，接待捷克共和国捷中经贸文化交流促进会一行6人，陪同参观竹坝开发区；28日，参与接待驻北京、上海、广州的外国记者，陪同参访大嶝对台小额商品交易市场。9月19日，参与接待拉美和加勒比海国家级外交官访华团一行29人，陪同参观考察大嶝对台小额商品交易市场。

2004年4月2日，接待美国世华基金会董事长柯约瑟一行，陪同考察竹坝幼儿园。5月9日，接待赴厦讲学的澳大利亚悉尼大学博士安德尔比特夫妇。

2006年1月8日，接待澳大利亚太平绅士陈淼。4月21日，接待“泰国大学生闽南印象之旅夏令营”一行80余人，陪同到竹坝农场联欢。6月24—25日，接待到同安参加夏令营的印尼华裔青少年。

2007年4月，协助同安一中接待德国卡尔—楚克迈中学代表团一行14人。6月25日，接待“印尼苏北省青少年夏令营”同安访问团一行30余人。

第七节　机关事务管理

一、机构设置

1997年，同安县机关事务管理局，更名为同安区机关事务管理局，职能不变。

2002年12月机构改革，保留同安区机关事务管理局，为区政府主管区直机关事务工作的部门管理机构（二级局）。

2003年12月3日，同安区机关事务管理局为区政府部门管理机构，由区政府办公室管理（二级局）。下辖厦门市同安区机关文印室（事业单位，自收自支）、厦门市同安区机关服务中心（事业单位，全额拨款）。

二、国有资产管理

（一）机关建筑物的分配与使用

区政府机关于2002年2月陆续迁入新的行政中心（银湖中路1号），各楼层建筑面积如下：政府楼14226平方米、人大政协楼7279平方米、人民会堂2687平方米、接待中心（机关食堂）4977平方米、信访局394平方米、干部宿舍楼1430平方米。准迁入单位为：区委、人大、政府、纪委、政协“五套”班子和原在旧机关大院内办公的行政事业单位及部分在机关大院外办公的行政单位。除领导办公用房及特殊用房外，其余单位按人均12平方米标准分配使用办公室。

原旧行政中心（三秀路141号）由于公房清理整合及便于集中管理，留在原址和先后回迁的单位有：档案局、行政执法局、审计局、旅游局、安监局、双拥办、供销社、红十字会、宗教局、高炮团预备役、文化市场稽查队、爱卫办及部分社团协会等。

（二）大宗财物管理

大宗办公用品由各单位根据区财政局《办公设备设置标准》按程序组织政府采购，并进行固定资产价值登记，剩余固定资产、不动产于2005年移交厦门市同安区投资管理总公司经营。

（三）水、电、绿化、环卫等公共设施管理

水、电维修管理、机关大院节能减排、会堂音响音控视频由管理局技工专职负责，并与水务集团、电力公司保持联系，保证机关用水、用电安全。

机关大院环境卫生、绿化等工作走市场化道路，由环卫单位、资历绿化公司承包经营，保证大院四季常青、整洁卫生，连年被省、市各级政府、部门评为“园林单位”“花园式单位”“市容管理考评优胜单位”“爱国卫生工作先进单位”等荣誉称号。

三、机关车辆管理

公务车使用原则为保障区五套班子领导用车。在此前提下，各单位确因公务需要派用车辆，给予支持解决。驾驶员实行轮值制，遇紧急情况或突发事件，可由区领导、区委、区政府值班室直接派车。实行定点维修、加油，车辆用油和维修费用公布，以及节假日、夜间回场等制度。

四、后勤服务

（一）会堂会议服务

会堂使用范围为区人大、政协全会、区五套班子、区直机关单位召开各种会议及接待重要国内外贵宾。管理员负责会堂的使用登记及安排使用会议室；服务员负责排放桌椅、卫生保洁、接待、茶水供应等会务服务。

（二）接待中心（机关食堂）

为区五套班子领导、机关大院干部、职工提供用餐服务，做好防火、防毒、防盗等管理工作，加强食品卫生监督检查，确保饮食卫生，提高服务质量。

五、内部保卫

机关保安队伍实行双轨管理制。由同安公安分局保安公司选派优秀保安员，双方签订《保安服务合同》，由管理局使用、管理、监督。制定各项应急预案，切实做好防火、防盗、防自然灾害等工作，消除一切事故隐患，预防各类事件发生。加大技改、技防力度，对重点部位、保密单位实行24小时监控。

第三章　政协地方组织

第一节　区政协委员会及其工作机构

一、区政协委员会

同安区政协委员会由全体政协委员组成。政协委员的产生，首先由区委统战部核定委员数量，分配给各党派、各部委办局、各业界民主推荐提名，经区委统战部考察并按党内外人数比例、界别比例、党派比例、男女比例等与各方民主协商，最后确认。

经协商确定：

1999年，同安区第九届政协委员205名，其中非中共委员131人，占63.90%；妇女委员41人，占20%；大专以上学历100人，占48.78%。委员分属26个界别。

2003年，同安区第十届政协委员148名（不含翔安），其中非中共委员89人，占60.13%；妇女委员31人，占20.95%；大专以上学历90人，占60.81%。委员分属27个界别。

2007年，同安区第十一届政协委员178名，其中非中共委员108人，占60.67%；妇女委员39人，占21.91%；大专以上学历113人，占63.48%。委员分属27个界别。

二、工作机构

（一）内设机构

第九届区政协委员会内设办公室（下辖秘书科、行政科）、提案文史办公室、专门委员会办公室。

第十届区政协委员会内设办公室（下辖行政科于2004年7月撤销），提案文史办公室、专门委员会办公室。

第十一届区政协委员会内设办公室，提案文史办公室、专门委员会办公室、研究室。

（二）专门委员会

第九届区政协委员会下设学习委员会（内设学习中心组，由政协正副主席、各民主党派负责人、参加政协组织的人民团体负责人及政协机关工作人员组成，定期组织学习。第十、第十一届同）、提案委员会、文史资料委员会、经济城建委员会［下设公交组（公交委员会）、农业组（农业委员会）、经贸组（经贸城镇委员会）、非公有制工贸组（非公有制经济委员会）］、科教文卫委员会（下设教育组、文体组、卫生组、科教组）、三胞工作委员会［下设侨务组（侨务委员会）台务组（台务委员会）、香港组（香港联络处）］、法治委员会（下设社会组、法制组）、社会事务委员会（下设社会组、法制组）。

第十届区政协委员会下设学习委员会、提案委员会、文史资料委员会、经济贸易委员会、农业与科技委员会、城建与交通委员会、科教文卫委员会（下设同第九届）、侨台委员会、法治委员会（取消下设）、社会事务委员会（三次会议设）。

第十一届政协委员会下设专门委员会同第十届，计10个专门委员会。

（三）联络处（组）

第九届区政协委员会设有马巷联络处、新店联络处（组）、大嶝联络组（处）、内厝联络组（2002年并入马巷联络处）、西柯联络组（处）、新民联络处（2000年1月设）。

第十届区政协委员会设有西柯联络处、新民联络处（2005年1月取消）。

第十一届区政协委员会设有工商联联络处。

第二节　区政协会议

一、政协全体会议

（一）政协厦门市同安区第八届全体会议（1994.1—1998.2）

政协厦门市同安区第八届委员会第四次全体会议　1997年2月15—17日召开，出席委员202人，增补林锡广为政协副主席。

政协厦门市同安区第八届委员会第五次全体会议　1998年2月15日召开。出席委员202人。

（二）政协厦门市同安区第九届全体会议（1999. 1—2003. 2）

政协厦门市同安区第九届委员会第一次会议　1999 年 1 月 10—13 日召开，出席委员 206 名。会议选举陈韬为政协主席，黄贬、李石根、王剪花、林锡广、郭焰山为副主席，王四印等 34 人为常务委员。

政协厦门市同安区第九届委员会第二次全体会议　2000 年 1 月 3—7 日召开，出席委员 215 名。会议选举黄贬为政协主席，增选朱艺芳、郭应元为常务委员。

政协厦门市同安区第九届委员会第三次全体会议　2001 年 2 月 26—28 日召开，出席委员 211 名。

政协厦门市同安区第九届委员会第四次全体会议　2002 年 1 月 14—17 日召开，出席委员 214 名，参加选举的委员 176 名，增选蔡伟强为政协副主席（兼），郭应元为秘书长，纪汉良、蔡志强为常务委员。

政协厦门市同安区第九届委员会第五次全体会议　2003 年 10 月 11 日召开，出席委员 215 名。

（三）政协厦门市同安区第十届全体会议（2003. 10—2006. 2）

政协厦门市同安区第十届委员会第一次全体会议　2003 年 10 月 10—12 日召开，出席委员 148 名，参加选举的委员 140 名。会议选举杨宏祥为政协主席，朱艺芬、林锡广、郭焰山、程欣为副主席，叶有才等 25 人为常务委员。

政协十届四次会议开幕

政协厦门市同安区第十届委员会第二次全体会议　2004 年 2 月 1—4 日召开，出席委员 150 名，参加选举的委员 133 名。会议补选庄碧卿为副主席，朱艺芳、陈锦辉为常务委员。

政协厦门市同安区第十届委员会第三次全体会议　2005 年 1 月 25—27 日召开，出席委员 150 名出席。

政协厦门市同安区第十届委员会第四次全体会议　2006 年 2 月 19—22 日召开，出席委员 149 名，参加选举的委员 128 名，会议选举陈锦辉为秘书长。

（四）政协厦门市同安区第十一届全体会议（2007. 2—2011. 12）

政协厦门市同安区第十一届委员会第一次全体会议　2007 年 2 月 3—5 日召开，出席委员 178 名，参加选举的委员 166 名。会议选举郭永辉为政协主席，朱艺芬、郭焰山、程欣、黄福州、陈幼萍为副主席，陈锦辉为秘书长，王育玲等 25 人为常务委员。

1997—2007 年同安区第八届至第十一届政协全委会选出的领导人名表

表 17-11

届次		时间	委员数	常委数	主席	籍贯	副主席	秘书长
第八届	第四次	1997. 2. 15—1997. 2. 17	202	42	黄尚山	福建同安	李石根、王剪花（女）、杨博文、郭焰山、李仲树，增选林锡广	—
	第五次	1998. 2. 15—1998. 2. 17	202	42	—	—	—	—

续表17-11

届次		时间	委员数	常委数	主席	籍贯	副主席	秘书长
第九届	第一次	1999.1.10—1999.1.13	205	40	陈 韬	福建闽侯	黄贬（主持工作）、李石根、林锡广、王剪花、郭焰山	—
	第二次	2000.1.3—2000.1.7	215	41	黄 贬	福建同安	李石根、林锡广、王剪花、郭焰山	—
	第三次	2001.2.25—2001.2.28	211	41	—	—	—	—
	第四次	2002.1.14—2002.1.17	214	40	—	—	增选蔡伟强	郭应元
	第五次	2003.2.17—2003.2.19	215	40	—	—	—	—
第十届	第一次	2003.10.10—2003.10.12	148	30	杨宏祥	江西玉山	林锡广、朱艺芬、郭焰山、程欣	—
	第二次	2004.1.31—2004.2.4	150	32	—	—	增选庄碧卿	—
	第三次	2005.1.25—2005.1.27	145	32	—	—	—	—
	第四次	2006.2.20—2006.2.22	149	32	—	—	—	陈锦辉
第十一届	第一次	2007.2.3—2007.2.5	178	32	郭永辉	福建同安	朱艺芬、郭焰山、程欣、黄福州、陈幼萍	陈锦辉

二、主席会议

区政协主席、副主席、秘书长组成主席会议，一般每月召开1次，处理常务委员会的重要日常工作；受常务委员会的委托，主持下一届第一次全体会议预备会议。八届至十一届（截至2007年）共举行136次。其中八届46次，九届37次，十届36次，十一届17次。

三、常委会议

区政协常务委员会由主席、副主席、秘书长和常务委员组成，职责为召集并主持全体会议。每届第一次全体会议前召开全体委员参加的预备会议，选举第一次全体会议主席团，由主席团主持第一次全体会议；组织实施政协章程规定的任务和上级政协所作的全地区性的决议；执行区政协全体会议的决议；全体会议闭会期间，审议通过提交同级人民代表大会及其常务委员会或人民政府的重要提案；八届至十一届（截至2007年）共举行94次，其中八届37次，九届30次，十届20次，十一届7次。

四、其他会议

1997年5月8日，区政协召开“迎接香港回归，弘扬爱国爱乡精神”会议。

1997年10月20—24日，全国十一县市区政协工作横向联系会第十五次会议在同安区举行，议题“深化提案工作，提高提案质量”。

1999年9月23日，区政协与区委统战部联合举行联欢会，近200名社会各界人士欢聚一堂，共同庆祝建国暨人民政协成立五十周年。

2000年12月2—4日，召开第四届世界同安联谊大会，区政协领导出席会议，参与接待全国政协副主席万国权、全国政协常委胡平等领导和海内外乡亲。

2001年6月29日上午，区政协、区委统战部在区政协二楼会议室联合召开同安区各民主党派、工商联纪念中国共产党成立80周年座谈会。

2005年6月21—22日，福建省城建区政协横向联谊网络会议第三次会议在同安区举行，共有14个城建区政协领导带队参加，市政协庄威副主席、区委雷志亮副书记、区政府卢晓东常务副区长应邀参加。会议由区政协杨宏祥主席主持。会上，区政府常务副区长卢晓东向各成员单位介绍同安区的基本情况，各成员单位相互交流近几年来贯彻执行中央、省有关加强政协工作文件、会议精神，履行政协职能，推进“三化”建设的主要做法和经验。

2006—2007 年，不定期与政府部门举行专题对口协商会议。

第三节 行使职能

一、参政议政

（一）调研

1998 年，就建新村工作中的具体实施、运作策略和配套政策等问题进行探讨，形成《关于建新村若干问题的探索》一文并提出 12 条建议。

1999 年，针对农村劳力现状、农村剩余劳力的出路问题开展调研，形成《关于我区农村劳动力出路问题的调研报告》，提出解决农村剩余劳力出路 8 条建议。

1999 年，在调查全区龙眼生产状况后，形成《狠抓我区农业龙头产品—龙眼生产刻不容缓》一文，提出应重视提高龙眼生产的科技含量，并形成“建议成立区龙眼研究所”的主席建议案，很快被区政府采纳。

1999 年，在调研基础上提出《关于在我区实施“234”扶贫工程的建议》，被省脱贫致富领导小组办公室全文转发给全省和上报国务院开发办。市政协委员针对这个问题进行更深层次的调研，提出《建议市委市政府制定扶贫计划加强扶贫工作》提案，得到市委市政府重视，当年就增加了扶贫基金 200 万元，并动员 20 多家部门和企业与同安贫困村挂钩，实行结对扶贫，取得显著效果。

2000 年 4 月，配合省政协法制委在同安进行家庭暴力问题专题调研。

2002 年，成立专门课题组对专门市场建设、农村社会保障、民营企业发展、农村小学布局调整等四个课题进行调研。

2003 年，组织对农村征地拆迁、建立东部合理的产业结构、待业人员就业等问题进行调研，针对存在的问题和困难提出 16 条建议意见，供区委、区政府决策时参考。

2004 年，针对国企改革问题，组织“关于加快推进我区国企改革”的调研，提出“加大宣传力度，强化责任制管理，切实解决资金问题”等建议，被采纳并转化为相关部门的实际工作。组织对民营企业发展现状的调研，形成《关于创造良好投资经营环境，推进民营企业发展》的常委会议建议案，为区委、区政府制定《关于大力促进民营经济发展的实施细则》提供参考。

2005 年，开展“新民镇乌涂村水质污染”和“关于尽快治理污染，净化同安投资与人居环境”的调查并形成报告，在市政协会议对口协商联组上作重点发言，市政协以《政协快讯》专报市政府，引起市政府重视并决定把东西溪的治理列入为民办实事的项目。

2006 年，按照社会主义新农村建设的 20 字方针（生产发展、生活宽裕、乡风文明、村容整洁、管理民主），开展重点课题调研，形成《关于推进我区新农村建设》的主席会议建议案，一些建议被区委采纳并写进《新农村纲要》和《新农村建设实施办法》文件中。针对失地农民社保医保、征地款分配、农民技能培训、生态农业发展等问题，提出“以产业为支撑，以就业为核心，以社会保障为保证”等 29 条建议，促成农村干部工资待遇、失地农民的职业培训和农村医保、社保等问题的改善。

2007 年，多次就优化完善工业区管理体制和运行机制问题进行调研，形成主席会议建议案，提出“建立事权集中、相对独立的开发管理机构，铸造富有实力的投资开发主体，构建稳健可行的大融资体制，修缮基础设施配套建设蓝图”等建议，促成国有企业的资产整合。针对企业招工难、国企改革、乡村游等课题的调研，形成《关于企业招工难问题的建议》并转化成常委会建议案；《关于切实增强我区国投集团核心竞争力的建议》《关于推进我区“乡村游”发展的建议》并转化成主席会议建议案。

1997—2007 年，累计组织调研、调查 147 课题。

（二）视察考察

2000 年 8 月 22—23 日，区政协领导及机关工作人员分成 3 组，分别深入到挂钩镇、村和委员企业视察，关心群众生活，了解灾情，协助指导防台风、抗台风工作。

2001 年 6 月 12 日上午，区政协副主席王剪花带领文体委员会一行 13 人考察莲花风景区，并向区政府有关部门提出开发莲花山旅游专线等建议。

2002 年 7 月 23 日，区政协常委会常委视察城南、城北、巷北、巷南及洪塘石材工业区，对区工业园区开发建设提出 15 条建设性意见。

2003 年 6 月 3 日，区政协副主席林锡广带领农业委员会委员视察汀溪水库、小坪水库，对饮用水卫生、安全等问题提出整改建议。

2004 年 3 月 9 日，区政协主席杨宏祥，副主席庄碧卿、林锡广、朱艺芬分别带领政协社会法制委和侨台委的委员到竹坝华侨经济开发区视察。委员们深入车间、田间参观，对开发区建设所取得的成绩给予充分肯定，同时提出建设性意见。

2005 年 6 月 9 日，区政协副主席朱艺芬带领医卫委委员到莲花、西柯卫生院等基层医疗卫生单位视察，针对基层卫生院所承担的社会职能及面临的困难等问题展开讨论，之后提出有关同安的基层医疗卫生工作的可行性建议。

2006 年 6 月 1 日，为配合创建国家卫生城市复查，区政协副主席朱艺芬带领政协文体委、城建与交通委视察同安创卫工作，重点督查食品卫生和市容市貌，并将视察中发现的问题，分类整理反馈给相关职能部门，促进全区迎接国家卫生城市复查工作的落实。

2007 年 11 月 15 日，区政协主席郭永辉一行通过走访、视察企业，了解到部分企业在生产经营过程中遇到的融资、用水、用电、治安和企业负担等困难和问题，及时协调有关部门帮助企业解决。

1997—2007 年，区政协及各委处累计组织视察、考察 256 次，提出建议 1014 条。

1997—2007 年区政协及各委处组织视察统计表

表 17-12　　单位：次

视察内容	1997 年	1998 年	1999 年	2000 年	2001 年	2002 年	2003 年	2004 年	2005 年	2006 年	2007 年	合计
视察次数	13	16	14	15	24	30	20	23	26	32	43	256
企业	2	3	2	2	2	1	5	6	8	2	16	49
三农	1	2	1	1	2	1	—	—	—	1	2	11
商贸	—	1	1	—	—	1	1	1	—	5	2	12
旅游	1	2	1	1	4	—	1	—	—	2	2	14
文物	2	1	1	1	1	1	—	1	—	1	3	12
水电	—	1	2	4	—	5	1	—	—	—	1	14
科教文卫	3	2	3	—	3	5	4	1	4	3	3	31
交通	1	1	—	—	—	—	—	2	1	2	—	7
陪各级领导考察	—	—	1	—	7	7	3	—	1	—	2	21
外地学习	3	3	2	6	4	9	3	11	11	12	10	74
其他	—	—	—	—	1	—	2	1	1	4	2	11
提出 建议（条）	42	64	56	60	96	120	80	92	104	128	172	1014

（三）委员提案

八届政协五次会议收到提案105件，其中党派团体提案47件。审查立案94件，其中经济建设方面36件，科教文卫方面33件，政法、劳动人事方面13件，统战、宗教、侨台等方面12件。94件提案全部办复，采纳率78.8%，提案者对办理情况的满意率为86.7%。

九届政协收到提案934件，其中委员提案665件，党派团体提案201件，专委会提案68件。审查立案884件，并案后为743件，其中经济类261件，城建城管类167件，科教文卫类158件，政法、人劳、统战等类157件。54个党政部门和单位承办提案，办复率100%，所提建议基本解决和列入计划解决的596件，提案者对办理结果的满意率96%。重点提案62件，其中2000年《关于重建铜鱼池、铜鱼亭的建议》，2002年的《关于调整小学布局的建议》，2003年的《依法加强城建规划工作》等提案，均得到重点办理并取得较明显成效。

十届政协收到提案516件，其中委员提案329件，党派提案160件，委处提案27件。共审查立案485件，并案后实际交办提案421件，其中经济类148件，城建城管类124件，科教文卫类77件，政法、人劳、统战等类72件。42个党政部门和单位承办提案，办复率100%，所提建议基本解决和列入计划解决的324件，委员对办理结果满意率95%。重点提案29件，其中2004年《紧急保护溪边街古府第民居》，2005年《整合资源，做大做强职教学校》，2005年《加大预防青少年犯罪工作的力度》，2006年《尽快整合国有企业，形成强有力的开发实体》等提案，均得到区党政领导和部门的重视和采纳。

十一届政协第一次全体会议收到提案382件，立案330件，其中委员提案173件，党派提案132件，委处提案25件；经济类105件，城建城管类97件，科教文卫类52件，政法、人劳、统战等类76件。并案后240件，42个部门和单位承办，办复率100%，所提建议基本解决和列入计划解决的200件，委员对办理结果满意率97.5%。精选重点提案18件，《推动我区部分企业上市》《将梵天寺、梅山、影视城连片规划成大公园》《破解‘村改居’的难点工作》《筹建区属融资担保公司》等提案，都得到办理并取得好效果。

二、政治协商

1997年，提出“翻建同安二中旧红砖楼”“修建马巷镇南侧国道地下水道”“绿化道路，整顿市容和创建省级文明城市”等建议，均被政府采纳实施。

1998年，提出“关于农村最低生活保障的建议”“关于加大农村公共卫生投入的建议”均为政府采纳实施。对“农村高电价的调研和建议”促进电价城乡同价的改革。

1999年，提出“关于解决失地农民就业问题的建议”，促使政府部门加大培训力度，努力促进农村富余劳动力的转移。提出“加强扶贫工作”建议，当年政府增拨200万元扶贫资金。

2000年，提出“实施品牌战略，振兴我区农业”的建议，政府采纳提出“一村一品”方案。协商“解决东西溪水质污染”，政府加大了对上游养猪场和沿溪工业污染的整治。

2001年，提出“违章建筑势头亟待制止”，被区政府列入重点专项整治。“有线电视进村入户”建议，被列入市、区政府为民办实事项目。

2002年，建议“普及世贸组织知识”，促使区政府大力进行公务员世贸知识的学习、培训和考核。提出“调整我区农村小学布局的调研”被采纳，区政府着手进行农村小学的撤并调整工作。

2003年，提出“加快莲花国家森林公园基础设施建设”和“规范同安区征地拆迁”等建议，得到政府的高度重视和采纳。提出“解决农村饮水污染的建议”推动政府加大自来水进村入户工程的进度。

2004年，提出“治理东西溪污染的建议”，促成该工程被定为厦门市为民办实事项目；提出“推进我区民营企业发展的建议”，催生政府出台《大力发展我区民营企业的意见》；协商“合理调整城区交通导向设置”，使城区交通导向设置更切合实际。

2005年，提出《妥善解决我区参加机关事业单位养老社保遗留问题维护社会稳定》的建议，促使

“两类单位”职工退休养老遗留问题得到妥善解决。协商《同安区学前教育的现状调查与对策》，区政府制定《同安区发展幼儿教育实施纲要》。

2006 年，提出国企整合的建议，促进同安国投集团成立；协商《关于推进我区新农村建设的建议》，促进区政府新农村建设纲要、意见出台。

2007 年，提出《关于解决企业（非公）招工难问题的建议》，引起政府高度重视，主动采取措施帮助企业解决难题。

三、民主监督

区政协充分调动委员和社会各界参与民主监督的积极性，探索民主监督的工作规律和有效方法，通过督办提案、开展民主评议、专报件反映社情民意、组织委员考察、委员受聘担任特邀监督员等形式，提高民主监督效果。

八至十一届区政协共交办提案 1498 件，办复率 100%。其中，重点提案 109 件，政协全程跟踪督办，效果良好。组织委员视察累计 256 次，发现问题提出建议 1014 条供相关部门参考。累计编发“专报件”93 件呈送区委、区政府，编发“社情反映”157 件呈送相关政府部门，请求办理解决。累计应聘派出特邀监督员 116 人次，覆盖窗口单位 25 个，提出监督意见及建议 200 余条，均为部门采纳接受，促进廉政与行风的改善。

第四节　其他工作

一、海外及港澳台联谊

1998 年 11 月 22 日，区政协副主席李石根到马来西亚马六甲州参加第三届世界同安联谊会，参加槟州柔佛州同乡会馆庆典。

2000 年 8 月 11—26 日，以区政协副主席王剪花为副团长的厦门市同安区人民政府访问团一行 6 人，应邀访问印度尼西亚、菲律宾及中国香港、澳门等 4 个国家和地区的同安及周边市县的华侨华人及其社团，邀请同安乡亲、社团组织、商界人士回乡参加第四届同安联谊大会。

2001 年 5 月 24—31 日，区政协副主席王剪花率团赴港与政协香港联络处、香港委员磋商有关加强政协香港联络处事宜。5 月 28—29 日，应新加坡同安会馆邀请，区政协副主席林锡广随同安区人民政府代表团赴新加坡参加同安会馆 70 周年庆典期间，拜会会长孙炳炎和陈企业博士等同安乡亲，参观新加坡南洋理工大学，之后赴马来西亚及中国香港访问。

2002 年 8 月 20—23 日，应金门县商会理事长许峻岷先生的邀请，区政协副主席李石根率政协台务委员会委员一行 9 人赴金门县参观考察。

2004 年 4 月 21 日，区政协主席杨宏祥偕 4 位副主席会见台湾慈济基金会一行 5 人，感谢该基金会对同安区教育事业支持和对贫困学生的扶持；9 月 9 日，区政协主席杨宏祥与香港联络处主任李仲树，副主任蔡良平、杨起建座谈协商香港联络处当年活动事宜；10 月 10—17 日，区政协主席杨宏祥率团赴港澳参加区政协港澳联络处的活动。考察香港同安联谊会及委员企业，拜会港澳委员及在港澳的同安乡贤。

2005 年 10 月 13 日，区政协主席杨宏祥、副主席程欣赴香港参加香港同安联谊会成立 10 周年庆典；14 日，副主席程欣随区人民政府代表团赴缅甸拜会同安乡亲。

2007 年 10 月 18—26 日，区政协主席郭永辉率团参加区政协港澳联络处活动。

二、《同安文史资料》编纂

1997 年 7 月，编印《同安文史资料》第 17 辑，编入文章 15 篇。至 1999 年，共编纂 3 辑，编入文章94篇。

2000年10月，编印《同安文史资料·同安姓氏专辑》，编入文章89篇，文字27.7万字，照片13帧，354页。该辑作为献给出席第四届同安联谊大会的海内外同安乡贤的礼品，对同安70多个主要姓氏的渊源、播迁、人物作简要的介绍，同时对同安先民开发台湾、同安与金门澎湖的历史、血缘作详细记载。

2001—2004年编纂印刷《同安文史资料》第20至第23辑，编入文章182篇、照片28幅。其中第23辑首设“海峡两岸”“旅游天地”“三亲资料”“人物春秋”“三胞俊彦”等10个栏目，此后各辑在此基础上各有增减。

2005年10月，编印《同安文史资料·地灵人杰专辑》，编入文章157篇，文字30.7万字，照片40帧。分“地灵”和“人杰”两部分。“地灵”部分主要介绍同安的风景名胜、文物古迹、特产美食、民间艺术等。“人杰”部分主要介绍同安建县以来对历史与社会发展卓有贡献的名人传记。该辑是献给第六届世界同安联谊大会的重要礼品之一。2007年11月20日，被国家图书馆列入馆藏文史图书资料。

2006年8月，编印《同安文史资料》第25辑，编入文章66篇，14多万字。注重刊载解放后三亲民营经济资料。该辑的“风雨历程”栏目以真实的史料纪念同安区政协成立五十周年。

2007年10月编印《同安文史资料》第26辑，编入文章67篇，文字12万多字，照片15帧。该辑突出两岸五缘、解放后“三亲”资料、民营经济等内容，首次刊登文章，真实记录“文化大革命”期间发生在同安的部分历史事件。

三、《社情反映》编发

九届政协编发《社情反映》108期。其中，2001年编发的反映市售猪肉含有“瘦肉精”的问题，引起有关部门重视并组织查禁，受到省政协食品卫生调查组充分肯定。2002年编发的反映同南公路改造不文明施工导致附近居民断水问题，很快得到解决。

第十届、第十一届政协共组织编发23期。其中，《应尽快解决五显溪污染问题》《外来员工租住套房损坏公物、夜间扰人、弄脏环境应予治理》发出后，区环保局、执法局均及时处理解决。

四、《专报件》编发

第九届政协编发《专报件》45期。就加快岛外发展、对台旅游商贸、国有企业改革、加快东通道建设、324国道洪塘公路收费站迁建等问题建言献策。

第十届、第十一届政协编发《专报件》63期。就解决竹坝华侨经济开发区体改后若干遗留问题，尽快解决雅丽中英文幼儿园建设用地、区侨联房产租金及时返还使用、旧村改造和新村建设、台企困难等问题，提出建设性建议、意见。

五、主席接待日接待

2000年4月，建立政协主席接待委员日制度。每季1次，由政协正、副主席分组接待各界别若干名委员，根据委员们反映的社会热点、难点问题，汇总后以《主席建议案》《专报件》等形式向区委、区政府及相关部门提出有分析、操作性强的意见建议，或在政协与政府的对口协商会上提出建议，解决问题。2000—2007年，累计接待委处104次、586人。其中，2007年8月主席听取政协侨台委对翔邦、明和、波特、金日等侨台企业的考察汇报，把企业用工、水电、环境安全的诉求，形成“专报件”递交区政府，引起高度重视，着力解决。

2000—2007 年区政协主席分季度按界别委组接待日活动情况表

表 17-13

年份	季度	接待委处数	参加人数	中心议题
2000	1	—	—	—
	2	4	27	区经济发展、“三讲”教育、文教卫生、城市管理
	3	3	24	区政府上半年工作的评议
	4	—	—	—
2001	1	4	23	对区委、区政府今年工作提出意见、建议
	2	3	18	区国有企业改革
	3	4	22	评议区政府上半年工作
	4	4	22	评议区政协今年工作
2002	1	—	—	—
	2	4	24	区经济工作、招商引资、社会治安、农村社会保障
	3	4	30	评议区政府上半年工作
	4	4	27	评议区政协今年工作
2003	1	—	—	—
	2	3	18	围绕同安区防治“非典”工作
	3	3	18	围绕同安区划调整
	4	4	20	区划调整后我区经济社会发展
2004	1	5	30	围绕同安区“三个基地”建设、防治禽流感疫情
	2	5	25	围绕同安区经济发展过程中存在的一些急需解决的问题
	3	5	25	评议区政府上半年工作
	4	5	21	评议区政协今年工作
2005	1	—	—	—
	2	5	25	围绕区政府上半年的工作重点进行建言献策
	3	5	25	评议区政府上半年工作
	4	5	25	区“十一五”规划、评议区政协今年工作
2006	1	—	—	—
	2	5	25	围绕区政府今年的中心工作进行座谈
	3	5	25	评议区政府上半年工作
	4	—	—	
2007	1	—	—	—
	2	5	30	围绕区政府今年的中心工作进行座谈
	3	5	30	评议区政府上半年工作
	4	5	27	评议区政协今年工作

第十八篇　民主党派　社会团体

1997—2007年，同安区有民革、民盟、民建、民进、农工、致公、九三学社7个民主党派正常开展活动。在中共同安区委的领导和支持下，完善并发展组织，在参政议政和关注民生的活动中起积极作用。

同安区主要群众团体有总工会、共青团、妇联、商会等。这些群众团体在中共同安区委的领导支持下，在经济社会和政治活动中均发挥着举足轻重的作用。

第一章　民主党派地方组织

第一节　民革同安总支

一、组织概况

1997年5月，民革同安县支部改称民革同安区支部。2003年，升格为民革同安区总支，下辖第一支部教育支部，以教师党员为主，第二支部为综合支部，以机关企事业单位党员为主。2007年，民革同安总支有党员49人，其中男33名，女16名，具有中级职称26名，高级职称7名。

1997—2007年民革同安区支部（总支）历届领导班子成员表

表18-1

届次	任期	主委	副主委	委员
第四届支部	1995—1997年	邵金标	陈幸福	陈幸福（宣委）、庄俊卿（组委）
第五届支部	1997—2000年	邵金标	陈幸福	陈幸福（宣委）、陈丽清（组委）
第六届支部	2000—2003年	陈进团	陈幸福	陈进团（宣委）、庄俊卿（组委）
第一届总支	2003—2009年	陈进团	陈幸福　黄奕辉	—
一支部		陈幸福	—	刘力（宣委）、高良（组委）
二支部		陈进团	黄奕辉	郑永恭（宣委）、邵真（组委）
第二届总支	2006—2009年	陈进团	何金挺　黄奕辉	—
一支部		何金挺	—	陈春兰（宣委）、高良（宣委）
二支部		陈进团	黄奕辉	郑永恭（宣委）、邵真（组委）

二、主要活动

（一）参政议政

1997—2007 年，先后有 13 人次党员担任区政协委员，有 3 位党员担任市、区人大代表，2 人实职安排（邵金标曾任审计局副局长、陈进团曾任大同镇副镇长）。2003—2007 年，民革同安区总支提交政协重点提案 14 件，其中优秀提案 4 件。撰写社会调研 3 篇。其中，《提倡丧事简办，推进我区精神文明建设》《关于农村最低生活保障的建议》《依法促进我区中医药事业持续健康发展》《关于加大农村公共卫生投入的建议》《关于发展同安区农村公共卫生事业的若干建议》等提案、调研，得到了政府相关部门的重视与采纳，受到较高的评价。有 6 人被区政协评为优秀政协委员。

（二）推进祖国统一大业

民革同安区支部，利用自身优势，把祖国统一工作做为民革工作的重点，积极开展“三胞”联谊活动。在政协八届五次会议上作题为《发挥党派、团体在对台工作中的作用》的重要发言。由区民革筹建的跨党派的社团组织—同安逸仙艺苑，成为两岸联谊、弘扬中华文化的广阔平台。先后举办、协办、联办各类文化活动 40 余次。1999 年 7 月，在大嶝成功举办“同安金门美术联展”，金门县美术界 40 多人组团参展。2005 年 8 月，民革同安区总支邀请金门县写作协会到同安，与逸仙艺苑举办读书交流会，就同安与金门五缘关系进行交流探讨，深化乡谊。民革同安区总支成员还经常向台湾、金门报刊杂志投寄作品，仅台北《同安》会刊就发表逸仙艺苑会员创作的故乡风景名胜书画数十幅。老党员陈常煜、汪月娥夫妇利用广泛的海外关系为两岸联谊做大量的工作；党员王二南，与其夫同安民俗专家颜立水，长期向海内外刊物、杂志撰写稿件，在台湾《闽光》杂志、《福建杂志》、《金门日报》、台北《同安》会刊等发表介绍大陆名胜风光、闽台渊源、风土人情的文章数十篇。民革同安区总支先后接待到同安参访的台湾金门各界知名人士 500 多人次。

（三）服务社会

1998 年夏季，闽西北洪灾，民革党员捐款 3000 多元、衣物 100 多件。踊跃为同安东西溪防洪工程捐资；逸仙艺苑组织优秀作品捐赠亚运会、奥运会。

民革同安区总支积极参与服务社会，4 人被区政府聘为特约“四员”，参与行风监督，有 2 人被聘为厦门市同安老年大学教师，1 人被聘为厦门美协同安委员会名誉理事、同安美协顾问、政协文史委委员，1 人被聘为同安集邮协会副秘书长。民革党员先后为政协同安文史资料委员会提供稿件、封面美术设计 27 个，向省、市、区集邮公司、邮协提供 34 件纪念封、明信片、个性化邮票设计稿件，其中 2005 年为第六届世界同安联谊会精心设计的《同根缘、华夏情》和《古代科学家苏颂》系列邮品深受好评。

第二节　民盟同安区支部

一、组织概况

1997 年，民盟同安县支部改称民盟同安区支部。盟员主要为文教科技界的高中级知识分子。

1999 年 5 月，第五届盟员大会，盟员 18 人，选举李文世为主委，陈建设为副主委。2000 年 3 月，经民盟厦门市委会组织部批准，民盟同安区支部届中调整，由陈建设任主委，李文世任副主委。2003 年 8 月 21 日，召开第六届全体盟员大会，盟员 26 名，选举陈建设为主委，李文世、卜祥伟为副主委。

至 2007 年 12 月，民盟同安区支部盟员 28 人。

民盟同安区总支换届大会

二、主要活动

（一）参政议政

1997—2007年，有10人次盟员担任区政协委员（其中常委1名）民盟同安区支部围绕同安中心工作及社会热点、难点问题，深入调查，发挥盟内智力和人才优势，在“议政周”、课题调研、提案、民主监督等方面做大量有效工作。1997—2007年，撰写各种提案和建议237件，其中优秀提案6件、重点提案5件。组织专题调研5个，其中《加快莲花国家森林公园基础设施建设》得到区政府高度重视。

（二）服务社会

民盟同安区支部发挥人才科技优势，组织盟员开展科技、文化、卫生“三下乡”和关心支持教育事业等社会服务活动。1997年10月，到莲花学区开展“兴学助教”活动，与西坑小学结成“手拉手”对子，两年间为该校捐资1万多元，文具用品6000余件，图书600多册。2001年5月，王荣水、李文世两位盟员热心为群众排忧解难，群众赠匾民盟同安区支部“依法治国、依德治国、为人民服务”。盟员廖水送“环保工程”的事迹在中央电视台、省、市电视台多次报道，是福建第一家私营企业申报国家级污水处理的公司。盟员王子平退休多年，仍非常重视闽台文化交流，撰写大量文章在海内外发表，有多篇文章在全国获奖。2002年8月，盟员刘自力积极搭桥牵线，促成厦门志必达电脑公司和中桥通讯公司为顶溪头小学和东山村老年活动中心捐赠一批电脑和体育运动器材，2003年1月为西柯镇引入一家澳门客商投资办厂，受到政府有关部门的好评。

据统计，1997—2007年，组织科技下乡支农、扶贫、扶教、义诊、法律咨询活动17次。

第三节　民建同安区总支

一、组织概况

1997年，民建同安支部主任吴在祥，民建马巷支部主任朱金镜。

1999年6月15日，民建同安支部第五次会员大会召开，选举陈以奋为支部主任，施东辉、李荣杰、陶京铭为副主任。同月，马巷支部进行换届选举。王燕辉当选为支部主任，朱金镜、陈远吉、陈文帅为副主任。

民建总支部改组换届大会

1999年10月21日，民建同安区总支成立。经选举总支主任暂缺，王燕辉、陈以奋、朱金镜为副主任。会员78人，下设民建同安支部和民建马巷支部（其中同安支部43名、马巷支部35人)。

2002年6月23日，民建同安支部举行第六次会员大会，选举陈以奋连任支部主任，陶京铭、施东辉、李荣杰为副主任。

2002年10月26日，民建同安区总支在同安会堂举行第二届会员大会，选举朱金镜为总支主任，陈以奋、王燕辉、陶京铭为副主任。本届大会会员总数79人。

2003年10月，厦门市区划调整，马巷支部归属翔安区。

2004年6月26日，民建同安区总支换届，选举陈以奋为第三届民建同安区总支主任，陶京铭、李荣杰、许梗桐为副主任。总支下设大同、祥平两个支部，大同支部主任由陈以奋兼任，副主任颜阿伟。祥平支部主任由陶京铭兼任，副主任高泽辉。

2006年3月，增补陈颢颖为总支副主任。

总支于2006年成立老年活动小组，陈惠琴任组长，归属总支直接领导。

至2007年底，民建同安区总支会员53人。

二、主要活动

（一）学习

民建同安区总支（支部）坚持每月15日为支部学习日，学习党的政治方针和经济政策，并形成制度。围绕中共同安区委在各时期的中心工作开展会务活动。

（二）参政议政

1997—2007年，民建同安总支（不含马巷支部）提出政协提案116件，其中列为重点提案25件，优秀提案11件。《对旧村改造的几点建议》《对旧城改造的几点建议》《加大治理餐桌污染的力度》《关注水源保护带的农民生产生活》《关于解决失地农民就业问题的建议》等提案，其质量和操作性均得到政府部门的重视并采纳。参与区政协《关于房地产业的调查》《关于规范同安区征地拆迁》《关于创造良好投资环境，推进我区民营企业发展》《关于“金包银”调研》等重点课题的调研，为政府决策提供参考。2007年，民建同安总支配合民建福建省委会、民建厦门市委会在同安进行《大力发展区域经济》课题调研，通过与区委统战部及区经贸局、发改局、农业局、工商联、招商中心等单位领导座谈，提出建设性建议。这次座谈会被民建省委调研组评价为全省范围内最富有参考价值的一场研讨会。

（三）服务社会

1997年，民建同安总支2名区商会副会长，8名区商会常务理事带头为宁夏海原县希望小学捐款。

1998年，闽北遭受特大洪灾，民建同安支部组织会员为灾区捐款3980元。

2001年，会员洋江蚝油有限公司董事长林国发捐款20万元，支持马巷—琼头公路修建。

2007年，会员李永国的中联文教公司和施军军的佳事达购物广场扶贫助学23.9万元，还有许多会员慷慨捐助光彩事业、慈善公益事业。

第四节　民进同安区支部

一、组织概况

2003年7月24日，民进同安区支部正式成立，选举林永矛为主任，李新生为副主任，会员9名，均是从事教育文化出版工作的高中级知识分子。

2007年8月24日，民进同安区支部召开第二次全体会员大会，选举林永矛为主任，廖广元为副主任。会员20名，其中本科学历8人，研究生学历1人，中高级职称13人。

二、主要活动

（一）学习培训

民进同安区支部会员每季度集中学习一次，系统学习邓小平理论和“三个代表”重要思想，学习本会章程，学习中共十六大以来的重要文件，特别是中共中央两个5号文件和新时期统战理论，树立参政党的责任意识。组织会员参加民进市委会组织的省、市级基层骨干会员培训、新会员培训和暑期读书班，区委统战部组织的统战理论培训和区政协组织的信息员培训。组织会员进行“区情观感”交流，围绕同安区实现“大跨越”、全面建设小康社会的发展目标和群众关注的热点、难点问题，认真探讨交流，为参政议政提供素材。

（二）参政议政

2003—2007年，民进同安支部会员任区人大代表1人、政协常委1人、委员2人。1997—2007年，累计提交各种提案和建议105件，其中优秀提案6件，重点提案7件。《保护同安一中校园周边地区整洁优雅环境》《建议加大力度破解我区“村改居”的难点工作》《关于加强卫生院工作的建议》《关于加强居民小区物业管理的建议》等提案得到高度重视。支部正、副主任在双月座谈会、季度座谈会及区委统战部组织的各类会议上，积极向区委建言献策。支部组织《合理调整交通设置，消除城区交通隐患》《同安区社会主义新农村文化建设情况的调研》两个调研课题，并参与区政协机关5个重点课题调研。与政协教育委员会合作进行《教育资源整合，走合并的路子》和《厦门市同安区中等职业教育存在的问题、原因及对策》两个课题的调研。2005—2007年，支部连续3年被民进厦门市委会评为“调研先进集体”。2006—2007年，林永矛连续2年被民进厦门市委会评为“调研工作先进个人”。

（三）服务社会

2003—2007年，民进同安区支部，参与区委统战部组织的科技下乡支农5次、扶贫5次、义诊2次、文化下乡2次和关心支持教育事业活动1次。参与民进市委会组织的“海西春雨行动”1次。

第五节　农工党同安区总支

一、组织概况

1997年3月，第三届党员大会选举胡秀山为总支主委，林汉平为副主委。医卫支部黄大枞为主委。一中支部林丽娜为主委。二中支部陈文书为主委。

2000年3月，召开第四届党员大会，选举林丽娜为总支主委，叶有才为副主委。叶有才为医卫支部主委，林丽娜为一中支部主委（后调整为柯朝阳），陈文书为二中支部主委。

2003年4月，召开第五届党员大会，选举林丽娜为总支主委，叶有才为副主委。任期由三年改为五年。叶有才为医卫支部主委，柯朝阳为一中支部主委，蔡炳桥为二中支部主委。

2004年3月，原二中支部及医卫支部中在翔安工作的党员20名成立翔安支部，同安区总支下辖医卫支部和一中支部。

2006年4月9日，根据农工党市委会决定，基层组织提前换届，召开第六届党员大会，有党员48名。大会选举林丽娜为总支主委，叶有才为副主委。叶有才为医卫支部主委，柯朝阳为一中支部主委。

2007年底，党员58名，其中医药界22名，教育界30名，其他界6名；高级职称32名，中级职称10名。

二、主要活动

（一）自身建设

思想教育　历届支部、总支委员组织党员学习邓小平理论和“三个代表”重要思想、中国共产党领导的多党合作和政治协商的理论、方针和政策、农工党的党史党章，撰写学习心得，多篇文章在农工党厦门市委会交流并刊登在市委会刊物《厦门农工》上。

组织生活　总支及所属支部坚持每年至少过 6 次组织生活，除政治学习外，还进行社会热点、难点、参政议政议题的讨论，调研和考察等。

（二）参政议政

1997—2007 年，农工党总支党员任区政协委员 20 人次，政协常委 5 人次，人大代表 3 人次。累计向市、区级政协提出提案 80 多件。其中，《关于建立龙眼研究所》《关于改变农村小学布局的建议》《尽快整合国有企业，形成强有力的开发实体》等 5 件被区政协评为优秀提案。《尽快制定城区详细控制性规划》《关于普及世贸知识的建议》《关于加大卫生院人才培养力度》《关于强化“金边”功能定位的建议》等 8 件被区政协确定为重点提案。总支（支部）负责人在区委双月座谈会和政协季度座谈会及区政府邀请参加的各种座谈会上，就各个不同时期的中心工作和社会的热点、难点问题建言献策、反映民意，为政府决策提供参考。2002 年，医卫支部就农民看病难、看病贵及农村卫生院的困境开展《同安区农村卫生院的现状与对策》调研，提出 7 条对策。2003 年，总支开展《加快改善同安小学英语教学进程》专题调研，并在 2004 年的区政协大会上发言，多条建议被教育行政部门采纳。与民革、九三学社联合就新民镇饮水严重污染问题开展调研，提出治污、建沼气、自来水进村和开展爱国卫生运动的建议。同年，医卫支部针对农村药品市场管理混乱的情况，开展《同安区农村医疗机构药品管理现状与对策》调研，提出的 5 条建议，得到市药监局的重视和采纳，《人民政协报》还专门报道了提案的办理情况。该课题还被收录于农工党福建省委会的《农工党福建省委建言献策案例》一书。2005 年，针对同安学龄前教育存在的问题，一中支部提交《同安区学前教育现状调查与对策》，受到区政协领导的重视，作为《呈阅件》呈报区政府。该课题内容在厦门电视台“沟通”和“政协视点”栏目播报后，引起市、区政府重视，随后区委、区政府制定的《同安区发展幼儿教育实施纲要》，基本采纳课题所提建议。2006 年，一中支部和医卫支部分别开展《“金包银”工程情况调查》《同安城镇社区卫生服务现状与对策》调研。《“金包银”工程情况调查》被市政协十一届一次会议评为优秀提案。2007 年，完成《关于企业用工问题的思考》《同安区中小企业担保贷款现状调查》《同安区学前教育再调查》3 个调研课题。这些调研成果触及同安、厦门大开发大发展过程中的一些热点问题，引起有关部门关注。

1997—1999 年，农工党党员 5 人次被聘为特邀监察员、教育督导员、行风评议代表、廉政、勤政巡视员等。2000 年—2007 年，6 人次被聘为特邀监察员、行风评议代表、效能监督员、行风监督员等。

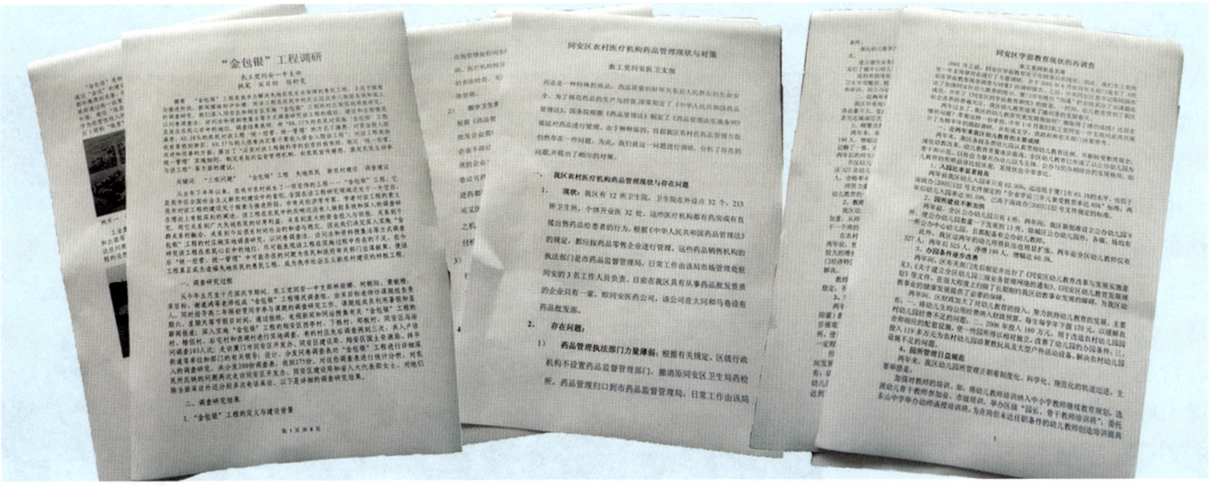

农工党同安总支（支部）调研报告

（三）服务社会

农工党同安支部发挥文教、卫生工作优势，参与社会服务，每年组织党员下乡义诊，关心指导农村教育。发动党员参与公益、赈灾、扶贫助学活动，2003—2007 年公益捐款 6 万余元。

第六节　致公党同安区总支

一、组织概况

1997 年，致公党同安县支部更名为致公党同安区支部，支部主委陈笃涵、副主委吕超伟、黄亚彬。

2000 年 6 月，成立致公党同安区总支，选举第一届总支委员会，主委吕超伟，副主委陈笃涵、黄亚彬、李卫红。下设 3 个支部：第一支部主委纪天进；第二支部主委胡朝阳，第三支部主委庄丽珍，

2003 年 8 月，8 名党员划归新成立的致公党翔安区支部。

2005 年 4 月，致公党同安区总支召开第二届党员大会，选举第二届总支委员会，主委吕超伟，副主委李卫红、黄亚彬。下设 3 个支部，第一支部主委纪天进，第二支部主委何建国，第三支部主委李国兴。

2007 年，致公党同安总支党员 59 名，其中本科及以上学历 33 名，中级职称 26 名、高级职称 14 名。

二、主要活动

（一）参政议政

1997—2007 年，致公党党员被安排为市、区人大代表和政协委员 15 人次。致公党同安区总支提交市、区人大议案、区政协的提案、建议近百件，其中区政协重点提案 11 件，优秀提案 8 件。参加区政协“一委一策、一党一策”活动，有 3 篇文章入选“一委一策”文集。总支完成致公党厦门市委会调研课题 12 篇，独立或参与完成区政协调研课题 8 篇。有 7 篇文章入选区统战部《参政议政调研文选》第一辑，有 4 篇文章入选第二辑。其党员 8 人次受聘为特约检察员、督导员、机关效能监督员、行风评议代表。

（二）联谊·引资

区总支充分发挥涉外人脉优势，多渠道、多层次、多形式开拓海外宣传联络接待和招商引资。1997—2007 年，先后接待来自新加坡、印尼、美国、匈牙利、马来西亚、澳大利亚等国家的华人、华侨及香港、台湾同胞数十批次 900 多人次，引回侨资 400 多万元建成同安沃溪中学、丙洲国祺中学。成立柯朝阳和叶怡煎兄弟两个奖学基金会，每年发放助学金 4 万多元。党员陈笃函引进台胞×××到同安投资办厂；引进台胞×××到同安办水厂投资 100 万元；鼓励新加坡×××在同安溪林村投资办养猪场。党员陈大伟争取马来西亚×××捐资，修建新圩诗坂水泥路；争取新加坡×××捐资，建诗坂小学教学楼一幢。

柯朝阳奖学金颁发仪式

党员庄丽珍争取海外亲人捐资22万元修建莲花栋佐小学，争取新加坡华侨捐资18万元建大同镇过溪营边桥。

（三）服务社会

总支坚持每年1～2次组织党员医生到同安贫困山区为农民义诊、捐款送药，就诊病人近千人次。连续6年对5名品学兼优的农村贫困生进行对口助学。组织党员参加“希望小学”、闽北赈灾和侨帮侨的捐款活动。

致公党总支、区委统战部和区侨联联合下乡义诊

第七节　九三学社同安综合支社

一、组织概况

1997年，郑海波为九三学社同安支社主任委员。社员9名，均为科技界的高、中级知识分子。

1998年6月18日，支社第二届社员大会选举蔡伟强为主委，郑海波为副主委。社员13名。

2003年7月10日，支社第三届社员大会选举蔡伟强为主委、黄水兴为副主委。社员28名。

2004年7月9日，届中调整，选举杨金镜为主委，杨碰狮为副主委。社员26名。

至2007年底，支社共有社员31名。其中，教育界7名、工程技术界11名、医药卫生界13名。高级职称13名，中级职称18名。

二、主要活动

（一）思想建设

支委会响应九三学社中央提出的“以学习为主线”的号召，组织全体社员认真学习邓小平理论、“三个代表”重要思想和科学发展观，学习《九三学社章程》、学习中国共产党领导的多党合作和统一战线的理论、方针、政策。2003年，第三届支委会根据在职社员的工作特点，将学习材料印发给全体社员工余学习，并组织心得交流。2005年，组织社员参加“多党合作和政治协商及社史知识竞赛100题”活动。

（二）参政议政

1997—2007年，社员中有区政协委员11人次，其中常委3人次。区人大代表2人次，市人大代表1人次。受聘特约检察员、陪审员4人。担任实职的干部有区环保分局副局长1人，区政协副主席1人（蔡伟强），区政府副区长2人次（李虹、林修风）。累计向政协、人代会提出的各种提案、议案和建议132件，其中重点提案5件。林必能、郑海波的《同安县农村电价高的原因和对策》、杨金镜的《关于加大招商引资力度，营造优良投资环境的建议》、蔡伟强的《关于改变农村“一村一校”格局，提高办学质量的几点建议》、陈进修的《整合职业教育资源、做大做强我区职业技术教育》、杨碰狮的《关于坚持和完善领导干部离任审计制度的建议》、江艺平的《关于发展同安农家乐乡村旅游的建议》6件提案获评优秀提案。主委、副主委以政府双月座谈会、季度座谈会及区委统战部各类会议为平台，主动建言献策。2003年初，支社与民革同安区总支、农工党同安区总支共同就新民镇饮用水严重污染的问题开展调研，并提出治污、建沼气、自来水进村和开展爱国卫生运动的建议。2004年，根据区划调整后的同安区发展定位，支社于10月写出《关于开展生态旅游问题的调研报告》。该调研报告以《关于开发同安区生态旅游问题的几点建议》为题刊登于中共厦门市委主办的《厦门特区论坛》2005年第5期。2005年，开展区中等职业教育专题调研，写出《同安区中等职业教育的现状及发展方向》的调研报告。支社还承担社市委关于厦门市生态旅游的专题调研工作。2006年，支社完成《同安区新型农村合作医疗制度的建立和逐步完善》和《关于发展厦门生态旅游的建议》两篇调研报告。协助完成九三学社福建省委员会关于农村合作医疗问题调研课题的主要工作，完成《从厦门市新型农村合作医疗制度建设看沿海地区农村医保问题》调研报告的初稿，该报告经厦门市政协推荐，以《建设厦门新型农村合作医疗制度》为题在《厦门日报》2006年11月22日政协版上发表；开展“农家乐”乡村旅游课题的前期调研活动，完成《同安区乡村旅游发展现状与建议》调研报告的初稿，为九三学社厦门市委员会的政协提案提供素材。2007年，支委会承担九三学社厦门市委关于家庭教育相关问题的调研课题，撰写《建立厦门的家庭教育辅导中心，为提高全体公民的素质服务》的调研报告。

（三）服务社会

2000—2007年，支社每年组织社员参加科技文化卫生三下乡活动，与企业（华诚实业有限公司等）、部队及村卫生所等联合义诊，送医送药。

2004年9月18日，支社宣传委员陈进修主动联系学社厦门市委聘请各行各业、各个领域的知名人士、专家、学者，结合同安第一实验小学百年校庆系列活动，联合举办“双溪论坛”报告会。之后每月举办1次专题讲座，内容涉及各个领域的前沿知识信息。

2005年7月，应厦门电视台《沟通》栏目的邀请，陈进修就家庭教育问题做《家教新说》专题节目。同年11月，再次就分快慢班问题制作《快班、慢班》的专题节目，收到良好的社会效果。

（四）编辑出版专辑

2000年，支委会编辑出版支社成立五周年的纪念专辑《成长》一书。2004年10月，编辑出版支社成立十周年的纪念专辑《历史的回眸——〈从九三厦讯〉看同安综合支社的成长》一书6万余字。2006年底，再编辑出版《历程》，记载支社成立以来组织建设、思想建设和参政议政的成就。

第二章　社会团体

第一节　同安区工会委员会

一、组织概况

1997年5月，同安县总工会更名为同安区总工会；2003年10月，析出翔安后，同安区总工会更名为厦门市同安区工会委员会，由1名区委常委兼任区工会委员会主席。增设1名常务副主席，主持区工会日常工作。

二、职工代表大会（全委扩大会）

1997年9月，吴永年为同安区总工会第十二届委员会主席；1998年3月，在同安区总工会第十二届委员会第十二次全委扩大会上，增选王丽阳为第十二届常务委员、副主席。

同安区总工会第十三届职工代表大会　1998年12月24—25日召开。出席大会代表201名，大会选举产生同安区总工会第十三届委员会委员21名，常务委员9名，洪辉煌当选为主席，王丽阳为副主席。

1999年2月9日全委扩大会上，增选邵国金为第十三届委员会委员、常委、副主席。

同安区工会第十四届职工代表大会 2004年3月8日召开。出席大会代表183名，大会选举产生同安区工会第十四届委员会委员21名，常务委员7名，同安区委常委、宣传部长王建多当选为区工会第十四届委员会主席，洪辉煌为常务副主席，王丽阳为副主席。

2006年8月29日全委扩大会上，补选同安区委常委、宣传部长陈国栋为同安区工会第十四届委员会常务委员、主席。同时，通过陈国栋、方志明、许素勤、蔡龙伟、叶跃辉、曾志刚、陈金墩为同安区工会第十四届委员会委员。

三、基层工会

（一）镇街工会联合会

1997年，同安区总工会下设大同、新民、西柯、洪塘、五显、莲花、汀溪、马巷、新圩、新店、内厝、大嶝12个镇工会联合会。2001年5月，撤销大同镇工会联合会，先后成立大同街道工会联合会与祥平街道工会联合会。

2003年9月析出翔安后，东部5个镇工会联合会划归翔安。至2007年12月，全区设新民、西柯、五显、汀溪、莲花、洪塘、大同、祥平8个镇、街工会联合会。

新民镇工会联合会 1997年8月18日成立。至2007年12月，历2届。主席洪爱萍。下辖村居联合基层工会、村居私营企业工会63个基层工会，会员3686名。

西柯镇工会联合会 1997年8月18日成立。至2007年12月，历2届。主席陈育才。下辖村居联合基层工会、村居私营企业工会119个基层工会，会员4336名。

莲花镇工会联合会 1997年8月21日成立。至2007年12月，历2届。主席徐金福，副主席纪华利。下辖镇企业联合工会、罗溪村联合基层工会33个基层工会，会员1490人。

汀溪镇工会联合会 1997年8月25日成立。至2007年12月，历3届。主席王旭辉。下辖镇企业联合工会、村居联合基层工会21个基层工会，会员1243名。

洪塘镇工会联合会 1997年8月27日成立。至2007年12月，历2届，主席叶跃辉。下辖村居联合基层工会、村居私营企业工会71个基层工会，会员3899名。

五显镇工会联合会 1997年9月12日成立。至2007年12月，历3届。主席曾志刚。下辖企业联合工会、村居联合基层工会、村居私营企业工会41个基层工会，会员2715名。

大同镇工会联合会 1997年10月16日成立。2001年，大同镇撤镇时撤销。

大同街道工会联合会 2001年6月18日成立。主席蔡龙伟。至2007年12月下辖企业联合工会、村居联合基层工会、村居私营企业工会81个基层工会，会员3939名。

祥平街道工会联合会 2001年7月16日成立。至2007年12月，历3届，主席方志明，副主席林耀辉。下辖企业联合工会、村居联合基层工会、村居私营企业工会120个基层工会，会员5762名。

（二）区机关工会工作委员会

1997年，区机关设有区直机关、教育局、农业局、交通局、水利局、建设局、卫生局、供销社、二轻局、粮食局、文体局、经贸局12个工会工作委员会。2004年12月，撤销文体局工会工作委员会，其下辖4个基层工会划归经贸局工会工作委员会。2006年9月机构整合后，原商业局、二轻局所属基层工会划归经贸局工会工作委员会。2007年4月，增设政法工会工作委员会。至2007年12月，全区设有区直、政法、教育、农业、交通、水利、建设、卫生、供销、粮食、经贸11个工会工作委员会。

同安区直机关工会工作委员会 1992年成立。下辖同安区直机关工会、同安区政协机关工会、同安区党校工会、区国税局工会、区地税局工会、区财政局工会、区广电局工会、区审计局工会、市质量技术监督局第三分局工会、区标准计量所工会、区发改局工会、区科技局工会、区工商局工会、区政府招待所工会、区市场开发建设管理处工会、同安新华书店工会、区城市管理行政执法局工会、同安区工会机关工会、同安福利印刷厂工会、同安区殡葬管理所工会20个基层工会。2004年12月，电影公司、马戏团、图书馆、文化馆4个基层工会划归。至2007年12月，24个基层工会会员417名。

同安区政法机关工会工作委员会　2007年4月5日成立。下辖同安区委政法机关工会、同安区人民法院工会、同安区人民检察院工会、同安区司法局工会4个基层工会。至2007年12月，4个基层工会会员189名。

同安区农业局工会工作委员会　1979年4月成立。2007年，下辖同安区农业局机关工会、区林业局机关工会、区气象局机关工会、国有厦门祥溪林场工会、国有厦门汀溪林场工会、农业局基层工会联合会、同安区兽医诊所工会、同安区良种繁育场工会、同安区农业机械管理站工会、区农业行政综合执法大队工会、区农村经济开发公司工会、区农业技术推广中心工会、区农业局科教植保农环工会、区农村经济管理中心工会、区畜牧兽医站工会、区动物卫生防疫监督所工会16个基层工会，会员345名。

同安区交通局工会工作委员会　1973年10月成立。2007年，下辖区交通局机关工会、同安路桥建设投资总公司工会、同安汽车大修厂工会、区交通运输公司工会、省公路通行费324线同安征管所工会、区公路工程机械队工会、区机动车辆综合检测站工会、区运输管理所工会8个基层工会，会员630名。

同安区水利局工会工作委员会　1979年1月成立。2007年，下辖区水利局机关工会、区策槽灌区管理所工会、区汀溪水库管理所工会、区供水管理所工会、区小坪水库管理站工会、同安小坪水电站工会6个基层工会，会员439名。

同安区建设局工会工作委员会　1979年4月成立。2007年，下辖区建设局机关工会、同安一建工会、同安三建工会、银城建筑公司工会、同安区工业园开发办工会、同安建筑设计院工会、同安市政所工会、同安环卫所工会、同安园林所工会、同安建设工程质量安全监督站工会、华舫建筑工程有限公司工会、同安房地产开发公司工会、同安土地开发总公司工会、同安房屋管理所工会14个基层工会，会员821名。

同安区卫生局工会工作委员会　1979年12月成立。2007年，下辖区卫生局机关工会、厦门市第三医院工会、同安中医院工会、区疾病预防控制中心工会、区皮肤病防治院工会、区卫生职业中专学校工会、区洪塘卫生院工会、区五显卫生院工会、区西柯中心卫生院工会、区新民卫生院工会、区汀溪卫生院工会、区莲花卫生院工会、区大同卫生院工会、区妇幼保健院工会、区卫生监督所工会等15个基层工会，会员944名。

同安区供销社工会工作委员会　1979年4月成立。2007年，下辖区供销合作社机关工会、莲花供销社有限公司工会、新民供销社有限公司工会、同安液化石油气公司工会、祥穗农业生产资料有限公司工会、同安区茶叶公司工会、同安土产日杂公司工会7个基层工会，会员115名。

同安区粮食局工会工作委员会　1973年10月成立。2007年，下辖区粮食局机关工会、同安区军供站工会、同安粮食购销有限责任公司工会、翔安粮食购销有限责任公司工会等4个基层工会，会员128名。

同安区经贸局工会工作委员会　1979年10月成立。2007年，下辖同安经济贸易发展局机关工会，青岛啤酒（厦门）有限公司工会、同安同顺饮料有限公司工会、同安陶器厂工会、同安区建设发展公司工会、厦门市烟草公司第一公司工会、同安聚源饮食服务公司工会、同安医药公司工会等8个国有基层工会和亚美（厦门）皮件有限公司工会、厦门金日制药有限公司工会、厦门东纶织造有限公司工会等77个非公经济基层工会，会员11810名。

同安区教育局工会工作委员　1950年10月成立。2007年，下辖区教育局机关、启悟中学、东山中学、汀溪中学、莲美中学、洪塘中学、育才中学、凤南中学、新民中学、美林中学、五显中学、柑岭中学、城东中学、第二外国语学校、同安澳溪中学、国祺中学、竹坝学校、同安进修学校、洪塘学区、五显学区、西柯学区、新民学区、汀溪学区、莲花学区、凤南学区、大同学区、同安实验小学、兴国幼儿园、同安实验幼儿园、同安特教学校、同安第二实验小学、华兴文武学校、进修附属小学、岳口小学、阳翟小学、雅丽中英幼儿园、成龙幼儿园、鹭鹭幼儿园、开心幼儿园、小博士幼儿园、永红学校等43个学区、学校基层工会，会员3725名。

（三）同安区个私经济工会联合会

1999年12月2日成立。2007年，下辖同安区城西个私工会、新民个私工会、大同个私工会、祥平个私工会、陆丰市场联合基层工会、祥福市场联合基层工会、闽南果蔬批发市场联合基层工会等8个基层工会和大同、新民、祥平3个镇、街个私经济工会。

（四）区工会直属企业工会

2007年，下辖同安稽征所工会、银城会计师事务所工会、同安区旅游局工会、同安公共交通有限公司工会、同安电力公司工会、银华机械厂工会6个基层工会，会员306名。

（五）农场工会委员会

竹坝华侨经济开发区工会委员会　2007年，下辖同安竹坝华侨经济开发区机关工会、厦门国寿种猪开发有限公司工会、厦门富先橡胶工业有限公司工会、竹坝华侨经济开发区企业联合工会、厦门万达运动用品有限公司工会、厦门金海岸纺织有限公司工会、竹坝华侨酿酒厂工会、龙之宝工艺品厂工会、正达技术开发有限公司工会、厦门芳都观光果园有限公司工会10个基层工会，会员448名。

凤南农场工会委员会　2007年，下辖国营凤南农场工会、厦门胜发羽毛制品有限公司工会、厦门银环服饰工贸有限公司工会、厦门飞腾体育用品有限公司工会、厦门建利佳制罐实业有限公司工会、厦门同安新银凤纸业有限公司工会、厦门三丰石材有限公司工会、厦门红彩化工有限公司工会、台美体育器材有限公司工会、同安加兴木器工艺有限公司工会、埃菲铁件有限公司工会、厦门正兴宏业印刷有限公司工会、厦门同安新磊碎石场工会、厦门固德建材有限公司工会14个基层工会，会员450名。

四、主要活动

（一）劳动竞赛

1997—1998年，开展以“双增双节”和“质量，速度、效益、安全、文明”为主题的立功竞赛，全区8484名职工参加，提出合理化建议1677条，被采纳902条，增创价值1411.68万元，增收节支2405.31万元。5306名职工参加岗位技术比武活动和岗位练兵活动。

1999年，开展“为同安新一轮创业立功”、合理化建议、技术革新、技术协作、创造发明等群众性劳动竞赛，全区职工共提出合理化建议444件，被采纳263件，实施224件，经济效益7950万元。经科技行政部门鉴定结项的科技成果14项。农业系统职工攻克技术难关8项，推广新技术16项，创经济效益7500万元。卫生系统职工开展技术攻关48项，撰写学术论文86篇，分别发表在各级医药刊物上。银华机械厂技术革新，年可新增税利231万元。水利系统职工完成省下达的“水稻需水量”研究课题和引进巴西陆稻灌溉试验任务，推广旱地龙抗旱剂3500亩，取得较好经济效益。水利局在竹坝水库推广使用连续防渗墙技术、防渗土工膜，在东西溪防洪工程使用防渗土工布、兴建橡胶坝等新技术，在同安区水利建设史上均属首创。

同安区创建“工人先锋号”活动启动仪式

2000—2003 年，开展以“提高素质、推进科技进步、增强企业竞争、提高经济效益”为重要内容的经济技术创新活动，全区 1 万多名职工参加，提出合理化建议 8723 条，创经济效益 6975 万元。组织职工参加厦门市第四届职工技术比赛，获奖 8 人。组织企业参加厦门市“安康杯”竞赛活动，10 家企业荣获先进集体，12 名职工被评为先进个人。组织 147 家企业参加省总工会竞赛活动，其中 2 家企业荣获省级先进集体称号。组织 6322 名职工参加计算机知识普及培训班，22 名职工参加了计算机高级操作赛。

2004 年，在职工中开展“创建学习型组织、争当知识型职工”的技术创新活动，在全市评比中，有 7 个创新项目获市奖励。银华机械厂和厦门第三医院工会分别荣获“厦门市职工合理化建议和技术创新优秀组织单位”称号。组织职工参加厦门市第十届职工技术比赛，9 人获奖。组织 205 家企业参加省第六届“安康杯”竞赛，1 家获省级先进单位、3 家获市级先进单位、3 人获市级先进个人。组织 2 万多名职工参加“爱同安、爱企业，争当文明职工”的洁净家园义务活动。

2005 年，开展重点项目“功臣杯”立功竞赛活动，同安电力公司、银华机械厂、青岛啤酒（厦门）有限公司、厦门第三医院获得福建省职工技术创新成果三等奖；在厦门市评比中，有 7 个项目获奖。组织职工参加厦门市第一届（同安赛区）两个项目的职工技术比赛，9 人获奖。参加第二届“海峡两岸职工创新成果展”，厦门中盛粮油企业有限公司的“（RBD）棕榈油干式分提”、李明字的“扩肛式智能正压回流洗肠装置”、青岛啤酒（厦门）有限公司的“啤酒包装过程水耗控制”、同安农业技术推广站的“凤梨穗龙眼品种选育”4 个项目获得金奖。吴家尚、闵远清的 2 个项目获银奖；李建军、黄毓森的 2 个项目获铜奖。

2006 年，开展以发展循环经济，加快建设节约型社会为主题的“我为节约做贡献”活动，银华机械厂作为同安的代表在厦门市节约型企业和班组建设经验交流会上作经验介绍。开展以“当好主力军，海西立新功”为主题的“实现一个大跨越，打造一个新城区，建设三大基地”劳动竞赛活动，举办厦门市（同安赛区）第十二届职工技术比赛——中级计算机、中级物业管理员技能比赛，2 名参赛职工获技术状元称号，10 名参赛职工获技术能手称号，71 名职工获计算机中级工证书，56 名获中级物业管理员证书。320 多个基层工会 4 万多名职工参加厦门市第四届优秀发明创造、技术改进革新、合理化建议、能工巧匠比赛评比活动，5 个项目获奖，4 个单位 6 个项目获“6・18”福建省海峡两岸职工创新成果项目，10 个单位被评为“学习型标兵单位”，10 名职工被评为“知识型职工标兵”。

2007 年，组织职工参加市总工会、市安监会联合举办的“劳动保护与安全文化有奖征文”活动。与区安监局联合举办“以人为本、安全生产、提高素质、促进和谐”为主题的“安康杯”竞赛活动，245 家企业参加。

（二）职工维权

1997—1998 年，协调 332 家企业法人代表与职工签订集体合同，有 12 个镇签订区域性集体合同。接待来访来信 500 多人次（件），处理来访 168 件，接受咨询解答 310 人次。参与处理来访、集体上访 15 起。参与劳动仲裁 14 起，仲裁前调解 26 个单位 210 件。参与处理工伤事故 36 起。

1999 年，在银华机械厂召开全区厂（企）务公开工作现场会，规范厂（企）务公开的内容、程序、方式，推动全区

区工会举办欠薪投诉举报及劳动法律咨询活动

厂（企）务公开的全面开展，全区97家国有（含控股）企业建制率80%，32家集体企业建制率71.8%。同年起至2003年，参与劳动争议仲裁250起、工伤事故调处62起，接待来访来信432件673人次，为职工提供法律救助20件、79人次，协助有关部门为进城务工人员追回欠薪700多万元；参与突发性、集体性事件处理，牵头处理非公企业职工罢工事件，化解矛盾，实现“双维护”。

2000年，加强职工民主参与和制度建设，全区128家企事业单位建立职代会，5家国有控股企业建立职工董事会。

2001年11月28日，成立“同安区总工会法律救助中心站”，为职工维权服务。

2004年，实施“创建和谐劳动关系工业园”工程，全区8个镇、街390家企业均签订区域性集体合同。5月，与区有关部门联合对20家企业进行工资清欠执法检查，追回职工欠薪12万元；参与重大安全生产事故调处8起，使伤亡职工家属领到84.3万元的经济补偿金；接待来信来访10起85人次，办结8起，办结率80%，配合有关部门调查处理厦门山伟五金公司倒闭事件，做好职工安置。

2005年，主动参与全区18起安全事故（死亡17人，重伤2人）的调查并协调处理，使伤亡职工家属领到254.6万元的经济补偿金。接待来信来访18起121人次，办结17起，办结率95%。

2006年，落实全总关于“拓宽维权渠道，创新维权载体，丰富维权形式，增强维权实效”的精神，组织26个基层工会354名职工参与《中华人民共和国劳动合同法》《中华人民共和国劳动争议处理法》等法律法规的立法（修改）征求意见工作。8—9月，开展“关爱农民工生命安全与健康”特别行动。配合有关部门开展安全生产和社会保障监督检查，参与14起重大安全事故调处，使伤亡家属领到经济补偿金243.18万元，医疗费8.1万元。协助区人劳保障局开展“同安区企业劳动合同三年行动”，全年共签订劳动合同34781份，280家企业落实用工报备25440人。

2007年，建立“党委领导、政府支持、工会运作、各方参与”的社会化维权网络。参与企业6起重大安全事故的调处，为职工家属理赔118.9万元。接待来信来访20件，办结20件，办结率100%。开展“平等协商集体合同”和工资集体协商“要约行动”。以政府名义成立“同安区域性劳动争议仲裁委员会”，化解劳动纠纷，构建和谐企业。

（三）服务劳模

1997年底，首次为18名生活困难的退休劳模发放劳模生活津贴63079元；为25名省级以上退休劳模发放荣誉津贴。

2000年岁末，为退休劳模发放荣誉津贴和生活补助。

2004年春节期间，为历届77名劳模发放荣誉津贴59450元。帮助3位困难劳模向省评模办申请困难补助3000元。“五一”国际劳动节，区政府召开“庆‘五一’国际劳动节暨劳模表彰会”，区五套班子领导与历届劳模合影。当年建立劳模困难补助、体检与疗养制度。

2005年春节前，筹集11万多元，慰问困难劳模、特困退休职工、困难职工。

2006年4月1日至5月15日，在同安电视台新闻黄金时间开播“劳模风采”节目，为32位农业劳模发放“津贴”30300元。

2007年春节召开劳模代表迎春座谈会，走访慰问困难劳模。“五一”节，成立同安区劳模协会，与厦门市总工会联合在同安工业集中区举办纪念“五一”国际劳动节庆祝晚会，通报表彰2004—2006年度省“五一”劳动奖章获得单位和4名市级先进工作者。

1997—2007年，全区共评出全国劳模3名，省部级劳模7名，省“五一”劳动奖章获得者8名，市级劳模64名。

（四）送温暖活动

2000—2007年，开展“金秋扶困助学”活动，筹资4.5万元，资助202名特困农民工、单亲困难女职工子女、特困外来工子女就学。

2006—2007年，开展“关爱农民工行动”，春节期间以“情系职工，构建和谐”为主题，开展“进工地、进园区、进企业、进家庭、进社区”，为农民工“送法律、送平安、送温暖、送文化、送技术”的“五进五送”活动。

2007年春节前夕，与区交通局联合下发《关于开展农民工平安返乡的通知》，联合特运公交公司在4个基层工会设立售票点，为3000多名农民工平安返乡提供方便。“五一”节为单身职工、外来员工举办“温馨新家园、文明新风尚、和谐新生活”大型集体婚礼，108对新人喜结连理。全年配合有关部门举办招聘会7场，参加招聘企业单位237个，提供就业岗位5300多个，达成就业意向2919人。推进职工特种重病医疗互助保障工作，为1268名职工办理重病医疗保障。至年底止，建成合格“职工之家”72家，其中，国家级“模范职工之家”1家，省级“模范职工之家”11家，市级“先进职工之家”24家。

1997—2007年，共慰问困难职工3181户，慰问金额119.29万元。

第二节　共青团同安区委员会

一、组织概况

1997年5月1日，共青团同安县委员会更名为共青团厦门市同安区委员会。下辖28个团委、267个团总支、879个团支部35240名团员。2003年析出翔安后，全区29个基层团委，4个直属团支部、187个团总支、588个团支部、23080名团员。至2007年，共青团同安区委下辖28个团（工）委、14个直属团支部、141个团总支、743个团支部、23870名团员，团青比例31%。

若干年份共青团厦门市同安区委员会组织情况表

表18-2

年份	基层团委数	直属团支部	团总支数	团支部数	团员总数
1997	28	14	267	879	35240
2000	53	5	263	882	38370
2003	29	4	187	588	23080
2005	31	8	148	586	25160
2007	28	14	141	743	23870

说明：1.2000年团青比例30%、2005年团青比例34%

2.2007年非公企业团支部204个，团员862人

二、代表大会

共青团厦门市同安区第十六次代表大会　1999年11月8日召开。到会代表224名，经差额选举产生第十六届委员会委员27名，常务委员7名。选举梁向阳为书记，庄海英、叶晓东为副书记。

共青团厦门市同安区第十七次代表大会　2002年12月24日召开。到会代表205名，代表全区37000多名共青团员，选举产生第十七届委员会委员27名，常务委员6名，庄海英当选为书记。

共青团厦门市同安区第十八次代表大会　2006年1月5日召开。到会代表151名，代表同安区23000多名共青团员。差额选举产生第十八届委员会委员25名，选举常务委员会委员5名，吴申宇当选为书记。

三、主要活动

（一）党建带团建

同安团区委坚持以党建带团建，把团建工作纳入党建工作“大盘子”，在非公团建过程中，基层团

组织依靠党组织力量，“同步规范，同步实施，同步完成”，既紧跟党建工作步伐，又因地制宜地分类、分层次推进非公团建工作，非公企业团建工作取得突破性进展。截至2007年，全区新建非公企业团组织204个，团员862人。

团区委组织同安青年志愿者服务世联会活动

（二）志愿服务

团区委围绕建设“和谐同安、文明同安”的要求，加强青年志愿者应急队伍建设。从2002年起实施志愿服务计划。当年组织法律法规、文化、科技“三下乡”活动。2003—2004年，组织青年志愿者利用节假日开展医疗义诊、法制教育、禁毒宣传、权益维护、便民服务、市容整治、助老扶贫、计生知识法规宣传等内容的“社区周末公益日”服务活动，并围绕党政工作中心，结合重大活动开展“志愿者健康导航行动”、“小康路上团旗红”等主题活动。其中，2004年“五一”长假组织330名志愿者在莲花森林公园五个景区开展的“小康路上团旗红”的文明导游活动，服务游客3.35万人次。2005年，组织300名志愿者为第六届同安世联会提供全方位优质服务。2006年，组织“创建全国文明城市、志愿者同行”的活动，上街宣传，维护交通法规，督查环境卫生和市容市貌、清理卫生死角。2007年，开展“净洁家园”志愿者大行动，至2007年底，全区共建有29个志愿者服务站、15支志愿者专业服务队伍，拥有青年志愿者4875名，成为建设文明同安的一支有生力量。

（三）青少年思想道德建设

团区委按照“用科学理论武装青少年，用高尚情操塑造青少年，用先进文化引导青少年”的工作要求，贯彻《中共中央国务院关于加强和改进未成年人思想道德建设的若干意见》，2000年起，利用国庆、“七一”、少先队建队日、成人节等重要纪念日，广泛开展“长征精神代代传”等主题团队活动，加强青少年爱国主义、集体主义和社会主义教育。

2002年起，先后开展“青年文化节”“少先队主题队会”“烈士陵园入队、入团宣誓”“十八岁成人宣誓”等主题活动。邀请区关工委讲师团为中小学生开讲座22场次，全面提升青少年“爱国、诚信、守法、知礼”的文明素质。

团区委争取资金援建的莲花镇后埔村希望小学

2003—2007年，相继举办“新长征”“爱科学，读好书”“遵法守纪的小公民”“小发明家”等系列专题活动。

（四）实施希望工程

团区委实施希望工程，按“三赢”思维理念（做到“为受助者解困，让捐助者受益，树团组织形象”），将好事做实；加大对捐助者的服务与正面宣传，进而带动更多的社会捐助行为。1997—2007年，通过“阳光结对”、慰问走访等形式共资助贫困学生96867人次（其中女学生57858人次），累计金额148.5万元；争取298万元希望工程专项资金援建大嶝、汀溪、新民、莲花等四所希望小学；捐赠基层学校教学、体育及办公用品，价值82.8万元。

第三节　同安区妇女联合会

一、组织概况

1997年5月，同安县妇女联合会改称为厦门市同安区妇女联合会。下辖19个镇场妇女联合会、18个街道妇女联合会和213个村妇代会。析出翔安后下辖15个镇街场妇女联合会、43个社区妇女联合会和80个村妇代会。至2007年，下辖10个镇街场妇女联合会、44个社区妇女联合会和81个村妇代会。

二、代表大会

（一）区妇女代表大会

同安区妇女第十二次代表大会　2002年12月5日召开，正式代表239名，列席代表17名，特邀代表41名。大会选举同安区妇联第十二届执行委员会委员33名，执行委员第一次会议选举常务委员7名，选举林惠琼为主席，庄惠祝为副主席。

（二）街、镇、场妇女代表大会

大同镇妇女代表大会　第十二次妇女代表大会于1999年10月30日召开，选举洪明理为主席。

大同街道妇女代表大会　第一次妇女代表大会于2002年11月21日召开，选举颜丽珠为主席、陈璐洁为副主席。

祥平街道妇女代表大会　第二次妇女代表大会于2002年11月23日召开，选举陈适芬为副主席（主持工作）。

洪塘镇妇女代表大会　第十次妇女代表大会于1999年9月20日召开，选举吕锦华为主席。第十一次妇代会于2002年11月召开，选举吕锦华为主席、黄淑蓉为副主席。

五显镇妇女代表大会　第十一次妇代会于1999年9月11日召开，选举陈宝治为主席。第十二次妇代会于2002年11月召开，选举陈宝治为主席、邵丽蓉为副主席。

汀溪镇妇女代表大会　第十一次妇女代表大会于1999年10月召开，选举叶美娥为主席。第十二次妇代会于2002年11月召开，选举叶美娥为主席，郭清花为副主席。第十三次妇代会于2006年9月27日召开，选举王景兰（主持工作）、叶美娥为副主席。

莲花镇妇女代表大会　第九次妇女代表大会于1999年9月23日召开，选举郑招治、苏巧玲任正、副主席。第十次妇代会于2002年11月18日召开，选举林素梅为主席、陈彩英为副主席。第十一次妇代会于2006年9月17日召开，选举叶鸣芳（主持工作）、陈彩英为副主席。

西柯镇妇女代表大会　第十次妇女代表大会于1999年9月14日召开，选举贺嘉旎为主席。第十一次妇代会于2002年11月20日召开，选举林佳芸（主持工作）、方美圆、柯祝团为副主席。第十二次妇代会于2006年9月19日召开，选举蔡阿芬（主持工作）、杨小玲、黄松宁为副主席。

新民镇妇女代表大会　第十次妇女代表大会于1999年10月15日召开，选举李一云、邵丽晖为正副主席。第十一次妇代会于2002年11月19日召开，选举李一云为主席、林淑勤为副主席。第十二次妇代会于2006年9月15日召开，选举何岚岚（主持工作）、林淑勤为副主席。

竹坝经济开发区妇女代表大会　第十次妇女代表大会于1999年9月22日召开，选举陈明香为主席。第十一次妇代会于2002年11月6日召开，选举陈明香为主席、刘红英（常务）、黄甘蔗为副主席。第十二次妇代会于2006年8月31日召开，选举王明双为主席，刘红英、黄甘蔗为副主席。

马巷镇妇女代表大会　第十、第十一次妇女代表大会分别于1999年9月、2002年11月召开，王黎

明、戴文新连任正、副主席。2003年10月起属翔安区妇联。

新店镇妇女代表大会　第十一、第十二次妇女代表大会分别于1999年9月、2002年12月召开，许金妆、洪彩霞连任正、副主席。2003年10月起属翔安区妇联。

大嶝镇妇女代表大会　第十二、第十三次妇女代表大会分别于1999年10月、2002年11月召开，王冰、宋淑敏分别任主席。2003年10月起属翔安区妇联。

新圩镇妇女代表大会　第九、第十次妇女代表大会分别于1999年9月、2002年11月召开，许明丽连任主席。2003年10月起属翔安。

内厝镇妇女代表大会　第九、第十次妇女代表大会分别于1999年10月、2002年11月召开，王苹、辛艳苹分别任主席。2003年10月起属翔安区妇联。

三、主要活动

（一）提高妇女素质

1997—2002年，区妇联组织妇女参加各种实用技术和高新技术培训117480人次，接受农函大、农广校教育8938人，获“绿色证书”1500人。举办妇女干部培训班34期，受训妇女干部7342人次。通过各种成人教育学习，区、镇一级的妇联干部均达到大专以上文化程度，其中本科学历占27.7%。

区妇女实用技术培训

2003—2007年，各级妇女组织举办各种科技培训班314期，培训妇女14130人次，获得“绿色证书”3512人。培育一大批有文化、懂技术、会经营、善管理的新型女农民。为142名妇女干部提供780人次的政治理论、科学文化和岗位业务培训。

（二）开展农村“双学双比”活动

1997年，“双学双比”（学文化、学技术、比成绩、比贡献）竞赛活动以“粮食增收保供给，脱贫致富奔小康”为主题，突出农业科技推广、农民脱贫致富两个重点。区妇联制定《同安区农村妇女1997年“双学双比”活动意见和今后五年规划》。

1998年，“双学双比”竞赛活动以“奔小康、建新村”为主题，把重点放在抓好科技培训、“巾帼扶贫”和基地建设三大任务上。同时与计划生育结合起来，开展“少生快富奔小康”活动。杨光兰、郑淑贤等10人被市妇联授予厦门市“双学双比”竞赛活动先进女能手称号。涌现20名区级“少生快富女能手”和一批镇级“少生快富女能手”。

1999年，“双学双比”竞赛活动围绕科技兴区主题开展。区妇联会同区科技局先后深入13个镇（场）25个村举办25期农村妇女实用技术培训。区、镇、村三级妇女组织共举办各种实用技术和高新技术培训班260期，受训妇女20800多人次；全区女科技示范户988户，女专业户3080户；把“双学双比”竞赛活动与创建生产、服务实体结合起来，与开展“少生快富”扶贫济困等有机结合起来。镇（场）妇联评选表彰镇级“少生快富女能人”40人。举办“千万农家女、百项新技术”知识竞赛5场。当年，许甘获全国“双学双比”先进女能手称号，康丽卿等5人获厦门市“十大学用科技女状元”称号。

2000年，实施“巾帼科技致富工程”。继续开办实用技术培训班和高新技术培训班。与农业局、共

省妇联、科技厅“专家快车农村行”在同安举办专场

青团配合组织500多名青年妇女参加“跨世纪青年科技培训”。

2001—2002年，开展“科技致富培训千里行”活动。通过技术培训，输送1500多名女学员到企业务工。马巷镇兴盛食品有限公司董事长朱淑勤、莲花镇云埔村的陈彩花分别被推荐为全国“双学双比”女能手，全国“三八”绿色奖章获得者。

2003—2004年，各级妇女组织以推进科技兴农和农业科技创新为目标，开展“巾帼科技致富示范村”的创建活动，实用科技培训54期3750人。输送1625名女学员到企业就业。全区涌现5名省级以上“三八红旗手”、“双学双比”女能手、“农民女状元”，7个巾帼科技致富示范村。

2005—2006年，围绕建设“生产发展、生活富裕、乡风文明、村容整洁、管理民主”社会主义新农村的目标，深化巾帼科技致富的示范活动。全区共建立洪塘镇郭山村和莲花镇军营村2个市级“巾帼科技致富示范村”，7个区级“巾帼科技致富示范村”。举办“农家女科技网上行”和“女经纪人”培训班。涌现2名全国“双学双比”女能手。

2007年，制定《农村妇女“双学双比”活动“十一五”计划》，举办实用技术培训班10期420人。“农家女科技网上行”培训班4期120人，创建2个省级、3个市级和6个区级“巾帼科技致富示范村”，7个巾帼科技致富示范基地。7名妇女获市级以上“双学双比”女能手称号。5名创业女能人被评为市“优秀农家女信用户”。

（三）开展城镇巾帼建功活动

1997年，巾帼建功活动主题为创“巾帼文明岗”及“户户讲道德，店店无假货”，加强对女职工的职业道德和社会公德教育，鼓励女职工参加各种技术培训、各类成人教育学习。

1999年，在全区各行各业全面开展“巾帼文明岗”创建活动。同安区医院护理部、同安电力公司梅山变电站获市“巾帼文明岗”称号。在非公有制经济企业中开展“优秀外来女员工”评选表彰活动，表彰“十佳优秀外来女员工”。

巾帼文明岗与村妇代会主任结对签约仪式

2000年是“巾帼建功”活动开展的第十年，区妇联把“巾帼文明岗”创建活动拓展到非公有制经济组织，在女职工中开展多种形式、多种内容的技术比武和岗位建功活动。同安工行女工委在全行女工中开展“女职工成才自我达标”活动，形成一股“比、学、赶、帮”的竞赛热潮。结

合“巾帼社区服务工程”的实施，大同镇成立同安第一支“巾帼社区家政服务队”。

2001—2002 年，完善“大同巾帼社区家政服务队”管理，促进巾帼社区服务工程的实施。10 个“巾帼文明岗”受到市级表彰，10 个受区级表彰。同安工行、建设局、交通局、商业局、地税分局、外经贸局、医药公司等单位的女职工委员会在“自我达标”活动中，成绩显著。

2003—2006 年，在“巾帼文明岗”中开展“知耻辱　献爱心”活动。将“巾帼文明岗”创建活动由窗口行业拓展到外资企业、民营企业等领域。评选表彰 7 个区级、9 个市级、2 个省级“巾帼文明岗”。

2007 年，在全区开展“巾帼文明岗”“优质服务迎奥运岗位技能竞赛”和文明礼仪活动。开展巾帼志愿者服务活动，坚持每月第二个周末组织“洁净家园”巾帼志愿者大行动，深入农村进行卫生大整治。

（四）维护妇女儿童合法权益

1997 年起，区妇联协助区政府制定实施《同安区妇女儿童发展纲要》，针对劳动保护、婚姻家庭、家庭暴力等妇女儿童发展面临的新情况、新问题，配合人大、人劳局等部门多次开展执法检查和调研。进一步完善区、镇、村三级维权网络和维权制度，成立区、镇妇女法律援助站，并与“148”密切配合，及时、有效地为妇女群众提供法律服务。配合区司法局等有关部门在全区广泛开展《中华人民共和国妇女权益保障法》《中华人民共和国未成年人保护法》《中华人民共和国婚姻法》等法律法规的宣传咨询活动，至 2002 年，各级妇女组织受理群众来信来访 2083 件，处理率达 98% 以上。协助公安部门解救被拐妇女儿童 126 人。

区妇联开展《中华人民共和国妇女权利保障法》大型宣传咨询活动

2003—2007 年，结合“四五”、“五五”普法，宣传《中华人民共和国妇女权益保障法》《中华人民共和国婚姻法》《女职工劳动保护条例》《中华人民共和国劳动法》《中华人民共和国未成年人保护法》等法律法规。各级妇女组织接待处理妇女群众信访件 1444 件，办结率 98%；法律顾问为 150 名妇女儿童提供免费法律服务。健全妇女儿童维权机制，加强女人民陪审员、人民调解员、劳动监察员、法律志愿者四支队伍建设，进一步形成社会化维权工作格局。加强妇联系统三级信访网络建设，推行法律顾问服务制。开通妇女维权热线、建立法律咨询服务联系卡。开展亲情关爱农村留守儿童活动，发动“爱心妈妈”与 341 名留守儿童结对，弥补亲情、教育的缺失。4 年累计举办宣传咨询 62 次，知识竞赛 8 场、培训班 12 期，编印分发法律法规知识手册 1 万多册，受教育妇女群众达 5 万多人次。

（五）扶贫及捐资助学

巾帼扶贫　1997—2002 年，建立 18 个扶贫帮困联系点，联系贫困户 639 户。2003—2007 年，建立 11 个扶贫帮困联系点帮扶贫困户 230 户。2004 年，募集捐款 9 万余元支援西部建设“母亲水窖”。2005 年，募资 4.2 万元，帮助宁夏海原县 30 名贫困母亲和 30 名失学儿童重返校园。

春蕾计划　1997—2002 年，发动社会热心人士与贫困女童结对 1020 对，扶持资金 67.97 万元。2003—2007 年期间，募集资金 36.5 万元，资助春蕾女童 828 人次。期间，80 名受助女童被授予市级“春蕾女童”，1 名为省级“春蕾女童”。

第四节　同安区商会（工商联）

一、组织概况

1997年，同安区商会下辖3个同业商会和9个镇（街）商会。2003年9月，析出翔安前，同安区商会下辖13个基层商会。2007年，下辖大同街道、祥平街道、西柯镇、洪塘镇、五显镇、汀溪镇、莲花镇、新民镇、凤南农场9个基层商会和同安外商联谊会、直属三资企业、国有金融部门3个企业商会，会员700人。

二、代表大会

第七次会员代表大会　1997年5月召开，选举理事43名、常务理事26名、副会长8名。秘书长施东辉、会长蔡约。

第八次会员代表大会　2002年11月召开，选举理事35名（后陆续增至105名）、常务理事35名（后增至59名）、副会长13名（后增至18名）。秘书长施东辉、会长叶美兰。

第九次会员代表大会　2007年12月27日召开，选举理事43名、常务理事47名、副会长30名。监事长蔡志强、副监事长3名。秘书长杨丽玉，会长黄文传。

三、主要活动

（一）参政议政

1997—2007年，区商会会员任省人大代表5人次、省政协委员2人次。市人大代表9人次，市政协委员6人次。区人大代表49人次，区政协委员93人次，其中任第十一届区政协常委6人、委员31人，区第十五届人大代表17人。代表和委员围绕同安经济建设尤其是非公经济发展中遇到的问题，撰写提案、议案180多件，深入企业开展调查研究，完成《加快经济体制改革步伐、促进非公有制经济发展》等专题调研报告7篇，供政府决策参考。

（二）关心社会公益

1997年7月，商会发动会员集资20万元为宁夏海源县建造一所小学。1998年发动会员捐资支持同安双溪防洪工程建设和赈济闽北洪灾。2004年起正副会长结对挂钩帮扶汀溪学区20位贫困生就学。1997—2007年会员捐资救灾扶贫及社会公益累计600多万元。

同安商会捐建的海原港坪希望小学奠基

同安商会与汀溪学区结对帮扶

（三）服务经济建设

创办民营企业　同安区商会发动、支持会员创办、发展民营企业，繁荣同安经济。2007年，同安区规模以上的民营工业企业96家，产值69.23亿元，占全区规模以上工业产值的30.4%，为1997年全区民营工业产值的2.9倍，培育出中盛、惠尔康、银祥、浦头饲料等民企大户；限额以上的民营商业服务企业16家，年营业额23.08亿元，占全区限额以上商业服务业总营业额的59.5%，为1997年全区民营商业服务业营业总额的1.56倍。

为企业担保贷款　1999年9月，商会筹股345万元成立“同安区诚信贷款担保有限公司”，至2001年为企业贷款担保4300多万元。

组团参会　每年组织企业参加“9·8”国际贸洽会和福建“6·18”商品交易会。

（四）开展专题培训和宣传工作

专题培训　1999—2007年，商会推荐22人参加市委统战部、总商会举办的5期理论培训班。每年举办2～3期有关加入WTO企业管理、合同法、税法、知识产权等专业知识培训，累计参训1000多人次。

宣传　商会充实网站内容，编发《同安商会》《非公信息》，及时宣传党和政府的相关政策，报道会务工作和企业风采，反映企业难题。

（五）对外联络招商引资

区商会每年组织2～3次国内和国外考察，接待海内外同行到同安考察交流，与国内外商界建立友好联谊关系。

区商会配合区委区政府的招商引资工作，以商招商。组织会员赴东北老工业区、成都、南京等地举办招商推介会，宣传同安区投资环境、厦门五缘湾同安园入驻条件。鼓励会员引进客户到同安投资和入驻工业集中区，支持会员企业增资扩产。1997—2007年，引进企业投资、增资40多亿元，用工4万多名。

第五节　其他群团组织

一、同安区残疾人联合会

1997年5月，由同安县残疾人联合会更名。至2001年，下辖大同、马巷、新店、莲花、新圩、新民、汀溪、西柯、五显、洪塘、内厝、大嶝12个镇和凤南农场、白沙仑农场、竹坝华侨农场、大帽山农场、祥溪林场、汀溪防护林场6个农林场残疾人联合会。2004—2007年，下辖大同、祥平2个街道和莲花、新民、汀溪、西柯、五显、洪塘6个镇，凤南、竹坝2农场残疾人联合会。

二、同安区归国华侨联合会

1997年，由同安县归国华侨联合会更名，是为全区归侨、侨眷服务的人民团体，政府侨务部门的助手。1997年，下辖12个镇华侨联合会。2004—2007年，下辖莲花、汀溪、新民、西柯、洪塘、五显6个镇华侨联合会。

三、同安区科学技术协会

1997年5月，由同安县科学技术协会更名。下辖13个镇场科协，2000年起下辖12个科学技术委员会，2004—2007年，下辖大同、祥平2个街道和新民、汀溪、五显、西柯、洪塘、莲花6个镇科技委员会。

四、其他社会团体

1997年初，经区民政局社团管理办公室登记发证的社会团体108个。

1998年，经清理整顿重新登记的社会团体108个。

2007年，登记发证社会团体100个。

第十九篇　政　法

1997—2007年，同安公安分局先后开展“三讲”、“三个代表”重要思想、“立警为公、执法为民”和“爱岗敬业、争创一流”等教育活动，推进“五个体系”“五个正规化”要求的公安队伍建设。建立健全治安管理机构，按照“以防为主、打防结合、强化管理、标本兼治”的方针，加强公共场所，特种行业和爆炸化学危险品管理，做好金融重点单位和要害部门的安全防范，打击黄赌毒，开展重点部门和治安热点的专项整治。11年间，破获各类刑事案件11561起，占立案总数的52.15%，破获各类经济犯罪案160起（2002—2007年统计数），占立案总数的85.56%，受理治安案件21078件，破获危害国保安全案18起，累计办理暂住人口暂住证66万多件，累计办理私房出租户63658户，处理各类交通事故21333起，受理火灾火警903起。检察院、法院、司法局、社会治安综合治理委员会及其各自所属机构，为以法治区、社会治安综合治理、惩治犯罪、创建“平安同安”履行各自职责。11年间，区检察院审查批捕案件3300件、4842人，审查起诉案件3469件、5153人，受理民事行政检察案件192件，受理举报、控告、申诉信件2088件。区法院审结各类刑事案件3598件，民事案件收案23327件、结案23581件，经济纠纷案件结案3178件，行政案件结案174件，执结案件20996件。全区三家律师事务所共接受刑事辩护、各种代理9562件，区公证处开展各种公证业务24200件，法律援助中心（站）提供各种法律援助24578件（次），办理各类法律事务44445件，区镇村三级调解组织调解民间纠纷13056件。

第一章　社会治安综合治理

第一节　机　构

一、社会治安综合治理委员会办公室

1991年4月成立，编制5人，正科（局）级单位，与政法委合署办公。

二、禁毒工作办公室

2000年，成立同安区综治委禁毒工作办公室，组织、协调指导全区禁毒工作。2002年11月，恢复为厦门市同安区禁毒工作领导小组。

禁毒办开展“6·26”国际禁毒宣传系列活动

三、镇综治办

2002年10月，在汀溪、新民两镇先行试点成立社会治安综合治理办公室，之后各镇全面设立，各配主任1名，专职工作人员1～2名。

第二节 重点整治

一、重点村治安整治

1997年，综治办抽调46名干部组成5个工作队，分别进驻五显镇后塘村、莲花镇瑶市村、新店镇新店村、洪塘镇东宅村、马巷镇洪溪村开展为期3个月的社会治安整治工作，打击违法犯罪活动，解决整治点及周边村的治安热点问题。整治中协助公安机关破获刑事案件25起，查处治安案件49起，抓获各类违法犯罪人员77人，敦促3名逃犯自首，31名违法人员投案，缴获各类枪支29支，子弹57发，爆炸物品175公斤，管制刀具25件以及赃款赃物价值人民币12.4万元。

二、“六合彩”赌博整治

2000年起，针对“六合彩”赌博活动蔓延情况，连年开展整治，至2007年底，共计查处“六合彩”赌博案件768起，抓获违法犯罪人员1135人，涉案金额4600多万元。

三、流动人口聚居地整治

2001年上半年，开展流动人口聚居地和治安复杂区域重点整治，派员进驻祥平街道的祥桥村和新民镇的西塘村。以清理整治暂住人口和出租房屋为重点，开展地毯式清查，建立房东例会制度，规范护村队运作模式。通过整治，两村外口申报办证率均提高10%以上。刑事案件发案率分别比整治前同期下降8.9%和持平，与前两年同比分别下降31.8%和30%，抓获各类违法犯罪嫌疑人43名，带破刑事案件21起，治安案件31起。

四、居民住宅楼治安整治

2002年5—12月，规范16个住宅小区158幢4203户的安全管理，清查流动人口，打击多发性犯罪。通过整治，共破获入室盗窃案件39起，发案率同比下降88.41%。抓获违法犯罪嫌疑人55名，在逃人员12名。破获刑事案件112起，治安案件22起。

五、校园及周边治安整治

2003年4月23日至7月25日，开展为期3个月的校园治安重点整治。2004年，开展校园周边网吧、游戏机室的专项整治。两年间，共查处各类扰乱校园秩序，侵害师生人身、财产安全案件89起，刑事拘留20人，治安拘留33人，其他处理29人，取缔校园周边游戏机室、台球室、“黑网吧”、录相厅、食杂店等非法经营场所74处，没收非法经营的电脑28台，缴获赌博机141台。

2005—2007年，开展“平安进校园”活动，排查整治校园消防、交通安全隐患，查处打击“清钱、抢劫、敲诈勒索”和扰乱校园秩序等违法犯罪活动。三年间，共查处打击各类侵害师生人身、财产安全案件16起，抓获处理违法犯罪人员16人，查处取缔校园周边非法经营网吧、发廊、电子游戏机室等娱乐服务场所72家，收缴电脑298台，各类游戏机72台，消除各类安全隐患191处。

六、摩托车违章整治

2000年4月，在大同、马巷两镇及324国道集中整治摩托车、人力车违章操作行为。经过整治，全区发生涉及摩托车交通事故783起，比上年同期下降37%；驾乘两轮摩托车由原来85%以上不戴安全头盔变为85%以上戴安全头盔；摩托车年检率由30%增至66.5%。

2002年，强化对无牌无证摩托车的整治力度，共查扣无牌无证摩托车1028部，缴获赃车10部，抓获违法犯罪嫌疑人48人，从中破刑案2起。

2004—2007年，先后组织4次无牌、套牌、假牌、蒙牌车及非法营运车临检统一行动。共查扣无牌、套牌、假牌机动车5470部（其中汽车124部），查处无证驾驶和驾驶无牌无证机动车人员1530人，其中治安拘留无证驾驶机动车人员519人。

七、废旧金属收购行业整治

2007年1—6月，先后组织22次废旧金属收购行业清查、检查和联合执法专项整治，共检查各类废旧金属收购站（点）342家，查获涉嫌销赃站（点）14家，未按规定进行登记的站（点）75家，取缔无照经营站（点）51家；从中破获收购赃物刑案2起，治安案件10起，抓获处理违法犯罪人员12人。

八、消防安全整治

2007年4月起，在全区范围内开展为期3个月的消防安全专项整治。全区各镇、街、场全面开展排查，共取缔“三合一”场所17家，租住人员265人；开展危险化学品使用专项整治，检查加油站（点）、喷漆车间等消防重点单位70家，发现火灾隐患79处，先后对20个不符合消防安全生产条件的单位进行限期整改。

第三节　创建“平安同安”

2004年起，全区开展创建“平安同安”活动。创建中，通过综治宣传月、编发《平安同安手册》、组织“平安同安”文宣队、开辟“平安同安”电视专栏、召开企业治安恳谈会等宣传措施，使群众对平安建设知晓率达79.85%，培育不同类型典型44个；重拳打击以黑恶势力为重点的刑事犯罪活动，开展打击村霸地痞、强买强卖建材、强包工程、滋扰施工建设等违法犯罪活动和各项专项整治；排查调处矛盾纠纷，化解矛盾；建立协警队伍、治保队伍、综治协管员和平安中心户长队伍、内保队伍、物业保安、企业保安、护村队和治安志愿者队伍等九支群防群治队伍，总人数6216人；构筑巡警、民警、交警、协警四警联动，村、社区控管网；卡点盘查网，科技监控网和“110”联动网等五张防控网；加强社区及开发区的治安控管、流动人口及重点对象的控管、特种行业

创建平安厦门（同安专场）文艺演出

场所和企事业单位内部控管、道路交通安全和消防安全的控管、宗教领域和涉海涉台领域的控管等六个重点控管。至 2007 年 3 月，累计投入 2500 多万元，建成第二批省级“平安区”。

第四节　群防群治

一、队伍

（一）治安协警队伍

1999 年，建立同安区治安纠察队组织，有治安纠察队员 138 名。2002 年，成立治安协警大队，治安纠察队员改为治安协警队员。2003 年，全区有协警中队 13 个，队员 225 名。到 2007 年底，同安区各镇、街、凤南农场、竹坝经济开发区及工业集中区、环东海域等地共建立治安协警中队 16 个，队员 568 名。据不完全统计，2003—2007 年治安协警队共投入治安巡逻 24.37 万人次，守候伏击 15.76 万人次。协助“110”处警 5042 人次，抓获和扭送各类违法犯罪嫌疑人 6472 人（其中网上逃犯 49 名），协助公安机关破获各类刑事案件 2032 起，带破刑案 478 起。协助公安机关查处治安案件 1865 起。协助公安机关纠正违章机动车 23 万多起，查扣违章机动车 16500 辆，查处无证驾驶人员 173 人，缴获被盗摩托车 303 辆、汽车 14 辆和大量其他赃物、违法物品。

（二）村（社区）巡逻队

全区先后成立护村（护街）巡逻队 125 支，队员 1000 余人。至 2007 年，各村、社区巡逻队在开展护村巡逻中，协助公安机关查破治安案件 202 起，刑事案件 52 起，扭送犯罪嫌疑人 167 人；提供重大矛盾纠纷信息 62 条，阻止群体性上访事件 28 起，参与抢险救灾 1491 人次。

二、治安防范

（一）封闭式住宅小区建设

2004 年起，推行居民住宅小区封闭式建设管理，至 2007 年先后在芸溪小区、毅达城市广场、印发花园、西池小区、祥福花园、振兴新村小区等 25 个小区建成封闭式管理小区，有效提高居民住宅小区的治安安全防范能力。

（二）治安报警监控系统建设

2006—2007 年，各级政府共投入资金 778 万元，在城区建设闭路监控系统 8 个，在社区的重要路段、路口，工业集中区、城东、城南、莲花工业区、洪塘石材城、环东海域同安辖区的周边村及各镇、街、场的所在村，安装监控视频探头约 220 个，为公安机关抓现行、侦查破案、打击犯罪提供可靠信息。

封闭式居住小区——振兴小区

全国民主法治示范村——禾山村

第五节 海防管理与打击走私

一、海防管理

（一）机构

1997 年 10 月，海防管理委员会办公室由挂靠区政府办公室改归政法委领导，2002 年 8 月机构改革时又划归区政府，2003 年 9 月析出翔安后撤销，其职能由区政法委承担。

（二）管理措施

1997 年 10 月，在渔民、船民中开展国家安全法、国防法、渔业法、资源保护法等法制教育和国防教育。

1999 年 4 月，贯彻中央、省、市海防工作会议精神，组织 5 支工作队进驻大嶝镇小嶝村，新店镇欧厝村、刘五店村等 6 个沿海村，开展为期 3 个月的重点镇、村社会治安专项整治。2000 年 7 月，组织 1 支工作队进驻新店镇后村村开展专项整治。重点整治非法电捕、“越线”作业、清理航道等治安突出问题。

2000 年 3 月、6 月、8 月，3 次召开全区海防管理工作会议，传达部署省、市反偷（私）渡会议精神。制定党委一把手负总责的责任制和公安、边防、司法通力合作等 6 项加强海防管理措施。

2001 年，开展打击电、炸鱼等违法行为的“平海”联合行动。

2004—2007 年，在创建“平安同安”活动中，推进“平安同安”创建活动。建立覆盖全海域的信息员网络、实行船舶年审登记和进出港登记、在沿海村建立 4 个船管站、9 个船舶进出港申报点、5 个报警点，在 12 个重点路口设立视频探头，建立警队、民兵巡逻队各 1 支。常年开展海上专项整治联合行动，其中 2007 年 16 次。

二、打击走私

（一）机构

1997 年 5 月，在政法委内设机构中增设打击走私科。1999 年 9 月，成立区打击走私综合治理领导小组及其办公室，2001 年 6 月成立区打击走私专项整治工作办公室。以上机构为打击走私协调机构。

（二）缉私措施

1999 年，政府各职能部门分工负责：工商、公安、税务、烟草等部门综合市场管理和税收征管，负责打击陆上走私贩私活动；交通、边防、渔政等部门负责打击海上走私贩私活动。

2001 年，开展打击走私专项整治，工商局带头，公安、边防、外经贸部门配合开展海上、陆路货运渠道走私贩私活动专项整治；烟草专卖局带头，公安、工商部门配合，开展烟草市场清理整顿，重点查处法人走私案件。

2004 年，省《反走私工作综合治理领导责任制》下发后，调整充实区反走私综合治理领导小组，各镇（场）、职能部门成立反走私和综合治理领导小组，组织领导打击走私专项活动。

据统计，1999—2005 年，累计查处走私贩私 99 件，案值 1303 万元、罚没入库 428.90 万元，查获走私物品香烟 6.24 万件、旧挖掘机 27 部、进口摩托车 3 部、溶剂回收机 6 部。此后两年未再发生走私贩私案件。

第二章　公　安

第一节　机　构

一、公安分局

1997 年 5 月 1 日同安撤县改区，设立厦门市公安局同安分局（正处级），隶属厦门市公安局。分局内设政治处（副处级），指挥室、办公室、监察室、行政科、政保科、保卫科、治安科、预审科、户政科、出入境管理科、法制科、治安拘留所、看守所（1999 年 8 月 15 日，同安区看守所和治安拘留所划归厦门市公安局监所管理处领导，均为正科级）。2002 年 11 月至 2007 年，分局内设办公室、政治处、纪检监察室（均为副处级），后勤科、信通科、网安科、法制科、户政科（均为正科级）。

二、分局下辖单位

（一）派出所

1997 年 5 月，分局下辖大同、马巷、新店、新圩、内厝、洪塘、五显、汀溪、新民、西柯、莲花 11 个派出所（均为副处级）。

2000 年 4 月，增设城南派出所。

2002 年 11 月，城南派出所改称祥平派出所。

2003 年 11 月，马巷、新店、新圩、内厝 4 个派出所划归翔安分局管辖。

2007 年，分局下辖大同、祥平、新民、洪塘、五显、莲花、汀溪、西柯 8 个派出所。

附录：警务室

2006 年 7 月始，分三期实施农村警务战略，建设农村（社区）警务室。至 2007 年，全区建成警务室 66 个，其中社区警务室 44 个，驻村警务室 22 个，实现全区 123 个社区、行政村全覆盖。

（二）其他机构

刑事侦查大队　1997 年 4 月，成立刑事警察大队。10 月，刑事警察大队内设秘书科、技术科和一个直属中队，下设大同、马巷、新民、五显、西柯、新店 6 个责任区中队。1999 年 10 月，整合为大同、马巷、新民、五显 4 个责任区中队。大队内设秘书科、技术科、经侦科和直属一中队、直属二中队。2001 年 12 月，分局再次将 4 个责任区中队合并为大同、马巷和祥平 3 个责任区中队。2003 年 5 月实行刑警中队、探组入所，在大同、祥平建立“一所一队（中队）”、其他各行政派出所设“一所一组（探组）”，派出所所长履行防控打击“一岗双责”。刑侦大队走专业化道路，设置秘书科、技术科、重案中队、打盗抢中队和情报信息中队。2003 年 9 月，刑事警察大队更名为刑事侦查大队。2005 年 1 月，适应反盗车工作要求，增设反盗车中队。

经济犯罪侦查大队　成立于 2002 年 6 月，前身为 1999 年成立的刑侦大队经侦科。2002 年 11 月，升格为副处级机构。

治安大队 1997年6月，同安县公安局治安科更名为厦门市公安局同安分局治安科。2002年元月28日，撤销分局保卫科，其承担的部分职能由治安科负责。2002年11月机构改革，治安科升格为厦门市公安局同安分局治安大队。

巡警大队 1997年5月，同安县巡警大队改称同安区巡警大队，实行准军事化半封闭管理模式，三班轮番运作，24小时屯警于路面，有警接警，无警巡逻。1999年机构改革后，巡警大队下设秘书科、两个巡逻中队。2002—2003年，将5个公路驻勤点（澳溪、南山、后垵、沙溪、五峰）划归巡警大队管理后，形成区内追、区外堵的勤务模式，初步构筑具有同安特色的打防控机制。2004年，巡警大队与城区派出所捆绑作业，进一步盘活巡逻伏击勤务。2004年10月起，路面视频监控室交巡警大队管理使用，2006年8月移交分局办公室。2006年8月，巡警大队转场进驻环东海域整治建设工地，维护环东海域的治安秩序。

同安公安分局加强巡逻队伍建设

同安召开首次协警表彰大会

协警大队 2003年12月，根据上级统一部署，将全区治安纠察队改建为厦门市协警支队同安大队，为公安局直接领导的具有企业性质，事业管理，实行全员劳动合同制的专业协警队伍。大队下辖大同、祥平、新民、洪塘、潘涂、汀溪、五显、莲花、西柯、巡警10个协警中队，总编制484人。至2007年，下辖大同、祥平、洪塘、西柯、汀溪、莲花、五显、新民、工业集中区、竹坝开发区和交警协警11个协警中队。

禁毒大队 2003年10月成立同安公安分局禁毒大队，2004年3月成立禁毒工作领导小组，下设办公室挂靠禁毒大队。此前禁毒工作的职能（打击处理吸、贩毒违法犯罪行为）分属治安、刑侦部门负责。

国内安全保卫大队 2002年11月24日，厦门市公安局同安分局政治保卫科，更名为厦门市公安局同安分局国内安全保卫大队，负责全区国内安全保卫的情报信息、侦察调查、防范保卫工作。

交警大队 1997年5月1日，同安县公安局交警大队更名为厦门市公安局交警支队同安大队，为同安区道路交通安全主管部门，副处级编制，实行条块结合管理，分别隶属厦门市公安局交警支队的垂直领导和接受同安公安分局的系统管理。内设综合科、车驾科、交管科，下设大同、马巷、新店、新民、西柯 5 个中队，20 号、21 号、22 号 3 个岗亭，同年 6 月 1 日成立厦门市公安局公路巡逻民警支队同安大队，与交警大队合署办公（仅运作一段时间），同年 12 月 15 日泉厦高速公路正式通车，成立厦门市同安高速公路交警大队。至 2003 年 11 月析出翔安后，马巷、新店中队及 20 号岗亭划为翔安交警大队管辖。

三、协管单位

1997 年 5 月，协管厦门市公安局车辆管理所同安站、林业公安科、潘涂边防派出所、大嶝边防派出所、莲河边防派出所、澳头边防派出所、祥溪林业派出所、汀溪林业派出所。

2002 年 11 月，协管潘涂边防派出所、大嶝边防派出所、莲河边防派出所、沃头边防派出所。

2003 年 11 月，大嶝边防派出所、莲河边防派出所、沃头边防派出所划归翔安分局管辖。

第二节 犯罪案件侦查

一、刑事犯罪案件侦查

（一）命案侦查

分局贯彻落实命案侦破三级领导责任制，实行命案侦破“一票否决制”和“领导挂帅、刑侦主办、属地配合、全警参与”的命案侦破长效工作机制，每逢命案发生，必“举全局之力，攻一役之垒”。据统计，1997—2007 年，八类命案主案 132 起、破案 112 起（其中故意杀人案 74 起、故意伤害致死案 38 起），破案率 84.09%，其中 2004—2007 年连续四年“命案全破”。

企业给及时破案的刑侦大队送锦旗

（二）打黑除恶

1997—2007 年，为确保全区社会治安稳定，建设良性、有序的社会治安环境，公安分局以打黑除恶为龙头，狠抓团伙系列案件侦破，累计打掉各种犯罪团伙 513 个 1801 人，有力地维护辖区社会治安稳定。其中，2000 年 12 月开始的为期两年的“打黑除恶”专项斗争，先后组织开展“打黑除恶”“迅雷行动”和“雷霆行动”，共摸排恶势力团伙 8 伙 67 人，抓获 44 人，其中头目及骨干成员 16 名，逮捕移诉 39 人，劳教 3 人，从中带破各类刑案 106 起。

二、经济犯罪案件侦查

（一）涉税案件侦查

2002—2007 年，公安机关加大涉及财税案件侦查力度，立案 54 起、破案 52 起。其中，配合税务部门，按照“什么突出，解决什么”的原则，适时开展涉税专项整治行动，先后开展打击制售假发票、建筑安装企业偷税、虚开货物运输发票、虚开抵扣税款发票等涉税犯罪活动，破获涉税案件33起，涉案金额8343万元，追缴税款4500余万元，移送起诉35人。

（二）职务犯罪侦查

2002—2007年，立案68起，破案56起。其中，公安机关重点打击农村集体村财人员利用职便犯罪活动，累计侦破农村经济犯罪案件18起，抓获涉案人员14人，涉案金额367万元；打击公司、企业人员职务侵占、挪用资金、商业贿赂案件，累计破获38起，抓获32人，涉案金额429万元。

（三）市场经济犯罪侦查

2002—2007年，公安机关强化侦查破案力度，严厉打击各种经济犯罪活动，立案38起，破获36起，其中建筑工程领域串通投标犯罪案件9起，涉案金额243.2万元；合同诈骗案19起，涉案金额638万元，挽回经济损失398万元。

（四）保护知识产权

公安机关与工商、烟草等行政执法部门合作，打击生产销售假冒注册商标商品违法犯罪活动。2002—2007年，立案8起，破案3起。缴获各类假冒高尔夫球具、洗发水、注册商标香烟及滤嘴棒、烟丝和烟用丝束等大量原辅材料、各类香烟标识及印制机台等，总价值1000余万元。其中，2004年查获非法生产香烟制品窝点4起8处（生产假烟窝点5处，生产滤嘴棒窝点2处，生产假冒香烟注册商标标识窝点1处），抓获直接参与生产的涉案人员39人，刑拘35人，缴获烟支卷接机5台，烟支包装机1台，滤嘴棒成型机2台，假冒品牌成品卷烟505箱，滤嘴棒1248支、烟丝6800公斤，烟用丝束13吨等大量原辅材料，各类香烟标识170余万件及印制机台10部等，总价值近千万元。

据统计，从刑案新分类法实行的2002年起至2007年止，受理各类经济犯罪案件284起，立案187起，破案160起（其中其他区案件5起），涉案总金额为1.11亿元，挽回经济损失4750.68万元；抓获犯罪嫌疑人172人，其中提请检察院批准逮捕71人，批准逮捕54人；移送起诉69件103人。

三、打击多发性侵财犯罪

盗抢骗等多发性侵财案件是日常性工作的重点。1997—2007年，全区共立盗抢骗案件17393起，占刑案总数22168起的78.46%。每年针对不同季节、不同时期的刑案发案特点，强化调查分析研究，制定打击方案，11年间共破获盗抢骗案件7545起，破案率43.38%。

据统计，1997—2007年，破获各类刑事案件11561起，占立案总数22168件的52.15%，缴获赃款赃物价值人民币1590.64万元，抓获犯罪嫌疑人11542人，为保障国家和人民群众的生命财产安全，创建平安同安做出贡献。

1997—2007年刑事犯罪立、破案情况表

表19-1

年份	刑案总数			其中：八类案件			缴获赃物情况（万元）	抓获犯罪嫌疑人情况（人）					逮捕数（人）	起诉数（人）
	立案数（起）	破案数（起）	破案率（%）	立案数（起）	破案数（起）	破案率（%）		抓获总数	本地籍	外地籍	成年人	未成年人		
1997	670	425	63.43	182	149	81.87	130	442	245	197	437	5	291	—
1998	977	481	49.23	283	178	62.9	128	618	342	276	597	21	313	342
1999	1286	544	42.3	244	164	67.21	128.09	608	336	272	515	93	314	331
2000	2397	1171	48.85	399	262	65.66	165.32	929	514	415	743	186	380	470
2001	2482	1052	42.39	380	215	56.58	64.187	1087	704	383	975	112	452	542

续表19-1

年份	刑案总数			其中：八类案件			缴获赃物情况（万元）	抓获犯罪嫌疑人情况（人）					逮捕数（人）	起诉数（人）
	立案数（起）	破案数（起）	破案率（%）	立案数（起）	破案数（起）	破案率（%）		抓获总数	本地籍	外地籍	成年人	未成年人		
2002	2429	1123	46.23	423	246	58.16	40.37	1080	707	373	950	130	408	524
2003	2294	957	41.72	371	233	62.8	70.12	1253	799	454	1093	160	397	413
2004	2285	1157	50.63	358	262	73.18	583.81	1182	593	589	1052	130	550	605
2005	2406	1476	61.35	284	210	73.94	136.27	1469	711	758	1337	132	622	671
2006	2449	1584	64.68	269	210	78.07	73.92	1467	614	853	1308	159	595	672
2007	2493	1591	63.82	273	192	70.33	70.55	1407	475	932	1264	143	594	752
合计	22168	11561	52.15	3466	2321	66.96	1590.64	11542	6040	5502	10271	1271	4916	5322

1997—2007年刑事案件立、破情况分类统计表

表19-2

案件分类			1997年	1998年	1999年	2000年	2001年	2002年	2003年	2004年	2005年	2006年	2007年	合计
盗窃(起)			374/196	569/200	848/247	1450/484	1407/389	1418/548	1419/459	1400/548	1553/835	1527/841	1431/772	13396/5519
其中:盗窃摩托车			122/47	260/73	353/69	584/103	626/83	734/245	824/204	612/142	509/208	500/164	512/204	5636/1542
盗窃汽车			—	3/1	11/1	65/18	25/7	41/14	40/3	59/11	96/34	100/21	87/19	527/129
入室盗窃			222/126	257/93	407/136	531/196	482/184	310/135	230/91	205/99	198/118	190/122	189/110	3221/1410
八类严重危害人民生命财产安全	小计(起)		182/149	283/178	242/164	399/262	380/215	423/246	371/233	358/262	284/210	269/210	273/192	3464/2221
	放火		—	6/4	6/4	5/2	6/1	14/10	1/0	7/6	3/3	—	—	48/30
	爆炸		—	—	—	1/1	—	1/1	—	—	1/1	1/1	—	4/4
	杀人案件	故意杀人	8/6	17/9	9/8	10/7	9/9	10/8	9/9	5/5	7/6	2/2	4/5	90/74
		过失致死亡人	—	—	—	—	—	—	1/1	—	—	—	—	1/1
	故意伤害	故意伤害致死	—	2/2	6/5	9/6	6/6	4/3	2/0	4/4	1/1	3/3	7/8	44/38
		故意伤害	91/89	82/72	104/89	193/158	170/124	191/141	179/135	143/129	126/100	109/90	122/77	1510/1204
	强奸		12/11	10/10	14/10	11/7	28/19	16/15	9/8	8/7	22/17	19/16	26/21	175/141
	绑架		—	—	—	—	1/1	3/2	—	8/7	3/3	3/3	1/1	19/17
	劫持		—	—	—	—	—	—	—	—	—	—	—	—
	抢劫		71/43	166/81	103/48	170/81	160/55	184/66	170/80	183/104	121/79	132/95	113/80	1573/812
抢夺(起)			7/6	21/16	21/10	64/29	119/35	188/43	219/60	181/51	140/51	113/82	131/70	1204/453
诈骗(起)			21/17	33/24	70/41	218/157	274/175	114/42	74/32	55/28	58/32	90/51	203/162	1220/761
年前案件累计(起)	破年前积案		2	4	24	39	50	94	44	37	56	25	34	816
	年前隐案		28	53	40	118	184/131	198/161	68/51	64/40	223/117	293/74	349/42	—

说明：表中立破案数为表19-1立、破案数的其中数

2002—2007 年经济犯罪案件查处统计表

表 19-3

年份	2002 年	2003 年	2004 年	2005 年	2006 年	2007 年	合计
受理（起）	43	60	50	54	42	35	284
立案（起）	19	29	33	37	35	34	187
破案（起）	15	23	29	35	29	29	160
其中：财税领域	9/9	8/6	8/8	12/12	11/11	6/6	54/52
职务犯罪	10/6	12/10	7/7	12/11	12/7	15/15	68/56
整顿市场秩序	0/0	7/7	6/6	12/11	6/5	7/7	38/36
知识产权	0/0	0/0	4/0	1/1	1/1	2/1	8/3
其他	0/0	2/0	8/8	0/0	5/5	4/0	19/13
涉案金额（万元）	5000.00	2534.00	1301.30	793.00	476.66	1007.94	11112.90
挽回损失（万元）	420.00	2200.00	642.90	605.00	356.86	525.92	4750.68
抓获嫌疑人（人）	26	21	39	27	27	32	172
报捕数（人）	10	11	16	8	11	15	71
逮捕数（人）	7	10	9	6	9	13	54
起诉数（人）	7 起 7 人	13 起 26 人	9 起 14 人	12 起 19 人	13 起 15 人	15 起 22 人	69 起 103 人

第三节　治安管理

一、公共场所与特种行业管理

1997 年，加强对废品收购业、旅社业、娱乐“三厅”、美容厅的治安管理，对违法经营业主停业整顿 5 家，处罚 120 家，限期整改 152 家。

1998 年，新审批特种行业 207 家，查处违反管理规定 115 家，其中查封 3 家，停业整顿 7 家，限期整改 105 家。同年，对摩托车维修业实行交修机动车逐辆登记检索制度。

1999 年，开展美容美发业治安清查和公共娱乐场所治安专项整治，抓获犯罪嫌疑人 16 名，查处违规经营发廊店 42 家，取缔无证经营 31 家，责令限期整改、停业整顿 35 家，查封 20 家。

2000 年，抽调公安、监察、文化、工商、消防等部门的业务骨干联合组成验收小组，对全区歌舞厅、美容美发室、录像放映室等娱乐服务场所进行全面审核确认，取缔无证经营 55 家，吊销证照 7 家，限期整改 42 家。

2001 年，开展整顿和规范歌舞娱乐服务场所秩序专项行动，取缔擅自设立及违法经营场所 64 家，责令停业整顿 5 家，限期整改 86 家。

2003 年，加强娱乐服务场所管理，清查公共娱乐服务场所 2096 家（次），为 33 家旅馆安装计算机系统，实现旅馆业治安信息化管理。

2004 年 8 月上旬至 9 月 25 日，开展为期两个月的打击整治制贩假证章违法犯罪专项行动。查获各种办假证非法广告 81 条、联系电话和小灵通号码 77 个、移动电话 5 个。同年 12 月至 2005 年 3 月，开展娱乐场所、桑拿和足底按摩场所专项整治，检查行业场所 214 家，整改各类治安隐患 14 家，取缔 1

家，治安处罚 7 家。

2005 年 3 月 20 日至 5 月 30 日，开展为期两个多月的打击制贩假证章违法犯罪专项行动。破获各类制贩假证章案件 10 起，抓获违法犯罪嫌疑人 12 名，缴获伪造印章 6 枚、毕业证书 6 本、身份证 1 张，清理各类小广告 1 万多条。7 月 10 日至 10 月 10 日，开展为期三个月的旧货业、机动车维修业和旅馆业的专项整治行动，共查处旧货业、机动车维修业和旅馆业违法违规等案件 236 起，违法违规人员 224 人。

2006 年，开展美容美发及按摩场所专项整治工作，查处违法人员 21 人。

2007 年 1—6 月，开展为期半年的废旧金属收购行业专项整治行动，共检查各类废旧金属收购站（点）342 家，查获涉嫌销赃的废旧金属收购站（点）14 家、未按规定执行登记制度的站（点）75 家，取缔无证经营站（点）51 家，从中破获收购赃物刑案 2 起、治安案件 10 起。5—8 月，开展旅馆业专项整治行动。对辖区 32 家宾馆和旅社进行全面检查，抓获网上逃犯 1 人，处罚违规旅馆业 14 家，取缔无证旅社 4 家，处罚违法人员 11 名。

1997—2007 年同安区公共场所、特种行业数量情况表

表 19-4　单位：家

场所与行业		1997 年	1998 年	1999 年	2000 年	2001 年	2002 年	2003 年	2004 年	2005 年	2006 年	2007 年
公共场所	三厅	25	37	37	35	38	33	20	16	14	17	17
	茶馆	12	12	12	13	13	16	16	16	16	16	16
	音像	45	143	137	132	123	69	43	41	42	34	34
	武术	3	3	3	3	3	3	2	2	—	—	—
公共场所	浴场	1	1	1	1	1	2	2	2	2	3	3
	按摩	3	3	3	3	3	13	9	10	13	13	25
	美容美发	67	153	120	119	100	120	74	159	156	172	172
特种行业	首饰	28	28	28	28	28	28	28	29	28	26	26
	印刷	107	127	93	69	81	85	73	65	73	51	51
	旧货	138	143	141	132	151	169	59	52	82	94	176
	摩托维修	320	360	345	326	330	341	199	192	201	201	199
	汽车维修	35	37	39	41	53	75	14	29	34	37	36
	拍卖	1	1	1	1	1	1	2	2	2	1	1
	典当	—	—	—	—	—	—	—	—	—	—	1
	刻字	13	13	13	13	13	13	7	8	8	8	8
	移动电话	20	26	26	28	28	30	16	28	30	33	28
	旅馆	45	46	42	42	42	37	22	23	26	30	34

二、危险物品管理

1997 年，整顿清理爆炸物品储存仓库 11 家，取消不符合安全规定 2 家、限期整改 5 家。查处各类违反爆炸物管理案件 21 起、35 人次。缴获硝铵炸药等爆炸物品 1.24 吨。缴获枪支 47 支、仿真手枪 327 支等。

1998—1999 年，开展“收枪治暴”专项整治，收缴非法枪支 1657 支、子弹 1.15 万多发、仿真手枪 4496 支、炸药 967 公斤、治安处罚违反“枪暴”管理规定人员 136 人。

2000 年，加大爆炸药品和枪支检查管理力度，查处违反管理规定案件分别为 28 起 35 人、7 起 9 人，收缴炸药 45. 3 公斤，各类枪支 371 支。

2001—2002 年，开展“治爆缉枪”专项行动，查处涉枪涉爆案件 39 起 58 人，收缴各类枪支 82 支、子弹 718 发、炸药 120 公斤、烟火爆竹 1500 多箱及大量涉爆物品。

2003—2004 年，开展爆炸物品特别是烟花爆竹清理整顿，检查涉爆场所 200 余家（次），查处涉枪涉爆案件 56 起、70 人，收缴各类枪支 16 支、子弹 7390 发、烟花爆竹 2568 件。

2005—2006 年，落实三级治安管理和单位主管部门的监管责任制，对涉枪涉爆、涉毒单位和烟花爆竹零售点进行安全检查。开展爆炸物品拉网式集中统一清查行动，取缔违反爆炸物品使用规定采石场 14 家，查处涉爆案件 2 起 6 人。

2007 年，开展打击持枪犯罪，非法制贩枪支“防爆炸、防枪击、防破坏、防事故”专项行动，检查金融单位、要害部门、毒化物品供应单位、水电油气供应单位、涉爆场所、采石场等单位（场所）141 家（处），查处涉枪涉爆案件 4 起 4 人，收缴各种枪支 7 支、子弹 522 发。

三、重点单位和要害部位安全防范

1999 年，重点加强金融、邮电单位和 12 家直管“三资”企业的安全防范工作，对风险等级、防护级别未达标的 8 家金融营业网点进行整改验收，发现并整改金融、邮电、供电、供水、供气等重点要害部位安全隐患 38 处。

2000 年，针对金融、邮电、供电、供水、供气、车站、公共娱乐和涉爆等场所开展以“防火、防盗、防爆、防事故”为重点的“四防”安全大检查，集中整治全区中、小学校园及其周边治安秩序，查处危害校园治安的刑事案件 1 起、治安案件 27 起、违法人员 47 人。

2001 年，加强企业内部安全防范，落实“防火、防爆、防盗、防事故”安全工作责任制，确保金融、邮电、水、电、气等要害部位和“三资”企业内部单位的安全。继续整顿校园周边治安秩序，共查处危害校园秩序的治安案件 32 起，抓获违法人员 52 人。

2002 年 6—9 月，深入开展校园及周边社会治安秩序整治。依法查处涉及校园师生的刑事案件 1 起，治安案件 17 起，处理少教 1 人，治安拘留 12 人，罚款 7 人，警告 2 人；取缔校园周边电子游戏机室 6 间、音像放映厅 2 家、快餐店 3 家、食品店 5 间、书刊销售点 2 个、非法摊点 5 个；收缴游戏机 11 台、台球桌 5 张、管制刀具 3 把。

2003—2004 年，继续开展校园及其周边治安整治，共查处各类扰乱校园秩序、侵害师生人身财产安全案件 91 起，查处 117 人。取缔校园周边各类违法经营场所 75 处，缴获赌博机 142 台。

2005 年，贯彻落实《企事业单位内部治安保卫条例》，加强对辖区企事业单位，尤其是金融、邮政、水、电、气等治安保卫重点单位的日常安全检查，建立健全内部治安保卫规章制度，落实完善各项人、物、技防措施。

2006 年，贯彻落实公安部维护校园及周边治安秩序八条措施，开展“平安进校园”活动，加强校园禁毒、消防、交通安全宣传，查处取缔校园周边非法经营网吧、发廊、电子游戏机室等娱乐服务场所，查处打击“清钱”抢劫、敲诈勒索和扰乱校园秩序等违法犯罪活动。全区查处各类侵害师生人身财产安全案件 5 起，抓获处理违法犯罪人员 8 人；查处取缔校园周边非法经营网吧、发廊、电子游戏机室等娱乐服务场所 59 家，收缴电脑 206 台、各类游戏机 42 台，整改消除各类安全隐患 128 处。同年，开展企事业“创安”工作，落实“人防、物防、技防”安全防范措施，深入城乡接合部及农村偏远地区检查重点单位 241 家（次）、要害部位 308 处（次）、银行运钞车（交接区）59 台次、整改治安安全隐患 88 条。

2007 年，继续加强校园及周边治安整治，共查处各类侵害师生人身财产安全案件 11 起、违法犯罪人员 8 人；查处取缔校园周边非法经营网吧、发廊、电子游戏机室等娱乐服务场所 13 家，收缴电脑 92 台、各类游戏机 30 台，并通过深化排查，及时整改消除各类安全隐患 63 处。

四、专项整治

1997年，开展6个重点村庄治安整治，共举办9期254人的法制教育班，查处治安案件49起140人，抓获各类违法犯罪人员77人。

1998年，在“百日治安整治行动”中，开展为期四个月的打击流氓、帮伙恶势力的专项行动，全区摸排流氓帮伙33起77人，逮捕2人，刑拘12人，取保候审8人，劳教2人，拘留11人，其他处理42人。开展3次反盗车专项斗争统一行动，抓获违法犯罪嫌疑人57名，破获盗窃案9起，收缴火药枪9支、气枪88支、雷管41枚、炸药18.5公斤、子弹127发，查缴被盗摩托车6辆。

1999年，开展18个村的治安综合整治活动，打击开发区周边的村霸地痞、流氓帮伙恶势力和强买强卖地材行为，加强对大同、马巷地区流氓帮伙恶势力的专项打击，及时打掉经常在公共娱乐场所打砸、白吃白喝、敲诈勒索等违法犯罪团伙7伙57人。

2000年6月，在全区范围内开展禁娼禁赌统一行动，抓获各类违法犯罪嫌疑人27名。开展反盗车专项行动，共破获盗窃机动车案件30起，摧毁盗窃、销赃机动车团伙3个10人，抓获盗窃机动车犯罪嫌疑人24名，缴获各类被盗机动车33辆。

2001年，针对机动车被盗案件高发态势，开展反盗车专项整治。共破盗、抢、销机动车案件54起，抓获犯罪嫌疑人27人，摧毁盗车团伙7个20人，缴获被盗机动车31辆。

2002年，开展消防安全专项治理。督促并落实整改360家，依法取缔25家，责令搬迁16家，整改隐患379条，整改率86%。

2004年3月15日至6月25日，在全区范围内开展打击持械寻衅滋事、结伙斗殴、伤害等违法犯罪活动百日专项行动。抓获违法犯罪嫌疑人67名，破获各类持械寻衅滋事、结伙斗殴、伤害等违法犯罪案件38起。

2005年元月中旬至4月底，先后开展竹坝经济开发区和洪塘石材工业区的治安专项整治，在两个区域内抓获涉嫌滋扰企业、为恶一方的流氓地痞55人，破获寻衅滋事、聚众斗殴、放火、非法拘禁、故意伤害、赌博、生产伪劣产品、窝藏包庇案件等37起。

2005年，开展全区性整治无牌无证摩托车统一行动23次，共查扣无牌无证摩托车及各类可疑车辆2407辆，查处违规驾驶摩托车人员1787人次。

2006年，开展涉摩违法犯罪上路临检统一行动，共查扣各类非法摩托车1236辆。

2007年3月1日开始，开展治理电动自行车被盗专项行动，共查处违反管理规定的废品收购店6家，捣毁销赃窝点2个，查获盗窃电动自行车案件43起。

五、打击黄赌毒

1997年，治安清查13次，查处涉黄案件155件、涉案人员621人。

1998—1999年，开展扫黄打丑专项斗争，查处黄丑案件410件、涉案人员790人。

1999年，侦破贩毒案件20起，13人，查获吸毒案件5起5人。

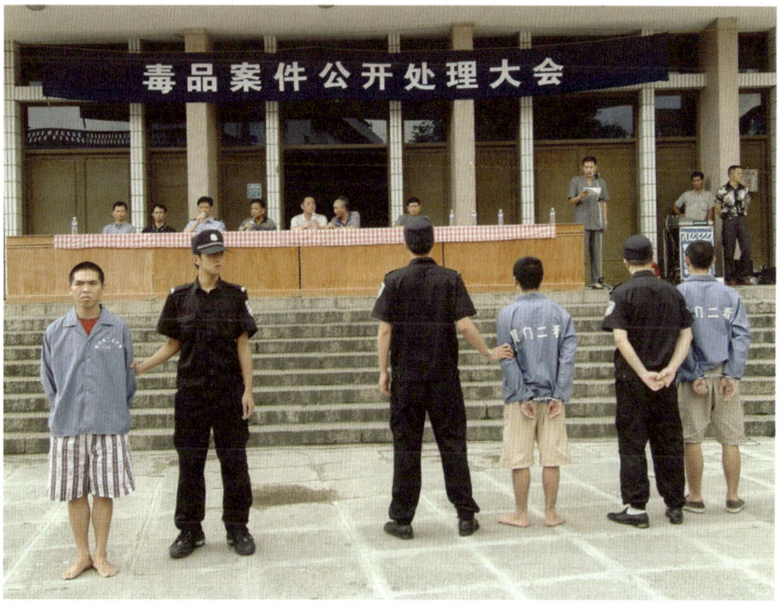

公安分局召开毒品案件公开处理大会

2000 年，开展禁娼禁赌专项整治，查处介绍卖淫、卖淫嫖娼案 23 件，涉案人员 116 人。查处赌博案件 32 起 130 人。侦破贩毒案件 100 起 18 人，查获吸毒案件 15 起 15 人。

2001—2002 年，开展打击非法“六合彩”专项整治，查处“六合彩”赌博案件 242 起、554 人。查处黄赌案件 110 起、267 人。侦破贩毒案件 65 起 32 人，查获吸毒案件 41 起 41 人。

2003—2004 年，坚持“露头就打、常抓不懈”方针，查处赌博案件 410 件 992 人。卖淫嫖娼、传播淫秽物品案 53 起 120 人。2004 年 2 月 5 日晚当场抓获正在收集结算“六合彩”账单的 3 伙 5 名涉案人员，收缴传真机等赌博工具 21 件。侦破贩毒案件 105 起 46 人，查获吸毒案件 96 起 96 人。

2005 年，开展集中打击赌博违法犯罪活动专项行动，查处各类赌博案件 282 起 580 人。其中，5 月中旬至 6 月上旬，连破 2 起“六合彩”赌博案，抓获涉案人员 12 名，涉案金额 200 多万元。侦破贩毒案件 63 起 28 人，查获吸毒案件 41 起 41 人。

2006—2007 年，查处赌博案件 467 起 759 人，其中刑案 57 起、刑拘 123 人。查处卖淫嫖娼等涉黄案件 150 起 249 人，其中刑案 9 起，刑拘 20 人。侦破贩毒案件 61 起 54 人，查获吸毒案件 84 起 84 人。

1997—2007 年，累计查处黄赌毒案件 35930 起，涉案人员 5740 人。

六、网络安全管理

2006 年，公安机关与工商、文化部门密切配合，共查处取缔黑网吧 13 家，查扣用于上网服务电脑 162 台。在全市网络追逃会战等专项行动中，策应“金戈”“狂飚”行动，共抓获各类网上逃犯 54 名，审查破获刑事案件 60 起，涉案金额 700 多万元，其中外地逃犯 12 名，外地命案在逃犯 2 名，抓逃数列全市第一。

2007 年，共查处取缔黑网吧 16 家，查扣用于上网服务电脑 223 台。其中联合区文化体育局、教育局、工商局开展暑假期间网吧专项整治活动，查处违规经营网吧 8 家。在开展“网络追逃会战”中，发挥网络技术手段优势，配合打黑除恶、命案侦破、破案追逃等专项行动，全年抓获各类逃犯 21 名，协助侦查办案单位破获刑案 64 起。

七、巡逻防控

1997—1998 年，为打击路面犯罪活动，适时调整警力配置，点、线、面全方位全天候加强国道、省道和城区主干道路面监控，增设沙溪、风南、潘涂三个治安驻勤点，重点部位设立执勤点和报警点。

1998 年，分局巡警大队接、处警 504 起，抓获各类违法犯罪人员 236 名，破获刑案 21 起，缴获赃款赃物价值 30 多万元。

1999 年，组建镇级治安纠察队 12 个 130 人，护村队 234 个 2645 人，建立由民警、治安纠察队、护村队联手的治安巡逻网络，加大巡查密度。推进技防物防建设，以大同、马巷两镇为重点，推行住宅楼技防门建设，加大城区主次干道和公共场所巡逻，处置 110 报警 661 起，协破刑事案件 23 起，处置治安事件 225 起，协调纠纷 97 起，抓获违法犯罪人员 300 人。

2000 年，开展巡逻伏击，实行动态备勤。各派出所根据辖区实际，加强群防网络建设，充分发挥治安纠察队和护村队的作用。

2001 年，配合严打整治斗争，组织治安纠察队员 158 名，民兵预备役人员 140 名，由民警带队开展昼夜治安巡逻，形成四个治安驻勤监控点，交警、巡警控线，派出所控面的安全防范格局。巡逻中带破刑事案件 112 起，查处治安案件 135 起，抓获逃犯 19 名，缴获一批赃物。

2002 年，健全和完善以“110”指挥系统为核心，多警种密切配合的快速反应机制，构筑责任区警覆盖社区，交巡警覆盖路面，保安力量覆盖重点要害部位，群防力量覆盖村（居）民区的点线面结合、人物技防结合、专群结合、动静结合、时空结合、“三道防线”互动的治安防控体系。全年各单位通过开展治安巡查、设卡堵截和伏击守候，共抓获各类违法犯罪嫌疑人 464 人，带破各类刑事案件 275 起、治安案件 81 起。缴获赃物摩托车 32 部，查扣无牌无证摩托车 475 部。组建 158 名的治安纠察队和 140

名的民兵预备役投入严打整治期间的治安巡逻，抓获各类违法犯罪嫌疑人 720 人，协破刑事案件 147 起、治安案件 128 起。推行住宅小区封闭式或半封闭式管理，建成并投入使用的住宅小区 14 个 69 幢 2064 户，有效遏制入室盗窃案件的发生。

公安民警带领协警开展路面巡逻

2003 年，实行以巡警大队为主体，统一指导协调“三道防线”运作的勤务模式。强化 19 个成员单位巡逻设卡防范，1—11 月，抓获各类违法犯罪嫌疑人 464 名，带破各类刑事案件 270 起、治安案件 145 起，缴获被盗摩托车 61 辆、微型小货车 3 辆、农用车 2 辆等一大批赃物。

2004 年，强化“一区”（大同、祥平城区）、“三线”（国道 324 线、省道 206 线及同南公路线）、“四片”（城东、城南、食品工业园、洪塘石材城 4 个重点开发区）治安防控建设。在城区建立路面闭路系统、治安岗亭、巡防片区有机结合的“网格化”治安防控体系。强化交、巡警大队和各公路沿线派出所、公路驻勤点路巡临检，重点加大对进出同安的疑人、疑车和疑物的盘查力度。通过治安巡逻和设卡伏击，抓获各类违法犯罪嫌疑人 594 名，带破各类刑事案件 359 起、治安案件 121 起。在 4 个开发区设立 5 个驻勤点，由属地派出所管理，强化对开发区及周边治安的整治。滋扰企业生产、施工的案件明显减少，盗窃、抢劫、抢夺、伤害等各类侵犯企业及员工人身财产安全的案件大幅度下降。

2005 年，坚持机关警力下沉，实施动态值班备勤，建立巡防工作例会制度，强化路面巡防工作，共抓获违法犯罪嫌疑人 1678 人，带破刑案 521 起、治安案件 813 起。推广住宅小区封闭式管理，提高安全覆盖面。

2006 年，推进实施全时警务和主动警务，优化基层巡防运作机制，最大限度地把警力摆在路面、社区，提高路面见警率和巡防覆盖面；推进实施信息主导巡防警务战略，完善“网格化”巡防体系建设。确保“警力跟着警情走”，提高巡防针对性和用警实效性。全年抓获违法犯罪嫌疑人 1470 人，带破刑事案件 674 起、治安案件 278 起。整合社会资源，构筑完善多层次的群防群治网络，重点抓好协警、治保、物业保安、开发区保安、护村队、护厂队、治安志愿者七支群防群治队伍的建设和组织运作，充分发挥“七支队伍”4300 多名群防群治人员在维护治安工作中的积极作用。

2007 年，完善社会治安防控体系，推进以动态治安巡逻为重点的警务机制改革，实现治安巡逻工作从“警种化”向“勤务化”的转变，进一步完善信息导巡机制，坚持步巡与车巡、公开巡逻与便衣伏击相策应，主动防控与重点打击相结合；建立健全面向社区、农村的警情通告制度；开展“平安单位”、“平安工程”创建活动。全年抓获违法犯罪嫌疑人 1706 人，带破刑事案件 895 起，查处治安案件 632 起，刑事案件尤其是盗抢侵财案件高发势头得到明显遏制。

1997—2007 年，累计查处治安案件 21078 起 42303 人，其中逮捕 4916 人、劳教收教 941 人、刑事拘留 8160 人、取保候审 2505 人、移送起诉 5322 人、治安处罚 20279 人。

1997—2007 年同安区治安案件统计表

表 19-5

			1997 年	1998 年	1999 年	2000 年	2001 年	2002 年	2003 年	2004 年	2005 年	2006 年	2007 年	合计
治安案件（起）			1313	1400	1189	1180	1179	1006	745	908	2678	4479	5001	21078
违法犯罪嫌疑人（人）	合计		1516	3559	3039	3670	4235	3608	3335	3270	6373	4554	5144	42303
	逮捕		291	313	314	380	452	408	397	550	622	595	594	4916
	劳教、收教		193	96	70	118	121	116	44	24	68	45	46	941
	强制戒毒		0	0	0	0	0	0	24	57	32	22	45	180
	刑事拘留		0	537	494	644	762	690	950	611	1026	1120	1326	8160
	取保候审		0	185	163	219	333	232	319	182	263	284	325	2505
	审查移送起诉		0	342	331	470	542	524	413	605	671	672	752	5322
	处罚违法人员	小计	1032	2086	1667	1839	2025	1638	1188	1241	3691	1816	2056	20279
		拘留	1032	1129	744	1166	1144	930	597	639	1617	741	1025	10764
		罚款	0	957	923	673	749	580	591	498	1183	856	926	7936
		警告	0	0	0	0	132	128	0	104	891	219	105	1579

第四节　国内安全保卫

一、查处邪教组织

1999 年前，开展“法轮功”邪教组织活动情况的专项调查摸底，掌握 6 个邪教“法轮功”聚点和 43 名参与人员的基本情况。

1999 年 7 月，取缔邪教“法轮功”聚点 6 个，破获邪教“法轮功”反动宣传煽动案件 9 起，查处邪教“法轮功”参与人员 8 名，其中判刑 5 名、行政拘留 2 名、教育转化 1 名。缴获大量邪教“法轮功”书籍、音像制品。

2000 年 4 月，在同安大同镇朝元村抓获正在组织“呼喊派”“晨兴”活动的骨干张某林（翔安区人）、吴某卿（安溪县人）以及“呼喊派”成员 22 名，2 名骨干分别被判处有期徒刑 4 年、3 年，6 名涉案主要人员被处行政拘留 15 天。

2006 年 12 月，查获同安某石业有限公司员工使用公司电脑在网上向他人发送“惜缘电子”“法轮功”电子邮件。

2007 年 3 月 7 日至 3 月 18 日，查获某石业有限公司员工、某实业有限公司员工先后 3 次在集美、厦门等地散发邪教“法轮功”光盘 93 张。

2007 年 10 月 2 日，破获厦门市“呼喊派”邪教组织在同安区小坪林场异想世界度假村组织“学生夏令营”，对 37 名从厦大、集大等多所大学来的学生进行“相调”活动（教徒培训）案。邪教骨干黄某亮及教徒 4 人分别以涉嫌组织、利用邪教组织破坏法律实施罪被处劳动教养 1 年、行政拘留。

二、取缔非法气功组织

1999 年底始，对全区“中华养生益智功”“香功”“元极功”等 7 种非法气功组织开展排查工作，掌握同安“中功”组织“同安传统养生技术培训中心”及其下设10个辅导站，拥有骨干20名，举办讲座56场、培训班142期，发展“中功”成员1930人；“香功”组织骨干14名，下设12个练功点，发展成员1000多人等情况。在此基础上取缔非法气功组织7个，各种练功点27个，解散练功人员3000多人。

三、破获“一贯道”组织渗透案

1999年2月，查获台湾“一贯道”从同安区劳务输出毛里求斯的人员中发展道徒48名的会道门渗透案，对入道人员予以训戒教育后，办理退道手续。6月，破获台湾“一贯道”宝光组骨干陈某忠（台湾人）等人，以投资办厂为名，入境设立“明儒佛堂”“双沪佛堂”“吴××佛堂”，发展境内道徒93名渗透案。依法对陈某忠给予治安拘留7天，限时出境和2年内不准入境的处罚，对“一贯道”骨干谢某隆（台湾人）、许某梅给予治安警告。

2005年5月4日，参加国保支队部署的“302”专案统一行动，取缔台湾“一贯道”坛点1个。该坛点由台湾“一贯道”点传师梁某山等人，于1996年5月间到五显镇溪西村东塘自然村沈某家中设立，发展道徒13人，对涉案人员沈某、陈某花等13名道徒分别进行教育，并办理“退道声明”手续。

2006年10月，破获台湾“一贯道”渗透案，抓获“一贯道”道徒7名（其中台湾人2名），正在入道的人员2名，现场查获一批“一贯道”活动的相关物品。该案由台湾“一贯道”和“发一组天恩道场”的“点传师”詹某杰，讲师林某莲入境联系莲花镇瑶市村民占某丽，设立“德忍佛堂”，开展道务活动，发展境内道徒150多名。

2007年12月，破获台湾“一贯道”骨干黄某（台湾人）在祥平街道设立“一贯道”公共佛堂进行组织渗透案。抓获正在进行祭拜活动的“一贯道”道徒10名（其中台湾道徒2名），缴获“老母灯”等“一贯道”活动相关用品和资料。

第五节　户政管理

一、居民身份证管理

1997年4月底前，全县计发居民身份证367137人。

1999年10月10日起，执行国务院《关于实行公民身份证号码制度的决定》，身份证号码由原来15位数字改为18位数字。

2006年7月10日始，按《中华人民共和国居民身份证法》和《中华人民共和国临时居民身份证管理办法》规定，同安区换发第二代居民身份证243371人，占总人数的80%。

2007年起，同安区居民办理居民身份证，可直接在同安公安分局办理和领取。

二、常住人口管理

1997年始，各派出所开展创建文明户籍室活动，制定便民、利民的公开办事制度和程序，接待群众查询户籍申报事项。

1998年，以大同镇为小城镇户籍改革试点，当年办理户口农转非9012人、蓝印户口92人、蓝印户口农转非504人。至2003年，累计办理小城镇户口农转非33463人（含小城镇户口落户1187人、蓝印户口农转非504人）。

1999年，理顺基层派出所户口管理体制，改变以往户口申报、迁移要先经村（居）委会审批办理的做法，改由派出所直接受理户口申报、迁移；对区内同一户口性质的迁移，下放由派出所直接审批。

2000年，开展实有人口管理，完成全国第五次人口普查户口整顿工作，补落常住户口2105人（其中小孩1801人），应迁未迁户口1562人，重登漏登193人，应销未销4121人；纠正人口信息数据6278

人项。

2003年始，开展人口调查和入户访查工作，至2007年共带破刑事案件3359起，抓获各类违法犯罪嫌疑人2244名。实施《厦门市户籍管理若干规定》，统一城乡户口登记管理制度，取消农业户口、非农业户口、“蓝印户口”和其他类型的户口性质划分，按照实际居住地统一登记为居民户口。放宽有关规定，降低从农村进城经商、办厂、务工或有固定住所人员申请落户的门槛。

2006年，加强人口管理基础工作。深化入户访查工作，落实每名社区民警每月完成70人以上的入户访查数。2007年，开展流动人口出租房屋清理整治专项工作和以重点特殊人群大摸排、重点行业场所大调查、不稳定因素大排查为主要内容的信息采集大会战。

三、暂住人口管理

1997—1998年，外口清查17次，遣送“三无”人员108人，补办暂住证36937人，抓获违法犯罪嫌犯117人。换发私房出租许可证2287户，并与租户签订治安责任状。查实1998年外口30642人。

1999年，制定《关于强化暂住人口管理工作的意见》，清查外来人口49827人次，带破刑事案件33起、治安案件74起，抓获流窜犯、通缉犯13人。核准私房出租户2928户。

2001年，结合流动人口管理月，先后组织10次治安清查统一行动，遣送“三无”人员593人，带破各类案件370人、抓获逃犯20人。确定新民镇西塘村、祥平街道祥桥村为暂住人口综合试点村。

2002年，在以“抓龙头，稳治安、促稳定”为指导思想的流动人口专项整治中，先后开展为期两个月的流动人口管理服务、宣传执法月和入户核查竞赛活动。以取消暂住证收费为契机，狠抓暂住人口登记办证工作，当年办证62722人。核准私房出租户5957户。

2004年，开展流动人口管理服务和人口基础调查专项行动，重点整治大同、祥平两街道出租房较集中的16个自然村，以祥平街道为试点，建立专职外口协管员管理模式。

2005—2006年，持续开展流动人口管理服务和出租房清理整顿专项工作，推出公寓式管理、微机联网管理等租赁房屋社会化管理模式，推进“以房管人、分层管理”方法。

2007年，开展出租房清理整治，因地制宜推广委托代管、公寓式管理、微机联网管理、专职协管员等出租房社会化管理模式。查实私房出租户9529户，暂住人口登记办证115740人。

外口公寓调解委员会成立

1997—2007年，在外口清查和流动人口专项整治中，遣送“三无”人员876人，带破各种治安案件、刑事案件777起，查处犯罪人员339人。

1997—2007 年同安区暂住人口办证统计表

表 19-6 单位：人

镇（街）	1997 年	1998 年	1999 年	2000 年	2001 年	2002 年	2003 年	2004 年	2005 年	2006 年	2007 年
总人数合计	36937	30642	49827	38000	42104	62722	69963	62557	62163	90809	115740
其中：男	19632	16210	26352	20731	21472	33016	36457	30606	32988	49723	65803
女	17305	14432	23475	17269	20632	29706	33506	31951	29175	41086	49937
大同	8865	6259	9719	5133	6028	6965	7347	6771	6537	8117	6964
新店	3060	2036	4036	457	1333	550	2411	—	—	—	—
马巷	5797	4949	6890	2117	4282	6801	6900	—	—	—	—
汀溪	2127	1753	3419	1121	1758	2060	2009	2007	2109	2458	2389
莲花	1510	1040	2054	1079	1009	1732	2081	3348	3268	5322	3336
新民	3195	2696	7523	7569	6876	8218	7987	9691	12031	19428	28283
洪塘	1518	1109	2194	2151	1943	2300	2277	2962	3051	3796	3618
五显	2374	1296	2296	1930	1899	3140	3435	3940	4108	4741	4599
内厝	2086	2103	2163	998	702	1287	2589	—	—	—	—
祥平	—	—	—	9887	12645	24185	21750	28397	24712	33093	47467
西柯	4067	5061	6758	1730	1962	3076	3971	5441	6347	8846	13943
新圩	2338	2340	2775	1049	1443	1969	2698	—	—	—	—
潘涂	—	—	—	2058	—	—	2106	—	—	5008	5141
莲河	—	—	—	314	—	—	802	—	—	—	—
沃头	—	—	—	117	—	—	541	—	—	—	—
大嶝	—	—	—	290	224	439	1059	—	—	—	—

1997—2007 年同安区私房出租屋统计表

表 19-7 单位：人

	1997 年	1998 年	1999 年	2000 年	2001 年	2002 年	2003 年	2004 年	2005 年	2006 年	2007 年
总户数	2287	2236	2928	3741	4930	5975	7702	8257	7137	8936	9529
大同	1420	1011	1435	1221	1725	2122	2536	2917	2141	2448	2688
新店	30	17	17	19	20	30	22	—	—	—	—
马巷	263	377	454	512	612	531	750	—	—	—	—
汀溪	35	79	66	134	119	67	55	333	62	74	106
莲花	4	8	14	27	36	43	61	174	186	209	228
新民	33	203	278	449	619	760	825	1234	1422	2196	2543
洪塘	23	39	54	77	73	68	310	367	97	273	224
五显	63	97	97	141	145	105	473	531	240	210	167
内厝	18	37	52	86	86	72	144	—	—	—	—
祥平	—	—	—	876	1233	1746	2029	2241	2756	3193	3180
西柯	371	342	417	67	132	306	320	441	212	267	325

续表19-7

	1997年	1998年	1999年	2000年	2001年	2002年	2003年	2004年	2005年	2006年	2007年
新圩	27	26	44	36	40	48	99	—	—	—	—
潘涂	—	—	—	55	50	45	45	18	21	66	68
莲河	—	—	—	13	13	13	26	—	—	—	—
沃头	—	—	—	18	17	9	2	—	—	—	—
大嶝	—	—	—	10	10	10	5	—	—	—	—

说明：2003年含翔安

第六节　道路交通管理

一、路面勤务

1997年，以“反违章、压事故”为重点，加大路面交通治安综合管理力度。1999年，开展创“平安大道”活动，交警上路既管交通又管治安。2000年，多部门联合行动开展摩托车专项整治，加强对重点车型、重点路段、重点时段的管控，成立反超载、超速工作站。

2001年，实施“畅通工程”，加大路面查纠力度，安装电子监控系统。推进“严管街”建设。

2002年，在全省范围内率先推动由区政府与各镇（街）、部门一把手签订责任书，将事故预防工作进一步提升为政府行为。全年开展事故“黑点”排查和整治27处。

2003年，按照“纠建并举，标本兼治”的工作方针，通过强化“重点路段的事故预防、重点违章的打击整治、重点车辆的严密监管、重点时段的交通监控、重点群体的教育宣传”等各项措施，推进“畅通工程的建设”。

2004年，推行“高峰站岗，低峰巡逻”勤务模式。

2005年，重点抓好事故多发地点、路段的治理，开展“反违法、降事故、保平安、促畅通”活动，有效遏制群死群伤等恶性交通事故的发生。实行交通协管员在路口劝导，建立绿色通道，查处校车超载行为。

2006年，加强交通安全宣传、防治、监控三大网络建设，强化道路交通全天候动态管理，完善各交通要道和危险路段的电子监控体系建设。

2007年，围绕创建“平安畅通县区”活动，开展交通“五乱”专项整治。实行外地籍摩托车本地化建档管理；启用夜间测速仪，遏制夜间超速交通事故的发生；推进警企交通安全共建工作。

1997—2007年，在路面勤务中，累计纠正、查处交通违法违章83.94万起，查扣违章车辆62284辆，打击车匪路霸10起，抓获犯罪嫌疑人33人，治安拘留312人，破获交通肇事逃逸案26起，查获被盗车辆55辆。

二、机动车、驾驶员管理

1997—1999年，利用休息时间组织“大篷车”走工厂、下农村（一些边远山区、海岛）上门办牌办证和摩托车驾驶培训，实行办证邮寄制度和当天办结制度。

2000年，落实“特事特办制”、“限时服务”、“电话预约热线”等措施。2001年，推出机动车号牌、行驶证、过户登记三项服务指南和承诺，保证摩托车挂牌办证3个工作日完成，摩托车培训考试合格到领证15个工作日完成。

2002 年起，新车挂牌电脑选号，2003 年起实行车、驾管 AB 岗制度。2006—2007 年，落实“一站式服务”等利民、便民各项服务规范和承诺，梳理、完善车驾管业务管理工作纪律和规定，延伸服务触角。仅 2007 年共办理车管业务 30455 笔，其中，摩托车检测业务 13177 起，新注册登记摩托车 15678 辆；办理驾管业务 19194 笔，其中核发摩托车驾驶证 2642 本，审验 6443 笔，注销 617 笔，增驾 49 笔，通知违法满 12 分驾驶人培训 303 人。

1997—2007 年同安区机动车辆和驾驶员保有量统计表

表 19-8

年份	机动车辆保有量	驾驶员保有量
1997	15417	12308
1998	26144	14555
1999	34535	19203
2000	41934	22810
2001	48365	26129
2002	55674	32475
2003	66633	35225
2004	81070	39674
2005	101302	42897
2006	119336	44442
2007	138309	46021

三、交通事故处理

1997 年起，实行事故回访制度。

2000 年起，推出“阳光作业”新举措，实行重大事故疑难案件处理听证会。

2002 年，建立事故调解预约制度。

2003—2005 年，开展事故处理规范化建设，实行质量考评，责任落实，错案追究等制度。

2006 年起，推行小组长负责审批制、简化办事流程，加强事故处理岗位业务和规范化培训。

1997—2007 年，累计处理交通事故 21333 起。

1997—2007 年同安交通事故统计表

表 19-9

年　份	起　数	损　失		
		死（人）	伤（人）	经济（万元）
1997	432	73	297	318
1998	440	61	277	193
1999	328	65	341	129
2000	1851	103	1980	243
2001	2285	135	2434	275
2002	1847	120	1800	223

续表19-9

年份	起数	损失		
		死（人）	伤（人）	经济（万元）
2003	1621	126	1788	243
2004	2720	97	2605	371
2005	2909	73	1301	393
2006	3350	77	455	450
2007	3550	54	551	486
合计	21333	984	13829	3324

第七节　消防管理

一、机构

1995 年 2 月，同安县消防中队升格为消防大队，下辖一个消防中队。

1997 年，同安消防大队所属的同安中队改称厦门市消防支队第 12 中队，同年筹建马巷中队，2000 年 2 月 2 日组建厦门市消防支队第 13 中队，均隶属于同安消防大队。

2003 年 12 月 20 日，根据厦门市行政区域变化，原同安区公安消防大队所属马巷中队，划归翔安区公安消防大队管辖。

2006 年 7 月 25 日，厦门市消防支队第 16 中队（潘涂消防站）正式建成并进驻执勤，成为厦门岛外最大的消防中心站、特勤站和救援后勤站。至 2007 年底，厦门市同安区公安消防大队下辖第十二、第十三中队。

二、消防宣传

1997—2007 年，先后编印并向群众免费发放《消防读本》《家庭防火小手册》《建筑工地消防安全须知》《平安同安——消防篇》《私房出租楼消防安全须知》《消防宣传进企业》《119 消防宣传漫画》等消防宣传材料 20 万余册，制作并张贴、悬挂消防挂图、消防贴图、消防标语 1 万余幅，在全区交通要道和显著位置制作户外大型消防公益广告 11 处，开辟电视消防宣传专栏，常年播放消防知识、公益广告和典型火灾案例，制作《消防之声（厦门·同安）》宣传广播光盘，利用社区广播系统，开展消防知识双语（普通话、闽南话）广播宣传。开展安全生产月和“119”消防宣传活动。活动期间，指导单位开展灭火疏散演练 1213 场，举办消防培训班 1139 次，受教育 6 万多人；开展百场电影进社区、农村，百家企业消防安全培训，百家企业自救疏散演练“三百”活动，推进消防教育进课堂；撰写新闻报道和影视作品，并在国家、省、市等级报刊、电视台、网站等媒体上刊播达 1120 余篇次。

三、消防督查

1997 年，贯彻《厦门市消防条例》，重点整治娱乐场所和易燃易爆场所不安全因素和生产、营业与员工生活混杂一起的“三合一”单位、场所。

1998 年，贯彻落实区政府制定的《关于印发重大火灾隐患政府挂牌督办制度的通知》《关于印发开展“三合一”场所火灾隐患专项治理实施意见的通知》《关于进一步落实消防工作责任制的实施意见》《关于在城区范围内禁止燃放烟花爆竹的通告》等文件精神，落实消防工作责任制。

2000 年，在开展消防“三合一”场所专项整治中，全区共检查出隐患 723 处，发出整改通知书 368 份，责令限期改正 154 家，当场改正 79 家，责令停产停业整顿 33 家，采取防范措施 21 处；动员迁出住在“三合一”场所人员 178 人。共检查公共场所 136 家，限期整改 7 家，当场改正 29 家，停止经营 12 家，查封 2 家。

2001 年，开展公众聚集场所消防安全专项治理，检查 562 家，发出《责令当场整改通知书》40 份、《责令限期整改通知书》81 份，发现火灾隐患 272 条。

2002 年，先后开展加油站、公共聚集场所建筑消防安全设施、网吧消防安全等专项治理，督促并落实整改 360 家，依法取缔 25 家，责令搬迁 16 家，整改隐患 379 条。

2003 年，以小档口、小作坊、小娱乐“三小”场所整治为重点，组织开展消防安全大检查和专项执法活动，并按照上级公安机关的统一部署，组织开展为期 3 个半月的人员密集场所消防安全疏散通道、安全出口专项治理工作，共检查各类企事业单位、场所 851 处次，发出《责令当场整改通知书》76 份、《责令限期整改通知书》47 份，及时消除了一大批火灾隐患。

2004—2005 年，按照市局统一部署，以“三合一”场所，小商场、小学校、小医院、小餐馆、小旅馆、小歌舞娱乐、小网吧、小美容洗浴、小生产加工“九小”场所和公共娱乐场所、学校、商场等人员密集场所为重点，先后组织开展 4 次消防安全专项检查、治理行动，共检查单位、场所 967 家（处），发出《责令当场整改通知书》127 份、《责令限期整改通知书》86 份。

2006—2007 年，落实消防三级监督管理责任。加强派出所消防监督，实行消防监督参谋挂职担任派出所副所长等制度。以出租房屋和人员密集场所为重点，加强消防安全日常监督检查，预防火灾事故尤其是群死群伤火灾事故的发生。

四、灭火救援

（一）灭火设备

消防战士指导学生灭火演练

1997—2007 年，陆续添置灭火器 465 部、安装市政消防栓 800 多个，进一步完善城乡消防水源建设。其中，所属第 12 中队装备水罐车、泡沫车、抢险救援等消防车辆 5 部，添置救援气垫、轻便细水雾灭火机、气体堵漏套件等器材；第 16 中队装备德国进口一七高效泡沫车、32 米登高救援车、韩国大宇干粉泡沫联用车及各种国产泡沫和大型水罐消防车共 8 部，配备生命探测仪及高山、井下救援等器材，大大提高整体灭火救援能力。

（二）报警设施

1997—1998 年，沿用基地台、车载台、对讲机等实施火场指挥通讯。绘制“三标图”，标示重要道路、街道、村（居）委会名称、方位；标示重要工厂、重点单位方位、电话；标示水源（消防栓）位置等数字和情况，保证对火警作出快速反应。1999 年同安大队接警台撤销，由市消防支队“119”接警台统一接警调度，大队增设一台火警受理终端，配备电子地图，实现接出警受理科技化。

（三）灭火训练

1997—2007年，完成厦门支队下达的应用性训练课目200余个和业务理论课目100余个，并通过验收；修订完善重点单位灭火预案988份和灭火作战计划741份，实地演练21480人次。提高队伍的业务素质和灭火救援实战能力和化工、高层建筑、液化气泄漏等特殊火灾的处置能力，掌握破拆、救人等措施。12中队编创的《山岳救助操法》在公安部消防局组织的灭火操法创新活动评比中，荣获全国一等奖。举办义务消防队培训班267期187586人次；举办警民灭火演练354次274587人次。

附录：重大灭火案例

1997—2007年，消防大队共受理火警火灾903起，其中火灾325起。主要案例：

2005年2月26日凌晨1时36分，十二中队接到"119"指挥中心指令：同安联谊花园一栋住宅楼发生火灾，有人员被困。大队值班领导立即带领官兵赶到火场，迅速组织指挥灭火、救援战斗。经初步侦察了解到火场位于联谊花园内一幢6层高的别墅楼，着火层在4、5楼，一家三口（1男2女）被困在火场内。由于该住户的室内装修采用了大量易燃、可燃材料，燃烧十分猛烈且速度快，整个火场浓烟滚滚，能见度很低，给灭火和搜救工作带来了很大的难度。搜救人员在水枪的保护下，对每个楼层进行了仔细的搜索，在搜索到六楼时，发现男主人在房间距小凉台门约2米处，头朝东面一动不动的趴在地上，头发及背部衣服已经烧光，背部皮肤部分已经炭化，已无生命迹象。这时，在六楼搜救的人员也赶到现场，同时配合正面灭火搜救的人员，将困在五楼凉台女主人杨某救出。

2005年12月13日上午10时29分，十二中队接到支队指挥中心指令：位于同安西柯镇银祥食品工业园内一厂房发生火灾。十二中队官兵立即赶赴现场。着火厂房有1300余平方米，滚滚浓烟从几个出口往外冒出。因火势较大，指挥中心先后调动十一、十三中队到场进行增援。由于厂房面积比较大，又没有排烟系统，能见度又非常低，全体官兵经2个多小时的努力奋战，大火终被扑灭。

2006年8月3日20时35分许，位于厦门同安城南工业区霞辉路的亚美（厦门）皮件有限公司分厂厂房喷漆车间突发大火。厦门消防支队先后出动5个中队（包括同安消防大队）16部车、130名消防官兵投入灭火，经过近5个小时的奋力扑救，将大火扑灭。过火面积近950平方米，四楼车间一半物品及机器设备被烧毁，所幸未造成人员伤亡。

2006年10月7日15时46分，十二中队接到指挥中心的指令：同安区莲花镇美埔村新特贸易有限公司化学危险品仓库发生火灾。十二中队立即出动22名官兵分别乘3部消防车赶往火场。由于火情重大，指挥中心同时调派十三中队、十一中队、二中队前往增援。支队洪炳辉政委和王锦雄参谋长带领值班人员立即赶赴现场进行指挥。同安新特贸易有限公司危险化学品仓库为单层水泥框架结构建筑，在仓库的南侧方向约50米处有一个加油站。着火处为该仓库的4个库房，面积近300平方米，内存有约100桶近15吨的树脂、甲苯、丁酯、乙酯等易燃易爆危险化学物品。适逢同安区全面停水，消火栓水压不够，指挥员及时调整车辆位置，实施远距离接力供水、调整火场水枪阵地，及时控制火势的蔓延。同时组织消防员和厂区员工疏散仓库内的着火物品。经过75分钟的救火，有效地控制火势，并成功保护相邻三间仓库内百余桶的危险品。

2006年12月18日上午10时许，同安城区凤山一里一幢七层楼房的六楼发生火灾事故，十二中队三部水灌车20余名消防官兵火速赶到现场。消防官兵穿过熊熊大火和滚滚浓烟，救出一对夫妻，并在现场进行人工呼吸抢救。经过一番努力，该妇女恢复了轻微的脉搏，男子也有了自主呼吸。随后赶来的"120"医生立即对他们进行供氧抢救，并迅速送到第三医院。

2007年2月24日上午8时许，位于同安竹坝农场内的厦门南金岸纺织有限公司一厂房发生火灾，厦门消防支队指挥中心相继调集同安、翔安、集美三个消防中队以及银鹭集团专职消防队，共10辆车、60多人赶赴火场扑救。经过近3小时的奋战，大火于11时25分被彻底扑灭，保住了相邻的另一车间。此次火灾过火面积约1000平方米，无人员伤亡。

2007 年 3 月 11 日 12 时许，西柯镇洪塘头村高科技工业园内新利厂房发生火灾，大火烧毁 5000 多平方米的建筑，厦门消防支队共出动 5 个中队 70 余消防官兵赶赴现场，两个小时后大火被成功扑灭，无人员伤亡。

2007 年 8 月 18 日上午 8 时许，位于同安城南工业区霞辉路的厦门平安工艺品有限公司的厂房二楼喷漆车间发生火灾，厦门消防支队指挥中心相继调集同安消防十二中队、十六中队两个中队，共 7 辆消防车、40 多名官兵赶赴火场扑救。经过近 1 个多小时的奋战，大火于 9 时 26 分被彻底扑灭，保住了相邻的另一车间。此次火灾烧毁了四台喷漆机台及部分油漆等材料。过火面积 100 余平方米，无人员伤亡。

1997—2007 年同安火警、火灾统计表

表 19-10

年份	火警火灾（起）	受伤人数（人）	死亡人数（人）	损失折款（万元）
1997	81	2	—	71.98
1998	46	4	3	50.81
1999	61	4	1	34.8
2000	44	1	—	16.9
2001	78	5	2	12.7
2002	127	1	—	23.5
2003	162	—	—	78
2004	40	3	1	101.54
2005	80	5	2	121.8
2006	100	—	—	93.66
2007	84	7	5	403.61
合计	903	32	14	1009.30

第三章　检　察

第一节　机　构

一、区检察院

1997 年 5 月 1 日撤县改区，同安县人民检察院改称厦门市同安区人民检察院。内设办公室、政工科、刑一科、刑二科、经济检察科、法纪检察科、监所检察科、民事行政检察科、控告申诉检察科（对外加挂厦门市同安区人民检察院举报中心牌子）、监察科。

1998年2月，政工科改为政治处，刑一科更名为审查批捕科，刑二科更名为审查起诉科，经济检察科改为反贪污贿赂局，增设预防犯罪科。

2002年12月，审查批捕科更名为侦查监督科，审查起诉科更名为公诉科，法纪检察科更名为渎职侵权检察科，预防犯罪科更名为职务犯罪预防科，设置行政装备科及直属机构——法警大队。

2003年12月，撤销监所检察科，设置检察技术科，法警大队更名为司法警察大队。2004年4月，恢复监所检察科。2005年6月，检察技术科更名为法律政策研究室。2006年4月，渎职侵权检察科更名为反渎职侵权局。

至2007年底，内设有办公室、政治处、侦查监督科、公诉科、反贪污贿赂局、反渎职侵权局、监所检察科、民事行政检察科、控告申诉检察科、职务犯罪预防科、行政装备科、法律政策研究室、监察科等科室和直属机构司法警察大队。

二、派出机构

1997年5月，设税务检察室、新店镇检察室、五显镇检察室。同年10月，撤销税务检察室。

2002年12月，撤销新店镇检察室、五显镇检察室。至此无派出机构。

1997—2007年同安区人民检察院人员情况表

表19-11　　单位：人

年份	编制人数（含工勤人员）	实有人数						
		总数	院领导	科室领导	检委会委员	检察员	助理检察员	法警
1997	101	75	3	19	4	40	14	7
1998	101	72	3	20	6	32	17	7
1999	101	71	3	19	7	35	20	7
2000	101	74	4	17	8	36	22	3
2001	101	78	6	16	8	38	20	2
2002	89	73	6	20	7	31	21	2
2003	68	58	5	12	7	25	12	2
2004	68	60	5	11	7	32	4	2
2005	75	64	5	15	7	36	3	2
2006	75	61	5	13	8	33	5	2
2007	75	66	5	14	8	32	7	2

第二节　侦查监督

侦查监督职能先后由刑一科、审查批捕科（1998年2月起）、侦查监督科行使（2002年12月起）。

一、审查批准、决定逮捕

1997年，受理159件242人，批捕149件213人，不捕9件28人，提请单位撤回1件1人，追捕1人。

1998 年 9 月，在接到公安机关提请批捕杀害台商 5 名犯罪嫌疑人案件后，迅速审查材料，询问犯罪嫌疑人，在接案 5 小时内作出批准逮捕决定。当年受理 227 件 396 人，批捕 210 件 343 人，不捕 16 件 25 人，提请单位撤回 1 件 1 人，追捕 1 人。

1999—2001 年，受理 895 件 1235 人，批捕 836 件 1139 人，不捕 40 件 69 人，提请单位撤回 19 件 27 人，追捕 4 人。

2002 年，对“3・12”北辰山抢劫杀人案和“3・14”抢劫毒品故意杀人案，实行提前介入制度，把案件中的一些问题解决在侦查阶段，依法快捕，加快办案进度。当年受理 349 件 486 人，批捕 316 件 438 人，不捕 23 件 34 人，提请单位撤回 9 件 11 人，追捕 4 人。

2003 年起，连续 3 年严厉打击黑恶势力犯罪、严重暴力犯罪和抢夺等多发性犯罪，累计批捕 3 类案件 810 人。

2005 年起，适用提请批捕前审查制度，将未成年人犯罪案件的审查工作提前到侦查机关报捕前，建议侦查机关对 9 名未成年犯罪嫌疑人采取直诉，及时保护未成年犯罪嫌疑人的权益。当年受理 433 件 645 人，批捕 413 件 608 人，不捕 18 件 30 人。提请单位撤回 2 件 7 人。

2007 年，受理 398 件 619 人，批捕 387 件 601 人，不捕 9 件 16 人。

1997 年 5 月至 2007 年 12 月，全院受理案件 3514 件 5195 人，其中批捕 3300 件 4842 人，不捕 169 件 288 人，提请单位撤回 45 件 65 人。追捕 15 人。

1997—2007 年同安区人民检察院审查批捕案件统计表

表 19-12

年份	受理		逮捕		不捕		提请单位撤回		积存		追捕	立案监督	
	(件)	(人)	(件)	(人)	(件)	(人)	(件)	(人)	(件)	(人)	(人)	(件)	(人)
1997	159	242	149	213	9	28	1	1	0	0	1	0	0
1998	227	369	210	343	16	25	1	1	0	0	1	0	0
1999	229	319	216	298	10	17	3	4	0	0	1	1	1
2000	302	415	285	385	7	14	6	8	4	8	1	2	2
2001	364	501	335	456	23	38	10	15	0	0	2	4	4
2002	349	486	316	438	23	34	9	11	1	3	4	0	0
2003	310	420	286	388	19	27	6	8	0	0	1	1	1
2004	362	560	336	512	25	44	1	4	0	0	3	4	4
2005	433	645	413	608	18	30	2	7	0	0	1	1	1
2006	381	619	367	600	10	15	3	3	1	1	0	1	1
2007	398	619	387	601	9	16	3	3	0	0	0	1	1
合计	3514	5195	3300	4842	169	288	45	65	6	12	15	15	15

说明：1997 年各项数字从 5 月起统计

二、刑事立案监督

1999—2000 年，发出《要求说明不立案理由通知书》3 份，监督立案 3 件 3 人。

2001 年，发出《要求说明不立案理由通知书》4 份，监督立案 4 件 4 人。发出纠正违法通知书 2 份，纠正不应立案而立案 2 件 2 人。

2003—2007 年，发出《要求说明不立案理由通知书》8 份，监督立案 8 件 8 人。

三、侦查活动监督

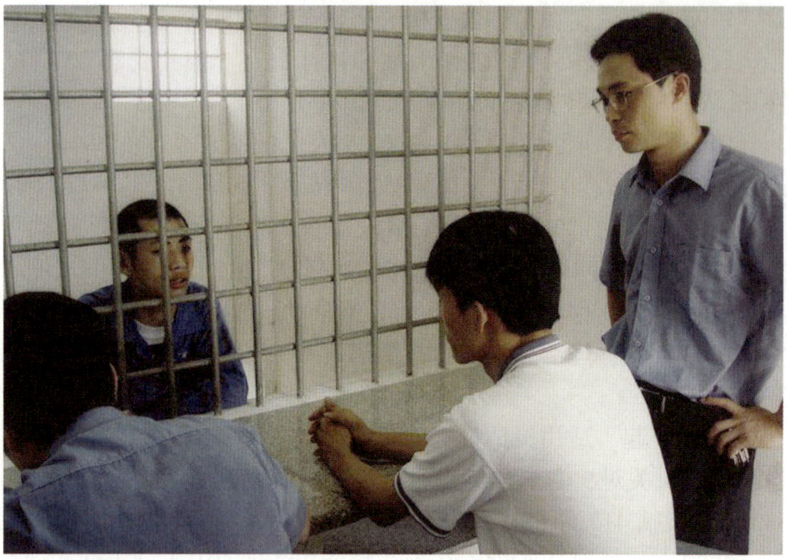
检查人员深入监所开展检查

1997 年 5—12 月，建议追究漏犯 1 人、追捕漏犯 1 人。

1998 年，建议追究漏犯 2 人、追捕漏犯 1 人。改变公安机关错误定性 12 件 18 人，提前介入勘察现场 18 次，发出书面检察建议书 5 份，发出纠正违法通知书 1 份。

1999—2003 年，改变公安机关错误定性 44 件 51 人，建议追捕余犯 25 人，追捕余犯 11 人，参加尸检、现场勘查 115 次。发出纠正违法通知书 9 份。

2004—2007 年，改变公安机关错误定性 48 件 89 人，建议追捕余犯 5 人，追捕余犯 4 人，参加尸检、现场勘查 44 次，发出纠正违法通知书 2 份。

第三节　公　诉

一、审查起诉

公诉职能先后由刑二科、审查起诉科（1998 年 2 月起）、公诉科行使（2002 年 12 月起）。

1997 年 1 月 1 日新刑事诉讼法施行后，适应庭审制度改革，实行简易程序适用制度。当年受理 179 件 267 人，起诉 164 件 219 人，不起诉 1 件 2 人。退回补充侦查 6 件 10 人，移送单位撤回 1 件 2 人，移送他院 9 件 30 人，撤回起诉 4 件 8 人。

1998 年，结合审查起诉教师黄某某猥亵儿童案例，建议学区重视教师队伍建设，弥补教学体制方面存在的漏洞。当年受理审查起诉案件 248 件 372 人，决定起诉 218 件 295 人，退回补充侦查 9 件 16 人，移送单位撤回 5 件 9 人，移送他院 24 件 71 人，撤回起诉 3 件 5 人。

1999 年 10 月 10 日，试行主诉检察官制度，与原来的个人审查、集体讨论、检察长决定的审查制度相互结合。当年受理案件 252 件 362 人，起诉 230 件 325 人，退回补充侦查 22 件 25 人，移送单位撤回 4 件 7 人，移送他院 21 件 33 人。

2001 年起，试行普通程序简化审。简易程序、主诉检察官制度、普通程序简化审三种方式，有力提高办案效率。当年受理 393 件 574 人，起诉 338 件 502 人，不起诉 7 件 8 人，退回补充侦查 10 件 12 人，移送单位撤回 9 件 17 人，移送他院 23 件 52 人，撤回起诉 13 件 18 人。

2003 年，连续 3 年严厉打击黑恶势力犯罪、严重暴力犯罪和盗窃、抢夺等多发性犯罪，累计起诉该 3 类案件 534 件 763 人。当年受理审查起诉案件 373 件 553 人，决定起诉 325 件 456 人，决定不起诉 4 件 4 人，退回补充侦查 36 件 78 人，移送单位撤回 11 件 28 人，移送他院 20 件 44 人，撤回起诉 8 件 12 人

2005 年，在办理叶某某寻衅滋事一案中，发现卢建奎等 5 人涉嫌在同安区教育局所属的 10 个建筑工程项目公开招标中串通投标的线索，移送公安机关立案侦查，之后针对区建设居招标交易中心的行政

不作为向区建设局发出检察建议。当年受理审查起诉案件435件704人，决定起诉414件648人，决定不起诉2件2人，退回补充侦查71件156人，移送单位撤回20件31人，移送他院14件46人，撤回起诉2件3人。

2006年，在全省检察系统率先探索试行合适成年人制度。提前介入省级督办案件王均等19人涉嫌黑势力犯罪一案，在公安机关移送审查起诉后三天内完成告知、审查等工作，并及时移送市院审查起诉，确保不在审查起诉环节贻误战机。当年受理审查起诉案件382件659人，决定起诉356件595人，决定不起诉1件2人，退回补充侦查36件92人，移送单位撤回3件6人，移送他院16件57人，撤回起诉2件2人。

向法院公诉

2007年，开始以书面《量刑建议书》的形式向人民法院提出量刑建议。在审查林和成、林志明盗窃电能一案时，发现市电业局在经营、管理中存在漏洞，及时发出检察建议，促成市电业局及时整改，加强对操作人员的上岗培训、加大用电情况巡查力度。当年受理审查起诉案件442件731人，决定起诉419件671人，退回补充侦查54件112人，移送单位撤回3件5人，移送他院22件58人，撤回起诉2件4人。

1997年5月—2007年12月，全院受理审查起诉案件3828件5914人，决定起诉3470件5166人，不起诉28件36人，退回补充侦查313件618人，移送单位撤回91件169人，移送他院194件505人，撤回起诉48件72人。

1997—2007年同安区人民检察院审查起诉案件情况表

表19-13

年份	受理		起诉		不起诉		退回补充侦查		移送单位撤回		移送他院		积存		抗诉	追诉	撤诉	
	（件）	（人）	（件）	（人）	（件）	（人）	（件）	（人）	（件）	（人）	（件）	（人）	（件）	（人）	（件）	（人）	件	人
1997	179	267	164	219	1	2	6	10	1	2	9	30	4	12	0	0	4	8
1998	248	372	218	295	0	0	9	16	5	9	24	71	4	4	2	7	3	5
1999	252	362	230	325	0	0	22	25	4	7	21	33	1	1	1	2	0	0
2000	320	473	272	386	1	1	5	7	6	11	17	38	24	40	1	6	1	2
2001	393	574	338	502	7	8	10	12	9	17	23	52	11	21	0	2	13	18
2002	410	582	374	522	10	15	8	10	19	30	12	29	3	4	2	3	12	17
2003	373	553	325	456	4	4	36	78	11	28	20	44	15	25	0	3	8	12
2004	394	637	360	547	2	2	56	100	10	23	16	47	15	32	2	0	1	1
2005	435	704	414	648	2	2	71	156	20	31	14	46	5	5	0	8	2	3
2006	382	659	356	595	1	2	36	92	3	6	16	57	10	13	1	11	2	2

续表19-13

年份	受理		起诉		不起诉		退回补充侦查		移送单位撤回		移送他院		积存		抗诉	追诉	撤诉	
	（件）	（人）	（件）	（人）	（件）	（人）	（件）	（人）	（件）	（人）	（件）	（人）	（件）	（人）	（件）	（人）	件	人
2007	442	731	419	671	0	0	54	112	3	5	22	58	4	4	1	7	2	4
合计	3828	5914	3470	5166	28	36	313	618	91	169	194	505	96	161	10	49	48	72

说明：1997 年各项数字从 5 月起统计

二、侦查活动监督

1997—2001 年，改变公安机关错误定性 28 件 45 人，追诉余犯 17 人、余罪 7 起。

2002—2004 年，改变公安机关错误定性 36 件 47 人，追诉余犯 6 人、余罪 36 起，发出纠正违法通知书 4 份。

2005—2007 年，改变公安机关错误定性 49 件 65 人，追诉余犯 26 人、余罪 67 起。

1997—2007 年，改变公安机关错误定性 113 件 157 人，追诉余犯 49 人、余罪 110 起，发出纠正违法通知书 4 份。

三、刑事审判活动监督

1998 年，提出抗诉 2 件，一件获改判。另就适用法律条款、罪名认定的问题向法院提出纠正意见 2 次。

1999 年，提出抗诉 1 件并获改判。

2000 年，就郑某某故意伤害提出抗诉并获改判，一审判处缓刑，二审判实体刑。

2004 年，提出抗诉 2 件，均获二审改判。其中周某某抢劫案，一审以故意伤害罪认定，二审改判为抢劫罪；另一起以寻衅滋事罪起诉，以故意杀害罪认定，二审改判为寻衅滋事罪。

2006 年，提出抗诉 1 件，即认为叶某某、黄某某生产伪劣产品案的数额认定存在错误，导致量刑明显不当。未改判。

2007 年，提请刑事抗诉 1 件。

第四节　职务犯罪侦查与预防

一、反贪污贿赂侦查

反贪污贿赂侦查职能先后由经济检察科、反贪污贿赂局（1998 年 2 月起）行使。

1997 年 5—12 月，受理线索 25 件，初查 25 件，立案 8 件 9 人，移送审查起诉 6 件 7 人，挽回经济损失 113.5 万元。其中包括区人大代表、马巷镇黎安村党支部书记戴某某受贿案，及区交通局局长林某某受贿、贪污案。

1998 年，受理线索 20 件，初查 35 件，立案 8 件 8 人，移送审查起诉 7 件 7 人，挽回经济损失 141.74 万元，其中包括洪塘镇埔后村纪某某贪污案，林某某挪用公款案，新民镇凤岗村洪某某等 4 人受贿案。

1999 年，受理线索 30 件，初查 34 件，立案 9 件 9 人，移送审查起诉 9 件 9 人，挽回经济损失 74.53 万元，其中包括银城股份有限公司董事长兼总经理陈某某受贿、挪用公款案，施某某挪用公款案，张某某贪污、受贿、挪用公款案，彭某某贪污、挪用公款案。

2000年，受理线索48件，初查47件，立案9件12人，移送审查起诉7件9人，挽回经济损失52.17万元，其中包括区委委员、区人大代表、区水利水电局局长徐某某贪污、受贿案，区科技局局长吴某某受贿案，原同安食品厂副厂长张某某贪污案，许某某贪污案，蔡某某挪用公款案。

2001年，受理线索33件，初查33件，立案8件11人，移送审查起诉7件10人，挽回经济损失78万元，其中包括厦门同顺食品饮料有限公司董事长兼总经理蒋某某特大贪污、挪用公款案。

2002年，受理线索28件，初查28件，立案8件9人，移送审查起诉7件8人，挽回经济损失34.82万元。在初查1件医生收受红包案件中，发现同安医疗卫生系统、医药系统在采购药品、器械过程中收受回扣的现象，从中立案3件3人，1件移送区纪委作党纪处分。其中包括同安医院药剂科主任李某某受贿案、业务员顾某某受贿案，同安医药公司经营部主任曾某某贪污、受贿案。

2003年，受理线索23件，初查23件，立案7件7人，移送审查起诉6件6人，挽回经济损失148.8万元，其中包括区人大代表、西柯镇官浔村村主任林某某受贿案，西柯镇卿朴村吕某某挪用公款案。

2004年，受理线索33件，初查21件，立案12件13人，移送审查起诉11件12人，挽回经济损失45.9万元。建立与院内各业务部门信息资源共享和案件移送制度，健全与纪检、监察、审计、公安等部门信息共享、线索移送的工作机制。同年突破窝串案2起，从中查处国土系统案件7件8人。其中副处级以上领导干部4件4人，包括厦门市国土资源与房产管理局同安分局原局长柯某某受贿案、同安区司法局局长孙某某受贿案。

2005年，受理线索22件，初查16件，立案3件6人，移送审查起诉5件8人，挽回经济损失21.39万元，其中包括阳翟村陈某某等4人挪用公款案件。抓获涉嫌贪污罪潜逃近6年的犯罪嫌疑人叶豪西。同年，按照高检院“两房”建设和办案警务区建设的要求，对讯问室、询问室进行改造。

2006年，受理线索28件，初查15件，立案5件7人，移送审查起诉5件7人，挽回经济损失141.74万元，其中，包括郑某某、王某某挪用公款案，中国人寿保险股份有限公司同安支公司蔡某某、许某某挪用公款案。同年3月1日起，实行讯问职务犯罪嫌疑人全程同步录音录像。

2007年，受理线索38件，初查12件，立案6件9人，移送审查起诉2件2人，挽回经济损失34.2万元。加大对商业贿赂犯罪线索的查处力度，全年共查处医疗领域、工程建设领域商业受贿案件5件6人，包括同安区皮肤病防治院院长许某某受贿案，同安区莲花卫生院院长林某某受贿案，同安区五显卫生院院长黄某某受贿案、厦门市第三医院总务科副科长黄某某受贿案等。

1997—2007年，受理线索328件，初查289件，立案83件101人，移送审查起诉72件85人，挽回经济损失650多万元。

1997—2007年同安区人民检察院反贪污贿赂案件情况表

表19-14

年份	受理	初查	立案		移送起诉		挽回损失
	（件）	（件）	（件）	（人）	（件）	（人）	（万元）
1997	25	25	8	9	6	7	113.5
1998	20	35	8	8	7	7	141.74
1999	30	34	9	9	9	9	74.53
2000	48	47	9	13	7	9	52.17
2001	33	33	8	11	7	10	78
2002	28	28	8	9	7	8	34.82

续表19-14

年份	受理	初查	立案		移送起诉		挽回损失
	（件）	（件）	（件）	（人）	（件）	（人）	（万元）
2003	23	23	7	7	6	6	48.8
2004	33	21	12	13	11	12	45.9
2005	22	16	3	6	5	8	21.39
2006	28	15	5	7	5	7	6.36
2007	38	12	6	9	2	2	34.2
合计	328	289	83	101	72	85	651.41

说明：1997 年各项数字从 5 月起统计

二、反渎职侵权侦查

反渎职侵权侦查的职能先后由法纪检察科、反渎职侵权检察科（2002 年起）、反渎职侵权局（2006 年 4 月起）行使。

1997 年 5—12 月，受理线索 5 件，初查 3 件，不立案 3 件 4 人。

1998 年，在初查财政所临时代征员洪某某不征、少征税款案时，进一步查实其贪污的犯罪事实，后移交反贪污贿赂局立案侦查。在初查马巷派出所干警非法拘禁案时，查实存在非法拘禁行为，向区公安分局发出检察建议，对该民警给予政纪处分。当年受理线索 4 件，初查 5 件，不立案 5 件 6 人。

1999 年，在初查新店派出所、刑警中队干警出警中使用枪支致盗窃摩托车嫌疑人林温生死亡一案时，查清相关公安干警并无违反规定，不属于滥用职权行为。当年受理线索 3 件，初查 4 件，不立案 4 件 5 人。

2000 年，从初查厦门监狱干警蔡某某虐待被监管人员的线索入手，查实其受贿的犯罪事实，移交反贪污贿赂局立案侦查。当年受理线索 5 件，初查 5 件，不立案 5 件 5 人。

2001 年，在初查西柯派出所户籍警滥用职权案时，3 天内查实该户籍警非法在犯罪嫌疑人亲属出具的虚假年月证书上加盖户籍公章。当年受理线索 5 件，初查 5 件，不立案 5 件 5 人。

2002 年，受理线索 3 件，初查 3 件，立案 1 件 1 人，不立案 2 件 2 人。所立案件为厦门市同安区国税局祥桥分局王某某徇私舞弊不征、少征税款案（后于 2003 年撤销案件）。

2003 年，受理线索 3 件，初查 2 件，立案 1 件 1 人，不立案 1 件 1 人，撤销案件 1 件 1 人。所立案件为厦门市人民检察院交办的厦门市第一看守所兰某某滥用职权案。

2004 年，受理线索 3 件，初查 4 件，立案 1 件 1 人，不立案 3 件 3 人，已送审查起诉 2 件 2 人。所立案件为厦门市国土资源与房产管理局分局房屋产权发证中心副主任苏某某玩忽职守案。在初查区公安分局蔡某某徇私枉法案时，查明属举报失实。

2005 年，在初查新民派出所民警刑讯逼供案时，查清派出所协警在协助侦办富懋塑料工业有限公司失窃案中有对犯罪嫌疑人张某某刑讯逼供的行为，但因情节显著轻微，不构成犯罪，移送公安机关处理。当年受理线索 5 件，初查 1 件，不立案 1 件 1 人。

2006 年，在初查五显派出所民警渎职时，查清民警在追捕网上逃犯颜某某的过程中，颜某某跳下东溪溺水身亡，民警依法执行公务，不存在渎职行为。对区安监局执法行为不规范发出检察建议，对区公安局祥平派出所候问室设置和管理存在缺陷和漏洞发出检察建议。受理线索 2 件，初查 4 件，不立案 4 件 4 人。同年 3 月 1 日起，实行讯问职务犯罪嫌疑人全程同步录音录像。

2007 年，受理线索 5 件，初查 3 件，立案 1 件 1 人，不立案 2 件 2 人。所立案件为区卫生局计财科科长洪某某故意泄露国家秘密案。

1997—2007 年，受理渎职侵权案件线索 43 件，初查 39 件，立案 4 件 4 人，不立案 35 件 38 人。移交起诉 2 件 2 人，撤销案件 1 件 1 人。

1997—2007 年同安区人民检察院渎职侵权案件统计表

表 19-15

年份	受理	初查	立案		不立案		移送起诉		撤销案件	
	（件）	（件）	（件）	（人）	（件）	（人）	（件）	（人）	（件）	（人）
1997	5	3	0	0	3	4	0	0	0	0
1998	4	5	0	0	5	6	0	0	0	0
1999	3	4	0	0	4	5	0	0	0	0
2000	5	5	0	0	5	5	0	0	0	0
2001	5	5	0	0	5	5	0	0	0	0
2002	3	3	1	1	2	2	0	0	0	0
2003	3	2	1	1	1	1	0	0	1	1
2004	3	4	1	1	3	3	2	2	0	0
2005	5	1	0	0	1	1	0	0	0	0
2006	2	4	0	0	4	4	0	0	0	0
2007	5	3	1	1	2	2	0	0	0	0
合计	43	39	4	4	35	38	2	2	1	1

说明：1997 年各项数字从 5 月起统计

三、职务犯罪预防

职务犯罪预防的职能先后由经济检察科和法纪检察科、预防犯罪科（1998 年 2 月起）、职务犯罪预防科（2002 年 12 月起）行使。

1999 年，分发宣传资料 3500 份，开展“六个一”活动，即责成犯罪嫌疑人写一份悔过书、会见犯罪嫌疑人一次、与发案单位共同分析一次发案原因、提出一份检察建议书、上好一堂法制教育课、搞好一次回访考察。

2000 年，结合反贪污贿赂局对同安食品厂相关人员职务犯罪的查处，制定《为国有企业改革和发展服务实施意见》《服务国企十二条措施》，对商业集团股级以上干部 127 人讲授《如何预防职务犯罪》。

2001 年，对案发单位发出检察建议 8 份，配合区国税局、地税局、工商局制定职务犯罪预防制度，使职务犯罪预防工作进一步制度化。

2002 年，区预防犯罪工作领导小组及办公室确定 12 个行业和部门作为 2002 年预防职务犯罪工作试点单位，与 30 多个单位建立预防职务犯罪联络点，形成全区职务犯罪预防网络。在厦门监狱建立预防职务犯罪警示教育基地。多途径对厦门市第三医院、同安体育馆等工程进行同步预防。创办《预防职务犯罪专刊》。

2003 年，组织同安区正处级以上领导干部 150 余名到厦门监狱警示教育基地接受教育，到交通局等单位上法制课 6 次，受教育近 500 人。

2004 年，全年贯彻落实区人大常委会制定的《关于加强预防职务犯罪工作的决定》，落实预防职务犯罪工作责任制巡查。

2005 年，针对同安区国土资源与房产管理系统在土地矿产领域的开采审批、产权证的发放环节发生的案件，协助厦门市国土资源与房产管理局同安分局开展“预防职务犯罪宣传教育月”活动。举办“拒绝并远离职务犯罪”的专题讲座 10 次，受教育人数 1800 余人。

2006 年，在金融、工商等系统举办“治理商业贿赂，预防职务犯罪”专题讲座 7 次，受教育 1000 余人。

2007 年，区“环东海域综合开发建设同步监察组”开展廉政文化进农村、进工地活动，先后前往西柯镇、洪塘镇为镇、村两级干部近 400 人举办预防职务犯罪专题报告会。

第五节　其他检察

一、监所检察

监所检察职能先后由监所检察科派驻看守所检察室、市检察院派驻厦门监狱（1999 年 7 月起）行使。

1997 年 5—12 月，纠正违法行为 16 件，受理在押犯申诉 6 件，发出口头检察建议 22 条。纠正单人提审 2 起，促进双人提审制度逐步走上正轨。

1998—1999 年，纠正违法行为 16 件，发出口头检察建议 28 次，受理在押犯申诉控告 12 件。

2000—2002 年，纠正违法 59 次，受理在押犯申诉控告 57 件，发出书面检察建议 3 件，办理罪犯再犯罪案 4 件 4 人。

2003 年，配合上级院开展超期羁押专项清理工作，至年底，公、检、法办案“零”超期羁押。当年纠正违法行为 7 件，受理在押犯申诉控告 24 件，提出检察建议 8 条、整改意见书 2 份，办理罪犯再犯罪 3 件 8 人。

2004 年，开展减刑、假释、保外就医专项检查，清理厦门监狱自 2002 年 1 月以来办理罪犯减刑 3888 人、假释 18 人、保外就医 25 人，从中初查监狱执法干警涉嫌职务犯罪线索 1 名、纠正罪犯逾期保外就医 1 名、建议丧失保外就医条件的罪犯收监 1 名。

2005—2006 年，纠正违法行为 8 件，受理在押犯申诉控告 11 件，发出检察建议 1 份、整改建议 7 条，办理在押犯再犯罪 4 件 4 人。

2007 年，开展核查纠正监外执行罪犯脱管、漏管专项行动，核查监外执行罪犯 186 人，从中发现保外就医脱漏罪犯 1 人，批捕、起诉监外执行罪犯重新犯罪案件 2 件 2 人。

1997 年 5 月—2007 年，共纠正各种违法行为 104 件，受理在押犯申诉 99 件，发出检察建议 66 条，回访考察监外执行罪犯 316 名。

二、民事行政检察

民事行政监察职责由民事行政检察科行使。

1997 年 5—12 月，受理民事行政申诉案件 12 件，立案 5 件，提请抗诉 3 件，直接向法院发出检察建议书建议予以纠正 2 份。

1998—2003 年，受理民事行政申诉案件 148 件，立案 60 件，建议提请抗诉 21 件，提请抗诉 5 件，直接向法院发出检察建议予以纠正 4 件。

2004 年，受理民事行政申诉案件 7 件，立案 4 件。在审查庄某某等 2 人与同安区司法局不予撤销公证决定一案时，发现同安区司法局公证人员在办理公正过程中，多处违反《公证程序规则》的规定，向同安区司法局发出撤销公证的检察建议。

2005 年，与区人民法院签署《关于检察机关提起刑事附带民事诉讼的实施意见》。当年受理民事行政申诉案件 11 件，立案 8 件，建议提请抗诉 1 件。

2007 年，受理民事行政申诉案件 9 件，立案 8 件，建议提请抗诉 2 件。在办理 2 件房屋拆迁补偿纠纷申诉案中，考虑到案件事实的认定有争议且申诉人取证难的情况，在调取大量证据、查清案件事实后，向市院建议提请抗诉并被采纳。在办理卓珠不服同安公安分局行政处罚一案中，建议提请抗诉，经市院提请抗诉、省院提出抗诉后，福建省高级人民法院撤销原一、二审判决、发回重审，系全市检察机关首次抗诉获改判的行政案件。

1997—2007 年，全区受理民事行政检察案件 192 件，立案 90 件，建议提请抗诉 25 件，提请抗诉 8 件，检察建议 6 件。

1997—2007 年同安区人民检察院民事行政检察案件立案情况表

表 19-16

年份	受理（件）	立案（件）	建议提请抗诉（件）	提请抗诉（件）	检察建议（份）
1997	12	5	0	3	2
1998	21	4	3	0	0
1999	33	9	6	1	0
2000	32	8	3	3	2
2001	20	10	4	1	2
2002	20	10	4	0	0
2003	22	19	1	0	0
2004	7	4	0	0	0
2005	11	8	1	0	0
2006	5	5	1	0	0
2007	9	8	2	0	0
合计	192	90	25	8	6

说明：1997 年各项数字从 5 月起统计

三、控告申诉检察

控告申诉检察职责由控告申诉检察科（对外加挂厦门市同安区人民检察院举报中心牌子）行使。

1997 年 10 月，建立以分管检察长为组长，控申科科长、反贪局局长、法纪科科长为组员的举报线索协调小组，对举报中心提交的举报线索进行分流，并提出分流意见。当年受理举报信访件 71 件，控告信访件 75 件，申诉信访件 1 件，其中控申部门办理 20 件，分送区检察院其他部门 40 件。

1998—1999 年，受理举报信访件 285 件，控告信访件 215 件，申诉信访件 42 件，其中控申部门办理 164 件，分送区检察院其他部门 131 件，移送其他单位 247 件。检察长接待信访件 102 件。

2000 年，在办理洪志忠不服本院相对不起诉决定一案时，提出应作绝对不起诉决定的意见提交检委会决定，后检委会改对洪志忠作出绝对不起诉决定，维护了公民的合法权益。当年受理举报信访件 111 件，控告信访件 126 件，申诉信访件 38 件，其中控申部门办理 74 件，分送区检察院其他部门 96 件，移送其他单位 105 件。检察长接待信访件 59 件。

2002 年，建立控申举报流动受理站、开通举办电话自动受理系统。在初查郭某某涉嫌收入公款不入账的线索时，查实其涉嫌挪用公款人民币 55257 元，移送反贪污贿赂局立案侦查。当年受理举报信访件 92 件，控告信访件 120 件，申诉信访件 31 件，其中控申部门办理 118 件，分送区检察院其他部门 59

件，移送其他单位66件。检察长接待信访件51件。

2004年，在办理陈某某申诉案时，初查查实陈某某判决前被先行羁押的71日未折抵刑期，建议市检察院依审判监督程序向市中级人民法院发出再审建议。当年受理举报信访件57件，控告信访件44件，申诉信访件13件，其中控申部门办理36件，分送区检察院其他部门44件，移送其他单位34件。检察长接待信访件10件。

2005—2006年，受理举报信访件120件，控告信访件98件，申诉信访件16件，其中控申部门办理64件，分送区检察院其他部门77件，移送其他单位93件。检察长接待信访件25件。

2007年，贯彻执行新的《信访条例》和控告申诉首办责任制。当年受理举报信访件54件，控告信访件29件，申诉信访件9件，其中控申部门办理24件，分送区检察院其他部门44件，移送其他单位24件。检察长接待信访件24件。

1997—2007年，受理举报信访件970件、控告信访件913件，申诉信访件205件。其中控申部门办理652件、分送区检察院其他部门630件、移送其他单位806件。检察长接待信访件386件。

1997—2007年同安区人民检察院举报信件受理情况表

表19-17　　单位：件

年份	受理			控申部门办理	分送本院其他部门	移送其他单位	检察长接待
	举报	控告	申诉				
1997	71	75	1	20	40	87	30
1998	161	100	14	98	55	122	34
1999	124	115	28	66	76	125	68
2000	111	126	38	74	96	105	59
2001	117	124	29	100	76	94	60
2002	92	120	31	118	59	66	51
2003	63	82	26	52	63	56	25
2004	57	44	13	36	44	34	10
2005	60	56	10	41	46	39	17
2006	60	42	6	23	31	54	8
2007	54	29	9	24	44	24	24
合计	970	913	205	652	630	806	386

说明：1997年各项数字从5月起统计

第四章　法　院

第一节　机　构

1997年5月撤县改区，同安县人民法院改称同安区人民法院。下设西柯、莲花、五显、内厝、大嶝、汀溪、洪塘、大同、马巷、新店、新圩、新民12个派出法庭。

1998年6月，设立监察室，撤销政工科改设政治处。内设政治处、办公室、研究室、监察室、刑事审判庭、民事审判庭、经济审判庭、行政审判庭、执行庭、告诉申诉庭10个庭（室）。

2000年1月，撤销西柯、莲花、五显、内厝、大嶝、汀溪、洪塘7个人民法庭，保留大同、马巷、新店、新圩、新民5个人民法庭。

2002年3月，撤销告诉申诉庭，改设立案庭、审判监督庭；撤销执行庭，改设执行局（副处级、内设执行一组，执行二组，综合组）。4月28日，成立法警大队。至此，法院设有办公室、政治处、监察室、纪检组、法律研究室、立案庭、审判监督庭、刑事审判庭、民事审判庭、经济审判庭、行政庭、执行局12个内设机构、5个派出法庭、法警大队。10月15日，刑事审判庭改为刑事审判一庭、刑事审判二庭，民事审判庭改为民事审判一庭、民事审判二庭（商务），撤销经济审判庭。至此，法院的内设职能机构11个，分别为办公室、政治处、法律研究室、刑事审判一庭、刑事审判二庭、民事审判一庭、民事审判二庭、行政庭、执行局、审判监督庭、立案庭、监察室（与纪检组合署办公），派出法庭5个。

2003年，根据《厦门市同安区人民法院职能配置、内设机构和人员编制方案》，正式确定法院内设11个职能机构，2个派出人民法庭（大同、新民），1个直属机构司法警察大队，以及纪检组（监察室）。

2007年底，法院设有政治处、纪检组、监察室、办公室、法律研究室、立案庭、刑事审判第一庭、刑事审判第二庭、民事审判第一庭、民事审判第二庭、行政审判庭、审判监督庭、执行局、司法警察大队和大同、新民2个人民法庭。

第二节　刑事审判

同安法院依法审理涉黑案件

1997年，审结刑事案件160起，其中盗窃罪50件，故意伤害罪18件，交通肇事罪15件，抢劫罪14件。至2001年，累计审结刑事案件1312件，其中盗窃罪350件，故意伤害罪230件，交通肇事罪164件，抢劫罪120件。

2002年起，刑事案件按新分类法统计，当年审结388件，其中侵犯财产罪130件，侵害公民人身权利、民主权利罪101件，妨害社会管理秩序罪80件，危害公安安全罪62件。至2007年，累计审结2286件，其中侵犯财产罪954件，侵害公民人身权利、民主权利罪514件，妨害社会管理秩序罪395件，危害公共安全罪318件。

1997—2001 年同安区人民法院刑事案件结案情况表

表 19-18　　单位：件

类别	1997 年	1998 年	1999 年	2000 年	2001 年	合计
故意轻伤	18	31	43	61	81	234
寻衅滋事	0	0	0	15	19	34
破坏电力、煤气设备	0	1	0	0	0	1
交通肇事	15	34	31	39	45	164
妨碍公务、拒不执行裁判	0	0	3	1	0	4
诈私	7	7	9	11	16	50
盗窃私人财物	50	84	54	86	76	350
故意杀人	0	1	1	0	0	2
强奸幼女	5	6	7	6	8	32
重大伤害	8	1	0	0	4	13
拐卖妇女儿童	0	4	0	5	4	13
放火	1	3	2	2	1	9
投毒	0	1	1	0	0	2
抢劫	14	25	26	21	34	120
流氓	8	0	0	0	0	8
走私贩毒	1	0	1	13	5	20
强迫容留引诱卖淫	6	6	2	6	5	25
诈骗公共财物	2	0	0	0	0	2
贪污	1	5	6	2	5	19
巨额财产来源不明	0	0	0	0	1	1
挪用公款	1	0	3	1	2	7
受贿	1	1	0	0	7	9
盗伐滥伐林木	1	2	0	0	2	5
职务侵占	0	2	2	1	6	11
非法吸收公众存款	0	0	1	0	0	1
合同诈骗	0	0	2	1	5	8
介绍贿赂罪	0	0	1	0	0	1
其他	21	17	23	38	68	167
合计	160	231	218	309	394	1312

说明：1997 年各项数字从 5 月起统计

2002—2007 年同安区人民法院刑事案件结案情况表

表 19-19 单位：件

类别		2002 年	2003 年	2004 年	2005 年	2006 年	2007 年	合计
危害公共安全罪	小计	62	59	42	45	47	63	318
	放火罪	1	2	3	2	0	0	8
	以危险方法危害公共安全	0	0	0	2	1	1	4
	破坏电力设备	0	1	2	0	0	0	3
	非法制造、买卖、运输、邮寄、储存枪支、弹药、爆炸物罪	2	2	0	1	2	1	8
	非法持有、私藏枪支、弹药、爆炸物、危险物质罪	2	1	0	1	2	0	6
	交通肇事罪	57	52	36	37	41	58	281
	其他	0	1	1	2	1	3	8
破坏社会主义市场经济秩序罪	小计	6	8	7	18	11	18	68
	生产、销售伪劣产品罪	0	1	0	2	0	0	3
	出售、购买、运输假币罪	1	1	0	0	0	0	2
	持有、使用假币罪	0	0	0	0	0	2	2
	偷税罪	1	1	1	1	3	0	7
	合同诈骗罪	3	2	2	4	0	5	16
	非法经营罪	1	1	2	10	4	9	27
	其他	0	2	2	1	4	2	11
侵害公民人身权利、民主权利罪	小计	101	97	49	93	71	103	514
	故意杀人罪	1	1	0	1	0	0	3
	过失致人死亡罪	1	1	1	1	0	0	4
	故意伤害罪	71	81	41	67	58	79	397
	强奸罪	15	8	4	11	7	19	64
	奸淫幼女罪	2	0	0	0	0	0	2
	非法拘禁罪	2	1	1	10	3	3	20
	绑架罪	0	0	0	2	0	1	3
	拐卖妇女、儿童罪	2	1	0	0	2	0	5
	其他	7	4	2	1	1	1	16
侵犯财产罪	小计	130	134	134	167	185	204	954
	抢劫罪	26	27	25	36	24	39	177
	盗窃罪	80	74	83	101	122	120	580
	诈骗罪	7	4	5	5	8	5	34
	抢夺罪	4	16	11	10	10	14	65
	职务侵占罪	3	3	4	2	2	5	19
	挪用资金罪	4	2	2	2	2	4	16
	敲诈勒索罪	4	7	4	10	14	11	50
	故意毁坏财物罪	2	1	0	1	0	6	10
	破坏生产经营罪	0	0	0	0	3	0	3
	其他	0	0	0	0	0	0	0

续表19-19

类别		2002年	2003年	2004年	2005年	2006年	2007年	合计
妨害社会管理秩序罪	小计	80	43	95	79	36	62	395
	妨害公务罪	9	1	2	5	0	10	27
	聚众斗殴罪	0	0	1	4	3	1	9
	赌博罪	17	18	49	28	3	3	118
	窝藏、转移、收购、销售赃物罪	3	2	7	2	9	6	29
	走私、贩卖、运输、制造毒品罪	13	6	21	15	12	24	91
	其他	38	16	15	25	9	18	121
贪污贿赂罪	小计	9	9	6	7	5	1	37
	贪污罪	3	3	4	3	1	1	15
	挪用公款罪	4	5	2	2	4	0	17
	受贿罪	2	1	0	1	0	0	4
	单位受贿罪	0	0	0	1	0	0	1
合　计		388	350	333	409	355	451	2286

第三节　民事审判

1997年，民事审判与经济审判分开。区法院坚持“依靠群众，调查研究，着重调解，就地办案”的十六字方针，加强民事案件的审理，当年审结民事案件1386件，其中债务案件1059件，婚姻案件155件，赔偿案件90件。至2001年，累计审结民事案件9862件，其中债务案件7186件，婚姻案件1291件，赔偿案件994件。

2002年起，将审判工作分为刑事、民事、行政三大类。经济类纠纷划归民事审判合同纠纷项下。当年审结民事案件2388件，其中借款合同纠纷766件，买卖合同纠纷449件，婚姻家庭纠纷291件，交通事故人身损害赔偿纠纷243件。

2003—2005年，区法院贯彻“更多地关注农村、关心农民、支持农业”的思想，依法审结涉农、土地征用补偿款纠纷案件517件，维护农村土地承包关系的稳定和促进农村土地承包经营权的流转。

2006—2007年，区法院从调节经济关系、化解民间矛盾、促进社会和谐发展出发，全面加强民商事审判。在审理婚姻家庭、损害赔偿纠纷案件时，特别注重用调解的手段解决纠纷，倡导建立和谐的家庭关系、邻里关系、社会关系，合计审结两类案件1302件；在审理合同纠纷案件时，依法制裁违约失信行为，促进市场诚信、社会诚信。在审理征地、拆迁安置等涉及环东海域综合整治及工业集中区建设的纠纷案件时，坚持服务重心前移，正确处理国家、集体和个人三者的关系，既保障大开发、大建设的顺利推进，又使“失地、失海”农民的合法权益得到落实。两年合计审结两类案件2944件。

据统计，1997—2007年，累计民事案件收案23327件，结案23581件，其中借款合同纠纷3470件，买卖合同纠纷1839件，交通事故人身损害赔偿纠纷1762件，劳动合同争议1488件。

1997—2001 年同安区人民法院民事收结案件统计表

表 19-20　　　　单位：件

年份	收案	结案	结案分类									
			婚姻	三养	继承	房屋	其他不动产	相邻关系	赔偿	债务	劳资	其他
1997	1153	1386	155	0	1	27	2	4	90	1059	0	48
1998	1979	1980	243	0	—	36	20	1	135	1534	0	11
1999	2138	2131	286	0	2	52	4	—	196	1571	0	20
2000	2219	2211	289	0	—	42	4	4	297	1574	0	1
2001	2148	2154	318	0	4	73	7	2	276	1448	0	26
合计	9637	9862	1291	0	7	230	37	11	994	7186	0	106

说明：1. 不含经济审判案件

2. 1997 年各项数字从 5 月起统计

2002—2007 年同安区人民法院民商事收结案件统计表

表 19-21　　　　单位：件

				2002 年	2003 年	2004 年	2005 年	2006 年	2007 年	合计
收案				2367	2604	1623	2713	1981	2402	13690
结案				2388	2611	1629	2732	1961	2398	13719
结案分类	合同		婚姻家庭纠纷	291	297	175	172	194	206	1335
			继承纠纷	6	2	1	—	1	1	11
			买卖合同纠纷	449	332	201	336	243	278	1839
			房地产开发经营	89	72	235	210	222	573	1401
			借款	766	941	331	414	544	474	3470
			建设工程	37	24	25	31	30	35	182
			运输	13	10	12	10	2	6	53
			劳动争议	61	288	73	897	49	120	1488
			其他	257	253	146	175	175	193	1199
结案分类	权属、侵权及其他	所有权及相关权利	财产权属	21	12	16	1	3	3	56
			财产损害赔偿	6	1	2	4	3	26	42
			其他	16	36	49	24	28	12	165
		人身损害赔偿	交通事故	243	206	249	333	370	361	1762
			医疗事故	2	2	6	7	9	7	33
			工伤事故	12	6	6	5	3	8	40
			其他	107	110	91	66	69	75	518
		特殊侵权		2	4	1	—	4	3	14
		其他		10	15	10	47	12	17	111

第四节　经济审判

1997—2001 年，经济案件独立于民事案件，由经济庭办理。

1997 年，审结经济案件 547 件，其中借款合同案 388 件，购销合同案 97 件。至 2001 年，累计审结经济案件 3178 件，其中借款合同案 2216 件，购销合同案 516 件。

2002 年以后，民事案件和经济案件统一筹划，经济类纠纷大多划归民事审判合同纠纷项下。

1997—2001 年同安区人民法院经济纠纷案件结案统计表

表 19-22　　单位：件、万元

		1997 年	1998 年	1999 年	2000 年	2001 年	合计
旧存		68	6	0	5	0	79
新收		479	815	708	512	605	3119
结案分类	购销合同	97	108	116	86	109	516
	建设工程承包合同	4	8	1	2	1	16
	加工承揽合同	6	15	11	5	6	43
	财产租赁合同	6	5	1	7	3	22
	借款合同	388	620	493	377	338	2216
	农村承包合同	5	28	43	2	53	131
	企业内部承包合同	12	6	6	3	1	28
	其他	29	31	32	30	84	206
	小计	547	821	703	512	595	3178
结案方式	判决	167	283	339	227	313	1329
	其他	380	538	364	285	282	1849
	诉讼标的金额	6489. 8	7480. 5	10029	7208. 4	4402. 5	35610
	未结	0	0	5	5	10	20

说明：1997 年各项数字从 5 月起统计

第五节　行政审判

1997—2001 年，区法院依法审理行政案件，加强与行政机关的联系，强化行政审判监督的准确性、有效性和权威性，促进行政机关的执法水平。5 年间合计审结 49 件，其中公安类 18 件，工商、土地类各 3 件，计生类 2 件，其他 23 件，执结非诉执行案件 68 件。

2002—2007 年，审结行政诉讼案件 125 件，其中，公安类 40 件，城建类 46 件，资源类 9 件，环保类 4 件，工商、卫生、计生、乡政府类各 1 件，其他 22 件。执结环保、建设、计生、水利等部门申请执行的各类非诉执行案件 495 件，推动旧城改造和城市建设规划等工作的顺利进行，支持行政机关依法开展各项整治活动。

1997—2001 年同安区人民法院行政案件结案统计表

表 19-23 单位：件

年份	新收	结案分类								
		公安	工商	卫生	文化	土地	林业	计划生育	其他	小计
1997	1	—	—	—	—	—	—	—	1	1
1998	6	1	2	—	—	—	—	1	2	6
1999	9	6	1	—	—	—	—	—	2	9
2000	9	4	—	—	—	2	—	—	3	9
2001	24	7	—	—	—	1	—	1	15	24
合计	49	18	3	—	—	3	—	2	23	49

说明：1997 年各项数字从 5 月起统计

2002—2007 年同安区人民法院行政案件结案统计表

表 19-24 单位：件

年份	新收	结案分类										
		公安	工商	卫生	文化	资源（内含土地、林业）	城建	计划生育	环保	乡政府	其他	小计
2002	28	14	—	1	—	—	7	1	—	—	5	28
2003	22	8	—	—	—	—	7	—	—	—	6	21
2004	32	7	—	—	—	—	19	—	—	—	6	32
2005	13	5	1	—	—	—	2	—	3	—	3	14
2006	9	—	—	—	—	—	7	—	1	1	—	9
2007	21	6	—	—	—	9	4	—	—	—	2	21
合计	125	40	1	1	—	9	46	1	4	1	22	125

第六节 审结案件执行

审结案件的执行先后由执行庭、执行局受理。

1997 年 10 月，继续 1990 年开始的执行大会战。全年执结 1542 件，执行标的 1925.91 万元。1998 年，强调案件审结后应及时采取诉讼保全措施。2003 年，实行执行情况告知、委托评估拍卖变卖与执行承办人分离、重大事项合议、执行未结案通报等制度。1997—2003 年，累计执结 15198 件，执行标的 27462.70 万元。

2004 年，开展“执行宣传周”和“集中执行月”活动，集中清理工程款和农民工工资拖欠。2005 年实行执行风险告知制度、换员执行制度，启动执行信息管理系统。制定、执行《同安区人民法院、同安区人民检察院与厦门市公安局同安分局关于办理妨碍人民法院执行的刑事案件若干问题的意见》。2006 年实行执行异议听证制度，采取执行警告提示，限制被执行人出境，设立“执行曝光台”。开展 4 次“零点行动”，重点清理四类案件（涉及赡养费、抚养费、医疗费和下岗工人工资等人身权、生存权的案件，人大、政协及上级机关督办案件，群众反映强烈案件，金融机构申请执行的案件）。2007 年健全恢复执行、终结执行和执行款物发放制度，开展集中清理执行积案、执行案件结案竞赛活动，提高案件执结率。4 年累计执结 5798 件，执行标的 36723.90 万元。

1997 年 5 月至 2007 年，累计执结非诉执行案 563 件。

区法院开展执行宣传周咨询活动

同安法院展开 400 万元执行款发放大会

1997—2007 年同安区人民法院执结案件统计表

表 19-25

年份	收案（件）	结案（件）	执行标的（万元）
1997（5—12）	1032	1542	1925.91
1998	1906	1967	2349.16
1999	2473	2526	2594.56
2000	2048	2121	2334.95
2001	2358	2211	2337.03
2002	2371	2371	4066.04
2003	2463	2460	11855.05
2004	1440	1520	6949.30
2005	2128	1930	8696.78
2006	1004	1255	10519.46
2007	1096	1093	10558.36
合计	20319	20996	64186.60

说明：1997 年各项数字从 5 月起统计

第五章 司法行政

第一节 机 构

一、行政机构

（一）司法局

1997年5月，同安县司法局更名为同安区司法局，内设综合科、法制宣传科、基层工作科、公证律师科。2000年8月，同安区律师事务所与区司法局脱钩。2002年12月，司法局内设综合科、法制宣传科、法律服务管理科、基层工作科。2003年11月，内设机构调整为综合科、基层工作科、法律服务科。下辖派出机构五显、莲花、新民3个司法所。2004年3月10日，内设机构调整为综合科、基层工作科、法制宣传科。下辖派出机构增加大同、祥平、汀溪、西柯、洪塘5个司法所，合计8个司法所。

截至2007年12月，同安区司法局内设综合科、基层工作科、法制宣传科3个科室，下辖派出机构8个司法所。

（二）镇（街）司法所

大同司法所　1998年3月，大同司法办并入大同社会事务办办公室，设司法助理员，属街道编制。2003年5月，改为司法工作室，设司法助理员，属区司法局机关编制或基层编制。2004年10月，成立大同司法所，配备2名司法助理员，属司法局基层编制。

祥平司法所　2001年6月，同安区祥平街道办事处指派街道干部担任司法助理员，2003年3月，区司法局对原司法助理员收编建所。2004年11月1日，祥平司法所挂牌授印，正式投入运作。

五显司法所　1998年机构改革时，镇司法办并入镇社会事务办公室，设1名司法助理员负责基层司法行政工作。2003年3月，原镇司法助理员收编建所。五显镇、洪塘镇联合成立五显司法所，所址设在五显镇，管辖五显、洪塘两镇司法事务。2004年10月，五显司法所分设为五显、洪塘司法所。

洪塘司法所　2004年10月，由五显司法所分设。

新民司法所　2003年3月，新民镇、西柯镇联合成立新民司法所，所址新民镇，管辖新民、西柯两镇司法事务。2004年10月，新民司法所分设为新民、西柯司法所。

西柯司法所　2004年10月，由新民司法所分设。

莲花司法所　1998年，机构改革时，莲花司法办并入社会事务办公室。2003年2月，原镇司法助理员收编建所，汀溪镇、莲花镇联合成立莲花司法所，所址设在莲花镇，管辖汀溪、莲花两镇司法事务。2004年7月，莲花司法所分设为汀溪、莲花两个司法所。

汀溪司法所　2004年10月，由莲花司法所分设。

二、议事协调机构

（一）普法领导小组

同安县普法领导小组成立于1985年。领导小组由县委、县人大、县政府及相关部门的领导组成，县委副书记任组长。领导小组下设办公室，由县司法局局长任主任。办公地点挂靠司法局。1997年5月，改名同安区普法领导小组。2001年，并入同安区依法治区领导小组。

（二）依法治县（区）领导小组

同安县依法治县领导小组于1991年9月成立。县长任组长，成员由相关部门领导干部共30人组成。领导小组下设办公室，与司法局合署办公。2001年5月，合并后的依法治区领导小组由区委书记任组长，区长、区委副书记、副区长、政法委书记、宣传部长、区人大常委会副主任、区政协副主席任副组长，成员由各相关部门领导组成。领导小组办公室挂靠区司法局，区政法委书记任办公室主任，区司法局局长任常务副主任。

（三）同安区完善多元化纠纷解决机制工作领导小组办公室

2006年12月成立，为区委、区政府议事协调机构，挂靠司法局。

（四）“148”协调指挥中心

2000年成立，编制3名，2001年5月加挂“厦门市同安区法律援助中心”牌子，增编3名，为区司法局下属单位。

三、咨询机构

同安区人民政府法律顾问团，2005年8月成立，为区政府咨询机构，归口区司法局管理。

第二节　法制宣传

1997年，结合创卫和社会主义精神文明建设活动，开展市容、环境、交通、食品卫生等专业法律、法规、条例宣传，举办4000多人参加的“今朝杯”公民行为规范知识竞赛，组织中小学生参加拘捕执行大会、审判执行大会和服刑失足青年“现身说话”汇报会。

1998—1999年，举办“三五”普法教育巡回报告会20多场、法律知识竞赛3场（1万多人参加）、法制宣传骨干培训班1期和《中华人民共和国行政复议法》培训班2期。

2000—2001年，组织全区副处级以上干部法律知识讲座（2次）和全区领导干部学法交流会，召开“三五”普法总结表彰暨“四五”普法动员部署大会，表彰“三五”普法先进集体37个、先进个人76人。

2002—2003年，开展“学生带法回家”活动，分发“带法本”近2万本，得证新生人手一册。结合抗击“非典”，开展以《中华人民共和国传染病防治法》为主要内容的法律宣传活动，分发“非典”防治知识及相关法律问答5万多本、传单6万多张、宣传标语1800多条，出版宣传栏180多期。

2004年2月开展“民主法制示范村”创建活动，东山村被国家司法部、民政部评为“全国民主法治示范村”。4月20日至5月20日，开展宪法宣传月活动，运用多媒体全方位报道宪法修正案、分发宪法修正案读本4000多册。2005年3月5日，以“提高全民法律素质，创建平安厦门”为主题，开展行政许可、安全生产、人口与计划生育、道路交通安全、信访、消费者权益保护、产品质量等

同安区开展“12·4”全国法制宣传日法律咨询活动

法律、条例系列宣传活动。7 月，顺利通过市“四五”普法检查验收组验收。8 月，在科技、文化、卫生、法律“四下乡”活动中，组织区法律相关机构采取分发宣传资料、法律知识有奖竞猜、法律咨询等形式，开展系列宣传活动，重点宣传和“三农”密切相关的信访条例，婚姻、人口与计划生育，土地承包等方面的法律法规。

2006 年 3—4 月，组织法律相关机构开展公证法宣传活动，分发赠与、继承、遗嘱、收养等常见公证事项及办证须知宣传单 1000 多份，开展与创建“平安同安”相关的有 1 万多人参加的法律法规试卷测试活动和信访条列、办理信访程序宣传活动。9 月，召开“四五”普法总结表彰暨“五五”普法动员大会，表彰“四五”普法先进集体和个人。10 月，组建法制教育宣讲团，巡回宣讲违反刑法、社会治安处罚法、道路交通安全法、禁毒条例等法律法规现象产生的原因、危害及预防措施。

2007 年 3—10 月，举办“同安农村社区法制文艺作品创作大赛”，从 20 多篇参赛作品评出一等奖 1 篇、二等奖 2 篇、三等奖 3 篇。12 月 4 日，围绕“弘扬法治精神，推进依法治国”主题，组织 20 多个政府部门，开展大型法律咨询宣传活动。活动中，分发法律宣传读本 500 多册，演出法制文艺节目 10 多个，提供法律咨询 10 多人次。

第三节 法律服务

一、律师事务

1997 年，天达、宏业 2 家律师事务所受理各类律师事务 616 件，其中受聘为法律顾问 79 家、刑事辩护 184 件、民事代理 208 件，经济代理 131 件。至 2003 年，加上当年成立的同翔律师事务所，3 家律师事务所累计受理各类律师业务 5727 件，其中受聘为法律顾问 583 家，刑事辩护 1195 件、民事代理 1908 件、经济代理 1739 件。

2004—2007 年，3 家律师事务所（天达、同翔、合贤）累计受理各类律师业务 4852 件，其中受聘为法律顾问 434 家、刑事辩护 1009 件、民事代理 2182 件、经济代理 915 件。

1997—2007 年同安区三家律师事务所主要业务统计表

表 19-26

年份	法律顾问（家）	刑事辩护（件）	民事代理（件）	经济代理（件）	非诉讼代理（件）	行政诉讼代理（件）
1997	79	184	208	131	11	3
1998	79	172	160	228	20	2
1999	42	164	174	227	24	2
2000	74	157	284	272	46	5
2001	85	194	367	346	46	17
2002	95	163	348	302	42	14
2003	129	161	367	233	47	23
2004	112	266	398	345	43	14
2005	99	265	508	221	33	17
2006	107	274	679	182	80	24
2007	116	204	597	167	78	23
合计	1017	2204	4090	2654	470	144

二、公证业务

1997 年，同安公证处受理公证业务 2418 件，其中以继承、赠与合同、财产证据保全、委托与赡养协议为主要内容的国内民事公证 914 件，建设工程施工招标、股权转让、农村专业承包合同等为主要内容的国内经济公正 617 件，以出生、亲属、未受处分、学历、经历为主要内容的涉外民事公证 887 件。至 2003 年，累计受理公证业务 17881 件，其中国内民事公证 5688 件、国内经济公证 6658 件、涉外民事公证 5535 件。

2004—2007 年，累计受理公证业务 6319 件，其中国内民事公证 2910 件、国内经济公证 722 件、涉外民事公证 2687 件。

1997—2007 年同安区公证业务统计表

表 19-27　　　　单位：件

年份	国内民事	涉外民事	国内经济
1997	914	887	617
1998	1459	935	329
1999	1003	749	883
2000	850	889	1074
2001	549	876	1667
2002	378	674	1041
2003	535	525	1047
2004	516	744	291
2005	487	695	171
2006	815	875	130
2007	1092	373	130
总计	8598	8222	7380

三、法律援助

2001 年 5 月至 2007 年底，区法律援助中心、镇（街）法律援助站等三级法律援助网络累计受托办理各类法律事务 44445 件，为经济困难和老弱病残等社会特殊群体提供法律援助 4761 件，其中提供咨询服务 2575 件，提供诉讼、非诉讼案件代理 428 件、提供司法鉴定援助 13 件、代写法律文书 1745 件。法援中心先后被共青团福建省委、福建省司法厅等 10 家单位授予“优秀青少年维权岗”称号，被福建省司法厅评选为“贯彻落实《法律援助条例》先进集体”，被公安部、司法部、全国老龄办联合授予“全国老年维权示范岗”称号。

区法律援助中心举行“148”法律援助咨询活动

第四节　人民调解

一、调解机构

1997年，同安区人民调解机构由区司法局基层工作管理科、镇司法办（所）和村（居）调委会的基层三级（2003年后为四级）调解网络组成。2000年，成立区矛盾排查调处工作领导小组及其办公室。至2002年，全区共有13个调委会、1223名成员，1961个调解小组、5225名调解员、8010个纠纷信息员。2005年4月至2006年，全区各镇街先后成立矛盾纠纷解决服务中心，区直机关及部分企业成立调解委员会，各村（居）成立调解小组，形成区调解服务中心、镇（街）调委会、村（社区）调委会、调解小组4级调解网络。至2007年，全区有镇（街）调委会8个，村（社区）调委会126个，调解小组1104个，调解员2413人，调解信息员3353人。

二、调解方针及实效

1997年，各镇司法办指导村调解组织贯彻落实“调防结合，以防为主”的方针，坚持“多调少处”和“依法、自愿、不干涉当事人诉讼权利”的原则，以“防激化”为重点，开展人民调解工作。当年各村居委会调解190件。1998—2002年，全区累计调解民间纠纷6356件，调解成功率92.90%。2003年，各司法所和各调委会合计调解1288件，成功率100%。至2007年，累计调解6700件，其中司法调解2007件，各调委员会调解4693件，成功率100%。实现人民调解工作“两提高”（提高纠纷调解率、提高调解成功率）、“三下降”（民间纠纷下降、因民间纠纷引起刑事案件和自杀案件下降）。

第二十篇　军　事

同安是滨海重镇，代有重兵驻守。改革开放以来仍为驻防要地。1997—2007 年，驻同安陆、海、空和武警部队在完成作战、战备训练、内卫执勤、武器装备、国防施工、基层建设、培养军地两用人才、拥政爱民、守护重要目标等任务中，为保卫社会主义革命和社会主义建设作出积极贡献。在抢险救灾、完成急难险重任务中，驻军发挥了重要作用。同安民兵预备役建设按照民兵工作“三落实”的要求，逐步形成以专业技术为主体，以城市防卫、信息网络、应急分队和科技支前保障大队为重点，具有科技含量高、组织配置合理的民兵组织体系；在兵员动员、参军参战、支前保障、抢险救灾等任务中发挥积极作用。

第一章　兵　役

第一节　兵役登记

1997 年始，根据《中华人民共和国兵役法》有关兵役登记的规定，由基层武装部负责，基层公安、卫生等部门选派人员参加，在镇、街道、学校和企事业单位设立兵役登记站。对适龄公民进行兵役登记，确定适龄公民中的应服兵役、免服兵役、不得服兵役或缓征及预征对象。每年 12 月 31 日以前出生的年满 18 周岁的男性公民，不分民族、种族、职业、家庭出身、宗教信仰和教育程度，均应在当年 9 月 30 日前进行兵役登记。

2001 年，在大同街道进行兵役义务证发放工作试点。

2005 年底，兵役登记工作形成经常化、制度化、规范化，每年适龄公民自行上站登记率达到 97%，自行上站目测率达到 97.5%，预征对象上站体检率 100%。

2007 年，针对农村商品经济发展，外出青年多，兵役登记工作难落实的问题，在西柯镇进行兵役登记工作改革试点，对全镇各村采取“春登、夏联、秋核、冬征”的方法，收到很好效果，并在全区迅速推广。

第二节　兵员征集

1997 年始，同安区按上级的征兵命令及规定，征集 18～20 周岁 3 个年龄的男性公民。征集兵员坚持把应征公民的现实表现作为政治审查的重点，改变以往偏重于阶级成分和家庭出身的做法。从农村征集的青年必须具有初中毕业以上文化程度（少数民族和海岛放宽到高小）；从城市征集的要有高中毕业以上文化程度；女兵的文化程度，从原来的初中毕业提高到高中毕业或相当于高中毕业文化。

20 世纪 90 年代后期，针对一度出现的适龄青年参军热情不高的现象，一方面运用各种宣传手段，提高公民依法服兵役尽义务的觉悟，形成参军光荣的社会氛围；另一方面修订拥军优属措施，统筹义务兵优待金，区、镇（街）为义务兵开办养老保险或家庭财产保险等，且优待金随经济发展而逐年提高，激发适龄青年的应征积极性。

送子参军

第二章 驻 军

第一节 驻防部队

一、陆军部队

中国人民解放军 73115 部队 隶属某军区某集团军，部队前身为中国人民解放军 32170 部队，2000 年 8 月，部队代号变更为今名。

中国人民解放军 73116 部队 隶属某军区某集团军，部队前身为中国人民解放军 32100 部队，2000 年 8 月，部队代号变更为今名。

中国人民解放军 73151 部队 隶属某军区某集团军，部队前身为中国人民解放军 32535 部队，2000 年 8 月，部队代号变更为今名。

中国人民解放军 73152 部队 隶属某军区某集团军，部队组建于 1998 年 10 月，部队前身为中国人民解放军 32532 部队，2000 年 8 月，部队代号变更为今名。

中国人民解放军 73323 部队 隶属某省军区某警备区，部队前身为中国人民解放军 32846 部队，2000 年 8 月，部队代号变更为今名。2005 年，随厦门市行政区划调整，部队驻地属翔安区境。

中国人民解放军 73311 部队 隶属某省军区某师，部队前身为中国人民解放军 32833 部队某教导队，2000 年 8 月，部队代号变更为今名。2005 年，随厦门市行政区划调整，部队驻地属翔安区境。

中国人民解放军 73291 部队　隶属某省军区，部队前身为中国人民解放军 32504 部队，2000 年 8 月，部队代号变更为今名。2005 年，随厦门市行政区划调整，部队驻地属翔安区境。

中国人民解放军 73146 部队　隶属某军区某集团军，部队前身为中国人民解放军 32515 部队，2000 年 8 月，部队代号变更为今名。2005 年，随厦门市行政区划调整，部队驻地属翔安区境。

中国人民解放军 73111 部队 80 分队　隶属某军区某集团军，部队前身为中国人民解放军 32113 部队某营，2000 年 8 月，部队代号变更为今名。2007 年 12 月，移驻集美区境内。

中国人民解放军 73158 部队　隶属某军区某集团军，2000 年 8 月，部队代号变更为今名。2007 年 12 月由集美区移驻同安区境内。

二、海军部队

中国人民解放军 92985 部队　隶属某舰队，部队前身为中国人民解放军 37894 部队，2000 年 8 月，部队代号变更为中国人民解放军 92483 部队。2001 年 11 月，部队扩编为中国人民解放军 92985 部队。

三、空军部队

中国人民解放军 94894 部队　隶属空军驻闽某集团军，正连级单位，部队前身为中国人民解放军 87078 部队，2000 年 8 月，部队代号变更为今名。

中国人民解放军 94908 部队　隶属空军驻闽某集团军，正营级单位，部队前身为中国人民解放军 86900 部队，2000 年 8 月，部队代号变更为今名。2005 年随厦门市行政区调整，部队驻地属翔安区境。

四、其他驻军

中国人民解放军 92985 部队医院　隶属某舰队。部队前身为中国人民解放军海军四一六医院，1997 年至 2001 年 11 月，对地方启用“同安闽海医院”院名，兼顾地方医疗业务。2002 年起，医院更名为 92985 部队医院。

中国人民解放军 73903 部队　隶属某军区，正团级编制。

第二节　驻区武警部队

一、同安边防大队

前身为中国人民武装警察部队同安县大队，1997 年 5 月，同安撤县设区，大队更名为厦门市同安区公安边防大队。2005 年 4 月，厦门市行政区划调整，同安边防大队分为翔安大队和同安大队。同安大队仅辖潘涂边防派出所，主要担负着以沿海为中心的反偷私渡、走私、贩毒，船舶管理以及辖区内的社会治安、户口管理等公安行政管理任务，并依法履行国家赋予的维护社会稳定和处置突发事件职责。

二、驻同安武警厦门支队

2005 年 7 月组建武警厦门支队，下辖四个建制中队，其中十一、十二中队驻同安，主要担负厦门监狱和第二看守所的看守、武装押解任务。

第三章 民兵 预备役

第一节 民 兵

一、机构

（一）同安区人民武装委员会

为区委领导民兵工作的协调机构，其成员由区委、区政府及其有关部门、群团主要领导组成。

（二）同安区人民武装部

前身为同安县人民武装部，1997 年撤县改区后改今名。团级军事单位，为同安区的军事领导指挥机关，是中共同安区委的军事工作部门和区人民政府的兵役工作机关，接受区委、区政府和上级军事机关的双重领导。内设军事、政工、后勤 3 个科。

二、民兵组织

1997 年，民兵基层建设压缩规模、优化结构、提高质量，开展民兵整组工作和基层“达标创先”活动。基干民兵中，退伍军人和经过训练合格的人员占 90.5%；专业技术兵占 46%；党、团员占 54%；农村民兵连长进“两委”占 86%。

1998 年，根据同安撤县建区后情况的变化，按需要增设区经贸局、银华机械厂 2 个武装部。

2001 年，组织人员对全区民兵连长队伍状况进行调研，下发《关于认真抓好民兵连长队伍建设的意见》。根据战备需要，组建民兵红缨导弹分队，制定和完善《战时行动预案》，组建、调整地对空民兵导弹连。

2004 年以“独立编组、联合编组、挂靠编组”方法，加强民兵组织建设。组建炮连 3 个，海防连、步侦连、道桥抢修分队、独立防化连、地对空导弹连、应急通信连、工兵连各 1 个。

2005 年，拓展私营企业民兵组织，建立民兵信息网。

2006 年民兵整组，规范两个预备役的营、连部建设。

2007 年，加大在地方军民兼容性强、科技含量高的行业系统和非公有制企业的编兵力度，加大电子对抗、新闻作战、通信保障、医疗救护、特种运力、工程保障、装备维修等专业技术分队的编组力度，编实编强军兵种勤务保障分队、重要目标警卫分队和民兵应急分队。

三、民兵训练

1997 年，民兵分队广泛开展高科技知识学习，步兵连、炮兵连进行成建制训练，共训练专业技术兵、应急分队和基干民兵 541 人。

1998 年，先后训练民兵应急机动分队人员，参训人员均通过考核验收。

1999 年 8 月，同安区代表厦门市参加福建省军区组织的全省地、市民兵应急分队军事比武，获团体总分第二名。

2000 年 3 月，同安区派出 12 名民兵营连长参加警备区的营连长集训。5 月 25—28 日派出 140 人参加防空作战研究性演习。6 月 19 日，派出应急民兵 16 人参加警备区军事表演活动。7 月 21 日区民兵应急分队30人参加省军区组织的应急分队交叉巡回考核。8月，组织两期民兵技术分队人员150人参加地方以岗代训。

2001年8月，区民兵应急分队参加警备区组织的民兵应急分队比武考核，获6个单项第一、1个单项第二和总分第一。

加强民兵营连长训练

2003年，以反“台独”军事斗争准备为中心，以“抓住中心、突出重点、求真务实、创新发展”思路，狠抓科技练兵、战备和国防动员工作。落实民兵军事训练大纲，民兵训练合格率100%，优秀率80%以上。7月，组织部分民兵赴石狮某地参加炮兵实弹射击训练。

2005年，高标准、高质量完成民兵地对空红缨导弹分队复训、参谋集训、新装备集训，完成警备区组织的各类集训考核1665天，参训人数2636人。

2006年9月，参加省国动委、省军区组织的“保畅通行动”研究性演练，内容包括部队行动前和行动中的保交护路、支前保障行动，提高参演民兵预备役保畅通专业分队的实战能力。

2007年10月，区国防动员委员会进行快速动员能力评估；年底，在厦门警备区安排的训练中，全年参加训练人数1614人，完成各类集训考核2213人天，年度所训课目考核70%以上名列警备区前茅。区人武部和基层武装部组织民兵应急分队、专业技术分队、对口专业分队训练，参加训练人数874人，完成集训10740人天。

加强民兵军事化管理训练，提高民兵队伍执勤素质

四、战备

1996年底，县人武部向全区各有关部门下发《关于新年、春节战备工作的通知》，部署节日期间的战备工作。

1999年国庆五十周年期间，各基层民兵分队部署战备值班，落实值班分队和车辆；对辖区内重要目标加强警卫，值班人员24小时坚守岗位。

2000年，台海局势紧张。同安民兵贯彻中央军委有关解决台湾问题的重要指示，对民兵预备役进行增强战斗精神的教育。

2001 年春节期间，针对地方邪教“法轮功”活动情况和群体事件增多，同安民兵开展以形势任务为重点的战备教育。5 月后，台海形势复杂多变，社会不稳定因素增多，全区加强战备值班，加大辖区内重要目标、重点对象的监控力度，及时掌握各种动态。

2005 年，根据上级指示，同安民兵突出反“台独”应急作战准备。广泛开展“强化战斗精神，提高打赢能力”的主题教育，树立立足现在装备敢打必胜信心。

五、保障

（一）武器装备

1997 年起，所有民兵武器由区人武部统一保管，2005 年，全区配备武器装备××××件，2006 年武器装备××××件，2007 年，全区武器装备××××件。

2007 年 7 月，厦门警备区在同安召开武器库规范化现场观摩会。区人武部装备管理工作迈进先进库室的行列。

（二）训练经费

主要用于基干民兵集训和民兵应急分队集训。区、镇每年均有民兵工作预算经费，镇场武装部按训练人数、日数和标准发放现金补贴。1997—2007 年，全区民兵训练经费累计 210 万元，其中，1997—2003 年，每年均支出 10 万元，2004—2005 年均支出 13 万元，2006 年支出 14 万元，2007 年支出剧增至 100 万元。

第二节 预备役

一、兵种及编队

（一）中国人民解放军陆军厦门预备役高炮团×营

1999 年组建，隶属于福建省军区高炮某团。自组建起，以军事训练为中心，从难从严从实战出发，加强现代高技术条件下兵员快速集结、装备快速征集演练，多次参加各种重大军事演习活动，先后有 12 名预备役军官被省政府、省军区评为“优秀预备役军官”。2000 年 1 月和 2002 年，分别被省军区评为“基层建设先进单位”、“预备役部队管理工作先进单位”。2006 年，在“605 活动”对空抗击演习中，被预备役高炮师评为“后勤保障先进单位”。2007 年，被预备役高炮师评为“基层建设先进单位”。

（二）海军雷达观通×站

2005 年 9 月成立，隶属于海军雷达观通某营。军事训练实行周期制，每年组织实兵实装专业保障训练和检验性拉动演练。2006 年，出色完成快速动员实兵演练任务，被旅机关评为先进单位。

二、预备役登记

（一）分类

预备役由服满现役的退伍军人、转业军人和未被征集服现役的符合服兵役条件的人员充任。应征公民未被征集服现役的，服民兵预备役。预备役年龄为 18～35 周岁。民兵预备役分为一、二类，第一类包括经过预备役登记的 28 岁以下的退伍士兵、军外技术人员及基干民兵，服役到 29 周岁转入第二类服役。第二类包括经过预备役登记的 29～35 岁的退伍士兵、普通民兵及其他符合民兵预备役条件的男性公民。服役到年满 35 岁退出预备役。

（二）登记

1997—2007 年，区人民武装部在每年退伍军人接收安置工作期间，对部队确定服预备役的退伍军人及时进行预备役登记，并对经过登记确定服预备役的退伍转业军人变动情况进行核对。

第四章 拥政爱民

第一节 支援地方建设

1998 年 3 月初至 4 月初，驻同安部队某部奉命到同安区马巷、小盈岭执行通信管道施工任务，共出动官兵 12670 人次，车辆 1170 台次，挖掘机 118 台次，空压机 121 台次。开挖土方 115320 立方米，开挖混凝土路面 3725 米，沥青道路 2838 米，回填土方 114000 立方米，清理废土 11320 立方米。

1999 年 5 月，驻同安部队某部出动部队官兵 110 余人次、工程机械 17 台次、车辆 24 台次，开挖土方 100 余立方米，为莲花镇蔡林村建成 3 公里长公路。8 月，驻同安部队某部参加 324 国道同安段绿色走廊样板路创建活动，出动官兵参加义务劳动 4500 人次，出动机械车辆 2300 余台次，完成土石方 24300 余方。11—12 月，驻同安部队某部奉命参加“沪杭福广”“210”国防光缆（同安境内）施工，完成从同安凤南农场至内厝小盈岭路段 48 公里光缆施工任务。

2002 年 3 月，驻同安部队某部出动 5000 余人次先后在汀溪造水、西柯镇洪塘头村参加植树造林 1000 多亩。5 月大旱，驻同安某工兵团出动挖掘机、土方车等大型机械协助内厝、马巷等镇挖大井取水，缓解当地居民用水困难。

2004 年 3—11 月，驻同安部队某部奉命参建莲花工业区施工工程，共出动 170 人次、工程机械 23 台次、车辆 50 台次，开挖土方 120 余万立方米。

2005 年 8—12 月，驻同安部队某部参加同安、翔安两个工业区建设，先后派出人员 280 余人次、工程机械 37 台次、车辆 40 台次，挖土方 700 万立方米。

2007 年 9 月，驻同安部队某部参加厦门园博苑园区整治，共出动人员 500 余人次、机械 12 台次、车辆 67 台次。

第二节 抢险救灾

1998 年 7 月 29 日—9 月 22 日，驻同安部队某部 1000 多名官兵奉命急赴九江参加抗洪抢险，出动人员 70100 人次，车辆 780 台次，完成乌石矶大堤抢险、江州救人、抢筑龙开河拦洪大堤、抢运封堵决口石料等重大突击任务和 6.75 公里城防大堤的巡堤查检任务。期间搬运填土方 36602 立方米，抢运石料 13768 吨，加固堤坝 4912 米，先后排除重大险情 28 起，转移遇险群众 1307 名。其中，一部队被总政评为“抗洪抢险先进单位”，被南京军区记为集体二等功。

1998 年 12 月 10 日和 1999 年 2 月 5 日，同安大帽山农场发生两起森林火灾。驻同安部队某部两次派出官兵 400 多名，奋战 10 多小时扑灭 1000 余亩山火。

1999 年 10 月 9 日，厦门市遭受 14 号台风正面袭击，驻同安部队某部出动官兵 5000 多人次，车辆 860 台次，装运沙袋 30 万多袋，机械清障 130 处 5000 多米，加固海堤 3.8 公里。加固民宅 83 座，抢救群众107人次，渔船35只。为群众挽回损失500多万元。10月10日，同安闽海医院派出医护人员，深入到灾情最严重的马巷镇琼头村，义务为群众看病，医治伤员。

2000年2月8日，内厝镇锄山村发生特大山林火灾，驻同安部队出动官兵2000多人迅速赶赴火灾地段，奋战17小时，扑灭山火1000多亩，挽回财产损失100多万元。

2002年5月，同安区旱情极为严重，驻同安部队某部派出挖掘机4台，土方车8辆及技术人员，用4天时间帮助内厝镇黄厝村、马巷镇西炉村挖两口直径10米、深8米的大井，帮助抗旱。同年6月16日至26日，闽北泰宁、建宁两县发生洪涝灾害，山体滑坡冲断道路。该部紧急出动官兵122人，车辆41台，冲锋舟6艘，携带公路架设器材，前往救灾。连续奋战三天两夜，在205省道架设双排单层30米和双排单层33米的军用桥梁两座，保障闽赣两省道路畅通。8月，同安新圩镇因台风引发洪水灾害。驻同安3部队出动官兵500多人，机车45台次，对出现险情的道路、桥梁、涵洞进行加固。

2004年12月6日，同安区五显镇大寨山发生森林火灾，驻同安部队出动官兵800多人，车辆54台次，开辟隔离带9公里，扑灭火线3.5公里，扑灭复燃火场1.2平方公里，挽回经济损失400多万元。

2005年2月7日晚20时，驻同安部队某部出动官兵800多人，连续奋战12小时，扑灭集美天马山山火。同年8月，因台风暴雨造成汀溪水库库区洪水暴发，导致水库水位接近危险水位。汀溪镇隘头村、大同街道田洋村等村房屋被淹，厦门市武警支队、同安驻军紧急出动官兵1300多人、机车120台次、冲锋舟26部，救出水库下游遇险群众136人。

2007年2月，内厝镇锄山村发生山林火灾，驻同安部队出动官兵800多人赶赴火灾地点，连续奋战15小时，成功扑灭山火，保护灾区群众生命和财产安全。

第三节 军民共建

1997年1—12月，同安驻军共投入1.5万多人次，机械200多台次，参加324国道文明样板路、创建文明城市等活动。累计植树2万多株，无偿献血800多人次4万毫升；支援灾区捐款80万元，捐衣被5000多件，希望工程捐款35万元，扶残助残献爱心捐款10.2万元，帮助56名贫困生续读。爱民助民活动120次，义诊2561人次。

1998年5月20日，驻同安部队某部文书朱玉泉、卫生员范君在看完病的归队途中，奋不顾身抢救2名落水儿童。同年，驻军各部队建设军民共建单位200多个，其中军民共建文明镇6个，军民共建文明村50个，军民共建文明学校48所。

驻同安部队为贫困村民送去慰问款

2000年5月，驻同安部队某部组织官兵到大同街道清扫卫生，到老年活动中心、敬老院参加义务劳动，帮助孤寡老人洗衣洗被、理发等。闽海医院参加地方医疗系统组织的“世界红十字日”“万人献爱心”“慈善一日捐”等活动，为280多名群众提供医疗咨询和义诊，免费发放药品和赠送医疗器械价值1000多元。

2001年4月，在“三个代表”重要思想学习教育活动中，驻军基层连队与35个行政村结成对子，2300多人参加学习活动。共同学习实践“三个代表”重要思想，其中某部和五显镇四林村被评为全国军地共学“三个代表”先进单位。

2002年5月，驻同安部队某部与同安农行，区消防大队与同安三中，某部与同安十九中获厦门市“第八届军民共建精神文明先进单位”。同年起，每年秋季开学时，区人武部和驻军派出人员，对全区中学新生进行一星期军训和国防教育。

2003年，区人武部挂钩大嶝嶝崎村，对6户特困村民实施重点扶贫。

2004年上半年，区人武部发动民兵预备役人员开展“禽流感”宣传教育，协助区政府做好地方“禽流感”防治工作。8月，人武部为莲花淡水村10名贫困儿童助学，并协调相关单位筹资10万元修建道路。

2006年3月，驻同安部队开展学雷锋活动，为希望工程捐款86万元，资助100多位贫困生续读。8月，某部与区国税局、某部队与第二实小获评“福建省军民共建精神文明先进单位”。

第五章　人民防空

第一节　机构与队伍

一、机构

（一）区防空领导小组及其办公室

2002年12月20日，区人民防空领导小组成立，区长任总指挥，区委书记任政委，分管副区长和人武部长任副总指挥，相关局、办、公司的主要领导为成员，组织领导和协调全区人民防空建设。下设区人民防空办公室、作为区政府人民防空工作的主管机构。人防办机关行政编制2名，设主任、副主任各1名，机关事业编制1名。

（二）镇（街）人防领导小组

2004年，各镇、街道、农场、开发区分别成立人民防空领导小组，镇（街道、农场、开发区）正职领导分别担任组长和教导员，相关副职领导和人武部长担任副组长，相关部门领导为成员。下设办公室。镇场武装部长兼主任。至2007年，镇级人防机构11个。

（三）村居人防站

2004年，村、居成立民防站，至2007年，民防站139个。

二、人防专业队伍

2003年开始组建，至2007年建成人防专业队伍7支，250人。其中

治安队　由公安分局组建，并成立治安与交通管制队，队员50人；

消防队　由消防大队组建，队员40人；

通信专业队　由电信、邮政、联通组建，队员20人；

运输保障队　由交通局组建，队员40人；

抢险抢修队　由建设局、公路分局、路桥分局和供电局、自来水同安营业所、汀溪水库管理处和梅山水厂组建，队员50人；

医疗救护队　由卫生局组建，队员30人；

防化专业队　由卫生局和环保分局组建，队员20人。

第二节　人防工程与设施

一、人防工程

1997—2003年，同安区的人防工程主要对东部沿海大小嶝岛、莲河、霞浯、欧厝、澳头、新厝、衍厝等地下防空洞加固、新建。

2004—2007年，同安区人防办按照人民防空法工程建设的有关规定，抓好城市新建民用建筑防空地下室建设的审批、检查、指导，落实防空地下室易地建设费用的征收与管理工作。至2007年，全区建成防空地下室1.1万平方米，审批结合民用建筑修建防空地下室21万平方米。

二、人防设施

2003年起，区人防办推进人防设施建设，投入100多万元，购置人防指挥车辆1台、安装警报器7台、改造警报器12台、充实地面作战指挥室的配套设备。2007年12月，区政府拨款购置人防机动指挥车。至2007年底，全区拥有1台警报分控中心、19台警报器、1套通信电台。

第三节　宣传教育与演练

一、宣传教育

2002年起，根据《中华人民共和国人民防空法》《福建省人民防空条例》《厦门市中学生人民防空教育达标规范》的有关要求，结合每年的“5·10”防空警报试鸣、社区居民疏散演练、“七一”党建日、普法宣传周等活动，通过5种渠道（面对面教育、学校教育、专业人员教育、警报试鸣日教育、普法教育）、突出五个层次（处以上领导、机关企事业单位领导、开发商领导、村（居）委会干部、村（居）民、群众），广泛进行人防法宣传活动。2005年9月8日，人防办第一批进入区行政审批服务中心窗口办公，广泛进行“防空法”的宣传与服务。

同安区全民国防教育巡展

二、防空袭演练

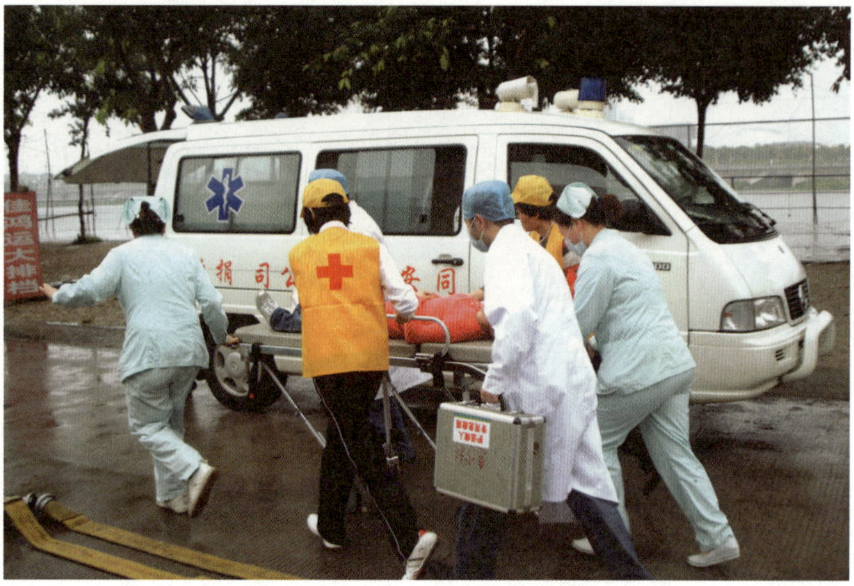
防空、防震、防灾应急演练

2002 年 5 月 10 日，同安区首次结合全市防空警报试鸣，开展居民应急疏散演练，使警报分控中心调控与防空警报器的运行得到检验，镇、村干部、骨干得到锻炼，居民得以掌握防空应急疏散技能。以后每年举行，成为制度。

2005 年 6 月，全面修订《同安区防空袭预案》和《同安区人民防空应急行动方案》；基层镇、街道、农场、开发区、村（居委会）制定《防空袭基本案》和《应急行动计划》；重点目标制订《安全防护预案》，并据以宣传演练。

2007 年 5 月 10 日，进行重点目标应急方案演练。

第二十一篇　同安与台港澳关系

同安是台港澳同胞的主要祖籍地之一。2006 年普查，祖籍同安的港澳乡亲 4370 人，港澳眷属 579 人。2007 年，祖籍同安台同胞超过 300 万人。1997—2007 年，区委、区政府执行中央“一国两制、和平统一”的战略方针，团结广大爱国和拥护祖国统一的台港澳同胞，发展爱国统一战线，以世界同安联谊大会为平台，增进同安与台、港澳间文化、信仰交流，宗亲联谊等民间交流，台港澳同胞热心同安地方建设和公益事业，11 年间捐助同安公益 3000 多万元，投资办厂 468 家，合同投资总额 19.50 亿美元，合同利用外资 11.43 亿美元。2007 年，累计投资企业 739 家，合同投资总额 30.55 亿美元，合同利用台港澳投资 17.89 亿美元。除去划归翔安区及停产及外迁企业，正常生产企业 246 家，投资总额 10.47 亿美元，产值 87.06 亿元，缴纳税金及附加 3.73 亿元，收益 1896 万元，安置职工 4.72 万人。

第一章　同台关系

第一节　民间往来

一、文化交往

1997 年起，《同声报》每期输台百余份，2004 年起，每期输台 150 份，被台胞视为“公共家书”。同年起，每年一辑的政协《同安文史资料》及专辑《同安姓氏专辑》《地灵人杰》，大量介绍同台两岸地方文史，其中，“两岸情深”的“五缘”资料 70 多篇，成为台胞珍藏传阅的资料。“同安逸仙艺苑”先后举办、协办、联办文化活动 40 余次，接待台湾文化人士 500 余人次。其中 1999 年 7 月，联合同安区金门同胞联谊会首次在大嶝成功举办“同安金门美术联展”，金门县美术界 40 多人组团参展并观光游览，同年

举办两岸少儿音乐节

海峡两岸交流笔会

海峡两岸记者联合采风

在金门举办“厦门美术书法摄影作品展”。

2001 年起，同安相关部门先后协助金门艺术家 38 人到厦门举办艺术展。

2003 年 12 月，区委统战部协助举办南安、同安、金门三地书画摄影展。

2005 年 8 月，邀请金门学者 20 余人举办读书交流会，以颜立水《金同集》一书为议题，就同台“五缘”的历史和现状作广泛、深入的座谈交流，并互赠著作。

2006 年，邀请金门陶瓷名家到同安办展览。同年，促成大嶝国画家（金胞）郑晨钟到金门举办个人美术展。

二、宗亲联谊

（一）组团祭祖

1997—2007 年，同安的南院陈氏“太傅祠”、叶氏“郡马府”、许氏“许督祠堂”、苏氏“芦山堂”、小西门“刘氏祖祠”、北镇的蔡复一故居、新圩黄氏大宗祠、郭山郭氏大宗祠等，每年均有金门和台湾的宗亲、海外宗亲组团返乡祭拜，其中，1998 年的陈氏太傅祠奠安祭祖团，2000 年世联会期间叶氏郡马府祭祖团和许氏“许督祠堂”祭祖团，2002 年 9 月的马来西亚郭氏公会返乡祭祖团，规模宏大，轰动同安。

（二）共修宗谱

2000 年，《同安田洋、金门庵前浯阳宗谱》出版，开共修宗谱之先河，《厦门日报》于头版报导。至 2007 年，叶氏、邵氏、南山陈余氏、许氏等宗亲会先后与台湾同宗开展两岸“木本水源”的研究探讨，为共修宗谱做准备。

（三）共修宗祠

1997—2007 年，城内陈氏太傅祠、岭下叶氏郡马府、郭山郭氏大宗祠、金柄黄氏大宗祠、柑岭邵氏宗祠、岳口颜氏宗祠、新店溪尾余氏宗祠等宗祠重建、修葺，均得到台胞大力捐助。2007 年，同安、金门的浯阳陈氏宗亲议决重建田洋“世大夫第”，以替代金门已毁失的浯阳陈氏“五恒大宗祠”。

金门吕氏宗亲回同安祖墓前祭祖

三、组团进香

金门进香团到瑶江大元殿进香

台湾、金门的民间信仰多由早期移居台湾、金门开拓的先民携入传播。古同安的三大乡梓保护神保生大帝、银同黑脸妈祖和马巷元威殿池王爷在台金的分庙近 2000 座。莲花庙山、内庵和新圩大帽山三太子宫、柑岭半山宫护国尊王、小嶝英灵庙的苏王爷、三忠的“三忠宫”、灌口凤山庙的“李二郎”（台湾称“王孙大使”），在台湾、金门广有分庙。1997—2007 年，台胞进香团返祖庙进香请火形成热潮。其中，马巷元威殿最盛，自 1998 年起每年接待上千台湾、金门香客，2000 年后每年台湾、金门进香团在 40 个 2000 人左右。每年正月初六香山岩庙会、正月二十梵天寺夫人妈庙会、二月十二北山岩庙会和六月初七朝元观“开天门”庙会，均有大批台湾、金门同胞返乡参拜、添油。

四、联婚及互迁

海峡两岸联合举办集体婚礼

（一）联婚

1997—2007 年，同安与金门联婚青年 15 对。累计，同安与台湾、金门联婚 95 对。

（二）互迁

1998—2001 年，经批准迁台湾、金门定居的同安居民有 18 人，其中，大同 3 人、莲花 5 人、汀溪 4 人、马巷 2 人、五显 2 人、祥平和西柯各 1 人。

2002 年，有台北师范大学退休教授陈大络（祖籍永春），经批准定居同安莲花镇南山村，建别墅“台湾文化城”。

2002 年起，迁居台湾、金门人员由市公安局办理，当年同安区居民经批准迁居台湾、金门定居 10 名。

五、捐助公益

1999 年，尚处于亚洲金融风暴的同安台企为闽北洪灾捐资捐物 90 万元。台资洪氏企业集团捐资 10 万元为马巷窗东村修村道。当年，15 位热心公益的台胞被区人大授予“同安荣誉市民”称号。

2000 年，洪氏企业捐资 205 万元兴建后莲小学、蔡浦老人活动中心。

2005 年，台企捐资 3 万元为 20 名考上大学的贫困生解决部分学费（每人 1500 元）。

2007 年 9 月，群鑫机械公司捐资 50 万元建设新民西塘小学教学楼。

1997—2007 年，台企、台胞累计为同安区公益事业捐款 1000 余万元。

第二节　投资办厂

据区台港澳商投资企业基本信息表，1997 年，台商获准在同安投资企业 32 家，合同投资总额 10965 万美元，合同利用台资 5554 万美元。累计投资企业 198 家，合同投资总额 65990 万美元，合同利用台资 37670 万美元。

2002 年，台商获准在同安投资企业 38 家，合同投资总额 6904 万美元，合同利用台资 3794 万美元。累计投资企业 334 家，合同投资总额 98542 万美元，合同利用台资 66088 万美元。

2003 年，台商获准在同安投资企业 22 家，合同投资总额 3275 万美元，合同利用台资 1567 万美元。累计投资企业 356 家，合同投资总额 101817 万美元，合同利用台资 67655 万美元。2007 年，获准在同投资企业 13 家，合同投资总额 9042 万美元，合同利用台资 5692 万美元。累计投资企业 450 家，合同投资总额 167382 万美元，合同利用台资 103005 万美元。

另据统计年鉴，2007 年，全区正常生产的台资企业 170 家（扣除划归翔安区及停产、外迁企业），合同投资总额 38129 万美元，历年实际投资总额 23587 万美元，总产值 39. 09 亿元（现价），销售（营业）收入 38. 72 亿元，其中出口销售收入 3. 65 亿美元，实交税金及附加费 1. 04 亿元，投资收益 225 万元，所有者权益 18. 15 亿元，年平均职工 27341 人，年工资总额 47164 万元。

第三节　对台事务

一、机构

同安区委对台工作办公室是区委、区政府对台工作的行政机构。2003 年机构改革，并入区外事侨务和台湾事务办公室（简称“外侨台办”）。

二、主要工作

（一）对台宣传

1997 年 8 月，创刊《台工信息》，每月一期，分发台企。

2004 年 1 月，完善《同声报》报社机构，主任亲任社长，聘请颜立水等 15 位特约撰稿员，张天骄等 3 位特约记者，李添水等 3 位特约通讯员；增加经费，发行量由以前的两月 1 期 2000 份，增加至每月一期 2500 份。至 2007 年，累计出版 42 期 9. 85 万份。

2004 年 7 月，印发涉台宣传教育手册《厦门与台湾知识手册》4000 多本，分发给台商台眷。

2005 年，编印《胡锦涛关于新时期发展两岸关系的讲话》800 多册，分发给台商台眷。

2006 年，印发涉台宣传手册《共谋两岸双赢》《庄严的承诺》各 3000 册，分发给台企、台商、台眷。

2007 年，着手制作《同安牌坊》电视专题片（VCD）和专辑（书本）、《同安十人书画集》等作品，作为国台办入岛宣传品。配合台湾东森电视台、福建省海峡卫视到同安拍摄台商农业企业电视专题片。

（二）接待台胞

区委统战部和台办除了 1996 年、2000 年、2005 年接待到同安参加三届同安联谊会的台（金）胞社团、乡贤及每年“9·8”贸洽会的台湾社团外，还接待回乡观光、考察、投资、参会、谒祖寻亲进香的台胞13000多人次。其中：

2001年元月2日，接待金门县县长陈水在率领的金门县参访团一行100多人。4月，区台办主办“台办杯”闽台门球邀请赛，台北、基隆5队应邀参赛并观光。

2002年6月4日，接待台商许清标一行5人。9月7日，接待台湾伊多姿代表团一行30多人。

2005年3月4日，接待台北德圣宫银同妈祖进香团和金门邵氏祭祖团。10月17日、18日，分别接待金门翁氏、辛氏寻根团。同年，接待台团8个330人。

2006年2月10日，接待金门县原县长陈水在率领的考察团，14日接待台湾高雄工业会总干事陈景星所率旅游投资考察团一行11人。3月21日，接待台中黄吉瑜工业考察团。5月19日，接待台湾宏泰集团林总裁一行8人到同安考察。6月14日，接待台湾劳动党台北区副主席吴澍培来同寻根。7月22日，接待金门青少年夏令营成员。同年接待台团6个120人，台胞考察团50多人。

2007年4月11日，接待陈水在率领的“金门县两岸经贸文化观光协会”参访团一行88人。5月9日，接待台中林氏祭祖团112人，13日，接待台湾三重邵氏进香团一行36人。7月9日，接待台湾彰化杨氏恳亲祭祖团。9月，接待参加“9·8”投洽会台胞600多人次。

（三）引资与服务

招商引资　1997年，同安继续采用“以台引台”做法和热情服务，引进台资参加同安建设。2000年，加强工作力度，派出2个组团赴台考察招商。2001年，又派出3个组团赴台招商。据统计，1997—2007年累计引进台资企业284家，合同投资总额11.24亿美元。合同利用台资7.09亿美元。

服务　区统战部和台办每年走访台企，反映、协助企业解决水电优惠、交通、用工、技术骨干落户和台商一次性签证等问题。其中，1998年金融危机，派员深入调研，推广厦门协生纺织成衣公司和优丽人造花公司的经验，鼓励台商积极应对。1999年14号台风发生后，派员深入台企帮助企业生产自救，协助和泰纸业解决保险理赔工作。2000年起，组织台企参加“4·8”厦门工业博览会暨海峡两岸机械电子商品交易会和“9·8”中国国际投资贸易洽谈会。2003年“非典”期间，派员深入台企，关心企业的经营和人员的安全，鼓励劳资协力，共渡难关。2005年，协调解决凯歌高尔夫球场业主与承包管理方的纠纷，协调区公安分局帮助富鑫公司追回境外货款，经调研上报13家台企的用地要求，顺利增资扩产。2006—2007年，先后协助处理台资裕成拉链公司、美格农艺公司和忠利工艺品公司3起工人伤亡事故及善后工作。2007年，专报件上报，为3家重点台企解决水、电及环境安全问题。同年6月15日，区政府举办首届“同安区台商恳谈会”，协调土地、规划等部门，解决台企反映的14件问题。此外，1997—2007年，处理、办结台企、台胞投诉、求助事项168件。回复来信、来访、来电420多人次。

第四节　同台社团

一、台北市福建省同安县同乡会

1978年9月16日创建，发起人曾文墨、朱陈造、洪福增等31位乡贤。社址在台北市延平北路二段127号四楼15室。同乡会以团结在台同安乡亲、联络祖籍乡情并支援祖籍建设进步为宗旨，组团参加第4～6届世界同安联谊会，推动会员回乡投资办厂，编辑会刊，重印《马巷厅志》《同安县志》，捐助家乡公益，为家乡的建设和两岸和平统一做出贡献。

二、财团法人金门爱心慈善事业基金会

1991年7月9日成立。是经金门县政府、金门地方法院批准立案成立的金门第一个财团法人民间

慈善组织，宗旨为慈善公益、人道救援、扶贫济困。会址在金门县后湖63-1号。1997—2007年，协调同安区金胞联、厦门市红十字会，参与处理、救助金同海域突发事件80起，接回被金门军方扣留的大陆人员560多人，船只64艘。会长许金龙3次组团返同安参加世联会，多次组团回三秀路许督祠堂谒祖。

三、同安区金门同胞联谊会

1996年11月26日，第二届同安世联会期间成立，为区统战部下属社团组织。会员为同安区（含翔安）金门籍居民975户2000多人，是同安区金门同胞的爱国民众团体，以加强两岸交流、增进金门同胞的福祉为宗旨。1997—2007年，累计有会员17人次当选为同安区政协委员、10人次当选为区人大代表。其中，市政协委员、人大代表各6人次。为金门用水、吃菜等民生问题提供协助。接待台（金）投资考察团、组260余个3400余人，返乡寻根谒祖的台胞150个团、组4100多人次，进香礼佛的宗教团、组1780人次，其中不乏台（金）政要和著名乡贤。组织12批次共95名老金胞返金谒祖探亲，为两岸联谊、和平统一大业做出贡献。

四、同安区台湾联谊会

1993年6月18日成立。该会由同安的台胞亲属自愿组成，以联络两岸亲人、增进两岸民间交往、为促进祖国统一和繁荣同安作贡献为宗旨。先后编发简报50期，发放宣传材料1000余份，接待或参与接待台（金）胞62个团、组3519人次，引进台资投入同安公益事业1000多万元。

五、同安逸仙艺苑

1991年9月18日，由同安县政协、同安区民革人士倡议，同安书画界知名人士及艺术爱好者组织成立，会员70多名。宗旨为开展两岸民间文化艺术界人士的交流联谊活动，为祖国的和平统一事业做出贡献。1996年11月第二届同安世联会期间，艺苑举办成立五周年书画展活动。1999年7月，在大嶝举办“同安・金门美术联展”。2001年9月，举办成立十周年两岸书画笔会活动。2003年12月，组办“南安、同安、金门”美术书法作品联展。2005年8月，邀请金门县写作协会到同安共同举办“读书交流会”，互赠著作并热议两地的文缘、血缘亲情。

第二章　同安与港澳地区关系

第一节　民间往来

一、接待

1997—2007年，区委统战部、区侨办、区侨联、镇侨联和各村宗亲会，累计接待回乡谒祖、探亲、观光、考察投资的港澳乡亲近3000人次，其中，1996—2005年第二、四、六届世界同安联谊大会召开期间，筹委会办公室诚邀港澳社团、名流230多人返乡与会；旅游部门接待返乡观光考察的港澳乡亲300多人次，镇侨联和各村宗亲会接待返乡探亲、谒祖的港澳乡亲1200多人次。

二、文化交流

港澳乡亲与家乡的文化联系主要通过《同声报》与《同安文史资料》的渠道进行。1997—2007年

《同声》报累计出版80期，每期赠送港澳乡亲50份，在同港企30余份。区政协《同安文史资料选辑》每年一期，加上三期向世联会献礼的专辑，每期向港澳乡亲赠送50余册，在同港企20余册。港澳乡亲从中了解大量家乡的历史、文物、海外名人、民俗信仰、港台政策、改革开放成就等信息，加深对家乡的亲和力。

三、捐赠公益

1997年起，港商金日集团李仲明、李仲树兄弟捐助同安区学校、医院、基础设施建设与济困赈灾等善款1100余万元。

1999年，港胞李进发捐资57万元建设区聋哑学校弱智部教学楼。港胞韩国龙为梵天寺重建捐资40万元。

2001年，港胞朱陈造捐资设立奖学奖教基金。

2004年12月，澳门立法委员、福建同乡会副会长、同安区侨联名誉主席吴在权为石浔村道路建设捐资32万元。

2006年9月，金日集团李仲树兄弟投资260万元建成“李雅芬大礼堂”，赠送给五显上厝村大泉里自然村。

据不完全统计，1997—2007年，港澳乡亲累计捐献家乡公益事业2000多万元。

第二节　投资办厂

据区台港澳商投资企业信息表，1997年，港澳商获准在同安投资企业78家，合同投资总额6574万美元，合同利用港澳资4645万美元。累计在同投资企业183家，合同投资总额62058万美元，合同利用港澳资37098万美元。

2002年，港澳商获准在同安投资企业8家，合同投资总额3931万美元，合同利用港澳资1863万美元。累计在同投资企业226家，合同投资总额92513万美元，合同利用港澳资54114万美元。

2003年，港澳商获准在同安投资企业12家，合同投资总额12639万美元，合同利用港澳资5092万美元。累计在同投资企业238家，合同投资总额105152万美元，合同利用港澳资59206万美元。

2007年，港澳商获准在同安投资企业10家，合同投资总额6452万美元，合同利用港澳资3774万美元。累计在同投资企业289家，合同投资总额138146万美元，合同利用港澳资75881万美元。

另据区统计年鉴，2007年，在同正常生产经营的港澳商投资企业76家（扣除划归翔安区及停产、外迁企业），合同投资总额66570万美元，历年实际投资总额97097万美元，总产值47.97亿元（现价），销售（营业）收入47.27亿元，其中出口销售收入2.02亿美元，实交税金及附加费2.69亿元，投资收益1665万元，所有者权益28.42亿元，年平均职工数19811人，年工资总额39333万元。

第三节　涉港澳事务

一、重大活动

1997年6月中旬，区委统战部与海外联谊会联合举办“迎香港回归联欢会”，诚邀海外三胞代表160多人参加，其中港澳代表50余人。月底，文化部门、逸仙艺苑联办“庆香港回归、雪百年国耻书画展”。7月1日，举办迎回归大型踩街和知识竞赛、歌咏比赛、文艺演出等庆祝活动。香港同安联谊会在港召开旅港乡亲及政协香港委员庆回归座谈会。

1999 年，澳门回归时也举办了盛大庆祝活动。

二、区人大港澳代表、区政协港澳委员安排

区委统战部每届安排 10 余名港澳乡亲为区政协委员，十一届政协安排港澳委员 14 名（其中，澳门委员 3 名）。在港设立政协“港澳联络处”，多次征求港澳委员对同安区建设的意见、诉求。港澳委员有关落实优惠政策、改善投资环境、简化投资程序等提案均得到政府的积极响应和采纳。

区人大每届安排侨港澳界代表 5～6 人。

三、招商引资及系列服务

1997—2007 年，引进港澳资金办厂 184 家，累计引进 289 家。招商引资过程中从立项、审批、选址、建厂、办证、招工、投产、经营各环节提供全方位协调与服务。建立重点港企走访制度，落实优惠政策。每年中秋举办外商座谈会，协调解决港企实际问题。2001—2002 年走访港资企业 150 余次，解决实际问题 30 余件。每年组织台企参加厦门“9·8”投洽会，扩展商机。

第四节　港澳社团

一、香港同安联谊会

1995 年 9 月 17 日在香港注册成立，宗旨是“联络乡情，增进乡谊，促进家乡建设”。会址在香港北角英皇道 294 号五洲大厦（后座）写字楼 K 室。1997—2007 年，3 次组团返同参加“世联会”，推动会员在家乡投资办厂、捐助公益及参政议政。理事长李仲树历任同安区政协第八届副主席、第九届常委、市第十一届政协常委。

二、澳门厦门联谊总会

2007 年 12 月 16 日成立，宗旨为“爱国、爱澳、爱乡”，会员为大同安在澳乡亲及曾在厦门居住、工作、经商、就学过并对厦门有感情的人士。创会会长吴在权（同安洪塘镇人）。

第二十二篇　教　育

1997—2007年是同安基础教育事业大发展的11年。在1996年顺利通过福建省“两基”（基本普及九年义务教育、基本扫除青壮年文盲）验收之后，又于1999年被省政府授予“两基”工作先进区。在此基础上，2005年启动“双高普九”工程（高水平高质量普及九年义务教育），2007年4月顺利通过省政府教育督导室的评估验收，随后被省政府确认为“实现‘双高普九’县（区）”。1998年，开始全面推行的素质教育和新一轮课程改革，以及厦门市启动的普及高中阶段教育工程，使同安素质教育和高中教育得到前所未有的发展。11年间，区财政教育经费投入由1997年的13071万元增加到2003年的26378万元，年均增长12.41%，由2004年的23122万元增加到2007年的42556万元，年均增长22.53%。全区中小学办学条件得到很大的改善。依照国家政策，逐步将义务教育阶段学习费用纳入公共财政保障范畴，城乡义务教育学杂费、课本费、住宿费、体检费陆续予以免除，同时对困难学生予以生活补助，实现全面免费义务教育。2007年，全区公办幼儿园106所，在园幼儿6600人；民办幼儿园15所，在园幼儿2551人；小学90所818班，在校生27582人；中学18所468班，在校生24155人；另有成人教育学校12所，特教学校1所、社区学校2所。

第一章　基础教育

第一节　学前教育

一、园（所）设置

1997年，同安区实现村村办幼儿园（班），全区共有225所幼儿园435班，全面普及学前一年教育，在园幼儿15506人，教职工627人（其中临时工445人）。其中3个班以上规模的幼儿园41所，各镇中心幼儿园12所，农村幼儿园（班）大多数附设在小学内，以学前班为主；公办幼儿园有实验幼儿园、兴国幼儿园、洗墨池幼儿园、乖治幼儿园、后亭幼儿园、内厝中心幼儿园6所。

2003年析出翔安后，全区幼儿园（班）107所201个班，在园幼儿5913人，教职工321人。

2004年秋季起，全区各类幼儿园的招生年龄提前，由原来农村招收4～7岁幼儿，城区招收3.5～6.5岁幼儿，一律改为招收3～6岁的适龄幼儿；城区幼儿园和各镇中心幼儿园均办有小班、中班和大班，多数小学附设幼儿园（班）。

2006年5月，经区政府批复，设立西柯、莲花、新民、汀溪、五显、洪塘、凤南7所中心幼儿园和西溪、竹坝2所幼儿园合计9所公办幼儿园，全区公办幼儿园13所。

2007年，区公办幼儿园、各镇中心幼儿园及小学附设幼儿园（班）106所249个班，在园幼儿6600人，公办教职工132人，其他教职工237人。全区3～6周岁幼儿入园率90.95%。民办幼儿园13所79个班，教职工297人，在园幼儿2119人。

雅丽中英幼儿园“走进社区”文艺会演

二、学制与课程

同安区幼儿园实施小、中、大班3年学前教育学制。

1997年，同安幼儿园教育继续执行国家教委发布的《幼儿园工作规程》，打破以往分科教学方式，课程内容改为容量大、综合性强又具有时代感五个领域：健康、语言、社会、科学、艺术。

2001年起，执行教育部颁布的《幼儿园教育指导纲要（试行）》，全面启动课程改革，探索主题教学课程，实施“以领域教学为主，主题教学为辅，领域与主题有机结合，相互渗透，适时穿插园本课程”的综合课程模式，使幼儿园的一日活动都成课程。课程内容既要考虑地方性，以福建省编写的教材为主，充分挖掘与利用幼儿园、家庭、社区等教育资源，构建本土化课程；又要考虑生活性，反映幼儿的生活经验，教师、幼儿、家长共建课程，与幼儿的一日生活相结合，使幼儿园课程从封闭走向开放，从预设走向生成。

三、保育与教学

1997年，实行保育与教育相结合的原则，对幼儿实施体、智、德、美诸方面全面发展的教育，促进其和谐发展。在教学上，坚持以游戏为基本活动，保教并重；注重综合性、趣味性，注重灵活运用集体、小组、个别等活动形式，寓教育于生活、游戏之中。关注个别差异，促进每个幼儿富有个性地发展。

2004年，同安区被确定为福建省农村幼教课改实验区后，同安成立以区教育局局长为组长的领导小组，确定8个镇（街、场）中心幼儿园为课改实验基地园，开展农村课改实验基地园结构游戏观摩评比、幼儿园教学活动创新大赛，推进幼教课程改革，教师变单一研究教材为重点研究孩子，变注重知识技能传授为重视幼儿全面发展目标的培养，幼儿教育质量得到显著提高。2005年，“厦门市农村幼教课改现场会”在同安区莲花中心幼儿园举行，幼教课程改革得到上级主管部门和市内同行的充分肯定。

2007年同安区幼儿园基本情况表

表22-1

单位名称		园数（个）	班数（个）	在园幼儿数（人）	教职工数（人）
公办园	大同学区	19	49	1310	86
	洪塘学区	14	29	670	32
	五显学区	12	36	544	40
	西柯学区	11	25	693	30

续表22-1

单位名称		园数（个）	班数（个）	在园幼儿数（人）	教职工数（人）
公办园	新民学区	12	22	665	32
	汀溪学区	10	15	331	20
	莲花学区	19	29	636	35
	凤南学区	4	8	198	9
	实验幼儿园	1	10	505	31
	兴国幼儿园	1	14	640	31
	竹坝幼儿园	1	3	119	7
	阳翟幼儿园	1	3	39	4
	进修附小幼儿园	1	6	250	12
民办园	雅丽中英文幼儿园	1	19	539	89
	恩蓓思幼儿学苑	1	9	284	39
	西池双语幼儿园	1	5	129	18
	小博士艺术幼儿园	1	3	32	7
	成龙幼儿园	1	3	58	6
	鹭鹭幼儿园	1	4	141	15
	开心幼儿园	1	5	178	17
	城南幼儿园	1	4	131	9
	成长幼儿园	1	6	139	19
	喜洋洋幼儿园	1	4	92	14
	志敏银城明珠幼儿园	1	6	156	19
	志敏岳口幼儿园	1	6	140	19
	鑫贝昉幼儿学苑	1	5	100	26
合计		119	328	8719	666

附录：幼儿园选介

同安区实验幼儿园

1997年，同安县实验幼儿园改名为同安区实验幼儿园。现址为大同镇北镇街22号，占地面积1350平方米。2007年，开设10个教学班，505名幼儿，31名教职工。同安实幼立足本园，以科研促进改革，以改革促进发展，在市、区发挥实验园的示范与辐射作用。从复办至2007年有60多篇次的文章发表在CN级刊物；30多人次被评为省、市、区级优秀教师、先进教育工作者；幼儿园先后获福建省先进幼儿园、福建省“巾帼文明岗”、福建省陶研先进单位、福建省一级档案管理单位、全国教育科学重点课题研究先进单位、厦门市文明单位、厦门市基础课程改革实验先进单位、厦门市“巾帼文明岗”、厦门市先进教工之家、厦门市优秀家长学校、同安区校园综治工作先进单位等称号。

同安区兴国幼儿园

厦门市同安区兴国幼儿园由印尼爱国侨胞廖兴国捐建，1996年8月投入使用，占地2933平方米，建筑面积2913平方米。原为大同镇中心幼儿园，2004年划归区直属。2007年，设有大、中、小14个教学班，在园幼儿640多人，教职工31人。幼儿园本着“一切为了孩子”的办园宗旨，创设老师、幼儿、家长共成长的良好教育环境，对家长、幼儿发出“爱的承诺”——对事业，兢兢业业，以园为家；对工作，忠于职守，认真负责；对幼儿，了解尊重，热爱关心；对集体，全心全意，勇于奉献；对同事，团结协作，互帮互助；对家长，宣传沟通，态度热情，树立起良好的窗口形象。先后获“省一级档案管理单位”“绿色学校”“巾帼文明岗”“先进幼儿园”“双合格家长学校”等称号。1999年，被评定为省级标准实验园，2005年，被评为“厦门市优质幼儿园”。

第二节　小学教育

一、学校设置

1997年，全区小学222所，教学班1975个，教职工3254人（其中代课教师172人），在校学生67014人（其中特教学校2所7个班，在校学生65人，教职工15人）。

1999年，区政府在城南银湖地段投资兴建“厦门市同安区第二实验小学”，占地16666平方米，建筑面积7134平方米，设计办学规模24个教学班，在校学生1080人。当年秋季招生384人，设教学班11个。同年撤销大同学区西溪小学，一至五年级学生全部转入第二实验小学就读。同年8月，原“厦门市同安区实验小学”更名为“厦门市同安区第一实验小学”。

2001年，将祥平街道辖区内11所小学（溪声、凤岗、杜桥、红星、西湖、阳翟、瑶头、卿朴、东宅、康浔、下溪头）划归大同学区管理。同年6月，原“厦门市同安区聋哑学校”更名为“厦门市同安区特殊教育学校”，撤销“厦门市同安区启智小学”，其学生并入“厦门市同安区特殊教育学校”。

2003年10月析出翔安区后，全区小学由225所减为115所，在校生由5.2万多人减少为2.6万多人，教职工由3137人减为1720人。

2004年8月，区政府投资在芸溪居住公园兴建厦门市同安区第一实验小学芸溪分校，占地2155平方米，建筑面积13947平方米。按42个教学班、2000多名在校生规模设计建造。学校建有体育馆、音乐厅、200米塑胶跑道、多媒体电教室等一流设施。开办第一年，在校生361人，教师22名。同时将合并后的东山小学更名为区教师进修学校附属小学，合并后的阳翟小学、岳口小学调整为中心小学级的区直属学校。

2004—2007年，整合教育资源，陆续撤并29所小学，改为教学点。截至2007年，全区小学90所，其中公办完全小学86所，民办小学4所（永红小学、育青小学、国谊学校、华兴学校，其中华兴学校还兼收少数初中生）；教学班818个，其中民办教学班51个；在校学生27582人，其中民办校学生2051人；教职工1676人，其中专任教师1585人。另有代课教师13人。

华兴学校校门

2007 年同安区小学情况表

表 22-2

单位名称	校数（个）	班数（个）	在校生数（人）	教职工数（人）
大同学区	14	122	4575	245
洪塘学区	13+2（教学点）	80	2174	168
五显学区	13	76	2065	158
西柯学区	11	89	2863	153
新民学区	12	96	3084	159
汀溪学区	4+6（教学点）	41	1001	109
莲花学区	10+8（教学点）	84	2036	164
凤南学区	4	22	721	47
第一实验小学	1	58	2682	122
第二实验小学	1	31	1506	82
竹坝学校	—	6	211	13
岳口小学	1	15	600	25
进修附小	1	19	861	46
阳翟小学	1	28	1152	53
厦门华兴学校（民办）	1	10	300	42
永红小学（民办）	1	22	1080	45
育青小学（民办）	1	13	598	28
国谊学校（民办）	1	6	73	17
合计	90	818	27582	1676

二、学制与课程

（一）学制

同安区小学学制执行全国统一的六年学制。

（二）课程

同安区小学课程设置，严格执行省颁课程计划和厦门市教育行政部门的统一规定。

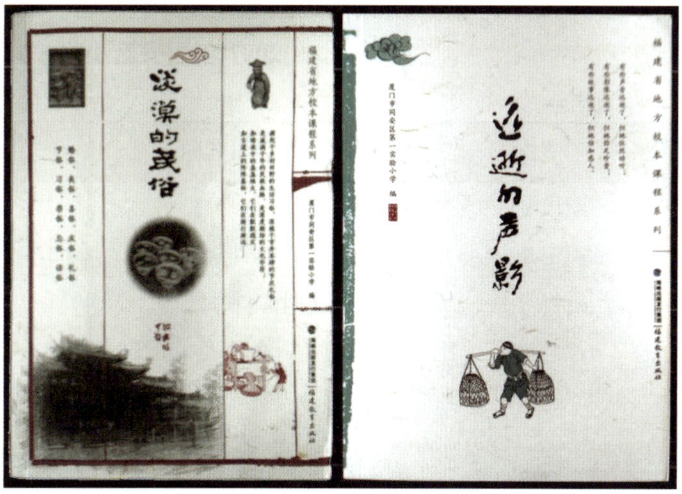

第一实验小学编写的校本课程——《淡淡的民俗》、《远逝的声影》

1997—2000 年，课程设置分为学科类课程、活动类课程和地方课程，学科类课程主要有：语文、数学、思想品德、自然、历史、地理、体育、音乐、美术、劳动，活动类课程有科技活动、健康教育活动等。1997 年城镇部分小学从五年级起开设英语和信息技术学科。1998 年城镇部分小学从一年级起开设英语学科。1999 年地理和历史两个学科改为社会学科。因为课程设置较多，推行长短课制度，长课 40 分钟，短课 20 分钟，每周安排四节短课。短课课程有劳动、科技、健康教育、英语，到 2001 年 6 月后废除长短课。每周总课时为一年级 27 课时，二年级 28 课时，三至六年级 30 课时。

2001 年秋季开始，同安第一实验小学、同安第二实验小学和大同中心小学参与全国新课程实验。

2002 年秋季，全区小学一年级全部进入新课程实验。实验年级的课程进行改革，思想品德改为品德与社会，自然改为科学，增加综合实践活动和校本课程。每周总课时为一年级 27 课时，二年级 28 课时，三至四年级 30 课时，五至六年级 32 课时。全区中心小学和农村示范校从三年级起全面开设英语课程。2004—2005 学年起，全区农村小学从三年级开始，全面开设英语学科。

2004 年起，有多所小学开设校本课程。

2007 年同安区小学课程设置及课时安排表

表 22-3

<table>
<tr><th rowspan="2">课　程</th><th colspan="6">周　课　时</th></tr>
<tr><th>一年级</th><th>二年级</th><th>三年级</th><th>四年级</th><th>五年级</th><th>六年级</th></tr>
<tr><td>品德与生活</td><td>3</td><td>3</td><td>—</td><td>—</td><td>—</td><td>—</td></tr>
<tr><td>品德与社会</td><td>—</td><td>—</td><td>2</td><td>2</td><td>3</td><td>3</td></tr>
<tr><td>语　文</td><td>8</td><td>8</td><td>6</td><td>6</td><td>6</td><td>7</td></tr>
<tr><td>数　学</td><td>4</td><td>4</td><td>4</td><td>4</td><td>5</td><td>5</td></tr>
<tr><td>外　语</td><td>2</td><td>2</td><td>2</td><td>2</td><td>3</td><td>2</td></tr>
<tr><td>科　学</td><td>—</td><td>—</td><td>3</td><td>3</td><td>3</td><td>3</td></tr>
<tr><td>体　育</td><td>4</td><td>4</td><td>3</td><td>3</td><td>3</td><td>3</td></tr>
<tr><td>音　乐</td><td>2</td><td>2</td><td>2</td><td>2</td><td>1</td><td>1</td></tr>
<tr><td>美　术</td><td>2</td><td>2</td><td>2</td><td>2</td><td>1</td><td>1</td></tr>
<tr><td>综合实践活动</td><td>—</td><td>—</td><td rowspan="2">6</td><td rowspan="2">6</td><td rowspan="2">5</td><td rowspan="2">5</td></tr>
<tr><td>地方与校本课程</td><td>4</td><td>4</td></tr>
<tr><td>周课时总量（节）</td><td>29</td><td>29</td><td>30</td><td>30</td><td>30</td><td>30</td></tr>
</table>

2007 年同安区小学校本教材一览表

表 22-4

<table>
<tr><th>学校</th><th>教材名称</th><th>适用学科</th><th>适用年级</th></tr>
<tr><td>新民学区</td><td>《心舟》</td><td>心理健康教育</td><td>1～6 年级</td></tr>
<tr><td>西柯中心小学</td><td>《书香满校园》</td><td>地方与校本课程</td><td>1～6 年级</td></tr>
<tr><td>进修附小</td><td>《经典阅读》（低、中、高）</td><td>校本课程</td><td>1～6 年级</td></tr>
<tr><td rowspan="3">第一实验小学</td><td>《月亮月光光》</td><td>乡土教育</td><td>一、二年级</td></tr>
<tr><td>《咱厝的实在话》</td><td>乡土教育</td><td>三年级</td></tr>
<tr><td>《尘封的收藏》</td><td>乡土教育</td><td>四、五、六年级</td></tr>
<tr><td>第二实验小学</td><td>《同安风情》</td><td>校本课程、地方课程</td><td>1～6 年级</td></tr>
<tr><td>大同学区</td><td>《乡音乡土乡情》（1～12 册）</td><td>校本</td><td>1～6 年级</td></tr>
<tr><td>阳翟小学</td><td>《诗海导航》</td><td>语文</td><td>1～6 年级</td></tr>
<tr><td rowspan="3">洪塘学区</td><td>《月娘月光光》</td><td>地方与校本课程</td><td>低年段</td></tr>
<tr><td>《天上一块铜》</td><td>地方与校本课程</td><td>中年段</td></tr>
<tr><td>《咱厝的实在话　迎灯迎呼呼》</td><td>地方与校本课程</td><td>高年段</td></tr>
</table>

说明：表中校本教材第一实小、洪塘学区所用者非自编外，均自编

附录：小学选介

同安区第一实验小学

1997 年，同安县实验小学更名为厦门市同安区实验小学，1999 年更名为厦门市同安区第一实验小学。2007 年，拥有双溪、芸溪两个校区，教学班 58 个，在校生 2682 人，教职员工 122 人，其中特级教师 2 人，小学中学高级教师 4 人，小学高级教师 62 人。

学校以“学风好、治学严、学生活、质量高”为办学特色，倡导人文精神，学校教科研氛围浓厚，先后开展“指导—自主学习”、“新课程与学习方式转变”、“生命化教育”等国家级“十五”规划课题研究，积累丰富的理论与实践经验。是厦门市基础教育改革实验基地、全国十五规划课题“新课程与学习方式转变”实验校、全国尝试教学理论研究实验校、全国电化教学实验校、全国体育发展研究实验校和省小学生素质教育发展性评估协作校。1998 年 3 月被省委、省政府授予“福建省第六届文明学校”称号，1998 年 5 月学校获厦门市二次创业劳动竞赛集体二等功，1999 年成为福建省第一批新教材实验学校。

同安区第二实验小学

厦门市同安区第二实验小学坐落于双溪之畔，校园占地 2.15 万平方米，建筑面积 13947 平方米，绿化面积 6000 多平方米。

学校创建于 1999 年秋季，2007 年教学班 31 个，学生 1506 人，教职工 82 人，全部具有大专以上学历。教师中市、区学科带头人 2 人，市级骨干教师 17 人，区十佳教师 4 人，区教学能手 18 人。

学校以质量立校，以创建“素质教育开放型窗口学校”为目标，坚持以人为本的教育理念，教育科研成绩显著，艺术教育特色突出。学校羽毛球队、武术队均为厦门市后备人才培养基地，年年在市赛夺冠。2005 年，参加十七届中小学生市运会，取得 15 块金牌的好成绩。学校现为福建省示范校、厦门市文明学校、省交通安全先进校、省级党政工共建先进单位、市绿色学校。

同安区大同中心小学

1997 年，同安县大同中心小学更名为同安区中心小学，址在城西新区新校舍，校园占地面积 9800 平方米。2007 年，有教学班 33 个，学生 1758 人，教职工 98 人，是一所规模较大的城镇中心小学。

学校在“以教改科研为先导，全面育人，全面提高教育教学质量，办出特色”的办学指导思想指导下，以改革为动力，以创办“规范+特色”为目标，大胆探索与实践。德育月份“五个一”（一首歌、一个主题活动、一次班会、一次实践活动、一次读书活动）系列教育独具特色；校园“四别”（向粗鲁告别、向陋习告别、向坏事告别、向错别字告别）、“四会”（会做人、会做事、会求知、会感恩）、“四赛”（体育竞技比赛、科技创新比赛、读书征文比赛、艺术知新擂台赛）素质教育活动初见成效。经中央教科所批准立项的小学语文“多思”教学研究、省普教室立项的“培养学生在学习中合作探究”、“课堂的预设与生成”、小学数学“问题解决”等科研课题带动课改工作深入开展。学生参加各级各类竞赛，硕果累累。2001 年，被评为省示范小学。2002 年，被评为省级文明学校。

同安区教师进修学校附属小学

1997 年名为同安东山小学，2004 年与朝元小学合并，易名为同安区教师进修学校附属小学，成为区教育局的直属学校。校园面积 13000 平方米，建筑面积 5000 平方米，教学班 19 个，学生 861 人。在编教师 46 人，其中市级骨干教师 7 人，区级名师 14 人。

学校继承“启发童心，悟通造化”的办学思想，以“温馨家园、活力校园”为办学目标，以培养“有书卷气、有雅气、有大气”的学生为办学宗旨，教学质量稳步提升。先后荣获省首批“农村示范小学”、省“助残扶残”先进单位，厦门市优秀家长学校，厦门市“文明学校”等称号，是同安教师进修学校的教育科研基地和市师资培训基地。

第三节　中学教育

一、学校设置

1997年，全区有公办中学31所，其中完全中学5所（同安一中、同安二中、同安三中、同安五中、国祺中学），普通高中73个班，在校生4143人；带初中部的职业高中、职业中专3所（同安六中、同安十二中、同安十一中），59个班，在校职高职专生2455人；独立初中23所，738个班，在校生37830人；民办初中1所。全区中学教职工2720人（其中专任教师2248人）。

1998年起，同安区开始普及高中阶段教育，同安十九中、二十二中、二十八中升格为普通完中。2000年，同安六中复办普高，保留职业中专，同安第十一中、十二中、十五中为职业高中完中，扩容同安一中、二中、三中、五中、国祺中学高中部，到2002年基本实现普及高中阶段教育。

2002年9月，经市政府批复，同安区公办的33所中学除福建省同安第一中学保留原名外，其中32所更名。

2002年底，全区有公办普高完中9所（同安一中、舫山中学、启悟中学、新店中学、内厝中学、第二外国语学校、五显中学、国祺中学、东山中学）、职高（专）完中3所（洪塘中学、育才中学、马巷中学）、独立初中19所，合计31所；民办初中1所。在校中学生949个班45374人，其中初中32120人、普高11740人、职高1514人。

2003年10月析出翔安后，区辖中学18所（含民办初中华兴学校），在校中学生535个班26877人，其中初中18132人、普高7769人、职高（专）976人。

2004年8月，同安一中划归市直属，由市教育局接管。

2007年，全区中学18所，其中普高完中6所、职高（专）完中2所、独立初中9所、民办初中1所，在校中学生468个班24155人，其中初中13962人、普高8756人、职高（专）1437人。教职工3962人，其中专任教师1743人（其中，初中教师1029人，高中（专）教师627人，职中教师87人），职工238人。另有兼任教师22人。

2003年同安区中学校名更名情况表

表22-5

更名前校名	更名后校名	更名前校名	更名后校名
厦门市同安第二中学	厦门市舫山中学	厦门市同安第十八中学	厦门市美林中学
厦门市同安第三中学	厦门市启悟中学	厦门市同安第十九中学	厦门市内厝中学
厦门市同安第四中学	厦门市新圩中学	厦门市同安第二十中学	厦门市巷南中学
厦门市同安第五中学	厦门市新店中学	厦门市同安第二十一中学	厦门市诗坂中学
厦门市同安第六中学	厦门市东山中学	厦门市同安第二十二中学	厦门市五显中学
厦门市同安第七中学	厦门市汀溪中学	厦门市同安第二十三中学	厦门市柑岭中学
厦门市同安第八中学	厦门市莲美中学	厦门市同安第二十四中学	厦门市城东中学
厦门市同安第九中学	厦门市大嶝中学	厦门市同安第二十五中学	厦门市刘五店中学
厦门市同安第十中学	厦门市巷东中学	厦门市同安第二十六中学	厦门市洪前中学
厦门市同安第十一中学	厦门市洪塘中学	厦门市同安第二十七中学	厦门市巷西中学
厦门市同安第十二中学	厦门市育才中学	厦门市同安第二十八中学	厦门市第二外国语学校
厦门市同安第十三中学	厦门市凤南中学	厦门市同安国祺中学	厦门市国祺中学

续表22-5

更名前校名	更名后校名	更名前校名	更名后校名
厦门市同安第十四中学	厦门市新民中学	厦门市同安澳溪中学	厦门市澳溪中学
厦门市同安第十五中学	厦门市马巷中学	厦门市同安竹坝中学	厦门市竹坝中学
厦门市同安第十六中学	厦门市彭厝中学	厦门市同安文教职业学校	厦门市文教职业学校
厦门市同安第十七中学	厦门市莲河中学	厦门市同安育才职业学校	厦门市育才职业学校

2007 年同安区中学基本情况表

表 22-6

单位名称	班级数（班）		在校生数（人）			教职工数（人）
	初中	高中	初中	高中	职中	
福建省同安第一中学（市属）	18	40	1060	1995	—	252
厦门市启悟中学	18	30	910	1592	—	197
厦门市第二外国语学校	24	34	1000	1592	—	206
厦门市五显中学	12	25	559	1472	—	148
厦门市国祺中学	15	22	671	1210	—	143
厦门市东山中学（含文教职业学校）	21	19	984	659	276	170
厦门市洪塘中学（含职业技术教育中心）	17	6	821	236	405	116
厦门市育才中学（育才职业学校）	12	—	564	—	756	106
厦门市汀溪中学	15	—	727	—	—	74
厦门市莲美中学	23	—	1118	—	—	97
厦门市凤南中学	7	—	330	—	—	31
厦门市新民中学	24	—	1223	—	—	86
厦门市美林中学	19	—	946	—	—	78
厦门市柑岭中学	19	—	1022	—	—	79
厦门市城东中学	17	—	775	—	—	81
厦门市澳溪中学	8	—	404	—	—	33
厦门市竹坝学校	12	—	515	—	—	34
厦门市华兴学校（民办）	11	—	333	—	—	50
合计	292	176	13962	8756	1437	1981

二、学制与课程

（一）学制

1997—2007 年，同安区中学学制继续执行全国指令性规定，即三三制（初高中均为三年）。

（二）课程

1997 年春季，同安各中学初中一年级每周开设课程语文 6 节，数学 5 节，英语 4 节，思想政治、历史、地理、生物、体育、劳动技术各 2 节，音乐、美术各 1 节，周合计 29 节；初中二年级语文、数学各 5 节，英语 4 节，思想政治、物理、历史、地理、生物、体育、劳动技术各 2 节，音乐、美术各 1 节，周合计 30 节；初中三年级语文、数学各 5 节，英语 4 节，物理、化学各 3 节，思想政治、历史、体育、劳动技术各 2 节，音乐、美术各 1 节，周合计 30 节。高中一年级每周开设课程语文、数学各 4

节，英语5节，物理、地理各3节，思想政治、化学、历史、体育、劳动技术各2节，艺术欣赏1节，周合计30节；高中二年级语文、数学、英语各5节，物理、化学各3节，政治、历史、生物、体育各2节，选休1节，周合计30节；高中三年级文科班语文、数学、英语各6节，政治、历史各5节，体育2节，周合计30节，理科班语文、数学、英语各6节，物理、化学各5节，体育2节，周合计30节。

2002年，根据教育部颁布的《基础教育课程改革纲要（试行）》，同安区初中全面进入新课程改革，执行新九年义务教育课程计划，设置国家、地方、校本三级课程，并增设信息技术、综合实践活动、研究性学习等课程，强化探究性学习、社区服务、劳动实践等要求，加强对学生动手动脑、综合实践能力的培养。学校的电脑室、阅览室、学生图书室全方位对学生开放。2007年，初中设置的课程见表22-7：

2007年同安区初中课程设置表

表22-7　　单位：课时

课程		周课时累计	其中：			总授课数
			七年级	八年级	九年级	
学科	思想品德	6	2	2	2	206
	语　文	16	6	5	5	550
	数　学	12	4	4	4	412
	外　语	12	4	4	4	412
	科　学	13.5	3/2	5	6	461
	其中：物理	6	—	3	3	204
	化学	3	—	—	3	99
	生物	4.5	3/2	2	—	158
	历史与社会	10.5	4/5	4	2	364
	其中：历史	6	2	2	2	206
	地理	4.5	2/3	2	—	158
	体育与健康	8	3	3	2	276
学科	艺　术	6	2	2	2	206
	其中：音乐	3	1	1	1	103
	美术	3	1	1	1	103
综合实践活动	信息技术	3	1	1	1	103
	研究性学习社区服务与社会实践劳动技术教育	6	2	2	2	206
地方与校本课程		9	3	2	4	307
周总课时数（节）			34	34	34	—
学年总课时（节）			1190	1190	1122	—

说明：1. 周课时累计指各学科每学年周课时之和

2. 各学年教学时间安排：七、八年级每学年上课35周，复习考试2周；九年级上课33周，复习考试2周，九年级第二学期复习考试加2周

3. 选择“科学”科，则可不选物理、化学、生物；选择“历史与社会”科，则可不选历史、地理科；选择“艺术”科，则可不选音乐、美术

4. “2/3”表示第一学期上2节，第二学期上3节或单周上2节，双周上3节

2006年，同安区按《普通高中课程方案》全面进入高中新课改，实施学业基础会考。课程分为选修课和必修课，选修课又分为选修Ⅰ和选修Ⅱ，提高学生修习课程的灵活性、广泛性、选择性，开发校内外的课程资源、地方课程、校本课程，全面提高学生的动手动脑能力、应用知识能力和综合实践能力。2007年，普通高中新课程设置见表22-8：

2007年同安区普高课程设置表

表22-8

课　程			周课时累计	高一	高二	高三	必修、选修授课时数	总授课数
学科	思想政治	必修	6	2	2	2	184	184
	语文	必修	12	4	4	4	368	368
	外语	必修	12	4	4	4	368	368
	数学	必修	8	4	4	—	280	324～368
		选修	2～4	—	—	2～4	44～88	
	信息技术	必修	2	1	1	—	70	70～140
		选修	2	1	1	—	70	
	物理	必修	4.5	3	2/1	—	158	158～294
		选修	5	—	2	3	136	
学科	化学	必修	4	2	2	—	140	140～259
		选修	4.5	—	1/2	3	119	
	生物	必修	3	—	3	—	105	105～171
		选修	3	—	—	3	66	
	历史	必修	3	3	—	—	105	105～230
		选修	4.5	—	2	3/2	125	
	地理	必修	3	3	—	—	105	105～193
		选修	4	—	—	4	88	
	体育和保健	必修	6	2	2	2	184	184
	艺术（音乐、美术）	必修	3	1	1	1	92	92
综合实践活动	研究性学习	必修	9	3	3	3	276	276
	劳动技术教育		每学年1周（可集中安排，可分散安排）					
	社区服务		一般应利用校外时间安排					
	社会实践		每学年1周（可集中安排，可分散安排）					
地方和校本选修课			6（理）8.5（文）		15（理）7.5（文）		145（理）200（文）	

说明：1. 周课时累计指各学科每学年周课时之和。2. 各学年教学时间安排：高一、高二年级每学年上课35周，复习考试3周，社会实践和劳动技术教育2周；高三年级上课22周，复习考试12周，社会实践和劳动技术教育2周。3. 每周活动总量：每周按5天安排教学，周活动总量中必修课和选修课不超过34课时，每课时45分钟。课外体育锻炼及其他课外活动不包括在课时总量中。4. 总课时数不包含高三总复习数。5. “1/2”表示第一学期上1节，第二学期上2节或单周上1节，双周上1节。6. 高三下学期研究性学习及地方和学校选修课时数用于安排综合科复习

随着课程改革的推进，厦门第二外国语学校等11所中学贯彻落实国家课程改革实验相关课程设置与管理的精神，相继开发与实践校本课程69项。

2007学年度同安区中学校本教材（课程）一览表

表22-9

学校	目录	主编	课程课时数	学科	使用范围	印刷形式
第二外国语学校	《廉洁教育进校园》	学校	1课时/周	综合	全校	印刷
	《家乡戏》	音乐组	1课时/周	音乐	全校	印刷
	《同安地方人物简介》	历史组	1课时/周	历史	全校	印刷
	《生活中的物理》	物理组	1课时/周	物理	全校	印刷
	《高中数学竞赛》	数学组	1课时/周	数学	高中	印刷
	《证券投资》	政治组	1课时/周	政治	高中	印刷
	《化学与生活》	化学组	1课时/周	化学	初三、高中	印刷
	《初中数学竞赛》	数学组	1课时/周	数学	初中	印刷
	《练字与个性特征》	康东鹏	1课时/周	心理	初一、高一	印刷
	《投资理财的选择》	陈发达	1课时/周	政治	高一	讲义
	《世界经济危机的影响》	吕满足	1课时/周	政治	高一	讲义
	《生活中的数学》	陈建楷、邵丽明	1课时/周	数学	高一	讲义
	《英语歌曲鉴赏》	陈亚秀等	1课时/周	英语	高一	讲义
	《英语口语》	叶小凤等	1课时/周	英语	高一	讲义
	《论语阅读》	张翠霞、周蝉玉	1课时/周	语文	高一	讲义
	《三国演义》人物分析	蔡玉虾等	1课时/周	语文	高一	讲义
	《数学发展史》	柳加胜等	1课时/周	数学	高一	讲义
	《英语阅读》	叶丽扬、林惠琼	1课时/周	英语	高二	讲义
	《英语听力》	宋国玲、王咏梅	1课时/周	英语	高二	讲义
	《写作基础知识》	苏志民、陈碧爱	1课时/周	语文	高二	讲义
	《中国文化经典研读》	蔡晓露、徐琦凌	1课时/周	语文	高二	讲义
	《不等式选讲》	吴春秧等	1课时/周	数学	高二	讲义
厦门启悟中学	《校园邮话》	何金挺、陈英为、李志艺	18	集邮	高一、高三	出版成书
	《电子报刊设计》	吕建坡	18	电子信息技术	高一、高二	出版成书
	《电脑平面设计》	陈颖	18	电子信息技术	高一、高二	出版成书
	《网页制作》	林永和	18	电子信息技术	高一、高二	出版成书
	《Flash动画制作》	王胜兵	18	电子信息技术	高一、高二	出版成书
	《高一心理健康教育》	林路英、杨发展	18	心理	高一	已出版
	《趣味化学》	占雪仙、侯江宁	18	化学	高一	未出版
	《科技英语》	柯雅满、洪秀程	18	英语	高一	未出版
	《中学生交通安全法律常识》	赖清洁、叶小兰、徐丽月	18	政治	高一	未出版
	《生活化学》	林淑赟、陈海洁	18	化学	高二	出版成书

续表22-9

学校	目录	主编	课程课时数	学科	使用范围	印刷形式
厦门启悟中学	《现代汉语知识选讲》	苏秋林、杨玉燕、纪金花、叶彩珍、王敬都、吕月理、叶阿真、张东绣、陈宝市	18	语文	高二	未出版
	《厦门乡土历史》	李大寨、陈阿音、陈明珠、苏宁亮	18	历史	高二、高三	出版成书
	《应用地理学》	沈松模、陈碧妹、陈文艺、陈丽松	18	地理	高二	出版成书
	《环境保护》	陈丽松	18	地理	高二	未出版
	《白色污染》	童静	18	生物	高二	未出版
	《物理与科技发展》	庄艺琳	18	物理	高二	未出版
	《英语阅读训练》	柯亚丽、熊克绪	18	英语	高二	未出版
	《中国古代改革家及其事迹》	李海攀	18	历史	高二	未出版
	《电与生活》	彭明智、陈极尊、陈延艺、郭来春、叶彩燕	18	物理	高二	已出版成书
	《人体生理与健康》	陈丽慧、陈亚羡、童静、叶亚圈、林亚松	18	生物	高二/高三	已出版成书
	《高中作文语言分项训练系列之议论文语言分项训练》	李龙宗、陈光永、柯海川、叶惠莲、陈忠生、吕惠琳	18	语文	高三	已出版成书
	《积累与运用之人物篇》	苏秋林	18	语文	高二	已出版成书
厦门东山中学	外面的世界真精彩	温秀霞	10	语文	初中	打印
	生活中的物理	潘丽萍	10	物理	初中	打印
	化学与生活	林怡芬	10	化学	高中	打印
	历史名人	蔡聪凉	10	历史	高中	打印
	环境教育	洪秀贤	10	生物	高中	打印
	高中英语阅读评价	吕拥加	10	英语	高中	打印
厦门国祺中学	《崛起和充满魅力的同安》	柯海潮	12 学时	政治	全校	校内出版
	《高中英语阅读理解》	林清秀	12 学时	英语	高中部	校内出版
	《中国民族史》	梁文吉	12 学时	历史	全校	校内出版
	《初中语文知识手册》	吕丽云	12 学时	语文	初中	校内出版
	《文化经典导读—孔子篇》	林慧吟	12 学时	语文	高中	校内出版
	《生活中的健康》	陈俊毅、林进丰	12 学时	生物	全校	校内出版
	《初高中数学衔接课程》	伍素英	12 学时	数学	高中	校内出版
	《自然灾害》	叶彩英	12 学时	地理	全校	校内出版
五显中学	《语文早读读本》	李　浅	20	语文	高一、二、三	校编
	《地理探究性学习指导读物》	陈丹娜	23	地理	高一	校编
新民中学	中国书法	徐腾辉	1/周	劳技	初一二	未定
育才中学	同安史	魏秋芹	每周一节	地方课程	初中部	自编

续表22-9

学校	目录	主编	课程课时数	学科	使用范围	印刷形式
洪塘中学	《中华传统文化读本》	张春芳	1	语文	初一	自印
	《数学史话》	吴妙玉	1	数学	高二	自印
	《English300》	吴以玲	1	英语	初三	自印
	《中共闽西南白区党组织革命活动史略》	康　斌	1	历史	高一	自印
汀溪中学	《写字》	李金铿	每周 1 课时	心理	初一、二年	自编
柑岭中学	高粱杆的艺术	陈四梅	18	美术	中小学	未正式出版
美林中学	篮球训练教程	林金良	20	体育	初中	校汇编

三、达标学校验收

1996 年，福建省开展达标学校建设，当年福建省同安第一中学通过省二级达标学校验收。1999 年 11 月，通过省一级达标学校验收。

2001 年 3 月，厦门市同安第三中学（2002 年更名为启悟中学）通过省三级达标学校验收。

2002 年 11 月，厦门市第二外国语学校通过省三级达标学校验收。

2005 年 3 月，厦门市五显中学通过省三级达标学校验收。

2006 年 2 月，厦门市国祺中学通过省三级达标学校验收，厦门市启悟中学通过省二级达标学校验收。同年 12 月，厦门市第二外国语学校通过省二级达标学校验收。

至 2007 年，全区达标学校 5 所（含市属同安一中），其中二级达标学校 3 所，三级达标学校 2 所。

附录：中学选介

福建省同安第一中学

1996 年，通过省二级达标中学验收，1999 年通过省一级达标中学验收。2004 年起，成为厦门市直属学校。自创办至 2007 年，学校共培养初中毕业生 16350 人，高中毕业生 14310 人。

学校毗邻千年古刹梵天寺，背倚轮山，远眺双溪入海，风景秀丽。校园占地 14.33 公顷。学校筹措资金先后建设学思楼（学生宿舍，1999 年）、毓秀楼（食堂，1999 年）和致远楼

同安一中教学大楼

同安一中迎来首个新疆内地高中班

（办公楼，2001年）。2004年，市政府投资6000万元建设1号、3号教学楼，2005年投资3000万元建设学生宿舍、体育馆、400米塑胶跑道运动场，校园面貌焕然一新。学校设施设备颇具现代化，语音室、音像阅览室、电子备课室、动植物标本室以及航模、机器人、雕塑、集邮、书画、舞蹈、健身等专用教室一应俱全；多媒体、网络、校园广播进教室，自办六套无线调频英语广播节目；图书馆藏书12万册，报刊400多种。2007年办学规模达到66个教学班（含艺术体育特长班、科技班、新疆班），学生3105人。教职员工275人，特级教师3人、国家省市级骨干教师、学科带头人、专业技术拔尖人才43人，高级教师68人，硕士学历27人。2007年4月实行高初中分设。

学校确立“以人为本、和谐发展”办学思想，实施“和谐教育”整体改革方案，树立“五观”（全面发展的素质观，整体优化的系统观，和谐有序的过程观，能动发展的学生观，民主融洽的教学观）理念，营造“四园”学校（创新进取的教园，全面发展的学园，个性张扬的乐园，美丽和谐的校园），促进教学质量大面积、大幅度提升，得到央视等众多媒体的广泛关注和报道。

学校每年举行为期1个月的科技节活动，学生“小发明、小创造”工作开展得尤其精彩。在1997—2007年的科技活动中，4个小发明小创造项目获得国家级专利。2004年、2005年、2006年，连续3年科技节之后，吸引中央电视台先后3次走进该校拍摄“异想天开，创意无限”节目，并获“最佳创意奖”。还有25个节目选送世界青少年节目展播。在青少年科技创新大赛中，获福建省一等奖16个、二等奖33个。其中在第五届福建省青少年电脑机器人竞赛中，校代表队获省第二名。

学校通过丰富多彩的课外活动发展学生的个性特长，提高综合素质。先后成立“轮山艺术团”“轮山书画社”“轮山文学社”“轮山棋社”（全国首批50家棋类教学课题研究实验基地）及“学生健身俱乐部”“爱心社”“海峡两岸集邮文化研究会”、青年志愿者服务队”等社团，创造性地开展校园三节（体育节、艺术节、科技节）、周末艺苑、周末电影院、校园歌星擂台赛、校园吉尼斯、校园奥斯卡、圣诞party、书画作品教辅材料、义捐义卖等活动，举办“相约未名湖”“走进农家”“快乐炊事”“国防教育”“海峡两岸中学生集邮”“德国友好之旅”等夏令营。2006年，中国教育电视台专程至该校拍摄《全国青少年文明礼仪教育DVD影视教材》并发行全国。

素质教育的蓬勃开展，促进了教学质量的提高。在1997—2007年的学科竞赛中，14人获得全国数学、物理、化学、生物奥赛省一等奖（含以上），其中2003年林泓域同学获全国化学奥赛金牌。2004—2007年，17人考上北大清华；2007年高考获得丰收，各批次完成市指标情况居一级学校之首。

学校坚持开放办学，注重与国内外名校的交流合作。与德国卡尔—楚克迈尔中学、美国东洛杉矶学

同安一中学生与德国学生联欢

院、金门农工职校建立友好姊妹校关系，定期派师生互访，培养面向世界、面向现代化、面向未来的人才。加入山东省实验中学、湖北省黄冈中学等25所全国名校组成的“全国部分省市重点中学、实验中学联合体”，2006年起，承担中央和教育部下达的每年接收1个班的新疆高中班学生来校学习的任务。

学校先后被评为“和谐中国·首届全国中小学校园文化建设百佳创新学校”、中国创造学会创造教育实验基地校、全国计划生育先进单位、全国中小学心理健康教育先进单位、全国先进体育传统项目学校、福建省文明学校、福建省军民共建社会主义精神文明先进集体、福建省实施素质教育工作先进校、福建省艺术教育先进集体、福建省普通中学教学常规先进集体、厦门市青少年科技教育工作先进集体等。

厦门市启悟中学

厦门市启悟中学地处祥平街道阳翟社区，占地面积72705.1平方米，总建筑面积26411平方米。

学校拥有全区一流的现代化校园网络、多媒体教室、网络中心、电子备课室、电子阅览室，为教育教学搭建信息化平台，是同安唯一的“省现代教育技术实验学校”。学校又是厦门市爱国主义教育基地——“中共闽粤赣边区厦门市委机关旧址纪念陈列室”所在地，又是“全国青少年集邮活动示范基地”。

2007年学校教学班48班（高中30班、初中18班），教职工191人，其中，中、高级教师112人，省市级骨干教师、市级学科带头人和区级“名师”41人。学校教师承担多项国家级、省级、市级和区级教育科研课题，是全区唯一一所省高中新课程改革实验样本校。

学校坚持以人为本，全面实施素质教育，教育质量稳步提高。2005—2007年，高考录取率均完成市下达的目标，赢得较好的社会声誉，被区委、区政府授予“教育教学质量优秀奖”。学校还多次荣获“厦门市艺术教育先进单位”“区青少年科技教育先进集体”等称号。

厦门市竹坝学校

厦门市竹坝学校位于竹坝华侨农场。原名“福建省同安竹坝中学”。1997年，农场划归同安区管理后，学校更名为“厦门市同安竹坝中学”。2003年初，再更名为“厦门市竹坝中学”。2004年9月，中、小学整合为九年一贯制学校，更名为“厦门市竹坝学校”。

学校推进素质教育，创办“全面+特色”的学校，培养“合格+特长”的学生，坚持以培养创新精神和实践能力为重点，让学生在德、智、体等方面全面、生动活泼地发展，取得良好的办学效益。学校的排球运动名冠全市。

1999年7月，荣获“厦门市1999年初中教学质量优秀奖”。2002年7月，被教育部确认为全面教育科学“十五”规划国家重点课题“新课程学习方式转变实践研究分课题实验校”。2002年12月，被厦门市委宣传部、市文明办、市教育局联合表彰为2000—2001学年“市级文明学校”。2004年3月，被厦门市教育局确认为国家课程改革实验区（厦门市）中学综合实验基地校。2006年4月，在厦门市中学生排球赛中，学校女排实现“十连冠”，男排实现“四连冠”。2006年12月，被评为福建省2003—2005年度“文明学校”。

第二章 其他教育

第一节 特殊教育

特教学校舞蹈教学

1997年，同安有启智小学1所，开设2个弱智班、2个聋哑班；聋哑学校1所，设3个聋哑班27名学生。2001年8月，聋哑学校与启智小学合并，成立同安区特殊教育学校，是厦门市唯一一所全日制全寄宿制九年义务教育的综合型特殊教育学校，招收聋哑和智障两类残疾儿童入学。学校分设聋哑和智障两部，按照《聋校义务教育课程设置实验方案》和《培智学校义务教育课程设置实验方案》开足相应课程，开发校本教材，建立一套适合村镇生活的智力落后儿童生活教材，主要有生活自理、社会适应、家庭适应、职业教育、劳动技能等内容，让学生学会一些生活技能，能自理、自立。2007年6月，学校申请《同安特校生活类校本课程的开发与实践》市级课题研究，完成一套系统的生活主题教学的课件、教案与素材，并刻录成光盘；制作2册教材样本及课题论文汇编。

2007年，同安区特殊教育学校有14个教学班，151名学生，教职工50多名，在编教师26人。学校立足生源实际，秉承“科学、务实、人性化”的办学理念，坚持教育、康复、就业训练一体化的办学模式，建立残联、用人单位（17家）、学校三位一体的职培就业体系，促进残疾学生就业。年底，学校更名为厦门市第二特殊教育学校，校区扩大2.2公顷，生源扩至岛外4个区，规模可扩大至700个学生。

第二节　中等职业教育

一、学校设置

1997年初，同安区有同安文教职业学校（1995年9月由同安六中职业高中改名，与同安六中同一套领导班子）、同安十二中职业高中（1981年秋由同安十二中高中部改名，1992年兼办职专）、同安十一中职业高中（1991年9月由同安十一中增设，1994年兼办职专）、厦门市卫生职业中等专业学校（原名同安县卫生职业中等专业学校，1986年9月创办，1995年6月改名）、厦门市第二技工学校（原名同安县技工学校，1993年6月创办，1998年7月改名）等5所中等职业教育学校。

1998年，经厦门市人民政府批复，以同安十二中职高部为基础开办"厦门市同安育才职业学校"。

1999年，经厦门市人民政府批复，成立"厦门市同安区职业技术教育中心"。根据同安区教育局《关于成立厦门市同安区职业技术教育中心的通知》，中心设在同安第十一中学，实行两块牌子一套领导班子的管理体制。

2002年，经市政府批复，"厦门市同安育才职业学校"更名为"厦门市育才职业学校"；"厦门市同安文教职业学校"更名为"厦门市文教职业学校"；"厦门市同安区职业技术教育中心"保留原校名。洪塘中学（原同安十一中）、东山中学（原同安六中）停止职专招生，转向普通高中、综合高中办学，2005年恢复职专招生，但两校职专在校生仅分别为100人和50人。同安育才职业学校在校生1408人（包括"校企联办"、"校际联办"等形式）。

2005年始，同安区在五显镇征地新建规模可容纳3000人的"同安职业技术学校"，将育才职业学校、厦门市第二技工学校、厦门卫生职业中等专业学校三校合并，预计2008年秋季招生上课。

2007年，同安区教育系统的3所中等职业学校［文教职业学校、洪塘中学职高（职专）、东山中学职高（职专）］在校生1437人。毕业397人，招生558人，教职工107人。

二、专业设置

1997年，同安十一中职高开设6个专业，十二中开设15个专业，专业设置随着社会需要的变化而变化。2007年，同安育才职业学校开设的专业有：计算机及应用、汽车维修、电子技术应用、旅游服务管理、制冷设备与维修、烹饪、机械维修、纺织技术、高尔夫球服务、石材工程、园林等。同安职教中心开设的专业有电子、计算机及应用、保安与文秘等；同安文教职业学校开设的专业有幼儿教育、美术等。

附录：学校选介

厦门市育才职业学校

厦门市育才职业学校创办于1998年，初名厦门市同安育才职业学校，2002年改今名。校址在同安大同轮山路1号，占地面积3.6万平方米。学校拥有完善的教学和生活设施，是全国计算机考试考点，也是国家职业技能鉴定站。先后开设计算机及应用、电子技术应用、文秘、制冷维修、汽车维修、汽车装潢与美容、机械维修、旅游服务与管理、烹饪、园林、食用菌技术、物流管理等专业。学校拥有一支110人的高素质师资队伍，还从企业和学校聘请8位退休的高级技工作为专业教师。2007年，在校生12个班，1320人，专任教师110人，专业教师8人。自创办至2007年共培养毕业生9200人，毕业生的录用率达95%以上，大多数已成为特区各条战线的骨干。

第三节　成人教育

一、文化技术学校

1997 年，同安区提出由扫除文盲向扫除科技盲转变的思路后，西柯、大同、五显文化技术学校首先按“国家标准”选址建校，当年全区建成镇村成人技校 230 所，983 班，在校生 40300 人，教职工 19 人，代课教师 617 人，毕业 32080 人。各镇、村文技校从产业结构调整实际出发，服务“三农”，举办水产养殖、畜牧业、种植业、计算机等技能技术培训和特色项目培训。2000 年西柯镇文化技术学校被福建省教育委员会认定为福建省第一批示范性乡（镇）成人文化技术学校二级示范性学校；大同镇成人文化技术学校为三级示范性学校。2003 年析出翔安后，全区成人技校 134 所 297 个班，教职工 151 人，任课教师 305 人，招生 28695 人，毕业 23930 人。至 2007 年，全区成人技校 12 所，174 个班，教职工 51 人（其中专任教师 39 人），当年毕业生 8854 人。11 年间，累计举办各类培训 2000 多期，培训人数超过 15 万人次。

二、社区学校

2002 年 1 月，经同安区政府批准，将大同、祥平两个街道的文化技术学校改为社区学校。社区学校立足本地实际，结合同安区大开发、大建设需要，做好失地农民技能培训；把社区教育切入到为小区居民小康服务上，举办科普教育、家政教育、优生优育教育、医疗保健、文化补习，开展健康的文化娱乐活动，促进社区精神文明建设。至 2007 年，两校仍坚持办学。

三、福建省农村致富技术函授大学同安分校

1997 年，福建省农村致富技术函授大学同安分校继续招收学员，每年一期，至 2007 年，共招 9 期，累计学员 19314 人，结业 18258 人。先后开设 17 个专业，学员较集中的专业有电脑、蔬菜、食用菌、果树、园艺、海产养殖等，为城乡培养了大批实用技术型人才。

第四节　高等教育

1997—2007 年，同安区仅有厦门市广播电视大学同安区工作站从事高等教育。1997 年秋该站开办注册视听生专科班。2000 年秋季起，先后参加教育部举办的“中央电大人才培养模式改革和开放教育试点”以及中组部举办的“中央电大一村一名大学生计划”项目，开办开放教育专科和本科专业班，先后开设工业企业管理、党政基础专修科、政史、文秘、汉语言文学、师范英语、法律、工商管理、财务会计、计算机应用、农村行政管理等专科及金融学本科、会计学本科、汉语言文学本科、法学本科、工商管理本科等。2007 年，有本、专科 39 个专业班，在校生 1291 人。1997—2007 年累计招生 2061 人，毕业 1246 人（其中本科毕业 355 人）。

附录：民办教育

随着国务院《社会力量办学条例》和《中华人民共和国民办教育促进法》的出台，同安区一些社会力量纷纷举办教育机构。1996 年，创办同安区首家全日制民办学校厦门市华兴文武学校，后改为“厦门市华兴学校”，是一所九年一贯制的义务教育阶段学校。2003 年 9 月，创办首家民办幼儿园“厦

门雅丽中英文幼儿园”，此后又有一批民办小学、幼儿园相继设立。截至2007年12月，同安区已审批在册的全日制民办学校19所，其中九年一贯制学校1所，民办小学3所，民办幼儿园15所。在校（园）学生（幼儿）4935人，其中：初中学生333人，小学生2051人，幼儿2551人。学制和课程均与公办校相同。此外，还有各类民办培训机构28家。

主要民办学校有厦门华兴学校、厦门市雅利中英文国际幼儿园、厦门市同安区恩倍思幼儿园：

厦门华兴学校

厦门华兴学校是一所颇具规模、九年一贯制的民办学校，实行全寄宿、封闭式、准军事化管理。创办于1996年，原名为厦门华兴文武学校，2004年更今名，地处同安凤南农场324国道旁。校园占地面积3.5万平方米；教职工总数170余人，其中专职教师86人，学历合格率100%，中高级职称人数占70%。厦门华兴学校先后获“厦门市民办名校”“福建省民办教育先进单位”“全国社会满意学校”“全国教育教学质量管理示范学校”称号。学校传统武术项目在全国、省、市级比赛中先后获武术套路、散打、拳击、跆拳道等项目冠军数百人次。

厦门雅丽中英文幼儿园

厦门雅丽中英文幼儿园是福建省首家超大规模的民办幼儿园。2003年9月正式开办，占地1.7万多平方米，可容纳1000名幼儿。配有36套富有童趣的活动室，设施先进齐全。班班有大屏幕电视机、影碟机、钢琴，柜式空调、消毒柜、消毒灯等教学设施和卫生消毒设备，有宽敞的室外活动场地和各种多功能大型玩具。至2005秋季，班级规模从刚办园的6个班81名幼儿增加到14个班368名幼儿，教职工从刚开园的28人增加到60人，教师从16人增加至36人，大部分教师都是学前教育与英语教育专业毕业。2005年6月鹭岛幼苗文艺会演中，该园幼儿英语童话剧《灰姑娘》获表演奖，创编的幼儿舞蹈《赛龙舟》获同安区二等奖、厦门市铜奖。同年，该园组织幼儿参加全国“龙人杯”绘画比赛，4名幼儿获金奖，13人分获银奖、铜奖。

厦门市同安区恩蓓思幼儿学苑

同安区恩蓓思幼儿学苑创办于2004年5月。以高起点、高质量、优质服务为办学宗旨，与新加坡著名幼教品牌“爱儿坊”协作，引进先进的教育理念和荟萃中外幼教精华的教学课程，树立为幼儿、家长服务的全新幼教理念，采用小班制教学方式，每班配中文教师、英文教师、保育教师各1名，主要任课老师均达到大专及以上文凭。2007年，教职员工39名，入园幼儿265人，分别在小小班、小班、中班及大班中学习。除中、英文主课程外，学苑还开设绘画、声乐、舞蹈、钢琴、珠心算、跆拳道等多样的才艺学习班，使幼儿接受德、智、体全方位的教育与陶冶。学苑有儿童塑胶跑道、玩沙地、游泳池、室外大型活动器械、儿童集体活动场、小区中庭花园，为幼儿室外活动提供硬件保证。

2007年同安区民办校（园）情况表

表22-10　　单位：人

单位名称	办学性质	校址	教师数	学生数
厦门市华兴学校	小学初中学历教育	324国道旁（凤南农场）	35	519
厦门市同安区永红小学	小学教育	同安区城南工业区双富路25号	31	1156
厦门市同安区育青小学	小学教育	同安区大同镇顶溪头村	23	652
厦门市同安区国谊学校	小学教育	同安区祥平街道阳翟村	12	57
厦门市雅丽中英文国际幼儿园	学前教育	同安区银湖路	46	540
厦门市同安区恩蓓思幼儿学苑	学前教育	同安环城西路瑞祥家轩内	19	244
厦门市同安区小博士艺术幼儿园	学前教育	同安区大同街道银城佳园B座	8	63
厦门市同安区西池双语幼儿园	学前教育	同安区大同街道西池小区	12	103

续表22-10

单位名称	办学性质	校址	教师数	学生数
厦门市同安区成龙幼儿园	学前教育	同安大唐世家银莲里	3	56
厦门市同安区鹭鹭幼儿园	学前教育	同安富贵家园 7 号楼	7	130
厦门市同安区开心幼儿园	学前教育	同安大唐富境小区 6#楼	12	110
厦门市同安区城南幼儿园	学前教育	同安区城南工业区双富路 25 号	4	120
厦门市同安区成长幼儿园	学前教育	同安区大同街道宝鹭综合楼	19	198
厦门市同安区喜洋洋幼儿园	学前教育	同安区大同街道朝洋农科所内	10	162
厦门市同安区志敏银城明珠幼儿园	学前教育	祥平街道城南银城明珠小区内	14	231
厦门市同安区志敏岳口幼儿园	学前教育	同安区大同街道岳口小区内	18	143
厦门市同安区馨贝昉幼儿学苑	学前教育	同安区银莲路妇女儿童活动中心	38	195
厦门市同安区城东开心幼儿园	学前教育	大同街道岳东路莲福广场小区内	15	136
厦门市同安区盼盼幼儿园	学前教育	同安区大同街道城北新村 37 号	12	120

第三章　教　师

第一节　教职工

1997 年，全区教职工 6091 人，其中中学 2720 人、小学 3082 人、幼儿园 182 人；专任教师 5255 人，其中中学 2248 人、小学 2802 人、幼儿园 158 人。

析出翔安后的 2003 年，全区教职工 4034 人，其中中学 1919 人、小学 1737 人、幼儿园 166 人；专任教师 3408 人，其中中学 1613 人、小学 1579 人、幼儿园 140 人。

2007 年，全区教职工 4163 人，其中中学 1981 人、小学 1702 人、幼儿园 429 人；专任教师 3728 人，其中中学 1830 人、小学 1608 人、幼儿园 251 人。

1997—2007 年同安区中小学幼儿园教职工及专任教师统计表

表 22-11　单位：人

年份	教职工总数	其中			专任教师总　数	其中		
		中学	小学	幼儿园		中学	小学	幼儿园
1997	6091	2720	3082	182	5255	2248	2802	158
1998	6449	2908	3238	194	5459	2293	2952	165
1999	6569	3052	3191	197	5554	2436	2908	162
2000	6575	3164	3117	194	5637	2599	2829	161
2001	6654	3285	3204	193	5541	2535	2797	163

续表22-11

年份	教职工总数	其中			专任教师总数	其中		
		中学	小学	幼儿园		中学	小学	幼儿园
2002	6698	3244	3153	202	5800	2731	2861	165
2003	4034	1919	1737	166	3408	1613	1579	140
2004	4095	2011	1701	269	3370	1614	1539	182
2005	4240	2028	1743	300	3578	1662	1643	196
2006	4306	2029	1705	374	3533	1654	1587	227
2007	4163	1981	1702	429	3728	1830	1608	251

说明：1. 小学教职工数、专任教师数含特教教职工、专任教师
2. 中学教职工数、专任教师数含职中教职工、专任教师
3. 各年度幼儿园另有数量不等的临时工、代课教师

第二节　准入资格

一、学历要求

1997年8月至1998年8月，小学和幼儿园教师准入的学历要求为计划内师范类中专毕业学历。中学教师为计划内师范类大专毕业学历；1999年8月至2003年8月，小学教师准入的学历提高为计划内师范类大专毕业学历；2004年8月起，幼儿园教师暂时停止进人，小学教师要求本科毕业学历，具备小学教师资格，并经过厦门市招聘小学教师综合知识考试，按招聘数的1∶3，由高分向低分确定面试人选，再经区教育局、区人事劳动和保障局、区监察局组织面试，从高分到低分录取；切线和录取情况在同安教育网上公示5天；无异议后，组织应聘者参加体格检查，并经政审合格后，方可聘用。中学教师准入的学历要求提高到本科毕业学历，具有高中教师资格证书，招聘过程同小学教师。2004—2007年，招聘合格教师136名。

对学历不合格，教育教学质量不理想的落聘教师，区教育局给予校际调整，或在本校内进行学科或岗位调整。

2004年同安区中小学、幼儿园专任教师学历情况表

表22-12

学历	研究生		本科学历		大专学历		中专学历		高中以下学历		专任教师（人）
	人数（人）	占比（%）	人数（人）	占比（%）	人数（人）	占比（%）	人数（人）	占比（%）	人数（人）	占比（%）	
职中	—	—	17	39.5	23	53.5	3	7	—	—	43
高中	1	0.2	283	71.5	112	28.3	—	—	—	—	396
初中	—	—	337	33.3	643	63.7	17	1.7	13	1.3	1010
小学	—	—	42	2.8	779	51	688	45.1	18	1.1	1527
幼儿园	—	—	6	3.3	105	57.7	70	38.5	1	0.5	182

2007 年同安区中小学、幼儿园专任教师学历情况表

表 22-13

学历	研究生		本科学历		大专学历		中专学历		高中以下学历		专任教师（人）
	人数（人）	占比（%）	人数（人）	占比（%）	人数（人）	占比（%）	人数（人）	占比（%）	人数（人）	占比（%）	
职中	1	1.2	55	63.2	31	35.6	—	—	—	—	87
高中	13	2.0	564	90	50	8.0	—	—	—	—	627
初中	2	0.2	646	62.7	367	35.7	—	—	14	1.4	1029
小学	—	—	196	12.6	839	52.9	540	34.4	10	0.1	1585
幼儿园	—	—	23	9.2	175	69.7	51	20.1	2	1.0	251

二、资格证书

2005 年同安区人民政府规定，新招聘的中小学教师，必须持相应的教师资格证书。是年同安区教师 3700 名，持有教师资格证书 3184 名，占教师总数的 86.1%，其中持中等职校教师资格证书 8 名、高中教师资格证书 321 名、初中教师资格证书 1156 名、小学教师资格证书 1582 名、幼儿园教师资格证书 117 名。2007 年，全区有教师 3433 名，持有教师资格证的有 3410 名，占教师总数的 99.33%。其中，持中等职校教师资格证书 87 名、高中教师资格证书 627 名、初中教师资格证书 1004 名、小学教师资格证书 1585 名、幼儿园教师资格证书 107 名。

第三节　专任教师结构

一、专业技术结构

教师职称评聘，仍沿用 1987 年确定的专业技术系列，即中学高级、一级、二级、三级教师，小学高级、一级、二级、三级教师，幼儿园高级、一级、二级、三级教师。1998 年中学获评职称教师人数 1818 人，占中学专任教师总数 2284 人的 79.65%。其中高级教师 78 人、一级教师 339 人、二级教师 956 人、三级教师 445 人。小学获评职称教师 2375 人，占小学专任教师 2954 人的 80.40%。其中小学中学高级教师 2 个，小学高级教师 455 人、小学一级 960 人、小学二级 893 人、小学三级 65 人。2007 年，全区中学专任教师 1743 名，其中，中学高级教师 247 人，占专任教师总数的 14.17%，中学一级教师 757 人，占专任教师总数的 43.43%；小学专任教师 1585 人，其中小学高级以上教师 706 人，占专任教师总数的 44.54%。幼儿园教师 135 人，其中幼儿园高级教师 61 人，占专任教师的 45.19%。

若干年份同安区中学专任教师专业技术职务结构情况表

表 22-14　　单位：人

年份	小计	中学高级教师	中学一级教师	中学二级教师	中学三级教师	未评级教师
1998	2284	78	339	956	445	466
2004	1436	72	446	825	35	58
2007	1743	247	757	645	10	84

若干年份同安区小学专任教师专业技术职务结构情况表

表 22-15　　单位：人

年份	小计	小学中学高级	小学高级	小学一级	小学二级	小学三级	未评级教师
1998	2952	2	455	960	893	65	579
2004	1527	4	366	950	167	—	40
2007	1585	2	704	794	31	21	33

二、学科结构

从 2006 年起，小学每 6 个教学班，增加 1 名教师编制；每所中心小学和初中校增加 1 名信息技术教师编制，高中校增加 2 名信息技术教师编制；有 50 台以上电脑的，增加 1 名电脑保养与维修教师编制；每所中心小学和初中校增加 1 名心理健康教育教师编制，高中校增加 2 名。至 2007 年，同安区小学共配有思想品德、语文、数学、英语、自然等 12 个学科任课教师，中学共配有政治、语文、数学、英语、物理、化学等 16 个学科任课教师，职业高中共设有文化、农林、制造、交运等 14 个学科任课教师。中小学语、数、英三科课时与任课教师最多。

若干年份同安区小学专任教师学科结构表

表 22-16　　单位：人

年份	人数	思想品德	语文	数学	英语	自然	社会	信息技术	体育	音乐	美术	劳动	其他	当年不任课
2004	1527	18	742	524	58	19	17	26	42	32	27	5	2	15
2007	1585	37	721	499	80	12	3	35	56	35	38	3	50	16

说明：1997—1999 年缺档

若干年份同安区中学专任教师学科结构表

表 22-17　　单位：人

年份		人数	政治	语文	数学	物理	化学	生物	地理	历史	英语	信息技术	体育	生理卫生	音乐	美术	劳动	其他
1998	初中	1860	133	372	356	116	75	75	80	83	328	94	94	2	42	59	30	15
	高中	307	21	48	47	30	33	10	12	23	52	4	18	—	2	1	5	1
2004	初中	997	76	199	187	66	33	39	45	51	158	17	47	—	26	31	9	13
	高中	396	29	58	59	40	37	20	22	23	62	7	21	—	6	6	5	1
2007	初中	2063	71	197	193	67	42	35	43	49	169	17	48	—	26	37	20	20
	高中	627	37	98	95	61	57	38	36	33	93	17	28	—	9	7	7	11

若干年份同安区职业高中专任教师学科结构表

表 22-18　　单位：人

年份	人数	文化课	农林类	加工制造	交通运输	信息技术	医药卫生	商贸旅游	财经	文化艺术与体育	社会管理	师范	政法	实习指导	其他
1998	124	56	3	29	—	—	—	—	3	3	5	21	4	—	—
2004	43	17	5	6	—	4	—	5	—	3	—	—	—	2	1
2007	84	46	1	8	5	10	1	3	1	—	1	6	2	—	

三、性别与年龄结构

（一）性别结构

1997 年，全区小学教师职工总数 3082 人，其中专任教师 2802 人，性别结构不明。中学教职工总数 2720 人，其中专任教师 2248 人，性别结构不明。

1999 年，全区小学教职工总数 3191 人，小学专任教师 2908 人，其中女教师 1441 人，占小学专任教师的 49.55%；中学教职工总数 3052 人，专任教师 2297 人，女教师 1054 人，占中学专任教师的 45.89%。此后至 2004 年，女性小学教师占比呈上升趋势，女性中学教师占比下降。

2004 年，全区小学教职工总数 1701 人，专任教师 1527 人，其中女教师 896 人，占小学专任教师的 58.7%；中学教职工总数 1793 人，专任教师 1449 人，其中女教师 619 人，占中学专任教师的 42.72%。

2007 年，同安区小学教职工总数 1676 人，专任教师 1585 人，其中女教师 875 人，占小学专任教师的 55.2%，比 2004 年下降 3.5 个百分点；中学教职工总数 1981 人，专任教师 1743 人，其中女教师 775 人，占中学专任教师的 44.46%，比 2004 年增加 1.68 个百分点。

（二）年龄结构

1997 年，全区中小学专任教师年龄结构均不明。

2004 年，小学专任教师 1527 人，其中 40 周岁以下的有 1041 人，占小学专任教师的 68.17%；中学专任教师 1449 人，其中 40 周岁以下的有 1314 人，占中学专任教师的 90.68%。2007 年小学专任教师 1585 人，其中 40 周岁以下的有 1043 人，占小学教师的 65.8%；中学专任教师 1743 人，其中 40 周岁以下的有 1460 人，占中学专任教师的 83.76%。青年教师比例略有下降。

第四节 师资培训

师资培训本着“为学校、教师、教学第一服务”的工作理念，全面推行“以校本培训为基础、培训机构为基地、岗位培训与学历教育并举”的多层次、多形式中小学教师培训工作。

一、理论培训

1997 年组织中学校长参加厦门市教育学院举办的岗位培训和提高培训，至 2007 年累计培训 123 人。

2000 年，选派 4 名中学校长参加国家级培训、6 名中学校长参加省级校长高级研修培训。

2001—2003 年，举办小学校长岗位培训 3 期，受训新任小学校长 100 多人；小学校长提高培训 8 期，受训校长 240 多人；举办 1 期小学校长新课程理论提高研修培训，受训校长 48 名；举办一期中学德育干部培训，受训 68 名；举办 1 期中小学保卫干部培训，受训 34 名。

2002—2003 年，组织全区 5801 名中小学教师参加邓小平理论、教师职业道德、教育法学基础、现代教育技术 4 门公共必修课的全员培训。

2004 年，选派 6 名学区校长参加国家级高级研修、6 名学区校长参加省级研修培训。

2005 年，组织 3 名正、副局长（含书记）参加省、市组织部门和教育行政部门举办的处级领导干部和教育局长干部培训；26 名教育行政干部参加“行政执法理论”培训；22 名教育行政干部参加“行政许可法”理论培训；16 人参加国家、省、市举办的课改理论或相应专业短期专题培训。

二、业务培训

1997 年，组织中小学教师参加普通话等级培训，至 2007 年累计培训 6000 人。

1999 年，组织全区 5800 名中小学教师进行“现代教育技术”公共必修课知识培训。2000 年组织

6378 名中小学教师参加计算机应用培训考核。2001 年组织 180 名中小学老师参加信息技术学科培训。2001—2002 年，组织 5136 人次中小学教师参加“新课程理论培训”

2003 年，选派中学语、数、英教师 60 人参加市教育局委托集美大学举办的市级骨干教师培训。2003—2005 年，组织 815 名中小学幼儿教师参加市区级骨干教师培训，其中，市级培训 585 名，区级培训 230 名。同年，举办 3 期 4650 人次中小学教师岗位培训。组织 2335 名小学教师参加学历教育培训，其中“小学教育专业”专科自学考试 1700 人，毕业 664 人；专科函授生 236 人，本科函授生 399 人。

第五节　待　遇

1998 年 10 月起，根据《厦门市实施〈中华人民共和国教师法〉规定》，同安区教师除享受国家规定的工资待遇外，还享有市政府为教师专设的优惠待遇：中、小学特级教师享受离休干部、地专级干部的医疗服务；每年一次定期组织中、小学特级教师外出考察学习和疗养；中小学特级教师、省市级拔尖人才出席区政府组织的处级领导、离休干部“春节团拜会”；教师每人每月享受 220 元的午餐补贴和 165 元的工作补贴；班主任每人每月补贴 100 元；在山区任教的教师每人每年补贴 3000 元，在半山区任教的教师每人每年 1500 元。按教师工资总额的 37% 发放教师绩效奖金；为教师发放教龄津贴（教龄在 5 年以上的每月发 6 元，教龄 10 年以上的每月发 10 元，15 年以上发 14 元，20 年及以上每月发 20 元）。为教师发放专业技术人员补贴：特级教师每月发给政府终身津贴 350 元，中学高级教师每月发给 100 元津贴，中学一级教师、小学高级教师、幼儿园高级教师每月发给 80 元津贴，中学二级教师、小学一级教师、幼儿园一级教师，每月发给 60 元津贴；教师每年增一薪级工资。

第四章　经费与设施

第一节　教育经费

一、政府拨款

1997 年，区政府教育拨款 1.31 亿元，占当年财政支出的 31.2%。2003 年，拨款 2.64 亿元，占当年财政支出的 33.73%。分区后的 2004 年拨款 2.31 亿元，占当年财政支出的 35.54%。至 2007 年，拨款 4.26 亿元，占当年财政支出的 39.73%。

二、教育费附加

1997 年，同安县继续征收城乡教育费附加，当年征收 2278 万元。2003 年起，停征农村教育附加。2004 年起，城乡教育费附加统一由市财政统筹。1997—2003 年，同安累计征收教育附加 12388 万元，市财政统筹分配给同安 20104 万元，两项合计占预算内外教育经费总额 25.30 亿元的 12.8%。

1997—2007 年同安区教育费附加征收情况表

表 22-19　　单位：万元

项目	1997 年	1998 年	1999 年	2000 年	2001 年	2002 年	2003 年	2004 年	2005 年	2006 年	2007 年
各级政府计征教育附加合计	2278	1818	1977	3919	1323	965	108	3353	3932	5350	7469
其中：城市教育费附加	480	90	300	30	151	115	108	—	—	—	—
农村教育费附加	1798	1728	1677	1639	1172	850	—	—	—	—	—

三、勤工俭学

主要是校办企业收入，由于校办企业从 20 世纪 90 年代中期起陆续停办，勤工俭学收入逐年减少。1997 年收入 79.60 万元，至 2003 年仅收入 45.70 万元。7 年累计收入 411 万元。此后校办企业全部停办。

四、社会集资

1997 年，同安区社会集资捐资办学 755 万元，占全县预算内外教育经费总额的 4.96%。此后随着政府逐年加大对基础教育投入，以及国家政策调整，社会集资收入逐年减少，至 2003 年停止集资，只有捐资收入。1997—2007 年，累计集资捐资 5286 万元，占教育经费支出总额 1.88%。

1997—2007 年同安区教育经费统计表

表 22-20　　单位：万元

项目	1997 年	1998 年	1999 年	2000 年	2001 年	2002 年	2003 年	2004 年	2005 年	2006 年	2007 年
国家财政性教育经费	13071	14332	15605	16802	19243	24975	26378	23122	27004	30240	42556
其中：预算内教育经费	10284	12392	13625	14816	17879	24143	25720	19620	22856	25382	33067
其中：教育事业费	10274	12183	12712	12391	14460	16650	18644	13763	16381	18852	27653
社会捐、集资办学经费	755	524	592	526	880	1210	367	146	114	92	80
事业收入	1382	1650	1726	2252	2722	3326	3621	1843	2467	1735.6	0
总计	15208	16506	17923	19580	22845	29511	30366	25111	29585	32067.6	42636

五、学杂费

1997 年，同安区继续实施九年义务教育，小学、初中不收学费，只收杂费。当年各类学校杂费收入 1382 万元，占全县预算内外教育经费的 9.09%。

2006 年春季起，免除农村义务教育学生（含外来务工人员子女）杂费，由财政全额补助给学校，全区近 3.5 万名学生直接受益。安排 200 万元资金对义务教育阶段贫困生实行“两免一补”（免课本费、簿籍费，补助部分生活费用）。全部免除农村小学和山区初中寄宿生的住宿费，食堂运转经费由政府补助，做到不因学校布局调整而增加农民的负担。2007 年春季起，免除城市义务教育阶段学生杂费。1997—2007 年，累计杂费收入 22724.6 万元。

1997—2007 年同安区学校杂费收入一览表

表 22-21　　　　单位：万元

项目	1997 年	1998 年	1999 年	2000 年	2001 年	2002 年	2003 年	2004 年	2005 年	2006 年	2007 年
杂费收入	1382	1650	1726	2252	2722	3326	3621	1843	2467	1735.6	0

附录：教育基金及助教助学

社会各界、海内外乡亲热心捐资助学，区教育局注册成立“同安区教育事业促进会”，基层学校成立基金会（或促进会），民间还有宗亲会或村老人会管理的奖教奖学基金。

同安区教育事业促进会（原同安县教育基金会）　2001 年，由“同安县教育基金会”更名为“同安区教育事业促进会”。业务主管部门为区教育局，主要开展奖教助学工作。截至 2007 年本金 138.44 万元，其中区政府预算内拨款 20 万元，同安企业界捐赠 23.9 万元，海外同安籍三胞捐赠 94.54 万元。促进会承办厦门尚贸家饰有限公司 1996—1999 年奖教奖学 26.09 万元，协助同安协生纺织有限公司每年开展一次奖教奖学、助教助学活动。

同安一中洪世宽奖学助学基金会　由台胞洪世宽先生捐资设立，自 1994 年 11 月创办至 1997 年本金累计 50 万元，采用存本取息的办法资助同安一中贫困生。后因利息太低，经洪世宽先生同意，将存款用以购买店面，每年用店面租金的一部分奖学助学。截至 2007 年，该基金会共资助同安一中贫困生 923 人，资助金额 558057 元。

同安一中轮山教育激励促进会　2000 年 5 月成立。由同安一中校务委员会领导，开展奖教奖学和助学活动。基金总额一度达到 200 多万元。2006 年初，并入厦门市教育基金会，由市教育基金会运作并管理。

厦门市国祺中学教育促进会　由旅菲爱国华侨胡彩英女士及其子女捐资 20 万元，设立“同安国祺中学基金会”，2002 年，改名为“厦门市国祺中学教育促进会”，每年追加捐赠 10 万元，截至 2007 年，累计本金 100 万元。每年基金所得利息，专项奖励国祺中学在教育教学工作中成绩突出的教师和品学兼优的学生。

厦门市国祺中学德三教育促进会　2007 年 11 月，由旅菲爱国华侨胡彩英（女）和胡德国遵照胡德三先生（胡彩英和胡德国的弟弟）的遗愿捐资 100 万元设立，专项用于奖励国祺中学品学兼优和家庭经济困难的学生。

厦门市教育基金会优丽奖教奖学基金　厦门优丽人造花有限公司董事长台胞吴乔治于 1996 年 9 月在厦门市第二外国语学校（原厦门市同安第二十八中学）捐资设立“优丽文教基金会”，2002 年 9 月并入厦门市教育基金会设“优丽奖教奖学基金”进行规范管理，截至 2007 年，基金累计金额人民币 75 万元，主要用于厦门市第二外国语学校的奖教、奖学、助学和学校各种各样的学科竞赛、体育比赛等。

厦门市同安区第三中学教育促进会　1997 年，由厦门市同安第三中学各届校友捐资 20 万元设立。截至 2007 年，累计本金 29 万元，每年用所得利息，专项奖励厦门市启悟中学（原同安第三中学改名）在教育教学工作中成绩突出的教师和品学兼优的学生。

同安第一实验小学叶志龙奖教奖学基金　由叶志龙于 1996 年捐资 8 万元设立。此后几年多次追加捐赠，截至 2007 年，累计本金 60 万元。每年所得利息专项奖励同安第一实验小学在教育教学工作中成绩突出的教师和品学兼优的学生。

杜川同乡会教育促进会　2005 年，由厦门第三医院胸外科主任洪银城发起，厦门市人大代表洪金柱及高铭革、蔡金桐、高泉权等人组织设立。每年中秋在同安香江饭店举行促推教育座谈会。至 2007 年，三届共捐资 9.5 万元，专项用于小坪小学在教育教学工作中成绩突出的教师和品学兼优的学生，以及小坪村、尾林村、水洋村每年考上本科及以上的大学生。

厦门市同安区吕厝小学教育基金会　2004 年 8 月，由新加坡爱国华侨吕俊帝捐资××万元设立，主要用于奖励吕厝小学在教育教学工作中成绩突出的教师和品学兼优的学生。

厦门市同安区浔江小学教育基金会　1990 年，由新加坡爱国华侨吴水池、吴兹印、吴文水、吴兹露捐资设立。2007 年，累计本金××万元。每年所得利息，专项奖励浔江小学在教育教学工作中成绩突出的教师和品学兼优的学生。

第二节　教育设施

一、校园用地、校舍及图书

1997 年，全区中小学硬件设施达标率在 85% 以上。中学校园占地总面积 81.51 万平方米，学生人均 20.6 平方米（指标为 15 平方米）。校舍总建筑面积 20.40 万平方米，生均 5.2 平方米。藏书 50 万册，生均 12.6 册。31 所中学的运动场、实验仪器均达标。全区 221 所小学校园占地总面积 10.64 万平方米，生均 15.4 平方米。校舍总面积 27.82 万平方米，生均 4.1 平方米（指标 3.6 平方米）。藏书 83.65 万册，生均 12.5 册（指标 10 册）。运动场、专用教室达标率 79.6% 和 76.5%。至 2005 年全区中小学硬件设施全面达标。2007 年，中学校园占地面积、校舍建筑面积、藏书三项生均分别为 30.07 平方米、10.80 平方米、34.71 册，小学三项生均分别为 22.64 平方米、7.35 平方米、19.07 册，幼儿园三项生均分别为 3.74 平方米、4.47 平方米、3.85 册。

2007 年同安区属中小学幼儿园教育设施与学生数情况表

表 22-22

学校	学校用地（平方米）	校舍建筑面积（平方米）	学校藏书量（册）	学生数（人）
中学合计：17 所	634434	227960	732431	21100
厦门市启悟中学	72705	24953	87000	2502
厦门市东山中学	31964	19094	49499	1919
厦门市汀溪中学	28464	8149	26251	727
厦门市莲美中学	49078	13633	26000	1118
厦门市洪塘中学	36830	16840	39470	1462
厦门市育才中学	26629	13905	60464	1320
厦门市凤南中学	13528	4920	12873	330
厦门市新民中学	28431	12498	46731	1223
厦门市美林中学	21504	10397	16323	946
厦门市五显中学	35396	17791	79145	2031
厦门市柑岭中学	36685	12096	40828	1022
厦门市城东中学	33845	9001	29480	775
第二外国语学校	75241	20934	93060	2592

续表22-22

学校	学校用地（平方米）	校舍建筑面积（平方米）	学校藏书量（册）	学生数（人）
厦门市国祺中学	42071	12705	63494	1881
厦门市竹坝学校	53659	8643	16807	515
厦门市澳溪中学	13269	6415	10006	404
厦门华兴学校	35135	15986	35000	333
小学合计：18 所（学区）	624373	202788	525877	27583
大同学区	79565	23996	87448	4575
洪塘学区	72795	22299	47085	2174
五显学区	74602	18370	49069	2065
西柯学区	77691	22016	69202	2863
新民学区	60046	17054	55462	3084
汀溪学区	58765	15236	27768	1001
莲花学区	77443	23585	73615	2036
凤南学区	16130	4842	15443	721
第一实验小学	28382	21576	39530	2683
第二实验小学	20829	10802	24341	1506
竹坝学校（小学）	—	—	—	211
岳口小学	10476	4596	9247	600
进修附小	11353	4852	14067	861
阳翟小学	20646	6249	12086	1152
华兴学校（小学）	—	—	—	300
永红小学	8400	3200	1014	1080
育青小学	3250	1715	0	598
国谊学校	4000	2400	500	73
幼儿园合计：2 所	4283	5114	4412	1145
实验幼儿园	1350	2201	1912	505
兴国幼儿园	2933	2913	2500	640

说明：1. 中学学生中含职高学生；2. 小学合格校指标：小学生均用地不低于 15 平方米，生均校舍面积不低于 4.4 平方米（不含学生食堂宿舍面积），农村完小藏书量生均不少于 10 册；初中合格校指标：初中生均用地不低于 20 平方米（不含学生食堂宿舍用地），生均校舍不低于 5.2 平方米（不含学生食堂宿舍面积），初中藏书量生均不少于 20 册。3. 竹坝学校、华兴学校小学部已并入中学部统计

二、仪器设备

1997 年，中小学教学设备配备情况缺。

2001 年，同安区通过省实验教学仪器达标区验收，中学达到理科教学仪器配备一类标准，中心小学达到自然仪器配备一类标准，其他农村小学达到二或三类标准。2004—2006 年，财政投入 3240 万元

为中小学配备电脑、多媒体教学设备、实验仪器设备、音乐、美术、体育、图书及其它教育教学设备，在巩固实验教学达标区的基础上，进一步提高实验教学设备配备标准。至2007年，小学生均图书20.8册，初中生均图书30.5册，小学信息技术机生比为1∶11，初中信息技术机生比为1∶12，均超过“双高普九”指标要求，教学实验仪器设备已达到或超过省颁Ⅱ类标准。

第五章　教学研究

第一节　研究机构

一、同安区教师进修学校

1997年，同安县教师进修学校（1959年创办）更名为同安区教师进修学校。

2003年翔安析出后，重新核定教职工编制38人。2007年在职在编31人，其中中学专职教研员11人、小学、幼儿园专职教研员6人。内设办公室、中学教研室、小学教研室、师资培训处4个科室。

二、学校教研室、教研组

中学、中心小学均设教研室，由教学骨干任主任，负责全校的教研工作。校内各科均设教研组，负责相应学科教师的教研工作。

第二节　课题教研及成果

同安区教师进修学校依据上级课题研究管理部门要求，协同区教育督导室，对各基层中学、小学、特教、幼儿园开展“量体裁衣”的课题申报及研究工作。各校针对实际，立足校情，寻求各个专业部门专家的支持与指导，形成校级、区级、市级、省级以至国家级课题教研网络。

1997年，课题立项1项，为市级幼儿园课题，成果9篇入选市级汇编。至2003年，当年课题立项4项（含翔安），其中中学2项、小学幼儿园各1项，国家子课题1项、市级课题1项、校级课题2项。国家子课题《中学生作文语言优劣分析及训练对策》获中国教育学会“十五”科研规划立项课题“新时期作文教学全境研究”成果二等奖。1997—2003年，累计课题立项19项，其中，中学3项、小学9项、幼儿园7项；国家级2项、国家子课题4项、省级3项、市级4项、校级6项。国家级子课题《应用尝试教学培养幼儿的创新精神》入选国家级汇编8篇，市级课题《教师幼儿家长共建课题的研究》入选国家级汇编12篇。

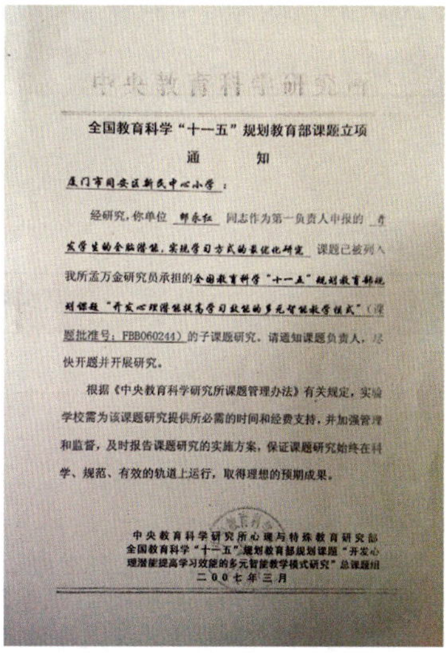
中央教育科学研究所

全国教育科学“十一五”规划教育部课题立项
通　知

厦门市同安区新民中心小学：

经研究，你单位　郭永红　同志作为第一负责人申报的　开发学生的全脑潜能，实现学习方式的最优化研究　课题已被列入我所盂万金研究员承担的全国教育科学“十一五”规划教育部规划课题“开发心理潜能提高学习效能的多元智能教学模式”（课题批准号：FBB060244）的子课题研究。请通知课题负责人，尽快开题并开展研究。

根据《中央教育科学研究所课题管理办法》有关规定，实验学校需为该课题研究提供所必需的时间和经费支持，并加强管理和监督，及时报告课题研究的实施方案，保证课题研究始终在科学、规范、有效的轨道上运行，取得理想的预期成果。

中央教育科学研究所心理与特殊教育研究部
全国教育科学“十一五”规划教育部规划课题“开发心理潜能提高学习效能的多元智能教学模式研究”总课题组
二00七年三月

新民中心小学研究课题被列入“十一五”规划教育部子课题研究项目

2004年，课题立项18项，其中中学13项、小学4项、幼儿园1

项；国家级2项、省级5项、市级2项、校级9项。国家级中学课题《语文分项训练实验与研究》获市级三等奖，市级小学课题“闽南课件游戏”获省三等奖。至2007年，当年课题立项23项，其中中学14项、小学7项、特教1项、幼儿园1项；国家级、国家级子课题各1项、省市级各1项、区级4项、校级15项。2004—2007年，累计课题立项92项，其中，中学68项，小学15项、特教1项、幼儿园8项；国家级9项、国家级子课题2项，省级12项，市级7项、区级18项、校级44项。国家级中学课题《基于母语环境的任务型英语教学实施与课程资源整合研究》获优秀成果一等奖，国家级子课题《手持式网络学习系统初中数学教学模式研究》获该课题终期成果评比三等奖，国家级小学课题《信息技术与学科教学的有效整合研究》获省三等奖，国家级子课题《创建低成本高质量的幼儿教育》入选国家级汇编1篇，市级课题《幼儿发展性评比的实践研究》入选国家级汇编7篇，省级汇编1篇、市级汇编8篇、区级汇编15篇。

1997—2007 同安区立项课题统计表

表 22-23　　单位：项

年份	课题总数	其中：学段				其中：级别					
		中学	小学	特教	幼儿园	国家级	国家级子课题	省级	市级	区级	校级
1997	1	—	—	—	1	—	—	—	—	—	—
1998	2	1	1	—	—	1	—	1	—	—	—
1999	1	—	1	—	—	—	—	1	—	—	—
2000	2	—	1	—	1	—	1	—	—	—	1
2001	5	—	2	—	3	1	1	—	1	—	2
2002	4	—	3	—	1	—	1	1	1	—	1
2003	4	2	1	—	1	—	1	—	1	—	2
2004	18	13	4	—	1	2	—	5	2	—	9
2005	16	15	—	—	1	—	—	—	—	7	9
2006	35	26	4	—	5	6	1	6	4	7	11
2007	23	14	7	1	1	1	1	1	1	4	15
合计	111	71	24	1	15	11	6	15	11	18	50

同安区1997—2007年课题研究信息情况表

表 22-24

课题立项时间	课题名称	级别	课题依托学校	研究成果
中　学				
1998年9月	积极深化读报活动，全面提高学生素质	省级	新民中学	朱向东《读报活动调查与思考》，发表在2002年第五期《厦门教育》。陈溪水《读报活动与素质教育》，省级交流
2003年7月	《新时期作文教学全境研究》子课题《中学生作文语言优劣分析及训练对策》	国家级子课题	启悟中学	获中国教育学会“十五”科研规划立项课题“新时期作文教学全境研究”成果二等奖
2004年6月	语言分项训练实验与研究	国家级	启悟中学	研究成果获市级三等奖
2004年6月	课程资源的开发、利用和共享机制的研究	省级	启悟中学	形成校本课程开发、利用与共享模式

续表22-24

课题立项时间	课题名称	级别	课题依托学校	研究成果
2004 年 7 月	校本课程的开发与利用	省级	启悟中学	形成校本教研模式
2004 年 12 月	促进信息技术与学科课程整合的教学模式研究	省级	第二外国语学校	—
2004 年 12 月	高中生阅读学习障碍及矫治对策研究	省级	第二外国语学校	—
2005 年 6 月	在教学活动中引导学生开展合作学习研究	区级	启悟中学	—
2005 年 6 月	怎样在音乐课中培养学生的创造性思维	区级	启悟中学	—
2005 年 6 月	初中英语目标分层教学实践与研究	区级	启悟中学	—
2005 年 6 月	初中生心理教育辅导	区级	启悟中学	—
2005 年 6 月	在新课程体系下，教学方式需要何变化——重视学困生学习过程的学法指导	区级	东山中学	—
2005 年 11 月	高中思想政治课必修模块核心知识的教学研究	区级	第二外国语学校	—
2005 年 11 月	构建任务驱动式教学模式，培养学生综合语言运用能力	区级	新民中学	创立任务型教学模式，教学设计发表
2006 年 4 月	应用地理学	市级	启悟中学	汇编校本教材一本
2006 年 5 月	中学地理教学中学生元学习能力培养	区级	第二外国语学校	—
2006 年 5 月	数学课堂教学的有效性研究	区级	东山中学	—
2006 年 6 月	基于母语环境的任务型英语教学实施与课程资源整合研究	国家级	五显中学	优秀成果一等奖、优秀课题主持人
2006 年 7 月	开发乒乓球校本课程的应用与研究	国家级	第二外国语学校	—
2006 年 8 月	立足闽南文化，优化作文教学	市级	五显中学	已结题
2006 年 9 月	网络环境下高中语文教育资源建设与应用研究	区级	启悟中学	发表 CN 级刊物论文一篇，校被评为福建省电化教育主持的“十一五”教育技术研究规划课题研究先进单位
2006 年 9 月	基于母语环境的任务型英语教学实施与课程资源整合研究	国家级	东山中学	CN 论文 3 篇
2006 年 9 月	新课程化学教学资源建设与组织研究	市级	东山中学	—
2006 年 9 月	新旧课程碰撞下高一学生理科学力调查与对策	区级	东山中学	—
2006 年 9 月	初中历史科课内与课外教学互补的研究	区级	东山中学	—

续表22-24

课题立项时间	课题名称	级别	课题依托学校	研究成果
2006 年 9 月	“一毛钱”的价值探究	区级	东山中学	《正本清源让课堂成为学生成长的摇篮》获得厦门市中学政治优秀教学论文评选二等奖/《由“三条红领巾”引发的思考》在中国教育学会中学德育专业委员会第五届全国学术年会中被评为三等奖/《用发展的观点看问题》说课稿被评为厦门市中学思想政治课说课稿比赛三等奖
2006 年 9 月	中学体育课成绩过程性评价与终结性评价有效结合的研究	区级	东山中学	—
2006 年 10 月	中学德育与心理健康教育的互动研究	区级	第二外国语学校	—
2006 年 10 月	信息技术与学科教学的有效整合研究	国家级	第二外国语学校	—
2007 年 4 月	高三历史第二轮有效性复习策略探讨	区级	五显中学	已结题
2007 年 4 月	普通高中校本课程开发与教学整合策略研究	区级	五显中学	校本课程一本
2007 年 4 月	任务型教学中学生合作学习的培养	区级	五显中学	已结题
2007 年 4 月	如何处理初高中物理教学衔接	区级	五显中学	已结题
2007 年 7 月	手持式网络学习系统初中数学教学模式研究	国家级子课题	启悟中学	获全国教育技术研究规划“十一五”重点课题《手持式网络学习系统在学科教学中的应用研究》终期成果评比三等奖
2007 年 12 月	练字矫正与个性发展的研究与实践	国家级	第二外国语学校	《硬笔书法与笔迹心理》由中国文化出版社出版
		小　　学		
1998 年 4 月	尝试—创新精神的培养	国家级	洪塘中心小学	课题总结《运用尝试教学理论，深化课堂教学改革》获厦门市教育局、厦门市教育基金会、厦门市教育学会组织的“厦门市第六届教育科研成果奖三等奖”
1998 年 9 月	“指导—自主学习”	省级	第一实验小学	省级论文汇编 1 篇
2000 年 9 月	小学师生心理健康素质与情感教育	国家级子课题	新民中心小学	—
2001 年 5 月	想象与想象作文	国家级	莲花中心小学	创立先写后导模式，出版《山花》季刊，CN 论文 33 篇
2002 年 6 月	新课程与学习方式的转变	省级	第一实验小学	—
2002 年 6 月	指导探索性学习	市级	第二实验小学	创立学生自主性学习、老师指导性教学模式，多篇论文汇篇多节公开课展示
2002 年 9 月	小学生学习策略与创造力培养的研究	国家级子课题	新民中心小学	—
2003 年 5 月	语文教学中学生学习方式研究	市级	新民中心小学	—

续表22-24

课题立项时间	课题名称	级别	课题依托学校	研究成果
2004 年 6 月	生命化教育	国家级	第一实验小学	—
2004 年 6 月	闽南课件游戏	市级	第一实验小学	获省三等奖
2004 年 7 月	数学课堂小组合作学习有效性研究	省级	进修学校附属小学	营造亲和氛围——创设合作情景——把握合作时机——夯实合作过程（独立思考——倾听交流——反思调整）
2004 年 11 月	学生学习方式转变的研究与实践	市级	阳翟小学	课例获奖　论文汇编
2006 年 1 月	提高小学生英语阅读能力策略的研究	国家级	阳翟小学	课例获奖　论文汇编
2006 年 2 月	培养语感和加强语言积累的研究	省级	进修学校附属小学	形成培养语感和加强语言积累的途径和方法
2006 年 4 月	培养学生学会合作	省级	阳翟小学	课例获奖　论文汇编
2006 年 6 月	信息技术与学科教学的有效整合研究	国家级	阳翟小学	课题报告获省三等奖
特　教				
2007 年 9 月	同安特校生活类校本课程的开发与实践	市级	特殊教育学校	《生活适应》教科书及教学指导书，论文《农村智力落后学生生活类校本课程开发的必要性》获同安区第二届教育科研成果二等奖
幼儿园				
1997 年 1 月	环保课题	市级	实验幼儿园	市级 9 篇汇编
2001 年 1 月	应用尝试教学培养幼儿的创新精神	国家级子课题	实验幼儿园	国家级汇编 8 篇，区级汇编 2 篇
2001 年 9 月	教师　幼儿　家长共建课题的研究	市级	实验幼儿园	国家级汇编 12 篇，省级汇编 8 篇，市级汇编 27 篇，区级汇编 9 篇
2006 年 5 月	园本教研实践与研究	省级	兴国幼儿园	创立园本教研模式，多篇论文汇编获奖
2006 年 5 月	农村幼儿园以游戏为基本活动的实践研究	省级	阳翟幼儿园	初步形成游戏课程模式、汇编成果 4 本
2006 年 5 月	幼儿早期阅读兴趣与能力的培养的研究	省级	西溪幼儿园	研究成果汇编三本/CN 级论文 6 篇/国家级论文 1 篇
2006 年 6 月	幼儿发展性评价的实践研究	市级	实验幼儿园	国家级汇编 7 篇，市级汇编 8 篇，区级汇编 15 篇
2006 年 7 月	创建低成本高质量的幼儿教育	国际级子课题	实验幼儿园	国家级汇编 1 篇，市级汇编 1 篇，区级汇编 1 篇
2007 年 6 月	乡土教育资源在幼儿园新课程实施中的运用研究	省级	兴国幼儿园	汇编“乡土资源运用”研究经验成果，多篇论文汇编获奖

第三节　专任教师教研及成果

1997 年，同安区中小学、幼儿园专任教师举办公开课 19 堂，均为区级，其中中学 1 堂、小学 8 堂、幼儿园 10 堂；举办赛课 15 堂，其中区级 14 堂、省级 1 堂，中学 2 堂、小学 4 堂、幼儿园 9 堂，获优秀奖以上奖项 7 项，其中中学 1 项、小学 2 项、幼儿园 4 项；发表研究论文 109 篇，其中中学 26 篇、小学 52 篇、幼儿园 31 篇。至 2003 年，当年举办公开课 59 堂（含翔安）其中区级 47 堂、市级 9 堂、省级 3 堂，中学 16 堂、小学 20 堂、幼儿园 23 堂；举办赛课 20 堂，其中区级 14 堂、市级 5 堂、省级 1 堂，中学 13 堂、小学 7 堂、获优秀奖以上奖项 9 项，其中中学 4 项、小学 5 项；发表研究论文 201 篇，其中中学 70 篇、小学 103 篇、幼儿园 28 篇。1997—2003 年累计举办公开课 232 堂，其中区级 187 堂、市级 31 堂、省级 11 堂、国家级 3 堂，中学 41 堂、小学 86 堂、幼儿园 105 堂；举办赛课 114 堂，其中区级 98 堂、市级 11 堂、省级 3 堂、国家级 2 堂，中学 25 堂、小学 61 堂、幼儿园 28 堂，获优秀奖以上奖项 86 项，其中中学 9 项、小学 52 项、幼儿园 25 项；发表研究论文 1203 篇，其中中学 269 篇、小学 691 篇、幼儿园 243 篇。

2004 年，举办公开课 58 堂，其中区级 38 堂、市级 18 堂、省级 2 堂，中学 14 堂、小学 24 堂、幼儿园 20 堂；举办赛课 16 堂，其中区级 9 堂、市级 7 堂，中学 7 堂、小学幼儿园各 1 堂，获优秀奖以上奖项 8 项，其中小学 7 项、幼儿园 1 项；发表研究论文 318 篇，其中中学 100 篇、小学 179 篇、幼儿园 39 篇。至 2007 年，当年举办公开课 63 堂，其中区级 48 堂、市级 14 堂、省级 1 堂，中学 15 堂、小学 27 堂、幼儿园 21 堂；举办赛课 57 堂，其中区级 43 堂、市级 10 堂、省级 3 堂、国家级 1 堂，中学 20 堂、小学 37 堂，获优秀奖以上奖项 41 项，其中中学 7 项、小学 32 项、幼儿园 2 项；发表论文 303 篇，其中中学 60 篇、小学 193 篇、幼儿园 50 篇。2004—2007 年累计举办公开课 234 堂，其中区级 169 堂、市级 61 堂，省级 4 堂，中学 61 堂、小学 98 堂、幼儿园 75 堂；举办赛课 167 堂，其中区级 120 堂、市级 39 堂、省级 3 堂、国家级 5 堂，中学 58 堂、小学 91 堂、幼儿园 18 堂，获得优秀奖以上奖项 123 项，其中中学 21 项、小学 78 项、幼儿园 24 项；发表研究论文 1200 篇，其中中学 339 篇，小学 679 篇，幼儿园 182 篇。

1997—2007 年同安区中小学幼儿园专任教师个人教研及成果情况表

表 22-25

年份	公开课（堂）					赛课											论文发表（篇）
	合计	区级	市级	省级	国家级	合计（堂）	区级	市级	省级	国家级	奖项合计（项）	特等奖	一等奖	二等奖	三等奖	优秀奖	
1997	19	19	0	0	0	15	14	0	1	0	7	0	1	3	2	1	109
1998	19	16	3	0	0	14	14	0	0	0	13	0	4	4	5	0	149
1999	23	15	2	6	0	12	10	1	0	1	12	0	0	6	5	1	173
2000	38	35	2	0	1	18	15	3	0	0	13	0	5	4	4	0	189
2001	32	23	8	0	1	12	10	0	1	1	13	1	5	6	1	0	190
2002	42	32	7	2	1	23	21	2	0	0	19	0	5	12	1	1	192
2003	59	47	9	3	0	20	14	5	1	0	9	0	2	3	4	0	201
2004	58	38	18	2	0	16	9	7	0	0	8	0	3	3	2	0	318
2005	62	47	14	1	0	65	43	19	0	3	50	0	17	19	14	0	242
2006	51	36	15	0	0	29	25	3	0	1	24	0	8	8	7	1	337
2007	63	48	14	1	0	57	43	10	3	1	41	0	13	15	12	1	303
合计	466	356	92	15	3	281	218	50	6	7	209	1	63	83	57	5	2403

1997—2007 年同安区中学专任教师个人教研及成果情况表

表 22-26

年份	公开课（堂）					赛课											论文发表（篇）
	合计	区级	市级	省级	国家级	合计（堂）	区级	市级	省级	国家级	奖项合计（项）	特等奖	一等奖	二等奖	三等奖	优秀奖	
1997	1	1	0	0	0	2	2	0	0	0	1	0	0	1	0	0	26
1998	4	3	1	0	0	0	0	0	0	0	0	0	0	0	0	0	20
1999	3	1	2	0	0	2	2	0	0	0	1	0	0	0	1	0	24
2000	7	7	0	0	0	4	1	3	0	0	1	0	0	0	1	0	36
2001	4	4	0	0	0	1	1	0	0	0	0	0	0	0	0	0	51
2002	6	6	0	0	0	3	2	1	0	0	2	0	0	1	0	1	42
2003	16	13	3	0	0	13	9	4	0	0	4	0	0	1	3	0	70
2004	14	12	2	0	0	7	7	0	0	0	0	0	0	0	0	0	100
2005	15	13	2	0	0	17	12	5	0	0	6	0	2	2	2	0	82
2006	17	14	3	0	0	14	12	2	0	0	8	0	4	0	3	1	97
2007	15	12	3	0	0	20	16	2	2	0	7	0	1	3	3	0	60
合计	102	86	16	0	0	83	64	17	2	0	30	0	7	8	13	2	608

1997—2007 年同安区小学专任教师个人教研及成果情况表

表 22-27

年份	公开课（堂）					赛课											论文发表（篇）
	合计	区级	市级	省级	国家级	合计（堂）	区级	市级	省级	国家级	奖项合计（项）	特等奖	一等奖	二等奖	三等奖	优秀奖	
1997	8	8	0	0	0	4	4	0	0	0	2	0	0	2	0	0	52
1998	7	7	0	0	0	7	7	0	0	0	6	0	3	2	1	0	95
1999	11	5	0	6	0	9	7	1	0	1	9	0	0	5	4	0	110
2000	13	12	0	0	1	10	10	0	0	0	8	0	2	4	2	0	127
2001	10	10	0	0	0	6	6	0	0	0	7	0	2	5	0	0	89
2002	17	15	2	0	0	18	17	1	0	0	15	0	5	9	1	0	115
2003	20	17	1	2	0	7	5	1	1	0	5	0	2	2	1	0	103
2004	24	20	4	0	0	8	1	7	0	0	7	0	2	3	2	0	179
2005	31	25	5	1	0	33	16	14	0	3	29	0	14	9	6	0	119
2006	16	15	1	0	0	13	11	1	0	1	10	0	3	7	0	0	188
2007	27	25	1	1	0	37	27	8	1	1	32	0	12	11	9	0	193
合计	184	159	14	10	1	152	111	33	2	6	130	0	45	59	26	0	1370

1997—2007 年同安区幼儿园专任教师个人教研及成果情况表

表 22-28

年份	公开课（堂）					赛课											论文发表（篇）
	合计	区级	市级	省级	国家级	合计（堂）	区级	市级	省级	国家级	奖项合计（项）	特等奖	一等奖	二等奖	三等奖	优秀奖	
1997	10	10	0	0	0	9	8	0	1	0	4	0	1	0	2	1	31
1998	8	6	2	0	0	7	7	0	0	0	7	0	1	2	4	0	34
1999	9	9	0	0	0	1	1	0	0	0	2	0	0	1	0	1	39
2000	18	16	2	0	0	5	4	1	0	0	4	0	3	0	1	0	26
2001	18	9	8	0	1	5	3	0	1	1	6	1	3	1	1	0	50
2002	19	11	5	2	1	2	2	0	0	0	2	0	0	2	0	0	35
2003	23	17	5	1	0	0	0	0	0	0	0	0	0	0	0	0	28
2004	20	6	12	2	0	1	1	0	0	0	1	0	1	0	0	0	39
2005	16	9	7	0	0	16	15	1	0	0	15	0	1	8	6	0	41
2006	18	7	11	0	0	6	2	4	0	0	6	0	1	1	4	0	52
2007	21	11	10	0	0	2	0	2	0	0	2	0	0	1	0	1	50
合计	180	111	62	5	2	54	43	8	2	1	49	1	11	16	18	3	425

第六章　管　理

第一节　机　构

一、同安区教育局

1997 年同安县撤县改区后，同安县教育局更名为厦门市同安区教育局，内设办公室、宣传教育科、人事科、计划财务科、中等教育科、初等教育科、成人教育科、招生会考办 8 个科室，核定机关行政编制 28 名，机关事业编制 8 名，专项机关事业编制 2 名（其中未成年人保护办公室 1 名、退休干部管理人员 1 名）

2002 年 9 月 26 日，经同安区委机构编制委员会批复成立厦门市同安区教育招生考试中心，为区教育局下属全民事业单位，核定人员编制 5 人，领导职数 2 人，原教育局招生会考办职能并入该中心。

2003 年 9 月析出翔安后，同安区实行机构改革，区教育局内设综合科和教育科两个科室，核定编制 12 名（其中行政编制 10 名、工勤编制 1 名、老干专项 1 名），部门领导职数 3 名。2004 年 9 月 27 日，经市委编办批复，增设德育科，人员编制不变，增加 1 个科级领导职数。2006 年 1 月 19 日，经市委编办批复，增设组织宣传科，人员编制总数不变。至 2007 年，局内设综合、教育、德育、组织宣传

4 科。下辖教育招考中心。

二、同安区人民政府教育督导室

1997 年，同安县教育督导室更名为同安区教育督导室，代表区政府执行教育督导任务，日常工作由教育局管理。2001 年 3 月 24 日，为与省、市教育督导机构统一名称，更名为“厦门市同安区人民政府教育督导室”，此后至 2007 年机构名称、隶属关系、人员编制不变。

第二节 学校管理

一、管理体制

（一）中学管理体制

1997 年，同安区公办中学 31 所，2003 年析出翔安后，同安区公办中学 17 所，均由同安区教育局直接管理。2004 年 8 月，同安一中上划为市直属学校，由市教育局直接管理。

（二）职业学校管理体制

厦门市育才职业学校、厦门市文教职业学校、厦门市同安区职业技术教育中心 3 所隶属区教育局管理；厦门市第二技工学校隶属区人事劳动和社会保障局管理；同安区卫生职业学校隶属区卫生局管理。

（三）小学管理体制

1997 年，农村仍以镇为单位设立学区，管理本镇辖区内的小学。2000 年，撤销学区，其职能并入各镇中心小学，由中心小学托管本镇辖区内的小学。城区第一实验小学、第二实验小学为教育局直属小学。2004 年 8 月，岳口小学、阳翟小学、进修学校附属小学也调整为区教育局直属小学。2007 年，除一、二实小，岳口小学、阳翟小学、进修学校附属小学为区教育局直属小学外，其余小学均由中心小学托管。

（四）幼儿园管理体制

1997 年，农村小学附设幼儿园（班），实行以生养师的办学模式，由小学管理。公办幼儿园 4 所（实验幼儿园、兴国幼儿园、洗墨池幼儿园、阳翟幼儿园）由区教育局直接管理。2006 年 5 月，新设立西柯中心幼儿园、莲花中心幼儿园、新民中心幼儿园、汀溪中心幼儿园、五显中心幼儿园、洪塘中心幼儿园、凤南中心幼儿园、西溪幼儿园、竹坝幼儿园 9 所幼儿园，共 13 所公办幼儿园，归口区教育局管理。同时实行各镇公办中心幼儿园管理、指导农村小学附设幼儿园和辖区内民办幼儿园的管理体制。

（五）民办学校管理

由区教育局依据学校建筑安全、消防安全、场地面积与办学规模进行审查合格后，发给办学许可证。发证的华兴学校、永红小学、育青小学、国谊学校 4 所小学及幼儿园行政上由区教育局派出的镇区教育专干管理。业务上由公办的镇中心小学（幼儿园）派出专人指导、管理。

二、学校内部管理

1997—2007 年，公办中小学、幼儿园实行校长（园长）负责制，中学和直属小学均成立学校党支部；农村小学以镇为单位，成立中心小学党支部；完中校一般设办公室（管行政）、教务处（管教学）、政教处（或德育处管德育）、总务处（管财务、后勤）、团委会、教研室。初中校一般设办公室、教导处、总务处、团委会。区直属小学和中心小学一般设办公室、教导处、总务处和少先队总辅导员。农村完小一般设校长 1 人，教导 1 人。学校一般内设保卫科（治安室）专人负责保安、设档案室专人管理人事档案与学籍。设医务室、卫生室负责师生保健。

第二十三篇　科　技

1997 年 5 月撤县设区后，同安区坚持实施“科教兴区”战略，依靠科技进步为经济建设服务。科普宣传活动更加活跃，民营科技企业异军突起，产业技术研究与开发、科技园区和科技成果转化基地建设进一步加强。1997—2007 年，累计实施科技研究 339 项，其中农业项目 120 次，工业项目 151 项，卫生教育等其他项目 68 项，获得市级以上科技成果奖 26 项。先后被评为全省科技工作先进区（1997 年）、全国科技工作先进区（2000 年）、全国科技进步先进区（1999—2000 年、2001—2002 年）、全国科技进步示范区（2004 年）、全省科普示范区（2006 年）。

第一章　机构和队伍

第一节　机　构

一、科研机构

（一）区农业科学研究所、区龙眼科学技术研究所

1997 年 5 月，分别由同安县农业科学研究所、同安县龙眼科学技术研究所更名。2006 年 4 月，区科技体制改革后，两研究所均与农业部门下属事业单位合并，撤销建制。

（二）区科学技术情报研究所、区科技开发交流中心

1997 年 5 月，分别由同安县科学技术情报研究所、同安县科技开发交流中心更名。2006 年科技体制改革后，两单位仍保留建制。除原来的科技信息收集与开发的职责外，兼职协助企业作科技项目调研、立项申报及项目跟踪、协调服务。

二、咨询服务经营机构

（一）同安区技术市场办公室

1997 年 5 月，由同安县技术市场办公室更名。挂靠同安县科委。同年 6 月，经市科委批准，设立同安区技术合同认定登记点。主要职责是宣传贯彻国家技术合同法；管理规范区技术市场和组织技术交易。1998 年 6 月，经市专利局批准设立专利代办点，兼作专利申请代办服务。

（二）同安区生产力促进中心

1997 年 10 月，经市科委审批成立。2001 年 9 月，同安区机构编制委员会批准为全民事业单位，经费独立核算，实行自收自支。职责是组织社会科技力量为中小企业提供综合服务。

（三）同安区科技顾问团

1999年5月成立。成员由区政府聘任在厦的大专院校、研究所专家、学者及区高级技术人员组成，聘任期为2年。主要职责是对区科技、经济和社会可持续发展，为区政府提供决策的依据。

三、科技团体

（一）同安区科学技术协会

1997年5月，由同安县科学技术协会更名。为同安区科学技术工作者的社团组织，负责全区科技工作的业务组织与指导。下辖13个镇（场）科协。

2000年起，下辖12个镇的科学技术委员会。

2004—2007年底，下辖大同、祥平2街道，新民、汀溪、五显、西柯、洪塘、莲花6个镇科技委员会。

（二）科技专业协会、研究会

1997年，全区有专业学会、协会、研究会17个。

至2007年，同安区登记在册的科技界专业协会、研究会计有：区标准计量协会，区科普创作协会，区建筑业协会，区老年书画研究会，区教育学会，区家庭教育研究会，区林学会，区农学会，区地名学研究会，区医学会，区气象学会，区土木建筑学会，区盐学会，区中医药学会，区水利电力学会，区畜牧兽医学会，区养蜂学会，区农村卫生协会，区科技发展促进会等近30个。

四、决策管理机构

（一）同安区科技领导小组

1993年3月，成立首届同安区科技领导小组。区政府主要领导任组长，成员由有关部门领导和各镇（街）主要领导组成。区科技领导小组调整与政府换届同步进行。主要职责是：领导与协调全区科技工作，对全区科技工作的重大问题进行决策。

（二）同安区科学技术局

1997年5月，撤县设区后，同安县科学技术委员会更名为同安区科学技术局，为区政府科学技术工作主管部门，下设综合科。

2004年5月，区科学技术局与同安区发展和改革局合署办公。

第二节　队　伍

1997年，全区获得专业技术职称人员9447人，其中高级职称271人，中级职称1722人，初级职称7454人。平均每万人口拥有专业技术人员172人。分布在全区各行各业，其中教学人员占50.4%，卫技人员占13.5%，工程技术人员占13.0%，农业技术人员占1.7%。经济管理及其他专业人员占21.5%。

2004年，同安区获得专业技术职称人员8967人。其中高级职称281人，中级职称2210人，初级职称6476人。平均每万人口拥有专业技术人员303人。

2007年，同安区获得专业技术职称人员10808人。其中，高级职称488人，中级职称3104人，初级职称7216人。平均每万人口拥有专业技术人员351人。其中，教学人员6009人，占56.0%。卫技人员1648人，占15.0%。工程技术人员1841人，占17.0%。农业技术人员182人，占1.7%。经济管理及其他专业技术人员1128人，占10.4%。

1997—2007 年同安区专业技术人员情况表

表 23-1 单位：人

年份	工程类			农业类			教育类			卫生类			其他类			合计
	高	中	初	高	中	初	高	中	初	高	中	初	高	中	初	
1997	56	248	916	7	52	96	108	1026	3625	20	165	1097	80	231	1720	9447
1998	59	315	920	8	48	102	110	1224	4067	33	186	1152	146	219	1742	10331
1999	—	—	—	—	—	—	5554（专任）			37	212	1487	—	—	—	—
2000	—	—	—	—	—	—	84	998	4024	51	—	—	—	—	—	—
2001	—	—	—	—	—	—	88	1146	3957	51	—	—	—	—	—	—
2002	—	—	—	—	—	—	91	1301	3954	57	—	—	—	—	—	—
2003	11	216	1233	10	42	61	171	1194	3291	44	204	826	11	226	830	8370
2004	12	254	1301	10	42	62	201	1419	3335	47	262	937	11	233	841	8967
2005	13	267	1358	16	42	68	248	1637	3433	62	296	1040	11	236	846	9573
2006	15	293	1420	19	55	81	303	1945	3516	80	347	1117	11	243	858	10303
2007	17	328	1496	23	57	102	333	2089	3587	105	384	1159	10	246	872	10808

第二章 科技普及与交流合作

第一节 科技普及

一、科普宣传

1997 年，区委宣传部、区科协、区科技局组织开展以“人口—资源—环境—可持续发展”为主题的科技宣传周活动。此后每年科技宣传周主题依次为“科学技术与跨世纪蓝图”“创新与科教兴区”“倡导科学文明，反对迷信愚昧”“身边的科学”“科技创造未来”“依靠科学，战胜非典”“科技以人为本，全面建设小康社会”“科学、和谐、发展”“携手建设创新型厦门”“提升科学素质，共建和谐厦门”。在宣传活动中，围绕每年主题发放科技资料 1 万份，举办科普图片展或科技成果展 15 场次，召开科普讲座或报告会 4 场次，开展科普知识竞赛或科技知识问答 4 场次，组织咨询、义诊和科技下乡等活动 6 场次。

2003 年，区科协在城乡实施“三个一”工程，即每村（居）一个科普站、一个科普宣传栏、一个科普宣传员。在城区创建后炉、三秀、西安等 13 个市级科普示范社区。组建一支 260 多人的科普志愿者队伍，建立 12 个科普活动室、12 个科普图书室、12 个科普画廊、160 个科普宣传栏，每年开展经常性科普宣传活动 6～8 场次。2005 年，西柯镇被评为全国农村科普先进镇。

二、科技讲座

区科协依据社会需要，不定期举办科技讲座，向社会宣传科学知识。1998 年，举办“大科学家苏颂”讲座。1999 年，举办“农业病虫害防治”讲座和“极地科考报告会”。2000 年，举办“倡科学、反迷信”讲座。2001 年，举办“现代科技”讲座。2003 年举办“非典防治”讲座。2005 年，举办“科技创新”讲座。2006 年，举办“科教兴区”“饮食与健康”讲座。2007 年，举办“环境污染及对策”讲座。

三、科普基地

（一）苏颂科技馆

1988 年建馆，1999 年被定为厦门市爱国主义教育基地和科普教育基地。2006 年，扩大展区面积并重新布展，一层设科普知识展室；二层展出苏颂研制的“水运仪象台”复制模型、苏颂著作《本草图经》、《新仪象法要》、苏颂绘制的“星图”、《苏颂研究文集》及后人纪念苏颂的资料。三层以雕塑展出苏颂的生平业绩。展室应用声、光、电等现代技术来配合展品、图片、文字，提高展览效果。至 2007 年底，累计接待国内外参观者 3000 多人。

苏颂科技馆揭牌

（二）文水生态农业园

位于汀溪镇褒美村，1997 年建，私营企业，法人代表汪添法。占地 33.33 公顷，总投资 1500 万元，种植龙眼、荔枝、枇杷，养殖猪、鸡、牛、鱼，繁殖蚯蚓、蛆，建沼气池沼气发电。通过多元循环，建立多条复合生态链，生产无公害食品，实现污染物零排放，2004 年，被定为省农村科普示范基地。至 2007 年，仍正常经营。

四、科普刊物

（一）《银城科普》

1989 年由科协主办，季刊。设领导讲话、科普论坛、科协动态等 7 个栏目，反映全区的科普动态，普及科学技术知识，传播科学思想和方法，促进科技转化为生产力。1997—2007 年，共出版 50 期，每期 350 份，分赠省、市科协领导，区领导及区科技工作者。

（二）《同安科技》

1989 年由科技局主办，科技情报所承办，月刊。设领导讲话、科技前沿、鹭岛信息、成果推广等 6 个栏目，宣传科技法律、政策，反映科技动态，推广先进适用技术，为同安经济建设服务。1997—2007 年，共出版 100 期，每期 110 份，分赠区领导，镇、街分管科技领导，有关科技部门、科技企业。

五、科技培训

（一）农村实用技术培训

1997—2007 年，以镇、村文化技术学校为阵地，由科协指导，农科教结合，多渠道、多形式开展实用技术培训 50 多期、3000 人次。培训内容为无公害蔬菜栽培技术、无公害水产养殖技术、龙眼栽培和嫁接技术、茶叶加工与制作技术、养猪和疫病防治技术等，帮助农民掌握 1～2 项实用技术。

（二）青少年科技培训

2004 年起，区科协实施中国科协——英特尔求知计划培训项目。培训对象为 8～16 岁具有一定计算机操作基础、品学兼优、家庭相对贫困的青少年。培养目标是向青少年提供动手操作学习的机会，使他们学会信息求知技能，培养出色思维能力的优秀人才。至2007年，累计培训学员440名，其中初级班360名，中级班80名。

六、青少年科技活动

区科协与区教育局合作开展青少年科技活动。

1998年，组织青少年学习现代农业科技知识并参加知识竞赛，获省第三名、市第一名。举办《保护我们的家园》演讲比赛和绘画比赛。

1999年，开展“绿色家园——种世纪之树”活动，1.48万名中小学生在校内外植树1200株。举办“海洋杯”演讲比赛，并选拔6名选手参加市级比赛，1人获二等奖，2人获三等奖。结合科技宣传周活动，举办南极（北极）科学考察报告会、环保知识报告会，举办科普知识竞赛、小制作小发明比赛，科普征文评比，科技夏令营等活动。

2000年，组织航模比赛并参加省赛，同安一中航模队获全省第一名。组织科幻画比赛，同安乖治幼儿园的作品《海底新家》获省一等奖。组织中小学生计算机竞赛、风筝制作与放飞竞赛等多项活动。

2001年，组织中小学生参加全国青少年生物与环境科学实践活动，同安十八中生物兴趣小组的《吸烟危害性调查及宣传教育》获第六届全国青少年生物环境科学实践活动三等奖。组织参加省航模比赛，同安一中航模队获全省比赛集体一等奖并包揽个人前六名。

2002年，组织青少年参加“嵩电杯”第十七届厦门市青少年科技创新大赛（科技论文、创新作品、科幻画），获一等奖2人、二等奖8人、三等奖20人。组织青少年参加省、市计算机网页制作、科技创新、科幻画、科普征文等4项比赛。

2003年，组织青少年参加省、市第十八届青少年创新大赛，同安一中获一项一等奖。在生物环境科学实践活动中，获省二等奖1项、市一等奖5项、市二等奖2项、市三等奖8项、优秀奖2项。在《科普法》知识竞赛中，获市二等奖。举办同安区青少年红十字科技夏令营、航模比赛、计算机竞赛等多项活动。

2004年，组织参加市第十九届青少年科技创新大赛，获一等奖5项、二等奖6项、三等奖11项。组织参加全省食品安全知识竞赛。

2005年，组织参加市第二十届青少年科技创新大赛和其它竞赛，获创新发明作品奖102件，其中获省二等奖6件；科幻画作品获奖45件，并获组织奖。

2006年，组织参加第二十二届厦门市青少年科技创新大赛，获科技实践活动二等奖1项，科幻画作品一等奖2项、二等奖3项、三等奖13项。

2007年，组织参加第二十三届厦门市青少年科技创新大赛，获一等奖21项、二等奖34项、三等奖37项。开展“节水在我身边——青少年科学调查体验活动”，帮助青少年了解节约水资源，保护水环境方面的知识。

第二节　科技交流与合作

一、科技交流

（一）对外科技交流

1997年3月4日，日本水稻专家原正市到同安传授水稻旱育和移植技术。同年7月7日，同安文兴工艺公司的无光裂釉彩瓷在摩洛哥第三届国际发明与革新展览会上获公众奥斯卡大奖。1999年7月20日，ECTI国际技术顾问交流机构的两位法国专家应邀到同安考察、研究。2003年9月，区科技局局长吴宁平参加省科技厅组织的现代农业与可持续发展考察团赴澳大利亚、新西兰等国家考察。2006 年，区科协主席叶建胜参加省科协组织的考察团赴欧洲考察。

（二）国内科技交流

1997 年 4 月 1 日，西藏自治区林芝地区科委主任到同安汀溪镇考察科技扶贫工作。同年，区科协举办两次学术交流会，85 人次参加。1998 年，区科技局在全省农村技术市场工作交流会上介绍同安区的经验。1999 年 11 月 9 日，厦门、漳州、泉州、三明、龙岩五市农村技术市场工作研讨会在同安召开。2000 年 5 月 25 日，区科技局组织科技副镇长赴广东考察、学习。同年，区科协举办学术年会，有 21 篇论文在会上交流。2001 年 3 月 15 日，厦门市专利局的领导及厦门大学马应森教授应邀到同安作专利知识报告。5 月 14 日，杭州市委一行 3 人到同安考察胡萝卜种植技术。6 月 5 日，副区长李虹率科技、农业等部门有关人员赴浙江、上海、江苏等省市考察、学习。12 月 14 日，厦门大学骆玉占教授应邀到同安作现代科技知识报告。同年，区科协组织有关人员到浙江温州考察，学习自然科学学会工作经验。2002 年 5 月 23 日，区科技局举办科技报告会和科技成果展览会。同年，区科协举办学术年会，征集论文 95 篇，其中，2 篇在国外刊物发表，30 篇在国家级刊物发表。在这基础上，评选 1999—2001 年度优秀论文 20 篇，其中一等奖 3 篇、二等奖 3 篇、三等奖 11 篇。2004 年 5 月 18 日，区科协举办报告会，邀请市科普作家协会理事长陈永光副教授讲授《知识经济人才竞争态势》。同年，区医学会召开学术年会，80 篇论文参加交流。2005 年，区科协召开学术年会，征集论文 180 篇，从中评选 22 篇优秀论文，2 篇获一等奖、7 篇获二等奖、13 篇获三等奖。2006 年，区科协举办科技讲座，由中国粮食学院何再庆教授、曹年芝教授讲授《饮食与健康》《饮食与血管性疾病》。2007 年 3 月 7 日，苏颂史迹研讨会在同安举行，市、区有关专家出席会议。6 月 19 日，区科协派员参加考察上海青少年科学工作室。同年，区科协组织有关人员到广西、浙江考察、学习。

二、科技合作

1998 年 8 月，区科技局与省亚热带植物研究所合作，在同安建设龙眼科技成果转化基地。1999 年 3 月，区科技局与在厦的水产研究机构、高等院校合作，在同安建设水产科技成果转化基地。2000 年 7 月，区科技局与福州大学合作，编制《厦门市同安区科学技术发展“十五”计划》。2004 年 8 月，区科技局与厦门大学经济管理学院合作，编制《厦门市同安区“十一五”科技发展规划》。2005 年 1 月，区科技局与福州大学合作，编制《厦门市同安区国家科技进步示范区建设与发展规划》。至 2007 年，累计进行 7 项合作项目。

第三章　科学技术研究

第一节　科研项目

一、农业项目

1997—1999 年，实施农业类科技项目 66 项，主要项目有“对虾防病（同安）模式养殖术推广”“优质蔬菜栽培技术及推广”“龙眼种植技术示范及推广”“鲍鱼海区垂吊养殖技术研究”等 13 项。

2000—2003 年，实施 28 项，主要项目有“泥蚶苗人工培育技术研究”“闽南沿海山地混交林优化模式研究与应用”“台湾优良番荔枝引进试验”“瘦肉型猪人工授精技术推广应用”等19项。

2004—2007年，实施项目26项，主要项目有“紫长茄嫁接与栽培技术研究及推广”“无公害猪肉安全生产技术及产业化体系建设”“台湾水果现代农业示范基地建设”等13项。

1997—2007年，合计实施农业科研项目120项，其中主要项目45项。

1997—2007年同安区农业类科研项目表

表23-2

年份	项目	主要项目	承担单位
1997	32	1）南北鲍杂交育种及养成试验 2）山地麻竹成片栽培试验 3）良种繁育与示范基地建设 4）对虾防病（同安）模式养殖技术推广 5）龙眼木虱生物学特性及防治技术研究	同安区大嶝镇田乾村养殖户 同安区绿色开发中心 同安区内厝镇农业技术推广站 同安区水产技术推广站西柯水产养殖场 同安区植保植检站
1998	27	1）优质蔬菜栽培技术研究及推广 2）龙眼“矮、密、早”种植技术示范及推广 3）“新登96”高温蘑菇菌株及栽培技术的引进及示范推广 4）果蔬、花卉脱毒快繁技术研究	同安农业科学研究所 同安龙眼科学技术研究所 同安食用菌中心站 同安农业科学研究所
1999	7	1）龙眼角颊木虱生物特性防治技术研究 2）麻竹、大头典竹新品种引进和推广 3）鲍鱼海区垂吊养殖技术研究 4）畜禽无规定检疫技术研究	同安区林业局 同安区水产技术推广站 同安畜牧兽医站
2000	8	1）嫁接技术在农业生产上的应用研究 2）“名、优”精细菜良种选育及育苗新技术的研究及推广 3）泥蚶苗人工培育技术研究	同安农业局区划办 同安农业科学研究所 同安水产局、水产技术推广站
2001	7	1）黄瓜杂种一代配制及高产制种技术研究 2）龙眼害虫生物防治技术——中华微刺盲蝽应用研究与推广 3）闽南沿海山地混交林优化模式研究与应用	同安区良种繁育场 同安区农业局经作站 同安区小坪林场试验场
2002	10	1）“盐改渔”养殖渔业模式示范与推广 2）台湾优良番荔枝引进试验 3）麻黄鸡纯种养殖技术应用 4）红丘陵区胡萝卜节水增效灌溉技术试验与推广	同安新店镇水产技术推广站 同安福良龙果林场 同安汀溪镇荏畬村 同安灌溉试验站
2003	3	1）绿色绿生物有机肥施用试验及开发生产 2）瘦肉型猪人工授精技术推广应用	厦门绿色绿农牧有限公司 厦门牧兴实业有限公司
2004	4	1）有机茶叶综合栽培技术的研究 2）大斯二元母猪的选育及推广 3）虾蟹养殖环境优化剂的应用	厦门绿地康生物工程有限公司 厦门牧兴实业有限公司 同安大洲渔业科技开发有限公司
2005	8	1）紫长茄嫁接与栽培技术研究及推广 2）鹭乡鸡的选育与开发推广 3）无公害对虾饲料试养及示范推广 4）危险性病毒病传媒介白粉虱防治方法研究	同安区农技推广中心 厦门康达富禽业有限公司 厦门百穗行实业有限公司 同安区植保植检站
2006	8	1）胡萝卜人工种子研制 2）高香型乌龙茶新品种引进及推广 3）代谢调节剂提高茶叶品质的应用 4）无公害猪肉安全生产技术及产业化体系建设	厦门市源利达食品进出口公司、集美大学 同安恒利茶叶有限公司 同安茶叶公司、集美大学 厦门银祥集团有限公司
2007	6	1）台湾水果现代农业示范基地建设 2）“猪—沼—草”生态养猪模式示范推广	厦门绿色乡村生态科技有限公司 厦门牧兴实业有限公司

二、工业项目

1997—1999年，实施54个项目，主要项目有“‘三改二’新工艺试产海柯吉宁”“仿古瓷珍品的技术研究”“‘花生牛奶’蛋白饮料产品开发”等12个。

2000—2003年，实施50个项目，主要项目有“复合预混合饲料系列产品开发”“研制高效低毒生物农药系列产品”“果蔬气调保鲜技术的研究与生产”等19个。

2004—2007年，实施47个项目，主要项目有“海岛纤维技术产业化工程”“节能、环保型新型墙体材料混凝土（多孔砖）开发”“绵纶66全消光细旦FDY（44dte/36F）研制及产业化”等20个。

1997—2007年，合计实施工业科研项目151个，其中主要项目50个。

1997—2007年同安区工业类科研项目表

表23-3

年份	项目	主要项目	承担单位
1997	20	1）浓香花生油的研制 2）仿古瓷珍品的技术研究 3）彩色制版处理系统技术开发 4）透明蚝油（清蚝油）研制	同安油厂 同安文兴工艺公司 同安轻工业开发总公司 厦门市洋江蚝油进出口公司
1998	17	1）“三改二”新工艺试产海柯吉宁 2）泼泡废物再生利用研究 3）全麦芽啤酒研制 4）KOC-50L全自动切线剥皮机	同安皂素厂 同安德阳鞋业有限公司 同安银城啤酒股份有限公司 银华机械厂
1999	17	1）“花生牛奶”蛋白饮料产品开发 2）客车生产线技术的引进与应用 3）龙眼烘干机的引进应用 4）花格布系列产品开发	厦门惠尔康食品有限公司 同安豪发汽车机械有限公司 厦门鹭翔食品有限公司 同安马巷织布厂
2000	21	1）复合预混合饲料系列产品开发 2）生物蛆工厂化生产技术研究 3）保健铁观音茶饮料的开发 4）胡萝卜饮料系列产品开发 5）IC卡税控电脑加油机研制	厦门市振裕饲料有限公司 同安野生灵生物研究所 厦门同安银芝集团有限公司 同安百味宝调味食品有限公司 厦门榕兴新世纪石油设备制造有限公司
2001	11	1）注塑型氨基模塑料（电玉粉）产品开发 2）高精度测量变换器 3）酶制剂在饲料工程中的研究应用 4）大黄鱼慢沉型膨化饲料的研制 5）菜籽粕脱毒技术研究与应用	厦门柯依达工贸有限公司 厦门富来达精密机械有限公司 厦门百穗行实业有限公司 同安银祥实业有限公司 同安济阳动物营养保健厂、洪塘镇畜医站
2002	5	1）研制高效低毒生物农药系列产品 2）胡萝卜颗粒冲剂及营养米粉产品研制 3）木材电子感应全自动测湿仪 4）户外六氟化硫环网断路器	厦门绿地康生物工程有限公司 厦门源利达食品有限公司 同安三立实业有限公司 厦门闽光电气实业有限公司
2003	13	1）注塑型酚醛模塑料废物回收利用 2）环保型高效监子鱼饲料的研制及产业化技术研究 3）环保型无公害碱式硫酸铜杀菌剂试制及加工研究 4）花蛤汁研制和开发 5）果蔬气调保鲜技术研究及生产	厦门柯依达工贸有限公司 厦门百穗行实业有限公司 厦门绿地康生物工程有限公司 厦门市洋江蚝油进出口公司 厦门同安将军食品工业有限公司
2004	5	1）白瓶啤酒的研制开发 2）涤棉复合差别化纤维的研制与产业化 3）高压电缆分接箱研制 4）涡旋式空气压缩机研制 5）BGZ2-丙纶过滤毡1～3型开发与生产	青岛啤酒（厦门）有限公司 厦门华诚实业有限公司 永盈厦门科技有限公司 厦门东亚机械有限公司 厦门市超宇工贸有限公司
2005	14	1）高分子量聚丙烯酸钠增稠剂开发及产业化 2）ESW-12K-40.5KV户内交流高压接地开关产品研制及产业化 3）海岛纤维技术产业化工程 4）多功能车载CD机芯的技术攻关 5）蛋白质粉保健食品研制及产业化	厦门同安源利达食品进出口公司 永盈厦门科技有限公司 厦门华诚实业有限公司 厦门歌乐电子企业有限公司 厦门金日制药有限公司

续表23-3

年份	项目	主要项目	承担单位
2006	13	1）节能、环保型新型墙体材料混凝土（多孔砖）开发 2）高档优质电吉他音箱产业化 3）超高亮度可编程序彩色变色发光二极管研制与生产 4）高档汽车排气管专用耐高温精密橡胶研制及生产 5）JLSZW6-10 型户外干式高压计量箱研制与生产	厦门鹭隆盛工贸有限公司 厦门爱声音响有限公司 厦门法登光学电子有限公司 厦门瑞丰密封件有限公司 厦门启和电器有限公司
2007	15	1）锦纶 66 全消光细旦 FDY（44dte/36F）研制及产业化 2）复方地塞米松凝胶研制 3）复合氨基酸口服液试生产及产业化 4）负离子空气净化灯开发与生产 5）MCC-27.5 户外高压隔离消弧开关开发与生产	厦门同纶实业有限公司 厦门金日制药有限公司 厦门鹰君保健食品有公司 厦门新森电子有限公司 厦门闽光电气实业有限公司

三、其他项目

1997—1999 年，实施人文、医学类科研项目 24 项，主要项目有“建立同安区科技人才信息库”“肝癌防治及临床治疗研究”“从小学抓起，加强国民素质教育”“远程医疗会诊系统的应用”等 10 项。2000—2003 年，实施科研项目 24 项，主要项目有“同安区乡镇企业科技发展对策研究”“同安区科学技术发展‘十五’计划调研与编制”“同安区在厦门海湾城市建设中的发展战略研究”“中小学信息技术教育推广”等 12 个项目。2004—2007 年，实施 20 个科研项目，主要项目有“同安区民营经济发展现状分析与对策研究”“同安建立可持续发展实验区的构想”“物理实验数字化的开发与应用”等 10 项。

1997—2007 年，合计实施教育、医学、人文类科研项目 64 个。其中，主要项目 32 个。

1997—2007 年同安区社会科学等方面主要科研项目表

表 23-4

年份	项目数	主要项目	承担单位
1997	10	1）建立同安区科技人才信息库 2）灾害性天气预测和气象防灾预报 3）应用经皮穿刺治疗颈腰椎间盘突出症 4）同安区肝癌防治及临床治疗研究	同安人劳局、同安科技局 同安气象站 同安医院 同安医院
1998	7	1）升阳益胃汤疗胃胀的临床观察 2）从小学抓起，加强国民素质教育 3）同安区居民饮用水污染与肝癌关系研究	同安中医院 新民学区、中心小学 同安卫生防疫站
1999	7	1）远程医疗会诊系统的应用 2）孕妇末梢血粒细胞形态异常预测胎儿染色体病的研究 3）段层套管埋药治疗腰椎间盘突出症、颈椎病	厦门同安医院 同安同民医院 厦门同安医院
2000	8	1）中药材真空包装技术开发 2）同安区乡镇企业科技发展对策研究 3）同安区科学技术发展“十五”计划调研与编制	同安医药公司 同安乡镇企业管理局 同安科技局、福州大学
2001	5	1）内厝镇出米岩观光农业园规划 2）螺旋 CT 的引进与临床应用 3）同安区东部虾池发展思路及技术探讨	同安旅游局、内厝镇政府 厦门同安医院 同安水产局
2002	6	1）同安区在厦门海湾型城市建设中的发展战略研究 2）血管介入治疗原发性肝癌技术研究 3）培养学生创新意识、创新能力的策略研究	厦门大学、市政协科教文卫委 同安医院 同安一中

续表23-4

年份	项目数	主要项目	承担单位
2003	5	1）同安区农业产业化现状分析与发展途径探讨 2）同安民间中医药单、秘、验方开发与应用 3）中小学信息技术教育推广	中共同安区委农村工作办公室 同安卫生局 同安区教育局
2004	5	1）同安区民营经济发展现状分析与对策研究 2）医院中心吸引智能终端的临床应用研究 3）DR 摄影机引进和临床应用	同安生产力促进中心 厦门第三医院 厦门第三医院
2005	4	1）安培力定量演示器设计、制作与实验研究 2）数字化减影血管造影机临床应用	同安一中 厦门第三医院
2006	5	1）神经电生理临床应用 2）射频消融治疗室性心动过速临床应用	厦门第三医院 厦门第三医院
2007	6	1）同安建立可持续发展实验区的构想 2）体外循环下心脏直视手术技术研究及临床应用 3）物理实验数字化的开发与应用	同安科技情报所 厦门第三医院 同安一中

第二节　科研成果与推广应用

一、科研成果

（一）农业类科研成果

1998 年 10 月，同安区第一届科技进步表彰大会共表彰市级以上农业科研成果 9 项，其中“对虾防腐新模式养殖技术”获 1997 年省科技进步三等奖、“蔬菜（淡季）增产高效技术开发与应用”获 1998 年农业部丰收计划二等奖，“水稻抛秧技术推广”获 1998 年省农牧业推广三等奖。

2002 年 1 月，同安区第二届科技进步表彰大会共表彰市级以上成果 5 项，其中“冬季蔬菜栽培模式开发及配套技术推广”获 1999 年农业部丰收计划二等奖，“闽南沿海山地混交林种间关系调整技术研究”获省科技进步三等奖，“紫长茄嫁接与栽培技术研究推广”获市科技进步三等奖。

2007 年 5 月，同安区第三届科技进步表彰大会表彰市级以上成果 3 项，其中“无公害健康海水养殖技术与产业化示范”获 2006 年省科技进步三等奖、“无公害猪肉安全生产及产业化体系建设”获 2007 年市科技进步一等奖。

若干年度同安区农业科技获市级以上科技进步奖项目表

表 23-5

项目名称	获奖单位及人员	获奖等级
对虾防病新模式养殖技术	同安区水产局方根藤、陈延坎	1997 年省科技进步三等奖
龙眼爻纹细蛾测报与防治技术研究	同安区植保植检站彭建立、陈冬木、纪大南、杨德志、陈加福、杨森山	1997 年市科技进步二等奖
水稻少灌多蓄即“旱灌法”灌溉新技术	同安区灌溉试验站朱天赐、蒋水柳、许春水	1997 年省水电厅科技进步一等奖
蔬菜“淡季”增产高效技术开发与应用	同安区农业局许瑞庆、郭德辉、纪大南	1998 年农业部丰收计划二等奖

续表23-5

项目名称	获奖单位及人员	获奖等级
水稻浅蓄晒湿灌溉新技术	同安区灌溉试验站朱天赐、蒋永柳、许春水	1998年省科技进步三等奖
蔬菜“抗灾渡淡”高产技术开发及推广	同安区农业局许瑞庆、郭德辉、纪大南、林隐荫、陈式强	1998年市科技进步三等奖
水稻早育稀植栽培技术	同安区农技站庄水锻、蔡超群、许瑞庆、颜有来	1998年省农业厅丰收计划三等奖
大面积推广花生新良种高产攻关	同安种子公司蔡金镭、张志英、陈俊伟、陈文声	1998年省农牧业技术推广三等奖
水稻抛秧技术推广	同安区农技站颜有来、庄水锻、蔡超群、苏献章	1998年省农牧业技术推广三等奖
冬季蔬菜栽培模式开发及配套技术推广	同安区农技站庄水锻、颜有来、蔡超群、许瑞庆、吕放动	1999年农业部丰收计划二等奖
优质蔬菜栽培与加工技术研究	同安区农科所陈艺生、黄跃坚、叶志伟、郑忠辉、林隐荫	1999年省科技进步三等奖
闽南沿海山地混交林种间关系调整技术研究	同安小坪林业试验场苏宜洲、李进兴、江艺平、陈东勤、蔡建水、王炳志	1999年省科技进步三等奖
龙眼角颊木虱生物学特性防治技术研究	同安区植保植检站彭建立、陈东木、纪大南	2000年市科技进步三等奖
紫长茄嫁接与栽培技术研究推广	同安区农技推广中心叶庆成、黄清贵、蔡清团、苏国存、林茂盛、彭建兴	2002年市科技进步三等奖
闽南山地火力楠用材林栽培生物学性与培育、利用技术研究	同安区小坪林业试验场林星华、叶功富、李宝福、钱国钦、苏宜州	2004年省科技进步二等奖
无公害健康海水养殖技术与产业化示范	厦门银祥集团有限公司苏永裕、钱鲁闽、王渊源、王初生、王明山、王艺惠	2006年省科技进步三等奖
无公害猪肉安全生产及产业化体系建设	厦门银祥集团有限公司苏永裕、张志刚、孔祥佩、周忠爱、修金生、乔建国	2007年市科技进步一等奖

（二）工业类科研成果

2002年1月，同安区第二届科技进步表彰大会表彰市级以上工业科研成果4项，其中，“三改二新工艺生产海柯吉宁”获2000年市科技进步三等奖，“RXJ系列IC卡税控电脑加油机研制及生产”获2001年省科技进步三等奖，“菜籽柏脱毒技术研究”获2002年市科技进步三等奖。2007年5月，第三届科技进步表彰大会表彰市级以上成果3项，其中，“健康牛蛙饲料研制及生产”获2003年省科技进步二等奖、“高效低毒无公害农药‘阿维苏’的开发及产业化”获2005年市科技进步三等奖。

附录：国际金奖名录

1997年，同安文兴工艺公司研制的无光裂釉彩瓷获摩洛哥第三届国际发明与革新展览会奥斯卡金奖。

1999年6月，同安华圣公司研制的“六甲基环三硅氧烷”获新加坡国际化工产品博览会金奖。

若干年度工业科技获市级以上科技进步奖项目

表 23-6

项目名称	获奖单位及人员	获奖等级
“三改二”新工艺生产海柯吉宁	同安皂素厂许跃辉、叶安南、陈仲瑜	2000 年市科技进步三等奖
KOC-50L 全自动剥皮机研制及生产	同安银华机械厂李普天、陈春水、吴建军、陈美玲、张学海、郑长河	2001 年市科技进步三等奖
RXJ 系列 IC 卡税控电脑加油机研制及生产	厦门榕兴新世纪石油设备制造有限公司林泽恩、林建国、商跃辉、黄志松、吴军峰、童志福、余瑾	2001 年省科技进步三等奖
菜籽柏脱毒技术研究	同安济阳动物营养保健厂蔡伟强、蔡伟宏、林杨鹏、杨金镜	2002 年市科技进步三等奖
健康牛蛙饲料研制及生产	厦门银祥集团有限公司陈晓凤、苏永裕、王玮玮、周常义、刘海澄、陈青山	2002 年市科技进步三等奖 2003 年省科技进步二等奖
枇杷气调保鲜生产技术研究	同安将军食品工业有限公司魏鸿、王冬生、雷贵茂、杜卫东	2004 年市科技进步三等奖
高效、低毒、无公害农药“阿维苏”的开发及产业化	厦门绿地康生物工程有限公司柯溪水、刘金应、蔡美喻、赵土熙、刘建新、王庆兴	2005 年市科技进步三等奖

（三）其他类科研成果

1998 年 10 月，同安区第一届科技进步表彰大会表彰区级以上社科、卫生、教育类科研成果 2 项，“同安原发性肝癌流行病学、病因学及综合防治模式研究”获 1997 年省科技进步三等奖，“1997 年度绿色证书工程培训”获 1998 年省农牧技术推广二等奖。2002 年 1 月，第二届表彰大会表彰科研成果 5 项，其中，“段层套管埋药治疗腰椎间盘突出症、颈椎病技术引进与应用”获 2000 年区科技进步二等奖，“脑血管的高压氧治疗”“同安区消灭丝虫病的策略与技术研究”“同安区科学技术发展十五规划”等 4 项获 2000 年区科技进步三等奖。2005 年 5 月，第三届表彰会表彰科研成果“扩肛式智能正压回流洗肠装置研制与应用”，获区科技进步三等奖。

若干年度同安区社会科学、卫生、教育区级以上获奖项目表

表 23-7

项目名称	获奖单位及人员	获奖等级
同安原发性肝癌流行病学、病因学及综合防治模式研究	同安区卫生防疫站康天尝、洪作艺、郑君玉、陈天斗、纪汉良	1997 年省科技进步三等奖
1997 年度绿色证书工程工作培训	同安区广播学校蔡有利、洪允艺、郑惠奕、邵冬白、蔡海吟	1998 年省农牧技术推广三等奖
段层套管埋药治疗腰椎间盘突出症、颈椎病技术引进与应用	厦门同安区医院李水加、蔡庆红	2000 年区科技进步二等奖
脑血管的高压氧治疗	厦门同安区医院叶水龙	2000 年区科技进步三等奖
同安区消灭丝虫病的策略与技术研究	同安区防疫站蔡福建、康天偿、纪汉良、郑君玉、朱心宁、谢天仁	2000 年区科技进步三等奖
同安区科学技术发展“十五”计划	同安区科学技术局吴宁平、黄建设、徐筑水、陈艺生、苏乙志、陈振乙、杨峥	2000 年区科技进步三等奖
同安区农业综合开发“十五”规划	同安区农业区划办、农业综合开发办公室疗梓明、程建国、吕放动、陈国胜、苏军节、邵跃青、叶明鑫、陈雪梨	2000 年区科技进步三等奖
扩肛式智能正压回流洗肠装置研制与应用	厦门第三医院李明字、李景欣、周坚、贾宝成	2005 年区科技进步三等奖

二、推广与应用

（一）农业科研成果的推广应用

1997 年，区农业局与市农科所建立的万亩菜篮子基地，成为蔬菜新品种、新技术引进、示范和反季节蔬菜种植、无公害蔬菜生产技术的研究与推广基地。同年，鱼虾防病新模式养殖技术的推广应用使同安区水产养殖面积由 1997 年的 15.3 万亩扩大到 2002 年的 16.9 万亩，年产量由 11.18 万吨提高到 26.64 万吨。特别是对虾养殖，2002 年面积达 2.6 万亩，产量 2600 吨，为历史最高峰。

1998 年 8 月，由区科技局、区龙眼科学技术研究所与省亚热带植物研究所合作建立同安区龙眼科技成果转化基地，主要包括新圩镇上宅村 800 亩、新民镇西塘村 1700 亩、汀溪镇西园村 550 亩、区龙眼研究所 250 亩，合计 3300 亩。研究推广龙眼优良品种选育；龙眼“矮、密、早”栽培技术推广及果品保鲜加工技术。至 2007 年仍正常运作。

1999 年 3 月，由区科技局、区水产局与厦门海洋三所、厦门水产研究所合作建立同安区水产科技成果转化基地，主要包括新店镇、西柯镇 1.8 万亩对虾养殖基地，新店镇、大嶝镇万亩吊蛎基地，大嶝镇鲍鱼养殖基地和万亩紫菜种植基地，西柯、石浔、东坑围垦三大淡水养鱼基地。研究推广“名、优、特”水产品种的引进和人工育苗、养殖技术推广。2005 年后基地因东海域整治而取消。同年“紫菜网帘冷藏实验”成功并应用，同安区紫菜种植面积由 1997 年的 1.1 万亩扩大到 2002 年，的 1.3 万亩，产量由 600 吨提高到 1430 吨。

2000 年，银祥集团牛蛙饲料和养殖技术开发，使同安区新兴的牛蛙养殖业迅速发展，2003 年产量达 3208 吨，成为出口商品，当年创汇 2000 万美元。

2002 年，“紫长茄嫁接与栽培技术”的推广，培育洪塘、五显 6 个“一村一品”村，其中洪塘的“郭山紫长茄”成为著名特产，畅销国内市场。

（二）工业科研成果的应用

1998 年“三改二新工艺生产海柯吉宁”成功，填补国内空白，同安产“海柯吉宁”畅销国内市场并出口创汇。

1999 年，银华机械厂研制成功“KOC-50L 全自动剥皮机”并配套卡式高端子压着机、移动式手摇切边机等产品，成为国内石材行业的名牌，畅销国内石材产区。同年，惠尔康食品公司开发“牛奶花生”系列蛋白饮料成功，获省“著名商标”“名优产品”称号，产品畅销国内市场。该厂 2007 年产值达 17.41 亿元，创利税 2.04 亿元。

2002 年，高时（厦门）石材公司研制“可双面使用的石材桌面”工艺成功（2007 年获专利证书）其产品成为同安区出口大宗。该厂 2007 年产值 4.66 亿元，创税利 2367 万元。

2004 年，金日集团研究成功“壳聚糖絮凝”技术，开发出“金日牌”系列保健饮品，获“中国驰名商标”“福建名牌产品”称号，畅销国内外保健市场。同年，华城公司研发“海岛纤维技术产业化”工艺成功，生产“三角梅”牌涤纶、尼龙长绦和化纤织物系列产品，质优价廉，畅销国内市场，获省“名牌产品”称号。该厂 2007 年产达 7.12 亿元，创税利 5154 万元。

三、专利与技术市场

（一）专利申请

1997 年 7 月，经厦门市专利局批准，区科技局设立专利工作服务点，开展专利、宣传、咨询与申报服务。同时，开设知识产权与“专利法”培训班，学员 120 人。同年，申报专利 120 个，获准授权 65 个。至 2003 年，累计申报 1553 个，获准授权 1109 个。2004—2007 年，申报 691 个，获准授权 485 个。

1997—2007 年同安区专利申请、授权情况表

表 23-8

年份	专利申请数		授权专利数	
	总数（个）	个/万人	总数（个）	个/万人
1997	120	—	65	—
1998	200	—	135	—
1999	225	4.1	171	3.11
2000	223	4.07	192	3.5
2001	239	4.35	185	3.36
2002	312	5.68	216	3.93
2003	234	7.98	145	4.94
2004	248	8.38	170	5.74
2005	127	4.24	90	3.0
2006	147	4.85	86	2.83
2007	169	5.48	139	4.51
总计	2244	—	1594	—

（二）技术交易

1997 年 7 月，同安区被福建省科委列为全省农村技术市场试点单位后，着手成立农村技术市场工作领导小组及其办公室，贯彻落实科技进步、技术合同、技术市场相关法律法规，培育、规范技术市场，促进技术贸易发展。当年技术交易额 310.5 万元。

1998 年 8 月，举办第一次科技项目交易洽谈会。11 月，区科技局在全省技术市场工作经验交谈会上介绍同安区农村技术市场试点工作的经验。当年技术交易额 380.6 万元。

2000 年 4 月，通过省科技局考核验收，5 月以全省十个试点县（区）第二名的成绩获“福建省农村技术市场示范区”称号。当年技术交易额 630.4 万元。

2002 年 10 月，举办同安区第二次科技项目交易洽谈会。当年技术交易额 16512.7 万元，是 1997 年的 53.18 倍。

析出翔安的 2003 年，技术交易额 8025 万元。

2004 年 5 月，举办同安第三次科技项目交易洽谈会。当年技术交易额 8694 万元。

2007 年 3 月，举办同安第四次科技项目交易洽谈会。当年技术交易额 14800 万元，是 2003 年的 1.84 倍。

1997—2007 年，先后举办 4 次科技项目交易洽谈会，累计技术交易额 91274.6 万元。

1997—2007 年同安区技术交易金额统计表

表 23-9　　单位：万元

年份	技术交易金额	年份	技术交易金额
1997	310.5	2000	630.4
1998	380.6	2001	14010.6
1999	410.8	2002	16512.7

续表23-9

年份	技术交易金额	年份	技术交易金额
2003	8025	2006	14000
2004	8694	2007	14800
2005	13500	总计	91274.6

第四章　科技管理

第一节　科技型企业认定

高新技术企业——金日制药（中国）有限公司

1999 年，按照中小型科技型企业认定标准（职工 500 人以下，科技人员占 30% 以上，符合国家产业方向，产品技术达到省内先进水平，产品出口额占总产值 70% 以上和首个专利生产的企业），区科技局认定、区政府批准，厦门惠尔康食品有限公司、厦门中盛粮油工业公司等 13 家企业为民营科技型企业。

2000—2003 年，按上述标准，区科技局认定、区政府批准，厦门市百穗行实业有限公司、厦门市人文科技有限公司、厦门市同安区济阳动物营养保健品厂、厦门同安中草药研究所等 29 家为民营科技型企业；厦门良机工业有限公司、厦门东亚机械有限公司等 16 家为高新技术企业。

2004—2005 年，区科技局按标准认定、区政府批准，厦门新森电子有限公司、厦门盖力辛生物科技有限公司等 13 家为民营科技型企业；天之域电子工业（厦门）有限公司、厦门同纶实业有限公司等 9 家为高新技术企业；厦门市科委认定，厦门金环岛科技有限公司、厦门市超宇环保科技有限公司等 17 家为民营科技型企业。

2006—2007 年，厦门市科委认定，厦门启和电器有限公司、厦门好年东米业有限公司等 8 家为民营科技型企业。

1999—2007 年，同安区科技局、厦门市科委分别认定民营科技型企业 55 家、25 家，同安科技局认定高新技术企业 25 家。

1999—2007 年同安区民营科技型企业名表（区科技局认定）

表 23-10

序号	企业名称	企业地址	企业法人	认定时间
1	厦门惠尔康食品有限公司	同安汀溪镇隘头村	叶美兰	1999
2	厦门中盛粮油工业公司	同安西柯镇洪塘头美人山高科园区	黄文传	1999
3	厦门青田食品有限公司	同安城南工业区	康江河	1999
4	厦门市源利达食品有限公司	同安区城东弘龙工业区	洪友景	1999
5	厦门市华星化工实业有限公司	同安区城东工业区	朱雪华	1999
6	厦门同安联祥化工有限公司	同安五显镇后垅开发区	高建军	1999
7	厦门同安华星电脑技术有限公司	同安环城中路 27 号	叶火放	1999
8	福建银芝集团有限公司	同安城南工业区西湖段	吴文南	1999
9	厦门市银艺科技有限公司	同安三秀路银城佳园 D 北 10 号店	江艺平	1999
10	厦门市名士鞋业有限公司	同安城西轻工业区 9-10 号楼	许清辉	1999
11	厦门市同安野生灵生物研究所	同安城东工业区东北侧新潭崎	叶彩玉	1999
12	厦门同安银祥实业有限公司	同安洪塘石浔工业区	陈福祥	1999
13	厦门埔头饲料有限公司	同安西柯镇埔头村	林炳煌	1999
14	厦门百穗行实业有限公司	同安城南工业区	陈进帅	2000
15	厦门市同安大洲渔业科技开发有限公司	同安西柯镇西柯村	柯振跃	2000
16	厦门闽光电气实业有限公司	同安祥平坑仔口闽光工业区	蔡品花	2000
17	厦门市绿地康生物工程有限公司	同安城南开发区	柯溪水	2000
18	厦门市榕兴新世纪石油设备制造有限公司	同安区同集中路 1299 号	许俊波	2000
19	厦门市金加利电子有限公司	同安区洪塘镇新学工业区	陈支援	2000
20	厦门市文人科技有限公司	同安区大同镇华泰广场 1 号楼 511 室	陈丽芬	2001
21	厦门市百味果酿造工业有限公司	厦门市同安区竹坝华侨经济开发区	吴玲玲	2001
22	厦门市普吉科技有限公司	同安大同岳口小区 6 号楼 602 室	彭小灵	2001
23	厦门市同安区恒利茶叶有限公司	同安区莲花镇工业区	高树祝	2001
24	厦门奥绿宝生物科技有限公司	同安汀溪工业区（温泉别墅旁）	叶海英	2001
25	厦门市永合富生物科技有限公司	同安区新西桥同兴综合楼 1 号楼 505 室	张建伟	2001
26	厦门市同安区济阳动物营养保健品厂	同安大同街道环城中路 20 号	蔡伟强	2002
27	厦门市绿色缘农牧有限公司	同安区西柯镇洪塘头村	郑财陆	2002
28	厦门牧兴实业有限公司	同安区祥平街道陆丰食品大楼 106 室	李明星	2002
29	厦门市钻石鹭涂装工程有限公司	同安区祥平街道银莲路 3 号（大唐世家）	纪顺良	2002
30	厦门金环岛科技有限公司	同安区西柯镇同集北路 260 号	陈海根	2002
31	厦门腾信化工有限公司	同安区祥平瑶头村（工业区）	蔡志强	2002
32	厦门金盈食品机械有限公司	同安区城南工业区西湖村	陈清良	2002
33	厦门华诚实业有限公司	同安区新民镇溪声工业区	洪栋梁	2002
34	厦门东亚机械有限公司	同安区西柯镇下山头工业区	韩萤焕	2002
35	厦门同安中草药研究所	同安区大同街道田洋村双茺 8 号	陈勇建	2003

续表23-10

序号	企业名称	企业地址	企业法人	认定时间
36	厦门威龙智能科技有限公司	同安区祥平街道坑仔口	刘炳杰	2003
37	厦门市超宇工贸有限公司	同安区城东工业区	宿焕超	2003
38	厦门金日制药有限公司	同安区金日路	李仲树	2003
39	爱康斯（厦门）空气净化科技有限公司	同安新安路人寿大厦19楼2号	许跃辉	2003
40	厦门可士威生物科技有限公司	同安汀溪镇五峰村	孟繁民	2003
41	厦门永兴盛生物科技有限公司	同安区同吉工业区	陈水荣	2003
42	厦门同安泉江饲料有限公司	同安洪塘头工业区	郑忠明	2003
43	厦门新森电子有限公司	同安大同东山村综合楼三楼	许四方	2004
44	厦门市全德兴石制品有限公司	同安新民镇乌涂村田里1号	林庆全	2004
45	厦门鑫亮工贸有限公司	同安汀溪镇隘头村	徐建华	2004
46	厦门市佳合兴五金有限公司	同安五显镇四林村	邵贤波	2004
47	厦门力隆氨纶有限公司	同安大同城东工业区	刘清侨	2004
48	厦门天力源太阳能有限公司	同安祥平凤岗村（中山粮站内）	张文龙	2004
49	厦门盖力辛生物科技有限公司	同安洪塘镇新厝村	郑丽春	2005
50	厦门启和电器有限公司	同安区城北工业区	王玉系	2005
51	厦门富桥机械有限公司	同安区大同康浔村（1）组100号	刘勇富	2005
52	厦门安发纸业有限公司	同安区城东工业区榕溪路22-26号	郭鹭生	2005
53	厦门鹰君保健食品有限公司	同安区食品轻工业园美禾三路220-228号	章明旺	2005
54	厦门上特展示系统工程有限公司	同安区工业集中区同安园175号	李宏泽	2005
55	厦门市永福森光电科技有限公司	同安祥平祥桥村外较场	杨巍立	2005

2004—2007年同安区民营科技型企业名表（厦门市科委认定）

表23-11

单位名称	认定文件	认定时间
厦门金环岛科技有限公司	厦科政社〔2004〕2号	2004年
厦门腾信化工有限公司	厦科政社〔2004〕2号	2004年
厦门金盈食品机械有限公司	厦科政社〔2004〕2号	2004年
厦门市钻石鹭涂装工程有限公司	厦科政社〔2004〕10号	2004年
厦门市同安威龙智能科技有限公司	厦科政社〔2004〕22号	2004年
厦门市超宇环保科技有限公司	厦科政社〔2005〕1号	2005年
厦门金日制药有限公司	厦科政社〔2005〕1号	2005年
爱康斯（厦门）空气净化科技有限公司	厦科政社〔2005〕5号	2005年
厦门可士威生物科技有限公司	厦科政社〔2005〕5号	2005年
厦门市同安泉江饲料有限公司	厦科政社〔2005〕5号	2005年
厦门市汇盛生物科技有限公司	厦科政社〔2005〕5号	2005年
厦门力隆氨纶有限公司	厦科社〔2005〕8号	2005年

续表23-11

单位名称	认定文件	认定时间
厦门天力源太阳能有限公司	厦科社〔2005〕8 号	2005 年
厦门新森电子有限公司	厦科社〔2005〕8 号	2005 年
厦门鑫亮工贸有限公司	厦科社〔2005〕8 号	2005 年
厦门全德兴石制品有限公司	厦科社〔2005〕8 号	2005 年
厦门佳合兴五金有限公司	厦科社〔2005〕8 号	2005 年
厦门盖力辛生物科技有限公司	厦科社〔2006〕17 号	2006 年
厦门启和电器有限公司	厦科社〔2006〕17 号	2006 年
厦门市富桥机械有限公司	厦科社〔2006〕17 号	2006 年
厦门好年东米业有限公司	厦科政社〔2007〕13 号	2007 年
厦门上特展示系统工程有限公司	厦科政社〔2007〕17 号	2007 年
厦门安发纸业有限公司	厦科政社〔2007〕17 号	2007 年
厦门鹰君药业有限公司	厦科政社〔2007〕17 号	2007 年
厦门市永福森照明科技有限公司	厦科政社〔2007〕17 号	2007 年

2000—2005 年同安区高新技术企业名表（同安区科技局认定）

表 23-12

企业名称	企业地址	企业法人	认定时间
厦门良机工业有限公司	城南工业区	张广博	2000
厦门惠尔康食品有限公司	汀溪隘头工业区	叶美兰	2000
厦门闽光电器设备有限公司	坑仔口工业区	蔡品花	2000
榕兴新世纪石油设备制造有限公司	美人山高科园区	许俊波	2000
厦门华诚实业有限公司	新民溪声工业区	洪顶拥	2000
厦门银祥集团有限公司	石浔工业区	陈福祥	2000
厦门大金机械有限公司	同集北路 260 号	林清年	2001
厦门歌乐电子企业有限公司	城东工业区榕泉路 15 号	石野雅之	2001
厦门绿地康生物工程有限公司	城南工业区	柯溪水	2001
厦门火炬特种材料厂	城南工业区	蔡荣升	2002
厦门爱声音响有限公司	美人山高科技园	贺中春	2002
厦门百穗行实业有限公司	城南工业区	陈进帅	2003
厦门金日制药有限公司	金日路	李仲树	2003
厦门中盛粮油企业有限公司	美人山高科技园区	黄文传	2003
厦门东亚机械有限公司	西柯镇下山头工业区	韩莹焕	2003
厦门榕兴纸业制造有限公司	同集中路 1299 号	许亚花	2003
天之域电子工业（厦门）有限公司	同安区新民镇西塘工业区新民大道	黄友辉	2004
厦门银华机械厂	同安区环城东路	何维佳	2004
北大泰普科技有限公司	火炬高新区同安园	王多祥	2004

续表23-12

企业名称	企业地址	企业法人	认定时间
厦门华日食品有限公司	厦门同集中路1355号（361100）	杨缘生	2004
厦门华新茂包装容器有限公司	厦门市同安区同集路同吉工业园	HEARY PATARrI	2005
厦门同纶实业有限公司	同集路高新技术园	蔡良平	2005
启高（厦门）机械工业有限公司	风南大埔36号	董霞玲	2005
厦门合兴包装印刷股份有限公司	同集北路556号	许晓光	2005
厦门广群复材科技有限公司	工业集中区思明园	林士禄	2005

第二节　经费管理

科技经费主要为科技三项经费，此外还有人员、科普、基建等其他经费，其管理主要是科技三项经费财政投入的管理。

科技三项经费与科技计划项目一同下达。项目承担单位与区科技局签订《科技计划项目经费合同书》后办理拨款手续，实行专款专用，专项核算。区科技局对资金使用跟踪监督。1997—2007年，累计下达科技项目340项、三项经费44.69亿元，其中本级财政投入5336万元、占总经费的1.19%，市级以上财政投入5440万元、占总经费的1.22%，其余436150万元，均为企业自主投入，占总经费的97.59%。

1997—2007年同安区科技经费投入情况表

表23-13　　单位：万元

年份	科技三项经费					其他经费			
	合计	本级财政投入		市级及市以上投入	企业投入	合计	人员经费	普查经费	基建经费
		金额	占财政支出（%）						
1997	19197	157	0.8	70	18970	47.00	19.50	27.50	—
1998	25253	314	1.4	89	24850	48.70	21.20	27.50	—
1999	34748	308	1.4	45	34395	49.80	22.30	27.50	—
2000	45616	381	1.5	50	45185	51.00	23.50	27.50	—
2001	24365	417	1.7	118	23830	52.70	25.20	27.50	—
2002	33726	420	1.4	1033	32273	53.50	26.00	27.50	—
2003	27204	444	1.5	1054	25706	55.67	28.17	27.50	—
2004	34905	420	1.3	309	34176	63.79	33.79	30.00	—
2005	54154	560	1.5	955	52639	106.27	46.17	30.00	30.1
2006	66815	800	1.7	395	65620	104.68	59.68	33.00	12
2007	80943	1115	1.5	1322	78506	123.21	62.11	43.00	18.1
合计	446926	5336	—	5440	436150	776.32	376.62	328.5	60.2

第三节 项目管理

一、中长期科技发展规划编制

根据同安区经济社会发展的需要，区科技局先后编制3个中长期科技发展规划。

(一)《同安区科技发展“九五”计划和2010年远景规划纲要》。1995年5月经人大常委会批准调整。2001年3月28日由福州大学管理学院和同安区科技局编制。

(二)《厦门市同安区科学技术发展第十个五年计划》，由福州大学管理学院和同安区科技局编制，2001年3月28日通过专家评审。4月12日区政府常务会议审议通过，同年9月18日，同安区第十三届人大常委会第二十八次会议审议通过该计划。

《“十五”科技发展计划》，战略目标为：以知识创新和技术创新为核心，以改变经济增长方式为目标，促进企业成为知识创新和技术创新的主体，做到产业发展的整体科技水平处于省内前列，科技工作的主要指标达全国先进水平。到2005年，科技进步对经济增长的贡献率达50%，科技成果转化率达55%。高新技术产业产值占工业总产值的15%以上。农业良种化程度、农业机械化程度和农业科技贡献率分别达到85%、70%和52%，主要农产品单产居全省前列。民营科技企业和高新技术企业年技术开发经费投入分别占销售收入的3%和6%以上；区财政科技投入占区财政预算支出的比例达到2%。

(三)2006年5月11日，区政府常务会研究通过由厦门大学经济管理学院和同安区科技局联合编制的《厦门市同安区“十一五”科技发展规划》。同年5月23日，同安区第十四届人大常委会第二十六次会议审议通过该规划。

《“十一五”科技发展规划》战略目标为：积极推进工业化、城市化与信息化建设进程，以建立城市化水平高，创新型的城市次中心为目标，充分发挥区位优势，建立和完善区域科技创新体系和科技基地设施，增强科技持续创新能力，优化科技创新环境，全面提升科技综合实力，使同安区产业发展的整体科技水平处于省内前列，体现科技工作的主要指标达全国先进水平。到2010年，高新技术企业产值占工业总值的30%。农业要从传统种植养殖业向现代高优种苗业发展。区科技专项经费占财政年度预算支出的比例达1.5%以上。

二、年度科技计划项目管理

同安区科技局根据中长期科技发展规划，结合实际情况安排年度科技计划并依照《同安区科技计划项目管理暂行办法》进行管理和服务。1999年12月区科技局获“厦门市科技成果管理先进单位”称号。1997—2007年，全区实施科技计划项目340项。其中，经市、区科技局组织专家对科技成果进行鉴定160项，获市级以上农业科技进步奖17项、工业科技进步奖7项，获区级以上的社会科学、卫生、教育项目奖8项。

第四节 政策扶持

1998年7月，同安区政府颁布《厦门市同安区科学技术进步奖励规定》，对获区科技进步奖的项目和个人分一、二、三等奖分别奖励人民币2500元、1000元、500元（2002年8月修订，提高奖励标准）。

1999年8月，区政府颁发《厦门市同安区区级技术创新示范型企业认定暂行办法》，认定“职工500人以下，科技人员占30%以上，经营符合国家产业方向，生产技艺达省级以上先进水平，产品出口值占总产值70%以上，以及首个进行专利生产的企业”为科技型企业，享受各项扶持优惠政策。同月，区政府设立“同安区科技型中小企业创新项目专项基金”，以贷款担保，贷款贴息、无偿资助仍至资金投入等方式支持创新项目；转发《厦门市政府关于扶持高新技术产业发展若干规定》，对高新技术产业从税收、用地、用人、融资及出境出国诸方面给予优惠。

2001年8月，区政府颁发《关于加强技术创新，扶持高新技术产业发展的若干规定》，全面实施各种优惠扶持措施：

一、以高新技术成果作价出资的，经市主管部门认定，其作价的金额占注册资本的比例可扩大到35%。鼓励民营经济科技开发和技术创新。民营企业进行自主创新，同等享受各类财政性科技资金的支持。

二、新办民营科技企业，自盈利年度起，区财政就企业缴纳所得税的地方留成部分，两年内100%予以扶持，其后3年内按50%予以扶持。

三、对新认定的生产性高新技术企业，经营期在10年以上的，从被认定为高新技术企业后的企业所得税按市政府有关规定办理，2年免征，8年减半征收。现有高新技术企业，除原有的“二免三减半”，再增5年减半征收。企业当年出口产值达产品总产值70%，减按10%税率征所得税。企业引进经认定的高新技术项目，投产后免征3年所得税。

四、属于国家级新产品试制鉴定计划或试产计划的产品，以及在同安区首家生产的发明专利产品，自产品销售之年度起3年内；省市级新产品试制鉴定计划或试产计划的产品，自产品销售之年度起2年内，经市有关部门审定，由税务部门对该产品新增利润免征企业所得税，对新增增值税的地方分成部分返还50%。

五、对新开办的技术贸易机构，凡以技术转让、技术咨询、技术服务、技术开发为主的（“四技收入”占50%以上），经认定批准，自开业之年度起，给予二年免征企业所得税，第三年至第五年减半征收企业所得税的优惠。

六、涉及投资高新技术项目用地，以区政府公布地价为基准，其投资额在500万美元以上1200万美元以下的，土地出让金优惠10%；投资1200万美元以上的，土地出让金优惠15%。投资于同安科技工业园区的，在上述优惠基础上，再优惠5%，且3年内免征土地使用费。

七、进一步加大财政对科技的投入，其中，区本级科技三项费用2001年达到当年预算内财政支出的1.5%，以后逐年增长，到2005年达到预算内财政支出的2%以上。

八、政府设立科技贡献奖励基金，奖励有突出贡献的科技人员。

第五节　科技科普创先

一、科技创先

1999年6月2日，区委、区政府成立创建全国科技工作先进区领导小组，区长杨金兴任组长。11日区委、区政府召开创先动员大会，部署全区科技“创先”工作。2000年3月5日至6日，福建省创建全国科技工作先进县（区）验收委员会受科技部委托到同安验收。同年9月，科技部授予同安区“全国科技工作先进区”称号。

2001年11月1日，同安区人民政府向省科技厅申请参加全国科技进步考核先进区评选。2003年3月4日成立厦门市同安区2001—2002年全国科技进步考核暨科技进步示范区建设领导小组，区长杨金兴任组长。2004年1月18日，科技部批准同安区为全国科技先进区。同年10月28日，科技部又批准同安区为全国科技进步示范区。

1999—2006 年同安获得的科技荣誉

二、科普创先

2006 年 6 月 20 日，同安区成立以区委书记陈昭扬为组长的创建省级科普先进区领导小组，制定《关于创建全省科普先进区实施方案》，展开创建工作。经过区科协和各有关部门单位的通力协作，同年底全面完成科普“创先”的各项任务，获福建省科普先进区称号。

第二十四篇　文化　体育

1997—2007年，同安在继续发扬文化体育传统、推进文化体育活动的同时，加强文化体育设施，特别是镇村文化体育设施建设，形成区、镇、村（街）三级文化体育活动网络。开展各种群众文化活动502项。文学艺术创作成绩喜人。民俗文化艺术项目“厦金宋江阵”“莲花褒歌”“车鼓弄”被列入福建省第二批非物质文化遗产名录。1966处篮球场、乒乓球室、健身路径等公共体育设施分布城乡，“同安体育馆”“同安文化中心”“梧侣文体活动中心”“同安孔庙修缮与陈列工程”等文体工程相继建成或开工。群众性体育活动和全民健身活动蓬勃开展，先后开展群众性体育活动213次，举办、参加各种体育竞赛37次。“全国少年羽毛球精英赛”“中国女子排球对抗赛”“中国女子青年排球与德国国家女子排球对抗赛”“第49届世乒赛中国队热身赛”等赛事先后在同安举行。

同安广播电视事业形成有线无线结合、广播电视并举的发展新格局。同安广播电台年自办节目最多时达19个，日播出时长达13小时40分。同安有线电视收视节目达41套，年播出自拍节目2500多条，自办专题30多部。地方志编纂与整理工作取得前所未有的成就，新编《同安县志》编纂出版发行，并获得福建省地方志优秀成果一等奖，编修县志过程中形成的部门志多达50多部、总字数1500多万字，民国版《同安县志》校注本出版发行。两次涉台文物普查共列入市涉台文物古迹22处，新公布文物保护单位14处。档案收藏、管理和利用取得新成绩，收藏档案达20多万卷，累计利用档案17万人次。党史资料征集成绩显著，编纂出版《彭德清纪念文集》《同安党史》3期，组织编写党史人物、党史事件研究、回忆文章63篇。

第一章　群众文化

第一节　文化设施

一、文化馆（站）

（一）区文化馆

建于1993年，占地面积700平方米，建筑面积1870平方米，四层。设置馆长室、音乐舞蹈创作室、文学创作室、戏剧曲艺创作室、美术摄影创作室、灯谜创作室、服装道具室、排练厅和舞厅等，其中排练厅面积750平方米。2001年10月，被省文化厅评为二级文化馆。

（二）文化站

公办文化站为文化馆的派出机构，1997 年全区共有文化站 12 个，2001 年 6 月增设祥平街道，同时新组建祥平街道社区服务中心（含文化站职能）。2003 年 10 月析出翔安后，马巷、新店、新圩、内厝、大嶝 5 个镇文化站划归翔安区管辖。同安区所属镇、街文化站（后改为文化服务中心）减为 8 个，即汀溪镇、莲花镇、西柯镇、洪塘镇、五显镇、新民镇、祥平街道办事处、大同街道办事处文化站（文化服务中心）。此外，竹坝经济开发区、凤南农场、白沙仑农场 3 个单位也分别成立文化服务机构。2007 年，全区文化站（服务中心）11 个，总面积 5131 平方米，服务 128 个行政村（社区）、36.7 万人口。

二、图书馆（室）

（一）区图书馆

1996 年，区图书馆扩建，总投资 270 万元，馆舍建筑面积 3135 平方米。年图书专项购置费 10 万元，2007 年图书总藏量 12.9 万册。设有报刊阅览室、电子阅览室、资料室、特藏室、图书开架外借室、图书闭架外借室、过刊书库等对外服务窗口，采用深图 ILAS（s）软件进行业务自动化管理。2005 年 6 月，在第三次全国公共图书馆评估定级工作中被评为二级图书馆。

（二）区少年儿童图书馆

1997 年，由同安县少年儿童图书馆改名，1998 年 1 月由香港金日集团捐资 55 万元、区政府拨款 45 万元进行翻新扩建，占地面积 440.64 平方米、建筑面积 1083.65 平方米。设有期报刊阅览厅、图书外借处、书库、采编部、辅导部、展厅、培训室、少儿音像、电化教育等多功能少儿活动场所，2005 年 6 月参加全国图书馆评估定级，被文化部确认为“国家二级少儿图书馆”，有各类图书 8 万册。

此外，截至 2007 年底，区辖各镇村先后建成 29 处图书室。

三、博物馆

区博物馆依托省级文物保护单位同安孔庙为展览场所，馆区占地面积 7000 平方米。大成殿展厅设“同安重要史迹”“同安历史名人”“同安馆藏文物”3 个专题陈列展品。室外设石雕碑刻展场。

四、广播电视台

1997 年 11 月 21 日，区广电局下属事业单位同安人民广播电台（1988 年由同安县广播站改名）与同安有线电视台（1995 年 5 月成立）合并为厦门市同安区广播电视台，保留“同安人民广播电台”和“同安有线电视台”播出呼号。两台合并后，原核定的 39 名全额拨款事业编制和 26 名自收自支事业编制不变，人员合并使用，经费拨款渠道不变，承担全区广播电视宣传播出和全区有线电视网络建设任务。2002 年 6 月，下辖事业单位广播电视网络传输公司。

第二节　表演团体

一、职业表演团体

同安歌仔戏剧团　同安区唯一财政差额拨款专业性表演团体。1997—2007 年，除正常城乡有偿演出外，先后参加国台办、厦门市委和市政府承办的“海峡两岸农业合作成果展”开幕式大型焰火晚会《欢乐金秋》，福建省第三届中青年演（奏）员比赛，福建省第二十一届戏剧会演，第四届世界同安联谊会大型文艺晚会，中华文化联谊会、省文化厅、市人民政府及台湾“中华民族艺术基金会”共同举办的首届海峡两岸文化艺术节，福建省第三届人口与计划生育文艺会演等演出；与厦门艺校组团赴台歌仔戏交流演出；11 年间，共创作《公子换太子》《翠翘传》《大拜寿》《婆媳和》《三家福》《杨家巧媳》《侄儿·女儿·老爸》《闽台同根并蒂开》《同船过渡》等剧目 30 本，下乡演出 2020 场，观众达 986 万人（次），并有 5 名演员在省级比赛中获奖。

华兴芗剧团 1998 年 10 月，华兴芗剧团获“福建省十佳民间职业剧团”称号，2002 年 4 月获福建省艺术馆、福建省职业剧团研究会授予“先进剧团”称号，2005 年 4 月在第二届“六十佳”评选中被福建省文化厅、总工会、共青团省委授予“十佳民间职业剧团”称号。2001 年起至 2005 年，每年 9 月应邀赴文莱文化交流演出，2004 年 11 月、2007 年 10 月应邀赴金门烈屿乡文化交流演出。

二、民间表演团体

1997—2007 年，活跃在同安区各种舞台和文化阵地上的民间表演团体有：

民间舞蹈队 同安区文化馆业余舞蹈队、金秋艺术团、老龄委文艺队、澳溪中学拍胸舞表演队等。

民间声乐队 同安区文化馆业余合唱队。

民间歌仔戏剧团 艺岭歌仔戏剧团、艺兴歌仔戏剧团、嘉丽歌仔戏。

木偶戏剧团 卢江木偶戏剧团、潘涂木偶戏剧团、郑金城木偶戏剧团、后麝木偶戏剧团、金电木偶戏剧团、大同木偶戏剧团、碧云木偶戏剧团、阳翟木偶戏剧团。

南乐社 银安堂南乐社、国棋中学南乐社、丙州南乐社、凤岗南乐社、甘岭中学南乐社。

民间艺术团 云埔云福山民间艺术团（综合艺术表演，含民间歌舞、舞狮、拍胸舞等，经常参加市、区节庆、庆典活动演出）。

车鼓阵 溪边车鼓阵、潘涂车鼓阵等。

民间曲艺 新同乐歌仔阵。

民间轻音乐队 阳翟圳岸轻音乐队、阳翟轻音乐队。

民间竞技队 造水三甲宋江阵、东山舞龙队、华兴学校宋江阵、华兴学校舞狮舞龙队。

2007 年同安区各镇（街、场）文化站（服务中心）概况

表 24-1

名称	现有面积（平方米）	功能设置	管辖行政村、社区数	人口数（人）	现有编制（人）
汀溪镇文化服务中心	1356	图书室、电脑室、健身室、棋牌室、美术室、卡拉 OK 厅	13	20000	3
莲花镇文化服务中心	300	图书室、电脑室、乒乓球室	19	35000	3
西柯镇文化服务中心	110	图书室、电脑室、健康室	12	32000	3
洪塘镇文化服务中心	100	电脑室	16	30000	3
五显镇文化服务中心	150	电脑室、乒乓球室、健身室	15	35000	3
新民镇文化服务中心	450	图书室、棋牌室、乒乓球室、电脑室、卡拉 OK、民乐室、康乐室	13	30000	3
祥平街道社区服务中心	250	图书室、电脑室、健身室	15	40000	12
大同创建文明城市办公室	200	图书室、电脑室、乒乓球室	18	75000	1
竹坝归侨文化中心	1500	图书室、电子阅览室、羽毛球、乒乓球、健身室、卡拉 OK 厅	3	2500	3
凤南农场宣传科	55	图书室、电脑室	4	8000	1
白沙仑农场社会事务办	660	乒乓球室、篮球场、电脑室	—	1773	1

第三节　群众文化活动

1997 年，举办海峡两岸春节焰火晚会、迎香港回归大型民俗文艺踩街等活动 22 场，观众 5.80 万人次。

1998 年，举办闹元宵、戏曲调演、西北风情摄影展等活动 35 场，观众 8.30 万人次。

1999 年，举办同安金门书画展、同安农民画作品展等活动 38 场，观众 6.50 万人次。

2000 年，举办国庆万名演员南音汇唱、第四届世界同安联谊会大型民俗文艺踩街等活动 43 场，观众 12.48 万人次。

第六届世联会文艺彩街

同安首届民俗文化艺术节闭幕会演

2001 年，举办同安现代民间绘画展、区工会成立五十周年“劳动之歌”文艺晚会、庆祝特区成立 20 周年广场文化等活动 43 场，观众 8.30 万人次。

2002 年，举办北辰山民俗文化旅游节民间艺术表演、庆“六一”少儿系列活动等活动 42 场，观众 7.05 万人。

2003 年，举办抗“非典”南音下乡宣传演出、反腐倡廉文艺下乡宣传演出等活动 45 场，观众 7.20 万人次。

2004 年，举办“庆‘七一’·正气之歌”歌咏比赛、“活力同安”民俗文化等活动 46 场，观众 7.80 万人次。

2005 年，举办纪念抗日战争胜利 60 周年文艺晚会、第六届世界同安联谊大会“榴莲飘香”歌剧晚会等活动 58 场，观众 8.60 万人次。

2006 年，举办影视城春节民俗庙会、“我爱我家·和谐同安”老年艺术节等活动 62 场，观众 9.35 万人。

2007 年，举办“关爱农民工·送经典电影”、同安区首届民俗文化艺术节等活动 68 场，观众 10.76 万人。

据统计，1997—2007 年，累计举办群众文化等活动 502 场，观众 92 万多人次。

莲花褒歌

1997—2007 年同安区群众文化活动情况表

表 24-2

年份	活动内容	演出场次	观众人次
1997	城乡春节广场民俗文化活动，海峡两岸春节焰火晚会，电影下乡、电影晚会，庆“六一”少儿小提琴演奏会，迎香港回归大型民俗文艺踩街、卡拉 OK 比赛、南音会唱、环保灯谜会等	22	58000
1998	城乡春节、国庆广场民俗文化活动，海峡两岸春节焰火晚会，闹元宵文艺晚会，戏剧调演，现代民间绘画展，西北风情摄影展，文化下乡、庆“六一”电影少儿专场，赈灾义映，庆中秋南音会唱，卡拉 OK 比赛，文物灯谜会等	35	83000
1999	城乡元旦、春节、国庆广场民俗文化活动，马巷大型文艺踩街，海峡两岸春节焰火晚会，元宵晚会全区农村女子腰鼓舞比赛，戏剧调演，同安金门书画展，同安农民画作品展，文化、图书、电影下乡，庆“六一”少儿系列活动，庆国庆大型焰火晚会，环保灯谜创作比赛等	38	65000
2000	“庆回归、迎新世纪”文艺晚会，卡拉 OK 比赛，迎春文化、图书、电影下乡，城乡春节、元宵、“五一”、国庆广场民俗文化活动，庆“六一”少儿活动周系列活动，国庆百名演员南音会唱，第八届区运会大型团体操表演，第四届世界同安联谊会大型民俗文艺踩街，影视城、梵天寺、体育场大型民俗文化活动等	43	124800
2001	城乡春节、元宵节庆群众性文体活动，参加厦门“新春喜洋洋”民俗欢闹踩街活动，文化、图书、电影下乡，参加省民间剧团调演，举办同安现代民间绘画展，庆“五一”联欢活动，区工会成立五十周年《劳动之歌》文艺晚会，庆“六一”少儿系列活动，纪念建党 80 周年歌咏比赛、庆“七一”文化广场活动，庆特区成立 20 周年广场文化活动等	43	83000
2002	城乡元旦、春节、元宵、国庆群众性文体活动，文化、图书、电影下乡，同安北辰山民俗文化旅游节民间艺术表演、民间民俗活动，庆“五一”梵天寺广场文体活动，庆“六一”少儿系列活动，同安歌仔戏剧团与市戏校赴台巡回演出 11 场，同安—石狮美术作品联展，庆“七一”文化广场活动，文物保护周系列活动，参加第二届厦门市群众文化艺术节闭幕颁奖晚会等	42	70500
2003	城乡元旦、春节、元宵、国庆群众性文体活动，文化、图书、电影下乡，“诚信纳税专题”谜会，法制文艺下乡宣传演出，抗“非典”南音下乡宣传演出，科教电影下乡放映，反腐倡廉文艺下乡宣传演出，福建省华侨艺术节“侨心之夜”文艺晚会，参加省“浩歌颂长缨”文艺调演等	45	72000
2004	“欢度春节、元宵”群众性文体活动，文化、图书、电影下乡活动，庆“五一”联欢活动，“庆七一，正气之歌”歌咏比赛，“庆国庆”广场文化活动、少儿读者活动，同安区女子健身操、女子腰鼓舞表演，“活力同安”民俗文化活动等	46	78000
2005	区直机关迎新春团拜会文艺演出，城乡“欢度春节、元宵”群众性文体活动，文化、图书、电影下乡活动，省第二届社区文化艺术节同安专场文艺演出，纪念抗日战争胜利 60 周年歌咏比赛、文艺晚会，“庆国庆”大型广场文化活动，第六届世界同安联谊大会“榴莲飘香”歌剧晚会、“同根缘·华夏情”联谊晚会、大型焰火晚会、大型民间民俗文化表演活动，“温馨厦门·和谐社区”走进厦视直播室同安专场演出等	58	86000
2006	元旦少儿读者文化艺术系列活动，城乡春节、元宵、国庆群众性文体活动，影视城春节民俗庙会，金门县烈屿乡表演团到我区交流演出，与企业联办新春元宵庙会活动，同安车鼓弄舞蹈表演，文艺表演队慰问参训预备役官兵演出，“银祥杯”少年儿童书画大赛，组织民间舞蹈参加市非物质文化遗产保护日专题晚会，组织合唱队参加纪念建党 85 周年“光辉的旗帜”文艺晚会，组织女子合唱团参加第四届世界合唱比赛、农民歌手比赛，组织华兴芗剧团参加省民间戏剧在同安调演，“我爱我家·和谐同安”老年艺术节专场演出，市第三届群众文化艺术节秧歌比赛、同安专场文艺演出，廉政文化进农村文艺巡演等	62	93500
2007	元旦少儿美术展，城乡春节、元宵、国庆群众性文体活动，元宵莲花褒歌比赛，影视城大型影视综艺游园活动，苏颂学术研讨会文艺晚会，普法电影晚会，“关爱农民工·送经典电影”，推进“2131”工程百场电影下乡放映活动，宁夏艺术团到我区慰问演出，建党 86 周年“颂歌献给党”歌咏比赛，中小学生美术夏令营，澳门南乐社交流演出，环东海域洪塘工业邻里中心开工庆典活动、同安城北小区保障房开工庆典活动，同安区首届民俗文化艺术节腰鼓比赛、民俗风情绘画摄影展、小学生闽南童谣创编演比赛、闽南语歌手比赛、南音唱腔比赛、民间故事有奖征文等	68	107600

第二章 文学艺术

第一节 文学创作

一、诗歌创作

（一）作家作品

1997年以后，同安的诗歌创作队伍有所壮大，创作量增加，有10多人经常在报刊、网络上发表作品。至2007年底，已出版2本集体作者作品集和7本个人作品集。《厦门文艺》2004年第二期首设“同安诗人方阵”，刊有庄永庆、浦溪、纪宏毅、王真管、陈建中等作者的作品。同安本土诗人张小云先后出版多本个人诗歌作品集，他的诗歌作品参与实践荒诞主义创作，在全国诗坛产生较大影响。庄永庆的《莲的另一种情态》（外三首）和宋永贤《浑》（外三首）入选1994—2003《厦门优秀文学作品选》（诗歌卷）。此外，庄永庆、苏文田、张小云、纪宏毅、浦溪、黄国清、洪根盛、冰苇、陈建中、叶友忠、王真管、郑则仁等人的作品入选《百年厦门新诗选》。

（二）主要作品集：

《银城诗人作品集》（1）　2004年出版，收录同安中青年诗歌作者11人近200首作品，其中女性诗人1名。

《银城诗人作品集》（2）　2007年出版，收录同安中青年诗歌作者15人的300余首作品，其中女性诗人3名。

《回首已千年》　2000年海风出版社出版，同安诗人庄永庆的个人诗集。

《啸吟斋诗词》　2001年出版，同安诗人李逸的个人诗词集。

《风吹过往事》　2003年中国文联出版社出版，同安诗人宋永贤的个人诗集。

《够不着Ⅰ》　2004年太白文艺出版社出版，同安诗人张小云的个人诗集。

《够不着Ⅱ》　2004年中国文联出版社出版，同安诗人张小云的个人诗集。

《我去过冬天》　2004年华艺出版社出版，同安诗人张小云的个人诗集。

《旷野中的跳跃》　2007年国际华文出版社出版，同安诗人猎人的个人诗集。

二、小说创作

1997年以后，同安小说创作的主要作者有在家、苏文田、猎人、苏志民、柯雅莲等。其中苏文田、在家的短篇小说合集《永远的马巷》2003年由中国文联出版社出版，在本地产生一定影响。

三、散文创作

1997年以后，同安的散文创作群体较大，作品多在《厦门文学》《厦门文艺》《同安文艺》上发表。主要作者有：颜立水、张沧海、冰苇、黄国清、沈月燕、洪文章、陈大伟、耿瀚、柯雅莲、黄敬礼、郭军民等。女作家冰苇的散文作品在厦门散文界产生一定影响。颜立水，先后出版《秋实集》《冬耕集》《金同集》《先贤行迹采风》4部专著，不少文章在海内外报刊上发表。

第二节　艺术创作

一、音乐舞蹈创作

同安音乐舞蹈人才辈出。他们组织创作和排练的优秀文艺节目，在省市级文艺调演中，屡获殊荣。其中翁海燕编导的舞蹈《夏夜·乡女》获“第二届厦门市群众文化艺术节”金奖、“福建省社区文化艺术节”演出金奖、“第三届厦门市文学艺术奖”三等奖；由翁海燕等编导的《乡婆》获全国第十三届“群星奖”；翁海燕编导的《喜弄车鼓》获“第三届厦门群众文化艺术节”金奖；陈明德独舞《二泉遐想》、林丽红主唱的南音歌舞《千里共婵娟》均荣获“第三届厦门群众文化艺术节”优秀奖；声乐、器乐作品在厦门市“第二届艺术节”获得3金4银的优异成绩。

二、摄影

1997—2007年，同安摄影工作者外出采风，创作数百件新闻、艺术摄影作品参加全国、省市展览，成功举办三届“银城风貌”摄影展，先后举办“银啤杯”“青企杯”“‘芸溪杯’活力同安”“人居厦门”“大学生看同安”等摄影大赛；举办五次会员摄影作品联展和个展；为历届“世界同安人联谊会”拍摄照片、出版专辑、画册，受到广泛好评。其中陈跃进连续三届获中国审计署举办的“美术、书法、摄影比赛”一等奖，其人获中国艺术摄影协会“中国优秀摄影家”称号；何东方先后荣获国家及地区级的大奖3次、省级9次、市级13次，其中作品《归来儿》获文化部“华夏一日”摄影大赛优秀奖，《归心箭》《票友》由中国图片档案馆收藏；王从民举办多次联展和个展，获4个省级以上大奖；青年新秀黄劲脱颖而出，在全国性、省级摄影大赛中，先后获全国性大奖3个，入选国家、省级大赛6次，另有20余幅作品在专业摄影杂志发表，50余幅摄影作品在省市各级影赛获奖或入选，其中作品《窗口》获得2006年中国摄影家协会“城市发展”全国摄影大赛“铜奖”。

三、戏曲创作表演

1999年，以优秀剧目《翠翘传》参加福建省第二十一届戏剧会演，获得剧本创作二等奖，演员林顺兰获得最好奖项优秀演员奖。

2000年，创作歌仔戏折子戏《大拜寿》，参加第二届世界同安联谊会文艺联欢晚会演出，以优秀剧目《翠翘传》作专场演出。

2002年，排练传统戏剧《婆媳和》《三家福》赴台交流演出。

2004年，排练传统历史剧《杨家巧媳》参加由中华文化联谊会、福建省文化厅、厦门市政府共同举办的首届海峡两岸文化艺术节演出。

2006年，创作、编排大型歌仔戏歌舞《闽台同根并蒂开》参加国台办主办的大型歌舞晚会《欢乐金秋》演出。

2007年，创作、录制人口计划生育剧目《同船过渡》，同年9月1日在厦门电视台播出，并获福建省第三届人口与计划生育汇演节目三等奖。

1997—2007年，同安歌仔戏剧创作表演计10多部。

四、曲艺创作、排练

1997—2007年，同安的曲艺创作和表演（如南音唱腔比赛）获得丰收，11年共获各级奖励上百次。其中，袁和平、洪明艾创作的南曲《三进酒》获厦门市第二届群鹭奖创作奖；林丽红的南乐《长相思》和吴宝雅的南乐《雁声想》分获厦门市第九届南乐唱腔比赛“一等奖”和“二等奖”；陈令督的荷叶说唱《陈毅拜会陈嘉庚》获第二届厦门市群众文化艺术节征文比赛“金奖”和第三届厦门市群众文化艺术节曲艺专场比赛“金奖”，说唱《邓小平巧用葫芦兵》获福建省第二届曲艺节“创作一等奖”，荷叶说唱《侄儿、女儿、老爸》获厦门市反腐倡廉文艺会演“创作一等奖”。陈令督出版的《令督说唱集》和汪宗辉出版的《汪宗辉方言顺口溜》对挖掘、整理闽南特色文艺作出贡献。

五、美术书法

美术　1997 年，农民画作者颜明算绘作的“文兴瓷”工艺品获公众奥斯卡奖和奥斯卡金奖。1999 年，10 多幅民间绘画作品送挪威、瑞典等国家和地区展出，其中 9 幅入选《中国现代民间绘画选萃》和《中国现代美术全集·农民画》等大型画册。2006 年，同安 6 位农民画作者参加“第二届中国农民书画展”，陈建纯的《七星灯舞》获二等奖，柯国庆的《锄头蓑衣舞》获三等奖，另有三位作者的三幅作品入展。

1997—2007 年，同安美术工作者每年举办各类画展，开展对台、对外文化交流，创作作品获国家级大奖 8 个、省级 5 个，入选国家、省级展览 3 次。其中，康江林获国家级大奖 5 次，梁思棋、叶进兴、苏世荣等人作品入选国家级展览并获奖。

2001 年，康江林的《香溢清远》获庆祝中国共产党建党八十周年“全国美术作品展”优秀奖

“唐鸣杯”同安书协首届会员临帖展暨特邀名家笔会

书法　同安书法协会自 2005 年 6 月成立后活动活跃，共举办全区性大型书法作品展 6 场次。其中 2005 年 12 月举办的“‘唐鸣杯’同安书协首届会员临帖展暨特邀名家笔会”，是同安书法史上规模最大、参展会员最多、邀请名家最多、市场运作资金最大、莅会省市区领导最多的一次书法展。先后编印《唐鸣杯·同安书协首届会员临帖展暨特邀名家作品集》和《翰海同乐·海沧同安书画联展作品集》等两本书法集。

六、灯谜

1997 年，“’97‘千岛杯’迎香港回归海内外灯谜创作赛”，许友金 2 则，黄杰中 2 则灯谜获优秀创作奖。

1999 年 9 月，许友金获全国“学术部杯”谜艺论文赛优秀论文奖；12 月，许友金、黄杰中同获《狮城雄风》“全国环保灯谜创作赛”佳谜奖。

2000 年 10 月，“华东杯”六省一市灯谜创作赛，王嘉宾获“华东十大虎将”称号，蔡秋湖、许友金获“华东优秀谜作者”称号。

2004 年 7 月，黄杰中 2 则、许友金 1 则谜作被评为“望州山杯”全国典故谜创作赛佳谜。

2005 年 10 月，黄杰中获“文心印泥杯”海内外印谜创作赛二等奖。

2006 年首届全国网络灯谜邀请赛，许友金获论文优秀奖，猜射第四名。

2007 年 8 月，中华灯谜学术委员会刊物《中华谜艺》举办“海内外咏梅灯谜创作大赛”，蔡秋湖、许友金获创作二等奖，谢瑶中、黄杰中获创作三等奖。

1997—2007 年，累计举办广场谜会近 200 场。灯谜工作者在各级大赛中 17 人获奖。

第三节 文学艺术组织

1997 年，同安区文联（区文化馆）主管的文学艺术组织有同安区文学工作者学会、同安区音乐舞蹈工作者学会、同安区交谊舞协会、同安区灯谜协会。2003 年后，先后成立摄影家协会、书法家协会、美术家协会和民间文艺家协会。至 2007 年，共有文学艺术组织 8 家，其中区文联主管 7 家，区文化馆主管 1 家。

2007 年同安区文艺组织情况表

表 24-3

名称	成立时间	最新换届时间	会员数	现任会长	现任秘书长	主管单位
同安区文学工作者协会	1992 年	2006 年	28	庄永庆	叶友忠	区文联
同安区音乐舞蹈工作者协会	1992 年	2006 年	45	李黎明	翁海燕	区文联
同安区交谊舞协会	1993 年	2006 年	530	方耀生	杨思进	区文联
同安区灯谜协会	1996 年	2006 年	30	—	—	区文化馆
同安区摄影家协会	2003 年	—	52	陈跃进	王丛民	区文联
同安区书法家协会	2005 年	—	72	宋永贤	叶聪艺	区文联
同安区民间文艺家协会	2007 年	—	46	袁和平	林银花	区文联
同安区美术家协会	2007 年	—	50	康江林	张明亮	区文联

说明：同安灯谜协会 2001 年后未年检

第三章 广播电视 图书档案 史志

第一节 广播电视

一、广播

（一）传输方式

1997 年，同安区广播电台采用调频直接覆盖为主的方式传输覆盖，发射功率 100 瓦，直接覆盖率 90%。2007 年，仍采用调频直接覆盖为主方式传输覆盖，发射功率 500 瓦，直接覆盖率 95%。

（二）自办节目

1997 年，广播电台自办《同安新闻·简讯》《耀山瞭望》《经济服务桥》《银城百花园》《政治、法治》《科学与生活》《卫生与健康》《人口教育》8 个节目，每天上、下午两段式播出 12 小时 20 分钟，2003 年起延长至 17 小时 10 分钟，其中自办节目 15 小时 10 分钟，其余时间转播上级台。2005 年 5 月 10 日起改版，总播出时间 17 小时 10 分钟，其中自办节目播出时间 13 小时 40 分钟。自办节目计有《乡音乡情》《同安区新闻》等 19 个。2007 年，再次改版，总播出时间、自办播出时间不变，但自办节目由 19 个减为 14 个。

附录一：2005 年同安广播电台播出节目单

播出频率：FM89. 8

转播节目：中央台《新闻和报纸摘要》、《全国新闻联播》、福建台《福建新闻》。

自办节目：《乡音乡情》周一至周六，每期 30 分钟。

《美丽沙龙》周一至周六，每期 30 分钟。

《电力之窗》供电局供稿（每周一、三、五）每期 10 分钟。

《音乐榜样》每周日，每期 30 分钟。

《少儿天地》每周日，每期 30 分钟。

《音乐之旅》周一至周六，每期 30 分钟。

《心情小屋》周一至周六，逢 17：00，每期 30 分钟。

《整点资讯》周一至周六，逢 9、10、11、15、16 点，每期 10 分。

《闽南戏曲》每天每期 30 分钟。

《城市日记》周一至周六，每期 30 分钟。

《车时代》周一至周六，每期 30 分钟。

《有话要说》周一至周六，每期 30 分钟。

《健康教育栏目》周一至周六，每期 20 分钟。

《法治天地》周一至周六，每期 30 分钟。

《同安新闻》每天每期 15 分钟。

《闽南语同安新闻》每天每期 15 分钟。

《人大之声》人大办供稿（每周一期）。

《音乐欣赏》每天 3 小时

附录二：2007 年同安广播电台播出节目单

播出频率：FM89. 8

总播出时间：17 小时 10 分钟，其中转播上级台 3 小时 30 分钟。

转播节目：中央台《新闻和报纸摘要》、《全国新闻联播》、福建台《福建新闻》。

自办节目：《法治天地》周一至周六，每期 30 分钟。

《整点资讯》周一至周六，逢 9、10、11、15、16 点，每期 10 分钟。

《电力之窗》供电局供稿（每周一、三、五）每期 10 分钟。

《少儿天地》每周日，每期 30 分钟。

《音乐之旅》周一至周六，每期 30 分钟。

《心情小屋》周一至周六，逢 17：00，每期 30 分钟。

《闽台资讯》周日，逢17：00，每期10分钟。
《闽南戏曲》每天每期30分钟。
《体育资讯》周一至周六，每期30分钟。
《财经信息》周一至周六，每期30分钟。
《同安新闻》每天每期15分钟。
《闽南语同安新闻》每天每期15分钟。
《人大之声》人大办供稿（每周一期）。
《音乐欣赏》每天3小时。

二、电视

（一）网络建设

1997年，在城区及部分镇区开通有线电视基础上，实施广播电视村村通工程。至2007年，全区建成上联省、市网，下通镇村的有线电视光缆网络，实现除13个边远山顶村外，村村通有线电视。总计建设光缆640公里，光缆覆盖率88%，有线电视总用户数8.2万户，其中农村平均入户率90%，城镇平均入户率100%，有线电视收视节目套数由刚开始时的12套增加到41套，收视质量大为提高。

（二）自办节目

1997年，同安有线电视自办《银城信息》《银城掠影》《银城点歌台》《卫生与健康》等节目。

1999年元旦起，正式开播《同安新闻》节目，每周3档、40分钟实现电视宣传的规范发展。

2005年元旦起，《同安新闻》由每周3档40分钟发展为每天1档100分钟，电视新闻总量翻番，质量提高。

2007年，增办评论性电视专题节目《热点透视》，并与区相关部门联合开办有针对的专题宣传栏目。成功试办同安首届民俗文化艺术节开幕活动电视现场直播。截至2007年，开播自办节目（栏目）每年自拍新闻2500条，自拍专题30部，向市级台供稿200多条。

第二节　图书档案

一、图书

（一）馆藏图书

1997年，同安图书馆藏书6.34万册，同安区少儿图书馆藏书3.2万册。2007年，两馆藏书分别为11.78万册、8.0万册。

（二）基层图书室藏书

1997年以后，在不断投入农村图书室建设的同时，争取上级有关部门的支持，集各级各部门的力量，加快农村图书室建设，至2007年建成镇村级图书室29处，藏书约10.49万册。

（三）图书借阅

区图书馆以“文明服务、读者第一”为宗旨，通过报刊阅览室、电子阅览室、资料室、特室、图书开架外借室、图书闭架外借室、过刊书库等对外服务窗口，实行每周七天开放制，无假日、无双休日服务城乡居民。据统计，1997—2007年，免费外借图书60.78万册，流通人员99.50万人次。

1997—2007 年同安区图书馆藏书、服务读者阅读工作量情况表

表 24-4

年份	图书藏量（册）	外借册次	流通人员
1997	63393	48000	94000
1998	75546	56900	105900
1999	80203	63900	111600
2000	129401	62000	109000
2001	148604	63000	106000
2002	127887	97000	133200
2003	133244	93200	124600
2004	110783	38000	59000
2005	114081	28100	49700
2006	116796	25120	50370
2007	117796	32600	51650

2007 年同安区基层图书室情况表

表 24-5

图书室	成立时间	地址	资金来源	现有设备	藏书册数
五显镇科普图书室	1997. 5	五显镇政府	镇财政	阅览桌椅	3000
汀溪镇西源村文化园	1997. 8	汀溪镇西源村	村财	书架	3000
汀溪镇褒美村文化园	1998. 3	汀溪镇褒美村	村财	书架	3000
汀溪镇隘头村文化园	1998. 6	汀溪镇隘头村	村财	书架	10000
西柯镇丙洲图书室	2000	西柯镇丙洲文化园	财政补助、华侨捐赠	—	500
洪塘镇洪塘村图书室	2000	洪塘镇洪塘村	上级有关部门补助	书架	1000
莲花镇	2000. 1	镇政府院内	财政	书架、电脑	3000
大同街道朝元社区	2000. 5	朝元社区文化园	筹资	—	2000
大同街道东山社区	2000. 5	东山社区	筹资	—	5000
汀溪镇前格村文化园	2000. 10	汀溪镇前格村	村财	书架	4500
大同街道	2001. 6	同安区城西路 158 号	捐赠、补助	—	500
汀溪镇顶村村文化园	2001. 10	汀溪镇顶村村	村财	书架	1000
新民镇	2002. 1	新民镇乌涂村铁史骑	捐赠、补助	书架、阅览桌	7200
新民镇图书室	2002. 10	新民镇文化中心	上级补助、自筹	书架、阅览桌、电脑	7000
洪塘镇塘边村图书室	2004	洪塘镇塘边村	上级有关部门补助	书架	2000
新民镇禾山村图书室	2004. 10	新民镇禾山村部	自筹	电脑	20000
洪塘镇石浔村图书室	2005	洪塘镇石浔村	上级有关部门补助	书架	1000
西柯镇西浦图书室	2006	西浦村办公室	财政	—	1200

续表24-5

图书室	成立时间	地址	资金来源	现有设备	藏书册数
洪塘镇埔后村图书室	2006	洪塘镇埔后村	上级有关部门补助	书架	3000
祥平街道西湖图书室	2006.6	西湖塘祖厝	区工会补助	书架、桌椅	500
祥平街道西洪塘图书室	2006.7	西洪塘村	市交通委	书架、图书	3000
五显镇三秀山阅览室	2006.10	五显镇三秀山村部	区委组织部、宣传部	书阅览桌椅	1000
洪塘镇郭山村图书室	2007	洪塘镇郭山村	上级有关部门补助	书架	2000
竹坝华侨文化中心	2007.1	竹坝华侨农场新村88号	捐赠、补助	电脑11台、投影仪1套	1500
大同街道东宅农家书屋	2007.4	东宅村文化园	筹资	—	5000
五显镇垵炉村农家书屋	2007.5	五显镇垵炉村部	省读书协会书香鹭岛	书架、阅览桌	8386
西柯镇洪塘头图书室	2007.6	洪塘头残联办公室	财政	—	600
五显镇西洋村农家书屋	2007.9	五显镇西洋村部	区委宣传部	阅览桌椅	3000
新民镇梧侣村图书室	2007.12	新民镇梧侣村文化园	上级赠送	书架	2020

二、档案

（一）档案收藏

1997年，区档案馆收藏档案34640宗。区直机关档案室80个、镇档案室12个，企业档案室83个，合计收藏档案31714卷。行政村档案室227个，收藏档案113893卷。总计收藏档案180247卷（册）。2007年，区档案馆馆藏档案全宗118个，档案60897卷（册），录像档案13盘，照片档案1191张，其他档案资料8000多册。县直各机关档案室258个，收藏档案约80000卷（册），镇、街、场档案室收藏档案31449卷（册），村、居档案室收藏档案13292卷（册）。总计达193638卷（册）。

（二）利用

档案馆（室）通过档案查阅、契证查询等形式，开展档案利用。1997—2007年，累计利用档案2.5万人次，为编史修志、工作查考、经济建设、凭证参考、社会管理等方面提供有效服务。

（三）档案管理

建章立制　各级档案馆（室）建立管理规章制度，配备专职、兼职管理人员，持证上岗，不定期举办档案员资格证培训。

档案整理与接收进馆　组织30人专业整档队伍到各立档单位协助立档整档。有计划地开展档案收集进馆。1997—2007年，累计收集进馆36447卷，其中永久档案19676卷、长期档案16771卷。

档案执法　1997—1998年，开展档案管理评优与整改活动，评出优秀档案室7个，限期整改不合格档案室18个；年度执法检查12个单位，配合省市人大执法检查30个单位。2000—2002年，梳理完善档案管理制度，规范机关、镇街、社区（村）档案室建设；检查12个镇、16个机关的档案安全管理制度落实情况；出台《同安区档案局行政执法责任制实施办法》。2003—2005年，针对性检查18个单位的文书立卷与档案成交接收工作，组织181名档案员参加档案法规知识测试。2006—2007年，配合省市人大对一镇一单位进行档案执法检查；组织局馆7人参加执法培训并取得执法资格证书；组织90个单位档案管理人员参加全国“剑南春杯”档案法制知识竞赛。

第三节 史 志

一、地方志

（一）新编《同安县志》编纂

1985年4月成立同安县地方志编纂委员会及其办公室（修志实体），编委会主任委员先后为郭安民、刘水在、陈韬。1987年各部门志、专业志开编，1997年10月，召开省、市、区三级评稿会，2000年10月由中华书局分上、下册精装出版。总编室主编黄奕铁、副主编陈金城。16开本100印张，彩印2印张170幅彩图，内文200多万字。

新编《同安县志》上起事物（事业）发端，下讫1997年4月30日撤县设区。全志采用述、记、志、传等体裁，以志为主，辅以图表录，设概述、大事记、人物传各一卷，志三十七卷。志以建置、地理、经济、政治、军事、教科文卫、人物为序，采用平列体设卷；每卷卷首设无题综述，下设章、节、目等层次，横排竖写，纵横结合。

（二）部门（专业）志编纂

1987年始，县属各部门、各单位陆续组建修志机构150多个，聚集修志人员500多人。至1997年6月，全区共完成54部约1500万字的部门志稿。截至2007年12月，累计出版（印刷）部门志42部，总字数750多万字。

2000年出版的新编《同安县志》

编纂新编《同安县志》过程中编写出版的部分部门(专业)志

同安区部门（专业）志编纂情况表

表24-6

志稿名称	编写单位	印刷形式	时间	字数（万字、约数）
同安县体育志	县体委	打印资料	1988年11月	4.0
同安县税务志	县税务局	内部资料	1991年3月	40.0
同安县华侨志[①]	县侨办	鹭江出版社	1992年2月	25.7
同安县商会志	县商会·工商联	内部资料	1992年12月	2.0

续表24-6

志稿名称	编写单位	印刷形式	时间	字数（万字、约数）
同安县劳动志	县劳动局	内部资料	1993 年 5 月	11.0
同安县物价志	县物价局	内部资料	1993 年 5 月	21.0
同安县交通志	县交通局	厦门大学出版社出版	1993 年 10 月	20.0
同安县军事志	县人武部	内部资料	1993 年 11 月	7.5
同安统计志	县统计局	内部资料	1993 年	3.0
同安县水利水电志	县水电局	内部资料	1993 年 12 月	50.0
同安县计划生育志	县计生委	内部资料	1993 年 12 月	10.0
同安县邮电志	县邮电局	内部资料	1994 年 1 月	11.7
同安县公安志	县公安局	内部资料	1994 年 4 月	15.0
同安县综合经济志	县计委	内部资料	1994 年 6 月	8.0
同安县水产志	县水产志	内部资料	1994 年 8 月	20.0
同安县气象局	县气象局	内部资料	1994 年 9 月	16.9
同安县盐业志	县盐管处	内部资料	1994 年 10 月	7.5
同安县对外经济贸易志	县外经委	内部资料	1994 年 12 月	9.4
同安县农业机械志	县农机管理站	打印资料	1994 年 10 月	2.4
同安县政协志	县政协	打印资料	1995 年	6.0
同安县林业志	县林业局	内部资料	1995 年 4 月	12.0
同安县科学技术志	县科委	内部资料	1995 年 6 月	11.0
同安县人事编制志	县人事局	内部资料	1995 年 8 月	20.0
同安医药卫生志	县卫生局	厦门大学出版社出版	1995 年 8 月	49.4
同安县商业志	县商业局	内部资料	1995 年 9 月	16.7
同安县经委区属国有工业志	县经委	内部资料	1995 年 10 月	6.0
同安县民政志	县民政局	内部资料	1995 年 11 月	20.0
同安县城乡建设志	县建委	内部资料	1995 年 11 月	20.0
同安县农业志	县农业局	内部资料	1996 年 2 月	30.0
同安县二轻工业志	县二轻局	内部资料	1996 年 4 月	3.5
同安县宗教志	县宗教局	打印资料	1996 年 5 月	6.0
同安县供销合作志	县供销社	打印资料	1996 年 6 月	12.0
同安县粮食志	县粮食局	打印资料	1996 年 6 月	23.0
同安县文化艺术志	县文化节	厦门大学出版社	1996 年 6 月	23.0
同安金融志	县人民银行	内部资料	2000 年 9 月	12.6
同安县妇联志②	县妇联	打印资料	1996 年 10 月	15.0
同安县政务志③	县政府办公室	打印资料	1998 年 5 月	28.0
同安县地名志	县民政局	内部资料	1998 年 10 月	48.0
同安县工会志	县总工会	内部资料	1998 年 12 月	16.9

续表24-6

志稿名称	编写单位	印刷形式	时间	字数（万字、约数）
同安工商行政管理志	县工商局	内部资料	1999 年 9 月	37.0
同安老区史略志	县民政局	内部资料	2001 年	31.2
同安台湾关系志	县台湾事务办公室	内部资料	2002 年 3 月	25.2

说明：1. 正式出版和以“内部资料”排印的部门志在排印前均有评议稿并经评议修改后排印

2. 2002 年 12 月以内部资料排印，20.7 万字

3. 2002 年 6 月由海潮摄影艺术出版社发行，51.6 万字

4. 表列志稿不含初稿

（三）民国版《同安县志》整理

1985 年同安方志办成立之初，县方志办洪辉星主任组织 5 位退休教师共 6 人每人 2 册分工对民国版线装本《同安县志》进行点校，其后虽经洪辉星在内的三人小组二校和洪辉星退休后独自进行的三校，均未能完成点校工作。

2000 年，新编《同安县志》出版后，同安方志办的工作重心转移到对旧志书等地方文献资料的整理发掘工作。区方志办组织陈金城、许兴盛、黄奕铁继续民国版《同安县志》的点、校、注工作。一年后完成校注稿，但由于出版单位、出版经费、审稿等问题几次延搁了校注本出版。

2005 年，区方志办林明桐主任依次解决上述问题后付诸印刷，并于 2007 年 3 月出版发行。点校版由方志出版社出版，上、下册精装，32 开本，38 印张，96.5 万字，印数 1000 套。

2007 年点校出版的民国版《同安县志》

二、党史研究

（一）编辑出版《同安党史》

1999 年，编辑出版《同安党史》（1999.10）。8 个栏目收入文章 22 篇。

2004 年，编辑出版《同安党史》（2004.8）。3 个栏目收入文章 20 篇。

2007 年，编辑出版《同安党史》（2007.7）。10 个栏目收入文章 33 篇。

（二）历史人物、历史事件研究

1999 年，组织撰写彭德清、李安水等同安区内外历史人物研究文章 8 篇，同安农业合作化、大跃进等区内历史事件介绍研究文章 9 篇，建立蛇口工业区记实，古田会议与新时期党的建设等国内历史事件介绍、研究文章 4 篇，计 21 篇编入当年《同安党史》。

2001 年，配合厦门市党史研究室，编辑出版《彭德清纪念文集》，文集收入彭德清讲话、遗作 68 篇，再现彭德清感人经历及其高风亮节；纪念文章 23 篇，寄托作者对彭德清的由衷怀念和敬仰。

2004 年，组织撰写邓小平等区内外历史人物研究，介绍文章 11 篇，同安抗美援朝、土改等区内外历史事件回忆记述文章 4 篇，计 15 篇编入当年《同安党史》。

2007 年，组织撰写黄永妙等区内外历史人物研究、介绍文章 8 篇，澳头革命基点村、珩厝抗日据点等革命历史回忆文章 19 篇，计 27 篇编入当年《同安党史》。

第四章 文 物

第一节 涉台文物普查

2000年8月，根据厦门市第十一届人大常委会第24次会议通过的关于《进一步加强涉台文物古迹管理和保护》的议案，在全区范围内开始第一次涉台文物专题性普查，至2001年11月，共记录与台湾历史、文化具有密切关系的各类古迹33处，列入第一批厦门市涉台文物古迹15处。

2006年，进行第二次涉台文物普查，至2007年10月，列入第二批厦门市涉台文物古迹8处，并建立涉台文物分级保护、利用、管理专项档案

涉台文物保护单位情况表

表24-7

名称	级别	面积	涉台情况	产生时间	坐落地点	公布时间
芦山堂	市级	建筑面积约1010平方米	苏氏后裔遍布台湾，约有20多万人，台北、台中、高雄等地有8个苏氏宗亲会回乡认祖	宋代	大同街道洗墨池23号	2001.11
绩光铜柱坊	市级	面积约50平方米	1683年，施琅统一台湾，防止了国家的分裂，同时，施氏后裔也广泛分布于台湾各地	清代	大同街道顶溪头村	2001.11
郡马府	市级	占地面积2170平方米	该府系宋代淳佑八年（1248）皇室郡马叶益所建的府第，内建有佛岭叶氏家庙，目前该府已成为海内外佛岭叶氏子孙寻根谒祖之地	明代	大同街道碧岳村	2001.11
蔡复一故居	市级	建筑面积约310平方米	金门人，其后代分居金门及台湾各地	明代	大同街道后炉街	2001.11
朝元观	市级	建筑面积约1550平方米	祀元始天尊、灵宝天尊、道德天尊等神像，为闽南历代道教活动场所之一，在台湾有分炉道观	宋代	大街道小西门	2001.11
施氏大厝	市级	建筑面积约850平方米	清康熙五十六年（1717）朝廷为靖海侯施琅而建。施琅，福建晋江衙口人，曾任同安总兵和福建水师提督，康熙二十二年（1683）挥师东征，第二年统一了台湾，使台湾正式纳入清朝的版图	清代	祥同平街道霞露街123号	2001.11
大元殿	市级	建筑面积约880平方米	原名延福堂，施琅统一台湾后捐建前殿，并改今名，以纪念统一台湾的功绩。在台湾、金门有分炉	—	祥平街道瑶头村	2001.11
元威殿	市级	—	闽台池府王爷的开基祖庙，至今台湾以池王为主神的宫庙有三百余座，每年都有上千人前来该殿进香	明代	马巷镇五甲尾街	2001.11
马巷城隍庙	市级	—	始建于清代，时马巷设厅，辖金门、澎湖等地，该庙是金门、澎湖分炉的祖庙	清代	马巷镇城内	2001.11

续表24-7

名称	级别	面积	涉台情况	产生时间	坐落地点	公布时间
洪朝选墓	市级	—	墓原址在新店镇东园村，1992 年迁现址并重建墓园。洪氏后裔分布台湾，并频繁回乡祭祖扫墓	明始建 1992 年迁建	新店镇洪厝村东林	2001. 11
林君升墓	市级	—	曾任台湾总兵	清代	马巷镇井头村	2001. 11
苏益墓	市级	—	是苏氏开发闽南的始祖，苏颂为其六世孙。苏氏后裔在台湾约有 20 万人	唐乾符年间	内厝镇锄山	2001. 11
苏颂祠堂	市级	建筑面积约 135 平方米	由南宋同安主薄朱熹所建，今仍保存清代以前所立的苏颂神位及嘉庆年间重修碑记，受到台湾苏氏宗亲的敬仰	清代	大同街道南门街东侧孔廟西	2001. 11
林希元祠堂	市级	建筑面积约 170 平方米	林希元是明代著名人物，被称为“理学明宦”，受到台湾林氏宗亲的敬仰	清代	大同街道南门街东侧孔庙西	2001. 11
陈沧江墓	市级	占地面积约 850 平方米	金门人，后迁居同安，官至明代刑部郎中	明嘉靖	五显镇后烧村	2001. 11
南院陈太傅祠	市级	建筑面积约 1140 平方米	该祠系厦门地区南院派陈氏的总祠堂，在台湾陈氏族人中有较大的影响	明—现代	大同街道后炉街常青路 15－17 号	2007. 10
南门妈祖庙	市级	建筑面积约 110 平方米	该庙供奉的妈祖系黑面妈祖，人称银同妈祖，为同安妈祖信仰发祥地，台湾敬奉黑脸妈祖均源于此。台北、彰化、南投、台南等地有分炉，其中最有影响的是台湾鹿耳门的圣母庙	明—现代	大同街道南门内 4 号	2007. 10
叶郡马墓	市级	占地面积约 220 平方米	叶氏族人于明永乐间徒居金门，清初又有大批族人移居台湾并发展成为当地望族，现每年都有台湾叶氏后裔回乡祭祖扫墓。台湾有郡马派叶氏 15 万人左右，分布在台北、太重、高雄、彰化、屏东、嘉义、花莲、桃园	元代	大同街道碧岳村自来水厂内	2007. 10
许濙墓	市级	占地面积约 100 平方米	明清以后大量许氏族人迁居金门、台湾，现一些台湾重要人物如许水德等均为许后裔。1987 年后台湾、金门许氏宗亲开始回乡寻根祭祖	西汉	新民镇西山大榕村南	2007. 10
丙洲陈氏祠堂	市级	建筑面积约 350 平方米	明末清初时期丙洲陈氏子孙随郑成功军队入台，雍正、乾隆年间大量丙洲人入台垦殖，1989 年后台湾陈氏宗亲频繁回乡寻根谒祖。陈水扁继父为丙洲人	清代	西柯镇丙洲村	2007. 10
瑶头探花第	市级	建筑面积约 1000 平方米	探花第的后裔在清中晚期就有人去台，现人口约 600 人，分布在台湾的台北、新竹等地。探花是南阳郡马府历史上较有成就的人物之一，全台叶氏宗亲多次莅临“探花第”谒祖并发涵恳求保护	清代	祥平街道瑶头村	2007. 10
碧溪殿	市级	建筑功能面积约 580 平方米	该宫祀保生大帝等 39 尊民间神祈，是同安规模较大的宫庙建筑，台湾台北板桥广玄宫、金门金城厉府王爷宫为分炉宫庙，其信徒频繁来此进香	清代	大同街道溪边街	2007. 10

续表24-7

名称	级别	面积	涉台情况	产生时间	坐落地点	公布时间
蔡献臣墓	市级	占地面积约150平方米	蔡献臣后裔现居金门琼林，人口约7000多人，每年金门蔡氏宗亲组团专程来同安寻根谒祖，祭拜祖墓	明代	大同街道铺前村	2007. 10

第二节　文物发掘与保护

一、文物发掘

2001年6月，省、市、区博物馆对祥平街道过溪村寨仔山遗址进行发掘，出土一批石锛、石凿、砺石和夹砂黑陶片、夹砂红陶片、釉陶片、原始瓷片。

2002年，省、市、区博物馆对汀溪水库内汀溪窑址进行发掘，出土一批青瓷为主，兼烧白瓷、青白瓷及少量黑瓷、酱釉瓷。

二、文物保护

（一）馆藏文物

区博物馆馆藏文物1000多件，其中已鉴定列级藏品300多件，一般文物600多件。藏品年代从新石器时代遗存物始，跨越商周、汉、晋、唐、五代至宋、明、清及近代。项类分布较为有限，其中石质文物有始自商周石戈，晚讫民国寿山石雕等；陶瓷文物有始自西汉灰釉陶罐，晚讫民国广窑褐彩盘等；金属文物有始自宋代铜镜，晚讫民国铜镜等；丝织文物有清代公服、民国小绣墩；玉器文物有清玉坠、镇纸等；字画文物有始自明代行书对联、草书长卷，晚讫现代书法、绘画用品，此外还有杂件标本等8类。

（二）维修

2000年3月，投入4万元资金对同安革命遗址沙美农民协会旧址进行维修。同年11月筹集资金约10万元对县级文物保护单位彭厝松山小学旧址进行维修。

2001年11月，投入4万元维修资金对省级文物保护单位芦山堂进行维修。同月投入2.5万元维修资金对同安孔庙附属建筑林公祠进行维修。

2002年8月，投入4.7万元维修资金对孔庙附录建筑苏公祠进行维修。

1997—2007年，按照“修旧如旧”的原则，还对同安早期革命活动旧址松山小学、林希元墓、铭恩亭功德碑、香山岩、马巷城隍庙、蔡复一故居、朝元观等文物保护单位进行维修、重修、重建，维修资金165万元。（各级财政拨款19万元，海内外群众集资146万元）。

（三）保护单位

2000年12月，区政府公布清代产生的施大厝为市级文物保护单位。

2001年12月，区政府公布五代至明代产生的磁灶尾窑址等6处为区级文物保护单位。

2006年3月，区政府公布宋至明代产生的铜鱼池等7处文物为区级文物保护单位。至2007年，连同设区前公布的6批50处文物保护单位，全区共有文物保护单位64处，其中省级3处，市级1处，区级60处。

2000—2006 年同安区区级以上文物保护单位一览表

表 24-8

级别	名称	产生时间	坐落地点	公布时间
市级	施大厝	清代	祥平街道霞露街 123 号	2000. 12
区级	“同”字厝	民国	莲花镇垵柄村	2001. 12
区级	龙泉亭	宋代	大同街道岳口村真君庙西侧	2001. 12
区级	磁灶尾窑址	五代	洪塘镇石浔村东磁灶尾后山仑	2001. 12
区级	林希元墓	明代	西柯镇豪岭坑内村北	2001. 12
区级	太华岩摩崖石刻	宋代	莲花镇后埔村西北的莲花山中	2001. 12
区级	碧溪殿	明代	大同街道溪边街	2001. 12
区级	铜鱼池	宋代	大同街道东溪街铜鱼馆	2006. 3
区级	南山明代吕氏古墓群	明代	新民镇凤南农场南山社	2006. 3
区级	路岭窑址	宋代	汀溪镇路岭自然村的路岭寨山	2006. 3
区级	黄文照墓	明代	五显镇黄坂自然村	2006. 3
区级	蔡献臣墓	明代	大同街道铺前村	2006. 3
区级	叶鹤墓	明代	五显镇安炉村五显宫自然村东南	2006. 3
区级	吴必达故居	明代	大同街道溪边街 175 号	2006. 3

第五章　文化市场与管理

第一节　文化市场

一、音像市场

1997 年，同安有录像放映室 37 家。2003 年析出翔安前，同安有音像零售、出租经营店 56 家，析出翔安后减为 36 家。截至 2007 年 12 月，全区共有音像制品经营店 18 家，其中，大同街道 9 家，祥平街道 3 家，西柯镇 2 家，新民镇 3 家，莲花镇 1 家。合计经营面积 970 平方米，从业人员 119 人，年经营收入 118 万元。

二、网吧

2000 年，同安开设第一家经营性网吧，至 2003 年，全区有网吧 3 家，析出翔安后逐年增加，至 2007 年 12 月，全区有网吧 18 家，其中，大同街道 5 家，祥平街道 4 家，莲花镇 1 家，五显镇 1 家，汀溪镇 1 家，西柯镇 2 家，新民镇 2 家，工业集中区 2 家。合计经营面积 14148 平方米，从业人员 202 人，年经营收入 924 万元。

三、歌舞娱乐场所

1997 年，全区有营业性歌舞娱乐场所 89 家（其中大同镇 53 家），析出翔安前后分别为 25 家、7 家。至 2007 年 12 月 16 家，其中，大同街道 5 家、祥平街道 10 家、新民镇 1 家，自助式 KTV5 家、RTV10 家、迪吧 1 家。合计经营面积 18159 平方米，从业人员 666 人，年经营收入 1780 万元。

四、书店

1997 年初，同安书店有新华书店及其马巷门市部，供销社新店、大嶝、新圩、洪塘图书发行点，35 家个体书店。截至 2007 年 12 月，经厦门市新闻出版局审批许可的书店共 16 家。合计经营收入 134 万元。此外尚有数量不少的经营书刊租售业务的个体书屋和夜市地摊。

2007 年同安区书店经营情况表

表 24-9

单位名称	地址	年均经营收入（万元）
福建新华发行（集团）有限责任公司同安分公司	同安区大同街道南门路 61-63 号	30
厦门市佳事达购物广场有限公司	厦门市同安区大同街道环城路 46 号	6
厦门市同安区鑫橄榄绿书屋	同安区大同街道中山路 103 号	4
晓文书屋	同安区大同街道朝元埕 25 号第一间	4
同安昌兴文体用品有限公司	同安区大同街道城西街点状 5 号楼店面	10
心之桥书屋	同安区西桥路新城花园店面	18
同安区欣晨风书屋	同安区西安路西安商业城 G 店面	6
学诚书店	同安大同街道松柏街口西安商场 4 号	5
同安区昌兴文体用品有限公司祥平西桥分店	同安区祥平西路富贵花园三期 7 号楼 A 栋 39 号	15
同安区鑫学而优书店	同安区大同街道三秀路 221 号新银楼 4 号店面	5
厦门市同安支点电脑软件销售部	同安区大同街道城西图书馆 8 号店面	6
同安区学尔优书店	同安区大同街道县口路 B 座楼 2 号店面	6
厦门市同安区海蝴蝶休闲馆	同安区大同街道南门新村 10 号店	7
同安区大同培文书店	同安区大同街道南门路 29 号	5
风云书店	同安区大同街道中山路 189 号	4
厦门市同安区学而知书店	同安区洪塘镇龙窟东服务区	3

第二节　文化市场管理

文化市场管理由文化市场稽查队受权负责。

1997 年，审查在同安进行营业性文艺表演的团体 110 家，检查音像制品店、书报刊物经营店 144 家，检查娱乐场所 80 家次。

2000 年，检查印刷企业 50 多家，音像放映单位 13 家。

2001 年，检查“三厅”38 家，电脑培训班 19 家，茶艺馆 11 家。依法取缔无证经营游戏机 3 家。

2002 年，查处无审查演出团体和黑网吧各 3 家。整顿录像放映场所，依法注销 26 家录像室的《音像制品放映经营许可证》。

2003 年，文化、公安、工商、城管等部门多次联合行动，突击检查音像制品市场、图书报刊市场、网吧，缴获大量盗版音像制品和出版物。

2004 年，组织 4 次大规模的网吧专项整治，暂扣无证照经营网吧电脑等上网设备 188 台。

2005 年，组织校园周边专项整治 15 次，检查娱乐市场 30 家次、出版市场 140 家次。

2006 年，办理行政审批 10 件，办理文化经营项目变更 5 件。开展音像市场“阳光行动”和反盗版万日专项整治行动。

2007 年，多次突击检查音像制品市场、图书报刊市场和网吧。组织 3 次网吧专项治理行动。

1997—2007 年，在文化市场监督、检查、整治行动中，累计审查文艺表演团体 1181 家次，检查音像、书报店 612 家次、娱乐场所 297 家次、印刷企业 106 家次、电脑培训 19 家。查处无证经营户、黑网吧 77 家，没收非法出版物 21 万册（片盒），出动执法人员 3000 多人次。

第六章　体　育

第一节　体育活动

一、群众性体育活动

（一）节假日体育活动

多在节假日举行，活跃群众文体生活，增加节日气氛。活动项目有武术、广播体操、健身操、拔河、登山、赛龙舟、钓鱼、游泳、腰鼓、篮球、乒乓球、羽毛球、保龄球、台球、高尔夫球、门球、围棋、象棋、桥牌、扑克、马拉松、趣味运动等 20 多项。1997—2007 年，累计举办 74 场次。

1997—2007 年同安区节假日体育活动情况表

表 24-10

年份	活动内容
1997	中国象棋擂台赛
1998	中国象棋擂台赛，武术表演，第八套广播体操大汇操表演，厦门市第三个“全民健身日”游泳活动，参加集美举办 98 华夏城乡游厦门集美旅游文化节“嘉庚杯”“敬贤杯”龙舟邀请赛
1999	中国象棋擂台赛，武术表演，“兴银杯”女子腰鼓舞比赛，武术比赛，游泳达标测试活动，参加厦门市第二个“全民健身日”—第九届家庭趣味运动会
2000	中国象棋、桥牌、乒乓球、围棋邀请赛，中国象棋擂台赛，武术表演，全民健身日游泳活动
2001	中国象棋擂台赛，武术表演，门球、乒乓球、拔河、篮球、田径、登山、健身操等比赛，小学生游泳邀请赛
2002	中国象棋擂台赛，武术表演，“联通杯”少年儿童乒乓球比赛，“健新杯保龄球精英赛”，全民健身周游泳活动，“银鸿杯”钓鱼大奖赛，庆国庆“东纶杯”篮球赛，“冠中冠”杯花式台球公开赛

续表24-10

年份	活动内容
2003	中国象棋擂台赛，武术表演，全区花式台球表演赛及擂台赛，庆“元宵杯”乒乓球单打赛，同安“电信纵横杯”乒乓球邀请赛，同安区第三届“冠中冠”杯花式九球公开赛，“瑞祥商业”杯三人篮球赛，“特工芸溪杯”乒乓球邀请赛，参加在厦门举办厦新厦门国际马拉松赛
2004	中国象棋擂台赛，武术表演，“新体育、新生活”系列活动启动仪式暨千人环城跑，同安区“新体育、新生活”拔河，中国象棋，三人篮球，乒乓球系列比赛，全民健身节游泳活动
2005	中国象棋擂台赛，迎新春武术、拳、剑操表演，篮球友谊赛，“元宵杯”乒乓球甲乙级联赛，庆“三八”节妇女趣味健身活动，“健益杯”羽毛球赛，“信用社杯”羽毛球邀请赛，第六届世界同安联谊大会“联谊杯”高尔夫邀请赛
2006	新春中国象棋表演赛，篮球友谊赛，“元宵杯”乒乓球邀请赛，“芸溪杯”千人扑克牌80分比赛，“健益杯”网球邀请赛，“联谊杯”乒乓球邀请赛
2007	新春“全民健身与奥运同行”文化体育大游园，“元宵杯”乒乓球甲乙级比赛“凯歌杯”乒乓球大奖赛，大溪地杯千人80分扑克牌邀请赛，“保圣杯”2007年福建省钓王赛

（二）全民健身活动

1997年5月1日，举办“邮电杯”庆“五一”迎回归千人长跑活动，共有37个单位1000多人参加。

1998年1月10日，区组队参加’98厦门市第一个“全民健身日”第八套广播体操大汇操表演，共5队参加表演。同年7月11日在区少儿游泳馆举办厦门市第三个“全民健身日”游泳活动，共有100多人参加。

1999年4月30日，组队参加’99厦门市第二个“全民健身日”活动——厦门市第九届家庭趣味运动会，共8人取得11项名次。

1999年7月10日，举办“’99厦门市第三个‘全民健身日’游泳达标测试活动”，112人参加测试，53人达标。

2000年7月16日，在区少儿游泳馆举办2000年厦门市第二个“全民健身日”游泳活动，共120人参加。

2001年4月8日，在大同镇举办主题为大力开展社区体育的2001年厦门市第二个“全民健身日”活动，共有350人参加登山、健身操等7个项目的活动。

2002年6月2日至6月12日，先后举办全民健身周“联通杯”少年儿童乒乓球比赛、“健身杯”保龄球精英赛和“银鸿杯”钓鱼大奖赛（与福建钓鱼协会联合举办）。

2004年5月24日至9月23日，先后在灯光球场举办2004年同安区“新体育，新生活”系列活动拔河比赛，共6个单位162人参加；系列活动三人篮球赛，共15个单位60人参赛。在老人活动中心举办系列活动中国象棋比赛，共9个单位27人参加；系列活动乒乓球赛，共18个代表参赛。

2005年5月25日，在新民镇西山岩举办2005年“全民健身、活力机关”千人登山活动，共24个单位1000多人参加。

2006年10月28日，老体协举办重阳节千人登山活动。

2007年2月18日，在体育馆举办2007年“全民健身与奥运同行”文化体育大游园。共26个单位3000多人参加。3月3日，区老体协举办“全民健身与奥运同行”2007年厦门市同安区千名老人新春健步行活动，共1200多人参加。

二、职工体育活动

主要活动项目有篮球、排球、乒乓球、长跑、广播体操、拔河、登山等，1997—2007年，累计举办20场次。

1997—2007 年同安区职工体育统计表

表 24-11

年份	活动内容
1997	首届“渔政杯”篮球赛，“邮电杯”庆“五一”迎回归千人长跑活动
1998	教职工篮球赛，区直机关庆元宵篮球比赛，庆国际“三八”妇女节广播体操比赛
1999	区直机关工会“元宵杯”篮球赛，庆祝“五一”国际劳动节大会暨（电力杯）职工拔河比赛，同安区广播体操表演
2000	区直机关工会“元宵杯”篮球赛
2002	区直机关工会举办乒乓球比赛，庆元宵“乒协杯”乒乓球邀请赛，庆“五一”职工篮球邀请赛，供电局职工运动会
2003	庆“七一”乒乓球对抗赛，同安区第二届职工篮球（电力杯）邀请赛
2005	“全民健身、活力机关”千人登山活动，首届“磐金杯”职工象棋团体赛
2006	区直机关工会“庆元宵”千人登山活动
2007	区直机关工会“庆元宵”千人登山活动

职工篮球邀请赛

第五届中小学生运动会

三、学校体育活动

主要项目有中小学生田径运动会，幼儿家庭趣味运动会，篮排球赛等。1997—2007 年，累计举办 13 场次。

1997—2007 年同安区学校体育情况表

表 24-12

年份	活动内容
1997	第一届中小学生田径运动会
1998	“第六届幼儿家庭运动会”，省重点体育传统校“银祥杯”“银鹭杯”篮球赛
1999	第二届中小学生田径运动会，“银鹭杯”第七届幼儿家庭趣味运动会，组队参加省儿童篮球赛
2000	代表厦门市参加在三明市举办福建省儿童排球比赛
2001	同安区第三届中小学生田径运动会
2002	同安区冬季小学生田径邀请赛

续表24-12

年份	活动内容
2003	同安区中小学生田径运动会
2004	第八届家庭幼儿运动会
2005	同安区中小学生田径运动会
2007	第九届幼儿家庭趣味运动会

四、农民体育活动

主要项目有各类田径、篮球、象棋、自行车等。1997—2007年，累计举办9场次。

五、老年体育活动

主要项目有门球、老年地掷球、柔力球、乒乓球、象棋、拳剑操、钓鱼、健步行等。

1997—2007年，累计举办29次。

六、协会体育活动

主要项目有钓鱼、信鸽、足球、乒乓球等。1997—2007年，累计举办57场次。

区钓鱼协会举办的钓鱼比赛

1998—2007年同安区农民体育情况表

表24-13

年份	活动内容
1998	承办1998年厦门市“农投杯”农民篮球赛
1999	代表厦门参加在泉州举行的“省第四届农民运动会”的自行车、田径、象棋比赛，并获得田径6块金牌、3块银牌、6块铜牌的好成绩
2003	代表厦门市组队参加在龙岩市举办的福建省农民体育运动会，获得男子团体总分第三名和三个单项第四名，女子团体总分第四名四个单项第四名的好成绩
2005	组织祥平街道凤岗村、西柯镇下山头村参加在海沧区、同安区、集美区、翔安区举行的厦门市“村村篮球联赛决赛”，祥平街道凤岗村获得第三名，西柯镇下山头村获得第八名
2006	组织西柯镇、新民镇篮球队参加厦门市“村村篮球赛”，西柯镇代表队获得第五名
2007	组织农民自行车队代表厦门市参加福建省第六届农运会，在自行车载重比赛中共获得2金4银2铜

1997—2007 年同安区老年体育情况表

表 24-14

年份	活动内容
1997	“迎回归老年门球邀请赛”
1998	区老体协副主席吴望怀参加全国第三届中老年健身舞蹈会演，获寿星奖
1999	庆五一国际劳动节“国税杯”门球邀请赛，“水土保持杯”门球邀请赛
2000	“交通银行杯”门球邀请赛，千禧年新世纪门球友谊赛，组队参加厦门市体总举办的第二届退休职工运动会（地掷球、中国象棋、乒乓球、门球等比赛，新店镇获得地掷球第一名、张华富获得中国象棋第一名）
2001	门球邀请赛
2002	“苏颂杯”门球邀请赛，夕阳红“南方杯”门球邀请赛，“农行杯”门球邀请赛庆祝 2002 年敬老节汇报表演，组队参加市第六届老年人运动会（门球、地掷球、台球、乒乓球、象棋、拳剑操比赛，参加厦门市欢庆十大门球赛并承办门球分赛区，参加厦门市“党建杯”门球赛）
2003	地掷球邀请赛，同安区“国税杯”门球邀请赛，庆祝三八妇女节门球邀请赛，庆祝“两会”胜利召开门球赛，同安区重阳节文体会报会演，承办厦门市“三农杯”老年地掷球调赛，组队参加厦门市柔力球比赛
2004	老年节拳剑操汇报表演（共有 18 个节目，400 多人参加表演）
2005	“国税杯”门球邀请赛，“重阳节”老人钓鱼比赛
2006	重阳节千人登山
2007	“全民健身与奥运同行”同安区千名老年人新春健步行

1997—2007 年同安区协会体育情况表

表 24-15

年份	活动内容
1997	区钓鱼协会组队参加省第十届钓鱼比赛
1998	区乒协举办首届青年乒乓球赛，区体育局与球迷协会联合举办球迷协会首届足球联赛，区钓鱼协会组织 3 队参加厦门市第四届淡水钓鱼比赛
1999	区体育局与球迷协会联合举办“国税杯”“迎新春”足球友谊赛，区钓鱼协会承办 99 省钓鲫高手赛第二站（同安）预赛
2000	区钓协举办“迎春杯”钓鲫比赛，区钓协举办“庆元宵”钓鱼比赛，区钓协举办庆“五一”钓罗非鱼比赛
2001	区体育局与球迷协会联合举办足球对抗赛，区钓协举办闽南金三角“信利杯”钓鱼比赛，区钓鱼协会庆“五一”钓鱼比赛，区钓鱼协会承办 2001 年南北钓精英对抗赛福建站选拔赛
2002	区信鸽协会参加省百日信鸽决赛，区信鸽俱乐部参加在浙江台州举办的“银翔杯”春季信鸽比赛，区钓协承办 2002 年福建省手竿“钓王”杯赛，区信鸽协会组队参加在浙江宁波举办的信鸽比赛，区钓鱼协会组队参加庆祝集美台商投资区成立十周年“集美杯”钓鱼比赛
2003	区垂钓协会举办“迎新春”钓鱼比赛，区乒协组队参加 2003 年“SM”杯厦门市业余乒乓球大奖赛，信鸽俱乐部参加福鼎信鸽比赛，信鸽协会参加浙江宁海银城夏季信鸽比赛，区垂钓协会举办庆中秋钓鱼比赛，区信鸽俱乐部组队参加浙江信鸽 700 公里大奖赛，区信协参加全国 700 公里级信鸽通信赛，区垂钓协会举办“庆国庆”钓鱼比赛，区信鸽协会组队参加在浙江省宁波市举办的福建省“银城杯”和“通信杯”信鸽 700 公里赛，区乒协组队参加 2003 年“荣虹闽光”杯福建省业余乒乓球锦标赛，区信鸽协会参加在浙江省举办的冬季信鸽 663 公里总决赛
2004	区球迷协会举办迎新春足球邀请赛，区乒协组队参加 2004 年“SM 杯”厦门市业余乒乓球大奖赛，区乒协 2004 年“芬达杯”厦门市中小学生乒乓球比赛（同安赛区），区垂钓协会举办庆“五一”钓鱼比赛，区垂钓协会举办“庆国庆”钓鱼比赛，区乒乓球协会组队参加福建省业余乒乓球锦标赛，区信鸽协会组织参加在浙江宁波举办的福建省 700 公里信鸽通讯赛

续表24-15

年份	活动内容
2005	区垂钓协会举办“迎春杯”钓鱼比赛，区垂钓协会举办庆“五一”劳动节钓鱼比赛，区垂钓协会举办同安区首届钓鱼比赛，区信鸽协会在浙江省台州市举办“银城杯”春季幼鸽赛，区垂钓协会组队参加闽南金三角垂钓比赛，区垂钓协会举办“庆中秋迎国庆”垂钓比赛，暨闽南金三角钓鱼对抗赛（同安站）选拔赛，区垂钓协会举办2005年“南北杯”闽南金三角钓鱼对抗赛，区信鸽协会在浙江省宁波市北仑区举办同安区秋季“银城杯”700公里信鸽比赛，区信鸽协会参加全国第三届幼鸽500公里联赛，区信鸽协在浙江省宁波市举办同安区冬季“银城杯”650公里信鸽竞赛，区垂钓协会举办同安区钓鱼年赛
2006	区垂钓协会承办省第二届钓鲫高手赛，区垂钓协会举办“元宵杯”钓鱼比赛，区信鸽协会到福鼎举办同安区“银城杯”信鸽比赛，区垂钓协会举办“庆国庆、迎中秋”钓鱼比赛
2007	区垂钓协会举办迎国庆钓鱼比赛

第二节　体育竞赛

一、运动会

（一）区运动会

2000年9—12月，在区体育场举办同安区第八届体育运动会。共设立田径、篮球、乒乓球、拔河、保龄球5个竞赛项目。有61个代表团参赛，其中，三资企业代表团27个，海外乡亲代表团4个，机关单位代表团16个，镇（场、厂）代表团14个。参赛运动员2101名，领队221名，教练员235名，裁判员268名。

2007年7—11月，在区体育场举办第九届运动会。设田径、篮球、乒乓球、拔河、跳绳、自行车比慢、羽毛球、门球、中国象棋、网球等项目。参加单位有镇（街、场）、机关、企事业单位，参赛运动员1690人。

（二）部门（系统）运动会

2005年5—9月，在同安体育馆举办第三届老年人运动会，设立门球、乒乓球、象棋、80分扑克、柔力球、太极拳、太极剑、健身球等项目。同年10月，公安局、文体局、消防大队在体育场联合举办同安区消防运动会，共有27个代表队200多人参加比赛。

2006年2月，举办同安区2006年首届文化体育系统运动会，共有130人次参加象棋、羽毛球、乒乓球、跳绳、80分扑克、立定投篮等比赛。

2007年2月，在区体育馆举办同安区文体系统运动会，设有乒乓球、羽毛球、立定投篮、扑克、象棋、跳绳等6个项目，共有200多人参加比赛。

（三）参加市运动会

1997年5—10月，组队参加厦门市第十五届运动会。获得拔河比赛男子组第一名，女子组第四名；乒乓球比赛男子组团体第八名；篮球比赛男子组第七名；中国象棋比赛团体第三名、个人蔡重庆第三名；体育舞蹈比赛团体第四名；田径比赛男子组团体第二名、女子组团体第五名；团体总分第四名。

2000年4月，组队参加厦门市第十届家庭趣味运动会。获得2个第一名、3个第二名、3个第三名、1个第四名、1个第五名、1个第六名、1个第七名、1个第十名、2个第十三名。

2001年4月，组队参加厦门市第十六届运动会。获得乒乓球比赛男子团体总分第七名、男子单打第五名、体育道德风尚奖（郭秋萍）；象棋比赛团体总分第二名和团体体育道德风尚奖、个人第七名（蔡重庆）并被评为体育道德风尚奖；保龄球比赛个人第三名（叶秀梅）、男、女队团体总分第五名和个人体育道德风尚奖（卢长磊）；拔河比赛男子团体第二名、女子团体第二名和个人体育道德风尚奖（洪保中、彭淑贞）；台球比赛个人斯诺克第二名（林迪迪）、第三名（陈建平）、团体总分第二名，个人美式普尔第四名（林迪迪）、个人美式普尔第四名（邵蓉）、美式普尔团体总分第四名。

2004年6—10月，组队参加厦门市首届社区运动会，获得门球团体第五名、象棋团体第七名、围棋团体第三名、桥牌团体第八名、台球团体第一名和团体总分第八名、优秀组织奖。

2005年7—9月，区组团（400多人）参加厦门市第十七届运动会成年组五个项目、少年组十三个项目的比赛。获乒乓球（男、女）成年2组乒乓球单打第五名（吴毅飚）、羽毛球（男）成年1组团体第七名、成年2组双打第一名（李虹、吴毅飚）、单打第一名（吴毅飚）、单打第二名（李虹）；门球、桥牌、中国象棋成年组个人第六名（庄东风）、团体第七名，网球成年2组单打第五名（陈子强）；青少年组乒乓球男子甲组第二名（庄靖延）、散打比赛1个第一名、体育道德风尚奖和青少年组金牌总数第四名和团体总分第三名。

（四）参加省级运动会

1998年10月，由区少体校输送的35名同安籍运动员代表厦门市参加省第十一届运动会的田径、举重、射击团体和个人项目比赛，获得10枚金牌、23枚银牌、20枚铜牌，其中陈明亮、陈小青分别获男子乙组62公斤级和女子组58公斤级举重抓举、挺举、总成绩3项第一名，打破6项该级别同龄组省最高纪录，张璐获女子乙组100米、200米、4×100米接力3项第二名，打破2项该组别同龄组省最高纪录。

2002年10月，在省第十二届运动会上，由区少体校输送的近百名同安籍运动员代表厦门市参赛，分别参加田径、举重、跆拳道、蹦床、射击、射箭、皮划艇、赛艇、OP帆船、帆板、游泳11个项目的团体和个人比赛，获得42枚金牌、25枚银牌、19枚铜牌。其中傅根本获赛艇250米、500米、2000米三项全能4项第一名，被市政府、市团委评为“特区建设标兵”、“青年突击手”；叶炎虹获女子乙组40发气手枪个人、队赛和气手枪60发个人、队赛4项第一名，被市政府、市妇联评为市“三八红旗手”；许聪艺获男子乙组气步枪40发卧射、3×40发赛和汽步枪60发、3×40发个人赛4项第一名，受到市政府的表彰；林亚辉获举重男子乙组85公斤级抓举、挺举、总成绩3项第一名；林珍珠获女子甲组75公斤组抓举、挺举、总成绩3项第一名；邵志胜获男子丙组48公斤级抓举、挺举、总成绩3项第一名；叶丽旋获女子丙组59公斤级抓举、挺举、总成绩3项第一名。同安区被评为福建省第十二届运动会县（区、市）优胜单位（全省评三十个单位），总分第五名。

2006年10月，在省第十三届运动会上，由区少体校输送的150多名同安籍运动员代表厦门市参赛，分别参加田径、举重、散打、武术、射击、射箭、跆拳道、皮划艇、赛艇、OP帆船、帆板、跳水12个项目的团体和个人比赛，获得42枚金牌、37枚银牌、28枚铜牌。其中陈小川获男子青年组200米、400米2项第一名；许少圆获女子乙组跳远、三级跳远2项第一名；王跃坤获男子青年组跳高第三名；陈艺梅获女子乙组63公斤级举重第一名；陈双燕获女子乙组40公斤级举重第一名；林凯凯获男子乙组44公斤组举重第一名；纪海桐获男子组60公斤级散打第一名；黄海潮获男子组70公斤级散打第一名；蔡玉茹获武术女甲长拳、枪术、基本功3项第一名和剑术第二名；黄裕隆获武术男甲基本功第一名；叶艺获男甲步枪60发卧射队赛第一名；陈意成获男乙气步枪40发第一名；方爽获男乙步枪3×10发第一名；陈晓琴获女乙手枪慢射30发第一名；戴小祥获男甲70米双轮个人和团体2项第一名；林瑶当、纪建豪分别获男乙双轮全能团体第一名；许永增获跆拳道男甲59公斤级第一名；蔡安乐获跆拳道男甲63公斤级第一名；方小鹭获跆拳道男乙45公斤级第一名；陈梅婷获跆拳道女甲52公斤级第一名；郭明惠获跆拳道女乙40公斤级第一名；付根本获男甲双人赛艇2000米第一名；颜珍获女乙双人赛艇2000米第一名；李文雅获女乙三项全能第一名；OP帆船、帆板项目有王雅娟、李池、叶惠娴、陈丽萍、林勇辉、江忠立、曾燕婷、纪小慰、李东武、蔡少武、王昆宏等11人获第一名。同安区被评为福建省第十三届运动会县（市、区）优胜单位（全省评三十个单位），总分第四名。

二、专项体育比赛

（一）承办专项体育比赛

2004 年 11 月，承办全国“特工芸溪·好家庭”杯少年羽毛球精英赛，全国共有 19 个代表队 261 多名运动员参加比赛。

2005 年 5 月，承办“争创文明城”中国女子排球对抗赛，中国女排队员冯坤、王一梅、楚金铃、杨昊、王可可、刘亚男、殷那、周苏红、薛明、王琳、马蕴雯、张萍、张娜、赵云分队对抗。

2006 年 7 月，承办“健益杯”中国青年女子排球队和德国国家女子排球队对抗赛。

2007 年 5 月，承办“万杰隆”杯第 49 届世乒赛中国队热身赛。

2007 年 11 月，承办 2007 年厦门市农村篮球赛。

“特工芸溪·好家庭”全国少年羽毛球精英赛

女排对抗赛

（二）参加省际专项体育比赛

1997 年 10 月，西柯镇后田村龙舟队参加在福州举办的省第二届“刺桐杯”龙舟赛，获得 600 米、800 米直道竞速赛冠、亚军。

1998 年 5 月，叶剑锋在华东区青少年射击比赛中以 565 环成绩获男子气枪移动靶 30+30 第一名，林芸芸以 374 环成绩获女子少年组步枪 40 发第二名。12 月，郑一泓参加在深圳举行的全国象棋个人锦标赛获男子甲组第八名，并中国象棋大师称号。

1999 年 1 月，郑一泓在全国象棋比赛中获第 16 名，总分 2519 分。被国家体育总局授予最新等级称号。

2000 年 4 月，程秋云在华东区青少年射击比赛中以 581 环成绩获女子 25 米手枪 60 发第三名，以 380 环成绩获 10 米气枪 40 发第六名。5 月，黄旭舟在华东区青少年射击锦标赛上以 537 环成绩获男子 10 米移动靶标准速 30+30 第二名，郑月琴以 381 环成绩获女子少年组 10 米气枪 40 发第三名。

2002 年 5 月，曾莉莉在华东区青少年射击比赛中以 391 环成绩获女子少年组 10 米气步枪 40 发第三名。

2004 年 7 月，吕清辉在华东区青少年射击比赛中以 566 环成绩获少年组男子气手枪 60 发第一名。

2006年5月，组织6人保龄球队代表厦门市参加在江苏省苏州市举行的全国体育大会，获得男子团体第三名、男子双人赛第三名、男子三人赛第一名、男子五人赛第二名、体育道德风尚奖（陈文昌）。

（三）参加全国专项体育比赛

1998年6月，康春绸在全国重点城市射击比赛中以387环成绩获女子步枪40发第四名，以564环成绩获女子气枪3×20发第五名。8月，陈明亮在全国少年男子举重比赛中获62公斤级抓举、挺举2项第二名，总成绩、个人总分2项第一名，苏访问获56公斤级抓举第四名、挺举第一名、总成绩第二名。张小宝在全国少年举重分龄赛上获男子14岁组44公斤抓举、挺举、总成绩3项第二名，林加文获男子15岁组62公斤级抓举、挺举、总成绩3项第二名。

1999年7月，陈明亮在全国少年男子举重锦标赛上获69公斤级抓举、挺举、总成绩、个人总分4项第一名，并达国家运动健将级，林加文获抓举第二名；方清田在全国青少年帆板锦标赛中获男子温氏奥林匹克航线赛第一名；林珍珠在全国少年女子举重分龄赛上获63公斤级抓举第二名，挺举、总成绩、个人总分3项第一名；张璐在全国中学生田径运动会中获女子乙组100米第六名、100米栏第四名、4×100米接力第三名；林应杰在全国重点城市青少年射击比赛上获男子手枪慢射第一名，吕淑爱获女子3×20米第二名。8月，陈工程在全国青少年射箭锦标赛上获男子40米双轮、50米双轮2项第一名，刘包任获男子30米双轮第四名，叶锦双获女子60米双轮第四名。9月，陈明亮在全国第四届城市运动会中获男子62公斤级举重第八名。10月，苏访问在全国青年举重锦标赛中获男子56公斤级抓举、挺举、总成绩3项第四名。

2000年7月，陈小青在全国少年女子举重分龄赛上获女子15岁组58公斤级抓举、挺举、总成绩和个人总分4项第一名；林珍珠获女子15岁组69公斤级抓举、挺举、总成绩和个人总分4项第一名；叶丽旋获女子13岁组48公斤级抓举、挺举、总成绩和个人总分4项第二名。8月，张璐在全国青年田径锦标赛中获得女子100米栏第一名；蔡雅琳在全国少年田径锦标赛中获女子400米栏第二名；吴春梅在全国青少年射箭锦标赛上获女子乙组40米双轮、25米双轮和双轮全能3项第一名，陈建基获男子儿童组18米双轮、25米双轮两项第一名，蒋金塔获男子乙组30米双轮和团体两项第一名；林东海在全国OP帆船锦标赛中获男子银组总分第二名。9月，吕淑爱在全国重点城市射击比赛上获女子气步枪40发总分第一名，林应杰获男子气手枪60发总分第二名。

2001年5月，张璐在全国田径锦标赛中获100米栏第四名，并达国家运动健将级；曾莉莉在全国青少年射击比赛中获少年组10米气步枪第二名，并达国家运动健将级。

2002年5月，林迪迪代表厦门市参加第二届全国体育大会台球比赛，获得花式撞球团体第一名，个人获得第三名。6月，曾莉莉在全国重点城市射击比赛中以386环成绩获女子少年组10米气步枪40发第二名，以572环成绩小口径步枪60发卧射第一名。7月，邵志胜在全国少年男子举重分龄赛中获14岁组48公斤级抓举、挺举、总成绩、个人总分4项第一名。8月，叶丽旋在全国少年女子举重分龄赛中获13岁组58公斤级抓举、挺举、总成绩、个人总分4项第一名。11月，郑一泓参加在江西宜春市举行2002年全国象棋锦标赛获得甲级组第六名。

2004年5月，林腾达在全国重点城市射击比赛中获男子青年组10米移动靶标准速射30+30第一名。7月，吕清辉在全国青少年射击锦标赛中获男子少年组气手枪60发第一名。8月，方小燕在全国重点体校射箭锦标赛中获女子组50米单轮、60米单轮和团体3项第一名。9月，陈艺梅在全国少年女子举重分龄赛中获13岁组53公斤级抓举、挺举、总成绩和总分4项第一名。

2005年5月，苏玉玲在全国青少年射击锦标赛中获女子气枪40发第二名。7月，苏凯莉在全国高水平后备人才基地举重锦标赛中获女子44公斤组抓举、挺举、总成绩和总分4项第一名。

2006年5月，组织6人保龄球队代表厦门市参加在江苏省苏州市举行的全国体育大会，获得男子团体第三名、陈文昌获得男子双人赛第三名、男子三人赛第一名、男子五人赛第二名，并获得体育道德风尚奖。9月，陈小川在全国田径大奖赛中以40″73成绩获男子400米第一名，达国家运动健将级；付根本在全国赛艇锦标赛中获男子双人双桨第一名。

2007 年 8 月，付根本在全国水上运动会赛艇比赛中获男子八人单桨有舵手第一名。10 月，付根本在全国第六届城市运动会上获赛艇男子 2000 米八人单桨有舵手第二名，陈梅婷获跆拳道女子 47 公斤级第三名，戴小祥以 659 环的成绩获射箭奥林匹克个人赛第二名，陈艺梅获女子举重第三名，陈小川获田径 4×400 米接力赛第三名。

（四）参加国际专项体育比赛

2000 年 11 月，张小宝参加在韩国举行的第二届亚洲青少年举重锦标赛，获男子少年组 56 公斤级抓举、挺举和总成绩 3 项第二名；张小宝参加在韩国举行的中、日、韩三国举重对抗赛，获男子 62 公斤组总成绩第三名。

2001 年 7 月，张璐参加在文莱举行的亚洲青年田径锦标赛获女子 4×400 米接力第二名、100 米栏第四名。8 月，林东海参加在中国青岛举行的世界 OP 帆船锦标赛，获队赛第四名。9 月，陈和池参加在韩国举行的第十届帆船亚洲锦标赛，获男子 OP 级第一名（这是中国参加帆船亚洲锦标赛以来首获第一名）。12 月，林珍珠参加在中国福建邵武举行的第三届亚洲青少年举重锦标赛，获女子少年组 69 公斤级抓举、挺举和总成绩 3 项第一名，并 6 次打破亚洲少年组 3 项纪录。

2005 年 10 月，林永辉、陈丽萍、叶惠娴参加在泰国举行的亚洲 OP 帆船锦标赛，获队赛第五名。

1997—2007 年同安区突破历史纪录运动项目一览表

表 24-16

组别	项目	成绩	创造者	单位	运动会名称	时间	地点
男子 56 公斤级	抓举	107.5	陈明亮	—	全国少年男子举重分龄赛	1997.8	朝阳
	挺举	130	陈明亮	—	全国少年男子举重分龄赛	1997.8	朝阳
	总成绩	237.5	陈明亮	—	全国少年男子举重分龄赛	1997.8	朝阳
15～17 女甲	400 米	1′02″9	陈　晨	—	厦门市中小学生田径运动会	1997.11	厦门
	800 米	2′31″8	叶雅云	—	厦门市中小学生田径运动会	1997.11	厦门
男子 69 公斤级	挺举	162.5	陈明亮	—	全国少年男子举重锦标赛	1999.7	宜春
	总成绩	290	陈明亮	—	全国少年男子举重锦标赛	1999.7	宜春
男子 62 公斤级	挺举	160	陈明亮	—	第四届城运会	1999.9	西安
	总成绩	287.5	陈明亮	—	第四届城运会	1999.9	西安
	抓举	130	陈明亮	—	全国青年男子举重锦标赛	1999.11	福州
13～14 男乙	4×100 米	47″4	—	一中	区中学生田径运动会	2000.5	同安
女子成年	100 米	12″4	张　璐	少体校	同安区第八届运动会	2000.12	同安
	200 米	26″1	张　璐	少体校	同安区第八届运动会	2000.12	同安
	800 米	2′30″7	林淑贞	教育局	同安区第八届运动会	2000.12	同安
	1500 米	5′20″7	林淑贞	教育局	同安区第八届运动会	2000.12	同安
13～14 男乙	1500 米	4′51″2	陈金星	—	市中小学生田径运动会	2001.12	厦门
男子 69 公斤级	抓举	125	刘志钦	—	全国青年男子举重锦标赛	2002.7	孝感
男子 48 公斤级别	抓举	87.5	邵志胜	—	第 12 届省运会	2002.10	长乐
	挺举	107.5	邵志胜	—	第 12 届省运会	2002.10	长乐
	总成绩	195	邵志胜	—	第 12 届省运会	2002.10	长乐

续表24-16

组别	项目	成绩	创造者	单位	运动会名称	时间	地点
男子 85 公斤级	抓举	130	林亚辉	—	第 12 届省运会	2002. 10	长乐
	挺举	165	林亚辉	—	第 12 届省运会	2002. 10	长乐
	总成绩	295	林亚辉	—	第 12 届省运会	2002. 10	长乐
男子 94+公斤以上级	抓举	130	洪晓炜	—	第 12 届省运会	2002. 10	长乐
	挺举	150	洪晓炜	—	第 12 届省运会	2002. 10	长乐
	总成绩	280	洪晓炜	—	第 12 届省运会	2002. 10	长乐
男子 52 公斤级	抓举	95	邵志胜	—	全国高水平后备人才基地举重锦标赛	2002. 11	重庆永川
	挺举	117. 5	邵志胜	—	全国高水平后备人才基地举重锦标赛	2002. 11	重庆永川
	总成绩	212. 5	邵志胜	—	全国高水平后备人才基地举重锦标赛	2002. 11	重庆永川
男子 77 公斤级	挺举	162. 5	林亚辉	—	全国高水平后备人才基地举重锦标赛	2002. 11	重庆永川
	总成绩	287. 5	林亚辉	—	全国高水平后备人才基地举重锦标赛	2002. 11	重庆永川
女子 48 公斤级	抓举	70	马　秀	—	全国少年女子举重分龄赛	2003. 9	吉安
15～17 女甲	4×100 米	53″3	—	一中	厦门市中学生田径运动会	2003. 11	厦门
女子 53 公斤级	抓举	80	马　秀	—	厦门市中小学生举重比赛	2004. 5	厦门
	挺举	95	马　秀	—	厦门市中小学生举重比赛	2004. 5	厦门
	总成绩	175	马　秀	—	厦门市中小学生举重比赛	2004. 5	厦门
女子 40 公斤级	抓举	60	苏凯莉	—	福建省青少年举重锦标赛	2004. 7	三明
	挺举	72. 5	苏凯莉	—	福建省青少年举重锦标赛	2004. 7	三明
	总成绩	132. 5	苏凯莉	—	福建省青少年举重锦标赛	2004. 7	三明
15～17 男甲	4×100 米	45″2	—	一中	厦门市中学生田径运动会	2004. 11	厦门
15～17 女甲	1500 米	5′10″5	林芬芳	—	厦门市中小学生田径运动会	2004. 11	厦门
15～17 女甲	3000 米	12′09″4	林芬芳	—	厦门市中小学生田径运动会	2004. 11	厦门
13～14 女乙	200 米	28″3	陈　晨	—	区中学生田径运动会	2005. 11	同安
	400 米	1′04″1	叶雅云	—	市中学生田径运动会	2004. 11	厦门
	800 米	2′32″9	叶雅云	—	市中学生田径运动会	2004. 11	厦门
	1500 米	5′26″0	陈佳妍	—	市中学生田径运动会	2007. 11	厦门
	4×100 米	54″5	—	一中	市中学生田径运动会	2004. 11	厦门
	跳远	5. 02 米	王艳梅	—	市中学生田径运动会	2004. 11	厦门
女子 44 公斤级	抓举	67. 5	苏凯莉	—	全国高水平后备人才基地举重锦标赛	2005. 5	重庆黔江
	总成绩	147. 5	苏凯莉	—	全国高水平后备人才基地举重锦标赛	2005. 5	重庆黔江
女子 58 公斤级	抓举	87. 5	陈艺梅	—	全国高水平后备人才基地举重锦标赛	2005. 5	重庆黔江
	挺举	105	陈艺梅	—	全国高水平后备人才基地举重锦标赛	2005. 5	重庆黔江
	总成绩	192. 5	陈艺梅	—	全国高水平后备人才基地举重锦标赛	2005. 5	重庆黔江
女子 75 公斤级	抓举	115	林珍珠	—	第十届全运会	2005. 10	扬州
	挺举	140	林珍珠	—	第十届全运会	2005. 10	扬州
	总成绩	255	林珍珠	—	第十届全运会	2005. 10	扬州

续表24-16

组别	项目	成绩	创造者	单位	运动会名称	时间	地点
13～14 男乙	100 米	11″9	刘永坚	—	同安区中小学生田径运动会	2005. 11	同安
	200 米	24″53	刘永坚	—	同安区中小学生田径运动会	2005. 11	同安
	400 米	55″34	陈　欣	—	同安区中小学生田径运动会	2005. 11	同安
	800 米	2′16″5	卢　逸	—	同安区中小学生田径运动会	2005. 11	同安
女子 48 公斤级	挺举	85	苏凯莉	—	福建省举重优秀苗子调赛	2006. 1	福州
	总成绩	155	苏凯莉	—	福建省举重优秀苗子调赛	2006. 1	福州
男子 69 公斤级	抓举	130	邵志胜	—	福建省举重优秀苗子调赛	2006. 1	福州
男子 44 公斤级	抓举	75	林凯凯	—	第 13 届省运会预赛	2006. 5	福州
	挺举	95	林凯凯	—	第 13 届省运会预赛	2006. 5	福州
	总成绩	170	林凯凯	—	第 13 届省运会预赛	2006. 5	福州
男子 94 公斤级	抓举	126	林华乾	—	全国高水平后备人才基地举重锦标赛	2006. 8	合肥
	挺举	155	林华乾	—	全国高水平后备人才基地举重锦标赛	2006. 8	合肥
	总成绩	281	林华乾	—	全国高水平后备人才基地举重锦标赛	2006. 8	合肥
15～17 男甲	400 米	51″7	陈　欣	一中	厦门市中学生田径运动会	2006. 11	厦门
女子 69 公斤级	抓举	100	陈艺梅	—	福建省青少年举重锦标赛	2007. 7	永定
	挺举	120	陈艺梅	—	福建省青少年举重锦标赛	2007. 7	永定
	总成绩	220	陈艺梅	—	福建省青少年举重锦标赛	2007. 7	永定
男成年	200 米	23″0	林建家	西柯镇	同安区第九届运动会	2007. 11	同安
男成年	铅球	12. 20	王建彬	大同街道	同安区第九届运动会	2007. 11	同安
15～17 男甲	100 米	11″3	蔡小强	一中	厦门市中学生田径运动会	2007. 11	厦门
	200 米	22″9	蔡小强	一中	厦门市中学生田径运动会	2007. 11	厦门

第三节　体育人才

一、运动员

（一）少年运动员培养

1997—2007 年，区少体校设有田径、游泳、举重、射击、射箭 5 班和武术、跆拳道 2 个训练点。在训运动员 141 人，其中田径 30 人、游泳 20 人、举重 22 人、射击 17 人、射箭 12 人、武术 20 人、跆拳道 20 人。区少体校先后向市少体校和市各竞体训练中心输送 483 名运动员，向省体工队输送程秋云、康春绸、陈翠松、吕淑爱、许聪艺、苏玉玲、陈晓琴、叶艺、张彬彬、陈春荣、叶剑锋（射击），陈工程、戴一凡、吕东年、吴春梅（射箭）15 名运动员，向国家队输送运动员有林珍珠（举重）、张璐（田径）2 名运动员。

（二）同安籍运动健将

曾莉莉　女，1985 年 8 月出生，射击运动员，原籍同安马巷镇人。1996 年，进入厦门市射击射箭运动中心参加射击训练，2002 年，进入福建省射击运动中心。2001 年，在全国青少年女子 10 米气步枪射击比赛中以 394 环成绩获国家级运动健将称号。

陈明亮 男，1982 年 1 月出生，举重运动员。原学籍同安汀溪西源小学，1991 年 12 月，入选同安体校，1992 年，进入厦门体校，1994 年，进入福建体校，1997 年，入福建省体工队集训。1999 年，在全国青少年锦标赛中获男子举重 69 公斤级冠军，并破三项少年记录。同年成为国家级运动健将。

林珍珠 女，1984 年 8 月出生，举重运动员。原学籍同安西柯后田小学，1994 年，入选同安体校举重队，1995 年 12 月，进入上海体育学院，2002 年 6 月，进入国家青年队，2002 年，获全国举重冠军赛女子 69 公斤以上级亚军。同年成为国家级运动健将。

邵志胜 男，1988 年出生，举重运动员。原学籍同安柑岭小学，1999 年，入选厦门举重队，2000 年，进入省体校，2005 年，进入省体工队集训，2006 年，进入解放军八一队，2007 年，获全国青年举重锦标赛季军。同年成为国家级运动健将。

陈艺梅 女，1991 年出生，举重运动员。原学籍内厝前垵小学，2001 年 9 月，入选同安体校举重队，2002 年，入厦门体校，2004 年，入省体工队，2007 年，获全国城市运动会季军，同年成为国家级运动健将。

二、教练员、裁判员、社会体育指导员

（一）教练员

1997—2007 年，区少体校专职教练员 6 人。其中，田径 2 人、举重 2 人、游泳 1 人、射击 1 人；中级教练 1 人、助理教练（初级）5 人。

（二）裁判员

1997—2007 年，全区共有门球三级裁判员 22 人，羽毛球三级裁判员 15 人。

1999 年 9 月，林东风被省体委批准为国家一级龙舟裁判员。

（三）社会体育指导员

1997—2007 年，全区共有一级社会体育指导员 7 人，二级 142 人，三级 284 人。

第四节 公共体育设施

一、公共体育设施建设

2002 年 3 月，同安体育中心规划用地由 73 亩（不含体育场）调整为 111.136 亩（不含体育场），其中体育馆占地 36.38 亩（含市政用地 4.5 亩），建筑面积 5984 平方米，观众座位 2750 座，主体单层，局部设夹层，建筑高度 23.5 米，项目投资 3300 万元（含征地费）。按照省运会分会场标准设计，可承接体操、篮球、排球、羽毛球、乒乓球、藤球、举重、击剑、拳击、摔跤、武术、柔道等多种比赛项目。该馆建设首次采取政府补助、社会融资，依照市场经营模式

同安体育中心（2004 年）

进行开发建设和自主经营管理。2003 年 8 月 15 日正式开工兴建，2004 年 10 月 10 日通过竣工验收并投入使用。

2004 年，建成五显镇三秀山村、明溪村、店仔村，汀溪镇隘头村，新民镇西塘村、新厝仔，洪塘镇新厝村，莲花镇云洋村，大同街道东山村，祥平街道凤岗村，西柯镇浦头村、埭头村，竹坝经济开发区等 13 个标准篮球场。

2005 年，建成新民镇西山村、西塘村，五显镇后垅村、宋宅村、明溪村，洪塘镇埔后村、下墩村、塘边村，西柯镇官浔村、西浦村、吕厝村，大同街道东山村，祥平街道西湖村、瑶头村、溪声村，同安体育中心，汀溪镇前格村、五峰小学，莲花镇后埔村等 20 个标准篮球场

2006 年，建成洪塘镇新学村、石浔村，五显镇垵炉村、下峰村、西洋村，汀溪镇古坑村、西源村、茌畲村、堤内村、顶村村，莲花镇小坪村、窑市村、溪东村、莲花村，新民镇四口圳村、后宅村、西塘村、洋厝埔村，西柯镇西浦村、美星村，大同街道东山村，祥平街道溪声村、过溪村、卿朴村、杜桥村等 25 个篮球场。

至 2007 年 3 月，全区实现行政村村村拥有标准篮球场建设目标。

二、公共体育设施普查

2001 年 7 月，公共体育设施普查，全区计有公共体育设施 1966 处，其中大嶝镇 90 处，新店镇 157 处，马巷镇 208 处，内厝镇 139 处，新圩镇 95 处，洪塘镇 183 处，五显镇 247 处，汀溪镇 114 处，莲花镇 121 处，新民镇 116 处，西柯镇 47 处，大同街道 274 处，祥平街道 175 处；晨晚锻炼点 180 处，健身路径 84 套，田径足球场 77 个，篮球场 418 片，游泳池 2 个，羽毛球场 167 片，门球场 15 片，乒乓球台 486 台，保龄球室 22 道，台球桌 321 台，棋牌桌 166 台，健身房 25 间，旱冰场 3 片。

2004 年再次普查，全区计有标准体育设施 256 处、非标准体育设施 128 处，其中洪塘镇分别为 22 处、29 处，五显镇分别为 26 处、31 处，汀溪镇分别为 15 处、5 处，莲花镇分别为 13 处、19 处，新民镇分别为 32 处、17 处，西柯镇分别为 63 处、0 处，大同街道分别为 29 处、2 处，祥平街道分别为 45 处、21 处，竹坝经济开发区分别为 8 处、3 处，凤南农场分别为 3 处、1 处；篮球场 201 片，排球场 9 片，室内乒乓球室 68 间，室内羽毛球馆 1 间，门球场 5 片，小运动场 81 个，健身路径 6 套，400 米标准田径场 1 个，室内外游泳馆 3 间，台球室 2 间，健身房 7 间。

2007 年 12 月第三次普查，全区计有公共体育设施 420 处。

2007 年同安区公共体育设施情况表

表 24-17

体育设施		洪塘镇	五显镇	汀溪镇	莲花镇	新民镇	西柯镇	大同街道	祥平街道	竹坝开发区	总数
合计		59	45	48	31	48	56	66	59	8	420
篮球场（片）	镇村	19	15	18	19	21	25	12	19	1	149
	学校	13	8	10	3	9	7	8	7	2	67
	单位	—	1	1	1	2	1	—	1	—	7
排球场	学校	—	2	—	—	1	3	—	—	1	7
室内外乒乓球（台）	学校	13	10	2	3	5	6	16	15	—	70
	单位	1	3	2	1	1	1	5	2	—	16
	村	1	1	1	1	1	1	1	1	1	9
室内羽毛球场（片）	学校	—	—	—	—	—	—	—	1	—	1
	单位	—	—	—	—	—	—	—	1	—	1

续表24-17

体育设施		洪塘镇	五显镇	汀溪镇	莲花镇	新民镇	西柯镇	大同街道	祥平街道	竹坝开发区	总数
门球场（片）		—	—	—	—	—	4	4	—	—	8
健身路径（条）	镇村	9	2	7	1	3	3	3	3	2	33
	学校	—	—	—	—	2	1	3	1	—	7
400米标准田径场（个）	单位	—	—	—	—	—	—	1	—	—	1
	学校	3	3	4	2	3	4	5	4	1	29
室内外游泳馆（间）	单位	—	—	3	—	—	—	2	2	—	7
多功能体育馆（间）	单位	—	—	—	—	—	—	—	1	—	1
台球室（间）		—	—	—	—	—	—	4	—	—	4
健身房（间）		—	—	—	—	—	—	2	1	—	3

说明：1.400米标准田径场（中足球场）为10000平方米、非标准田径场4000至5000平方米、篮球场600平方米、网球场600平方米、羽毛球场150平方米/片、门球场300平方米/片、乒乓球约20平方米/台、台球约15平方米/台、保龄球场50平方米/道、标准游泳池（8道×50米）1000平方米

2. 全区现有一级社会体育指导员7人、二级社会体育指导员142人、三级社会指导员284人，总人数433人

3. 全区拥有公共体育场地面积445600（平方米），总人口数308314人，人均体育场地面积1.4（平方米/人）

三、商业体育设施

2006年11月，由区土地开发总公司控股的同安健益发展有限公司投资建设的羽毛球馆竣工并投入使用，总投资928万元，建筑面积5346平方米。

2007年12月，由健益发展有限公司投资兴建的活水游泳馆竣工并投入使用，总投资1050万元，建筑面积3400平方米。

羽毛球馆、活水游泳馆连同2004年10月建成投入使用的同安体育馆均由健益公司依照市场经营模式自主经营管理，主要经营服务项目有篮球、羽毛球、乒乓球、游泳、活水理疗等，同时为同安提供大型文化、体育活动服务。

第七章　文体机构

第一节　行政机构

1997年5月，同安撤县建区，同安县文化局更名为同安区文化局；1997年8月区文化局增加原区体育运动局职能，加挂区体育运动局牌子，内设科室3个，行政编制10人，在职干部11人。2002年7月，区文化局与区体育运动局合并更名为区文化体育局，主管全区文化、体育工作，下辖文化馆、图书馆、少儿图书馆、博物馆、文管办、少体校、电影公司、文化市场稽查队、歌仔戏剧团等9个基层单位。内设科室3个，编制11人，在职干部8人。2003年9月析出翔安后，局机关编制4名，在职干部

4 名。2007 年底 9 个基层单位合计编制 156 人，在编 94 人。

第二节 事业机构

一、区广播电视局

1997 年 5 月 1 日，同安县广播电视局更名为同安区广播电视局，为政府组成部门，主管全区广电工作，规格为正处级，内设办公室、总编室、社会事业科 3 个科室，核定行政编制 9 人。2002 年 8 月，新一轮党政机构改革，同安区广播电视局改为区政府直属事业单位，职能、规格、经费渠道不变，核定事业编制 6 人，内设办公室一个科室。2007 年，下辖同安区广播电视台和同安区广播电视网络传输公司。

二、区档案局

前身为成立于 1982 年 9 月的同安县档案局，1997 年 10 月，机构改革时改为同安区档案局（馆），并核定事业编制 7 名。1999 年 1 月，列入参照公务员法管理的事业单位。2007 年底，同安区档案局（档案馆）有局（馆）长 1 名，副调研员 1 名，主任科员 1 名、科员 2 名、工勤人员 1 名、人事代理 1 名。

三、区地方志编纂委员会办公室

前身为成立于 1985 年 4 月的同安县地方志编纂委员会办公室，1997 年 5 月，更名为同安区地方志编纂委员会办公室，为副科级财政全额拨款事业单位，隶属区政府办公室。2007 年底，编制 8 人，在编 8 人，其中，主任 1 人、科员 7 人。主要职能是组织、指导、督促和检查全区的地方志工作；拟定本行政区地方志工作规划和编纂方案；组织编纂本级地方志书、地方综合年鉴，审核验收部门志书；搜集、保存地方志文献和资料，组织整理旧志，推动方志理论研究；组织开发利用地方志资源。

四、区委党史资料征集办公室

前身为成立于 1982 年 12 月的中共同安县委党史资料征集办公室，1997 年 5 月，更名为中共同安区委党史资料征集办公室，为副科级财政全额拨款事业单位，隶属区委办公室。2007 年底，编制 2 人，在编 2 人。主要职能是传达、贯彻中央和省市区委有关党史工作的指示和部署；完成省、市、区委交给的征集、研究、编写中国共产党历史人物；编辑、撰写党史著作，出版有关刊物；完成上级党委交给的重要领导人传记、重要党史课题的征集、研究、编纂任务，并向有关部门提供重要史料；组织开展党史、革命史的宣传、教育活动。

第二十五篇　医疗卫生

1997 年后，同安区医疗卫生事业继续贯彻落实“预防为主”“中西医并重”“城乡统筹发展”的方针，坚持以人为本，以不断适应并满足人民群众日益增长的医疗保健需求为目标，深化卫生改革，加大卫生基础设施建设与固定资产投入，加强队伍建设。至 2007 年末，全区 15 所公立医疗卫生机构总占地面积 24.63 万平方米；总建筑面积 12.32 万平方米，固定资产总值（原值）3.67 亿元，其中房屋资产总值 2.11 亿元，医疗设备总值 1.46 亿元；在编卫生技术人员 705 人，其中获高级专业技术职称 99 人、中级 281 人、初级 325 人。健全公共卫生服务体系建设，强化重大疾病预防控制，逐步建立并不断完善城乡居民基本医疗保障制度。1997—2007 年，全区传染病发病率控制在历史最低水平。人口平均期望寿命从 1996 年的 72.19 岁（男 68.48 岁、女 75.81 岁）提高至 2007 年的 74.81 岁（男 70.73 岁、女 78.87 岁）。全民爱国卫生运动深入开展，2007 年底，全区改水受益率 100%，城区自来水覆盖率 100%，农村改厕率 87%。同安先后获省爱国卫生运动委员会授予“灭鼠先进城区”“省级卫生城市（县城）”称号。

第一章　机构与队伍

第一节　机　构

一、行政管理机构

（一）区卫生局

1997 年 5 月撤县改区后，同安县卫生局改称同安区卫生局，为区卫生行政主管机构。行政级别由正科级升格为正处级，内设机构升格为正科级。同年 10 月 17 日，重新调整编制与行政职能，行政编制 15 人（其中爱卫办 3 人），事业编制 4 人。内设办公室、人事教育、医政药政、防疫、计划财务 5 科室。

2002 年 12 月，再调整编制与职能，行政编制 11 人（其中部门领导职数 4 人），工勤编制 1 人，事业编制 4 人。划出药政管理职能归口市药品行政监督管理部门；医疗保险管理中心归口区人事劳动和社会保障行政管理部门；内设机构调整为办公室、人事教育、医疗行政管理、疾病控制与卫生监督、基层卫生与妇幼保健 5 个科室。

2003 年 12 月，重新核定编制与内设机构。行政编制 7 人（含老干专项 1 人、工勤 1 人），内设机构2个，原办公室、人事教育科合并为综合科，原医疗行政管理、疾病控制与卫生监督、基层卫生与妇幼保健科合并为医政科。部门行政级别及职能不变。

2007年末，行政编制7人，实有人数9人。

（二）同安区爱国卫生运动委员会

1997年5月，同安县爱国卫生运动委员会更名为同安区爱国卫生运动委员会，下设办公室，行政编制3人。2003年12月，办公室机构保留，未列人员编制，职能及人员划入区卫生行政部门。

二、医疗机构

（一）区级医疗机构

厦门市第三医院竣工典礼

厦门市第三医院（原同安区医院）　1997年5月，同安县医院易名为同安区医院。同年12月30日，经省卫生厅考核评审，被批准为“二级甲等医院”。人员编制466人，在编426人，其中卫技人员359人（含高级职称14人、中级45人），行政工勤人员67人。病床编制340张，实际开放340张。2001年12月，被福建中医学院授予“福建中医学院实习基地”。2003年8月，省卫生厅批准更名为厦门市第三医院。同年12月，正式更名挂牌，仍隶属同安区管辖。2004年4月，被福建医科大学定为“福建医科大学教学医院”。2006年2月，整体搬迁新址。经省卫生厅批准，病床编制数增至550张。2007年5月，经省卫生厅考核评审，医院等级升格为“三级乙等综合性医院”。2007年末，医院为区属全民所有制财政拨补副处级事业单位。人员编制616人，在编443人，其中卫技人员367人（含高级职称71人、中级157人），行政工勤人员76人。编外各级各类人员702人。病床编制550张，实际开放750张。门诊部设置一、二级临床科室19个，住院部设置专科病区10个，另设医技科室6个，行政职能科室17个，党群机构6个。固定资产总值2.82亿元，其中医疗设备总值1.14亿元。全院占地面积8.24万平方米，一期工程建筑面积5.62万平方米。院址祥平街道阳翟二路2号。

同民医院　1997年5月，同安县同民医院更名为同安区同民医院；9月，由区办集体所有制改制为全民所有制事业单位；12月，经省卫生厅考核评审，批准为“二级乙等医院”。人员编制245人，在编196人，其中，卫技人员161人（高级职称1人、中级23人），行政工勤人员35人。病床编制180张，实际开放250张。2003年10月，随行政区划调整，归属翔安区管辖，易名翔安区同民医院。

同安区中医医院　1997年5月，同安县中医医院更名为同安区中医医院。原院址大同街道环城北路892号。人员编制140人，在编112人，其中，卫技人员94人（高级职称2人、中级15人），行政工勤人员18人。病床编制100张，实际开放100张。设有门诊部和住院部。7月，通过省卫生厅考核评审，批准为“二级甲等中医医院”。2005年11月，经区政府批准，易地搬迁至市第三医院位于中山路的旧址。区财政投入进行门诊综合楼工程等修缮和病房楼重建。2007年末，医院为区属全民所有制财政拨补科级事业单位。人员编制 140 人，在编 129 人，其中，卫技人员 112 人（高级职称 16 人、中级 44 人），行政工勤人员 17 人。编外各级各类人员 75 人。病床编制 100 张，实际开放 150 张。门诊部内设临床科室 12 个，住院部设置专科病区 5 个，另设医技科室 9 个、行政职能科室 8 个和党群机构 3 个。固定资产总值 2036 万元（不含市三院旧址资产），其中医疗设备总值 1297 万元。占地面积 6600 平方米（不含市三院旧址 18439 平方米）。建筑面积 7593 平方米（不含市三院旧址 13806 平方米）。

同安区妇幼保健院　1997 年 5 月，同安县妇幼保健院更名为同安区妇幼保健院。2007 年末，为区属全民所有制财政核拨科级事业单位。人员编制 24 人，在编 21 人，其中，卫技人员 19 人（高级职称 1 人、中级 7 人），工勤人员 2 人。设置妇女保健科、儿童保健科、婚检科等业务科室；药剂科、放射科、检验科、心电图室、B 超室等医技科室；办公室、财务室等行政职能科室。医疗设备总值 390 万元。占地面积 4410 平方米，建筑面积 4569 平方米。地址：大同街道凤山二里 78 号。

同安区皮肤病防治院　1997 年 5 月，同安县皮肤病防治院更名为同安区皮肤病防治院。2007 年末，为区属全民所有制财政核拨科级事业单位。人员编制 31 人，在编 26 人，其中，卫技人员 22 人（高级职称 2 人、中级 8 人），工勤人员 4 人。病床编制 120 张，实际开放 120 张。门诊部位于祥平街道祥桥一里（汽车站旁），设有临床科室 5 个，医技科室 2 个，行政职能科室 3 个。医疗设备总值 48 万元。占地面积 72000 平方米，建筑面积 7708 平方米。住院部位于凤南农场后坂村。

（二）镇（场）医疗卫生机构

莲花卫生院　1997 年初，人员编制 33 人，在编 26 人，其中，卫生技术人员 18 人。病床编制 25 张，实际开放 25 张。9 月，经批准由集体事业单位转制为全民所有制差额拨款事业单位。12 月，经市卫生局考核评审，批准为“一级乙等医院。”2007 年末，人员编制 33 人。在编 19 人，其中卫生技术人员 17 人。病床编制 25 张，实际开放 25 张。固定资产总值 294 万元，其中医疗设备总值 88 万元。占地面积 6667 平方米，建筑面积 3875 平方米。院址：莲花镇美埔村 91 号。

大同卫生院　1997 年初，人员编制 45 人，在编 39 人，其中卫生技术人员 34 人。病床编制 35 张，实际开放 30 张。9 月，经批准由集体事业单位转制为全民所有制差额拨款事业单位。12 月，经市卫生局考核评审，批准为“一级达标医院”。2007 年末，人员编制 45 人，在编 43 人，其中卫生技术人员 38 人。病床编制 35 张，实际开放 30 张。固定资产总值 804.7 万元，其中医疗设备总值 354.3 万元。占地面积 792.05 平方米，建筑面积 2879.88 平方米。院址：大同街道松柏林街 39 号。

西柯中心卫生院　1997 年初，人员编制 33 人，在编 29 人，其中卫生技术人员 26 人。病床编制 25 张，实际开放 15 张。9 月，经批准由集体事业单位转制为全民所有制差额拨款事业单位。同年 12 月，通过市卫生局考核评审，批准为“一级达标医院”。2007 年末，人员编制 33 人。在编 30 人，其中卫生技术人员 27 人。病床编制 25 张，实际开放 20 张。固定资产总值 318.05 万元，其中医疗设备总值 154.73 万元。占地面积 5328 平方米，建筑面积 1869 平方米。院址：西柯镇西柯村。

新民卫生院　1997 年初，人员编制 52 人。在编 46 人，其中卫生技术人员 39 人。病床编制 40 张，实际未开放。9 月，经批准由集体事业单位转制为全民所有制差额拨款事业单位。12 月，通过市卫生局考核评审，批准为“一级达标医院”。2007 年末，人员编制 52 人，在编 35 人，其中卫生技术人员 26 人。病床编制 40 张，实际开放 16 张。固定资产总值 551 万元，其中医疗设备总值 96.5 万元。占地面积 6000 平方米，建筑面积 2660 平方米。院址：新民镇乌涂村。

洪塘卫生院　1997 年初，人员编制 33 人，在编 32 人，其中卫生技术人员 30 人。病床编制 25 张，实际开放 20 张。9 月，经批准由集体事业单位转制为全民所有制差额拨款事业单位。12 月，通过市卫生局考核评审，批准为“一级甲等医院”。2007 年末，人员编制 33 人，在编 27 人，其中卫生技术人员 23 人。病床编制 25 张，实际开放 20 张。固定资产总值 317.41 万元，其中医疗设备总值 115.33 万元。占地面积 4660 平方米，建筑面积 2529 平方米。院址：洪塘镇洪塘村。

五显卫生院　1997 年初，人员编制 33 人，在编 30 人，其中卫生技术人员 27 人。病床编制 25 张，实际开放 25 张。9 月，经批准由集体事业单位转制为全民所有制差额拨款事业单位。12 月，通过市卫生局考核评审，批准为“一级乙等医院”。2007年末，人员编制33人，在编22人，其中卫生技术人员16人。病床编制25张，实际开放25张。固定资产总值266.24万元，其中医疗设备总值74.53万元。占地面积2001.43平方米，建筑面积2218平方米。院址：五显镇垵炉村五显宫。

汀溪卫生院　1997年初，人员编制23人，在编22人，其中卫生技术人员19人。病床编制18张，实际开放18张。9月，经批准由集体事业单位转制为全民所有制差额拨款事业单位。12月，通过市卫生局考核评审，批准为“一级达标医院”。2007年末，人员编制23人。在编21人，其中卫生技术人员17人。病床编制18张，实际开放18张。固定资产总值337.67万元，其中医疗设备总值52.82万元。占地面积5225平方米，建筑面积2250平方米。院址：汀溪镇隘头村。

竹坝卫生所　1997年初，人员编制5人，在编5人，其中卫生技术人员4人。1997年7月，因华侨农场体制改革下放同安区管辖。10月，竹坝华侨农场医疗所改名竹坝卫生所，为全民所有制全额拨款事业单位。2007年末，人员编制5人，在编4人，其中卫生技术人员4人。占地面积900平方米，建筑面积1073平方米。所址：竹坝华侨农场老人活动中心（暂用）。

新店中心卫生院　1997年初，人员编制91人，在编85人，其中卫生技术人员75人。病床编制70张，实际开放70张。9月，经批准由集体事业单位转制为全民所有制差额拨款事业单位。12月，经市卫生局考核评审，批准为“一级乙等医院”。2003年10月，随行政区划调整，改属翔安区管辖。

马巷卫生院　1997年初，人员编制65人，在编62人，其中卫生技术人员54人。病床编制50张，实际开放39张。9月，经批准转制为全民所有制差额拨款事业单位。12月，经市卫生局考核评审，批准为“一级乙等医院。”2003年10月，随行政区划调整，改属翔安区管辖。

新圩中心卫生院　1997年初，人员编制46人，在编34人，其中卫生技术人员26人。病床编制35张，实际开放25张。9月，经批准转制为全民所有制差额拨款事业单位。12月，经市卫生局考核评审，批准为“一级乙等医院”。2003年10月，随行政区划调整，改属翔安区管辖。

大嶝医院　全民所有制全额拨款事业单位。1997年初，人员编制30人，在编28人，其中卫生技术人员23人。病床编制30张，实际开放25张。1997年12月，经市卫生局考核评审，批准为“一级乙等医院”。2003年10月，随行政区划调整，改属翔安区管辖。

内厝卫生院　1997年初，人员编制53人，在编49人，其中卫生技术人员42人。病床编制40张，实际开放30张。1997年9月，经批准转制为全民所有制差额拨款事业单位。12月，经市卫生局考核评审，批准为“一级甲等医院。”2003年10月，随行政区划调整，改属翔安区管辖。

（三）村卫生所

1997年，同安有213个行政村，村村设有卫生所，其中甲级村卫生所145所，占全区村卫生所总数的68%。2000年，210个村卫生所通过村级医疗机构执业资质考核达标，核发新的《医疗机构执业许可证》。2003年末，随行政区划调整，划归翔安区管辖的村卫生所100所，同安区管辖的村卫生所110所。

2007年末，有村（社区）卫生所111所。

（四）其他医疗机构

民营医院（门诊部）　2002年5月，批准设置城南门诊部，成为全区首家民营门诊部。2005年7月，批准设置同安博爱医院，成为全区首家民营医院。2007年末，全区设有民营医院1家（同安博爱医院）；民营门诊部6家（城南、洪视眼科、康馨、港华、南门、仁济）。

个体诊所　1997年初，同安有个体诊所116家，其中，中医诊所47家、西医诊所20家、牙科诊所49家。1999年5月，通过整顿和规范，关、停、转不规范的诊所，全区39家个体诊所通过达标验收，核发新的医疗机构执业许可证。2003年，行政区划调整后，同安个体诊所35家。2007年末，同安有领照个体诊所54家。

学校医务室　1997年初，设立中学医务（卫生）室23所。小学医务（卫生）室2所。2003年10月，政区调整后，马巷、新店、内厝、刘五店、洪前、巷西、巷南、诗坂8所中学医务室划归翔安。

2007年末，中学医务（卫生）室有城东中学、洪塘中学、五显中学、育才中学、汀溪中学、启悟中学、第二外国语学校、莲美中学、柑岭中学、东山中学、国祺中学、同安一中12所。小学、幼儿园医务（卫生）室有第一实验小学、大同中心小学、兴国幼儿园、洗墨池幼儿园、阳翟幼儿园5所。

农林场（企事业）卫生所　1997年，全区有汀溪林场、祥溪林场、白沙仑农场、凤南农场4所卫生所，各有医务人员1名；有银华机械厂医院、二轻局医疗所。1999年，二轻局医疗所医务人员退休后未再办理职业登记。2003年5月、2004年12月，汀溪林场、祥溪林场、白沙仑林场卫生所医务人员先后退休后未再办理职业登记。2007年，凤南农场卫生所有医务人员2人，银华机械厂医院有医务人员4人。

三、防疫机构

（一）同安区疾病预防控制中心

1997年5月，同安县卫生防疫站更名为同安区卫生防疫站。1999年6月，经省卫生厅考核评审，批准为“县级一等卫生防疫站”。2004年4月，原区卫生防疫站、消毒站、健康教育所、肝癌防治研究室撤并重组，成立同安区疾病预防控制中心，加挂“同安区卫生检测检验中心”牌子，人员编制27人。7月，选址于祥平街道阳翟村立项新建。2007年，为区属全民所有制财政核拨副科级事业单位。人员编制27人，在编24人，其中卫技人员20人（高级职称3人、中级10人），行政工勤人员4人。设置办公室、业务科、结防科、健教科和检验科5个行政、业务科室。专业设备总值401万元。占地面积2252平方米（不含新址），建筑面积1916平方米（不含新址）。地址：大同街道环城北路656号。

（二）同安区肝癌防治研究室

1997年5月，同安县肝癌防治研究室更名为同安区肝癌防治研究室，人员编制3名，为区卫生局下属的全民所有制全额拨款股级事业单位，挂靠区卫生防疫站。2004年4月，机构被撤销。职能及人员并入区疾病预防控制中心。

（三）同安区健康教育所

1997年5月，改同安县健康教育所为同安区健康教育所，为区卫生局下辖全民所有制全额拨款事业单位，人员编制4人。2004年4月，机构被撤销。职能及人员并入区疾病预防控制中心。

四、检验监督机构

（一）同安区卫生监督所

前身为同安县卫生行政执法大队（加挂“同安县医疗机构监督管理办公室”牌子）。1997年5月，更名为同安区卫生行政执法大队。2004年4月，机构被撤销。将原区卫生行政执法大队、卫生防疫站、妇幼保健院分别承担的卫生行政执法监督职能归并整合，成立同安区卫生监督所，为区属全民所有制财政核拨副科级事业单位。人员编制22人。内设综合办公室、监督一科、监督二科、监督三科4个行政、业务科室。

（二）同安区药品检验所

前身为同安县药品检验所。行使辖区内各类医疗卫生机构及药品经销单位的药品质量监督管理职能。1997年5月，更名为同安区药品检验所，为区卫生局下辖全民事业单位。2002年10月，机构撤销，并入市质量技术监督局。

五、医疗保险管理机构

（一）同安区医疗保险管理中心

1998年1月成立，为区属全民所有制全额拨款正科级事业单位，人员编制9名。归口区卫生行政部门管理。2000年末，在编9人，其中干部5名、工人4名。2002年12月，从区卫生局划出，归口区人事劳动和社会保障行政部门管辖。

（二）同安区农村合作医疗管理中心

2005 年 3 月 28 日组建，为区属全民所有制财政核拨事业单位，人员编制 6 人。归口区卫生行政部门管理。2007 年末，在编 6 人。

六、卫生社团

（一）同安区红十字会

1997 年 5 月，同安县红十字会更名为同安区红十字会。2002 年 1 月，核定机关事业编制 3 名，部门领导职数 1 名。内设赈灾救济、救护培训 2 个岗位各 1 人。

红十字博爱超市进农村

（二）同安区医学会

1997 年，理事长殷干泉。1999 年 5 月，依法变更登记为法人社团组织，法人代表陈天计。会员 100 多人。

（三）同安区中医药学会

1997 年，理事长张泽民。1999 年 10 月，依法变更登记为法人社团组织，法人代表林钦钦。会员 100 多人。

（四）同安区中草药协会

2005 年 12 月成立，法人代表周进水。会员 60 余人。

（五）同安区农村卫生协会

1997 年 5 月，同安县农村卫生协会更名为同安区农村卫生协会，工作人员 3 人。1998 年 6 月，被批准确认为机关事业单位，人员编制 4 人。8 月，在编 3 人改列入参照国家公务员管理编制。2003 年 9 月区划调整后，机构保留，不列人员编制，原有人员和职能划归区卫生局。

第二节　队　伍

1997 年，各级各类医疗卫生机构人员总数 2033 人，其中区、镇两级公立医疗卫生机构在编 1364 人、村级卫生组织 553 人、个体诊所 116 人。卫生技术人员总数 1779 人，每千人口平均拥有卫生技术人员 3.25 人，其中区、镇两级公立医疗卫生机构在编 1110 人（高级职称 22 人、中级 150 人、初级 938 人）、村级卫生组织 553 人、个体诊所 116 人。区镇两级公立医疗机构技术人员 917 人，其中西医医师 434 人（其中主任医师 16 人，主治医师 93 人，医师 179 人，医士 146 人），中医医师 85 人（其中副主任医师 2 人，主治医师 23 人，医师 50 人，医士 10 人），护理人员 398 人（其中主管护师 26 人，护师 189 人，护士 183 人）。

2003 年末，各级各类医疗卫生机构人员总数 1308 人，其中区、镇两级公立医疗卫生机构在编 926 人、村级卫生组织 347 人、个体诊所 35 人。卫生技术人员总数 1099 人，每千人口平均拥有卫生技术人员 3.73 人，其中区、镇两级公立医疗卫生机构在编 717 人（高级职称 43 人、中级 178 人、初级 496 人）、村级卫生组织 347 人、个体诊所 35 人。区镇两级公立医疗机构技术人员 559 人，其中西医医师 243 人（主任医师 5 人，副主任医师 28 人，主治医师 69 人，医师 87 人，医士 54 人），中医医师 50 人

（其中主任医师 22 人，医师 16 人，中医士 12 人），护理人员 266 人（其中副主任护师 2 人，主管护师 63 人，护师 165 人，护士 36 人）。另有编外护士 97 人。

2007 年末，各级各类医疗卫生机构人员总数 1482 人，其中区、镇两级公立医疗卫生机构在编 907 人、村级卫生组织 332 人、民营医疗机构 243 人。卫生技术人员总数 1280 人，每千人口平均拥有技术人员 4.15 人，其中区、镇两级公立医疗卫生机构在编 705 人（高级职称 99 人、中级 281 人、初级 325 人）、村级卫生组织 332 人、民营医疗机构 243 人。区镇两级公立医疗卫生机构在编医、护技术人员 585 人，其中西医医生 263 人（其中主任医师 16 人，副主任医师 43 人，主治医师 85 人，医师 90 人，医士 29 人）。中医医师 81 人（其中主任医师 4 人，副主任医师 23 人，主治医师 26 人，医师 24 人，中医士 4 人），护理 251 人（其中副主任护师 12 人，主管护师 133 人，护师 100 人，护士 6 人）。另有编外护士 335 人。

1997—2007 年同安医疗卫生人员及其结构一览表

表 25-1　　单位：人

年份	1997 年	1998 年	1999 年	2000 年	2001 年	2002 年	2003 年	2004 年	2005 年	2006 年	2007 年
人员总计	2033	2094	2140	2179	2159	2069	1308	1331	1518	1414	1482
高级卫技人员合计	19	33	37	43	51	57	43	46	55	77	99
正高级	1	1	1	1	4	21	6	10	14	18	23
副高级	18	32	36	42	47	36	37	36	41	59	76
中级卫技人员合计	167	172	180	197	196	228	178	222	219	251	281
中医主治医师	23	30	25	35	31	36	22	27	21	23	26
西医主治医师	92	79	87	93	95	91	69	73	79	76	85
主管护师	26	42	46	52	52	76	63	90	83	95	133
主管药师	8	7	9	7	9	12	13	18	16	35	23
主管技师	3	3	3	6	7	9	7	9	13	16	10
其他	15	11	10	4	2	4	4	5	7	6	4
师级卫技人员合计	508	492	524	562	601	564	353	331	350	319	269
中医师	50	46	40	33	29	25	16	16	23	25	24
西医师	179	164	170	169	206	170	87	83	97	86	80
护师	189	193	209	219	234	229	165	149	153	131	100
药师	67	64	73	80	82	77	46	47	46	46	37
技师	22	22	26	43	45	52	29	32	31	31	28
其他	1	3	6	18	5	11	10	4	0	0	0
士级卫技人员合计	511	497	438	386	336	294	143	99	82	75	56
中医士	10	16	25	16	14	17	12	8	7	10	4
西医士	146	135	137	140	112	108	54	45	30	38	29
护士	183	166	140	127	111	92	36	21	24	11	6
药剂士	75	63	59	52	46	46	26	12	11	10	6
技士	40	42	30	30	27	19	11	5	7	4	4

续表25-1

年份	1997 年	1998 年	1999 年	2000 年	2001 年	2002 年	2003 年	2004 年	2005 年	2006 年	2007 年
其他	57	75	47	21	26	12	4	8	3	2	7
行政工勤人员	226	242	261	263	247	268	209	210	212	190	202
民营医院、门诊部、诊所人员	116	115	111	108	108	40	35	76	236	150	243
卫生所、医务室人员	486	543	589	620	620	618	347	347	364	352	332

说明：2007 年另有编外卫技人员 611 人、工勤人员 233 人

第二章　医　疗

第一节　西　医

一、科室（病区）设置

1997 年，同安区、镇两级公立西医医疗机构病床编制总数 990 张，其中区医院 340 张、同民医院 180 张、皮肤病防治院 120 张、12 所镇卫生院合计 350 张。区级医院门诊部临床科室设置以急诊、内、外（含普外、脑外、骨外、泌尿外科等）、儿、妇产、眼、耳鼻喉、口腔、皮肤、传染病科等科室为主；住院部设有内、外、儿、妇产、传染病科等病区。镇卫生院门诊临床设置以内、外、儿、牙科为主，并设有住院综合病房，其中马巷、新店、西柯等 8 所卫生院设有产科病房。

2003 年末，同安区、镇两级公立西医医疗机构病床编制总数 648 张，其中，市第三医院 340 张，皮肤病防治院 120 张，7 所镇卫生院合计 188 张。市第三医院门诊临床科室设有急诊、内、（含神经内科、心血管内科、消化内科、内分泌科等）、外（含普外、神经外、胸外、泌尿外科等）、骨、儿、妇产、肿瘤、眼、耳鼻喉、口腔、皮肤、传染病科等临床科室；住院部设有内、外、儿、妇产、骨、肿瘤、传染病科等病区。镇卫生院门诊临床科室设置以内、外、儿、妇、口腔科为主，并设有住院综合病房，其中莲花、洪塘、西柯等 3 所卫生院设有产科病房。

2007 年末，同安区、镇两级公立西医医疗机构病床编制总数 858 张，其中，市第三医院 550 张，区皮肤病防治院 120 张，7 所镇卫生院合计 188 张。市第三医院门诊部临床科室设有普通内科、心血管内科、神经内科、消化内科、呼吸内科、肾内科、内分泌科、骨外科、普通外科、胸心外科、泌尿外科、神经外科、妇科、产科、儿科、肿瘤科、眼科、耳鼻喉科、口腔科、皮肤科、感染性疾病科和急诊医学部等科室，住院部设有普通内科、心血管内科、神经内科、消化内科、呼吸内科、肾与内分泌科、普外科、胸心外科、泌尿外科、神经外科、骨科、妇科、产科、儿科、肿瘤科、眼科、耳鼻喉科、感染性疾病科等专科病区。镇卫生院门诊临床科室设置以内、外、儿、妇、口腔科为主，并设有住院综合病房，其中莲花卫生院设有产科病房。

二、临床诊疗

1997—2002 年，全区加大医学人才培养力度，添置更新医疗仪器设备，实施医疗机构信息化建设，

大幅度提升西医诊疗水平。先后开通“120”院前医疗急救系统和医学远程会诊系统。肿瘤科独立开展甲状腺癌、乳腺癌、肺癌、肝癌、肾癌等介入化疗或手术治疗。外科开展各类颅内出血的减压清除术、外伤性脑梗塞并脑疝手术治疗、多发性复合性创伤的综合抢救治疗。骨科开展段层套管埋药治疗腰椎间盘突出症、股骨巨细胞瘤切除与同种自体和人工骨联合植骨术、脊柱椎弓根钉内固定术等。内科开展脑血管病的高压氧舱治疗等早期综合康复治疗、血液透析、纤维支气管镜检查、中心静脉压测定、电子胃镜及结肠镜检查、心脏起搏器植入等。妇产科开展妇科疾病腹腔镜手术、阴道镜检查、高频电波刀治疗宫颈癌、光谱治疗仪治疗慢性宫颈炎、全子宫切除术等。眼科开展白内障人工晶体植入术、近视眼手术治疗。检验科开展集生化、免疫、体液、血液、微生物学等数百项临床检验服务项目。功能检查科开展Graves病甲状腺激素变化与彩色多普勒血流显像对照分析。

2003年，同安区、镇两级公立西医医疗卫生机构年门（急）诊诊疗人次63.37万人次；住院病人数1.5万人次；出院床日数14.75万床日。

2003—2007年，随着医院规模的扩大、大型先进诊疗设备和信息化技术的广泛应用、大批医疗骨干人才的引进，西医获得快速发展。骨外科开展膝关节镜诊疗技术、血管末及骨松质植入治疗股骨头缺血性无菌性坏死。胸外科开展胸腔镜诊疗技术。五官科开展全喉切除术加颈部淋巴管扩清术。神经外科开展巨大听神经瘤脑室镜手术和高颈段肿瘤显微手术。心血管外科开展先天性房室间隔缺损修补术、心瓣膜狭窄扩充术，心脏瓣膜置换术和冠脉、左室造影术。放射治疗科开展肿瘤钴60放射治疗技术。多学科协作开展食管、气管、血管支架植入术。先后建立集手术、介入、物疗、化疗、放疗为一体的肿瘤综合治疗系统，集腹腔镜、胸腔镜、气管镜、关节镜、胃镜、结肠镜、脑室镜为一体的腔镜诊疗系统，集院前急救网络、院内抢救“绿色通道”、重症监护、生命支持、多学科参与的医疗急救系统。

2007年，区、镇两级公立西医医疗卫生机构年门（急）诊诊疗人次数79.25万人次；住院病人数2.94万人次；出院床日数26.14万床日。

第二节　中　医

一、科室设置

1997年，同安拥有1所区级中医医院，内设门诊部和住院部。县医院设置中医科门诊。12所镇卫生院中内厝、新圩、马巷、新店、汀溪、西柯、大同7所卫生院合计设有12个中医专科门诊。

1999年5月，区中医医院住院部增设肛肠科病区，编列床位25张。

2000年11月，区中医医院住院部增设妇科病区，编列床位20张。

2003年析出翔安区后，同安拥有1所区级中医医院，门诊部设有急诊、内、外、儿、妇、骨伤、肛肠、眼、耳鼻喉、针灸理疗、皮肤科11个临床科室；住院部设置内、外、妇、骨伤、肛肠5个专科病区。市第三医院设有中医科门诊。合计设有12个中医专科专病门诊。全区7所镇卫生院全部开设中医诊疗业务。

2006年，省卫生厅批准区中医医院骨伤科为“省农村医疗机构中医特色专科专病项目”建设单位；大同卫生院为“省乡镇卫生院示范中医科项目”建设单位。市卫生局批准西柯中心卫生院针灸科和脾胃病专科为“市农村医疗机构中医特色专科专病项目”建设单位。

2007年，省卫生厅批准区中医医院男科、针灸理疗科为“省农村医疗机构中医特色专科专病项目”建设单位。

2007年末，全区拥有1所区级中医医院，门诊部设有急诊、内、外、儿、妇、骨伤、肛肠、眼、耳鼻喉、针灸理疗、皮肤科11个临床科室；住院部设有内、外、妇、骨伤、肛肠5个病区。市第三医院设有中医科门诊。7所镇卫生院合计设有16个中医专科专病门诊。

二、临床诊疗

1997—2007 年，同安中医院临床内科采用自拟胃痛合剂治疗寒热错杂型胃痛、升阳益胃汤治疗胃缓症、六味散抗溃疡病复发、大活络丹与复方丹参注射液治疗冠心病心绞痛、自拟通淋排石汤治疗泌尿系结石、虫类药治疗前列腺痛、中药自制回生散治疗癌症等。外科开展艾灸加湿润烧伤膏外敷治疗褥疮、自拟流注合剂治疗暑湿流注、自制乌消炎膏外敷治疗外科疮疡等。骨伤科采用中西医结合、内外治并举方法治疗四肢骨折、脊柱骨折、骨盆骨折、陈旧骨折、创伤性肌腱、韧带、神经损伤，中药外敷配合针灸、推拿、牵引等治疗腰椎间盘突出症，中药熏蒸疗法应用于骨折后功能康复等。儿科施行穴位点刺放血治疗小儿热症、内服中药治疗急性化脓性扁桃体炎、耳穴按压治疗小儿目劄、点刺四缝穴辅以中药治疗小儿厌食症等。妇科采用中西医结合治疗功能失调性子宫出血症、盆腔炎性包块，活血通络法治疗乳腺小叶增生症、输卵管阻塞性不孕症，自拟安宫汤治疗带环出血，加减少腹逐瘀汤治疗药流孕囊滞留等。肛肠科采用低位切开高位挂线治疗高位复杂性肛瘘、中药坐浴散外治痔疮出血及感染、中西医结合一次性手术治愈环状混合痣及肛周脓肿根治术等。

第三节 护 理

1997 年，同安医疗机构全面加强护理技术建设。区属医院设置护理部，镇卫生院设立护理组，承担本机构护理人才培养、业务技术和质量控制管理职能。临床护理模式从既往单一的生物学护理模式，转变为集生理、心理、社会为一体的整体护理模式。同年 12 月起，区医院率先在住院部内一区、外二区试点开展整体护理模式病区管理。之后，全面推行至区级各医院，至 2003 年，区级医院整体护理模式病区管理率达 100%。并保持至 2007 年。

第四节 医学急救与临床用血

一、医学急救

1997 年，区级医院急诊科（室）尚无独立建制。

1998 年 6 月起，区级医院独立建制急诊科室。区医院率先建立医疗急救中心，设置指挥调度室，开通 24 小时急救服务电话，编列院前医疗抢救小组，配套通讯、急救诊疗设备和车辆，面向社会全天候提供院前医疗紧急救援服务。同年 10 月及 1999 年 1 月，区同民医院、中医院也相继面向社会开展 24 小时院前医疗急救服务，院前医疗急救服务网络初步形成。

2002 年 5 月起，市医疗急救中心先后在区医院、同民医院、新店中心卫生院、中医院分设院前急救站，承担并统筹管理全区院前医疗急救服务。

2004 年 7 月起，医疗紧急救援服务并入市“110”社会联动服务网络，群众拨打“110”电话请求医疗救援时，能直接通联市医疗急救中心“120”指挥调度室，即时指派就近院前医疗急救小组赶赴现场实施紧急处置。

1997—2007 年同安区院前医学急救服务情况一览表

表 25-2

年份	接报起数（起）	出车次数（次）	救治患者总数（人）	配备急救车辆数（辆）	配备医务人员数（人）
1997	4136	2529	2525	6	40
1998	4312	2777	2768	8	40
1999	6983	5424	5532	10	47
2000	10784	9474	9552	16	66
2001	10547	8705	8699	15	64
2002	10611	8755	8792	14	63
2003	11113	9115	9284	12	59
2004	11159	9306	9387	9	41
2005	10547	8561	8585	10	42
2006	11875	9898	9904	9	37
2007	12934	10788	10878	9	37

二、临床用血

1997 年，区各医疗机构临床用血直接由市中心血站在区医院设立的同安血库供给。

1998 年 10 月 1 日起实行无偿献血制度后，血站法定为采集、提供临床用血的机构。

2000 年，全区临床用血率先推行使用成分输血，比国家全面推行成分输血早一年多。同年 10 月，医疗机构实施卫生部《临床输血技术规范》，临床用血步入科学化、规范化、标准化轨道。

2001 年 8 月，市中心血站选址于城南大街大唐世家地域建立同安供血站点，除区医院设立储血点外（血源由市中心血站提供），全区其他医疗机构临床用血统一由同安供血站点提供。

2007 年 11 月，撤销同安供血站点，改在集美区设置岛外集中供血站点。全区除市第三医院设储血点自供外，其他各医疗机构临床用血改由集美供血站点直供。

1997—2007 年，全区医疗机构临床用血总量 1244. 30 万毫升，其中成分输血用量 1082. 12 万毫升。

2000—2007 年同安区医疗机构临床用血一览表

表 25-3　　单位：毫升

年份	用血总量	其　中	
		全血用量	成分血用量
1997	512300	512300	0
1998	525200	525200	0
1999	540200	540200	0
2000	570638	3038	567600
2001	647980	4780	643200
2002	701133	5049	696084
2003	1285346	11046	1274300
2004	1359054	5054	1354000

续表25-3

年份	用血总量	其中	
		全血用量	成分血用量
2005	1854977	4477	1850550
2006	1990957	4557	1986400
2007	2455200	6100	2449100
合计	12442985	1621801	10821184

第五节　医疗设备

一、区级医院医疗设备

1997 年 2 月，同安首台 CT 机在同民医院开机。同年 4 月，县医院 CT 机也投入临床使用。

1998 年 7 月，区医院购置日本原装岛津 500 毫安 X 光机 1 台。

2002 年 5 月，区医院购置双排螺旋 CT 机 1 台。

2003 年 11 月，区医院购置同安首台核磁共振成像仪（MRI），并投入临床使用。

2004 年 3 月，市第三医院购置同安首台钴 60 远距离放射治疗仪。同年 4 月，购置多功能数字化 X 光机 1 台。

2005 年 1 月，市第三医院购置全数字化摄片机（DR）1 台。10 月，购置 16 排螺旋 CT 机 1 台。11 月，购置全数字减影血管造影系统 1 套。

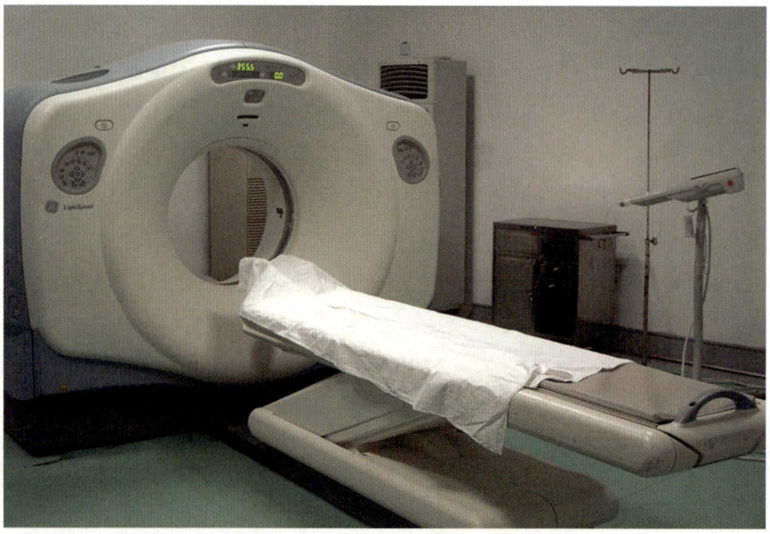

16 排螺旋 CT

至 2007 年末，全区 7 家区级公立医疗卫生机构医疗设备总值 1.36 亿元。累计拥有 MRI 机单价千万元以上医疗设备 1 台、有各类螺旋 CT 机 3 台、各类数字化 X 光机 4 台、全自动生化分析仪 6 台、彩色多普勒超声血流仪 2 台、钴 60 放射治疗仪 1 台、多导电生理记录仪 1 台、数字减影血管造影系统 1 套、体外循环机 1 台等单价百万元以上医疗设备 24 台（套）、有单价 10 万元以上医疗设备 147 台（套）。

二、镇（场）卫生院（所）医疗设备

监于镇卫生院医疗设备相对落后，一般仅拥有 200 毫安以下普通 X 光机、单导心电图机、便携式 B 超、A 超、显微镜等小型医疗设备。1997 年起，把镇卫生院建设纳入政府公共卫生服务体系建设范畴，加大财政资金投入力度，陆续购置先进的医疗设备，以提升农村医疗技术服务水平。至 2007 年末，全区 8 个镇（场）公立医疗机构（7 所镇卫生院、1 所农场卫生所）医疗设备总值 939 万元，拥有 B 超诊断仪7台、500毫安X光机4台、全自动生化分析仪4台、全自动血球计数仪3台、彩色多普勒超声血流仪1台、超声干涉波治疗仪1台，合计单价10万元以上医疗设备20台（套）；单价万元以上医疗设备99台（套）。

第三章 疾病预防控制

第一节 爱国卫生

一、除“四害”

1997年，同安区继续开展除“四害”（老鼠、苍蝇、蚊子、蟑螂）工作，当年，全区老鼠密度由1996年的8.5%下降至3.1%，被省爱卫会授予“灭鼠先进城区”称号；被市爱卫会授予“灭蟑螂先进城区”称号。

2001—2007年，于每年4月份定期开展“爱国卫生月”活动。集中进行外环境消杀4次以上，灭鼠、灭蝇2次以上，达到省级卫生县区标准。

二、改水改厕

（一）改水

1997年，实施沿海突出部人饮工程，当年完成51个行政村主管道建设，第二年完成2万户入户管网建设；开始建设镇级自来水厂，至1999年先后建成8个镇级自来水厂。

2004年起，实施农村自来水工程，至2007年，管道入户3万多户，入户率98.3%。少数边远山区农户因地制宜自接山泉，或自设压水井，改善饮用水质。全区99%以上农村居民饮用卫生水。

（二）改厕

1997年，城区新建、改造水冲式公厕8座，着手农村厕所改造。2004年，城区建设公厕11座，其中连体清洁楼公厕9座，独立公厕2座。至2007年，城区公厕25座，其中一、二、三类公厕分别4座、6座、15座；农村新建、改建无害化公厕752座、无害化户厕1.53万个，覆盖全区111个行政村（居），受益人口30多万。

同安创建卫生城市活动中机关工作人员开展清理卫生义务劳动

三、创建卫生镇村

1997年，开展创建卫生镇村活动，1999年，经检查评比，建成省级卫生镇2个（新店镇、大嶝镇）、省级卫生村3个（新圩镇马塘村、大嶝镇阳塘村、大同街道东山村）、市级卫生村6个（西柯镇后田村、大嶝镇嶝崎、北门、东埕、浔堀、小嶝村）。

四、健康教育

1997年，建成健康教育示范村6个。同年起，每年开展健康教育干部培训，发放健康知识宣传材料，出版健康教育宣传栏，发放卫生报刊。至2007年，累计培训骨干3810人、发放宣传材料9774万份，出版宣传专栏6768期，发放卫生刊物8545份。

1998年，开展以“供水与环境卫生”“无偿献血、奉献爱心”为主题的健教宣传栏评比，实验小学、同民医院等36个单位分获一、二、三等奖。同年，大同镇及实验小学被评为“1995—1997年福建省社会健康教育先进单位”。区健教所被市爱卫会、卫生局评为“1997年度健康教育工作先进单位”。

2000—2007年，每年开展“世界无烟日”宣传，参与省控烟与健康协会《在机关、单位、医疗、各类学校加强控烟工作的倡议》活动，组织中、小学生6.32万人开展“拒吸第一支烟”签名活动。期间区健教所连续两年被省控烟与健康协会授予“省控烟先进单位”（2002年、2003年），连续两年获得省控烟与健康协会表彰（2006年、2007年）。

第二节　主要传染病防治

一、甲类传染病

（一）鼠疫

1997—2007年，每年对鼠类血清、内脏及鼠蚤进行动态监测，累计鼠血清监测7380份、鼠肝监测1063份、鼠脾监测1040份、鼠肺监测1727份、跳蚤监测1607只，均未检出鼠疫特异抗原。

（二）霍乱

1997年，15个医疗单位肠道门诊送检人粪样本219份，旧疫区外环境采样403份，均未检出霍乱弧菌。

1998年7—8月间，发生2例输入性O139群霍乱病例，均治愈出院。

1999年，外环境采样747份，其中牛蛙养殖池水检出11份血清群稻叶型霍乱弧菌阳性。

2000年，外环境凤南农场甲鱼养殖场，采样送检水样本检出2份血清群稻叶型霍乱弧菌阳性。

2004年，外环境养殖水、污水采样171份，检出5株血清群稻叶型非流行株霍乱弧菌。

2007年，采集外环境水样本190份，其中从28份牛蛙养殖池水样本中检出01群埃尔托型霍乱弧菌（血清群稻叶型26株、小川型2株），均为非产毒株。采集水产品样本207份，其中5份牛蛙样本检出01群埃尔托型霍乱弧菌，均为非产毒株。

1999—2007年，全区无霍乱疫情发生。

二、乙类传染病

（一）结核病

1997年，同安区仍为卫生部“加强与促进结核病控制”项目区。肺结核病是重点防治传染病之一。截至当年4月，确诊并治疗病人131人，列入项目管理病人10人，初治痰菌涂阳7人，复治涂阳3人。第二年至2002年，全区结核病门诊初诊病人数1128人次，活动性肺结核病人453人，列入项目管理病人209人，涂阳205人，痰菌涂阳检出率45.25%，治愈率85.5%。

1999年，全区实行结核病诊疗归口及定点管理。

2002年，实施世界银行贷款/英国赠款结核病控制项目（简称PIP项目）及中央免费治疗项目。

2003 年，继续开展 PIP 项目，加强流动人口结核病管理，落实结核病控制项目。结核病门诊登记病人 753 人，活动性肺结核 437 人，涂阳 199 人，治疗覆盖率 98.75%。

2004 年，结核病门诊初诊病人 435 人，其中活动性肺结核 388 人，项目管理病人 177 人，涂阳病人 148 人，治愈 125 人，治愈率 84.46%。

2005 年，结核病门诊初诊病人 422 人，其中活动性肺结核 289 人，涂阳病人 133 人，涂阳病人治愈率 86.3%。

2006 年，结核病门诊初诊病人 453 人，其中活动性肺结核 306 人，查痰率 100%，涂阳病人 122 人，初治涂阳治愈率 97.6%，复治涂阳治愈率 89.9%。

2007 年，结核病门诊初诊病人 409 人，其中活动性肺结核 293 人，查痰率 99.75%，涂阳病人治愈率 88%。

（二）艾滋病

是近年来重点防治的传染病之一。

1997—2003 年，高危人群累计采样监测 1970 人份，未检出 HIV（人类免疫缺陷病毒）感染阳性者。

2004 年，高危人群采样监测 427 人份，未检出 HIV 感染阳性者。跟踪监测 2 例 HIV 感染阳性者，未发病；其性伴跟踪监测均未检出 HIV 感染阳性。发现 1 例输入性 HIV 感染阳性者，进行医学跟踪监测。

2005 年，高危人群采样监测 388 人份，10 月 14 日，省疾控中心确认其中 1 人份为阳性。协助市疾病预防控制中心（简称“CDC”）完成驻地看守所在押嫌犯 1148 人的 HIV 感染初筛工作。跟踪监测已在册登记 HIV 感染阳性者 3 例，提供咨询服务 1 例，其余 2 例拒绝咨询管理。

2006 年，高危人群采样监测 400 人份，未检出 HIV 感染阳性者。对居住本区 1 例 HIV 感染阳性者继续随访咨询。

2007 年，高危人群采样监测 922 人份，自愿咨询检测 10 人次，均未检出 HIV 感染阳性者。

（三）传染性非典型肺炎

简称“非典”，按甲类传染病防控管理。

2003 年 3 月，广州、北京等地区“非典”疫情暴发流行后，同安贯彻党中央，国务院及省市防治“非典”紧急部署，实施“早发现、早报告、早诊断、早隔离、早治疗”的防控措施，及时在各医疗机构建立发热门诊，实行 24 小时零报告制度；卫生行政部门、区 CDC 实行 24 小时值班制，检测疫报动态，确保疫报网络畅通；成立“非典”防治专家小组，负责疑似“非典”病人的诊断和处置。

2003 年 4 月 1 日，接市 CDC 通报指示，厦门市某航空集团公司赴港培训 20 人返厦，同车发现 2 例疑似“非典”病人（后被确诊），密切接触者中有 4 人家居同安，区 CDC 迅即对这 4 人及密切接触者 18 人实施隔离医学观察，未发生感染病例。

2003 年 5 月 9 日，新圩镇诗坂中学 119 名学生群体性不明原因发热；5 月 11 日，莲花镇莲花中学 19 名学生不明原因发热；5 月 14 日，新圩镇诗坂小学、莲花镇罗溪小学、竹坝农场中、小学共 36 名学生不明原因发热，及时开展流行病学调查及医学观察，排除“非典”疫情。

至 2004 年 6 月 7 日，厦门市防治“非典”指挥部办公室发布《关于转发暂停执行非典疫情零报告和公共场所体温监控制度的通知》止，全区疫报发热门诊 22929 人、发热病人 11080 人，实行流行病学调查及医学观察 1260 人，不明原因发热学生 174 人。消杀疑似疫点 22.21 万平方米，消杀市区人群聚集的公共场所、市场 33.12 万平方米。

（四）人感染高致病性禽流感

按甲类传染病防控管理。2004 年起，贯彻实施卫生部《突发人禽流感应急预案》，加强人禽流感疫情监测，卫生与农业部门配合，密切注视动物禽流感疫情动态，建立疫情互报机制。2006 年，按照卫生部发布的《全国不明原因肺炎病例监测实施方案（试行）》，市第三医院设立医学监测点，开展流感样病例和不明原因肺炎病例监测及人感染禽流感筛查，部署相关消杀药品、器械、防护装备的应急储备。区疾控中心实行行政值班和应急小组24小时待命、领导带班制度，随时应对突发疫情。至2007年末，辖区内无感染高致病性禽流感疫情发生。

（五）病毒性肝炎

1997—2007年，累计发病4010例，发病率95.4/10万。比前4年（1993—1996年）上升13.28个百分点。

（六）细菌性和阿米巴痢疾

1997—2007年，累计发病635例，发病率14.01/10万，比前4年下降41.55个百分点。

（七）伤寒与副伤寒

1997—2007年，累计发病38例，发病率0.68/10万，比前4年下降0.38个百分点。

（八）淋病、梅毒

属乙类传染病。1997—2007年，累计发病2724例，发病率35.79/10万，比前4年上升29.88个百分点。

（九）脊髓灰质炎

又称“小儿麻痹症”。1997—2007年，无病例发生。

（十）麻疹

1997—2007年，累计发病30例，发病率0.57/10万，比前4年上升0.3个百分点。

（十一）白喉

1997—2007年无病例发生。

（十二）流行性脑脊髓膜炎

简称“流脑”。1997—2007年，无病例发生。

（十三）猩红热

1997—2007年无病例发生。此前3年每年发病率0.36/10万。

（十四）流行性出血热

1997—2007年无病例发生。

（十五）狂犬病

1997—2007年，累计发病2例，发病率0.03/10万，比前4年下降0.21个百分点。

（十六）钩端螺旋体病

简称“钩体病”。1997—2007年，无病例发生。

（十七）布鲁氏菌病

简称“布氏病”。1997—2007年，无病例发生。

（十八）流行性乙型脑膜炎

简称“乙脑”。1997—2007年，无病例发生。

（十九）疟疾

1997—2007年，累计发病9例，发病率0.15/10万，比前4年下降34.68个百分点。

（二十）登革热

2002—2005年，累计发现4例登革热lgG阳性病人，均为赴东南亚国家劳务输出回乡人员，经隔离治疗痊愈。疫点经灭蚊及外环境消杀，至2007年，无二代病例发生。

（二十一）血吸虫病

1997—2003年无疫情发生。全区累计查螺面积150.5万平方米，均未发现钉螺。阑尾切片监测464例，均为阴性。2004年1月行政区划调整后，原疫区（螺区）新圩镇、内厝镇划归翔安区管辖。

三、丙类传染病

（一）丝虫病

1999 年，大同、洪塘、马巷、新圩等镇开展丝虫病疫情监测，采血片 18736 片，蚊媒监测 3068 只，均为阴性。2000—2003 年，采血片 351 片，蚊媒 1253 只进行镜检，均为阴性。2002 年 8 月，经国家卫生部消灭丝虫病专家组现场考核，宣布同安区消灭丝虫病。

（二）麻风病

1997—2002 年，累计发病 18 例，发病率 0. 54/10 万。2003—2007 年，累计发病 16 例，发病率 0. 54/10 万。其中 2006 年 12 月发病 5 例（含翔安）为历年之最。

（三）流行性感冒

简称“流感”。1998—2007 年，累计报告发病 12 例，发病率 0. 39/10 万。

第三节　地方性疾病防治

一、地方性甲状腺肿病

简称“碘缺乏病”或“地甲病”。1997 年开展儿童甲状腺肿大医学监测和碘盐监测，当年儿童甲肿率 24. 17%。此后隔年监测 1 次，累计监测 6 次 6120 人，其中甲状腺Ⅰ度肿大 695 人、Ⅱ度肿大 77 人，平均甲肿率 12. 61%；累计碘盐监测 1631 人、碘盐 935 份，平均食用碘盐率 57. 33%，平均合格碘盐食用率 56. 04%，其中 2007 年食用碘盐率和合格碘盐食用率均达 100%。

2000 年，经省卫生厅组织考核评估，同安达到“消除碘缺乏病阶段评估标准”。

2007 年，全区儿童患甲肿 655 人，甲肿率降至 2. 79%。

二、地方性氟中毒病

简称“地氟病”。1997 年，确定莲花镇土楼和六路、五显镇潭内、汀溪镇洪坑、新圩镇御宅和下寮、内厝镇美山湖 7 个自然村为病区村。政府针对性采取改水措施，至 2000 年 12 月，全面完成 7 个病区村的改水降氟任务。

2001 年 6 月，经省卫生厅地氟病防治考核专家组考核验收，同安达到国家“基本控制地氟病”标准。

2006 年，全区抽样调查显示，8～12 岁学生未发现现症氟斑牙和氟骨症病例，改水降氟取得预期成效。

2007 年，追踪监测结果，同安 4 个病区村（新圩、内厝镇 3 个病区村已划归翔安区）全面实现基本控制地氟病的目标。

第四节　其他疾病调查

1999 年，继续开展肝癌高危人群普查，采血和随访 3278 人，其中肝癌患者 31 人、死亡 28 人，肝硬化患者 7 人、死亡 5 人，其他肿瘤 20 人、死亡 20 人。

2000 年，协助市级卫生机构开展慢性疾病问卷调查 2000 人并报市机构。

2004 年，协助市级卫生机构开展卫生工作者吸烟知识态度行为调查 300 人并报市机构。

2006—2007 年，开展“2004—2005 年全国第三次死因回顾性抽样调查”，完成 3530 份样本的死因调查、编码计算录入与统计工作。结果显示：恶性肿瘤列辖区人口死因首位，其次为脑血管疾病。恶性肿瘤死因中肝癌居首位，死亡率为42.60/10万；其次为食道癌、肺癌。

若干年度同安区居民前十位死因、死亡率构成表

表25-4

顺序	1997年			2000年			2005年			2007年		
	死亡原因	死亡率（1/10万）	构成（%）	死亡原因	死亡率（1/10万）	构成（%）	死亡原因	死亡率（1/10万）	构成（%）	死亡原因	死亡率（1/10万）	构成（%）
1	循环系统疾病	173.07	31.46	循环系统疾病	163.11	29.91	恶性肿瘤	158.61	25.56	恶性肿瘤	158.06	30.89
2	肿瘤	125.79	22.87	恶性肿瘤	133.58	24.50	脑血管病	139.91	22.54	脑血管病	100.05	19.55
3	损伤与中毒	81.42	14.08	损伤与中毒	81.65	14.97	呼吸系统疾病	101.13	16.29	心脏病	70.07	13.69
4	呼吸系统病	67.00	12.18	呼吸系病	78.36	14.37	心脏病	78.27	12.56	损伤和中毒	69.42	13.57
5	诊断不明	23.37	4.25	消化系病	20.78	3.81	损伤和中毒	77.92	12.61	呼吸系统疾病	64.53	12.61
6	消化系统病	19.17	3.48	诊断不明	17.86	3.28	消化系统疾病	17.66	2.85	消化系统疾病	12.71	2.48
7	传染病与寄生虫	15.34	2.79	传染病与寄生虫	9.84	1.80	泌尿生殖系病	8.31	1.34	内分泌、营养代谢病	5.54	1.08
8	新生儿病	8.76	1.52	泌尿生殖系病	7.84	1.44	传染病与寄生虫	6.93	1.12	泌尿生殖系病	4.89	0.96
9	泌尿生殖系统病	6.94	1.21	精神病	7.65	1.40	诊断不明	5.54	0.89	先天畸形	4.56	0.89
10	内分泌、营养代谢病	6.57	1.14	内分泌、营养代谢病	5.10	0.94	内分泌、营养代谢病	5.54	0.89	呼吸道结核	3.58	0.70

若干年度同安区居民前十位恶性肿瘤死亡位次、死亡率构成表

表25-5

1997	肿瘤病名	食道	肝	肺	胃	结直肠肛门	鼻咽	白血病	女性乳房	膀胱	宫颈
	位次	1	2	3	4	5	6	7	8	9	10
	死亡率（1/10万）	40.61	38.43	12.38	10.74	5.65	2	1.27	1.27	0.55	0
	构成比（%）	35.97	34.03	10.97	9.52	5	1.77	1.13	1.13	0.48	0
	男：女	2.33：1	3.06：1	3.25：1	2.47：1	0.94：1	1.20：1	1.33：1	0；01	1；00	0
2000	肿瘤病名	食道	肝	肺	胃	结直肠肛门	白血病	鼻咽	女性乳房	膀胱	宫颈
	位次	1	2	3	4	5	6	7	8	9	10
	死亡率（1/10万）	42.32	35.94	15.69	12.77	4.01	3.65	2.92	1.46	0.36	0.18
	构成比（%）	35.47	30.12	13.15	10.7	3.36	3.06	2.45	1.22	0.31	0.15
	男：女	3.38：1	3.10：1	3.10：1	3.38：1	0.83：1	1.22：1	3.00：1	0：01	1：00	0：01

续表 25-5

年份	肿瘤病名	肝	食道	肺	胃	结直肠肛 门	白血病	鼻咽	女性乳房	宫颈	膀胱
2005	位次	1	2	3	4	5	6	7	8	9	10
	死亡率（1/10 万）	42.6	37.4	21.13	19.39	6.93	4.16	3.46	2.77	0.69	0
	构成比（%）	30.75	27	15.25	14	5	3	2.5	2	0.5	0
	男：女	3.92：1	2.18：1	2.21：1	1.67：1	0.67：1	1.40：1	2.33：1	0：01	0：01	
2007	肿瘤病名	肝	食道	肺	胃	结直肠肛 门	白血病	鼻咽	乳腺	宫颈	膀胱
	位次	1	2	3	4	5	6	7	8	9	10
	死亡率（1/10 万）	40.74	33.89	26.4	16.62	4.89	4.24	3.91	3.58	0.98	0.65
	构成比（%）	29.98	24.94	19.42	12.23	3.6	3.12	2.88	2.64	0.72	0.48
	男：女	3.81：1	2.35：1	2.86：1	2.40：1	2.75：1	2.25：1	5.00：1	0.10：1	0：01	1：00

第五节 计划免疫和冷链管理

一、计划免疫

1999 年，开展麻疹等疫苗强化免疫接种。麻疹疫苗应种 26317 人，实种 25774 人，接种率 97.4%。小麻糖丸应服 36949 人，实服 36852 人，接种率 99.7%。

2002 年 3 月，配合国际儿童基金会对区特殊教育学校的适龄儿童免费接种“麻腮风”疫苗 459 人次。

2006 年，全区 6 家医疗卫生机构的预防接种门诊实行规范化管理。同年 7 月，区卫生与教育部门联合制定《同安区托幼机构、学校第一类疫苗预防接种工作方案（试行）》，实施托幼机构、学校入托入学儿童预防接种证查验工作，开展补充免疫接种。

至 2007 年，全区小儿麻痹症、白喉已连续 28 年无病例发生；百日咳、乙脑、流脑已连续 15 年无病例发生；儿童麻疹、肺结核、病毒性肝炎发病率得到有效控制；全区连年“七苗”（小儿麻痹、白喉、百日咳、乙脑、流脑、肺结核、病毒性肝炎）接种率均达到 95% 以上。

二、冷链管理

根据国家免疫程序，制定疫苗计划，严格执行疫苗供应渠道，建立冷链设备管理制度和疫苗领发保管制度及台账。

1997 年，区疾控中心采购配送乙肝等 8 种疫苗 86450 支，至 2002 年，累计采购配送 520290 支，其中以脊灰疫苗最大宗 198300 支，乙肝疫苗次之 136250 支。

2003—2007 年，累计采购配送 8 种疫苗 263800 支，以脊灰疫苗最大宗 97600 支，乙肝疫苗次之 75800 支。

至 2007 年末，全区冷链设备累计拥有低温冰箱 7 台、疫苗冰箱 34 台、运输箱 22 只、冷藏包 400 件。

1997—2007年同安区疫苗配送种类与数量统计表

表25-6　　单位：支

年份	乙肝疫苗	卡介苗	脊灰疫苗	百白破	二联疫苗	麻疹疫苗	乙脑疫苗	流脑疫苗	合计
1997	22650	2600	33000	8200	2500	8000	5500	4000	86450
1998	22650	2650	33100	8200	2600	8000	5600	4100	86900
1999	23100	2600	33000	8200	2500	8100	5500	4000	87000
2000	22600	2600	33000	8200	2500	8000	5500	4000	86400
2001	22600	2600	33000	8300	2500	8000	5500	4000	86500
2002	22650	2680	33200	8300	2550	8000	5560	4100	87040
2003	12000	1350	15800	4100	1450	4000	3000	2000	43700
2004	13800	1520	17000	5000	1550	5000	3100	2100	49070
2005	13000	1350	16000	4400	1600	4200	3100	2000	40650
2006	19000	1850	25600	6400	1580	6500	4500	2600	68030
2007	18000	1850	23200	6000	1300	5800	4000	2200	62350

第六节　卫生应急

一、应急机构及预案

2003年5月，贯彻实施国务院《突发公共卫生事件应急条例》，成立卫生应急领导机构，健全和完善各类预案和制度，强化各种传染病及突发公共卫生事件监测预警工作，加强应急队伍建设与培训、演练，做好应急物资储备。至2005年，同安区陆续制定《厦门市同安区特大安全事故现场医疗紧急救援预案（试行）》《厦门市同安区救灾防病工作预案》《厦门市同安区危险化学品事故现场医疗紧急救援预案（试行）》等预案。

2006年5月，区卫生局制定《同安区突发卫生应急预案》。12月，制定《同安区突发公共事件医疗卫生救援应急预案》《防洪防台风卫生应急预案》。同月成立突发公共卫生事件应急处理指挥部，组建突发公共事件医疗卫生紧急救援专家组、防洪防台风医疗救援指挥小组，（下设医疗救护队和卫生防疫队）。建立全区道路交通事故紧急救援“110”社会联动和“120”医疗急救联动机制。

2007年4月，区卫生局制定《重特大传染病疫情应急预案》《急情职业中毒卫生应急救援预案》。至2007年底，同安区有应急医疗救护队4支120人，卫生防疫队1支30人。

二、突发公共卫生事件应急处理

2003年5月8日至5月9日，新圩诗坂中学119名学生先后发生不明原因发热症状，区疾控中心（原县防疫站）接到该中学疑似“非典”疫情报告后，即时组织相关专业医务人员深入疫点进行流行病学调查，并按“非典”疫情处理办法，开展对119人的个案调查及密切接触者的医学观察。先后出动消毒车36次，专业人员287人次，投放消毒药品1215公斤对诗坂中学、镇卫生院等处进行17次消杀处理，消杀面积达19.75万平方米。直至排除“非典”，确诊为呼吸道感染，流感疫情得到控制。同年5月11日至5月16日，莲花中学、诗坂中学、竹坝中小学、罗溪小学等校部分学生出现不明原因发热症状，区疾控中心及时组织相关人员到现场实地开展流行病学调查和消杀处理，并按“非典”疫情处理办法开展相关防控工作，后均排除“非典”。

2003 年 5 月 29 日，区疾控中心接到新民卫生院疫报，新民镇金富工业区顺达隆公司 14 名员工从广东“非典”疫区返厂，中心疾控科人员迅速赶到该厂，对 14 名员工进行流行病学调查，并进行医学观察 15 天后，排除“非典”疫情。

2004 年 2 月 13 日，区疾控中心接报，竹坝水库水源被 5 袋已腐败发臭的病死鸡污染。当时正值禽流感流行，而驻军某部队正是以该水库水作为饮用水。疾控中心立即派出应急小组对事件进行采样调查，结果为水源大肠菌群超标，饮用水细菌总数超标，并将检测结果快速报告上级领导部门。事件经区政府和农业部门按要求处理后，未发生疫情事件。

2004 年 9 月 22 日，汀溪中学初三（7）班发生水痘小范围流行，先后有 14 名学生发病。接到疫报后，区疾控中心立即组织专业人员前往流行病学调查，建议患病学生在家隔离治疗，并指导学校开展晨检及每日报告至最后一例患者痊愈，做好教室开窗通风，学生勤洗手，做好室内外环境卫生，阻止水痘疫情的发展。同年，接到三所学校报告发热疑似麻疹病例 19 例，均在第一时间前往现场进行流行病学调查，确诊 18 例风疹并采取措施防治。

2005 年，4 月 17 日至 6 月 17 日，新民镇后宅小学发生流行性腮腺炎 35 例，主要症状体征为发热、恶心、呕吐、腹痛、腹泻、腮腺肿痛。接报后，区疾控中心组织专业技术人员前往流行病学调查，并指导学校进行病人隔离，扫除污物，教室通风，开展晨检，缺课追踪零报告。对未发生的学校学生进行预防接种，并开展专题预防呼吸道疾病以及个人卫生常识普及讲课。

2005 年 5 月 20 日，接区卫生局通知：接市长专线电话称同安区第二实验小学当日有几十名学生因病未能上学，疑似传染病。接到通知后，区疾控中心立即派出应急小组成员 11 人，分 3 组进行个案调查，结合各医院的诊断，认定全校缺课的 34 名学生中，散发性春季呼吸道疾病 28 例，丙类传染病流行性腮腺炎 4 例，肾炎 1 例，肠炎 3 例。建议学校开展晨检和疫情日报告工作，加强春季传染病防治知识健康教育，打扫环境，通风，定期化学消毒。对未发病并且符合免疫接种的学生，建议其自愿到镇卫生院免疫接种。

2005 年 8 月 8 日，接到市长专线称同安五显中学、启悟中学部分学生出现皮肤“怪病”。区疾控中心立即派专业人员协同区皮防院医生前往调查处理，经实地调查：五显中学 14 例，启悟中学 5 例共 19 例，初步诊断为隐翅虫皮炎。建议校方防治措施：校园采用杀虫剂灭冲，患者皮肤用绿药膏、三九皮炎平治疗。无续发病例报告。

2005 年 8 月 12 日，受第 10 号强热带风暴“珊瑚”的影响，厦门市普降大雨，同安区遭受 50 年一遇的洪涝灾害，受灾面积广。8 月 15 日，按照区防汛办、区卫生局的部署，由区疾控中心负责灾后消杀、防病工作。区疾控中心组成 5 个消杀小组，分赴全区各受灾镇（街道）进行受灾情况调查、消杀、卫生防病知识宣传。同时对水厂的水源、出厂水、末梢水进行检测，确保灾后无疫情发生。

2005 年 9 月 20 日，接到市疾控中心疫情信息，泉州一名“霍乱”疑似病例曾于 9 月 17—18 日在同安逗留过。接到信息后，区疾控中心应急小组立即赶赴现场，对密切接触者 2 人进行追踪、流行病学调查、采样、疫点消毒，医学观察，并给与预防性用药。对其租住处及周边环境进行消毒，并建议其所在单位（金鹏花厂）进行内外环境大扫除，灭蝇、灭蟑和饮用水、沟道、厕所消毒；建立厂区职工腹泻病人登记报告制度；进行夏季肠道传染病防治宣传，发放预防夏季传染病知识宣传单 2000 份。经连续两次粪便培养阴性，于 9 月 25 日进行疫点终末消毒，解除医学观察。

2005 年 9 月 21 日，接市第三医院报告，舟和食品有限公司 6 名员工发生感染性胃肠道疾病。区疾控中心接到报告后，立即组织应急小组进行流行病学调查、采样。经现场流调结合临床表现，初步诊断为食源性食物中毒、感染性腹泻、排除霍乱。同时，对该公司食堂进行外环境灭蝇，水沟、厕所消毒，对员工进行肠道传染防治知识宣传，预防病从口入。

2006 年 2 月 23 日，区疾控中心接到新民卫生院报告：新民镇后宅村卫生所陆续接诊后宅小学六年级同班学生 21 名，症状为发热、咳嗽、咽痛。区疾控中心迅速派流调人员赶往后宅小学进行流行病学调查，调查结果：其中体温大于等于38.0℃，伴有咳嗽和咽痛的有18例，罹患率45%，现场测体温有7例发热。初步诊断为流感样病例。对7例发热病人采咽拭子和漱口液送市疾控中心监测。区疾控中心针对现况提出一系列综合措施和建议。

2006年6月5日，接到两起学校多名学生患水痘的报告，区疾控中心于6月6日对两所学校水痘发病情况进行流行病学调查，其中洪塘头小学从4月10日首发水痘病例至5月29日最后1例水痘病例，发病总数14例，罹患率3.23%。恩蓓思幼儿园至调查当日共发现水痘病例13例，罹患率7.08%，其中有6例患儿已接种水痘疫苗。建议学校继续加强晨检，密切注意学生健康状况，发现疑似病例应立即就诊，确诊后隔离至疱疹结痂或出疹后7日。指导校方教室开窗通风，搞好室内外环境卫生，对室内、生活用品、书籍、玩具彻底消毒。学校加强健康教育，向学生传授水痘等传染病防治知识。经处理后未再报告有继发病例。

2007年1月22日，区疾控中心接到同安区第一实验小学芸溪校区电话报告：该校有41名学生疑似水痘病例。疾控中心立即启动应急预案，派出流调、消毒、检验等8人组成的调查组赶赴该校进行流行病学调查。经流调确诊25例为水痘病例聚集性增多并找出造成原因。

据统计，2003年5月至2007年，全区公共卫生机构共应急处置突发性群体性公共卫生事件18起，一般突发公共卫生事件300多起，区镇两级医疗卫生机构共派出应急小分队126支，处置突发公共事件320多起。

第四章　卫生保健

第一节　妇女保健

一、妇女劳动保护

1997年起，相继制定实施《同安区妇女发展纲要（1997—2000年）》《厦门市同安区妇女发展纲要（2001—2010年）》，提出包含妇女劳动保护和妇女健康为主要内容的促进全区妇女事业发展政策、措施。

2005年1月1日起，实施《福建省企业女职工劳动保护条例》，依法为女职工提供符合国家规定的劳动条件、劳动保护措施，做好职业病防治工作。

二、孕产妇保健

（一）孕产妇高危妊娠高危因素回顾性分析

1997年，区妇幼保健院对1996年4165例孕产妇筛查出的高危妊娠进行高危因素回顾性分析，共筛查出高危妊娠997例，占23.94%，其中86例未分娩。分析总结911例已分娩高危孕产妇列前三位的高危病因：首位为胎位不正390例，占42.81%；第二位为异常产史142例，占15.85%；第三位为合并内科疾病94例，占10.31%，进而提出高危孕产妇保健指导及医学干预措施，并付诸实施。

（二）孕产妇高危妊娠筛查与监测分娩

1997年，区级医院筛查高危产妇1146例，筛出临产高危病例642例，住院监测分娩636例。至2003年，累计筛查10427例，筛出临产高危病例6259例，住院监测分娩6246例。

2004年，筛查高危孕产妇934例，筛出临产高危病例651例，住院监测分娩651例。至2007年，累计筛查2756例，住院监测分娩2756例。

1997—2007年同安区孕产妇保健情况表

表25-7

年份	活产数/产妇总数（人）	住院分娩		新法接生率（%）	三次产检率（%）	三次产访率（%）	孕管村（街）数（人）	孕产妇死亡		围产儿死亡		高危孕产妇数（例）	高危孕妊筛查率（%）	临产高危数（例）	临产高危住院监测分娩数（例）	临产高危监测率（%）
		人数（人）	分娩率（%）					例数	死亡率（1/10万）	例数	死亡率（‰）					
1997	4677/4681	3906	83.52	100	86.55	85.31	3393/1366	1	21.38	86	18.24	1146	24.48	642	636	99.07
1998	4945/4931	4451	90.01	99.98	88.72	85.12	3489/1359	3	60.66	89	17.87	1185	24.03	651	647	99.39
1999	4614/4612	4564	98.92	100	92.15	96.97	3908/1916	0	0	79	17	1499	32.5	918	917	99.89
2000	5169/5160	5130	99.25	100	91.86	91.87	4138/2345	1	19.34	72	13.86	1680	32.56	958	956	99.79
2001	/5222	5205	99.48	100	83.39	92.24	/3105	1	19.11	77	14.65	1743	33.38	1043	1043	100
2002	/4678	4667	99.28	100	87.73	91.85	3308/2554	2	42.54	35	7.42	1589	33.97	1032	1032	100
2003	/4926	4906	99.4	100	86	93	/2299	1	20.27	56	11.2	1585	32.1	1015	1015	100
2004	/3318	3315	99.4	100	79.5	88	1762/1469	0	0	26	7.78	934	28.1	651	651	100
2005	/3477	3477	99.4	100	82.5	87.5	2078/1724	0	0	21	5.99	815	23.4	529	529	100
2006	/3782	3780	99.92	100	91.73	91.96	2697/2635	0	0	35	9.2	882	23.32	686	686	100
2007	/3878	3878	99.67	100	89.54	92.44	2757/2724	1	25.7	34	8.7	1113	28.7	890	890	100

（三）生殖健康与妇科病普查

1998年1月，同安区被确定为全省计生优质服务试点区后，开展生殖健康宣传与妇科病普查。

2003年4月，同安区被国家人口计生委、卫生部确定为中国/联合国人口基金第五周期生殖健康/计划生育项目区后，先后选派21人次项目业务骨干参加卫生部举办的项目内容培训；举办8期区、镇、村业务拓展培训班，累计810人次参加基层妇幼保健与生殖健康技术服务指导培训；进一步规范孕管工作，做到孕管卡转运、高危管理、产科质量等环节专人专管，将高危对象管理作为孕产期保健工作

同安召开实施中国/联合国人口基金第六周期生殖健康/计划生育项目启动仪式

的重点，构建筛查、管理、追踪、结案“一条龙”服务流程；同时推进女职工各项保健服务，定期到女工聚集的工厂企业指导设立职工哺乳室，免费开展妇科病普查普治工作。至2005年，累计普查女工7978名，查出妇科病患者2575人，患病率32.28%，其中患宫颈炎1342人、滴虫性阴道炎173人，均予保健指导及临床治疗；举办以生殖健康、预防艾滋病知识为主要内容的健康教育讲座67场次、知识竞赛46场次、知识展板宣传116场次；开展孕前优生优育筛查12092例，为24453人次育龄男女提供生殖健康普查服务。

2006年4月，第六周期项目实施，主要围绕规范孕产期保健服务、生殖道感染、性传播疾病防治、青少年生殖健康及保健门诊开展工作。至2007年，列入全区孕产妇保健系统管理人数5359人，规范化管理率98.3%；住院分娩率99.79%；临产高危产妇住院分娩率100%；孕产妇死亡1例、死亡率13.05/10万；无新生儿破伤风病例；婴儿死亡率7.16‰；女职工妇科病普查5788名，查出妇科病1713例，患病率29.6%，其中宫颈炎1064例，占62.1%；滴虫性阴道炎97例，占5.6%，全部予以规范性治疗；孕产妇保健系统管理率由2002年的54.59%上升为70.85%。孕产妇死亡率和围产儿死亡率逐年下降并控制在指标范围内。

三、围产期保健

1997年，继续在全区各行政村实行围产期保健规范化管理。

1998年起，推行住院分娩管理。原农村家庭接生员经培训考核后转岗为围产保健随访员，承担所在行政村的健康教育、孕产妇管理卡、产后随访和出生死亡监测等围产保健工作。

1999年3月，区妇幼保健院4名妇幼专业技术人员首批考取《中华人民共和国母婴保健监督员证》。同年，区妇幼保健院、区医院首批取得医疗卫生机构母婴保健技术合格证；农村161名围产保健随访员经过专业培训考核，取得母婴保健随访员证。

2001年，组织114名村级随访员集中进行母婴保健理论与实践新一轮培训考核，发放随访用具166件。

2003年，区妇幼保健院对原辖区12个镇，自1999年10月至2002年9月累计184名围产儿死亡病例进行死因回顾性总结分析：围产儿死亡率为12.13‰，其中死胎58例，占31.5%；死产6例，占3.26%；新生儿死亡120例，占65.22%。围产儿死亡死因首位为新生儿窒息，占24.46%；第二位为早产、低体重，占17.39%；第三位为胎儿宫内窒息及胎盘、脐带因素各占6.52%。之后制定相应的防范和治疗措施。

2007年，全区围产儿死亡率由1997年的18.23‰下降至8.7‰。

1997—2007年同安区围产期孕产妇管理质量情况表

表25-8

年份	回收卡数（张）	三次以上产检		三次以上产访		围产儿死亡		孕产妇死亡	
		人数（人）	产检率（%）	人数（人）	产检率（%）	人数（人）	死亡率（‰）	人数（人）	死亡率（1/10万）
1997	3393	3938	82.9	3882	83	86	18.23	1	21.38
1998	3488	4387	88.71	4551	92.03	89	18	3	60.66
1999	3908	4252	92.15	4334	93.93	79	17.12	0	0
2000	4138	4748	91.85	4749	91.87	72	13.93	1	19.34
2001	3105	4363	83.5	4826	92.2	77	14.65	1	19.11
2002	3308	4124	88.2	4318	91.9	35	7.42	2	42.54

续表25-8

年份	回收卡数（张）	三次以上产检		三次以上产访		围产儿死亡		孕产妇死亡	
		人数（人）	产检率（%）	人数（人）	产检率（%）	人数（人）	死亡率（‰）	人数（人）	死亡率（1/10万）
2003	2299	4243	86	4589	93	56	11.2	1	20.27
2004	1762	2651	79.5	2933	88	26	7.78	0	0
2005	2078	2887	82.5	3062	87.5	21	5.99	0	0
2006	2697	3470	91.73	3479	91.96	35	9.2	0	0
2007	2757	3484	89.54	3597	92.44	34	8.7	1	25.7

四、婚前医学检查

1997 年，继续推行婚前医学检查（简称“婚检”）当年婚检率66.43%。

1999—2003 年，全区婚检率连续 5 年达 100%，累计 2.07 万对拟婚男女例行婚检，其中查出男性患病 2608 例，患病率 12.6%；女性患病 3020 例，患病率 14.59%；医学建议暂缓结婚男性 151 人、女性 189 人；建议不宜生育女性 2 人；对婚检患病人群全部给予婚前医学保健指导和疾病治疗。

2004 年起，婚检不再列入婚姻登记必须条件，当年全区婚检率下降至 0.43%。2005 年，略升至 0.72%。

2006 年 5 月起，推行免费自愿婚检服务，并列入政府为民办实事项目。

2007 年，全区实施婚检、婚姻登记、优生优育指导“一站式”服务模式，当年自愿婚检率升至 34%。

1997—2007 年同安区婚前医学检查情况一览表

表 25-9　　单位：人

年份	人数		内外科疾病		生殖系疾病		暂缓结婚		可以结婚不宜生育	
	男	女	男	女	男	女	男	女	男	女
1997	2743	2743	39	402	98	262	21	28	9	9
1998	3238	3238	55	258	398	298	25	30	0	0
1999	4112	4112	30	294	311	335	28	29	0	1
2000	4389	4389	310	241	264	356	37	57	0	1
2001	4001	3999	153	58	321	357	34	39	0	0
2002	3926	3927	12	77	216	220	26	34	0	0
2003	4269	4269	13	108	220	216	26	30	0	0
2004	26	36	1	3	0	2	0	0	0	0
2005	19	50	0	0	0	7	0	0	0	0
2006	181	181	4	1	3	11	0	0	0	0
2007	1192	1192	73	8	12	37	13	6	0	2

第二节　儿童保健

一、爱婴行动与爱婴医院

1997 年末，同安通过卫生部、联合国儿童基金会的考核评估，成为“爱婴县（区）”。尔后，全区爱婴行动与爱婴医院活动进入常态化管理。每年集中开展一次“提倡母乳喂养”大型社会宣传咨询活动；深入企业协助规范设立女职工“哺乳室”；各医疗保健机构继续开通母乳喂养咨询电话，设置咨询室、宣教室，提供母乳喂养技术指导和科学育儿知识教育；实施儿童计划免疫规划，规范免疫接种管理；完善孕产妇和儿童保健系统管理；改进与推动婚前医学检查工作。

1998 年 8 月，大嶝、内厝、洪塘、新圩、西柯、莲花等卫生院通过省“爱婴医院”考核评估。

1997—2007 年，全区母乳喂养率、住院分娩率呈上升趋势，孕产妇死亡率波动较大，围产儿死亡率、婴儿死亡率均呈下降趋势，妇女儿童健康水平显著提高。

1997—2007 年同安区母婴保健若干指标统计表

表 25-10

年份	母乳喂养率（%）	住院分娩率（%）	孕产妇死亡率（1/10 万）	围产儿死亡率（‰）	婴儿死亡率（‰）
1997	86.49	83.52	21.38	18.23	17.32
1998	87.95	90.01	60.66	18.00	15.77
1999	90.25	98.92	0.00	17.12	14.95
2000	88.36	99.25	19.34	13.93	14.51
2001	89.12	99.48	19.11	14.65	14.72
2002	96.21	99.28	42.54	7.42	9.36
2003	96.5	99.40	20.27	11.20	9.93
2004	95.00	99.40	0.00	7.78	8.40
2005	95.90	99.40	0.00	5.99	7.43
2006	95.15	99.92	0.00	9.20	6.61
2007	93.04	99.67	25.7	8.70	7.71

说明：1. 住院分娩指在镇以上医院分娩

2. 围产儿死亡指死胎、死产及出生七天内新生儿死亡

二、新法接生

1997 年，继续实行住院分娩新法接生，当年全区 12 所镇卫生院中有 8 所设置产科业务，上岗接生员 164 人，乡医兼接生员 68 人。住院分娩率 83.52%，新法接生率 100%。

1998 起，全区取消家庭接生，推行产妇住院分娩管理。当年，住院分娩 4451 例，住院分娩率 90.01%。

2003 年，全区住院分娩 4906 例，住院分娩率 99.40%。2007 年，全区住院分娩 3878 例，住院分娩率 99.67%。

三、儿童疾病防治

1997 年，同安区医疗机构对 7 岁以下儿童体检，查出体弱儿童 514 人。对 5 岁以下儿童营养检查，查出营养不良患者 283 人，均列入保健管理。并对患病儿童 4371 人进行治疗。

1999 年 7 月，配合全省第二次 5 岁以下儿童中、重度营养不良患病率调查，全区共调查 5 岁以下儿童 1038 名，按 WHO（世界卫生组织）推荐标准评价：营养不良患病人数 286 人，患病率 27.55%，其中轻度 231 人，患病率 22.25%；中、重度 55 人，患病率 5.30%。较 1994 年首次调查，儿童营养不良患病率同比下降 24.85 个百分点。

2005 年起，配合厦门市开展 2005—2010 年 5 岁以下儿童死亡监测，莲花镇列为监测点，相关监测尚在进行中。

2006—2007 年，全区完成新生儿疾病筛查 8321 例，其中可疑阳性 27 例，复查阳性 3 例。完成儿童听力筛查 5517 例，初筛通过 4813 例，未通过 704 例；复筛 699 例，通过 423 例，未通过 276 例；转诊待定 284 例。

2007 年 10 月，对大同中心、丙洲、四林等 17 所小学 8～10 岁在校学生，开展尿碘、合格碘盐食用率、甲状腺肿大率监测，抽取 680 名学生进行甲状腺肿大率调查，其中 I 度肿大 19 人，无 Ⅱ 度肿大，甲状腺肿大率 2.79%；尿碘水平监测 119 份，碘盐食用率监测 119 份，合格率均为 100%。同年，首次开展儿童膳食营养计算 44 份，给予合理营养指导。

2007 年，全区儿童保健管理主要指标对比 1997 年，儿童保健覆盖率从 87.28% 提高至 90.45%；3 岁以下儿童系统管理率从 82.85% 提高至 85.66%；集体儿童体检率从 92.42% 提高至 96.52%；婴儿死亡率从 17.32‰下降至 7.71‰；5 岁以下儿童死亡率从 4‰下降至 2‰。

1997—2007 年同安区 7 岁以下儿童保健情况表

表 25-11 单位：人

项　　目	1997 年	1998 年	1999 年	2000 年	2001 年	2002 年	2003 年	2004 年	2005 年	2006 年	2007 年
7 岁以下儿童数	44699	40907	38529	36254	35154	34452	34371	20204	20890	21817	23486
5 岁以下儿童数	27310	24304	24065	23772	24967	24845	24737	14784	15340	15925	17631
3 岁以下儿童数	14137	13551	14094	14408	15292	15335	15003	8612	9408	10433	11367
5 岁以下儿童死亡数	110	101	85	93	97	56	62	34	34	30	35
婴儿死亡数	81	78	69	75	77	44	49	28	26	25	30
新生儿死亡数	62	63	52	57	61	28	39	18	15	15	19
4 个月内母乳喂养情况	—	—	—	—	—	—	—	—	—	—	—
4 个月内调查人数	3843	3079	3826	3927	4411	4069	3979	2743	3000	3152	2355
4 个月内母乳喂养人数	3324	2708	3453	3470	3931	3915	3842	2607	2878	2999	2191
4 个月内纯母乳喂养人数	—	—	—	—	—	—	3386	2410	2540	2455	1818
7 岁以下儿童保健工作服务	—	—	—	—	—	—	—	—	—	—	—
新生儿访视人数	4172	4532	4450	4905	4981	4457	4690	3037	3186	3591	3680
体检数	39014	36980	34859	31595	31441	30816	30709	18085	18739	19763	21244
体弱儿总数	514	632	774	826	749	646	574	351	356	441	608
体弱儿管理数	514	632	774	826	749	646	574	351	356	441	608
3 岁以下儿童系统管理人数	11670	11729	28461	11960	13062	13338	12892	7434	8053	9004	9737

续表25-11

项　目	1997 年	1998 年	1999 年	2000 年	2001 年	2002 年	2003 年	2004 年	2005 年	2006 年	2007 年
眼保健人数	1156	3028	3660	3118	8573	8173	7951	5601	6059	5938	6650
口腔保健人数	3423	4030	4696	4341	3898	3199	3411	3377	3253	3500	4195
听力保健人数	—	—	—	1177	1086	1459	1475	1427	1107	2558	3216
5 岁以下儿童营养评价	—	—	—	—	—	—	—	—	—	—	—
体重检查人数	22578	20798	21336	20630	22273	22087	21984	13460	13785	14358	15983
体重小于中位数-2SD 人数	283	300	324	312	409	339	325	198	179	218	243

1997—2007 年同安区散居儿童保健情况表

表 25-12　　单位：人

年份	0～6 岁儿童数	0～3 岁儿童数	0～2 岁儿童数	体检数	体重达均值	体重<X-2S	重病数	治疗数
1997	44699	27310	14137	39014	22578	283	10295	4371
1998	40907	24344	13551	36980	20798	300	9431	4746
1999	38529	24065	14094	34859	21336	324	9531	5046
2000	36254	23772	14408	31593	20630	312	8301	4419
2001	35154	24967	15292	31441	22273	409	8344	4420
2002	34452	24845	15335	30816	22087	339	8477	5375
2003	34371	24737	15003	30709	21984	325	7838	4957
2004	20204	14784	8612	18085	13460	198	5328	4316
2005	20890	15340	9408	18739	13785	179	5254	4201
2006	21817	15925	10433	19763	14358	218	4165	3396
2007	23486	17631	11367	21244	15983	243	5052	4092

1997—2007 年同安区托儿所、幼儿园卫生保健情况表

表 25-13　　单位：人

年份		1997 年	1998 年	1999 年	2000 年	2001 年	2002 年	2003 年	2004 年	2005 年	2006 年	2007 年
托幼机构数	托儿所	7	1	13	16	17	15	14	13	2	8	7
	幼儿园	28	18	20	20	214	213	204	102	105	106	116
	混合园	1	1	—	1	1	1	1	6	19	10	1
隶属级别	省级	1	—	—	—	—	—	—	—	—	—	
	县（区）级	28	1	1	1	1	1	1	3	16	24	12
	其他	7	32	33	36	231	228	218	118	110	100	112
托幼机构性质	全日制	36	33	34	21	20	19	18	26	24	18	28
	寄宿制	—	—	—	—	—	—	—	1	1	1	—
	简托	—	—	10	16	212	210	201	94	101	95	96
	开办伙食	19	22	24	26	37	35	32	35	29	29	28

续表25-13

年份	1997 年	1998 年	1999 年	2000 年	2001 年	2002 年	2003 年	2004 年	2005 年	2006 年	2007 年
入托儿童总数	4830	3634	3524	3400	11107	10274	9988	6660	7264	8180	9165
其中：3 岁以下	195	165	247	309	275	207	220	377	1837	449	426
保育员数	37	56	65	77	73	69	65	78	132	157	138
教养员数	198	175	174	171	509	495	489	348	388	448	473
炊事员数	18	27	29	30	40	32	29	44	46	50	54
保健人员总数	36	33	34	37	54	216	119	122	107	106	77
其中：专职	4	4	3	3	3	3	3	7	8	8	10
兼职	32	29	31	34	51	213	116	115	99	98	67
中专以上	21	20	19	21	37	108	64	62	56	57	53
当年儿童应检数	—	—	—	—	10265	9978	9699	6783	7471	8305	9070
当年儿童体检数	4464	3371	3349	3282	9966	9217	9437	6589	7049	8040	8754
体重小于中位数-2SD 数	137	66	83	58	259	205	195	138	149	181	113
体重大于中位数-2SD 数	—	—	—	—	152	203	215	167	193	248	216
身高小于中位数-2SD 数	95	72	82	70	169	167	206	109	154	205	160
身高大于中位数-2SD 数	—	—	—	—	132	189	153	146	160	199	166
患病人数	609	1302	1453	1365	4050	3568	4158	3509	3057	3560	3246
治疗人数	546	1217	1412	1316	2920	2564	3429	3139	2432	2634	2684
体弱儿人数	20	19	90	63	456	440	217	166	154	184	162
其中：活动期间佝偻病	—	—	5	2	3	—	—	6	—	—	2
中度以上营养不良	16	9	83	60	279	218	208	138	150	180	113
中度以上贫血	3	10	3	1	13	6	9	3	—	3	4
其他	1	—	—	—	161	216	217	22	4	1	43
体弱儿管理人数	20	19	85	63	456	440	38	166	129	184	162
体弱儿转归人数	9	7	7	3	28	24	—	18	21	10	27
本学年眼保健人数	1283	3191	3116	2611	8573	8173	7957	5605	6132	6419	6985
本学年口腔保健人数	4179	3155	2996	2812	3898	3199	3412	3381	3301	3890	4571
本学年听力保健人数	—	—	—	—	—	—	—	381	—	—	—
传染病发病人数	50	206	90	63	148	651	90	119	102	50	35
其中：痢疾	3	—	—	—	1	1	—	—	—	1	—
肝炎	—	14	—	4	8	1	—	3	1	—	—
水痘	2	3	—	8	30	31	16	68	31	29	8
腮腺炎	17	69	33	7	4	277	6	9	44	9	3
结膜炎	9	8	43	46	94	327	66	35	22	10	21
麻疹	7	32	—	—	3	1	1	1	4	—	—
风疹	—	5	9	—	—	13	1	1	—	1	—

续表25-13

年份	1997年	1998年	1999年	2000年	2001年	2002年	2003年	2004年	2005年	2006年	2007年
其他	2	10	1	5	8	—	—	2	—	—	1
事故总例数	8	5	—	—	1	1	51	99	74	86	87
一般事故例数	8	5	—	—	1	1	51	99	74	86	87

第三节　初级卫生保健

1997年，调整充实县（区）健康教育领导小组，县（区）直部门成立健康教育工作机构，配备专兼职健教人员83名。筹措1290万元，实施沿海突出部人饮工程建设，解决马巷、新店、洪塘、西柯4镇51个行政村11.9万人饮水难问题，全区农村自来水普及率由实施初保前的10%提高到69.5%。农村新建无害化户厕2982户，卫生公、户厕覆盖率72.56%。新增甲级村卫生所9所，累计甲级村卫生所152所，占村卫生所总数的71.36%。在新店后村、洪塘郭山、新圩马塘、汀溪古坑4村实行农村合作医疗保健试点。至年底，4个试点村参保9705人，占比94.8%。

1998年，清理整顿社会医疗机构106家，发放执业许可证96家，整改合格率90.57%。加强食品卫生监督，卫生许可证、从业人员健康证持证率和“五病”调离率均达100%。当年2月，被卫生部授予“全国《2000年人人享有卫生保健规划目标》普及阶段先进县”称号。

2002年10月，同安区获“全国农村初级卫生保健工作（1990—2000年）先进县（市）”称号

1999年，培训健教骨干100余人。在大同、洪塘、马巷、新圩4个镇开展丝虫病监测，未发现阳性病例，经省卫生厅现场考核，宣布消灭丝虫病。当年，合作医疗保健制度扩大推行至内厝、新圩、洪塘、大同4个镇各村居。大嶝、内厝、新店、马巷、洪塘、五显6个镇通过市区初保验收。

2000年，进一步落实妇幼预防保健和传染病防治措施，儿童“五苗”接种率最低95.1%、最高99.4%。推广、监测、食用碘盐覆盖率91.64%。监督检查公共场所卫生204户，1825项次，合格率83.45%。新建甲级村卫生所12所，累计190所，达标率89.2%。新建无害化户厕5000个。

2001年，全面推进农村合作医疗，参合人数21万人，占农业人口43%。现场检查监测食品、饮用水、公共场所卫生1.26万户次，发出卫生监督文书7000余份，行政处罚91户次。新建三格式无害化户厕4000个。当年，大嶝镇通过省级卫生镇达标验收，新店、莲花、汀溪、西柯、大同、新民6个镇以镇为单位通过市级初保达标验收，

2002年，实施结核病防控PIP（世行贷款/英国赠款中国结核病控制项目实施计划）项目。推进以镇为单位的初保达标和试行以村为单位的初保达标工作。10月，同安区获“全国农村初级卫生保健工作（1990—2000年）先进县（市）”称号。

2003年，以一村一所、集体办医为原则，加强村卫生所规范化建设与管理，推进以村为单位的初保达标工作。严密防控“非典”，清理卫生死角6800处，疏通沟渠、下水道45.5公里，清理水体19.8

国务院调研人员到同安调研农村社会医疗状况

万立方米；组建疫情监控小组、防治小组、专家诊疗组和传染病学调查组，建立300多个疫情监控点。

2004年，全区110个行政村、19.67万人参加合作医疗保障，分别占行政村的100%、农业人口的83.98%；3845人参保村民因病获得315.4万元合作医疗补偿，

2005—2006年，全区110个行政村全部施行以大病统筹为主的新型合作医疗。2006年底参保23.38万人，占总人口的95.74%，11.29万个参保人获得967.79万元合作医疗补偿。

2007年，新型农村合作医疗参保率提高到98.69%。全面完成上年开始的农村卫生公厕建设任务。

第四节　社区卫生保健服务

1997—2003年，城镇社区的卫生保健由各镇中心卫生院负责，开展消杀防疫工作。

2004年12月，同安新型城镇社区卫生服务工作在大同卫生院先行试点。大同卫生院分设祥平社区卫生服务中心，下辖陆丰、凤山社区卫生服务站，承担辖区内社区居民的基本医疗、疾病预防、妇幼保健、计划生育技术指导、健康教育、康复服务等工作。

2006年7月，祥平社区卫生服务中心被确认为市城镇职工基本医疗保险定点服务机构。

医务人员义务为群众体检

2007年，祥平社区卫生服务中心规范社区卫生服务，定期下社区义诊、体检，健康调查；开展常见病、多发病的诊治及慢性病、老年病的医学调查及健康指导；建立社区居民健康档案，建档率60%以上，其中60岁以上老人建档率100%；开展儿童计划免疫工作，建立规范化的门诊接种室，全年乙肝疫苗接种5616人次，卡介苗接种1872人次，小麻糖丸疫苗服用7488人次，“百白破”三联疫苗接种7486人次，麻疹疫苗接种3862人次，流脑疫苗接种7706人次，乙脑疫苗接种5688人次，食品及公共场所从业人员健康检查6310

人；开展社区妇幼保健工作，对7岁以下散居儿童体检10022人次，3岁以下儿童系统管理3332人，体弱儿筛查214人、管理214人；提供围产期妇女保健和优生优育咨询服务，产前检查2024人次，产后随访1160人次；开展社区居民健康教育，义诊、体检、咨询18692人次，免费检测血压15428人次、血糖1328人次。

第五节　干部保健

2004年2月，市第三医院被确定为全市干部医疗基地医院。4月，成立区干部保健委员会，下设办公室（挂靠区卫生局），负责本区各级行政机关、事业单位、国有企业单位干部保健日常管理及服务。保健对象的分级管理参照市相关规定划分为一级保健对象、二级保健对象和三级保健对象。当年全区干部保健享有人数207人，其中二级保健35人、三级保健172人；2005年197人，其中二级32人、三级165人；2006年201人，其中二级33人、三级168人；2007年，195人，其中二级32人、三级163人。

2004—2007年，全区干部保健经费投入依次为26.52万元、30.01万元、76.78万元、125.72万元。

第五章　医政　药政

第一节　医　政

一、医疗卫生机构管理

（一）医院等级评审

1995年国家实施医疗卫生机构分类管理后，全区各级医疗卫生机构全面开展创等级医院活动。1997年，继续开展创等级医院活动。同年7月，经省卫生厅等级医院评审，区中医医院被批准为“二级甲等中医医院”；12月，区医院被批准为“二级甲等医院”、同民医院为“二级乙等医院”、区皮肤病防治院为“达标专科医院”。经市卫生局等级医院评审，内厝、洪塘卫生院被批准为“一级甲等医院”；大嶝医院和新店、新圩、马巷、五显、莲花6所卫生院为“一级乙等医院”；大同、新民、汀溪、西柯4所卫生院为“一级达标医院”。1999年6月，经省卫生厅等级评审，区卫生防疫站被批准为“县级一等卫生防疫站”。

2007年5月，经省卫生厅第二轮等级医院评审，市第三医院被批准为“三级乙等综合性医院”。

（二）社会医疗机构和村卫生所整顿

1998年6月，区卫生局成立社会医疗机构整顿办公室，对全区115家个体诊所，38家院外诊所、6家企事业诊所逐一登记并督导整改。年末，对全区106家个体诊所，按照《医疗机构设置基本标准》予以考核评审，批准发放医疗机构执业许可证96家，取缔无证行医7起，社会医疗机构整改发证率90.5%。此后，对社会医疗机构实行常态化年审考核管理。

1999—2000年，对全区213个行政村卫生所依法进行清理整顿和执业登记管理，首批197个村卫生所通过验收达标，重新核发新的医疗机构执业许可证，达标发证率占村卫生所总数的83%。其余尚未达标的村卫生所经再次整改后验收达标发证。

2002年7—8月，再次组织对全区213个村卫生所进行全面检查整顿，依法查处取缔27个违规擅开的分所，规范村级医疗机构建设。

2004年，开展社会医疗机构执业登记专项检查，共抽查131家，查处违法行医8家，没收违法所得并处罚款累计34.5万元。

2005年6月至2007年10月，区政府成立打击非法行医专项行动领导小组，制订实施方案，共出动执法监督人员546人次，依法检查医疗机构50余家，查处举报投诉案件13起、非法行医案件7起，取缔无证行医8家，没收相关诊疗器械药品及非法所得、并处罚金30余万元。

二、医师执业管理

1998年6月起，国家立法对医师执业实行执业资格证书及执业注册管理。

2001年1月，全区首次开展执业医师依法注册工作。按“老人老办法”［即对1998年6月26日《中华人民共和国执业医师法》颁布前已取得医生类别专业技术职称的人员，经审核合格、省卫生厅批准，直接颁发执业医师（或助理医师）资格证书］确认执业医师（含助理医师）650名，并予以颁发执业资格证书，执业注册登记。此后，国家执业医师（助理医师）执业资格考试由省卫生厅负责组织，每年举办一次，合格者颁发执业医师（助理医师）资格证书。执业医师（助理医师）资格认定及执业注册登记实现常态化管理。

2003年8月起，国家实行乡村医生执业注册制度。2004年7月，全区首批315名乡村医生经培训考核，取得乡村医生资格证书并予执业注册。

至2007年末，全区各级各类医疗卫生机构累计837名执业医师（助理医师）、335名乡村医生依法进行执业注册。

三、护士执业管理

1997年，国家对护士执业继续实行执业资格考核和执业注册管理。

2002年10月，市卫生行政部门首次对全市护士执业实行注册管理。当年执业考试20人，职业资格注册累计282人。之后，每年举办一次护士执业资格考试及执业注册。

2007年，参加职业资格考试47人，累计227人；累计执业护士依法执业注册2312人。

2002—2007年公立医疗卫生机构执业护士资格考试及注册人数

表25-14

年份	新参加护士执业资格考试人数			护士执业资格注册累计	
	合计	其中：编内	编外	合计	其中：编内
2002	20	0	20	282	248
2003	18	0	18	298	247
2004	37	4	33	360	245
2005	64	4	60	376	246
2006	41	7	34	464	243
2007	47	2	45	532	240
合计	227	17	210	2312	1469

四、医疗质量管理

1999年6月，区医疗质量控制委员会，将医疗质量考核纳入医疗机构年度综合目标管理考核内容指标，严格医疗相关规章制度、操作规程、岗位职责、技术质量的考核督导。年末，区级医院病历书写质量甲级率达90%以上。

2000年，开展“医疗质量效益年”活动。重点实施健全质控网络，规范院感管理，推行整体护理，落实上级医院对下级医院对口业务指导和医疗质量控制。年末，区级医院实行整体护理模式的病区达50%以上。

2002年，开展“创无纠纷医院”活动。重点普及提高从业人员法律法规和质量安全意识，加强质量管理流程监督，落实医疗缺陷整改，规范医疗服务行为。依法对村卫生所和社会医疗机构实施医疗质量规范管理。

2003年，贯彻执行《福建省病历书写规范》，重点落实各级医疗机构西医、中医、中西医结合、护理病历书写的规范化、标准化管理。

2005—2007年，贯彻卫生部、省卫生厅相继出台的《医院管理评价指南（试行）》和《中医药特色和优势评价指南》，各级医疗机构全面推进质量管理的科学化、规范化、标准化、专业化建设。

五、医院感染管理

1999年7月，市、区卫生行政部门组织医院感染管理专家，对全区369所各级各类医疗机构进行专项检查考核，针对设施不够规范、制度不够完善、管理不够到位等存在问题，严格落实整改措施，依法规范院感管理。

2003年4月起，市第三医院、区中医院、区皮防院，与厦门绿洲环保产业股份有限公司签订医疗垃圾处理合同，率先实施医疗垃圾无害化处理。此后镇卫生院、民营医疗机构也相继分期实施。同年6月起，医院感染控制管理执行《医疗废物管理条例》和《医疗卫生机构医疗废物管理办法》。至2007年末，全区共有30所规模较大的医疗卫生机构依法实施医疗垃圾集中无害化处理。

六、传染病管理

1997年，继续施行《中华人民共和国传染病防治法》，35种法定传染病划分甲、乙、丙类实行分类管理。

2003年5月起，先后实施国家《突发公共卫生事件应急条例》《突发公共卫生事件与传染病疫情信息报告管理办法》，建立健全覆盖区、镇、村三级的疫情监测网络，指定专人负责，落实岗位责任制。

2004年1月起，区、镇两级医疗卫生机构实施传染病疫情网络直报（国家疾病防控机构），提高疫报时效，完善疫报管理制度。同年12月起，执行新修订的《中华人民共和国传染病防治法》，将法定传染病分类调整为甲类2种、乙类25种、丙类10种，并对乙类传染病中传染性非典型肺炎、炭疽中的肺炭疽和人感染高致病性禽流感，实施甲类传染病的防控措施。

2005年3月，成立区突发公共卫生事件应急处置指挥部；5月，制定实施《同安区突发公共卫生事件应急预案》。

2007年3月，成立区突发公共事件医疗卫生紧急救援应急专家组；4月，制定并施行《同安区突发重特大传染病疫情应急预案》，规范重大公共卫生事件应急处置和综合管理。

七、医疗争议、医疗事故管理

（一）医疗争议鉴定

1997年，医疗争议鉴定工作由区医疗事故鉴定委员会负责，人员由卫生行政部门领导和医疗、法医专家组成。

2002年9月1日起，按国务院新颁发的《医疗事故处理条例》（以下简称“条例”），的规定，原区医疗事故鉴定委员会不再行使医疗事故技术鉴定职责，改由设区市的市级医疗事故鉴定委员会行使职能。医患双方发生医疗纠纷或医疗事故争议时，其人身损害及责任追究可选择医疗事故技术鉴定或医疗司法鉴定。

1999—2007 年，全区累计发生医疗争议事件 59 起，其中医患双方协商解决 24 起，行政调解解决 1 起，司法途径解决 28 起。

（二）医疗事故处理

1997—2002 年，同安区医疗事故处理仍依据原《医疗事故处理办法》处理，凡经医疗事故技术鉴定不属医疗事故的，当事医疗机构可不予承担事故责任赔偿；若鉴定为医疗事故的，参照《医疗事故处理办法》，由当事医疗机构给予事故相应责任赔偿，赔偿金额可由医患双方自行协商而定，或由县（区）卫生行政部门调解、双方认可接受，多未付之司法诉讼。

2002 年 9 月，国务院《医疗事故处理条例》颁布实施，医疗事故处理可选择三条解决途径：一是医患双方自行协商解决；二是医患双方协商不成或任一方不愿协商，当事人可向区卫生行政部门书面申请调解解决；三是医患双方或任一方直接向地方人民法院提出民事诉讼，由司法调解或判决解决。依据造成患者人身损害的程度及后果，医疗事故分为四级十一等，其中一级分为 2 等、二级分为 4 等、三级分为 5 等、四级不分等。

1999—2007 年，全区申报医疗事故鉴定 21 起，其中医疗技术鉴定 16 起，认定为事故 2 起；医疗司法鉴定 5 起，认定为事故 1 起。

八、卫生监督

1997 年 5 月，区卫生行政执法大队（加挂区医疗机构监督管理办公室），履行区卫生行政部门委托授权的卫生行政执法监督职能。

2004 年 4 月，整合归并全区卫生行政执法监督管理职能，成立区卫生监督所，由区卫生局授权负责全区卫生法律法规的实施与监督、卫生行政执法和业务指导。每年对辖区内食品卫生、公共场所卫生、学校卫生、放射卫生、生活饮用水卫生、传染病、职业病、卫生医疗机构、医师及护士执业、母婴保健、化妆品、血液及其制品等卫生监督执法 1～2 次，具体内容见相关章节。

第二节 药 政

一、药政管理

1997 年，区卫生行政部门医政药政科和区药品检验所，负责协助市卫生局药政处履行辖区内药品行政监管职能。

1999 年 10 月起，二级以上医院实行药品集中招投标采购管理制度。

2000 年 3 月，举办农村药品检查员培训班，27 人参加。各卫生院配备 2 名兼职药品检查员。

2001 年 12 月，医疗卫生机构 77 人参加新修订的《中华人民共和国药品管理法》培训学习。依照新法规定，卫生行政部门仅保留医疗机构内部药事行政管理职能，不再履行社会流通领域药品行政监管职能。

2002 年起，全区药品生产、经营企业实行国家 GMP 管理认证。同年 12 月，全区药品行政监管职能从区卫生行政部门划出，归口市药品行政监督管理部门负责。

2003 年 8 月，位于同安的市质量技术监督局第三分局下设药监科（因市药品监督管理局与市质量技术监督局为两块牌子、一班队伍），履行同安、翔安两区的药品行政监管职能。

2004 年 1 月，根据卫生部《医疗机构药事管理暂行规定》，市第三医院、区中医医院成立药事管理委员会，其他医疗机构成立药事管理组，负责指导监督本机构科学管理药品和临床合理用药。同年 8 月起，各级医疗机构组织培训学习卫生部《抗菌药物临床应用指导原则》，制订抗菌药物使用管理办法。

市第三医院、区中医医院建立抗菌药物分级使用管理制度，规范抗菌药物临床应用。同年9月，启动农村药品监督体系建设，建立区、镇、村三级药品监督网络，培训并聘任25名药品协管员、88名药品信息报告员，并建立药品“协管员之家”和“信息报告员之家”。农村药品监督网络覆盖全区各镇（街、场）、95%以上的村（居）辖区。

2005—2007年，各级医疗卫生机构执行卫生部《处方管理办法（试行）》，统一规范临床用药处方的格式、开具、调剂、使用和保存。同年11月起，执行《麻醉药品和精神药品管理条例》和《麻醉药品、精神药品处方管理规定》，完善麻醉药品和一类精神药品临床使用规范管理。区卫生行政部门每年组织督查执行情况。

二、药品监督

1997年，检查辖区药品经营使用单位120家，药品45000种次，查处并销毁过期、失效、非法进口等伪劣药品72种次，处理药事违法案件7起，没收违法所得6877元。

1998—1999年，监督检查药品经营使用单位237家，药品122723种次，查处没收伪劣、非法进口、过期变质的药品价值14415元。

2000年，根据“开展全市医药市场专项整治工作”的相关通知，区卫生局与经贸、工商、物价等部门联手组派16个工作小组，深入公立医疗卫生机构、药品批发零售企业、社会医疗机构、村卫生所等426个药品经营使用单位。开展药品购销行为和药品质量大检查，自查清理销毁价值17.47万元的过期变质药品，清理虚假药品广告1050条，依法取缔无证经营10家，责令整改2家，没收假劣药品130种次，价值5860元。

2001年，派出人员230人次，检查药品生产经营使用单位638家，检查药品162300种次，销毁各种不合格药品价值8600元，收缴清理非法药品广告1200份，受理查处药事投诉12件。组织从业人员健康体检600人次。对20家医疗卫生单位的剧毒药品、危化品进行安全检查，抽检药品80批次。

2002年12月，贯彻新修订的《中华人民共和国药品管理法》，全区药品行政监管职能归口市药品监督行政管理部门管辖。

2005年，开展严厉打击制售伪劣药品、医疗器械违法行为专项行动。共出动执法人员23人次、车辆60台次，现场行政处罚违法行为19起，罚款9111元；立案查处并结案7起，没收违法所得6467元及货值3258元的药品，并处罚款31816元；现场销毁非法进口、过期、未标注有效期的药品货值3286元。同年开展麻醉、精神药品经营使用专项检查，未发现违规违法现象。依法监督销毁4家卫生院库存拟报废麻醉药品599支、157片。

2006年7月，开展农村药品市场专项检查活动。检查农村医疗机构药房或零售药店144家及村卫生所（个体诊所）60家，共抽检药品126批，现场监督销毁假劣药品202种次，责令整改7起，行政处罚7起，立案查处1起。

2007年，利用药品检测车的快速检测功能，扩大药品质量检查覆盖面。共检查药品经营使用单位203家，快检药品686批次，抽检药品179批次，查出假药5批次，现场处罚9起违法案件，监督销毁一批过期或非法进口药品，货值2000余元。同年9月，因机构及职能调整，市质量技术监督局第三分局撤销药监科，药监职能划归市食品药品监督管理局第三工作站（驻地同安），负责同安、翔安两区药品行政监督管理。年末，同安接受监管的单位有药品生产企业2家、批发企业1家、零售企业111家、医疗卫生机构药房175家。

第六章　卫生监督监测

第一节　食品卫生

1997年，依据《中华人民共和国食品卫生法》相关规定，对全区5483家食品生产、经营单位的从业人员1.2万人进行健康体检，检出“五病”（病毒性肝炎、痢疾、伤寒副伤寒、传染性肺结核、化脓性或渗出性皮肤病）病人291人，全部调离原工作岗位。现场监督监测抽查食品106份（含肉及肉制品18份、冷食及饮料20份、酒24份、调味品20份、粮食12份、植物油3份、消毒鲜乳4份、保健食品5份），合格率91.21%。处罚具有违反《中华人民共和国食品卫生法》行为的经营单位284家，发出行政处罚通知书860份，责令限期整改143户（次）。

1998年起，每年上半年依法对食品生产经营单位例行卫生许可证年审及换证、食品从业人员健康体检及卫生知识培训。规范日常食品卫生监督，监督频率每户每年2次以上，发现违法行为即予纠正和行政处罚。当年执法检查辖区13家调味品生产企业，发现6家存在以工业冰乙酸代替食用醋酸生产辣椒酱、米醋的违法行为，查出工业冰乙酸35桶，掺入工业冰乙酸辣椒酱741箱及白米醋等产品，及时制止生产企业的违法行为。

1999年，开展以“查市场、保两节，查农资、保春耕，查建材、保建设”为主题的专项整治和市场打假检查活动，查获假冒酒1967瓶。

2000年，先后两次开展酒类生产、销售企业的质量跟踪、专项整治活动，监督抽查12家白酒企业的产品，不合格9家。市场抽查加饭酒、白酒、面粉等产品，查处假冒弯纱溪、兰都、华康加饭酒151箱。查处取缔一家生产假冒香港食品窝点，没收假冒产品366包及制假工具。11月，查处假冒张裕干红葡萄酒590箱，经调查核实，该批涉嫌假冒张裕干红葡萄酒共650箱，已销售60箱，货值19.24万元，处罚没20.8万元。

2001年，开展餐桌食品污染检查整顿工作，检查面粉、面制品、调味品等25家生产企业产品8个批次，产品质量指标检定合格率62.7%。“六一”儿童节、中秋节、国庆节期间，分别开展学校周边商店食品、中秋食品生产销售市场、国庆节旅游景点食品专项检查。

2001年11月至2002年1月，开展食品、调味品等产品的专项打假，监督检查25家食品生产企业8个批次产品，开展市售食用油、面制品等热销产品打假工作。查处取缔2家土法炼油窝点，查获油品14吨；查处5家调味品生产企业伪造生产日期的酱油辣椒产品481箱；查处一食用醋制假窝点，查获假冒镇江陈醋产品528箱及一批标签、瓶盖；查处一酒类批发销售点，查获假冒葡萄酒590箱，货值18.84万元。

2002年，查处一家假冒绍兴厂名厂址的加饭酒生产企业，查获5个品牌假冒酒1220箱，货值1.9万元。

2003年，开展食品添加剂等专项整治行动，查处取缔4家土法炼油窝点，查处1家调味品企业，查获冒用优质酱油产品196箱。

2004年起，部署源头食品安全整治工作，开展食品企业质量安全专项整治检查，共检查企业280家，对171家相关的食品生产企业进行建档和实施日常的监管，督促50家无标生产企业建标。元旦、春节期间，组织检查10家食品生产企业、20家经销食品企业，查处5家生产企业生产的伪造生产日期、伪造厂名、厂址等违法小食品380箱。“五一”期间，检查10家油、米、醋、面粉、酱油获证企业，严格无证不得生产的规定。中秋节前，检查12家月饼生产企业。组织对禽畜产品的专项检查整顿，检查10家冻库的冷冻禽类产品和2家食品店的禽原料，查处无法提供相应检验检疫证明、货物票据等资料的相关食品，货值5万元。开展市售奶粉专项整治，检查30家食品批发市场、超市、婴幼儿品专卖店经销的婴幼儿奶粉，查处无生产许可证的伊宝等8种品牌婴幼儿奶粉30瓶（包）。开展对白酒市场的全面检查整顿工作，检查已获得生产许可证的20家酒类企业，责令问题酒厂限期整改。完成30家新八类（挂面、糖果、果脯蜜饯、淀粉及制品、酱腌菜、啤酒、葡萄酒、黄酒）生产企业保证产品质量基本条件专项调查。

2005年，强化食品生产加工环节质量卫生监管，元旦春节节前开展为期两周的“入户式”摸底排查，对20家不符合监管要求的小型加工作坊开出整改通知书；对10家食品加工企业13批次产品进行质量监督抽查，对1家产品质量不合格企业进行立案调查。“六一”前夕，开展儿童食品专项检查，检查儿童食品企业4家，对2家企业4个批次产品（包括果冻、儿童肉松等）进行抽查。中秋前夕，对8家月饼、糕点生产企业进行现场检查。此外，还开展“苏红一号”查处行动，对肉类制品等企业进行专项调查和相关重点食品质量监督抽查。

卫生监督人员开展食品卫生检查

2006年初，组织为期两个月“查无证食品，保节日安全”为主题的专项整治活动，有针对性地对已实行食品生产许可证白酒、肉制品等17类食品生产、销售情况进行检查，共检查经营、生产单位20家，查获一批无证违法生产的调味品、肉制品等。“六一”期间，以儿童食品为重点，检查食品生产企业5家。8月份开始，对400家食品生产加工小作坊建档；查处一家涉嫌假冒纯净饮用水生产窝点，现场查封125桶“纯净饮用水”。国庆中秋两节前夕，共出动执法人员30人次，对被列入发证范围的28类食品及6家月饼生产企业进行检查。

2007年，开展涉及人身健康和安全的食品质量、加工食品质量安全和食品生产加工小作坊专项整治，在摸清排查辖区内食品小作坊104家（其中证照齐全为20家，证照不全及无证无照的共84家）基础上，对小作坊业主进行诚信、法律法规、质量安全知识及食品卫生规范等方面进行系统培训教育，督促按照要求，建立、完善台账。7月下旬开始，对辖区内QS获证企业开展专项检查，重点对25家获证C级企业进行巡查，责令17家企业限期整改，一家企业停产整顿，建议对一家企业注销、吊销生产许可证。同年实施食品卫生监督量化分级管理。全区餐饮单位、学校食堂食品卫生监督量化分级管理实施率100%，初步建立食品原料采购索证验收制度，并建立台账登记备案。

1997—2007 年同安区食品卫生监督监测情况表

表 25-15

年份	办理(年审)卫生许可证数（件）	食品从业人员体检数（人）	患“五病”人员（人）	调离情况（%）	食品监督抽检（件）	合格率（%）	行政处罚（家）	开具卫生监督意见书、现场检查笔录等文书（份）	销毁伪劣食品（公斤）
1997	5483	12081	291	100	106	91. 2	284	1290	3765
1998	5989	11395	304	100	55	92. 7	48	6987	19870
1999	5875	13280	321	100	162	98. 4	107	4387	26320
2000	5764	14335	281	100	175	100	96	4935	14580
2001	5645	10158	256	100	245	100	75	6239	29300
2002	5764	11147	184	100	460	100	82	7000	30000
2003	4765	10149	162	100	223	100	83	7580	44300
2004	2584	9320	149	100	143	100	81	6840	12800
2005	4008	18951	306	100	277	100	98	7830	9800
2006	4040	14796	243	100	263	100	92	7920	7200
2007	4501	15635	259	100	257	100	191	7750	6400
合计	54418	141247	2756	100	2366	98. 4	1237	68758	204335

第二节 饮水卫生

1997 年 4 月，辖区自来水厂首次实行卫生许可证管理制度。

1998 年，全区设 10 个监测点，开展饮用水卫生监测，共检测项次 180 个，合格率 100%。其中，梅山水厂水质全分析每季一次（含进、出厂水），合格率 100%；末梢水卫生监测于 5—10 月每周检测 2 次，其他月份每周 1 次，余氯、浊度合格率 100%。6 家二次供水单位健全卫生档案，每年 2 次对清池后的水样细菌总数、大肠菌群进行检测，合格率 100%。

2000 年，全区设立饮用水卫生监测点 27 个，共监测取得 1558 个数据，合格率 90. 62%。其中监测余氯 243 个数据，合格率 71. 61%；色度、浓度、臭和味合格率均为 100%；肉眼可见物合格率 96. 28%；PH 值合格率 90. 42%；细菌总数合格率 83. 74%；大肠菌群合格率 90. 64%。

2002 年，对辖区自来水厂进行年审换证。开展自来水水质全分析 48 份 1296 项次，合格率 96. 78%；末梢水卫生监测 648 点次 3888 项次，合格率 83. 6%；主要不合格项目为余氯。二次供水单位审查换证 10 家，水质卫生监测 10 份 140 项次，合格率 92. 14%。发出监督意见书 116 份。饮用水从业人员体检 90 人，体检率 100%。

2003 年，自来水水质卫生监测 696 份，合格率 97. 13%。二次供水水质卫生监测 16 份，合格率 100%。农村分散式供水水质卫生监测 20 份，合格率 80%。

2004 年，对东西溪下游周边地下水水质卫生监测调查 83 份，其中 80% 细菌卫生指标超标，30% 无机元素超标，提示污染情况严重。

2005 年 8 月，受 10 号强热带风暴影响，全区普降暴雨，造成 50 年一遇的洪涝灾害。为确保灾后无传染病流行，及时组织对农村 2552 口水井、1. 37 万个插管井饮用水源实施漂白粉消毒灭菌。同时，对各水厂原水、出厂水、末梢水水质进行卫生监测165份，确保灾后无疫情发生。

2006年，同安被确定为省21个城乡饮用水水质卫生监测点之一，根据相关检测要求完成全区农村饮水水源、取水方式情况调查，全区6个镇农村集中式供水（地面水）覆盖32村、人口69385人，地下水覆盖30村、人口28013人，分散式供水覆盖60村、人口84799人；机械取水43村6876人，手压泵取水13村15617人，人力取水4村413人。配合“中国农村饮用水与环境卫生现状调查”项目，制定实施方案，完成饮用水水质卫生监测11个点22份。全部符合标准17份，合格率77.3%。

2007年，完成11个农村饮用水监测点丰水期、枯水期22份水样的水质卫生监测任务。

第三节　学校卫生

1997年，继续每年对所有中小学校、幼儿园的例行体检和视力监测及中、高考前期初、高中毕业生专项体检，至2007年，累计体检学生44.18万人。同时，坚持做课间操、眼保健操和课外体育活动。

1998年起，卫生与教育行政部门联合规范学校食堂卫生监督管理，严防食物中毒发生，并按照有关卫生规范要求及食品量化分级管理项目逐条落实、整规。第二年起至2007年，各级学校食堂食品卫生量化分级管理率100%。

1997—2007年同安区中小学幼儿园学生（幼儿）体检情况表

表25-16　　单位：人

年份	中学		小学		幼儿园	
	体检	检出问题	体检	检出问题	体检	检出问题
1997	21912	1254	7085	201	7134	983
1998	19754	1200	10883	246	5293	1884
1999	21614	1387	10915	265	5972	1894
2000	20923	1305	10911	274	6035	1966
2001	15678	1442	11587	293	13169	4770
2002	22322	1812	11483	275	12856	4128
2003	23557	1940	11666	212	13121	4730
2004	14543	2143	12197	225	10125	4006
2005	18970	1867	8211	245	10636	3494
2006	22209	2756	8299	203	11872	4064
2007	16431	2418	9375	223	12535	3672
合计	217913	19524	112612	2662	108748	35591

说明：检查出问题大多是近视、龋齿等

第四节　职业卫生

1997年，对26家企业进行职业危害调查，设立有毒有害因素检测182点（项），职业健康体检273

人，发出卫生监督文书87份。2002年5月1日起施行《中华人民共和国职业病防治法》后，区卫生监督会同疾控部门加强对产生职业危害的生产作业场所有毒有害因素的监测，督促企业整改规范与职业病危害防护相适应的设施及生产布局，特别是湿法除尘设施。依法建立职业病危害申报及从业人员岗前、岗中和离岗前的职业健康体检制度，整理建立职业卫生档案。至2003年，累计职业危害调查205家，建立卫生档案193家，检测点（项）1087项，体检1699人，发出卫生监督文书341份。

2004年，职业危害调查21家，建立卫生档案152家。监测点（项）53项，体检人数368人，发出卫生监督文书20份。至2007年，累计依次为253家、350家、2414人、208份。

1997—2007年同安区职业卫生监督监测情况表

表25-17

年份	职业危害调查（家）	建立卫生档案（家）	发出卫生监督文书（份）	有毒有害（粉尘、化学、物理）因素监测（点项）	职业健康体检人数
1997	26	0	87	182	273
1998	25	21	113	109	0
1999	36	87	0	190	385
2000	37	0	94	253	191
2001	23	0	0	173	191
2002	20	4	20	177	104
2003	38	81	27	3	555
2004	21	152	20	53	368
2005	80	66	66	121	939
2006	76	66	12	0	341
2007	76	66	25	34	766
合计	458	543	464	1295	4113

第五节　公共场所卫生　化妆品卫生

一、公共场所卫生监督

1997年，开展公共场所卫生执法检查10次，提出整改意见689条，行政处罚17户，完成整改102户。常年开展公共场所卫生检查监督、卫生监测、从业人员体检，至2002年，累计卫生监督2961户，提出监管意见近1000条；卫生监测1206户、9443项，合格8257项次，合格率87.44%；从业人员体检3951人，检出并调离“五病”从业人员58人。

2003年，卫生监督检查200家，开出卫生监督意见140份，提出整改意见2049条，发出责令整改通知书6份；卫生监测381家、4049项次，合格3621项次。

2004—2007年，累计卫生监测（抽样）195家、1471项次，合格1446项次，合格率98.30%。

二、化妆品卫生监督

2001年，根据市政府整顿规范市场经济秩序的要求，开展美发室、美容室使用化妆品及商售化妆品整规执法检查，全年检查218家次、3610件，查处案件44件，案值3.8万元。

2002年，继续开展化妆品经营市场“整规”卫生监督执法检查。检查美容理发业化妆品596件，查出并销毁违法化妆品61件。检查大嶝对台小额商品交易市场21个商家的化妆品640件，查出来自“疯牛病”国家动物资源性化妆品112件，当场责令自行撤柜召回。检查化妆品批发零售店12家、6889件，合格5056件，合格率73.39%，依法查扣违法化妆品1833件。

2005年，在城区、城乡接合部公共场所、化妆品等行业进行拉网式市场清理整顿，没收违规化妆品50多公斤，价值8000多元。

2007年，检查160家美容美发店、30家化妆品销售店，未发现自制化妆品的行为；检查600余种市售化妆品，对无中文标签、无检验合格证的产品全部予以没收并责令整改，卫生监督覆盖率100%。

第二十六篇 民 政

1997—2007 年，同安区民政主要事务由区民政局和镇社会事务办公室管理。随着经济发展，民政各种优抚、定期补贴和救助对象救助、义务兵优待费等及救灾救济费等逐年提高，增加计生补助，医疗救助，五老及遗属补贴，村居干部工作补贴，老区建设等诸多开支项目，同安区的抚恤及社会福利救济费由 1997 年的 371 万元增加至 2003 年的 783 万元，由 2004 年的 741 万元增至 2007 年的 1500 万元。

第一章 基层民主自治组织建设

第一节 村民委员会建设

一、村民委员会选举

村委会每 3 年选举一次。1997—2007 年，共选举 4 次。

1997 年，村民委员会委员换届选举，共选出村委委员 1085 人（其中党员占 73.5%，初中以上文化程度占 90.4%，平均年龄 35.6 岁，女委员占 17%），主任 198 人（其中党员 169 人占 85.3%，初中以上文化程度 185 人占 93.4%，平均年龄 38.5 岁，主任中经济能人 161 人占 82%，女主任 8 人），村干部素质比 1994 年明显提高。委员减少 129 人，初中文化增加 12%，年龄降低 4.6 岁，女村干部增加 4%（24 人）。

2000 年，选出村委委员 956 人（比 1997 年减少 129 人），其中，党员 754 人，同比增长 4%，初中以上文化程度 901 人，同比增长 5.2%，主任中经济能人 169 人。

2003 年，选出村委委员 475 名（不含翔安），其中党员 399 人，初中以上文化程度 459 人，主任中经济能人 70 人。平均年龄 41.9 岁。

2006 年换届选举，依《福建省实施〈中华人民共和国村民委员会组织法〉办法》和《福建省村民委员会选举办法》规定，实行秘密划票，公开投票，全区 110 个村全部实行直选，共选出村委会成员 443 名，新一届村委会班子成员平均年龄 40.4 岁，比上届下降 1.5 岁；高中以上文化程度 195 人，占 44%，比上届上升 1%，妇女干部 56 人，占 12.6%，中共党员 327 人，占 73.8%；主任中经济能人 75 人，占 68%。

二、自治管理

1998 年，各村建立、实行“四大民主”制度，普遍立有“乡规民约”。

郭山村村务公开会

2002 年，村委会内调解、治保、文教卫、计生、社会福利、经济建设诸委配套健全，团、妇等群团组织主干均列入村委。区民政局、法制局联合制定了《村民自治章程》和《乡规民约》范本发到各村供参照执行。

2004 年，区委组织部和区民政局牵头开展村务民主决策听证试点，将村务重大事项和涉及农民群众切身利益的事项，组织村民及有关方面代表进行讨论、协商，集中民智，尊重民意，提高村务决策的科学化、民主化，变事后公开为事前公开，深化村务公开和民主管理工作。

2007 年，在全区农村全面推行村务公开和民主管理工作制度。

三、村干部待遇

2005 年起，每行政村按村人口数由区财政分别补贴 3～5 人。（村人口 1000 人以下，补贴 3 人，1000～2000 人补贴 4 人，2000 人以上补贴 5 人）。每人每月 600 元。

2006 年，对 1997 年、2000 年、2003 年、2006 年换届期间离任的村主干实行一次性补贴，正职每任职一年补贴 300 元，副职每任职一年补贴 240 元，取消农村社会养老保险的投保。此后换届离任按任职年数，正职每任职一年补贴 600 元，副职每任职一年补贴 480 元。

2007 年起，祥桥等 30 个“村改居”社区，按人口数分别补贴 5～7 人，正职每人每月补贴 1400 元，副职每人每月补贴 1200 元，委员每人每月补贴 1100 元；未“村改居”的仍按原标准执行，财政年补贴“村改居”社区干部共 476.16 万元，全年对村（居）两委补贴共 532.44 万元。

第二节　社区居委会及社区建设

1997 年，同安区共有 18 个居民委员会（大同镇 12 个、马巷镇 4 个、新店镇 1 个。新圩镇 1 个）2000 年 6 月，大同镇增设 6 个居委会。2001 年 5 月撤销大同镇，设大同、祥平两个街道办事处，分别辖居委会 15 个、3 个。

2002 年，依据厦委发〔2002〕003 号文《厦门市人民政府关于推进城市社区建设的实施意见》，同安区选择城西和新安居委会整合试点，成立城西社区居委会。首先整合加强大社区居委会和党建工作，明确社区居委会工作人员的身份、待遇，调整解决居委会的办公用房，理顺社区居委会与政府及物业管理等组织的关系，扎实推进社区服务、社区文化、社区环境、社区安全、医疗卫生等各项工作，完善大社区各项自治制度。

2003 年 4 月，将大同街道原有的 13 个居委会整合成立同新、三秀、后炉、西安、凤山、溪边、北门、西池 8 个社区居委会，祥平街道的祥桥村实施“村改居”与原有的 3 个居委会整合成立祥桥、西溪、祥平、陆丰 4 个社区。至此，同安城区设立 13 个社区，选举产生社区居民委员会成员。

2004年，出台《同安区社区工作者管理办法（暂行）》，并据此组织符合社区工作者条件的45名原居委会干部集中培训，经考试合格全部转聘为社区专职工作者。大同街道面向社会公开招考4名社区专职工作者。全区居委会先后组织参加“全国万家社区图书室援建及万家社区读书活动”“全国万家社区文明建设知识竞赛”“创建绿色社区”“文明安全社区”“科普示范社区”“红十字服务社区”“社区建设示范社区”等一系列创建活动。当年，三秀社区获“省社区建设示范社区”称号。

2005年，推进社区“五室六站一中心”（社区党支部办公室、社区居委会办公室、社区群团组织办公室、社区警务室、社区市民学校教室；社区服务站、低保服务站、社会捐助接收站、劳动和社会保障服务站、计生服务站、社区卫生服务站；社区服务中心）建设。当年，城西社区获市“社区建设示范社区”称号。

2006年，开展和谐社区创建活动，三秀、城西、后炉、同新社区被命名为市“和谐社区建设示范社区”。大同街道副主任颜志良、祥平街道副主任林进步被授予“和谐社区建设先进工作者”，凤山社区居民曾清泉被授以“社区志愿者标兵”，祥平社区党支部书记居委会主任叶端明、西溪社区党支部书记叶丽英、三秀社区党支部书记叶丽贞、北门社区党支部书记居委会主任李素珍被评为优秀社区工作者。同年选择祥桥社区进行社区居委会成员直选试点并推广全区。该社区换届选举产生59名社区居委会成员，平均年龄37.6岁，比上一届下降2.5岁。高中以上文化程度54人，占91.5%比上一届上升4.3%。社区工作者的年轻化、知识化程度明显提高。同年11—12月，涉及环东海域整治、工业集中区建设和城中村的东山村等29个村实施“村改居”。

2007年6月，祥平街道办事处新设芸溪、祥晖居委会，到年底，全区社区居委会44个。当年落实“村改居”社区干部待遇，落实“村改居”社区居民的低保、优抚、转岗就业等待遇，均按城市居民标准给付，将“村改居”社区的环境卫生、污水处理、道路建设等基础设施纳入市政建设总体规划。通过资产置换，解决城西社区办公活动场所。选派优秀社区工作者到市区先进社区挂职锻炼。芸溪社区居委会面向社会招考6名社区专职工作者。

第二章　拥军优属　优抚安置

第一节　拥军　优属

一、拥军

1997年，全区深入开展“我为双拥模范城添光彩”活动，迎接省级“双拥模范城”的检查评选。8月，莲花镇政府、内厝镇政府、大嶝镇山头村、西柯镇浦头村、区民政局被评为市双拥工作先进单位，卓钦锐、蔡典水、陈锦辉、洪约拿被评为双拥工作先进个人。当年，同安区首次获省级“双拥模范区”称号。在庆祝建军七十周年之际，区、镇政府召开军政座谈会，组织慰问、走访驻同安部队20个基层连队。

1998年，全区12个镇、231个村（居）委会充实拥军优属领导小组，健全拥军优属网点，组织拥军优属服务组（站）。区财政全年拨给部队粮油、煤及副食品补贴307万元，节日供应补贴6万元，水电差价补贴373万元；补贴人武部收归部队迁址费用25万元，三岛驻军供水工程50万元，驻辽野部队用电开发费80多万元。全年接收安置军转干部12人，随军家属11人，军官子女入学74人。

1999年，结合庆祝建国50周年，全区开展“爱心献功臣”活动，市、区财政拨50万元专款，建立同安区拥军优属保障资金。开展科技拥军，派专业技术人员指导部队的菜篮子基地建设，为三岛驻军建立电脑室，设计信息网络。年终同安区被全国双拥领导小组、民政部表彰为全国“爱心献功臣”先进区。

2000年，成立同安区“210”工程建设领导小组，组织镇村支持部队沪杭福广工程同安段施工任务。当年，为32525部队开通有线电视网络。区双拥办第二次获评福建省先进双拥办公室。

2001年5月，区支前办为部队支付钟宅训练损坏农作物赔偿1.5万多元。8月，区委、区政府为驻军送去价值8.6万元的各种书籍，向73111部队政治部赠送笔记本电脑一台。邮电部门投资400多万元，为部队安装300多台IC卡电话。9月，发放南京军区某测绘大队来同执行测量任务的工作补贴5000元。当年，市区二级财政补助驻军军供、节日物资补贴686万元，扶助军事基地建设、扶持复转军人就业、军事训练、为部队办实事、节日慰问等款项739万元。

2002年，成立“两区一划界”工作小组，投资68万元，对全区军事地界全面测绘，确认保护范围500万平方米。同安区再次获2002年度省级“双拥模范区”称号。

2003年，为部队办理部队子女入学、随军家属工作安置、营房有线电视、工业区地下军用光缆迁移、通讯团与四林村土地置换、团部道路改造等实事。

2004年，开展“双拥创模”活动，协调财政、邮电、水电、公路、粮食等部门为驻军解决供水、供电、供粮、燃料和道路交通通讯等问题，帮助部队干部子女80多人就学，随军家属10多人就业。

2005年5月，成立区支前物资供应站和支前物资供应委员会。同年，同安区第三次获省级“双拥模范区”称号。

2006年，开展科技拥军活动，区科委、科协、农业局派出技术人员到部队“菜篮子”基地提供现场技术指导，拨款为同安武警中队添置设备，健全科技网络建设。

2007年，区教育局为军官子女232人解决就学问题。区财政拨款解决驻同安部队水、电、道路、有线电视网络和公交站点等建设经贸。

二、优属

1997年，继续在重要节日开展慰问军烈属活动，继续发放义务兵优待金。当年发放城镇义务兵优待金845人193.08万元、农村义务兵优待金183人44.01万元。至2002年，累计发放城镇义务兵优待金4928人1079.65万元、农村义务兵优待金1133人309.71万多元、进藏兵43人34.44万多元。

2003年发放城镇义务兵优待金251人86.34万多元、农村义务兵优待金90人31.77万元。至2007年累计发放人数，金额依次为1152人487.21万元、344人149.57万元，进藏兵1人1.4万多元。

1997—2007年，合计发放义务兵优待金7601人2062.06万元，其中城镇义务兵优待金6080人1566.86万元、农村义务兵优待金1477人459.28万元、进藏义务兵44人35.92万元。

1997—2007年同安区义务兵优待金发放情况表

表26-1

年份	城镇义务兵			农村义务兵			进藏兵		
	人数（人）	标准（元/人年）	发放金额（元）	人数（人）	标准（元/人年）	发放金额（元）	人数（人）	标准（元/人年）	发放金额（元）
1997	845	2285	1930825	183	2405	440115	0	—	0
1998	841	2396	2015036	181	2510	454310	0	—	0
1999	867	2528	2191776	186	2615	486390	25	7845	196125
2000	847	2471	2092937	173	2746	475058	18	8238	148284

续表26-1

年份	城镇义务兵			农村义务兵			进藏兵		
	人数（人）	标准（元/人年）	发放金额（元）	人数（人）	标准（元/人年）	发放金额（元）	人数（人）	标准（元/人年）	发放金额（元）
2001	764	2636	2013904	205	2815	575025	0	—	0
2002	764	3000	2292000	205	3250	666250	0	—	0
2003	251	3440	863440	90	3530	317700	0	—	0
2004	250	3879	969750	72	3875	27900	0	—	0
2005	231	4235	978285	61	4333	264313	0	—	0
2006	215	4673	1004695	59	4921	290339	1	14763	14763
2007	205	5151	1055955	62	5554	344348	0	—	0
总计	6080	—	15668603	1477	—	4592848	44	—	359172

第二节　优　抚

一、抚恤

（一）伤残革命军人抚恤

1997 年，根据国家规定，同安按伤残等级（因战、因公、因病三类六个等级）发给在乡伤残革命军人年抚恤金，发给在职伤残革命军人年保健金（下简称两金）。当年发给伤残革命军人两金 153 人、67.50 万元，其中在乡 70 人，在职 83 人。

1998 年，重评伤残等级，同安区在乡 87 人，其中一等 1 人，二等甲级 13 人，二等乙级 18 人，三等甲级 30 人，三等乙级 25 人。在职 74 人，其中一等 1 人，二甲 10 人，二乙 17 人，三甲 26 人，三乙 20 人，合计发给两金 161 人、87.6 万元。

2004 年，发给伤残革命军人两金 151 人、156.4 万元，其中在乡 81 人，在职 70 人。

2005 年起，6 级以上在乡伤残军人全部实行医保并给予适当医保补助。

2007 年，发放伤残革命军人两金 153 人、180.50 万元，其中在乡 86 人，在职 67 人。

1997—2007 年，同安区共发给在乡伤残革命军人抚恤金 873 人、1392.10 万元，发给在职伤残革命军人保健金 819 人、50 万元，合计 1692 人、1442.10 万元。

若干年度同安区革命伤残军人（在乡）抚恤标准表

表 26-2

执行时间	伤残等级及抚恤年金标准（元/人、年）									
	一等（因战）	二等甲级			二等乙级			三等甲级		三等乙级	
		因战	因公	因病	因战	因公	因病	因战	因公	因战	因公
1997	3816	2756	2646	2556	2286	2206	2116	1882	1852	1780	1780
1998.1.1	4116	2876	2766	2676	2406	2326	2286	2002	1982	1900	1900
1999.1.1	5356	3446	3336	3246	2646	2566	2626	2134	2134	2034	2034

续表26-2

执行时间	伤残等级及抚恤年金标准（元/人、年）										
	一等（因战）	二等甲级			二等乙级			三等甲级		三等乙级	
		因战	因公	因病	因战	因公	因病	因战	因公	因战	因公
2000. 1. 1	8034	5169	5004	4869	3969	3849	3789	3231	3201	3051	3051
2000. 7. 1	8634	5529	5364	5229	4329	4209	4149	3381	3351	3201	3201
2001. 1. 1	9434	5949	5784	5649	4589	4469	4409	3511	3481	3321	3321
2002. 1. 1	10514	6468	6287	6140	5017	4886	4821	3872	3839	3655	3655
2002. 7. 1	10514	6630	6431	6270	5190	5046	4975	4054	4018	3838	3838
2003. 7. 1	11219	7050	6863	6691	5538	5385	5309	4326	4288	4096	4096
2004. 10. 1	11200	10080	9600	9200	8600	8400	7800	7280	6600	4480	4480
2006. 1. 1	14560	13100	12480	11960	11650	10920	10140	9470	8580	5820	5460
2007. 8. 1	18900	17100	16200	15600	15000	14100	13200	12300	11000	9600	8400

若干年度革命伤残军人（在职）抚恤标准表

表 26-3

执行时间	伤残等级及保健年金标准（元/人、年）										
	一等（因战）	二等甲级			二等乙级			三等甲级		三等乙级	
		因战	因公	因病	因战	因公	因病	因战	因公	因战	因公
1997	—	288	268	250	231	214	210	174	160	132	132
1998. 1. 1	—	380	360	340	300	280	270	220	200	170	160
2007. 1. 1	—	455	435	415	360	340	330	260	240	205	195

1997—2007年同安区革命伤残军人抚恤情况表

表 26-4

年份	在乡抚恤人数（人）	在职抚恤人数（人）	合计抚恤人数（人）	合计抚恤金额（万元）
1997	70	83	153	67. 5
1998	87	74	161	87. 6
1999	71	83	154	98. 4
2000	72	83	155	109. 5
2001	73	82	155	120. 4
2002	82	70	152	132. 5
2003	82	70	152	145. 4
2004	81	70	151	156. 4
2005	83	69	152	166. 5
2006	86	68	154	177. 4
2007	86	67	153	180. 5
合计	873	819	1692	1442. 1

（二）烈属、因公牺牲革命军人家属、病故革命军人家属抚恤

1997 年，城镇烈属、城镇因公牺牲军人家属和城镇病故军人家属每人每月抚恤金分别为 371 元、371 元、355 元，农村前述 3 类抚恤对象每人每月抚恤金分别为 264 元、264 元、257 元。当年分别抚恤 90 人、50 人、8 人，合计抚恤金 30.9 万元。

此后抚恤标准逐年提高，至 2007 年，城镇 3 类抚恤对象抚恤标准分别提高到 743 元、743 元、704 元，分别抚恤 10 人、19 人、2 人，合计抚恤金 22.3 万元，农村 3 类抚恤对象抚恤标准分别提高到 480 元、480 元、472 元。当年分别抚恤 10 人、19 人、2 人、合计抚恤金 22.3 万元。

1997—2007 年，3 类抚恤对象分别抚恤 433 人、333 人、43 人，合计金额 291.8 万元。

若干年度同安区民政抚恤对象及标准表

表 26-5　　　单位：元/人·月

执行时间	烈属		因公牺牲军人家属		病故军人家属	
	城镇	农村	城镇	农村	城镇	农村
1997 年标准	371	264	371	264	355	257
2000 年 1 月 1 日起	391	284	391	284	375	277
2001 年 7 月 1 日起	444	310	444	310	426	302
2002 年 7 月 1 日起	484	340	484	340	466	331
2003 年 7 月 1 日起	518	364	518	364	499	353
2005 年 10 月 1 日起	579	399	579	399	558	387
2006 年 1 月 1 日起	658	440	658	440	634	427
2007 年 8 月 1 日起	743	480	743	480	704	472

二、定期补助

（一）四类对象定期补助

1997 年，在乡老复员军人，带病回乡军人、20 世纪 60 年代 40% 退职人员定期补助标准按城乡不同，分别为 308 元和 183 元、152 元和 152 元、250 元和 140 元，合计定补 550 人 188 万元。

2001 年 1 月起，不断提高定补标准，至 2005 年，分别提高到 464 元和 258 元，402 元和 213 元，350 元和 200 元。当年合计定补 383 人 287.20 万元。

2006 年起，对城乡无单位参战人员实行定补，当年定补 267 人。

2007 年 8 月起，定补标准分别为 577 元和 335 元、402 元和 213 元、400 元和 250 元、100 元和 100 元。当年定补 647 人 333.94 万元。

1997—2007 年，累计四类定补人员 5804 人 2716.50 万元。

1997—2007 年四类民政定期补助对象及标准表

表 26-6　　　单位：元/人·月

执行时间	在乡老复员军人		带病回乡军人		40% 退职人员		城乡无单位参战人员	
	城镇	农村	城镇	农村	城镇	农村	城镇	农村
1997 年	308（平均）	183	152	152	250	140	—	—
1999 年	308（平均）	183（平均）	152	152	250	140	—	—

续表26-6

执行时间	在乡老复员军人		带病回乡军人		40%退职人员		城乡无单位参战人员	
	城镇	农村	城镇	农村	城镇	农村	城镇	农村
2001年1月起	326	183	283	152	300	165	—	—
2001年7月1日起	355	200	308	166	—	—	—	—
2002年7月1日起	388	220	336	182	—	—	—	—
2003年7月1日起	415	235	360	194	—	—	—	—
2005年1月起	464	258	402	213	350	200	—	—
2006年1月起	527	285	402	213	400	250	—	—
2007年8月起	577	335	402	213	400	250	100	100

1997—2007年同安区民政抚恤与定期补助发放情况表

表26-7

年份	固定抚恤					定期补助					
	烈属（人）	病故军人家属（人）	因公牺牲军人家属（人）	合计人数（人）	合计金额（万元）	在乡老复员军人（人）	带病回乡退伍军人（人）	40%退职人员（人）	城乡无单位参战人员（人）	合计人数（人）	合计金额（万元）
1997	90	8	50	148	30.9	100	450	—	—	550	188.00
1998	89	8	50	147	35.7	100	450	—	—	550	198.00
1999	80	7	49	136	37.8	98	448	—	—	546	205.00
2000	49	4	34	87	24.7	96	448	113	—	657	228.26
2001	40	3	30	73	23.8	96	445	110	—	651	241.84
2002	30	3	25	58	22.4	95	236	—	—	331	230.00
2003	13	2	19	34	28.5	95	236	104	—	435	245.00
2004	12	2	19	33	21.4	94	235	71	—	400	266.00
2005	10	2	19	31	22.3	80	232	71	—	383	287.20
2006	10	2	19	31	22.3	70	246	71	267	654	293.46
2007	10	2	19	31	22.3	68	240	72	267	647	333.94
合计	433	43	333	809	291.8	—	—	—	—	5804	2716.50

（二）“五老”及其遗属补助

“五老”定补　1997年，“五老”定补811人，月定补标准城镇100元，农村60元。后经4次调整，至2007年城乡每人每月定补分别提高至400元、300元。1997—2007年，累计“五老”定补4435人次、650.58万元。

“五老”遗属普查与定补　2000年10月，开展去世“五老”人员遗属的普查、确认工作，认定“五老”遗属251人。2001年1月，开始执行定补，月定补标准130元。2004年，“五老”遗属69人，月定补标准150元。至2007年，“五老”遗属56人，月定补标准225元。2001—2007年，累计发放五老遗属定补1205人、184.12万元。

1997—2007 年同安区革命“五老”及五老遗属定期补助表

表 26-8　　单位：元/人·月

年份	革命“五老”（健在）				革命“五老”遗属			
	享受人数	月补标准			年发放总额	享受人数	月补标准	年发放总额
		城镇	农村	无依靠者				
1997	811	100	60	—	591600	—	—	—
1998	750	250	100	—	939600	—	—	—
1999	708	250	100	—	839400	—	—	—
2000	611	300	130	160	984210	—	—	—
2001	468	300	130	160	779130	251	130	391560
2002	431	300	150	200	812550	296	140	461760
2003	411	300	150	200	772700	411	140	482040
2004	69	350	200	250	186000	69	150	111600
2005	63	350	200	250	172200	63	150	115200
2006	59	400	300	300	223800	59	150	127800
2007	54	400	300	300	204600	56	225	151200
总计	4435	—	—	—	6505790	1205	—	1841160

第三节　复员退伍军人安置

1997—1999 年，继续执行 1997 年前安置政策，即城镇入伍的退役士兵、专业志愿兵全部安排工作，农村入伍的退役人员除荣立三等功以上者安排工作外，全部回乡安置。

2000 年起，城镇退伍军人按“以自谋职业为主，发就业补贴金”的政策安置，按服务年限每人发放 2 万～3 万元的就业补助金。当年城镇退伍军人 148 人（含转业士官 24 人），安排工作 51 人，自谋职业 97 人，发放自谋职业补助金 271 万元。

2003 年，解决 1999 年前退伍尚未上岗的城镇退伍士兵 32 名，分别给予 1 万～3 万元安置补助金，视同自谋职业。

2005 年，符合安置对象 36 人，安排工作 3 人，自谋职业 33 人，发放补助金 87 万元。超额完成上级自谋职业比例达 80% 以上的要求。

2007 年，符合安置对象 74 人，安排工作 1 人，自谋职业 73 人，发放补助金 176 万元。

1997—2007 年，全区共接收退伍人员 2010 人，其中按政策规定应安排工作 868 人，实际安排 345 人，自谋职业 500 人，发放补助金 1273 万元。

1997—2007 年同安区复员退伍军人安置情况

表 26-9

年份	退役人数（人）	其中：城镇（人）	其中：农村（人）	符合安排政策人数（人）	实际安排人　数（人）	城镇籍自谋职业（人）	补助金（万元）
1997	212	68	144	103	103	—	—
1998	237	69	168	88	70	—	

续表26-9

年份	退役人数（人）	其中：城镇（人）	其中：农村（人）	符合安排政策人数（人）	实际安排人　数（人）	城镇籍自谋职业（人）	补助金（万元）
1999	250	75	175	82	82	—	—
2000	210	65	145	148	51	97	271
2001	207	60	147	142	16	126	312
2002	206	61	145	68	8	60	135
2003	136	45	91	46	3	43	112
2004	134	46	88	45	6	34	101
2005	135	43	92	36	3	33	87
2006	136	45	91	36	2	34	79
2007	147	60	87	74	1	73	176
合计	2010	637	1373	868	345	500	1273

第三章　救灾　救济

第一节　救　灾

一、春夏荒冬令救灾

1997 年，下拨市民政局分配同安冬令救助补助款 8 万元，解决农村特困户冬令御寒困难。

1998 年，下拨市民政局分配同安春夏荒救灾粮差价款 17 万元、冬令救济补助款 11 万元、区财政列支 5 万元、计 33 万元，解决春夏荒灾民口粮救济和贫困户过冬御寒困难。

1999 年 12 月霜冻，下拨市民政局分配同安冬令救灾物资补助款 15 万元购买毛毯近 3000 床，帮助受灾群众安全过冬。

2000 年 6 月，下拨市民政局分配同安春夏荒救灾补助款 192 万元和冬令救灾棉被 500 床，卫生衣 500 套，解决受灾群众生活困难。

2001 年 1—6 月，同安持续高温少雨，造成近 30 万人受灾。用市民政局分配同安 35 万元春夏荒救灾粮差价补助款采购大米近 176 吨，解决 5285 户缺粮户口粮。12 月，下拨冬令救济物资棉被 500 床、外衣裤 900 套、运动衣裤 610 套、其他衣物 200 多件（套）帮助困难群众安全过冬。

2003 年冬，下拨冬令救灾衣物 1400 件（套）帮助群众御寒过冬。

2004 年 5 月、12 月，先后下拨春夏荒救灾粮 86.2 吨（金额 25 万元）、冬令救灾衣被 7370 件（套），解决 2885 户缺粮户口粮，帮助 2976 人安全过冬。

2005 年 5 月、12 月，先后采购春夏荒救灾粮 168 吨（金额 40 万元）。冬令救灾粮 100 吨（金额 25.5 万元），分别解决 6466 户、7035 户低保户缺粮问题。

2006年6月、12月，先后购买夏荒和冬令救灾粮（大米）60.55吨（金额17.68万元）、67.33吨（金额30万元），分别解决6013户缺粮困难户口粮和2006年冬令、2007年春夏荒困难群众度荒。

1997—2007年，合计下拨421.18万元春夏荒和冬令救济款及大量御寒衣物。

二、重大自然灾害救灾

1999年10月9日，14号台风正面袭击同安，造成7333公顷水产养殖被冲毁，6733公顷作物受灾，16.88万株果树倾倒，1655间82750平方米民房倒塌，9人死亡，1人失踪，直接经济损失11亿多元。灾情发生后，市、区政府共投入665万元用于灾民转移安置、住房修建、口粮救济。其中市民政局第一笔下拨300万元，救助11761户48599人，帮助1840户7510人修建住房；第二笔下拨350万元，补助全区10所敬老院80万元、区福利院2万元，救助灾民8198户33834人268万元（其中帮助3693户15602人修建住房193176元）；区配套“217”科目专款15万元，救助灾民1165户4473人。

2004年，18号台风造成全区5140人和410公顷农作物受灾，直接经济损失1747.27万元。市财政局、民政局下拨救灾款30万元救济。

2005年8月，10号台风造成洪涝，全区近14万人、4729.6公顷农作物、403.5公顷水产养殖池受灾，水产品损失965.8吨，大牲畜死亡842头，电力水利设施、路、桥受损严重，房屋毁损2020间，6518人紧急转移；直接经济损失38224.2万元。8月16日，市民政局下拨救灾资金65.18万元，用于紧急抢救、转移安置和解决灾民的基本生活。9月，省民政厅及市民政局共下拨补助资金70.25万元，区政府启用救灾预备款25万元，共计95.25万元，帮助困难群众灾后恢复重建。同年10月，受19号台风影响，连降暴雨，全区紧急转移安置524人，直接经济损失273.92万元。市民政局于10月18日下拨省级自然灾害救济补助经费7万元。12月，厦门市财政局、民政局拨给中央自然灾害救济补助费17万元，用于灾区民房倒塌重建及修缮。

2006年，1号台风“珍珠”带来暴雨，造成山体滑坡，143人受灾。5月，市民政局下拨省2006年特大自然灾害救济补助费15万元，用于灾民临时转移安置补助。6月，市民政局再下拨25万元，用于紧急转移安置灾民和倒塌房屋恢复重建。同年4、5号台风“碧利斯”、“格美”造成118间民房倒损，紧急转移安置灾民2000多人。市下拨特大自然灾害救济补助费28万元，用于紧急转移安置灾民和倒塌房屋灾后恢复。

2007年2月，市下拨特大自然灾害灾后重建补助费35万元。同年6月的暴雨和9号台风造成洪涝，市分别于9月和10月下拨特大自然灾害救济补助费共42万元，用于解决灾民紧急转移安置、生活困难救济及因灾倒损房的恢复重建。

据统计1997—2007年，同安区先后发生7次较重大自然灾害，上级政府累计下拨救灾款984.43万元，区配套40万元。

第二节 救 济

一、城乡居民最低生活保障

1997年7月1日起，依市、区政府文件，实施城乡居民最低生活保障制度，对家庭人均收入低于最低生活标准的贫困人口，按最低生活保障标准实行差额补助，并随生活必需品的价格变化适时调整。补助资金纳入政府年度财政预算，实行专账管理。当年全区享受最低生活保障1340户、4552人。

2002年，全区最低生活保障实现应保尽保。当年享受最低生活保障2091户、7075人。

2006年10月1日起，对特殊困难人员实施“分类施保”。“三无人员”、五保户、没有监护人和无生活来源的服刑人员的未成年子女，按当地低保标准全额发放；70岁以上（含70周岁）老人每人每月增加20元；视力、听力、言语、肢体一级残疾及智力、精神残疾人，每人每月增加40元，以残疾证为准；视力、听力、言语、肢体二级残疾人，每人每月增加20元；丧失劳动能力的危重病人，每人每月增加40元。当年享受低保2714户、7495人，发放保障金541.3万元。其中分类施保增加金额17.32万元。

2007年5月起，为低保对象发放物价临时补助，至7月共为8535个低保对象每人每月补助15元，合计38.41万元；8—9月，又为8534个低保对象每人每月补助18元，合计30.72万元。同年10—12月，为8536个低保对象每人每月补助10元，合计25.608万元。8—12月，为366个低保边缘户每人每月补助13元，合计8.88万元；

1998—2007年，累计发放保障金3130.66万元。保障户由1998年的1340户4552人增加至2007年的3222户8534人，保障金标准城镇户每月每人由1998年的155元，增至2007年260元（1～3人户平均）、农村户由95元增至165元。

另外，春节、自然灾害发生后，低保户大部列入慰问救济对象，发放钱物。

1998—2007年同安区城乡最低生活保障金发放情况表

表26-10

年份	享受人数（户、人）	其中：城镇（户、人）	其中：农村（户、人）	保障标准（元/月）		发放金额（万元）		
				城镇	农村	总计	其中：城镇	其中：农村
1998	1340/4552	94/249	1246/4303	155	95	109.62	12.42	97.2
1999	1417/4345	144/338	1273/4312	173	95	203.06	25.89	177.17
2000	1348/4673	164/415	1184/4258	173	105	209.88	32.82	177.06
2001	1362/4698	178/446	1184/4252	173	105	200.97	37.02	163.95
2002	2091/7075	342/911	1749/6164	205	115	270.12	56.97	213.15
2003	2304/7233	360/981	1944/6252	205	115	301.10	67.62	233.48
2004	1967/5761	353/915	1614/4846	205	115	286.57	66.57	220.00
2005	2404/6866	434/1116	1970/5750	1人户：285 2人户：260 3人户：235	130	321.38	92.52	228.86
2006	2714/7495	457/1134	2257/6361	1人户：285 2人户：260 3人户：235	145	541.30	105.97	435.33
2007	3222/8534	1301/3268	1921/5266	1人户：285 2人户：260 3人户：235	165	686.66	290.66	396.00

说明：最低生活保障率（低保人口占总人口百分比）仅有2004年2005年数字，城镇人口依次为1.4%、1.5%，农村依次为2.2%、2.4%

二、医疗救助

2005年11月17日，根据《厦门市医疗救助试行办法》，同安区政府制定《厦门市同安区医疗救助试行办法》，从2005年10月1日起施行。医疗救助对象为城镇低保对象中没有参加城镇职工基本医疗保险的人员、社会福利机构收养的“三无”人员、农村低保对象（含“五保”对象）、没有参加城镇职工基本医疗保险的城镇重点优抚对象、在乡重点优抚对象、革命“五老”人员。医疗救助起付标准为1000元，普通疾病年累计救助限额为3000元，重大疾病年累计救助限额为5000元；救助比例为：

到区级以下医院就医（住院）的，按其医保范围内的费用超过起付线部分扣除医疗机构减免、政府和社会救助及医疗保险赔付后的50%给予救助，到区级以上（含区级）医院就医（住院）的为40%。医疗救助所需资金以财政拨款为主、以社会捐赠为补充建立医疗救助基金，区财政部门按城镇医疗救助对象每年每人不低于140元、农村医疗救助对象每年每人不低于80元筹集医疗救助基金。当年底，受理2例医疗救助申请。2006年，救助43人，发放补助金10.14万元。

2007年，依据《厦门市医疗救助试行办法（修订）》，对《厦门市同安区医疗救助试行办法》进行修订，并从7月1日起实施：救助对象增加享受定期补助的60年代精简老职工，取消救助起付线，增加对恶性肿瘤、尿毒症透析等门诊治疗的救助，普通疾病的年救助限额提高到5000元，重大疾病的年救助限额提高到10000元，到区级（含区级）以上医院就医的救助比例提高到50%。当年救助83人，发放救助金15.29万元。

第三节　慈善事业

一、慈善机构

2002年12月8日，经区民政局批准成立同安区“同心慈善会”，为专业的非政府非营利慈善社团组织。

2007年9月，经区民政局批准成立“厦门市同安区慈善会”，是以开展“安老、扶孤、助残、助学、济困、救灾等社会救助工作”为宗旨的专业、非营利性的慈善社会团体，法人代表由区民政局长叶其昌兼任。区民政局副调研员黄连水同志为负责人。

1997年前成立的慈善机构有梵天寺慈善基金会。

二、慈善救助（助学）

2006年，协助市慈善总会为全区127人实施慈善医疗救助，计发救助资金20.20万元；资助贫困大学生116人，发放助学金27.41万元。

2007年1月，同心慈善会同心助学组开展助学活动，对18位在同安、翔安结对资助的贫困生发放助学款。按照小学每学期200元、初中600元、高中1000元的标准，分两次发放，合计2.26万元。同年协助市慈善总会为全区94人实施慈善医疗救助，计发放救助资金24.17万元；资助贫困大学生72人，发放助学金28.58万元。

南普陀慈善基金会、梵天寺慈善基金会（均为1997年前成立）也在同安区开展济困、助医、助学、赈灾活动。

区政府工作人员参加万人献爱心活动

第四章　社会福利

第一节　福利事业

一、福利机构

（一）敬老院

1997 年，全区有镇级敬老院 11 所。

2007 年，全区镇（场）敬老院 6 所，用房面积 2893 平方米，供养 21 人。供养床位 49 位，年供养标准 3600～4800 元。

2007 年同安区各镇（场）敬老院基本情况

表 26-11

单位	用房面积（平方米）	供养人数（人）	床位数（张）	年供养标准（元）
莲花镇	350	8	9	4500
新民镇	600	3	12	3600
汀溪镇	493	4	6	4500
五显镇	950	6	10	4800
洪塘镇	300	分散供养	9	3600
竹坝	200	分散供养	3	3600

（二）福利院

区福利院坐落于大同街道北门村，占地面积 2197.8 平方米，建筑面积 823 平方米，有住房、厨房、膳厅等配套设施。院内绿化面积 50% 以上，配有健身器材供老人活动。1997 年，入住老人 10 人，每人每月伙食费 200 元。2007 年 13 人，每人每月伙食费 350 元。

每年春节期间，区局领导亲自到院关心、慰问老人。“老人节”期间，各界人士、各有关团体也自发到院慰问老人。

慰问福利院老人

二、福利彩票

1997—2000 年福利彩票发行以即开型大奖组形式为主，同安未曾发行；2001 年，福利彩票的发行由即开型改为全省联网电脑销售，发行管理事务由市福彩中心负责，区民政局配合，发行档案资料缺。

第二节　残疾人事业

一、机构

（一）区残疾人联合会

1997 年，同安县残疾人联合会更名为同安区残疾人联合会。

2003 年 4 月，升格为正处级单位。

2005 年 3 月，下辖刚成立的同安区残疾人劳动服务管理站。

2005 年 7 月和 2007 年 7 月，区残联先后选聘 15 名、21 名社区残疾人工作联络员，每个街道、镇残联配置 2 人，其余分配到残疾人数较多的社区居委会，加强社区残疾人工作。

（二）镇残疾人联合会

1997—2001 年，全区 12 个镇（大同、马巷、新店、新圩、莲花、新民、汀溪、西柯、五显、洪塘、内厝、大嶝）、6 个场（凤南农场、白沙仑农场、竹坝华侨农场、大帽山农场、祥溪林场、汀溪防护林场）先后成立残疾人联合会。翔安析出后 2004 年，同安区有 2 个街道（大同、祥平）、6 个镇（莲花、新民、汀溪、西柯、五显、洪塘）、2 个农场（凤南、竹坝）的残疾人联合会，共有残疾人工作兼职人员 24 名。

（三）专门协会

同安区肢残人协会，2000 年 10 月成立。

同安区聋哑人协会，2000 年 10 月成立。

二、宣传

每逢春节和“全国助残日”“爱耳日”“国际残疾人日”等节日，区残联组织上街宣传《中华人民共和国残疾人保障法》及市区实施办法。2004 年起，每年开展年度主题活动。至 2007 年，各年主题依次为“情系我的兄弟姐妹，帮扶贫困残疾人”“平等共享——促进残疾就业”“真实的了解，真挚的关爱”“维护残疾人权益，共建和谐社会”。

残联举办助残日献爱心活动

三、普查发证

1997 年，审核全县领证残疾人 5627 人（五类不同程度的残疾人 1.8 万余人）。

1999 年 1 月 1 日起，统一核发、使用中华人民共和国残疾人证。

2006年4月，进行第二次全国残疾人抽样调查，全区各类残疾人总数约1.31万人。

截至2007年12月31日，全区领证残疾人4001名，其中：肢体残疾2239人；智力残疾731人；精神残疾234人；视力残疾213人；听力言语残疾520人；多重残疾64人。

2007年同安区各镇街领证残疾人分类表

表26-12　　单位：人

单　位	肢体残疾	智力残疾	精神残疾	视力残疾	听力言语残疾	多重残疾	合计
大同街道	348	109	74	33	77	14	655
祥平街道	304	110	30	25	73	10	552
汀溪镇	147	64	9	20	35	3	278
莲花镇	305	108	25	23	85	3	549
五显镇	259	76	17	24	60	11	447
洪塘镇	312	83	21	34	90	6	545
西柯镇	215	87	25	21	42	4	394
新民镇	245	66	19	22	41	11	404
凤南农场	83	24	9	7	18	2	143
竹坝农场	21	4	5	4	0	0	34
合　计	2239	731	234	213	520	64	4001

2007年同安区领证残疾人分年龄段情况表

表26-13　　单位：人

年龄段	肢体残疾	智力残疾	精神残疾	视力残疾	听力言语残疾	多重残疾	合计
15周岁以下	53	139	0	5	32	10	239
15～30周岁	297	299	28	39	150	20	833
30～45周岁	679	192	113	63	179	22	1248
45～60周岁	756	88	79	51	88	10	1072
60周岁以上	454	13	14	55	71	2	609
总　计	2239	731	234	213	520	64	4001

四、服务设施建设

1997年8月，在大同街道常青路建设“同安区聋儿语言训练所”（大同养老院翻建），3层楼房，建筑面积371.75平方米，总投资28.9万元，资金自筹。1998年3月，投入使用。

1998年，在阳翟村开工建设“同安区残疾人综合服务中心”，1999年12月28日竣工，2002年元月投入使用。总用地面积3476.70平方米，主体工程6层，占地面积905.90平方米，建筑面积3382.80平方米，工程主体和配套设施总投资312.98万元。配置聋儿语言训练、残疾人职业培训、残疾人康复训练、假肢装配、用品用具供应及残疾人活动等功能室。

2001年，建设大嶝镇、马巷镇友民街两个残疾人康复站，配备部分康复训练器具，其中大嶝镇残疾人康复站被省残联确认为残疾人康复示范站。

五、康复工程

1997 年起，组织实施省政府为民办实事项目“复明工程”，经费实行财政补贴一点、医院优惠一点、个人支付一点的方式解决，当年为 76 名贫困白内障患者施行复明手术。至 2003 年，累计完成复明手术 297 例。至 2007 年，累计为 852 名白内障患者实施复明手术，其中免费手术 555 名。

2004 年起，区政府将“扶贫复明工程”作为为民办实事项目，拨出专款 11 万元免费为 40 名贫困白内障患者实施复明手术。至 2007 年，累计免费为 362 名白内障患者施行复明手术。

2005 年，开展“听力重建启聪行动项目”，在台商王永庆资助下为 6 名失聪聋儿免费实施植入人工耳蜗手术。

2007 年，省市区财政拨专款为 193 名贫困白内障患者免费实施人工晶体植入手术。

1997—2007 年，合计为 852 名白内障患者实施复明手术，其中免费手术 555 名，免费植入人工耳蜗、人工晶体 199 名。

区领导为残疾学生发放助学金

六、残疾人教育

1997 年，继续举办全日制聋儿语言训练班，免费为 3～7 周岁有残余听力的残疾聋儿进行强制抢救训练。至 2007 年，聋儿语言训练班共接受、培训聋儿 63 名，其中 21 名聋儿进入普小随班就学，入普小率 33.3%，超过中残联制定的 25% 标准。语训成果得到中残联、省、市残联以及社会各界的好评，先后被省、市、区电视台，《福建日报》《厦门晚报》《特区工人报》及市、区广播电台专题报道。

2003 年起，同安区在全省率先实行特教学校在读聋哑学生及弱智学生学杂费及住宿费全免、随班就读残疾学生定额补助、普及残疾学生及贫困残疾人家庭子女的中高等教育助学金制度。至 2007 年，累计资助 1348 人次、50.23 万元。

2007 年，对考上厦门大学中文系研究生和厦门理工大学的残疾人吕炳车、林嵩，分别给予奖励 4000 元，每年给予补助 1300 元直到大学毕业。

区政府表彰残疾人就业先进单位

七、就业安置

1997 年，同安福利企业 4 家，安置残疾人就业 11 人。继续推行按比例安排残疾人就业制度，用人单位须按职工总数的 1.5% 比例安排残疾人就业，对未安排或未达到规定比例的单位征收残疾人就业保障金。当年核定安置数 11 人，征收保障金 22 万元。至 2003 年，累计核定安置数 277 人，征收保障金 157 万元。

2004年，核定安置数72人，征收保障金28万人，至2007年，福利企业增至23家，安置残疾人就业671人。累计核定残疾人安置数571人，征收就业保障金1476万元。

1997—2007年，累计核定残疾人安置数848人，征收保障金1633万元。

1997—2007年同安区按比例安排残疾人就业和技能培训情况表

表26-14

年份	申报单位数（个）	其中：按比例安置残疾人单位（个）	核定残疾人安置数（人）	未按比例安置残疾人单位（个）	征收残疾人保障金（万元）	残疾人技能、法律培训	
						期数	人次
1997	—	—	11	—	22	1	41
1998	—	—	40	—	34	1	45
1999	—	—	70	—	20	2	77
2000	45	13	28	32	15	1	61
2001	68	16	35	42	11	1	62
2002	66	20	42	46	15	1	8
2003	170	30	51	140	40	5	253
2004	205	36	72	169	28	3	140
2005	210	40	85	170	93	2	51
2006	1486	158	192	1328	613	3	63
2007	1820	187	222	1633	742	4	647
合计	—	—	848	—	1633	24	1448

2007年厦门市同安区社会福利企业名册

表26-15

序号	证书编号	企业名称	序号	证书编号	企业名称
1	0001	厦门市同安区福利印刷厂	13	0015	厦门市华星实业有限公司
2	0002	厦门同安民利电器元件厂	14	0016	厦门鑫荣兴工贸有限公司
3	0003	厦门市同安银光塑胶有限公司	15	0017	厦门市同安兴浪纸业有限公司
4	0004	厦门市同安大明印刷包装公司	16	0018	厦门市同安新银凤纸业有限公司
5	0005	厦门市同安协胜金属制品有限公司	17	0019	厦门市丽丰包装有限公司
6	0007	厦门银琪有机硅制品有限公司	18	0020	厦门市同安启伟印刷厂
7	0008	厦门市同安五显造纸厂	19	0021	厦门市同安金强工贸有限公司
8	0009	厦门市同安区五显店仔纸箱厂	20	0022	厦门市同安舒尔雅纸业有限公司
9	0010	厦门市厦戎纸厂同安分厂	21	0023	厦门市麒龙纸业有限公司
10	0011	厦门市同安敦煌实业有限公司	22	0028	厦门市天瑞鑫金属制品有限公司
11	0012	厦门市同安兴星纸品有限公司	23	0029	厦门市同安吕厝纸业有限公司
12	0013	厦门市同安德利纸业有限公司			

八、文体活动

2001 年，莲花镇窑市村残疾人 TT07 级乒乓球运动员叶超群获“远南”残疾人运动会台北排名赛冠军。

2002 年 5 月，第十二次“全国助残日”期间，区残联与区特教学校联合举办“同安区‘全国助残日’文艺演出”，残健同台载歌载舞。

2003 年 3 月，叶超群在第六届全国残运会上获乒乓球 TT7 级团体铜牌、单打金牌。

2004 年 5 月，组织聋人协会、肢残人协会残疾人参观“战地观光园”，进行国防和爱国主义教育。

2005 年 12 月，祥平街道阳翟社区残疾人 F46 级跳高运动员陈鸿杰在福建省第五届残疾人运动会上越过 1.78 米，获银牌。

2006 年，组织残疾人游览五缘湾、观音山，体验厦门经济特区大跨越发展面貌。同年，叶超群先后获全国残疾人乒乓球锦标赛团体和单打金牌（3 月）、瑞士世界残疾人乒乓球锦标赛单打银牌（9 月）、第九届“远南”残运会团体、单打金牌（12 月）。同年，陈鸿杰在全国残疾人田径锦标赛上越过 1.87 米，获银牌。

残奥冠军叶超群

2007 年 5 月，叶超群获第七届全国残运会团体金牌、单打铜牌；陈鸿杰以并列 1.92 米成绩获铜牌。两人均获得 2008 年北京奥运会的参赛资格。同年在约旦、斯洛伐克、德国、克罗地亚等地分别举行的世界残疾人乒乓球公开赛中，叶超群均获得男子团体和个人单打金牌。同年 9 月，组织残疾人与健全人同游水上乐园——“园博园”，共享文明城市的建设成果。

九、权益保障

1997 年，继续执行按比例安置残疾人就业及就业保障金制度，维护残疾人就业权益；继续创办特教学校，保障残疾人受教育权利。

1998 年起，民政部门将人均年收入低于最低生活标准的残疾人全部纳入最低生活保障范围，至 2007 年，共有 561 户残疾人家庭纳入低保，占全区领证的残疾人总数的 14.02%。其中，一、二级残疾人家庭 358 户。

十、捐资助残

1998 年 3 月，区政府残疾人工作协调委员会为解决“同安区残疾人综合服务中心”基建资金缺口大的问题，发动专项募捐活动，共有 78 个单位和个人为“中心”建设捐资 35.88 万元。同安区建设局、协生公司等 15 个单位、叶泳清等 3 位个人分别被区政府残工委授予“同安区捐资助残先进单位和个人”。

1999 年，台湾慈善基金会捐赠轮椅 34 部。

2000 年元月 1 日，区委宣传部、区文化局、外经贸局、残联、厦门协生公司联合举办“庆回归、迎世纪、献爱心、助残疾”大型游园义卖活动。20 多家外资企业踊跃献爱心。义卖所得 6.8 万元捐给区残联用于助残事业。

2004 年 5 月，厦门兴星纸制品厂等 11 个单位，为区残疾人事业捐款 3 万元。

2005 年，台商王永庆资助同安区 6 名聋儿实施人工耳蜗植入术。

2007 年，中国残疾人福利基金会和国际轮椅基金会在同安开展“阳光伴我行”轮椅赠送活动，捐赠残疾人轮椅 60 部。

第五章 其他民政事务

第一节 婚姻登记

“五一”集体婚礼

1997 年，同安区的婚姻登记仍由区民政局和 12 个镇民政办负责。当年结婚登记 4129 对，总结婚率 7.54‰；离婚 95 对，总离婚率 0.17‰。

2001 年，撤销大同镇人民政府婚姻登记机关，设立大同、祥平两个街道的婚姻登记机关，同安区婚姻登记机关增加为 15 个。当年结婚登记 3800 对，离婚登记 45 对。

2003 年 9 月析出翔安，同时撤销大同街道、祥平街道、凤南农场 3 个婚姻登记机关，同安区婚姻登记机关减为 7 个。当年结婚登记 4282 对，离婚登记 61 对（均含翔安）。同年 10 月 1 日，实施国务院新修订的《婚姻登记条例》，婚姻登记变管理为服务，并增加补办结婚登记、无效婚姻和可撤销婚姻等内容。同时执行厦门市民政局有关出证制度、婚检制度。

2004 年 1 月 1 日，启用新式婚姻登记证，将结婚证、离婚证统一改为枣红色。当年结婚登记 2149 对，离婚登记 84 对。

2007 年，结婚登记 3579 对，总结婚率 11.70‰；离婚 255 对，总离婚率 0.83‰。

1997—2007 年，累计办理结婚登记 40295 对，办理离婚登记 1030 对。

1997—2007 年同安区婚姻登记情况表

表 26-16

年份	结婚（对）	离婚（对）	补领结婚证	补领离婚证
1997	4129	95	—	—
1998	3948	29	—	—

续表26-16

年份	结婚（对）	离婚（对）	补领结婚证	补领离婚证
1999	4136	56	—	—
2000	3969	52	—	—
2001	3800	45	—	—
2002	3950	40	—	—
2003	4282	61	—	—
2004	2149	84	—	—
2005	2892	123	45	0
2006	3461	190	144	3
2007	3579	255	170	3
合　计	40295	1030	359	6

说明：2007 年区民政局为涉外婚姻出证 3 份

第二节　收养登记

1999 年 5 月，同安区民政局依据《中国公民收养子女登记办法》，负责对本辖区有管辖权的国内公民收养事件进行资格审查和资料核对，合格者开具证明供当事人到市民政局办理收养登记。当年办理收养登记 2 件，补办 1998 年及以前收养 48 件。

2006 年 6 月，根据厦门市《关于解决本市公民事实收养问题的意见》，办理事实收养登记 7 件，解决收养法施行前和施行初期存在事实收养关系的孩子户口以及相关的教育、就业等生活难题。

1999—2007 年，全区办理收养登记 143 件，补办 48 件，合计 191 件。

第三节　社会团体登记与管理

同安社团登记工作由“同安区社团管理办公室”依据《社会团体登记管理条例》，行使登记、管理、监督职能。

1997 年，依法对本辖区社团进行预算外资金清理。1998 年，清理党政领导社团兼职。

1998 年 9 月，根据国务院重新修改的《社会团体登记管理条例》和《民办非企业单位登记管理暂行条例》以及民政部《民办非企业单位登记暂行办法》，区民政局对原有社团进行清理整顿和重新登记，当年获准重新登记社团 108 个。

2001 年，执行民政部发布的《取缔非法民间组织暂行办法》，开展“民办非企业组织”复查登记，当年登记 17 个。

2003 年 10 月，依据民政部《关于加强农村专业经济协会培养发展和登记管理工作的指导意见》，放宽农村专业经济协会登记条件，简化登记程序。至 2007 年，登记 15 个。

截至 2007 年底，同安区登记在册的社会团体 100 个，民办非企业单位 32 个。

2007 年同安区登记在册的社会团体名录

表 26-17

序号	登记证号	单位名称	登记（发证）时间
1	1001	厦门市同安区标准计量协会	1999. 8. 25
2	1002	厦门市同安区科普创作协会	1996. 5. 31
3	1003	厦门市同安区花卉盆景协会	2000. 6. 20
4	1004	厦门市同安区建筑业协会	1998. 2. 10
5	1005	厦门市同安区私营企业协会	2000. 12. 26
6	1006	厦门市同安区西柯养猪协会	2002. 4. 20
7	1007	厦门市同安郭山蔬菜协会	2004. 11. 04
8	1008	厦门市同安郭山禽业协会	2004. 11. 04
9	1009	厦门市同安明溪蔬菜协会	2005. 1. 25
10	1010	厦门市同安上厝养殖协会	2005. 5. 30
11	1011	厦门市同安区房地产业协会	2005. 6. 16
12	1012	厦门市同安区莲花镇后埔花卉盆景协会	2005. 9. 26
13	1013	厦门市同安区莲花镇茶叶协会	2005. 9. 26
14	1014	厦门市同安溪西果蔬协会	2005. 12. 01
15	1015	厦门市同安区中草药协会	2005. 12. 22
16	1016	厦门市同安区汀溪镇西源蔬菜协会	2006. 1. 13
17	1017	厦门市同安区农资协会	2006. 6. 28
18	1018	厦门市同安区新民镇畜牧协会	2006. 9. 12
19	1019	厦门市同安区食品行业协会	2006. 10. 19
20	1020	厦门市同安区洪塘镇龙泉蔬菜协会	2006. 12. 10
21	1021	厦门市同安区五显镇布塘蔬菜协会	2007. 1. 19
22	1022	厦门市同安区汀溪镇顶村蔬菜协会	2007. 6. 08
23	1023	厦门市同安区莲花镇军营村茶叶协会	2007. 9. 27
24	1024	厦门市同安区家装协会	2007. 9. 28
25	2001	厦门市同安区西柯水产养殖研究会	1999. 4. 20
26	2002	厦门市同安区水产协会	1997. 10. 25
27	2003	厦门市同安区收藏学会	1995. 10. 31
28	2004	厦门市同安区林学会	1996. 5. 31
29	2005	厦门市同安区地名学研究会	1996. 11. 14
30	2007	厦门市同安区老年书画研究会	1996. 10. 10
31	2008	厦门市同安区珠算协会	2006. 5. 30
32	2009	厦门市同安区农学会	1996. 5. 31
33	2010	厦门市同安区医学会	1991. 7. 30
34	2011	厦门市同安区气象学会	1996. 5. 31

续表26-17

序号	登记证号	单位名称	登记（发证）时间
35	2012	厦门市同安区土木建筑学会	1996. 5. 31
36	2013	厦门市同安区盐学会	1991. 10. 31
37	2014	厦门市同安区南阳郡马府历史研究会	1996. 9. 10
38	2015	厦门市同安区新四军暨革命根据地历史研究会	1991. 7. 30
39	2016	厦门市同安区教育学会	1997. 11. 25
40	2017	厦门市同安区中医药学会	1991. 7. 31
41	2018	厦门市同安区水利电力学会	1991. 7. 30
42	2019	厦门市同安区蔡复一史绩研究会	2001. 3. 23
43	2020	厦门市同安区家庭教育研究会	1993. 5. 18
44	2021	厦门市同安区畜牧兽医学会	1996. 5. 31
45	2022	厦门市同安区养蜂学会	1996. 5. 31
46	2023	厦门市同安区逸仙艺苑	1996. 5. 31
47	2024	厦门市同安区会计协会	2005. 10. 21
48	2025	厦门市同安谢图南史迹研究会	2006. 1. 10
49	2026	厦门市同安芦山堂苏颂史绩研究会	2006. 6. 01
50	2027	厦门市同安区六桂堂史绩研究会	2007. 5. 15
51	3001	厦门市同安区信鸽俱乐部	1997. 12. 18
52	3002	厦门市同安区崇和社会福利促进协会	1997. 5. 01
53	3003	厦门市同安区乒乓球协会	2006. 8. 08
54	3004	厦门市同安区国棋中学教育促进会	1993. 10. 20
55	3005	厦门市同安区福利企业协会	1994. 8. 15
56	3006	厦门市同安区红十字事业发展促进会	1996. 12. 30
57	3007	厦门市同安区老年福利协会	1995. 10. 08
58	3008	厦门市同安区双溪足球业余俱乐部	2000. 3. 31
59	3010	厦门市同安区老年人体育协会	1996. 5. 31
60	3011	厦门市同安区农村卫生协会	1997. 10. 30
61	3012	厦门市同安区信鸽协会	1997. 10. 30
62	3014	厦门市同安区武术协会	1991. 7. 30
63	3016	厦门市启悟中学教育促进会	1997. 2. 01
64	3017	厦门市同安区儿童事业促进会	1995. 12. 30
65	3018	厦门市同安区退（离）休教育工作者协会	1995. 5. 25
66	3019	厦门市同安区协生教育促进会	1997. 12. 02
67	3020	厦门市同安区成功经济文化促进会	1997. 4. 16
68	3021	厦门市同安区卫生人才培养促进会	1998. 6. 15
69	3022	厦门市同安区球迷协会	1998. 5. 30
70	3024	厦门市同安区科技发展促进会	1996. 11. 20

续表26-17

序号	登记证号	单位名称	登记（发证）时间
71	3025	厦门市同安区教育事业促进会	1995.12.15
72	3026	厦门市同安区老区建设促进会	1995.10.31
73	3027	厦门市同安区同心慈善会	2004.10.26
74	3028	厦门市同安区垂钓协会	2002.12.16
75	3029	厦门市同安区梵天厚学慈济慈善会	2004.7.02
76	3030	厦门市同安区档案协会	2004.11.26
77	3031	厦门市同安区慈善会	2007.8.28
78	3032	厦门市同安区国祺中学德三教育促进会	2007.10.24
79	4001	厦门市同安区外商联谊会	1991.10.12
80	4002	厦门市同安区佛教协会	2001.7.30
81	4003	厦门市同安区商会会员互助协会	1997.5.28
82	4004	厦门市同安区金门同胞联谊会	1999.10.25
83	4005	厦门市同安区三自爱国运动委员会	2007.10.22
84	4006	厦门市同安区基督教协会	1997.12.30
85	4007	厦门市同安区个体劳动协会	1996.5.31
86	4008	厦门市同安区侨乡经济促进会	1998.6.10
87	4009	厦门市同安区国际标准交谊舞协会	1998.3.18
88	4010	厦门市同安区政协之友联谊会	1996.5.26
89	4011	厦门市同安区消费者权益保护委员会	1999.4.20
90	4013	厦门市同安区职工业余文娱体育联合会	2002.2.12
91	4014	厦门市同安区祥平街道商会	2002.10.15
92	4015	厦门市同安区台属联谊会	2003.7.11
93	4016	厦门市同安区洪塘镇商会	2005.8.10
94	4017	厦门市同安区海外联谊会	1991.5.09
95	4018	厦门市同安红盾高尔夫球联谊会	2006.3.30
96	4019	厦门市同安区农村经纪人协会	2006.8.31
97	4020	厦门市同安区劳动模范协会	2007.4.09
98	4021	厦门市同安区青年企业家协会	2007.10.10
99	4022	厦门市同安区莲花镇商会	2007.12.14
100	5001	厦门市同安区潘涂社区福利促进会	2007.9.20

2007年同安区登记在册的民办非企业单位名录

表26-18

序号	单位名称	登记证号	审批日期
1	厦门华兴文武学校	350212010001	2001.9.12
2	厦门市同安区大同文化技术培训中心	350212010002	2002.2.22

续表26-18

序号	单位名称	登记证号	审批日期
3	厦门市同安区祥平文化技术培训中心	350212010003	2002. 2. 23
4	厦门市同安区西柯文化技术培训中心	350212010004	2001. 10. 16
5	厦门市同安区洪塘文化技术培训中心	350212010009	2001. 10. 16
6	厦门市同安区五显文化技术培训中心	350212010010	2001. 10. 16
7	厦门市同安区莲花文化技术培训中心	350212010011	2001. 10. 16
8	厦门市同安区新民文化技术培训中心	350212010012	2001. 10. 16
9	厦门市同安区汀溪文化技术培训中心	350212010015	2002. 7. 22
10	厦门市同安区鹭鹭幼儿园	350212010016	2002. 6. 15
11	厦门市同安区小博士艺术幼儿园	350212010017	2003. 11. 24
12	厦门市同安区西池双语幼儿园	350212010018	2004. 2. 17
13	厦门市同安区恩蓓思幼儿学苑	350212010019	2004. 6. 22
14	厦门市同安区轮山培训中心	350212010020	2004. 7. 20
15	厦门市同安区永红小学	350212010021	2004. 10. 09
16	厦门市同安区开心幼儿园	350212010022	2004. 11. 24
17	厦门市同安区成龙幼儿园	350212010023	2005. 3. 03
18	厦门市同安区潘涂老年活动中心	350212070001	2005. 5. 16
19	厦门同安区国宜学校	350212010024	2005. 7. 18
20	厦门市同安银河教育培训中心	350212010025	2005. 12. 16
21	厦门市同安区成长幼儿园	350212010026	2006. 1. 23
22	厦门市同安区正和教育培训中心	350212010027	2006. 6. 28
23	厦门市同安区郑一泓棋类培训中心	350212010028	2006. 8. 15
24	厦门市同安区尚音艺术培训中心	350212010029	2006. 10. 12
25	厦门市同安区育青小学	350212010030	2006. 12. 25
26	厦门市同安区华信商业培训中心	350212010031	2007. 1. 09
27	厦门市同安区人文自考辅导中心	350212010032	2006. 11. 15
28	厦门市同安区馨贝昉幼儿学苑	350212010033	2007. 4. 17
29	厦门市同安区盼盼幼儿园	350212010034	2007. 9. 19
30	厦门市同安区英普教育培训中心	350212010035	2007. 10. 11
31	厦门市同安区志敏银城明珠幼儿园	350212010036	2007. 11. 08
32	厦门市同安区志敏岳口幼儿园	350212010037	2007. 11. 08

第四节　殡葬管理

一、殡葬改革

1997 年，全区除个别边远山村海岛缓行外，基本实现火葬。

2002 年 4 月、10 月，锄山和小嶝先后实现火葬，2007 年 12 月汀溪、莲花 21 个山顶村先后实现火葬，全区完成火葬改革。

据统计，1997—2007 年累计火化遗体 35340 具（含翔安区），为此前 14 年的 2.66 倍，年均 3213 具，为此前 14 年（1983—1996）的 3.38 倍。

二、殡葬服务

同安区殡仪馆设遗体冷存室、悼念厅、骨灰寄存室等设施，拥有殡仪车辆 11 部，工作车 2 部。为社会提供遗体冷存，整容化妆、更衣，代办丧葬仪式，提供花圈、花篮租用，骨灰寄存（存位 50000 个，2007 年寄存 2720 个），收殓，抬棺，消毒，以及提供一次性棺木及遗体防腐、卫生处理、卫生包装等用品，协办遗体跨国运输手续等殡葬服务。

三、公用墓地及灵堂建设

（一）厦门安乐永久墓园

1997 年 11 月经福建省民政厅批准，报国务院备案，翌年 6 月，由厦门安乐实业发展有限公司投资兴建，1999 年 11 月，经省民政厅批准对外营业。安乐园坐落于厦门市同安西柯镇美人山北麓丘坡地，背靠飞凤山，占地 26.67 公顷，其中墓区 20 公顷。园内建有安乐桥、骨灰廊、祭拜台、擎天龙柱、龙凤浮雕、麒麟墙、二十四孝浮雕群、健康步道、聚福桥、游泳池、钓鱼台、休闲中心、羽毛球馆及多功能厅等，园内正面一尊镇山观音菩萨端坐莲花座上。南边一地藏菩萨应着太阳的日升日落，以喻生命生生不息。墓区一期建设分为 15 个区域，划分为佛教区、基督教区、艺术区、自选区等，总计约 2 万块墓位，截至 2007 年安葬先人 8000 多位。骨灰廊内有骨灰安放格 700 位，分为单灵位和双灵位。公司为客人免费提供 2 年骨灰寄存服务。

（二）灵堂建设

自殡葬改革至 2007 年底，全区建有灵堂、骨灰寄放室的行政村 123 个（其中翔安区 43 个）。

梵天寺和梅山寺各建有“海会塔”各 1 座，供信众寄存先人骨灰盒。

第五节　收容　救助

一、收容

区民政局发现、收受弃婴后，一是送给本辖区具备收养条件的居民收养，二是派专人护送到市社会福利院。1997—2007 年，共收容安置弃婴儿 437 名。

二、社会救助

社会救助由厦门市救助站（前身为收容遣送站）经办，区民政局将救助对象集中送市救助站，由救助站统一实施救助。1997—2003 年，同安区共送市救助站的救助对象 815 名。2003 年 8 月 1 日起，按国务院《城市社会无着的流浪乞讨人员救助管理办法》规定，对救助对象直接实施救助。至 2007 年，共救助 494 名，均给与解决食宿，买车票送回原籍。

第六节　老区工作

一、老区镇村

1997 年，同安有马巷、新店、内厝、汀溪、洪塘、大嶝、新圩 7 个老区乡镇，105 个老区基点村。

2003年10月析出翔安后，同安区有汀溪、洪塘2个老区镇，有五峰、造水、汪前、半岭、褒美、古坑、新路（以上属汀溪镇）、大麦畲（属汀溪林场）、新厝、新学、塘边、下墩、龙泉、新霞、龙东、龙西、埔后、苏店、东宅（属洪塘镇）、西柯、潘涂、后田（以上属西柯镇）、布塘、明溪、后塘（以上属五显镇）、后宅（属新民镇）26个老区基点村。2007年，老区镇村不变。

二、老区扶建

1997—1999年，投资29.8万元，实施老区扶建项目20项。其中，五显布塘、马巷山亭、新圩金柄修建小学；五显布塘、后塘，汀溪造水，大嶝东埕，马巷西坂，新店茂林，新圩东寮7村修建村道，汀溪半岭维修水利，造水开发果园，汀溪古坑、新圩乌山修建村部，新店蔡厝建饮水工程，大嶝嶝崎建公厕。

2000—2001年，投资137.5万元，实施扶建项目51项。其中汀溪汪前、造水、褒美、古坑，五显明溪、布塘，洪塘龙西、下墩、新厝，新民后宅，马巷山亭、何厝，新店祥吴、霞浯、珩厝、大宅、新店村，新圩新圩村、金柄，大嶝东埕、山头等20余村修建村道。布塘、田洋、内厝、茂林小学修缮，五峰水电技改，茂林饮水工程及渔业改革，欧厝小码头、马巷下坂水库、新店沙尾水库、亭洋外口公寓、后垵水利等。

2002—2003年，投资144万元，实施扶建项目34个。其中新店霞浯、珩厝、祥吴、莲河，大嶝双沪，新圩诗坂，马巷蔡浦、市头、西炉，内厝莲塘，洪塘新厝、下墩，新民后宅，汀溪褒美，五显布塘等15个村修筑村道水泥路，新厝、褒美建设村自来水工程，东园、前垵、茂林、布塘、古坑建水利工程，芸头大麦畲建养猪场，山亭、新圩建农贸市场，后莲建老区停车场，诗坂建台湾芭乐果园，何厝建村石材加工厂。

2004—2007年，投入资金255万元，扶建33个项目。重点项目有：洪塘新厝、新霞、塘边、龙泉、下墩，大同东宅，五显后塘、明溪，汀溪褒尾、半岭、汪前、五峰等12村筑水泥村道，后塘、五峰、后宅、下墩建老人活动中心（或文化园），下墩建农贸市场，半岭建茶叶加工厂，明溪建喷灌工程及二级电站。

2007年，同安区纳入厦门市委、市政府重点扶持的老区（山区）村33个，其中革命老区基点村16个，由市财政每年拨款，列入区财政预算。

1997—2007年，省、市、区三级共拨出扶持资金494.3万元，扶建项目121个。扶建主要项目有学校、村道、水利工程、饮水工程、输电工程、有线电视、文化中心、文化园、老人活动中心、农贸市场、果园、猪场等。

2007年同安区纳入市重点扶持老区（山区）村名录

表26-19

镇	村
汀溪（12个）	古坑*、造水*、五峰*、汪前*、半岭*、褒美*、新路*、大麦畲*、前格、顶村、堤内、茬畲
莲花（12个）	小坪、水洋、尾林、军营、淡溪、白交祠、罗溪、上陵、内田、蔗内、西坑、澳溪
洪塘（5个）	龙泉*、苏店*、新学*、新霞*、新厝*
五显（3个）	明溪*、后塘*、布塘*
新民（1个）	溪林

说明：村名右上角加*号者为老区基点村

第七节 老龄工作

一、机构

同安区老龄工作机构为区“老龄工作委员会”及其办公室。区老龄工作委员会由一名副区长任主任，区政府办、民政局、组织部负责人任副主任，委员为区各部、委、办、局、镇、街、场的负责人。民政局长兼任办公室主任，民政局专人办公。各镇、街、场均成立老龄工作委员会，由行政负责人任主任，下设办公室，专人办公。村（居）均成立老年协会，设会长。

二、服务

（一）老有所养

1997年，慰问25名特困“五老”人员，每人500元。市老年基金会下拨2.04万元和1万多元的慰问品对全区100名特困老人、95岁以上老人进行慰问；区老年基金会拨1万元慰问40名困难老人。

1998年敬老节期间，走访、慰问全区150名高龄老人和特困老人，每人300元慰问金，慰问5名百岁老人。

1999年，助养42名特困老人，每人每年600元。为6户台风受灾困难老人家庭每户送去1000元慰问金。为全区3名百岁老人送去“世纪老人”荣誉牌匾、慰问金和慰问品。

2000年，助养50名特困老人。西柯镇的官浔村、后田村、美星村，新圩镇的马塘村、大同镇的东山村、新民镇禾山村、杜桥村、马巷镇的桐梓村、五星村、大嶝镇的田墘村，根据各自财力，每月为村中老人发放60元至200元不等的敬老金。

2001年，全区助养120名老人，每人每年1200元；慰问困难老人265名，每人200元；发放12名百岁高龄津贴每人1800元。

2003年春节期间，慰问百岁老人14名，每人1400元；慰问特困老人40名，每人200元；敬老节期间，助养36名特困老人，每人每年1200元；市慈善会慰问全区120名老人，每人200元；市老年基金会慰问75名困难老人，每人300元；发放407名90岁以上老人的过节费每人150元；慰问343名“五老”及遗孀、五保老人，每人100元。

2004年重阳敬老节，配合省市领导慰问268名90岁以上和5名100岁以上老人、55名特困老人。

2005年春节期间，发放上半年5名百岁老人生活补助费，每人900元。重阳敬老节期间，慰问335名90岁至99岁老人，每人200元；5名百岁以上老人下半年生活补助费和老人节慰问金，每人1550元。省老龄办慰问15名特困老人，每人200元。市老年基金会慰问120名困难老年人，每人300元。

2006年春节期间，发放上半年7名百岁老人生活补助费63000元；助养16名特困老人，每人1000元。重阳敬老节期间，慰问381名90岁至99岁老人，每人200元；7名100岁以上老人下半年生活补助费和老人节慰问金，每人1550元。省老龄办慰问15名特困老人，每人200元。市老年基金会慰问130名困难老年人，每人300元。市红十会慰问全区150名困难老人，每人价值100元的“爱心卡”。

2007年度春节期间，走访、慰问特困老人130名，每人300元。发放上半年8名百岁老人高龄生活补助费，每人900元。救济低保户、低保边缘户老年人397人。重阳敬老节期间，发放388名90岁至99岁老年人过节费，每人200元。省老龄办慰问15名特困老年人，每人200元。市老年基金会慰问130名困难老人，每人300元。区政府慰问127名困难老人，每人100元。发放下半年9名百岁老人生活补助费和慰问金，每人1100元。

（二）老有所医

2003年起，农村老人依医改政策参加新型农村合作医疗。至2005年，参保26857人，占全区农村老年人口的98%。

2006年起，城镇无单位依托的老人依政策参加社会医保。此外，市慈善总会、市红十字会和佛教慈善基金会等社会慈善机构不定期因需对贫困老人实施医疗救助。

（三）老有所教 老有所学

1997年，区老年大学与区卫生医疗及涉老部门配合，根据个人爱好，开设卫生保健、摄影、书法美术、烹调、盆景、拳功操6个班，常年参加学习老人182人。至2007年，区老年大学发展至13班，常年参加学习老人400多人。

2005年，各镇（街、场）根据省文件“关于进一步加强老年教育工作意见”成立“基层老年教育领导小组”及其办公室，聘请各村（居）“五老”志愿者、学校老师、文艺骨干、知名人士任教，做到有机构、有人员、有办公地点、有一定经费。

2007年2月15日，由区委老干局、区老龄办和区老年大学联合下发《关于在镇（街）和村（居）老年学校开展“区级老年学校示范校”创建和评估活动意见（试行）》，制定符合各个区域老年学校的课程设置原则，并在西柯镇、大同街道东山社区、西柯镇潘涂社区先行先办，同年5月，三所基层老年学校被厦门市评为“区级老年学校示范校”。西柯镇老年学校和东山社区老年学校被授予市级“基层老年学校十佳示范校”。

（四）老有所为 老有所乐

老有所为 1997—2007年，老人群体运用其人生经验、社会人脉和威望，在社区和农村社会生活、两个文明建设中，起到相当的资政作用。村老人协会对征地拆迁、环境卫生、计划生育、红白喜事、封建日的移风易俗、推行殡葬改革、关心下一代成长及村务公开、民主监督、文明建设、化解人际矛盾等方面起到不可替代的积极作用。2005年9月，竹坝华侨经济开发区、同安区凤南农场、同安区白沙仑农场、汀溪镇隘头村、洪塘镇苏厝村、祥平街道溪声村、莲花镇后埔村、新民镇禾山村、大同街道东山村、西柯镇丙洲村和西柯镇潘涂村等12个基层老人协会被厦门市老龄委授予“厦门市先进基层老年组织”荣誉称号，吴再福、王俊、刘美霞、沈笃、叶金培、范宝英、钟巧珍和叶宽裕等8人被授予“厦门市先进老年志愿者”的光荣称号。

老有所乐 2005年全区共有老年人活动中心（室）77个，各类球场84个，面积12163平方米，一些村（居）还配备各类文体器材。全区11个镇、街、场已全部成立老体协组织机构。截至2007年度，五显、汀溪、新民、洪塘、大同、凤南等79个村（居）建立老体协，占全区125个村（居）的63%。老体协组织老人参加力所能及的各类健康文体活动，其中，腰鼓、扇舞、健身操成为主要活动项目，经常在社会喜庆活动中表演。城区大轮山、双溪公园、新安洲等12个晨练点，每日参加晨练者千余人。漫步、登山、剑舞、扇舞、太极拳、腰鼓、棋类、扑克、门球、乒乓球、气排球、健身操、交谊舞等是常见运动项目。西柯镇潘涂村建成占地700多平方米的“老人之家”，内设六个活动室（阅览室、广播室、电视室、棋艺室、文体活动室和老年人保健室），建设一个占地300多平方米的篮球场和三个标准的门球场；开辟老年人体育健身活动场所四处，占地面积1400多平方米。潘涂社区基本实现有机构、有人员、有经费、有活动场所的“四有”目标，先后被评为“省老年人体育运动先进集体”和“全国老年人体育工作先进单位”。2005年10月，获第二届市老年文化艺术节组织奖和演出奖。2006年10月，获市文化艺术节组织奖、4个演出奖和一个“优秀演出奖”。

（五）保护老年人权益

1999年起，老龄工作机构通过镇街老年人法律援助站和“148”法律服务专线，为老年人提供法律服务，至2007年，共受理老年人电话咨询2049个，接待来访1910次，为老年人提供法律援助822件（其中提供义务咨询765件，受理民事诉讼、非诉讼代理34件，义务代写法律文书23份）。

（六）尊老敬老

1996年10月起，免费为老人办理敬老优待证。至2007年累计办理11380份。老年人持证可免费参观公园景点、免费乘坐公共汽车。

2005 年，开展省级“敬老模范村居”评比创先活动，西柯镇潘涂村被省老龄办、省民政厅、省文明办授予福建省第二批“敬老模范村（居）”称号。

2006 年 10 月，由区老龄办和区人大法工委等十二个部门联合开展“‘孝心进社区工程’暨纪念《老年人权益保障法》颁布十周年”活动，宣传“孝亲敬老之星”郑清水和“全国十佳孝贤”许水撰孝、贤事迹。原同安区教育局退休干部郑清水 45 年如一日、无厌无悔照顾病重母亲，被厦门市评为“孝亲敬老之星”；民营企业家、同安区商会副会长许水撰夫妇长期孝养卧病在床的母亲，并把孝心推及家乡和社会，捐资为家乡五峰村建立老人活动室，为村里老人安装有线电视，逢年过节为村里老人发送慰问金，及时赈济村内贫病特困老人，为本村革命五老中的贫困户办理终身保险，进而推其善行至于助学、济贫、赈灾等公益。历年公益捐献 600 多万元，被国家老龄委授予“全国十佳孝贤”称号。

第八节　勘界　地名

一、勘界

（一）村（居）勘界

1997 年，继续村（居）勘界工作，至 2005 年结束。全区 81 个行政村、42 个社区居委会界线全部划清入档上图，计有村（居）界档案 258 宗、三交点村（居）界档案 304 宗及地权争议备案 236 宗。

（二）区、镇勘界

1997 年 4 月 23 日，成立勘界工作领导小组，下设办公室，和区民政局合署办公，开始同安县（区）间、镇间勘界工作。至 2003 年，同安—集美两区间界长 40.87 公里、同安—长泰区县间界长 20.72 公里、同安—安溪区县间界长 55.11 公里、同安—南安区市间界长 16.397 公里、同安—翔安两区间界长 45.67 公里，5 条县区级界线总长度 178.377 公里全部勘定，埋设界碑 12 块。

至 2005 年，莲花—汀溪两镇间界长 19.84 公里、汀溪—五显两镇间界长 14.54 公里、洪塘—五显两镇间界长 8.57 公里、洪塘—西柯两镇间界长 3.92 公里、新民—西柯两镇间界长 11.03 公里、莲花—新民两镇间界长 18.19 公里、祥平—新民街镇间界长 19.11 公里、祥平—莲花街镇间界长 1.31 公里、祥平—汀溪街镇间界长 8.88 公里、大同—汀溪街镇间界长 2.23 公里、大同—五显街镇间界长 8.61 公里、大同—洪塘街镇间界长 7.53 公里、祥平—洪塘街镇间界长 2.69 公里、祥平—西柯街镇间界长 11.14 公里共 14 条镇级界线总长度 137.26 公里勘定，（均未埋设界碑），全面完成勘界工作。2005 年，完成地市级行政界线、界碑年检。2007 年，完成区级界线、界碑年检。

二、地名

“同安区地名委员会”办公室（1985 年成立），担负全区的地名命名、更名管理工作。

1997 年，开始国道两侧村镇地标设置工作，至 1998 年共设置村镇地标 25 块。区地名办被省民政厅评为“国（省）道两侧村镇名称设置工作先进单位”。开展常年地名命名与更名工作，至 2007 年，共地名命名与更名 3000 多条。道路、桥梁命名、更名 190 条，居民点命名 21 条。

2000 年，依据第二次地名普查及地名更新资料，编辑出版《同安县地名志》。全区镇场的历史区划、村（居）、得名渊源、姓氏人口、主副业生产、自然地理、名胜古迹及重要企事业、交通水利、历史名人等无不列入，荣获市社会科学研究成果奖。同年撰写《中华人民共和国地名辞典》福建省条目 58 条、《福建省地名辞典》同安条目 1284 条。

2004 年，根据《厦门市设置标准地名标志的实施方案》，开始办理门楼牌的设置及更换工作。至 2007 年设置标准街路牌 599 块、村牌 110 块、更换及新设标准门楼牌 15 万多块。

2006—2007 年，在“村改居”工作中，29 个村委会改为同名社区居委会。

2002—2006 同安城区居民点命名表

表 26-20

序号	居民点名称	位置	命名时间
1	银湖西里	二环西路东，芸溪路南，银湖西路北，原银湖西里西北	2002. 5
2	银湖里	银湖路西，银莲路北，银湖中路南	2003. 10
3	西池一里	朝阳路东、朝元路西、环城北路北	2003. 10
4	西池二里	朝元路东、东山路西、环城北路北	2003. 10
5	洋坂里	上田路东，环城北路北、朝阳路西	2003. 10
6	城北新村	东山路东，环城北路北的住宅群	2003. 10
7	三秀北里	大同街道内，三秀路北、中山路东住宅群	2006. 1
8	三秀南里	大同街道内，三秀路南、南门路北、县口路西住宅群	2006. 1
9	南门里	大同街道内，三秀路南、南门路东北、县口路东住宅群	2006. 1
10	舒安里	大同街道内，舒安巷南、城西路北住宅群	2006. 1
11	祥路里	祥平街道内，祥路巷两侧、西溪里以西住宅群	2006. 2
12	西溪里	祥平街道内，西溪街两侧、祥路里霞路里间住宅群	2006. 2
13	霞路里	祥平街道内，霞路街东、西桥路西住宅群	2006. 2
14	北镇一里	大同街道内，后炉街以东、环城北路南、三秀路北、北镇巷两侧住宅群	2006. 2
15	北镇二里	大同街道内，北镇一里东、环城北路西南、三秀路北、北镇巷两侧住宅群	2006. 2
16	后炉里	大同街道内，后炉街以西、环城北路以南、常青路东、太守巷北住宅群	2006. 2
17	双溪一里	同安大同街道双溪路北，米市西住宅群	2006. 11
18	双溪二里	同安大同街道双溪路北，同新路西住宅群	2006. 11
19	东溪里	同安大同街道双溪路北，同新路东住宅群	2006. 11
20	祥桥一里	银湖中路城南路叉口西南住宅群	2006. 11
21	祥桥二里	凤岗路城南路叉口西南住宅群	2006. 11

第九节　移民扶持与安置

一、山美水库移民扶持

2000 年底，安置在五显、汀溪、莲花、内厝、三秀山农场、竹坝农场的山美水库移民，自然增长至 2943 户、12411 人。

2002 年，同安区成立“移民遗留问题处理规划编制工作办公室”，编制 2002—2007 年六年规划项目，把移民开发与扶贫开发相结合，并上报到省移民开发局，纳入中央扶持项目。

2003 年 6 月，成立“同安区山美水库移民遗留问题处理工作领导小组”，下设办公室，挂靠在区民政局，办公室由一名副局长和一名工作人员兼职运作，主要负责中央直属水库移民遗留问题处理工作六年规划项目的一切事务。同年，同安区首批移民遗留问题处理六年规划项目中的 8 个地方交通项目获批，并于次年动工实施。此后，同安区陆续编报 2005 年、2006 年规划项目，均获批并实施完毕。

2006年，国家水利部移民局决定停止原有的六年规划项目，改变原有的扶持政策，由原来的项目扶持改为每人每月发放补助50元，发放时间从2006年7月开始。至此六年规划累计完成总投资427.91万元，其中库区建设基金213.2万元，地方配套资金204.71万元。完成项目15个，包括交通、科技推广、饮水工程、水库等。同年，同安区成立“移民后期扶持工作小组”，下设办公室设于区农业局，取消原有“移民遗留问题处理规划编制工作办公室”。至此，民政局山美水库移民相关工作移交给同安区农业局。

二、三峡水库移民安置

（一）安置方案

2000年12月5日，成立同安区三峡库区农村外迁移民安置工作协调小组，下设办公室。

2001年2月18日，同安区政府与重庆市奉节县政府签订移民安置协议。

2001年7月3日，制定《同安区三峡移民搬迁工作方案》。

（二）安置资金

国家拨给安置地掌握使用资金每人20895元，其中生产安置费每人10449元，基础设施建设费每人5020元，困难补助费每人853元，给移民个人的生产资料购置费及过渡期生活补助费每人3875元，各级移民管理费每人698元。省政府补助每人2000元。移民建房资金的筹集，人均25平方米以内每平方米移民个人出资280元，人均25平方米以外每平方米移民个人出资360元。安置资金不足部分全部由厦门市政府补助。国家、省、市先后投入资金2700多万元。

（三）住宅及基础设施建设

按照社会主义新农村建设的要求，统一征地、统一户型设计，经移民代表确认后，委托有资质建筑工程公司统一代建。宅基地按每人0.11亩（包括住宅周围空地、公共设施占地）。住宅建筑面积按人均正房25平方米，分别设计占地50平方米、65平方米、75平方米、90平方米户型规格，二户联幢，每幢二层，砖混结构。房屋建筑面积造价每平方米450元。2001年7月27日，后坂、新塘安置点住宅工程竣工验收，2002年7月15日竹坝农场、白沙仑小东山安置点住宅工程竣工验收。各安置点基础设施配套齐全，供水、供电、通信、小区排水、排污配套。进村及小区道路全部水泥路，就学、就医条件良好。每个安置点配建一座办公楼。

（四）劳力安置

坚持“以农为主，以土为本”的原则。移民的农民身份不变。政府统一征用生产用地，分配给移民户承包，每位移民净1亩地（水田0.32亩、旱地0.3亩、山地0.38亩）。同时组织移民劳动力进行就业培训，参加招聘会，介绍进厂务工，扩宽就业门路，增加非农收入。

（五）接收安置

2001年8月11日，接收安置奉节县白帝镇移民46户201人（随迁1人），其中安置在凤南农场后坂村24户103人，新塘村22户98人。

2002年8月11日，接收安置奉节县永乐镇移民30户130人，其中，安置在竹坝农场凤梨山15户63人，莲花镇莲花村白沙仑小东山15户67人。

第二十七篇　劳动人事和社会保障

1997年5月，同安撤县设区，在原同安县人事局、劳动局的基础上成立厦门市同安区人事劳动局，负责劳动、人事工作。2002年机构改革时，区人事劳动局改组为同安区人事劳动和社会保障局，增加社会保障职能。

随着同安区“工业立区”战略的推进和工业集中区的建成招商，工业企业的职工队伍迅速扩大。企业实行自主用工、签订劳动合同并报备的制度。国有、集体企业由于体制改革职工人数锐减，三资企业职工成为全区职工队伍的主力。职工劳动工资逐年提高。劳动仲裁、劳动监察、培训与就业、社会保险成为人劳社保局的重要工作。

1997年，实行公务员向全社会公开考试招录的改革，继续实行干部定编制度。1997年，编制为1935人，实有1956人。机构改革加上翔安析出，2003年底，减为856人。后来编制一直稳定，但一直超编。2007年底，编制859人，实有1004人。事业单位人员1997年编制8514人，实有8714人。2003年底，编制6719人，实有6774人。2004年起，实行向全社会公开考试招录、职称评聘分开的改革。2007年底，编制5562人，实有5719人。其中，中小学教师和医卫人员占多数。十余年间，机关事业单位工资津贴变动频繁。1996年工改，2002年，调整职务等级工资，2006年工改，机关事业单位人员工资、离退休金水平显著提高。干部的考核、任免、调配、奖惩和专业技术人员的职称评审、聘任，已形成较严密的制度。

1997年起，逐步建立社保五险（养老、医疗、工伤、失业、生育）的社会保险制度。社会保障的覆盖面不断扩大、完善。至2007年，同安区参保人数已达到84万人，年缴保险金总额3.8亿元。

第一章　城镇单位职工

第一节　企业单位职工

一、总量

1997年，城镇职工总数46067人，至2002年增至58572人，年均增长4.92%；2003年，51809人，至2007年增加到78359人，年均增长10.90%。其中，制造业职工队伍增长最快，由1997年的33868人，增至2002年53025人，年均增长9.38%；由2003年的46623人增加到2007年的74266人，年均增长12.34%。

二、构成

（一）所有制构成

1997年，城镇职工中，国有企业职工10724人，占23.30%；集体企业3817人，占8.28%；三资、股份、民营等其他所有制企业31526人，占68.44%（其中三资企业27029人，占58.67%）。

2003年析出翔安后，国企职工3183人，占6.14%；集体职工1651人，占3.19%；其他所有制46975人，占90.67%（其中三资企业35660人，占68.83%）。

2007年，全区城镇职工总数78359人，其中国企3829人，占4.89%；集体1134人，占1.45%；其他所有制73396人，占93.66%（其中三资64445人，占82.24%），成为同安区职工队伍的主体。

（二）行业构成

在区年鉴统计的行业中，城镇职工集中分布于农林牧渔、制造业、建筑业、交通运输业、金融保险业、批发零售餐饮业和其他行业七大类。1997年全区农林牧渔职工4958人，占全区职工总数的10.76%；制造业职工33868人，占73.52%；建筑业职工1538人，占3.34%；交通运输业职工792人，占1.72%；金融业职工967人，占2.10%；批发零售餐饮业职工3213人，占6.97%；其他行业职工731人，占1.78%。

2003年析出翔安后，同安区上述七大行业的职工占职工总数的比例依次为2.28%、89.47%、1.81%、2.10%、1.13%、2.43%和0.78%。

2007年末，全区农林牧渔职工943人，占职工总数1.20%；制造业职工73660人，占94.00%；建筑业职工1319人，占1.68%；交通运输业职工854人，占1.09%；金融业职工16人，占0.02%；批发零售餐饮业职工915人，占1.17%；其他行业职工652人，占0.83%。在行业构成中，制造业职工增幅最快，由1997年的33868人，占职工总数的73.52%，剧升至2003年的46353人，占89.47%，再增至2007年的73660人，占职工总数的94.00%。

1997—2007年同安区城镇企业单位在岗职工年末人数及行业构成统计表

表27-1　　单位：人

年份	在岗职工总数	其中			主要行业分布						
		国有人数	集体人数	其他所有制人数	农林牧渔	制造业	建筑业	交通运输业	金融保险业	批发零售餐饮业	其他行业
1997	46067	10724	3817	31526	4958	33868	1538	792	967	3213	731
1998	42163	4710	3539	33914	1392	34486	1930	535	783	2540	497
1999	45265	4687	2400	38178	1313	38456	1337	522	821	2285	531
2000	50438	4468	3202	42768	1185	43002	2155	437	714	2294	651
2001	51310	4468	2450	44392	1153	44554	1499	413	939	2078	674
2002	58572	3537	1903	53132	1122	53025	1042	382	591	1592	818
2003	51809	3183	1651	46975	1185	46353	942	1092	588	1260	389
2004	59496	3262	1592	54642	1003	54333	1299	1004	432	887	538
2005	65618	3963	1308	60347	944	62319	1111	726	250	483	570
2006	69741	4222	1358	64161	931	66527	1340	782	140	441	619
2007	78359	3829	1134	73396	943	73660	1319	854	16	915	652

说明：1. 2005—2006年行业分布统计数字中含有事业人员，故合计数大于总数

2. “其他所有制”包括三资企业、股份、私企等成分，而以三资企业职工占大部。1997年三资企业职工人数为27029人，1998年24608人，1999年30877人，2000年33886人，2001年35995人，2002年43903人，2003年35660人，2004年48487人，2005年54463人，2006年57387人，2007年为64445人

3. 2005年行业分布合计数66403人超过在岗职工总数65618人原因待查。2006年行业分布合计70780人超过在岗职工总数69241人，原因待查

第二节 机关事业单位工作人员

一、总量

1997年底，全区机关、事业单位工作人员11986人。其中机关2780人（其中国家公务员1251人）、事业单位9206（其中编内8741人，参照公务员管理164人）。

1998年底，全区机关、事业单位工作人员12857人。其中机关2549人（其中公务员1448人）事业单位10308人（其中编内9715人、参照公务员管理166人）。

2002年，全区机关事业单位工作人员12425人。其中机关2115人（其中公务员875人）、事业单位10310人（其中编内10266人）。

析出翔安后的2004年，全区机关事业单位工作人员7795人，其中机关1400人（其中公务员858人），事业单位6395人（其中编内干部5987人）。至2007年，同安区机关事业单位工作人员8958人，其中机关1495人（其中公务员770人），事业单位7463人（其中编内5562人）。

1997—2007年同安区机关事业单位工作人员总量表

表27-2 单位：人

年份	总人数	在岗工作人员	
		机关（其中公务员）	事业（其中编内干部）
1997	11986	2780（1251）	9206（8741）
1998	12857	2549（1448）	10308（9715）
1999	12537	2177（1080）	10360（9503）
2000	12231	2141（1080）	10090（9930）
2001	12700	2477（1186）	10223（10153）
2002	12425	2115（875）	10310（10266）
2003	11691	1838（875）	9853（6719）
2004	7795	1400（858）	6395（5987）
2005	7707	1411（781）	6296（5732）
2006	8782	1501（770）	7281（5732）
2007	8958	1495（770）	7463（5562）

说明：1. 依据区统计年鉴资料
2. 表中机关、事业单位工作人员包括集体所有制单位

二、构成

1997年，全区公务员总数1251人，其中，女性占10.23%，大专学历以上占35.25%，年龄40岁以下占53.4%，2007年全区公务员总数770人，上述三项比例依次为20.9%、86.23%和34.16%。1997年全区事业单位工作人员7513人（不含集体所有制单位，下同），其中，女性占39.45%，党团员占61.84%，大专以上学历占38.93%，高级职称占2.77%，40岁以下占73.63%；2007年，全区事业单位工作人员4579人，上述五项占比依次为50.27%、76.87%、75.17%、7.05%和70%。

若干年度同安区公务员构成情况表

表 27-3　　单位：人

项目		1997 年	1998 年	2005 年	2006 年	2007 年
公务员总数		1251	1448	781	770	770
其中：女		128	208	154	156	161
少数民族		1	1	1	1	1
政治面貌	中共党员	972	1193	624	615	593
	共青团员	122	66	86	89	95
	民主党派	2	3	49	48	64
	无党派人士	155	186	22	18	18
学历	博士	—	—	—	1	—
	硕士	—	—	8	10	11
	研究生	—	—	11	17	17
	大学本科	91	166	335	355	376
	大专	350	561	296	278	271
	中专	435	404	83	78	76
	高中	219	186	56	42	30
	初中及以下	156	131	—	—	—
年龄	35 岁以下	482	508	180	153	137
	36～40	186	236	140	130	126
	41～45	193	257	176	193	198
	46～50	138	166	152	124	119
	51～54	133	159	96	121	126
	55 岁以上	119	116	37	49	64

说明：1997 年、1998 年含翔安，1998 年平均年龄 41.3 岁，2005 年起不含翔安

若干年度同安区事业单位工作人员结构情况表

表 27-4　　单位：人

项目		1997 年	1998 年	2006 年	2007 年
总人数		7513	9288	4617	4579
其中：女		2964	3732	2320	2302
少数民族		16	24	9	10
系统	教育	6099	6489	3322	3280
	卫生	802	1458	801	808
	其他	612	1341	494	491

续表27-4

项　目		1997 年	1998 年	2006 年	2007 年
政治面貌	中共党员	1340	1983	1569	1632
	共青团员	3306	3890	1854	1888
	民主党派	45	48	198	202
	无党派人士	2822	3367	996	857
学历	博士	—	—	—	—
	硕士	—	—	13	30
	研究生	—	2	10	28
	大学本科	664	796	1437	1653
	大专	2261	2678	1886	1761
	中专	3614	4668	1189	1059
	高中	453	526	95	78
	初中及以下	521	618	—	—
职称	高级	208	547	288	323
	其中：正高	2	2	62	45
	中级	1205	2014	1679	1716
	初级	—	—	2559	2444
	未评聘	—	—	91	52
年　龄	35 岁以下	4969	6356	2430	2191
	36～40	563	711	877	1015
	41～45	527	637	508	554
	46～50	620	731	371	358
	51～54	484	543	232	276
	55 岁以上	344	308	199	185

说明：1997 年、1998 年含翔安，2006 年、2007 年不含翔安

第二章　就业与用工

第一节　企业单位就业与用工

一、就业政策

1998 年，根据市政府颁布的《厦门市劳动力市场管理暂行规定》，年满 16 周岁有劳动能力的劳动者均可凭《厦门市劳动就业手册》或厦门市外来人员就业证通过职业介绍机构进入劳动力市场求职，用人单位必须遵循“面向社会、公开招收、择优录用”的原则，遵守优先招用下岗职工、招用境外劳动者及外地劳动者的审批、招用比例和公布招工简章等规定。

1999 年，实行劳动预备制度和就业准入制度。企业和职业介绍机构不得招收、介绍未具准入资格的对象就业并纳入劳动监察范围。

2001 年，按照“市场导向、农民自愿、政府补助、就近培训、就近就地转移”的工作思路，开展农村富余劳动力转移的培训推荐就业。当年培训 19 期 1550 人，实现转移就业 1098 人。

农村富余劳动力转移招聘会

2003 年，根据厦门市人民政府《关于加强农村富余劳动力和农业人口转移的若干意见》，区辖各镇先后制定农村富余劳动力转移计划。当年培训 4396 人，实现转移 10403 人，完成市下达任务的 144%。

2004 年 1 月，根据厦门市委促进社会就业的若干意见，按照“自主择业、市场调节就业、政府促进就业”的方针，大力开发就业岗位，鼓励各种形式的灵活就业，完善社会就业优惠政策，实行毕业生实习制度和劳动预备制度，加大就业弱势群体的帮扶力度，促进和扩大就业。同年招收 113 名农村就业协管员。

2005 年 6 月，市区两级劳动和社会保障局、工会、工商联合会，联合推动就业与再就业工作。同年 10 月，对港澳台人员在内地就业实行就业许可证制度，对用人单位实行报备制度。全年 158 家企业，报备用工 9916 人。

2006 年 3 月起，实施“全面推进劳动合同制度实施三年行动计划”，到 2007 年，劳动合同签订率达 90%。585 家企业通过合同签证 46521 人。

2006 年 6 月，贯彻推行《厦门市人民政府贯彻国务院关于进一步加强就业再就业工作通知的若干意见》，要求落实税费减免、财政投入、小额担保贷款和劳动密集型小企业贷款、就业援助、社会保险补贴、公共就业服务、促进农村劳动力转移就业、职业技能培训、社区平台、失业调控、主辅分离、社会保险、劳务派遣等一系列促进充分就业再就业的政策。当年实现中介推介就业21551人，招聘会招工9400人，农村劳动力转移12507人，下岗再就业538人，劳务派遣359人，灵活就业1300人。

2007年6月，区政府采取一系列措施，多渠道促进环东海域退养渔民实现转产转业：区政府和镇（街）提供公益性岗位，安置“4050”人员转移就业；对招用“4050”退养人员的企业实行社会保险费补贴；鼓励发展家庭手工业，带动大龄退养人员实现就近就地灵活就业；鼓励劳务输出和自主创业、自谋职业。当年实现中介推荐就业39921人，下岗再就业1251人（其中“4050”人员860人），灵活就业1730人，劳务派遣801人，农村富余劳动力转移就业11807人，劳务外派302人。

二、用工制度与就业途径

（一）用工制度

1997—2007年，执行企业自主招工，签订劳动合同并报备的用工制度。企业可通过政府和社会举办的招聘会、“人才直通车”、农村富余劳动力招聘会以及职业介绍所推介等方式公开招聘。据不完全统计，11年间，通过现场招聘会累计招用工人108584人次。通过职介所推荐就业累计131416人次。2001—2007年，通过农村富余劳动力专场（或“人才直通车”）累计招聘农村劳力60245人次。11年间累计签订劳动合同并鉴证269200份。

招聘赴新加坡电子劳务

其次为劳务派遣制度。2006年，设立区劳务派遣公司，当年派遣机关事业单位临时用工359人，2007年，派遣801人。

（二）就业途径

厂校挂钩　同安区技工学校每年毕业生300～400人，就业率年年在95%以上。

职业介绍所推荐就业　11年间全区推荐就业131416人次。

区人事劳动和社会保障局举办大型人才招聘会

劳务市场招聘会就业　有用工招聘会、人才直通车、农村富余劳动力专场招聘会等途径。供需面谈，双向选择，11年间全区召开大中型招聘会40余场，提供岗位数166332个，实现就业108584人次。其中，2003年，召开3场招聘会提供岗位万余个，达成就业意向5000余人，实现就业3274人。2004年4月，首次开通“岛外人才直通车”，提供岗位6000个，2500人达成意向。2006年，开招聘会17场，企业提供岗位3.3万个，达成意向21440人次，实现就业11807人。

自谋职业 区劳动、工商部门制定优惠政策，鼓励、扶助自谋职业、自主创业。自谋职业成为城镇居民的重要就业途径。1997年，全区个体劳动者4407户，2003年10920户。析出翔安区后的2004年同安区5887户、2007年8560户。2000年起，对城镇退伍军人执行“以自谋职业为主，发就业补助金”的安置政策。每人补助2万～3万元。至2007年，累计补助505人1273万元。区劳动服务中心每年定期组织待业者参加烹饪、电脑、叉车、电动车等技能培训，扶助创业就业。2006年起，推行“一村一品”“1+1群”创业模式，鼓励待业人员、失地失海人员加盟银祥公司的“香香吧”“美食家”等创业项目。据统计1997—2007年，全区自谋职业69180人次。

“1+1群”同安创业项目推介会

灵活就业 主要有城镇季节工、月工、星期工、日工、钟点工等。据不完全统计2003—2007年灵活就业4135人次。

1997—2007年同安区就业情况表

表27-5

项目		1997年	1998年	1999年	2000年	2001年	2002年	2003年	2004年	2005年	2006年	2007年	合计
法规、技能培训（期/人）		5340人	326/11888	340/25769	240/22501	201/18958	316/24124	208/17465	198/9696	/6065外来工	/5364外来工	/8447外来工	155617
招聘会就业（人次）		3100	8830	13100	12223	12400	13845	11836	8080	7759	9400	8011	40余场108584
职介所推介就业（人次）	求职登记	1410	5300	11818	10041	15038	23576	26731	25330	29720	33730	45378	228072
	推介就业	636	1495	5206	6200	7631	14136	13120	10200	11320	21551	39921	131416
大中专技校毕业生就业（人）		486	465	460	426	408	734	2066	540	734	567	744	7630
农村富余劳动力转移（期/人）	技能培训	—	—	4/110	6/800	19/1550	30/1839	26/4466	4275	4026	4567	3391	25024
	转移就业	—	—	300	725	1098	1358	10403	11558	11514	12507	11807	61270
下岗工人再就业(人)		0	0	56	95	208	603	324	505	680	538	1251（“4050”860人）	4260
自谋职业（人）		4407	4977	5034	4532	5274	6182	10920	5887	6706	6701	8560	69180
灵活就业（人）		—	—	—	—	—	—	303	375	407	1300	1750	4135
劳务派遣（人）		—	—	—	—	—	—	—	—	—	359	801	1160
劳务输出（人）		250	323	316	458	460	365	360	408	323	269	302	3834
企业用工报备（家/人）		—	—	—	/10973	215/21561	138/13329	195/14530	156/10112	158/9916	288/28959	30996	140376
签订劳动合同（份）		6700	9000	12591	17826	23518	41421	21989	—	47708	41926	46521	269200

说明：1. 据区人事劳动和社会保障局不完全统计

2. 大部分私营商业和小型工业企业均无报备、无签合同

3. 2003—2007年城镇个体劳动者人数统计来自区个体协会

第二节　机关事业单位工作人员录用

1997年起，完善机关事业工作人员录聘“双向选择”办法。国家公务员向社会公开招考录用。当年，事业单位从计划内自费大中专毕业生中录用49人，聘用161人，其中教育部门聘用职业中专毕业生62人。录用20名大中专毕业生到村组织工作。录用军队转业干部11名。公开招考录用公务员25名（政法机关19名，政府机关6名）。

1998年，从计划内自费生中录（聘）用15人。镇村及事业单位录聘大专以上毕业生104人（录用29人，聘用75人）。

1999年，聘用干部13名，录用4名。

2000年起，事业单位录用工作人员一律向社会公开招考。当年招考录用事业单位工作人员124名。

2001年，招录机关工作人员8名，聘用24名。续聘104名。

毕业生就业大型现场招聘会

2003年，考录公务员20名，8个事业单位录用毕业生10名。事业单位续聘1381名。2004—2007年，累计考录国家公务员65名。录聘事业单位工作人员212名（其中教育122名）。其中2006年事业单位录聘36名高学历人员。2007年，9家区属事业单位招聘高学历人员25名（其中副高以上职称5名，研究生学历7名，本科12名）。

第三章　劳动人事管理

第一节　企业单位劳动管理

一、职业培训

职业培训由区劳动服务中心负责。

1997—1998年，组织各企业下岗职工17228人参加转业、转岗培训。

2001年起，开始农村富余劳动力转移培训，至2007年，累计培训2.5万人次。

2005年5月，开展失业人员、农村富余劳动力“1+1群”（帮一个人创业，带一群人就业）创业培训和进城务工人员岗前免费培训。

2006 年 6 月，贯彻厦门市人民政府关于进一步加强就业和再就业工作的若干意见，完善和落实职业技能培训政策，实施“高技能人才培训工程”“农村劳动力转移培训工程”“再就业培训工程”，开展“创业培训”，提供“一条龙”服务和职业培训补贴等。

2006 年 8 月，开展城镇失业人员再就业培训，统一费用标准、统一课程、统一教材，培企结合，开展“1+1 再就业培训”（即企业出岗位，政府出培训）。当年培训外来工、农村富余劳动力 9931 人次。

2007 年 6 月，加强对环东海域退养渔民的职业技能培训，使其取得一本就业通行证；并对组织培训并吸纳退养渔民就业的企业，按每人 300 元的标准给予补助。由培训机构培训的，按初级、中级、高级培训及鉴定项目分别给予不高于 600 元、1200 元、1800 元的补助；对参加劳动保障部门发布的急需工种的培训并取得其核发的结业证书或职业资格证书、半年内实现就业的退养渔民，按实际培训费用予以一次性补贴，最高不超过 1600 元。当年，参加培训的失地失海人员 1800 人次。

1997—2007 年，累计培训外来工、农民工、农村富余劳动力、企业下岗职工 197799 人次。

二、劳动监察

1997 年起，坚持执行企业年审制度。年审内容包括用人单位制定的劳动规章制度（厂规厂纪）是否符合劳动法律法规、用工是否签订劳动合同及报劳动行政部门备案、用外工是否办理证卡合一及报劳动行政部门备案、有否办理社会保险手续、最低工资给付和工资支付情况、遵守工时制度情况和残疾人就业情况等 7 项。当年年审 224 家。同年把矿山生产列为劳动监察重点。至 2000 年，年检不合格 140 个矿点，取缔无证开采 46 起，违规罚款 23.2 万元。注销许采证 210 本，闭坑 164 点，停产整改 191 矿点。

2000 年，颁发“企业工资总额使用手册”并纳入年审内容。当年办理 383 户。同年实行劳动合同鉴证制度，至 2007 年，累计鉴证 224160 份，督促补签 7181 份，纠错 2203 份（均缺 2004 年数据）。

2000 年起，实行企业用工报备制度。当年报备 10973 人，至 2007 年，累计劳动报备 140376 人。

2000 年 4—10 月，对各类用人单位进行 1999 年度劳动和社会保障年审。除常规七项内容外，加上《工资总额使用手册》的使用和备案情况。至 2006 年，企业办理《工资总额使用手册》250 家 88595 人。

2001 年 7—8 月，开展劳动保障法律监督检查活动。内容为社会保险登记、申报、缴费情况；签订、实行劳动合同情况；支付工资情况；遵守女职工和未成年工特殊保护规定情况；遵守其他劳动保障法律法规情况。

2002 年，按规定开展各类用人单位（企业、个体经济组织、实行企业化管理的事业单位和社会团体组织）劳动年审。内容为招用人员有否报备和“证卡合一”办理情况；劳动合同签订及报备情况；办理社会保险情况；厂规厂纪是否符合劳动法律法规；技术工种的从业人员有否相应的职业资格证书；《工资总额使用手册》使用、报备情况。

劳动监察大队为外来工讨回工资

2004年12月，贯彻国务院颁布《劳动保障监察条例》，对用人单位制定的内部劳动保障规章制度、与劳动者订立劳动合同、遵守禁止使用童工规定、遵守女职工和未成年工特殊劳动保护规定、遵守工作时间和休息休假规定、支付劳动者工资和执行最低工资标准、参加各项社会保险和缴纳社会保险费等事项的情况，职业介绍机构、职业技能培训机构和职业技能考核鉴定机构遵守国家相关规定的情况进行劳动保障监察。

2005年6月，实行劳动保障监察书面审查办法。用人单位必须定期不定期报送劳动用工和社会保险方面的书面材料，并接受劳动保障行政部门的审查。同时，实行用人单位遵守劳动保障基本标准认证和诚信管理制度。劳动保障行政部门根据对用人单位遵守劳动保障法律、法规及规章情况进行综合检查的结果，确定其诚信等级（诚信等级分为AAA级、AA级、A级、B级、C级五个等级）。

2006年起，开展创建劳动关系和谐企业（工业园区）活动，促进企业和工业园区建立健全劳动关系双方利益协调和劳动纠纷调处机制，全面落实劳动保障法律法规和各项政策规定。

同年区人劳保障局执行市府《企业工资支付条例》，督促145个建设项目企业设立“工资保证金”专项账户，预存2119万元，2007年，督促180个建设项目预存工资保证金4315万元，确保建筑工人工资支付。

三、劳动争议仲裁

劳动争议、纠纷通过“区劳动争议仲裁委员会”进行调解、仲裁处理，突发性群体事件由110联动出警处理。建立镇级“调解委员会”，共有成员68人，专职调解员12人，负责调解劳动纠纷。据不完全统计，1997—2007年，全区受理欠薪等各类投诉、各类劳动争议2975件，涉案标的2480万元，讨回欠薪2735万元。110联动出警处理群体事件185起。

同安区劳动争议仲裁庭

四、劳动力市场管理

1998年5月，按《福建省劳动力市场管理条例》《厦门市劳动力市场管理暂行规定》，求职者应凭《厦门市劳动就业手册》或厦门市外来人员就业证进入劳动力市场求职；选择技能工作岗位的，必须具有相应的职业资格证书；招用外地劳动者需报劳动行政部门审批并遵照招用外工比例；不得招用未持有流动就业证件等规定的必备证件的外地劳动者。劳动行政部门和有关政府部门要对劳动力供需双方实行监督检查。

2004年12月1日起，实施《厦门市职业介绍机构管理暂行办法》，规范职业介绍行为，保护用人单位和求职者的合法权益，促进劳动者就业。

1997—2007年，累计办理“就业手册”48729本，就业证65869本。未成年工审查发“登记证”1138本。同时，对社会上坑害求职者的非法职业介绍所进行清理，先后取缔“黑中介”12家。

第二节 机关事业单位人事管理

一、机构

（一）厦门市同安区人事劳动和社会保障局（厦门市同安区人事劳动局）

1997年12月24日，在原县人事局、劳动局的基础上组建厦门市同安区人事劳动局，内设办公室、考录调配科、考核任免科、工资福利科、保险退休科、专业技术人员科、劳动力管理科、培训教育科、劳动安全监察科（承担区安全委员会办公室职责）、仲裁科、编制秘书科共11个科室。区机构编制委员会办公室与区人事劳动局合署办公。

2002年9月，成立厦门市同安区人事劳动和社会保障局，内设办公室，公务员管理科、人才开发科、专业技术人员科、工资福利科、退休与社会保障科、劳动就业与职业培训科、仲裁科8个科室，主管劳动人事工作和社会保障工作。

2004年，完成内设科室整合，将原来的8个科室合并为综合科、人事科、劳动科、仲裁科4个科室。其中劳动科主管企业，人事科主管机关事业单位人事工作。延续至2007年。

（二）厦门市同安区社会保障管理中心

2004年1月成立，全民事业单位，隶属同安区人事劳动和社会保障局管理。内设机关事业社会保障科、社会劳动保险科、医疗保险管理科、农村社会保险科、综合科5个科室，为区社会保障经办机构。2004年5月，内设科室更改为综合科、个账证卡管理与待遇审核科、医疗管理与工伤保险科、事业单位社会保险科、农村社会保险科。

（三）厦门市同安区劳动监察大队

1997年底，同安县劳动监察队改建为同安区劳动监察大队，全民事业单位，隶属于安监局。负责全区企事业单位的用工、务工、中介等劳动法律、法规监察。

（四）厦门市同安区就业服务中心

2002年成立，全民事业单位，隶属区人事劳动和社会保障局，内设综合科、人才科、就业培训科、职业技能鉴定指导科，负责就业培训、技能鉴定和人才引进、推荐工作。加挂“同安区人力资源市场”牌子。

（五）厦门市同安区离退休人员社会化管理服务中心

2001年5月成立，隶属区人事劳动和社会保障局。负责全区企业事业离退休人员社会化管理服务工作。2003年底，同安区进入服务中心的离退休人员共6273人（其中企业3239人，机关事业职工3034人）。2007年，中心累计有离退休人员6815人。

二、编制

（一）区级机关编制

1997年12月，同安区党政群机构共33个，实有人员674名，其中行政编制人员583人，机关事业编制人员73人，工勤人员18人。2002—2003年机构改革，加上翔安区划出，同安区级行政编制285名，至2007年底，同安区党政群机构共41个，行政编制298名，工勤编制28名，实际在岗417名，超编91名（其中公务员超编78名）。

中国共产党厦门市同安区委员会　1997年12月，同安区委下设纪律检查委员会机关、办公室、组织部、宣传部、统一战线工作部、政法委员会、机构编制委员会办公室、区直机关工作委员会等8个工作机构。区委信访局、区委老干局、区委精神文明建设办公室3个部门管理机构。合计机关行政编制82名，机关事业编制15名。2003年年底，核定同安区委内设工作机构9个（增加对台办），部门工作机构3个（原有保留）。行政编制77名，工勤编制7名，在职超编7名。至2007年底，同安区委行政编制77名，工勤编制7名，在职超编6名（其中行政超编5名）。

厦门市同安区人民政府 1997年12月，同安区政府下设办公室、发展和改革局、经济贸易发展局、文化体育局、教育局、民政局、司法局、财政局、人事劳动局、审计局、人口和计划生育局、卫生局、农业局、水利局、建设局、城市管理行政执法局、档案局等17个工作部门，合计机关行政编制208名。2003年12月，区政府下设工作部门18个，管理机构2个，协调机构1个，合署机构2个。合计行政编制203名，老干专项5名。2003年，精减人员，区政府部分公务员提前退休、离岗待退。2004年4月，区直机关分流部分公务员到镇、街道及执法局。至2007年底，核定同安区政府行政编制178名，工勤编制18名，在职超编64名（其中公务员超编56名）。

厦门市同安区人民代表大会常务委员会 2003年底，区人大机关内设办公室、法制内司工作委员会、财政经济工作委员会、科教侨台工作委员会，合计行政编制16名，机关事业编制2名。2007年底，核定行政编制16名，工勤编制2名。实际在岗超编6名（其中公务员超编5名）。

政协厦门市同安区委员会 2003年，区政协机关内设办公室、提案委员会办公室、专门委员会办公室，合计行政编制12名，工勤编制1名。2007年底，核定行政编制14名，工勤编制2名。实际在岗16人，其中公务员超编2名。

（二）群团

同安区总工会 1997年，核定行政编制6名，机关事业编制1名。2003年12月，核定编制2名。2007年底，核定行政编制2名。实际在岗3人，公务员超编1名。

共青团同安区委员会 1997年，核定行政编制6名，机关事业编制1名。2003年12月，核定群团编制2名。2007年底，核定行政编制2名。实际在岗3名，公务员超编1名。

同安区妇女联合会 1997年，核定行政编制5名，机关事业编制1名。2003年12月核定群团编制2名。2007年底，核定行政编制2名，实际在岗4名，其中公务员超编1名，工勤1名。

同安区归国华侨联合会 1997年，核定行政编制2名，机关事业编制2名。2003年12月，核定群团编制2名。2007年底，核定行政编制2名，实际在岗2名。

同安区工商业联合会 1997年，核定行政编制2名，机关事业编制3名。2003年12月，核定群团编制2名。2007年底，核定行政编制2名。实际在岗4名，公务员超编2名。

同安区科学技术协会 1993年，核定行政编制2名，机关事业编制8名。2003年12月，核定群团编制2名。2007年，核定行政编制2名，实际在岗4名，公务员超编2名。

同安区红十字会 1997年，核定机关事业编制3名。2003年12月，核定群团编制1名。2007年底，核定行政编制1名。实际在岗2名，公务员超编1名。

同安区残疾人联合会 1997年，核定机关事业编制6名。2003年12月，核定群团编制2名。2007年底，核定行政编制2名。实际在岗5人，公务员超编3名。

厦门市同安区人民武装部 1997年，核定行政编制12名。2007年，核定行政编制10名，实际在岗10名。

厦门市同安区人民法院 1997年，内设办公室、政法处、刑事审判庭、民事审判庭、经济审判庭、行政审判庭、执行庭、告诉申诉审判庭，研究室、法警大队、监察室。核定院机关行政编制64名，法庭行政编制39名，机关事业编制12名。2003年12月，核定行政编制63名，其他6名。2007年底，核定政法专项编制70名，工勤6名。实际在岗72名，其中公务员缺编3名。

厦门市同安区人民检察院 1997年，内设办公室、政治处、监察科、审查批捕科、审查起诉科、反贪污贿赂局、法纪检察科、监所检察科、民事行政检察科、控告申诉检察科、预防犯罪科11个职能科室，核定机关行政编制90名，机关事业编制11名。2003年12月，核定行政编制62名，其他6名。2007年，核定政法专项编制69名，工勤6名。实际在岗66名，其中公务员缺编7名。

2007年同安区区直机关机构编制、在职人员表

表27-6 单位：人

单位名称	编制					在职人员			离岗人员	领导职数	
	编制总数	行政编制	工勤编制	老干编制	群团编制	人员总数	公务员	工勤		处级	科级
区直总计	326	283	28	—	15	417	376	41	11	94	63
区委小计	84	77	7	—	—	90	82	8	6	23	15
纪委	15	14	1	—	—	16	15	1	1	4	5
区委办	16	14	2	—	—	11	9	2	—	3	3
组织部	12	12	—	—	—	11	11	—	—	3	3
宣传部	7	6	1	—	—	9	9	—	—	2	2
统战部	6	5	1	—	—	7	6	1	2	2	—
政法委	9	8	1	—	—	12	10	2	—	3	2
编办	2	2	—	—	—	2	2	—	—	1	—
台办	4	4	—	—	—	4	4	—	—	1	—
机关党工委	3	3	—	—	—	5	5	—	—	1	—
信访局	3	3	—	—	—	4	3	1	—	1	—
老干局	5	4	1	—	—	6	5	1	3	1	—
文明办	2	2	—	—	—	3	3	—	—	1	—
民族宗教局	—	—	—	—	—	—	—	—	—	—	—
人大政协小计	31	28	—	—	—	40	35	5	—	9	2
人大办	18	16	2	—	—	24	21	3	—	5	2
政协办	13	12	1	—	—	16	14	2	—	4	—
群团小计	15	—	—	—	15	27	25	2	—	8	—
工会	2	—	—	—	2	3	3	—	—	1	—
团区委	2	—	—	—	2	3	2	1	—	1	—
妇联	2	—	—	—	2	4	3	1	—	1	—
侨联	2	—	—	—	2	2	2	—	—	1	—
工商联	2	—	—	—	2	4	4	—	—	1	—
科协	2	—	—	—	2	4	4	—	—	1	—
残联	2	—	—	—	2	5	5	—	—	1	—
红十字会	1	—	—	—	1	2	2	—	—	1	—
政府小计	196	178	18	—	—	260	234	26	5	54	46
政府办	22	20	2	—	—	25	20	5	—	3	3
发展和改革局	13	12	1	—	—	17	15	2	—	3	4
经济贸易发展局	12	11	1	—	—	17	15	2	2	3	3
教育局	12	11	1	—	—	14	13	1	—	3	4
民政局	8	7	1	—	—	9	9	—	—	2	2
财政局	16	15	1	—	—	16	16	—	—	3	4

续表27-6

单位名称	编制					在职人员			离岗人员	领导职数	
	编制总数	行政编制	工勤编制	老干编制	群团编制	人员总数	公务员	工勤		处级	科级
人劳社保局	12	11	1	—	—	17	16	1	—	3	4
人口和计生局	7	6	1	—	—	9	9	—	—	3	2
卫生局	7	6	1	—	—	9	9	—	1	2	2
审计局	10	9	1	—	—	11	11	—	1	2	2
农业局	10	9	—	—	—	11	11	—	—	3	2
水利局	5	5	—	—	—	7	7	—	—	2	—
文体局	4	4	—	—	—	4	4	—	—	1	—
建设局	12	11	1	—	—	11	10	1	—	3	2
交通局	9	8	1	—	—	11	11	—	—	2	2
安监局	4	3	1	—	—	4	4	—	—	1	—
机关管理局	3	3	—	—	—	16	4	12	1	1	—
林业局	4	4	—	—	—	5	5	—	—	1	—
人防办	2	2	—	—	—	4	4	—	—	1	—
大同街道	12	10	2	—	—	20	19	1	—	6	5
祥平街道	12	11	1	—	—	23	22	1	—	6	5

说明：处、科级职数不含司法局。区委办、政府办、人大办、政协办行政编制含区级领导

2007年同安区部分区直机关司法及其他机构编制、在职人员表

表27-7　　单位：人

单位名称	编制总数	政法专项编制	工勤编制	机关事业编制	在职人员总数	公务员	工勤人员	离岗人员
法院	76	70	6	—	72	67	5	3
检察院	75	69	6	—	66	62	4	1
司法局（含公证员及司法所）	38	38	—	—	33	31	2	2
行政执法局	85	—	—	85	74	66	8	—
工业园区管委会	—	—	—	—	1	1	—	—
人武部	10	—	—	—	10	—	10	—

（二）镇级机关编制

1997年5月，同安撤县设区后，共辖大同、新民、五显、洪塘、汀溪、西柯、莲花、马巷、新店、新圩、内厝、大嶝共12个镇。镇机关设党委、政府、人大、纪委四机构及人武部、财政所、工、团、妇等机构。机关总编制584名（其中行政编制520名）。实际到位527名，缺编57名。

2001年，12个镇行政编制510名。

2002年机构改革。核定12个镇机关行政编制398名，减少112名，精简22%。

2003年10月，同安区下辖6镇2街道（新民、五显、洪塘、汀溪、莲花、西柯镇及大同、祥平街道）。2004年，核定6个镇机关编制总数232名（其中行政编制202名，工勤16名，农税专项14名），

规定五年内不得增编进人。街道编制缺。

2006 年，镇机关行政编制 216 名。街道编制缺。

2007 年，6 个镇机关编制总数核减为 202 名（汀溪镇 27 名，其余五镇均为 35 名）。实际在岗 166 名，缺编 36 名。处级领导职数 66 名，实配 68 名。两街道编制总数 24 名，其中行政编制 21 名，工勤 1 名，在编 23 名。

（三）事业单位编制

1997 年，全区事业单位（含镇属）247 个，编制总数 8741 人，在岗 8699 人，缺编 42 人。

2002 年，机构改革，镇属事业单位由 116 个整合为 55 个（11 个镇属各 12 个站整合为各镇经济发展服务中心、社会事务服务中心、文化服务中心、计划生育服务所和环境卫生管理所）。当年全区事业单位总数 332 个，人员总编制 10266 人，实际在岗 10310 人，超编 44 人。

2003 年底，同安区事业单位 238 家，总编制人数 6719 人，实际在岗 6778 人，超编 59 人。

2004 年起，小学教育单位整合，至 2007 年，先后有 29 所农村小学撤并。同年，同安一中划归市直属，行政执法局 51 名事业人员成建制转为公务员。

2005 年，撤销国土资源管理系统事业单位 12 个，收回事业编制 81 名。农业局系统的事业单位由 20 个整合为 12 个，重核编制 110 名。区林业局系统事业单位由 15 个整合为 13 个，重核编制 90 名。区水利局系统事业单位由 13 个整合为 9 个，重核编制 127 名。撤销区工人文化宫、职工业余学校，整合为区工会职工服务中心，核编 11 人（次年初再减为 8 人）。

2006 年，严禁增设营业性事业单位和承担行政职能的事业单位。策槽灌区管理处人员编制由 38 人缩核为 15 人，小坪水库由 39 人缩核为 10 人，均为自收自支。

2007 年底，区第三医院升级为三级乙等医院，增加编制 150 名（总编制 616 名）。全区事业单位共 211 家，总编制数 5562 人，实际在岗 5719 人，超编 157 人。事业单位中全额拨款单位 153 个，差额拨款单位 24 个，自收自支单位 34 个。

1997—2007 年同安区事业单位编制表

表 27-8　　　　单位：人

年份	单位总数	编制总数	实有人数	其中：教育系统			其中：卫生系统			其中：其他系统		
				单位数	编制数	实有	单位数	编制数	实有	单位数	编制数	实有
1997	247	8741	8699	53	6042	6062	12	705	819	182	1994	1818
1998	322	9715	9980	55	6459	6468	31	1494	1580	236	1762	1932
1999	316	9440	9503	53	5934	5975	26	1447	1447	237	2059	2081
2000	337	9930	10024	53	6504	6563	30	1482	1486	254	1944	1975
2001	361	10153	10223	52	6441	6503	34	1495	1500	275	2217	2220
2002	332	10266	10310	53	6550	6560	29	1425	1434	250	2291	2316
2003	238	6719	6778	34	3806	3806	26	1015	1015	178	1898	1957
2004	224	5987	5994	37	3524	3524	20	941	941	167	1526	1558
2005	218	5732	5748	37	3492	3492	22	941	941	159	1299	1315
2006	216	5732	5748	34	3412	3412	23	950	950	159	1370	1386
2007	211	5562	5719	33	3357	3361	22	914	914	156	1291	1444

三、考核

1997年起，同人〔1996〕049号文转发国家人事部《实施国家公务员考核制度有关问题的通知》，在政府机关建立正规的考核制度，同时建立年度考核工作审核备案制度。同年，事业单位执行人事部《事业单位工作人员考核暂行规定》。根据该规定，德能勤绩4方面表现较差者，在年终考核中难定等次的，可给予3～6个月的告诫期；实行领导和群众、平时与定期、定性与定量相结合的考核办法；明确考核结果的使用：合格以上等次按规定晋升工资档次、发给奖金；职员连续三年以上合格，具有晋升职务资格，连续两年以上优秀，有优先晋升职务资格；专业技术人员合格以上具有续聘资格；工人连续两年优秀，有聘任技师优先资格。当年不合格者不发年终奖；连续两年不合格，可予降职、调整工作、低聘、解聘；连续两年不合格、又不服从组织安排，或重新安排工作后考核又不合格者，辞退。

2000年起，机关事业单位年度考核，增设基本合格（称职）等次，共4等［优秀、合格（称职）、基本合格（基本称职）、不合格（不称职）］，且推行量化考核、加大考核结果使用力度。

2001年起，执行《厦门市国家公务员年度考核暂行办法》。办法规定：考核内容的“德”占20分，“能”“勤”各占15分、绩占50分；制定量化考核，把上述4内容细化为15要素，逐一对照评分，按分数高低对照相应等次“对号入座”（90分以上优秀，70～89分为称职，60～69分为基本称职，60分以下为不称职）；并加强考核结果的使用。当年全区10743名机关事业单位工作人员参加考评，评为优秀者1228名，占11.43%；称职（合格）者9146人，占85.13%；基本合格1人，不合格5人，不定等次363人，未参加考核36人，不称职1人。

2004年11月，贯彻执行《福建省实行聘用制事业单位工作人员考核办法（试行）》，未实行聘用制的事业单位工作人员参照执行。当年全区机关事业人员6518人参加考核，评为优秀718人，占11.02%，称职5642人，占86.56%，基本称职4人。

2005年，全区6101名机关事业单位工作人员参加考评，评为优秀者752人，占12.33%，称职5259人，占86.20%。基本合格1人，不称职7人，不定等次44人，未参加考核38人。

2006年，参加考核6075人，评为优秀939人，占15.46%。称职4984人，占82.84%，不称职0人，不定等次64人，未参加考核59人。

2007年，参加考核6088人，优秀941人，占15.46%，称职4984人，占81.87%，不称职1人，不定等次66人，未参加考核62人。

据统计，1997—2007年同安区机关事业人员参加考核人数累计95392人，其中，优秀11690人，占12.25%、合格（称职）78292人，占82.07%、基本合格（基本称职）26人、不合格（不称职）43人。

1997—2007年同安区机关事业单位工作人员考核情况表

表27-9　　单位：人

年份	参加考核人数	优秀	合格（称职）	基本合格（基本称职）	不合格（不称职）	不定等次	未参加考核人数	不属考核对象
1997	10317	1280	8282	—	1	754	—	—
1998	10976	1311	8362	—	3	1300	—	—
1999	10528	1266	8387	—	6	869	—	—
2000	10754	1327	8606	—	8	709	95	9
2001	10743	1228	9146	1	5	363	—	—
2002	10759	1197	9072	11	4	475	—	—

续表27-9

年份	参加考核人数	优秀	合格（称职）	基本合格（基本称职）	不合格（不称职）	不定等次	未参加考核人数	不属考核对象
2003	6533	731	5570	9	5	179	19	20
2004	6518	718	5642	4	3	57	37	57
2005	6101	752	5259	1	7	44	38	—
2006	6075	939	4982	—	—	64	59	31
2007	6088	941	4984	—	1	66	62	34
合计	95392	11690	78292	26	43	4880	310	151

说明：1997—2002 年参加考核人数不含党群口工作人员

四、任免

1998 年起，按同委〔1998〕12 号文规定，区直机关二级机构副局长，区直机关部门和镇机关内设科室的正副职及区直机关正科级非领导职务的任免，按职位设置、任职条件严格考核后，召开党委或部务会研究人选，将干部任免请示、任免审批表及考核材料报区委组织部审批（政府系统报组织部审批前应先报人劳局审批），经区委组织部批复后由呈报机关办理任免手续。

同年又规定：正科级任免前，报区委组织部审批后报区人事局转报市人事局审核。

区直机关、镇、法院、检察院的科级干部、区属完全中学正职领导、区属企业正职领导、区属事业单位的科级领导、区属企业的副职领导，属组织部管理。机关正、副科领导干部的任免，由各主管部门或单位进行考察，正科干部报区委组织部审批，副科干部报区委组织部审核同意后，由各主管部门或单位任免；区直副科非领导职务的任免，按党群系统和政府系统分别由区委组织部、区人事劳动和社会保障局审核同意后，由区直各部门或单位发文任免；各镇副科非领导职务的任免由各镇党委报区委组织部审核同意后，由各镇党委或政府发文任免。

党群系统科员、办事员的任免由区委组织部审核同意后，由各报送部门发文任免；政府系统科员、办事员由区人事劳动和社会保障局审核同意后由报送部门发文任免。

列为区委管理的企事业单位正职领导的任免或聘用，由区委组织部进行考察（有协管单位者，协管单位协同考察），提出拟任人选，报区委常委会研究决定，按干部任免程序办理任免职或聘用手续。

列为区委组织部管理的企业副职领导的任免或聘用，由区委组织部会同主管部门进行考察，提出拟任免人选，报区政府常务会议决定，由主管部门发文任免或聘用。

列为区委组织部管理的事业单位科级领导的任免或聘用，由区委组织部会同主管部门进行考察，提出拟任免或聘用的初步人选，并征求区委、区政府分管领导的意见后，主管部门将干部任免职或聘用相关材料报区委组织部审批，由主管部门发文任免或聘用。

不定职级的事业单位的领导的任免或聘用，由主管部门报区委组织部职数审核后，按干部考察任用程序提出拟任免或聘用意见，在征求区委、区政府分管领导的意见后，由主管部门发文任免或聘用。

2004 年 5 月，规定区政府部门正科级领导干部，镇政府部门、区属事业单位等的任免程序，在原规定程序中增加“报区人事劳动和社会保障局汇总”和“通报区长办公会同意”两道程序。

同安区人事劳动和社会保障局每年均代区长拟文报人大常委会提出局委办以上领导人任免名单，代区政府拟文提出政府任免局委办副职、中小学校长、经理、调研员等领导干部名单，审核机关科级、科员任免及事业单位科股级干部任免。

据统计，1997—2007 年全区任免干部 2918 名，其中局委办以上领导 166 名，局委办局副职及相当职务 803 名，机关科级干部 1080 名，科员 340 名，事业单位科股级干部 529 名。

1997—2007 年同安区机关事业单位干部任免情况表

表 27-10　　单位：人

年份	局委办以上领导职务任免		局委办副职及相当职务任免		机关科级科员任免			事业单位科股级干部任免	
					科级		科员		
	任	免	任	免	任	免	任命	任	免
1997	26	15	138	19	85	26	87	—	—
1998	10	—	126	12	208		—	39	14
1999	23	2	64	15	64	15	84	51	10
2000	7	2	34	15	51	33	—	78	29
2001	5	5	45	11	41	13	71	56	18
2002	22		143		53	57	50	—	—
2003	—		16	6	166	26	16	76	27
2004	20		71		92		8	48	—
2005	7		36		25		5	20	7
2006	4		26	5	51	13	8	39	—
2007	18		21		39	22	11	17	—
合计	166		803		1080		340	424	105

五、奖惩

对机关、事业单位工作人员的奖励形式一般为表扬、记功、授予先进工作者称号、晋升提级、发放奖金奖品等。年中或重要工作任务完成后，通过总结、层层评选先进单位和先进个人并给予表彰。

对工作人员的惩处依其错误的性质、程度给予党纪和政纪处分，触犯法律者追究刑事责任。行政处分分为开除公职、开除留用、辞退、自动离职、撤职、降级、记大过、记过、警告等。

据统计，1997—2007 年，全区被评为全国劳动模范 1 人，省劳动模范 2 人（次），省部级先进个人 45 人（次），市级先进个人 249 人（次），区级先进个人 1422 人（次），获嘉奖公务员 418 人（次），记功 69 人（次）。受不同处分 78 人，其中，开除公职 30 人，开除留用 1 人，辞退 20 人，撤职 4 人，行政降级 8 人，记大过、记过各 4 人，警告 7 人。

1997—2007 年同安区机关事业单位工作人员奖励情况表

表 27-11

年份	劳动模范（人）			先进个人（人）				先进集体（个）				公务员嘉奖	记功
	全国	省	市	全国	省部级	市	区	全国	省	市	区		
1997	—	—	—	—	2	119	299	—	5	4	—	2	12
1998	—	—	—	—	9	8	84	—	10	2	6	4	7
1999	—	—	—	—	4	5	138	—	6	7	—	4	3
2000	1	2	—	—	8	11	280	—	4	—	—	—	—
2001	—	—	—	—	15	106	301	—	2	2	—	—	—
2002	—	—	—	—	5	—	320	—	2	—	—	—	38

续表27-11

年份	劳动模范（人）			先进个人（人）				先进集体（个）				公务员嘉奖	记功
	全国	省	市	全国	省部级	市	区	全国	省	市	区		
2003	—	—	—	—	2	—	—	—	—	—	—	84	—
2004	—	—	—	—	—	—	—	—	—	—	—	38	—
2005	—	—	—	—	—	—	—	—	—	—	—	89	7
2006	—	—	—	—	—	—	—	—	—	—	—	93	1
2007	—	—	—	—	15	—	—	—	—	—	—	104	1
合计	1	2	0	0	45	249	1422	0	29	15	6	418	69

说明：1997年由国务院授予荣誉称号6人，省授予7人，2005年享受部分市劳模待遇89人，2006年享受部分市劳模待遇89人，2007年享受部分市劳模待遇15人

六、调配

改革开放后，改革工作人员调配政策，适当下放权限，减少审批层次，简化调配手续，扩大用人单位择人权和工作人员的择业权，促进工作人员优化组合和合理流动。

1997年起，公务员实施“凡进必考”的政策，停止企事业工作人员面试调进行政机关。

2000年起，事业单位全面实现聘任制。

2004年5月，镇政府部门的机关、事业单位，科级以下工作人员调配，应先向区人事劳动和社会保障局报送调配报告，统一由区人事劳动和社会保障局向区编委办申请用编（教育系统内部调配除外，但需报人劳局审核）。同年事业单位也实现“凡进必考”的政策，停止计划调配。

据统计，1997—2007年，全区共调配工作人员5631人次，其中，区外调入2370人，调出区外3060人，区内调配201人（调任转任152人，轮岗49人）。

七、教育培训

（一）继续教育

区委、区政府重视工作人员学历提升工作，力求建设一支高效率、学习型工作人员队伍，常年坚持工作人员在职继续教育的安排和发证验证。1999—2006年，累计发证验证20792人次，在职公务员学历水平普遍提高。

（二）培训

主题培训　结合形势需要，对工作人员进行主题培训：2000年对机关事业工作人员1341人进行“提高创新力”和现代金融知识集中培训。2002年，配合加入世贸组织的需要，举办七期“世贸知识”培训班，培训公务员1005人次。办计算机及信息网络普通班22期，提高班10期，受训工作人员1280人。全体工作人员参加“公务员行为规范”学习。2003年，对22名公务员进行初任培训。开办公务员“依法行政”培训班，753名机关工作人员参加，全部考核合格。在职公务员参加远程学历教育。2004年组织全区公务员参加MPA及“依法行政”学习。2005年，组织公务员参加“机关效能九项制度”培训学习，1274人次考试合格，5名不合格受到效能告诫。办二期普通话培训班，参训公务员711人。2007年，公务员培训合格发证438人。

常规培训　除专项集中培训外，还根据需要对部分公务员进行常规培训，有任职、理论、知识更新、学历学位等内容，分别在党校、行政学院等参训。

若干年份同安区工作人员常规培训情况表

表 27-12　　单位：人

年份	培训总人数	培训内容						培训地点			
		初任	任职	政治理论	知识更新	学历学位	业务	党校	行政学院	出国学习	其他
2000	95	1	0	15	43	31	3	86	0	0	9
2001	254	12	19	8	4	75	124	104	2	0	14
2002	333	4	2	2	315	10	0	331	0	0	2
2005	47	0	0	6	19	12	10	21	26	0	0
2006	155	8	91	15	99	0	41	106	40	9	0
2007	104	12	32	54	6	0	36	84	2	0	18

八、专业技术职称评聘及技术人员家属农转非

（一）专业技术职称评聘

1997 年，依据专业技术人员职称评审的条件和程序，评定各类专业技术职称 1319 人，其中高级职称 13 人、中级职称 219 人、初级职称 1087 人。至 2002 年，累计评定各类专业技术职称 6127 人，其中高级职称 197 人、中级职称 1373 人、初级职称 4557 人。

2004 年起，实行评聘分开改革。第二年至 2007 年，累计评定各类专业技术职称 1553 人，其中高级职称 260 人、中级职称 746 人、初级职称 547 人。

1997—2007 年同安区专业技术职称评定情况表

表 27-13　　单位：人

年份	高级	中级	初级
1997	13	219	1087
1998	45	210	1284
1999	24	281	563
2000	57	525	862
2001	—	—	473
2002	58	138	288
2003	—	—	—
2004	—	—	—
2005	36	138	115
2006	90	259	207
2007	134	349	225
累计	457	2119	5104

（二）专业技术人员家属“农转非”

依据国家有关中级职称专业技术人员家属“农转非”政策，同安区公安部门于 1997 年办理专业技术人员家属“农转非”52 户 114 人，此后至 2002 年依次办理农转非 67 户 146 人、69 户 133 人、48 户

86人、79户150人、43户72人，累计358户701人。2002年后，不再办理“农转非”。

第四章　工资福利

第一节　工资与津贴补贴

一、工资

（一）企业职工工资

1997年，调升职级工资709人，调升级别工资139人。10月起，环境卫生事业单位工作人员实行浮动一级工资制度。继续实行最低工资标准，当年人月290元。

2001年起，实行厦门市每年公布的企业工资指导线，当年工资增长基准线11%，2007年增长基准线9.5%，合理增长区间为7%～12%。

2004年8月，实行厦门市公布的200个主要职位、工种指导价位。

2005年，规定延时加班支付小时工资150%、休息日工作又不能补休的支付工资的200%、法定节假日工作支付300%。

据统计，1997年全区国有、集体及其他所有制企业职工年人均工资分别为9596元、9135元及8880元。至2007年分别增长至28259元、16883元和18505元。

（二）机关事业人员工资

1998年，按闽人发〔1997〕159号文，11313人办理提高工资标准，人均月增资22元。按人薪发〔1993〕8号、闽政〔1994〕7号文办理晋升职务工资9561人，连续三年优秀晋升一级工资94人，达年限晋升一级工资147人。按闽人发〔1997〕47号文规定，办理机关事业单位技术工人取得技术岗位后得重新套改工资932人。

1999年，机关、事业单位工作人员3592人调整工资，人均124.39元。晋升职级工资1059人，晋级别工资609人，晋职称工资848人。同年，贯彻中发〔1999〕12号文，提前预发机关、事业单位在职职工部分增加工资每人每月70元。

2000年，晋升职级工资9677人，人月均21.5元。晋职称工资1044人。晋二年一档等级工资2235人。卫生系统工作人员436人调整工资标准，人均月增资107.16元。

2001年，镇机关407人调整工资标准，人均103.70元。全区正常晋职级工资1820人，晋级别工资200人。

2002年，机关、事业单位调整职务等级工资。3499人增资，人均月增74.8元。同年，补发1993年工改增加的基本工资、特区津贴。2400人共计补发42万多元。

2003年，二年一档正常晋资10500人，人月均35.5元。晋职级工资218人，晋职称工资135人。

2005年，正常晋档、晋级工资930人，晋升职务、职称工资600人。

2006年，正常晋升职级工资5700人，晋升职务、职称工资700人。

2006年7月，根据闽政〔2006〕40号和闽人发〔2006〕181号等文件精神，开展机关事业单位工资制度改革的工资套改工作。改革公务员现行的工资制度，实行国家统一的职务与级别相结合的公务员工资制度，完善机关工人岗位技术等级（岗位）工资制，完善津贴补贴制度，健全工资水平正常增长机制，实行年终一次性奖金。全区机关工作人员813人参加工改，月增资29.18万元，人均月增资358.92元。事业单位工作人员4867人参加工改，月增资137.79万元，人均月增资283.11元。

二、津贴补贴

（一）特殊工种津贴

环保监测津贴　1987年元旦，环保工作中直接接触有毒有害物质的监测、科研人员和有关辅助人员，1～3等分别由每人每月13元、10元、7元调整为每人每天3.5元、3元、2.5元。至2007年不变。

城管监察人员岗位津贴　1997年1月实行。标准比照公安干警，每人每月120元，至2007年不变。

政法干警特殊岗位津贴　1998年4月1日实行。标准分三类，分别为每人每月200元、120元、90元。至2007年不变。

皮防院工作人员津贴　1999年9月1日，提取比例提高为15%。至2007年不变。

环境卫生工作人员津贴　1997年1月，由每人每天0.6元、0.7元、0.8元调升为3元、4元、5元。至2007年不变。

档案资料保护人员津贴　1998年元旦，提高为甲等每人每月60元，乙等40元，至2007年不变。

城市下水道工人岗位津贴　1997年1月，每人每天由0.9元、0.7元、0.6元调整为一等每人每天7元、二等4元、三等3元。至2007年不变。

农业事业单位有毒有害保健津贴　1997年元月，每人每月由13～15元、10～12元、7～9元调整为每人每天3元、2.5元、2元，至2007年不变。

畜牧兽医医疗卫生津贴　1997年1月起，每人每月由12～15元、9～11元、4～8元调整为每人每天3元、2.5元、2元，至2007年不变。

（二）鼓励性津贴

特级教师津贴　1997年，中学特级教师每人每月30元，小学特级20元。2007年，中小学特级教师均为每人每月350元。

教龄津贴　1997年，为满5年每人每月6元，满10年10元，满15年14元，满20年20元。至2007年未变。

班主任津贴　1997年，中学班主任每人每月15元，小学12元。2007年，不分中小学每人每月100元。

护龄津贴　2007年，护龄满5年不满10年每人每月3元，满10年不满15年每人每月5元，满15年不满20年每人每月7元，20年以上10元。

（三）生活补贴、岗位津贴、特区津贴

1997年，全区机关事业人员10974人提高岗位津贴，增加补贴和考勤奖，人均月增172元。

1998年，提高政法干警特殊岗位津贴标准和纪检人员办案补贴。11月，提高特区津贴标准。

2000年，机关事业2758人调升津贴补贴标准。

2003年，机关事业执行统一津贴，称综合补贴，1172人享受。补发区直机关2002年7月至2003年5月统一岗位补贴726万元。

2007年底，同安区机关工作人员计有岗位津贴（每人每月64～142元）、职务（等级）津贴（每人每月100～165元），特区津贴（每人每月270～645元）、厦门地区补贴（每人每月400～590元）、考勤奖（每人每月100元）、考核奖（每人每月50～175元）、统一岗位津贴（每人每月600～1550元）、午餐补贴（每人每月220元）、工作补贴（每人每月100～380元）、机关绩效（每人每月300元）等10项津补贴，每人每月合计在2200～4400元间。事业单位人员则有岗位津贴、职务（等级）津贴、特区津贴、厦门地区补贴、考勤奖、考核奖、午餐补贴、工作补贴等8项津补贴，每人月1369～2339元。当年机关干部1004人，共发放津补贴6266.2万元，人均6.24万元。事业人员5719人，共发放津补贴26753.9万元，人均4.68万元。

1997—2007 年同安区企业职工工资统计表

表 27-14

年份	职工总数（人）	国有		集体		其他	
		年平均人数（人）	人年均工资（元）	年平均人数（人）	人年均工资（元）	年平均人数（人）	人年均工资（元）
1997	46067	10724	9596	3817	9135	31526	8880
1998	48177	10724	10784	3539	8300	33914	8769
1999	45265	4687	11885	2400	10302	38178	9547
2000	50396	4468	14829	3202	11604	42726	10359
2001	51310	4468	15378	2450	12755	44392	10820
2002	58572	3537	20443	1903	11294	53132	11605
2003	51809	3183	24087	1651	12124	46975	12172
2004	59496	3262	29824	1592	13633	54642	13320
2005	65618	3963	23481	1308	15457	60347	14530
2006	69741	4222	24427	1358	12229	64161	15960
2007	78359	3829	28259	1134	16883	73396	18505

1997—2007 年同安区机关、事业单位人员工资统计表

表 27-15

年份	1997 年	1998 年	1999 年	2000 年	2001 年	2002 年	2003 年	2004 年	2005 年	2006 年	2007 年
单位总数（个）	345	390	390	403	428	404	299	282	274	271	266
其中：机关	71	68	74	66	68	72	61	58	56	55	55
事业	274	322	316	337	360	332	238	224	218	216	211
总人数（人）	10697（编内10452）	11583（11291）	10902（10825）	11401（11304）	11594（11518）	11496（11450）	7558（7502）	6852（6843）	6624（6607）	6760（6591）	6723（6421）
其中：机关	1956（编内1935）	1603（1576）	1399（1385）	1377（1374）	1371（1365）	1186（1184）	784（783）	858（856）	876（875）	876（867）	1004（859）
事业	8741（编内8514）	9980（9715）	9503（9440）	10024（9930）	10223（10153）	10310（10266）	6774（6719）	5994（5987）	5748（5732）	5884（5724）	5719（5562）
工资总额（万元）	14062.8	14530.7	16180.4	18827.7	24596.5	25256.8	16920.3	19414.6	34355	39093.5	41183.4
其中：机关	2822.4	2241.2	2058.1	2505.1	2970.6	3168	1896.2	2773.1	5576.5	6605.2	7964.6
事业	11240.4	12289.5	14122.3	16322.6	21625.9	22088.8	15024.1	16641.5	28778.4	32488.3	33218.8
基本工资	4379.7	4574.9	6366	6565.2	7707.9	9974.55	6759.4	6687.4	6244.1	6981.9	7274.5
其中：机关	711.9	678	694.2	893.4	1022.2	1198.3	746.3	847.2	966	1266.9	1331.8
事业	3667.8	3869.9	4466.4	5671.8	6685.7	8776.3	6013.1	5839.9	5278.1	5715	5942.7
工龄工资	76.5	87	—	—	—	—	—	—	—	—	—
津贴补贴	8906.6	9761.9	10673.1	11763.1	16620.1	14423.9	9433.4	11089.1	26932.7	31652.3	33020.1
其中：机关	1923	1509.1	1282.9	1563.9	1913.5	1868.5	1051.8	1697.3	4445.3	5220.4	6266.2
事业	6983.6	8252	9390.3	10199.2	14706.6	12555.4	8381.6	9391.8	22487.4	26431.9	26753.9

续表27-15

年份	1997 年	1998 年	1999 年	2000 年	2001 年	2002 年	2003 年	2004 年	2005 年	2006 年	2007 年
奖金（万元）	586.4	—	141.55	314.1	107.5	858.2	121.7	1558	1133.9	工改不发奖金	627.5
其中：机关	128.6	—	60.15	104	17.7	101.1	87	203.7	156.5	—	105.6
事业	457.9	—	81.4	210.1	89.8	757.1	34.7	1355	977.4	—	521.9
人均年工资（万元）	1.315	1.254	1.48	1.65	2.12	2.197	2.238	2.83	5.186	5.78	6.125
其中：机关	1.44	1.398	1.47	1.82	2.17	2.67	2.42	3.23	6.365	7.54	7.93
事业	1.286	1.23	1.486	1.63	2.115	2.14	2.218	2.776	5.007	5.12	5.81

说明：2003—2007 年，不含翔安，2006 年工资改革

第二节　福　利

福利，包括各种带薪假期、社会保险待遇以及各种为工作人员工作和生活提供方便、解决困难而制订的规定与制度。

一、假期

同安区严格执行国务院、福建省关于各类节假日放假的相关规定，遇节假日工资照发。假期主要包括国家法定节假日，元旦一天，春节、劳动节、国庆节各三天。带薪探亲假、婚假、产假、丧假、病假、年休假等。

二、医疗

1997 年 7 月 1 日起，《厦门市职工医疗保险试行规定》《厦门市职工补充医疗保险暂行办法》同时施行。1999 年 7 月 1 日，《厦门市城镇职工基本医疗保险暂行规定》施行；2004 年 1 月 1 日《厦门市城镇职工基本医疗保险规定》施行；2004 年 7 月 1 日，《厦门市国家公务员医疗补助暂行办法》施行。境内机关、事业、企业单位职工医疗纳入市医疗保险体系，享受规定的医疗保险待遇。

据统计：2005 年，同安区事业、企业单位参加医疗保险 58577 人，交纳基金 7000 万元，支付医疗费 4166 人次，金额 1364.9 万元。2007 年，全区参保人数 81263 人，交纳基金 12830 万元。

三、丧葬费

机关事业单位工作人员死亡丧葬费，1999 年为 2030 元，2000 年为 2450 元，2003 年为 2520 元，2007 年为 4900 元。

企业职工死亡丧葬费，1997 年标准为：因工死亡 1000 元，病故的 900 元。2001 年 7 月 1 日起，因病或非因工死亡丧葬费以死亡时全市上年度职工月平均工资 2 个月的标准由企业发给，2007 年不变。

四、抚恤

（一）抚恤金

机关事业单位人员死亡后发给遗属的抚恤金 1997—1998 年为 1000 元，1999 年 1740 元，2000 年 2100 元，2003 年 2160 元，2005—2007 年分别为 3600 元、3900 元、4500 元。

（二）困难补助

2001 年 7 月 1 日起，企业职工因病或非因工死亡的，由企业发给 1 个月上年度全市职工月平均工

资作一次性补助费。

五、遗属供养

（一）机关事业单位人员遗属的定期定额补助

机关事业单位工作人员死亡后，其遗属按“因公死亡”和“病故”两类分别享受定期定额补助。

同安县（区）机关事业单位遗属定期定额补助标准

表 27-16

年份	因公死亡		病故	
	非农户口（人/元·月）	农业户口（人/元·月）	非农户口（人/元·月）	农业户口（人/元·月）
1997	270	200	250	180
1998	340	270	320	250
2000.1	—	—	374	267
2000.7	428	307	408	292
2001.7	468	334	446	318
2002.7	511	365	487	348
2003.7	547	391	521	372
2004	583	416	555	396
2005	629	449	599	428
2006	691	494	658	470
2007	782	559	745	532

（二）企业职工遗属定期定额补助

供养直系亲属生活救济费农村户口每人每月为上年度全市职工月平均工资的20%，非农户口的为30%。供养3人以上的，按3人标准计发。孤寡一人的，在上述标准基础上增加5%。

供养直系亲属的供养期限：与企业签订无固定期限劳动合同的职工以及死亡时仍保有原固定工身份的职工死亡，企业应供养其符合条件的直系亲属至供养条件失去或者本人死亡止；与企业签订有固定期限或者以完成一定工作为期限的劳动合同制职工死亡，企业应供养其符合条件的直系亲属至劳动合同期满止。

据统计，同安区1999年支付企业职工死亡丧葬抚恤费36.32万元，2000年57人死亡，支付26.35万元。2003年死亡93人，支付43万元；2006年死亡131人，支付65.71万元，2007年死亡128人支付75.20万元。遗属抚恤1998年693人，支付53.3万元，1999年720人，支付234.6万元；2000年706人，支付266.46万元；2001年734人，支付336万元；2002年830人；2005年856人，支付337.80万元；2007年901人。

第三节　工资管理

一、企业工资管理

1997年，继续实行开始于1995年7月的最低工资标准，当年人月290元。2000年、2002年、2003

年、2005 年、2006 年、2007 年，最低工资依次调升为 330 元、350 元、360 元、480 元、550 元、700 元。

2000 年元旦起，按照厦劳综〔1999〕第 003 号文规定，对各类企业，包括国有企业、集体企业、股份制企业、联营企业以及外商投资企业、港澳台商投资企业、私营企业以及需要在开户银行领取工资的企业单位，全面实行《工资总额使用手册》制度。

2001 年，执行厦门市劳动和社会保障局公布企业工资指导线，当年工资增长基准线为 11%，警戒线为 16%。企业工资管理由宏观调控改为指导。

2002 年，基准线为 10%，警戒线为 14.5%。

2003 年，基准线为 7%，警戒线为 12%，下线为零增长或负增长。

2004 年，企业工资基准线 8.5%，合理增长区间 6.5%～10.5%；警戒线 12.5%；下线为零增长或负增长。同年 8 月，公布 200 个主要职位和工种的工资指导价位。每职位（工种）分高、中、低 3 个价位。

2005 年 5 月 1 日，施行《厦门市企业工资支付条例》。该条例规定：用人单位应当按照足额支付劳动者工资，不得克扣或无故拖欠；应当依法建立本单位的工资支付制度（包括工资项目、标准、形式、周期、扣除事项等内容）并告知劳动者，报备劳动行政部门；应当向劳动者提供个人工资清单、编制工资支付表，并按照国家规定保存备查；延长工作时间应按小时工资的 150% 支付，休息日工作的，首先应安排补休，不能补休的，按日工资或小时工资的 200% 支付；年休假、婚假、丧假、病假、工伤、产假，以及国家规定的节假日等假日工资的支付等。

2005 年 7 月 1 日起，企业工资指导线为基准线 8%，合理增长区间 5.5%～10.5%，上线 13%，下线零增长或负增长，同时公布 205 个工种（职位）的工资指导价位。

2006 年，工资指导线为基准线 8%，合理增长区间 6%～10%，上线 12%，下线零增长。同时公布 162 个工种（职位）的工资指导价位。

2007 年，指导线为基准线 9.5%，合理增长区间 7%～12%，上线为 15%。

二、机关事业单位工资管理

1997 年起，公务员实施职级工资制，事业单位实行职（称）级工资制，技术工人实行岗位技术等级工资制，普通工人实行岗位工资制。

2006 年工改，公务员工资构成由原来职务工资、级别工资、基础工资和工龄工资四项调整为职务工资和级别工资两级，事业单位参照执行。技术工人基本工资由原来岗位工资、技术等级（职务）工资和奖金三项调整为岗位工资和技术等级（职务工资）两项，设置初、中、高级三个技术等级和技师、高级技师两个技术职务。普通工人基本工资由原来的岗位工资和奖金两项调整为岗位工资一项。建立机关事业干部和工人基本工资正常晋升办法。公务员年度考核累计五年称职及以上的，从次年 1 月起在所任职务对应级别内晋升一个级别套薪，累计两年称职及以上的，在所任级别内晋升一个工资档次。事业干部、技术工人和普通工人实行五年称职及以上晋升一级级别工资、两年称职及以上晋升一个工资档次。实行年终一次性奖金。考核称职及以上发放年终奖，标准为本人当年 12 月基本工资。基本称职、不称职人员不发年终奖。机关事业单位使用临时工作人员，全部实行劳务派遣，工资不得低于区政府颁布的年度最低工资标准。

第五章 社会保险

第一节 基本养老保险

一、企业职工养老保险

（一）国有企业职工养老保险

1997年元月，养老保险费缴纳比例按1995年全市月平均工资总额的23%计缴，其中企业缴纳19%，职工个人缴纳4%。由企业缴纳的19%部分划出8%和个人缴纳的4%，一并列为个人账户养老金。

1998年，全区国企职工参投养老保险5712人。

2000年10月10日起，执行《厦门市职工基本养老保险条例》（以下简称《条例》），规定国企基本养老保险费，用人单位和个人均以个人上年度月平均工资为缴费基数。个人月平工资低于市平工资60%的，按60%为基数。高于300%的，按300%为基数。个人月平工资无法计算的，按市社会平均工资为基数。缴费率为22%，用人单位缴17%，个人缴5%。基本养老金由基础养老金和个人账户养老金组成，基础养老金为上年职工月平工资的20%，个人账户养老金标准为个人账户储存额除以120。退休人员死亡后，其丧葬补助费、一次性补助和供养直系亲属（遗属）的抚恤费按规定由基本养老保险统筹账户支付。

2007年底，全区国企职工投保3829人，年缴保险基金179.34万元。当年支付国企离退休退职人员1605人养老金（由市社保中心统筹支付）。

（二）集体企业基本养老保险

1998年，全区有8家企业523名职工参保，年缴保险费52.27万元，支付456名退休、退职人员养老金13.67万元。1998年，全区参保的集体职工1721人。

1999年，19家集体企业733人参保。

2000年，缴费比率与国企同，但用人单位降为16%，个人升为6%。当年21家512人参保。

至2007年底，同安区集体企业参保人数1100人，年缴保险费618.26万元。支领养老金412人，年支395.52万元。

（三）三资企业职工养老保险

1997年底，同安区三资企业职工参保10450人（大部分为外来工），年缴保险金987.46万元。

2000年10月起，缴费率同国企，为22%（单位17%，个人5%）。2002年7月起，单位17%，个人6%。外来农民工费率为当年最低工资的11%。

2007年底，三资企业职工参保42000人次，年缴保险金10904.4万元。

（四）其他从业人员养老保险

个体工商户及其雇员养老保险　依市“职工基本养老保险条例”，2000年10月，缴费率为个人上年度月平工资的18%。业主全由本人缴纳。雇工本人缴8%，业主10%。当年全区个人投保628人。2001年628人，2002年1549人，2003年2022人，2007年底3130人。

外来员工养老保险　1998年始，同安区部分集体、三资企业即为外来员工办理养老保险。1999年，依市府《厦门市外来员工社会保险暂行办法》，把全区各类企业招用的外来工列入保险范围，缴费以当年最低工资标准为基数，用人单位6%，外来工5%。当年同安区外资企业为外来员工投保18035人次（含本地农民工），缴费56.98万元。2000年10月起实施市条例，外来工和本市农民工仍按“暂行办法”参保，当年投保15862人次，缴费94.22万元。2001年投保8724人次，缴费51.60万元。2007年，外来工（含本地农民工）投保33000人次，缴费3267万元。

灵活就业人员养老保险　2002年，按厦劳社〔2002〕100号文规定，自由从业人员基本养老保险费按个人年度月平工资为缴费基数，费率18%，用人单位10%，个人8%。2003年11月，依厦门市《灵活就业人员参加基本养老保险实施意见》，把厦门市城镇户籍灵活就业人员纳入基本养老保险范围，其缴费基数可在市上年度职工月平工资的60%～300%范围内自主选择，缴费比例统一为18%。用人单位可按月（6个月以下的临时工、季节工、承包工、派遣工可按月、按周、按日）按本人当月工资总数的10%发给本人，由本人加上自缴的8%到社保公司缴费。个人账户储存额可按职工标准缴费年限、个人账户储存额合并计算。基本养老待遇按市条例规定执行。

其他所有制企业职工养老保险　2000年10月实施的《厦门市职工基本养老保险条例》，把城镇私营企业及其职工、城镇股份有限公司、股份合作制企业、合伙企业及其职工，境外企业驻厦代表机构及其中方职工列为应依法参保的范围。缴费标准与退休待遇按条例规定执行。据统计，2000—2004年，此类职工个人投保的人数依次为628人、628人、1549人、2022人和3779人。

在厦就业港澳台居民养老保险　2005年，按上级规定纳入保险范围，按外来员工或外来管理技术人员的缴费标准参加养老保险、医疗保险、失业保险和工伤保险，享受相应的保险待遇。2007年1月1日起，按厦门市文件规定，改革企业职工基本养老金计发办法：基础养老金月标准以全市上年度在岗职工月平均工资和本人指数化月平均缴费工资的平均值为基数，每缴费满一年发给1%；个人账户养老金月标准等于个人账户储存额除以本人退休年龄相应的计发月数（40岁为233个月、70岁为56个月）。特区补贴每月30元，三项合计为基础养老金。1997年6月30日前参保缴费年限累计满15年的个人，再按月发给过渡性养老金。个人账户规模由本人缴费基数的11%调整为8%（2006年7月1日起执行）。

二、机关事业单位养老保险

1995年1月，实施《同安区机关事业单位退休养老保险暂行规定》，保险费的缴纳：单位按在册人员工资总额的23%按月提取。财政全额拨款的单位，县财政负担23%，差额拨款单位，财政负担10%，单位负担13%。自收自支单位，单位负担23%，于税前列支。个人缴纳的费率按本人工资总额的2%提取，由单位按月从工资代扣。国家干部、固定工的基本养老金给付与原退休金计发标准相衔接。

1997年1月，全额预算行政、事业单位基本养老保险停止施行，差额预算单位、自收自支单位和行政事业单位的合同工、临时工继续实行社会养老保险。

2004年7月1日起，《厦门市事业单位职工基本养老保险试行办法》施行。适用范围为财政补助经费、经费自给的事业单位及其在编职工，离退休人员，财政核发经费的事业单位在本办法实施后首次参加工作的在编职工，以及从本市企业、企业化管理的事业单位和外地调入的在编职工。基本养老保险基金实行社会统筹和个人账户相结合制度。个人账户按照本人缴费基数的11%建立。基本养老保险费以本单位参保职工上年度工资总额为缴费基数，总费率为22%；实施当年单位17%，以后每年降低一个百分点，直至14%；职工个人为5%，以后每年增加一个百分点，直至8%。参保职工达到法定退休年龄或退职条件且缴费年限累计满15年的，按规定办理退休后按月发给基础养老金（上年度全市职工平均工资的20%）、个人账户养老金（个人账户储存额的1/120）、和特区津贴30元。

据统计，1999年全区机关事业单位205个投保，缴纳养老保险金981万元，支付322万元。2000年，共缴纳1127万元，支付964万元。2001年，缴纳1448.80万元，支付1323.35万元。

2005 年，机关事业单位养老保险纳入市社保中心统筹，原有参保单位 155 家 2958 人全部移交地税局缴费，当年机关事业单位离退休干部职工转由市社保中心统发退休金。

第二节　医疗保险

一、机关事业单位工作人员医疗保险

1997 年，《厦门市职工医疗保险试行规定》实施后，机关事业单位工作人员医疗保险纳入厦门市统筹。

2004 年 7 月 1 日起，对国家行政、党群、人大、政协、审判、检察等机关、各民主党派、工商联机关和享受公费医疗的事业单位的工作人员和退休人员实施医疗补助制度。医疗补助经费以年度缴纳的基本医疗保险费工资基数的 3.5% 征缴，参保人员享受医疗费自付补助、定期体检费用和医疗费困难补助。

二、职工基本医疗保险

1997 年 7 月 1 日起，《厦门市职工医疗保险试行规定》施行。用人单位按本单位在职职工本人上年度工资总额的 8% 缴纳，个人缴纳 1.5%。退休人员，单位和个人不缴纳。建立社会统筹医疗基金和个人医疗账户，个人医疗账户按不同年龄段和比例从单位和个人缴纳的全年医疗保险费总额划入。参保职工就诊发生的医疗费用，先从个人账户支付，用完后由个人自付到超过本人工资总额 5% 以上部分由社会统筹医疗基金按比例支付。退休人员发生的医疗费用，先从个人医疗账户支付，用完后由社会统筹医疗基金和个人共同分担，个人负担的比例为在职职工的一半。医疗年度内统筹医疗基金支付医疗费用的最高限额为 4 万元。

同年 7 月 1 日起，《厦门市城镇个体劳动者医疗保险暂行管理办法》施行。办法规定：城镇个体经营人员、私营企业主及其他自由职业者等个体劳动者按上年度全市社会年平均工资总额的 10% 于每年 6 月 15 日前由个人一次缴纳全年医疗保险费。30 岁以下的人员，连续投保到 60 岁；超过 30 岁以上的人员参保时，必须按上述缴费基数和比例一次性补交自 30 岁至投保当年的医疗保险费，连续投保到 60 岁。60 岁以后，不再缴费。建立个人医疗账户。参保者两年内的医疗费，可由个人医疗账户支付，社会统筹医疗基金不予支付；从第三年度开始，按《厦门市职工医疗保险试行规定》相关条款执行。

1997 年 10 月，实行职工补充医疗保险，由统筹基金、个人账户分别提取 18 元、6 元向商业保险公司投保。1999 年 7 月，社会团体及其专职人员、民办非企业单位及其职工纳入医疗保险。

2000 年 8 月 1 日起，厦门市具有城镇户口的失业人员纳入基本医疗保险。

2001 年，《厦门市城镇职工基本医疗保险制度和城镇医药卫生体制改革实施意见》出台，把医保覆盖面扩大到外来务工人员、以个人身份参加养老保险现已进入社会的退休人员以及个体工商户雇员、居委会干部等特殊人群。建立健全医疗费用的制约机制，建立“个人账户主要用于小病或门诊费用、统筹基金主要用于大病或住院费用”的支付办法。实行不同等级医疗机构执行不同统筹金支付比例办法。

2003 年 11 月，市城镇户口，男未满 60 岁，女未满 55 岁，并参加养老保险的社区劳动就业人员、用人单位灵活就业人员、自主就业人员纳入医保范围。

2005 年 4 月 1 日起，对享受居民最低生活保障待遇、参加基本医疗保险的参保人员和厦门市户籍参加基本医疗保险且退休金或养老金低于上年度全市职工月平均工资 60% 的退休人员实行自付医疗费困难补助。

2006 年 7 月，调整外来从业人员由社会统筹基金支付住院医疗费用最高限额为：在一个职工基本医疗费用计算年度内，每一个参保人员由社会统筹医疗基金支付的住院医疗费用最高限额以本市城镇职

工基本医疗保险社会统筹支付最高限额的一定比例确定，连续参保不满6个月的为30%，连续参保满6个月不满2年的为60%，连续参保满2年不满5年的为90%，连续参保满5年以上的按《厦门市城镇职工基本医疗保险规定》第二十七条执行。

至此，一个基本水平、广泛覆盖、双方负担、统账结合、多层次保障的城镇职工医疗保险体系初步建立。

据统计，1997年，同安区干部职工医疗保险参保人数21981人，缴纳保险金1616.94万元，支付1062.19万元。2003年，参保40992人，缴纳保险金1859万元。2005年，参保58577人，缴纳保险金7000万元，支付4166人次金额1364.90万元。2007年，参保87855人次，缴纳保险金12830万元，报销支付由市社保办理。

第三节　工伤保险

一、机关事业单位合同制职工工伤保险

1997—2004年，机关事业单位干部仍执行因工伤残政策。2005年1月1日起，国家机关、社会团体、事业单位劳动合同制职工纳入工伤保险范围，享受相关待遇（参见福利）。

二、企业职工工伤保险

企业按行业风险分类按职工工资总额的0.5%、1%和2%三档缴纳工伤保险金。

1997—2004年，参保职工享受以下工伤保险待遇：（一）享受工伤医疗待遇（包括治疗工伤医疗费用；住院伙食补助费；地区外就医交通食宿费；康复性治疗费；护理费等）；（二）日常生活或就业需要配置的辅助器具费用；（三）停工留薪期（不超过24个月）原工资福利待遇不变；（四）因工伤残被鉴定为1～4级的保留劳动关系，退出岗位，享受一次性伤残补助金（标准：1～4级依次为本人工资的24、22、20、18个月）和按月支付的伤残津贴（标准依次为本人工资的90%、85%、80%、75%）。未参保职工要求与用人单位解除劳动关系、一次性领取全部工伤待遇的，经用人单位同意并签订协议，由用人单位发给一次性伤残津贴（标准：用人单位当年为工伤职工缴纳的基本医疗保险金额乘以15）和一次性伤残补助金（标准：依次24、22、20、18个月的本人工资）。需要生活护理的发给一次性生活护理费（标准：按完全不能自理、大部不能自理和部分不能自理3个等级按上年度全市职工月平均工资分别乘以50%、40%、30%后再乘以180个月）；（五）因工致残被鉴定为5、6级的，享受一次性伤残补助金（标准16个月、14个月的本人工资）和按月支付的伤残津贴（标准依次为本人工资的70%、60%）。工伤职工本人提出，可以与用人单位解除或终止劳动关系的，由用人单位支付一次性工伤医疗补助金和伤残就业补助金，两者合并计算（标准为以统筹地区最后一次公布的人口平均预期寿命和终止劳动关系时年龄之差和本地区上年度职工月平均工资为基数分别乘以1.4个月、1.2个月）；（六）因工致残被鉴定为7～10级伤残的，享受一次性伤残补助金（标准依次为12、10、8、6个月的本人工资）。劳动合同期满终止或者本人提出解除劳动合同的，由用人单位支付；（七）因工死亡其直系亲属可领取丧葬补助金（标准为6个月上年度全市职工月平均工资）、供养亲属抚恤金（标准为以工伤职工生前工资为基数，配偶每月按40%、其他按30%计发，合计不得超过工亡职工生前工资）和一次性工伤补助金（标准为60个月的上年度全市职工月平均工资）。

2005年7月1日起，调整工伤定期待遇：伤残津贴1～4级月增加额依次为114.3元、108.8元、101.6元、92.3元（按市月平均工资增长127元的90%、85%、80%、75%计），最低额度依次为924.5元、873.1元、821.8元、770.4元；供养亲属抚恤金配偶为50.8元、其他38.1元、孤寡老人和孤儿再增加10%、即配偶63.5元，其他50.8元（按市平工资月增长127元的40%、30%计）；生活护

理费以上年度全市月平均工资1712元为计发基数，按护理等级相应百分数计发。

2006年1月1日起，施行厦门市劳动局《关于建筑矿山及石材加工企业农民工参加工伤保险办法（试行）》，建筑企业应按工程项目施工承包合同总造价的15%作为工人工资总额，按1%费率，为在建工程施工工地职工（农民工）单项缴纳工伤保险费，于开工前一次性缴清。矿山企业石材企业应按照《工伤保险条例》及《厦门市实施〈工伤保险条例〉规定》的有关规定为农民工单项办理工伤保险。

2006年7月1日起，执行《厦门市事业单位、民间非营利组织职工工伤保险实施办法》。财政补助经费、经费自给的本市各级事业单位（含集体所有制事业单位）及其编制内职工，利用国有资产开办的非营利性组织及其聘用的职工，社会团体、基金会和民办非企业单位及其职工列入工伤保险范围；工伤保险费数额为本单位职工工资总额乘以缴费费率0.5%之积，个人不缴纳；被鉴定为1～4级伤残的参保职工，达到法定退休年龄或单位改制，依法撤销注销的，符合领取基本养老保险金条件的，按《事业单位基本养老保险试行办法》办理退休手续，享受基本养老保险待遇，停发伤残津贴；不符合领取基本养老保险金条件的，由工伤保险基金按规定的标准给付伤残津贴至工伤职工死亡。

据统计，1997年，同安区收缴工伤保险金71.97万元，支付4.28万元。2001年，收保险金449.53万元，支付80.24万元。2005年，收缴保险金477万元，支付工伤理赔243人次金额160.23万元。2006年，参保人数54945人，缴纳保险金538万元，支付工伤理赔470人次286.80万元。2007年，参保66135人，缴纳保险金733万元，支付工伤理赔600人次409万元。1998—2003年，办理遗属定补人数依次为693人、720人、706人、734人、830人和856人。

第四节　失业保险

一、职工失业保险

1997年开始办理。企业按社平工资的2%职工个人1%缴纳。1999年7月1日起，失业保险金标准按连续缴费年限划分为4档，依次调整为294元、319元、343元和368元（以当年最低生活标准245元分别乘以120%、130%、140%、150%）。同安区标准为每人每月272.5元，比1998年的210元增加62.5元。

2000年6月，执行《厦门市失业保险条例》。该条例扩大适用范围，增加了“社会团体及其专职人员”“民办非企业单位及其职工”“市人民政府批准的其他单位及其职工”，同时把事业单位的“合同制工人”扩大为全部职工，把“企业的职工”具体化为“国有企业、城镇集体企业、外商投资企业、城镇私营企业以及其他城镇企业及其职工”。失业保险费改为本市城镇户口职工，以个人上年度月平均工资为缴费基数，用人单位按2%的比例缴纳，个人按1%的比例缴纳；“本市非城镇户口职工、外来员工”以市人民政府公布的当年最低工资标准为缴费基数，由用人单位按2%的比例缴纳，个人不缴纳。失业保险待遇分类对待：具备本市城镇户口，按规定参加失业保险且单位和本人缴费满1年，非因本人意愿中断就业，已办理失业登记并有求职要求等条件的失业人员可以领取失业保险金。标准为：按累计缴费时间分3档（满一年不足五年、满五年不足九年，满九年以上）分别领取当年度最低工资标准的85%、90%、95%，最低不低于城镇居民最低生活保障两人户标准。领取失业保险金期限改为累计缴费每满6个月，领取失业保险1个月，最长为24个月。劳动合同期满未续订或者用人单位提前解除劳动合同的非本市城镇户口和外来员工失业人员，可以领取一次性生活补助金，标准：按累计缴费年限分3档（满一年不足三年，满三年不足五年，满五年以上），依次为累计缴费总额的60%、75%、90%。失业人员在领取失业保险金期间患病就医的可申领医疗补助金，参加职业技能培训或重新就业的，可申领职业技能培训补贴和重新就业补贴，女性生育可领取一次性生育补助金（3个月的失业保险金）。领取失业保险金期间死亡的，其家属可申领一次性丧葬补助金和其供养的配偶、直系亲属抚恤金，标准参照在职职工。

2001 年 7 月 1 日起，失业保险金计算基数由按当地最低生活保障标准改为按当地最低工资标准按相应标准计发。门诊医疗包干费每人每月 10 元改为 20 元；住院医疗费补助一年内最多 1500 元提高为 3000 元。

2004 年 12 月，修正《厦门市失业保险条例》。但在适用范围、缴费基数和比例以及失业保险待遇等方面并无改变，仍按 2000 年文件规定执行。

2005 年 7 月 1 日起，调整失业保险金发放标准：缴费年限满 1 年不足 5 年的，月失业金为 408 元，满 5 年不足 9 年的为 432 元，9 年以上为 456 元。医疗补助金标准不变。

2006 年 8 月 1 日起，又依次调整为 468 元、495 元、523 元。

二、下岗职工基本生活保障

1997 年 7 月，同安区人民政府贯彻厦帮助〔1997〕01 号文精神，批转《关于建立帮困资金救助困难职工制度的实施意见》，主要内容有四：（一）帮困范围和对象：濒临破产依法整顿期间，停产三个月以上或半停产六个月以上，以及连续亏损两年以上的国有企业、集体企业内的坚持正常劳动且月工资低于本区最低工资标准的困难职工；（二）帮困资金实行“分级筹集、适当集中”原则。财政每年安排预算时，按上年个人所得税收入的 20% 和上年财务、税务、物价大检查中罚没入地方国库的 20% 安排资金；也可接受国内外人士、团体单位及企业的自愿捐款或赞助；（三）帮困标准：企业自筹不低于本区最低工资标准的 60%，差额由帮困资金补足，使困难职工的月收入不低于最低工资标准；（四）已解除劳动关系的失业职工可在区劳动服务机构办理失业登记，按规定领取失业救济金。

1997—2000 年间，为确保国有企业下岗职工和退休人员基本生活，中共厦门市委发出《关于做好我市国有企业下岗职工基本生活保障和再就业工作的实施意见》，重点要求建立再就业服务中心的组织体系，并由中心负责为下岗职工发放基本生活费，为其缴纳养老、医疗、失业等社会保险费和报销医疗费；规定下岗职工进入再就业中心的期限一般不超过 3 年，其基本生活费标准第一年为当年失业救济标准的 120%，第二年为 110%，第三年为 100%；3 年期满后仍未就业，解除托管协议，企业发给经济补偿金后解除劳动关系，依法享受失业保障待遇；明确保障资金来源采取“三三”制，即市政府、企业、社会筹集各负担三分之一；要完善三条社会保障线并使之能相互衔接：领取 3 年下岗职工基本生活费期满仍未就业的，可以持续领取失业救济金 2 年；2 年期满仍未就业的，按规定享受最低生活保障待遇。

1999 年 9 月，提高三条社会保障线补助标准，其中下岗职工基本生活保障费第一年为 305 元。

1999 年 11 月，同安区人民政府发出同政〔1999〕综 275 号文，贯彻执行《厦门市人民政府关于做好城镇集体企业下岗职工基本生活保障和再就业工作的实施意见》，并提出补充意见：集体企业下岗职工基本生活费标准为进入再就业服务中心第一年每人每月 180 元，第二年每人每月 160 元；再就业资金筹集比例，盈利企业自行负责，亏损企业以企业自筹为主（50%），企业主管部门（10%）、社会筹集部分（20%）、同级财政适当补助（20%）为辅。

2000 年 6 月，按厦府〔2000〕综 061 号文件精神，国有企业下岗职工基本生活保障制度向失业保险制度转轨，下岗职工不再进入再就业服务中心。

2001 年 1 月，集体企业下岗职工不再进入下岗职工再就业中心，向失业保险转轨。

至此，下岗职工基本生活保障向失业保险转轨、并轨，企业富余人员直接纳入失业保险，进入劳动力市场，初步形成市场导向的就业机制。

据统计，1997 年，同安区 68 家单位（全民 54 家，集体 14 家）3257 人参保，缴费 65.27 万元，发放待业救济金 1479 人次 31.39 万元。1998 年，同安区缴纳失业保险金 51 万元，发放下岗 437 人救济金 3.26 万元。1999 年，缴纳 20.12 万元，发放待业救济金 1142 人次 25.99 万元。2000 年，缴纳 259.61 万元，支付 4.56 万元，发放失业救济金 1461 人次 41.16 万元。2001 年，缴纳 492.02 万元，支付 5.72 万元，并发放 185 名下岗人员基本生活费 19.91 万元。2002 年，缴纳 545.61 万元，发放下岗人员基本生活费3229人次54.06万元。2003年，缴纳629万元，发放失业救济金930人。2004年，失业保险参保39903人，交纳保险金764万元，支付8846人次286.4万元。2005年，参保46456人，交纳1023万元，支付4515人次84.3万元。2006年，参保57824人，交纳1476万元，支付6741人次829.59万元。2007年，参保69123人，交纳保险金2001万元，支付6466人次403万元。

第五节　生育保险

2003年7月1日起，执行《厦门市企业职工生育保险暂行办法》，国家机关及其工作人员，事业单位及其职工，城镇各类企业及其职工，境外企业驻厦代表机构及其中方职工，实行企业化管理的事业单位及其职工，城镇个体工商户及其雇工列入依法参保范围。保险费为本单位上年度月平均工资的0.8%由单位缴纳。女职工生育享受生育津贴、生活补助和计划生育手术补贴。

生育保险费由区地税局“五险统征”。当年收缴生育保险金54万元。2004年缴纳126万元，2005年缴纳143万元；2006年参保人数13988人，缴纳保险金176万元，支付242人金额107.08万元。2007年参保64275人，缴纳保险金527万元，支付439人192万元。

2003—2007年同安区社会保险缴费比例

表27-17　　单位：%

缴费年份	市社平工资（元）	养老保险（%）		医疗保险（%）		失业保险（%）		生育保险（%）	最低工资（元）	养老保险（%）		医疗保险（%）		失业保险（%）	生育保险（%）	工伤保险（%）
		单位	个人	单位	个人	单位	个人	单位		单位	个人	单位	个人	单位	单位	单位
2003.7—2004.6	1488	14	8	8	2	2	1	0.8	480	6	8	4	2	2	—	0.5%～2%
2004.7—2005.6	1585	14	8	8	2	2	1	0.8	480	6	8	4	2	2	—	0.5%～2%
2005.7—2006.6	1712	14	8	8	2	2	1	0.8	600	6	8	4	2	2	—	0.5%～2%
2006.7—2007.6	1881	14	8	8	2	2	1	0.8	650	6	8	4	2	2	—	0.5%～2%
2007.7—2008.6	2129	14	8	8	2	2	1	0.8	750	6	8	4	2	2	0.8	0.5%～2%

说明：1. 工伤保险按行业风险分类实行差别费率及浮动调整费率，差别费率分别为用人单位职工工资总额的0.5%、1%、2%。2. 外来员工医疗保险、生育保险最低缴费基数为社平60%，2006、2007年度最低工资从8月起调整。3. 自由从业人员缴交社会保险基数为社平60%～300%7个档次自由选择，可只选择参加养老保险，或参加养老和医疗保险，“4050”人员申请社会保险补贴需参加养老、医疗和失业保险。养老保险缴费比例为18%，2006年度起养老保险缴费比例调整为20%，医疗保险缴费比例为10%，失业保险3%

1997—2007年同安区社会保险统筹情况表

表27-18

项目		1997年	1998年	1999年	2000年	2001年	2002年	2003年	2004年	2005年	2006年	2007年
基本养老保险	参保人数（人）	20746	26624	31244	32466	33796	37415	39627	43042	48675	63531	75742
	基金收入（万元）	1815.21	2963.95	2832.11	3182.12	3857.38	4351.44	4895.00	6021.00	8212.00	21863.00	21702.00
	离退休人数（人）	2990	3958	3992	4062	4351	4652	6273	5365	5685	6190	6815
	基金支出（万元）	1847.84	2477.41	3307.91	3366.86	4253.14	4447.03	6023.30	市社保中心统筹支出			

续表27-18

项目		1997年	1998年	1999年	2000年	2001年	2002年	2003年	2004年	2005年	2006年	2007年
医疗保险	参保人数（人）	21981	26950	29520	40332	38368	33670	40992	52097	58577	68791	81263
	基金收入（万元）	1616.94	1981.55	2502.97	1770.00	1685.00	1478.00	1859.00	4574.00	7000.00	9061.00	12830.00
	支付人次（人）	—	—	—	—	—	—	—	—	4166	市社保支出	
	基金支出（万元）	1062.19	1302.30	—	—	492.02	545.61	—	—	1364.90	市社保支出	
工伤保险	参保人数（人）	8272	—	24613	36718	45939	24409	52290	62298	48715	54945	66135
	基金收入（万元）	71.97	—	214.17	359.53	239.00	512.00	610.00	477.00	538.00	733.00	1012.00
	支付人次（人）	—	—	—	—	—	—	—	—	243	470	600
	基金支出（万元）	4.28	—	6.97	80.24	93.23	—	—	—	160.23	286.80	409.00
失业保险	参保人数（人）	3257	2545	10136	12955	24553	27227	31388	39903	46456	57824	69123
	基金收入（万元）	65.27	51.00	203.12	259.61	492.02	545.61	629.00	764.00	1023.00	1476.00	2001.00
	支付人次（人）	—	201	—	—	—	—	—	8846	4515	6741	6466
	基金支出（万元）	—	34.31	—	—	—	—	—	286.40	84.30	829.59	403.00
生育保险	参保人数（人）	—	—	—	—	—	—	4292	10014	11365	13988	64275
	基金收入（万元）	—	—	—	—	—	—	54.00	126.00	143.00	176.00	527.00
	支付人次（人）	—	—	—	—	—	—	—	—	—	242	439
	基金支出（万元）	—	—	—	—	—	—	—	—	—	107.08	192.00
社会保险金收入总额		—	—	—	—	6273.4	6533.0	8047.0	11962.0	16916.0	33309.0	38072.0

说明：1. 1985—1996年同安县养老保险参保人数累计73972人次，基金收入累计3884.15万元。其中，离退休人数累计22628人，基金支出累计5122.61万元。2. 从区地税局查得2005—2007年全区年养老金支出依次为210万元、123万元和145万元。查得2004年、2006年、2007年全区年医疗保险基金支出分别为261人次11.94万元、345人次17.8万元和485人次42.56万元。以上数据均不含银联转账，仅为部分支出。3. 2004年起的数据不含翔安。2007年全区参加五种保险人数为84020人

第六章　安　置

第一节　军转干部安置

1997年，军转干部安置实行降两级安排，即团级干部安排科（局）级职务，营级干部安排股级或部委的一般干部，连、排级安排为一般干部的政策。当年安置11人。

2001年1月，执行中央《军队转业干部安置暂行办法》，改革指令性计划分配模式，实行计划分配与自主择业相结合的安置方式。当年安置12人。

2002年，依据省人事厅〔2002〕170号文规定：军队干部转业到地方后，其工资一律按转业安置

部门安排的职级套改，即按行政职级安排职务的，按行政工资等级确定工资待遇。按技术等级安置的，按技术工资等级确定工资待遇。当年安置7人。

2003年11月，以60元（副营）至170元（正师）为基数，按本人退役金计发比例，增加自主择业军队转业干部退役金补贴。同年，规定计划分配军转干部安置办法为团职、副团职考核与选调相结合的安置办法；营职以下进党政群机关的，采取笔试择优录取安置办法；企事业接收军转干部采取指令性分配的安置办法。当年安置7人。

2004年，规定营职以下军转干部进市、区属机关的一律实行统一考试，遵循公开、平等、竞争、择优的考试原则。进企事业单位的采取双向选择与指令性安排相结合的原则。同年，增加自主择业军转干部退役金补助，补助标准自正师至营分别增加650元、550元、450元、400元、300元，增加后合计分别为1400元、1200元、1000元、800元、600元。当年安置16人。

2005年，规定营职以下进市、区属机关、事业单位安置实行统一考试，以考试分加奖励分的累计总分，从高分到低分，依次由转业干部在计划指标内选定单位的办法。进企业单位同上。增加自主择业军转干部退役金补助，从正师职至营职分别增加190元、180元、200元、370元、540元。当年安置12人。1997—2007年，累计安置军转干部99人。

第二节　离退休人员安置

一、离退休人员社会化管理

1997年，继续推广离退休干部社会化管理。

2000年12月起，同安区企业离退休人员移交社会化管理机构安置管理。全区共有企业离退休人员4038人进入区“退管中心”。至2006年，增加至4055人，社会化管理率99.02%，大同、祥平街道新建4个市政府挂牌的“离退休人员活动点”。

2007年1月1日起，执行《厦门市退休人员社区管理暂行办法》。《办法》规定：市劳动保障行政部门主管全市退休人员社会化管理工作，市、区劳动保障行政部门所属退管中心负责总体业务工作，街道（镇）劳动保障事务所和社区劳动保障工作部门负责常年日常管理和服务工作；落实社区管理服务机构和管理服务人员，建立退休人员（片）组管理制度；统筹解决社区退休人员学习活动等必要场所和设施，完善服务功能，提高其生活质量；工会、民政、文体部门、企业现有的活动场所和设施要向离退休人员开放，并给予优惠、免费照顾；市财政每人每年拨100元活动经费；慰问生病住院者每人每次100元；送别病故人员的花圈等物品每人200元；设立困难人员资助金，市、区财政分别按人数每人每年20元预算；建立管理服务联系卡制度。

据统计，同安区企业离退休总人数1997年2942人，2000年4038人，2003年6273人（含翔安区），2007年6815人。机关事业干部离退休总人数2003年778人，2004年908人，2007年2305人（其中机关604人，事业1701人）。

二、机关、事业单位工作人员离退休金

（一）退休金

1997年，同安区教育、卫生事业单位退休退职人员351人增发考勤奖和补贴，人均月增退休金106.65元。归侨退休6人，人均月增124.83元。镇机关退休78人，人均月增49.65元。同年1月起，区、镇直接从事农技推广工作的人员，退休时可增发标准工资100%的补助费。同年，贯彻闽人薪〔1995〕33号文，全区机关、事业单位退休人员421人提高特区津贴标准，人均12.6元

1998年，全区机关事业和部分企业离退休干部1983人均增加退休金41.2元。11月份提高特区津

贴标准，人均增资 18～136 元不等。当年全区 551 名离退休干部人均年离退休金 1.51 万元。

1999 年，2372 名离退休人员增加离退休金，人月均 121.4 元。1850 人增加特区津贴，人均 56.68 元。

2001 年，退休人员 2615 人增加退休金，人均月增 114.25 元。

2002 年，兑现拖欠离退休金 1084 万元。

2003 年发放离退休干部 778 人一年的统一津贴人均 6065 元。为 908 名退休干部补发 1997—2001 年拖欠的退休金人均 761 元。

2004 年，兑现离退休人员 1996 年津补贴拖欠。

2006 年 7 月 1 日起，按行政人员中的县处级 450 元、乡科级 275 元，科员办事员 180 元，专业技术人员中的教授（含相当职务，下同）700 元，副教授 400 元，讲师 275 元，助教及以下 180 元，增加月退休金。

据统计，2007 年，同安区机关退休干部 604 人，年支退休金（含津补贴）2983.5 万元，人均 47133 元。事业退休干部 1701 人，年支退休金（含津补贴）6229.30 万元，人均 37481 元。

（二）离休待遇

1998 年 11 月，提高离休干部的特区津贴标准。2000 年 7 月再次调升，每人月增加 175～350 元。

2001 年 10 月 1 日以前已办理退休手续和达到离休年龄的人员，从同年 10 月 1 日起，按照同职务同条件在职人员的增资额增加离休费，每人每月增加额不足 80 元的，按 80 元增加。

2003 年 6 月 30 日前，已办理离休手续和已达离休年龄的人员，从同年 7 月 1 日起，按照同职务同条件在职人员的增资额增加离休费，每人每月增加不足 50 元的，按 50 元增加。

2006 年 6 月 30 日前，已办理离休手续的离休人员，从同年 7 月 1 日起按行政管理人员的县处级正职 670 元、县处级副职 490 元、乡科级及以下人员 350 元，专业技术人员中的教授及相当职务 990 元、副教授及相当职务 540 元、讲师及相当职务及以下职务 350 元标准增加离休费。

公费医疗制度改革后，离休干部享受医疗费用全额报销待遇。年老体衰的离休干部还发放护理费。

据统计，1997 年底，同安区（含翔安）离休干部 222 人。2007 年底，同安区健在的离休干部 65 人。人年均离休金（含津补贴）6 万元。

三、企业退休人员退休金

1997 年 7 月 1 日起，以 1996 年 6 月社会保险经办机构发给退休人员的退休养老金为基数，每月增发 17% 养老金。获得高级职称的企业退休人员，调整后仍低于 1996 年全市职工月平均工资的，可按市职工月平均工资发给。

同年 10 月起，中华人民共和国成立前参加革命战争，或享受供给制待遇，或从事中共地下工作的企业退休工人改按机关同等条件老工人标准增加生活补贴，按本人“基本退休金”发给。1937 年 7 月 6 日以前参加工作的，每年增发两个月；1937 年 7 月 7 日至 1942 年 12 月 31 日参加工作的，增发一个半月；1943 年 1 月 1 日至 1946 年 9 月 2 日参加工作的，增发一个月。

1999 年 7 月 1 日起，以 1999 年 6 月本人养老金为基数，给企业退休人员增发 5% 基本养老金，过渡性养老金系数比例从 1.2% 调整为 1.3%。两次为企业退休人员增发生活补贴共计 60 元。

同年，给中华人民共和国成立前参加工作的企业退休工人调整特区津贴，人均 56.69 元。

2002 年 7 月 1 日起，调整退休人员基本养老金水平：按市社平工资 60%～300% 为基数缴费的参保单位，在 1998 年 7 月 1 日至 2002 年 6 月 30 日期间退休（退职）的，每人每月增加 35 元；调整前低于或等于 470 元的，每人每月增加 50 元，但增加后最多不得超过 506 元；按最低工资标准缴费的，每人每月增加 20 元；企业退休的军转干部、原工商业者和 2000 年 10 月 4 日以后退休的高级职称人员，每人每月另外再增加 30 元。

2004 年 7 月 1 日起，按全市职工平均工资 60%～300% 为基数缴费的参保退休人员，每人每月增发基本养老金30元，参保退职人员增发20元；按最低工资标准为基数缴费的农场和渔业公司退休、退职人员，每人每月增发基本养老金15元；企业离休干部、“5·12”退休人员和中华人民共和国成立前参加革命工作的老工人的基本养老金，参照机关事业单位退休金调整办法另行调整。同年，国务院决定，2005—2010年，企业离退休人员基本养老金每年调升10%。

2006年7月1日起，2005年12月31日前已办理退休、退职、退养手续，且已纳入基本养老保险统筹范围的各类参保人员，分别上调40～310元，其中最低为被征地退养人员，每人每月上调40元，最高为具有正高职称的企业退休人员，每人每月上调310元。

2007年9月，从2007年7月1日起调升基本养老金标准。调整对象为2006年12月31日前已办理退休、退职、退养手续的参保人员。调整标准为企业退休人员每人每月150元，退职人员每人每月105元，退养的被征地人员每人每月40元，依据厦委办〔2003〕34号文撤销、改制事业单位的退休人员，每人每月150元（退职人员每人每月105元）。在办理退休手续前已经具备高级职称资格且被聘任的正高职称，在普调基础上每人每月增发80元，副高职称（含高级技师）：每人每月60元。对于1994年12月31日前已办理退休、退职手续或2006年12月31日前年满70周岁的参保人员（不含农场职工、渔民、按厦委办〔2003〕34号文撤销、改制事业单位的退休、退职人员和被征地人员）每人每月先增发50元，但增发超过1080元的，按每月1080元发给。此类人员经该项增发后再参加其他项目的待遇调整。

据区社会保险服务中心档案记载，2003年析出翔安区前，全区企业退休人员6273人，年支退休金6023.30万元，年人均退休金9602元。析出翔安区后的2004年同安区企业退休人员5365人，至2007年，增至6815人，人年均退休金为1.44万元。

第二十八篇　人民生活

1997—2007 年，区委、区政府在劳动就业、城乡居民收入、公用事业和社会事业建设、社会保障等方面，贯彻、实施一系列保障民生的政策措施，加大财政投入，大幅度改善城乡居民生活。期间全区总人口就业率由 1997 年 60.00% 上升至 2007 年的 76.68%；农村居民人均纯收入由 3181 元增加至 6462 元，年增长 7.34%；城镇居民人均可支配收入由 8705 元增加到 18441 元，年增长 7.80%；在岗职工年平均工资由 10034 元增加到 22133 元，年增长 8.23%；城乡居民年均消费由 4098.90 元增加到 7022.73 元，年增长 5.53%。全区居民的文化教育、卫生保健水平不断提高：广播覆盖率由 2003 年的 95% 提高到 2007 年的 98%，有线电视入户率由 2003 年的 43% 提高到 2007 年的 88%。人均拥有图书由 1997 年的 2.62 册增加到 2007 年的 5.55 册。文盲率由 1990 年的 202.11‰下降到 2007 年的 109.81‰，学龄儿童入学率均为 100%。万人拥有卫生人员数由 1997 年的 32.5 人增加到 2007 年的 41.5 人，万人拥有病床数由 20.50 张增加到 23.08 张；婴儿死亡率由 17.32‰下降为 7.71‰；平均预期寿命由 72.19 岁增加到 74.81 岁。生活环境不断优化，生活服务设施日趋完善：2007 年，工业废水排放达标率 90.10%，饮用水源水质达标率 100%，城区大气环境质量优良，城市绿化覆盖率 36.12%，人均居住面积城镇 20 平方米，农村 33 平方米，分别为国际舒适标准的 2 倍、3 倍；公共交通行政村通达率 86.49%，万人拥有电话机 7173 部，城区自来水普及率 100%、行政村普及率 50%。社会救济、社会保障水平不断提高，城镇职工养老、医疗、工伤、失业、生育保险，城镇居民和未成年人医疗保险，农村居民养老、医疗保险，失地农民、失海渔民养老保险等社会保障制度逐步建立并实施，初步形成广覆盖保基本的社会保障体系，城乡居民生活、健康得到基本保障。

第一章　劳动力及就业

第一节　劳动力

一、总量

1997 年，同安区全社会劳动者 329500 人，至 2002 年，增加为 350538 人，年均增长 1.25%；2003 年析出翔安区后，全社会劳动者 204924 人，至 2007 年，增加为 236427 人，年均增长 3.64%。

二、分布

1997 年，全社会劳动者总数中，职工占 17.63%，农村从业人员占 81.04%，城镇个体劳动者占 1.33%。之后随着经济发展和工业化、城镇化建设进程加快，农村劳动力大量进城务工、经商创业，农村从业人员逐渐减少。到 2004 年，职工占比上升为 33.13%，农村从业人员占比下降为 66.14%，城镇个体劳动者下降为 0.73%。2007 年，职工占比继续上升到 37.59%，农村从业人员继续下降为 62.41%。

1997—2007 年同安区全社会劳动者情况表

表 28-1

年份	全社会劳动者（人）				年平均职工数（人）				职工年平均工资（元）			
	合计	职工	农村从业人员	城镇个体劳动者	合计	国有经济	集体经济	其他经济	全部职工平均工资	国有经济	集体经济	其他经济
1997	329500	58053	267040	4407	51825	18023	3807	29995	10034	12150	9135	8880
1998	332524	54999	272548	4977	53807	17349	3495	32963	10138	13110	8300	8769
1999	333246	57632	270580	5034	55909	16901	2717	36291	10905	13896	10442	9547
2000	340757	62669	273556	4532	60982	16665	2794	41523	11764	15293	11604	10359
2001	341120	63749	272097	5274	63988	16838	2331	44819	12833	18202	12755	10820
2002	350538	70621	273735	6182	67013	15702	1941	49370	13800	21010	11294	11605
2003	204924	63500	133972	7452	61736	14891	1756	45089	15145	24410	12124	12172
2004	204397	67711	135184	1502	65636	11050	1522	53064	15976	28995	14070	13320
2005	208600	75860	132740	—	70262	9939	1249	59074	17291	33793	16552	14530
2006	221133	81073	140060	—	76807	13010	1435	62362	18993	34151	13394	15960
2007	236427	88868	147559	—	85926	12913	1292	71721	22133	42657	18385	18505

第二节 就　业

一、就业率

1997 年，同安区全社会就业人口 329500 人，总人口就业率 60.00%，其中，城镇单位在岗职工年末人数 62460 人（含外来工），农村就业人员 267040 人，农村总人口就业率 52.94%。2002 年，增至 350538 人，总人口就业率 63.78%，其中，城镇在岗职工 76803 人，农村就业人口 273735 人，农村总人口就业率 56.14%。2003 年析出翔安后，全社会就业人口 204924 人，总人口就业率 69.70%，其中，城镇单位在岗职工年末数 70952 人，农村就业人口 133972 人，农村总人口就业率 54.85%。2007 年，全社会就业人口 236427 人，总人口就业率 76.68%，其中，城镇在岗职工年末数 88868 人，农村就业人口 147559 人，农村总人口就业率 56.64%。

二、就业结构

（一）城镇就业人员就业结构

所有制结构　1997 年，58053 个从业人员中，国有单位从业人员 21976 人，占总数的 37.86%，集体单位4551人、占7.84%，其他所有制31526人、占54.31%。2003年，63500个从业人员中，就业于国有、集体、其他所有制单位人数及占总数比例依次为14807人、23.32%，1718人、2.71%，46975人、73.98%。2007年，87268个从业人员中，就业于国有、集体、其他所有制人数及占总数比例依次为12689人、14.54%，1186人、1.36%、73396人、84.10%。

企业机关事业单位结构　1997年，就业于企业单位46067人、占总数58053人的79.35%，就业于事业单位9206人、占15.86%，就业于机关单位2780人、占4.79%，2003年，依次为51809人、81.59%，9853人、15.52%，1838人、2.89%。2007年，依次为78359人、89.79%，7414人、8.50%，1495人、1.71%。

行业结构　1997年，在58053个从业人员中，从事农林牧渔业4958人、占总数8.54%，从事制造业33868人、占58.34%，从事建筑业1538人、占2.65%，从事批发、零售餐饮业3213人、占5.53%，从事教育文艺广电6291人、占10.84%，从事卫生社保1489人、占2.56%，从事国家机关、政党、社会团体2725人、占4.69%，其他3971人、占6.84%。2003年，在63500个从业人员中，从事上述行业人员数占总数比例依次为1158人、1.87%，46623人、73.42%，942人、1.48%，1097人、1.73%，6933人、10.90%，1387人、2.18%，1711人、2.69%，3632、5.72%。2007人，在87268个从业人员中，从事上述行业人员数占总数比例依次为943人、占1.08%，73660人、84.41%，1319人、1.51%，915人、1.05%，3679人、4.22%，1799人、2.06%，1495人、1.71%，3458人、3.96%。

（二）农村就业人员行业结构

1997年，267040个就业人员中，从事农林牧业183685人、占总数的68.79%，工业19060人、占7.14%，建筑业13022人、占4.88%，交通邮电7299人、占2.73%，商饮8011人、占3.00%，其余行业见表。2003年，133972个从业人员中，从事上述行业人数及占总数比例依次为78933人、58.92%，18593人、13.88%，7264人、5.42%，4421人、3.30%，4579人、3.42%。2007年，147559个从业人员中，从事上述行业人数及占总数比例依次为51715人、35.05%，46027人、31.19%，9529人、6.46%，5290人、3.59%，9807人、6.65%。

三、就业人口负担

（一）城镇就业人口负担

据50户城镇居民家庭抽样调查，城镇就业人口负担系数，1997年为1.80，之后至2002年依次为1.77、1.76、1.98、1.93、1.95。2003年起，突破2，达2.18，之后至2007年依次为2.43、2.41、2.45、2.35。

（二）农村就业人口负担

农村就业人口负担系数，1997年为1.90，此后至2007年依次为1.85、2.03、1.81、1.82、1.78、1.82、1.79、1.79、（缺）、1.86。

1997—2007年同安区乡村从业人员结构表

表28-2

单位：人

项目	1997年	1998年	1999年	2000年	2001年	2002年	2003年	2004年	2005年	2006年	2007年
从业人员合计	267040	272548	270580	273556	272097	273735	133972	135184	136644	140060	147559
总人口就业率（%）	52.94	54.03	54.51	55.37	55.02	56.14	54.85	55.92	55.96	74.98	56.64
按性别分组	—	—	—	—	—	—	—	—	—	—	—
男	135487	136266	136740	138189	137487	138781	67728	67238	68928	—	76124
女	131553	136282	133840	135367	134610	134954	66244	67946	67716	—	71435

续表28-2

项目	1997年	1998年	1999年	2000年	2001年	2002年	2003年	2004年	2005年	2006年	2007年
按行业分组	—	—	—	—	—	—	—	—	—	—	—
农林牧	183685	182409	177864	177729	167657	164578	78933	73279	67885	—	51715
工业	19060	26866	28548	29678	31076	32473	18593	24696	28355	—	46027
建筑	13022	14771	15713	16056	16052	16023	7264	6829	7591	—	9529
交通邮电	7299	8439	8915	9026	8979	9505	4421	4636 含仓储	4596	—	5290
商饮	8011	8235	9287	9932	10127	10727	4579	5333 含住宿	5258	—	9807
房屋居民服务	427	400	383	401	406	624	368	196	154	—	273
卫生体育社会服务	768	830	875	988	938	956	620	566 含社保 不含体育	550	—	889
文化教育广电	1162	1266	1217	1128	1063	1178	547	825 含体育	727	—	1511
科研技术服务	506	516	392	608	633	639	188	108	114	—	74
金融保险	257	291	318	325	411	525	373	392	532	—	724
镇经济组织管理	242	217	235	223	337	384	1391	91	121	—	253
其他	32601	28308	26833	27412	34418	35943	16900	18019	20240	—	20471
其中：外出	21503	26507	—	—	—	—	—	信息计 算机等 214	521	—	996

说明：2006年没有从业人员行业分组资料

若干年度同安区城镇单位从业人员结构（不包括市属以上单位）表

表28-3　　单位：人

项目	同安区（含翔安）		同安区	
	1997年末 在岗人数	2002年末 在岗人数	2003年末 从业人数	2007年末 从业人数
总　计	58053	71609	63500	87268
按所有制分	—	—	—	—
国营	21976	15517	14807	12689
集体	4551	1972	1718	1183
其他	31526	53132	46975	73396
按性质分	—	—	—	—
企业	46067	59478	51809	78359
事业	9206	9967	9853	7414
机关	2780	2164	1838	1495
按行业分	—	—	—	—
农林牧渔业	1247	1143	1185	943
采矿业	0	95	96	52

续表28-3

项目	同安区（含翔安）		同安区	
	1997 年末 在岗人数	2002 年末 在岗人数	2003 年末 从业人数	2007 年末 从业人数
制造业	33868	53405	46623	73660
电、气、水供应业	587	802	593	99
建筑业	1538	1204	942	1319
交通、仓储、邮政	750	384	1096	854
批发、零售、餐饮	3213	1600	1097	915
金融业	967	900	588	16（银行、保险划归市属）
房地产	173	244	254	289
租赁商务	0	0	363	672
按行业分	—	—	—	—
科技地质	0	0	163	197
水利环保	0	0	261	281
居民服务	61	58	55	47
教育	6110	6837	6616	3475（重点中学划归市属）
卫生、社保	1489	1418	1387	1799
文体娱乐	200	188	307	1150
公共管理	0	0	1711	1495

第二章　居民收入与消费

第一节　收　入

一、农村居民收入

据 70 户农民收入抽样调查，1997 年，农民年人均纯收入 3181 元，2002 年，增至 4020 元，年均增长 4.79%。2007 年，由 2003 年的 4350 元增至 6462 元，年均增长 10.40%。农民年总收入中，1997 年，工资性收入 1453.2 元，占总收入的 30.6%；家庭经营收入 3020.4 元，占总收入 63.5%；财产性收入 79.3 元，占总收入 1.7%；转移性收入 199.9 元，占总收入 4.2%，2007 年，上述 4 项收入及占比依次为 3189.2 元、占总收入 39.6%，3866.6 元、占总收入 48%，803 元、占总收入 9.9%，191.5 元、占总收入 2.4%，收入结构从较单一的农业经营转向多元化收入，其中工资性收入和财产性收入增加较快。

二、城镇居民收入

1997 年，据 50 户城镇居民收入抽样调查，城镇居民年人均可支配收入 8705 元，2002 年，增至

10639 元，年均增长 4.09%。2007 年，由 2003 年的 10985 元增至 18441 元，年均增长 13.83%，其中工薪收入增长明显，由 1997 年人均工薪收入的 5847.5 元增至 2007 年的 11613.6 元，年均增长 18.71%。

1997—2007 年同安区城乡居民收入情况表

表 28-4　　　　单位：元

年份	城镇居民年人均实际收入	城镇居民年人均可支配收入	农民年人均纯收入	农民年人均总收入	职工年平均工资
1997	8733	8705	3181	4753	10034
1998	8747	8716	3370	4929	10138
1999	9188	9157	3295	4718	10905
2000	9325	9261	3553	5023	11764
2001	10106	10064	3803	5406	12828
2002	11140	10639	4020	5418	13800
2003	11481	10985	4350	5596	15145
2004	13299	12428	4763	6510	15976
2005	15296	14363	5240	6834	17291
2006	17419	16042	5790	7251	18993
2007	20104	18441	6462	8050	22133

说明：城乡居民收入按城乡家庭抽样调查测算

三、职工工资

1997 年，全区在岗职工年平均工资 10034 元，其中，国有单位在岗职工 12150 元、集体单位在岗职工 9135 元、其他所有制单位在岗职工 8880 元；国有企业在岗职工年平均工资 9596 元，国有事业在岗职工 13647 元，国有机关在岗职工 14313 元。2002 年，全区在岗职工年均工资 13800 元，年均增长 6.58%。其中，国有单位、集体单位、其他所有制单位依次为 21010 元、11294 元、11605 元，分别增长 11.58%、4.33%、5.50%；国有企业单位、事业单位、机关单位依次为 20443 元、21183 元、21141 元，分别增长 16.32%、9.18%、8.11%。

2007 年，全区在岗职工年平均工资由 2003 年的 15145 元增加到 22133 元，年均增长 9.95%。其中国有单位、集体单位、其他所有制单位分别由 24410 元、12124 元、12172 元增加到 42657 元、18385 元、18505 元，分别增长 14.98%、10.97%、11.04%，国有企业、国有事业、机关分别由 24087 元、22837 元、32645 元增加到 28259 元、45007 元、66823 元，分别增加 4.07%、18.48%、19.61%。

1997—2007 年同安区在岗职工年平均工资表

表 28-5　　　　单位：元

年份	全部职工	国有单位职工				城镇集体职工				其他所有制职工
		全部	企业	事业	机关	全部	企业	事业	机关	
1997	10034	12150	9596	13647	14313	9135	—	—	—	8880
1998	10138	13110	10784	13635	15361	8300	—	—	—	8769
1999	10905	13896	11885	14202	16750	10442	10302	14707	16625	9547

续表28-5

年份	全部职工	国有单位职工				城镇集体职工				其他所有制职工
		全部	企业	事业	机关	全部	企业	事业	机关	
2000	11764	15293	12829	15765	18216	11604	11476	16406	17286	10359
2001	12833	18202	15378	19188	19336	12755	12550	18955	20286	10820
2002	13800	21010	20443	21183	21141	11294	10946	20850	22714	11605
2003	15145	24410	24087	22837	32645	12124	11732	21361	26286	12172
2004	15976	28995	29824	26555	38566	14070	13633	26686	—	13320
2005	17291	33793	23481	33982	44794	16552	15457	43938	—	14530
2006	18993	34151	24427	35176	55096	13394	12229	47063	—	15960
2007	22133	42657	28259	45007	66823	18385	16883	56490	—	18505

第二节 消 费

一、消费水平

1997 年，城乡居民消费水平 4098.90 元，其中，城镇居民 6848.57 元，农村居民 2563.78 元；2002 年，依次为 4582.96 元、7897.92 元、2620.60 元，分别增长 2.26%、2.89%、0.44%。

2007 年，分别由 2003 年的 4420.47 元、7065.82 元、2729.40 元增到 7022.73 元、13677.07 元、3822.20 元，分别增长 12.27%、17.95%、8.78%。

二、消费构成

1997 年，城镇居民人均食品支出 3914.32 元，占生活消费支出总额 6848.57 元的 57.16%；衣着支出 652.91 元，占 9.53%；家庭设备用品及服务支出 607.14 元，占 8.87%；医疗保健支出 107.56 元，占 1.57%；交通通讯支出 355.20 元，占 5.19%；教育文化娱乐及服务支出 601.85 元，占 8.79%；居住支出 356.39 元，占 5.12%；杂项商品及服务支出 253.18 元，占 3.70%。农村居民前述 8 类支出依次为 1225.29 元、128.46 元、160.53 元、43.12 元、244.60 元、332.93 元、350.52 元、78.32 元，分别占支出总额 2563.78 元的 47.79%、5.01%、6.26%、1.68%、9.54%、12.99%、13.67%、3.05%。

2002 年，城镇居民 8 类支出依次为 3587.88 元、501.96 元、672.12 元、467.40 元、734.16 元、972.24 元、731.04 元、231.00 元，分别占生活消费支出总额 7897.92 元的 45.43%、6.36%、8.51%、5.92%、9.30%、12.31%、9.26%、2.92%。农村居民 8 类支出依次为 1296.00 元、117.10 元、137.80 元、72.10 元、298.50 元、293.60 元、350.10 元、55.30 元，分别占生活消费支出总额 2620.20 元的 49.46%、4.47%、5.26%、2.75%、11.39%、11.21%、13.36%、2.11%。

2007 年，城镇居民 8 类支出依次为 4584.63 元、1029.12 元、934.88 元、442.43 元、3167.18 元、1184.67 元、1935.26 元、398.92 元，分别占支出总额 13677.07 元的 33.52%、7.52%、6.84%、3.23%、23.16%、8.66%、14.15%、2.92%。农村居民 8 类支出依次为 1613.30 元、203.60 元、235.10 元、157.70 元、485.40 元、317.80 元、737.10 元、72.30 元，分别占支出总额 3822.20 元的 42.20%、5.31%、6.15%、4.13%、12.70%、8.32%、19.29%、1.89%。

1997—2007 年同安区城乡居民人均生活消费支出构成表

表 28-6 单位：元

支出项目	城乡	1997 年	1998 年	1999 年	2000 年	2001 年	2002 年	2003 年	2004 年	2005 年	2006 年	2007 年
食　品	城镇	3914. 32	3418. 58	3334. 30	3043. 21	3195. 31	3587. 88	3225. 80	3305. 84	3618. 02	3808. 66	4584. 63
	农村	1225. 29	1197. 70	1247. 80	1257. 70	1267. 00	1296. 00	1348. 90	1448. 80	1450. 30	1485. 40	1613. 30
衣　着	城镇	652. 91	544. 75	526. 02	470. 27	586. 27	501. 96	417. 76	586. 95	723. 86	832. 58	1029. 12
	农村	128. 46	110. 30	105. 90	102. 50	92. 80	117. 10	117. 90	118. 90	130. 20	173. 40	203. 60
家庭设备用品及服务	城镇	607. 14	558. 92	377. 01	502. 14	738. 27	672. 12	483. 13	584. 44	504. 60	462. 58	934. 88
	农村	160. 53	153. 50	202. 00	158. 70	127. 20	137. 80	149. 30	172. 10	213. 60	210. 20	235. 10
医疗保健	城镇	107. 56	100. 76	147. 38	385. 30	273. 59	467. 40	286. 84	313. 30	438. 48	1003. 25	442. 43
	农村	43. 12	70. 40	65. 70	73. 10	79. 20	72. 10	74. 80	44. 10	—	155. 50	157. 70
交通通讯	城镇	355. 20	458. 13	621. 69	603. 68	730. 41	734. 16	763. 16	774. 79	892. 44	3003. 81	3167. 18
	农村	244. 60	374. 80	176. 30	199. 80	296. 50	298. 50	302. 20	342. 10	522. 80①	484. 30	485. 40
教育文化娱乐及服务	城镇	601. 85	583. 75	483. 60	419. 28	446. 99	972. 24	645. 88	1085. 77	1424. 57	1361. 32	1184. 67
	农村	332. 93	287. 00	304. 00	313. 20	337. 80	293. 60	297. 30	312. 80	361. 80	317. 00	317. 80
居　住	城镇	356. 39	391. 56	424. 22	658. 25	1381. 90	731. 04	1018. 83	716. 00	1117. 36	834. 29	1935. 26
	农村	350. 52	185. 00	306. 80	324. 70	296. 10	350. 10	387. 60	472. 50	566. 10	654. 40	737. 10
杂项商品及服务	城镇	253. 18	310. 19	502. 68	543. 00	553. 29	231. 00	224. 42	246. 44	336. 25	382. 31	398. 92
	农村	78. 32	111. 30	90. 90	105. 30	56. 50	55. 30	51. 30	46. 20	67. 00	65. 80	72. 30
合　计	城镇	6848. 57	6366. 69	6419. 93	6625. 14	7906. 05	7897. 92	7065. 82	7577. 52	9055. 57	11688. 79	13677. 07
	农村	2563. 78	2490. 00	2499. 30	2535. 00	2553. 00	2620. 60	2729. 40	2968. 80	3311. 80	3545. 90	3822. 20

说明：①552. 80 元包括医疗保健支出

1997—2007 年同安区城乡居民生活消费总额及消费水平

表 28-7

年份	70 户农民家庭调查			50 户城镇居民家庭调查			城乡居民家庭合计		
	调查人口（人）	生活费支出额（元）	消费水平（元）	调查人口（人）	生活费支出额（元）	消费水平（元）	调查人口合计（人）	消费支出合计（元）	消费水平（元）
1997	293	751188	2563. 78	163. 58	1120289	6848. 57	456. 58	1871477	4098. 90
1998	289	719612	2490. 00	167. 75	1068012	6366. 69	456. 75	1787624	3913. 79
1999	286	714800	2499. 30	169. 50	1087670	6416. 93	455. 50	1802470	3957. 12
2000	303	768105	2535. 00	178. 75	1184244	6625. 14	481. 75	1952349	4052. 12
2001	306	781218	2553. 00	180. 25	1425066	7906. 05	486. 25	2206284	4537. 34
2002	299	783559	2620. 60	177. 00	1397932	7897. 92	476. 00	2181491	4582. 96
2003	298	813361	2729. 40	190. 50	1346039	7065. 82	488. 50	2159400	4420. 47
2004	294	872827	2968. 80	165. 50	1254080	7577. 52	459. 50	2126907	4628. 74
2005	293	970357	3311. 80	163. 00	1476058	9055. 57	456. 00	446415	5364. 94
2006	297	1053132	3545. 90	150. 50	1759163	11688. 79	447. 50	2812295	6284. 46
2007	289	1104616	3822. 20	139. 00	1901113	13677. 07	428. 00	3005729	7022. 73

1997—2007 年同安区 50 户城镇居民家庭主要食品月人均消费量及耐用品拥有量调查表

表 28-8

项目	1997 年	1998 年	1999 年	2000 年	2001 年	2002 年	2003 年	2004 年	2005 年	2006 年	2007 年
粮食（公斤）	11. 9	10. 2	10. 4	7. 7	7. 2	7. 0	7. 3	7. 2	7. 1	7. 0	5. 9
油脂（公斤）	1. 6	1. 4	1. 7	1. 1	1. 1	1. 1	1. 1	0. 8	0. 7	0. 6	0. 7
鲜菜（公斤）	10. 8	10. 1	10. 1	10. 1	10. 5	10. 2	10. 4	9. 0	9. 6	9. 9	10. 3
猪肉（公斤）	2. 1	2. 1	2. 2	2. 1	1. 8	3. 1	3. 1	2. 9	3. 1	3. 3	3. 0
鲜蛋（公斤）	1. 2	1. 0	1. 0	0. 9	0. 9	0. 8	0. 8	0. 8	0. 8	0. 8	0. 9
酒（公斤）	2. 1	1. 9	1. 8	0. 9	0. 7	0. 6	0. 7	0. 4	0. 3	0. 3	0. 3
鲜果（公斤）	6. 5	4. 4	5. 4	4. 4	4. 9	3. 8	3. 0	3. 2	3. 7	3. 5	3. 4
鲜奶（公斤）	0. 5	0. 9	0. 8	0. 4	0. 7	0. 9	0. 8	0. 8	0. 6	0. 6	0. 8
自行车（辆）	92	88	89	76	78	64	79	69	68	70	70
摩托车（辆）	35	41	41	53	54	55	58	58	52	52	49
助力车（辆）	—	—	—	—	—	2	2	2	4	3	4
家庭汽车（辆）	1	1	—	—	—	—	—	—	—	—	5
洗衣机（辆）	43	44	45	48	52	46	46	47	44	45	45
电风扇（台）	110	120	133	148	155	140	139	117	123	134	134
电冰箱（台）	43	47	48	54	59	54	53	54	53	52	52
彩色电视（台）	58	63	60	66	68	73	79	80	82	83	82
影碟机（台）	8	15	24	24	24	44	40	46	44	48	48
组合音响（套）	7	7	12	15	16	18	13	13	4	16	20
家用电脑（台）	—	—	—	2	5	13	16	21	24	27	30
照相机（架）	—	—	—	—	19	18	22	26	30	31	26
摄像机（台）	—	—	—	—	—	—	—	—	—	—	2
钢琴（台）	—	—	—	—	—	—	—	—	—	—	1
其他高档乐器	—	—	—	—	2	4	3	5	5	4	5
微波炉（台）	3	9	14	21	26	24	26	36	39	37	40
空调器（台）	14	16	31	34	43	48	63	84	91	96	97
热水器（台）	42	43	47	47	57	43	40	46	49	51	56
排油烟机（台）	27	35	36	30	36	31	36	37	37	35	35
消毒碗机（台）	—	—	—	—	—	23	26	35	35	35	35
普通电话（部）	42	43	45	48	50	58	56	55	53	52	51
移动电话（部）	12	13	13	43	53	50	69	92	102	107	96

1997—2007 年同安区百户农民家庭主要食品月人均消费量及耐用品拥有量调查表

表 28-9

项目	1997 年	1998 年	1999 年	2000 年	2001 年	2002 年	2003 年	2004 年	2005 年	2006 年	2007 年
水产品（公斤）	1. 0	1. 2	1. 2	1. 1	1. 2	1. 3	1. 3	1. 2	1. 2	1. 2	1. 0
食糖（公斤）	0. 2	0. 3	0. 4	0. 2	0. 2	—	0. 2	0. 2	0. 2	0. 1	0. 1

续表28-9

项目	1997年	1998年	1999年	2000年	2001年	2002年	2003年	2004年	2005年	2006年	2007年
酒（公斤）	1.1	1.3	1.5	1.1	1.5	1.2	1.2	1.2	1.5	1.3	1.0
水果（公斤）	0.4	0.8	0.8	0.5	0.6	0.5	0.7	0.7	0.8	0.8	0.6
缝纫机（架）	78	88	88.6	—	—	—	—	—	—	—	—
手表（只）	220	212	213	—	—	—	—	—	—	—	—
收音机（台）	30	29	27	—	—	—	—	—	—	—	—
洗衣机（台）	2.9	2.9	1.4	7	5.7	7	7.1	9	23	24	24
电冰箱（台）	12.8	11.4	14.3	24	27	24	39	45	63	77	83
电风扇（台）	170	177	173	174	174	174	203	230	246	260	265
空调机（台）	—	—	—	3	3	4.3	11.7	13	23	34	33
抽油烟机（台）	—	—	—	3	3	3	3	4	11	34	35
微波炉（台）	—	—	—	—	1.4	1.4	4.3	4	12	25	30
热水器（台）	—	—	—	24	24	30	27	37	47	50	50
自行车（辆）	201	193	193	170	156	148	140	164	151	146	140
摩托车（辆）	58.6	69	69	76.3	116	94.3	110	126	134	136	136
电话机（部）	—	—	—	71	96	97	97	104	99	94	97
移动电话（部）	—	—	—	29	30	32.9	41	113	137	146	152
黑白电视机（台）	40	36	29	27	16	15.7	10	8	7	1	1
彩色电视机（台）	64	74	80	77	103	92.9	93	117	117	120	120
接入有线电视网	—	—	—	—	—	—	—	—	—	105	113
影碟机（台）	17	21	24	21	43	34.3	39	54	57	44	50
照相机（架）	1.4	1.4	—	5.7	1.4	6	7	8	9	8	11
家用计算机（台）	—	—	—	1	1.4	4.3	5.4	6	8	20	20

第三章　文化教育　医疗保健

第一节　文化教育

一、文化娱乐

广播覆盖率　1997年45%，2007年98%。

有线电视入户率　1997年，只在城西和部分镇区开通。2007年88%。

人均拥有图书　1997年2.62册，2007年5.55册。

人均观看艺术表演次数 1997年0.31次，2007年0.34次，其间最多年1999年0.72次，最少年2004年0.05次。

人均观看电影次数 1997年20.41次，2007年14.05次，其间最多年2004年24.26次，最少年2006年4.06次。

二、教育

文盲率 1997年202.11‰，2007年109.81‰。

学龄儿童入学率 1997年、2007年均为100%。

万人各级学校在校中小学学生 1997年2013人、2007年1416人。

万人参加成人教育学习 1997年818人、2007年288人。

第二节 医疗保健

万人拥有卫技人员数 1997年31.60人，2007年37.92人。

万人拥有病床数 1997年20.5张，2007年23.08张，其间最多年2006年27.85张。

婴儿死亡率 1997年17.32‰，2007年7.71‰。

法定报告传染病发病率 1997年131.26/10万，2007年314.16/10万。

法定报告传染病死亡率病死率 死亡率1995年0.18/10万，2007年0.59/10万，病死率1995年0.1%，2007年0.21%。

居民前十位死因疾病死亡率（1/10万） 1997年，前十位死因及其死亡率依次为循环系统疾病（173.07）、肿瘤（125.79）、损伤与中毒（81.42）、呼吸系统病（67.00）、诊断不明（23.37）、消化系统病（19.17）、传染病与寄生虫（15.34）、新生儿病（8.76）、泌尿生殖系统病（6.94）、内分泌营养代谢病（6.57）。2007年，依次为恶性肿瘤（158.06）、脑血管病（100.05）、心脏病（70.07）、损伤和中毒（69.42）、呼吸系统病（64.53）、消化系统病（12.71）、内分泌营养代谢病（5.54）、泌尿生殖系统病（4.89）、先天畸形（4.56）、呼吸道结核（3.58）。

平均预期寿命 1997年，男女合计72.19岁，男性68.48岁，女性75.81岁。2007年，男女合计74.81岁，男性70.73岁，女性78.87岁。

1997—2007年同安区教育、卫生保健状况表

表28-10

项目	1997年	1998年	1999年	2000年	2001年	2002年	2003年	2004年	2005年	2006年	2007年
广播覆盖率（%）	45	—	—	—	—	—	95	95	95	95	98
有线电视入户率（%）	—	—	—	—	—	—	总43	农村33 城87	农村33 城87	总73	总88
人均看艺术表演次数	0.31	0.55	0.72	0.32	0.44	0.52	0.5	0.05	0.69	0.41	0.34
人均看电影次数	20.41	17.08	16.65	14.48	11.24	12.49	12.14	24.26	17.39	14.06	14.05
人均图书册数（册）	2.62	—	—	—	—	—	—	—	—	—	5.55
万人拥有中小学生（人）	2013	2016	1973	1925	1859	1789	1808	1768	1527	1517	1416
万人参加成人教育学习（人）	818	758	494	794	718	720	980	788	451	602	288
文盲率（‰）	202.11	—	—	91.49	—	—	—	—	109.81	—	109.81

续表28-10

项目	1997 年	1998 年	1999 年	2000 年	2001 年	2002 年	2003 年	2004 年	2005 年	2006 年	2007 年
学龄儿童入学率（%）	—	100	100	100.02	99.99	99.98	100	99.81	100	100	100
预期寿命男女（岁）	72.19（96 年）	—	—	—	—	74.01	74.07	74.08	74.11	74.32	74.81
预期寿命男（岁）	68.48（96 年）	—	—	—	—	70.1	70.3	70.37	70.39	70.41	70.73
预期寿命女（岁）	75.81（96 年）	—	—	—	—	77.97	77.98	77.95	77.96	78.34	78.87
婴儿死亡率（‰）	17.32	15.77	14.95	14.51	14.72	9.36	9.93	8.4	7.43	6.61	7.71
万人拥有卫生人员数（人）	31.6	34.02	34.3	34.91	34.81	32.04	36.09	38.88	38.45	36.12	37.92
万人拥有病床数（张）	20.5	20.2	20.9	20.92	20.52	21	20.68	20.52	18.53	27.85	23.08
法定报告传染病发病率(1/10 万)	131.26	125.11	113.8	154.87	130.86	246.18	259.65	538.89	523.74	408.83	314.16
法定报告传染病死亡率(1/10 万)	0	0	0	0.18①	—	0.18②	0.18③	0.71④	0.34⑤	0	0.59⑥
法定报告传染病病死率（%）	0	0	0	0.11	0	0.074	0.07	0.13	0.06	0	0.21

注：①②狂犬病各 1 例；③肺结核 1 例；④肺结核 2 例；⑤肺结核 1 例；⑥乙肝 2 例

第四章　生活环境　生活服务

第一节　生活环境

一、城市环境

废水排放达标率　1996 年 9.4%，2007 年 90.1%。

饮用水源水质　汀溪水库水系 1996 年 5 月丰水期水质符合国家地表水环境质量Ⅲ类标准。2007 年达标率 100%。

大同城区大气环境　1996 年符合国家环境质量二级标准。2007 年，空气污染指数年均 58，质量良，二氧化硫排放达标率 100%，工业烟尘排放达标率 95.7%。

环境噪声　1996 年第四季度大同 106 测点平均等效声级 56.6 分贝，2007 年超城市环境综合整治定量考核 1 类标准，交通路段超 4 类标准。

城市绿化覆盖率　1996 年 28.8%，2007 年 36.12%。

二、居住条件

1997 年，人均居住面积（卧房面积），城镇居民 8.55 平方米，农村居民 17.98 平方米。

2007 年，城镇居民 20 平方米（按建筑面积 40.26 平方米折算），农村居民 33 平方米（按建筑面积 46.20 平方米折算）。城镇居民住宅配套齐全，装修中高档。据 2007 年城镇居民住宅抽样调查资料，拥有单栋住宅或4～3居室的住户占70%，使用自来水住户占98%，配套卫生间兼浴室住户占98%，配套取暖设备住户占84%，使用液化气住户占94%。具有自主产权的住宅占96%。

三、治安

每10万人刑事案件发生数　1997年122.32件，2007年815.05件。

每10万人治安案件发生数　1997年24件，2007年1635件。

第二节　生活服务

一、交通通讯

公共交通　1996年，运营公交车5辆，运营线路3条。到2007年，运营公交车245辆，万人7.95辆，运营线路26条，行政村通达率86.49%。另有7条山区中小学生接送专线。

万人拥有公路长度　1997年11.15公里，2007年25.46公里。

万人电话机拥有量　1996年城镇人口3040部，农村人口288部；2007年城镇人口10576部，农村人口6029部。城乡合计万人拥有7173部。

二、自来水、液化石油气普及率

自来水普及率　1997年，3.8平方公里的城区通自来水，农村一概未通。2007年，24平方公里城区自来水普及率100%，行政村普及率50%（55/110），自然村普及率45%（296/657），入户率89%。

液化石油气普及率　同安住户使用液化石油气始于20世纪80年代中期，1994年同安供销社开始供气。2007年，城镇住户用气率94%。

第五章　社会保障与保险

第一节　社会保障

一、社会救济

1997年，全区福利和社会救济支出371万元，2003年（含翔安）789万元，7年累计支出4774万元，其中，最多年2000年1015万元，最少年1997年371万元。2004—2007年累计1955.9万元，其中最多年2005年756.9万元，最少年2006年131万元。

二、生活保障

（一）最低生活保障

1998年7月1日起，全区实施城乡居民最低生活保障（以下简称低保）制度，当年低保户1340户（城镇94户，农村1246户）4552人（城镇249人，农村4303人）半年发放109.92万元，人均240.82

元，其中，城镇低保户人均498.80元，农村低保户人均225.89元。

2003年，低保2304户（含翔安，城镇360户、农村1944户）7233人（城镇981人，农村6252人），分别年增长11.45%、9.70%；年发放301.10万元，人均416.29元。

2004年，低保户1967户（城镇353户、农村1614户）5761人（城镇915人，农村4846人）年发放286.57万元，人均497.13元。

2007年，低保户3222户（城镇1301户、农村1921户）8534人（城镇3268人、农村5266人），分别年增长17.88%、13.99%。年发放金额686.66万元，人均804.62元，其中，城镇低保户人均889.41元，农村低保户人均751.99元。

（二）困难职工、下岗职工基本生活保障

1997年7月，同安对区内停产三个月以上，或半停产六个月以上，以及连续亏损两年以上的国有企业、集体企业内的坚持正常劳动且工资低于本区最低工资标准的困难职工，由政府筹集的帮困资金进行补助，使其月收入不低于最低工资标准。

1998年5月，执行厦门市文件规定，由各级再就业服务中心为下岗职工发放基本生活费，并为其缴纳养老、医疗、失业等社会保险费，报销医疗费。

1999年11月，为进入再就业服务中心的集体企业下岗职工发放基本生活费，第一年每人每月180元，第二年160元。

2001年1月，下岗职工基本生活保障向失业保险转轨、并轨。

据不完全统计，2001年为185名下岗人员发放基本生活费19.91万元，2002年为3229人次下岗人员发放基本生活费54.06万元。

第二节　社会保险

一、从业人员社会保险

从业人员先后实行医疗保险、养老保险、失业保险、工伤保险和生育保险。覆盖国营、集体企业职工、三资企业职工、个体工商户及其雇员、灵活就业人员。

（一）养老保险

1985年，参保3644人，基金收入46.33万元，基金支出67.57万元。2007年，参保75742人，基金收入21702万元。基金支出因市级社保机构统一支付，未详。

（二）医疗保险

1997年7月1日起实施，当年参保21981人，基金收入1616.94万元，支出1062.19万元。2007年，参保81263人，基金收入12830万元；基金支出1364.90万元（2005年）。

（三）工伤保险

1997年，参保8272人，基金收入71.97万元，基金支出4.28万元。2007年，参保66135人，基金收入1012万元，基金支出409.00万元。

（四）失业保险

1997年，参保3257人，基金收入65.27万元。2007年，参保69123人，基金收入2001万元；基金支出403万元。

（五）生育保险

2003年，参保4292人、基金收入54.00万元。2007年，参保64275人，基金收入527万元；基金支出192万元。

二、农村居民社会保险

（一）农村居民养老保险

1992年实行，当年参保9721人，缴纳养老保险费107.89万元。至2007年，当年参保35971人，缴纳养老保险费27.69万元；885人领取养老金140.61万元，人均月领133.34元。

首批养老保险贴息贷款发放现场

（二）农村居民医疗保险

1997年4月试行，参保率2.23%。1999年推行新农村合作医疗，至2007年，累计参合人数155.61万人次，参保率98.69%。筹集资金4578.98万元，其中政府及其他组织补助3738.08万元，占筹资总额的81.64%，个人自付840.90万元，占18.36%。补偿医疗费51068人次4950.09万元（不含2004年补偿额）。

（三）失地失海人员养老保险

2006年，启动失地失海人员养老保险，当年36个村（居）2560人参保，参保率9.7%，缴纳保险费9155.80万元；1490人办理退养。2007年，新增失地失海参保人员1365人，累计3925人缴纳保险金6035万元，参保率14.83%；当年办理退养1097人，累计2587人。

同安农村社保中心热情为村民服务

第二十九篇　人　物

《人物传》收录2000年版《同安县志》未予收录的历史名人及1997年至2007年间去世的同安社会名人共26名。《人物表》收录1997—2007年获评高级工程技术职称人员62名、中学高级教师245名、高级卫生技术职称109名、全国及省级劳动模范10名、五一劳动奖章获得者8名，收录析出翔安前后现同安区辖域内所有革命烈士34名。

第一章　人物传

邵贞宗（1877—1938）

同安大同西溪街人，祖籍顶柑岭村。祖父、父亲均为中医。清末废科举，贞宗弃儒习医，随父行诊，后于城关大横街自创药铺“宗和药行”坐堂，自此得以结识银城名医吴瑞甫、杨宝三等，虚心求教，医术大进。尤擅外科治痈疽之术，兼内、妇、儿科。医德高尚，不分贵贱，出诊自备马匹，谢绝接待应酬，对极贫者免诊金药费，甚至加以资助。一时声名鹊起，业务日盛。1922年，遭匪徒绑架勒赎巨款，事后神智受伤，调理恢复后，应吴瑞甫邀请，往厦门小走马路合资开设“新华药局”，吴主内科，邵主外科。1925年，返同于西溪陆丰路开设“天福堂药铺”，带徒六人，以承家学。以唐药王孙思邈的“大医精诚论”作医德教育，言传身教，于实践中育才，其徒邵明雨等皆成名医。邵贞宗行医德艺双馨，为上海中医指导社聘为委员，医著《外科真方传》由上海万有书局出版行世。著有《时病通治指南》《妇科纪要》等书稿。

邵贞宗

王卓生（1894—1955）

字谷青，同安马巷美山湖人。1915年，毕业于省立政法学堂，回乡创办赵岗村启明小学。1919年，受陈嘉庚聘请协助集美学村和同美汽车站的建设。1927年春，出任同安县首任建设局长，任内规划、主持中山公园、同马灌角公路建设，改建西安、南薰二桥为公路桥，建外校场庄潘烈士陵园和城南纪念钟楼，规划城区三秀、西安、大横街、松柏林、桥仔头等商业区的骑楼街改造，为同安近代市政建设功臣。解放后，被推任为厦门市首届人大代表。不顾年近花甲，深入同安山区勘察、调研，为县人委筹划水利建设方案。弥留之际，尚念念不忘同安水利建设事业。

陈文总（1895—1985）

陈文总

字君反，别名左武、逢场，同安石浔村人。1913 年，毕业于厦门同文中学，先后任小学教员、《厦声报》编辑。1921 年，参与组织“厦门通俗教育社”。1923 年 7 月 6 日，任厦门各界“对日市民大会”临时主席，遭台湾浪人袭击受伤。1924 年，就读上海“大厦大学”，次年加入中国共产党，返厦组织“国民外交后援会”。1926 年，北伐军入闽，11 月，陈文总以国民党左派身份担任兴泉永政治监察署监察员，指导所辖闽南各县开展民主革命。1927 年 4 月 9 日，在厦、泉两地遭国民党右派通缉。7 月，奉命策反国民党独立第四师师长张贞未果而北上复命。8 月 1 日，与夫人杨若洲参加南昌起义，奉周恩来之命起草《革命委员会布告》。1928 年，分别就读日本陆军士官学校步科与早稻田大学经济系，曾任中共旅日地下小组组长。1933 年 5 月，参加冯玉祥领导的察哈尔抗日同盟军对日作战。11 月，任国民党福建某保安部队司令，奉命参与“讨伐”十九路军，冒险让十九路军一部秘密通过防区撤退。1936 年秋，经冯玉祥保送入国民党陆军大学 15 期深造，并任第三战区机要室上校主任参谋。1941 年初，毕业留校任战术教官。6 月，参加商震率领的“南洋军事考察团”，认定日军可能南进而英军必弃守的战略评估。调任国民党军令部二厅二处（国际情报处）少将处长及何应钦秘书长，再调西安中央军校第七分校少将教育处长、胡宗南嫡系陆军第一军少将参谋长，掩护中共特工、胡宗南机要秘书熊向晖等。抗战胜利后，任河南新乡受降长官，授“一等忠勤勋章”，晋升中将。国共内战爆发后，陈文总于 1947 年请假回乡“探母病”，8 月底抵港后，公开登报反对内战，宣布脱离国民党军政界。1950 年初，应中共地下党要求，说服陆大同学、国民党海南防卫总司令部参谋长梁可法向解放军提供海南布防地图，得到中共组织的嘉奖。随后受聘筹办香港福建中学并任校长，办学、经商至终老。2006 年 3 月，中共补授一枚抗战胜利 60 周年纪念勋章给陈文总在厦亲属。

陈明智（1895—1989）

漳州人。1918 年毕业于广州中法医校，任驻漳粤军军医。1936 年，任连城县戒烟院院长。1938 年，受陈嘉庚聘请，调任同安戒烟。同安解放后，1949 年 12 月被任命为同安县人民医院院长。廉洁奉公，以精湛医术救死扶伤，对同安消灭鼠疫、天花、白喉、霍乱贡献颇大。被推任同安县卫生协会 1～4 届主任委员，县政协 1～3 届委员，当选县第一、二、七、八、九届人大代表。

林珊珊（1900—1980）

原名铁魂，学名毓梅，同安大同镇溪边人，南洋著名报人。1919 年，投身报业，历任菲律宾马尼拉《华侨日报》《救国日报》编辑。后又任职于厦门《江声报》及马来亚《电讯新闻》等报社，用笔名“姗姗”“寸铁”“短兵”“黄魂”等。1929 年，出任《光华日报》主编，积极投入社会活动。1932 年 2 月 9 日，参加发起组织槟城“华侨筹赈祖国伤兵难民委员会”。1936 年，辞《光华日报》职，与同志创办《现代日报》，并任《现代周刊》经理、报务主任。1937 年，参与发起“北马文化界纪念鲁迅先生大会”，并筹备“纪念鲁迅先生基金会”。日占期间，避难于新加坡一家牛皮加工厂。战后重回《现代日报》。1947 年，任董事经理。1949 年，辞职加入新加坡《南侨日报》。1950 年 9 月，该报因反英言论遭封禁，林珊珊返槟城任《星槟日报》总编辑，并主编副刊《星艺》《莲花河》。参与复兴“同金厦公会”工作，1972—1973 年任该会名誉主席。1970 年，获槟州元首封赐 PJM 勋衔。1976 年，获太平局绅荣衔。

叶祖彬（1901—1975）

同安汀溪镇褒美村人。1920 年，入读集美中学，后陆续入读厦大预科、上海政法大学、大厦大学。1926 年，任集美国民小学教员。他信仰孙中山的三民主义，加入中国国民党。1927 年白色恐怖期间，曾帮助同班同学、中共漳州地下党领导人翁泽生安全转移。1941 年 8 月，在永安县省政府秘书处工作时，受聘任集美学校第二届董事会咨询委员。1949 年 12 月，调任集美学校总务，并应邀任陈嘉庚私人秘书，陪同陈老视察福建各地，为陈老整理出版《新中国观感集》。1955 年 8 月，再陪陈老视察全国 16 个省 30 余市县，为陈老校理《1955 年考察报告》一书。同年底至 1958 年，在陈老被发现并确诊患癌症及随后在上海、北京住院治疗期间，叶祖彬长期贴身侍护，并帮助处理各项事务。几次为陈老记录遗嘱，并整理陈老的最后遗嘱定稿，同陈老的子、孙、秘书一同签字。周总理到医院见陈老最后一面时，紧握叶祖彬的手说：“叶先生，感谢你。”1961 年 8 月 12 日陈老逝世后，叶祖彬于 8 月 20 日护送陈老灵柩返回集美。

叶祖彬生前一直担任集美民革支部主委。

叶怡煎

叶怡煎（1901—1982）

同安县莲花溪尾乡瓦窑社人。少时家境清寒，18 岁南渡星洲，1923 年 22 岁时任荣和行经理。1927 年，与堂叔合创星马庆和有限公司，任董事主席。1931 年，与友人创长利商行。1933 年，创办明利和耀南有限公司，任公司董事主席。历任新加坡中华总商会董事，索络铁器公会、中华女中、叶氏公会主席，友竹俱乐部名誉会长，福建会馆常务委员，同安会馆副主席，对家乡公益事业慷慨解囊。1956 年，曾率星马工商业考察团回乡视察同民医院。1966 年 4 月，在家乡独资建成栋佐桥，创办栋佐学校。

1979 年，荣获新加坡总统颁发的公共服务奖章。1982 年 9 月 8 日因病去世，享年 81 岁。

王秀南

王秀南（1901—2000）

同安大同王公楼人，海内外著名教育家。从小家贫，靠勤工俭学完成师范大学学业，1931 年，获中央大学教育学士学位，出任江苏教育厅教育指导员，兼《教育实验》月刊主编，出版著作《实验教育》。后历任集美中学校长兼师范校长，河南大学、中山大学、暨南大学、厦门大学教授。其间著作出版教育学专著 6 部。1949 年 6 月，应邀赴印尼雅加达创办印华高级商业学校及实验中学，筹办加玛烈大学。1955 年，出任新加坡师资训练学院高级讲师，次年任马来亚中华中学校长，1958年任光华高级中学校长至1965年退休。退休后定居新加坡，重新兼任师资训练学院客座教授、台北中国文化大学华冈教授、香港东南亚研究所导师兼文教研究组主任，创办东南亚教育研究社。之后八年内连续出版了四本教育学专著。1976年，其《教育学科教学法综论》被台北“中华学术院”列为“中华大典”，颁予“哲士”荣衔。1978年，台北侨联总会授予其“海外华文著作奖”。终其一生对南洋各国的华文教育作出杰出贡献。

陈文英

陈文英（1902—1979）

字云珊，福建莆田县人。知名西医，同民医院院长。对同安县流行性丝虫病的发现、诊疗和开拓同民医院的医疗业务有较大贡献。

1929年27岁时，毕业于国立北京大学医学系，留学日本，取得医学博士学位。回国后辗转各地行医。1952年冬，受聘同民医院内科医师。1954年，接任院长，对解放初期同安县消灭鼠疫、霍乱、天花、白喉等传染病起了重要的医学指导作用。“文化大革命”中受冲击卸任。1979年，得到平反昭雪，恢复名誉。

历任政协同安县第一、二、三届委员。

陈恩典（1902—1994）

福建厦门人。著名宗教爱国人士。曾任同安县基督教三自爱国运动委员会主席、厦门市基督教协会副主席，同安基督教“两会”名誉主席。

1919年集美师范毕业，同年考入泉州福音学校，1922年毕业后被分配到厦门竹树脚礼拜堂任传道，1926年转任厦门禾山寨教堂传道，1929年调安溪县茶厝寨教堂传道，1933年到同安创建后河礼拜堂并任传道，1946年升任牧师。

新中国成立后，响应耀宗倡导的“三自革新”运动，任同安三自爱委会主席，带领教徒参加各种社会运动，在同安基督教徒中很有威信。1951年当选县各界人民代表会议代表，1956年当选厦门市政协委员并连任至第六届。

十一届三中全会后，虽年过古稀，仍积极配合有关部门落实宗教政策、修复宗教场所，筹建“三自爱委会”办公楼，旗帜鲜明地反对“呼喊派”和其他邪教组织。

陈恩典

翁长福（1904—1959）

漳州南门大路头人，同安县知名西医。

幼年就读于教会学堂，后毕业于上海东南医学院。曾在故里开诊所行医。抗日战争前曾任某部军医，1937年任厦门中山医院内科医师，1938年任鼓浪屿救世医院内科医师，1941年任泉州惠世医院医师，1943年任厦门大学校医，1947年任同安医院医师、院长，1949年9月任同民医院代理院长，后任副院长。医术精湛，平易近人，为同民医院的发展做出积极贡献。

曾任县卫生工作协会二至四届副主任委员，同安县一、二届政协委员，同安县第三届人大代表。1957年加入共产党。

陈延进（1904—2001）

同安阳翟人。1926年，由集美师范升入厦门大学教育系，次年冬随业师鲁迅先生转到广州中山大学哲学系。1929年，毕业回乡担任同安公立中学校长。1930年，应母校中山大学选派，公费留学法国里昂大学，1934年，获法学博士学位，同年8月，任职国民政府交通部。1936年，应聘任福建省政府参议兼省县政训练所导师。抗战爆发后，代表省府赴南洋联络侨界抗日，改任省府秘书处外交兼侨务科长。1942年初，任省经济建设委员。1943年，应聘兼任苏皖技艺专科学校教授。抗战胜利后，转教于浙江国立英士大学。1946年秋，回中山大学任法律系教授。1948年秋，任福建省参议兼外交侨务科长。次年夏弃职赴港，拒绝往台。1953年，南往吉隆坡联合邦任新闻部华文主笔。1956年起至1970年，历任马来亚六所华文中学校长。1971年退休，转任槟城马来西亚佛学院教务主任，主编《无尽灯》季刊，是新马华文教育界和佛学界的领袖人物。1990年，曾回同安探亲、观光。

李礼阁（1908—1995）

同安人。曾任省政协常务委员、县政协五至七届副主席、县侨联名誉主席、华侨大学董事会董事、香港福建中学董事、香港福建商会常务理事。

1923年，在马巷镇经商。1940—1948年，历任国民党闽南自卫团第二团政训室情报组组长、晋江专署情报处主任兼侦缉队队长、闽西南剿匪指挥部通讯员、晋南同联防处通讯员、第四专署情报员、省新闻处联络员等伪职。1949年，接受中共地下党策反放弃抵抗。

1949年定居香港，后迁居印尼，在胞兄李吉成（李礼枫）资助下经营树胶业达10余年。1960年，因印尼当局排华而迁居香港，任诚信船业有限公司董事长、香港福建商会福利部主任。

李礼阁

20世纪50年代后，常回乡探亲，热心家乡公益事业，为家乡公益事业捐资达数百万元之巨，其中为同安县中小学和幼儿园捐款达110多万元，捐建校舍5390平方米，先后给官塘村、巷东农场、竹坝华侨农场等单位赠送汽车、拖拉机、汽车轮胎、柴油等生产资料；捐助县侨联、马巷镇侨联、同安同民医院等单位。

1984年12月，福建省人民政府授予他“乐育英才”金质奖章。

李礼臣（1910—1977）

名文颇，同安五显人，名老中医。少年随叔父李吉甫习医。1932年，入国医大师吴瑞甫创办的“厦门国医专门学校”深造，学业优异，毕业后任助教。为校刊《国医旬刊》撰文，为吴老编写教程，并在“退休斋”帮师助诊。1936年，经友人资助在厦门开设“太阳春药房”并行医。1938年厦门沦陷，回同安五甲村“泰兴堂”药店坐堂。次年于城关西安路开设益生药房并坐堂行医。抗战期间参加“同安县抗敌后援会”，定期往县救济院为难民义诊。1940年，参与发起组织同安县中医师公会，任主席。解放后，任同安县医务卫生工作者协会副主委，出席省首届中医代表会，任同安县首届政协委员。1958年，任城关防保院医师，对攻治乙脑做出贡献。有多篇中医药论文、医案存世。

洪德地（1913—1980）

同安城郊凤岗村人。南音名师。十余岁入城关曲馆拜叶壬水为师，以曲词当书本，努力诵唱。几年苦练，很快掌握四管技艺，尤擅二弦、琵琶和唱歌。后遍访南音老前辈求教，得傅若理作词配曲真传，加上自己广泛钻研传统曲目、技艺之所得，整理创新、谱配新曲，成为同安澄怀轩曲馆馆柱，有“同安南音四才子”之誉。1932 年，应聘到厦门鼓浪屿教馆，常与白厚生、纪经亩等名师切磋，饮誉厦门曲界。厦门沦陷后返乡务农，后赴石码务工，仍坚持南音的传播和研究。解放后返乡务农，着手创办凤岗南乐社，授徒教曲。几年后，他迁居城关改行卖鱼，成为水产合作商店职工，业余又致力于城关南乐社的恢复与振兴，培养了一批南音名角，前厦门市南音研究会常务理事洪作富、副会长胡名炮等都是他的高足。他把傅若理的遗曲整理为《大八骏》，赴市会演获奖，收入菲律宾绵曲集出版。又结合现代题材创作《八婶婆》《赌博戒》《五星红旗》等新曲，为毛主席《送瘟神》谱曲，在泉州、福州会演中获奖。为同安南乐的传承和创新作出杰出贡献。

苏静山（1913—1990）

苏静山

字安仁，祖籍金门。1924 年，到印尼苏门答腊，先后在望加丽“长胜土产商”和双牙盆“长孚土产商”当店员，1944 年在印度尼西亚打板奴里实林泮自营土产业，1953 年在印尼雅加达坡公大行出口商当职员。

1955 年 3 月，举家迁回同安县马巷镇三乡街。1956 年 4 月，在同安油厂任职员。1974 年退休，1981 年 10 月定居香港。

他积极从事侨务工作，热心为“三胞”和侨眷服务，曾多次捐款捐物给县政协、县侨联、县儿童基金会，还经常捐资支援家乡社、队的农业基本建设。说服兄长苏秀荣（香港大众机械有限公司董事长）投资福建华侨投资公司，为家乡建设出力。热情接待回国探亲、旅行、寻根的三胞，参与筹建香港同安联谊会，是一位深受三胞及侨眷爱戴的义务侨务工作者。

1959 年起，多次当选县、市、省归侨代表。1979 年，当选马巷侨联分会主席、厦门市侨联常务委员。1981 年任同安县建设发展公司副董事长。曾任同安县侨联五至八届副主席、同安县七至八届人大代表、政协同安县四至六届（1980—1989 年）副主席。

黄盛光（1916—1984）

黄盛光

又名黄盛遭、黄重光、黄腾昭，同安新圩人，曾任同安县新圩镇侨联名誉主席、广东暨南大学董事、同安县政协五届副主席。

十岁时随母前往柬埔寨金边市与经商的父亲团聚。成年后协助父亲打理商铺，后承父业经营“永合源”五金行。抗日战争胜利后，在侨居国参加各种进步活动，从事社会福利事业。1951 年任金边市中华医院董事，1954 年受周恩来总理接见并合影，1955 年任金边市福建中华理事会理事兼福利组主任、福建民生中学校长、华侨青年会会长；1967年柬埔寨政变时，他被迫迁居香港，开办东元公司、东联布业公司、长春药材有限公司、大成酒业有限公司、中大贸易公司等。

他热爱祖国，热爱家乡。改革开放之初，先后在家乡捐建合作医疗站、小学校舍、新圩镇侨联会所等，捐资兴修水利，赠送家乡电影放映机、电风扇、摩托车、手扶拖拉机（12部）、丰田旅行车（2辆）等，是著名的爱国侨领。

陈永泉（1918—1985）

陈永泉

曾用名陈修齐，福建省同安县人，历任县工商联主任、民建同安支部主委、市工商联常委、省工商联执委、县政协二至四届副主席、市政协常委。

1933年初中毕业后入集美高中，因家庭贫困而辍学经商。解放前曾任国民党区分部委员及伪保长等职。解放后独自经营“三兴永记糖店”，1951年组织肥升合营处，任理事长。参与同安工商联合会的筹备组建工作，1953年当选为县工商联主任，带领工商界人士拥护中国共产党和人民政府的政策法令。抗美援朝时带头并推动县工商界捐献飞机大炮；“三反”“五反”和对私改造运动中，带领工商界人士投入运动。1955年，当选同安县人大代表、厦门市政协委员、常委；1956年，当选同安县政协副主席。曾创办“耀光中学”。“文化大革命”中受到冲击，被下放到机关农场劳动，后调入县土产公司工作。

十一届三中全会后，继任县工商联主任，并再次当选县政协副主席，其间利用海外关系招商引资，创办“三资”企业。率先在同安县组建同安民建支部，与其他党派一同组建“培才业余学校”。是同安工商界著名的爱国人士。

邵明雨（1918—1990）

同安新民柑岭人。字树壬，福建名老中医，历任同安县卫生工作协会主任委员、厦门市中医协会理事、同安县中医学会顾问，县中医院副院长。政协同安县第一至第五届委员、第三至第九届常委，政协厦门市第五至第六届委员，同安县第八至第九届人大常委。

邵明雨

出生于中医世家，承传其父名医邵贞宗衣钵，曾同吴瑞甫下乡行医，并同吴瑞甫在厦门小走马路合开“新华药局”。后返同安陆丰路开设“天福堂药铺”，医药并济。曾受聘为上海中医指导社委员，著有《外科真方传》《时病通治指南》《妇科纪要》等医书。20世纪50年代率队参加农村卫生防疫及巡回医疗工作。1958年起，任城关卫生院医师，每日诊治近百人，名满城乡。1960年，同安乙脑流行，且多例并发心肌炎，邵明雨以生脉散合白虎汤加减救治，疗效显著。其《产后恶露不尽》等9篇妇科医案收入“厦门市中医医案选”。中医外科更为专长，他研发的“雷击散”“生湿散”“缠身蛇散”“八宝膏”等药，疗效神奇，救人无数。1964年，省卫生厅授予“福建省名老中医”称号。

邵医师一生传徒数十人，后均为中医界骨干。在其努力与筹备下，同安中医院于1987年11月落成并开诊。

释厚学（1918—2002）

释厚学

法号证道，俗名洪德操，籍贯同安新店洪厝。曾任福建省佛教协会常务理事、厦门市佛教协会筹委会代会长、市佛教协会副会长、同安佛教协会会长等，长期任同安梵天寺住持。

自幼随母吃斋奉佛，1935 年出家日光岩寺当沙弥，后在妙释寺潜心研究佛学。1946 年 1 月，入同安梵天寺，主持清念上人代监院印顺法师收为徒弟。1949 年印顺法师东渡弘法后，升任监院。1952 年清念法师应邀赴新加坡弘法，厚学法师继任住持并任县佛协会会长直至圆寂。

十一届三中全会后，释厚学筹备恢复市、县佛协会组织活动。1979 年 11 月至 1985 年 11 月，一直担任厦门市佛协会副会长，后多次出访新加坡、马来西亚、泰国，为增进与海外佛教界的交流和友谊奔波。终身献身大轮山文物保护和梵天寺的修复事业，多次提案修复千年古刹梵天寺。古稀之年 9 次漂洋过海弘法募资，终使千年古刹梵天寺于 1998 年重建，“大轮梵天”成为厦门市的二十名景之一。所耗资金 3000 万元全部来自他在海内外的募捐。

1950 年，任同安县各界人民代表大会代表、常务委员；1980 年起，连任厦门市五至八届政协委员；1956 年起，连任同安县（区）政协常委至圆寂。是闽南地区著名的大德高僧。

杨锡彰（1919—1969）

杨锡彰

同安祥桥祥露顶人。1947 年，毕业于南京国立中央政治大学法政系，入福建省建设厅任科员。后为侍奉母亲，放弃晋升机会弃职归乡，任同安中学教员兼教务主任。1955 年，任同安一中语文教研组长并把关高三毕业班语文教学。学识渊博、生活严谨、工作认真，尤长于古典文学与写作教学，深受学生爱戴。在县、市教育界久负盛名，为同安一中“文化大革命”前三年连夺省高考红旗作出杰出贡献，培育了大批人才，被誉为一代名师，市、县同行尊为楷模。“文化大革命”中遭受迫害去世。

陈复兴（1924—2003）

同安灌口后溪人。1951 年土改后，任后溪东埔乡乡长，次年调任同安县供销社科长。1956 年，任县委“五办”办公室主任。1957 年，任县检察院副检察长。1962 年，任同安莲花区区委书记。1964—1965 年，参加南安、同安社教运动，任工作队队长。1965 年任同安县新店公社党委书记，参与领导东坑围垦工程。“文化大革命”中受冲击，下放北山五七干校。1974 年，任同安县农办主任。1978 年，任县革委会副主任主管生产。1980 年，当选为同安县人民政府县长（1980. 11—1983. 12），任内主持撤社改乡（镇）、平反冤假错案、为地富摘帽、为右派改正等工作，在推进农村经济体制的改革中，总结，推广莲花后埔村的生产经验，在全县农村推进生产责任制改革。至 1982 年 2 月，实行各种形式的家庭联产承包责任制的生产队 2374 个，占全县生产队数的 97. 1%。时农副产品价格上涨，同安出现了连续三年的农业增长、农民增收的大好局面。1984 年任满退休，2003 年病逝。

许笃潭（1927—1987）

同安马巷人，中共党员，高级会计师。1948 年，考入广州大学，1949 年暑假返乡参加马巷地下共青团活动，并转学厦门大学。1952 年，厦大经济系毕业。9 月，分配到鞍山钢铁公司计划处工作，参与编制鞍钢第一、第二个五年发展规划。1958 年，调鞍山日报社，任工交部、理论部部长。1980 年，调回鞍钢公司任财会处副处长。1982 年，兼任冶金部《冶金》杂志副总编，出版《鞍钢发展四十周年》一书。三十多年间对鞍钢的建设、发展和宣传立下功勋。

张鹏云（1927—2002）

同安人，1927 年生，1949 年集美高中毕业，1950 年考入厦门大学航空系，1951 年并入清华大学航空学院，1953 年毕业后，分配到沈阳 111 厂工作。1959 年随厂迁成都 420 厂，1984 年被评为高级工程师，1989 年被评为研究员高工，1988 年国家国防科工委授予“献身国防科技事业”荣誉奖章和证书，是航空发动机冲压焊接方面的高级专家。曾参加航空航天部《航空制造工程手册》的编纂工作，撰写《拉伸》一章。1992 年退休。

陈少庭（1927—2004）

1927 年出生于南安金淘，1948 年毕业于泉州海疆大学，任南安第一中学校长，参加中共地下党活动，1952 年奉调任同安一中校长，主持制定一系列行政和教学管理制度，并于当年创办高中部。知识渊博，亲任多学科教学，深受学生欢迎。1958 年被错划右派分子，免职为一般教员，仍兢兢业业地教学，并努力辅导新教师业务。1979 年平反改正，任同安县教育局局长。次年，任同安县副县长（1980. 11—1983. 12 任），主管科教文卫，为教育、医卫部门的拨乱反正，建章立制倾注大量心血，1984 年任满调任集美中学校长。1987 年离休后，受聘为厦门市教委顾问。是一位终身奉献于教育事业的教育家和名校长。

陈剑民（1936—2001）

马巷山亭人，居住同安城关朝元村。自学成才的举重运动员和卓有成效的业余举重教练员。

陈剑民

1955 年陈剑民从事马车运输工作，业余拜师自练举重，持之以恒，1959 年获同安县第五届职工运动会次轻量级第一名，达国家二级运动员标准，1960 年获厦门市第四届职工运动会举重冠军。1978 年，年已 43 岁的陈剑民又在省第七届运动会上获 90 公斤级总成绩第三名，闻名举坛。

为发展民间业余体育运动，陈剑民自费在朝元家中办起了业余举重训练室，自任教练，自费购置器材设备，后来专建了一所 80 多平方米的举重运动室。并自学理论，1988 年通过国家考试，被授予国家举重一级裁判员资格。先后拜陈剑民为师的城乡青年学员多达 200 余人。近 20 年间为同安培养出大批举重人才，其中 1 人获国家健将，7 人达国家一级运动员标准，3 人 8 次破全国纪录，11人31次破省纪录，向省体工队输送4名专业人才。其工作和成绩受到各级体育部门的重视和支持。1985年后，《体育报》《新体育》等报刊记者28人次对他进行采访、报道。1982年、1986年，陈剑民两度获评“福建省体育积极分子”。1983年、1993年，两度获评“全国群众体育先进工作者”。曾被推举为同安县农民体协副主席，还是县政协五、六、七届常委，市政协六、七届委员。

第二章　人物表

第一节　高级专业技术人员名表

1997—2007年，同安区获得高级专业技术职称资格的专业技术人员416名，其中工程技术、经济、农艺、文化高级专业技术系列人员62名，教育系列人员245名，医疗卫生系列人员109名。

1997—2007同安区工程技术、经济、农艺、文化高级专业技术职务人员名表

表29-1

姓名	单位	技术职务	取得任职资格时间
蒋龄芳	同安机械厂	高级工程师	1997. 3. 28
郑　辉	厦门银城股份有限公司	高级工程师	1997. 3. 28
汪永贺	同安县水利水电技术队	高级工程师	1997. 3. 28
颜有来	同安区农技站	高级农艺师	1997. 4. 30
林隐萌	同安区农科所	高级农艺师	1997. 4. 30
郑丁杰	同安电力管理站	高级工程师	1998. 1. 5
苏文发	厦门市卫生职业中专学校	高级讲师	1998. 4. 13
彭建立	同安区农业局植保植检站	农业技术高级职务	1998. 3. 6
蔡伟强	同安区洪塘畜牧兽医站	高级兽医师	1999. 2. 10
卢若琴	厦门市卫生职业中专学校	高级讲师	1999. 3. 22
黄文传	厦门中盛粮油企业公司	高级经济师	1999. 7. 8
纪春芳	同安区经济信息中心	高级工程师	2000. 1. 18
叶文祥	同安区环境监测站	高级工程师	2000. 1. 18
郭德辉	同安区农技站	高级农艺师	2000. 1. 20
杨森山	同安区科教信息站	高级农艺师	2000. 1. 20
庄水锻	同安区农业技术推广站	研究员	2001. 3. 7
陈　华	市卫生职业中专	高级讲师	2002. 3. 22
林济标	市卫生职业中专	高级讲师	2002. 3. 22
陈清波	马巷镇农技站	高级农艺师	2002. 12. 30
胡美莉	同安区土肥站	高级农艺师	2002. 12. 30

续表29-1

姓名	单位	技术职务	取得任职资格时间
蔡资家	同安区经管站	高级农经师	2002. 12. 30
张东晓	区建设工程质量安全监督站	高级工程师	2003. 1. 17
施叔忠	区建设工程质量安全监督站	高级工程师	2003. 1. 17
叶碧星	区委党校	高级讲师	2003. 1. 13
吴晓鸿	市卫生职业中专	高级讲师	2003. 6. 26
江艺平	小坪林业试验场	高级工程师	2004. 1. 13
叶志伟	同安农科所	高级农艺师	2004. 4. 19
杨扬鹏	五显农技站	高级农艺师	2004. 4. 19
纪生疆	区经济作物技术推广站	高级农艺师	2004. 4. 19
李土堆	同安畜牧兽医站	高级兽医师	2004. 4. 19
陈世界	区委党校	高级讲师	2004. 11. 20
王　标	同安区建设工程质量安全监督站	高级工程师	2004. 12. 29
彭建立	同安区植保植检站	研究员	2005. 2. 5
叶庆成	同安区农业科学研究所	高级农艺师	2005. 5. 9
陈清火	同安区龙眼研究所	高级农艺师	2005. 5. 9
叶琳堀	同安区西柯镇农业服务中心	高级农艺师	2005. 5. 9
邵志群	同安区农业行政综合执法大队	高级农艺师	2005. 5. 9
张志刚	厦门银祥集团有限公司	高级畜牧师	2005. 5. 9
邵志恒	市第二技校	高级讲师	2005. 12. 23
刘培荣	市第二技校	高级讲师	2005. 12. 23
颜伟曾	市第二技校	高级讲师	2005. 12. 23
沈丽英	区委党校	市级讲师	2005. 12. 23
蔡超群	区农技推广站	高级农艺师	2005. 5. 24
徐雅望	区畜牧兽医站	高级畜牧师	2005. 5. 24
吴平和	区农经管理站	高级农艺师	2005. 5. 24
王坚毅	区兴林灯饰公司	高级经济师	2006. 6. 7
张志刚	银祥集团	高级工程师	2006. 6. 7
陈互助	厦门市第二技工学校	高级讲师	2006. 12. 26
王丕奋	厦门市第二技工学校	高级讲师	2006. 12. 26
洪再恭	同安区水利局	高级工程师	2006. 12. 31
陈沾水	同安区林业工作站	高级工程师	2007. 1. 25
林茂盛	同安区农业科学研究所	高级农艺师	2007. 5. 18
陈冬木	同安区植保植检站	高级农艺师	2007. 5. 18
彭警惕	同安区新民镇农业服务中心	高级畜牧师	2007. 5. 18
陈庆持	同安区新民镇农业服务中心	高级兽医师	2007. 5. 18

1997—2007 年同安区工业系统高级职称人员名表

表 29-2

姓　名	姓别	籍贯	出生年月	政治面貌	文化程度	所在单位	高级职称	授予时间	授予部门
黄学哲	男	吉林	1964.10	—	本科	厦门金日制药有限公司	高级工程师	2001.1	吉林省人事厅
张志刚	男	福建	1968.12	群众	本科	厦门银祥集团技术中心	高级畜牧师	2001	福建省人事厅
苏永裕	男	福建	1968.3	党员	本科	厦门银祥集团	高级经济师	2002	福建省人事厅
王　友	男	辽宁	1966.11	党员	本科	厦门古龙罐头食品有限公司	高级会计师	2003.5	福建省人事厅
周于波	女	福建	1960.8	—	本科	厦门金日制药有限公司	高级工程师	2004.4	厦门市职称领导小组
周丽娟	女	南昌	1975.3	民主党派	博士	厦门金日制药有限公司	高级工程师	—	—
黄　浩	男	湖南	1963.2	群众	本科	厦门银祥集团肉制品有限公司	高级经济师	2007	福建省人事厅

1997—2007 年同安区中学高级教师名表

表 29-3

学校	姓　名	籍贯	毕业院校	专业	取得任职资格时间
厦门市启悟中学	徐高水	同安	福建师范学院	汉语言文学	1997.6.1
厦门市新民中学	徐银杏	同安	厦门大学	数学	1997.5.22
厦门市同安区教师进修学校	戴聪明	南安	福建第二师范学校	英语	1997.9.1
厦门市第二外国语学校	白金钟	同安	福建师范大学	数学	1998.2.4
厦门市洪塘中学	康　武	同安	福建师范大学	化学	1998.2.4
厦门市汀溪中学	许勋照	同安	厦门集美师范专科学校	数学	1998.3.2
厦门市东山中学	苏法昭	同安	中央党校党政管理（函授）	政治	1998.2.4
厦门市同安区职业技术学校	蔡芳井	同安	福建师范大学	生物	1998.2.1
厦门市同安区职业技术学校	苏文发	莆田	第三军医大学	医疗	1998.2.16
厦门市启悟中学	林证件	同安	福建师范大学	汉语言文学	1998.2.4
厦门市启悟中学	杨发展	同安	中共中央党校函授学院	党政管理	1998.2.4
厦门市启悟中学	邵延爆	同安	福建广播电视大学	汉语言文学	1998.4.1
厦门市城东中学	李镇西	同安	厦门师专	数学	1998.2.4
厦门市育才中学	周世远	同安	厦门师范专科学校	化学	1998.3.2
厦门市育才中学	蒋丽华	同安	福建师范大学	数学	1998.3.2
厦门市同安区教师进修学校	曾长寿	同安	同安第二中学	高中	1998.2.1
厦门市同安区教师进修学校	黄雪琴	同安	同安第二中学	高中	1998.6.1
厦门市同安区教师进修学校	曾国棉	翔安	集美大学	数学	1998.2.18
厦门市第二外国语学校	吴学高	贵州毕节	贵州毕节师专	体育	1999.10.21
厦门市新民中学	洪作力	同安	厦门集美师范专科学校	地理	1999.4.16
厦门市柑岭中学	郭明惠	同安	福建林业学院	林业机械（本科）	1999.4.16
厦门市同安区教师进修学校	彭雅雅	同安	福建师范大学	数学	1999.4.1
厦门市同安区教师进修学校	陈庆煌	同安	集美师专	英语	1999.4.16
厦门市启悟中学	陈忠生	同安	福建师范大学	汉语言文学	1999.4.16

续表29-3

学校	姓　名	籍贯	毕业院校	专业	取得任职资格时间
厦门市启悟中学	朱碧玉	同安	福建师范大学	思想政治教育	1999.4.16
厦门市启悟中学	陈火炳	同安	厦门大学	物理学教育	1999.4.16
厦门市第二外国语学校	张益群	同安	厦门师专	化学	2000.6.15
厦门市第二外国语学校	吴志强	同安	集美师专	数学	2000.6.15
厦门市启悟中学	何金挺	福州	福建师范大学	美术教育	2000.2.29
厦门市启悟中学	叶福良	同安	厦门集美师范专科学校	数学教育	2000.6.15
厦门市东山中学	洪惠民	同安	集美师专	美术	2000.2.29
厦门市东山中学	洪聪慧	同安	福建电视大学	中文	2000.6.14
厦门市东山中学	陈溪水	同安	中央党校党政管理（函授）	中文	2000.6.14
厦门市汀溪中学	王建城	同安	福建师范大学	政治教育	2000.6.15
厦门市汀溪中学	陈清苗	同安	厦门集美师范专科学校	数学	2000.6.15
厦门市洪塘中学	吴伟忠	同安	厦门业余大学	中文	2000.6.5
厦门市同安区职业技术学校	卓金恭	同安	福建省农业学院	生物	2000.6.15
厦门市新民中学	林明仕	同安	厦门集美师范专科学校	汉语言文学	2000.6.1
厦门市柑岭中学	李育林	南安	福建广播电视大学	党政管理	2000.6.15
厦门市柑岭中学	张温水	同安	中共中央党校函授学院	党政管理	2000.6.15
厦门市城东中学	叶溪水	同安	福建师范大学	中文	2000.6.15
厦门市育才中学	庄世坪	同安	厦门师专	数学	2000.6.28
厦门市育才中学	叶丽蓉	同安	厦门师专	物理	2000.6.28
厦门市同安区教师进修学校	柯福强	同安	福建师范大学	政治教育	2000.7.1
厦门市启悟中学	洪水赞	同安	厦门集美师范专科学校	物理学教育	2000.6.15
厦门市启悟中学	陈惠敏	同安	福建教育学院	教育教育	2000.6.15
厦门市同安区教师进修学校	蔡永法	同安	厦门师专	中学教育	2001.4
厦门市东山中学	温秀霞	同安	集美师专二年	中文	2001.6.8
厦门市东山中学	洪作锦	同安	集美师专三年	数学	2001.6.8
厦门市东山中学	郭乌牛	同安	集美师专二年	化学	2001.6.8
厦门市洪塘中学	梁金镇	同安	厦门师专	化学	2001.6.8
厦门市洪塘中学	李永康	同安	厦门师专	数学	2001.6.8
厦门市育才中学	林少辉	同安	集美师专	化学	2001.6.26
厦门市美林中学	林根灿	同安	福建师范大学	化学	2001.6.8
厦门市启悟中学	陈延芑	同安	福建师范大学	物理学教育	2001.6.8
厦门市第二外国语学校	陈建利	同安	泉州师专	数学	2002.11.6
厦门市第二外国语学校	苏志民	同安	福建师范大学	中文	2002.11.6
厦门市第二外国语学校	林怡峰	同安	集美师专	中文	2002.11.6
厦门市第二外国语学校	林耀辉	同安	集美师专	英语	2002.11.6
厦门市启悟中学	杨福能	同安	福建师范大学	数学教育	2002.11.6

续表29-3

学校	姓 名	籍贯	毕业院校	专业	取得任职资格时间
厦门市启悟中学	杨丽雯	同安	厦门师范学校	汉语言文学	2002. 11. 6
厦门市启悟中学	柯阿丽	同安	福建教育学院	英语教育	2002. 11. 6
厦门市启悟中学	柯美莲	同安	厦门教育学院	英语教育	2002. 11. 6
厦门市启悟中学	柯耀灿	同安	厦门集美师范专科学校	地理学教育	2002. 11. 6
厦门市启悟中学	叶立冬	同安	福建体育学院	体育教育	2002. 11. 6
厦门市启悟中学	叶碰粉	同安	福建师范大学	物理学教育	2002. 11. 6
厦门市洪塘中学	蔡国兴	同安	福建师范大学	化学	2002. 11. 6
厦门市洪塘中学	洪辉行	同安	漳州师范学院	数学	2002. 11. 6
厦门市启悟中学	庄友栋	同安	中央广播电视大学	汉语言文学	2002. 11. 6
厦门市启悟中学	叶素莲	同安	福建师范大学	地理学教育	2002. 11. 6
厦门市东山中学	杨火甲	同安	华东大学函授	地理	2002. 11. 6
厦门市同安区职业技术学校	林济标	广东	华侨大学	医疗	2002. 3. 22
厦门市同安区职业技术学校	陈华	安溪	江西中医学院	中医	2002. 3. 22
厦门市新民中学	柯景山	同安	福建广播电视大学	汉语言文学	2002. 11. 6
厦门市新民中学	陈亚双	同安	集美师范专科学校	英语	2002. 11. 6
厦门市同安区职业技术学校	高水源	同安	省体校	体育	2002. 11. 6
厦门市城东中学	颜跃庆	同安	中共中央党校函授学院	党政管理	2002. 11. 6
厦门市竹坝中学	叶国钦	同安	泉州师专	历史	2002. 11. 6
厦门市育才中学	林建华	同安	厦门师专	物理	2002. 11. 18
厦门市育才中学	周进水	同安	福建农业学院	生物	2002. 11. 18
厦门市育才中学	沈清根	同安	福建体校	体育	2002. 11. 18
厦门市同安区教师进修学校	叶亚青	同安	福建师范大学	教育	2002. 4. 1
厦门市同安区教师进修学校	杨志毅	同安	福建师范大学	政治教育	2002. 11. 1
厦门市凤南中学	洪良炳	同安	福建广播电视大学	中文	2002. 11. 6
厦门市第二外国语学校	蔡振庭	同安	集美师专	数学	2003. 6. 5
厦门市东山中学	郭一帆	同安	中央广播电视大学（函授）	中文	2003. 6. 9
厦门市东山中学	徐光明	同安	厦门教育学院	英语	2003. 6. 9
厦门市东山中学	林 华	同安	福建师范大学	物理	2003. 6. 9
厦门市汀溪中学	颜碰能	同安	中共中央党校函授学院	党政管理	2003. 6. 5
厦门市美林中学	叶国民	同安	中央广播电视大学	汉语言文学	2003. 6. 5
厦门市美林中学	林达聪	同安	福建中等师范学校	普师	2003. 6. 5
厦门市同安区教师进修学校	杨辉容	同安	厦门师范专科学校	普师	2003. 6. 2
厦门市同安区教师进修学校	陈跃聪	同安	福建师范大学	物理教育	2003. 7. 7
厦门市启悟中学	李龙宗	同安	福建师范大学	汉语言文学	2003. 6. 5
厦门市启悟中学	林加植	同安	厦门教育学院	汉语言文学	2003. 6. 5
厦门市启悟中学	郭来春	同安	福建师范大学	物理学教育	2003. 6. 5

续表29-3

学校	姓　名	籍贯	毕业院校	专业	取得任职资格时间
厦门市凤南中学	叶瑞锦	厦门	中央广播电视大学	汉语言文学	2003. 6. 15
厦门市育才中学	蔡秀治	同安	福建师范大学	生物	2003. 6. 20
厦门市同安区职业技术学校	吴勤花	同安	福建师范大学	语文	2003. 6. 4
厦门市同安区职业技术学校	吴晓鸿	上海	江西医学院	预防医学	2003. 6. 16
厦门市同安区教师进修学校	陈乐新	同安	泉州师范学院	英语	2003. 6. 16
第二实小	陈少敏	同安	福建广播电视大学	汉语言文学	2003. 6
厦门市澳溪中学	杨火罐	同安	宁德师专	生物	2003. 6. 5
厦门市第二外国语学校	黄志坚	同安	福建师范大学福清分校	体育	2004. 6. 7
厦门市第二外国语学校	蔡清风	同安	集美师专	英语	2004. 6. 7
厦门市第二外国语学校	郑丽珍	同安	集美师专	政治教育	2004. 6. 7
厦门市第二外国语学校	沈水池	同安	晋江地区师范学校	体育	2004. 6. 7
厦门市第二外国语学校	叶丽扬	同安	集美师专	英语	2004. 6. 7
厦门市启悟中学	陈文艺	同安	福建教育学院	地理学教育	2004. 6. 7
厦门市启悟中学	叶火放	同安	福建师范大学	生物学教育	2004. 6. 7
厦门市启悟中学	叶小兰	同安	中共中央党校函授学院	党政管理	2004. 67. 7
厦门市启悟中学	王　耀	同安	福建师范大学	化学教育	2004. 6. 7
厦门市启悟中学	童雪黎	同安	集美大学师范学院	数学与应用数学	2004. 6. 7
厦门市启悟中学	叶荣杰	同安	中共中央党校函授学院	行政管理	2004. 6. 7
厦门市东山中学	吕拥加	同安	福建师范大学（函授本科）	英语	2004. 6. 7
厦门市东山中学	叶　俐	同安	福建师范大学（函授）	地理	2004. 6. 7
厦门市东山中学	蔡来发	同安	福建师范大学（函授）	美术	2004. 6. 7
厦门市汀溪中学	洪巧玲	同安	福建师范大学（函授）	政治教育	2004. 6. 7
厦门市汀溪中学	杨国政	同安	中共中央党校函授学院	党政管理	2004. 6. 7
厦门市汀溪中学	郭军民	同安	厦门集美师范专科学校	中文	2004. 6. 7
厦门市巷南中学	叶福成	厦门	集美师专	物理	2004. 6. 7
厦门市洪塘中学	叶团结	同安	漳州师范学院	历史	2004. 6. 27
厦门市凤南中学	杨清炬	同安	集美师专	政治教育	2004. 6. 30
厦门市城东中学	苏水琛	同安	中央广播电视大学	中文	2004. 6. 30
厦门市同安区教师进修学校	康江林	同安	集美师专	美术	2004. 7. 1
厦门市同安区教师进修学校	朱惠敏	同安	厦门师范专科学校	普师	2004. 7. 1
同安一实小	周秀珊	同安	福建教育学院	小学教育	2004. 9. 24
厦门市第二外国语学校	郭丽卿	同安	集美师专	中文	2005. 5. 26
厦门市第二外国语学校	李文金	同安	厦门师专	中文	2005. 5. 26
厦门市第二外国语学校	叶碧梅	同安	集美师专	中文	2005. 5. 26
厦门市第二外国语学校	张翠霞	同安	集美师专	中文	2005. 5. 26
厦门市第二外国语学校	高雅惠	同安	福建师范大学	体育	2005. 5. 26

续表29-3

学校	姓 名	籍贯	毕业院校	专业	取得任职资格时间
厦门市第二外国语学校	洪美莲	同安	漳州师范学院	物理	2005. 5. 26
厦门市东山中学	叶少敏	同安	厦门教育学院	数学	2005. 5. 26
厦门市东山中学	叶锡达	同安	西南师范大学（函授）	英语	2005. 5. 26
厦门市东山中学	林秀环	同安	华东师范大学	历史	2005. 5. 26
厦门市洪塘中学	叶金本	同安	集美师专	中文	2005. 5. 26
厦门市洪塘中学	纪玉龙	同安	集美师专	地理	2005. 5. 26
厦门市洪塘中学	苏清艺	同安	集美师专	政治	2005. 5. 26
厦门市洪塘中学	郭心富	同安	福建师范大学	政治	2005. 5. 26
厦门市洪塘中学	蔡资料	同安	漳州师范学院	物理	2005. 5. 26
厦门市汀溪中学	洪首治	同安	中央广播电视大学（函授）	英语	2005. 5. 26
厦门市汀溪中学	刘承伟	同安	漳州师范学院	物理	2005. 5. 26
厦门市汀溪中学	叶向阳	同安	厦门集美师范专科学校	数学	2005. 5. 26
厦门市美林中学	林青护	同安	集美师范专科学校	政教	2005. 5. 26
厦门市美林中学	林华东	同安	中共中央党校函授学院	行政管理	2005. 5. 26
厦门市美林中学	柯建秦	同安	福建教育学院	生物科学	2005. 5. 26
厦门市同安区职业技术学校	钟庆发	同安	三明师专	体育	2005. 5. 26
厦门市同安区职业技术学校	李荣芳	同安	漳州师范学院	数学	2005. 5. 26
厦门市同安区职业技术学校	刘培荣	惠安	福建师范大学	物理	2005. 12. 12
厦门市同安区职业技术学校	颜伟謦	同安	厦门水产学院	机械制造工艺及设备	2005. 12. 23
厦门市城东中学	叶智佔	同安	泉州师专泉州师范学院(函授本科)	生物	2005. 5. 26
厦门市巷南中学	柯建勇	厦门	中共中央党校函授学院	党政管理	2005. 5. 26
厦门市同安区教师进修学校	柯明府	同安	福建师范大学	学校教育	2005. 5. 1
厦门市同安区教师进修学校	陈春兰	大田	集美师专	音乐	2005. 5. 1
厦门市新民中学	邵守纪	同安	福建教育学院	生物	2005. 5. 26
厦门市新民中学	刘承伟	同安	漳州师范学院	物理	2005. 5. 26
厦门市竹坝中学	何建国	金门	福建教育学院（函授本科）	英语	2005. 5. 26
厦门市东山中学	颜 停	同安	厦门电视大学（函授）	中文	2005. 5. 26
厦门市育才中学	吴志红	同安	集美师专	政治	2005. 6. 8
厦门市柑岭中学	林忠纯	同安	福州师范专科学校	地理	2005. 5. 26
厦门市凤南中学	杨季春	同安	集美师专	中文	2005. 5. 26
厦门市启悟中学	叶水瓶	同安	福建教育学院	思想政治教育	2005. 5. 26
厦门市启悟中学	陈素真	翔安	福建教育学院	化学	2005. 5. 26
厦门市启悟中学	柯耀炬	同安	福建师范大学福清分校	—	2005. 5. 26
厦门市启悟中学	陈竹全	同安	中央广播电视大学	中文	2005. 5. 26
厦门市启悟中学	蔡忠仁	同安	福州大学	化学	2005. 5. 26
厦门市启悟中学	苏良武	同安	福建师范大学	地理学	2005. 5. 26

续表29-3

学校	姓　名	籍贯	毕业院校	专业	取得任职资格时间
厦门市启悟中学	王敬都	同安	福建教育学院	中文	2005. 5. 26
厦门市启悟中学	林建筑	同安	福建师范大学	数学	2005. 5. 26
厦门市东山中学	杨跃林	同安	福建师范大学	政治	2006. 2. 27
厦门市东山中学	蔡敬阳	同安	福建师范大学（函授）	数学	2006. 2. 27
厦门市东山中学	黄敬礼	同安	集美师专	中文	2006. 2. 27
厦门市东山中学	康丽旋	同安	福建师范大学	英语	2006. 2. 27
厦门市东山中学	王军农	同安	福建教育学院（函授）	物理	2006. 2. 27
厦门市美林中学	柯阿欣	同安	中共中央党校函授学院	党政管理	2006. 2. 27
厦门市美林中学	林振立	同安	集美大学	数学	2006. 2. 27
厦门市美林中学	吕建南	同安	中央广播电视大学	中文	2006. 2. 27
厦门市美林中学	柯前进	同安	集美大学	数学	2006. 2. 27
厦门市美林中学	何海滨	同安	漳州师范学院	化学	2006. 2. 27
厦门市美林中学	宋建海	同安	福建教育学院	思想政治	2006. 2. 27
厦门市同安区职业技术学校	王安进	同安	集美师专	数学	2006. 2. 17
厦门市同安区职业技术学校	陈互助	同安	福建广播电视大学	中文	2006. 2. 17
厦门市启悟中学	谢宗戟	同安	福建教育学院	中午	2006. 2. 27
厦门市启悟中学	庄健军	同安	福建省体育学校	体育	2006. 2. 27
厦门市第二外国语学校	柳加胜	同安	福州大学	数学	2006. 2. 27
厦门市第二外国语学校	蔡基堤	同安	泉州师专	生物	2006. 2. 27
厦门市第二外国语学校	吴清花	同安	漳州师范学院	物理	2006. 2. 27
厦门市第二外国语学校	刘锦霜	同安	泉州师专	生物	2006. 2. 27
厦门市第二外国语学校	林丽英	同安	福建师范大学	地理	2006. 2. 27
厦门市第二外国语学校	邵加省	同安	福州师专	地理	2006. 2. 27
厦门市第二外国语学校	陈丽珍	同安	泉州师专	生物	2006. 2. 27
厦门市启悟中学	范毓明	同安	福建师范大学福清分校	体育	2006. 2. 27
厦门市启悟中学	苏荣晖	同安	福建师范大学	物理学	2006. 2. 27
厦门市启悟中学	林富强	同安	福建教育学院	教育管理	2006. 2. 27
厦门市启悟中学	苏建营	同安	福建教育学院	思想政治教育	2006. 2. 27
厦门市启悟中学	陈光永	同安	中央广播电视大学	中文	2006. 2. 27
厦门市启悟中学	吴育刚	龙海	厦门大学艺术学院	美术	2006. 5. 11
厦门市启悟中学	张明亮	金门	集美大学	美术	2006. 5. 11
同安电大工作站	陈企碗	同安	福建师范大学	英语	2006. 2. 1
厦门市洪塘中学	张东民	同安	集美师专	中文	2006. 2. 27
厦门市洪塘中学	陈妙桑	同安	漳州师范学院	历史	2006. 2. 27
厦门市洪塘中学	王建川	同安	福州大学	物理	2006. 2. 27
厦门市汀溪中学	庄雅花	同安	厦门教育学院（函授）	中文	2006. 2. 27

续表29-3

学校	姓　名	籍贯	毕业院校	专业	取得任职资格时间
厦门市同安区职业技术学校	王丕奋	同安	厦门市广播电视大学	中文	2006. 2. 17
厦门市新民中学	朱向东	同安	集美师范专科学校	地理	2006. 2. 27
厦门市新民中学	张美仁	同安	集美大学	英语	2006. 2. 27
厦门市新民中学	柯海祝	同安	漳州师范学院	数学	2006. 2. 27
厦门市育才中学	蔡甘治	同安	集美师专	语文	2006. 2. 27
厦门市育才中学	纪为民	同安	集美师专	数学	2006. 2. 27
厦门市育才中学	刘梅芳	同安	漳州师范学院	历史	2006. 2. 27
厦门市城东中学	陈国静	同安	中央广播电视大学	中文	2006. 2. 27
厦门市巷南中学	陈清波	厦门	中共中央党校函授学院	党政管理	2006. 2. 27
厦门市巷南中学	张俊杰	厦门	集美大学	英语	2006. 2. 27
厦门市巷南中学	曾思佶	厦门	中共中央党校函授学院	行政管理	2006. 2. 27
厦门市同安区教师进修学校	林福利	同安	福建师范大学福清分校	体育	2006. 5. 1
厦门市同安区教师进修学校	全玉梅	同安	集美师专	英语	2006. 6. 1
厦门市同安区教师进修学校	王　芳	同安	集美师专	数学	2006. 7. 1
厦门市汀溪中学	李金铿	同安	福建师范大学（函授）	数学	2006. 2. 27
厦门市汀溪中学	林永祥	同安	福建师范大学（函授）	政治	2006. 2. 27
厦门市启悟中学	林秋萍	同安	厦门大学艺术学院	音乐	2007. 5. 21
厦门市国祺中学	陈建队	同安	福建师范大学福清分校	体育	2007. 3. 16
厦门市国祺中学	陈子清	同安	福建教育学院	历史	2007. 3. 16
厦门市国祺中学	洪勇志	同安	福建师范大学	地理	2007. 3. 16
厦门市国祺中学	林耀昆	同安	福建师范大学	物理	2007. 3. 16
厦门市东山中学	纪秀兰	同安	福建师范大学	中文	2007. 3. 16
厦门市东山中学	叶土胜	同安	福建师范大学	地理	2007. 3. 16
厦门市柑岭中学	陈锦秀	同安	中央广播电视大学	汉语言文学	2007. 3. 16
厦门市同安区职业技术学校	魏秋芹	同安	龙岩师专	历史	2007. 3. 16
厦门市洪塘中学	康东鹏	同安	福建师范大学	汉语言文学	2007. 3. 16
厦门市城东中学	李长生	同安	福建师范大学	地理	2007. 3. 16
厦门市城东中学	陈永顺	同安	福建师范大学	中文	2007. 3. 16
厦门市育才中学	吕格文	同安	集美师专	数学	2004. 4. 3
厦门市育才中学	叶美端	同安	漳州师范学院	化学	2007. 4. 3
厦门市同安区教师进修学校	杨建强	同安	集美师专	数学	2007. 6. 1
厦门市同安区教师进修学	陈美蛾	同安	北京师范大学	学前教育	2007. 5. 21
厦门市新民中学	陈钻珠	同安	福建教育学院	历史学教育	2007. 3. 16
厦门市启悟中学	吕月理	同安	福建教育学院	汉语言文学	2007. 3. 16
厦门市启悟中学	方友地	同安	漳州师范学院	生物学教育	2007. 3. 16
厦门市启悟中学	沈松模	同安	福建师范大学	地理	2007. 3. 16

续表29-3

学校	姓　名	籍贯	毕业院校	专业	取得任职资格时间
厦门市启悟中学	吕美峰	同安	福建教育学院	数学	2007. 3. 16
厦门市启悟中学	鼓明智	翔安	福建教育学院	物理	2007. 3. 16
厦门市启悟中学	李加前	同安	福建师范大学	体育	2007. 3. 16
厦门市启悟中学	徐淑梅	同安	福建师范大学	英语	2007. 3. 16
厦门市启悟中学	李威聪	广东梅县	漳州师范学院	教育管理	2007. 5. 21

1997—2007 年同安区卫生高级专业技术职务人员名表

表 29-4

姓　名	性别	学历学位	毕业学校	专业技术职务	取得任职资格时间	工作单位
季　阳	男	本科	江西医学院	副主任医师	1997. 9	市第三医院
苏文发	男	大专	第三军医大学	高级讲师	1998. 2	市卫职中专
陈新珠	女	中专	福州助产学校	副主任护师	1998. 3	市第三医院
蔡　颖	女	本科	上海第一医学院	副主任医师	1998. 3	市第三医院
纪汉良	男	大专	福建医科大学	副主任医师	1998. 4	医疾控中心
李红茶	女	中专	厦门卫生学校	副主任护师	1999. 4	区中医院
杨金镇	男	本科	第二军医大学	主任医师	1999. 12	市第三医院
施郁川	男	大专	福建医学院	副主任医师	1999. 12	市第三医院
邵培升	男	中专	厦门卫生学校	中医副主任医师	2000. 1	区中医院
康天尝	男	中专	龙岩卫生学校	副主任医师	2000. 8	区疾控中心
王秀琴	女	大专	西安医学院	副主任医师	2000. 8	市第三医院
吴　平	男	本科、医学学士	蚌埠医学院	副主任医师	2000. 11	市第三医院
林清溪	男	大专	福建医科大学	中医主任医师	2000. 12	区中医院
黄剑虹	男	本科、医学学士	福建中医学院	中医副主任医师	2000. 12	市第三医院
许巩固	男	本科、医学学士	福建中医学院	中医副主任医师	2000. 12	区中医院
吴阿娇	女	本科、医学学士	福建中医学院	中医副主任医师	2000. 12	区中医院
孙　宪	男	本科、医学学士	内蒙古医学院	副主任医师	2001. 1	市第三医院
王黎玲	女	大专	厦门医学大专班	副主任医师	2001. 2	市第三医院
李培芬	女	中专	厦门卫校	副主任护师	2001. 2	市第三医院
苏惠健	男	大专	福建医科大学	副主任医师	2001. 3	区疾控中心
刘恭祥	男	本科	福建中医学院	主任医师	2001. 6	市第三医院
吴英英	女	大专	福建医科大学	主任医师	2001. 6	市第三医院
余以平	男	大专	福建医科大学	中医主任医师	2001. 6	区中医院
高　斌	男	大专	厦门医学大专班	副主任医师	2002. 1	市第三医院
张海福	男	大专	厦门医学大专班	副主任医师	2002. 1	市第三医院
蔡建福	男	中专	龙溪卫生学校	副主任医师	2002. 2	区疾控中心
陈　华	女	本科、医学学士	江西中医学院	高级讲师	2002. 3	市卫职中专
孙志强	男	本科、医学学士	蚌埠医学院	副主任医师	2002. 4	市第三医院

续表29-4

姓　名	性别	学历学位	毕业学校	专业技术职务	取得任职资格时间	工作单位
曾建国	男	本科、医学学士	福建医科大学	副主任医师	2002.4	市第三医院
卢　晔	男	本科、医学学士	安徽医科大学	副主任医师	2002.4	市第三医院
叶水龙	男	本科、医学学士	福建医科大学	主任医师	2002.6	市第三医院
余鸣秋	男	本科、医学学士	湖南衡阳医学院	主任医师	2002.6	市第三医院
杨础狮	男	本科	第二军医大学	主任医师	2002.6	区疾控中心
李达娥	女	本科、医学学士	福建中医学院	中医副主任医师	2002.12	区中医院
蒋才谋	男	本科、医学学士	福建医科大学	副主任医师	2003.2	市第三医院
纪瑞耿	男	本科、医学学士	福建中医学院	中医副主任医师	2003.2	市第三医院
黄大枞	男	大专	福建中医学院	中医副主任医师	2003.2	市第三医院
高　晖	男	本科、医学学士	福建医学院	副主任医师	2004.4	市第三医院
颜华水	男	本科、医学学士	福建中医学院	中医主任医师	2003.6	区中医院
吴晓鸿	男	本科、医学学士	江西医学院	高级讲师	2003.6	市卫职中专
闵远清	男	本科、医学学士	湖北咸宁医学院	主任医师	2003.7	市第三医院
吕超伟	男	本科、医学学士	福建医科大学	主任医师	2003.7	市第三医院
张　弋	男	本科、医学学士	蚌埠医学院	副主任医师	2003.12	市第三医院
李建军	男	本科	哈尔滨医科大学	副主任医师	2003.9	市第三医院
李保国	男	本科	新乡医学院	副主任医师	2003.12	市第三医院
杨丽云	女	中专	厦门卫生学校	副主任护师	2003.12	区中医院
尹忠智	男	本科、医学学士	湖南衡阳医学院	副主任医师	2004.1	市第三医院
洪银城	男	本科、医学学士	福建医科大学	副主任医师	2004.1	市第三医院
刘用玲	女	大专	福建医学院	副主任护师	2004.1	市第三医院
洪金进	男	大专	龙溪卫生学校	副主任医师	2004.1	区皮防院
徐彩临	女	中专	龙溪卫校	副主任医师	2004.1	市第三医院
黄建隆	男	本科、医学学士	福建医学院	主任医师	2004.6	市第三医院
蒲　斌	男	本科、医学学士	山东医科大学	主任医师	2004.11	市第三医院
崔　勇	男	本科、医学学士	蚌埠医学院	主任医师	2004.12	市第三医院
郭之通	男	本科、医学学士	蚌埠医学院	主任医师	2004.12	市第三医院
马　龙	男	本科、医学学士	安徽医科大学	副主任医师	2004.12	市第三医院
郑永恭	男	本科、医学学士	福建中医学院	中医副主任医师	2005.1	区中医院
王娜娜	女	大专	福建中医学院	中医副主任医师	2005.1	区中医院
黄夏鸣	男	本科、医学学士	福建中医学院	中医副主任医师	2005.1	区中医院
洪启东	男	本科、医学学士	福建中医学院	中医副主任医师	2005.1	区中医院
许文勇	男	本科、医学学士	福建医科大学	副主任医师	2005.1	市第三医院
黄共产	男	中专	福建卫生学校	副主任技师	2005.1	市第三医院
洪红萍	女	中专	厦门卫校	副主任护师	2005.1	市第三医院
陈庆演	男	大专	福建中医学院	中医副主任医师	2005.1	西柯卫生院

续表29-4

姓　名	性别	学历学位	毕业学校	专业技术职务	取得任职资格时间	工作单位
陈　雄	男	本科、医学学士	福建医学院	副主任医师	2005. 5	市第三医院
陈　梅	女	本科、医学学士	湖南衡阳医学院	主任医师	2005. 7	市第三医院
林钦钦	男	本科、医学学士	福建中医学院	中医主任医师	2005. 7	区中医院
陈清楷	男	大专	福建医科大学	主任医师	2005. 7	市第三医院
兰玉英	女	大专	福建医科大学	主任医师	2005. 7	市第三医院
叶惠龙	男	本科、医学学士	福建医科大学	主任医师	2005. 7	市第三医院
张亚狮	男	大专	福建医科大学	主任医师	2005. 7	市第三医院
王　兵	男	本科、医学学士	蚌埠医学院	主任医师	2005. 11	市第三医院
陈跃鹏	男	本科、医学学士	福建中医学院	中医副主任医师	2005. 12	区中医院
苏彩云	女	中专	厦门卫校	副主任护师	2006. 4	市第三医院
王佩华	女	中专	厦门卫校	副主任护师	2006. 4	市第三医院
曾斐斐	女	中专	晋江卫校	副主任医师	2006. 4	市第三医院
林子滨	男	中专	厦门卫校	副主任医师	2006. 4	市第三医院
陈　斌	男	大专	福建医学院	副主任医师	2006. 4	市第三医院
朱艺婷	女	大专	福建医学院	副主任医师	2006. 4	市第三医院
张伟军	男	大专	漳州卫校医疗大专	副主任医师	2006. 4	市第三医院
蔡庆红	女	大专	福建医科大学	副主任护师	2006. 4	市第三医院
陈秋霞	女	本科、医学学士	福建医科大学	副主任医师	2006. 4	区疾控中心
吴奕生	男	本科、理学学士	中国药科大学	副主任药师	2006. 4	市第三医院
陈辉民	男	本科、医学学士	福建医科大学	副主任医师	2006. 4	市第三医院
纪雪娇	女	大专	福建医学院	副主任医师	2006. 4	区妇幼院
李亚玉	女	大专	福建医科大学	主任医师	2006. 8	市第三医院
王建放	男	大专	西安医学院	主任医师	2006. 8	市第三医院
林永珍	男	本科、医学学士	福建医学院	主任医师	2006. 8	市第三医院
洪维贤	男	中专	福建卫生学校	中药主任医师	2006. 8	区中医院
倪永治	女	中专	厦门卫校	副主任护师	2007. 5	市第三医院
徐素云	女	中专	厦门卫校	副主任护师	2007. 5	市第三医院
庄招治	女	中专	厦门卫校	副主任护师	2007. 5	市第三医院
许春梅	女	中专	厦门卫校	副主任护师	2007. 5	市第三医院
卢佳林	男	本科、医学学士	福建医学院	副主任医师	2007. 5	市第三医院
雷建林	男	本科、医学学士	湖南衡阳医学院	副主任医师	2007. 5	市第三医院
陈重艺	男	本科、医学学士	福建医科大学	副主任医师	2007. 5	市第三医院
彭彬彬	女	中专	厦门卫校	副主任医师	2007. 5	市第三医院
蔡素因	女	大专	福建医科大学	副主任护师	2007. 5	市第三医院
黄云川	女	中专	龙岩卫生学校	副主任技师	2007. 5	区疾控中心
李　军	男	本科、理学学士	中国药科大学	副主任药师	2007. 5	市第三医院

续表29-4

姓 名	性别	学历学位	毕业学校	专业技术职务	取得任职资格时间	工作单位
白青梅	女	大专	漳州卫校医疗大专	副主任医师	2007.5	市第三医院
钟胜辉	男	大专	漳州卫校医疗大专	副主任医师	2007.5	市第三医院
庄克章	男	大专	福建中医学院	中医副主任医师	2007.5	市第三医院
张宇靖	女	硕士	吉林大学	副主任医师	2007.5	市第三医院
邵合队	男	本科	福建医科大学	副主任医师	2007.5	市第三医院
辛长征	女	本科、医学学士	福建医学院	主任医师	2007.1	市第三医院
李明字	男	本科、医学学士	华中技术大学	主任医师	2007.1	市第三医院
薛宝林	男	大专	白求恩医科大学	主任医师	2007.1	区中医院
李进和	男	大专	福建中医学院	中医主任医师	2007.1	区中医院

第二节 劳动模范名表

1997—2007 年，同安区共评出全国劳动模范 3 名，省部级劳动模范 7 名，省五一劳动奖章获得者 8 名。

1997—2007 年同安区全国、省级劳动模范及省五一劳动奖章获得者名录

表 29-5

级别	授予时间（年）	姓 名
全国劳模	2000	庄水淡 黄文传
	2005	郭清池
福建省劳模	2000	纪乌翻 彭建立 黄光明 郭清池
	2003	叶顺金 叶美兰 陈福祥
省五一劳动奖章	1998	刘彩娥
	2001	纪荆根 黄灿荆
	2004	陈德民 陈 玲
	2006	江 颂
	2007	王家云 叶永明

第三节 革命烈士名表

收入析出翔安前后，同安区辖境内所有革命烈士 34 名。

同安区革命烈士名表

表 29-6

姓　名	性别	出生年月	籍贯（县、乡、村）	入伍时间	原工作单位及职务	是否党团员	牺牲时间地点及原因
郭　平	男	1898	同安县汀溪乡造水村	1930	同安县地下工作人员	—	1930 年 10 月在造水村为游击队带路时被匪杀害
邱木林	男	1904.12	同安县汀溪乡五峰村	1930	同安县地下工作人员	—	1931 年 10 月在本乡贴标语时被匪杀害
陈　艺	男	1899.2	同安县汀溪乡汪前村	1930	同安县地下工作人员	—	1932 年 9 月在五显乡马豆村被匪杀害
陈朝邻	男	1901	同安县汀溪乡汪前村	1930	同安县地下工作人员	—	1932 年 9 月在五显乡马豆村被匪杀害
杨文憨	男	1912	同安县西柯乡潘涂村	1932	同安县地下工作人员	—	1933 年参加攻打新店后村时牺牲
郑　萍	男	1900.8	同安县汀溪乡汪前村	1930	同安县地下通讯员	—	1935 年 8 月在家时被匪杀害
李大华	男	1906	同安县大同镇东山村	1936.1	同安县地下工作人员	—	1944 年 5 月牺牲于建瓯县狱中
苏清林	男	1915	同安县洪塘乡苏厝村	1945	二纵六旅十八团战士	—	1946 年 9 月在大李寨村战斗中牺牲
张云荣	男	—	同安县	1948	九四团五连战士	—	1948 年 10 月在锦州战役中牺牲
吴兹敏	男	1909.11	同安县洪塘乡石浔村	—	中国人民解放军 27 军 238 团七连战士	—	1949 年 5 月解放上海时在七宝战斗中牺牲
王永炉	男	1930	同安县大同镇西安居委会大横街 28 号	1948	同安县公安局股长	—	1949 年 9 月在县公安局因公牺牲
吴在技	男	1906	同安县洪塘乡石浔村	1949	厦门支前船工	—	1949 年 10 月在参加攻打金门岛战斗中牺牲
林添福	男	1914.5	同安县莲花乡美埔村庙山村	—	同安县莲花乡农会成员	—	1950 年 1 月在往外村开会途中被匪杀害
叶　摇	男	1915.11	同安县莲花乡后埔村村	1949.9	莲花区后埔村村民兵	—	1950 年 6 月 10 日去上陵执行任务时被匪徒所害
叶水源	男	1927.7	同安县莲花乡后埔村村	1949.9	莲花区后埔村村民兵	—	1950 年 6 月 10 日去上陵执行任务时被匪徒所害
张　煎	男	1902	同安县汀溪乡荏蕃村	—	同安县云埔乡民兵	—	1950 年 10 月为部队带路时被匪杀害
江　闲	男	1916.1	同安县汀溪乡造水村	1949.11	同安县莲花区中队战士	—	1950 年 10 月在峰林剿匪中牺牲
郭　井	男	1920.2	同安县汀溪乡造水村	1950.1	同安县大队战士	—	1950 年 10 月在峰林剿匪中牺牲
陈国安	男	1922	同安县大同镇田洋村	1949	志愿军八十九师战士	—	1950 年 11 月在朝鲜第二次战役中牺牲
陈式佰	男	1923	同安县洪塘乡苏店村	1949	华东军区战士	—	1950 年 12 月在华东地区战斗中牺牲
郭　宽	男	1903.4	同安县汀溪乡造水村	1933	同安县地下工作人员乡农会主席	—	1950 年在造水村被匪杀害
周友同	男	1923	同安县大同镇三秀街周厝	1949	志愿军二五二团八连战士	—	1951 年 3 月在朝鲜第四次战役中牺牲

续表29-6

姓　名	性别	出生年月	籍贯（县、乡、村）	入伍时间	原工作单位及职务	是否党团员	牺牲时间地点及原因
陈成全	男	1920	同安县洪塘乡龙泉村	1948	晋江军分区独立一营排长	—	1951年10月在乌龟山战斗中牺牲
林　清	男	1930.4	同安县西柯乡瑶头村	1947.7	志愿军一八七师五六〇团警侦三连排长	党员	1952年4月在朝鲜战场牺牲
宋文川	男	1917	龙海县石马镇	1949.9	同安县支前船工	—	1952年龙海海面运军粮被敌人拖捕下落不明
许少权	男	1932	同安县大同镇双溪街	1949	志愿军七十四师二〇团通讯队战士	—	1953年在朝鲜战场上牺牲
吴在助	男	1930.4	同安县洪塘乡石浔村	1951.6	同安县大队公安战士	—	1954年11月在澳头哨所时因公牺牲
林连生	男	1938	同安县莲花乡云洋村	1958	炮兵九二五八部队班长	—	1961年10月在厦门青屿因公牺牲
陈乌烘	男	1938	同安县大同镇朝元村	1958	解放军三十一军战士	—	1962年在厦门江头因公牺牲
洪水志	男	1946	同安县凤南农场后坂村	1963	援越部队广西十一号信箱五大队十分队班付	—	1966年9月在中越边境执行任务时牺牲
林　清	男	1950	同安县西柯乡潘涂村	1970	铁道兵八七一二部队四营十七连排长	—	1973年在四川省兵池县兴火车站因公牺牲
傅维雄	男	1923	泉州江南乡	1949	同安县人武部副科长	党员	1978年5月在南安梅山医院病故1978年6月追认为烈士
叶栋梁	男	1958	同安县五显乡西洋村	1977.1	五三二四五部队八十三分队战士	党员	1979年2月在对越自卫反击战斗牺牲
周清江	男	1974	凤南农场土楼村	1993	武警湖南靖州县消防中队战士	党员	1996年7月18日在靖州抗洪抢险中牺牲

索　　引

本索引采用音序排序法，在同一音序中若首字相同则以第二个字排序，以此类推。卷名用咖啡色黑体字标示，标题后的数字为页码。概述、大事记、附录内容不做索引。

A

B

C

D

K

L

S

T

Y

Z

编后记

2008年4月，同安区政府召开区志编纂工作会议，向全区100多家承编单位下发《厦门市同安区志》编纂工作方案，标志着同安区二轮修志工作正式启动。区地方志办公室成立区志总编室，全区各部门也相继成立编写队伍。区志编纂工作正式开展。

从2008年4月召开编纂工作会议，分解编纂任务、启动编纂工作起，到2017年11月《厦门市同安区志》交付出版，历时近10年。区志编纂工作大致分为5个阶段：

第一阶段：2008年4月—2010年为部门志编写阶段。各承编单位根据区志编纂工作方案搜集、整理资料，撰写初稿。其间召开2次全区工作会议，区方志办对各单位修志人员开展业务培训，指导修志人员解决资料收集、编写体例、记述方法、质量要求、编写进程等方面碰到的问题。2010年底各部门基本完成部门志编写任务，形成《厦门市同安区志》初稿。

第二阶段：2011—2012年为总纂阶段。这个阶段区方志办对《厦门市同安区志》初稿开展总纂。调整初稿纲目，查缺补漏、处理交叉重复，理顺文字，形成总纂稿。而后把总纂稿送各承编部门（单位）征求意见，同时报送市方志办审读。

第三阶段：2013年为全面检查、修改补充文字稿，完成评审稿阶段。其间区总编室主要根据市方志办审读意见，从篇目设计、记述规范、入志标准、表格设计与应用、概述设置、大事记述、统编工作等方面，逐篇、逐章、逐节进行检查，修改和补充，最终形成评审稿。评审稿包括大事记、概述和人物，专志30篇，总字数84万多字。

第四阶段：2014—2016年8月为完成送审稿阶段。2014年4月同安区召开《厦门市同安区志》省、市、区三级评稿会，60多名省、市及外省特邀专家、学者参会。会后总编室根据评稿会与会专家，学者意见，就评审稿进行篇目、概述设置、资料补漏、记述方法等方面的修改，完成后送区政府审稿及区保密局进行保密审查。区政府审稿通过后形成送审稿送市方志办审查。送审稿包括概述、大事记、人物各一篇，专志28篇。文字稿总字数约100万字。

第五阶段：2016年8月—2017年11月为定稿阶段。2016年8月《厦门市同安区志》送审稿送市方志办审查，2017年4月市方志办下发审查验收意见。总编室按照意见进行修改，并向各单位及社会各界公开征集图片。2017年8月总编室完成区志定稿，送交排版公司排版，并于同年10月底送出版社出版。版面总字数189万。记述内容突出了同安区撤县改区11年间，工业立区初见成效，第三产业迅速发展的地方特色，党和政府重民富民政策得到贯彻落实，社会保障政策不断完善，人民生活水平迅速提高的骄人成就。

十年磨一剑。在区委、区政府的支持下，《厦门市同安区志》各承编单位密切配合、全力支持，编纂人员心无旁骛、默默笔耕，区志总编室同仁殚心竭虑、攻坚克难，终于完成这项浩大的文化工程。在此向所有关心、支持、帮助、参与《厦门市同安区志》编纂的领导、专家、同仁、社会各界人士表示衷心的感谢和崇高的敬意！

《厦门市同安区志》虽然出版，但由于编纂周期较长，牵涉面广，其中错漏在所难免，敬请读者不吝赐教。

编者

2017年10月

图书在版编目（CIP）数据

厦门市同安区志：1997—2007/厦门市同安区地方志编纂委员会办公室编. —北京：方志出版社，2018. 1
ISBN 978-7-5144-2796-7

Ⅰ. ①厦… Ⅱ. ①厦… Ⅲ. ①同安区—地方志—1997—2007 Ⅳ. ①K295. 74

中国版本图书馆 CIP 数据核字（2017）第 309270 号

厦门市同安区志（1997—2007）

编　　者：厦门市同安区地方志编纂委员会办公室
责任编辑：刘方圆

出 版 人：冀祥德
出 版 者：方志出版社
地址　北京市朝阳区潘家园东里 9 号（国家方志馆 4 层）
邮编　100021
网址　http：//www. fzph. org
发　　行：方志出版社图书经销中心
电话（010）67110500
经　　销：各地新华书店
印　　刷：福州力人彩印有限公司

开　　本：889×1194　　1/16
印　　张：58. 5　　插页：22
字　　数：1895 千字
版　　次：2018 年 1 月第 1 版　　2018 年 1 月第 1 次印刷
印　　数：0001～2000 册

ISBN 978-7-5144-2796-7　　**定价**：680. 00 元